大学駅伝記録事典

箱根・出雲・伊勢路

三浦　健 編

日外アソシエーツ

装 丁：クリエイティブ・コンセプト

刊行にあたって

2020年は東京で2回目のオリンピックが開かれます。この年、箱根駅伝も開始から100年となります。

長い歴史を誇る箱根駅伝は、今やお正月の風物詩だと言われるようになりました。私が箱根駅伝に興味を持ったのは、第30回大会で優勝校のアンカーの壮烈な走りのゴールをラジオ放送で聞いた時に始まります。その後、半世紀にわたり沿道での応援やテレビ観戦で箱根駅伝を追いかけ、さらに、三浦良氏の協力を得て箱根駅伝に関する新聞記事のスクラップに努め、2001年からはこれらの記録をいろいろな観点から集計しホームページ「箱根駅伝」に公開しています。

この度、これを基にして、箱根駅伝、出雲全日本大学選抜駅伝、全日本大学駅伝のいわゆる大学三大駅伝の全大会、全成績を収めた事典を作成することとしました。

箱根駅伝は、毎年12月頃になると沢山の情報を掲載した雑誌が数多く発行されます。しかし、出雲全日本大学選抜駅伝、全日本大学駅伝にはそのようなことが少なく、大学三大駅伝の成績が1冊の書籍に収めてあることは大学駅伝に興味を持たれている皆様にきっとお役に立つと思います。

本事典では、今までに発行された大学三大駅伝の成績に関する多くの出版物に見られた誤りや不明な部分を、国立国会図書館等で大正、昭和の報知新聞や読売新聞、及び書籍、雑誌を入念に調べわかった範囲で修正しました。

また、年度別大会記録は、年度ごとに出場校の各大会の成績がわかるように、全日本大学駅伝が始まった1969年度からまとめました。

これまで、箱根駅伝について、幾多の先人が書籍を出版され、古い記録を残してくれていたことに対して大いに敬意を表します。

このような画期的な事典を出版できたことはこの上ない喜びであり、様々にご尽力いただいた日外アソシエーツ編集部の青木竜馬様、山本幸子様を始めとする関係者の方々に深く感謝いたします。

2015年4月

三浦　健

目　次

凡　例 …………………………………………………………………… (7)

大会別記録 …………………………………………………………………… 1
年度別大会記録 …………………………………………………………… 169

出場選手名索引 …………………………………………………………… 217

凡　例

1. 本書の概要

本書は、大学三大駅伝（箱根駅伝･出雲駅伝･全日本大学駅伝）の記録事典である。

大会ごとに、全出場校・順位・タイム、出場選手・成績を表にした「大会別記録」と、各年度の三大会の成績を一覧することができる「年度別大会記録」を収録した。

2. 収録内容

1）大会別記録

(1) 箱根駅伝（東京箱根間往復大学駅伝競走）第1回～第91回、出雲駅伝（出雲全日本大学選抜駅伝競走）第1回～第26回、全日本大学駅伝（全日本大学駅伝対校選手権大会）第1回～第46回について、全出場校・順位・タイム、出場選手・成績を1回ごとに表にまとめた。不明な場合は空欄とした。

(2) 各表は、順位に従って大学を排列した。走者欄に、その区間を走った選手の氏名を記載した。左の数字は学年である。選手名の漢字は原則として発表資料に従ったが、新字体を用いたものもある。

1. 箱根駅伝は、「個人」「チーム」「総合」欄を設け、各々順位およびタイムを記載した。「チーム」欄で、往路（1～5区）・復路（6～10区）の成績を、「総合」欄で累計の成績を記載した。よって、「総合」欄の10区の箇所が最終成績である。また、かつて、ひとつの区間で選手がリタイアすると別の選手が走り直した記録があり、その場合は二人の選手の氏名を並列して記載した。
2. 出雲駅伝は、個人とチームの順位およびタイムを記載した。
3. 全日本大学駅伝は、個人とチームの順位およびタイムを記載した。第1回から第9回は、前半・後半の二部制をとっていたので、総合成績欄を設けた。

(3) タイムは、秒単位までの掲載で統一した。また、大会新記録・区間新記録は斜字体で表した。

(4) 表では、大学名の「大学」部分を省略した。また、文字数の関係上、短縮形で表現した校名（チーム名）もある。以下を参照されたい。

神奈川師……神奈川師範学校
東京高師……東京高等師範学校
東京体専……東京体育専門学校

東京文理……東京文理科大学
東大農実……東京帝國大学農学部実科
日歯医専……日本歯科医学専門学校
日本体専……日本体育専門学校
防衛……防衛大学校
横浜専門……横浜専門学校

日本学連……日本学連選抜
北海道連……北海道学連選抜
東北学連……東北学連選抜
北陸信越……北信越学連選抜
関東学連……関東学連選抜
東海学連……東海学連選抜
中四国連……中国四国学連選抜

韓国選抜……韓国大学選抜
上海体育……上海体育運動技術学院
ＳＦ州立……サンフランシスコ州立大学
ＩＶＬ……米国アイビーリーグ選抜

(5) 表で使われている略号は以下の通りである。

参……参考記録
棄……棄権
無……無効
失……失格
記録なし……記録が認定されない場合
OP……オープン参加
（順位）……参考記録としての順位
（選手名）…走者不明のため、エントリー時の走者名を記載したことを表す
*……各区間のタイム合計と正式タイムが合わないことを表す

(6) 連合チームで出場した選手の所属大学は、三大会の後にまとめて「連合チーム選手の所属大学一覧」として、可能な限り掲載した。

2）年度別大会記録

(1) 年度（シーズン）ごとに三大会の成績を一覧することができるよう、大学名・順位および総合タイムを表にまとめた。ただし、連合チームは含まない。

(2)「全日本大学駅伝」が開始された1969年度から1988年度までは「箱根駅伝」とあわせ二大会を、1989年度以降は「出雲駅伝」も含め三大会を掲載した。まず、箱根駅伝の順位で大学名を排列し、箱根駅伝に出場しない大学を、出雲駅伝・全日本大学駅伝の順位で排列した。

3. 出場選手名索引

(1) 全出場選手名から、出場した大会名と回次を検索できるようにした。漢字圏以外の外国人名は、姓のカタカナ表記と名前の頭文字で表した。

(2) 排列は、姓の読みの五十音順、同一姓のもとでは名の五十音順とした。ただし、読み方がわからない人名は、一般的な読み方で排列した。なお、濁音・半濁音は清音とみなし、ヂ→シ、ヅ→シとした。促音・拗音は直音とみなし、長音（音引き）は無視した。

(3) 選手名の後に、その大会に出場した際の所属大学名あるいは連合チーム名を補記した。一人の選手でも、大学から出場した時と連合チームで出場した時では、別の項目として扱った。

大会別記録

箱根駅伝	第 1 回～第 91 回
出雲駅伝	第 1 回～第 26 回
全日本大学駅伝	第 1 回～第 46 回

連合チーム選手の所属大学一覧

箱根駅伝（東京箱根間往復 大学駅伝競走）第1回～第91回

第1回　1920年(大正9年)2月14日～15日　スタート：東京有楽町報知新聞社前　ゴール：箱根関所址

順	大学名		往路										復路									
			1区		2区		3区		4区		5区		6区		7区		8区		9区		10区	
1	東京高師	走者		山下馬之助		松元 兼道		金持 嘉一		森　亨		大浦 留市		黒河内伊勢栄		山口徳太郎		赤塚 勝次		牟田 利一		茂木 善作
		個人	1	*1.25.00*	2	1.19.00	2	1.31.30	3	1.26.05	1	*1.57.28*	3	1.39.33	2	1.27.15	1	*1.24.45*	4	1.25.30	1	*1.29.10*
		チーム	1	1.25.00	2	2.44.00	2	4.15.30	2	5.41.35	2	7.39.03	3	1.39.33	2	3.06.48	2	4.31.33	3	5.57.03	1	7.26.13
		総合	1	1.25.00	2	2.44.00	2	4.15.30	2	5.41.35	2	7.39.03	2	9.18.36	2	10.45.51	2	12.10.36	2	13.36.06	1	15.05.16
2	明治	走者		稲毛田安三		下村 広次		藤井 嘉市		小島 三郎		沢田 英一		山口六郎次		得能 末吉		後藤 長一		加藤富之助		西岡 吉平
		個人	2	1.28.00	1	*1.13.00*	1	*1.25.09*	2	1.21.56	2	2.02.31	1	*1.37.30*	1	*1.25.20*	2	1.27.10	3	1.24.30	4	1.40.35
		チーム	2	1.28.00	1	2.41.00	1	4.06.09	1	5.28.05	1	7.30.36	1	1.37.30	1	3.02.50	1	4.30.00	1	5.54.30	3	7.35.05
		総合	2	1.28.00	1	2.41.00	1	4.06.09	1	5.28.05	1	7.30.36	1	9.08.06	1	10.33.26	1	12.00.36	1	13.25.06	2	15.05.41
3	早稲田	走者		行田 重治		垣内貞次郎		馬場　譲		内田 庄作		三浦 弥平		山下 靖信		河野 一郎		高木 武範		麻生 武治		生田喜代治
		個人	3	1.29.50	3	1.21.10	3	1.35.00	1	*1.18.00*	3	2.03.13	2	1.39.13	3	1.27.40	3	1.32.30	1	*1.17.00*	2	1.31.55
		チーム	3	1.29.50	3	2.51.00	3	4.26.00	3	5.44.00	3	7.47.13	3	1.39.13	3	3.06.53	3	4.39.23	3	5.56.23	3	7.28.18
		総合	3	1.29.50	3	2.51.00	3	4.26.00	3	5.44.00	3	7.47.13	3	9.26.26	3	10.54.06	3	12.26.36	3	13.43.36	3	15.15.31
4	慶應義塾	走者		寺内寿太郎		中山 作馬		田中　芬		加藤木貞次		二木 謙三		青木 好之		山崎 鈴夫		佐藤 末蔵		平山十一郎		鴨脚 十郎
		個人	4	1.30.30	4	1.26.30	4	1.41.20	4	1.45.40	4	2.29.31	4	1.40.40	4	1.41.35	4	1.41.50	2	1.18.00	3	1.35.20
		チーム	4	1.30.30	4	2.57.00	4	4.38.20	4	6.24.00	4	8.53.31	4	1.40.40	4	3.22.15	4	5.04.05	4	6.22.05	4	7.57.25
		総合	4	1.30.30	4	2.57.00	4	4.38.20	4	6.24.00	4	8.53.31	4	10.34.11	4	12.15.46	4	13.57.36	4	15.15.36	4	16.50.56

第2回　1921年(大正10年)1月8日～9日　スタート：東京日比谷公園音楽堂前　ゴール：箱根関所址

順	大学名		往路										復路									
			1区		2区		3区		4区		5区		6区		7区		8区		9区		10区	
1	明治	走者		加藤富之助		高見 将三		西本　勉		稲毛田安三		後藤 長一		江俣　広		得能 末吉		小島 三郎		藤井 嘉市		下村 広次
		個人	3	1.32.00	1	1.15.15	3	1.25.55	2	*1.15.55*	2	*1.57.15*	1	*1.34.20*	2	1.31.00	3	1.25.30		1.22.10		*1.19.41*
		チーム	3	1.32.00	2	2.47.15	2	4.13.10	2	5.29.05	2	7.26.20	1	1.34.20	1	3.05.20	2	4.30.50		5.53.00	2	7.12.41
		総合	3	1.32.00	2	2.47.15	2	4.13.10	2	5.29.05	2	7.26.20	2	9.00.40	1	10.31.40	2	11.57.10	1	13.19.20	1	14.39.01
2	東京高師	走者		森　亨		小野徳四郎		山下馬之助		長田　博		大浦 留市		越智 治成		金持 嘉一		栗本 義彦		白鳥 義明		茂木 善作
		個人	4	1.36.00	3	1.18.20	2	*1.22.10*	4	1.20.10	3	2.06.30	4	1.37.40	1	1.27.45	1	*1.21.10*				
		チーム	4	1.36.00	4	2.54.20	3	4.16.30	3	5.36.40	3	*7.33.30	4	1.37.40	2	3.05.25	1	4.26.35			1	7.11.32
		総合	4	1.36.00	4	2.54.20	3	4.16.30	3	5.36.40	3	*7.33.30	3	9.11.10	3	10.38.55	3	12.00.05	2		2	14.45.02
3	早稲田	走者		河野 謙三		太刀川信吉		行田 重治		河野 一郎		麻生 武治		内田 庄作		大塚 正男		大江 正行		（細川 曽市）		栃尾彦三郎
		個人	1	1.28.19	4	1.18.51	1	*1.20.10*	3	1.19.40	1	*1.55.50*	2	*1.35.40*	3	1.33.40	2	*1.23.30*				
		チーム	1	1.28.19	1	2.47.10	1	4.07.20	1	5.27.00	1	7.22.50	2	1.35.40	3	3.09.20	3	4.32.50			3	7.33.50
		総合	1	1.28.19	1	2.47.10	1	4.07.20	1	5.27.00	1	7.22.50	1	8.58.30	2	10.32.10	1	11.55.40	3		3	14.56.40
4	慶應義塾	走者		佐藤 末蔵		広浜 誠一		西山 恒吉		二木 謙三		青木 好之		藤田 一元		清水 了一		平山十一郎		鴨脚 十郎		寺内寿太郎
		個人	7	1.54.03	2	1.16.12	5	1.29.45	1	*1.15.00*	4	2.08.15	5	1.42.05	4	1.38.07	4	1.26.03				
		チーム	7	1.54.03	7	3.10.15	7	4.40.00	5	5.55.00	5	8.03.15	5	1.42.05	5	3.20.12	5	4.46.15			4	7.46.28
		総合	7	1.54.03	7	3.10.15	7	4.40.00	5	5.55.00	5	8.03.15	5	9.45.20	5	11.23.27	5	12.49.30	5		4	15.49.43
5	東京農業	走者		青木 金治		棚橋源一郎		古田島忠作		長谷川 実		梨羽 勝起		矢ケ崎 諌		伊達 定宗		鈴木初三郎		藤木 光雄		武井 織衛
		個人	6	1.42.00	5	1.19.05	7	1.35.20			6		3	*1.37.15*	5	1.39.30	5	1.27.00				
		チーム	6	1.42.00	5	3.01.05	6	4.36.25	7		6	8.04.05	3	1.37.15	3	3.16.45	4	4.43.45			5	7.48.09
		総合	6	1.42.00	5	3.01.05	6	4.36.25	7		6	8.04.05	4	9.41.20	4	11.20.50	4	12.47.50	4		5	15.52.14
6	法政	走者		渡辺 三郎		長倉 恒夫		内田亥太郎		佐古口徳一		早坂 三郎		坂東 誠吾		宇津木泰虎		常見 岩雄		泉 菊次郎		倉谷安次郎
		個人	2	1.31.05	6	1.20.45	6	1.32.15	5	1.24.55	5	2.12.00	6	1.45.40	7	1.51.58	6	1.28.47				
		チーム	2	1.31.05	3	2.51.50	4	4.24.05	4	5.49.00	4	8.01.00	6	1.45.40	7	3.37.38	6	5.06.25			6	8.06.18
		総合	2	1.31.05	3	2.51.50	4	4.24.05	4	5.49.00	4	8.01.00	6	9.46.40	6	11.38.38	6	13.07.25	6		6	16.07.18
7	中央	走者		幸田竹三郎		古川 治信		山崎 岩男		川名 常保		藤沢 千一		青木 松二		湯本 幸一		木ノ内善雄		（加藤 正男）		遠藤竹三郎
		個人	5	1.41.06	7	1.21.09	4	1.28.05	6	1.25.40	7	2.17.25	7	1.48.45	6	1.46.11	7	1.31.44		1.40.25		1.29.10
		チーム	5	1.41.06	6	3.02.15	5	4.30.20	6	5.56.00	7	8.13.25	7	1.48.45	6	3.34.56	7	5.06.40		6.47.05	7	8.16.15
		総合	5	1.41.06	6	3.02.15	5	4.30.20	6	5.56.00	7	8.13.25	7	10.02.10	7	11.48.21	7	13.20.05	7	15.00.30	7	16.29.40

第3回　1922年(大正11年)1月7日～8日　　スタート：東京有楽町報知新聞社前　ゴール：箱根関所址

順	大学名		往路										復路									
			1区		2区		3区		4区		5区		6区		7区		8区		9区		10区	
1	早稲田	走者		細川 曽市		三村 二郎		大江 正行		栃尾彦三郎		麻生 武治		内田 庄作		河野 一郎		河野 謙三		枇杷坂 実		行田 重治
		個人	2	1.26.34	1	1.13.42	1	1.22.46	4	1.24.03	1	*1.47.02*	1	*1.32.34*	1	*1.20.55*	1	*1.19.02*	2	1.21.20	5	1.24.23
		チーム	2	1.26.34	2	2.40.16	1	4.03.02	2	5.27.05	2	7.14.07	1	1.32.34	1	2.53.29	1	4.12.31	1	5.33.51	1	6.58.14
		総合	2	1.26.34	2	2.40.16	1	4.03.02	2	5.27.05	2	7.14.07	2	8.46.41	1	10.07.36	1	11.26.38	1	12.47.58	1	14.12.21
2	東京高師	走者		畠山 勇三		越智 治成		長田 博		山口徳太郎		茂木 善作		栗本 義彦		大谷 哲		早苗 藤作		白鳥 義明		西田長治郎
		個人	1	*1.22.03*	2	1.14.41	4	1.26.48	2	1.20.58	2	*1.48.06*	2	*1.33.05*	6	1.31.04	3	1.30.00	7	1.26.01	7	1.24.50
		チーム	1	1.22.03	1	2.36.44	2	4.03.32	1	5.24.30	1	7.12.36	2	1.33.05	4	3.04.09	4	4.34.09	4	6.00.10	4	*7.25.50
		総合	1	1.22.03	1	2.36.44	2	4.03.32	1	5.24.30	1	7.12.36	1	8.45.41	2	10.16.45	2	11.46.45	2	13.12.46	2	*14.38.26
3	明治	走者		石井 宕		高見 将三		高橋釋三郎		須永 甫		西本 勉		江俣 広		文 天吉		神尾 友枝		西崎 実一		下村 広次
		個人	5	1.32.20	4	1.15.38	7	1.30.32	1	1.20.45	7	1.57.26	4	1.35.55	2	*1.21.30*	4	1.30.03	3	1.22.17	1	1.20.42
		チーム	5	1.32.20	5	2.47.58	5	4.18.30	5	5.39.15	5	7.36.41	4	1.35.55	2	2.57.25	2	4.27.28	3	5.49.45	2	7.10.27
		総合	5	1.32.20	5	2.47.58	5	4.18.30	5	5.39.15	5	7.36.41	5	9.12.36	3	10.34.06	3	12.04.09	3	13.26.26	3	14.47.08
4	中央	走者		遠藤竹三郎		中川 英男		山崎 岩男		山本 福夫		藤代 正誠		藤沢 千一		小島 純雄		木ノ内善雄		岡本 喜作		李 明植
		個人	3	1.27.50	5	1.17.11	2	1.23.31	7	1.29.28	4	*1.51.07*	6	1.39.14	7	1.32.15	5	1.32.20	8	1.27.03	3	1.22.47
		チーム	3	1.27.50	4	2.45.01	3	4.08.32	4	5.38.00	4	7.29.07	6	1.39.14	6	3.11.29	6	4.43.49	5	6.10.52	5	7.33.39
		総合	3	1.27.50	4	2.45.01	3	4.08.32	4	5.38.00	4	7.29.07	4	9.08.21	4	10.40.36	5	12.12.56	5	13.39.59	4	15.02.46
5	東京農業	走者		伊達 定宗		棚橋源一郎		山岸庄一郎		辻 希四郎		古田島忠作		矢ケ崎 諫		長谷川 実		鈴木初三郎		藤木 光雄		武井 織衛
		個人	7	1.36.15	6	1.18.39	5	1.28.56	9	1.33.15	5	*1.53.35*	3	*1.33.59*	3	*1.24.57*	7	1.32.59	1	1.17.31	4	1.22.53
		チーム	7	1.36.15	7	2.54.54	6	4.23.50	7	5.57.05	6	7.50.40	3	1.33.59	3	2.58.56	3	4.31.55	2	5.49.26	3	7.12.19
		総合	7	1.36.15	7	2.54.54	6	4.23.50	7	5.57.05	6	7.50.40	6	9.24.39	6	10.49.36	6	12.22.35	6	13.40.06	5	15.02.59
6	慶應義塾	走者		清水 了一		鴫脚 十郎		平山十一郎		西山 恒吉		青木 好之		広浜 誠一		佐々木洋之輔		池田 義信		加藤木貞次		笠原 富勅
		個人	4	1.30.00	3	1.14.56	3	1.24.36	3	1.23.28	3	*1.48.54*	5	1.38.22	10	1.40.50	2	1.29.39	6	1.24.48	9	1.35.08
		チーム	4	1.30.00	3	2.44.56	4	4.09.32	3	5.33.00	3	7.21.54	5	1.38.22	8	3.19.12	7	4.48.51	6	6.13.39	8	7.48.47
		総合	4	1.30.00	3	2.44.56	4	4.09.32	3	5.33.00	3	7.21.54	3	9.00.16	5	10.41.06	4	12.10.45	4	13.35.33	6	15.10.41
7	法政	走者		青木 堯夫		清川 薫		栗田 庸三		長倉 恒夫		渡辺 三郎		川村 衛		藪田 文耕		佐古口徳一		斎藤 忠吉		吉原 勝雄
		個人	9	1.41.32	8	1.23.23	8	1.35.35	5	1.27.33	6	1.56.22	7	1.39.32	5	1.31.03	6	1.32.53	10	1.33.54	6	1.24.27
		チーム	9	1.41.32	8	3.04.55	8	4.40.30	8	6.08.03	8	8.04.25	7	1.39.32	5	3.10.35	5	4.43.28	7	6.17.22	7	7.41.49
		総合	9	1.41.32	8	3.04.55	8	4.40.30	8	6.08.03	8	8.04.25	8	9.43.57	8	11.15.00	8	12.47.53	8	14.21.47	7	15.46.14
8	東大農実	走者		白川 卓郎		千野 恒夫		小早川 進		安部 義夫		藤原 完助		高橋 新一		佐藤 毅		(鈴木 重信)		(矢守 好一)		(木村實太郎)
		個人	6	1.33.09	7	1.21.17	6	1.30.24	8	1.29.30	8	2.03.25	8	1.40.04	8	1.32.22	9	1.40.58	5	1.24.05	8	1.32.20
		チーム	6	1.33.09	6	2.54.26	7	4.24.50	6	5.54.20	7	7.57.45	8	1.40.04	7	3.12.26	8	4.53.24	8	6.17.29	9	7.49.49
		総合	6	1.33.09	6	2.54.26	7	4.24.50	6	5.54.20	7	7.57.45	7	9.37.49	7	11.10.11	7	12.51.09	7	14.15.14	8	15.47.34
9	日歯医専	走者		牛込 鐘一		金子 宗治		猪苗代 周		須田 三郎		田沢 四三		吉田 晋作		松尾 正雄		(柾木 義雄)		(小島 文太)		戸田 菊夫
		個人	8	1.38.00	10	1.30.18	9	1.37.15	10	1.40.07	9	2.19.32	9	1.50.24	4	1.30.30	8	1.34.31	4	1.23.33	2	1.22.31
		チーム	8	1.38.00	9	3.08.18	9	4.45.33	9	6.25.40	9	8.45.12	9	1.50.24	9	3.20.54	9	4.55.25	9	6.18.58	6	7.41.29
		総合	8	1.38.00	9	3.08.18	9	4.45.33	9	6.25.40	9	8.45.12	9	10.35.36	9	12.06.06	9	13.40.37	9	15.04.10	9	16.26.41
10	日本	走者		小原 秀憲		有賀今朝吉		山口 延良		永田安之輔		鈴木 金義		坂田英七郎		藤本源太郎		上山 繁樹		山口 重		前田喜太平
		個人	10	1.53.43	9	1.29.52	10	1.42.25	6	1.28.10	10	2.40.41	10	1.59.42	9	1.38.18	10	2.15.34	9	1.28.01	10	2.13.41
		チーム	10	1.53.43	10	3.23.35	10	5.06.00	10	6.34.10	10	9.14.51	10	1.59.42	10	3.38.00	10	5.53.34	10	7.21.35	10	9.35.16
		総合	10	1.53.43	10	3.23.35	10	5.06.00	10	6.34.10	10	9.14.51	10	11.14.33	10	12.52.51	10	15.08.25	10	16.36.26	10	18.50.07

第4回　1923年(大正12年)1月6日～7日　スタート：東京有楽町報知新聞社前　ゴール：箱根関所址

順	大学名		往路										復路									
			1区		2区		3区		4区		5区		6区		7区		8区		9区		10区	
1	早稲田	走者		宮岡 謙吉		細川 曽市		高橋 謙三		仲村　政		河野 謙三		三村 二郎		河野 一郎		大江 正行		縄田 尚門		行田 重治
		個人	6	1.28.14	1	1.13.53	3	1.25.14	5	1.27.48	2	*1.44.15*	2	1.32.35	2	1.21.04	4	1.27.29	1	*1.11.26*	3	1.23.51
		チーム	6	1.28.14	2	2.42.07	3	4.07.21	3	5.35.09	2	7.19.24	2	1.32.35	1	2.53.39	1	4.21.08	1	5.32.34	1	6.56.25
		総合	6	1.28.14	2	2.42.07	3	4.07.21	3	5.35.09	2	7.19.24	1	8.51.59	1	10.13.03	1	11.40.32	1	12.51.58	1	14.15.49
2	中央	走者		遠藤竹三郎		中川 英男		山崎 岩男		木ノ内善男		藤代 正誠		岡本 喜作		関谷 忠男		山本 光三		湯本 幸一		山口　幹
		個人	7	1.29.40	2	1.14.08	2	1.22.22	4	1.27.35	5	1.54.20	4	1.39.48	1	*1.20.48*	2	1.23.31	3	*1.15.54*	2	1.21.40
		チーム	7	1.29.40	3	2.43.48	1	4.06.10	1	5.33.45	4	7.28.05	4	1.39.48	3	3.00.36	3	4.24.07	3	5.40.01	2	7.01.41
		総合	7	1.29.40	3	2.43.48	1	4.06.10	1	5.33.45	4	7.28.05	4	9.07.53	4	10.28.41	3	11.52.12	2	13.08.06	2	14.29.46
3	東京農業	走者		辻 希四郎		棚橋源一郎		山岸庄一郎		富田 文二		古田島忠作		矢ケ崎 諫		長谷川 実		鈴木初三郎		藤木 光雄		武井 織衛
		個人	2	1.26.34	3	1.17.41	6	1.29.28	2	1.26.29	4	1.53.55	1	*1.31.20*	3	1.22.41	5	1.27.45	2	*1.12.42*	5	1.28.35
		チーム	2	1.26.34	4	2.44.15	5	4.14.43	4	5.40.12	5	7.34.07	1	1.31.20	2	2.54.01	2	4.21.46	2	5.34.28	3	7.03.03
		総合	2	1.26.34	4	2.44.15	5	4.14.43	4	5.40.12	5	7.34.07	3	9.05.27	3	10.28.08	4	11.55.53	3	13.08.35	3	14.37.10
4	明治	走者		須永　甫		坂尾　潔		八島 健三		川上 正蔵		下村 広次		江俣　広		石井　宕		西崎 実一		天野 重朗		文　天吉
		個人	4	1.27.37	5	1.19.54	1	*1.19.20*	3	1.26.54	1	*1.43.26*	6	1.40.41	5	1.24.48	6	1.28.28	7	1.23.50	4	1.23.52
		チーム	4	1.27.37	5	2.47.31	2	4.06.51	1	5.33.45	1	7.17.11	6	1.40.41	4	3.05.29	5	4.33.57	7	5.57.47	5	7.21.39
		総合	4	1.27.37	5	2.47.31	2	4.06.51	1	5.33.45	1	7.17.11	2	8.57.52	2	10.22.40	2	11.51.08	4	13.14.58	4	14.38.50
5	東京高師	走者		畠山 勇三		越智 治成		坂井 一郎		斎藤　繁		栗本 義彦		山田 祐治		橋本 忠雄		西田長治郎		桑田 勇三		佐藤秀三郎
		個人	1	*1.23.41*	4	1.18.04	5	1.29.00	6	1.31.21	3	*1.45.28*	9	1.50.19	7	1.27.09	1	*1.19.00*	5	1.18.03	1	1.19.49
		チーム	1	1.23.41	1	2.41.45	4	4.10.45	6	5.42.06	3	7.27.34	9	1.50.19	8	3.17.28	6	4.36.28	4	5.54.31	4	7.14.20
		総合	1	1.23.41	1	2.41.45	4	4.10.45	6	5.42.06	3	7.27.34	5	9.17.53	5	10.45.02	5	12.04.02	5	13.22.05	5	14.41.54
6	慶應義塾	走者		清水 了一		逸見 武夫		笠原 富勅		鴨脚 十郎		青木 好之		広浜 誠一		本間 芝郎		平山十一郎		太田 一夫		寺内寿太郎
		個人	3	1.27.00	7	1.23.50	4	1.27.41	1	1.22.33	8	2.06.27	3	1.37.19	8	1.29.30	3	1.25.42	9	1.24.49	7	1.29.59
		チーム	3	1.27.00	7	2.50.50	6	4.18.31	5	5.41.04	6	7.47.31	3	1.37.19	7	3.06.49	4	4.32.31	6	5.57.20	7	*7.26.59
		総合	3	1.27.00	7	2.50.50	6	4.18.31	5	5.41.04	6	7.47.31	6	9.24.50	7	10.54.20	6	12.20.02	6	13.44.51	6	*15.14.30
7	法政	走者		渡辺 三郎		大町 北造		藪田 文耕		栗田 庸三		斎藤 忠吉		伊藤 敬行		佐古口徳一		近長 武男		高木 留吉		青木 堯夫
		個人	5	1.27.40	6	1.22.33	7	1.29.37	7	1.32.11	6	1.55.48	7	1.42.17	4	1.23.31	7	1.32.32	6	1.18.58	6	1.29.48
		チーム	5	1.27.40	6	2.50.13	7	4.19.50	7	5.52.01	7	7.47.49	7	1.42.17	5	3.05.48	7	4.38.20	5	5.57.18	6	*7.37.03
		総合	5	1.27.40	6	2.50.13	7	4.19.50	7	5.52.01	7	7.47.49	7	9.30.06	6	10.53.37	7	12.26.09	7	13.45.07	7	*15.24.52
8	東大農実	走者		矢沢 頼忠		高橋 新一		倉沢 賢三		矢守 好一		杉山弥三郎		井出 伊角		木村寅太郎		小早川 進		根本 通志		真砂 久一
		個人	9	1.42.56	8	1.23.55	8	1.30.49	9	1.36.36	7	2.03.25	5	1.40.16	6	1.26.31	8	1.36.38	4	*1.16.07*	9	1.51.41
		チーム	9	1.42.56	9	3.06.51	8	4.37.40	8	6.14.16	8	8.17.41	5	1.40.16	6	3.06.47	8	4.43.25	8	5.59.32	8	*7.57.13
		総合	9	1.42.56	9	3.06.51	8	4.37.40	8	6.14.16	8	8.17.41	8	9.57.57	8	11.24.28	8	13.01.06	8	14.17.13	8	*16.14.54
9	日本	走者		山崎 此多		山口 延良		松田 米雄		高倉 永治		山本 猛夫		小原 秀憲		藤本源太郎		飯島 海次		清水 好雄		前田喜太平
		個人	8	1.36.49	9	1.29.00	9	1.37.44	8	1.35.01	9	2.22.53	8	1.49.51	9	1.34.06	9	1.39.35	8	1.24.18	9	1.48.23
		チーム	8	1.36.49	8	3.05.49	9	4.43.33	9	6.18.34	9	8.41.27	8	1.49.51	9	3.23.57	9	5.03.32	9	6.27.50	9	*8.10.37
		総合	8	1.36.49	8	3.05.49	9	4.43.33	9	6.18.34	9	8.41.27	9	10.31.18	9	12.05.24	9	13.44.59	9	15.09.17	9	*16.52.04

第5回　1924年(大正13年)1月12日～13日　　スタート：東京有楽町報知新聞社前　ゴール：箱根関所址

順	大学名		往路										復路									
			1区		2区		3区		4区		5区		6区		7区		8区		9区		10区	
1	明治	走者		江俣 広		伊藤 兼吉		高橋釋三郎		川上 正蔵		下村 広次		天野 重朗		永谷 寿一		山口 栄		泉 勘次郎		八島 健三
		個人	5	1.30.01	2	1.18.43	1	1.22.31		1.28.15	2	1.49.57	4	1.36.51	1	*1.15.35*					1	*1.18.43*
		チーム	5	1.30.01	5	2.48.44	1	4.11.15	1	5.39.30	2	*7.29.26	4	1.36.51		2.52.26					1	6.55.43
		総合	**5**	**1.30.01**	**5**	**2.48.44**	**1**	**4.11.15**	**1**	**5.39.30**	**2**	***7.29.26**	**2**	**9.06.17**	**2**	**10.21.52**	**2**		**2**		**1**	**14.25.09**
2	東京高師	走者		坂井 一郎		新田與三次		(遠山 福次)		(佐々木兵三)		栗本 義彦		佐藤秀三郎		西田長治郎		(橋本 忠雄)		山田 祐次		畠山 勇三
		個人	4	1.26.04	3	1.21.53					1	1.47.04	1	*1.26.09*	3	1.23.09						
		チーム	4	1.26.04	3	2.47.57	3		3		1	7.26.42	1	1.26.09		2.49.18					3	7.01.13
		総合	**4**	**1.26.04**	**3**	**2.47.57**	**3**		**3**		**1**	**7.26.42**	**1**	**8.52.51**	**1**	**10.16.00**	**1**		**1**		**2**	**14.27.55**
3	早稲田	走者		大槻 静雄		水谷 英敏		枇杷坂 実		海老沢由忠		宮岡 謙吉		内田 庄作		高橋 謙三		三村 二郎		縄田 尚門		行田 重治
		個人	2	*1.23.04*	6	1.22.52				1.28.27	3	1.54.28	5	1.41.37	2	*1.17.17*						
		チーム	2	1.23.04	1	2.45.56	7		4		3	7.34.06	5	1.41.37		2.58.55					2	7.00.56
		総合	**2**	**1.23.04**	**1**	**2.45.56**	**7**		**4**		**3**	**7.34.06**	**4**	**9.15.44**	**3**	**10.33.01**	**3**		**3**		**3**	**14.35.02**
4	東京農業	走者		林 譲二郎		棚橋源一郎		伊達 定宗		富田 文二		古田島忠作		矢ケ崎 諌		長谷川 実		永田安之輔		滝口 浩		藤木 光雄
		個人	1	*1.22.44*	8	1.26.18					4	1.57.03	3	1.36.30	4	1.27.00						
		チーム	1	1.22.44	6	2.49.02	4		2		4	7.36.41	3	1.36.30		3.03.30					4	7.15.20
		総合	**1**	**1.22.44**	**6**	**2.49.02**	**4**		**2**		**4**	**7.36.41**	**3**	**9.13.12**	**4**	**10.40.12**	**4**		**4**		**4**	**14.52.01**
5	慶應義塾	走者		太田 一夫		岡田 英夫		(笠原 富勅)		(本間 芝郎)		平山十一郎		朝倉 定		今井 和次		(広浜 誠一)		(寺内寿太郎)		清水 了一
		個人	6	1.30.45	1	1.17.17						2.07.15	6	1.44.06	5	1.27.12						
		チーム	6	1.30.45	4	2.48.02	5		5		5	7.46.53	6	1.44.06		3.11.18					6	7.22.17
		総合	**6**	**1.30.45**	**4**	**2.48.02**	**5**		**5**		**5**	**7.46.53**	**6**	**9.31.00**	**5**	**10.58.12**	**5**		**5**		**5**	**15.09.11**
6	法政	走者		高木 留吉		芳賀 潔		近長 武男		栗田 庸三		渡辺 三郎		青木 堯夫		佐古口徳一		横溝 泰三		水村 浩		福地 悌治
		個人	8	1.34.27	7	1.23.18							2	1.35.41	6	1.30.49						
		チーム	8	1.34.27	8	2.57.45	8		6		6	7.52.47	2	1.35.41		3.06.30					5	7.21.03
		総合	**8**	**1.34.27**	**8**	**2.57.45**	**8**		**6**		**6**	**7.52.47**	**5**	**9.28.28**	**6**	**10.59.17**	**6**		**6**		**6**	**15.13.50**
7	東大農実	走者		矢守 好一		大東和徳雄		(倉沢 賢三)		柳本龍三郎		(杉山弥三郎)		渡辺啓一郎		(小早川 進)		(大須賀利清)		(木村 好秋)		(藤巻伝之亟)
		個人	3	*1.23.37*	5	1.22.37							7	1.48.11								
		チーム	3	1.23.37	2	2.46.14	2		8		7	7.55.16	7	1.48.11							7	7.54.01
		総合	**3**	**1.23.37**	**2**	**2.46.14**	**2**		**8**		**7**	**7.55.16**	**7**	**9.43.28**	**7**		**7**		**7**		**7**	**15.49.17**
8	日歯医専	走者		陶山 英夫		土屋甲子雄		北村喜多治		斎藤光之輔		小正 虎光		斎藤 貴		唐木 英行		小島 文太		合六 定		松尾 正雄
		個人	7	1.33.04	4	1.22.07							9	1.58.08								
		チーム	7	1.33.04	7	2.55.11	6		7		8	7.58.30	9	1.58.08							9	8.11.03
		総合	**7**	**1.33.04**	**7**	**2.55.11**	**6**		**7**		**8**	**7.58.30**	**8**	**9.56.38**	**8**		**8**		**8**		**8**	**16.09.34**
9	日本	走者		山崎 此多		田中 常蔵		和泉元光好		勝村 直重		(武藤 満雄)		坂田英七郎		会川 源三		飯島 海次		松田 米雄		(前田喜太平)
		個人	9	1.37.54	9	1.32.25							8	1.49.09								
		チーム	9	1.37.54	9	3.10.19	9		9		9	8.07.35	8	1.49.09							8	8.08.22
		総合	**9**	**1.37.54**	**9**	**3.10.19**	**9**		**9**		**9**	**8.07.35**	**9**	**9.56.44**	**9**		**9**		**9**		**9**	**16.15.57**

第6回　1925年(大正14年)1月6日～7日　　スタート：東京有楽町報知新聞社前　ゴール：箱根関所址

順	大学名		往路										復路									
			1区		2区		3区		4区		5区		6区		7区		8区		9区		10区	
1	明治	走者		松尾 昇		樋口 亮		原田 嘉七		川上 正蔵		八島 健三		江俣 広		天野 重朗		山口 栄		泉 勘次郎		永谷 寿一
		個人	7	1.31.12	4	1.19.26	4	1.22.42	6	1.27.26	1	1.45.34	2	1.33.02	1	1.17.50					1	1.19.04
		チーム	7	1.31.12	5	2.50.38	5	4.13.20	4	5.40.46	2	7.26.20	2	1.33.02	2	2.50.52					1	6.43.34
		総合	**7**	**1.31.12**	**5**	**2.50.38**	**5**	**4.13.20**	**4**	**5.40.46**	**2**	**7.26.20**	**2**	**8.59.22**	**1**	**10.17.12**	**1**		**1**	**12.50.50**	**1**	**14.09.54**
2	早稲田	走者		岡井 豊		栃尾彦三郎		鈴木 憲雄		山田 要		宮岡 謙吉		田中 辰夫		川岸 茂夫		枇杷坂 実		髙橋 謙三		縄田 尚門
		個人	10	1.40.20	3	1.19.07	2	1.19.26	5	1.26.21	3	1.52.40	5	1.43.23	3	1.21.38					2	1.21.49
		チーム	10	1.40.20	10	2.59.27	8	4.18.53	6	5.45.15	4	7.37.55	5	1.43.23	3	3.05.01					2	6.59.09
		総合	**10**	**1.40.20**	**10**	**2.59.27**	**8**	**4.18.53**	**6**	**5.45.15**	**4**	**7.37.55**	**4**	**9.21.19**	**4**	**10.42.57**	**4**		**4**		**2**	**14.37.05**
3	中央	走者		西川 行雄		中川 英男		浅井 吉国		伊藤 政視		平野太郎七		山崎 岩男		関谷 忠男		臼井 卯平		湯本 幸一		髙橋 清二
		個人	4	1.24.18	2	1.18.54	8	1.24.46	1	1.24.06	2	1.48.41	3	1.34.26	8	1.31.42		1.25.53		1.11.49	8	1.34.24
		チーム	4	1.24.18	1	2.43.12	1	4.07.58	1	5.32.05	1	7.20.46	3	1.34.26	4	3.06.08		4.32.01		5.43.50	4	7.18.14
		総合	**4**	**1.24.18**	**1**	**2.43.12**	**1**	**4.07.58**	**1**	**5.32.05**	**1**	**7.20.46**	**1**	**8.55.12**	**3**	**10.26.54**	**2**	**11.52.47**	**2**	**13.04.36**	**3**	**14.39.01**
4	東京高師	走者		新田與三次		納戸 徳重		岡沢 亘		三浦 義雄		木内 義雄		佐藤秀三郎		柳武 亀利		富田 寿己		青山 正文		橋本 忠雄
		個人	6	1.25.32	5	1.20.57	6	1.23.32	2	1.25.09	4	1.57.41	1	1.29.16	2	1.19.21					5	1.29.36
		チーム	6	1.25.32	2	2.46.29	3	4.10.01	2	5.35.10	3	7.32.51	1	1.29.16	1	2.48.37					3	7.08.32
		総合	**6**	**1.25.32**	**2**	**2.46.29**	**3**	**4.10.01**	**2**	**5.35.10**	**3**	**7.32.51**	**3**	**9.02.07**	**2**	**10.21.28**	**3**		**3**		**4**	**14.41.24**
5	慶應義塾	走者		穂積 大助		池田 義信		本間 芝郎		岡田 英夫		髙橋 正彦		橋爪 三雄		新城 弘三		(広浜 誠一)		太田 一夫		清水 了一
		個人	5	1.24.26	6	1.25.19	10	1.30.29	3	1.25.26	10	2.09.20	10	1.49.20	4	1.22.19					3	1.24.34
		チーム	5	1.24.26	4	2.49.45	9	4.20.14	7	5.45.40	8	7.55.00	10	1.49.20	7	3.11.39					6	7.20.49
		総合	**5**	**1.24.26**	**4**	**2.49.45**	**9**	**4.20.14**	**7**	**5.45.40**	**8**	**7.55.00**	**9**	**9.44.20**	**7**	**11.06.39**	**7**		**7**		**5**	**15.15.50**
6	東京農業	走者		薦田 二郎		田中 辰男		石田益太郎		岡崎 愛三		伊藤 祐之		伊達 定宗		富田 文二		古田島忠作		滝口 浩		永田安之輔
		個人	9	1.34.01	8	1.25.26	7	1.23.53	8	1.32.14	6	2.02.59	7	1.43.45	6	1.26.46					4	1.27.54
		チーム	9	1.34.01	9	2.59.27	10	4.23.20	9	5.55.35	9	7.58.34	7	1.43.45	6	3.10.31					5	7.18.59
		総合	**9**	**1.34.01**	**9**	**2.59.27**	**10**	**4.23.20**	**9**	**5.55.35**	**9**	**7.58.34**	**8**	**9.42.19**	**9**	**11.09.05**	**6**		**6**		**6**	**15.17.34**
7	日本	走者		伊藤 静夫		前田喜太平		吉田 正雄		会川 源三		山田 米作		有賀今朝吉		勝村 直重		松田 米雄		有田 国安		武智 道雄
		個人	8	1.31.45	1	1.18.53	3	1.19.35	4	1.26.17	8	2.04.27	6	1.43.39	5	1.24.38					7	1.32.21
		チーム	8	1.31.45	6	2.50.38	2	4.10.13	3	5.36.30	5	7.40.57	6	1.43.39	5	3.08.17					7	7.39.50
		総合	**8**	**1.31.45**	**6**	**2.50.38**	**2**	**4.10.13**	**3**	**5.36.30**	**5**	**7.40.57**	**5**	**9.24.36**	**5**	**10.49.14**	**5**		**5**		**7**	**15.20.47**
8	日歯医専	走者		土屋甲子雄		唐木 英行		菅野伊達男		青木 末弘		陶山 英夫		北村喜多治		諸井 信司		(斎藤光之輔)		合六 定		小正 虎光
		個人	3	1.23.18	7	1.25.24	9	1.26.03	9	1.32.54	9	2.06.42	4	1.40.39	9	1.33.25					9	1.42.12
		チーム	3	1.23.18	3	2.48.42	7	4.14.45	8	5.47.40	7	7.54.22	4	1.40.39	9	3.14.04					8	7.44.13
		総合	**3**	**1.23.18**	**3**	**2.48.42**	**7**	**4.14.45**	**8**	**5.47.40**	**7**	**7.54.22**	**7**	**9.35.01**	**8**	**11.08.26**	**8**		**8**		**8**	**15.38.35**
9	東大農実	走者		藤巻伝之亟		大須賀利清		杉山弥三郎		金子 正		大東和徳雄		藤尾 堅二		河内 愛三		(山根 芳雄)		西川 久直		宮本 謙治
		個人	1	*1.22.34*	10	1.31.16	1	*1.18.39*	7	1.30.28	5	2.00.36	9	1.47.16	10	1.35.09					10	1.43.27
		チーム	1	1.22.34	8	2.53.50	4	4.12.29	5	5.42.58	6	7.43.34	9	1.47.16	10	3.22.25					10	7.56.44
		総合	**1**	**1.22.34**	**8**	**2.53.50**	**4**	**4.12.29**	**5**	**5.42.58**	**6**	**7.43.34**	**6**	**9.30.50**	**6**	**11.05.59**	**9**		**9**		**9**	**15.40.18**
10	法政	走者		水村 浩		岩下 誠一		小川 良三		栗田 庸三		横溝 泰三		青木 堯夫		菊地 清三		佐古口徳一		小川伝三郎		髙木 留吉
		個人	2	1.23.13	9	1.28.08	5	1.23.13	10	1.53.34	7	2.04.11	8	1.46.08	7	1.27.33					6	1.31.45
		チーム	2	1.23.13	7	2.51.21	6	4.14.34	10	6.08.09	10	8.12.20	8	1.46.08	8	3.13.41					9	7.47.43
		総合	**2**	**1.23.13**	**7**	**2.51.21**	**6**	**4.14.34**	**10**	**6.08.09**	**10**	**8.12.20**	**10**	**9.58.28**	**10**	**11.26.01**	**10**		**10**		**10**	**16.00.03**

第7回　1926年(大正15年)1月9日～10日　　スタート：東京有楽町報知新聞社前　ゴール：箱根関所址

順	大学名		往路										復路									
				1区		2区		3区		4区		5区		6区		7区		8区		9区		10区
1	中央	走者		佐藤 正視		中川 英男		山本 光三		津島仙太郎		平野太郎七		山崎 岩男		西川 行雄		宮本源太郎		文　天吉		湯本 幸一
		個人	5	1.27.10	1	*1.16.46*	3	1.25.56	1	1.20.10	3	1.47.42	3	1.35.58	1	1.15.57	5	1.27.20	3	1.16.17	3	1.24.12
		チーム	5	1.27.10	1	2.43.56	1	4.09.53	1	5.30.04	1	7.17.46	3	1.35.58	2	2.51.55	2	4.19.16	2	5.35.33	2	6.59.45
		総合	5	1.27.10	1	2.43.56	1	4.09.53	1	5.30.04	1	7.17.46	1	8.53.44	1	10.09.41	1	11.37.02	1	12.53.19	1	14.17.31
2	明治	走者		牧田 与一		泉 勘次郎		橋本 彦一		佐原東三郎		八島 健三		永瀬 芳雄		山口　栄		原田 嘉七		笹原 二郎		永谷 寿一
		個人	4	1.27.00	3	1.22.22	4	1.27.42	2	1.25.45	1	*1.42.43*	2	1.32.39	2	1.18.56	2	1.23.11	4	1.16.30	1	*1.21.20*
		チーム	4	1.27.00	3	2.49.22	4	4.17.05	2	5.42.51	2	7.25.34	2	1.32.39	1	2.51.36	1	4.14.47	1	5.31.17	1	6.52.38
		総合	4	1.27.00	3	2.49.22	4	4.17.05	2	5.42.51	2	7.25.34	2	8.58.14	2	10.17.10	2	11.40.22	2	12.56.52	2	14.18.12
3	日歯医専	走者		八木　甫		諸井 信司		菅野伊達男		斎藤　久		斎藤 春吉		陶山 英夫		川俣 一雄		横沢 寅雄		合六　定		土屋甲子雄
		個人	3	1.26.00	2	1.21.28	5	1.27.43	6	1.32.14	4	1.49.48	6	1.38.40	6	1.30.14	3	1.23.55	6	1.18.47	2	1.21.46
		チーム	3	1.26.00	2	2.47.28	2	4.15.12	4	5.47.28	3	7.37.15	6	1.38.40	5	3.08.55	6	4.32.50	6	5.51.37	4	7.13.23
		総合	3	1.26.00	2	2.47.28	2	4.15.12	4	5.47.28	3	7.37.15	3	9.15.56	4	10.46.10	3	12.10.06	3	13.28.53	3	14.50.39
4	慶應義塾	走者		橋爪 三雄		武山 長一		渡辺 祥記		海老沢 操		穂積 大助		岡田 英夫		今井 和次		佐野 陽治		渡辺 毅一		清水 了一
		個人	6	1.31.22	6	1.26.18	6	1.32.16	3	1.27.07	5	1.52.15	1	1.30.43	3	1.25.32	6	1.27.35	5	1.16.51	4	1.26.00
		チーム	6	1.31.22	6	2.57.40	7	4.29.56	6	5.57.04	6	7.49.19	1	1.30.43	3	2.56.15	3	4.23.51	3	5.40.42	3	7.06.42
		総合	6	1.31.22	6	2.57.40	7	4.29.56	6	5.57.04	6	7.49.19	4	9.20.03	3	10.45.35	4	12.13.11	5	13.30.02	4	14.56.02
5	法政	走者		橋本 尹英		城田 英二		篠原 繁雄		新藤 要作		近長 武男		土門 敏行		藤田 義次		福地 悌治		水村　浩		青木 堯夫
		個人	2	1.25.52	5	1.24.53	1	1.24.41	5	1.31.47	6	1.58.20	5	1.38.06	7	1.31.10	1	1.21.44	1	*1.15.23*	5	1.27.49
		チーム	2	1.25.52	4	2.50.45	3	4.15.27	3	5.47.15	5	7.45.35	5	1.38.06	6	3.09.16	4	4.31.01	4	5.46.24	5	7.14.13
		総合	2	1.25.52	4	2.50.45	3	4.15.27	3	5.47.15	5	7.45.35	6	9.23.42	6	10.54.52	6	12.16.37	6	13.32.00	5	14.59.49
6	東京農業	走者		高橋 文平		松沢 義一		岡崎 愛三		富田 文二		永田安之輔		石田益太郎		菊地原寅三		富川 誠一		滝口　浩		長谷川 実
		個人	7	1.39.00	4	1.23.30	2	1.25.44	4	1.28.12	2	1.46.20	4	1.37.33	4	1.27.12	4	1.26.51	2	1.15.36	6	1.30.39
		チーム	7	1.39.00	7	3.02.30	5	4.28.14	5	5.56.27	4	7.42.47	4	1.37.33	4	3.04.46	5	4.31.37	5	5.47.13	6	7.17.53
		総合	7	1.39.00	7	3.02.30	5	4.28.14	5	5.56.27	4	7.42.47	5	9.20.21	5	10.47.33	5	12.14.25	4	13.30.01	6	15.00.40
7	東大農実	走者		藤巻伝之亟		野中 清気		藤尾 堅二		稲葉　静		西川 久直		香川 仙三		河内 愛三		山本　勝		佐々木利孝		新井房太郎
		個人	1	*1.23.20*	7	1.30.49	7	1.34.30	7	1.39.16	7	2.08.15	7	1.46.32	5	1.30.12	7	1.38.36	7	1.35.11	7	1.35.05
		チーム	1	1.23.20	5	2.54.09	6	4.28.39	7	6.07.56	7	8.16.11	7	1.46.32	7	3.16.44	7	4.55.21	7	6.30.32	7	8.05.37
		総合	1	1.23.20	5	2.54.09	6	4.28.39	7	6.07.56	7	8.16.11	7	10.02.43	7	11.32.55	7	13.11.32	7	14.46.43	7	16.21.48

第8回　1927年(昭和2年)4月9日～10日　　スタート：東京有楽町報知新聞社前　ゴール：箱根関所址

順	大学名		往路										復路									
				1区		2区		3区		4区		5区		6区		7区		8区		9区		10区
1	早稲田	走者		本野 仁治		窪田 正克		玉川 政吉		小山 勝太		岡井　豊		枇杷坂 実		高野 定二		川岸 茂夫		藤木　勳		縄田 尚門
		個人	2	1.24.33	1	*1.13.12*	1	1.21.37	1	1.23.11	3	1.56.38	2	1.37.11	2	1.25.18	2	1.25.58	1	*1.13.28*	2	1.24.30
		チーム	2	1.24.33	1	2.37.45	1	3.59.22	1	5.22.33	1	7.19.11	2	1.37.11	2	3.02.29	2	4.28.28	1	5.41.56	1	7.06.26
		総合	2	1.24.33	1	2.37.45	1	3.59.22	1	5.22.33	1	7.19.11	1	8.56.22	1	10.21.40	1	11.47.39	1	13.01.07	1	14.25.37
2	中央	走者		高橋 清二		大崎 芳夫		花井 功伍		野本 亀次		文　天吉		宮本源太郎		湯本 幸一		山本 光三		三橋 儀郎		田代菊之助
		個人	5	1.29.14	2	1.18.23	3	1.27.51	4	1.27.42	4	1.57.34	1	1.34.32	1	1.23.02	4	1.29.06	4	1.26.08	1	*1.17.28*
		チーム	5	1.29.14	3	2.47.37	3	4.15.28	3	5.43.11	3	7.40.45	1	1.34.32	1	2.57.34	1	4.26.40	2	5.52.48	2	7.10.16
		総合	5	1.29.14	3	2.47.37	3	4.15.28	3	5.43.11	3	7.40.45	3	9.15.17	2	10.38.19	2	12.07.25	3	13.33.33	2	14.51.01
3	明治	走者		窪田 武夫		佐原東三郎		重城 靖夫		沢田 信美		八島 健三		山本 厳雄		光田　博		権　泰夏		笹原 二郎		永瀬 芳雄
		個人	1	*1.22.39*	3	1.20.25	4	1.30.33	2	1.26.26	1	1.50.38	3	1.39.03	5	1.30.52	3	1.27.22	3	1.22.31	3	1.25.04
		チーム	1	1.22.39	2	2.43.04	2	4.13.37	2	5.40.04	2	7.30.42	3	1.39.03	3	3.09.55	3	4.37.18	4	5.59.49	3	7.24.53
		総合	1	1.22.39	2	2.43.04	2	4.13.37	2	5.40.04	2	7.30.42	2	9.09.45	3	10.40.37	3	12.08.00	2	13.30.31	3	14.55.35
4	法政	走者		江頭 正恭		尾関 行良		近長 武男		新藤 要作		福地 悌治		土門 敏行		篠原 繁雄		引田 二郎		森　豊彦		橋本 尹英
		個人	3	1.25.40	4	1.30.25	2	1.25.28	3	1.27.11	2	1.54.51	4	1.46.30	3	1.25.28	5	1.29.42	2	1.17.15	4	1.31.11
		チーム	3	1.25.40	4	2.56.05	4	4.21.33	4	5.48.45	4	7.43.36	4	1.46.30	4	3.11.58	4	4.41.40	3	5.58.55	4	7.30.06
		総合	3	1.25.40	4	2.56.05	4	4.21.33	4	5.48.45	4	7.43.36	4	9.30.06	4	10.55.34	4	12.25.16	4	13.42.31	4	15.13.42
5	日本	走者		野口　操		小林 光蔵		矢島 繁夫		横張 光夫		鎌田 直尋		栗原 正男		高道　孝		伊藤 祐之		長島		曽根　茂
		個人	4	1.26.33	5	1.31.45	5	1.42.05	5	1.32.21	5	2.08.18	5	2.14.42	4	1.28.15	1	1.24.41	5	1.32.30	5	1.59.48
		チーム	4	1.26.33	5	2.58.18	5	4.40.23	5	6.12.45	5	8.21.03	5	2.14.42	5	3.42.57	5	5.07.38	5	6.40.08	5	*8.09.56
		総合	4	1.26.33	5	2.58.18	5	4.40.23	5	6.12.45	5	8.21.03	5	10.35.45	5	12.04.00	5	13.28.41	5	15.01.11	5	*16.30.59

第9回　1928年(昭和3年)1月7日～8日　　スタート：東京有楽町報知新聞社前　ゴール：箱根関所址

順	大学名		往路										復路									
			1区		2区		3区		4区		5区		6区		7区		8区		9区		10区	
1	明治	走者		古沢 英一		千葉　毅		村野 正雄		権　泰夏		八島 健三		永瀬 芳雄		山本 巌雄		光田　博		笠井 重雄		北角 昌利
		個人	3	1.23.24	2	1.14.35	6	1.27.05	1	*1.14.24*	4	1.43.12	2	1.29.39	1	1.18.53	9	1.26.50	6	1.17.47	2	1.19.05
		チーム	3	1.23.24	1	2.38.00	3	4.05.05	1	5.19.29	1	7.02.41	2	1.29.39	1	2.48.32	2	4.15.22	4	5.33.09	2	6.52.15
		総合	**3**	**1.23.24**	**1**	**2.38.00**	**3**	**4.05.05**	**1**	**5.19.29**	**1**	**7.02.41**	**1**	**8.32.20**	**1**	**9.51.13**	**1**	**11.18.03**	**1**	**12.35.50**	**1**	**13.54.56**
2	早稲田	走者		本野 仁治		宮城俊次郎		河田　薫		河鍋 久治		岡井　豊		藤木　勳		高野 定二		鈴木 憲雄		小山 勝太		縄田 尚門
		個人	2	*1.22.19*	3	1.18.00	1	1.20.57	6	1.21.59	5	1.47.29	1	1.29.35	9	1.27.52	3	1.19.42	4	1.15.49	1	1.18.28
		チーム	2	1.22.19	4	2.40.20	1	4.01.17	3	5.23.17	2	7.10.46	1	1.29.35	5	2.57.27	4	4.17.09	2	5.32.58	1	6.51.26
		総合	**2**	**1.22.19**	**4**	**2.40.20**	**1**	**4.01.17**	**3**	**5.23.17**	**2**	**7.10.46**	**2**	**8.40.21**	**2**	**10.08.13**	**2**	**11.27.55**	**2**	**12.43.44**	**2**	**14.02.12**
3	日本	走者		鎗田 直尋		高道　孝		伊藤 祐之		曽根　茂		尾高 辰雄		早瀬 道雄		玉野　仙		渡部 信男		野口　操		山室 勝身
		個人	4	1.26.12	6	1.19.34	9	1.30.22	3	1.17.05	3	1.42.59	4	1.33.06	5	1.22.29	8	1.25.25	5	1.17.39	5	1.23.45
		チーム	4	1.26.12	5	2.45.46	8	4.16.08	5	5.33.14	4	7.16.13	4	1.33.06	3	2.55.35	6	4.21.00	7	5.38.39	6	7.02.24
		総合	**4**	**1.26.12**	**5**	**2.45.46**	**8**	**4.16.08**	**5**	**5.33.14**	**4**	**7.16.13**	**3**	**8.49.19**	**3**	**10.11.48**	**3**	**11.37.13**	**4**	**12.54.52**	**3**	**14.18.37**
4	東京農業	走者		富田 文二		星子敏太郎		大串 研二		菊地原寅三		永田安之輔		末永 賢助		久富　進		早坂勝之輔		白　南雲		石田益太郎
		個人	6	1.26.25	7	1.20.10	7	1.27.21	4	1.20.07	2	*1.41.09*	10	1.41.56	4	1.21.36	4	1.20.42	1	*1.13.05*	8	1.26.23
		チーム	6	1.26.25	6	2.46.36	5	4.13.57	6	5.34.05	3	7.15.14	10	1.41.56	9	3.03.32	9	4.24.14	6	5.37.19	7	7.03.42
		総合	**6**	**1.26.25**	**6**	**2.46.36**	**5**	**4.13.57**	**6**	**5.34.05**	**3**	**7.15.14**	**4**	**8.57.10**	**4**	**10.18.46**	**4**	**11.39.28**	**3**	**12.52.33**	**4**	**14.18.56**
5	東京高師	走者		辻　久人		坂井　望		横川 隆範		田鹿　昂		大宮 末吉		橋本 順治		柳武 亀利		五十嵐忠夫		青山 正文		木内　清
		個人	1	*1.21.32*	4	1.18.08	8	1.28.14	7	1.22.08	8	1.54.47	8	1.34.55	2	1.19.02	6	1.25.04	2	1.14.06	7	1.25.42
		チーム	1	1.21.32	2	2.39.40	4	4.07.54	4	5.30.03	6	7.24.50	8	1.34.55	2	2.53.57	5	4.19.01	3	5.33.07	4	6.58.49
		総合	**1**	**1.21.32**	**2**	**2.39.40**	**4**	**4.07.54**	**4**	**5.30.03**	**6**	**7.24.50**	**6**	**8.59.45**	**5**	**10.18.47**	**6**	**11.43.51**	**5**	**12.57.57**	**5**	**14.23.39**
6	法政	走者		江頭 正恭		渋井福太郎		佐々木覚二郎		加藤 克郎		近長 武男		土門 敏行		新藤 要作		務台 二郎		中川原 高		引田 二郎
		個人	5	1.26.22	1	1.13.23	2	1.24.05	2	1.15.46	10	2.03.40	5	1.34.35	3	1.21.15	7	1.25.20	8	1.19.40	6	1.24.54
		チーム	5	1.26.22	3	2.39.45	2	4.03.50	2	5.19.36	5	7.23.16	5	1.34.35	4	2.55.50	7	4.21.10	8	5.40.50	8	7.05.44
		総合	**5**	**1.26.22**	**3**	**2.39.45**	**2**	**4.03.50**	**2**	**5.19.36**	**5**	**7.23.16**	**5**	**8.57.51**	**6**	**10.19.06**	**7**	**11.44.26**	**7**	**13.04.06**	**6**	**14.29.00**
7	慶應義塾	走者		原山 政博		田上 良治		高橋 謙二		穂積 大助		松宮 竜起		岡田 英夫		盛田　誠		北本 正路		長谷川 浩		渡辺弥太郎
		個人	8	1.28.26	8	1.21.24	3	1.24.56	8	1.27.13	9	1.55.42	3	1.32.23	8	1.25.15	2	1.19.05	3	1.15.33	4	1.23.18
		チーム	8	1.28.26	8	2.49.50	7	4.14.46	7	5.42.00	9	7.37.42	3	1.32.23	6	2.57.38	3	4.16.43	1	5.32.16	3	6.55.34
		総合	**8**	**1.28.26**	**8**	**2.49.50**	**7**	**4.14.46**	**7**	**5.42.00**	**9**	**7.37.42**	**9**	**9.10.05**	**9**	**10.35.20**	**8**	**11.54.25**	**8**	**13.09.58**	**7**	**14.33.16**
8	中央	走者		松野 三郎		岡本 喜作		高橋 清二		丸山　一		山内 喬木		宮本源太郎		蒲田久之助		湯本 幸一		大崎 芳夫		田代菊之助
		個人	9	1.29.27	5	1.18.17	5	1.26.39	10	1.29.54	6	1.49.35	9	1.34.57	6	1.23.51	5	1.23.43	7	1.19.04	3	1.20.20
		チーム	9	1.29.27	7	2.47.45	6	4.14.24	8	5.44.19	8	7.33.54	9	1.34.57	7	2.58.48	8	4.22.31	9	5.41.35	5	7.01.55
		総合	**9**	**1.29.27**	**7**	**2.47.45**	**6**	**4.14.24**	**8**	**5.44.19**	**8**	**7.33.54**	**8**	**9.08.51**	**8**	**10.32.42**	**9**	**11.56.25**	**9**	**13.15.29**	**8**	**14.35.49**
9	関西	走者		石渡 健吉		高橋 康夫		大西寛次郎		田村留三郎		津田晴一郎		矢柴 春雄		中川英一郎		片渕　昇		松葉徳三郎		岸源左衛門
		個人	10	1.35.06	10	1.26.30	4	1.26.08	5	1.21.45	1	*1.38.58*	7	1.34.46	7	1.25.05	1	*1.14.28*	9	1.20.12	9	1.32.58
		チーム	10	1.35.06	10	3.01.36	10	4.27.44	9	5.49.30	7	7.28.28	7	1.34.46	8	2.59.51	1	4.14.19	5	5.34.31	9	7.07.30
		総合	**10**	**1.35.06**	**10**	**3.01.36**	**10**	**4.27.44**	**9**	**5.49.30**	**7**	**7.28.28**	**7**	**9.03.14**	**7**	**10.28.19**	**5**	**11.42.47**	**6**	**13.02.59**	**9**	**14.35.58**
10	日歯医専	走者		千葉　亮		佐野 常一		清水 義正		西原 俊雄		斎藤 春吉		百瀬 清治		川俣 一雄		菅野伊達男		畑本 悌男		鈴木 喜政
		個人	7	1.27.55	9	1.24.57	10	1.34.31	9	1.28.24	7	1.49.48	6	1.34.43	10	1.34.51	10	1.28.40	10	1.24.04	10	2.31.22
		チーム	7	1.27.55	9	2.52.52	9	4.27.23	10	5.55.48	10	7.45.36	6	1.34.43	10	3.09.34	10	4.38.14	10	6.02.18	10	8.33.40
		総合	**7**	**1.27.55**	**9**	**2.52.52**	**9**	**4.27.23**	**10**	**5.55.48**	**10**	**7.45.36**	**10**	**9.20.19**	**10**	**10.55.10**	**10**	**12.23.50**	**10**	**13.47.54**	**10**	**16.19.16**

第10回　1929年（昭和4年）1月5日～6日　　スタート：東京有楽町報知新聞社前　ゴール：箱根関所址

順	大学名		往路										復路									
			1区		2区		3区		4区		5区		6区		7区		8区		9区		10区	
1	明治	走者		古沢 英一		笠井 重雄		光田　博		小島 道雄		山本 巌雄		永瀬 芳雄		浜田 耕作		北角 昌利		村上　譲		権　泰夏
		個人	4	1.21.41	3	1.15.47	2	*1.18.26*	1	1.17.26	5	1.47.45	3	1.27.15	3	1.17.05	1	1.15.02	2	1.15.49	3	*1.16.33*
		チーム	4	1.21.41	2	2.37.29	1	3.55.55	1	5.13.21	2	7.01.06	3	1.27.15	3	2.44.20	1	3.59.22	1	5.15.11	1	6.31.44
		総合	**4**	**1.21.41**	**2**	**2.37.29**	**1**	**3.55.55**	**1**	**5.13.21**	**2**	**7.01.06**	**2**	**8.28.21**	**2**	**9.45.26**	**1**	**11.00.28**	**1**	**12.16.17**	**1**	**13.32.50**
2	早稲田	走者		本野 仁治		窪田 正克		河田　薫		宮田 信一		藤木　勳		鈴木 憲雄		角谷 保次		久山　猛		小山 勝太		中島 幸基
		個人	5	1.22.35	2	1.13.52	4	1.20.34	2	1.18.14	1	1.42.38	1	*1.25.11*	6	1.18.41	5	1.21.41	3	1.16.14	2	*1.15.36*
		チーム	5	1.22.35	1	2.36.27	2	3.57.01	2	5.15.15	1	6.57.53	1	1.25.11	2	2.43.52	3	4.05.33	3	5.21.47	2	6.37.23
		総合	**5**	**1.22.35**	**1**	**2.36.27**	**2**	**3.57.01**	**2**	**5.15.15**	**1**	**6.57.53**	**1**	**8.23.04**	**1**	**9.41.45**	**2**	**11.03.26**	**2**	**12.19.40**	**2**	**13.35.16**
3	日本	走者		川越 正信		伊藤 祐之		曽根　茂		橋本　眩		尾高 辰雄		国沢 利明		野口　操		平野 平三		早瀬 道雄		玉野　仙
		個人	8	1.29.23	4	1.16.23	1	*1.17.22*	3	1.20.14	9	1.51.55	4	1.27.16	5	1.17.26	6	1.21.42	1	*1.12.55*	5	1.20.24
		チーム	8	1.29.23	7	2.45.46	5	4.03.08	4	5.23.22	4	7.15.17	4	1.27.16	4	2.44.42	4	4.06.24	2	5.19.19	3	6.39.43
		総合	**8**	**1.29.23**	**7**	**2.45.46**	**5**	**4.03.08**	**4**	**5.23.22**	**4**	**7.15.17**	**4**	**8.42.33**	**5**	**9.59.59**	**4**	**11.21.41**	**3**	**12.34.36**	**3**	**13.55.00**
4	東京農業	走者		安原 正一		末永 賢助		星子敏太郎		深野 直治		早坂勝之輔		久富　進		白　南雲		瀬戸 秀夫		松坂隣之助		大串 研二
		個人	6	1.25.25	6	1.17.10	7	1.25.53	6	1.22.36	3	1.44.43	2	*1.26.05*	2	1.17.04	2	1.20.45	6	1.18.13	4	1.17.47
		チーム	6	1.25.25	6	2.42.35	7	4.08.28	7	5.31.04	5	7.15.47	2	1.26.05	1	2.43.09	2	4.03.54	4	5.22.07	4	6.39.54
		総合	**6**	**1.25.25**	**6**	**2.42.35**	**7**	**4.08.28**	**7**	**5.31.04**	**5**	**7.15.47**	**3**	**8.41.52**	**4**	**9.58.56**	**3**	**11.19.41**	**4**	**12.37.54**	**4**	**13.55.41**
5	法政	走者		江頭 正恭		間島 信貞		松田 和信		中川原 高		佐々木覚二郎		土門 敏行		森　豊彦		務台 二郎		近長 武男		引田 二郎
		個人	7	1.26.05	1	*1.13.39*	3	1.20.33	4	1.21.43	8	1.50.31	7	1.30.29	1	*1.15.33*	7	1.23.27	4	1.17.45	6	1.21.23
		チーム	7	1.26.05	4	2.39.44	4	4.00.17	3	5.22.00	3	7.12.31	7	1.30.29	6	2.46.02	6	4.09.29	6	5.27.14	5	6.48.37
		総合	**7**	**1.26.05**	**4**	**2.39.44**	**4**	**4.00.17**	**3**	**5.22.00**	**3**	**7.12.31**	**5**	**8.43.00**	**3**	**9.58.33**	**5**	**11.22.00**	**5**	**12.39.45**	**5**	**14.01.08**
6	東京高師	走者		横川 隆範		上島 芳武		五十嵐忠夫		政広 正美		辻　久人		橋本 順治		柳武 亀利		大宮 末吉		坂井　望		木内　清
		個人	1	*1.19.05*	7	1.21.12	6	1.25.13	5	1.22.06	6	1.49.13	5	1.28.19	4	1.17.13	3	1.21.22	5	1.17.52	9	1.27.56
		チーム	1	1.19.05	5	2.40.17	6	4.05.30	5	5.27.36	6	7.16.49	5	1.28.19	5	2.45.32	5	4.06.54	5	5.24.46	6	6.52.42
		総合	**1**	**1.19.05**	**5**	**2.40.17**	**6**	**4.05.30**	**5**	**5.27.36**	**6**	**7.16.49**	**6**	**8.45.08**	**6**	**10.02.21**	**6**	**11.23.43**	**6**	**12.41.35**	**6**	**14.09.31**
7	中央	走者		石橋　信		江頭 正章		小谷 静雄		松野 三郎		宮本源太郎		山内 喬木		蒲田久之助		花井 功伍		大崎 芳夫		湯本 幸一
		個人	2	*1.21.16*	5	1.17.06	5	1.21.34	9	1.29.29	7	1.49.36	9	1.30.58	7	1.25.19	8	1.23.42	8	1.20.37	7	1.24.00
		チーム	2	1.21.16	3	2.38.22	3	3.59.56	6	5.29.25	7	7.19.01	9	1.30.58	7	2.56.17	7	4.19.59	7	5.40.36	7	7.04.36
		総合	**2**	**1.21.16**	**3**	**2.38.22**	**3**	**3.59.56**	**6**	**5.29.25**	**7**	**7.19.01**	**7**	**8.49.59**	**7**	**10.15.18**	**7**	**11.39.00**	**7**	**12.59.37**	**7**	**14.23.37**
8	慶應義塾	走者		松宮 竜起		長谷川 浩		高西　博		小島九十三		渡辺弥太郎		岡田 英夫		盛田　誠		高橋 謙二		小滝 清幸		渡辺 良吉
		個人	9	1.30.21	8	1.22.51	9	1.26.24	8	1.27.01	2	1.43.25	6	1.28.40	9	1.31.18	4	1.21.30	9	1.20.39	8	1.26.03
		チーム	9	1.30.21	9	2.53.12	9	4.19.36	9	5.46.37	9	7.30.02	6	1.28.40	9	2.59.58	8	4.21.28	8	5.42.07	8	7.08.10
		総合	**9**	**1.30.21**	**9**	**2.53.12**	**9**	**4.19.36**	**9**	**5.46.37**	**9**	**7.30.02**	**9**	**8.58.42**	**9**	**10.30.00**	**8**	**11.51.30**	**8**	**13.12.09**	**8**	**14.38.12**
9	日歯医専	走者		広瀬福三郎		清水 義正		佐野 常一		斎藤 春吉		百瀬 清治		菅野　勉		曽根　勇		田幡 順一		青木 孝夫		鈴木 喜政
		個人	3	1.21.41	9	1.25.10	8	1.26.16	7	1.25.51	4	1.47.06	8	1.30.43	8	1.26.47	9	1.48.17	7	1.19.22	1	*1.15.01*
		チーム	3	1.21.41	8	2.46.51	8	4.13.07	8	5.38.58	8	7.26.04	8	1.30.43	8	2.57.30	9	4.45.47	9	6.05.09	9	7.20.10
		総合	**3**	**1.21.41**	**8**	**2.46.51**	**8**	**4.13.07**	**8**	**5.38.58**	**8**	**7.26.04**	**8**	**8.56.47**	**8**	**10.23.34**	**9**	**12.11.51**	**9**	**13.31.13**	**9**	**14.46.14**

第11回　1930年(昭和5年)1月4日～5日　　スタート：東京有楽町報知新聞社前　ゴール：箱根関所址

順	大学名		往路										復路									
			1区		2区		3区		4区		5区		6区		7区		8区		9区		10区	
1	早稲田	走者		小山 勝太		吉田 芳春		小原 孝一		倉西 胖		藤木 勳		鈴木 憲雄		宮田 信一		中島 幸基		河田 薫		角谷 保次
		個人	1	*1.16.32*	2	1.14.43	2	*1.16.30*	7	1.16.03	2	1.43.03	1	1.27.48	3	1.16.19	1	1.17.48	2	*1.12.36*	5	1.22.07
		チーム	1	1.16.32	1	2.31.15	1	3.47.45	3	5.03.48	2	6.46.51	1	1.27.48	1	2.44.07	1	4.01.55	1	5.14.31	1	6.36.38
		総合	**1**	**1.16.32**	**1**	**2.31.15**	**1**	**3.47.45**	**3**	**5.03.48**	**2**	**6.46.51**	**1**	**8.14.39**	**1**	**9.30.58**	**1**	**10.48.46**	**1**	**12.01.22**	**1**	**13.23.29**
2	明治	走者		村上 讓		大場 要		光田 博		小島 道雄		常藤 俊雄		永瀬 芳雄		権 泰夏		北角 昌利		大西 正光		浜田 耕作
		個人	5	1.21.02	7	1.18.23	6	1.22.03	1	*1.11.06*	5	1.47.44	5	1.29.08	1	*1.15.32*	4	1.19.44	5	1.20.17	1	1.17.18
		チーム	5	1.21.02	6	2.39.25	4	4.01.28	4	5.12.34	4	7.00.18	5	1.29.08	3	2.44.40	3	4.04.24	4	5.24.41	3	6.41.59
		総合	**5**	**1.21.02**	**6**	**2.39.25**	**4**	**4.01.28**	**4**	**5.12.34**	**4**	**7.00.18**	**4**	**8.29.26**	**4**	**9.44.58**	**3**	**11.04.42**	**2**	**12.24.59**	**2**	**13.42.17**
3	中央	走者		宮本源太郎		大崎 芳夫		江頭 正章		佐藤 昇		松本 源吾		山内 喬木		石橋 信		小谷 静雄		蒲田久之助		長谷川 博
		個人	4	*1.18.25*	8	1.18.44	8	1.26.23	5	1.15.10	3	1.46.34	3	1.28.44	5	1.16.58	2	1.18.06	3	1.18.41	6	1.22.16
		チーム	4	1.18.25	5	2.37.09	8	4.03.32	7	5.18.42	6	7.05.16	3	1.28.44	5	2.45.42	2	4.03.48	3	5.22.29	4	6.44.45
		総合	**4**	**1.18.25**	**5**	**2.37.09**	**8**	**4.03.32**	**7**	**5.18.42**	**6**	**7.05.16**	**5**	**8.34.00**	**5**	**9.50.58**	**5**	**11.09.04**	**3**	**12.27.45**	**3**	**13.50.01**
4	慶應義塾	走者		高橋 謙二		岩本哲一郎		北本 正路		北村 義雄		渡辺弥太郎		岡田 英夫		小島九十三		伊藤 弘		青柳 良雄		渡辺 良吉
		個人	3	*1.17.36*	1	1.14.42	1	*1.15.42*	6	1.15.35	1	1.42.28	8	1.30.45	8	1.26.00	8	1.22.13	7	1.23.22	9	1.24.19
		チーム	3	1.17.36	3	2.32.18	2	3.48.00	2	5.03.35	1	6.46.03	8	1.30.45	8	2.56.45	7	4.18.58	6	5.42.20	7	7.06.39
		総合	**3**	**1.17.36**	**3**	**2.32.18**	**2**	**3.48.00**	**2**	**5.03.35**	**1**	**6.46.03**	**2**	**8.16.48**	**3**	**9.42.48**	**4**	**11.05.01**	**4**	**12.28.23**	**4**	**13.52.42**
5	法政	走者		金子 福次		大木 正幹		務台 二郎		中川原 高		野中 善六		武田 徳一		松田 和信		間島 信貞		引田 二郎		佐々木覚二郎
		個人	6	1.22.11	3	1.14.49	7	1.25.14	9	1.18.14	9	1.56.04	2	1.28.23	2	1.15.58	6	1.21.11	1	*1.12.24*	3	1.21.50
		チーム	6	1.22.11	4	2.37.00	6	4.02.14	7	5.20.28	7	7.16.32	2	1.28.23	2	2.44.21	4	4.05.32	2	5.17.56	2	6.39.46
		総合	**6**	**1.22.11**	**4**	**2.37.00**	**6**	**4.02.14**	**8**	**5.20.28**	**8**	**7.16.32**	**8**	**8.44.55**	**7**	**10.00.53**	**7**	**11.22.04**	**5**	**12.34.28**	**5**	**13.56.18**
6	東京文理	走者		山本虎之子		重本 規一		色部 三助		坂井 望		井上 正孝		木内 清		保坂 周助		辻 久人		五十嵐忠夫		横川 隆範
		個人	8	1.26.49	6	1.16.37	4	1.18.03	8	1.16.41	4	1.46.42	9	1.33.43	6	1.19.18	3	1.19.20	4	1.19.23	7	1.23.32
		チーム	8	1.26.49	7	2.43.26	7	4.01.29	6	5.18.10	6	7.04.52	9	1.33.43	6	2.53.01	6	4.12.21	5	5.31.44	5	6.55.16
		総合	**8**	**1.26.49**	**7**	**2.43.26**	**5**	**4.01.29**	**6**	**5.18.10**	**5**	**7.04.52**	**6**	**8.38.35**	**6**	**9.57.53**	**6**	**11.17.13**	**6**	**12.36.36**	**6**	**14.00.08**
7	日歯医専	走者		曽根 勇		佐藤 常一		広瀬福三郎		鈴木 喜政		斎藤 春吉		菅野 勉		青木 太郎		百瀬 清治		脇田若太郎		青木 孝夫
		個人	9	1.29.32	5	1.16.08	3	*1.17.15*	2	*1.11.56*	7	1.53.21	7	1.30.26	9	1.29.55	5	1.19.59	7	1.23.22	3	1.21.50
		チーム	9	1.29.32	8	2.45.40	9	4.02.55	8	5.14.51	8	7.08.12	7	1.30.26	9	3.00.21	9	4.20.20	8	5.43.42	6	7.05.32
		総合	**9**	**1.29.32**	**8**	**2.45.40**	**7**	**4.02.55**	**5**	**5.14.51**	**7**	**7.08.12**	**7**	**8.38.38**	**8**	**10.08.33**	**8**	**11.28.32**	**7**	**12.51.54**	**7**	**14.13.44**
8	東京農業	走者		安原 正一		星子敏太郎		吉岡 清		大野 要		早坂勝之輔		瀬戸 秀夫		深野 直治		白 南雲		村田 貞夫		大串 研二
		個人	7	1.22.22	9	1.23.18	9	1.30.47	4	*1.14.21*	8	1.55.21	6	1.29.36	7	1.25.37	9	1.24.31	6	1.23.02	8	1.24.14
		チーム	7	1.22.22	9	2.45.40	9	4.16.27	9	5.30.48	9	7.26.09	6	1.29.36	7	2.55.13	8	4.19.44	7	5.42.46	8	7.07.00
		総合	**7**	**1.22.22**	**9**	**2.45.40**	**9**	**4.16.27**	**9**	**5.30.48**	**9**	**7.26.09**	**9**	**8.55.45**	**9**	**10.21.22**	**9**	**11.45.53**	**8**	**13.08.55**	**8**	**14.33.09**
9	日本	走者		沼館 長七		平野 平三		曽根 茂		渡辺 信男		尾高 辰雄		国沢 利明		沢田 武尾		下村 修三		早瀬 道雄 伊藤 祐之		森本 一德
		個人	2	*1.17.16*	4	1.14.56	5	1.18.53	3	*1.12.05*	6	1.51.36	4	1.28.48	4	1.16.24	7	1.21.23	9	3.19.50	2	1.18.11
		チーム	2	1.17.16	2	2.32.12	3	3.51.05	1	5.03.10	3	6.54.46	4	1.28.48	4	2.45.12	5	4.06.35	9	7.26.25	9	8.44.36
		総合	**2**	**1.17.16**	**2**	**2.32.12**	**3**	**3.51.05**	**1**	**5.03.10**	**3**	**6.54.46**	**3**	**8.23.34**	**2**	**9.39.58**	**2**	**11.01.21**	**9**	**14.21.11**	**9**	**15.39.22**

第12回　1931年(昭和6年)1月10日～11日　　スタート：東京有楽町報知新聞社前　ゴール：箱根関所址

順	大学名		往路										復路									
			1区		2区		3区		4区		5区		6区		7区		8区		9区		10区	
1	早稲田	走者		角谷 保次		田中定次郎		川田　徹		宮田 信一		藤木　勳		小原 孝一		倉西　胖		武田市太郎		多田 秋衛		中島 幸基
		個人	4	1.19.42	1	*1.10.44*	5	1.21.54	2	1.15.54	5	1.47.21	4	1.27.35	1	*1.12.20*	4	1.17.53	2	1.13.11	2	*1.14.41*
		チーム	4	1.19.42	1	2.30.26	3	3.52.20	1	5.08.14	2	6.55.35	4	1.27.35	1	2.39.55	1	3.57.48	1	5.10.59	1	6.25.40
		総合	4	1.19.42	1	2.30.26	3	3.52.20	1	5.08.14	2	6.55.35	2	8.23.10	1	9.35.30	1	10.53.23	1	12.06.34	1	13.21.15
2	慶應義塾	走者		高橋 謙二		高西　博		竹中正一郎		菅沼 俊哉		津田晴一郎		北村 義雄		小島九十三		渡辺弥太郎		久武 親人		北本 正路
		個人	1	1.17.03	5	1.14.27	3	1.18.54	5	1.21.46	2	1.45.50	5	1.30.35	7	1.19.01	1	1.14.46	4	1.16.30	1	*1.12.18*
		チーム	1	1.17.03	2	2.31.30	1	3.50.24	3	5.12.10	3	6.58.00	5	1.30.35	8	2.49.36	4	4.04.22	3	5.20.52	2	6.33.10
		総合	1	1.17.03	2	2.31.30	1	3.50.24	3	5.12.10	3	6.58.00	3	8.28.35	3	9.47.36	3	11.02.22	2	12.18.52	2	13.31.10
3	法政	走者		佐々木覚二郎		渡辺 健治		高山 春雄		難波 博夫		松本 四郎		金子 福次		松田 和信		間島 信貞		大木 正幹		渋井福太郎
		個人	6	1.21.36	3	*1.13.12*	2	1.18.53	1	1.14.54	1	1.44.50	1	*1.24.25*	8	1.19.04	3	1.17.42	8	1.26.27	4	1.18.30
		チーム	6	1.21.36	5	2.34.48	5	3.53.41	2	5.08.35	1	6.53.25	1	1.24.25	2	2.43.29	3	4.01.11	6	5.27.38	6	6.46.08
		総合	6	1.21.36	5	2.34.48	5	3.53.41	2	5.08.35	1	6.53.25	1	8.17.50	2	9.36.54	2	10.54.36	4	12.21.03	3	13.39.33
4	日本	走者		尾高 辰雄		下村 修三		曽根　茂		長谷川 亨		国沢 利明		沢田 武尾		大木 慶男		森本 一徳		渡辺 信男		沼館 長七
		個人	2	1.17.58	4	1.14.24	4	1.19.26	6	1.21.59	7	1.51.18	2	1.27.22	4	1.16.15	2	1.16.57	3	1.13.57	5	1.20.01
		チーム	2	1.17.58	3	2.32.22	2	3.51.48	4	5.13.47	5	7.05.05	2	1.27.22	3	2.43.37	2	4.00.34	2	5.14.31	3	6.34.32
		総合	2	1.17.58	3	2.32.22	2	3.51.48	4	5.13.47	5	7.05.05	4	8.32.27	4	9.48.42	4	11.05.39	3	12.19.36	4	13.39.37
5	明治	走者		光田　博		富江 利直		清水 重雄		田名瀬 保		小島 道雄		常藤 俊雄		西岡 徹雄		浜田 耕作		村上　譲		権　泰夏
		個人	5	1.20.30	2	*1.12.50*	8	1.24.48	7	1.24.50	6	1.48.36	6	1.32.02	5	1.17.07	6	1.21.44	1	*1.11.19*	3	1.17.59
		チーム	5	1.20.30	4	2.33.20	6	3.58.08	6	5.22.58	6	7.11.34	6	1.32.02	6	2.49.09	6	4.10.53	4	5.22.12	4	6.40.11
		総合	5	1.20.30	4	2.33.20	6	3.58.08	6	5.22.58	6	7.11.34	6	8.43.36	5	10.00.43	6	11.22.27	5	12.33.46	5	13.51.45
6	中央	走者		若江光太郎		大崎 芳夫		赤堀 郡平		佐藤　昇		松本 源吾		今岡 悟郎		長谷川 博		小谷 静雄		佐々木五郎		山内 喬木
		個人	7	1.23.13	10	1.19.01	6	1.24.01	4	1.21.43	4	1.47.19	7	1.33.14	2	*1.13.29*	5	1.18.18	5	1.18.42	6	1.22.35
		チーム	7	1.23.13	9	2.42.14	7	4.06.15	7	5.27.58	7	7.15.17	7	1.33.14	4	2.46.43	5	4.05.01	5	5.23.43	5	6.46.18
		総合	7	1.23.13	9	2.42.14	7	4.06.15	7	5.27.58	7	7.15.17	7	8.48.31	7	10.02.00	5	11.20.18	6	12.39.00	6	14.01.35
7	東京農業	走者		瀬戸 秀夫		大友 大蔵		染谷 庄平		深野 直治		早坂勝之輔		白　南雲		藤井　正		小尾 末雄		大野　要		安原 正一
		個人	8	1.23.14	9	1.18.56	7	1.24.12	8	1.25.23	8	1.52.40	3	1.27.25	9	1.22.05	7	1.27.13	6	1.20.01	8	1.26.11
		チーム	8	1.23.14	8	2.42.10	8	4.06.22	8	5.31.45	8	7.24.25	3	1.27.25	7	2.49.30	7	4.16.43	7	5.36.44	7	7.02.55
		総合	8	1.23.14	8	2.42.10	8	4.06.22	8	5.31.45	8	7.24.25	8	8.51.50	8	10.13.55	7	11.41.08	7	13.01.09	7	14.27.20
8	関西	走者		望月宇三郎		森田 正己		中川英一郎		林　武彦		畠山 玄吾		藤枝 昭英		藤島 靱雄		田中 伊造		森田 九一		益田　清
		個人	9	1.23.59	7	1.17.46	10	1.33.00	9	1.28.25	9	2.01.39	8	1.35.05	3	*1.13.33*	9	1.34.41	7	1.25.51	7	1.24.05
		チーム	9	1.23.59	7	2.41.45	10	4.14.45	10	5.43.10	9	7.44.49	8	1.35.05	5	2.48.38	8	4.23.19	8	5.49.10	8	7.13.15
		総合	9	1.23.59	7	2.41.45	10	4.14.45	10	5.43.10	9	7.44.49	9	9.19.54	9	10.33.27	9	12.08.08	9	13.33.59	8	14.58.04
9	東京文理	走者		政広 正美		来島 秀男		色部 三助		保坂 周助		井上 正孝		横川 隆範		河野太喜造		木野 正義		小池喜久夫		木内　清
		個人	3	1.18.37	6	1.16.31	1	1.18.27	3	1.21.13	3	1.47.02	9	1.40.35	6	1.18.18	10	1.46.53	10	1.38.10	10	2.06.32
		チーム	3	1.18.37	6	2.35.08	4	3.53.35	5	5.14.48	4	7.01.50	9	1.40.35	9	2.58.53	10	4.45.46	10	6.23.56	10	8.30.28
		総合	3	1.18.37	6	2.35.08	4	3.53.35	5	5.14.48	4	7.01.50	5	8.42.25	6	10.00.43	8	11.47.36	8	13.25.46	9	15.32.18
10	日歯医専	走者		鈴木 吉平		岡野 太郎		菅洞 栄蔵		脇田若太郎		広瀬福三郎		菅野　勉		清野富二郎		曽根　勇		井原 正安		原田　茂
		個人	10	1.24.40	8	1.18.35	9	1.28.54	10	1.28.25	10	2.11.43	10	1.43.03	10	1.24.17	8	1.29.33	9	1.35.42	9	1.40.14
		チーム	10	1.24.40	10	2.43.15	9	4.12.09	9	5.40.34	10	7.52.17	10	1.43.03	10	3.07.20	9	4.36.53	9	6.12.35	9	7.52.49
		総合	10	1.24.40	10	2.43.15	9	4.12.09	9	5.40.34	10	7.52.17	10	9.35.20	10	10.59.37	10	12.29.10	10	14.04.52	10	15.45.06

第13回　1932年(昭和7年)1月9日～10日　スタート：東京有楽町報知新聞社前　ゴール：箱根郵便局前

順	大学名		往路										復路									
			1区		2区		3区		4区		5区		6区		7区		8区		9区		10区	
1	慶應義塾	走者		高橋 謙二		今井 哲夫		渡辺 久四		島村 乙也		星野伊太郎		北村 義雄		菅沼 俊哉		竹中正一郎		久武 親人		北本 正路
		個人	2	*1.15.06*	4	1.12.07	5	1.18.57	4	1.17.00	4	1.43.13	7	1.29.18	3	1.17.54	2	1.17.30	1	1.13.13	1	1.13.31
		チーム	2	1.15.06	2	2.27.13	3	3.46.10	3	5.03.10	2	6.46.23	7	1.29.18	5	2.47.12	3	4.04.42	2	5.17.55	2	6.31.26
		総合	**2**	**1.15.06**	**2**	**2.27.13**	**3**	**3.46.10**	**3**	**5.03.10**	**2**	**6.46.23**	**2**	**8.15.41**	**3**	**9.33.35**	**3**	**10.51.05**	**3**	**12.04.18**	**1**	**13.17.49**
2	日本	走者		沼館 長七		武田 恒一		森本 一徳		大木 慶男		曽根　茂		国沢 利明		尾高 辰雄		村上　昇		飯鉢義次郎		井草 知三
		個人	5	1.18.54	2	1.11.26	1	*1.14.20*	1	1.14.41	1	1.40.03	6	1.27.26	2	1.15.34	3	1.18.43	4	1.16.42	5	1.21.35
		チーム	5	1.18.54	4	2.30.20	2	3.44.40	1	4.59.21	1	6.39.24	6	1.27.26	3	2.43.00	2	4.01.43	3	5.18.25	3	6.40.00
		総合	**5**	**1.18.54**	**4**	**2.30.20**	**2**	**3.44.40**	**1**	**4.59.21**	**1**	**6.39.24**	**1**	**8.06.50**	**1**	**9.22.24**	**1**	**10.41.07**	**1**	**11.57.49**	**2**	**13.19.24**
3	早稲田	走者		中沢 綾雄		一木 開心		武田市太郎		川田　徹		中島 幸基		小原 孝一		角谷 保次		中田 正男		田中定次郎		多田 秋衛
		個人	8	1.23.43	3	1.11.57	2	1.16.12	2	1.14.58	3	1.43.10	4	1.25.49	1	1.14.01	1	1.17.19	2	1.15.43	2	1.17.55
		チーム	8	1.23.43	5	2.35.40	5	3.51.52	4	5.06.50	3	6.50.00	4	1.25.49	1	2.39.50	1	3.57.09	1	5.12.52	1	6.30.47
		総合	**8**	**1.23.43**	**5**	**2.35.40**	**5**	**3.51.52**	**4**	**5.06.50**	**3**	**6.50.00**	**3**	**8.15.49**	**2**	**9.29.50**	**2**	**10.47.09**	**2**	**12.02.52**	**3**	**13.20.47**
4	法政	走者		山中 貞一		山崎 久七		杉本 光市		大木 正幹		松本 四郎		金子 福次		菅田 太郎		鈴木 芳吉		山田 正美		清水 義郎
		個人	6	1.21.06	8	1.15.28	9	1.22.12	3	1.16.59	5	1.44.55	5	1.27.07	7	1.30.15	5	1.21.06	3	1.16.07	3	1.20.27
		チーム	6	1.21.06	7	2.36.34	7	3.58.46	5	5.15.45	4	7.00.40	5	1.27.07	7	2.57.22	7	4.18.28	6	5.34.35	5	6.55.02
		総合	**6**	**1.21.06**	**7**	**2.36.34**	**7**	**3.58.46**	**5**	**5.15.45**	**4**	**7.00.40**	**5**	**8.27.47**	**6**	**9.58.02**	**5**	**11.19.08**	**5**	**12.35.15**	**4**	**13.55.42**
5	中央	走者		佐藤　昇		今岡 悟郎		小谷 静雄		長谷川 博		松本 源吾		山内 喬木		若江光太郎		赤堀 郡平		佐々木五郎		片山 勝美
		個人	1	*1.13.45*	1	*1.09.31*	4	1.18.39	7	1.20.46	7	2.00.25	3	*1.21.33*	5	1.26.27	6	1.22.09	5	1.18.36	8	1.28.52
		チーム	1	1.13.45	1	2.23.16	1	3.41.55	2	5.02.41	5	7.03.06	3	1.21.33	6	2.48.00	6	4.10.09	4	5.28.45	6	6.57.37
		総合	**1**	**1.13.45**	**1**	**2.23.16**	**1**	**3.41.55**	**2**	**5.02.41**	**5**	**7.03.06**	**4**	**8.24.39**	**4**	**9.51.06**	**4**	**11.13.15**	**4**	**12.31.51**	**5**	**14.00.43**
6	東京文理	走者		政広 正美 中島 桂介		来島 秀男		色部 正長		新谷　智		井上 正孝		山口 久太		保坂 周助		河野太喜造		香村 寛蔵		中野八十二
		個人	9	1.36.47	6	1.14.34	7	1.20.39	6	1.20.30	2	1.42.07	2	*1.20.57*	4	1.21.19	7	1.24.32	6	1.24.05	4	1.21.12
		チーム	9	1.36.47	9	2.51.21	9	4.12.00	8	5.32.30	7	7.14.37	2	1.20.57	2	2.42.16	5	4.06.48	5	5.30.53	4	6.52.05
		総合	**9**	**1.36.47**	**9**	**2.51.21**	**9**	**4.12.00**	**8**	**5.32.30**	**7**	**7.14.37**	**6**	**8.35.34**	**5**	**9.56.53**	**6**	**11.21.25**	**6**	**12.45.30**	**6**	**14.06.42**
7	日歯医専	走者		菅洞 栄蔵		菅野　勉		広瀬福三郎		原田　茂		鈴木 光夫		松本 治郎		井原 正安		小野 元則		滝田 義穂		鈴木 吉平
		個人	7	1.21.08	7	1.15.04	6	1.19.13	8	1.21.30	6	1.52.20	9	1.34.32	9	1.33.57	8	1.31.07	8	1.25.20	7	1.25.13
		チーム	7	1.21.08	6	2.36.12	6	3.55.25	6	5.16.55	6	7.09.15	9	1.34.32	9	3.08.29	8	4.39.36	8	6.04.56	8	7.30.09
		総合	**7**	**1.21.08**	**6**	**2.36.12**	**6**	**3.55.25**	**6**	**5.16.55**	**6**	**7.09.15**	**7**	**8.43.47**	**7**	**10.17.44**	**7**	**11.48.51**	**7**	**13.14.11**	**7**	**14.39.24**
8	関西	走者		藤枝 昭英		中川英一郎		益田　清		藤島 靱雄		小西 秀雄		畠山 玄吾		石渡 健吉		劉　寛一		伊丹 一雄		林　武彦
		個人	3	*1.15.54*	9	1.33.14	3	1.18.27	5	1.19.55	8	2.01.41	8	1.33.05	8	1.32.58	9	1.34.19	7	1.25.17	9	1.32.46
		チーム	3	1.15.54	8	2.49.08	8	4.07.35	7	5.27.30	8	7.29.11	8	1.33.05	8	3.06.03	9	4.40.22	9	6.05.39	9	7.38.25
		総合	**3**	**1.15.54**	**8**	**2.49.08**	**8**	**4.07.35**	**7**	**5.27.30**	**8**	**7.29.11**	**8**	**9.02.16**	**8**	**10.35.14**	**8**	**12.09.33**	**8**	**13.34.50**	**8**	**15.07.36**
9	明治	走者		富江 利直		大場　要		鄭　商熙		秋山 卯一 大西 正光		権　泰夏		片渕　昇		浜田 耕作		清水 重雄		伊沢 教三		小島 道雄
		個人	4	*1.16.00*	5	1.12.20	8	1.22.01	9				1	*1.19.28*	6	1.26.35	4	1.20.18	9	1.29.34	6	1.23.40
		チーム	4	1.16.00	3	2.28.20	4	3.50.21	9		9	8.46.02	1	1.19.28	4	2.46.03	4	4.06.21	7	5.35.55	7	6.59.35
		総合	**4**	**1.16.00**	**3**	**2.28.20**	**4**	**3.50.21**	**9**		**9**	**8.46.02**	**9**	**10.05.30**	**9**	**11.32.05**	**9**	**12.52.23**	**9**	**14.21.57**	**9**	**15.45.37**

第14回　1933年(昭和8年)1月7日～8日　スタート：東京有楽町報知新聞社前　ゴール：箱根郵便局前

順	大学名		往路										復路									
			1区		2区		3区		4区		5区		6区		7区		8区		9区		10区	
1	早稲田	走者		朝倉 充		中井 賢二		小野 利保		中田 正男		中島 幸基		小原 孝一		多田 秋衛		角谷 保次		鈴木 政数		川田 徹
		個人	1	*1.13.22*	1	*1.09.15*	1	1.16.24	7	1.20.21	1	1.39.26	1	1.20.12	4	1.14.13	2	1.14.38	1	*1.06.45*	2	1.13.17
		チーム	1	1.13.22	1	2.22.37	1	3.39.01	1	4.59.22	1	6.38.48	1	1.20.12	1	2.34.25	1	3.49.03	1	4.55.48	1	6.09.05
		総合	1	1.13.22	1	2.22.37	1	3.39.01	1	4.59.22	1	6.38.48	1	7.59.00	1	9.13.13	1	10.27.51	1	11.34.36	1	12.47.53
2	慶應義塾	走者		菅沼 俊哉		岩井 実		渡辺 久四		島村 乙也		星野伊太郎		北村 義雄		木村 正義		竹中正一郎		今井 哲夫		北本 正路
		個人	2	1.14.32	5	1.13.11	3	1.18.05	3	1.14.50	7	1.42.09	6	1.29.53	2	1.12.27	1	*1.12.39*	3	*1.10.21*	1	1.13.09
		チーム	2	1.14.32	2	2.27.43	2	3.45.48	2	5.00.38	3	6.42.47	6	1.29.53	4	2.42.20	2	3.54.59	2	5.05.20	2	6.18.29
		総合	2	1.14.32	2	2.27.43	2	3.45.48	2	5.00.38	3	6.42.47	3	8.12.40	2	9.25.07	2	10.37.46	2	11.48.07	2	13.01.16
3	日本	走者		村上 昇		井草 知三		松永 重		檜山俊八郎		曽根 茂		尾高 辰雄		藤村 健一		大木 慶男		武田 恒一		森本 一徳
		個人	7	1.21.43	2	1.09.42	2	1.17.16	2	1.13.28	3	1.39.57	7	1.30.05	5	1.16.56	5	1.18.30	4	*1.11.16*	5	1.17.36
		チーム	7	1.21.43	4	2.31.25	3	3.48.41	3	5.02.09	2	6.42.06	7	1.30.05	6	2.47.01	6	4.05.31	5	5.16.47	5	6.34.23
		総合	7	1.21.43	4	2.31.25	3	3.48.41	3	5.02.09	2	6.42.06	2	8.12.11	3	9.29.07	3	10.47.37	3	11.58.53	3	13.16.29
4	明治	走者		富江 利直		内田 賢		名島 忠雄		鄭 商熙		片渕 昇		清水 重雄		岩崎源五平		大場 要		陸口 正一		小島 道雄
		個人	6	1.20.25	4	1.12.59	4	1.18.27	5	1.18.39	2	1.39.37	5	1.29.26	1	*1.12.19*	3	1.18.08	5	1.13.55	3	1.15.53
		チーム	6	1.20.25	5	2.33.24	5	3.51.51	4	5.10.30	4	6.50.07	5	1.29.26	3	2.41.45	4	3.59.53	4	5.13.48	4	6.29.41
		総合	6	1.20.25	5	2.33.24	5	3.51.51	4	5.10.30	4	6.50.07	4	8.19.33	4	9.31.52	4	10.50.00	5	12.03.55	4	13.19.48
5	中央	走者		佐藤 昇		若江光太郎		木村 信夫		金子 清文		松本 源吾		山内 喬木		今岡 悟郎		佐藤 隆三		岡本 英也		安 爽基
		個人	3	1.17.04	3	1.11.43	6	1.22.09	9	1.21.04	6	1.41.33	4	1.26.19	3	1.12.35	7	1.19.33	2	*1.09.18*	6	1.21.45
		チーム	3	1.17.04	3	2.28.47	4	3.50.56	5	5.12.00	5	6.53.33	4	1.26.19	2	2.38.54	3	3.58.27	3	5.07.45	3	6.29.30
		総合	3	1.17.04	3	2.28.47	4	3.50.56	5	5.12.00	5	6.53.33	6	8.19.52	5	9.32.27	5	10.52.00	4	12.01.18	5	13.23.03
6	東京文理	走者		保坂 周助		長谷川常次郎		色部 正長		西川 進		井上 正孝		山口 久太		松下源太郎		河野太喜造		清水 嘉幸		新谷 智
		個人	4	1.18.41	7	1.18.11	5	1.21.18	4	1.18.24	5	1.40.45	2	1.22.25	9	1.24.57	4	1.18.20	9	1.21.35	9	1.26.43
		チーム	4	1.18.41	6	2.36.52	6	3.58.10	7	5.16.34	6	6.57.19	2	1.22.25	7	2.47.22	7	4.05.42	7	5.27.17	7	6.54.00
		総合	4	1.18.41	6	2.36.52	6	3.58.10	7	5.16.34	6	6.57.19	5	8.19.44	6	9.44.41	6	11.03.01	6	12.24.36	6	13.51.19
7	法政	走者		山中 貞一		椎名与四郎		猪野 利一		大木 正幹		松本 四郎		金子 福次		阿部 豊		尹 徳勲		大崎 良三		清水 義郎
		個人	8	1.23.16	11	1.25.07	9	1.26.29	6	1.19.44	4	1.40.00	3	1.22.58	6	1.20.29	6	1.18.42	8	1.21.01	4	1.16.04
		チーム	8	1.23.16	9	2.48.23	9	4.14.52	9	5.34.36	8	7.14.36	3	1.22.58	5	2.43.27	5	4.02.09	6	5.23.10	6	6.39.14
		総合	8	1.23.16	9	2.48.23	9	4.14.52	9	5.34.36	8	7.14.36	7	8.37.34	7	9.58.03	7	11.16.45	7	12.37.46	7	13.53.50
8	日歯医専	走者		菅洞 栄蔵		栗木 直美		鈴木 光男		難波 博夫		亀田 富雄		原田 茂		近藤 登		小野 元則		滝田 義穂		井原 正安
		個人	9	1.24.06	6	1.17.37	8	1.22.57	1	*1.09.39*	10	1.53.43	9	1.35.49	10	1.25.17	8	1.23.05	6	1.18.33	10	1.29.44
		チーム	9	1.24.06	8	2.41.43	8	4.04.40	6	5.14.19	7	7.08.02	9	1.35.49	9	3.01.06	8	4.24.11	8	5.42.44	8	7.12.28
		総合	9	1.24.06	8	2.41.43	8	4.04.40	6	5.14.19	7	7.08.02	8	8.43.51	8	10.09.08	8	11.32.13	8	12.50.46	8	14.20.30
9	東京農業	走者		堀籠 春男		田上 充穂		石井 安治		染谷 庄平		大友 大蔵		犬伏 富勅		荒井 正三		太田 正三		吉野 敦		安原 正一
		個人	5	1.18.43	9	1.21.09	7	1.22.23	8	1.20.36	9	1.52.15	10	1.38.19	7	1.22.46	9	1.26.20	11	1.32.16	7	1.23.44
		チーム	5	1.18.43	7	2.39.52	7	4.02.15	8	5.22.51	9	7.15.06	10	1.38.19	8	3.01.05	9	4.27.25	9	5.59.41	9	7.23.25
		総合	5	1.18.43	7	2.39.52	7	4.02.15	8	5.22.51	9	7.15.06	9	8.53.25	9	10.16.11	9	11.42.31	9	13.14.47	9	14.38.31
10	東洋	走者		兼頼米太郎		平田 忠彦		河野 省三		吉川 謙治		池中 康雄		早川 玉吉		宮芝 義広		田中 隆恵		小倉一十郎		富屋 直彦
		個人	10	1.28.29	10	1.24.16	11	1.31.49	10	1.22.21	8	1.49.54	8	1.33.52	11	1.28.02	10	1.30.34	10	1.28.02	8	1.26.29
		チーム	10	1.28.29	10	2.52.45	11	4.24.34	11	5.46.55	10	7.36.49	8	1.33.52	10	3.01.54	10	4.32.28	11	6.00.30	10	7.26.59
		総合	10	1.28.29	10	2.52.45	11	4.24.34	11	5.46.55	10	7.36.49	10	9.10.41	10	10.38.43	10	12.09.17	10	13.37.19	10	15.03.48
11	拓殖	走者		岩間 一雄		佐藤 省三		林 英香		雨田 茂		笠井長三郎		南部 公門		岡田 隆広		加世田満彦		藤本 剋		島田伊十郎
		個人	11	1.32.42	8	1.19.09	10	1.30.26	11	1.24.06	11	2.03.43	11	1.42.10	8	1.24.15	11	1.33.29	7	1.20.01	11	1.43.29
		チーム	11	1.32.42	11	2.51.51	10	4.22.17	10	5.46.23	11	7.50.06	11	1.42.10	11	3.06.25	11	4.39.54	10	5.59.55	11	7.43.24
		総合	11	1.32.42	11	2.51.51	10	4.22.17	10	5.46.23	11	7.50.06	11	9.32.16	11	10.56.31	11	12.30.00	11	13.50.01	11	15.33.30

第15回　1934年(昭和9年)1月6日～7日　スタート：東京有楽町報知新聞社前　ゴール：箱根郵便局前

順	大学名		往路										復路									
			1区		2区		3区		4区		5区		6区		7区		8区		9区		10区	
1	早稲田	走者	多田 秋衛		中田 正男		小野 利保		角谷 保次		中島 幸基		鈴木 政数		金 恩培		渋谷 松夫		中井 賢二		朝倉 充	
		個人	3	1.14.50	2	1.09.20	4	1.17.44	1	1.13.45	4	1.41.23	4	1.27.10	1	*1.11.59*	1	1.12.56	3	1.11.14	7	1.18.03
		チーム	3	1.14.50	2	2.24.10	1	3.41.54	1	4.55.39	1	6.37.02	4	1.27.10	2	2.39.09	1	3.52.05	1	5.03.19	2	6.21.22
		総合	3	1.14.50	2	2.24.10	1	3.41.54	1	4.55.39	1	6.37.02	1	8.04.12	1	9.16.11	1	10.29.07	1	11.40.21	1	12.58.24
2	日本	走者	村上 昇		鈴木 勇		荒川 清孝		飯鉢義次郎		曽根 茂		矢萩 丹治		井草 知三		森本 一徳		武田 恒一		松永 重	
		個人	1	1.13.55	1	*1.08.30*	10	1.27.13	5	1.15.54	2	*1.38.21*	1	1.21.20	3	1.15.24	5	1.19.26	1	1.07.58	4	1.17.12
		チーム	1	1.13.55	1	2.22.25	4	3.49.38	4	5.05.32	4	6.43.53	1	1.21.20	1	2.36.44	2	3.56.10	2	5.04.08	1	6.21.20
		総合	1	1.13.55	1	2.22.25	4	3.49.38	4	5.05.32	4	6.43.53	2	8.05.13	2	9.20.37	2	10.40.03	2	11.48.01	2	13.05.13
3	慶應義塾	走者	木村 正義		山本千代治		今井 哲夫		島村 乙也		星野伊太郎		北村 義雄		岩井 実		竹中正一郎		渡辺 久四		菅沼 俊哉	
		個人	2	1.14.30	6	1.13.52	2	1.15.19	2	1.14.37	3	1.40.14	10	1.36.17	4	1.16.08	2	1.14.50	2	1.10.34	3	1.16.39
		チーム	2	1.14.30	3	2.28.22	2	3.43.41	2	4.58.18	2	6.38.32	10	1.36.17	6	2.52.25	5	4.07.15	4	5.17.49	4	6.34.28
		総合	2	1.14.30	3	2.28.22	2	3.43.41	2	4.58.18	2	6.38.32	4	8.14.49	4	9.30.57	4	10.45.47	3	11.56.21	3	13.13.00
4	法政	走者	杉本 光市		町田 親一		清水 義郎		阿部 豊		松本 四郎		山中 貞一		大崎 良三		尹 徳勲		猪野 利一		今井 市蔵	
		個人	5	1.18.13	3	1.10.56	3	1.16.52	4	1.15.39	1	*1.37.42*	5	1.29.39	5	1.18.17	4	1.17.51	5	1.14.08	8	1.18.39
		チーム	5	1.18.13	5	2.29.09	3	3.46.01	3	5.01.40	3	6.39.22	5	1.29.39	4	2.47.56	4	4.05.47	5	5.19.55	5	6.38.34
		総合	5	1.18.13	5	2.29.09	3	3.46.01	3	5.01.40	3	6.39.22	3	8.09.01	3	9.27.18	3	10.45.09	4	11.59.17	4	13.17.56
5	中央	走者	井上権太郎		佐藤 隆三		田島 定雄		若江光太郎		栗本 仁		松本 源吾		佐藤 昇		村社 講平		木村 信夫		田中 秀雄	
		個人	6	1.18.54	4	1.13.10	5	1.18.07	10	1.24.52	6	1.43.04	2	1.25.22	2	1.14.35	3	1.16.15	4	1.11.45	1	1.16.22
		チーム	6	1.18.54	6	2.32.04	6	3.50.11	8	5.15.03	8	6.58.07	2	1.25.22	3	2.39.57	3	3.56.12	3	5.07.57	3	6.24.19
		総合	6	1.18.54	6	2.32.04	6	3.50.11	8	5.15.03	8	6.58.07	5	8.23.29	5	9.38.04	5	10.54.19	5	12.06.04	5	13.22.26
6	明治	走者	内田 賢		土本 良信		長谷川多喜男		鄭 商熙		名島 忠雄		清水 重雄		松野 武雄		米田 菊治		剣持 茂		小島 道雄	
		個人	4	1.15.06	7	1.13.59	6	1.20.44	8	1.20.30	9	1.46.36	3	1.26.55	7	1.21.39	11	1.30.18	6	1.17.12	6	1.17.48
		チーム	4	1.15.06	4	2.29.05	5	3.49.49	5	5.10.19	5	6.56.55	3	1.26.55	5	2.48.34	6	4.18.52	6	5.36.04	6	6.53.52
		総合	4	1.15.06	4	2.29.05	5	3.49.49	5	5.10.19	5	6.56.55	6	8.23.50	6	9.45.29	6	11.15.47	6	12.32.59	6	13.50.47
7	東京文理	走者	清水 嘉幸		木野 正義		河野太喜造		松戸 節三		山口 久太		西川 進		松下源太郎		小山 兵衛		長谷川常次郎		新谷 智	
		個人	7	1.21.30	5	1.13.33	8	1.21.28	6	1.17.39	7	1.43.22	6	1.32.36	9	1.24.41	7	1.24.38	8	1.20.59	10	1.23.36
		チーム	7	1.21.30	7	2.35.03	8	3.56.31	7	5.14.10	7	6.57.32	6	1.32.36	9	2.57.17	7	4.21.55	7	5.42.54	7	7.06.30
		総合	7	1.21.30	7	2.35.03	8	3.56.31	7	5.14.10	7	6.57.32	7	8.30.08	7	9.54.49	7	11.19.27	7	12.40.26	7	14.04.02
8	日歯医専	走者	粟木 直美		酒井 正造		難波 博夫		松本 次郎		亀田 富雄		井原 正安		近藤 登		鈴木 光男		岡野 太郎		滝田 義穂	
		個人	8	1.23.10	10	1.18.18	1	*1.10.45*	7	1.19.01	8	1.46.09	12	1.36.52	10	1.26.38	6	1.22.01	9	1.21.57	12	1.30.03
		チーム	8	1.23.10	9	2.41.28	7	3.52.13	6	5.11.14	6	6.57.23	12	1.36.52	10	3.03.30	9	4.25.31	8	5.47.28	10	7.17.31
		総合	8	1.23.10	9	2.41.28	7	3.52.13	6	5.11.14	6	6.57.23	8	8.34.15	8	10.00.53	8	11.22.54	8	12.44.51	8	14.14.54
9	東京農業	走者	市橋 千里		安達 健一		藤田 雄一		岡野 浩政		萩谷淳次郎		犬伏 富勒		荒井 正三		犬飼 道雄		原子 広二		堀篭 春男	
		個人	9	1.23.30	9	1.18.14	9	1.23.34	9	1.23.21	11	1.50.37	7	1.33.48	6	1.20.28	10	1.28.42	13	1.28.41	5	1.17.18
		チーム	9	1.23.30	10	2.41.44	10	4.05.18	10	5.28.39	9	7.19.16	7	1.33.48	7	2.54.16	8	4.22.58	10	5.51.39	9	7.08.57
		総合	9	1.23.30	10	2.41.44	10	4.05.18	10	5.28.39	9	7.19.16	9	8.53.04	9	10.13.32	9	11.42.14	9	13.10.55	9	14.28.13
10	専修	走者	大屋彦左衛門		大沢 正資		久保田 正		高橋 信夫		伊藤 貫三		吉野 貫		多田野 康		橋本 辰正		斎藤 誠二		李 亀河	
		個人	10	1.23.56	8	1.15.57	7	1.21.27	12	1.25.12	13	2.06.04	8	1.34.04	8	1.22.00	12	1.35.59	7	1.18.51	2	1.16.35
		チーム	10	1.23.56	8	2.39.53	9	4.01.20	9	5.26.32	12	7.32.36	8	1.34.04	8	2.56.04	10	4.32.03	9	5.50.54	8	7.07.29
		総合	10	1.23.56	8	2.39.53	9	4.01.20	9	5.26.32	12	7.32.36	10	9.06.40	10	10.28.40	10	12.04.39	10	13.23.30	10	14.40.05
11	立教	走者	桜井 権作		内海 重雄		樋口 恒雄		青地球磨男		松原 秀輔		松平 吉修		羽木光三郎		森尾 幸夫		末永 福蔵		松野 勝郎	
		個人	12	1.27.32	12	1.24.20	11	1.27.29	3	1.14.57	10	1.46.57	13	1.50.14	11	1.28.23	9	1.27.11	11	1.26.35	11	1.30.01
		チーム	12	1.27.32	13	2.51.52	11	4.19.21	11	5.34.18	10	7.21.15	13	1.50.14	13	3.18.37	12	4.45.48	13	6.12.23	12	7.42.24
		総合	12	1.27.32	13	2.51.52	11	4.19.21	11	5.34.18	10	7.21.15	12	9.11.29	11	10.39.52	11	12.07.03	11	13.33.38	11	15.03.39
12	拓殖	走者	佐藤 省三		村島鉄太郎		大和 久城		林 英香		雨田 茂		南部 公門		中井 清造		加世田満彦		笠井長三郎		藤田 一雄	
		個人	13	1.29.03	11	1.21.39	13	1.50.59	13	1.28.26	12	1.50.45	9	1.34.21	12	1.32.04	8	1.25.50	12	1.27.42	9	1.22.24
		チーム	13	1.29.03	12	2.50.42	13	4.41.41	13	6.10.07	13	8.00.52	9	1.34.21	11	3.06.25	11	4.32.15	11	5.59.57	11	7.22.21
		総合	13	1.29.03	12	2.50.42	13	4.41.41	13	6.10.07	13	8.00.52	13	9.35.13	13	11.07.17	13	12.33.07	13	14.00.49	12	15.23.13
13	東洋	走者	兼頼米太郎		中里 報国		今井 史郎		桜井 正春		池中 康雄		河野 省三		田中 栄次		田中 隆恵		山口 勇		富屋 直彦	
		個人	11	1.24.40	13	1.25.41	12	1.32.54	11	1.25.00	5	1.42.05	11	1.36.50	13	1.32.49	13	1.36.29	10	1.24.21	13	1.46.00
		チーム	11	1.24.40	11	2.50.21	12	4.23.15	12	5.48.15	11	7.30.20	11	1.36.50	12	3.09.39	13	4.46.08	12	6.10.29	13	7.56.29
		総合	11	1.24.40	11	2.50.21	12	4.23.15	12	5.48.15	11	7.30.20	11	9.07.10	12	10.39.59	12	12.16.28	12	13.40.49	13	15.26.49

第16回　1935年(昭和10年)1月5日～6日　スタート：東京有楽町報知新聞社前　ゴール：箱根郵便局前

順	大学名		往路										復路									
			1区		2区		3区		4区		5区		6区		7区		8区		9区		10区	
1	日本	走者		棚木 大		星野 順		森本 一徳		井草 知三		鈴木 房重		矢萩 丹治		荒川 清孝		村上 昇		鈴木 勇		松永 重
		個人	3	1.15.30	1	*1.07.43*	2	1.15.03	2	1.12.01	4	*1.37.18*	2	1.23.25	3	1.16.02	1	*1.19.09*	1	1.10.24	5	1.16.24
		チーム	3	1.15.30	2	2.23.13	1	3.38.16	2	4.50.17	1	6.27.35	2	1.23.25	2	2.39.27	1	3.58.36	1	5.09.00	1	6.25.24
		総合	3	1.15.30	2	2.23.13	1	3.38.16	2	4.50.17	1	6.27.35	1	7.51.00	1	9.07.02	1	10.26.11	1	11.36.35	1	12.52.59
2	早稲田	走者		中村 清		小野 利保		趙 寅相		大野 正次		渋谷 松夫		鈴木 政数		金 恩培		朝倉 充		寺久保三郎		多田 秋衛
		個人	1	1.13.35	2	1.08.38	4	1.17.42	1	1.10.15	5	1.41.09	4	1.27.30	5	1.17.47	6	1.23.06	2	1.10.53	2	1.14.11
		チーム	1	1.13.35	1	2.22.13	2	3.39.55	1	4.50.10	2	6.31.19	4	1.27.30	4	2.45.17	5	4.08.23	3	5.19.16	3	6.33.27
		総合	1	1.13.35	1	2.22.13	2	3.39.55	1	4.50.10	2	6.31.19	2	7.58.49	2	9.16.36	2	10.39.42	2	11.50.35	2	13.04.46
3	慶應義塾	走者		菅沼 俊哉		権守 赳夫		今井 哲夫		山本千代治		星野伊太郎		渡辺 久四		島村 乙也		木村 正義		森 謙		竹中正一郎
		個人	5	1.16.42	7	1.12.39	3	1.16.33	4	1.13.18	12	1.54.39	5	1.29.07	1	1.13.46	3	1.20.29	4	1.15.52	1	*1.11.53*
		チーム	5	1.16.42	7	2.29.21	5	3.45.54	3	4.59.12	8	6.53.51	5	1.29.07	3	2.42.53	3	4.03.22	2	5.19.14	2	6.31.07
		総合	5	1.16.42	7	2.29.21	5	3.45.54	3	4.59.12	8	6.53.51	8	8.22.58	6	9.36.44	6	10.57.13	6	12.13.05	3	13.24.58
4	中央	走者		佐藤 昇		若江光太郎		井上権太郎		黒沢 馨		松本 源吾		田島 定雄		栗本 仁		久保崎重隆		木村 信夫		田中 秀雄
		個人	7	1.18.39	4	1.10.08	5	1.17.56	7	1.14.32	8	1.46.52	3	1.24.40	2	1.14.38	7	1.23.40	9	1.19.26	3	1.14.50
		チーム	7	1.18.39	6	2.28.47	6	3.46.43	5	5.01.15	6	6.48.07	3	1.24.40	1	2.39.18	2	4.02.58	4	5.22.24	4	6.37.14
		総合	7	1.18.39	6	2.28.47	6	3.46.43	5	5.01.15	6	6.48.07	4	8.12.47	3	9.27.25	3	10.51.05	4	12.10.31	4	13.25.21
5	明治	走者		岡沢 吉夫		鬼塚 悟		名島 忠雄		長谷川多喜男		南 昇竜		小島 節次		鄭 商熙		富江 利直		西沢 茂雄		松野 武雄
		個人	4	1.16.20	3	1.08.55	9	1.19.30	8	1.15.34	2	*1.37.17*	8	1.32.42	5	1.17.47	4	1.21.59	8	1.18.19	6	1.18.48
		チーム	4	1.16.20	3	2.25.15	4	3.44.45	6	5.00.19	3	6.37.36	8	1.32.42	8	2.50.29	8	4.12.28	7	5.30.47	6	6.49.35
		総合	4	1.16.20	3	2.25.15	4	3.44.45	6	5.00.19	3	6.37.36	3	8.10.18	4	9.28.05	4	10.50.04	3	12.08.23	5	13.27.11
6	専修	走者		大屋彦左衛門		大沢 正資		久保田 正		小島九十三		李 亀河		渡辺裕三郎		斎藤 誠二		須佐 藤太		根岸 俊一		鯉渕 信夫
		個人	9	1.19.24	10	1.15.18	8	1.18.22	9	1.16.22	2	*1.37.17*	6	1.29.27	7	1.17.48	2	1.19.12	6	1.17.50	7	1.20.52
		チーム	9	1.19.24	9	2.34.42	9	3.53.04	10	5.09.26	5	6.46.43	6	1.29.27	6	2.47.15	4	4.06.27	5	5.24.17	5	6.45.09
		総合	9	1.19.24	9	2.34.42	9	3.53.04	10	5.09.26	5	6.46.43	5	8.16.10	5	9.33.58	5	10.53.10	5	12.11.00	6	13.31.52
7	日歯医専	走者		栗木 直美		近藤 登		難波 博夫		山本 正敏		亀田 富雄		鈴木 光夫		松本 次郎		奥川 英夫		小野 元則		庄野 保雄
		個人	2	1.15.18	6	1.10.38	1	*1.14.28*	10	1.20.24	7	1.45.49	9	1.33.54	8	1.17.55	8	1.25.05	5	1.17.49	10	1.24.07
		チーム	2	1.15.18	4	2.25.56	3	3.40.24	4	5.00.48	4	6.46.37	9	1.33.54	9	2.51.49	9	4.16.54	9	5.34.43	9	6.58.50
		総合	2	1.15.18	4	2.25.56	3	3.40.24	4	5.00.48	4	6.46.37	6	8.20.31	7	9.38.26	7	11.03.31	7	12.21.20	7	13.45.27
8	法政	走者		小島 重信		藤倉 鶴典		阿部 豊		大崎 良三		町田 親一		山中 貞一		松本 弘		亀井 文男		猪野 利一		平野 正祐
		個人	10	1.20.30	11	1.17.03	6	1.18.21	3	1.13.14	6	1.43.46	7	1.32.03	4	1.17.28	5	1.22.01	10	1.19.46	9	1.23.57
		チーム	10	1.20.30	10	2.37.33	10	3.55.54	9	5.09.08	7	6.52.54	7	1.32.03	7	2.49.31	6	4.11.32	8	5.31.18	8	6.55.15
		総合	10	1.20.30	10	2.37.33	10	3.55.54	9	5.09.08	7	6.52.54	9	8.24.57	8	9.42.25	8	11.04.26	8	12.24.12	8	13.48.09
9	東京文理	走者		清水 嘉幸		半田 康夫		松戸 節三		西川 進		常松 喬		奈良岡健三		川田 正徳		新谷 智		吉田 誠昭		小山 兵衛
		個人	8	1.19.10	8	1.14.28	6	1.18.21	5	1.13.32	11	1.53.14	1	1.23.02	9	1.23.17	9	1.25.59	7	1.17.59	8	1.23.09
		チーム	8	1.19.10	8	2.33.38	8	3.51.59	8	5.05.31	9	6.58.45	1	1.23.02	5	2.46.19	7	4.12.18	6	5.30.17	7	6.53.26
		総合	8	1.19.10	8	2.33.38	8	3.51.59	8	5.05.31	9	6.58.45	7	8.21.47	9	9.45.04	9	11.11.03	9	12.29.02	9	13.52.11
10	東京農業	走者		石井 安治		安達 健一		百束 秀雄		真継 繁夫		萩谷淳次郎		高橋勝太郎		染谷 武雄		清水 和宥		工藤 双一		堀篭 春男
		個人	12	1.26.50	12	1.18.12	12	1.23.19	12	1.26.40	9	1.50.25	10	1.35.59	10	1.26.22	12	1.35.36	11	1.21.20	4	1.16.10
		チーム	12	1.26.50	12	2.45.02	12	4.08.21	12	5.35.01	12	7.25.26	10	1.35.59	10	3.02.21	10	4.37.57	10	5.59.17	10	7.15.27
		総合	12	1.26.50	12	2.45.02	12	4.08.21	12	5.35.01	12	7.25.26	12	9.01.25	11	10.27.47	11	12.03.23	10	13.24.43	10	14.40.53
11	東洋	走者		河野 省三		富屋 直彦		原 茂晴		宮芝 義広		池中 康雄		山口 勇		吉川 謙治		今井 史郎		清水 武		武石一十郎
		個人	11	1.24.25	9	1.14.38	13	1.24.07	13	1.28.12	1	*1.35.11*	12	1.37.41	11	1.38.40	13	1.42.51	12	1.31.28	11	1.30.54
		チーム	11	1.24.25	11	2.39.03	11	4.03.10	11	5.31.22	11	7.06.33	12	1.37.41	11	3.16.21	12	4.59.12	12	6.30.40	12	8.01.34
		総合	11	1.24.25	11	2.39.03	11	4.03.10	11	5.31.22	11	7.06.33	11	8.44.14	10	10.22.54	12	12.05.45	11	13.37.13	11	15.08.07
12	拓殖	走者		村島鉄太郎		藤田 一雄		浜野 頼幸		林 英香		雨田 茂		南部 公門		宮田 武彦		加世田満彦		藤木 勉		笠井長三郎
		個人	13	1.29.40	13	1.19.20	11	1.21.33	11	1.26.10	10	1.51.49	13	1.43.03	12	1.51.00	11	1.31.37	3	1.14.51	12	1.31.33
		チーム	13	1.29.40	13	2.49.00	13	4.10.33	13	5.36.43	13	7.28.32	13	1.43.03	13	3.34.03	13	5.05.40	11	6.20.31	11	7.52.04
		総合	13	1.29.40	13	2.49.00	13	4.10.33	13	5.36.43	13	7.28.32	13	9.11.35	13	11.02.35	13	12.34.12	12	13.49.03	12	15.20.36
13	立教	走者		金塚 秀		丸茂 省三		青地球磨男		島田 任郎		松原 秀輔		樋口 恒雄		羽木光三郎		森尾 幸夫		松原龍二郎		桜井 権作
		個人	6	1.18.05	5	1.10.17	10	1.19.46	6	1.14.29	13	2.02.35	11	1.36.38	13	1.53.13	10	1.27.50	13	2.12.32	13	1.34.31
		チーム	6	1.18.05	5	2.28.22	7	3.48.08	7	5.02.37	10	7.05.12	11	1.36.38	12	3.29.51	11	4.57.41	13	7.10.13	13	8.44.44
		総合	6	1.18.05	5	2.28.22	7	3.48.08	7	5.02.37	10	7.05.12	10	8.41.50	12	10.35.03	10	12.02.53	13	14.15.25	13	15.49.56

第17回　1936年(昭和11年)1月4日～5日　スタート：東京有楽町報知新聞社前　ゴール：箱根郵便局前

順	大学名		往路										復路									
			1区		2区		3区		4区		5区		6区		7区		8区		9区		10区	
1	日本	走者		岩渕 邦明		星野 順		森本 一徳		細川 欽三		鈴木 房重		矢萩 丹治		松永 重		棚木 大		鈴木 勇		荒川 清孝
		個人	6	1.17.13	2	1.11.27	6	1.19.44	1	1.10.47	1	1.37.51	3	1.24.55	1	*1.10.53*	1	*1.15.45*	1	1.08.00	4	1.17.47
		チーム	6	1.17.13	2	2.28.40	3	3.48.24	2	4.59.11	1	6.37.02	3	1.24.55	1	2.35.48	1	3.51.33	1	4.59.33	1	6.17.20
		総合	6	1.17.13	2	2.28.40	3	3.48.24	2	4.59.11	1	6.37.02	1	8.01.57	1	9.12.50	1	10.28.35	1	11.36.35	1	12.54.22
2	早稲田	走者		朝倉 充		島野 信一		樋口三五郎		井上 松治		渋谷 松夫		大野 正次		趙 寅相		多田 秋衛		寺久保三郎		中村 清
		個人	1	1.14.58	3	1.13.20	3	1.17.52	3	1.14.58	2	1.41.04	1	1.22.51	2	1.13.42	3	*1.15.59*	3	1.12.36	2	1.13.19
		チーム	1	1.14.58	1	2.28.18	2	3.46.10	3	5.01.08	2	6.42.12	1	1.22.51	2	2.36.33	2	3.52.32	2	5.05.08	2	6.18.27
		総合	1	1.14.58	1	2.28.18	2	3.46.10	3	5.01.08	2	6.42.12	2	8.05.03	2	9.18.45	2	10.34.44	2	11.47.20	2	13.00.39
3	中央	走者		井上権太郎		栗本 仁		村社 講平		若江光太郎		松本 源吾		田島 定雄		黒沢 馨		田中 秀雄		木村 信夫		今岡 悟郎
		個人	9	1.20.03	1	1.11.14	1	*1.12.46*	2	1.14.19	11	1.51.48	4	1.24.56	3	1.14.34	4	*1.16.57*	6	1.16.14	7	1.18.58
		チーム	9	1.20.03	4	2.31.17	1	3.44.03	1	4.58.22	4	6.50.10	4	1.24.56	3	2.39.30	3	3.56.27	3	5.12.41	4	6.31.39
		総合	9	1.20.03	4	2.31.17	1	3.44.03	1	4.58.22	4	6.50.10	3	8.15.06	3	9.29.40	3	10.46.37	3	12.02.51	3	13.21.49
4	慶應義塾	走者		島村 乙也		海老名正一		木村 正義		権守 赳夫		星野伊太郎		今村 省三		山本千代治		今井 哲夫		菅沼 俊哉		竹中正一郎
		個人	4	1.16.18	8	1.15.59	4	1.18.46	6	1.17.30	6	1.44.57	7	1.29.25	8	1.21.29	2	*1.15.57*	2	1.10.35	1	1.12.27
		チーム	4	1.16.18	6	2.32.17	5	3.51.03	5	5.08.33	5	6.53.30	7	1.29.25	7	2.50.54	6	4.06.51	4	5.17.26	3	6.29.53
		総合	4	1.16.18	6	2.32.17	5	3.51.03	5	5.08.33	5	6.53.30	5	8.22.55	7	9.44.24	4	11.00.21	4	12.10.56	4	13.23.23
5	法政	走者		関口 普		若松 一夫		阿部 豊		藤倉 鶴典		町田 親一		大崎 良三		杉本 光市		亀井 文男		金子 利雄		清水 義郎
		個人	3	1.16.06	11	1.19.10	9	1.21.00	5	1.17.28	8	1.46.22	2	1.24.22	5	1.16.13	5	1.20.55	7	1.16.21	5	1.17.51
		チーム	3	1.16.06	9	2.35.16	10	3.56.16	7	5.13.44	7	7.00.06	2	1.24.22	4	2.40.35	4	4.01.30	5	5.17.51	5	6.35.42
		総合	3	1.16.06	9	2.35.16	10	3.56.16	7	5.13.44	7	7.00.06	6	8.24.28	6	9.40.41	5	11.01.36	6	12.17.57	5	13.35.48
6	東京文理	走者		奈良岡健三		勝又 五郎		松戸 節三		吉田 誠昭		常松 喬		伊藤 茂男		半田 康夫		橋本 治彦		奥野 茂樹		西川 進
		個人	2	1.15.14	4	1.13.54	8	1.20.10	4	1.17.26	4	1.43.02	8	1.30.43	6	1.18.05	9	1.24.41	5	1.15.41	6	1.18.48
		チーム	2	1.15.14	3	2.29.08	4	3.49.18	4	5.06.44	3	6.49.46	8	1.30.43	6	2.48.48	7	4.13.29	7	5.29.10	7	6.47.58
		総合	2	1.15.14	3	2.29.08	4	3.49.18	4	5.06.44	3	6.49.46	4	8.20.29	4	9.38.34	6	11.03.15	7	12.18.56	6	13.37.44
7	専修	走者		大屋彦左衛門		細野 博		須佐 藤太		二見 敏進		李 亀河		渡辺裕三郎		久保田 正		崔 景海		斎藤 誠二		鯉渕 信夫
		個人	8	1.19.29	7	1.15.28	7	1.20.00	7	1.17.55	7	1.45.20	5	1.26.42	4	1.15.00	8	1.24.31	4	1.13.06	8	1.23.47
		チーム	8	1.19.29	8	2.34.57	8	3.54.57	6	5.12.52	6	6.58.12	5	1.26.42	5	2.41.42	5	4.06.13	6	5.19.19	6	6.43.06
		総合	8	1.19.29	8	2.34.57	8	3.54.57	6	5.12.52	6	6.58.12	7	8.24.54	5	9.39.54	7	11.04.25	5	12.17.31	7	13.41.18
8	明治	走者		長谷川多喜男		米田 菊治		南 昇竜		大森伊三治		佐藤 八郎		菊地 平吉		松野 武雄		鬼塚 悟		古山 素也		中田 正男
		個人	7	1.17.42	6	1.15.25	5	1.19.19	14	1.29.32	5	1.44.55	11	1.33.56	7	1.19.55	6	1.22.21	10	1.19.56	13	1.28.10
		チーム	7	1.17.42	7	2.33.07	6	3.52.26	10	5.21.58	9	7.06.53	11	1.33.56	8	2.53.51	8	4.16.12	9	5.36.08	9	7.04.18
		総合	7	1.17.42	7	2.33.07	6	3.52.26	10	5.21.58	9	7.06.53	9	8.40.49	8	10.00.44	8	11.23.05	8	12.43.01	8	14.11.11
9	日歯医専	走者		栗木 直美		近藤 登		奥川 英夫		石井 久之		亀田 富雄		酒井 正造		徳田 徑樹		北島富太郎		小宮 良一		庄野 保雄
		個人	5	1.16.50	5	1.15.07	10	1.22.55	9	1.22.36	9	1.47.40	9	1.32.38	14	1.32.26	13	1.31.08	9	1.19.05	11	1.26.46
		チーム	5	1.16.50	5	2.31.57	7	3.54.52	8	5.17.28	8	7.05.08	9	1.32.38	14	3.05.04	13	4.36.12	12	5.55.17	11	7.22.03
		総合	5	1.16.50	5	2.31.57	7	3.54.52	8	5.17.28	8	7.05.08	8	8.37.46	9	10.10.12	9	11.41.20	9	13.00.25	9	14.27.11
10	拓殖	走者		雨田 茂		川上 守雄		林 英香		辻 希一		浜野 頼幸		南部 公門		倉方 豊		村島鉄太郎		藤田 一雄		笠井長三郎
		個人	11	1.22.51	10	1.17.29	12	1.29.18	8	1.19.41	12	1.52.39	14	1.37.41	9	1.24.06	10	1.27.49	12	1.20.37	9	1.25.53
		チーム	11	1.22.51	11	2.40.20	11	4.09.38	11	5.29.19	11	7.21.58	14	1.37.41	10	3.01.47	10	4.29.36	10	5.50.13	10	7.16.06
		総合	11	1.22.51	11	2.40.20	11	4.09.38	11	5.29.19	11	7.21.58	11	8.59.39	11	10.23.45	10	11.51.34	10	13.12.11	10	14.38.04
11	東洋	走者		剣持 正		小椋 実		池中 康雄		井坂 信勝		原 茂清		山口 勇		金光 正夫		森藤 加之		大蔵 優一		金成 元夫
		個人	10	1.20.44	9	1.17.24	2	1.17.47	10	1.23.09	13	1.55.22	10	1.32.41	13	1.30.30	14	1.36.24	14	1.28.32	10	1.26.24
		チーム	10	1.20.44	10	2.38.08	9	3.55.55	9	5.19.04	10	7.14.26	10	1.32.41	11	3.03.11	14	4.39.35	14	6.08.07	14	7.34.31
		総合	10	1.20.44	10	2.38.08	9	3.55.55	9	5.19.04	10	7.14.26	10	8.47.07	10	10.17.37	11	11.54.01	11	13.22.33	11	14.48.57
12	立教	走者		森尾 幸夫		松原龍二郎		小浦 正寿		紅野 良秋		松原 秀輔		島田 任郎		樋口 恒雄		金塚 秀		桜井 権作		青地球磨男
		個人	13	1.25.03	12	1.20.32	13	1.31.51	12	1.24.45	14	2.15.42	6	1.28.41	10	1.25.10	7	1.23.43	8	1.17.39	3	1.17.04
		チーム	13	1.25.03	12	2.45.35	13	4.17.26	13	5.42.11	14	7.57.53	6	1.28.41	8	2.53.51	9	4.17.34	8	5.35.13	8	6.52.17
		総合	13	1.25.03	12	2.45.35	13	4.17.26	13	5.42.11	14	7.57.53	14	9.26.34	14	10.51.44	14	12.15.27	14	13.33.06	12	14.50.10
13	東京農業	走者		山口 三郎		大和田八郎		百東 秀雄		森 達郎		萩谷淳次郎		高橋勝太郎		斎藤 易次		石井 安治		染谷 武雄		宮崎 芳朗
		個人	12	1.24.56	13	1.21.56	11	1.27.34	13	1.24.49	10	1.49.59	12	1.34.23	12	1.29.49	11	1.30.13	11	1.20.19	12	1.27.46
		チーム	12	1.24.56	13	2.46.52	12	4.14.26	12	5.39.15	12	7.29.14	12	1.34.23	13	3.04.12	12	4.34.25	11	5.54.44	12	7.22.30
		総合	12	1.24.56	13	2.46.52	12	4.14.26	12	5.39.15	12	7.29.14	12	9.03.37	12	10.33.26	12	12.03.39	12	13.23.58	13	14.51.44
14	横浜専門	走者		横山 光雄		中野 正次		村上 又雄		金子 正		金 三植		古屋 末男		山田 勝一		高畑 勉		柳川 三郎		木村 正平
		個人	14	1.30.20	14	1.22.33	14	1.33.34	11	1.23.45	3	1.41.41	13	1.35.20	11	1.28.35	12	1.30.25	13	1.21.03	14	1.36.49
		チーム	14	1.30.20	14	2.52.53	14	4.26.27	14	5.50.12	13	7.31.53	13	1.35.20	12	3.03.55	11	4.34.20	13	5.55.23	13	7.32.12
		総合	14	1.30.20	14	2.52.53	14	4.26.27	14	5.50.12	13	7.31.53	13	9.07.13	13	10.35.48	13	12.06.13	13	13.27.16	14	15.04.05

第18回　1937年(昭和12年)1月9日～10日　スタート：東京有楽町報知新聞社前　ゴール：箱根郵便局前

順	大学名		往路										復路									
			1区		2区		3区		4区		5区		6区		7区		8区		9区		10区	
1	日本	走者		村上 昇		岩渕 邦明		郷野 喜一		大沢 竜雄		鈴木 房重		矢萩 丹治		細川 欽三		棚木 大		松永 重		鈴木 勇
		個人	1	1.13.44	4	1.09.45	2	1.15.37	2	*1.08.40*	1	*1.31.46*	4	1.25.16	1	*1.09.06*	1	*1.15.18*	1	1.09.03	3	1.15.09
		チーム	1	1.13.44	1	2.23.29	2	3.39.06	2	4.47.46	1	6.19.32	4	1.25.16	1	2.34.22	1	3.49.40	1	4.58.43	1	6.13.52
		総合	**1**	**1.13.44**	**1**	**2.23.29**	**2**	**3.39.06**	**2**	**4.47.46**	**1**	**6.19.32**	**1**	**7.44.48**	**1**	**8.53.54**	**1**	**10.09.12**	**1**	**11.18.15**	**1**	**12.33.24**
2	早稲田	走者		林 和引		中島 敏矩		樋口三五郎		寺久保三郎		大野 正次		多田 秋衛		辻 秀雄		中井 賢二		島野 信一		中村 清
		個人	3	1.17.13	2	1.07.52	4	1.18.01	3	1.13.15	6	1.38.43	1	1.20.29	4	1.14.38	2	*1.15.38*	4	1.16.49	2	1.15.03
		チーム	3	1.17.13	3	2.25.05	3	3.43.06	3	4.56.21	3	6.35.04	1	1.20.29	2	2.35.07	2	3.50.45	2	5.07.34	2	6.22.37
		総合	**3**	**1.17.13**	**3**	**2.25.05**	**3**	**3.43.06**	**3**	**4.56.21**	**3**	**6.35.04**	**3**	**7.55.33**	**3**	**9.10.11**	**3**	**10.25.49**	**3**	**11.42.38**	**2**	**12.57.41**
3	明治	走者		鬼塚 悟		大森伊三治		南 昇竜		名島 忠雄		佐藤 八郎		浜 克己		山崎 政夫		内田 賢		古山 素也		田口 栄一
		個人	2	1.16.19	1	*1.07.17*	1	1.14.21	1	*1.07.42*	4	1.37.22	8	1.31.05	2	1.13.18	3	1.16.56	5	1.17.08	8	1.25.08
		チーム	2	1.16.19	2	2.23.36	1	3.37.57	1	4.45.39	2	6.23.01	8	1.31.05	4	2.44.23	4	4.01.19	4	5.18.27	5	6.43.35
		総合	**2**	**1.16.19**	**2**	**2.23.36**	**1**	**3.37.57**	**1**	**4.45.39**	**2**	**6.23.01**	**2**	**7.54.06**	**2**	**9.07.24**	**2**	**10.24.20**	**2**	**11.41.28**	**3**	**13.06.36**
4	立教	走者		松原 秀輔		大井 正		紅野 良秋		堂山 和一		金塚 秀		島田 任郎		松原龍二郎		金 道鎭		桜井 権作		青地球磨男
		個人	8	1.19.33	6	1.10.18	5	1.20.31	4	1.13.40	7	1.39.14	7	1.30.46	5	1.15.12	6	1.23.50	3	1.16.45	1	1.14.13
		チーム	8	1.19.33	6	2.29.51	5	3.50.22	5	5.04.02	5	6.43.16	7	1.30.46	5	2.45.58	5	4.09.48	5	5.26.33	4	6.40.46
		総合	**8**	**1.19.33**	**6**	**2.29.51**	**5**	**3.50.22**	**5**	**5.04.02**	**5**	**6.43.16**	**4**	**8.14.02**	**5**	**9.29.14**	**5**	**10.53.04**	**5**	**12.09.49**	**4**	**13.24.02**
5	専修	走者		大屋彦左衛門		斎藤 誠二		山下 勝		二見 敏進		細野 博		渡辺裕三郎		崔 景海		久保田 正		鯉渕 信夫		須佐 藤太
		個人	4	1.17.16	9	1.12.56	6	1.21.55	6	1.16.16	11	1.43.06	2	1.22.54	3	1.13.38	4	1.22.53	6	1.17.10	4	1.17.26
		チーム	4	1.17.16	7	2.30.12	7	3.52.07	6	5.08.23	7	6.51.29	2	1.22.54	3	2.36.32	3	3.59.25	3	5.16.35	3	6.34.01
		総合	**4**	**1.17.16**	**7**	**2.30.12**	**7**	**3.52.07**	**6**	**5.08.23**	**7**	**6.51.29**	**5**	**8.14.23**	**4**	**9.28.01**	**4**	**10.50.54**	**4**	**12.08.04**	**5**	**13.25.30**
6	中央	走者		井上権太郎		若江光太郎		村社 講平		柳 錫宸		田中 秀雄		木村 信夫		今岡 悟郎		森山 昌敏		相原 豊次		李 照台
		個人	5	1.18.44	5	1.10.12	3	1.17.45	5	1.14.13	3	1.37.01	12	1.37.34	9	1.24.52	13	1.31.04	7	1.17.23	7	1.24.44
		チーム	5	1.18.44	4	2.28.56	4	3.46.41	4	5.00.54	4	6.37.55	12	1.37.34	11	3.02.26	13	4.33.30	10	5.50.53	9	7.15.37
		総合	**5**	**1.18.44**	**4**	**2.28.56**	**4**	**3.46.41**	**4**	**5.00.54**	**4**	**6.37.55**	**6**	**8.15.29**	**6**	**9.40.21**	**6**	**11.11.25**	**6**	**12.28.48**	**6**	**13.53.32**
7	東京文理	走者		奈良岡健三		勝又 五郎		吉田 誠昭		足立 安長		常松 喬		伊藤 茂男		川田 正徳		石野八百治		奥野 茂樹		松戸 節三
		個人	14	1.30.50	3	1.09.33	11	1.28.45	9	1.18.03	8	1.41.08	5	1.28.52	6	1.17.43	10	1.27.33	8	1.18.45	5	1.20.25
		チーム	14	1.30.50	11	2.40.23	11	4.09.08	11	5.27.11	10	7.08.19	5	1.28.52	6	2.46.35	6	4.14.08	7	5.32.53	7	6.53.18
		総合	**14**	**1.30.50**	**11**	**2.40.23**	**11**	**4.09.08**	**11**	**5.27.11**	**10**	**7.08.19**	**10**	**8.37.11**	**8**	**9.54.54**	**9**	**11.22.27**	**7**	**12.41.12**	**7**	**14.01.37**
8	法政	走者		平山 久光		森田 博		関口 普		藤倉 鶴典		亀井 文男		大崎 良三		金子 利雄		町田 親一		富田 治		阿部 豊
		個人	11	1.25.09	12	1.15.50	8	1.23.47	12	1.22.13	5	1.37.37	3	1.25.07	11	1.28.25	5	1.23.13	12	1.26.34	9	1.26.24
		チーム	11	1.25.09	13	2.40.59	9	4.04.46	10	5.26.59	8	7.04.36	3	1.25.07	8	2.53.32	8	4.16.45	8	5.43.19	8	7.09.43
		総合	**11**	**1.25.09**	**13**	**2.40.59**	**9**	**4.04.46**	**10**	**5.26.59**	**8**	**7.04.36**	**8**	**8.29.43**	**9**	**9.58.08**	**8**	**11.21.21**	**8**	**12.47.55**	**8**	**14.14.09**
9	慶應義塾	走者		森下 圭二		尾山 馨		山本千代治		村部貞三郎		星野伊太郎		権守 赳夫		島村 乙也		萩原 侠正		斎藤 憲		渡辺 久四
		個人	9	1.23.55	13	1.16.15	14	1.48.02	7	1.16.47	10	1.42.17	11	1.32.48	7	1.18.24	7	1.24.52	2	1.12.46	6	1.21.01
		チーム	9	1.23.55	10	2.40.10	14	4.28.12	14	5.44.59	13	7.27.16	11	1.32.48	7	2.51.12	7	4.16.04	6	5.28.50	6	6.49.51
		総合	**9**	**1.23.55**	**10**	**2.40.10**	**14**	**4.28.12**	**14**	**5.44.59**	**13**	**7.27.16**	**12**	**9.00.04**	**11**	**10.18.28**	**11**	**11.43.20**	**9**	**12.56.06**	**9**	**14.17.07**
10	日歯医専	走者		石井 久之		庄野 保雄		奥川 英夫		井上 一郎		小宮 良一		山本 正敏		徳田 徑樹		五十嵐 実		菅洞 栄		山口 武彦
		個人	7	1.19.15	10	1.13.05	9	1.24.07	11	1.21.49	12	1.48.41	6	1.29.48	8	1.23.47	12	1.30.04	13	1.26.39	11	1.28.47
		チーム	7	1.19.15	8	2.32.20	8	3.56.27	8	5.18.16	9	7.06.57	6	1.29.48	9	2.53.35	9	4.23.39	9	5.50.18	10	7.19.05
		総合	**7**	**1.19.15**	**8**	**2.32.20**	**8**	**3.56.27**	**8**	**5.18.16**	**9**	**7.06.57**	**9**	**8.36.45**	**10**	**10.00.32**	**10**	**11.30.36**	**10**	**12.57.15**	**10**	**14.26.02**
11	東洋	走者		原 茂清		森藤 加之		安藤 文英		竜崎 芳郎		池中 康雄		関口 憲三		宝田 亀喜		小椋 実		松浦 重治		吉川 謙治
		個人	6	1.19.01	7	1.10.21	7	1.22.18	10	1.19.31	2	1.36.58	10	1.32.40	10	1.25.49	14	1.32.07	14	1.41.41	12	1.28.53
		チーム	6	1.19.01	5	2.29.22	6	3.51.40	7	5.11.11	6	6.48.09	10	1.32.40	10	2.58.29	10	4.30.36	14	6.12.17	14	7.41.10
		総合	**6**	**1.19.01**	**5**	**2.29.22**	**6**	**3.51.40**	**7**	**5.11.11**	**6**	**6.48.09**	**7**	**8.20.49**	**7**	**9.46.38**	**7**	**11.18.45**	**11**	**13.00.26**	**11**	**14.29.19**
12	東京農業	走者		照井 悌治		染谷 武雄		百束 秀雄		山口 三郎		萩谷淳次郎		森 達郎		高橋 清治		高橋勝太郎		大和田八郎		宮崎 芳朗
		個人	12	1.25.47	8	1.12.50	10	1.28.18	8	1.17.57	13	1.52.36	14	1.38.45	13	1.29.31	9	1.26.02	9	1.21.17	14	1.34.04
		チーム	12	1.25.47	9	2.38.37	10	4.06.55	9	5.24.52	11	7.17.28	14	1.38.45	14	3.08.16	14	4.34.18	13	5.55.35	13	7.29.39
		総合	**12**	**1.25.47**	**9**	**2.38.37**	**10**	**4.06.55**	**9**	**5.24.52**	**11**	**7.17.28**	**11**	**8.56.13**	**12**	**10.25.44**	**12**	**11.51.46**	**12**	**13.13.03**	**12**	**14.47.07**
13	横浜専門	走者		高畑 勉		中野 正次		村上 又雄		川口 浩哉		金 三植		古屋 末男		山田 勝一		笠井 克己		金子 正		崔 君瀬
		個人	13	1.27.43	11	1.13.14	13	1.30.30	14	1.31.00	9	1.41.32	13	1.37.45	12	1.28.54	8	1.24.59	11	1.23.04	13	1.30.14
		チーム	13	1.27.43	12	2.40.57	12	4.11.27	13	5.42.27	12	7.23.59	13	1.37.45	13	3.06.39	11	4.31.38	12	5.54.42	12	7.24.56
		総合	**13**	**1.27.43**	**12**	**2.40.57**	**12**	**4.11.27**	**13**	**5.42.27**	**12**	**7.23.59**	**13**	**9.01.44**	**13**	**10.30.38**	**13**	**11.55.37**	**13**	**13.18.41**	**13**	**14.48.55**
14	拓殖	走者		三浦 二郎		倉方 豊		村島鉄太郎		田村 仁		浜野 頼幸		辻 希一		林 英香		南部 公門		坂本 秀光		藤井 健三
		個人	10	1.24.13	14	1.18.44	12	1.30.26	13	1.29.02	14	1.54.31	9	1.31.08	14	1.31.30	11	1.29.04	10	1.21.52	10	1.27.44
		チーム	10	1.24.13	14	2.42.57	13	4.13.23	12	5.42.25	14	7.36.56	9	1.31.08	12	3.02.38	12	4.31.42	11	5.53.34	11	7.21.18
		総合	**10**	**1.24.13**	**14**	**2.42.57**	**13**	**4.13.23**	**12**	**5.42.25**	**14**	**7.36.56**	**14**	**9.08.04**	**14**	**10.39.34**	**14**	**12.08.38**	**14**	**13.30.30**	**14**	**14.58.14**

第19回　1938年(昭和13年)1月8日～9日　　スタート：東京有楽町報知新聞社前　ゴール：箱根郵便局前

順	大学名		往路									
				1区		2区		3区		4区		5区
1	日本	走者		矢萩 丹治		鈴木 勇		郷野 喜一		明地 邦整		鈴木 房重
		個人	5	1.16.27	1	*1.06.37*	2	1.14.57	2	1.15.02	1	1.32.32
		チーム	5	1.16.27	1	2.23.04	1	3.38.01	2	4.53.03	1	6.25.35
		総合	5	1.16.27	1	2.23.04	1	3.38.01	2	4.53.03	1	6.25.35
2	専修	走者		大屋彦左衛門		久保田 正		山下 勝		青山 義		金 三植
		個人	4	1.16.19	2	1.12.21	5	1.18.51	4	1.16.20	5	1.39.37
		チーム	4	1.16.19	4	2.28.40	4	3.47.31	4	5.03.51	3	6.43.28
		総合	4	1.16.19	4	2.28.40	4	3.47.31	4	5.03.51	3	6.43.28
3	東京文理	走者		常松 喬		市毛 徳夫		井坂 信勝		半田 実		伊藤 茂男
		個人	1	*1.11.48*	3	1.12.54	7	1.19.27	3	1.15.47	11	1.48.47
		チーム	1	1.11.48	2	2.24.42	3	3.44.09	3	4.59.56	4	6.48.43
		総合	1	1.11.48	2	2.24.42	3	3.44.09	3	4.59.56	4	6.48.43
4	立教	走者		松原 秀輔		田代 信良		岡 龍二郎		堂山 和一		金塚 秀
		個人	6	1.19.54	7	1.17.46	6	1.18.56	5	1.19.50	4	1.37.55
		チーム	6	1.19.54	6	2.37.40	7	3.56.36	5	5.16.26	5	6.54.21
		総合	6	1.19.54	6	2.37.40	7	3.56.36	5	5.16.26	5	6.54.21
5	中央	走者		金 兼道		朱 尚英		柳 錫宸		岩村 英夫		村社 講平
		個人	3	1.16.08	6	1.17.22	8	1.20.23	11	1.28.16	3	1.37.22
		チーム	3	1.16.08	5	2.33.30	5	3.53.53	7	5.22.09	6	6.59.31
		総合	3	1.16.08	5	2.33.30	5	3.53.53	7	5.22.09	6	6.59.31
6	日歯医専	走者		石井 久之		庄野 保雄		奥川 英夫		中野 貞治		小宮 良一
		個人	7	1.21.05	5	1.17.00	3	1.18.22	7	1.24.01	8	1.45.53
		チーム	7	1.21.05	7	2.38.05	6	3.56.27	6	5.20.28	7	7.06.21
		総合	7	1.21.05	7	2.38.05	6	3.56.27	6	5.20.28	7	7.06.21
7	東洋	走者		磯 清一		小椋 実		福島 徳令		金成 元夫		原 茂清
		個人	11	1.27.47	8	1.18.26	4	1.18.48	6	1.22.05	6	1.43.28
		チーム	11	1.27.47	9	2.46.13	8	4.05.01	8	5.27.06	8	7.10.34
		総合	11	1.27.47	9	2.46.13	8	4.05.01	8	5.27.06	8	7.10.34
8	東京農業	走者		杉崎 喜治		早坂 元就		照井 悌治		石田 昌司		百束 秀雄
		個人	8	1.22.35	12	1.25.23	9	1.22.29	10	1.27.30	9	1.46.40
		チーム	8	1.22.35	10	2.47.58	9	4.10.27	9	5.37.57	9	7.24.37
		総合	8	1.22.35	10	2.47.58	9	4.10.27	9	5.37.57	9	7.24.37
9	拓殖	走者		三浦 二郎		大久保正寛		栗原 学		藤井 健三		浜野 頼幸
		個人	10	1.25.25	11	1.24.15	11	1.25.25	8	1.24.08	10	1.48.21
		チーム	10	1.25.25	11	2.49.40	10	4.15.05	10	5.39.13	10	7.27.34
		総合	10	1.25.25	11	2.49.40	10	4.15.05	10	5.39.13	10	7.27.34
10	横浜専門	走者		佐川久三郎		崔 君瀬		村上 又雄		栄 健太郎		笠井 克己
		個人	9	1.25.18	9	1.20.42	12	1.41.06	9	1.26.12	12	1.51.57
		チーム	9	1.25.18	8	2.46.00	12	4.27.06	12	5.53.18	12	7.45.15
		総合	9	1.25.18	8	2.46.00	12	4.27.06	12	5.53.18	12	7.45.15
11	法政	走者		平山 久光		岡本 昇光		関口 普		若松 一夫		亀井 文男
		個人	12	1.32.30	10	1.21.35	10	1.25.05	12	1.28.38	7	1.45.04
		チーム	12	1.32.30	12	2.54.05	11	4.19.10	11	5.47.48	11	7.32.52
		総合	12	1.32.30	12	2.54.05	11	4.19.10	11	5.47.48	11	7.32.52
失	明治	走者		名島 忠雄		内田 賢		浜 克己		宮城 礼次		佐藤 八郎
		個人	2	1.14.08	3	1.12.54	1	1.13.00	1	1.09.58	2	1.35.59
		チーム	2	1.14.08	3	2.27.02	2	3.40.02	1	4.50.00	2	6.25.59
		総合	2	1.14.08	3	2.27.02	2	3.40.02	1	4.50.00	2	6.25.59

順	大学名		復路									
				6区		7区		8区		9区		10区
1	日本	走者		永野準一郎		細川 欽三		大沢 竜雄		鈴木 清美		松永 重
		個人	1	1.22.28	2	1.11.30	1	*1.14.49*	1	1.08.00	1	1.17.51
		チーム	1	1.22.28	2	2.33.58	2	3.48.47	1	4.56.47	1	6.14.38
		総合	1	7.48.03	2	8.59.33	1	10.14.22	1	11.22.22	1	12.40.13
2	専修	走者		渡辺裕三郎		二見 敏進		高瀬 敏夫		大森富太郎		崔 景海
		個人	3	1.26.46	3	1.15.06	3	1.19.43	3	1.14.07	4	1.19.02
		チーム	3	1.26.46	3	2.41.52	3	4.01.35	3	5.15.42	3	6.34.44
		総合	3	8.10.14	3	9.25.20	3	10.45.03	3	11.59.10	3	13.18.12
3	東京文理	走者		奈良岡健三		橋本 治彦		石野八百治		竹崎 敏夫		勝又 五郎
		個人	9	1.31.30	4	1.18.11	5	1.22.14	5	1.19.56	6	1.23.16
		チーム	9	1.31.30	4	2.49.41	4	4.11.55	5	5.31.51	5	6.55.07
		総合	4	8.20.13	4	9.38.24	4	11.00.38	4	12.20.34	4	13.43.50
4	立教	走者		島田 任郎		高橋 和民		金 道鎮		桜井 権作		紅野 良秋
		個人	6	1.28.29	6	1.22.54	4	1.21.19	4	1.18.39	3	1.18.45
		チーム	6	1.28.29	6	2.51.23	5	4.12.42	4	5.31.21	4	6.50.06
		総合	5	8.22.50	5	9.45.44	5	11.07.03	5	12.25.42	5	13.44.27
5	中央	走者		黒沢 馨		太田 肇		李 熙台		川村 修		井上権太郎
		個人	8	1.31.12	5	1.19.10	6	1.27.00	8	1.22.32	5	1.21.38
		チーム	8	1.31.12	5	2.50.22	6	4.17.22	6	5.39.54	6	7.01.32
		総合	6	8.30.43	6	9.49.53	6	11.16.53	6	12.39.25	6	14.01.03
6	日歯医専	走者		山本 正敏		五十嵐 実		村上 哲郎		吉田 暁		山口 武彦
		個人	5	1.28.21	8	1.26.22	11	1.33.41	10	1.27.06	8	1.31.04
		チーム	5	1.28.21	8	2.54.43	8	4.28.24	8	5.55.30	7	7.26.34
		総合	7	8.34.42	7	10.01.04	7	11.34.45	7	13.01.51	7	14.32.55
7	東洋	走者		大竹 太郎		松浦 重治		朴 鉱菜		青樹 信正		原田 博
		個人	4	1.26.47	12	1.33.01	8	1.29.24	11	1.27.35	11	1.37.07
		チーム	4	1.26.47	9	2.59.48	9	4.29.12	9	5.56.47	11	7.33.54
		総合	8	8.37.21	8	10.10.22	8	11.39.46	8	13.07.21	8	14.44.28
8	東京農業	走者		萩谷淳次郎		青木 誉		陳 水能		山田 寿一		赤間 鎮雄
		個人	7	1.28.42	7	1.24.35	9	1.30.56	6	1.21.18	12	1.44.49
		チーム	7	1.28.42	7	2.53.17	7	4.24.13	7	5.45.31	9	7.30.20
		総合	9	8.53.19	9	10.17.54	9	11.48.50	9	13.10.08	9	14.54.57
9	拓殖	走者		辻 希一		橋浦 宏		村島鉄太郎		神田 勉		川上 守雄
		個人	11	1.38.40	11	1.32.41	7	1.28.04	7	1.22.10	9	1.31.29
		チーム	11	1.38.40	12	3.11.21	11	4.39.25	11	6.01.35	10	7.33.04
		総合	10	9.06.14	10	10.38.55	10	12.06.59	10	13.29.09	10	15.00.38
10	横浜専門	走者		金 鐘文		高木 彬雄		西郷 文一		谷口 新		松浦 開道
		個人	10	1.37.17	9	1.27.04	10	1.33.15	9	1.22.40	7	1.28.46
		チーム	10	1.37.17	10	3.04.21	10	4.37.36	10	6.00.16	8	7.29.02
		総合	12	9.22.32	12	10.49.36	12	12.22.51	11	13.45.31	11	15.14.17
11	法政	走者		山川 輝雄		和久井 登		呂 鴻九		後藤 治男		大滝 潔
		個人	12	1.39.09	10	1.28.26	12	1.34.18	12	1.32.25	10	1.31.34
		チーム	12	1.39.09	11	3.07.35	12	4.41.53	12	6.14.18	12	7.45.52
		総合	11	9.12.01	11	10.40.27	11	12.14.45	12	13.47.10	12	15.18.44
失	明治	走者		志村 英治		山崎 政夫		大森伊三治		樋口 義武		田口 栄一
		個人	2	1.22.54	1	1.10.30	2	*1.15.14*	2	1.09.03	2	1.17.58
		チーム	2	1.22.54	1	2.33.24	1	3.48.38	2	4.57.41	2	6.15.39
		総合	2	7.48.53	1	8.59.23	2	10.14.37	2	11.23.40	2	12.41.38

第20回　1939年(昭和14年)1月7日～8日　　スタート：東京有楽町報知新聞社前　ゴール：箱根郵便局前

順	大学名		往路										復路									
			1区		2区		3区		4区		5区		6区		7区		8区		9区		10区	
1	専修	走者		大屋彦左衛門		高瀬 敏夫		山下　勝		大森富太郎		金　三植		渡辺裕三郎		堀池善三郎		細野　博		堀　勇次		青山　義
		個人	6	1.21.48	1	1.08.43	1	*1.10.13*	1	1.10.04	2	1.34.40	2	1.23.12	1	1.14.06	2	1.20.22	2	1.13.35	4	1.24.17
		チーム	6	1.21.48	1	2.30.31	1	3.40.44	1	4.50.48	1	6.25.28	2	1.23.12	2	2.37.18	2	3.57.40	2	5.11.15	2	6.35.32
		総合	**6**	**1.21.48**	**1**	**2.30.31**	**1**	**3.40.44**	**1**	**4.50.48**	**1**	**6.25.28**	**1**	**7.48.40**	**1**	**9.02.46**	**1**	**10.23.08**	**1**	**11.36.43**	**1**	**13.01.00**
2	日本	走者		鈴木 清美		中西 重雄		鈴木　勇		長谷川 登		鈴木 房重		大沢 竜雄		神田 善一		郷野 喜一		明地 邦整		石田 正己
		個人	5	1.21.40	4	1.14.43	2	1.15.08	2	1.12.01	3	1.35.22	1	1.20.17	4	1.16.02	1	*1.14.40*	1	1.12.20	1	*1.20.34*
		チーム	5	1.21.40	4	2.36.23	4	3.51.31	3	5.03.32	2	6.38.54	1	1.20.17	1	2.36.19	1	3.50.59	1	5.03.19	1	6.23.53
		総合	**5**	**1.21.40**	**4**	**2.36.23**	**4**	**3.51.31**	**3**	**5.03.32**	**2**	**6.38.54**	**2**	**7.59.11**	**2**	**9.15.13**	**2**	**10.29.53**	**2**	**11.42.13**	**2**	**13.02.47**
3	中央	走者		金　兼道		朱　尚英		新名　済		黒沢　馨		村社 講平		岩村 英夫		李　熙台		本間 良吉		高田 俊光		鵜沢　実
		個人	1	*1.18.05*	3	1.13.35	4	1.17.55	4	1.15.47	1	1.34.39	3	1.23.56	5	1.17.33	10	1.42.28	3	1.13.58	2	1.22.23
		チーム	1	1.18.05	2	2.31.40	3	3.49.35	4	5.05.22	3	6.40.01	3	1.23.56	4	2.41.29	6	4.23.57	5	5.37.55	5	7.00.18
		総合	**1**	**1.18.05**	**2**	**2.31.40**	**3**	**3.49.35**	**4**	**5.05.22**	**3**	**6.40.01**	**3**	**8.03.57**	**3**	**9.21.30**	**4**	**11.03.58**	**3**	**12.17.56**	**3**	**13.40.19**
4	東京文理	走者		伊藤 茂男		勝亦 清政		井坂 信勝		鈴木 勝枝		石野八百治		市毛 徳夫		竹崎 敏夫		吉川 義春		奥野 茂樹		半田　実
		個人	2	1.18.43	2	1.13.04	3	1.17.11	3	1.14.16	9	1.52.09	4	1.25.30	2	1.14.30	4	1.24.25	5	1.18.40	3	1.23.39
		チーム	2	1.18.43	3	2.31.47	2	3.48.58	2	5.03.14	4	6.55.23	4	1.25.30	3	2.40.00	3	4.04.25	3	5.23.05	3	6.46.44
		総合	**2**	**1.18.43**	**3**	**2.31.47**	**2**	**3.48.58**	**2**	**5.03.14**	**4**	**6.55.23**	**4**	**8.20.53**	**4**	**9.35.23**	**3**	**10.59.48**	**4**	**12.18.28**	**4**	**13.42.07**
5	立教	走者		堂山 和一		羽木光三郎		岡 龍二郎		古賀 貫之		金塚　秀		島田 任郎		高橋 和民		金　道鎮		田代 信良		松原 秀輔
		個人	4	1.21.23	6	1.18.02	5	1.18.45	9	1.31.56	4	1.38.06	6	1.29.11	3	1.15.43	3	1.22.27	4	1.17.20	5	1.24.36
		チーム	4	1.21.23	5	2.39.25	5	3.58.10	7	5.30.06	5	7.08.12	6	1.29.11	5	2.44.54	4	4.07.21	4	5.24.41	4	6.49.17
		総合	**4**	**1.21.23**	**5**	**2.39.25**	**5**	**3.58.10**	**7**	**5.30.06**	**5**	**7.08.12**	**5**	**8.37.23**	**5**	**9.53.06**	**5**	**11.15.33**	**5**	**12.32.53**	**5**	**13.57.29**
6	東京農業	走者		山田 寿一		百束 秀雄		照井 悌治		石田 昌司		杉崎 喜治		萩谷淳次郎		今泉 良美		池部 正明		高　索道		早坂 元就
		個人	9	1.28.08	5	1.14.57	7	1.23.40	7	1.26.10	8	1.48.21	5	1.26.31	6	1.19.44	6	1.32.22	9	1.34.06	6	1.33.31
		チーム	9	1.28.08	8	2.43.05	7	4.06.45	8	5.32.55	8	7.21.16	5	1.26.31	6	2.46.15	5	4.18.37	7	5.52.43	6	7.26.14
		総合	**9**	**1.28.08**	**8**	**2.43.05**	**7**	**4.06.45**	**8**	**5.32.55**	**8**	**7.21.16**	**7**	**8.47.47**	**7**	**10.07.31**	**6**	**11.39.53**	**7**	**13.13.59**	**6**	**14.47.30**
7	日歯医専	走者		金　喜忠		渡辺 英雄		大原　浩		太田 隆邦		石井 久之		細見 忠雄		中野 定治		石本 正孝		青木 鶴雄		吉田　暁
		個人	3	1.21.13	7	1.18.16	6	1.22.08	5	1.18.16	10	1.54.57	7	1.30.20	7	1.20.39	7	1.34.19	6	1.19.20	10	1.49.45
		チーム	3	1.21.13	6	2.39.29	6	4.01.37	5	5.19.53	7	7.14.50	7	1.30.20	7	2.50.59	7	4.25.18	6	5.44.38	7	7.34.23
		総合	**3**	**1.21.13**	**6**	**2.39.29**	**6**	**4.01.37**	**5**	**5.19.53**	**7**	**7.14.50**	**6**	**8.45.10**	**6**	**10.05.49**	**7**	**11.40.08**	**6**	**12.59.28**	**7**	**14.49.13**
8	東洋	走者		吉川 謙治		小椋　実		高岡 幸男		原　茂清		朴　鉱菜		石本 三郎		那須 武則		小川　務		安城敬二郎		松浦 重治
		個人	7	1.22.20	8	1.20.03	8	1.24.32	6	1.18.38	6	1.43.57	10	1.48.41	8	1.25.14	9	1.37.33	8	1.30.20	9	1.40.47
		チーム	7	1.22.20	7	2.42.23	8	4.06.55	6	5.25.33	6	7.09.30	10	1.48.41	10	3.13.55	10	4.51.28	9	6.21.48	9	8.02.35
		総合	**7**	**1.22.20**	**7**	**2.42.23**	**8**	**4.06.55**	**6**	**5.25.33**	**6**	**7.09.30**	**8**	**8.58.11**	**8**	**10.23.25**	**8**	**12.00.58**	**8**	**13.31.18**	**8**	**15.12.05**
9	拓殖	走者		羽野　煕		野沢　武		岡田 正明		今村 俊行		浜野 頼幸		倉方　豊		杉原　弘		神田　勉		本間 義隆		大久保正寛
		個人	10	1.33.37	10	1.24.28	9	1.25.45	10	1.35.14	7	1.47.25	8	1.31.16	9	1.27.27	8	1.36.26	7	1.28.00	8	1.35.15
		チーム	10	1.33.37	10	2.58.05	10	4.23.50	10	5.59.04	10	7.46.29	8	1.31.16	8	2.58.43	8	4.35.09	8	6.03.09	8	7.38.24
		総合	**10**	**1.33.37**	**10**	**2.58.05**	**10**	**4.23.50**	**10**	**5.59.04**	**10**	**7.46.29**	**10**	**9.17.45**	**10**	**10.45.12**	**10**	**12.21.38**	**9**	**13.49.38**	**9**	**15.24.53**
10	横浜専門	走者		佐川久三郎		村上 又雄		西郷 文一		山手 一雄		笠井 克己		金　鐘文		真船 信夫		松浦 開道		御厨京太郎		高木 彬雄
		個人	8	1.26.04	9	1.24.26	10	1.28.00	8	1.31.04	5	1.40.06	9	1.35.22	10	1.35.40	5	1.31.31	10	1.45.51	7	1.35.12
		チーム	8	1.26.04	9	2.50.30	9	4.18.30	9	5.49.34	9	7.29.40	9	1.35.22	9	3.11.02	9	4.42.33	10	6.28.24	10	8.03.36
		総合	**8**	**1.26.04**	**9**	**2.50.30**	**9**	**4.18.30**	**9**	**5.49.34**	**9**	**7.29.40**	**9**	**9.05.02**	**9**	**10.40.42**	**9**	**12.12.13**	**10**	**13.58.04**	**10**	**15.33.16**

第21回　1940年(昭和15年)1月6日～7日　スタート：東京有楽町報知新聞社前　ゴール：箱根郵便局前

順	大学名		往路										復路									
			1区		2区		3区		4区		5区		6区		7区		8区		9区		10区	
1	日本	走者		郷野 喜一		永野準一郎		大沢 竜雄		手島 弘信		鈴木 房重		渡辺 安雄		片岡 忠司		長谷川 登		永野 常平		小島 武雄
		個人	1	*1.15.55*	3	1.10.57	2	1.16.09	1	1.13.16	2	1.40.46	1	1.21.44	1	1.18.02	2	1.22.27	1	1.12.50	1	*1.20.21*
		チーム	1	1.15.55	2	2.26.52	1	3.43.01	1	4.56.17	1	6.37.03	1	1.21.44	1	2.39.46	1	4.02.13	1	5.15.03	1	6.35.24
		総合	1	1.15.55	2	2.26.52	1	3.43.01	1	4.56.17	1	6.37.03	1	7.58.47	1	9.16.49	1	10.39.16	1	11.52.06	1	13.12.27
2	東京文理	走者		井坂 信勝		勝亦 清政		高橋　進		竹崎 敏夫		吉川 義春		市毛 徳夫		末政 清一		岡田 正美		石野八百治		鈴木 勝枝
		個人	3	*1.17.30*	1	1.09.20	5	1.18.36	3	1.19.38	6	1.51.05	4	1.29.14	2	1.19.19	1	1.22.06	2	1.14.25	2	1.23.13
		チーム	3	1.17.30	1	2.26.50	3	3.45.26	3	5.05.04	3	6.56.09	4	1.29.14	4	2.48.33	2	4.10.39	2	5.25.04	2	6.48.17
		総合	3	1.17.30	1	2.26.50	3	3.45.26	3	5.05.04	3	6.56.09	4	8.25.23	4	9.44.42	3	11.06.48	2	12.21.13	2	13.44.26
3	中央	走者		新名　済		本間 良吉		黒木 政晴		李　照台		鵜沢　実		岩村 英夫		金　新徳		滝口 行雄		千葉　治		朱　尚英
		個人	2	*1.17.10*	7	1.15.16	6	1.22.07	4	1.20.06	3	1.43.36	2	1.22.11	4	1.20.36	7	1.30.50	3	1.15.16	3	1.29.27
		チーム	2	1.17.10	5	2.32.26	5	3.54.33	4	5.14.39	5	6.58.15	2	1.22.11	2	2.42.47	3	4.13.37	3	5.28.53	3	6.58.20
		総合	2	1.17.10	5	2.32.26	5	3.54.33	4	5.14.39	5	6.58.15	3	8.20.26	3	9.41.02	4	11.11.52	4	12.27.08	3	13.56.35
4	専修	走者		渡辺裕三郎		金　三植		山下　勝		堀　勇次		細野　博		高瀬 敏夫		和田　潔		平田 卓志		堀池善三郎		青山　義
		個人	4	1.18.50	2	1.10.26	1	1.14.32	2	1.18.45	5	1.44.48	3	1.25.51	5	1.21.42	5	1.30.23	4	1.20.56	10	1.40.38
		チーム	4	1.18.50	3	2.29.16	2	3.43.48	2	5.02.33	2	6.47.21	3	1.25.51	3	2.47.33	4	4.17.56	4	5.38.52	4	7.19.30
		総合	4	1.18.50	3	2.29.16	2	3.43.48	2	5.02.33	2	6.47.21	2	8.13.12	2	9.34.54	2	11.05.17	3	12.26.13	4	14.06.51
5	東洋	走者		高岡 幸男		高瀬　登		池中 康雄		小椋　実		朴　鉄采		松尾 喜雄		赤木 義夫		小川　務		安城敬二郎		武智 徳令
		個人	8	1.24.25	6	1.14.12	4	1.17.44	5	1.20.49	1	1.40.34	5	1.32.46	6	1.24.08	4	1.29.18	6	1.22.18	7	1.35.28
		チーム	8	1.24.25	6	2.38.37	6	3.56.21	5	5.17.10	4	6.57.44	5	1.32.46	5	2.56.54	5	4.26.12	5	5.48.30	5	7.23.58
		総合	8	1.24.25	6	2.38.37	6	3.56.21	5	5.17.10	4	6.57.44	5	8.30.30	5	9.54.38	5	11.23.56	5	12.46.14	5	14.21.42
6	法政	走者		金　赫鎮		石黒 信男		下川 六郎		渡部 正義		立花 通夫		大浜 幸彦		浜田 嘉一		山崎 英丸		阿部 正三		平山 久光
		個人	5	1.20.00	4	1.11.37	3	1.16.44	9	1.29.20	8	1.54.20	6	1.34.42	7	1.24.39	6	1.30.44	5	1.21.52	5	1.32.30
		チーム	5	1.20.00	4	2.31.37	4	3.48.21	6	5.17.41	6	7.12.01	6	1.34.42	7	2.59.21	7	4.30.05	7	5.51.57	6	7.24.27
		総合	5	1.20.00	4	2.31.37	4	3.48.21	6	5.17.41	6	7.12.01	6	8.46.43	6	10.11.22	6	11.42.06	6	13.03.58	6	14.36.28
7	横浜専門	走者		佐川久三郎		加藤 嘉明		高木 彬雄		谷口　哲		金　鐘文		田村 三郎		田渡 清司		菊地 啓一		真船 信夫		野村 三夫
		個人	7	1.23.55	8	1.17.31	9	1.28.20	6	1.20.59	4	1.44.21	7	1.39.22	3	1.19.58	3	1.28.05	7	1.23.42	6	1.35.15
		チーム	7	1.23.55	7	2.41.26	8	4.09.46	7	5.30.45	7	7.15.06	7	1.39.22	6	2.59.20	6	4.27.25	6	5.51.07	7	7.26.22
		総合	7	1.23.55	7	2.41.26	8	4.09.46	7	5.30.45	7	7.15.06	7	8.54.28	7	10.14.26	7	11.42.31	7	13.06.13	7	14.41.28
8	東京農業	走者		栗田 嘉高		照井 悌治		山田 寿一		今泉 良美		杉崎 喜治		池部 正明		衣川 富雄		金　鎮穆		山本 寿一		大川 泰弘
		個人	10	1.31.45	5	1.13.31	7	1.24.22	7	1.21.07	7	1.53.48	8	1.45.44	8	1.26.30	10	1.39.24	10	1.35.52	9	1.40.20
		チーム	10	1.31.45	9	2.45.16	7	4.09.38	7	5.30.45	8	7.24.33	8	1.45.44	8	3.12.14	8	4.51.38	8	6.27.30	8	8.07.50
		総合	10	1.31.45	9	2.45.16	7	4.09.38	7	5.30.45	8	7.24.33	8	9.10.17	8	10.36.47	8	12.16.11	8	13.52.03	8	15.32.23
9	拓殖	走者		浜野 頼幸		筑摩 信彦		増田　寿		大童 親良		加藤 正夫		倉方　豊		小板橋儀平		浅野亀一郎		鈴木　巧		神田　勉
		個人	6	1.20.40	10	1.25.24	10	1.29.28	10	1.38.19	9	1.57.36	10	2.07.51	9	1.28.21	8	1.32.52	8	1.30.57	4	1.29.57
		チーム	6	1.20.40	10	2.46.04	10	4.15.32	10	5.53.51	10	7.51.27	10	2.07.51	10	3.36.12	9	5.09.04	9	6.40.01	9	8.09.58
		総合	6	1.20.40	10	2.46.04	10	4.15.32	10	5.53.51	10	7.51.27	10	9.59.18	10	11.27.39	10	13.00.31	10	14.31.28	9	16.01.25
10	日歯医専	走者		太田 隆邦		青木 鶴雄		石本 正孝		中沢 利久		細見 忠雄		田中 智彦		入山 速美		李　後興		古屋　明		北田謙二郎
		個人	9	1.24.50	9	1.19.13	8	1.26.44	8	1.28.36	10	2.05.06	9	2.03.48	10	1.29.23	9	1.36.21	9	1.34.14	8	1.38.23
		チーム	9	1.24.50	8	2.44.03	9	4.10.47	9	5.39.23	9	7.44.29	9	2.03.48	9	3.33.11	10	5.09.32	10	6.43.46	10	8.22.09
		総合	9	1.24.50	8	2.44.03	9	4.10.47	9	5.39.23	9	7.44.29	9	9.48.17	9	11.17.40	9	12.54.01	9	14.28.15	10	16.06.38

第22回　1943年(昭和18年)1月5日～6日　　スタート：靖国神社大鳥居前　ゴール：箱根神社

順	大学名		往路										復路									
			1区		2区		3区		4区		5区		6区		7区		8区		9区		10区	
1	日本	走者		手島 弘信		山田 久一		河村 義夫		古谷 清一		杉山 繁雄		成田 静司		山手　学		平松 義昌		横田 文隆		永野 常平
		個人	2	1.26.29	2	1.14.53	2	1.17.25	9	1.28.52	2	1.30.49	3	1.16.33	6	1.20.16	2	1.20.57	5	1.20.55	2	1.27.56
		チーム	2	1.26.29	2	2.41.22	1	3.58.47	6	5.27.39	2	6.58.28	3	1.16.33	3	2.36.49	2	3.57.46	3	5.18.41	3	6.46.37
		総合	2	1.26.29	2	2.41.22	1	3.58.47	6	5.27.39	2	6.58.28	2	8.15.01	3	9.35.17	2	10.56.14	3	12.17.09	1	13.45.05
2	慶應義塾	走者		寺田 充男		広橋　実		狩野 英常		児玉 孝正		岡　博治		須藤 直良		落合 静雄		伊達　博		高島　陽		荘田 恒雄
		個人	4	1.28.29	3	1.15.06	1	1.16.59	6	1.21.05	3	1.31.04	8	1.23.04	1	1.18.18	3	1.21.13	4	1.19.45	4	1.32.48
		チーム	4	1.28.29	4	2.43.35	2	4.00.34	1	5.21.39	1	6.52.43	8	1.23.04	6	2.41.22	5	4.02.35	5	5.22.20	5	6.55.08
		総合	4	1.28.29	4	2.43.35	2	4.00.34	1	5.21.39	1	6.52.43	3	8.15.47	1	9.34.05	1	10.55.18	2	12.15.03	2	13.47.51
3	法政	走者		立花 通夫		松本 敏雄		石黒 信男		渡部 正義		佐藤 国夫		武田　清		山崎 英丸		小池 秀治		藤田　栄		浜田 嘉一
		個人	6	1.30.06	6	1.17.37	4	1.18.19	4	1.19.27	4	1.33.16	2	1.15.33	7	1.20.25	4	1.21.50	3	1.18.26	5	1.35.56
		チーム	6	1.30.06	6	2.47.43	6	4.06.02	5	5.25.29	3	6.58.45	2	1.15.33	2	2.35.58	3	3.57.48	2	5.16.14	4	6.52.10
		総合	6	1.30.06	6	2.47.43	6	4.06.02	5	5.25.29	3	6.58.45	1	8.14.18	2	9.34.43	3	10.56.33	1	12.14.59	3	13.50.55
4	中央	走者		村上 利明		藤原　暁		高橋喜太郎		貞松 通義		末永 包徳		武田　晋		山脇寿太郎		滝口 行雄		増田　博		平井 文夫
		個人	7	1.32.35	7	1.18.23	8	1.24.05	7	1.25.43	1	1.28.50	6	1.20.03	5	1.19.37	6	1.23.40	1	1.16.29	1	1.25.21
		チーム	7	1.32.35	7	2.50.58	8	4.15.03	8	5.40.46	5	7.09.36	6	1.20.03	5	2.39.40	6	4.03.20	4	5.19.49	2	6.45.10
		総合	7	1.32.35	7	2.50.58	8	4.15.03	8	5.40.46	5	7.09.36	5	8.29.39	5	9.49.16	5	11.12.56	5	12.29.25	4	13.54.46
5	東京文理	走者		佐上　清		菅原 善次		清水 喜平		千葉 久三		遠藤 信二		渡辺福太郎		森　茂雄		本多 岩根		大熊 律夫		内藤 信雄
		個人	3	1.26.52	5	1.17.28	5	1.21.01	2	1.19.03	5	1.40.23	4	1.18.07	3	1.19.11	5	1.22.49	6	1.22.35	8	1.47.42
		チーム	3	1.26.52	5	2.44.20	4	4.05.21	4	5.24.24	4	7.04.47	4	1.18.07	4	2.37.18	4	4.00.07	6	5.22.42	6	7.10.24
		総合	3	1.26.52	5	2.44.20	4	4.05.21	4	5.24.24	4	7.04.47	4	8.22.54	4	9.42.05	4	11.04.54	4	12.27.29	5	14.15.11
6	立教	走者		伊藤 彦一		森田　寿		高橋 和民		草下 英明		大野 信男		古賀 貫之		高橋　豊		土田 洋一		曽根　雄		酒井 八郎
		個人	1	1.25.04	4	1.15.19	7	1.24.02	3	1.19.17	9	1.54.28	5	1.19.32	9	1.29.22	7	1.23.42	7	1.24.39	7	1.39.47
		チーム	1	1.25.04	1	2.40.23	3	4.04.25	3	5.23.42	7	7.18.10	5	1.19.32	8	2.48.54	7	4.12.36	7	5.37.15	7	7.17.02
		総合	1	1.25.04	1	2.40.23	3	4.04.25	3	5.23.42	7	7.18.10	7	8.37.42	7	10.07.04	6	11.30.46	6	12.55.25	6	14.35.12
7	早稲田	走者		望月 尚夫		蝦名 邦隆		金尾　勇		遠藤　実		大西　弘		小野 嘉雄		稲岡 雅雄		和田 和男		熊代 京治		岡崎 俊芳
		個人	8	1.33.04	8	1.19.57	3	1.18.17	5	1.20.51	6	1.40.36	7	1.22.39	8	1.26.56	9	1.29.34	10	1.28.42	6	1.36.48
		チーム	8	1.33.04	8	2.53.01	7	4.11.18	7	5.32.09	6	7.12.45	7	1.22.39	9	2.49.35	8	4.19.09	8	5.47.51	8	7.24.39
		総合	8	1.33.04	8	2.53.01	7	4.11.18	7	5.32.09	6	7.12.45	6	8.35.24	6	10.02.20	7	11.31.54	7	13.00.36	7	14.37.24
8	専修	走者		駒城 民柏		徳山 英雄		西川 尚淳		福士 英男		二見 敏進		佐藤 忠司		柴崎雄二郎		金嶋 達洙		谷河 神一		広田 俊雄
		個人	5	1.28.59	1	1.14.03	6	1.22.33	1	1.16.39	11	2.42.14	1	1.14.23	2	1.18.27	1	1.19.28	2	1.17.11	3	1.31.08
		チーム	5	1.28.59	3	2.43.02	5	4.05.35	2	5.22.14	9	8.04.28	1	1.14.23	1	2.32.50	1	3.52.18	1	5.09.29	1	6.40.37
		総合	5	1.28.59	3	2.43.02	5	4.05.35	2	5.22.14	9	8.04.28	9	9.18.51	8	10.37.18	8	11.56.46	8	13.13.57	8	14.45.05
9	東京農業	走者		守永 強一		堀野 良雄		伊藤　博		脇野 省三		百東 武雄		渡辺　実		宇賀　豊		石本　貢		中山与志弘		団野　拓
		個人	9	1.33.18	9	1.21.45	9	1.24.48	8	1.28.27	7	1.46.25	10	1.36.18	11	1.39.41	8	1.27.29	11	1.31.24	10	1.56.14
		チーム	9	1.33.18	9	2.55.03	9	4.19.51	9	5.48.18	8	7.34.43	10	1.36.18	11	3.15.59	10	4.43.28	10	6.14.52	10	8.11.06
		総合	9	1.33.18	9	2.55.03	9	4.19.51	9	5.48.18	8	7.34.43	8	9.11.01	9	10.50.42	9	12.18.11	9	13.49.35	9	15.45.49
10	拓殖	走者		杉原　弘		山本 雅男		森田　肇		三橋　浩		小梨　豊		入江 光行		後藤 弘春		倉持 凡康		佐藤 寿郎		三上　晃
		個人	10	1.41.33	10	1.28.27	10	1.32.35	11	1.39.38	10	2.03.17	9	1.26.06	4	1.19.25	11	1.41.49	8	1.26.04	11	1.58.03
		チーム	10	1.41.33	10	3.10.00	10	4.42.35	10	6.22.13	10	8.25.30	9	1.26.06	7	2.45.31	9	4.27.20	9	5.53.24	9	7.51.27
		総合	10	1.41.33	10	3.10.00	10	4.42.35	10	6.22.13	10	8.25.30	10	9.51.36	10	11.11.01	10	12.52.50	10	14.18.54	10	16.16.57
11	青山学院	走者		森　豊		松田　蝿		新井 允得		鈴木 勝三		江本三千年		清水 弘史		山崎 和一		塩足 俊郎		山口 良正		内山 利春
		個人	11	1.47.13	11	1.41.27	11	1.37.20	10	1.33.03	8	1.47.53	11	1.39.28	10	1.33.58	10	1.40.36	9	1.27.55	9	1.53.06
		チーム	11	1.47.13	11	3.28.40	11	5.06.00	11	6.39.03	11	8.26.56	11	1.39.28	10	3.13.26	11	4.54.02	11	6.21.57	11	8.15.03
		総合	11	1.47.13	11	3.28.40	11	5.06.00	11	6.39.03	11	8.26.56	11	10.06.24	11	11.40.22	11	13.20.58	11	14.48.53	11	16.41.59

第23回　1947年(昭和22年)1月4日～5日　　スタート：東京有楽町読売新聞社(旧報知新聞社)前　ゴール：箱根郵便局前

順	大学名		往路										復路									
			1区		2区		3区		4区		5区		6区		7区		8区		9区		10区	
1	明治	走者		戸田 省吾		溝部　隆		沖田 昭三		沢栗 正夫		岡　正康		湯浅儀一郎		牧野　博		君野 幸一		小林 一郎		田中 久夫
		個人	3	1.38.15	2	1.14.59	3	1.26.23	1	1.19.25	3	1.41.30	6	1.33.45	1	1.19.43	5	1.32.50	3	1.18.02	4	1.37.46
		チーム	3	1.38.15	3	2.53.14	3	4.19.37	1	5.39.02	1	*7.20.42	6	1.33.45	4	2.53.28	5	4.26.18	4	5.44.20	3	7.22.06
		総合	**3**	**1.38.15**	**3**	**2.53.14**	**3**	**4.19.37**	**1**	**5.39.02**	**1**	***7.20.42**	**1**	**8.54.27**	**1**	**10.14.10**	**1**	**11.47.00**	**1**	**13.05.02**	**1**	***14.42.48**
2	中央	走者		村上 利明		斎藤 雅次		木全信一郎		鈴木 幸康		末永 包徳		野谷 守也		安納 治平		高麗 雄三		竹内 三郎		平井 文夫
		個人	7	1.41.43	5	1.17.30	1	1.18.54	8	1.26.49	1	1.37.50	7	1.33.52	6	1.22.51	2	1.29.09	5	1.18.42	3	1.36.25
		チーム	7	1.41.43	6	2.59.13	2	4.18.07	3	5.44.56	2	7.22.46	7	1.33.52	6	2.56.43	4	4.25.52	5	5.44.34	2	7.20.59
		総合	**7**	**1.41.43**	**6**	**2.59.13**	**2**	**4.18.07**	**3**	**5.44.56**	**2**	**7.22.46**	**2**	**8.56.38**	**2**	**10.19.29**	**2**	**11.48.38**	**2**	**13.07.20**	**2**	**14.43.45**
3	慶應義塾	走者		島田 清信		間中　享		山中 克己		柏谷 保英		岡　博治		塩田 年丸		曽田 正雄		桑山 正三		林　正久		伊藤 正治
		個人	4	1.38.29	4	1.17.14	10	1.40.59	5	1.24.26	2	1.41.25	3	1.28.24	4	1.22.19	1	1.25.03	2	1.17.50	2	1.36.23
		チーム	4	1.38.29	4	2.55.43	8	4.36.42	8	6.01.08	5	7.42.33	3	1.28.24	2	2.50.43	1	4.15.46	1	5.33.36	1	7.09.59
		総合	**4**	**1.38.29**	**4**	**2.55.43**	**8**	**4.36.42**	**8**	**6.01.08**	**5**	**7.42.33**	**5**	**9.10.57**	**4**	**10.33.16**	**4**	**11.58.19**	**4**	**13.16.09**	**3**	**14.52.32**
4	早稲田	走者		後藤 秀夫		浜部 憲一		松井　淳		高倉 辰夫		佐藤 直美		小野 嘉雄		桐谷 重夫		山口 清次		山本 静夫		大塚 良一
		個人	1	1.29.59	1	1.11.46	8	1.31.15	9	1.28.37	5	1.51.04	2	1.27.18	3	1.20.31	4	1.29.33	9	1.22.39	7	1.45.10
		チーム	1	1.29.59	1	2.41.45	1	4.13.00	2	5.41.37	4	*7.33.17	2	1.27.18	1	2.47.49	2	4.17.22	2	5.40.01	4	*7.24.51
		総合	**1**	**1.29.59**	**1**	**2.41.45**	**1**	**4.13.00**	**2**	**5.41.37**	**4**	***7.33.17**	**3**	**9.00.35**	**3**	**10.21.06**	**3**	**11.50.39**	**3**	**13.13.18**	**4**	***14.58.08**
5	専修	走者		福士 英男		繁住 敏郎		勢田 秀男		糸川　穣		岩沢 幸久		佐藤 忠司		吉田　明		加藤 勝明		宇佐美 裕		杉山　治
		個人	6	1.40.08	7	1.18.40	5	1.28.40	2	1.22.39	8	1.54.07	5	1.30.16	5	1.22.50	3	1.29.20	4	1.18.32	9	1.46.41
		チーム	6	1.40.08	5	2.58.48	5	4.27.28	5	5.50.07	6	7.44.14	5	1.30.16	3	2.53.06	3	4.22.26	3	5.40.58	5	7.27.39
		総合	**6**	**1.40.08**	**5**	**2.58.48**	**5**	**4.27.28**	**5**	**5.50.07**	**6**	**7.44.14**	**6**	**9.14.30**	**5**	**10.37.20**	**5**	**12.06.40**	**5**	**13.25.12**	**5**	**15.11.53**
6	日本	走者		岩崎 俊毅		萩原　朗		小柳 賢治		久保 利男		小柳 舜治		南雲 眞男		岡本 剛夫		倉沢 光久		尾上 昭夫		大塚　昌
		個人	5	1.39.23	10	1.26.42	2	1.22.12	10	1.30.13	6	1.52.21	8	1.36.41	2	1.20.15	9	1.35.35	1	1.17.32	8	1.45.42
		チーム	5	1.39.23	8	3.06.05	6	4.28.17	6	5.58.30	7	7.50.51	8	1.36.41	7	2.56.56	7	4.32.31	6	5.50.03	6	7.35.45
		総合	**5**	**1.39.23**	**8**	**3.06.05**	**6**	**4.28.17**	**6**	**5.58.30**	**7**	**7.50.51**	**9**	**9.27.32**	**6**	**10.47.47**	**6**	**12.23.22**	**6**	**13.40.54**	**6**	**15.26.36**
7	東京文理	走者		林　正己		山本 邦夫		土方 久平		岡島 宣八		小宮山 寛		田辺　稔		大塚 勇三		青田宏三郎		清水 喜平		川田 清八
		個人	2	1.34.26	3	1.16.16	6	1.29.37	6	1.25.24	4	1.44.23	9	1.39.05	10	1.44.39	10	1.38.46	5	1.18.42	1	1.35.54
		チーム	2	1.34.26	2	2.50.42	4	4.20.19	4	5.45.43	3	7.30.06	9	1.39.05	10	3.23.44	10	5.02.30	10	6.21.12	10	7.57.06
		総合	**2**	**1.34.26**	**2**	**2.50.42**	**4**	**4.20.19**	**4**	**5.45.43**	**3**	**7.30.06**	**4**	**9.09.11**	**8**	**10.53.50**	**10**	**12.32.36**	**8**	**13.51.18**	**7**	**15.27.12**
8	神奈川師	走者		田中 和男		福井 直良		小檜山三郎		磯崎 一美		小林寿太郎		佐藤　武		石川　保		杉本 長治		関野 政治		渡辺邦太郎
		個人	8	1.41.59	9	1.22.46	7	1.30.17	4	1.24.09	9	1.54.32	10	1.39.17	7	1.23.05	6	1.33.26	8	1.20.57	5	1.39.17
		チーム	8	1.41.59	7	3.04.45	7	4.35.02	7	5.59.11	8	7.53.43	10	1.39.17	8	3.02.22	8	4.35.48	8	5.56.45	7	7.36.02
		総合	**8**	**1.41.59**	**7**	**3.04.45**	**7**	**4.35.02**	**7**	**5.59.11**	**8**	**7.53.43**	**10**	**9.33.00**	**9**	**10.56.05**	**8**	**12.29.31**	**7**	**13.50.28**	**8**	**15.29.45**
9	東京体専	走者		森谷 和雄		高柳　茂		斎藤 正博		近藤 信司		田頭　匠		加藤 延雄		新堀 道夫		坂井 基之		中山 元介		伊東 春雄
		個人	10	1.49.03	6	1.17.35	9	1.31.49	3	1.23.29	7	1.52.40	4	1.29.21	9	1.33.32	7	1.34.31	7	1.20.10	6	1.40.11
		チーム	10	1.49.03	9	3.06.38	10	4.38.27	9	6.01.56	9	*7.54.37	4	1.29.21	9	3.02.53	9	4.37.24	9	5.57.34	8	*7.37.39
		総合	**10**	**1.49.03**	**9**	**3.06.38**	**10**	**4.38.27**	**9**	**6.01.56**	**9**	***7.54.37**	**7**	**9.23.57**	**10**	**10.57.29**	**9**	**12.32.00**	**9**	**13.52.10**	**9**	***15.32.16**
10	法政	走者		黒須 辰二		湯浅 和良		浅海 信雄		小川　昇		大越 正雄		小池 秀治		三浦 忠弘		溝田　斌		山口 成昭		佐久間信之助
		個人	9	1.47.56	8	1.21.17	4	1.27.59	7	1.25.44	10	1.55.06	1	1.27.13	8	1.26.38	8	1.35.25	10	1.25.47	10	1.49.50
		チーム	9	1.47.56	10	3.09.13	9	4.37.12	10	6.02.56	10	7.58.02	1	1.27.13	5	2.53.51	6	4.29.16	7	5.55.03	9	7.44.53
		総合	**9**	**1.47.56**	**10**	**3.09.13**	**9**	**4.37.12**	**10**	**6.02.56**	**10**	**7.58.02**	**8**	**9.25.15**	**7**	**10.51.53**	**7**	**12.27.18**	**10**	**13.53.05**	**10**	**15.42.55**

第24回　1948年(昭和23年)1月6日～7日　　スタート：東京銀座読売新聞社前　ゴール：箱根郵便局前

順	大学名		往路										復路									
			1区		2区		3区		4区		5区		6区		7区		8区		9区		10区	
1	中央	走者		浅倉 茂		内野 慎吾		高麗 雄三		菊地由紀男		西田 勝雄		田辺 定明		安藤 寿雄		高杉 良輔		黒木 弘行		平井 文夫
		個人	1	1.16.45	2	1.13.26	4	1.23.53	1	1.13.16	2	1.45.04	1	1.20.38	1	1.13.42	1	1.18.14	1	1.12.38	2	1.23.34
		チーム	1	1.16.45	1	2.30.11	1	3.54.04	1	5.07.20	1	6.52.24	1	1.20.38	1	2.34.20	1	3.52.34	1	5.05.12	1	6.28.46
		総合	**1**	**1.16.45**	**1**	**2.30.11**	**1**	**3.54.04**	**1**	**5.07.20**	**1**	**6.52.24**	**1**	**8.13.02**	**1**	**9.26.44**	**1**	**10.44.58**	**1**	**11.57.36**	**1**	**13.21.10**
2	日本	走者		宇田川秀夫		守屋喜久夫		満金 幸夫		手塚 信夫		小柳 舜治		小柳 賢治		種村 幸夫		須田 卓宏		吉野 渥美		尾上 昭夫
		個人	3	1.19.27	3	1.13.40	1	1.22.03	4	1.21.27	3	1.45.36	2	1.21.28	4	1.20.07	4	1.23.13	6	1.18.50	7	1.29.10
		チーム	3	1.19.27	2	2.33.07	2	3.55.10	2	5.16.37	2	7.02.13	2	1.21.28	3	2.41.35	2	4.04.48	2	5.23.38	3	6.52.48
		総合	**3**	**1.19.27**	**2**	**2.33.07**	**2**	**3.55.10**	**2**	**5.16.37**	**2**	**7.02.13**	**2**	**8.23.41**	**2**	**9.43.48**	**2**	**11.07.01**	**2**	**12.25.51**	**2**	**13.55.01**
3	明治	走者		戸田 省吾		中村 俊尹		田中 久夫		久保 晴良		岡 正康		林 和夫		牧野 博		沖田 昭三		沢栗 正夫		木渓 博志
		個人	5	1.21.05	4	1.14.46	12	1.53.28	2	1.18.35	1	1.44.09	5	1.26.59	2	1.13.43	8	1.30.40	2	1.14.21	5	1.27.35
		チーム	5	1.21.05	4	2.35.51	9	4.29.19	8	5.47.54	6	7.32.03	5	1.26.59	2	2.40.42	5	4.11.22	3	5.25.43	4	6.53.18
		総合	**5**	**1.21.05**	**4**	**2.35.51**	**9**	**4.29.19**	**8**	**5.47.54**	**6**	**7.32.03**	**6**	**8.59.02**	**4**	**10.12.45**	**5**	**11.43.25**	**3**	**12.57.46**	**3**	**14.25.21**
4	専修	走者		時女 郁男		加藤 勝明		佐藤 忠司		高山 清平		岩沢 幸久		繁住 敏郎		村上美津雄		宇佐美 裕		三上 恒雄		吉田 明
		個人	8	1.23.18	1	1.12.05	9	1.28.09	7	1.27.14	7	1.55.15	4	1.26.45	7	1.21.10	5	1.23.21	9	1.22.09	3	1.26.26
		チーム	8	1.23.18	3	2.35.23	5	4.03.32	5	5.30.46	5	7.26.01	4	1.26.45	4	2.47.55	4	4.11.16	6	5.33.25	6	6.59.51
		総合	**8**	**1.23.18**	**3**	**2.35.23**	**5**	**4.03.32**	**5**	**5.30.46**	**5**	**7.26.01**	**4**	**8.52.46**	**5**	**10.13.56**	**4**	**11.37.17**	**5**	**12.59.26**	**4**	**14.25.52**
5	慶應義塾	走者		島田 清信		柏谷 保英		内苑 慶二		小林 義		桑山 正三		山中 克己		和多田 寛		伊藤 正治		林 正久		曽田 正雄
		個人	4	1.19.46	6	1.16.13	6	1.25.53	3	1.21.08	10	2.12.37	3	1.25.47	9	1.25.44	3	1.20.22	3	1.15.12	4	1.27.06
		チーム	4	1.19.46	5	2.35.59	4	4.01.52	3	5.23.00	7	7.35.37	3	1.25.47	7	2.51.31	6	4.11.53	5	5.27.05	5	6.54.11
		総合	**4**	**1.19.46**	**5**	**2.35.59**	**4**	**4.01.52**	**3**	**5.23.00**	**7**	**7.35.37**	**7**	**9.01.24**	**7**	**10.27.08**	**6**	**11.47.30**	**6**	**13.02.42**	**5**	**14.29.48**
6	法政	走者		池田 弘文		小林巳代治		中島 勉		三浦 忠弘		佐々木正利		佐久間信之助		大越 正雄		溝田 斌		児玉 章次		石川 功一
		個人	9	1.25.15	5	1.16.02	3	1.23.33	6	1.26.47	4	1.49.20	7	1.29.50	3	1.18.10	6	1.26.28	10	1.23.18	8	1.31.41
		チーム	9	1.25.15	8	2.41.17	7	4.04.50	6	5.31.37	4	7.20.57	7	1.29.50	5	2.48.00	7	4.14.28	7	5.37.46	7	7.09.27
		総合	**9**	**1.25.15**	**8**	**2.41.17**	**7**	**4.04.50**	**6**	**5.31.37**	**4**	**7.20.57**	**3**	**8.50.47**	**3**	**10.08.57**	**3**	**11.35.25**	**4**	**12.58.43**	**6**	**14.30.24**
7	早稲田	走者		田島 武彦		高倉 辰夫		佐藤 直美		田辺 時夫		山口 清次		松井 淳		桐谷 重夫		大塚 良一		水野 栄英		後藤 秀夫
		個人	6	1.21.15	8	1.18.05	2	1.22.20	10	1.37.05	12	2.17.32	6	1.27.50	5	1.20.31	2	1.18.28	8	1.19.26	1	1.19.30
		チーム	6	1.21.15	6	2.39.20	3	4.01.40	7	5.38.45	9	7.56.17	6	1.27.50	6	2.48.21	3	4.06.49	4	5.26.15	2	6.45.45
		総合	**6**	**1.21.15**	**6**	**2.39.20**	**3**	**4.01.40**	**7**	**5.38.45**	**9**	**7.56.17**	**9**	**9.24.07**	**9**	**10.44.38**	**8**	**12.03.06**	**8**	**13.22.32**	**7**	**14.42.02**
8	東京体専	走者		伊東 春雄		松枝 正弘		高橋 信勝		近藤 信司		大島 弘		中山 元介		廻谷 吾平		五月女武治		伊藤 久雄		岩井 久年
		個人	2	1.19.10	10	1.21.02	5	1.24.03	5	1.23.05	6	1.53.34	10	1.34.01	8	1.24.44	10	1.35.49	7	1.19.00	6	1.28.24
		チーム	2	1.19.10	7	2.40.12	6	4.04.15	4	5.27.20	3	7.20.54	10	1.34.01	9	2.58.45	9	4.34.34	9	5.53.34	9	7.21.58
		総合	**2**	**1.19.10**	**7**	**2.40.12**	**6**	**4.04.15**	**4**	**5.27.20**	**3**	**7.20.54**	**5**	**8.54.55**	**6**	**10.19.39**	**7**	**11.55.28**	**7**	**13.14.28**	**8**	**14.42.52**
9	神奈川師	走者		田中 和男		石渡 宏		小林寿太郎		佐藤 博麿		磯崎 一美		武井 三郎		杉本 長治		熊沢 八郎		福井 直良		石川 保
		個人	12	2.10.08	7	1.17.50	7	1.27.36	8	1.28.54	8	1.55.29	9	1.31.29	6	1.20.48	7	1.27.43	5	1.18.24	8	1.31.41
		チーム	12	2.10.08	12	3.27.58	12	4.55.34	11	6.24.28	11	8.19.57	9	1.31.29	8	2.52.17	8	4.20.00	8	5.38.24	8	7.10.05
		総合	**12**	**2.10.08**	**12**	**3.27.58**	**12**	**4.55.34**	**11**	**6.24.28**	**11**	**8.19.57**	**10**	**9.51.26**	**10**	**11.12.14**	**10**	**12.39.57**	**10**	**13.58.21**	**9**	**15.30.02**
10	東洋	走者		浜上 克夫		尾崎 光行		橋本陽太郎		尾形 二郎		若狭 智憲		林 勇		三輪 新一		相沢 末男		内藤 貞男		石川 伸吉
		個人	7	1.22.12	9	1.20.03	8	1.27.57	11	1.42.48	5	1.50.42	8	1.29.58	10	1.31.31	11	1.41.23	4	1.16.45	12	1.50.18
		チーム	7	1.22.12	9	2.42.15	8	4.10.12	9	5.53.00	8	7.43.42	8	1.29.58	10	3.01.29	10	4.42.52	10	5.59.37	10	7.49.55
		総合	**7**	**1.22.12**	**9**	**2.42.15**	**8**	**4.10.12**	**9**	**5.53.00**	**8**	**7.43.42**	**8**	**9.13.40**	**8**	**10.45.11**	**9**	**12.26.34**	**9**	**13.43.19**	**10**	**15.33.37**
11	立教	走者		横田 寛		片岡 和彦		杉本 昭雄		鈴木 達雄		宮盛 勇		広瀬 喜孝		高橋 豊		森田 利治		石田 正之		菊地 竹史
		個人	11	1.37.00	12	1.26.17	10	1.35.38	9	1.31.57	9	1.59.14	11	1.41.28	11	1.36.11	9	1.34.35	11	1.29.46	11	1.46.13
		チーム	11	1.37.00	11	3.03.17	10	4.38.55	10	6.10.52	10	8.10.06	11	1.41.28	11	3.17.39	11	4.52.14	11	6.22.00	11	8.08.13
		総合	**11**	**1.37.00**	**11**	**3.03.17**	**10**	**4.38.55**	**10**	**6.10.52**	**10**	**8.10.06**	**11**	**9.51.34**	**11**	**11.27.45**	**11**	**13.02.20**	**11**	**14.32.06**	**11**	**16.18.19**
12	紅陵	走者		小杉 保		中田 実		西塚乾太郎		高木喜代栄		近藤 直也		三島 柴朗		岡田 良平		細川 昭三		荒井光一郎		山岸 幸雄
		個人	10	1.35.27	11	1.26.08	11	1.51.13	12	1.48.06	11	2.17.07	12	1.46.16	12	1.42.12	12	2.06.48	12	1.41.13	10	1.42.09
		チーム	10	1.35.27	10	3.01.35	11	4.52.48	12	6.40.54	12	8.58.01	12	1.46.16	12	3.28.28	12	5.35.16	12	7.16.29	12	8.58.38
		総合	**10**	**1.35.27**	**10**	**3.01.35**	**11**	**4.52.48**	**12**	**6.40.54**	**12**	**8.58.01**	**12**	**10.44.17**	**12**	**12.26.29**	**12**	**14.33.17**	**12**	**16.14.30**	**12**	***18.07.33**

第25回　1949年(昭和24年)1月5日～6日　スタート：東京銀座読売新聞社横　ゴール：箱根郵便局前

順	大学名		往路										復路									
			1区		2区		3区		4区		5区		6区		7区		8区		9区		10区	
1	明治	走者	島村 和男		峰尾裕之助		田中 久夫		久保 晴良		岡 正康		林 和夫		乙倉 英雄		横野 敦宣		安田 正		木渓 博志	
		個人	1	1.17.25	4	1.17.09	1	1.18.40	2	1.16.07	1	1.43.38	5	1.27.42	2	1.17.09	3	1.19.39	4	1.15.42	2	1.23.00
		チーム	1	1.17.25	1	2.34.34	1	3.53.14	1	5.09.21	1	6.52.59	5	1.27.42	4	2.44.51	2	4.04.30	3	5.20.12	2	6.43.12
		総合	1	1.17.25	1	2.34.34	1	3.53.14	1	5.09.21	1	6.52.59	1	8.20.41	1	9.37.50	1	10.57.29	1	12.13.11	1	13.36.11
2	早稲田	走者	田島 武彦		菅原 範人		佐藤 直美		白鷺 靖昌		後藤 秀夫		山田 俊		山口 清次		大塚 良一		小林 莞爾		水野 栄英	
		個人	3	1.21.45	2	1.15.41	4	1.22.29	1	1.13.33	4	1.48.23	1	1.21.59	3	1.17.20	1	1.16.45	5	1.15.43	11	1.49.15
		チーム	3	1.21.45	2	2.37.26	2	3.59.55	2	5.13.28	2	7.01.51	1	1.21.59	1	2.39.19	1	3.56.04	1	5.11.47	6	7.01.02
		総合	3	1.21.45	2	2.37.26	2	3.59.55	2	5.13.28	2	7.01.51	2	8.23.50	2	9.41.10	2	10.57.55	2	12.13.38	2	14.02.53
3	東京体専	走者	大塚 吉男		森谷 和雄		高橋 信勝		舛本 正数		大島 弘		宮原 満男		桐生 武夫		奥脇 芳男		渋谷 義雄		中山 元介	
		個人	9	1.25.39	6	1.19.06	5	1.24.28	6	1.23.47	2	1.45.55	3	1.22.24	9	1.21.01	7	1.25.56	6	1.20.02	3	1.23.08
		チーム	9	1.25.39	6	2.44.45	5	4.09.13	6	5.33.00	4	7.18.55	3	1.22.24	3	2.43.25	4	4.09.21	6	5.29.23	4	6.52.31
		総合	9	1.25.39	6	2.44.45	5	4.09.13	6	5.33.00	4	7.18.55	3	8.41.19	3	10.02.20	4	11.28.16	4	12.48.18	3	14.11.26
4	中央	走者	浅倉 茂		井上 俊一		南木 信吾		安藤 寿雄		西田 勝雄		田辺 定明		牧野 信弘		菊地由紀男		黒木 弘行		高杉 良輔	
		個人	2	1.19.12	12	1.25.53	8	1.28.49	4	1.21.21	10	1.57.22	11	1.44.11	1	1.12.47	1	1.16.45	1	1.10.56	1	1.16.56
		チーム	2	1.19.12	7	2.45.05	8	4.13.54	7	5.35.15	9	7.32.37	11	1.44.11	10	2.56.58	6	4.13.43	4	5.24.39	1	6.41.35
		総合	2	1.19.12	7	2.45.05	8	4.13.54	7	5.35.15	9	7.32.37	10	9.16.48	10	10.29.35	7	11.46.20	7	12.57.16	4	14.14.12
5	東京文理	走者	山田 正則		梶原 清		土方 久平		本間 慎司		大木昭一郎		田辺 稔		原 英胤		山田 龍夫		右田 武雄		三沢 光男	
		個人	7	1.24.26	3	1.16.16	9	1.29.53	10	1.25.25	8	1.53.29	2	1.22.08	6	1.19.12	5	1.24.56	3	1.13.39	6	1.28.40
		チーム	7	1.24.26	5	2.40.42	7	4.10.35	8	5.36.00	7	7.29.29	2	1.22.08	2	2.41.20	3	4.06.16	2	5.19.55	3	6.48.35
		総合	7	1.24.26	5	2.40.42	7	4.10.35	8	5.36.00	7	7.29.29	6	8.51.37	6	10.10.49	6	11.35.45	5	12.49.24	5	14.18.04
6	法政	走者	湯浅 和良		茂木 昭寿		池田 弘文		石城金太郎		佐々木正利		佐久間信之助		三浦 忠弘		小林巳代治		児玉 章次		満田 斌	
		個人	4	1.22.36	5	1.17.15	3	1.22.11	8	1.24.52	3	1.48.12	8	1.29.31	5	1.19.05	4	1.23.33	10	1.26.35	4	1.25.07
		チーム	4	1.22.36	3	2.39.51	3	4.02.02	3	5.26.54	3	7.15.06	8	1.29.31	6	2.48.36	5	4.12.09	8	5.38.44	8	7.03.51
		総合	4	1.22.36	3	2.39.51	3	4.02.02	3	5.26.54	3	7.15.06	4	8.44.37	4	10.03.42	3	11.27.15	6	12.53.50	6	14.18.57
7	日本体専	走者	徳留 満雄		石渡 満		篠崎 清		小清水定男		奥平 憲司		坂元 敏昭		丸山 敬三		野見山猪之助		野瀬 昭		桜井 節哉	
		個人	8	1.25.17	7	1.20.58	2	1.20.18	7	1.23.49	5	1.49.05	7	1.28.45	4	1.17.29	9	1.29.38	2	1.11.51	7	1.31.55
		チーム	8	1.25.17	8	2.46.15	4	4.06.33	5	5.30.22	5	7.19.27	7	1.28.45	5	2.46.14	8	4.15.52	5	5.27.43	5	6.59.38
		総合	8	1.25.17	8	2.46.15	4	4.06.33	5	5.30.22	5	7.19.27	5	8.48.12	5	10.05.41	5	11.35.19	3	12.47.10	7	14.19.05
8	専修	走者	杉山 治		増子 一郎		山本 達雄		勢田 秀男		神谷 仲一		繁住 敏郎		三上 恒雄		佐藤 忠司		安達 正道		八木 正治	
		個人	10	1.27.49	8	1.21.03	7	1.27.21	5	1.23.28	11	1.57.56	6	1.28.07	8	1.20.50	6	1.25.10	7	1.22.12	5	1.26.25
		チーム	10	1.27.49	10	2.48.52	10	4.16.13	10	5.39.41	10	7.37.37	6	1.28.07	7	2.48.57	7	4.14.07	7	5.36.19	7	7.02.44
		総合	10	1.27.49	10	2.48.52	10	4.16.13	10	5.39.41	10	7.37.37	9	9.05.44	9	10.26.34	8	11.51.44	8	13.13.56	8	14.40.21
9	立教	走者	小泉 徹馬		杉本 昭雄		飯野 秀雄		小島 成幸		宮盛 勇		土屋 邦夫		鈴木 達雄		横田 寛		飯島 実		菊地 竹史	
		個人	5	1.23.03	10	1.24.30	6	1.26.52	9	1.25.16	7	1.51.08	4	1.25.19	10	1.28.24	8	1.28.03	9	1.22.40	8	1.40.01
		チーム	5	1.23.03	9	2.47.33	9	4.14.25	9	5.39.41	8	7.30.49	4	1.25.19	9	2.53.43	9	4.21.46	9	5.44.26	9	7.24.27
		総合	5	1.23.03	9	2.47.33	9	4.14.25	9	5.39.41	8	7.30.49	8	8.56.08	8	10.24.32	9	11.52.35	9	13.15.15	9	14.55.16
10	東洋	走者	浜上 克夫		相沢 末男		橋本陽太郎		林 勇		若狭 智憲		中島 肇		浜田栄太郎		米谷 和夫		福田 栄治		清水 鶴松	
		個人	6	1.24.19	1	1.15.36	10	1.29.58	3	1.20.06	6	1.50.29	10	1.32.16	7	1.20.25	11	1.51.32	8	1.22.36	9	1.42.31
		チーム	6	1.24.19	4	2.39.55	6	4.09.53	4	5.29.59	6	*7.20.29	10	1.32.16	8	2.52.41	11	4.44.13	10	6.06.49	10	7.49.20
		総合	6	1.24.19	4	2.39.55	6	4.09.53	4	5.29.59	6	*7.20.29	7	8.52.45	7	10.13.10	10	12.04.42	10	13.27.18	10	15.09.49
11	横浜専門	走者	石黒 英三		石井 章		三橋 兼信		加藤 悦三		相田 四郎		小野 文雄		平井 義久		細谷 虎夫		河野 肇		小方 栄一	
		個人	12	1.29.17	9	1.24.27	11	1.32.12	11	1.29.26	9	1.53.39	9	1.30.29	11	1.28.29	10	1.43.50	11	1.31.37	10	1.46.14
		チーム	12	1.29.17	12	2.53.44	11	4.25.56	11	5.55.22	11	7.49.01	9	1.30.29	11	2.58.58	10	4.42.48	11	6.14.25	11	8.00.39
		総合	12	1.29.17	12	2.53.44	11	4.25.56	11	5.55.22	11	7.49.01	11	9.19.30	11	10.47.59	11	12.31.49	11	14.03.26	11	15.49.40
棄	神奈川師	走者	大野 照正		大塚 光一		今井 実		遠藤 辰雄		栗原 誠次		石渡 宏		露木 明		北村 繁		金子 家堅		瀬戸 貞雄	
		個人	11	1.28.00	11	1.25.38	途中棄権															
		チーム	11	1.28.00	11	2.53.38	記録なし															
		総合	11	1.28.00	11	2.53.38	記録なし															

第26回　1950年(昭和25年)1月5日～6日　スタート：東京銀座読売新聞社横　ゴール：箱根郵便局前

順	大学名		往路										復路									
			1区		2区		3区		4区		5区		6区		7区		8区		9区		10区	
1	中央	走者		浅井 正		菊地由紀男		高杉 良輔		安藤 寿雄		西田 勝雄		田辺 定明		南木 信吾		林田洋之介		黒木 弘行		浅倉 茂
		個人	1	1.14.01	1	1.08.23	1	1.15.49	1	1.11.35	1	*1.30.10*	1	*1.18.00*	1	1.09.21	2	1.16.12	1	1.10.01	6	1.22.04
		チーム	1	1.14.01	1	2.22.24	1	3.38.13	1	4.49.48	1	6.19.58	1	1.18.00	1	2.27.21	1	3.43.33	1	4.53.34	1	6.15.38
		総合	**1**	**1.14.01**	**1**	**2.22.24**	**1**	**3.38.13**	**1**	**4.49.48**	**1**	**6.19.58**	**1**	**7.37.58**	**1**	**8.47.19**	**1**	**10.03.31**	**1**	**11.13.32**	**1**	**12.35.36**
2	早稲田	走者		田辺 時夫		篠田 正浩		白鷺 靖昌		深沢通之助		山田 俊		佐藤 直美		山口 清次		水野 栄英		小林 莞爾		後藤 秀夫
		個人	5	1.17.01	5	1.13.20	2	1.17.12	5	1.15.35	3	1.35.58	5	1.22.38	5	1.18.34	1	1.15.46	6	1.14.50	1	1.15.33
		チーム	5	1.17.01	4	2.30.21	3	3.47.33	3	5.03.08	2	6.39.06	5	1.22.38	5	2.41.12	2	3.56.58	4	5.11.48	2	6.27.21
		総合	**5**	**1.17.01**	**4**	**2.30.21**	**3**	**3.47.33**	**3**	**5.03.08**	**2**	**6.39.06**	**2**	**8.01.44**	**3**	**9.20.18**	**2**	**10.36.04**	**2**	**11.50.54**	**2**	**13.06.27**
3	明治	走者		島村 和男		吉田 和夫		乙倉 英雄		木渓 博志		山口 寿治		小木曽市明		林 和夫		田中 久夫		安田 正		野崎 浩司
		個人	2	1.14.56	4	1.13.16	5	1.18.40	2	1.13.21	6	1.43.35	3	1.21.30	2	1.12.45	6	1.24.18	3	1.12.06	7	1.22.32
		チーム	2	1.14.56	2	2.28.12	2	3.46.52	2	5.00.13	3	6.43.48	3	1.21.30	2	2.34.15	3	3.58.33	2	5.10.39	4	6.33.11
		総合	**2**	**1.14.56**	**2**	**2.28.12**	**2**	**3.46.52**	**2**	**5.00.13**	**3**	**6.43.48**	**3**	**8.05.18**	**2**	**9.18.03**	**3**	**10.42.21**	**3**	**11.54.27**	**3**	**13.16.59**
4	日本	走者		種村 幸夫		吉田 勉		竹本 肇		倉方 重雄		満金 幸夫		宇田川秀夫		石川 通雄		須田 卓宏		鎌田 徳一		守屋喜久夫
		個人	6	1.17.30	6	1.13.54	7	1.19.41	4	1.15.06	5	1.40.38	2	1.20.22	4	1.17.05	3	1.21.36	4	1.12.17	4	1.21.07
		チーム	6	1.17.30	6	2.31.24	5	3.51.05	4	5.06.11	4	6.46.49	2	1.20.22	4	2.37.27	4	3.59.03	3	5.11.20	3	6.32.27
		総合	**6**	**1.17.30**	**6**	**2.31.24**	**5**	**3.51.05**	**4**	**5.06.11**	**4**	**6.46.49**	**4**	**8.07.11**	**4**	**9.24.16**	**4**	**10.45.52**	**4**	**11.58.09**	**4**	**13.19.16**
5	東京教育	走者		山田 正則		梶原 清		山田 龍夫		渋谷 義雄		大島 弘		三沢 光男		森谷 和雄		大塚 吉男		桐生 武夫		中山 元介
		個人	12	1.22.19	2	1.12.59	9	1.21.44	3	1.14.18	11	1.48.59	4	1.22.13	3	1.14.32	4	1.23.19	7	1.15.25	2	1.20.32
		チーム	12	1.22.19	8	2.35.18	9	3.57.02	7	5.11.20	10	7.00.19	4	1.22.13	3	2.36.45	5	4.00.04	5	5.15.29	5	6.36.01
		総合	**12**	**1.22.19**	**8**	**2.35.18**	**9**	**3.57.02**	**7**	**5.11.20**	**10**	**7.00.19**	**7**	**8.22.32**	**5**	**9.37.04**	**5**	**11.00.23**	**5**	**12.15.48**	**5**	**13.36.20**
6	慶應義塾	走者		平野 弘		田中 義一		桑山 正三		和多田 憲		林 正己		塩川 正彦		新田 忠		林 正久		土方 久平		内苑 慶二
		個人	3	1.15.29	7	1.14.35	10	1.22.41	12	1.21.29	4	1.39.14	10	1.28.50	8	1.20.39	9	1.26.34	8	1.16.09	3	1.20.36
		チーム	3	1.15.29	3	2.30.04	7	3.52.45	9	5.14.14	5	6.53.28	10	1.28.50	9	2.49.29	8	4.16.03	7	5.32.12	7	6.52.48
		総合	**3**	**1.15.29**	**3**	**2.30.04**	**7**	**3.52.45**	**9**	**5.14.14**	**5**	**6.53.28**	**6**	**8.22.18**	**8**	**9.42.57**	**7**	**11.09.31**	**6**	**12.25.40**	**6**	**13.46.16**
7	立教	走者		小泉 徹馬		杉本 昭雄		山岸 三郎		鈴木 達雄		飯野 秀雄		土屋 邦夫		横田 寛		岩井 久年		小島 成幸		宮盛 勇
		個人	4	1.17.01	9	1.16.28	3	1.17.41	9	1.19.11	8	1.43.44	6	1.22.58	9	1.21.43	8	1.26.00	12	1.22.20	8	1.26.52
		チーム	4	1.17.01	7	2.33.29	6	3.51.10	6	5.10.21	6	6.54.05	6	1.22.58	6	2.44.41	6	4.10.41	8	5.33.01	8	6.59.53
		総合	**4**	**1.17.01**	**7**	**2.33.29**	**6**	**3.51.10**	**6**	**5.10.21**	**6**	**6.54.05**	**5**	**8.17.03**	**6**	**9.38.46**	**6**	**11.04.46**	**7**	**12.27.06**	**7**	**13.53.58**
8	法政	走者		柴崎 文雄		児玉 章次		石城金太郎		坂田 茂治		溝田 斌		佐久間信之助		小林巳代治		留目 栄七		茂木 昭寿		池田 弘文
		個人	13	1.22.33	12	1.20.08	11	1.22.49	13	1.22.06	9	1.46.44	9	1.27.34	10	1.21.50	5	1.23.56	2	1.12.04	5	1.21.14
		チーム	13	1.22.33	13	2.42.41	12	4.05.30	12	5.27.36	11	7.14.20	9	1.27.34	8	2.49.24	7	4.13.20	6	5.25.24	6	6.46.38
		総合	**13**	**1.22.33**	**13**	**2.42.41**	**12**	**4.05.30**	**12**	**5.27.36**	**11**	**7.14.20**	**11**	**8.41.54**	**11**	**10.03.44**	**10**	**11.27.40**	**10**	**12.39.44**	**8**	**14.00.58**
9	専修	走者		山本 達雄		増子 一郎		久保田及大		杉山 昭雄		野瀬 昭		安達 正道		高山 清平		水沼 正次		勢田 秀男		八木 正治
		個人	7	1.18.04	3	1.13.07	4	1.18.09	10	1.19.55	10	1.48.56	12	1.33.08	7	1.20.19	10	1.27.17	10	1.17.34	9	1.26.57
		チーム	7	1.18.04	5	2.31.11	4	3.49.20	5	5.09.15	9	6.58.11	12	1.33.08	11	2.53.27	9	4.20.44	9	5.38.18	9	7.05.15
		総合	**7**	**1.18.04**	**5**	**2.31.11**	**4**	**3.49.20**	**5**	**5.09.15**	**9**	**6.58.11**	**10**	**8.31.19**	**10**	**9.51.38**	**8**	**11.18.55**	**9**	**12.36.29**	**9**	**14.03.26**
10	日本体育	走者		高柳 太一		松岡 国雄		徳留 満雄		小清水定男		篠崎 清		成田 式部		佐藤 直作		石井 吉郎		渡辺 哲夫		桜井 節哉
		個人	11	1.22.00	11	1.19.18	6	1.19.18	11	1.20.23	2	1.35.32	8	1.26.52	12	1.24.48	11	1.31.09	9	1.16.55	12	1.31.36
		チーム	11	1.22.00	11	2.41.18	10	4.00.36	10	5.20.59	8	6.56.31	8	1.26.52	10	2.51.40	10	4.22.49	10	5.39.44	10	7.11.20
		総合	**11**	**1.22.00**	**11**	**2.41.18**	**10**	**4.00.36**	**10**	**5.20.59**	**8**	**6.56.31**	**9**	**8.23.23**	**9**	**9.48.11**	**9**	**11.19.20**	**8**	**12.36.15**	**10**	**14.07.51**
11	東京農業	走者		成田 嘉和		藤崎 享		伊藤 祐三		青木 弘		古屋 寛継		北井 一仁		西山喜徳郎		金綱 正司		海野 芳人		児玉 正昭
		個人	9	1.20.34	8	1.15.33	8	1.20.29	6	1.16.11	7	1.43.37	7	1.26.37	6	1.19.39	14	2.05.34	11	1.21.19	10	1.31.32
		チーム	9	1.20.34	9	2.36.07	8	3.56.36	8	5.12.47	7	6.56.24	7	1.26.37	7	2.46.16	13	4.51.50	12	6.13.09	12	7.44.41
		総合	**9**	**1.20.34**	**9**	**2.36.07**	**8**	**3.56.36**	**8**	**5.12.47**	**7**	**6.56.24**	**8**	**8.23.01**	**7**	**9.42.40**	**11**	**11.48.14**	**11**	**13.09.33**	**11**	**14.41.05**
12	東洋	走者		浜上 克夫		内藤 貞男		若狭 智憲		矢作 哲男		山本悌二郎		福田 栄治		佐藤 一雄		相沢 末男		橋本陽太郎		林 勇
		個人	10	1.21.03	13	1.20.20	13	1.23.55	14	1.25.35	13	2.01.57	13	1.41.35	10	1.21.50	7	1.24.34	5	1.14.29	10	1.31.32
		チーム	10	1.21.03	12	2.41.23	11	4.05.18	14	5.30.53	13	7.32.50	13	1.41.35	12	3.03.25	11	4.27.59	11	5.42.28	11	7.14.00
		総合	**10**	**1.21.03**	**12**	**2.41.23**	**11**	**4.05.18**	**14**	**5.30.53**	**13**	**7.32.50**	**13**	**9.14.25**	**13**	**10.36.15**	**12**	**12.00.49**	**12**	**13.15.18**	**12**	**14.46.50**
13	横浜国立	走者		安藤 保		宝珠山正男		武井 英雄		露木 明		太田 晃三		久保 敏雄		高橋 栄一		伊藤 節夫		成瀬 秀光		斎藤 恒夫
		個人	14	1.25.45	10	1.18.27	12	1.23.24	8	1.18.28	12	1.49.26	14	1.47.15	13	1.26.31	13	1.39.09	13	1.26.04	14	1.51.09
		チーム	14	1.25.45	14	2.44.12	13	4.07.36	11	5.26.04	12	7.15.30	14	1.47.15	13	3.13.46	14	4.52.55	13	6.18.59	14	8.10.08
		総合	**14**	**1.25.45**	**14**	**2.44.12**	**13**	**4.07.36**	**11**	**5.26.04**	**12**	**7.15.30**	**12**	**9.02.45**	**12**	**10.29.16**	**13**	**12.08.25**	**13**	**13.34.29**	**13**	**15.25.38**
14	神奈川	走者		三橋 兼信		石井 章		細谷 虎夫		高井 奨		相田 四郎		小野 文雄		柴田 純正		小方 栄一		田島 修二		江口 賢一
		個人	8	1.18.15	14	1.20.22	14	1.31.43	7	1.17.30	14	2.43.07	11	1.31.21	14	1.42.43	12	1.36.26	14	1.28.30	13	1.34.57
		チーム	8	1.18.15	10	2.38.37	14	4.10.20	13	5.27.50	14	8.10.57	11	1.31.21	14	3.14.04	12	4.50.30	14	6.19.00	13	7.53.57
		総合	**8**	**1.18.15**	**10**	**2.38.37**	**14**	**4.10.20**	**13**	**5.27.50**	**14**	**8.10.57**	**14**	**9.42.18**	**14**	**11.25.01**	**14**	**13.01.27**	**14**	**14.29.57**	**14**	**16.04.54**

第27回　1951年(昭和26年)1月5日～6日　　スタート：東京銀座読売新聞社横　ゴール：箱根郵便局前

順	大学名		往路										復路									
			1区		2区		3区		4区		5区		6区		7区		8区		9区		10区	
1	中央	走者		浅井　正		南木 信吾		高杉 良輔		室矢 芳隆		西田 勝雄		田辺 定明		黒木 弘行		林田洋之介		富山 孝次		浅倉　茂
		個人	1	1.13.57	1	*1.05.43*	3	1.15.02	1	*1.07.02*	1	1.32.16	1	*1.16.36*	1	1.09.57	1	1.15.10	1	1.08.58	1	1.15.32
		チーム	1	1.13.57	1	2.19.40	1	3.34.42	1	4.41.44	1	6.14.00	1	1.16.36	1	2.26.33	1	3.41.43	1	4.50.41	1	6.06.13
		総合	**1**	**1.13.57**	**1**	**2.19.40**	**1**	**3.34.42**	**1**	**4.41.44**	**1**	**6.14.00**	**1**	**7.30.36**	**1**	**8.40.33**	**1**	**9.55.43**	**1**	**11.04.41**	**1**	**12.20.13**
2	明治	走者		島村 和男		野崎 浩司		堀越 好夫		樽木　茂		山口 寿治		小木曽市明		佐原 節男		槙野 敦宣		平　茂		小谷野重雄
		個人	3	1.16.35	2	1.09.31	2	1.14.48	2	*1.07.20*	2	1.32.56	2	1.19.13	3	1.13.18	4	1.17.21	2	1.10.32	4	1.20.08
		チーム	3	1.16.35	2	2.26.06	2	3.40.54	2	4.48.14	2	6.21.10	2	1.19.13	3	2.32.31	3	3.49.52	2	5.00.24	3	6.20.32
		総合	**3**	**1.16.35**	**2**	**2.26.06**	**2**	**3.40.54**	**2**	**4.48.14**	**2**	**6.21.10**	**2**	**7.40.23**	**2**	**8.53.41**	**2**	**10.11.02**	**2**	**11.21.34**	**2**	**12.41.42**
3	早稲田	走者		沼野　正		稲葉 正一		佐藤 直美		下村 秀甫		山田　俊		安藤 寿雄		白鷺 靖昌		中村 保徳		牧野 和浩		水野　勝
		個人	10	1.25.02	4	1.11.02	9	1.19.47	4	1.11.28	5	1.36.22	4	1.22.18	2	1.09.59	2	1.16.23	3	1.12.06	2	1.15.52
		チーム	10	1.25.02	7	2.36.04	9	3.55.51	6	5.07.19	5	6.43.41	4	1.22.18	2	2.32.17	2	3.48.40	3	5.00.46	2	6.16.38
		総合	**10**	**1.25.02**	**7**	**2.36.04**	**9**	**3.55.51**	**6**	**5.07.19**	**5**	**6.43.41**	**4**	**8.05.59**	**4**	**9.15.58**	**4**	**10.32.21**	**4**	**11.44.27**	**3**	**13.00.19**
4	日本	走者		種村 幸夫		鎌田 徳一		水田 信道		石川 通雄		須藤 昭次		宇田川秀夫		須田 卓宏		竹本　肇		衣川 和雄		田川 嘉博
		個人	2	1.15.51	3	1.10.49	1	1.14.27	3	1.10.30	3	1.33.03	3	1.19.50	4	1.15.12	3	1.16.50	4	1.14.42	9	1.31.11
		チーム	2	1.15.51	3	2.26.40	3	3.41.07	3	4.51.37	3	6.24.40	3	1.19.50	4	2.35.02	4	3.51.52	4	5.06.34	4	6.37.45
		総合	**2**	**1.15.51**	**3**	**2.26.40**	**3**	**3.41.07**	**3**	**4.51.37**	**3**	**6.24.40**	**3**	**7.44.30**	**3**	**8.59.42**	**3**	**10.16.32**	**3**	**11.31.14**	**4**	**13.02.25**
5	法政	走者		茂木 昭寿		柴崎 文雄		石川 昇一		石城金太郎		佐々木勇悦		佐久間信之助		松本 勝一		石塚 繁美		高橋　寿		池田 弘文
		個人	4	1.17.03	6	1.12.37	5	1.15.57	5	1.14.29	9	1.42.34	7	1.27.23	8	1.22.10	6	1.19.41	9	1.18.46	3	1.19.51
		チーム	4	1.17.03	5	2.29.40	4	3.45.37	4	5.00.06	4	6.42.40	7	1.27.23	8	2.49.33	6	4.09.14	6	5.28.00	6	6.47.51
		総合	**4**	**1.17.03**	**5**	**2.29.40**	**4**	**3.45.37**	**4**	**5.00.06**	**4**	**6.42.40**	**5**	**8.10.03**	**6**	**9.32.13**	**5**	**10.51.54**	**5**	**12.10.40**	**5**	**13.30.31**
6	立教	走者		小泉 徹馬		大吉 万平		小田　弘		鈴木 達雄		飯野 秀雄		土屋 邦夫		岩井 久年		山岸 三郎		小島 成幸		上里 朝昭
		個人	5	1.17.26	8	1.14.45	4	1.15.04	10	1.21.52	10	1.45.29	5	1.22.29	7	1.19.22	5	1.18.40	5	1.17.31	5	1.20.38
		チーム	5	1.17.26	6	2.32.11	5	3.47.15	7	5.09.07	9	6.54.36	5	1.22.29	5	2.41.51	5	4.00.31	5	5.18.02	5	6.38.40
		総合	**5**	**1.17.26**	**6**	**2.32.11**	**5**	**3.47.15**	**7**	**5.09.07**	**9**	**6.54.36**	**7**	**8.17.05**	**8**	**9.36.27**	**6**	**10.55.07**	**6**	**12.12.38**	**6**	**13.33.16**
7	神奈川	走者		三橋 兼信		高井　奨		関野 積夫		小清水喜義		相田 四郎		越光 正寿		綾部 昭三		斎藤　平		中村　宏		阿部 純也
		個人	6	1.17.29	5	1.11.26	8	1.18.24	7	1.19.08	11	1.47.08	9	1.31.07	9	1.22.14	7	1.23.14	8	1.18.28	7	1.24.46
		チーム	6	1.17.29	4	2.28.55	6	3.47.19	5	5.06.27	8	6.53.35	9	1.31.07	9	2.53.21	7	4.16.35	7	5.35.03	7	6.59.49
		総合	**6**	**1.17.29**	**4**	**2.28.55**	**6**	**3.47.19**	**5**	**5.06.27**	**8**	**6.53.35**	**9**	**8.24.42**	**9**	**9.46.56**	**8**	**11.10.10**	**8**	**12.28.38**	**7**	**13.53.24**
8	日本体育	走者		高柳 太一		安田 二郎		徳留 満雄		佐藤 直作		篠崎　清		北村　孝		小清水定男		鈴木 仁吉		松岡 国雄		永橋 為親
		個人	7	1.18.28	10	1.17.39	7	1.17.31	8	1.19.10	4	1.36.14	8	1.29.53	5	1.17.11	9	1.29.49	6	1.18.13	8	1.29.56
		チーム	7	1.18.28	8	2.36.07	8	3.53.38	9	5.12.48	7	6.49.02	8	1.29.53	7	2.47.04	8	4.16.53	8	5.35.06	8	7.05.02
		総合	**7**	**1.18.28**	**8**	**2.36.07**	**8**	**3.53.38**	**9**	**5.12.48**	**7**	**6.49.02**	**8**	**8.18.55**	**7**	**9.36.06**	**7**	**11.05.55**	**7**	**12.24.08**	**8**	**13.54.04**
9	横浜国立	走者		宝珠山正男		杉崎 幸雄		今井　実		高橋 栄一		武井 英雄		相原　靖		加藤　章		石井 正男		小川 雅以		国島作太郎
		個人	11	1.25.23	7	1.14.36	11	1.21.58	9	1.19.47	8	1.40.53	10	1.32.56	11	1.25.38	8	1.29.16	10	1.20.23	10	1.34.32
		チーム	11	1.25.23	10	2.39.59	11	4.01.57	10	5.21.44	10	7.02.37	10	1.32.56	10	2.58.34	10	4.27.50	10	5.48.13	10	7.22.45
		総合	**11**	**1.25.23**	**10**	**2.39.59**	**11**	**4.01.57**	**10**	**5.21.44**	**10**	**7.02.37**	**10**	**8.35.33**	**10**	**10.01.11**	**10**	**11.30.27**	**10**	**12.50.50**	**10**	**14.25.22**
10	東洋	走者		浜上 克夫		根本 和雄		橋本陽太郎		小山内勇吉		相沢 末男		小島 隆二		高岡　博		石川 貞雄		福田 栄治		香川　保
		個人	9	1.22.39	11	1.18.29	10	1.20.10	11	1.22.19	7	1.39.26	11	1.46.51	10	1.24.07	10	1.38.16	11	1.34.40	11	1.42.32
		チーム	9	1.22.39	11	2.41.08	10	4.01.18	11	5.23.37	11	7.03.03	11	1.46.51	11	3.10.58	11	4.49.14	11	6.23.54	11	8.06.26
		総合	**9**	**1.22.39**	**11**	**2.41.08**	**10**	**4.01.18**	**11**	**5.23.37**	**11**	**7.03.03**	**11**	**8.49.54**	**11**	**10.14.01**	**11**	**11.52.17**	**11**	**13.26.57**	**11**	**15.09.29**
失	東京農業	走者		田村 好男		臼井 嘉省		成田 嘉和		山部　好		古屋 寛継		北井 一仁		西山喜徳郎		青木　弘		関塚 喜伝		谷口喜代治
		個人	8	1.19.35	9	1.17.24	6	1.16.36	6	1.17.09	6	1.37.07	6	1.24.29	6	1.17.52	11	1.42.16	7	1.18.16	6	1.24.33
		チーム	8	1.19.35	9	2.36.59	7	3.53.35	8	5.10.44	6	6.47.51	6	1.24.29	6	2.42.21	9	4.24.37	9	5.42.53	9	7.07.26
		総合	**8**	**1.19.35**	**9**	**2.36.59**	**7**	**3.53.35**	**8**	**5.10.44**	**6**	**6.47.51**	**6**	**8.12.20**	**5**	**9.30.12**	**9**	**11.12.28**	**9**	**12.30.44**	**9**	**13.55.17**

第28回　1952年(昭和27年)1月6日～7日　　スタート：東京銀座読売新聞社横　ゴール：箱根郵便局前

順	大学名		往路										復路									
			1区		2区		3区		4区		5区		6区		7区		8区		9区		10区	
1	早稲田	走者		沼野 正		牧野 和浩		中村 保徳		下村 秀甫		山田 俊		白鷺 靖昌		水田富士利		園部 光昭		衣笠 治重		水野 勝
		個人	1	1.12.20	2	1.08.44	1	1.14.47	3	1.10.34	2	1.35.17	3	1.18.41	5	1.14.49	2	1.15.00	3	1.11.12	3	1.13.43
		チーム	1	1.12.20	2	2.21.04	2	3.35.51	2	4.46.25	2	6.21.42	3	1.18.41	3	2.33.30	2	3.48.30	2	4.59.42	1	6.13.25
		総合	**1**	**1.12.20**	**2**	**2.21.04**	**2**	**3.35.51**	**2**	**4.46.25**	**2**	**6.21.42**	**2**	**7.40.23**	**2**	**8.55.12**	**1**	**10.10.12**	**1**	**11.21.24**	**1**	**12.35.07**
2	中央	走者		林田洋之介		南木 信吾		富山 孝次		井上 治		西田 勝雄		田辺 定明		斎藤 安雄		奥平 憲司		内野 慎吾		浅倉 茂
		個人	3	1.12.55	1	1.07.02	3	1.15.43	1	1.09.35	1	1.33.45	1	1.17.23	2	1.11.47	11	1.23.12	2	1.11.08	2	1.13.42
		チーム	3	1.12.55	1	2.19.57	1	3.35.40	1	4.45.15	1	6.19.00	1	1.17.23	2	2.29.10	4	3.52.22	4	5.03.30	3	6.17.12
		総合	**3**	**1.12.55**	**1**	**2.19.57**	**1**	**3.35.40**	**1**	**4.45.15**	**1**	**6.19.00**	**1**	**7.36.23**	**1**	**8.48.10**	**2**	**10.11.22**	**2**	**11.22.30**	**2**	**12.36.12**
3	日本	走者		水田 信道		衣川 和雄		田中 茂樹		守屋喜久夫		須藤 昭次		宇田川秀夫		石川 通雄		種村 幸夫		藤井鉒一郎		森川 一男
		個人	2	1.12.45	4	1.11.57	5	1.17.24	4	1.11.02	7	1.41.34	2	1.18.03	1	1.10.16	1	*1.13.42*	5	1.14.47	6	1.19.04
		チーム	2	1.12.45	4	2.24.42	4	3.42.06	4	4.53.08	4	*6.35.02	2	1.18.03	1	2.28.19	1	3.42.01	1	4.56.48	2	6.15.52
		総合	**2**	**1.12.45**	**4**	**2.24.42**	**4**	**3.42.06**	**4**	**4.53.08**	**4**	***6.35.02**	**4**	**7.53.05**	**3**	**9.03.21**	**3**	**10.17.03**	**3**	**11.31.50**	**3**	**12.50.54**
4	明治	走者		堀越 好夫		楠 雪高		山口 良夫		槇野 敦宣		山口 寿治		小木曽市明		添田 順		樽木 茂		平 茂		小谷野重雄
		個人	7	1.14.20	3	1.10.04	4	1.16.28	2	1.10.10	6	1.41.20	4	1.20.35	3	1.12.59	4	1.16.58	1	1.10.41	5	1.18.51
		チーム	7	1.14.20	3	2.24.24	3	3.40.52	3	4.51.02	3	6.32.22	4	1.20.35	4	2.33.34	3	3.50.32	3	5.01.13	4	6.20.04
		総合	**7**	**1.14.20**	**3**	**2.24.24**	**3**	**3.40.52**	**3**	**4.51.02**	**3**	**6.32.22**	**3**	**7.52.57**	**4**	**9.05.56**	**4**	**10.22.54**	**4**	**11.33.35**	**4**	**12.52.26**
5	専修	走者		久保田及大		松本 毅		平野美知之		高井 悦男		市川 光男		室 通夫		二ツ橋直秀		杉崎 時雄		土屋 真吾		山本 達雄
		個人	4	1.13.16	5	1.12.10	6	1.21.18	5	1.12.11	5	1.41.03	6	1.23.24	4	1.13.54	8	1.22.16	4	1.13.04	4	1.18.16
		チーム	4	1.13.16	5	2.25.26	6	3.46.44	5	4.58.55	6	6.39.58	6	1.23.24	5	2.37.18	5	3.59.34	5	5.12.38	5	6.30.54
		総合	**4**	**1.13.16**	**5**	**2.25.26**	**6**	**3.46.44**	**5**	**4.58.55**	**6**	**6.39.58**	**6**	**8.03.22**	**5**	**9.17.16**	**5**	**10.39.32**	**5**	**11.52.36**	**5**	**13.10.52**
6	立教	走者		関 博之		島村 栄一		小田 弘		上里 朝昭		梅沢 一美		土屋 邦夫		志村 文男		飯野 秀雄		杉本 昭雄		山岸 三郎
		個人	5	1.13.22	9	1.17.22	2	1.15.15	7	1.12.57	3	1.38.00	7	1.25.48	10	1.28.25	3	1.16.43	8	1.15.18	1	1.13.00
		チーム	5	1.13.22	8	2.30.44	5	3.45.59	6	4.58.56	5	6.36.56	7	1.25.48	10	2.54.13	9	4.10.56	9	5.26.14	6	6.39.14
		総合	**5**	**1.13.22**	**8**	**2.30.44**	**5**	**3.45.59**	**6**	**4.58.56**	**5**	**6.36.56**	**5**	**8.02.44**	**7**	**9.31.09**	**7**	**10.47.52**	**6**	**12.03.10**	**6**	**13.16.10**
7	東京農業	走者		田村 好男		臼井 嘉省		青木 弘		谷川 輝男		古屋 寛継		北井 一仁		新倉 政男		成田 嘉和		中野 敏雄		山部 好
		個人	6	1.13.35	7	1.15.39	10	1.25.51	8	1.15.31	4	1.38.46	8	1.26.14	7	1.19.20	5	1.17.29	11	1.21.40	8	1.22.13
		チーム	6	1.13.35	7	2.29.14	8	3.55.05	8	5.10.36	7	6.49.22	8	1.26.14	6	2.45.34	6	4.03.03	7	5.24.43	8	6.46.56
		総合	**6**	**1.13.35**	**7**	**2.29.14**	**8**	**3.55.05**	**8**	**5.10.36**	**7**	**6.49.22**	**7**	**8.15.36**	**6**	**9.34.56**	**6**	**10.52.25**	**7**	**12.14.05**	**7**	**13.36.18**
8	法政	走者		伊藤 文雄		藤田 幸雄		石川 昇一		柴崎 文雄		佐々木勇悦		石塚 繁美		田之口美喜		中島 典正		伊藤 昭夫		高橋 寿
		個人	10	1.15.45	6	1.12.50	7	1.23.27	6	1.12.42	13	2.03.51	5	1.20.52	9	1.25.19	6	1.18.41	7	1.14.54	9	1.24.12
		チーム	10	1.15.45	6	2.28.35	7	3.52.02	7	5.04.44	9	7.08.35	5	1.20.52	7	2.46.11	7	4.04.52	6	5.19.46	7	6.43.58
		総合	**10**	**1.15.45**	**6**	**2.28.35**	**7**	**3.52.02**	**7**	**5.04.44**	**9**	**7.08.35**	**8**	**8.29.27**	**8**	**9.54.46**	**8**	**11.13.27**	**8**	**12.28.21**	**8**	**13.52.33**
9	日本体育	走者		加藤 健		村松 淳		佐藤 清一		松岡 国雄		永井 昭市		鈴木 仁吉		広部 国雄		酒井 治		安田 二郎		亀崎 治男
		個人	11	1.17.42	8	1.17.00	12	1.31.04	11	1.20.34	8	1.42.16	10	1.28.51	6	1.18.08	10	1.22.46	9	1.16.27	7	1.22.03
		チーム	11	1.17.42	10	2.34.42	11	4.05.46	11	5.26.20	10	7.08.36	10	1.28.51	8	2.46.59	8	4.09.45	8	5.26.12	9	6.48.15
		総合	**11**	**1.17.42**	**10**	**2.34.42**	**11**	**4.05.46**	**11**	**5.26.20**	**10**	**7.08.36**	**9**	**8.37.27**	**9**	**9.55.35**	**9**	**11.18.21**	**9**	**12.34.48**	**9**	**13.56.51**
10	神奈川	走者		三橋 兼信		中村 宏		高井 奨		斎藤 平		関野 積夫		越光 正寿		小清水喜義		鈴木 徳治		阿部 純也		二宮 幸吉
		個人	13	1.18.33	11	1.18.30	8	1.23.35	9	1.18.07	9	1.46.28	13	1.32.35	8	1.20.02	9	1.22.22	6	1.14.49	11	1.27.19
		チーム	13	1.18.33	11	2.37.03	10	4.00.38	9	5.18.45	8	7.05.13	13	1.32.35	9	2.52.37	10	4.14.59	10	5.29.48	10	6.57.07
		総合	**13**	**1.18.33**	**11**	**2.37.03**	**10**	**4.00.38**	**9**	**5.18.45**	**8**	**7.05.13**	**11**	**8.37.48**	**10**	**9.57.50**	**10**	**11.20.12**	**10**	**12.35.01**	**10**	**14.02.20**
11	横浜国立	走者		武井 英雄		杉崎 幸雄		斎藤 親照		平井 正		武井 孝雄		宝珠山正男		高橋 毅		夏刈 重利		梅沢 光照		相原 靖
		個人	9	1.14.31	10	1.17.50	9	1.25.37	13	1.24.32	10	1.48.15	9	1.26.39	11	1.33.48	12	1.28.48	10	1.19.56	10	1.27.03
		チーム	9	1.14.31	9	2.32.21	9	3.57.58	10	5.22.30	11	7.10.45	9	1.26.39	11	3.00.27	11	4.29.15	11	5.49.11	11	7.16.14
		総合	**9**	**1.14.31**	**9**	**2.32.21**	**9**	**3.57.58**	**10**	**5.22.30**	**11**	**7.10.45**	**10**	**8.37.24**	**11**	**10.11.12**	**11**	**11.40.00**	**11**	**12.59.56**	**11**	**14.26.59**
12	東洋	走者		中野 照雄		小山内勇吉		橋本陽太郎		鳥海 勲		相沢 末男		原田 一		熊沢総一郎		平沢 英雄		伊藤 節夫		三輪 新一
		個人	8	1.14.21	13	1.22.58	14	1.33.03	10	1.20.12	11	1.49.10	11	1.29.20	14	2.26.12	7	1.21.40	13	1.30.59	12	1.28.02
		チーム	8	1.14.21	12	2.37.19	12	4.10.22	12	5.30.34	12	7.19.44	11	1.29.20	14	3.55.32	13	5.17.12	13	6.48.11	13	8.16.13
		総合	**8**	**1.14.21**	**12**	**2.37.19**	**12**	**4.10.22**	**12**	**5.30.34**	**12**	**7.19.44**	**12**	**8.49.04**	**13**	**11.15.16**	**13**	**12.36.56**	**13**	**14.07.55**	**12**	**15.35.57**
13	紅陵	走者		鎌形 明		宮崎 信二		藤野 泰二		門脇 正蔵		関根 和男		伊藤 良		鈴木 利明		須田 栄一		鈴木 和敏		稲崎 弘勳
		個人	12	1.18.00	12	1.20.40	13	1.32.23	12	1.23.02	12	2.01.22	12	1.29.33	12	1.36.04	13	1.37.37	12	1.25.04	13	1.52.13
		チーム	12	1.18.00	13	2.38.40	13	4.11.03	13	5.34.05	13	7.35.27	12	1.29.33	12	3.05.37	12	4.43.14	12	6.08.18	12	8.00.31
		総合	**12**	**1.18.00**	**13**	**2.38.40**	**13**	**4.11.03**	**13**	**5.34.05**	**13**	**7.35.27**	**13**	**9.05.00**	**12**	**10.41.04**	**12**	**12.18.41**	**12**	**13.43.45**	**13**	**15.35.58**
14	成蹊	走者		山岸 常夫		村瀬 信次		宮田 隆		黒宮 一浩		佐藤 一雄		佐々木忠臣		斯波 良夫		荒井 友一		橋本 巌		井川 舜喬
		個人	14	1.33.27	14	1.24.17	11	1.29.16	14	1.52.44	14	2.22.35	14	1.41.02	13	1.52.30	14	1.47.07	14	1.40.16	14	1.52.21
		チーム	14	1.33.27	14	2.57.44	14	4.27.00	14	6.19.44	14	8.42.19	14	1.41.02	13	3.33.32	14	5.20.39	14	7.00.55	14	8.53.16
		総合	**14**	**1.33.27**	**14**	**2.57.44**	**14**	**4.27.00**	**14**	**6.19.44**	**14**	**8.42.19**	**14**	**10.23.21**	**14**	**12.15.51**	**14**	**14.02.58**	**14**	**15.43.14**	**14**	**17.35.35**

第29回　1953年(昭和28年)1月4日～5日　スタート：東京銀座読売新聞社横　ゴール：箱根郵便局前

順	大学名		往路										復路									
			1区		2区		3区		4区		5区		6区		7区		8区		9区		10区	
1	中央	走者		三浦 達郎		井上 治		林田洋之介		斎藤 安雄		西田 勝雄		田辺 定明		室矢 芳隆		高杉 良輔		富山 孝次		南木 信吾
		個人	1	*1.10.13*	2	1.06.28	2	1.12.20	2	1.07.26	2	*1.28.48*	1	*1.15.05*	1	*1.07.01*	3	1.17.20	1	1.07.39	1	*1.11.21*
		チーム	1	1.10.13	1	2.16.41	1	3.29.01	1	4.36.27	1	6.05.15	1	1.15.05	1	2.22.06	1	3.39.26	1	4.47.05	1	5.58.26
		総合	**1**	**1.10.13**	**1**	**2.16.41**	**1**	**3.29.01**	**1**	**4.36.27**	**1**	**6.05.15**	**1**	**7.20.20**	**1**	**8.27.21**	**1**	**9.44.41**	**1**	**10.52.20**	**1**	**12.03.41**
2	早稲田	走者		沼野 正		稲葉 正一		中村 保徳		鈴木 重晴		山田 俊		水野 勝		神田 睦夫		園部 光昭		白川 太一		白鷺 靖昌
		個人	8	1.13.40	4	1.08.50	1	1.11.53	1	*1.07.02*	3	*1.29.11*	2	*1.15.30*	5	1.13.38	1	1.16.05	4	1.10.41	2	1.13.08
		チーム	8	1.13.40	6	2.22.30	4	3.34.23	2	4.41.25	2	6.10.36	2	1.15.30	4	2.29.08	3	3.45.13	3	4.55.54	2	6.09.02
		総合	**8**	**1.13.40**	**6**	**2.22.30**	**4**	**3.34.23**	**2**	**4.41.25**	**2**	**6.10.36**	**2**	**7.26.06**	**2**	**8.39.44**	**2**	**9.55.49**	**2**	**11.06.30**	**2**	**12.19.38**
3	日本	走者		小島 三郎		田中 喜平		石橋 又男		斎藤 健也		田中 茂樹		相良 豊		白井 好三		宮川 雅		衣川 和雄		石川 通雄
		個人	2	*1.10.22*	7	1.09.58	6	1.15.15	6	1.12.39	1	*1.28.17*	4	*1.16.25*	2	1.11.31	2	1.16.29	3	1.10.39	4	1.16.14
		チーム	2	1.10.22	4	2.20.20	5	3.35.35	5	4.48.14	3	6.16.31	4	1.16.25	2	2.27.56	2	3.44.25	2	4.55.04	3	6.11.18
		総合	**2**	**1.10.22**	**4**	**2.20.20**	**5**	**3.35.35**	**5**	**4.48.14**	**3**	**6.16.31**	**3**	**7.32.56**	**3**	**8.44.27**	**3**	**10.00.56**	**3**	**11.11.35**	**3**	**12.27.49**
4	明治	走者		楠 雪高		菊地 健吉		堀越 好夫		樽木 茂		山口 寿治		横野 敦宣		加賀 亮三		越川 敏夫		宮嶋 俊彦		山口 良夫
		個人	6	1.11.56	1	*1.04.46*	8	1.16.30	3	1.09.32	11	1.39.33	6	1.19.09	6	1.14.28	4	1.19.05	11	1.16.14	9	1.21.06
		チーム	6	1.11.56	2	2.16.42	3	3.33.12	3	4.42.44	5	6.22.17	6	1.19.09	6	2.33.37	4	3.52.42	6	5.08.56	7	6.30.02
		総合	**6**	**1.11.56**	**2**	**2.16.42**	**3**	**3.33.12**	**3**	**4.42.44**	**5**	**6.22.17**	**5**	**7.41.26**	**5**	**8.55.54**	**4**	**10.14.59**	**4**	**11.31.13**	**4**	**12.52.19**
5	東京教育	走者		帖佐 寛章		田中 良		久保 正礼		丹羽 劭昭		松田 智男		三沢 光男		金森 勝也		水上 和夫		今野 良男		桐生 武夫
		個人	4	*1.11.12*	9	1.10.38	10	1.17.27	9	1.13.30	7	1.34.54	7	1.20.08	8	1.14.45	7	1.20.01	5	1.11.45	10	1.21.35
		チーム	4	1.11.12	5	2.21.50	6	3.39.17	6	4.52.47	6	6.27.41	7	1.20.08	8	2.34.53	6	3.54.54	5	5.06.39	5	6.28.14
		総合	**4**	**1.11.12**	**5**	**2.21.50**	**6**	**3.39.17**	**6**	**4.52.47**	**6**	**6.27.41**	**6**	**7.47.49**	**6**	**9.02.34**	**5**	**10.22.35**	**5**	**11.34.20**	**5**	**12.55.55**
6	専修	走者		山本 達雄		上条 弘		高井 悦男		土屋 真吾		市川 光男		室 通夫		二ツ橋直秀		高本 仁博		水沼 正次		多賀 慶雄
		個人	12	1.16.32	8	1.10.18	5	1.15.11	5	1.11.54	5	1.34.03	8	1.20.23	6	1.14.28	10	1.24.59	2	1.09.53	8	1.19.31
		チーム	12	1.16.32	9	2.26.50	7	3.42.01	7	4.53.55	7	6.27.58	8	1.20.23	7	2.34.51	8	3.59.50	7	5.09.43	6	6.29.14
		総合	**12**	**1.16.32**	**9**	**2.26.50**	**7**	**3.42.01**	**7**	**4.53.55**	**7**	**6.27.58**	**8**	**7.48.21**	**7**	**9.02.49**	**6**	**10.27.48**	**6**	**11.37.41**	**6**	**12.57.12**
7	立教	走者		土屋 裕		細田 富茂		山岸 三郎		志村 文男		梅沢 一美		重田 三郎		高田 富雄		山中 正一		上里 朝輝		小田 弘
		個人	9	1.14.50	14	1.18.54	3	1.12.41	4	1.10.05	4	1.32.41	5	1.18.55	9	1.17.10	8	1.22.38	10	1.14.56	6	1.18.25
		チーム	9	1.14.50	13	2.33.44	10	3.46.25	9	4.56.30	8	6.29.11	5	1.18.55	9	2.36.05	7	3.58.43	8	5.13.39	8	6.32.04
		総合	**9**	**1.14.50**	**13**	**2.33.44**	**10**	**3.46.25**	**9**	**4.56.30**	**8**	**6.29.11**	**7**	**7.48.06**	**8**	**9.05.16**	**7**	**10.27.54**	**7**	**11.42.50**	**7**	**13.01.15**
8	東京農業	走者		田村 好男		中野 敏雄		谷川 輝男		山部 好		古屋 寛継		前川 五郎		青木 弘		小林 五郎		中村 実		成田 嘉和
		個人	5	*1.11.48*	11	1.13.22	12	1.24.39	10	1.13.37	8	1.36.27	11	1.23.32	11	1.22.26	9	1.23.05	8	1.14.34	5	1.17.58
		チーム	5	1.11.48	8	2.25.10	12	3.49.49	11	5.03.26	11	6.39.53	11	1.23.32	11	2.45.58	9	4.09.03	9	5.23.37	9	6.41.35
		総合	**5**	**1.11.48**	**8**	**2.25.10**	**12**	**3.49.49**	**11**	**5.03.26**	**11**	**6.39.53**	**10**	**8.03.25**	**10**	**9.25.51**	**8**	**10.48.56**	**8**	**12.03.30**	**8**	**13.21.28**
9	東洋	走者		伊藤 英雄		鳥海 勲		石渕 忠市		野村 与七		中野 照雄		村越 美正		岩崎 久		平沢 英雄		小山内勇吉		原田 一
		個人	13	1.17.48	6	1.09.26	7	1.15.29	7	1.12.49	13	1.42.33	10	1.22.02	14	1.33.45	6	1.19.59	12	1.16.59	11	1.22.53
		チーム	13	1.17.48	10	2.27.14	8	3.42.43	8	4.55.32	9	6.38.05	10	1.22.02	13	2.55.47	11	4.15.46	10	5.32.45	10	6.55.38
		総合	**13**	**1.17.48**	**10**	**2.27.14**	**8**	**3.42.43**	**8**	**4.55.32**	**9**	**6.38.05**	**9**	**8.00.07**	**11**	**9.33.52**	**10**	**10.53.51**	**9**	**12.10.50**	**9**	**13.33.43**
10	神奈川	走者		阿部 純也		怒田 直和		鈴木 徳治		榎本 隆		関野 積夫		田端 行昌		小清水喜義		宮沢 常介		中村 宏		鈴木 守正
		個人	11	1.16.02	12	1.13.30	9	1.16.53	11	1.15.09	10	1.37.46	12	1.27.03	10	1.17.28	12	1.27.28	14	1.24.30	12	1.23.10
		チーム	11	1.16.02	12	2.29.32	9	3.46.25	10	5.01.34	10	6.39.20	12	1.27.03	10	2.44.31	10	4.11.59	12	5.36.29	11	6.59.39
		総合	**11**	**1.16.02**	**12**	**2.29.32**	**9**	**3.46.25**	**10**	**5.01.34**	**10**	**6.39.20**	**11**	**8.06.23**	**9**	**9.23.51**	**9**	**10.51.19**	**10**	**12.15.49**	**10**	**13.38.59**
11	横浜国立	走者		武井 孝雄		杉崎 幸雄		塚田 正直		相原 靖		武井 英雄		宝珠山正男		日比 英雄		平井 重雄		梅沢 光照		夏苅 重利
		個人	7	1.12.43	13	1.15.05	11	1.20.35	13	1.16.24	12	1.41.05	13	1.29.31	12	1.26.15	11	1.25.22	9	1.14.47	13	1.27.17
		チーム	7	1.12.43	11	2.27.48	11	3.48.23	12	5.04.47	12	6.45.52	13	1.29.31	12	2.55.46	12	4.21.08	11	5.35.55	12	7.03.12
		総合	**7**	**1.12.43**	**11**	**2.27.48**	**11**	**3.48.23**	**12**	**5.04.47**	**12**	**6.45.52**	**12**	**8.15.23**	**12**	**9.41.38**	**11**	**11.07.00**	**11**	**12.21.47**	**11**	**13.49.04**
12	法政	走者		伊藤 文雄		高橋 寿		石川 昇一		柴崎 文雄		山内 二郎		石塚 繁美		岩根 憲六		荒野 正雄 土平 英雄		飯塚喜代史		大脇 孝和
		個人	3	*1.10.40*	3	1.07.18	4	1.13.14	12	1.15.50	6	1.34.51	3	*1.16.10*	4	1.12.45	14	3.03.13	7	1.13.42	3	1.14.36
		チーム	3	1.10.40	3	2.17.58	2	3.31.12	4	4.47.02	4	6.21.53	3	1.16.10	3	2.28.55	14	5.32.08	14	6.45.50	13	8.00.26
		総合	**3**	**1.10.40**	**3**	**2.17.58**	**2**	**3.31.12**	**4**	**4.47.02**	**4**	**6.21.53**	**4**	**7.38.03**	**4**	**8.50.48**	**12**	**11.54.01**	**12**	**13.07.43**	**12**	**14.22.19**
13	日本体育	走者		笠井 祐教		服部 利夫		太田 茂昭 広部 国雄		塚原 裕助		永井 昭市		亀崎 治男		加藤 健		酒井 治		安田 二郎		松本 国夫
		個人	10	1.15.26	5	1.09.14	14	3.07.00	8	1.13.04	9	1.37.36	9	1.21.19	3	1.12.05	5	1.19.18	6	1.13.18	7	1.18.50
		チーム	10	1.15.26	7	2.24.40	14	5.31.40	14	6.44.44	14	8.22.20	9	1.21.19	5	2.33.24	4	3.52.42	4	5.06.00	4	6.24.50
		総合	**10**	**1.15.26**	**7**	**2.24.40**	**14**	**5.31.40**	**14**	**6.44.44**	**14**	**8.22.20**	**14**	**9.43.39**	**13**	**10.55.44**	**13**	**12.15.02**	**13**	**13.28.20**	**13**	**14.47.10**
14	拓殖	走者		杉山 昌之		渡辺 英樹		加藤 武雄		下総 文雄		橋場 淳司		鈴木 和敏		佐藤 昭浩		須田 栄一		米山 貞夫		藤野 泰二
		個人	14	1.22.32	10	1.11.33	13	1.25.15	14	1.20.33	14	2.20.40	14	1.43.28	13	1.31.51	13	1.41.13	13	1.18.31	14	1.50.35
		チーム	14	1.22.32	14	2.34.05	13	3.59.20	13	5.19.53	13	7.40.33	14	1.43.28	14	3.15.19	13	4.56.32	13	6.15.03	14	8.05.38
		総合	**14**	**1.22.32**	**14**	**2.34.05**	**13**	**3.59.20**	**13**	**5.19.53**	**13**	**7.40.33**	**13**	**9.24.01**	**14**	**10.55.52**	**14**	**12.37.05**	**14**	**13.55.36**	**14**	**15.46.11**

第30回　1954年(昭和29年)1月6日～7日　スタート：東京銀座読売新聞社横　ゴール：箱根郵便局前

順	大学名		往路									
			1区		2区		3区		4区		5区	
1	早稲田	走者		鈴木 重晴		稲葉 正一		沼野　正		政成 孝治		中村 保徳
		個人	6	1.12.11	3	1.07.44	2	1.13.38	1	1.09.11	2	1.30.39
		チーム	6	1.12.11	3	2.19.55	3	3.33.33	3	4.42.44	1	6.13.23
		総合	**6**	**1.12.11**	**3**	**2.19.55**	**3**	**3.33.33**	**3**	**4.42.44**	**1**	**6.13.23**
2	日本	走者		岩本 健生		斎藤 健也		田中 茂樹		山岸　実		内川 義高
		個人	5	1.12.03	5	1.08.20	3	1.14.02	4	1.09.50	4	1.33.20
		チーム	5	1.12.03	4	2.20.23	4	3.34.25	4	4.44.15	3	6.17.35
		総合	**5**	**1.12.03**	**4**	**2.20.23**	**4**	**3.34.25**	**4**	**4.44.15**	**3**	**6.17.35**
3	中央	走者		三浦 達郎		菊池 直志		桜谷 嘉彦		杉崎 隆志		谷敷 正雄
		個人	1	1.11.17	1	1.06.43	4	1.14.04	1	1.09.11	3	1.33.03
		チーム	1	1.11.17	1	2.18.00	2	3.32.04	1	4.41.15	2	6.14.18
		総合	**1**	**1.11.17**	**1**	**2.18.00**	**2**	**3.32.04**	**1**	**4.41.15**	**2**	**6.14.18**
4	法政	走者		大脇 孝和		百瀬 武佳		石川 昇一		渋谷　昭		山内 二郎
		個人	2	1.11.22	7	1.10.11	9	1.18.11	3	1.09.30	1	1.30.18
		チーム	2	1.11.22	5	2.21.33	6	3.39.44	5	4.49.14	5	6.19.32
		総合	**2**	**1.11.22**	**5**	**2.21.33**	**6**	**3.39.44**	**5**	**4.49.14**	**5**	**6.19.32**
5	明治	走者		堀越 好夫		山口 良夫		楠　雪高		樽木　茂		菊地 健吉
		個人	4	1.12.03	2	1.07.10	1	1.11.07	6	1.11.15	6	1.36.15
		チーム	4	1.12.03	2	2.19.13	1	3.30.20	2	4.41.35	4	6.17.50
		総合	**4**	**1.12.03**	**2**	**2.19.13**	**1**	**3.30.20**	**2**	**4.41.35**	**4**	**6.17.50**
6	東洋	走者		原田　一		柴田 静雄		石渕 忠市		平沢 英雄		中野 照雄
		個人	10	1.14.51	6	1.09.58	8	1.17.59	7	1.13.07	4	1.33.20
		チーム	10	1.14.51	8	2.24.49	9	3.42.48	9	4.55.55	6	6.29.15
		総合	**10**	**1.14.51**	**8**	**2.24.49**	**9**	**3.42.48**	**9**	**4.55.55**	**6**	**6.29.15**
7	立教	走者		横山 一郎		本間 久喜		吉尾　武		野口 春也		梅沢 一美
		個人	11	1.16.48	4	1.08.10	6	1.16.30	5	1.10.58	7	1.37.27
		チーム	11	1.16.48	9	2.24.58	8	3.41.28	6	4.52.26	7	6.29.53
		総合	**11**	**1.16.48**	**9**	**2.24.58**	**8**	**3.41.28**	**6**	**4.52.26**	**7**	**6.29.53**
8	東京教育	走者		帖佐 寛章		久保 正礼		浅野 三郎		小村渡岐麿		松田 智男
		個人	7	1.12.47	8	1.10.42	7	1.16.56	10	1.15.11	15	1.54.59
		チーム	7	1.12.47	6	2.23.29	7	3.40.25	8	4.55.36	12	6.50.35
		総合	**7**	**1.12.47**	**6**	**2.23.29**	**7**	**3.40.25**	**8**	**4.55.36**	**12**	**6.50.35**
9	専修	走者		竹内　滋		上条　弘		高井 悦男		藤居 啓治		市川 光男
		個人	3	1.11.54	9	1.11.53	5	1.15.44	8	1.14.51	12	1.43.27
		チーム	3	1.11.54	7	2.23.47	5	3.39.31	7	4.54.22	8	6.37.49
		総合	**3**	**1.11.54**	**7**	**2.23.47**	**5**	**3.39.31**	**7**	**4.54.22**	**8**	**6.37.49**
10	日本体育	走者		服部 利夫		塚原 裕助		深川順次郎		亀崎 治男		笠井 祐教
		個人	9	1.13.59	13	1.17.15	11	1.18.59	11	1.15.32	9	1.37.45
		チーム	9	1.13.59	11	2.31.14	10	3.50.13	10	5.05.45	9	6.43.30
		総合	**9**	**1.13.59**	**11**	**2.31.14**	**10**	**3.50.13**	**10**	**5.05.45**	**9**	**6.43.30**
11	神奈川	走者		鈴木 徳治		関　庄治		怒田 直和		鈴木 守正		関野 積夫
		個人	15	1.20.48	10	1.13.00	14	1.22.27	12	1.16.12	8	1.37.41
		チーム	15	1.20.48	12	2.33.48	14	3.56.15	12	5.12.27	11	6.50.08
		総合	**15**	**1.20.48**	**12**	**2.33.48**	**14**	**3.56.15**	**12**	**5.12.27**	**11**	**6.50.08**
12	東京農業	走者		谷川 輝男		馬場 達雄		広瀬 正尚		久保 富男		高橋 順一
		個人	8	1.13.50	14	1.17.24	13	1.21.51	9	1.14.57	10	1.38.53
		チーム	8	1.13.50	10	2.31.14	12	3.53.05	11	5.08.02	10	6.46.55
		総合	**8**	**1.13.50**	**10**	**2.31.14**	**12**	**3.53.05**	**11**	**5.08.02**	**10**	**6.46.55**
13	横浜国立	走者		大貫 久雄		千葉　浩		塚田 正直		平井 重雄		小檜山昌輝
		個人	14	1.20.45	12	1.15.57	12	1.19.00	13	1.17.47	13	1.47.29
		チーム	14	1.20.45	14	2.36.42	13	3.55.42	13	5.13.29	14	7.00.58
		総合	**14**	**1.20.45**	**14**	**2.36.42**	**13**	**3.55.42**	**13**	**5.13.29**	**14**	**7.00.58**
14	横浜市立	走者		友井 芳明		塩沢　明		渋谷 力三		稲垣 実泰		井上　晃
		個人	12	1.18.56	15	1.19.45	15	1.22.50	14	1.21.45	14	1.48.49
		チーム	12	1.18.56	15	2.38.41	15	4.01.31	15	5.23.16	15	7.12.05
		総合	**12**	**1.18.56**	**15**	**2.38.41**	**15**	**4.01.31**	**15**	**5.23.16**	**15**	**7.12.05**
15	拓殖	走者		加藤 重信		佐々木喜代永		渡辺 欣哉		桜庭 義勝		藤原 健一
		個人	13	1.19.54	11	1.14.17	10	1.18.21	15	1.25.32	11	1.38.58
		チーム	13	1.19.54	13	2.34.11	11	3.52.32	14	5.18.04	13	6.57.02
		総合	**13**	**1.19.54**	**13**	**2.34.11**	**11**	**3.52.32**	**14**	**5.18.04**	**13**	**6.57.02**

順	大学名		復路									
			6区		7区		8区		9区		10区	
1	早稲田	走者		水野　勝		上木 道夫		白川 太一		衣笠 治重		昼田 哲士
		個人	2	1.15.46	3	1.10.48	2	1.16.37	1	1.07.57	3	1.16.39
		チーム	2	1.15.46	3	2.26.34	2	3.43.11	1	4.51.08	1	6.07.47
		総合	**1**	**7.29.09**	**2**	**8.39.57**	**2**	**9.56.34**	**1**	**11.04.31**	**1**	**12.21.10**
2	日本	走者		相良　豊		白井 好三		馬場 英則		岸　国雄		千代 良炳
		個人	3	1.16.03	2	1.10.18	4	1.17.03	2	1.09.13	2	1.15.43
		チーム	3	1.16.03	2	2.26.21	3	3.43.24	2	4.52.37	2	6.08.20
		総合	**3**	**7.33.38**	**3**	**8.43.56**	**3**	**10.00.59**	**3**	**11.10.12**	**2**	**12.25.55**
3	中央	走者		西村 良三		日置 一樹		柴田 善三		布上 正之		斎藤 安雄
		個人	1	1.15.45	1	1.07.44	5	1.18.34	4	1.11.37	5	1.19.30
		チーム	1	1.15.45	1	2.23.29	1	3.42.03	3	4.53.40	3	6.13.10
		総合	**2**	**7.30.03**	**1**	**8.37.47**	**1**	**9.56.21**	**2**	**11.07.58**	**3**	**12.27.28**
4	法政	走者		石塚 繁美		岩根 憲六		伊藤 文雄		高橋　寿		大西 増夫
		個人	9	1.20.35	5	1.13.01	1	1.16.00	3	1.10.25	1	1.15.25
		チーム	9	1.20.35	7	2.33.36	5	3.49.36	4	5.00.01	4	6.15.26
		総合	**5**	**7.40.07**	**5**	**8.53.08**	**5**	**10.09.08**	**5**	**11.19.33**	**4**	**12.34.58**
5	明治	走者		大野 興一		粟津 吉央		越川 敏夫		蒲生　正		須藤 昭夫
		個人	4	1.17.09	6	1.13.12	6	1.18.36	5	1.12.21	4	1.19.18
		チーム	4	1.17.09	5	2.30.21	4	3.48.57	5	5.01.18	5	6.20.36
		総合	**4**	**7.34.59**	**4**	**8.48.11**	**4**	**10.06.47**	**4**	**11.19.08**	**5**	**12.38.26**
6	東洋	走者		村越 美正		石原 武雄		岩崎　久		米山 大恵		野村 与七
		個人	5	1.17.26	4	1.12.53	8	1.21.32	8	1.14.24	9	1.21.33
		チーム	5	1.17.26	4	2.30.19	7	3.51.51	7	5.06.15	7	6.27.48
		総合	**6**	**7.46.41**	**6**	**8.59.34**	**6**	**10.21.06**	**6**	**11.35.30**	**6**	**12.57.03**
7	立教	走者		重田 三郎		山中 正一		土屋　裕		萩原　豊		雨宮 勇造
		個人	6	1.18.50	7	1.13.27	7	1.20.45	9	1.15.14	8	1.20.40
		チーム	6	1.18.50	6	2.32.17	8	3.53.02	8	5.08.16	8	6.28.56
		総合	**7**	**7.48.43**	**7**	**9.02.10**	**7**	**10.22.55**	**7**	**11.38.09**	**7**	**12.58.49**
8	東京教育	走者		今野 良男		野見山俊一		水上 和夫		金森 勝也		板井 哲夫
		個人	7	1.19.00	8	1.14.38	2	1.16.37	7	1.13.39	6	1.19.33
		チーム	7	1.19.00	8	2.33.38	6	3.50.15	6	5.03.54	6	6.23.27
		総合	**10**	**8.09.35**	**10**	**9.24.13**	**8**	**10.40.50**	**8**	**11.54.29**	**8**	**13.14.02**
9	専修	走者		田中 孝見		土屋 真吾		荒木　正		多賀 慶雄		室　通夫
		個人	8	1.20.24	9	1.14.39	12	1.30.02	6	1.13.25	11	1.24.16
		チーム	8	1.20.24	9	2.35.03	9	4.05.05	9	5.18.30	9	6.42.46
		総合	**8**	**7.58.13**	**8**	**9.12.52**	**9**	**10.42.54**	**9**	**11.56.19**	**9**	**13.20.35**
10	日本体育	走者		近井 一義		鈴木 二郎		関根 忠則		松本 国夫		加藤　健
		個人	10	1.21.21	11	1.17.06	13	1.30.04	10	1.15.18	7	1.19.57
		チーム	10	1.21.21	10	2.38.27	11	4.08.31	10	5.23.49	10	6.43.46
		総合	**9**	**8.04.51**	**9**	**9.21.57**	**10**	**10.52.01**	**10**	**12.07.19**	**10**	**13.27.16**
11	神奈川	走者		田端 行昌		大沢　仁		阿部 純也		二宮 幸吉		佐野 洋二
		個人	11	1.25.44	12	1.20.08	9	1.22.22	13	1.20.38	10	1.22.48
		チーム	11	1.25.44	12	2.45.52	10	4.08.14	11	5.28.52	11	6.51.40
		総合	**12**	**8.15.52**	**11**	**9.36.00**	**11**	**10.58.22**	**11**	**12.19.00**	**11**	**13.41.48**
12	東京農業	走者		前川 五郎		中野 敏雄		中村　実		針塚 藤重		山部　好
		個人	12	1.26.53	13	1.25.05	10	1.22.37	14	1.24.18	12	1.24.50
		チーム	12	1.26.53	13	2.51.58	12	4.14.35	14	5.38.53	13	7.03.43
		総合	**11**	**8.13.48**	**12**	**9.38.53**	**12**	**11.01.30**	**12**	**12.25.48**	**12**	**13.50.38**
13	横浜国立	走者		遠藤 倫弘		梅沢 光照		中村 義治		杉崎 幸雄		相原　靖
		個人	13	1.27.54	15	1.25.37	11	1.25.45	11	1.17.14	13	1.26.02
		チーム	13	1.27.54	14	2.53.31	14	4.19.16	13	5.36.30	12	7.02.32
		総合	**14**	**8.28.52**	**14**	**9.54.29**	**13**	**11.20.14**	**13**	**12.37.28**	**13**	**14.03.30**
14	横浜市立	走者		二宮　真		鈴木　正		荒井 勝己		山田 勝久		水戸瀬都道
		個人	14	1.28.06	10	1.17.03	14	1.30.08	12	1.20.19	15	1.30.25
		チーム	14	1.28.06	11	2.45.09	13	4.15.17	12	5.35.36	14	7.06.01
		総合	**15**	**8.40.11**	**15**	**9.57.14**	**15**	**11.27.22**	**14**	**12.47.41**	**14**	**14.18.06**
15	拓殖	走者		宮崎 信二		窪島 義公		小野寺 茂		米山 貞夫		草彅 孝義
		個人	15	1.30.34	14	1.25.21	15	1.32.07	15	1.26.45	14	1.29.44
		チーム	15	1.30.34	15	2.55.55	15	4.28.02	15	5.54.47	15	7.24.31
		総合	**13**	**8.27.36**	**13**	**9.52.57**	**14**	**11.25.04**	**15**	**12.51.49**	**15**	**14.21.33**

第31回　1955年(昭和30年)1月2日～3日　総距離：223.4km　往路：111.7km　復路：111.7km

順	大学名		往路										復路									
			1区 (22.3km)		2区 (21.2km)		3区 (22.1km)		4区 (21.0km)		5区 (25.1km)		6区 (25.1km)		7区 (21.0km)		8区 (22.1km)		9区 (21.2km)		10区 (22.3km)	
1	中央	走者	4	三浦 達郎	3	桜谷 嘉彦	1	佐藤 光信	3	吉田 斉	3	谷敷 正雄	3	西村 良三	3	布上 正之	2	開前 芳徳	3	菊池 直志	4	井上 治
		個人	3	1.11.26	1	*1.07.22*	1	*1.09.16*	1	1.07.16	1	1.30.20	2	1.16.54	1	1.08.29	2	1.15.20	1	*1.09.02*	2	1.13.15
		チーム	3	1.11.26	2	2.18.48	1	3.28.04	1	4.35.20	1	6.05.40	2	1.16.54	2	2.25.23	2	3.40.43	2	4.49.45	1	6.03.00
		総合	3	1.11.26	2	2.18.48	1	3.28.04	1	4.35.20	1	6.05.40	1	7.22.34	1	8.31.03	1	9.46.23	1	10.55.25	1	12.08.40
2	日本	走者	2	岩本 健生	2	岸 国雄	2	内川 義高	1	瀬戸 功夫	4	田中 茂樹	3	相良 豊	3	山岸 実	2	馬場 英則	3	斎藤 健也	3	千代 良炳
		個人	1	1.10.32	2	1.07.33	2	1.11.21	2	1.08.37	3	1.31.02	1	*1.14.56*	2	1.09.07	1	*1.14.45*	2	1.10.24	4	1.15.28
		チーム	1	1.10.32	1	2.18.05	2	3.29.26	2	4.38.03	2	6.09.05	1	1.14.56	1	2.24.03	1	3.38.48	1	4.49.12	2	6.04.40
		総合	1	1.10.32	1	2.18.05	2	3.29.26	2	4.38.03	2	6.09.05	2	7.24.01	2	8.33.08	2	9.47.53	2	10.58.17	2	12.13.45
3	早稲田	走者	2	政成 孝治		上木 正夫	2	昼田 哲士	1	加藤正之助	3	白川 太一	3	神田 睦夫		上木 道夫	1	笠島 義之		町田 孝	3	鈴木 重晴
		個人	6	1.12.06	13	1.16.12	3	1.11.42	4	1.08.57	7	1.35.57	3	1.17.17	3	1.09.48	6	1.17.04	7	1.15.45	3	1.14.33
		チーム	6	1.12.06	10	2.28.18	8	3.40.00	6	4.48.57	6	6.24.54	3	1.17.17	3	2.27.05	3	3.44.09	4	4.59.54	4	6.14.27
		総合	6	1.12.06	10	2.28.18	8	3.40.00	6	4.48.57	6	6.24.54	5	7.42.11	4	8.51.59	4	10.09.03	4	11.24.48	3	12.39.21
4	東京教育	走者	1	林田積之助	3	久保 正礼	2	浅野 三郎	3	小村渡岐麿	1	国分 一郎		今野 良男		金森 勝也	3	水上 和夫	2	小野 実		野見山俊一
		個人	4	1.11.47	5	1.11.26	11	1.14.28	5	1.09.46	6	1.34.08	7	1.18.50	6	1.12.42	2	1.15.20	3	1.12.22	8	1.19.24
		チーム	4	1.11.47	5	2.23.13	5	3.37.41	5	4.47.27	4	6.21.35	7	1.18.50	4	2.31.32	4	3.46.52	3	4.59.14	5	6.18.38
		総合	4	1.11.47	5	2.23.13	5	3.37.41	5	4.47.27	4	6.21.35	4	7.40.25	5	8.53.07	3	10.08.27	3	11.20.49	4	12.40.13
5	法政	走者		馬場 昭芳		百瀬 武佳	3	山内 二郎		渋谷 昭	3	大脇 孝和	3	鯉川 司		岩根 憲六	1	小野喜久雄		荒野 正臣		大西 増夫
		個人	10	1.15.34	8	1.12.12	6	1.13.26	9	1.13.39	4	1.33.28	4	1.17.53	7	1.14.44	4	1.15.56	5	1.13.35	1	1.12.05
		チーム	10	1.15.34	8	2.27.46	9	3.41.12	10	4.54.51	8	6.28.19	4	1.17.53	7	2.32.37	5	3.48.33	5	5.02.08	3	6.14.13
		総合	10	1.15.34	8	2.27.46	9	3.41.12	10	4.54.51	8	6.28.19	8	7.46.12	7	9.00.56	6	10.16.52	6	11.30.27	5	12.42.32
6	専修	走者	1	上村 清芳	4	高井 悦男	2	竹内 滋	2	太田 洋	1	三上 年春	3	田中 孝見	4	土屋 真吾		田部 富夫		上条 弘	2	荒木 正
		個人	5	1.11.55	3	1.10.10	7	1.14.01	6	1.10.08	2	1.30.31	8	1.20.07	5	1.12.28	10	1.21.10	10	1.17.29	5	1.19.14
		チーム	5	1.11.55	3	2.22.05	4	3.36.06	3	4.46.14	3	6.16.45	8	1.20.07	6	2.32.35	8	3.53.45	9	5.11.14	9	6.30.28
		総合	5	1.11.55	3	2.22.05	4	3.36.06	3	4.46.14	3	6.16.45	3	7.36.52	3	8.49.20	5	10.10.30	5	11.27.59	6	12.47.13
7	東洋	走者	4	原田 一	2	米山 大恵	3	石渕 忠市	2	嶺岸 常美	4	中野 照雄	3	村越 美正	1	山室 清	4	平沢 英雄		柴田 静雄		岩崎 久
		個人	8	1.13.44	7	1.11.52	5	1.13.16	8	1.11.40	5	1.33.39	5	1.18.32	12	1.17.43	8	1.17.50	6	1.14.06	10	1.19.56
		チーム	8	1.13.44	7	2.25.36	7	3.38.52	7	4.50.32	5	6.24.11	5	1.18.32	9	2.36.15	9	3.54.05	7	5.08.11	7	6.28.07
		総合	8	1.13.44	7	2.25.36	7	3.38.52	7	4.50.32	5	6.24.11	6	7.42.43	6	9.00.26	7	10.18.16	7	11.32.22	7	12.52.18
8	立教	走者	1	大森 素久	2	本間 久喜	3	土屋 裕	4	志村 文男	3	吉尾 武		重田 三郎	2	野口 春也	2	横山 一郎	4	関 博之		雨宮 勇造
		個人	7	1.13.18	4	1.10.25	9	1.14.10	3	1.08.46	13	1.44.14	9	1.21.15	4	1.11.04	5	1.16.28	4	1.13.24	9	1.19.48
		チーム	7	1.13.18	6	2.23.43	6	3.37.53	4	4.46.39	9	6.30.53	9	1.21.15	5	2.32.19	6	3.48.47	6	5.02.11	6	6.21.59
		総合	7	1.13.18	6	2.23.43	6	3.37.53	4	4.46.39	9	6.30.53	9	7.52.08	9	9.03.12	9	10.19.40	8	11.33.04	8	12.52.52
9	東京農業	走者	4	谷川 輝男	2	広瀬 正尚	1	露木 昇	1	佐藤 進	3	高橋 順一	3	前川 五郎	1	山岡 義徳	3	中村 実		久保 富男		佐藤 文治
		個人	2	1.10.40	9	1.12.25	4	1.12.46	11	1.15.16	8	1.36.13	6	1.18.35	9	1.16.15	7	1.17.25	9	1.16.51	7	1.19.22
		チーム	2	1.10.40	4	2.23.05	3	3.35.51	8	4.51.07	7	6.27.20	6	1.18.35	8	2.34.50	7	3.52.15	8	5.09.06	8	6.28.28
		総合	2	1.10.40	4	2.23.05	3	3.35.51	8	4.51.07	7	6.27.20	7	7.45.55	8	9.02.10	8	10.19.35	9	11.36.26	9	12.55.48
10	日本体育	走者	3	服部 利夫		塚原 裕助	1	田尻 春童	4	亀崎 治男		笠井 祐教	1	大石 宗雄	2	城之園 護	4	酒井 治		深川順次郎	4	加藤 健
		個人	11	1.16.22	6	1.11.47	10	1.14.11	7	1.11.04	12	1.42.54	10	1.21.39	8	1.15.27	9	1.19.44	8	1.16.00	6	1.19.19
		チーム	11	1.16.22	9	2.28.09	10	3.42.20	9	4.53.24	10	6.36.18	10	1.21.39	10	2.37.06	10	3.56.50	10	5.12.50	10	6.32.09
		総合	11	1.16.22	9	2.28.09	10	3.42.20	9	4.53.24	10	6.36.18	10	7.57.57	10	9.13.24	10	10.33.08	10	11.49.08	10	13.08.27
11	神奈川	走者	4	鈴木 徳治	3	怒田 直和	1	八島 政長		榎本 隆	3	鈴木 守正	1	藤沼 善三		山崎 善高	2	佐野 洋二	1	小村真一郎		石波 善治
		個人	13	1.17.30	11	1.13.31	13	1.18.59	12	1.17.39	10	1.39.08	12	1.26.40	10	1.16.50	12	1.22.21	13	1.22.15	13	1.25.46
		チーム	13	1.17.30	11	2.31.01	12	3.50.00	13	5.07.39	12	6.46.47	12	1.26.40	11	2.43.30	11	4.05.51	12	5.28.06	12	6.53.52
		総合	13	1.17.30	11	2.31.01	12	3.50.00	13	5.07.39	12	6.46.47	11	8.13.27	11	9.30.17	11	10.52.38	11	12.14.53	11	13.40.39
12	東京学芸	走者	3	菅原 時夫		吉村 信義	1	加藤 重市	2	西村 淳	2	大野 隆久	1	山川 晴也	1	南雲 亮一	1	木村 久	1	北島 道敏		高橋 基泰
		個人	12	1.16.35	12	1.15.58	14	1.19.38	14	1.23.34	9	1.37.25	11	1.23.11	15	1.21.44	11	1.22.04	11	1.18.32	11	1.23.52
		チーム	12	1.16.35	12	2.32.33	14	3.52.11	14	5.15.45	13	6.53.10	11	1.23.11	12	2.44.45	12	4.06.59	11	5.25.31	11	6.49.23
		総合	12	1.16.35	12	2.32.33	14	3.52.11	14	5.15.45	13	6.53.10	13	8.16.21	13	9.38.05	12	11.00.09	12	12.18.41	12	13.42.33
13	横浜市立	走者	1	照喜名 実	2	稲垣 実泰	3	友井 芳明		二宮 真	1	羽沢 一路	3	荒井 勝己	2	鈴木 正		山崎 芳雄		黒崎 俊夫		塩沢 明
		個人	9	1.15.18	14	1.17.45	12	1.17.39	10	1.14.38	11	1.39.40	14	1.29.40	11	1.16.56	14	1.31.24	14	1.24.04	12	1.23.56
		チーム	9	1.15.18	14	2.33.03	13	3.50.42	11	5.05.20	11	6.45.00	14	1.29.40	13	2.46.36	14	4.18.00	14	5.42.04	13	7.06.00
		総合	9	1.15.18	14	2.33.03	13	3.50.42	11	5.05.20	11	6.45.00	12	8.14.40	12	9.31.36	13	11.03.00	13	12.27.04	13	13.51.00
14	横浜国立	走者	1	千葉 浩	2	大貫 久雄	4	武井 孝雄		遠藤 倫弘	2	中村 義治		斎藤 親照		平出 昇	1	山中 昭		中津川 明	4	梅沢 光照
		個人	14	1.19.27	10	1.13.10	8	1.14.02	13	1.19.37	15	1.53.34	13	1.29.37	14	1.20.45	13	1.24.13	12	1.20.28	15	1.30.59
		チーム	14	1.19.27	13	2.32.37	11	3.46.39	12	5.06.16	14	6.59.50	13	1.29.37	15	2.50.22	13	4.14.35	13	5.35.03	14	7.06.02
		総合	14	1.19.27	13	2.32.37	11	3.46.39	12	5.06.16	14	6.59.50	14	8.29.27	14	9.50.12	14	11.14.25	14	12.34.53	14	14.05.52
15	拓殖	走者		加藤 重信		桜庭 義勝		大石 安男		佐々木喜代永		村上 登		門倉 敦		渡辺 欣哉		窪島 義公		米山 貞夫		高橋順治郎
		個人	15	1.21.57	15	1.23.53	15	1.44.48	15	1.32.52	14	1.51.15	15	1.29.47	13	1.20.32	15	1.32.34	15	1.33.45	14	1.29.27
		チーム	15	1.21.57	15	2.45.50	15	4.30.38	15	6.03.30	15	7.54.45	15	1.29.47	14	2.50.19	15	4.22.53	15	5.56.38	15	7.26.05
		総合	15	1.21.57	15	2.45.50	15	4.30.38	15	6.03.30	15	7.54.45	15	9.24.32	15	10.45.04	15	12.17.38	15	13.51.23	15	15.20.50

第32回　1956年(昭和31年)1月2日～3日　総距離：223.4km　往路：111.7km　復路：111.7km

順	大学名		往路										復路									
			1区 (22.3km)		2区 (21.2km)		3区 (22.1km)		4区 (21.0km)		5区 (25.1km)		6区 (25.1km)		7区 (21.0km)		8区 (22.1km)		9区 (21.2km)		10区 (22.3km)	
1	中央	走者	2	渡辺 和己	4	菊池 直志	4	吉田 斉	3	開前 芳徳	4	谷敷 正雄	4	西村 良三	2	上田 大助	2	佐藤 光信	4	桜谷 嘉彦	4	布上 正之
		個人	2	1.10.25	2	**1.07.25**	2	1.11.28	2	1.08.30	1	1.28.50	1	*1.14.46*	2	1.09.21	1	*1.11.19*	1	*1.06.56*	4	1.15.49
		チーム	2	1.10.25	1	2.17.50	1	3.29.18	1	4.37.48	1	6.06.38	1	1.14.46	2	2.24.07	1	3.35.26	1	4.42.22	1	5.58.11
		総合	**2**	**1.10.25**	**1**	**2.17.50**	**1**	**3.29.18**	**1**	**4.37.48**	**1**	**6.06.38**	**1**	**7.21.24**	**1**	**8.30.45**	**1**	**9.42.04**	**1**	**10.49.00**	**1**	**12.04.49**
2	日本	走者	3	岩本 健生	3	岸 国雄	2	瀬戸 功夫	4	斎藤 健也	3	内川 義高	4	相良 豊	1	横山和五郎	3	馬場 英則	1	愛敬 実	1	川島 義明
		個人	4	1.11.18	1	*1.06.45*	6	1.12.50	1	1.07.11	6	1.33.58	3	*1.14.50*	1	1.08.19	2	*1.13.20*	3	1.10.04	2	1.12.09
		チーム	4	1.11.18	2	2.18.03	2	3.30.53	2	4.38.04	2	6.12.02	3	1.14.50	1	2.23.09	2	3.36.29	2	4.46.33	2	5.58.42
		総合	**4**	**1.11.18**	**2**	**2.18.03**	**2**	**3.30.53**	**2**	**4.38.04**	**2**	**6.12.02**	**2**	**7.26.52**	**2**	**8.35.11**	**2**	**9.48.31**	**2**	**10.58.35**	**2**	**12.10.44**
3	東京教育	走者	3	浅野 三郎	1	石岡 中	2	林田積之助	4	小村渡岐麿	2	国分 一郎	1	築地 美孝	2	松崎 忠男	4	水上 和夫	3	小野 実	4	久保 正礼
		個人	5	1.11.21	5	1.09.38	4	1.12.37	6	1.09.57	5	1.33.45	4	1.16.10	7	1.11.49	3	*1.13.28*	6	1.11.27	3	1.14.34
		チーム	5	1.11.21	6	2.20.59	4	3.33.36	5	4.43.33	4	6.17.18	4	1.16.10	6	2.27.59	5	3.41.27	4	4.52.54	4	6.07.28
		総合	**5**	**1.11.21**	**6**	**2.20.59**	**4**	**3.33.36**	**5**	**4.43.33**	**4**	**6.17.18**	**3**	**7.33.28**	**4**	**8.45.17**	**3**	**9.58.45**	**4**	**11.10.12**	**3**	**12.24.46**
4	法政	走者	4	山内 二郎	4	鯉川 司	4	大脇 孝和	1	神沢 利宗	1	牧田 政人	1	芦田 国生	1	但木 章祐	2	小野喜久雄	4	曽根 秀夫	2	吉岡 盛一
		個人	1	*1.09.47*	6	1.10.49	7	1.13.19	7	1.10.38	4	1.33.12	7	1.16.50	4	1.10.13	5	*1.14.19*	5	1.11.03	5	1.15.53
		チーム	1	1.09.47	4	2.20.36	6	3.33.55	6	4.44.33	5	6.17.45	7	1.16.50	4	2.27.03	4	3.41.22	3	4.52.25	5	6.08.18
		総合	**1**	**1.09.47**	**4**	**2.20.36**	**6**	**3.33.55**	**6**	**4.44.33**	**5**	**6.17.45**	**4**	**7.34.35**	**3**	**8.44.48**	**4**	**9.59.07**	**3**	**11.10.10**	**4**	**12.26.03**
5	日本体育	走者	1	渡部 玲	4	服部 利夫	3	城之園 護	2	井上敬之助	2	田尻 春童	1	小林 武	2	大石 宗雄	1	嘉藤 晋作	3	関根 忠則	1	田中 豊
		個人	3	1.11.13	3	1.07.31	8	1.13.31	3	1.08.50	8	1.37.00	6	1.16.41	6	1.11.03	7	1.15.05	4	1.11.02	6	1.16.27
		チーム	3	1.11.13	3	2.18.44	3	3.32.15	3	4.41.05	6	6.18.05	6	1.16.41	5	2.27.44	6	3.42.49	5	4.53.51	6	6.10.18
		総合	**3**	**1.11.13**	**3**	**2.18.44**	**3**	**3.32.15**	**3**	**4.41.05**	**6**	**6.18.05**	**5**	**7.34.46**	**5**	**8.45.49**	**5**	**10.00.54**	**5**	**11.11.56**	**5**	**12.28.23**
6	早稲田	走者	1	村井 禎夫	2	山本 知由	3	昼田 哲士	2	笠島 義之	4	白川 太一	4	神田 睦夫	1	小菅 五郎	2	加藤正之助	2	勝家 敏雄	4	鈴木 重晴
		個人	12	1.15.51	9	1.12.52	9	1.13.58	5	1.09.30	2	1.32.49	1	*1.14.46*	5	1.10.42	4	*1.13.57*	8	1.14.52	1	1.12.04
		チーム	12	1.15.51	9	2.28.43	8	3.42.41	8	4.52.11	7	6.25.00	1	1.14.46	3	2.25.28	3	3.39.25	7	4.54.17	3	6.06.21
		総合	**12**	**1.15.51**	**9**	**2.28.43**	**8**	**3.42.41**	**8**	**4.52.11**	**7**	**6.25.00**	**7**	**7.39.46**	**6**	**8.50.28**	**6**	**10.04.25**	**7**	**11.19.17**	**6**	**12.31.21**
7	立教	走者	2	大森 素久	3	本間 久喜	1	伊藤 貞夫	1	市川 公夫	3	横山 一郎	1	田野倉 求	4	吉尾 武	1	都賀田伯馬	3	野口 春也	4	土屋 裕
		個人	8	1.12.56	7	1.11.23	1	1.09.46	10	1.13.50	10	1.37.12	5	1.16.25	8	1.12.39	8	1.15.39	2	1.09.22	7	1.16.47
		チーム	8	1.12.56	7	2.24.19	7	3.34.05	7	4.47.55	8	6.25.07	5	1.16.25	8	2.29.04	7	3.44.43	6	4.54.05	7	6.10.52
		総合	**8**	**1.12.56**	**7**	**2.24.19**	**7**	**3.34.05**	**7**	**4.47.55**	**8**	**6.25.07**	**8**	**7.41.32**	**8**	**8.54.11**	**8**	**10.09.50**	**6**	**11.19.12**	**7**	**12.35.59**
8	専修	走者	2	上村 清芳	1	黒須 啓助	4	田中 孝見	3	太田 洋	2	三上 年春	3	荒木 正	1	小山 国夫	3	竹内 滋	1	木村 孝	3	竹野 茂
		個人	6	1.12.01	4	1.08.57	5	1.12.39	4	1.09.18	3	1.32.55	11	1.22.00	9	1.13.35	6	*1.14.42*	12	1.17.27	12	1.21.16
		チーム	6	1.12.01	5	2.20.58	5	3.33.37	4	4.42.55	3	6.15.50	11	1.22.00	11	2.35.35	9	3.50.17	9	5.07.44	9	6.29.00
		総合	**6**	**1.12.01**	**5**	**2.20.58**	**5**	**3.33.37**	**4**	**4.42.55**	**3**	**6.15.50**	**6**	**7.37.50**	**7**	**8.51.25**	**7**	**10.06.07**	**8**	**11.23.34**	**8**	**12.44.50**
9	東洋	走者	1	和田 博次	3	米山 大恵	4	石渕 忠市	4	柴田 静雄	1	内山 末男	4	村越 美正	1	関根 一夫	3	額岸 常美	3	高橋 清	2	山室 清
		個人	14	1.19.58	8	1.11.39	3	1.11.58	8	1.11.16	11	1.37.27	8	1.18.36	3	1.09.40	10	1.19.20	7	1.12.56	8	1.20.11
		チーム	14	1.19.58	12	2.31.37	9	3.43.35	9	4.54.51	9	6.32.18	8	1.18.36	7	2.28.16	8	3.47.36	8	5.00.32	8	6.20.43
		総合	**14**	**1.19.58**	**12**	**2.31.37**	**9**	**3.43.35**	**9**	**4.54.51**	**9**	**6.32.18**	**9**	**7.50.54**	**9**	**9.00.34**	**9**	**10.19.54**	**9**	**11.32.50**	**9**	**12.53.01**
10	東京農業	走者	4	前川 五郎	2	佐藤 進	4	高橋 順一	2	渡部 稔	2	露木 昇	3	広瀬 正尚	2	山岡 義徳	4	中村 実	2	高田 隆	1	森下 明
		個人	10	1.15.12	15	1.22.38	10	1.14.19	12	1.15.16	7	1.35.22	10	1.21.03	11	1.14.20	9	1.18.22	10	1.16.43	9	1.20.36
		チーム	10	1.15.12	14	2.37.50	14	3.52.09	12	5.07.25	12	6.42.47	10	1.21.03	10	2.35.23	10	3.53.45	10	5.10.28	10	6.31.04
		総合	**10**	**1.15.12**	**14**	**2.37.50**	**14**	**3.52.09**	**12**	**5.07.25**	**12**	**6.42.47**	**11**	**8.03.50**	**10**	**9.18.10**	**10**	**10.36.32**	**10**	**11.53.15**	**10**	**13.13.51**
11	東京学芸	走者	4	菅原 時夫	2	須貝 浩	2	加藤 重市	1	藤本 勤	3	大野 隆久	2	山川 晴也	3	西村 淳	1	内匠 英夫	2	北島 道敏	2	木村 久
		個人	11	1.15.18	12	1.15.42	11	1.18.06	10	1.13.50	9	1.37.06	13	1.23.05	14	1.17.42	11	1.19.29	9	1.16.29	13	1.24.21
		チーム	11	1.15.18	11	2.31.00	11	3.49.06	10	5.02.56	10	6.40.02	13	1.23.05	13	2.40.47	11	4.00.16	11	5.16.45	12	6.41.06
		総合	**11**	**1.15.18**	**11**	**2.31.00**	**11**	**3.49.06**	**10**	**5.02.56**	**10**	**6.40.02**	**10**	**8.03.07**	**12**	**9.20.49**	**11**	**10.40.18**	**11**	**11.56.47**	**11**	**13.21.08**
12	神奈川	走者	1	本多 富蔵	1	栗原 重雄	4	怒田 直和	2	高橋 栄作	4	鈴木 守正	2	藤沼 善三	3	大沢 仁	3	佐野 洋二	2	小村真一郎	1	大崎 享
		個人	9	1.13.03	11	1.15.30	15	1.20.07	13	1.15.25	13	1.38.37	14	1.24.49	13	1.17.35	12	1.20.03	11	1.17.17	10	1.20.39
		チーム	9	1.13.03	8	2.28.33	10	3.48.40	11	5.04.05	11	6.42.42	14	1.24.49	14	2.42.24	13	4.02.27	12	5.19.44	11	6.40.23
		総合	**9**	**1.13.03**	**8**	**2.28.33**	**10**	**3.48.40**	**11**	**5.04.05**	**11**	**6.42.42**	**13**	**8.07.31**	**13**	**9.25.06**	**12**	**10.45.09**	**12**	**12.02.26**	**12**	**13.23.05**
13	横浜市立	走者	2	照喜名 実	2	鈴木 俊三	1	露木 富	3	鈴木 正	2	羽沢 一路	4	友井 芳明	1	渋谷 孜	3	稲垣 実泰	4	荒井 勝己	4	水戸瀬都道
		個人	7	1.12.41	13	1.17.01	14	1.19.32	15	1.18.13	12	1.38.14	9	1.19.15	10	1.14.16	14	1.27.03	14	1.20.37	15	1.28.44
		チーム	7	1.12.41	10	2.29.42	12	3.49.14	13	5.07.27	13	6.45.41	9	1.19.15	9	2.33.31	12	4.00.34	13	5.21.11	14	6.49.55
		総合	**7**	**1.12.41**	**10**	**2.29.42**	**12**	**3.49.14**	**13**	**5.07.27**	**13**	**6.45.41**	**12**	**8.04.56**	**11**	**9.19.12**	**13**	**10.46.15**	**13**	**12.06.52**	**13**	**13.35.36**
14	明治	走者	2	今村 弘志	1	末次 瑞穂	1	松代 大	1	南条 嘉幸	2	大門 和夫	1	伊藤 誠司	1	渡辺 克彦	3	若山 雄市	1	佐藤 勇	1	川口 将
		個人	13	1.16.50	10	1.14.51	13	1.19.17	14	1.17.17	15	1.46.20	15	1.26.10	15	1.21.25	13	1.20.50	13	1.20.25	11	1.21.03
		チーム	13	1.16.50	13	2.31.41	13	3.50.58	14	5.08.15	15	6.54.35	15	1.26.10	15	2.47.35	14	4.08.25	14	5.28.50	13	6.49.53
		総合	**13**	**1.16.50**	**13**	**2.31.41**	**13**	**3.50.58**	**14**	**5.08.15**	**15**	**6.54.35**	**15**	**8.20.45**	**15**	**9.42.10**	**14**	**11.03.00**	**14**	**12.23.25**	**14**	**13.44.28**
15	横浜国立	走者	2	千葉 浩	3	小檜山昌輝	2	山中 昭	2	中村 義治	4	平井 重雄	3	大貫 久雄	4	中津川 明	1	石田 隆	2	吉沢三値夫	3	宝珠山 詮
		個人	15	1.20.09	14	1.18.45	12	1.18.27	9	1.12.34	14	1.42.13	12	1.22.15	12	1.16.54	15	1.47.13	15	1.24.49	14	1.26.51
		チーム	15	1.20.09	15	2.38.54	15	3.57.21	15	5.09.55	14	6.52.08	12	1.22.15	12	2.39.09	15	4.26.22	15	5.51.11	15	7.18.02
		総合	**15**	**1.20.09**	**15**	**2.38.54**	**15**	**3.57.21**	**15**	**5.09.55**	**14**	**6.52.08**	**14**	**8.14.23**	**14**	**9.31.17**	**15**	**11.18.30**	**15**	**12.43.19**	**15**	**14.10.10**

第33回　1957年(昭和32年)1月2日～3日　総距離：223.4km　往路：111.7km　復路：111.7km

順	大学名		往路										復路									
			1区 (22.3km)		2区 (21.2km)		3区 (22.1km)		4区 (21.0km)		5区 (25.1km)		6区 (25.1km)		7区 (21.0km)		8区 (22.1km)		9区 (21.2km)		10区 (22.3km)	
1	日本	走者	4	岩本 健生	4	岸 国雄	3	瀬戸 功夫	3	松川 行毎	4	馬場 英則	2	島田 武之	2	横山和五郎	2	川島 義明	2	愛敬 実	4	内川 義高
		個人	3	1.11.26	1	*1.06.11*	1	1.09.59	2	1.09.06	3	1.31.00	4	1.18.04	3	1.10.42	2	1.12.14	5	1.13.41	2	1.11.41
		チーム	3	1.11.26	1	2.17.37	1	3.27.36	1	4.36.42	1	6.07.42	4	1.18.04	3	2.28.46	2	3.41.00	2	4.54.41	2	6.06.22
		総合	**3**	**1.11.26**	**1**	**2.17.37**	**1**	**3.27.36**	**1**	**4.36.42**	**1**	**6.07.42**	**1**	**7.25.46**	**1**	**8.36.28**	**1**	**9.48.42**	**1**	**11.02.23**	**1**	**12.14.04**
2	中央	走者	3	酒井 邦郎	2	馬場 和生	2	山本 正澄	3	上田 大助	1	金行 秀則	2	小林 一育	3	神代 秀富	3	渡辺 和己	1	浪川 貢	3	佐藤 光信
		個人	1	1.11.00	3	1.08.27	3	1.11.01	5	1.10.30	4	1.32.04	1	1.16.23	1	1.10.23	6	1.18.34	6	1.13.59	1	*1.10.31*
		チーム	1	1.11.00	2	2.19.27	2	3.30.28	2	4.40.58	2	6.13.02	1	1.16.23	1	2.26.46	5	3.45.20	5	4.59.19	3	6.09.50
		総合	**1**	**1.11.00**	**2**	**2.19.27**	**2**	**3.30.28**	**2**	**4.40.58**	**2**	**6.13.02**	**2**	**7.29.25**	**2**	**8.39.48**	**2**	**9.58.22**	**2**	**11.12.21**	**2**	**12.22.52**
3	立教	走者	1	岸野 新治	4	横山 一郎	2	伊藤 貞夫	2	市川 公夫	2	都賀田伯馬	2	田野倉 求	4	野口 春也	1	服部 昌司	3	大森 素久	4	本間 久喜
		個人	4	1.12.17	6	1.10.02	5	1.11.13	8	1.11.34	5	1.33.09	6	1.18.54	2	1.10.28	4	1.14.18	3	1.11.24	4	1.14.58
		チーム	4	1.12.17	6	2.22.19	3	3.33.32	4	4.45.06	4	6.18.15	6	1.18.54	4	2.29.22	3	3.43.40	3	4.55.04	4	6.10.02
		総合	**4**	**1.12.17**	**6**	**2.22.19**	**3**	**3.33.32**	**4**	**4.45.06**	**4**	**6.18.15**	**4**	**7.37.09**	**3**	**8.47.37**	**3**	**10.01.55**	**3**	**11.13.19**	**3**	**12.28.17**
4	東京教育	走者	1	須貝 富雄	1	吉岡 敏晴	4	浅野 三郎	3	松崎 忠男	1	長田 正幸	2	築地 美孝	2	石岡 中	3	林田積之助	4	小野 実	3	国分 一郎
		個人	7	1.13.22	2	1.07.53	8	1.13.54	6	1.11.06	1	1.30.55	2	1.16.36	7	1.13.56	5	1.14.33	2	1.11.15	5	1.17.56
		チーム	7	1.13.22	3	2.21.15	4	3.35.09	5	4.46.15	3	6.17.10	2	1.16.36	6	2.30.32	4	3.45.05	4	4.56.20	5	6.14.16
		総合	**7**	**1.13.22**	**3**	**2.21.15**	**4**	**3.35.09**	**5**	**4.46.15**	**3**	**6.17.10**	**3**	**7.33.46**	**4**	**8.47.42**	**4**	**10.02.15**	**4**	**11.13.30**	**4**	**12.31.26**
5	早稲田	走者	1	平野 一雄	1	長島 鷹康	4	昼田 哲士	3	笠島 義之	1	黒川 澄夫	3	加藤正之助	2	小菅 五郎	1	中山 昂	4	政成 孝治	1	藤井 忠彦
		個人	15	1.20.50	10	1.13.41	6	1.13.40	7	1.11.19	1	1.30.55	3	1.17.14	5	1.10.47	1	1.11.56	4	1.12.05	3	1.12.36
		チーム	15	1.20.50	14	2.34.31	13	3.48.11	12	4.59.30	8	6.30.25	3	1.17.14	2	2.28.01	1	3.39.57	1	4.52.02	1	6.04.38
		総合	**15**	**1.20.50**	**14**	**2.34.31**	**13**	**3.48.11**	**12**	**4.59.30**	**8**	**6.30.25**	**7**	**7.47.39**	**7**	**8.58.26**	**6**	**10.10.22**	**5**	**11.22.27**	**5**	**12.35.03**
6	法政	走者	1	木暮 祐之	1	藤田 秋男	1	小寺 貞安	4	馬場 昭芳	2	牧田 正人	2	芦田 国生	2	但木 章祐	3	小野喜久雄	1	宮本 征朗	2	神沢 利宗
		個人	5	1.12.42	4	1.09.13	7	1.13.52	1	1.08.43	8	1.37.27	5	1.18.47	10	1.16.20	3	1.12.34	8	1.15.19	7	1.19.17
		チーム	5	1.12.42	5	2.21.55	5	3.35.47	3	4.44.30	5	6.21.57	5	1.18.47	8	2.35.07	6	3.47.41	7	5.03.00	6	6.22.17
		総合	**5**	**1.12.42**	**5**	**2.21.55**	**5**	**3.35.47**	**3**	**4.44.30**	**5**	**6.21.57**	**5**	**7.40.44**	**6**	**8.57.04**	**5**	**10.09.38**	**6**	**11.24.57**	**6**	**12.44.14**
7	日本体育	走者	2	渡部 玲	3	大石 宗雄	3	井上敬之助	3	田尻 春童	4	関根 忠則	3	市川 博	3	田中 豊	2	嘉藤 晋作	2	杉本 祐二	4	城之園 護
		個人	2	1.11.23	5	1.09.53	10	1.15.22	4	1.10.12	9	1.38.16	8	1.19.41	4	1.10.46	7	1.18.55	1	1.10.48	11	1.23.25
		チーム	2	1.11.23	4	2.21.16	6	3.36.38	6	4.46.50	6	6.25.06	8	1.19.41	5	2.30.27	7	3.49.22	6	5.00.10	7	6.23.35
		総合	**2**	**1.11.23**	**4**	**2.21.16**	**6**	**3.36.38**	**6**	**4.46.50**	**6**	**6.25.06**	**6**	**7.44.47**	**5**	**8.55.33**	**7**	**10.14.28**	**7**	**11.25.16**	**7**	**12.48.41**
8	専修	走者	4	太田 洋	1	伊藤 茂	3	上村 清芳	2	木村 孝	4	竹内 滋	2	高野 元治	4	竹野 茂	2	黒須 啓助	1	鈴木 健吾	3	三上 年春
		個人	8	1.13.42	9	1.13.07	2	1.10.36	12	1.15.38	7	1.36.03	13	1.24.56	6	1.12.54	8	1.19.15	10	1.15.40	6	1.19.02
		チーム	8	1.13.42	8	2.26.49	7	3.37.25	7	4.53.03	7	6.29.06	13	1.24.56	9	2.37.50	9	3.57.05	8	5.12.45	8	6.31.47
		総合	**8**	**1.13.42**	**8**	**2.26.49**	**7**	**3.37.25**	**7**	**4.53.03**	**7**	**6.29.06**	**8**	**7.54.02**	**8**	**9.06.56**	**8**	**10.26.11**	**8**	**11.41.51**	**8**	**13.00.53**
9	東京農業	走者	2	森下 明	1	榎本 敬一	4	広瀬 正尚	1	石井 仁	3	露木 昇	3	山岡 義徳	1	石井 惟弘	3	角田 仁	3	森 郁郎	3	高田 隆
		個人	12	1.16.11	14	1.17.38	4	1.11.04	10	1.13.46	6	1.35.01	10	1.22.18	9	1.15.42	11	1.23.59	11	1.17.48	8	1.19.59
		チーム	12	1.16.11	13	2.33.49	9	3.44.53	11	4.58.39	9	6.33.40	10	1.22.18	10	2.38.00	10	4.01.59	11	5.19.47	10	6.39.46
		総合	**12**	**1.16.11**	**13**	**2.33.49**	**9**	**3.44.53**	**11**	**4.58.39**	**9**	**6.33.40**	**9**	**7.55.58**	**9**	**9.11.40**	**9**	**10.35.39**	**9**	**11.53.27**	**9**	**13.13.26**
10	東洋	走者	1	吉田 博	4	米山 大恵	4	嶺岸 常美	2	関根 一夫	2	内山 末男	1	奥沢 善二	1	小池 文司	3	宮木 啓友	1	宮谷久仁男	4	明田 良雄
		個人	14	1.17.10	8	1.12.53	11	1.16.30	3	1.10.07	15	1.44.43	7	1.19.34	7	1.13.56	10	1.21.14	12	1.18.48	9	1.20.19
		チーム	14	1.17.10	11	2.30.03	11	3.46.33	9	4.56.40	12	6.41.23	7	1.19.34	7	2.33.30	8	3.54.44	9	5.13.32	9	6.33.51
		総合	**14**	**1.17.10**	**11**	**2.30.03**	**11**	**3.46.33**	**9**	**4.56.40**	**12**	**6.41.23**	**11**	**8.00.57**	**10**	**9.14.53**	**10**	**10.36.07**	**11**	**11.54.55**	**10**	**13.15.14**
11	東京学芸	走者	2	吉井 健彦	3	小竹勝太郎	3	加藤 重市	2	藤本 勤	4	大野 隆久	3	山川 晴也	3	佐野 清昭	2	内匠 英夫	1	上滝 邦夫	3	木村 久
		個人	11	1.14.47	11	1.13.46	13	1.17.19	9	1.11.50	11	1.39.18	9	1.20.53	13	1.20.24	9	1.21.06	7	1.14.34	10	1.22.59
		チーム	11	1.14.47	9	2.28.33	10	3.45.52	10	4.57.42	10	6.37.00	9	1.20.53	11	2.41.17	11	4.02.23	10	5.16.57	11	6.39.56
		総合	**11**	**1.14.47**	**9**	**2.28.33**	**10**	**3.45.52**	**10**	**4.57.42**	**10**	**6.37.00**	**10**	**7.57.53**	**11**	**9.18.17**	**11**	**10.39.23**	**10**	**11.53.57**	**11**	**13.16.56**
12	国士舘	走者	1	西野 弘一	1	黒田 和昇	1	親松 清華	1	菊地 発則	1	長谷川宏一	1	市橋 求	1	西坂 浩	1	森山 良	1	本間四男也	1	古館 英三
		個人	13	1.16.48	12	1.14.44	9	1.15.17	13	1.17.19	14	1.44.21	14	1.27.31	11	1.18.31	14	1.28.27	13	1.20.29	12	1.24.47
		チーム	13	1.16.48	12	2.31.32	12	3.46.49	13	5.04.08	13	6.48.29	14	1.27.31	14	2.46.02	12	4.14.29	12	5.34.58	12	6.59.45
		総合	**13**	**1.16.48**	**12**	**2.31.32**	**12**	**3.46.49**	**13**	**5.04.08**	**13**	**6.48.29**	**14**	**8.16.00**	**13**	**9.34.31**	**12**	**11.02.58**	**12**	**12.23.27**	**12**	**13.48.14**
13	横浜市立	走者	3	照喜名 実	3	鈴木 俊三	2	渋谷 孜	1	新倉 克朗	3	羽沢 一路	2	露木 富	1	西田 信嗣	1	座間 英夫	1	竹内 健三	4	稲垣 実泰
		個人	6	1.12.58	13	1.16.57	14	1.19.17	14	1.21.01	10	1.38.40	12	1.24.35	12	1.19.20	15	1.30.52	14	1.22.41	13	1.27.47
		チーム	6	1.12.58	10	2.29.55	14	3.49.12	14	5.10.13	14	6.48.53	12	1.24.35	12	2.43.55	13	4.14.47	13	5.37.28	13	7.05.15
		総合	**6**	**1.12.58**	**10**	**2.29.55**	**14**	**3.49.12**	**14**	**5.10.13**	**14**	**6.48.53**	**13**	**8.13.28**	**12**	**9.32.48**	**13**	**11.03.40**	**13**	**12.26.21**	**13**	**13.54.08**
14	明治	走者	1	大谷 直樹	3	今村 弘志	2	末次 瑞穂	1	佐藤 健一	1	北見 高直	2	松代 大	1	髙橋 昭敏	1	川戸 正木	2	南条 嘉幸	1	滝原征一郎
		個人	9	1.14.29	7	1.10.21	12	1.16.44	11	1.14.29	12	1.41.21	11	1.24.25	15	2.08.49	13	1.25.28	9	1.15.27	14	1.27.56
		チーム	9	1.14.29	7	2.24.50	8	3.41.34	8	4.56.03	11	6.37.24	11	1.24.25	15	3.33.14	15	4.58.42	15	6.14.09	15	7.42.05
		総合	**9**	**1.14.29**	**7**	**2.24.50**	**8**	**3.41.34**	**8**	**4.56.03**	**11**	**6.37.24**	**12**	**8.01.49**	**14**	**10.10.38**	**14**	**11.36.06**	**14**	**12.51.33**	**14**	**14.19.29**
15	神奈川	走者	4	佐野 洋二	3	八嶋 政臣	1	江花 晴三	1	大島 明	4	大沢 仁	3	浅野 守	2	鈴木 康夫	3	堤 正彦	1	山口 良一	3	小村真一郎
		個人	10	1.14.43	15	1.21.19	15	1.24.28	15	1.25.26	13	1.42.25	15	1.37.49	14	1.28.09	12	1.25.21	15	1.39.17	15	1.28.31
		チーム	10	1.14.43	15	2.36.02	15	4.00.30	15	5.25.56	15	7.08.21	15	1.37.49	14	3.05.58	14	4.31.19	14	6.10.36	14	7.39.07
		総合	**10**	**1.14.43**	**15**	**2.36.02**	**15**	**4.00.30**	**15**	**5.25.56**	**15**	**7.08.21**	**15**	**8.46.10**	**15**	**10.14.19**	**15**	**11.39.40**	**15**	**13.18.57**	**15**	**14.47.28**

第34回　1958年（昭和33年）1月2日～3日　総距離：223.4km　往路：111.7km　復路：111.7km

順	大学名		往路										復路									
			1区 (22.3km)		2区 (21.2km)		3区 (22.1km)		4区 (21.0km)		5区 (25.1km)		6区 (25.1km)		7区 (21.0km)		8区 (22.1km)		9区 (21.2km)		10区 (22.3km)	
1	日本	走者	3	愛敬 実	3	古閑 俊明	3	川島 義明	2	宮下 文雄	1	馬場 孝	3	島田 武之	4	松川 行毎	2	中村 次義	3	横山和五郎	4	瀬戸 功夫
		個人	1	1.12.40	1	1.09.40	1	1.10.21	2	1.08.28	1	*1.26.30*	4	1.15.37	3	1.08.15	4	1.13.52	1	*1.06.49*	1	*1.10.05*
		チーム	1	1.12.40	1	2.22.20	1	3.32.41	1	4.41.09	1	6.07.39	4	1.15.37	2	2.23.52	3	3.37.44	2	4.44.33	1	5.54.38
		総合	**1**	**1.12.40**	**1**	**2.22.20**	**1**	**3.32.41**	**1**	**4.41.09**	**1**	**6.07.39**	**1**	**7.23.16**	**1**	**8.31.31**	**1**	**9.45.23**	**1**	**10.52.12**	**1**	**12.02.17**
2	中央	走者	4	酒井 邦郎	2	二宮 隆明	1	杉崎 孝	3	山本 正澄	2	金行 秀則	3	小林 一育	2	浪川 貢	4	佐藤 光信	3	竹内 清治	4	渡辺 和己
		個人	8	1.16.25	2	1.09.46	4	1.14.02	1	1.07.41	4	1.32.53	6	1.15.51	1	*1.06.48*	2	1.12.33	2	1.08.41	2	1.11.43
		チーム	8	1.16.25	4	2.26.11	3	3.40.13	2	4.47.54	2	6.20.47	6	1.15.51	1	2.22.39	1	3.35.12	1	4.43.53	2	5.55.36
		総合	**8**	**1.16.25**	**4**	**2.26.11**	**3**	**3.40.13**	**2**	**4.47.54**	**2**	**6.20.47**	**2**	**7.36.38**	**2**	**8.43.26**	**2**	**9.55.59**	**2**	**11.04.40**	**2**	**12.16.23**
3	東京教育	走者	1	桝田 吉生	4	松崎 忠男	2	須貝 富雄	3	大熊 信雄	2	長田 正幸	3	築地 美孝	3	清水 良一	2	吉岡 敏晴	2	中川 卓爾	4	林田積之助
		個人	12	1.18.12	4	1.11.01	5	1.14.04	4	1.11.04	3	1.30.37	1	*1.13.33*	5	1.11.23	6	1.14.08	7	1.12.40	4	1.12.21
		チーム	12	1.18.12	8	2.29.13	6	3.43.17	5	4.54.21	3	6.24.58	1	1.13.33	4	2.24.56	4	3.39.04	4	4.51.44	4	6.04.05
		総合	**12**	**1.18.12**	**8**	**2.29.13**	**6**	**3.43.17**	**5**	**4.54.21**	**3**	**6.24.58**	**3**	**7.38.31**	**3**	**8.49.54**	**3**	**10.04.02**	**3**	**11.16.42**	**3**	**12.29.03**
4	日本体育	走者	3	渡部 玲	1	中村 行雄	1	越川 泰男	4	井上敬之助	3	田中 豊	3	小林 武	2	福山 一夫	3	嘉藤 晋作	3	杉本 祐二	1	高田 喜久
		個人	5	1.14.04	3	1.10.24	8	1.16.49	3	1.09.14	7	1.36.55	8	1.17.47	4	1.10.16	8	1.14.30	3	1.10.05	5	1.12.56
		チーム	5	1.14.04	2	2.24.28	5	3.41.17	3	4.50.31	4	6.27.26	8	1.17.47	6	2.28.03	6	3.42.33	5	4.52.38	5	6.05.34
		総合	**5**	**1.14.04**	**2**	**2.24.28**	**5**	**3.41.17**	**3**	**4.50.31**	**4**	**6.27.26**	**4**	**7.45.13**	**4**	**8.55.29**	**4**	**10.09.59**	**4**	**11.20.04**	**4**	**12.33.00**
5	法政	走者	1	泉田 公	1	池田 弘	2	木暮 祐之	1	大日向治幸	2	藤田 秋男	3	芦田 国生	2	宮本 征朗	4	小野喜久雄	3	但木 章祐	2	小寺 貞安
		個人	4	1.13.39	7	1.12.07	2	1.13.40	11	1.16.24	8	1.37.17	7	1.16.56	2	1.07.33	3	1.12.38	4	1.11.16	6	1.13.51
		チーム	4	1.13.39	3	2.25.46	2	3.39.26	6	4.55.50	6	6.33.07	7	1.16.56	3	2.24.29	2	3.37.07	3	4.48.23	3	6.02.14
		総合	**4**	**1.13.39**	**3**	**2.25.46**	**2**	**3.39.26**	**6**	**4.55.50**	**6**	**6.33.07**	**6**	**7.50.03**	**5**	**8.57.36**	**5**	**10.10.14**	**5**	**11.21.30**	**5**	**12.35.21**
6	早稲田	走者	1	黒川 輝夫	2	星 洋一	1	田中 清司	1	片川 究	2	藤井 忠彦	2	黒川 澄夫	3	小菅 五郎	4	加藤正之助	4	笠島 義之	2	中山 昂
		個人	14	1.19.17	13	1.16.45	10	1.18.03	5	1.11.29	2	1.29.25	3	1.15.28	10	1.15.46	1	*1.11.11*	8	1.12.41	3	1.11.45
		チーム	14	1.19.17	14	2.36.02	12	3.54.05	10	5.05.34	7	6.34.59	3	1.15.28	8	2.31.14	5	3.42.25	6	4.55.06	6	6.06.51
		総合	**14**	**1.19.17**	**14**	**2.36.02**	**12**	**3.54.05**	**10**	**5.05.34**	**7**	**6.34.59**	**7**	**7.50.27**	**9**	**9.06.13**	**7**	**10.17.24**	**6**	**11.30.05**	**6**	**12.41.50**
7	立教	走者	1	大貫 重信	1	内田 澄定	3	伊藤 貞夫	3	市川 公夫	3	都賀田伯馬	3	田野倉 求	2	大沢 祐二	2	服部 昌司	4	大森 素久	2	岸野 新治
		個人	9	1.17.03	6	1.11.56	7	1.15.11	7	1.13.35	10	1.37.45	2	1.15.08	9	1.15.12	7	1.14.14	5	1.12.08	7	1.15.53
		チーム	9	1.17.03	7	2.28.59	7	3.44.10	7	4.57.45	8	6.35.30	2	1.15.08	7	2.30.20	7	3.44.34	7	4.56.42	7	6.12.35
		総合	**9**	**1.17.03**	**7**	**2.28.59**	**7**	**3.44.10**	**7**	**4.57.45**	**8**	**6.35.30**	**8**	**7.50.38**	**8**	**9.05.50**	**8**	**10.20.04**	**8**	**11.32.12**	**7**	**12.48.05**
8	東洋	走者	2	奥沢 善二	1	新井 勝夫	2	吉田 博	1	篠原 幸男	3	内山 末男	4	宮木 啓友	1	久松 敏哉	2	清水 亘	2	宮谷久仁男	1	石井 稔
		個人	6	1.15.16	5	1.11.16	3	1.13.56	6	1.12.55	9	1.37.37	9	1.18.52	7	1.13.19	5	1.14.04	9	1.14.03	10	1.18.21
		チーム	6	1.15.16	5	2.26.32	4	3.40.28	4	4.53.23	5	6.31.00	9	1.18.52	9	2.32.11	8	3.46.15	8	5.00.18	8	6.18.39
		総合	**6**	**1.15.16**	**5**	**2.26.32**	**4**	**3.40.28**	**4**	**4.53.23**	**5**	**6.31.00**	**5**	**7.49.52**	**6**	**9.03.11**	**6**	**10.17.15**	**7**	**11.31.18**	**8**	**12.49.39**
9	専修	走者	1	阿部 元	2	伊藤 茂	4	上村 清芳	3	高野 元治	3	黒須 啓助	1	大谷 治男	1	栗本 英也	3	田原 保	1	池田 敏彦	3	麻生 薫
		個人	13	1.19.16	8	1.13.09	6	1.14.11	8	1.14.15	6	1.35.45	5	1.15.48	6	1.11.45	15	1.26.36	6	1.12.15	9	1.18.19
		チーム	13	1.19.16	12	2.32.25	8	3.46.36	8	5.00.51	9	6.36.36	5	1.15.48	5	2.27.33	9	3.54.09	9	5.06.24	9	6.24.43
		総合	**13**	**1.19.16**	**12**	**2.32.25**	**8**	**3.46.36**	**8**	**5.00.51**	**9**	**6.36.36**	**9**	**7.52.24**	**7**	**9.04.09**	**9**	**10.30.45**	**9**	**11.43.00**	**9**	**13.01.19**
10	順天堂	走者	2	小見 忠	2	能勢 豊	1	須田 柳治	2	近藤 晃正	1	中島 五雄	1	千田 正之	1	角山 俊文	3	佐々木英記	2	吉原 真人	4	小野沢七郎
		個人	10	1.17.18	10	1.14.25	9	1.17.05	13	1.17.18	14	1.45.32	10	1.19.13	12	1.16.57	9	1.18.49	10	1.17.00	8	1.17.48
		チーム	10	1.17.18	11	2.31.43	10	3.48.48	11	5.06.06	12	6.51.38	10	1.19.13	10	2.36.10	10	3.54.59	10	5.11.59	10	6.29.47
		総合	**10**	**1.17.18**	**11**	**2.31.43**	**10**	**3.48.48**	**11**	**5.06.06**	**12**	**6.51.38**	**12**	**8.10.51**	**12**	**9.27.48**	**12**	**10.46.37**	**11**	**12.03.37**	**10**	**13.21.25**
11	東京農業	走者	4	露木 昇	1	粕谷 寿一	4	高田 隆	2	石井 惟弘	3	森下 明	4	山岡 義徳	2	榎本 敬一	2	石井 仁	4	森 郁郎	1	風祭 和夫
		個人	3	1.13.11	11	1.15.16	11	1.18.32	9	1.14.19	12	1.41.32	13	1.22.47	8	1.14.46	11	1.20.49	11	1.17.34	13	1.24.40
		チーム	3	1.13.11	6	2.28.27	9	3.46.59	9	5.01.18	10	6.42.50	13	1.22.47	12	2.37.33	12	3.58.22	12	5.15.56	13	6.40.36
		総合	**3**	**1.13.11**	**6**	**2.28.27**	**9**	**3.46.59**	**9**	**5.01.18**	**10**	**6.42.50**	**10**	**8.05.37**	**10**	**9.20.23**	**10**	**10.41.12**	**10**	**11.58.46**	**11**	**13.23.26**
12	国士舘	走者	1	長谷 貞重	2	黒田 和昇	2	親松 清華	2	安藤 武治	2	西野 弘一	2	菊地 尭則	1	横井 孝義	1	大坪 義昭	2	本間四男也	1	小林 喜夫
		個人	11	1.17.24	12	1.15.33	13	1.22.16	10	1.15.34	5	1.34.40	14	1.23.46	11	1.16.17	12	1.21.04	13	1.18.42	11	1.19.02
		チーム	11	1.17.24	13	2.32.57	13	3.55.13	12	5.10.47	11	6.45.27	14	1.23.46	13	2.40.03	13	4.01.07	13	5.19.49	12	6.38.51
		総合	**11**	**1.17.24**	**13**	**2.32.57**	**13**	**3.55.13**	**12**	**5.10.47**	**11**	**6.45.27**	**11**	**8.09.13**	**11**	**9.25.30**	**11**	**10.46.34**	**12**	**12.05.16**	**12**	**13.24.18**
13	東京学芸	走者	3	内匠 英夫	4	須貝 浩	4	加藤 重市	3	藤本 勤	3	吉井 健彦	4	山川 晴也	1	伊藤 秀則	2	上滝 邦夫	2	南雲 道幸	4	小竹勝太郎
		個人	15	1.23.10	15	1.17.28	12	1.19.26	12	1.16.52	13	1.42.02	11	1.19.23	12	1.16.57	10	1.19.08	12	1.17.49	12	1.20.50
		チーム	15	1.23.10	15	2.40.38	14	4.00.04	14	5.16.56	14	6.58.58	11	1.19.23	11	2.36.20	11	3.55.28	11	5.13.17	11	6.34.07
		総合	**15**	**1.23.10**	**15**	**2.40.38**	**14**	**4.00.04**	**14**	**5.16.56**	**14**	**6.58.58**	**14**	**8.18.21**	**13**	**9.35.18**	**13**	**10.54.26**	**13**	**12.12.15**	**13**	**13.33.05**
14	神奈川	走者	4	田中匡四郎	2	江花 晴三	1	坂崎 照男	1	井上 隆喜	2	栗原 勇	4	小村真一郎	2	島田 英一	4	堤 正彦	1	石井 裕二	4	八嶋 政臣
		個人	7	1.15.26	9	1.14.01	14	1.24.19	14	1.20.21	11	1.40.05	15	1.24.19	14	1.17.20	13	1.22.31	14	1.22.57	14	1.30.24
		チーム	7	1.15.26	9	2.29.27	11	3.53.46	13	5.14.07	13	6.54.12	15	1.24.19	15	2.41.39	14	4.04.10	14	5.27.07	14	6.57.31
		総合	**7**	**1.15.26**	**9**	**2.29.27**	**11**	**3.53.46**	**13**	**5.14.07**	**13**	**6.54.12**	**13**	**8.18.31**	**14**	**9.35.51**	**14**	**10.58.22**	**14**	**12.21.19**	**14**	**13.51.43**
棄	横浜市立	走者	4	照喜名 実	4	羽沢 一路	3	金井 孝	3	笠原 信義	2	新倉 克朗	3	露木 富	2	竹内 健三	2	西田 信嗣	2	座間 英夫	4	鈴木 俊三
		個人	2	1.12.58	14	1.17.12	15	1.33.27	15	1.52.42	15	1.46.28	12	1.22.40	15	1.18.28	14	1.23.59	途中棄権			
		チーム	2	1.12.58	10	2.30.10	15	4.03.37	15	5.56.19	15	7.42.47	12	1.22.40	14	2.41.08	15	4.05.07	記録なし			
		総合	**2**	**1.12.58**	**10**	**2.30.10**	**15**	**4.03.37**	**15**	**5.56.19**	**15**	**7.42.47**	**15**	**9.05.27**	**15**	**10.23.55**	**15**	**11.47.54**	**記録なし**			

第35回　1959年(昭和34年)1月2日～3日　総距離：223.4km　往路：111.7km　復路：111.7km

順	大学名		往路										復路									
			1区(22.3km)		2区(21.2km)		3区(22.1km)		4区(21.0km)		5区(25.1km)		6区(25.1km)		7区(21.0km)		8区(22.1km)		9区(21.2km)		10区(22.3km)	
1	中央	走者	3	栗原 正視	3	二宮 隆明	1	横溝 三郎	4	山本 正澄	3	金行 秀則	3	作田 誠一	1	山崎 務	1	南館 正行	1	留野 豊昭	1	奥宮 和文
		個人	1	1.11.59	1	*1.05.39*	2	1.09.32	1	*1.05.53*	3	1.29.09	2	1.14.36	3	1.09.11	1	1.11.59	3	1.09.32	5	1.13.53
		チーム	1	1.11.59	1	2.17.38	1	3.27.10	1	4.33.03	1	6.02.12	2	1.14.36	2	2.23.47	2	3.35.46	2	4.45.18	2	5.59.11
		総合	**1**	**1.11.59**	**1**	**2.17.38**	**1**	**3.27.10**	**1**	**4.33.03**	**1**	**6.02.12**	**1**	**7.16.48**	**1**	**8.25.59**	**1**	**9.37.58**	**1**	**10.47.30**	**1**	**12.01.23**
2	日本	走者	4	愛敬 実	1	村田 成男	4	川島 義明	1	中村 敦士	2	馬場 孝	4	島田 武之	2	武内修一郎	3	中村 次義	4	古閑 俊明	4	横山和五郎
		個人	4	1.13.09	4	1.10.00	4	1.10.32	2	1.07.14	2	1.26.45	5	1.15.31	1	*1.06.12*	6	1.12.51	1	1.07.44	4	1.13.47
		チーム	4	1.13.09	4	2.23.09	2	3.33.41	2	4.40.55	2	6.07.40	5	1.15.31	1	2.21.43	1	3.34.34	1	4.42.18	1	5.56.05
		総合	**4**	**1.13.09**	**4**	**2.23.09**	**2**	**3.33.41**	**2**	**4.40.55**	**2**	**6.07.40**	**2**	**7.23.11**	**2**	**8.29.23**	**2**	**9.42.14**	**2**	**10.49.58**	**2**	**12.03.45**
3	東京教育	走者	3	中川 卓爾	4	大熊 信雄	4	築地 美孝	2	桝田 吉生	3	長田 正幸	3	辻 新次	3	平田 文夫	3	須貝 富雄	4	今西 正敏	3	吉岡 敏晴
		個人	12	1.15.18	6	1.10.05	5	1.11.01	4	1.10.39	1	*1.25.47*	6	1.16.15	6	1.10.30	3	1.12.10	2	1.08.05	6	1.14.50
		チーム	12	1.15.18	7	2.25.23	7	3.36.24	6	4.47.03	3	6.12.50	6	1.16.15	6	2.26.45	6	3.38.55	3	4.47.00	5	6.01.50
		総合	**12**	**1.15.18**	**7**	**2.25.23**	**7**	**3.36.24**	**6**	**4.47.03**	**3**	**6.12.50**	**4**	**7.29.05**	**3**	**8.39.35**	**3**	**9.51.45**	**3**	**10.59.50**	**3**	**12.14.40**
4	立教	走者	1	山口 裕康	2	内田 澄定	3	岸野 新治	1	角森 太郎	3	服部 昌司	4	市川 公夫	2	大貫 重信	4	都賀田伯馬	1	橋本 正彦	4	伊藤 貞夫
		個人	8	1.14.03	2	1.08.07	6	1.11.32	5	1.10.53	9	1.33.07	9	1.19.18	2	1.07.26	2	1.12.08	6	1.10.22	1	1.11.04
		チーム	8	1.14.03	2	2.22.10	3	3.33.42	3	4.44.35	6	6.17.42	9	1.19.18	5	2.26.44	5	3.38.52	5	4.49.14	3	6.00.18
		総合	**8**	**1.14.03**	**2**	**2.22.10**	**3**	**3.33.42**	**3**	**4.44.35**	**6**	**6.17.42**	**7**	**7.37.00**	**5**	**8.44.26**	**4**	**9.56.34**	**4**	**11.06.56**	**4**	**12.18.00**
5	法政	走者	3	小寺 貞安	3	山口 泰男	2	泉田 公	1	晒科 勇	3	藤田 秋男	1	則松 潤一	2	大日向治幸	3	宮本 征朗	4	但木 章祐	3	木暮 祐之
		個人	3	1.12.45	7	1.10.09	8	1.11.52	14	1.15.36	10	1.34.53	7	1.16.36	4	1.09.34	4	1.12.22	5	1.09.52	3	1.12.55
		チーム	3	1.12.45	3	2.22.54	5	3.34.46	8	4.50.22	8	6.25.15	7	1.16.36	4	2.26.10	4	3.38.32	4	4.48.24	4	6.01.19
		総合	**3**	**1.12.45**	**3**	**2.22.54**	**5**	**3.34.46**	**8**	**4.50.22**	**8**	**6.25.15**	**8**	**7.41.51**	**8**	**8.51.25**	**8**	**10.03.47**	**7**	**11.13.39**	**5**	**12.26.34**
6	早稲田	走者	2	片川 究	4	小菅 五郎	3	中山 昂	2	黒川 輝夫	3	藤井 忠彦	3	黒川 澄夫	2	片芝 勝	1	船井 照夫	2	鈴村 勝	2	田中 清司
		個人	6	1.13.50	10	1.11.57	1	1.09.31	3	1.09.43	4	1.30.03	1	*1.12.23*	14	1.16.41	7	1.13.59	14	1.16.23	2	1.12.07
		チーム	6	1.13.50	9	2.25.47	6	3.35.18	4	4.45.01	4	6.15.04	1	1.12.23	8	2.29.04	7	3.43.03	9	4.59.26	7	6.11.33
		総合	**6**	**1.13.50**	**9**	**2.25.47**	**6**	**3.35.18**	**4**	**4.45.01**	**4**	**6.15.04**	**3**	**7.27.27**	**4**	**8.44.08**	**5**	**9.58.07**	**8**	**11.14.30**	**6**	**12.26.37**
7	日本体育	走者	4	渡部 玲	3	福山 一夫	2	中村 行雄	3	渡辺 久芳	2	越川 泰男	4	杉本 祐二	4	小林 武	2	高田 喜久	4	嘉藤 晋作	1	三上 剛
		個人	9	1.14.15	3	1.09.58	9	1.12.52	6	1.10.55	8	1.32.50	3	1.14.53	7	1.10.58	5	1.12.40	8	1.12.31	7	1.16.02
		チーム	9	1.14.15	5	2.24.13	8	3.37.05	7	4.48.00	7	6.20.50	3	1.14.53	3	2.25.51	3	3.38.31	6	4.51.02	6	6.07.04
		総合	**9**	**1.14.15**	**5**	**2.24.13**	**8**	**3.37.05**	**7**	**4.48.00**	**7**	**6.20.50**	**5**	**7.35.43**	**6**	**8.46.41**	**6**	**9.59.21**	**5**	**11.11.52**	**7**	**12.27.54**
8	東洋	走者	1	駒場 道弘	2	新井 勝夫	3	清水 亘	2	久松 敏哉	1	宍戸 英顕	3	奥沢 善二	3	吉田 博	4	内山 末男	3	小池 文司	2	石井 稔
		個人	10	1.14.23	5	1.10.03	3	1.09.59	8	1.12.07	5	1.30.36	11	1.19.29	5	1.10.23	8	1.15.29	4	1.09.43	10	1.18.09
		チーム	10	1.14.23	6	2.24.26	4	3.34.25	5	4.46.32	5	6.17.08	11	1.19.29	9	2.29.52	9	3.45.21	7	4.55.04	8	6.13.13
		総合	**10**	**1.14.23**	**6**	**2.24.26**	**4**	**3.34.25**	**5**	**4.46.32**	**5**	**6.17.08**	**6**	**7.36.37**	**7**	**8.47.00**	**7**	**10.02.29**	**6**	**11.12.12**	**8**	**12.30.21**
9	専修	走者	2	栗本 英也	3	伊藤 茂	1	島田 輝男	2	池田 敏彦	4	黒須 啓助	2	大谷 治男	2	八重垣 稔	1	山下 嘉則	4	高野 元治	4	田原 保
		個人	15	1.17.00	9	1.11.47	7	1.11.37	13	1.15.26	11	1.35.29	4	1.15.15	11	1.13.29	9	1.16.16	9	1.13.05	9	1.17.07
		チーム	15	1.17.00	11	2.28.47	9	3.40.24	9	4.55.50	10	6.31.19	4	1.15.15	7	2.28.44	8	3.45.00	8	4.58.05	9	6.15.12
		総合	**15**	**1.17.00**	**11**	**2.28.47**	**9**	**3.40.24**	**9**	**4.55.50**	**10**	**6.31.19**	**9**	**7.46.34**	**10**	**9.00.03**	**9**	**10.16.19**	**9**	**11.29.24**	**9**	**12.46.31**
10	東京農業	走者	4	森下 明	3	石井 仁	2	市川五十男	3	石井 惟弘	1	須崎 栄	1	矢部 誠吉	2	栗原 大八	1	秋山 勉	1	長谷川 法	2	風祭 和夫
		個人	11	1.15.10	14	1.13.55	14	1.16.51	7	1.11.04	6	1.31.13	12	1.19.46	8	1.11.26	10	1.17.09	10	1.14.10	12	1.19.19
		チーム	11	1.15.10	12	2.29.05	13	3.45.56	10	4.57.00	9	6.28.13	12	1.19.46	11	2.31.12	10	3.48.21	10	5.02.31	11	6.21.50
		総合	**11**	**1.15.10**	**12**	**2.29.05**	**13**	**3.45.56**	**10**	**4.57.00**	**9**	**6.28.13**	**10**	**7.47.59**	**9**	**8.59.25**	**10**	**10.16.34**	**10**	**11.30.44**	**10**	**12.50.03**
11	国士舘	走者	1	徳岡 保政	1	梶原 敏睦	3	黒田 和昇	3	安藤 武治	3	西野 弘一	2	長谷 貞重	3	菊地 克則	2	小林 喜夫	2	横井 孝義	2	大坪 義昭
		個人	14	1.16.59	12	1.13.30	10	1.14.38	10	1.13.12	12	1.35.40	13	1.20.29	10	1.12.08	11	1.18.04	11	1.14.36	16	1.20.58
		チーム	14	1.16.59	14	2.30.29	11	3.45.07	11	4.58.19	11	6.33.59	13	1.20.29	12	2.32.37	12	3.50.41	12	5.05.17	12	6.26.15
		総合	**14**	**1.16.59**	**14**	**2.30.29**	**11**	**3.45.07**	**11**	**4.58.19**	**11**	**6.33.59**	**11**	**7.54.28**	**11**	**9.06.36**	**11**	**10.24.40**	**11**	**11.39.16**	**11**	**13.00.14**
12	順天堂	走者	2	須田 柳治	3	能勢 豊	4	佐々木英記	1	松川 久	2	中島 五雄	2	千田 正之	1	坂下 実幸	1	富田 辰雄	3	小見 忠	1	金内 幸雄
		個人	13	1.16.47	11	1.13.24	11	1.15.39	12	1.15.01	16	1.41.32	8	1.17.54	9	1.12.06	13	1.20.00	7	1.12.25	11	1.18.24
		チーム	13	1.16.47	13	2.30.11	12	3.45.50	13	5.00.51	15	6.42.23	8	1.17.54	10	2.30.00	11	3.50.00	11	5.02.25	10	6.20.49
		総合	**13**	**1.16.47**	**13**	**2.30.11**	**12**	**3.45.50**	**13**	**5.00.51**	**15**	**6.42.23**	**13**	**8.00.17**	**12**	**9.12.23**	**12**	**10.32.23**	**12**	**11.44.48**	**12**	**13.03.12**
13	東京学芸	走者	1	阿部 正臣	3	上滝 邦夫	2	伊藤 秀則	1	武田 紘史	4	吉井 健彦	4	藤本 勤	2	関根 佐	2	伊集院兼宏	1	福山 登	3	南雲 道幸
		個人	5	1.13.14	13	1.13.46	15	1.18.58	11	1.13.42	15	1.40.43	10	1.19.20	12	1.16.29	14	1.21.26	13	1.15.38	14	1.20.27
		チーム	5	1.13.14	10	2.27.00	14	3.45.58	12	4.59.40	12	6.40.23	10	1.19.20	13	2.35.49	13	3.57.15	13	5.12.53	13	6.33.20
		総合	**5**	**1.13.14**	**10**	**2.27.00**	**14**	**3.45.58**	**12**	**4.59.40**	**12**	**6.40.23**	**12**	**7.59.43**	**13**	**9.16.12**	**13**	**10.37.38**	**13**	**11.53.16**	**13**	**13.13.43**
14	埼玉	走者	4	松村 敏男	2	花輪 仙造	3	宇田川武男	3	阿南 秀雄	3	山村 拓夫	3	原 正	2	矢内 嚢	1	久保 幸男	2	山井 正己	1	西村 鴨二
		個人	2	1.12.21	15	1.19.29	13	1.16.48	9	1.12.45	14	1.40.04	15	1.21.43	15	1.18.23	15	1.22.43	15	1.17.28	15	1.20.48
		チーム	2	1.12.21	15	2.31.50	15	3.48.38	14	5.01.23	14	6.41.27	15	1.21.43	14	2.40.06	15	4.02.49	15	5.20.17	15	6.41.05
		総合	**2**	**1.12.21**	**15**	**2.31.50**	**15**	**3.48.38**	**14**	**5.01.23**	**14**	**6.41.27**	**15**	**8.03.10**	**14**	**9.21.33**	**14**	**10.44.16**	**14**	**12.01.44**	**14**	**13.22.32**
15	神奈川	走者	3	江花 晴三	1	溝口征三郎	1	瀬名波庄庭	2	石井 裕二	3	栗原 勇	3	森山 良	2	林 孝夫	1	池田 啓介	1	吉田 尚志	3	島田 英一
		個人	7	1.13.56	8	1.11.42	12	1.16.37	15	1.19.42	13	1.39.22	14	1.21.09	16	1.20.23	16	1.25.57	12	1.15.10	13	1.20.22
		チーム	7	1.13.56	8	2.25.38	10	3.42.15	15	5.01.57	13	6.41.19	14	1.21.09	16	2.41.32	16	4.07.29	16	5.22.39	16	6.43.01
		総合	**7**	**1.13.56**	**8**	**2.25.38**	**10**	**3.42.15**	**15**	**5.01.57**	**13**	**6.41.19**	**14**	**8.02.28**	**15**	**9.22.51**	**15**	**10.48.48**	**15**	**12.03.58**	**15**	**13.24.20**
16	慶應義塾	走者	2	苫米地正敏	1	小池 誠吉	2	高橋 正光	1	岡田 正雄	3	西本 治朗	1	杉村 肇	1	土井 啓三	2	島田 貞雄	2	重田 高義	3	鈴木 重男
		個人	16	1.19.13	16	1.20.16	16	1.21.17	16	1.22.58	7	1.32.32	16	1.23.53	12	1.16.29	12	1.18.19	16	1.17.56	8	1.17.03
		チーム	16	1.19.13	16	2.39.29	16	4.00.46	16	5.23.44	16	6.56.16	16	1.23.53	15	2.40.22	14	3.58.41	14	5.16.37	14	6.33.40
		総合	**16**	**1.19.13**	**16**	**2.39.29**	**16**	**4.00.46**	**16**	**5.23.44**	**16**	**6.56.16**	**16**	**8.20.09**	**16**	**9.36.38**	**16**	**10.54.57**	**16**	**12.12.53**	**16**	**13.29.56**

第36回　1960年(昭和35年)1月2日〜3日　総距離：225.4km　往路：112.7km　復路：112.7km

順	大学名		往路										復路									
			1区(22.7km)		2区(20.5km)		3区(24.7km)		4区(20.1km)		5区(24.7km)		6区(24.7km)		7区(20.1km)		8区(24.7km)		9区(20.5km)		10区(22.7km)	
1	中央	走者	3	田中 光城	4	二宮 隆明	2	南館 正行	2	黒仁田幸雄	2	横溝 三郎	4	作田 誠一	3	杉崎 孝	4	栗原 正視	2	留野 豊昭	2	奥宮 和文
		個人	1	*1.09.46*	2	*1.02.10*	2	1.16.19	12	1.07.48	8	1.32.44	1	1.12.35	1	*1.03.03*	5	1.20.48	1	*1.02.15*	2	1.12.05
		チーム	1	1.09.46	2	2.11.56	2	3.28.15	2	4.36.03	3	6.08.47	1	1.12.35	1	2.15.38	1	3.36.26	1	4.38.41	1	5.50.46
		総合	1	1.09.46	2	2.11.56	2	3.28.15	2	4.36.03	3	6.08.47	2	7.21.22	2	8.24.25	2	9.45.13	1	10.47.28	1	11.59.33
2	日本	走者	2	中村 敦士	3	武内修一郎	1	橋本 盛広	2	村田 成男	4	中村 次義	4	宮下 文雄	3	玉懸 莞爾	1	宇都宮 敦	2	中村 弘	4	中島 誠
		個人	2	1.09.51	1	*1.01.58*	3	1.16.25	1	*1.03.18*	2	1.29.34	5	1.16.14	3	*1.04.27*	4	1.20.41	3	*1.05.01*	4	1.14.18
		チーム	2	1.09.51	1	2.11.49	1	3.28.14	1	4.31.32	1	6.01.06	5	1.16.14	3	2.20.41	4	3.41.22	2	4.46.23	3	6.00.41
		総合	2	1.09.51	1	2.11.49	1	3.28.14	1	4.31.32	1	6.01.06	1	7.17.20	1	8.21.47	1	9.42.28	2	10.47.29	2	12.01.47
3	東洋	走者	3	石井 稔	4	小池 文司	4	清水 亘	4	宮谷久仁男	2	宍戸 英顕	2	福田太加之	1	井出 亮司	1	緒方 満之	4	奥沢 善二	4	吉田 博
		個人	10	1.13.16	5	1.05.47	5	1.16.46	5	1.05.56	3	1.30.56	8	1.16.51	5	*1.05.07*	8	1.21.57	2	*1.03.26*	3	1.12.34
		チーム	10	1.13.16	8	2.19.03	5	3.35.49	5	4.41.45	5	6.12.41	8	1.16.51	6	2.21.58	6	3.43.55	4	4.47.21	2	5.59.55
		総合	10	1.13.16	8	2.19.03	5	3.35.49	5	4.41.45	5	6.12.41	4	7.29.32	4	8.34.39	4	9.56.36	4	11.00.02	3	12.12.36
4	東京教育	走者	1	丸山 基紀	3	桝田 吉生	4	吉岡 敏晴	1	小山 文彬	4	長田 正幸	4	辻 新次	4	平田 文夫	4	須貝 富雄	2	伊藤 匡光	4	中川 卓爾
		個人	9	1.13.11	3	*1.04.00*	1	*1.15.53*	9	1.07.06	1	1.26.42	7	1.16.42	4	*1.04.51*	1	*1.18.24*	13	1.11.30	5	1.15.36
		チーム	9	1.13.11	3	2.17.11	3	3.33.04	4	4.40.10	2	6.06.52	7	1.16.42	4	2.21.33	2	3.39.57	5	4.51.27	6	6.07.03
		総合	9	1.13.11	3	2.17.11	3	3.33.04	4	4.40.10	2	6.06.52	3	7.23.34	3	8.28.25	3	9.46.49	3	10.58.19	4	12.13.55
5	早稲田	走者	3	片川 究	1	山之内 保	4	中山 昂	3	鈴村 勝	4	黒川 澄夫	3	黒川 輝夫	1	戸田 尚武	4	藤井 忠彦	2	船井 照夫	3	田中 清司
		個人	5	1.11.28	13	1.08.18	6	1.16.50	6	1.06.36	10	1.34.01	4	1.16.00	6	*1.05.50*	2	1.19.22	4	*1.05.51*	9	1.17.03
		チーム	5	1.11.28	9	2.19.46	6	3.36.36	6	4.43.12	6	6.17.13	4	1.16.00	5	2.21.50	3	3.41.12	3	4.47.03	5	6.04.06
		総合	5	1.11.28	9	2.19.46	6	3.36.36	6	4.43.12	6	6.17.13	6	7.33.13	6	8.39.03	5	9.58.25	5	11.04.16	5	12.21.19
6	専修	走者	2	島田 輝男	1	川端 正年	3	大谷 治男	1	町山 円照	3	栗本 英也	1	坂崎 順次	1	鈴木富三男	2	山下 嘉則	1	清水 篤	4	伊藤 茂
		個人	3	1.11.13	6	1.06.08	7	1.17.25	4	*1.05.10*	6	1.31.22	14	1.20.53	2	*1.04.12*	9	1.22.08	12	1.10.56	8	1.16.37
		チーム	3	1.11.13	4	2.17.21	4	3.34.46	3	4.39.56	4	6.11.18	14	1.20.53	12	2.25.05	11	3.47.13	12	4.58.09	11	6.14.46
		総合	3	1.11.13	4	2.17.21	4	3.34.46	3	4.39.56	4	6.11.18	5	7.32.11	5	8.36.23	6	9.58.31	6	11.09.27	6	12.26.04
7	立教	走者	1	植村 祥	2	角森 太郎	2	橋本 正彦	1	豊田多賀司	1	瀬沼 俊彦	3	大貫 重信	2	穂鷹 克夫	2	山口 裕康	2	大貫 毅	4	服部 昌司
		個人	11	1.13.32	10	1.06.54	8	1.18.50	7	1.06.50	7	1.32.12	11	1.18.06	9	1.06.45	7	1.21.53	10	1.10.04	6	1.16.00
		チーム	11	1.13.32	11	2.20.26	8	3.39.16	8	4.46.06	7	6.18.18	11	1.18.06	10	2.24.51	10	3.46.44	10	4.56.48	9	6.12.48
		総合	11	1.13.32	11	2.20.26	8	3.39.16	8	4.46.06	7	6.18.18	8	7.36.24	8	8.43.09	7	10.05.02	7	11.15.06	7	12.31.06
8	法政	走者	4	小寺 貞安	4	山口 泰男	3	泉田 公	2	晒科 勇	1	中島 恒哉	2	則松 潤一	3	大日向治幸	4	宮本 征朗	4	藤田 秋男	4	木暮 祐之
		個人	8	1.13.09	4	1.05.40	9	1.20.12	13	1.08.09	9	1.33.24	2	1.14.31	7	*1.05.59*	14	1.28.02	5	*1.06.22*	7	1.16.33
		チーム	8	1.13.09	7	2.18.49	7	3.39.01	9	4.47.10	8	6.20.34	2	1.14.31	2	2.20.30	12	3.48.32	8	4.54.54	8	6.11.27
		総合	8	1.13.09	7	2.18.49	7	3.39.01	9	4.47.10	8	6.20.34	7	7.35.05	7	8.41.04	9	10.09.06	8	11.15.28	8	12.32.01
9	日本体育	走者	4	福山 一夫	2	金子 助一	3	中村 行雄	4	渡辺 久芳	1	岡野 章	2	本間 松栄	2	三上 剛	3	越川 泰男	3	花岡 博人	3	高田 喜久
		個人	13	1.15.00	15	1.09.30	10	1.20.46	3	*1.04.40*	14	1.39.47	6	1.16.27	10	1.07.14	3	1.19.26	8	1.09.01	1	1.11.08
		チーム	13	1.15.00	14	2.24.30	14	3.45.16	11	4.49.56	13	6.29.43	6	1.16.27	7	2.23.41	5	3.43.07	6	4.52.08	4	6.03.16
		総合	13	1.15.00	14	2.24.30	14	3.45.16	11	4.49.56	13	6.29.43	12	7.46.10	12	8.53.24	11	10.12.50	10	11.21.51	9	12.32.59
10	明治	走者	1	安部喜代志	4	大谷 直樹	1	荒川 功	1	田中 康生	1	川畑 理修	1	稲見 進	2	樋尻 省三	1	西尾 利雄	2	守 弘史	2	北村 祐一
		個人	4	1.11.26	9	1.06.51	12	1.22.17	14	1.10.49	3	1.30.56	8	1.16.51	12	1.08.10	6	1.21.42	9	1.09.39	12	1.17.57
		チーム	4	1.11.26	6	2.18.17	9	3.40.34	13	4.51.23	10	6.22.19	8	1.16.51	11	2.25.01	9	3.46.43	9	4.56.22	10	6.14.19
		総合	4	1.11.26	6	2.18.17	9	3.40.34	13	4.51.23	10	6.22.19	9	7.39.10	10	8.47.20	8	10.09.02	9	11.18.41	10	12.36.38
11	国士舘	走者	4	西野 弘一	2	梶原 敏睦	4	黒田 和昇	2	徳岡 保政	3	横井 孝義	3	長谷 貞重	4	安藤 武治	3	小林 喜夫	3	大坪 義昭	1	酒井 重雄
		個人	12	1.13.43	8	1.06.44	11	1.21.17	2	*1.04.16*	12	1.37.34	3	1.15.58	11	1.07.43	11	1.22.40	14	1.11.35	11	1.17.46
		チーム	12	1.13.43	12	2.20.27	11	3.41.44	7	4.46.00	11	6.23.34	3	1.15.58	7	2.23.41	8	3.46.21	11	4.57.56	12	6.15.42
		総合	12	1.13.43	12	2.20.27	11	3.41.44	7	4.46.00	11	6.23.34	10	7.39.32	9	8.47.15	10	10.09.55	11	11.21.30	11	12.39.16
12	東京農業	走者	2	矢部 誠吉	4	石井 惟弘	2	秋山 勉	1	中村 俊彦	2	須崎 栄	3	栗原 大八	2	大串 俊次	2	長谷川 法	3	和泉 敏夫	4	石井 仁
		個人	7	1.12.26	11	1.07.41	12	1.22.17	10	1.07.10	5	1.31.14	12	1.19.12	13	1.08.41	13	1.24.30	7	1.08.49	13	1.18.24
		チーム	7	1.12.26	10	2.20.07	12	3.42.24	10	4.49.34	9	6.20.48	12	1.19.12	13	2.27.53	13	3.52.23	13	5.01.12	13	6.19.36
		総合	7	1.12.26	10	2.20.07	12	3.42.24	10	4.49.34	9	6.20.48	11	7.40.00	11	8.48.41	12	10.13.11	12	11.22.00	12	12.40.24
13	順天堂	走者	2	金内 幸雄	2	大島 索	2	富田 辰雄	2	松川 久	2	坂下 実幸	3	千田 正之	4	能勢 豊	3	須田 柳治	4	小見 忠	3	中島 五雄
		個人	14	1.15.18	12	1.07.51	15	1.24.16	8	1.06.53	15	1.40.28	10	1.17.18	8	1.06.28	10	1.22.32	6	1.07.46	10	1.17.20
		チーム	14	1.15.18	13	2.23.09	15	3.47.25	15	4.54.18	15	6.34.46	10	1.17.18	9	2.23.46	7	3.46.18	7	4.54.04	7	6.11.24
		総合	14	1.15.18	13	2.23.09	15	3.47.25	15	4.54.18	15	6.34.46	14	7.52.04	13	8.58.32	13	10.21.04	13	11.28.50	13	12.46.10
14	東京学芸	走者	4	上滝 邦夫	2	長谷川 勝	2	阿部 正臣	2	武田 紘史	3	伊藤 秀則	3	伊集院兼宏	1	兼瀬 邦久	2	福山 登	1	佗美 光俊	4	南雲 道幸
		個人	15	1.17.16	14	1.09.24	3	1.16.25	11	1.07.34	11	1.35.46	13	1.20.40	15	1.11.50	12	1.23.49	11	1.10.45	15	1.21.09
		チーム	15	1.17.16	15	2.26.40	13	3.43.05	12	4.50.39	12	6.26.25	13	1.20.40	15	2.32.30	14	3.56.19	14	5.07.04	14	6.28.13
		総合	15	1.17.16	15	2.26.40	13	3.43.05	12	4.50.39	12	6.26.25	13	7.47.05	14	8.58.55	14	10.22.44	14	11.33.29	14	12.54.38
15	神奈川	走者	4	江花 晴三	2	瀬名波庄庭	2	溝口征三郎	2	池田 啓介	4	森山 良	1	林 弘邦	2	鈴木 彪二	2	吉田 尚志	4	栗原 勇	3	石井 裕二
		個人	6	1.11.41	7	1.06.31	14	1.22.36	15	1.12.10	13	1.39.14	15	1.21.59	14	1.09.19	15	1.29.25	15	1.11.41	14	1.20.12
		チーム	6	1.11.41	5	2.18.12	10	3.40.48	14	4.52.58	14	6.32.12	15	1.21.59	14	2.31.18	15	4.00.43	15	5.12.24	15	6.32.36
		総合	6	1.11.41	5	2.18.12	10	3.40.48	14	4.52.58	14	6.32.12	15	7.54.11	15	9.03.30	15	10.32.55	15	11.44.36	15	13.04.48

第37回　1961年(昭和36年)1月2日～3日　総距離：223.4km　往路：111.7km　復路：111.7km

順	大学名		往路										復路									
			1区(22.7km)		2区(23.7km)		3区(19.9km)		4区(20.7km)		5区(24.7km)		6区(24.7km)		7区(20.7km)		8区(19.9km)		9区(23.7km)		10区(22.7km)	
1	中央	走者	4	田中 光城	1	岩下 察男	1	中村 健司	2	下山 政明	3	南館 正行	3	横溝 三郎	4	杉崎 孝	3	黒仁田幸雄	3	留野 豊昭	3	山崎 務
		個人	5	1.10.36	4	1.16.33	1	*1.03.32*	3	1.08.03	1	*1.25.39*	2	*1.11.14*	1	*1.06.19*	3	1.06.39	1	*1.15.22*	1	1.11.43
		チーム	5	1.10.36	2	2.27.09	1	3.30.41	2	4.38.44	1	6.04.23	2	1.11.14	1	2.17.33	1	3.24.12	1	4.39.34	1	5.51.17
		総合	5	1.10.36	2	2.27.09	1	3.30.41	2	4.38.44	1	6.04.23	1	7.15.37	1	8.21.56	1	9.28.35	1	10.43.57	1	11.55.40
2	日本	走者	3	中村 敦士	1	小森 照夫	2	鈴木 明	2	橋本 盛広	3	若松 育太	3	柏木善次郎	3	村田 成男	2	宇都宮 敦	3	永久井一夫	4	武内修一郎
		個人	3	*1.09.27*	8	1.18.06	3	1.04.12	1	*1.05.43*	2	1.28.19	6	1.14.30	2	1.06.32	2	1.05.08	3	1.17.03	2	1.12.14
		チーム	3	1.09.27	3	2.27.33	2	3.31.45	1	4.37.28	2	6.05.47	6	1.14.30	3	2.21.02	3	3.26.10	2	4.43.13	2	5.55.27
		総合	3	1.09.27	3	2.27.33	2	3.31.45	1	4.37.28	2	6.05.47	2	7.20.17	2	8.26.49	2	9.31.57	2	10.49.00	2	12.01.14
3	専修	走者	3	島田 輝男	2	中根 孝喜	2	川端 正年	2	町山 円照	4	栗本 英也	4	大谷 治男	2	小坂部 肇	2	鈴木富三男	1	安部 実	3	山下 嘉則
		個人	9	1.13.00	3	1.15.26	4	1.04.51	7	1.10.23	5	1.29.14	1	*1.10.43*	7	1.09.45	1	*1.05.02*	8	1.19.59	9	1.15.29
		チーム	9	1.13.00	7	2.28.26	4	3.33.17	4	4.43.40	4	6.12.54	1	1.10.43	2	2.20.28	2	3.25.30	3	4.45.29	4	6.00.58
		総合	9	1.13.00	7	2.28.26	4	3.33.17	4	4.43.40	4	6.12.54	3	7.23.37	3	8.33.22	3	9.38.24	3	10.58.23	3	12.13.52
4	日本体育	走者	1	渡辺 苗史	4	高田 喜久	1	井出 世振	1	丹羽 正晴	4	越川 泰男	3	本間 松栄	1	大見 治夫	3	三上 剛	2	岡野 章	2	高倉 久
		個人	11	1.14.02	2	1.15.15	9	1.07.28	6	1.09.21	6	1.29.36	5	1.14.08	3	1.09.02	7	1.07.25	2	1.16.40	6	1.13.06
		チーム	11	1.14.02	9	2.29.17	8	3.36.45	6	4.46.06	5	6.15.42	5	1.14.08	4	2.23.10	4	3.30.35	4	4.47.15	3	6.00.21
		総合	11	1.14.02	9	2.29.17	8	3.36.45	6	4.46.06	5	6.15.42	5	7.29.50	5	8.38.52	5	9.46.17	4	11.02.57	4	12.16.03
5	明治	走者	2	安部喜代志	2	西尾 利雄	2	荒川 功	1	羽生 敏博	2	川畑 理修	2	稲見 進	3	守 弘史	1	広田 正美	2	田中 康生	3	北村 祐一
		個人	1	*1.09.02*	10	1.18.48	5	1.05.40	4	1.08.45	7	1.29.55	9	1.15.56	6	1.09.28	8	1.07.51	6	1.19.09	5	1.13.05
		チーム	1	1.09.02	4	2.27.50	5	3.33.30	3	4.42.15	3	6.12.10	9	1.15.56	6	2.25.24	6	3.33.15	6	4.52.24	5	6.05.29
		総合	1	1.09.02	4	2.27.50	5	3.33.30	3	4.42.15	3	6.12.10	4	7.28.06	4	8.37.34	4	9.45.25	5	11.04.34	5	12.17.39
6	東洋	走者	4	石井 稔	2	緒方 満之	3	高田 和男	2	井出 亮司	3	宍戸 英顕	3	福田太加之	1	松本 孝夫	2	伊藤 敦	4	篠原 幸男	3	梅沢 定男
		個人	10	1.13.35	12	1.18.54	11	1.09.38	2	1.07.40	3	1.28.29	10	1.17.15	5	1.09.13	6	1.07.23	7	1.19.41	3	1.12.25
		チーム	10	1.13.35	11	2.32.29	12	3.42.07	10	4.49.47	7	6.18.16	10	1.17.15	7	2.26.28	7	3.33.51	7	4.53.32	6	6.05.57
		総合	10	1.13.35	11	2.32.29	12	3.42.07	10	4.49.47	7	6.18.16	8	7.35.31	6	8.44.44	6	9.52.07	6	11.11.48	6	12.24.13
7	早稲田	走者	2	戸田 尚武	3	船井 照夫	2	平田 寛	3	石田 寿彦	4	鈴村 勝	4	黒川 輝夫	3	高崎 文樹	1	新井雄三郎	4	片川 究	4	田中 清司
		個人	12	1.14.15	1	*1.14.08*	9	1.07.28	9	1.11.34	9	1.32.15	8	1.15.36	11	1.13.59	4	1.07.15	5	1.18.04	4	1.12.59
		チーム	12	1.14.15	6	2.28.23	7	3.35.51	7	4.47.25	9	6.19.40	8	1.15.36	11	2.29.35	9	3.36.50	8	4.54.54	8	6.07.53
		総合	12	1.14.15	6	2.28.23	7	3.35.51	7	4.47.25	9	6.19.40	7	7.35.16	10	8.49.15	9	9.56.30	8	11.14.34	7	12.27.33
8	法政	走者	4	泉田 公	2	中島 恒哉	1	望月 高明	1	塚越 憲彦	1	高橋 靖雄	3	則松 潤一	3	飯山 光正	1	福田 安男	3	土屋 実	4	大日向治幸
		個人	2	*1.09.20*	6	1.17.06	8	1.07.15	14	1.14.08	11	1.34.24	4	1.13.50	9	1.11.12	5	1.07.19	4	1.17.51	8	1.15.21
		チーム	2	1.09.20	1	2.26.26	6	3.33.41	8	4.47.49	10	6.22.13	4	1.13.50	5	2.25.02	5	3.32.21	5	4.50.12	7	6.05.33
		総合	2	1.09.20	1	2.26.26	6	3.33.41	8	4.47.49	10	6.22.13	9	7.36.03	9	8.47.15	7	9.54.34	7	11.12.25	8	12.27.46
9	東京農業	走者	3	矢部 誠吉	3	秋山 勉	2	中村 俊彦	3	大串 俊次	3	須崎 栄	4	栗原 大八	3	長谷川 法	1	鈴木 良三	1	菊地 肇	4	市川五十男
		個人	7	1.11.00	14	1.20.20	7	1.07.07	11	1.11.43	3	1.28.29	12	1.17.55	4	1.09.10	9	1.09.06	10	1.20.43	7	1.15.01
		チーム	7	1.11.00	10	2.31.20	10	3.38.27	11	4.50.10	8	6.18.39	12	1.17.55	8	2.27.05	8	3.36.11	9	4.56.54	9	6.11.55
		総合	7	1.11.00	10	2.31.20	10	3.38.27	11	4.50.10	8	6.18.39	10	7.36.34	8	8.45.44	8	9.54.50	9	11.15.33	9	12.30.34
10	順天堂	走者	4	須田 柳治	1	須原 浩之	3	金内 幸雄	3	富田 辰雄	4	吉野 勝義	4	千田 正之	1	小石 啓一	3	松川 久	2	大島 良造	3	坂下 実幸
		個人	8	1.12.56	13	1.20.05	6	1.06.11	5	1.09.01	14	1.39.00	11	1.17.37	8	1.10.16	12	1.11.10	11	1.21.39	11	1.16.52
		チーム	8	1.12.56	13	2.33.01	11	3.39.12	9	4.48.13	12	6.27.13	11	1.17.37	9	2.27.53	10	3.39.03	10	5.00.42	10	6.17.34
		総合	8	1.12.56	13	2.33.01	11	3.39.12	9	4.48.13	12	6.27.13	11	7.44.50	11	8.55.06	10	10.06.16	11	11.27.55	10	12.44.47
11	国士舘	走者	1	青木 利夫	3	徳岡 保政	1	村上 孫晴	2	松本 清	1	大日向幸高	1	吉永 邦雄	4	横井 孝義	2	酒井 重雄	4	長谷 良重	3	梶原 敏睦
		個人	4	1.09.55	9	1.18.42	2	1.03.49	12	1.13.10	8	1.31.45	7	1.15.07	10	1.13.09	15	1.21.59	9	1.20.15	12	1.17.01
		チーム	4	1.09.55	8	2.28.37	3	3.32.26	5	4.45.36	6	6.17.21	7	1.15.07	10	2.28.16	14	3.50.15	12	5.10.30	12	6.27.31
		総合	4	1.09.55	8	2.28.37	3	3.32.26	5	4.45.36	6	6.17.21	6	7.32.28	7	8.45.37	11	10.07.36	10	11.27.51	11	12.44.52
12	東京教育	走者	2	丸山 基紀	1	黒田 栄次	3	蜂矢 浩由	3	佐野 暢俊	4	桝田 吉生	1	工藤 良平	1	磯田 富弘	2	清田 竜也	1	内田 祐一	3	伊藤 匡光
		個人	6	1.10.49	7	1.17.08	12	1.09.54	13	1.13.36	10	1.33.26	13	1.20.14	12	1.14.52	11	1.11.08	13	1.25.05	13	1.18.18
		チーム	6	1.10.49	5	2.27.57	9	3.37.51	12	4.51.27	11	6.24.53	13	1.20.14	13	2.35.06	12	3.46.14	14	5.11.19	13	6.29.37
		総合	6	1.10.49	5	2.27.57	9	3.37.51	12	4.51.27	11	6.24.53	12	7.45.07	12	8.59.59	12	10.11.07	12	11.36.12	12	12.54.30
13	東京学芸	走者	3	長谷川 勝	1	阿部 正臣	2	菅原 国香	1	雨宮 雄幸	4	伊藤 秀則	2	兼瀬 邦久	4	関根 佐	1	藤森 茂幸	2	佗美 光俊	3	福山 登
		個人	14	1.15.49	5	1.16.52	13	1.10.09	10	1.11.42	13	1.37.14	14	1.20.35	13	1.15.10	13	1.11.18	12	1.23.33	14	1.19.49
		チーム	14	1.15.49	12	2.32.41	13	3.42.50	13	4.54.32	13	6.31.46	14	1.20.35	14	2.35.45	13	3.47.03	13	5.10.36	14	6.30.25
		総合	14	1.15.49	12	2.32.41	13	3.42.50	13	4.54.32	13	6.31.46	14	7.52.21	13	9.07.31	14	10.18.49	13	11.42.22	13	13.02.11
14	立教	走者	1	中山 登雄	3	橋本 正彦	3	菊地 啓二	1	金 公彦	2	植村 祥	2	瀬沼 俊彦	2	中里 脇弘	1	福島 隆	2	豊田多賀司	3	山口 裕康
		個人	13	1.15.30	11	1.18.49	15	1.15.53	8	1.10.44	12	1.34.55	3	1.13.42	14	1.18.27	10	1.10.06	14	1.28.10	10	1.16.24
		チーム	13	1.15.30	14	2.34.19	14	3.50.12	14	5.00.56	14	6.35.51	3	1.13.42	12	2.32.09	11	3.42.15	11	5.10.25	11	6.26.49
		総合	13	1.15.30	14	2.34.19	14	3.50.12	14	5.00.56	14	6.35.51	13	7.49.33	14	9.08.00	13	10.18.06	14	11.46.16	14	13.02.40
15	防衛	走者	2	尾辻 秀久	3	中村 均	1	甲原 哲二	1	谷野 正芳	4	青山 利雄	1	中山 篤信	2	中川 浩佑	3	高橋 正憲	4	東 宏一	4	立石 良文
		個人	15	1.17.22	15	1.22.57	14	1.10.48	15	1.14.44	15	1.41.10	15	1.23.14	15	1.19.52	14	1.15.31	15	1.32.30	15	1.21.59
		チーム	15	1.17.22	15	2.40.19	15	3.51.07	15	5.05.51	15	6.47.01	15	1.23.14	15	2.43.06	15	3.58.37	15	5.31.07	15	6.53.06
		総合	15	1.17.22	15	2.40.19	15	3.51.07	15	5.05.51	15	6.47.01	15	8.10.15	15	9.30.07	15	10.45.38	15	12.18.08	15	13.40.07

第38回　1962年(昭和37年)1月2日～3日　総距離：223.4km　往路：111.7km　復路：111.7km

順	大学名		往路										復路									
			1区(21.7km)		2区(24.7km)		3区(19.9km)		4区(20.7km)		5区(24.7km)		6区(24.7km)		7区(20.7km)		8区(19.9km)		9区(24.7km)		10区(21.7km)	
1	中央	走者	1	猿渡 武嗣	2	岩下 察男	4	山崎 務	4	南館 正行	2	中島 輝雄	2	中村 健司	4	千野 武久	4	黒仁田幸雄	1	井上 鉄石	4	横溝 三郎
		個人	1	*1.07.52*	1	*1.19.40*	2	1.06.14	3	1.10.35	3	1.30.32	1	1.13.20	2	1.08.10	2	1.06.52	5	1.23.28	1	*1.07.22*
		チーム	1	1.07.52	1	2.27.32	1	3.33.46	1	4.44.21	1	6.14.53	1	1.13.20	1	2.21.30	1	3.28.22	1	4.51.50	1	5.59.12
		総合	**1**	**1.07.52**	**1**	**2.27.32**	**1**	**3.33.46**	**1**	**4.44.21**	**1**	**6.14.53**	**1**	**7.28.13**	**1**	**8.36.23**	**1**	**9.43.15**	**1**	**11.06.43**	**1**	**12.14.05**
2	明治	走者	3	安部喜代志	3	荒川 功	3	川島 利幸	1	落合 宏	3	川畑 理修	3	稲見 進	1	山田 豊	3	田中 康生	3	西尾 利雄	2	羽生 敏博
		個人	6	1.08.22	10	1.25.04	7	1.08.06	4	1.11.04	1	1.28.47	3	1.13.46	5	1.09.17	4	1.08.23	3	1.23.00	3	1.10.24
		チーム	6	1.08.22	8	2.33.26	7	3.41.32	6	4.52.36	4	6.21.23	3	1.13.46	2	2.23.03	2	3.31.26	2	4.54.26	2	6.04.50
		総合	**6**	**1.08.22**	**8**	**2.33.26**	**7**	**3.41.32**	**6**	**4.52.36**	**4**	**6.21.23**	**2**	**7.35.09**	**2**	**8.44.26**	**2**	**9.52.49**	**2**	**11.15.49**	**2**	**12.26.13**
3	日本体育	走者	4	三上 剛	3	岡野 章	2	井出 世振	2	渡辺 苗史	2	二宮 泰則	2	近藤 士	2	奥野 毅	3	荒川 滉	3	高倉 久	2	大見 治夫
		個人	11	1.09.27	3	1.20.05	4	1.06.41	1	1.08.41	11	1.37.13	7	1.17.32	4	1.09.10	13	1.12.16	1	*1.21.52*	5	1.11.00
		チーム	11	1.09.27	3	2.29.32	3	3.36.13	2	4.44.54	5	6.22.07	7	1.17.32	5	2.26.42	10	3.38.58	5	5.00.50	5	6.11.50
		総合	**11**	**1.09.27**	**3**	**2.29.32**	**3**	**3.36.13**	**2**	**4.44.54**	**5**	**6.22.07**	**4**	**7.39.39**	**4**	**8.48.49**	**5**	**10.01.05**	**3**	**11.22.57**	**3**	**12.33.57**
4	専修	走者	3	中根 孝喜	3	鈴木富三男	3	川端 正年	4	島田 輝男	1	大村 良治	3	町山 円照	3	鈴木 勝己	1	星野 勤	2	安部 実	4	山下 嘉則
		個人	7	1.08.27	7	1.22.13	14	1.11.02	8	1.13.29	4	1.30.57	8	1.18.18	8	1.10.11	1	1.06.10	6	1.23.39	8	1.12.13
		チーム	7	1.08.27	5	2.30.40	8	3.41.42	7	4.55.11	7	6.26.08	8	1.18.18	8	2.28.29	5	3.34.39	4	4.58.18	4	6.10.31
		総合	**7**	**1.08.27**	**5**	**2.30.40**	**8**	**3.41.42**	**7**	**4.55.11**	**7**	**6.26.08**	**7**	**7.44.26**	**7**	**8.54.37**	**4**	**10.00.47**	**4**	**11.24.26**	**4**	**12.36.39**
5	日本	走者	1	中西日出夫	4	中村 敦士	3	鈴木 明	3	橋本 盛広	4	若松 育太	4	柏木善次郎	2	小森 照夫	1	馬場 和秋	3	宇都宮 敦	4	中村 弘
		個人	10	1.09.26	2	1.19.50	5	1.07.02	5	1.11.14	5	1.31.27	11	1.20.09	1	1.07.02	5	1.08.24	15	1.33.11	2	1.08.55
		チーム	10	1.09.26	2	2.29.16	4	3.36.18	4	4.47.32	3	6.18.59	11	1.20.09	6	2.27.11	6	3.35.35	11	5.08.46	9	6.17.41
		総合	**10**	**1.09.26**	**2**	**2.29.16**	**4**	**3.36.18**	**4**	**4.47.32**	**3**	**6.18.59**	**3**	**7.39.08**	**3**	**8.46.10**	**3**	**9.54.34**	**5**	**11.27.45**	**5**	**12.36.40**
6	立教	走者	2	福島 隆	3	植村 祥	3	豊田多賀司	4	内田 澄定	1	浜崎 真造	3	瀬沼 俊彦	1	関 正晴	1	山口 巌雄	4	山口 裕康	4	橋本 正彦
		個人	2	1.08.00	11	1.26.26	9	1.09.17	14	1.16.46	6	1.31.39	1	1.13.20	13	1.14.05	3	1.07.02	2	1.21.59	6	1.11.06
		チーム	2	1.08.00	11	2.34.26	10	3.43.43	12	5.00.29	9	6.32.08	1	1.13.20	7	2.27.25	4	3.34.27	3	4.56.26	3	6.07.32
		総合	**2**	**1.08.00**	**11**	**2.34.26**	**10**	**3.43.43**	**12**	**5.00.29**	**9**	**6.32.08**	**8**	**7.45.28**	**9**	**8.59.33**	**9**	**10.06.35**	**6**	**11.28.34**	**6**	**12.39.40**
7	東京農業	走者	4	矢部 誠吉	4	長谷川 法	1	長沼 勝利	1	臼井 昭	4	須崎 栄	2	鈴木 良三	1	長谷川善次	4	大串 俊次	2	菊地 肇	4	秋山 勉
		個人	3	1.08.04	9	1.23.58	8	1.08.44	11	1.15.13	2	1.29.00	10	1.19.03	7	1.09.26	9	1.10.09	8	1.25.36	9	1.12.29
		チーム	3	1.08.04	7	2.32.02	6	3.40.46	8	4.55.59	6	6.24.59	10	1.19.03	8	2.28.29	8	3.38.38	8	5.04.14	8	6.16.43
		総合	**3**	**1.08.04**	**7**	**2.32.02**	**6**	**3.40.46**	**8**	**4.55.59**	**6**	**6.24.59**	**6**	**7.44.02**	**6**	**8.53.28**	**6**	**10.03.37**	**8**	**11.29.13**	**7**	**12.41.42**
8	法政	走者	4	土屋 実	3	中島 恒哉	2	関 登	1	渡辺 順	2	高橋 靖雄	4	則松 潤一	1	田中 健	1	関根 洋二	2	望月 高明	2	福田 安男
		個人	4	1.08.10	5	1.21.31	3	1.06.23	2	1.10.13	7	1.32.21	15	1.21.36	10	1.11.42	15	1.13.21	4	1.23.20	11	1.13.32
		チーム	4	1.08.10	4	2.29.41	2	3.36.04	3	4.46.17	2	6.18.38	15	1.21.36	12	2.33.18	13	3.46.39	12	5.09.59	12	6.23.31
		総合	**4**	**1.08.10**	**4**	**2.29.41**	**2**	**3.36.04**	**3**	**4.46.17**	**2**	**6.18.38**	**5**	**7.40.14**	**5**	**8.51.56**	**7**	**10.05.17**	**7**	**11.28.37**	**8**	**12.42.09**
9	東洋	走者	3	緒方 満之	4	宍戸 英顕	3	井出 亮司	3	川村 清	1	川鍋 満	2	天野 正二	4	梅沢 定男	2	加瀬 忠	4	福田太加之	3	伊藤 敦
		個人	12	1.12.23	5	1.21.31	1	1.05.49	7	1.12.42	14	1.39.22	5	1.16.05	3	1.08.24	7	1.09.44	13	1.27.13	4	1.10.58
		チーム	12	1.12.23	9	2.33.54	5	3.39.43	5	4.52.25	8	6.31.47	5	1.16.05	3	2.24.29	3	3.34.13	6	5.01.26	6	6.12.24
		総合	**12**	**1.12.23**	**9**	**2.33.54**	**5**	**3.39.43**	**5**	**4.52.25**	**8**	**6.31.47**	**9**	**7.47.52**	**8**	**8.56.16**	**8**	**10.06.00**	**9**	**11.33.13**	**9**	**12.44.11**
10	国士舘	走者	2	青木 利夫	4	徳岡 保政	2	村上 孫晴	1	平川 広	1	安延 基	2	吉永 邦雄	2	渡辺 繁男	1	新城 吉一	4	梶原 敏睦	1	佐藤 輝夫
		個人	9	1.09.06	15	1.29.08	6	1.07.45	13	1.16.07	9	1.35.42	4	1.15.39	9	1.10.53	6	1.09.28	10	1.25.43	7	1.11.40
		チーム	9	1.09.06	13	2.38.14	12	3.45.59	13	5.02.06	12	6.37.48	4	1.15.39	4	2.26.32	7	3.36.00	7	5.01.43	7	6.13.23
		総合	**9**	**1.09.06**	**13**	**2.38.14**	**12**	**3.45.59**	**13**	**5.02.06**	**12**	**6.37.48**	**11**	**7.53.27**	**11**	**9.04.20**	**11**	**10.13.48**	**11**	**11.39.31**	**10**	**12.51.11**
11	順天堂	走者	1	飯島 陽	4	金内 幸雄	2	森泉 智夫	4	松川 久	1	小出 義雄	2	小石 啓一	4	富田 辰雄	1	佐藤 武彦	2	須原 浩之	4	坂下 実幸
		個人	5	1.08.11	13	1.28.02	10	1.10.02	6	1.11.28	10	1.36.06	9	1.18.39	6	1.09.25	10	1.10.44	12	1.26.07	10	1.12.52
		チーム	5	1.08.11	12	2.36.13	13	3.46.15	9	4.57.43	10	6.33.49	9	1.18.39	10	2.28.04	9	3.38.48	9	5.04.55	10	6.17.47
		総合	**5**	**1.08.11**	**12**	**2.36.13**	**13**	**3.46.15**	**9**	**4.57.43**	**10**	**6.33.49**	**10**	**7.52.28**	**10**	**9.01.53**	**10**	**10.12.37**	**10**	**11.38.44**	**11**	**12.51.36**
12	早稲田	走者	4	石田 寿彦	4	船井 照夫	4	高崎 文樹	1	進地 三雄	3	戸田 尚武	3	平田 寛	1	柳井 浩史	1	川上 勝美	1	里 勝安	1	中村 一夫
		個人	15	1.14.20	3	1.20.05	13	1.10.52	9	1.13.33	15	1.43.42	6	1.17.23	12	1.13.21	8	1.09.49	7	1.25.29	13	1.14.51
		チーム	15	1.14.20	10	2.34.25	11	3.45.17	10	4.58.50	14	6.42.32	6	1.17.23	11	2.30.44	11	3.40.33	10	5.06.02	11	6.20.53
		総合	**15**	**1.14.20**	**10**	**2.34.25**	**11**	**3.45.17**	**10**	**4.58.50**	**14**	**6.42.32**	**13**	**7.59.55**	**13**	**9.13.16**	**12**	**10.23.05**	**12**	**11.48.34**	**12**	**13.03.25**
13	東京教育	走者	3	丸山 基紀	2	黒田 栄次	4	蜂矢 浩由	1	羽間 鋭雄	2	内田 祐一	2	工藤 良平	1	田中 檀	3	清田 竜也	1	伊地知 隆	4	伊藤 匡光
		個人	8	1.08.54	8	1.22.21	12	1.10.45	15	1.17.45	12	1.37.48	13	1.21.11	14	1.14.19	12	1.11.22	9	1.25.37	15	1.15.48
		チーム	8	1.08.54	6	2.31.15	9	3.42.00	11	4.59.45	11	6.37.33	13	1.21.11	15	2.35.30	15	3.46.52	14	5.12.29	14	6.28.17
		総合	**8**	**1.08.54**	**6**	**2.31.15**	**9**	**3.42.00**	**11**	**4.59.45**	**11**	**6.37.33**	**12**	**7.58.44**	**12**	**9.13.03**	**13**	**10.24.25**	**13**	**11.50.02**	**13**	**13.05.50**
14	慶應義塾	走者	2	城田 紘一	4	小池 誠吉	3	木村敏二郎	1	平井 太郎	1	江藤 忠司	4	杉村 肇	1	倉島 隆雄	2	山野井毅彦	2	佐竹 英郎	4	土井 啓三
		個人	14	1.13.52	12	1.27.33	15	1.12.07	10	1.14.12	8	1.34.29	14	1.21.23	11	1.12.25	14	1.12.36	14	1.27.19	12	1.14.49
		チーム	14	1.13.52	14	2.41.25	15	3.53.32	14	5.07.44	13	6.42.13	14	1.21.23	13	2.33.48	12	3.46.24	15	5.13.43	15	6.28.32
		総合	**14**	**1.13.52**	**14**	**2.41.25**	**15**	**3.53.32**	**14**	**5.07.44**	**13**	**6.42.13**	**14**	**8.03.36**	**14**	**9.16.01**	**14**	**10.28.37**	**14**	**11.55.56**	**14**	**13.10.45**
15	神奈川	走者	4	溝口征三郎	2	木村 嘉	1	大塚 博	3	塩瀬 匡	4	桜井 光	4	吉田 尚志	2	田沼 久繁	3	林 弘邦	1	浅場 幸一	4	鈴木 彪二
		個人	13	1.13.37	14	1.28.43	11	1.10.17	12	1.15.41	13	1.38.02	11	1.20.09	15	1.14.54	11	1.11.03	11	1.25.56	14	1.15.45
		チーム	13	1.13.37	15	2.42.20	14	3.52.37	15	5.08.18	15	6.46.20	11	1.20.09	14	2.35.03	14	3.46.06	13	5.12.02	13	6.27.47
		総合	**13**	**1.13.37**	**15**	**2.42.20**	**14**	**3.52.37**	**15**	**5.08.18**	**15**	**6.46.20**	**15**	**8.06.29**	**15**	**9.21.23**	**15**	**10.32.26**	**15**	**11.58.22**	**15**	**13.14.07**

第39回　1963年(昭和38年)1月2日～3日　総距離：223.8km　往路：111.9km　復路：111.9km

順	大学名		往路										復路									
			1区 (21.7km)		2区 (24.7km)		3区 (21.4km)		4区 (19.4km)		5区 (24.7km)		6区 (24.7km)		7区 (19.4km)		8区 (21.4km)		9区 (24.7km)		10区 (21.7km)	
1	中央	走者	2	猿渡 武嗣	3	岩下 察男	2	井上 鉄石	4	下山 政明	3	中島 輝雄	3	中村 健司	1	師岡 溢哺	1	北東 弘万	1	若松 軍蔵	2	碓井 哲雄
		個人	4	*1.07.03*	1	*1.18.13*	3	1.09.43	2	1.03.49	4	1.29.59	4	1.11.51	1	*1.02.55*	4	1.10.40	2	*1.19.07*	3	*1.07.05*
		チーム	4	1.07.03	1	2.25.16	1	3.34.59	1	4.38.48	1	6.08.47	4	1.11.51	2	2.14.46	3	3.25.26	2	4.44.33	2	5.51.38
		総合	**4**	**1.07.03**	**1**	**2.25.16**	**1**	**3.34.59**	**1**	**4.38.48**	**1**	**6.08.47**	**2**	**7.20.38**	**1**	**8.23.33**	**1**	**9.34.13**	**1**	**10.53.20**	**1**	**12.00.25**
2	明治	走者	3	広田 正美	4	西尾 利雄	2	落合　宏	1	北城 俊武	4	川畑 理修	4	稲見　進	2	鍋島 勝幸	4	荒川　功	3	羽生 敏博	4	安部喜代志
		個人	8	1.07.59	10	1.21.45	5	1.10.08	4	1.05.48	2	1.28.12	2	1.11.17	8	1.04.26	1	*1.08.12*	5	*1.19.56*	1	*1.06.45*
		チーム	8	1.07.59	9	2.29.44	7	3.39.52	7	4.45.40	4	6.13.52	2	1.11.17	3	2.15.43	1	3.23.55	1	4.43.51	1	5.50.36
		総合	**8**	**1.07.59**	**9**	**2.29.44**	**7**	**3.39.52**	**7**	**4.45.40**	**4**	**6.13.52**	**3**	**7.25.09**	**3**	**8.29.35**	**3**	**9.37.47**	**3**	**10.57.43**	**2**	**12.04.28**
3	日本	走者	4	宇都宮 敦	3	小森 照夫	4	鈴木　明	2	山本 和彦	2	馬場 和秋	2	奥貫　博	3	高野 俊雄	2	中西日出夫	4	橋本 盛広	3	伊東 洋一
		個人	7	*1.07.49*	4	1.20.06	2	1.09.12	1	*1.02.40*	6	1.31.33	1	*1.09.17*	5	1.04.13	7	1.11.49	4	*1.19.55*	6	1.10.01
		チーム	7	1.07.49	5	2.27.55	4	3.37.07	2	4.39.47	2	6.11.20	1	1.09.17	1	2.13.30	2	3.25.19	3	4.45.14	3	5.55.15
		総合	**7**	**1.07.49**	**5**	**2.27.55**	**4**	**3.37.07**	**2**	**4.39.47**	**2**	**6.11.20**	**1**	**7.20.37**	**2**	**8.24.50**	**2**	**9.36.39**	**2**	**10.56.34**	**3**	**12.06.35**
4	日本体育	走者	1	池中 理治	4	岡野　章	3	井出 世振	2	池田　実	1	石塚 秀樹	2	森　英夫	3	奥野　毅	3	大見 治夫	4	高倉　久	3	渡辺 苗史
		個人	11	1.09.22	7	1.21.24	1	*1.08.39*	3	1.04.10	7	1.32.16	8	1.14.23	2	1.03.06	8	1.11.56	3	*1.19.34*	4	1.08.38
		チーム	11	1.09.22	10	2.30.46	6	3.39.25	4	4.43.35	5	6.15.51	8	1.14.23	4	2.17.29	7	3.29.25	5	4.48.59	4	5.57.37
		総合	**11**	**1.09.22**	**10**	**2.30.46**	**6**	**3.39.25**	**4**	**4.43.35**	**5**	**6.15.51**	**5**	**7.30.14**	**5**	**8.33.20**	**5**	**9.45.16**	**5**	**11.04.50**	**4**	**12.13.28**
5	順天堂	走者	2	飯島　陽	1	沢木 啓祐	1	草萱 鉄弥	4	大島 良造	1	大塚癸未男	3	須原 浩之	3	小石 啓一	2	小出 義雄	1	松波 慎介	1	則末 忠衛
		個人	2	*1.06.20*	3	*1.19.39*	8	1.10.47	6	1.06.35	8	1.32.59	9	1.14.33	3	1.04.10	3	1.10.17	7	*1.20.36*	7	1.10.40
		チーム	2	1.06.20	2	2.25.59	2	3.36.46	3	4.43.21	6	6.16.20	9	1.14.33	7	2.18.43	6	3.29.00	6	4.49.36	6	6.00.16
		総合	**2**	**1.06.20**	**2**	**2.25.59**	**2**	**3.36.46**	**3**	**4.43.21**	**6**	**6.16.20**	**6**	**7.30.53**	**6**	**8.35.03**	**6**	**9.45.20**	**6**	**11.05.56**	**5**	**12.16.36**
6	国士舘	走者	1	木原　了	3	青木 利夫	4	酒井 重雄	2	西山 一行	3	大日向幸高	3	吉永 邦雄	3	渡辺 繁男	2	安延　基	2	佐藤 輝夫	3	村上 孫晴
		個人	1	*1.05.50*	6	1.20.55	7	1.10.46	7	1.07.03	3	1.29.03	6	1.12.48	10	1.05.16	5	1.10.50	10	1.22.05	14	1.13.19
		チーム	1	1.05.50	4	2.26.45	5	3.37.31	6	4.44.34	3	6.13.37	6	1.12.48	6	2.18.04	5	3.28.54	7	4.50.59	8	6.04.18
		総合	**1**	**1.05.50**	**4**	**2.26.45**	**5**	**3.37.31**	**6**	**4.44.34**	**3**	**6.13.37**	**4**	**7.26.25**	**4**	**8.31.41**	**4**	**9.42.31**	**4**	**11.04.36**	**6**	**12.17.55**
7	法政	走者	3	望月 高明	4	中島 恒哉	3	関　登	2	渡辺　順	3	福田 安男	2	関根 洋二	2	山内寿恵夫	1	二階堂邦博	3	高橋 靖雄	3	塚越 憲彦
		個人	5	*1.07.08*	11	1.22.09	9	1.11.44	5	1.06.05	9	1.33.50	7	1.13.29	4	1.04.11	10	1.12.46	1	*1.17.49*	8	1.10.41
		チーム	5	1.07.08	8	2.29.17	9	3.41.01	8	4.47.06	8	6.20.56	7	1.13.29	5	2.17.40	8	3.30.26	4	4.48.15	5	5.58.56
		総合	**5**	**1.07.08**	**8**	**2.29.17**	**9**	**3.41.01**	**8**	**4.47.06**	**8**	**6.20.56**	**8**	**7.34.25**	**7**	**8.38.36**	**7**	**9.51.22**	**7**	**11.09.11**	**7**	**12.19.52**
8	東京教育	走者	1	椎谷 勝彦	3	黒田 栄次	3	工藤 良平	2	羽間 鋭雄	3	内田 祐一	2	伊地知 隆	2	山地 啓司	4	丸山 基紀	2	田中　檀	4	清田 竜也
		個人	10	1.08.21	5	1.20.30	12	1.14.19	10	1.07.56	5	1.30.11	3	1.11.21	12	1.08.22	6	1.11.24	9	*1.21.41*	13	1.13.06
		チーム	10	1.08.21	7	2.28.51	10	3.43.10	11	4.51.06	9	6.21.17	3	1.11.21	9	2.19.43	9	3.31.07	9	4.52.48	9	6.05.54
		総合	**10**	**1.08.21**	**7**	**2.28.51**	**10**	**3.43.10**	**11**	**4.51.06**	**9**	**6.21.17**	**7**	**7.32.38**	**8**	**8.41.00**	**8**	**9.52.24**	**8**	**11.14.05**	**8**	**12.27.11**
9	専修	走者	2	星野　勤	4	鈴木富三男	2	本田　稔	1	吉川 昭勝	2	大村 良治	4	町山 円照	4	池亀 佳久	4	中根 孝喜	3	安部　実	4	小坂部 肇
		個人	3	*1.06.49*	8	1.21.28	10	1.12.06	11	1.08.15	12	1.37.10	10	1.14.58	6	1.04.15	2	1.09.24	11	1.24.09	9	1.11.00
		チーム	3	1.06.49	6	2.28.17	8	3.40.23	9	4.48.38	10	6.25.48	10	1.14.58	8	2.19.13	4	3.28.37	8	4.52.46	7	6.03.46
		総合	**3**	**1.06.49**	**6**	**2.28.17**	**8**	**3.40.23**	**9**	**4.48.38**	**10**	**6.25.48**	**10**	**7.40.46**	**10**	**8.45.01**	**9**	**9.54.25**	**9**	**11.18.34**	**9**	**12.29.34**
10	早稲田	走者	1	土屋 建彦	2	里　勝安	4	戸田 尚武	2	川上 勝美	1	中村　宏	4	平田　寛	2	柳井 浩史	1	富田 隆俊	1	富塚 良郎	2	中村 一夫
		個人	6	*1.07.23*	2	*1.18.45*	6	1.10.43	9	1.07.34	11	1.36.06	13	1.16.10	11	1.07.45	12	1.14.50	8	*1.20.47*	12	1.12.23
		チーム	6	1.07.23	3	2.26.08	3	3.36.51	5	4.44.25	7	6.20.31	13	1.16.10	12	2.23.55	11	3.38.45	11	4.59.32	11	6.11.55
		総合	**6**	**1.07.23**	**3**	**2.26.08**	**3**	**3.36.51**	**5**	**4.44.25**	**7**	**6.20.31**	**9**	**7.36.41**	**9**	**8.44.26**	**10**	**9.59.16**	**10**	**11.20.03**	**10**	**12.32.26**
11	東洋	走者	2	松川 興右	4	緒方 満之	3	天野 正二	3	松本 孝夫	2	川鍋　満	1	小池 祐治	2	武田　功	2	伊藤　敦	3	渡辺 和夫	4	川村　清
		個人	9	1.08.14	13	1.25.17	4	1.09.56	8	1.07.09	15	1.48.32	11	1.15.54	6	1.04.15	9	1.12.37	14	1.25.57	5	1.08.48
		チーム	9	1.08.14	12	2.33.31	11	3.43.27	10	4.50.36	14	6.39.08	11	1.15.54	10	2.20.09	10	3.32.46	10	4.58.43	10	6.07.31
		総合	**9**	**1.08.14**	**12**	**2.33.31**	**11**	**3.43.27**	**10**	**4.50.36**	**14**	**6.39.08**	**14**	**7.55.02**	**13**	**8.59.17**	**11**	**10.11.54**	**11**	**11.37.51**	**11**	**12.46.39**
12	東京農業	走者	2	長沼 勝利	3	鈴木 良三	1	柳川 清春	2	塙　庸夫	3	菊地　肇	2	長谷川善次	1	杉山 弘一	1	石井　敬	1	雨宮 正行	2	臼井　昭
		個人	12	1.09.39	9	1.21.36	13	1.15.17	13	1.08.55	13	1.39.19	14	1.16.35	8	1.04.26	13	1.22.47	13	1.24.50	11	1.12.02
		チーム	12	1.09.39	11	2.31.15	12	3.46.32	12	4.55.27	12	6.34.46	14	1.16.35	11	2.21.01	12	3.43.48	12	5.08.38	12	6.20.40
		総合	**12**	**1.09.39**	**11**	**2.31.15**	**12**	**3.46.32**	**12**	**4.55.27**	**12**	**6.34.46**	**12**	**7.51.21**	**11**	**8.55.47**	**12**	**10.18.34**	**12**	**11.43.24**	**12**	**12.55.26**
13	慶應義塾	走者	3	城田 紘一	2	平井 太郎	3	林　真明	1	武居 芳広	2	江藤 忠司	2	倉島 隆雄	3	吉永　勉	4	木村敏二郎	3	佐竹 英郎	3	山野井毅彦
		個人	14	1.10.47	12	1.22.52	15	1.16.59	15	1.11.17	10	1.35.21	11	1.15.54	14	1.15.51	11	1.14.46	12	1.24.49	10	1.11.44
		チーム	14	1.10.47	13	2.33.39	13	3.50.38	13	5.01.55	13	6.37.16	11	1.15.54	14	2.31.45	13	3.46.31	13	5.11.20	13	6.23.04
		総合	**14**	**1.10.47**	**13**	**2.33.39**	**13**	**3.50.38**	**13**	**5.01.55**	**13**	**6.37.16**	**13**	**7.53.10**	**14**	**9.09.01**	**13**	**10.23.47**	**13**	**11.48.36**	**13**	**13.00.20**
14	立教	走者	2	関　正晴	4	瀬沼 俊彦	1	楠田 昭徳	2	徳永 正俊	2	浜崎 真造	1	松延 宏男	2	長谷川弘義	4	豊田多賀司	3	福島　隆	4	植村　祥
		個人	13	1.09.48	14	1.27.14	14	1.16.00	14	1.09.14	1	1.27.38	5	1.12.42	15	1.16.23	15	1.42.47	6	*1.20.10*	2	*1.06.57*
		チーム	13	1.09.48	14	2.37.02	14	3.53.02	14	5.02.16	11	6.29.54	5	1.12.42	13	2.29.05	15	4.11.52	15	5.32.02	14	6.38.59
		総合	**13**	**1.09.48**	**14**	**2.37.02**	**14**	**3.53.02**	**14**	**5.02.16**	**11**	**6.29.54**	**11**	**7.42.36**	**12**	**8.58.59**	**14**	**10.41.46**	**14**	**12.01.56**	**14**	**13.08.53**
15	防衛	走者	3	甲原 哲二	3	中山 篤信	3	谷野 正芳	3	猪瀬　優	4	石橋　穣	2	中園 博文	4	及川晃一郎	2	前川 忠明	2	青木 清史	4	中川 浩佑
		個人	15	1.13.47	15	1.32.00	11	1.13.56	12	1.08.33	14	1.46.15	15	1.20.47	13	1.11.23	14	1.23.31	15	1.31.09	15	1.21.34
		チーム	15	1.13.47	15	2.45.47	15	3.59.43	15	5.08.16	15	6.54.31	15	1.20.47	15	2.32.10	14	3.55.41	14	5.26.50	15	6.48.24
		総合	**15**	**1.13.47**	**15**	**2.45.47**	**15**	**3.59.43**	**15**	**5.08.16**	**15**	**6.54.31**	**15**	**8.15.18**	**15**	**9.26.41**	**15**	**10.50.12**	**15**	**12.21.21**	**15**	**13.42.55**

第40回　1964年（昭和39年）1月2日～3日　総距離：223.2km　往路：111.7km　復路：111.5km

順	大学名		往路										復路									
			1区(21.7km)		2区(24.7km)		3区(20.2km)		4区(20.4km)		5区(24.7km)		6区(24.7km)		7区(20.2km)		8区(20.2km)		9区(24.7km)		10区(21.7km)	
1	中央	走者	3	猿渡 武嗣	3	碓井 哲雄	2	師岡 溢哺	4	岩下 察男	4	中村 健司	4	中島 輝雄	3	井上 鉄石	1	福盛 祐三	2	北東 弘万	2	若松 軍蔵
		個人	4	*1.05.27*	3	*1.15.53*	5	1.04.35	1	*59.54*	1	*1.25.08*	2	*1.08.52*	1	*1.03.28*	3	1.05.40	6	1.18.53	1	*1.05.44*
		チーム	4	1.05.27	2	2.21.20	3	3.25.55	2	4.25.49	1	5.50.57	2	1.08.52	2	2.12.20	2	3.18.00	2	4.36.53	1	5.42.37
		総合	4	1.05.27	2	2.21.20	3	3.25.55	2	4.25.49	1	5.50.57	2	6.59.49	2	8.03.17	2	9.08.57	2	10.27.50	1	11.33.34
2	日本	走者	3	山本 和彦	1	高口 徹	3	馬場 和秋	2	宇佐美彰朗	1	上原 敏彦	3	奥貫 博	4	伊東 洋一	1	高橋 英雄	4	小森 照夫	4	高野 俊雄
		個人	2	*1.05.15*	2	*1.14.23*	2	1.03.22	3	1.02.04	5	1.26.06	1	*1.07.54*	2	1.04.02	1	*1.04.08*	4	1.18.19	8	1.08.29
		チーム	2	1.05.15	1	2.19.38	1	3.23.00	1	4.25.04	2	5.51.10	1	1.07.54	1	2.11.56	1	3.16.04	1	4.34.23	2	5.42.52
		総合	2	1.05.15	1	2.19.38	1	3.23.00	1	4.25.04	2	5.51.10	1	6.59.04	1	8.03.06	1	9.07.14	1	10.25.33	2	11.34.02
3	国士舘	走者	1	大川 賢明	2	木原 了	4	村上 孫晴	3	佐藤 輝夫	4	大日向幸高	4	吉永 邦雄	3	西山 一行	1	猪腰 嘉勝	4	青木 利夫	1	三原 康雄
		個人	1	*1.04.59*	4	*1.16.55*	1	*1.02.43*	6	1.03.26	12	1.31.22	6	1.11.03	5	1.07.01	6	1.05.59	1	*1.16.56*	5	*1.06.45*
		チーム	1	1.04.59	3	2.21.54	2	3.24.37	3	4.28.03	3	5.59.25	6	1.11.03	5	2.18.04	5	3.24.03	3	4.40.59	3	5.47.44
		総合	1	1.04.59	3	2.21.54	2	3.24.37	3	4.28.03	3	5.59.25	3	7.10.28	3	8.17.29	3	9.23.28	3	10.40.24	3	11.47.09
4	東洋	走者	1	松田 信由	3	川鍋 清	1	小林 格治	1	神原 惇	1	小川 勝己	4	天野 正二	3	武田 功	1	横堀 泰寛	2	小池 祐治	3	松川 興右
		個人	5	*1.05.33*	7	*1.18.03*	7	1.05.03	4	1.02.40	9	1.29.33	5	1.10.53	5	1.07.01	4	1.05.41	9	1.20.08	6	1.07.54
		チーム	5	1.05.33	4	2.23.36	4	3.28.39	4	4.31.19	5	6.00.52	5	1.10.53	4	2.17.54	4	3.23.35	5	4.43.43	6	5.51.37
		総合	5	1.05.33	4	2.23.36	4	3.28.39	4	4.31.19	5	6.00.52	4	7.11.45	5	8.18.46	5	9.24.27	4	10.44.35	4	11.52.29
5	順天堂	走者	1	細川 博	2	沢木 啓祐	2	草萱 鉄弥	1	鳥居 邦夫	2	大塚癸未男	2	松波 慎介	4	小石 啓一	3	小出 義雄	3	飯島 陽	4	須原 浩之
		個人	16	1.09.24	15	1.22.11	8	1.05.13	10	1.05.06	8	1.27.46	10	1.12.35	4	1.05.52	5	1.05.57	2	*1.17.20*	4	*1.06.24*
		チーム	14	1.09.24	14	2.31.35	12	3.36.48	10	4.41.54	10	6.09.40	9	1.12.35	6	2.18.27	6	3.24.24	4	4.41.44	4	5.48.08
		総合	14	1.09.24	14	2.31.35	12	3.36.48	10	4.41.54	10	6.09.40	10	7.22.15	9	8.28.07	8	9.34.04	5	10.51.24	5	11.57.48
5	日本体育	走者	4	井出 世振	2	石塚 秀樹	3	加藤 弘	2	田代 美孝	4	渡辺 苗史	2	酒井 寛	1	松本 軍征	1	采谷 義秋	4	大見 治夫	3	池田 実
		個人	3	*1.05.20*	13	1.21.20	3	1.04.05	7	1.04.04	4	1.25.43	7	1.12.03	3	1.05.46	2	1.05.27	16	1.27.48	2	*1.06.12*
		チーム	3	1.05.20	8	2.26.40	8	3.30.45	7	4.34.49	4	6.00.32	7	1.12.03	3	2.17.49	3	3.23.16	11	4.51.04	9	5.57.16
		総合	3	1.05.20	8	2.26.40	8	3.30.45	7	4.34.49	4	6.00.32	5	7.12.35	4	8.18.21	4	9.23.48	7	10.51.36	5	11.57.48
7	早稲田	走者	2	秋田 弘吉	3	里 勝安	1	土谷 善建	1	富満 一夫	2	土屋 建彦	2	富塚 良郎	3	進地 三雄	3	柳井 浩史	2	中村 宏	3	中村 一夫
		個人	6	*1.05.39*	8	1.18.37	6	1.04.57	8	1.04.54	16	1.33.35	3	1.09.42	13	1.09.02	8	1.06.33	7	1.19.21	3	*1.06.19*
		チーム	6	1.05.39	5	2.24.16	6	3.29.13	6	4.34.07	8	6.07.42	3	1.09.42	8	2.18.44	7	3.25.17	6	4.44.38	5	5.50.57
		総合	6	1.05.39	5	2.24.16	6	3.29.13	6	4.34.07	8	6.07.42	7	7.17.24	8	8.26.26	6	9.32.59	6	10.52.20	7	11.58.39
8	法政	走者	2	二階堂邦博	4	高橋 靖雄	2	原島 正之	2	阿久津勝利	4	福田 安男	3	関根 洋二	1	河原 幸雄	1	定兼 義宣	4	関 登	4	塚越 憲彦
		個人	12	1.07.27	5	*1.16.56*	4	1.04.24	5	1.02.57	13	1.31.33	12	1.13.08	10	1.08.08	14	1.08.41	8	1.19.57	9	1.08.34
		チーム	10	1.07.27	6	2.24.23	5	3.28.47	5	4.31.44	6	6.03.17	11	1.13.08	11	2.21.16	11	3.29.57	10	4.49.54	10	5.58.28
		総合	10	1.07.27	6	2.24.23	5	3.28.47	5	4.31.44	6	6.03.17	8	7.16.25	7	8.24.33	9	9.33.14	8	10.53.11	8	12.01.45
9	明治	走者	4	広田 正美	1	沼本 敬純	2	小林 羊吉	1	天野 輝男	4	羽生 敏博	2	北城 俊武	3	山口 詔二	2	福山 時義	2	谷口 共栄	3	鍋島 勝幸
		個人	10	1.07.02	11	1.20.19	14	1.07.46	9	1.04.56	2	*1.25.10*	4	1.10.09	11	1.08.32	12	1.08.11	11	1.21.14	7	1.08.28
		チーム	10	1.07.02	12	2.27.21	11	3.35.07	11	4.40.03	9	6.05.13	4	1.10.09	7	2.18.41	8	3.26.52	9	4.48.06	8	5.56.34
		総合	8	1.07.02	10	2.27.21	9	3.35.07	9	4.40.03	7	6.05.13	6	7.15.22	6	8.23.54	7	9.32.05	9	10.53.19	9	12.01.47
10	専修	走者	3	星野 勤	3	大村 良治	1	瀬原田 勇	1	武沢 観治	4	安部 実	1	木野 光輝	1	鈴木 剛	2	吉川 昭勝	2	岩村 一和	2	羽田 保男
		個人	9	1.06.52	6	*1.17.56*	10	1.05.49	16	1.08.40	15	1.31.52	11	1.12.49	7	1.07.30	10	1.07.40	3	1.17.56	10	1.09.41
		チーム	7	1.06.52	7	2.24.48	7	3.30.37	8	4.39.17	11	6.11.09	10	1.12.49	9	2.20.19	10	3.27.59	7	4.45.55	7	5.55.36
		総合	7	1.06.52	7	2.24.48	7	3.30.37	8	4.39.17	11	6.11.09	12	7.23.58	10	8.31.28	11	9.39.08	10	10.57.04	10	12.06.45
11	東京教育	走者	2	椎谷 勝彦	3	伊地知 隆	4	工藤 良平	3	羽間 鋭雄	4	内田 祐一	4	黒田 栄次	2	遠山 正暁	1	山本 敬	3	田中 權	3	山地 啓司
		個人	17	1.09.48	14	1.21.57	12	1.06.01	12	1.06.16	7	1.27.39	8	1.12.16	12	1.08.38	7	1.06.28	5	1.18.37	15	1.13.47
		チーム	15	1.09.48	15	2.31.45	13	3.37.46	13	4.44.02	12	6.11.41	8	1.12.16	10	2.20.54	9	3.27.22	8	4.45.59	11	5.59.46
		総合	15	1.09.48	15	2.31.45	13	3.37.46	13	4.44.02	12	6.11.41	11	7.23.57	11	8.32.35	10	9.39.03	11	10.57.40	11	12.11.27
12	立教	走者	3	関 正晴	3	山口 巌雄	3	長谷川弘義	1	袖山 保	3	浜崎 真造	2	松延 宏男	3	松村 吉郎	2	楠田 昭徳	4	福島 隆	3	徳永 正俊
		個人	11	1.07.08	10	1.20.08	15	1.08.14	14	1.07.44	3	*1.25.36*	13	1.13.13	15	1.10.42	9	1.07.35	10	1.20.58	14	1.13.40
		チーム	9	1.07.08	9	2.27.16	10	3.35.30	11	4.43.14	9	6.08.50	12	1.13.13	12	2.23.55	12	3.31.30	12	4.52.28	12	6.06.08
		総合	9	1.07.08	9	2.27.16	10	3.35.30	11	4.43.14	9	6.08.50	9	7.22.03	12	8.32.45	12	9.40.20	12	11.01.18	12	12.14.58
13	東京農業	走者	4	菊地 肇	4	鈴木 良三	2	柳川 清春	3	塙 庸夫	3	長沼 勝利	2	雨宮 正行	1	小口真喜也	3	吉田 高士	3	臼井 昭	1	柳井 三郎
		個人	13	1.07.28	17	1.23.25	11	1.05.54	13	1.06.57	14	1.31.37	14	1.15.21	14	1.09.16	16	1.11.35	12	1.21.45	13	1.11.25
		チーム	11	1.07.28	12	2.30.53	11	3.36.47	12	4.43.44	13	6.15.21	13	1.15.21	13	2.24.37	13	3.36.12	13	4.57.57	13	6.09.22
		総合	11	1.07.28	12	2.30.53	11	3.36.47	12	4.43.44	13	6.15.21	13	7.30.42	13	8.39.58	13	9.51.33	13	11.13.18	13	12.24.43
14	慶應義塾	走者	3	倉島 隆雄	3	平井 太郎	4	林 真明	1	服部 徹	3	江藤 忠司	2	武居 芳広	1	佐藤 正弘	2	野口 孝行	4	佐竹 英郎	4	山野井毅彦
		個人	15	1.08.21	12	1.20.50	16	1.10.13	15	1.08.09	11	1.29.53	16	1.18.00	17	1.14.14	15	1.10.06	15	1.25.27	11	1.11.17
		チーム	13	1.08.21	11	2.29.11	15	3.39.24	15	4.47.33	14	6.17.26	14	1.18.00	14	2.32.14	14	3.42.20	14	5.07.47	14	6.19.04
		総合	13	1.08.21	11	2.29.11	15	3.39.24	15	4.47.33	14	6.17.26	14	7.35.26	14	8.49.40	14	9.59.46	14	11.25.13	14	12.36.30
15	横浜市立	走者	4	秋山 紘	1	杉山 昇	1	塚田 和美	3	岩船 和雄	1	藤井 敏彦	4	若林 正治	2	青砥 悠	3	奥田 博一	3	中山 慎一	4	小林 一二
		個人	14	1.08.11	16	1.23.10	13	1.06.31	17	1.09.01	17	1.35.20	17	1.21.56	16	1.13.45	17	1.16.40	17	1.30.27	17	1.19.10
		チーム	12	1.08.11	13	2.31.21	14	3.37.52	14	4.46.53	15	6.22.13	15	1.21.56	15	2.35.41	15	3.52.21	15	5.22.48	15	6.41.58
		総合	12	1.08.11	13	2.31.21	14	3.37.52	14	4.46.53	15	6.22.13	15	7.44.09	15	8.57.54	15	10.14.34	15	11.45.01	15	13.04.11
参	立命館	走者	3	伊藤 浩敬	4	鈴木 巌	4	鶏冠井史郎	1	舟橋 一夫	1	川越 征己	1	村井 雄二	2	米井 勝秀	1	木村 祐三	1	吉村 正昭	1	原田 睦三
		個人	7	1.06.34	9	1.19.40	9	1.05.29	11	1.05.47	6	1.26.14	15	1.16.44	8	1.07.40	11	1.07.51	13	1.22.21	12	1.11.21
		チーム	参	1.06.34	参	2.26.14	参	3.31.43	参	4.37.30	参	6.03.44	参	1.16.44	参	2.24.24	参	3.32.15	参	4.54.36	参	6.05.57
		総合	参	1.06.34	参	2.26.14	参	3.31.43	参	4.37.30	参	6.03.44	参	7.20.28	参	8.28.08	参	9.35.59	参	10.58.20	参	12.09.41
参	福岡	走者	3	末次 康裕	2	重松 森雄	1	中島 文彦	1	佐藤 寿一	1	谷川 英明	1	鎌田 秀徳	2	馬場 正義	2	山崎 勝	1	宗 康秀	1	林 暄
		個人	8	1.06.51	1	*1.13.52*	17	1.11.38	2	1.00.46	10	1.29.47	9	1.12.22	9	1.07.50	13	1.08.38	14	1.23.49	16	1.16.21
		チーム	参	1.06.51	参	2.20.43	参	3.32.21	参	4.33.07	参	6.02.54	参	1.12.22	参	2.20.12	参	3.28.50	参	4.52.39	参	6.09.00
		総合	参	1.06.51	参	2.20.43	参	3.32.21	参	4.33.07	参	6.02.54	参	7.15.16	参	8.23.06	参	9.31.44	参	10.55.33	参	12.11.54

第41回　1965年(昭和40年)1月2日～3日　総距離：223.2km　往路：111.7km　復路：111.5km

順	大学名		往路										復路									
			1区 (21.7km)		2区 (24.7km)		3区 (20.2km)		4区 (20.4km)		5区 (24.7km)		6区 (24.7km)		7区 (20.2km)		8区 (20.2km)		9区 (24.7km)		10区 (21.7km)	
1	日本	走者	1	藤田 国夫	1	土谷 和夫	1	鈴木 従道	4	馬場 和秋	2	上原 敏彦	4	奥貫 博	4	山本 和彦	1	大槻 憲一	3	宇佐美彰朗	2	高口 徹
		個人	7	1.06.29	1	1.14.40	1	*1.01.46*	1	1.02.23	6	1.26.43	1	1.09.04	4	1.04.36	3	1.05.23	1	*1.15.56*	1	*1.03.41*
		チーム	7	1.06.29	1	2.21.09	1	3.22.55	1	4.25.18	1	5.52.01	1	1.09.04	1	2.13.40	1	3.19.03	1	4.34.59	1	5.38.40
		総合	7	1.06.29	1	2.21.09	1	3.22.55	1	4.25.18	1	5.52.01	1	7.01.05	1	8.05.41	1	9.11.04	1	10.27.00	1	11.30.41
2	中央	走者	2	渡部 力	4	碓井 哲雄	2	福盛 祐三	4	猿渡 武嗣	2	磯端 克明	1	白井 脩	3	師岡 溢晴	3	北東 弘万	3	若松 軍蔵	4	井上 鉄石
		個人	6	1.06.23	2	1.15.19	4	1.03.57	2	1.03.28	7	1.27.50	4	1.10.59	1	1.03.39	2	1.04.42	3	1.17.40	2	*1.05.12*
		チーム	6	1.06.23	2	2.21.42	2	3.25.39	2	4.29.07	3	5.56.57	4	1.10.59	2	2.14.38	3	3.19.20	2	4.37.00	2	5.42.12
		総合	6	1.06.23	2	2.21.42	2	3.25.39	2	4.29.07	3	5.56.57	2	7.07.56	2	8.11.35	2	9.16.17	2	10.33.57	2	11.39.09
3	順天堂	走者	1	土橋 茂一	3	沢木 啓祐	2	細川 博	2	鳥居 邦夫	3	大塚癸未男	1	深田 清次	3	草萱 鉄弥	3	松波 慎介	4	飯島 陽	3	吉田 寿夫
		個人	9	1.07.01	6	1.18.09	2	1.03.25	4	1.04.09	4	1.26.25	6	1.11.33	2	1.04.23	1	*1.03.15*	4	1.18.16	6	1.07.22
		チーム	9	1.07.01	4	2.25.10	4	3.28.35	4	4.32.44	4	5.59.09	6	1.11.33	3	2.15.56	2	3.19.11	3	4.37.27	3	5.44.49
		総合	9	1.07.01	4	2.25.10	4	3.28.35	4	4.32.44	4	5.59.09	4	7.10.42	4	8.15.05	3	9.18.20	3	10.36.36	3	11.43.58
4	国士舘	走者	2	大川 賢明	3	木原 了	2	狩川 景秋	1	伊東 輝雄	2	猪腰 嘉勝	4	西山 一行	2	桑幡 尚明	2	山形 修身	2	三原 康雄	4	佐藤 輝夫
		個人	1	1.05.50	3	1.16.43	3	1.03.45	3	1.04.08	3	1.26.11	9	1.13.07	3	1.04.31	6	1.06.25	5	1.19.11	3	1.06.04
		チーム	1	1.05.50	3	2.22.33	3	3.26.18	3	4.30.26	2	5.56.37	9	1.13.07	6	2.17.38	5	3.24.03	5	4.43.14	5	5.49.18
		総合	1	1.05.50	3	2.22.33	3	3.26.18	3	4.30.26	2	5.56.37	3	7.09.44	3	8.14.15	4	9.20.40	4	10.39.51	4	11.45.55
5	日本体育	走者	2	松本 軍征	4	加藤 弘	3	対梨 暁	2	角田 伸司	3	石塚 秀樹	4	森 英夫	1	栗原 治男	2	金井 勝政	4	池田 実	3	酒井 寛
		個人	5	1.06.20	12	1.20.08	6	1.05.02	7	1.05.52	2	*1.23.53*	8	1.12.57	5	1.05.01	4	1.05.24	2	*1.16.39*	5	1.06.23
		チーム	5	1.06.20	9	2.26.28	6	3.31.30	5	4.37.22	6	6.01.15	8	1.12.57	7	2.17.58	4	3.23.22	4	4.40.01	4	5.46.24
		総合	5	1.06.20	9	2.26.28	6	3.31.30	5	4.37.22	6	6.01.15	5	7.14.12	5	8.19.13	5	9.24.37	5	10.41.16	5	11.47.39
6	早稲田	走者	1	小泉真二良	3	秋田 弘吉	2	土谷 善建	2	富満 一夫	4	里 勝安	3	富塚 良郎	4	中村 一夫	3	中村 宏	1	新村 隆博	3	土屋 建彦
		個人	4	1.06.19	10	1.20.00	13	1.07.50	5	1.04.41	10	1.32.01	5	1.11.19	10	1.08.43	7	1.06.26	7	1.20.26	4	1.06.09
		チーム	4	1.06.19	8	2.26.19	10	3.34.09	8	4.38.50	9	6.10.51	5	1.11.19	9	2.20.02	6	3.26.28	7	4.46.54	6	5.53.03
		総合	4	1.06.19	8	2.26.19	10	3.34.09	8	4.38.50	9	6.10.51	7	7.22.10	9	8.30.53	7	9.37.19	7	10.57.45	6	12.03.54
7	専修	走者	2	瀬原田 勇	4	大村 良治	1	山中 博	3	宮本 昭雄	3	岩村 一和	2	木野 光輝	3	羽田 保男	4	池亀 佳久	2	伊藤 寛	4	星野 勲
		個人	8	1.06.51	8	1.18.55	10	1.06.08	8	1.07.07	5	1.26.37	2	1.09.55	8	1.06.35	10	1.10.15	9	1.22.51	8	1.08.42
		チーム	8	1.06.51	6	2.25.46	7	3.31.54	9	4.39.01	7	6.05.38	2	1.09.55	4	2.16.30	8	3.26.45	8	4.49.36	8	5.58.18
		総合	8	1.06.51	6	2.25.46	7	3.31.54	9	4.39.01	7	6.05.38	6	7.15.33	6	8.22.08	6	9.32.23	6	10.55.14	7	12.03.56
8	明治	走者	2	沼本 敬純	4	鍋島 勝幸	1	内田 武夫	2	天野 輝男	1	秋吉 和俊	3	北城 俊武	4	山口 詔二	3	福山 時義	3	谷口 共栄	3	小林 羊吉
		個人	12	1.09.01	11	1.20.01	8	1.05.44	9	1.07.20	9	1.30.01	3	1.10.41	9	1.07.17	8	1.08.44	6	1.19.22	6	1.07.22
		チーム	12	1.09.01	12	2.29.02	11	3.34.46	11	4.42.06	10	6.12.07	3	1.10.41	7	2.17.58	7	3.26.42	6	4.46.04	7	5.53.26
		総合	12	1.09.01	12	2.29.02	11	3.34.46	11	4.42.06	10	6.12.07	8	7.22.48	7	8.30.05	8	9.38.49	8	10.58.11	8	12.05.33
9	東洋	走者	2	松田 信由	4	川鍋 満	2	小笹 富夫	1	山崎 健一	2	小川 勝己	2	神原 惇	1	山口 吉信	2	横堀 泰寛	1	堀野 耕一	3	小池 祐治
		個人	2	1.06.09	13	1.21.15	7	1.05.28	12	1.08.19	11	1.32.14	7	1.12.17	6	1.05.08	9	1.09.20	11	1.23.54	9	1.09.01
		チーム	2	1.06.09	10	2.27.24	9	3.32.52	10	4.41.11	11	6.13.25	7	1.12.17	5	2.17.25	8	3.26.45	9	4.50.39	9	5.59.40
		総合	2	1.06.09	10	2.27.24	9	3.32.52	10	4.41.11	11	6.13.25	11	7.25.42	8	8.30.50	9	9.40.10	9	11.04.04	9	12.13.05
10	東京教育	走者	2	山本 敬	4	伊地知 隆	3	椎谷 勝彦	1	清水 幸哉	4	田中 檀	3	遠山 正暁	3	山西 哲郎	2	伊東 英夫	4	山地 啓司	1	清水 克哉
		個人	3	1.06.13	9	1.19.25	5	1.04.32	10	1.07.30	8	1.29.24	10	1.16.19	11	1.09.44	12	1.11.25	12	1.24.51	12	1.12.58
		チーム	3	1.06.13	5	2.25.38	5	3.30.10	6	4.37.40	8	6.07.04	10	1.16.19	11	2.26.03	11	3.37.28	11	5.02.19	11	6.15.17
		総合	3	1.06.13	5	2.25.38	5	3.30.10	6	4.37.40	8	6.07.04	9	7.23.23	10	8.33.07	11	9.44.32	10	11.09.23	10	12.22.21
11	立教	走者	1	斎藤 武	1	須田 秀夫	1	矢島 通夫	4	関 正晴	4	浜崎 真造	3	松延 宏男	2	袖山 保	3	楠田 昭徳	4	山口 厳雄	4	徳永 正俊
		個人	11	1.08.22	4	1.17.36	12	1.06.46	6	1.05.48	1	*1.22.38*	14	1.22.45	12	1.10.37	5	1.06.03	15	1.32.21	11	1.10.50
		チーム	11	1.08.22	7	2.25.58	8	3.32.44	7	4.38.32	5	6.01.10	14	1.22.45	14	2.33.22	12	3.39.25	13	5.11.46	12	6.22.36
		総合	11	1.08.22	7	2.25.58	8	3.32.44	7	4.38.32	5	6.01.10	10	7.23.55	11	8.34.32	10	9.40.35	11	11.12.56	11	12.23.46
12	法政	走者	3	二階堂邦博	4	関根 洋二	2	河原 幸雄	4	渡辺 順	3	阿久津勝利	1	橋本広三郎	3	原島 正之	4	山内寿恵夫	2	定兼 義宣	4	田中 健
		個人	13	1.09.31	15	1.23.26	9	1.06.04	11	1.07.41	13	1.38.23	11	1.16.32	7	1.05.38	11	1.11.01	8	1.21.24	10	1.09.59
		チーム	13	1.09.31	15	2.32.57	14	3.39.01	13	4.46.42	13	6.25.05	11	1.16.32	10	2.22.10	10	3.33.11	10	4.54.35	10	6.04.34
		総合	13	1.09.31	15	2.32.57	14	3.39.01	13	4.46.42	13	6.25.05	13	7.41.37	12	8.47.15	12	9.58.16	12	11.19.40	12	12.29.39
13	東京農業	走者	4	臼井 昭	3	雨宮 正行	3	柳川 清春	4	塙 庸夫	4	長沼 勝利	2	小口真喜也	4	甲地 元明	3	阿部 信司	2	柳井 三郎	4	吉田 高士
		個人	10	1.08.15	14	1.22.19	11	1.06.20	13	1.09.12	12	1.34.28	13	1.19.54	13	1.11.22	14	1.14.01	10	1.23.07	13	1.14.13
		チーム	10	1.08.15	13	2.30.34	12	3.36.54	12	4.46.06	12	6.20.34	13	1.19.54	13	2.31.16	14	3.45.17	12	5.08.24	13	6.22.37
		総合	10	1.08.15	13	2.30.34	12	3.36.54	12	4.46.06	12	6.20.34	12	7.40.28	13	8.51.50	13	10.05.51	13	11.28.58	13	12.43.11
14	青山学院	走者	3	高瀬 英孝	3	岩崎 省三	3	阪田 耕一	1	安形 保夫	1	熊本 武明	1	森 洋	2	飯多 一郎	2	中沢 通訓	1	高瀬 隆一	2	丸山 英樹
		個人	14	1.09.39	7	1.18.14	14	1.10.52	14	1.09.23	14	1.40.35	15	1.23.35	15	1.15.08	15	1.17.38	13	1.27.39	14	1.14.42
		チーム	14	1.09.39	11	2.27.53	13	3.38.45	14	4.48.08	14	6.28.43	15	1.23.35	15	2.38.43	15	3.56.21	15	5.24.00	15	6.38.42
		総合	14	1.09.39	11	2.27.53	13	3.38.45	14	4.48.08	14	6.28.43	14	7.52.18	14	9.07.26	14	10.25.04	14	11.52.43	14	13.07.25
15	神奈川	走者	1	江島 直治	1	藤崎 豊夫	2	山本 孝治	1	石井 暢男	1	菅野 賢一	1	工藤 伸光	2	吉川 浩	1	幕田 正	1	岡部 勝美	1	藤原 寿彦
		個人	15	1.13.07	5	1.17.40	15	1.13.23	15	1.16.08	15	1.45.51	12	1.16.42	14	1.12.55	13	1.13.20	14	1.29.27	15	1.15.06
		チーム	15	1.13.07	14	2.30.47	15	3.44.10	15	5.00.18	15	6.46.09	12	1.16.42	12	2.29.37	13	3.42.57	14	5.12.24	14	6.27.30
		総合	15	1.13.07	14	2.30.47	15	3.44.10	15	5.00.18	15	6.46.09	15	8.02.51	15	9.15.46	15	10.29.06	15	11.58.33	15	13.13.39

第42回　1966年(昭和41年)1月2日～3日　総距離：223.2km　往路：111.7km　復路：111.5km

順	大学名		往路										復路									
			1区 (21.7km)		2区 (24.7km)		3区 (20.2km)		4区 (21.4km)		5区 (23.7km)		6区 (23.7km)		7区 (21.2km)		8区 (20.2km)		9区 (24.7km)		10区 (21.7km)	
1	順天堂	走者	3	吉田 博美	4	沢木 啓祐	3	細川 博	3	飯島 和樹	4	大塚癸未男	2	深田 清次	3	鳥居 邦夫	4	草萱 鉄弥	4	松波 慎介	2	牧田 源一
		個人	2	*1.03.51*	1	*1.12.02*	1	*1.01.24*	1	*1.05.56*	1	*1.18.31*	2	1.05.32	4	1.07.01	2	1.04.22	1	*1.15.36*	3	1.05.46
		チーム	2	1.03.51	1	2.15.53	1	3.17.17	1	4.23.13	1	5.41.44	2	1.05.32	4	2.12.33	2	3.16.55	1	4.32.31	2	5.38.17
		総合	**2**	**1.03.51**	**1**	**2.15.53**	**1**	**3.17.17**	**1**	**4.23.13**	**1**	**5.41.44**	**1**	**6.47.16**	**1**	**7.54.17**	**1**	**8.58.39**	**1**	**10.14.15**	**1**	**11.20.01**
2	日本	走者	4	青葉 昌幸	4	宇佐美彰朗	3	高橋 英雄	2	藤田 国夫	2	大槻 憲一	2	内野 幸吉	3	上原 敏彦	4	碇 俊彦	2	鈴木 従道	2	土谷 和夫
		個人	3	*1.04.43*	2	1.15.06	2	1.01.53	2	1.06.48	3	1.20.07	6	1.06.17	3	1.06.45	3	1.05.03	2	*1.15.53*	1	*1.03.34*
		チーム	3	1.04.43	3	2.19.49	2	3.21.42	2	4.28.30	2	5.48.37	6	1.06.17	5	2.13.02	4	3.18.05	2	4.33.58	1	5.37.32
		総合	**3**	**1.04.43**	**3**	**2.19.49**	**2**	**3.21.42**	**2**	**4.28.30**	**2**	**5.48.37**	**2**	**6.54.54**	**3**	**8.01.39**	**3**	**9.06.42**	**2**	**10.22.35**	**2**	**11.26.09**
3	日本体育	走者	2	角屋 勇夫	3	松本 軍征	4	石塚 秀樹	3	金井 勝政	1	増田 亮一	1	川松 正弘	1	三原 市郎	3	采谷 義秋	1	牧野 昭典	3	角田 伸司
		個人	6	1.05.42	8	1.17.09	3	1.04.01	3	1.07.06	4	1.20.27	5	1.06.05	6	1.07.21	1	1.03.53	5	1.17.03	4	1.06.28
		チーム	6	1.05.42	6	2.22.51	6	3.26.52	4	4.33.58	4	5.54.25	5	1.06.05	6	2.13.26	3	3.17.19	3	4.34.22	3	5.40.50
		総合	**6**	**1.05.42**	**6**	**2.22.51**	**6**	**3.26.52**	**4**	**4.33.58**	**4**	**5.54.25**	**4**	**7.00.30**	**4**	**8.07.51**	**4**	**9.11.44**	**3**	**10.28.47**	**3**	**11.35.15**
4	中央	走者	3	福盛 祐三	4	若松 軍蔵	3	渡部 力	1	谷口 欣也	3	磯端 克明	2	白井 脩	2	健木 栄司	2	原 治和	4	北東 弘万	2	小井 薫
		個人	5	1.05.41	4	1.15.51	6	1.04.46	10	1.11.24	2	1.19.01	1	*1.04.24*	5	1.07.08	10	1.08.34	4	1.16.30	2	1.05.25
		チーム	5	1.05.41	4	2.21.32	4	3.26.18	5	4.37.42	5	5.56.43	1	1.04.24	2	2.11.32	6	3.20.06	5	4.36.36	4	5.42.01
		総合	**5**	**1.05.41**	**4**	**2.21.32**	**4**	**3.26.18**	**5**	**4.37.42**	**5**	**5.56.43**	**5**	**7.01.07**	**5**	**8.08.15**	**5**	**9.16.49**	**5**	**10.33.19**	**4**	**11.38.44**
5	国士舘	走者	1	井上 俊	4	木原 了	2	澄田 栄治	2	伊東 輝雄	3	猪腰 嘉勝	3	山形 修身	1	蜂谷 和明	3	桑幡 尚明	3	大川 賢明	3	三原 康雄
		個人	1	*1.02.30*	3	1.15.25	4	1.04.15	4	1.07.19	5	1.20.38	4	1.05.56	1	*1.04.55*	4	1.05.14	15	1.27.03	5	1.06.48
		チーム	1	1.02.30	2	2.17.55	3	3.22.10	3	4.29.29	3	5.50.07	4	1.05.56	1	2.10.51	1	3.16.05	6	4.43.08	6	5.49.56
		総合	**1**	**1.02.30**	**2**	**2.17.55**	**3**	**3.22.10**	**3**	**4.29.29**	**3**	**5.50.07**	**3**	**6.56.03**	**2**	**8.00.58**	**2**	**9.06.12**	**4**	**10.33.15**	**5**	**11.40.03**
6	東洋	走者	3	小林 格治	3	横堀 泰寛	2	山崎 健一	2	山口 吉信	1	佐々木 功	3	神原 惇	3	松田 信由	1	野村 栄樹	3	小川 勝己	4	小池 祐治
		個人	10	1.07.35	10	1.17.33	7	1.05.01	7	1.09.27	9	1.26.23	3	1.05.42	2	1.06.40	6	1.06.40	3	1.16.29	7	1.07.21
		チーム	10	1.07.35	10	2.25.08	7	3.30.09	7	4.39.36	7	6.05.59	3	1.05.42	3	2.12.22	5	3.19.02	4	4.35.31	5	5.42.52
		総合	**10**	**1.07.35**	**10**	**2.25.08**	**7**	**3.30.09**	**7**	**4.39.36**	**7**	**6.05.59**	**6**	**7.11.41**	**6**	**8.18.21**	**6**	**9.25.01**	**6**	**10.41.30**	**6**	**11.48.51**
7	早稲田	走者	2	小泉真二良	1	中川 衛	3	土谷 善建	4	秋田 弘吉	4	中村 宏	4	富塚 良郎	1	島田 正通	2	石川 好夫	2	新村 隆博	4	土屋 建彦
		個人	11	1.07.44	11	1.17.49	10	1.07.58	5	1.08.24	7	1.24.50	9	1.07.46	10	1.11.01	5	1.06.38	7	1.18.36	6	1.07.01
		チーム	11	1.07.44	11	2.25.33	11	3.33.31	10	4.41.55	8	6.06.45	9	1.07.46	9	2.18.47	7	3.25.25	7	4.44.01	7	5.51.02
		総合	**11**	**1.07.44**	**11**	**2.25.33**	**11**	**3.33.31**	**10**	**4.41.55**	**8**	**6.06.45**	**8**	**7.14.31**	**8**	**8.25.32**	**8**	**9.32.10**	**8**	**10.50.46**	**7**	**11.57.47**
8	専修	走者	3	伊藤 寛	3	木野 光輝	4	宮本 昭雄	2	山中 博	4	岩村 一和	1	高木 秀男	4	羽田 保男	1	花沢 栄一	3	鈴木 剛	4	吉川 昭勝
		個人	7	1.06.19	7	1.17.01	12	1.08.31	9	1.09.55	6	1.20.41	12	1.09.50	8	1.09.36	13	1.10.00	6	1.17.46	10	1.09.53
		チーム	7	1.06.19	7	2.23.20	10	3.31.51	9	4.41.46	6	6.02.27	12	1.09.50	10	2.19.26	11	3.29.26	10	4.47.12	10	5.57.05
		総合	**7**	**1.06.19**	**7**	**2.23.20**	**10**	**3.31.51**	**9**	**4.41.46**	**6**	**6.02.27**	**7**	**7.12.17**	**7**	**8.21.53**	**7**	**9.31.53**	**7**	**10.49.39**	**8**	**11.59.32**
9	法政	走者	1	福田 茂之	1	磯本 克之	1	金沢元三郎	3	富原 勝雄	3	定兼 義宣	4	原島 正之	2	橋本広三郎	3	古川 道郎	3	梶原 聡	2	古屋 芳雄
		個人	9	1.07.21	9	1.17.28	8	1.06.07	8	1.09.30	11	1.27.18	8	1.07.45	11	1.11.42	7	1.07.52	8	1.19.05	12	1.10.36
		チーム	9	1.07.21	9	2.24.49	8	3.30.56	8	4.40.26	9	6.07.44	8	1.07.45	11	2.19.27	10	3.27.19	9	4.46.24	9	5.57.00
		総合	**9**	**1.07.21**	**9**	**2.24.49**	**8**	**3.30.56**	**8**	**4.40.26**	**9**	**6.07.44**	**9**	**7.15.29**	**9**	**8.27.11**	**9**	**9.35.03**	**9**	**10.54.08**	**9**	**12.04.44**
10	明治	走者	1	小倉 源義	4	谷口 共栄	1	林 礼明	2	内田 武夫	2	秋吉 和俊	4	北城 俊武	1	末広敬二郎	4	福山 時義	3	沼本 敬純	4	小林 羊吉
		個人	8	1.06.34	13	1.20.40	10	1.07.58	6	1.08.44	10	1.27.12	7	1.06.51	9	1.10.29	11	1.09.22	9	1.19.27	9	1.09.18
		チーム	8	1.06.34	12	2.27.14	12	3.35.12	11	4.43.56	10	6.11.08	7	1.06.51	7	2.17.20	9	3.26.42	8	4.46.09	8	5.55.27
		総合	**8**	**1.06.34**	**12**	**2.27.14**	**12**	**3.35.12**	**11**	**4.43.56**	**10**	**6.11.08**	**10**	**7.17.59**	**10**	**8.28.28**	**10**	**9.37.50**	**10**	**10.57.17**	**10**	**12.06.35**
11	立教	走者	1	内野 喬	2	須田 秀夫	2	矢島 通夫	2	伊藤潤之助	4	楠田 昭徳	4	松延 宏男	2	斎藤 武	2	夏苅 健一	3	袖山 保	2	木林 忠俊
		個人	12	1.07.56	5	1.16.35	9	1.06.43	12	1.13.10	12	1.29.02	10	1.08.05	7	1.09.20	8	1.08.15	11	1.23.04	11	1.10.33
		チーム	12	1.07.56	8	2.24.31	9	3.31.14	12	4.44.24	12	6.13.26	10	1.08.05	8	2.17.25	8	3.25.40	11	4.48.44	11	5.59.17
		総合	**12**	**1.07.56**	**8**	**2.24.31**	**9**	**3.31.14**	**12**	**4.44.24**	**12**	**6.13.26**	**11**	**7.21.31**	**11**	**8.30.51**	**11**	**9.39.06**	**11**	**11.02.10**	**11**	**12.12.43**
12	東京教育	走者	1	網分 憲明	3	山本 敬	4	椎谷 勝彦	2	大竹 正道	2	今野 道勝	4	遠山 正暁	3	永井 純	2	清水 克哉	3	伊東 英夫	4	山西 哲郎
		個人	4	1.05.19	6	1.16.48	5	1.04.24	11	1.12.03	14	1.32.40	13	1.12.03	14	1.15.12	9	1.08.24	10	1.21.29	15	1.16.25
		チーム	4	1.05.19	5	2.22.07	5	3.26.31	6	4.38.34	11	6.11.14	13	1.12.03	14	2.27.15	13	3.35.39	12	4.57.08	12	6.13.33
		総合	**4**	**1.05.19**	**5**	**2.22.07**	**5**	**3.26.31**	**6**	**4.38.34**	**11**	**6.11.14**	**12**	**7.23.17**	**12**	**8.38.29**	**12**	**9.46.53**	**12**	**11.08.22**	**12**	**12.24.47**
13	青山学院	走者	1	阿部 康男	4	岩崎 省三	1	本間 彰	2	安形 保夫	1	岩崎 憲三	2	熊本 武明	4	高瀬 英孝	4	阪田 耕一	2	高瀬 隆一	3	飯多 一郎
		個人	13	1.08.53	12	1.20.36	13	1.09.40	14	1.13.49	8	1.25.27	14	1.12.24	12	1.12.06	12	1.09.58	14	1.26.43	13	1.12.50
		チーム	13	1.08.53	13	2.29.29	13	3.39.09	13	4.52.58	13	6.18.25	14	1.12.24	13	2.24.30	12	3.34.28	13	5.01.11	13	6.14.01
		総合	**13**	**1.08.53**	**13**	**2.29.29**	**13**	**3.39.09**	**13**	**4.52.58**	**13**	**6.18.25**	**13**	**7.30.49**	**13**	**8.42.55**	**13**	**9.52.53**	**13**	**11.19.36**	**13**	**12.32.26**
14	神奈川	走者	2	菅野 賢一	2	江島 直治	2	藤原 寿彦	2	幕田 正	1	栗林 清志	2	工藤 伸光	3	吉川 浩	1	手島 章	1	青柳 治英	2	岡部 勝美
		個人	14	1.08.54	14	1.21.59	14	1.11.53	15	1.15.13	15	1.32.52	11	1.09.25	13	1.14.24	15	1.12.50	13	1.26.31	14	1.12.59
		チーム	14	1.08.54	14	2.30.53	14	3.42.46	14	4.57.59	14	6.30.51	11	1.09.25	12	2.23.49	14	3.36.39	14	5.03.10	14	6.16.09
		総合	**14**	**1.08.54**	**14**	**2.30.53**	**14**	**3.42.46**	**14**	**4.57.59**	**14**	**6.30.51**	**14**	**7.40.16**	**14**	**8.54.40**	**14**	**10.07.30**	**14**	**11.34.01**	**14**	**12.47.00**
15	慶應義塾	走者	4	野口 孝行	2	保津 豊彦	1	吉岡 文蔵	2	田村 襄	2	大原 清明	1	三沢 誠	4	島田 文雄	1	太田 泰介	1	帰山 寛之	4	武居 芳広
		個人	15	1.10.09	15	1.25.34	15	1.19.24	13	1.13.20	13	1.30.29	15	1.13.47	15	1.29.42	14	1.11.32	12	1.26.14	8	1.08.51
		チーム	15	1.10.09	15	2.35.43	15	3.55.07	15	5.08.27	15	6.38.56	15	1.13.47	15	2.43.29	15	3.55.01	15	5.21.15	15	6.30.06
		総合	**15**	**1.10.09**	**15**	**2.35.43**	**15**	**3.55.07**	**15**	**5.08.27**	**15**	**6.38.56**	**15**	**7.52.43**	**15**	**9.22.25**	**15**	**10.33.57**	**15**	**12.00.11**	**15**	**13.09.02**

第43回　1967年(昭和42年)1月2日～3日　総距離：223.2km　往路：111.7km　復路：111.5km

順	大学名		往路										復路									
			1区(21.7km)		2区(24.7km)		3区(20.2km)		4区(23.2km)		5区(21.9km)		6区(21.9km)		7区(23.0km)		8区(20.2km)		9区(24.7km)		10区(21.7km)	
1	日本	走者	4	上原 敏彦	3	鈴木 従道	4	高橋 英雄	1	大出 孝司	3	大槻 憲一	3	内野 幸吉	4	曽根 利夫	1	白浜 政明	3	藤田 国夫	3	土谷 和夫
		個人	1	1.03.40	3	1.15.27	1	1.02.21	1	*1.12.18*	3	1.15.59	1	*59.14*	2	1.11.23	5	1.06.27	1	*1.14.26*	1	*1.03.17*
		チーム	1	1.03.40	1	2.19.07	1	3.21.28	1	4.33.46	1	5.49.45	1	59.14	1	2.10.37	2	3.17.04	1	4.31.30	1	5.34.47
		総合	1	1.03.40	1	2.19.07	1	3.21.28	1	4.33.46	1	5.49.45	1	6.48.59	1	8.00.22	1	9.06.49	1	10.21.15	1	11.24.32
2	順天堂	走者	4	韓 勇雄	3	深田 清次	4	吉田 博美	2	馬場 俊一	4	鳥居 邦夫	1	川井田 茂	4	細川 博	3	牧田 源一	4	飯島 和樹	3	土橋 茂一
		個人	7	1.05.53	1	1.14.55	2	1.02.29	2	1.12.35	6	1.19.04	3	1.00.15	1	*1.11.02*	2	1.04.35	6	1.16.42	2	1.05.25
		チーム	7	1.05.53	3	2.20.48	2	3.23.17	2	4.35.52	4	5.54.56	3	1.00.15	2	2.11.17	1	3.15.52	2	4.32.34	2	5.37.59
		総合	7	1.05.53	3	2.20.48	2	3.23.17	2	4.35.52	4	5.54.56	3	6.55.11	2	8.06.13	2	9.10.48	2	10.27.30	2	11.32.55
3	国士舘	走者	2	河野 和夫	2	井上 俊	4	三原 康雄	4	大川 賢明	4	猪腰 嘉勝	3	伊東 輝雄	2	江崎 繁一	4	山形 修身	2	蜂谷 和明	4	桑幡 尚明
		個人	5	1.05.27	2	1.15.19	5	1.03.59	6	1.14.49	2	1.14.29	7	1.02.45	3	1.12.18	1	1.03.35	5	1.16.23	3	1.05.59
		チーム	5	1.05.27	2	2.20.46	3	3.24.45	3	4.39.34	3	5.54.03	7	1.02.45	4	2.15.03	3	3.18.38	4	4.35.01	3	5.41.00
		総合	5	1.05.27	2	2.20.46	3	3.24.45	3	4.39.34	3	5.54.03	4	6.56.48	4	8.09.06	3	9.12.41	3	10.29.04	3	11.35.03
4	中央	走者	4	福盛 祐三	3	健木 栄司	1	宇井 光男	1	高野 義治	4	磯端 克明	2	吉田 義数	3	小井 薫	1	森川 卓	4	渡部 力	2	山口 東一
		個人	4	1.05.23	6	1.17.06	4	1.03.26	8	1.15.07	1	*1.11.55*	4	1.00.45	8	1.15.16	6	1.06.47	2	*1.15.15*	8	1.10.21
		チーム	4	1.05.23	5	2.22.29	4	3.25.55	5	4.41.02	2	5.52.57	4	1.00.45	6	2.16.01	5	3.22.48	5	4.38.03	6	5.48.24
		総合	4	1.05.23	5	2.22.29	4	3.25.55	5	4.41.02	2	5.52.57	2	6.53.42	3	8.08.58	4	9.15.45	4	10.31.00	4	11.41.21
5	日本体育	走者	2	小暮 守雄	4	松本 軍征	2	三原 市郎	4	金井 勝政	2	増田 亮一	2	川松 正弘	2	牧野 昭典	3	角屋 勇夫	4	采谷 義秋	2	野呂 進
		個人	3	1.05.18	4	1.16.07	7	1.06.07	3	1.13.12	4	1.17.31	12	1.04.26	4	1.13.06	4	1.06.00	4	1.15.55	6	1.07.24
		チーム	3	1.05.18	4	2.21.25	5	3.27.32	4	4.40.44	5	5.58.15	12	1.04.26	9	2.17.32	6	3.23.32	6	4.39.27	5	5.46.51
		総合	3	1.05.18	4	2.21.25	5	3.27.32	4	4.40.44	5	5.58.15	5	7.02.41	5	8.15.47	5	9.21.47	5	10.37.42	5	11.45.06
6	東洋	走者	1	樋口 良太	4	横堀 泰寛	3	山崎 健一	1	新井 敏之	2	佐々木 功	4	神原 惇	4	松田 信由	2	野村 栄樹	4	小川 勝己	4	小林 格治
		個人	10	1.07.20	7	1.17.22	6	1.04.53	7	1.15.03	7	1.19.26	2	59.24	6	1.13.55	3	1.05.20	3	1.15.54	5	1.07.23
		チーム	10	1.07.20	8	2.24.42	7	3.29.35	8	4.44.38	7	6.04.04	2	59.24	3	2.13.19	4	3.18.39	3	4.34.33	4	5.41.56
		総合	10	1.07.20	8	2.24.42	7	3.29.35	8	4.44.38	7	6.04.04	7	7.03.28	7	8.17.23	6	9.22.43	6	10.38.37	6	11.46.00
7	専修	走者	1	飯島 浩	4	木野 光輝	1	乃美 武史	2	川崎 章親	2	田中 修滋	2	高木 秀男	4	武沢 顕治	1	山口藤太郎	3	笹尾 一	1	外山亜貴雄
		個人	2	1.03.57	12	1.20.48	3	1.02.56	5	1.14.28	7	1.19.26	6	1.01.07	7	1.14.39	8	1.08.04	12	1.23.13	4	1.06.36
		チーム	2	1.03.57	9	2.24.45	6	3.27.41	6	4.42.09	6	6.01.35	6	1.01.07	5	2.15.46	7	3.23.50	7	4.47.03	7	5.53.39
		総合	2	1.03.57	9	2.24.45	6	3.27.41	6	4.42.09	6	6.01.35	6	7.02.42	6	8.17.21	7	9.25.25	7	10.48.38	7	11.55.14
8	法政	走者	1	足立 正行	2	磯本 克之	2	金沢元三郎	1	大橋 文男	4	定兼 義宣	3	橋本広三郎	4	河原 幸雄	2	横山多美夫	2	福田 茂之	4	古川 道郎
		個人	6	1.05.47	8	1.17.50	8	1.06.39	4	1.14.11	12	1.21.05	10	1.03.30	5	1.13.47	7	1.07.30	13	1.23.20	7	1.08.13
		チーム	6	1.05.47	7	2.23.37	8	3.30.16	7	4.44.27	8	6.05.32	10	1.03.30	8	2.17.17	8	3.24.47	8	4.48.07	8	5.56.20
		総合	6	1.05.47	7	2.23.37	8	3.30.16	7	4.44.27	8	6.05.32	8	7.09.02	8	8.22.49	8	9.30.19	8	10.53.39	8	12.01.52
9	東京教育	走者	1	松永 一彦	4	山本 敬	2	豊岡 示朗	2	村瀬 豊	2	綱分 憲明	4	伊東 英夫	3	大竹 正道	2	山田 和正	1	有吉 正博	3	油野 利博
		個人	8	1.06.05	5	1.17.00	13	1.10.35	9	1.16.56	14	1.22.06	9	1.03.28	11	1.16.59	9	1.10.23	7	1.19.22	13	1.12.54
		チーム	8	1.06.05	6	2.23.05	9	3.33.40	9	4.50.36	9	6.12.42	9	1.03.28	10	2.20.27	9	3.30.50	9	4.50.12	9	6.03.06
		総合	8	1.06.05	6	2.23.05	9	3.33.40	9	4.50.36	9	6.12.42	9	7.16.10	9	8.33.09	9	9.43.32	9	11.02.54	9	12.15.48
10	早稲田	走者	3	小泉真二良	2	中川 衛	1	井上栄千彦	2	島田 正通	3	石川 好夫	4	土谷 善建	4	富満 一夫	2	高部 哲	3	新村 隆博	3	金行 暁彦
		個人	9	1.06.49	10	1.18.50	12	1.09.29	10	1.17.13	13	1.21.21	13	1.04.53	10	1.16.27	12	1.11.16	8	1.20.03	14	1.13.15
		チーム	9	1.06.49	10	2.25.39	10	3.35.08	10	4.52.21	10	6.13.42	13	1.04.53	11	2.21.20	11	3.32.36	10	4.52.39	10	6.05.54
		総合	9	1.06.49	10	2.25.39	10	3.35.08	10	4.52.21	10	6.13.42	11	7.18.35	10	8.35.02	10	9.46.18	10	11.06.21	10	12.19.36
11	亜細亜	走者	2	内田 忠司	1	矢島 敏男	1	新井 真悟	1	関崎 峻	3	岡野 正義	2	谷野 俊彦	1	山岡 一弘	1	佐藤 幸男	3	岡田 正裕	4	滝尾 昇
		個人	15	1.11.45	9	1.18.49	9	1.07.22	12	1.17.47	5	1.18.03	8	1.03.26	14	1.20.15	14	1.13.40	9	1.20.42	11	1.11.11
		チーム	15	1.11.45	12	2.30.34	11	3.37.56	11	4.55.43	11	6.13.46	8	1.03.26	13	2.23.41	14	3.37.21	13	4.58.03	13	6.09.14
		総合	15	1.11.45	12	2.30.34	11	3.37.56	11	4.55.43	11	6.13.46	10	7.17.12	11	8.37.27	11	9.51.07	11	11.11.49	11	12.23.00
12	神奈川	走者	3	菅野 賢一	1	小川 久男	4	吉川 浩	3	藤原 寿彦	3	江島 直治	3	工藤 伸光	4	山本 孝治	2	青柳 治英	1	松本徳太郎	2	栗林 清志
		個人	14	1.09.44	15	1.24.56	14	1.10.54	14	1.20.29	15	1.24.43	11	1.03.45	12	1.19.19	11	1.10.56	11	1.23.08	9	1.10.24
		チーム	14	1.09.44	15	2.34.40	14	3.45.34	13	5.06.03	14	6.30.46	11	1.03.45	12	2.23.04	12	3.34.00	11	4.57.08	11	6.07.32
		総合	14	1.09.44	15	2.34.40	14	3.45.34	13	5.06.03	14	6.30.46	14	7.34.31	14	8.53.50	14	10.04.46	14	11.27.54	12	12.38.18
13	駒澤	走者	1	伏見 俊明	3	饗庭 正勝	1	加藤 弘治	1	小田倉敏夫	2	中国 利明	3	円谷 修	2	伊達 勝康	1	井上 貞夫	2	土田 重明	4	箱崎 重信
		個人	11	1.08.40	14	1.24.32	15	1.15.05	13	1.19.00	11	1.20.22	14	1.05.02	13	1.19.28	13	1.12.01	10	1.22.22	12	1.12.21
		チーム	11	1.08.40	14	2.33.12	15	3.48.17	14	5.07.17	13	6.27.39	14	1.05.02	14	2.24.30	13	3.36.31	14	4.58.53	14	6.11.14
		総合	11	1.08.40	14	2.33.12	15	3.48.17	14	5.07.17	13	6.27.39	13	7.32.41	13	8.52.09	13	10.04.10	13	11.26.32	13	12.38.53
14	青山学院	走者	1	太田 徹	1	服部 和則	2	岩崎 憲三	3	安形 保夫	1	平野 憲司	2	古屋 篤男	1	桑原 正雄	2	本間 彰	4	丸山 英樹	4	飯多 一郎
		個人	13	1.09.17	11	1.20.47	11	1.09.20	11	1.17.14	10	1.20.12	15	1.05.50	15	1.22.55	10	1.10.42	15	1.27.24	15	1.16.11
		チーム	13	1.09.17	11	2.30.04	13	3.39.24	12	4.56.38	12	6.16.50	15	1.05.50	15	2.28.45	15	3.39.27	15	5.06.51	15	6.23.02
		総合	13	1.09.17	11	2.30.04	13	3.39.24	12	4.56.38	12	6.16.50	12	7.22.40	12	8.45.35	12	9.56.17	12	11.23.41	14	12.39.52
15	明治	走者	2	末広敬二郎	2	榎 正登	1	鈴木 重和	2	三瓶 好一	4	天野 輝男	2	小倉 源義	4	沼本 敬純	3	永井 豊	4	秋吉 和俊	1	内田 典之
		個人	12	1.08.45	13	1.21.56	10	1.07.42	15	1.38.56	9	1.19.44	5	1.01.02	9	1.15.55	15	1.14.03	14	1.26.13	10	1.10.44
		チーム	12	1.08.45	13	2.30.41	12	3.38.23	15	5.17.19	15	6.37.03	5	1.01.02	7	2.16.57	10	3.31.00	12	4.57.13	12	6.07.57
		総合	12	1.08.45	13	2.30.41	12	3.38.23	15	5.17.19	15	6.37.03	15	7.38.05	15	8.54.00	15	10.08.03	15	11.34.16	15	12.45.00

第44回　1968年(昭和43年)1月2日～3日　総距離：223.2km　往路：111.7km　復路：111.5km

順	大学名		往路										復路									
			1区 (21.7km)		2区 (24.7km)		3区 (20.2km)		4区 (23.2km)		5区 (21.9km)		6区 (21.9km)		7区 (23.0km)		8区 (20.2km)		9区 (24.7km)		10区 (21.7km)	
1	日本	走者	2	釘本 重孝	4	鈴木 従道	2	鈴木 圀昭	2	大出 孝司	4	大槻 憲一	4	内野 幸吉	1	相島　実	1	高尾 信昭	4	藤田 国夫	4	土谷 和夫
		個人	4	1.04.06	3	1.13.52	1	1.02.18	5	1.13.29	1	*1.11.18*	1	59.42	4	1.13.21	4	1.05.45	1	1.15.26	1	1.06.49
		チーム	4	1.04.06	3	2.17.58	1	3.20.16	3	4.33.45	1	5.45.03	1	59.42	3	2.13.03	3	3.18.48	1	4.34.14	1	5.41.03
		総合	4	1.04.06	3	2.17.58	1	3.20.16	3	4.33.45	1	5.45.03	1	6.44.45	1	7.58.06	1	9.03.51	1	10.19.17	1	11.26.06
2	日本体育	走者	3	三原 市郎	3	増田 亮一	3	小暮 守雄	1	伊藤　保	3	牧野 昭典	2	大窪勝太郎	1	山口 敏夫	1	久宗 恒夫	3	川松 正弘	3	高野 智行
		個人	6	1.04.48	5	1.15.36	3	1.03.51	2	*1.11.01*	5	1.15.36	6	1.02.12	5	1.13.32	3	1.05.42	2	1.18.11	2	1.07.10
		チーム	6	1.04.48	5	2.20.24	5	3.24.15	4	4.35.16	4	5.50.52	6	1.02.12	4	2.15.44	4	3.21.26	3	4.39.37	3	5.46.47
		総合	6	1.04.48	5	2.20.24	5	3.24.15	4	4.35.16	4	5.50.52	4	6.53.04	4	8.06.36	4	9.12.18	2	10.30.29	2	11.37.39
3	順天堂	走者	1	辰己 寿路	4	深田 清次	4	土橋 茂一	2	久田 敏幸	3	馬場 俊一	3	小笠原和也	2	川井田 茂	4	牧田 源一	1	小山 隆治	2	森山 正治
		個人	3	1.04.00	4	1.14.27	2	1.03.04	3	*1.11.17*	3	1.14.33	3	1.00.32	8	1.16.08	6	1.07.17	12	1.23.57	4	1.09.43
		チーム	3	1.04.00	4	2.18.27	2	3.21.31	2	4.32.48	2	5.47.21	3	1.00.32	7	2.16.40	5	3.23.57	5	4.47.54	5	5.57.37
		総合	3	1.04.00	4	2.18.27	2	3.21.31	2	4.32.48	2	5.47.21	2	6.47.53	3	8.04.01	3	9.11.18	5	10.35.15	3	11.44.58
4	東洋	走者	1	伊沢 徹男	1	田中 末喜	2	新井 敏之	3	野村 栄樹	3	竹之内 孝	1	長浜 公良	2	樋口 良太	2	山本　哲	3	佐々木 功	4	有賀 昭之
		個人	9	1.06.38	7	1.16.27	5	1.04.12	4	1.12.46	9	1.18.57	4	1.00.43	2	1.11.14	1	1.04.37	3	1.18.28	10	1.11.11
		チーム	9	1.06.38	8	2.23.05	6	3.27.17	6	4.40.03	6	5.59.00	4	1.00.43	2	2.11.57	1	3.16.34	2	4.35.02	2	5.46.13
		総合	9	1.06.38	8	2.23.05	6	3.27.17	6	4.40.03	6	5.59.00	6	6.59.43	5	8.10.57	5	9.15.34	3	10.34.02	4	11.45.13
5	中央	走者	3	吉田 義数	4	白井　脩	1	薄　寛	2	宇井 光男	3	谷口 欣也	2	高野 義治	4	健木 栄司	4	楠原 和也	4	小井　薫	4	原　治和
		個人	1	1.03.44	2	1.13.34	7	1.05.46	1	*1.08.39*	14	1.20.42	2	1.00.20	1	*1.10.17*	5	1.07.07	13	1.24.10	9	1.10.55
		チーム	1	1.03.44	1	2.17.18	4	3.23.04	1	4.31.43	5	5.52.25	2	1.00.20	1	2.10.37	2	3.17.44	4	4.41.54	4	5.52.49
		総合	1	1.03.44	1	2.17.18	4	3.23.04	1	4.31.43	5	5.52.25	3	6.52.45	2	8.03.02	2	9.10.09	4	10.34.19	5	11.45.14
6	国士舘	走者	3	河野 和夫	3	井上　俊	3	加藤 武夫	4	高井　満	3	蜂谷 和明	3	南　公隆	2	佐藤　豊	1	矢藤 史男	2	藤見 信之	4	伊東 輝雄
		個人	5	1.04.07	1	1.13.33	4	1.04.06	9	1.13.57	2	1.14.31	12	1.05.38	12	1.18.18	2	1.04.44	6	1.20.18	5	1.09.52
		チーム	5	1.04.07	2	2.17.40	3	3.21.46	5	4.35.43	3	5.50.14	12	1.05.38	11	2.23.56	8	3.28.40	7	4.48.58	6	5.58.50
		総合	5	1.04.07	2	2.17.40	3	3.21.46	5	4.35.43	3	5.50.14	5	6.55.52	6	8.14.10	6	9.18.54	6	10.39.12	6	11.49.04
7	青山学院	走者	2	服部 和則	1	日下 次郎	4	安彤 保夫	2	太田　徹	3	岩崎 憲三	1	小田島義男	2	平野 憲司	2	桑原 正雄	3	古屋 篤男	3	本間　彰
		個人	7	1.05.03	10	1.17.55	8	1.06.14	8	1.13.48	8	1.16.49	9	1.03.52	6	1.15.00	11	1.10.24	8	1.21.42	11	1.11.14
		チーム	7	1.05.03	7	2.22.58	7	3.29.12	7	4.43.00	7	5.59.49	9	1.03.52	8	2.18.52	9	3.29.16	8	4.50.58	8	6.02.12
		総合	7	1.05.03	7	2.22.58	7	3.29.12	7	4.43.00	7	5.59.49	7	7.03.41	7	8.18.41	7	9.29.05	7	10.50.47	7	12.02.01
8	亜細亜	走者	1	島田 正明	2	矢島 敏男	4	岡田 正裕	3	新井 真悟	1	望月七三郎	3	谷野 俊彦	2	関崎　峻	2	佐藤 幸男	4	岡野 正義	1	橋本 富男
		個人	12	1.07.27	8	1.17.52	10	1.07.31	5	1.13.29	11	1.19.51	7	1.02.50	10	1.17.14	13	1.11.49	4	1.19.25	8	1.10.42
		チーム	12	1.07.27	10	2.25.19	11	3.32.50	9	4.46.19	10	6.06.10	7	1.02.50	9	2.20.04	11	3.31.53	9	4.51.18	7	6.02.00
		総合	12	1.07.27	10	2.25.19	11	3.32.50	9	4.46.19	10	6.06.10	8	7.09.00	9	8.26.14	9	9.38.03	9	10.57.28	8	12.08.10
9	法政	走者	2	足立 正行	3	磯本 克之	3	福田 茂之	2	丸田 時雄	2	大橋 文男	4	橋本広三郎	3	金沢元三郎	2	臼井 正昭	2	大谷　洋	1	横山　貢
		個人	8	1.05.10	13	1.20.59	6	1.05.00	14	1.17.28	6	1.16.03	14	1.06.26	14	1.19.57	7	1.07.19	10	1.22.14	6	1.10.03
		チーム	8	1.05.10	12	2.26.09	9	3.31.09	10	4.48.37	8	6.04.40	14	1.06.26	15	2.26.23	12	3.33.42	13	4.55.56	11	6.05.59
		総合	8	1.05.10	12	2.26.09	9	3.31.09	10	4.48.37	8	6.04.40	9	7.11.06	10	8.31.03	10	9.38.22	10	11.00.36	9	12.10.39
10	早稲田	走者	4	小泉真二良	3	中川　衛	2	井上栄千彦	1	広近 研三	4	石川 好夫	3	島田 正通	1	奥村 憲二	1	吉田 光夫	4	新村 隆博	4	金行 暁彦
		個人	14	1.08.50	6	1.15.59	12	1.08.00	12	1.16.39	10	1.19.40	10	1.04.15	3	1.12.24	10	1.09.41	5	1.20.01	15	1.16.33
		チーム	14	1.08.50	9	2.24.49	10	3.32.49	11	4.49.28	11	6.09.08	10	1.04.15	6	2.16.39	6	3.26.20	6	4.46.21	9	6.02.54
		総合	14	1.08.50	9	2.24.49	10	3.32.49	11	4.49.28	11	6.09.08	11	7.13.23	8	8.25.47	8	9.35.28	8	10.55.29	10	12.12.02
11	立教	走者	3	内野　喬	2	鈴木 春樹	2	山田 勝久	4	夏苅 健一	4	須田 秀夫	4	竹村　酉	4	斎藤　武	4	木林 忠俊	4	矢島 通夫	3	高橋 憲司
		個人	11	1.06.58	12	1.19.46	15	1.09.19	10	1.14.46	4	1.15.18	15	1.07.49	9	1.17.10	9	1.09.16	7	1.20.26	12	1.11.22
		チーム	11	1.06.58	13	2.26.44	13	3.36.03	12	4.50.49	9	6.06.07	15	1.07.49	13	2.24.59	13	3.34.15	11	4.54.41	12	6.06.03
		総合	11	1.06.58	13	2.26.44	13	3.36.03	12	4.50.49	9	6.06.07	12	7.13.56	11	8.31.06	11	9.40.22	11	11.00.48	11	12.12.10
12	東京教育	走者	2	松永 一彦	3	網分 憲明	1	的場 秀樹	4	清水 幸哉	2	有吉 正博	4	大竹 正道	3	村瀬　豊	1	斎藤 三郎	2	塚越　裕	3	山田 和正
		個人	10	1.06.43	14	1.21.26	14	1.08.31	13	1.16.47	7	1.16.29	8	1.03.09	11	1.18.10	8	1.09.07	11	1.23.23	13	1.13.30
		チーム	10	1.06.43	14	2.28.09	14	3.36.40	14	4.53.27	12	6.09.56	8	1.03.09	10	2.21.19	10	3.30.26	10	4.53.49	13	6.07.19
		総合	10	1.06.43	14	2.28.09	14	3.36.40	14	4.53.27	12	6.09.56	10	7.13.05	12	8.31.15	12	9.40.22	12	11.03.45	12	12.17.15
13	専修	走者	2	飯島　浩	2	乃美 武史	2	小池 泰男	3	川崎 章親	3	田中 修滋	3	高木 秀男	2	外山亜貴雄	1	小林 雅治	2	高橋　勇	1	谷　正一
		個人	2	1.03.54	11	1.18.52	9	1.07.20	7	1.13.46	15	1.32.39	5	1.01.13	7	1.15.14	12	1.11.11	14	1.27.06	7	1.10.10
		チーム	2	1.03.54	6	2.22.46	8	3.30.06	8	4.43.52	13	6.16.31	5	1.01.13	5	2.16.27	7	3.27.38	12	4.54.44	10	6.04.54
		総合	2	1.03.54	6	2.22.46	8	3.30.06	8	4.43.52	13	6.16.31	13	7.17.44	13	8.32.58	13	9.44.09	13	11.11.15	13	12.21.25
14	駒澤	走者	4	饗庭 正勝	2	磯部 正幸	2	伏見 俊明	1	野口　元	3	中国 利明	1	堀口　豊	3	伊達 勝康	2	芳川 芳徳	3	土田 重明	4	円谷　修
		個人	15	1.11.31	15	1.22.21	11	1.07.44	11	1.16.06	12	1.20.03	13	1.05.46	13	1.18.20	14	1.11.52	9	1.21.43	14	1.14.51
		チーム	15	1.11.31	15	2.33.52	15	3.41.36	13	4.57.42	14	6.17.45	13	1.05.46	12	2.24.06	14	3.35.58	14	4.57.41	14	6.12.32
		総合	15	1.11.31	15	2.33.52	15	3.41.36	13	4.57.42	14	6.17.45	14	7.23.31	14	8.41.51	14	9.53.43	14	11.15.26	14	12.30.17
15	大東文化	走者	1	猪腰 義雄	1	前田 俊雄	1	中原　勉	1	寺島 吉昭	1	尾堂　博	1	灰塚 吉秋	1	西田 純一	1	福士 敏政	1	土持 耕作	1	二宮 栄一
		個人	13	1.07.54	8	1.17.52	13	1.08.26	15	1.24.10	13	1.20.18	11	1.05.20	15	1.20.12	15	1.12.21	15	1.29.19	3	1.09.19
		チーム	13	1.07.54	11	2.25.46	12	3.34.12	15	4.58.22	15	6.18.40	11	1.05.20	14	2.25.32	15	3.37.53	15	5.07.12	15	6.16.31
		総合	13	1.07.54	11	2.25.46	12	3.34.12	15	4.58.22	15	6.18.40	15	7.24.00	15	8.44.12	15	9.56.33	15	11.25.52	15	12.35.11

第45回　1969年(昭和44年)1月2日～3日　総距離：223.4km　往路：111.8km　復路：111.6km

順	大学名		往路										復路									
			1区(21.7km)		2区(24.7km)		3区(20.2km)		4区(23.2km)		5区(22.0km)		6区(22.0km)		7区(23.0km)		8区(20.2km)		9区(24.7km)		10区(21.7km)	
1	日本体育	走者	1	小沢 欽一	1	田中 弘一	2	山口 敏夫	2	伊藤 保	3	松岡 厚	4	牧野 昭典	4	増田 亮一	4	高野 智行	3	大窪勝太郎	4	三原 市郎
		個人	7	1.04.31	2	1.15.46	1	1.03.47	1	1.13.18	3	1.16.25	9	1.03.29	1	*1.09.46*	4	1.04.38	3	1.15.48	1	1.03.30
		チーム	7	1.04.31	3	2.20.17	2	3.24.04	1	4.37.22	1	5.53.47	9	1.03.29	3	2.13.15	3	3.17.53	1	4.33.41	1	5.37.11
		総合	**7**	**1.04.31**	**3**	**2.20.17**	**2**	**3.24.04**	**1**	**4.37.22**	**1**	**5.53.47**	**2**	**6.57.16**	**1**	**8.07.02**	**1**	**9.11.40**	**1**	**10.27.28**	**1**	**11.30.58**
2	日本	走者	2	吉武 鉄翁	1	酒見 勝喜	3	鈴木 圀昭	1	佐藤 進	3	釘本 重孝	3	柳田 康彦	1	田中 勝芳	2	高尾 信昭	2	相島 実	3	大出 孝司
		個人	4	1.04.13	6	1.17.53	6	1.05.53	2	1.13.23	2	1.16.17	4	1.01.45	3	1.11.19	1	1.03.43	7	1.19.30	2	1.04.52
		チーム	4	1.04.13	6	2.22.06	5	3.27.59	3	4.41.22	3	5.57.39	4	1.01.45	1	2.13.04	1	3.16.47	3	4.36.17	2	5.41.09
		総合	**4**	**1.04.13**	**6**	**2.22.06**	**5**	**3.27.59**	**3**	**4.41.22**	**3**	**5.57.39**	**3**	**6.59.24**	**3**	**8.10.43**	**3**	**9.14.26**	**3**	**10.33.56**	**2**	**11.38.48**
3	順天堂	走者	2	小山 隆治	1	宮下 敏夫	2	辰己 寿路	3	森山 正治	4	馬場 俊一	4	小笠原和也	3	久田 敏幸	1	内田 幸二	3	川井田 茂	2	関谷 守
		個人	2	1.03.56	3	1.16.11	3	1.04.34	11	1.16.40	1	*1.15.17*	1	*1.00.20*	6	1.12.49	2	1.04.03	5	1.18.50	4	1.06.20
		チーム	2	1.03.56	2	2.20.07	3	3.24.41	2	4.41.21	2	5.56.38	1	1.00.20	2	2.13.09	2	3.17.12	2	4.36.02	3	5.42.22
		総合	**2**	**1.03.56**	**2**	**2.20.07**	**3**	**3.24.41**	**2**	**4.41.21**	**2**	**5.56.38**	**1**	**6.56.58**	**2**	**8.09.47**	**2**	**9.13.50**	**2**	**10.32.40**	**3**	**11.39.00**
4	国士舘	走者	4	河野 和夫	4	井上 俊	3	吉川 英利	2	矢藤 史男	4	蜂谷 和明	3	藤見 信之	1	蜂谷 英明	1	大花 務	1	岩丸 信義	4	加藤 武夫
		個人	3	1.04.11	1	1.15.07	2	1.04.02	13	1.19.38	7	1.19.52	8	1.03.15	4	1.11.21	3	1.04.18	13	1.21.26	10	1.08.25
		チーム	3	1.04.11	1	2.19.18	1	3.23.20	4	4.42.58	4	6.02.50	8	1.03.15	5	2.14.36	4	3.18.54	7	4.40.20	7	5.48.45
		総合	**3**	**1.04.11**	**1**	**2.19.18**	**1**	**3.23.20**	**4**	**4.42.58**	**4**	**6.02.50**	**4**	**7.06.05**	**4**	**8.17.26**	**4**	**9.21.44**	**4**	**10.43.10**	**4**	**11.51.35**
5	東洋	走者	1	森 修	2	田中 末喜	2	伊沢 徹男	4	野村 栄樹	4	竹之内 孝	2	長浜 公良	3	樋口 良太	3	山本 哲	4	佐々木 功	2	富永 輝幸
		個人	6	1.04.26	4	1.16.53	13	1.10.10	6	1.15.30	8	1.19.55	2	1.00.53	7	1.13.00	6	1.05.04	6	1.18.57	9	1.08.02
		チーム	6	1.04.26	4	2.21.19	9	3.31.29	9	4.46.59	9	6.06.54	2	1.00.53	4	2.13.53	5	3.18.57	4	4.37.54	5	5.45.56
		総合	**6**	**1.04.26**	**4**	**2.21.19**	**9**	**3.31.29**	**9**	**4.46.59**	**9**	**6.06.54**	**7**	**7.07.47**	**5**	**8.20.47**	**5**	**9.25.51**	**5**	**10.44.48**	**5**	**11.52.50**
6	専修	走者	3	高橋 勇	3	飯島 浩	3	乃美 武史	4	田中 修滋	2	谷 正一	3	木野 義治	4	高木 秀男	3	小池 泰男	4	川崎 章親	3	外山亜貴雄
		個人	13	1.08.06	10	1.18.34	5	1.05.21	8	1.15.34	12	1.22.49	3	1.01.26	8	1.13.14	5	1.05.02	9	1.19.57	7	1.07.38
		チーム	13	1.08.06	12	2.26.40	10	3.32.01	10	4.47.35	11	6.10.24	3	1.01.26	7	2.14.40	6	3.19.42	5	4.39.39	6	5.47.17
		総合	**13**	**1.08.06**	**12**	**2.26.40**	**10**	**3.32.01**	**10**	**4.47.35**	**11**	**6.10.24**	**9**	**7.11.50**	**8**	**8.25.04**	**7**	**9.30.06**	**6**	**10.50.03**	**6**	**11.57.41**
7	大東文化	走者	2	尾堂 博	2	前田 俊雄	1	若宮 義和	1	小田 喜人	1	高橋 新次	2	中原 勉	1	畑中 忠夫	1	佐々木誠治	2	寺島 吉昭	2	土持 耕作
		個人	1	1.03.29	11	1.18.35	7	1.06.11	9	1.15.49	9	1.20.23	12	1.06.03	10	1.15.13	9	1.06.51	8	1.19.45	5	1.06.48
		チーム	1	1.03.29	5	2.22.04	6	3.28.15	5	4.44.04	6	6.04.27	12	1.06.03	12	2.21.16	11	3.28.07	12	4.47.52	10	5.54.40
		総合	**1**	**1.03.29**	**5**	**2.22.04**	**6**	**3.28.15**	**5**	**4.44.04**	**6**	**6.04.27**	**8**	**7.10.30**	**9**	**8.25.43**	**9**	**9.32.34**	**8**	**10.52.19**	**7**	**11.59.07**
8	法政	走者	1	渡井新二郎	3	足立 正行	3	丸田 時雄	4	磯本 克之	3	大橋 文男	3	大谷 洋	2	根岸 繁夫	1	遠藤 丈治	2	今井 哲伸	4	横山多美夫
		個人	12	1.07.09	7	1.18.06	9	1.07.23	7	1.15.32	4	1.16.59	5	1.02.35	11	1.15.25	8	1.06.30	14	1.23.16	6	1.07.09
		チーム	12	1.07.09	11	2.25.15	12	3.32.38	11	4.48.10	7	6.05.09	5	1.02.35	9	2.18.00	7	3.24.30	11	4.47.46	11	5.54.55
		総合	**12**	**1.07.09**	**11**	**2.25.15**	**12**	**3.32.38**	**11**	**4.48.10**	**7**	**6.05.09**	**6**	**7.07.44**	**7**	**8.23.09**	**6**	**9.29.39**	**9**	**10.52.55**	**8**	**12.00.04**
9	青山学院	走者	3	太田 徹	3	服部 和則	3	平野 憲司	1	小平 務	4	岩崎 憲三	2	小田島義男	1	尾花 実行	4	古屋 篤男	2	徳江 秀隆	2	日下 次郎
		個人	8	1.04.43	12	1.18.58	8	1.06.31	5	1.15.25	6	1.17.58	7	1.02.52	13	1.16.03	10	1.07.40	11	1.20.49	12	1.10.12
		チーム	8	1.04.43	9	2.23.41	7	3.30.12	7	4.45.37	5	6.03.35	7	1.02.52	10	2.18.55	10	3.26.35	10	4.47.24	13	5.57.36
		総合	**8**	**1.04.43**	**9**	**2.23.41**	**7**	**3.30.12**	**7**	**4.45.37**	**5**	**6.03.35**	**5**	**7.06.27**	**6**	**8.22.30**	**8**	**9.30.10**	**7**	**10.50.59**	**9**	**12.01.11**
10	亜細亜	走者	3	関崎 峻	3	矢島 敏男	1	菅原 仁美	2	前田 広喜	2	望月七三郎	2	島田 正明	2	橋本 富男	1	中村 正治	1	会田 邦博	2	長谷川康久
		個人	10	1.05.45	8	1.18.16	11	1.08.26	10	1.16.05	5	1.17.53	13	1.06.32	9	1.13.32	14	1.09.10	10	1.20.23	8	1.07.42
		チーム	10	1.05.45	10	2.24.01	11	3.32.27	12	4.48.32	8	6.06.25	13	1.06.32	11	2.20.04	13	3.29.14	13	4.49.37	12	5.57.19
		総合	**10**	**1.05.45**	**10**	**2.24.01**	**11**	**3.32.27**	**12**	**4.48.32**	**8**	**6.06.25**	**10**	**7.12.57**	**10**	**8.26.29**	**10**	**9.35.39**	**10**	**10.56.02**	**10**	**12.03.44**
11	中央	走者	1	小野 隆広	4	吉田 義数	1	小笠原 功	2	薄 寛	1	森山 博史	3	瀬川 美雄	1	佐藤 誠	4	山口 東一	3	高野 義治	1	村上 昭夫
		個人	11	1.06.52	13	1.21.06	12	1.09.21	4	1.15.19	10	1.20.55	14	1.06.58	12	1.15.45	7	1.05.31	1	*1.14.17*	11	1.08.47
		チーム	11	1.06.52	13	2.27.58	13	3.37.19	13	4.52.38	13	6.13.33	14	1.06.58	14	2.22.43	12	3.28.14	9	4.42.31	8	5.51.18
		総合	**11**	**1.06.52**	**13**	**2.27.58**	**13**	**3.37.19**	**13**	**4.52.38**	**13**	**6.13.33**	**13**	**7.20.31**	**13**	**8.36.16**	**12**	**9.41.47**	**11**	**10.56.04**	**11**	**12.04.51**
12	東京教育	走者	4	村瀬 豊	3	有吉 正博	2	小原 繁	4	網分 憲明	2	斎藤 三郎	2	的場 秀樹	3	松永 一彦	4	山田 和正	3	塚越 裕	4	豊岡 示朗
		個人	9	1.04.50	5	1.17.47	10	1.08.18	3	1.14.44	11	1.21.25	15	1.07.41	14	1.16.30	12	1.08.50	12	1.21.08	13	1.10.33
		チーム	9	1.04.50	7	2.22.37	8	3.30.55	8	4.45.39	10	6.07.04	15	1.07.41	15	2.24.11	15	3.33.01	14	4.54.09	14	6.04.42
		総合	**9**	**1.04.50**	**7**	**2.22.37**	**8**	**3.30.55**	**8**	**4.45.39**	**10**	**6.07.04**	**11**	**7.14.45**	**11**	**8.31.15**	**11**	**9.40.05**	**12**	**11.01.13**	**12**	**12.11.46**
13	駒澤	走者	4	中国 利明	1	佐藤 利宏	1	高橋 賢一	3	磯部 正幸	2	野口 元	1	小野 泰功	1	皆川 和夫	3	伏見 俊明	4	土田 重明	4	伊達 勝康
		個人	5	1.04.24	9	1.18.29	4	1.04.55	12	1.16.42	13	1.28.10	10	1.04.10	15	1.18.15	13	1.09.06	15	1.23.30	15	1.14.48
		チーム	5	1.04.24	8	2.22.53	4	3.27.48	6	4.44.30	12	6.12.40	10	1.04.10	13	2.22.25	14	3.31.31	15	4.55.01	15	6.09.49
		総合	**5**	**1.04.24**	**8**	**2.22.53**	**4**	**3.27.48**	**6**	**4.44.30**	**12**	**6.12.40**	**12**	**7.16.50**	**12**	**8.35.05**	**13**	**9.44.11**	**13**	**11.07.41**	**13**	**12.22.29**
14	早稲田	走者	3	井上栄千彦	4	島田 正通	2	飯島 偉男	2	中村 孝明	4	村山 憲一	1	吉川 修	2	奥村 憲二	2	吉田 光夫	4	中川 衛	2	広近 研三
		個人	14	1.09.45	15	1.22.10	15	1.19.09	14	1.23.32	14	1.28.39	6	1.02.37	5	1.12.00	15	1.10.00	2	1.14.58	3	1.05.56
		チーム	14	1.09.45	14	2.31.55	14	3.51.04	14	5.14.36	14	6.43.15	6	1.02.37	6	2.14.37	8	3.24.37	6	4.39.35	4	5.45.31
		総合	**14**	**1.09.45**	**14**	**2.31.55**	**14**	**3.51.04**	**14**	**5.14.36**	**14**	**6.43.15**	**14**	**7.45.52**	**14**	**8.57.52**	**14**	**10.07.52**	**14**	**11.22.50**	**14**	**12.28.46**
15	明治	走者	3	内田 典之	2	小林 芳行	1	古屋 政樹	4	末広敬二郎	2	遠藤 和生	1	石川 治男	4	榎 正登	1	今井 伸一	3	鈴木 重和	4	土屋 好一
		個人	15	1.15.24	14	1.22.04	14	1.18.13	15	1.29.57	15	1.31.03	11	1.05.38	2	1.10.59	11	1.08.25	4	1.15.50	14	1.13.19
		チーム	15	1.15.24	15	2.37.28	15	3.55.41	15	5.25.38	15	6.56.41	11	1.05.38	8	2.16.37	9	3.25.02	8	4.40.52	9	5.54.11
		総合	**15**	**1.15.24**	**15**	**2.37.28**	**15**	**3.55.41**	**15**	**5.25.38**	**15**	**6.56.41**	**15**	**8.02.19**	**15**	**9.13.18**	**15**	**10.21.43**	**15**	**11.37.33**	**15**	**12.50.52**

第46回　1970年(昭和45年)1月2日～3日　総距離：224.2km　往路：112.2km　復路：112.0km

順	大学名		往路										復路									
			1区 (21.6km)		2区 (25.2km)		3区 (21.5km)		4区 (21.9km)		5区 (22.0km)		6区 (22.0km)		7区 (21.7km)		8区 (21.5km)		9区 (25.2km)		10区 (21.6km)	
1	日本体育	走者	2	小沼 力	2	田中 弘一	3	山口 敏夫	2	小沢 欽一	4	松岡 厚	4	大窪勝太郎	3	伊藤 保	3	久宗 恒夫	1	石倉 義隆	4	越尾 咲男
		個人	3	1.03.45	2	1.16.39	3	1.07.21	2	1.05.31	1	*1.15.09*	5	1.02.29	4	1.07.27	5	1.10.23	1	*1.16.32*	2	1.06.05
		チーム	3	1.03.45	2	2.20.24	1	3.27.45	1	4.33.16	1	5.48.25	5	1.02.29	3	2.09.56	3	3.20.19	2	4.36.51	1	5.42.56
		総合	3	1.03.45	2	2.20.24	1	3.27.45	1	4.33.16	1	5.48.25	1	6.50.54	1	7.58.21	1	9.08.44	1	10.25.16	1	11.31.21
2	順天堂	走者	4	杉山 重政	2	宮下 敏夫	4	川井田 茂	1	犬塚 時吉	2	福間 信隆	4	山崎 一見	2	山本 啓治	3	小山 隆治	4	久田 敏幸	3	辰己 寿路
		個人	7	1.04.05	7	1.18.19	2	1.06.51	3	1.05.57	12	1.21.48	2	1.02.03	10	1.12.37	1	*1.07.18*	3	1.17.28	1	1.04.44
		チーム	7	1.04.05	7	2.22.24	3	3.29.15	2	4.35.12	4	5.57.00	2	1.02.03	8	2.14.40	4	3.21.58	3	4.39.26	3	5.44.10
		総合	7	1.04.05	7	2.22.24	3	3.29.15	2	4.35.12	4	5.57.00	4	6.59.03	6	8.11.40	4	9.18.58	4	10.36.26	2	11.41.10
3	日本	走者	4	小笠原義弘	2	池田 忠秋	4	鈴木 圀昭	2	酒見 勝喜	2	佐藤 進	4	柳田 康彦	4	大出 孝司	1	坂井 博行	3	高尾 信昭	3	寺西 芳男
		個人	15	1.07.10	13	1.20.46	1	*1.06.50*	4	1.05.58	4	1.17.12	4	1.02.29	2	1.07.06	3	1.10.07	2	1.16.50	5	1.07.15
		チーム	15	1.07.10	13	2.27.56	10	3.34.46	7	4.40.44	6	5.57.56	4	1.02.29	2	2.09.35	2	3.19.42	1	4.36.32	2	5.43.47
		総合	15	1.07.10	13	2.27.56	10	3.34.46	7	4.40.44	6	5.57.56	5	7.00.25	3	8.07.31	3	9.17.38	2	10.34.28	3	11.41.43
4	国士舘	走者	1	今野 幸昭	2	蜂谷 英明	2	鈴木 公広	2	大花 務	4	吉川 英利	3	黒坂 光男	3	矢藤 史男	4	坂東 良二	4	藤見 信之	4	朝倉 悟
		個人	11	1.05.29	3	1.16.52	4	1.07.53	1	*1.05.18*	2	1.15.32	11	1.04.50	5	1.08.56	4	1.10.21	4	1.20.16	3	1.06.34
		チーム	11	1.05.29	6	2.22.21	4	3.30.14	4	4.35.32	2	5.51.04	11	1.04.50	6	2.13.46	6	3.24.07	6	4.44.23	5	5.50.57
		総合	11	1.05.29	6	2.22.21	4	3.30.14	4	4.35.32	2	5.51.04	3	6.55.54	2	8.04.50	2	9.15.11	3	10.35.27	4	11.42.01
5	大東文化	走者	1	森下 茂樹	3	尾堂 博	3	前田 俊雄	1	安田 亘	2	高橋 新次	2	若宮 義和	1	原田 忠夫	1	兼田 賢一	2	畑中 忠夫	3	西田 純一
		個人	2	1.03.26	4	1.16.57	6	1.08.51	5	1.06.02	7	1.18.02	1	1.01.50	11	1.12.52	8	1.13.17	7	1.22.01	7	1.08.09
		チーム	2	1.03.26	1	2.20.23	2	3.29.14	3	4.35.16	3	5.53.18	1	1.01.50	9	2.14.42	9	3.27.59	8	4.50.00	7	5.58.09
		総合	2	1.03.26	1	2.20.23	2	3.29.14	3	4.35.16	3	5.53.18	2	6.55.08	4	8.08.00	5	9.21.17	5	10.43.18	5	11.51.27
6	専修	走者	4	飯島 浩	4	外山亜貴雄	3	染谷 功一	3	相川 哲男	1	橋本 鎮雄	3	八重樫 豊	4	木野 義治	4	小池 泰男	4	乃美 武史	3	及川 俊栄
		個人	5	1.03.58	9	1.19.06	5	1.08.48	8	1.08.18	11	1.21.24	7	1.03.05	3	1.07.25	7	1.11.45	6	1.21.48	6	1.07.55
		チーム	5	1.03.58	10	2.23.04	5	3.31.52	5	4.40.10	8	6.01.34	7	1.03.05	4	2.10.30	5	3.22.15	5	4.44.03	6	5.51.58
		総合	5	1.03.58	10	2.23.04	5	3.31.52	5	4.40.10	8	6.01.34	8	7.04.39	7	8.12.04	6	9.23.49	6	10.45.37	6	11.53.32
7	東洋	走者	3	伊沢 徹男	3	富永 輝幸	4	山本 哲	4	新井 敏之	3	金山 順一	3	長浜 公良	3	田中 末喜	2	森 修	4	樋口 良太	3	神宮 直仁
		個人	1	1.03.25	10	1.19.22	8	1.10.29	11	1.12.45	13	1.22.03	3	1.02.09	1	*1.06.14*	2	1.08.53	9	1.24.04	4	1.07.01
		チーム	1	1.03.25	9	2.22.47	8	3.33.16	10	4.46.01	11	6.08.04	3	1.02.09	1	2.08.23	1	3.17.16	4	4.41.20	4	5.48.21
		総合	1	1.03.25	9	2.22.47	8	3.33.16	10	4.46.01	11	6.08.04	10	7.10.13	9	8.16.27	9	9.25.20	8	10.49.24	7	11.56.25
8	亜細亜	走者	2	橋本 正夫	4	矢島 敏男	2	中村 正治	3	橋本 富男	3	望月七三郎	1	宮原 伸一	4	関崎 峻	3	島田 正明	3	前田 広喜	3	白田 政行
		個人	8	1.04.06	6	1.18.03	9	1.10.33	7	1.08.04	8	1.18.32	10	1.04.37	7	1.10.41	6	1.10.35	8	1.23.00	8	1.09.35
		チーム	8	1.04.06	5	2.22.09	7	3.32.42	8	4.40.46	7	5.59.18	10	1.04.37	10	2.15.18	7	3.25.53	7	4.48.53	8	5.58.28
		総合	8	1.04.06	5	2.22.09	7	3.32.42	8	4.40.46	7	5.59.18	7	7.03.55	8	8.14.36	8	9.25.11	7	10.48.11	8	11.57.46
9	中央	走者	1	江藤 栄一	4	高野 義治	3	薄 寛	2	村上 昭夫	2	森山 博史	4	小池 憲一	1	田辺 裕康	2	小笠原 功	2	小野 隆広	2	森永 慎一
		個人	12	1.06.10	1	*1.15.42*	11	1.12.08	6	1.06.23	3	1.16.45	9	1.04.27	6	1.09.11	11	1.14.00	11	1.25.26	12	1.12.45
		チーム	12	1.06.10	4	2.21.52	9	3.34.00	6	4.40.23	5	5.57.08	9	1.04.27	5	2.13.38	8	3.27.38	9	4.53.04	10	6.05.49
		総合	12	1.06.10	4	2.21.52	9	3.34.00	6	4.40.23	5	5.57.08	6	7.01.35	5	8.10.46	7	9.24.46	9	10.50.12	9	12.02.57
10	駒澤	走者	1	田中 秀夫	2	高橋 賢一	2	皆川 和夫	4	磯部 正幸	1	佐藤 利宏	2	加藤 滋	1	宮崎 慶喜	1	後藤 清治	2	小野 泰功	4	伏見 俊明
		個人	6	1.04.04	5	1.17.18	14	1.14.52	9	1.09.07	6	1.17.58	13	1.06.06	12	1.16.32	9	1.13.23	5	1.21.45	9	1.10.10
		チーム	6	1.04.04	3	2.21.22	11	3.36.14	9	4.45.21	9	6.03.19	13	1.06.06	12	2.22.38	12	3.36.01	11	4.57.46	11	6.07.56
		総合	6	1.04.04	3	2.21.22	11	3.36.14	9	4.45.21	9	6.03.19	9	7.09.25	12	8.25.57	11	9.39.20	10	11.01.05	10	12.11.15
11	東京教育	走者	4	松永 一彦	4	有吉 正博	1	山方 博文	3	的場 秀樹	3	斎藤 三郎	1	柴野 照夫	2	伊藤 静夫	4	塚越 裕	3	小原 繁	2	岩崎 充益
		個人	9	1.04.53	12	1.20.24	12	1.12.14	10	1.12.12	10	1.20.16	6	1.02.34	8	1.11.35	12	1.15.05	10	1.25.20	10	1.11.09
		チーム	9	1.04.53	11	2.25.17	12	3.37.31	12	4.49.43	12	6.09.59	6	1.02.34	7	2.14.09	10	3.29.14	10	4.54.34	9	6.05.43
		総合	9	1.04.53	11	2.25.17	12	3.37.31	12	4.49.43	12	6.09.59	12	7.12.33	11	8.24.08	10	9.39.13	11	11.04.33	11	12.15.42
12	青山学院	走者	4	太田 徹	4	服部 和則	2	小平 務	1	椎名 通	2	尾花 実行	1	森 猛	3	徳江 秀隆	2	河内喜一郎	2	柳田 進	2	田村 雅明
		個人	4	1.03.51	8	1.18.46	7	1.09.20	12	1.14.05	9	1.20.09	12	1.04.58	9	1.12.11	13	1.17.12	14	1.32.06	14	1.13.54
		チーム	4	1.03.51	8	2.22.37	6	3.31.57	11	4.46.02	10	6.06.11	12	1.04.58	11	2.17.09	11	3.34.21	13	5.06.27	13	6.20.21
		総合	4	1.03.51	8	2.22.37	6	3.31.57	11	4.46.02	10	6.06.11	11	7.11.09	10	8.23.20	12	9.40.32	12	11.12.38	12	12.26.32
13	法政	走者	4	丸田 時雄	4	足立 正行	1	鈴木 満雄	2	渡井新二郎	4	大橋 文男	4	大谷 洋	3	横山 貢	2	遠藤 丈治	3	根岸 繁夫	2	島田 茂夫
		個人	13	1.06.25	11	1.19.41	10	1.11.50	15	1.20.48	5	1.17.34	8	1.04.11	14	1.18.47	10	1.13.35	12	1.27.37	11	1.11.17
		チーム	13	1.06.25	12	2.26.06	13	3.37.56	13	4.58.44	13	6.16.18	8	1.04.11	13	2.22.58	13	3.36.33	12	5.04.10	12	6.15.27
		総合	13	1.06.25	12	2.26.06	13	3.37.56	13	4.58.44	13	6.16.18	13	7.20.29	13	8.39.16	13	9.52.51	13	11.20.28	13	12.31.45
14	神奈川	走者	2	小野 信夫	1	小野寺徳之	3	定本 典彦	2	玉井 忠	3	鍵和田 実	1	三沢 恒	2	松本 清一	3	池谷 忠夫	3	辺見 高志	4	小川 久男
		個人	14	1.07.04	14	1.23.44	13	1.14.49	13	1.16.16	15	1.27.07	15	1.11.25	15	1.19.47	14	1.18.14	13	1.27.40	15	1.14.45
		チーム	14	1.07.04	15	2.30.48	14	3.45.37	14	5.01.53	14	6.29.00	15	1.11.25	15	2.31.12	15	3.49.26	14	5.17.06	14	6.31.51
		総合	14	1.07.04	15	2.30.48	14	3.45.37	14	5.01.53	14	6.29.00	14	7.40.25	15	9.00.12	14	10.18.26	14	11.46.06	14	13.00.51
15	拓殖	走者	1	石谷 義徳	2	大内 誠	4	江森 務	4	葛西 康正	1	広瀬 隆	2	天野 光男	1	坂平 和義	4	神 憲明	1	田高 常夫	3	田辺 英夫
		個人	10	1.05.19	15	1.24.38	15	1.18.55	14	1.18.41	14	1.24.07	14	1.11.09	13	1.16.54	15	1.20.16	15	1.38.35	13	1.12.57
		チーム	10	1.05.19	14	2.29.57	15	3.48.52	15	5.07.33	15	6.31.40	14	1.11.09	14	2.28.03	14	3.48.19	15	5.26.54	15	6.39.51
		総合	10	1.05.19	14	2.29.57	15	3.48.52	15	5.07.33	15	6.31.40	15	7.42.49	14	8.59.43	15	10.19.59	15	11.58.34	15	13.11.31

第47回　1971年(昭和46年)1月2日～3日　総距離：224.2km　往路：112.2km　復路：112.0km

順	大学名		往路										復路									
			1区(21.6km)		2区(25.2km)		3区(21.5km)		4区(21.9km)		5区(22.0km)		6区(22.0km)		7区(21.7km)		8区(21.5km)		9区(25.2km)		10区(21.6km)	
1	日本体育	走者	4	伊藤 保	3	田中 弘一	2	町野 英二	1	高橋 勝好	3	小沼 力	1	今野 秀悦	3	小沢 欽一	1	田ノ上貢一	2	石倉 義隆	3	岩渕 仁
		個人	4	1.03.46	5	1.18.07	8	1.08.59	4	1.07.05	4	1.15.48	1	1.00.59	1	*1.04.43*	2	1.08.26	2	1.18.42	1	1.05.35
		チーム	4	1.03.46	5	2.21.53	4	3.30.52	4	4.37.57	4	5.53.45	1	1.00.59	1	2.05.42	1	3.14.08	1	4.32.50	1	5.38.25
		総合	4	1.03.46	5	2.21.53	4	3.30.52	4	4.37.57	4	5.53.45	4	6.54.44	2	7.59.27	2	9.07.53	3	10.26.35	1	11.32.10
2	順天堂	走者	4	関谷 守	4	小山 隆治	4	辰己 寿路	3	福間 信隆	4	石栗 強	1	菊地 由益	3	内田 幸二	2	黒田 政夫	3	宮下 敏夫	2	宮広 重夫
		個人	5	1.03.56	3	1.17.06	1	*1.06.14*	2	1.06.28	5	1.16.57	3	1.01.53	2	1.07.34	3	1.10.16	1	*1.16.08*	3	1.06.01
		チーム	5	1.03.56	3	2.21.02	3	3.27.16	3	4.33.44	3	5.50.41	3	1.01.53	2	2.09.27	2	3.19.43	2	4.35.51	2	5.41.52
		総合	5	1.03.56	3	2.21.02	3	3.27.16	3	4.33.44	3	5.50.41	3	6.52.34	4	8.00.08	3	9.10.24	2	10.26.32	2	11.32.33
3	日本	走者	3	池田 忠秋	4	高尾 信昭	4	吉武 鉄翁	2	小田 定則	3	佐藤 進	3	大場 文夫	4	寺西 芳男	2	坂井 博行	3	酒見 勝喜	2	松田 和良
		個人	3	1.03.44	2	1.15.57	2	*1.06.20*	3	1.06.41	1	*1.13.08*	5	1.02.56	5	1.08.47	1	1.08.17	4	1.19.18	9	1.08.23
		チーム	3	1.03.44	2	2.19.41	1	3.26.01	2	4.32.42	1	5.45.50	5	1.02.56	4	2.11.43	3	3.20.00	3	4.39.18	3	5.47.41
		総合	3	1.03.44	2	2.19.41	1	3.26.01	2	4.32.42	1	5.45.50	1	6.48.46	1	7.57.33	1	9.05.50	1	10.25.08	3	11.33.31
4	国士舘	走者	1	古賀 丈雄	3	蜂谷 英明	1	猪俣 善典	2	今野 幸昭	3	大花 務	4	宮本 俊英	3	鈴木 公広	3	佐藤 芳博	4	矢藤 史男	4	富田 信義
		個人	1	1.03.08	1	*1.15.21*	7	1.08.34	1	1.05.37	2	*1.15.01*	2	1.01.34	7	1.10.40	7	1.10.39	5	1.19.50	4	1.06.51
		チーム	1	1.03.08	1	2.18.29	2	3.27.03	1	4.32.40	2	5.47.41	2	1.01.34	5	2.12.14	5	3.22.53	5	4.42.43	5	5.49.34
		総合	1	1.03.08	1	2.18.29	2	3.27.03	1	4.32.40	2	5.47.41	2	6.49.15	3	7.59.55	4	9.10.34	4	10.30.24	4	11.37.15
5	亜細亜	走者	3	橋本 正夫	3	会田 邦博	3	中村 正治	1	鈴木 和明	4	望月七三郎	3	坂本 薫	3	菅原 仁美	4	白田 政行	4	前田 広喜	2	中野 正明
		個人	12	1.05.37	11	1.20.11	3	*1.06.28*	5	1.08.18	3	1.15.25	8	1.03.22	6	1.09.58	8	1.10.42	9	1.21.48	8	1.07.55
		チーム	12	1.05.37	12	2.25.48	8	3.32.16	6	4.40.34	5	5.55.59	8	1.03.22	6	2.13.20	6	3.24.02	7	4.45.50	7	5.53.45
		総合	12	1.05.37	12	2.25.48	8	3.32.16	6	4.40.34	5	5.55.59	5	6.59.21	5	8.09.19	5	9.20.01	5	10.41.49	5	11.49.44
6	東洋	走者	1	塚越 久男	4	田中 末喜	1	山根 邦昭	1	松村純一郎	4	金山 順一	1	川村 要二	3	森 修	4	富永 輝幸	4	伊沢 徹男	4	神宮 直仁
		個人	7	1.04.32	4	1.17.15	10	1.10.09	7	1.09.12	9	1.19.22	13	1.07.04	4	1.07.48	6	1.10.34	3	1.19.15	2	1.05.46
		チーム	7	1.04.32	4	2.21.47	7	3.31.56	7	4.41.08	7	6.00.30	13	1.07.04	7	2.14.52	7	3.25.26	6	4.44.41	6	5.50.27
		総合	7	1.04.32	4	2.21.47	7	3.31.56	7	4.41.08	7	6.00.30	8	7.07.34	7	8.15.22	6	9.25.56	6	10.45.11	6	11.50.57
7	大東文化	走者	2	森下 茂樹	4	尾堂 博	2	兼田 賢一	2	安田 亘	3	畑中 忠夫	3	若宮 義和	4	寺島 吉昭	3	尾形 清	4	前田 俊雄	2	原田 忠夫
		個人	2	1.03.42	7	1.19.23	6	1.08.02	6	1.08.58	14	1.25.22	4	1.02.02	3	1.07.40	9	1.11.32	7	1.21.05	5	1.07.11
		チーム	2	1.03.42	7	2.23.05	5	3.31.07	5	4.40.05	9	6.05.27	4	1.02.02	3	2.09.42	4	3.21.14	4	4.42.19	4	5.49.30
		総合	2	1.03.42	7	2.23.05	5	3.31.07	5	4.40.05	9	6.05.27	7	7.07.29	6	8.15.09	7	9.26.41	7	10.47.46	7	11.54.57
8	中央	走者	3	村上 昭夫	3	佐藤 誠	2	田辺 裕康	2	江藤 栄一	3	森山 博史	1	岩崎 修	3	井上 幸信	3	小笠原 功	1	岡本 正樹	4	薄 寛
		個人	8	1.04.52	9	1.20.06	4	1.07.26	8	1.09.28	7	1.17.24	11	1.06.02	11	1.13.37	3	1.10.16	6	1.20.31	6	1.07.13
		チーム	8	1.04.52	9	2.24.58	9	3.32.24	8	4.41.52	6	5.59.16	11	1.06.02	11	2.19.39	9	3.29.55	8	4.50.26	8	5.57.39
		総合	8	1.04.52	9	2.24.58	9	3.32.24	8	4.41.52	6	5.59.16	6	7.05.18	8	8.18.55	8	9.29.11	8	10.49.42	8	11.56.55
9	駒澤	走者	1	田中 喜一	2	田中 秀男	3	高橋 賢一	1	佐々木弥一	2	佐藤 利宏	3	加藤 滋	2	宮崎 慶喜	2	大沢 隆司	3	小野 泰功	2	井上 忠雄
		個人	10	1.05.00	8	1.19.25	5	1.07.27	11	1.12.25	8	1.17.47	14	1.07.14	8	1.12.14	5	1.10.18	13	1.24.59	10	1.08.38
		チーム	10	1.05.00	8	2.24.25	6	3.31.52	9	4.44.17	8	6.02.04	14	1.07.14	10	2.19.28	8	3.29.46	10	4.54.45	10	6.03.23
		総合	10	1.05.00	8	2.24.25	6	3.31.52	9	4.44.17	8	6.02.04	9	7.09.18	9	8.21.32	9	9.31.50	9	10.56.49	9	12.05.27
10	専修	走者	1	佐野 恵久	2	橋本 鎮雄	4	八重樫 豊	1	原田 賢児	4	和智 孝雄	4	相川 哲男	4	及川 俊栄	2	松村 孝男	4	染谷 功一	2	中山 敏雄
		個人	13	1.05.41	14	1.21.08	14	1.16.24	9	1.10.25	13	1.23.03	7	1.03.21	10	1.12.43	10	1.13.54	8	1.21.27	7	1.07.50
		チーム	13	1.05.41	14	2.26.49	13	3.43.13	13	4.53.38	13	6.16.41	7	1.03.21	9	2.16.04	10	3.29.58	9	4.51.25	9	5.59.15
		総合	13	1.05.41	14	2.26.49	13	3.43.13	13	4.53.38	13	6.16.41	13	7.20.02	12	8.32.45	10	9.46.39	10	11.08.06	10	12.15.56
11	東京教育	走者	2	柴野 照夫	2	斎藤 三郎	2	山方 博文	1	中塚 昌男	4	小原 繁	3	伊藤 静夫	1	吉田 政勝	1	望月 幹雄	4	徳山 郁夫	4	山本 民夫
		個人	14	1.06.16	13	1.20.30	9	1.09.35	14	1.15.26	12	1.22.12	6	1.03.19	9	1.12.41	14	1.17.04	12	1.24.46	11	1.13.03
		チーム	14	1.06.16	13	2.26.46	11	3.36.21	11	4.51.47	12	6.13.59	6	1.03.19	8	2.16.00	11	3.33.04	11	4.57.50	11	6.10.53
		総合	14	1.06.16	13	2.26.46	11	3.36.21	11	4.51.47	12	6.13.59	11	7.17.18	10	8.29.59	11	9.47.03	11	11.11.49	11	12.24.52
12	青山学院	走者	1	北野 勉	3	小平 務	2	椎名 通	2	青木 律	3	尾花 実行	2	森 猛	3	柳田 進	3	田村 雅明	4	徳江 秀隆	1	梅原 茂雄
		個人	9	1.04.55	12	1.20.13	11	1.12.28	15	1.15.45	6	1.17.14	9	1.04.16	12	1.15.58	15	1.18.31	11	1.23.48	12	1.13.15
		チーム	9	1.04.55	10	2.25.08	12	3.37.36	12	4.53.21	10	6.10.35	9	1.04.16	12	2.20.14	14	3.38.45	12	5.02.33	12	6.15.48
		総合	9	1.04.55	10	2.25.08	12	3.37.36	12	4.53.21	10	6.10.35	10	7.14.51	11	8.30.49	12	9.49.20	12	11.13.08	12	12.26.23
13	早稲田	走者	1	大石 富之	3	吉川 修	1	半田 義彦	2	加藤 敏夫	2	松村 茂	2	増原 秀夫	1	三島 俊美	2	河崎 力	4	広近 憲三	4	大水 宏
		個人	6	1.04.06	6	1.18.40	12	1.13.21	13	1.13.34	11	1.21.42	15	1.08.26	15	1.16.40	11	1.15.01	10	1.23.05	15	1.14.27
		チーム	6	1.04.06	6	2.22.46	10	3.36.07	10	4.49.41	11	6.11.23	15	1.08.26	15	2.25.06	15	3.40.07	13	5.03.12	13	6.17.39
		総合	6	1.04.06	6	2.22.46	10	3.36.07	10	4.49.41	11	6.11.23	12	7.19.49	13	8.36.29	13	9.51.30	13	11.14.35	13	12.29.02
14	法政	走者	2	石山 忠彦	4	根岸 繁夫	3	渡井新二郎	1	高田 秀人	2	鈴木 満雄	3	幾世橋英夫	3	島田 茂夫	3	工藤 康紀	4	横山 貢	4	阿部 一夫
		個人	11	1.05.17	10	1.20.07	15	1.22.37	10	1.11.03	10	1.21.10	10	1.05.43	14	1.16.05	13	1.15.38	14	1.27.52	14	1.14.13
		チーム	11	1.05.17	11	2.25.24	15	3.48.01	15	4.59.04	14	6.20.14	10	1.05.43	13	2.21.48	12	3.37.26	14	5.05.18	14	6.19.31
		総合	11	1.05.17	11	2.25.24	15	3.48.01	15	4.59.04	14	6.20.14	14	7.25.57	14	8.42.02	14	9.57.40	14	11.25.32	14	12.39.45
15	慶應義塾	走者	1	名雲 昭夫	4	田中 康則	4	城本 盛好	1	青木 純	4	角田 進	3	宮田 茂	3	田口 能康	2	佐瀬 康志	3	入佐 健二	2	渡辺 豊
		個人	15	1.06.37	15	1.23.48	13	1.13.25	12	1.12.56	15	1.32.43	12	1.06.54	13	1.15.59	12	1.15.32	15	1.32.39	13	1.13.21
		チーム	15	1.06.37	15	2.30.25	14	3.43.50	14	4.56.46	15	6.29.29	12	1.06.54	14	2.22.53	13	3.38.25	15	5.11.04	15	6.24.25
		総合	15	1.06.37	15	2.30.25	14	3.43.50	14	4.56.46	15	6.29.29	15	7.36.23	15	8.52.22	15	10.07.54	15	11.40.33	15	12.53.54

第48回　1972年(昭和47年)1月2日～3日　総距離：225.0km　往路：112.5km　復路：112.5km

順	大学名		往路										復路									
			1区 (21.8km)		2区 (25.2km)		3区 (22.2km)		4区 (21.9km)		5区 (21.4km)		6区 (21.4km)		7区 (21.9km)		8区 (22.2km)		9区 (25.2km)		10区 (21.8km)	
1	日本体育	走者	3	古川 久司	4	小沢 欽一	4	岩渕 仁	3	町野 英二	3	石倉 義隆	2	今野 秀悦	1	笹渕 兼一	2	田ノ上貢一	4	小沼 力	1	村上 邦弘
		個人	2	1.06.49	1	*1.13.37*	8	1.08.26	4	1.06.52	1	*1.12.07*	3	1.01.03	4	1.07.42	1	1.08.18	1	1.17.12	3	1.08.57
		チーム	2	1.06.49	1	2.20.26	1	3.28.52	1	4.35.44	1	5.47.51	3	1.01.03	3	2.08.45	1	3.17.03	1	4.34.15	1	5.43.12
		総合	**2**	**1.06.49**	**1**	**2.20.26**	**1**	**3.28.52**	**1**	**4.35.44**	**1**	**5.47.51**	**1**	**6.48.54**	**1**	**7.56.36**	**1**	**9.04.54**	**1**	**10.22.06**	**1**	**11.31.03**
2	日本	走者	4	池田 忠秋	4	田中 勝芳	3	小田 定則	1	野中 三徳	4	佐藤 進	3	田口 裕茂	4	大場 文夫	2	鶴巻 健	3	坂井 博行	4	酒見 勝喜
		個人	6	1.07.56	5	1.16.17	5	1.07.12	2	1.05.50	2	1.14.54	7	1.02.25	1	1.06.47	2	1.08.47	4	1.19.37	1	*1.07.27*
		チーム	6	1.07.56	4	2.24.13	5	3.31.25	4	4.37.15	2	5.52.09	7	1.02.25	5	2.09.12	2	3.17.59	2	4.37.36	2	5.45.03
		総合	**6**	**1.07.56**	**4**	**2.24.13**	**5**	**3.31.25**	**4**	**4.37.15**	**2**	**5.52.09**	**4**	**6.54.34**	**3**	**8.01.21**	**2**	**9.10.08**	**2**	**10.29.45**	**2**	**11.37.12**
3	大東文化	走者	1	鞭馬 講二	3	安田 亘	3	森下 茂樹	1	竹内 讓二	2	松田 強	4	若宮 義和	3	兼田 賢一	1	下村 剛	3	原田 忠夫	1	鎌田 茂
		個人	1	*1.06.36*	9	1.17.39	1	*1.05.44*	3	1.06.07	4	1.16.03	2	1.00.33	8	1.08.21	3	1.10.13	2	1.18.29	4	1.10.34
		チーム	1	1.06.36	5	2.24.15	2	3.29.59	2	4.36.06	3	5.52.09	2	1.00.33	4	2.08.54	3	3.19.07	3	4.37.36	3	5.48.10
		総合	**1**	**1.06.36**	**5**	**2.24.15**	**2**	**3.29.59**	**2**	**4.36.06**	**3**	**5.52.09**	**2**	**6.52.42**	**2**	**8.01.03**	**3**	**9.11.16**	**2**	**10.29.45**	**3**	**11.40.19**
4	順天堂	走者	3	宮広 重夫	4	宮下 敏夫	3	黒田 政夫	4	飯塚 純夫	4	内田 幸二	4	山本 啓治	2	菊地 由益	1	鈴木 秀夫	4	福間 信隆	1	匂坂 清貴
		個人	12	1.09.56	2	*1.14.48*	3	1.06.44	5	1.07.06	3	1.15.09	1	1.00.21	4	1.07.42	5	1.11.14	3	1.18.53	6	1.11.28
		チーム	12	1.09.56	6	2.24.44	6	3.31.28	6	4.38.34	4	5.53.43	1	1.00.21	1	2.08.03	4	3.19.17	4	4.38.10	4	5.49.38
		総合	**12**	**1.09.56**	**6**	**2.24.44**	**6**	**3.31.28**	**6**	**4.38.34**	**4**	**5.53.43**	**3**	**6.54.04**	**4**	**8.01.46**	**4**	**9.13.00**	**4**	**10.31.53**	**4**	**11.43.21**
5	国士舘	走者	4	鈴木 公広	4	蜂谷 英明	1	菅谷 久二	1	阿部 光幸	4	大花 務	1	田上 伸一	2	古賀 文雄	2	土屋 力三	4	佐藤 芳博	4	本間 弘
		個人	3	1.06.50	7	1.16.31	2	1.06.41	6	1.07.12	5	1.16.56	9	1.03.22	3	1.07.00	4	1.10.18	8	1.21.37	2	1.07.44
		チーム	3	1.06.50	3	2.23.21	3	3.30.02	3	4.37.14	5	5.54.10	9	1.03.22	6	2.10.22	5	3.20.40	5	4.42.17	5	5.50.01
		総合	**3**	**1.06.50**	**3**	**2.23.21**	**3**	**3.30.02**	**3**	**4.37.14**	**5**	**5.54.10**	**6**	**6.57.32**	**6**	**8.04.32**	**5**	**9.14.50**	**5**	**10.36.27**	**5**	**11.44.11**
6	中央	走者	4	小笠原 功	3	江藤 栄一	4	村上 昭夫	4	佐藤 誠	3	田辺 裕康	1	椎葉 文海	2	吉田 親	1	柘植 辰雄	1	大花 弘美	2	岩崎 修
		個人	7	1.08.03	8	1.17.12	6	1.07.24	1	1.05.24	6	1.17.35	4	1.01.31	2	1.06.59	10	1.14.17	5	1.20.13	5	1.11.17
		チーム	7	1.08.03	7	2.25.15	7	3.32.39	5	4.38.03	6	5.55.38	4	1.01.31	2	2.08.30	6	3.22.47	6	4.43.00	6	5.54.17
		総合	**7**	**1.08.03**	**7**	**2.25.15**	**7**	**3.32.39**	**5**	**4.38.03**	**6**	**5.55.38**	**5**	**6.57.09**	**5**	**8.04.08**	**6**	**9.18.25**	**6**	**10.38.38**	**6**	**11.49.55**
7	専修	走者	3	橋本 鎮雄	1	村上 清隆	2	平山 陽吉	2	原田 賢児	4	岸本 徹夫	2	根本 寿夫	2	野口 高史	2	清水 達夫	3	松村 孝男	2	佐野 恵久
		個人	4	1.07.01	3	*1.14.53*	9	1.08.41	7	1.08.03	14	1.23.09	6	1.02.23	7	1.08.17	9	1.12.58	6	1.20.18	9	1.12.16
		チーム	4	1.07.01	2	2.21.54	4	3.30.35	7	4.38.38	7	6.01.47	6	1.02.23	7	2.10.40	7	3.23.38	7	4.43.56	7	5.56.12
		総合	**4**	**1.07.01**	**2**	**2.21.54**	**4**	**3.30.35**	**7**	**4.38.38**	**7**	**6.01.47**	**7**	**7.04.10**	**7**	**8.12.27**	**7**	**9.25.25**	**7**	**10.45.43**	**7**	**11.57.59**
8	東洋	走者	1	松田 孟	1	松田 進	1	近野 清作	1	松本 元明	1	井上 文男	2	川村 要二	4	森 修	2	根岸 明夫	2	塚越 久男	3	飯沢 明
		個人	13	1.10.06	6	1.16.22	12	1.10.32	10	1.09.17	12	1.20.58	11	1.04.51	6	1.07.47	6	1.11.18	7	1.20.45	11	1.13.41
		チーム	13	1.10.06	10	2.26.28	10	3.37.00	10	4.46.17	8	6.07.15	11	1.04.51	8	2.12.38	8	3.23.56	8	4.44.41	8	5.58.22
		総合	**13**	**1.10.06**	**10**	**2.26.28**	**10**	**3.37.00**	**10**	**4.46.17**	**8**	**6.07.15**	**9**	**7.12.06**	**8**	**8.19.53**	**8**	**9.31.11**	**8**	**10.51.56**	**8**	**12.05.37**
9	駒澤	走者	2	田中 喜一	3	田中 秀男	3	佐藤 次男	3	大沢 隆司	3	宮崎 慶喜	3	井上 忠雄	2	戸村又治朗	2	宮川 寿夫	4	小野 泰功	1	鈴木 和芳
		個人	5	1.07.27	12	1.20.06	10	1.09.43	8	1.08.20	15	1.24.57	8	1.02.51	10	1.11.36	7	1.11.33	9	1.22.03	12	1.14.29
		チーム	5	1.07.27	11	2.27.33	11	3.37.16	8	4.45.36	12	6.10.33	8	1.02.51	9	2.14.27	9	3.26.00	9	4.48.03	9	6.02.32
		総合	**5**	**1.07.27**	**11**	**2.27.33**	**11**	**3.37.16**	**8**	**4.45.36**	**12**	**6.10.33**	**11**	**7.13.24**	**10**	**8.25.00**	**9**	**9.36.33**	**9**	**10.58.36**	**9**	**12.13.05**
10	亜細亜	走者	1	長谷 正弘	4	中村 正治	2	鈴木 和明	4	会田 邦博	2	金子 隆	4	坂本 薫	2	大石 耕司	2	井上 武彦	3	中野 正明	1	前田 政光
		個人	14	1.10.31	11	1.19.15	4	1.06.55	9	1.09.09	13	1.22.17	15	1.07.23	9	1.10.26	8	1.12.46	10	1.23.57	7	1.11.36
		チーム	14	1.10.31	13	2.29.46	9	3.36.41	9	4.45.50	9	6.08.07	15	1.07.23	12	2.17.49	10	3.30.35	10	4.54.32	10	6.06.08
		総合	**14**	**1.10.31**	**13**	**2.29.46**	**9**	**3.36.41**	**9**	**4.45.50**	**9**	**6.08.07**	**13**	**7.15.30**	**11**	**8.25.56**	**10**	**9.38.42**	**10**	**11.02.39**	**10**	**12.14.15**
11	東京農業	走者	3	大羽賀了一	1	服部 誠	1	矢島 修	3	角谷 幸平	2	安原 達也	2	佐藤 博	3	林 潤二	2	桑原 清	2	根津 正行	4	藤原 正博
		個人	11	1.09.39	4	1.15.58	13	1.10.52	13	1.11.53	10	1.19.55	10	1.03.32	11	1.12.28	14	1.19.29	11	1.23.58	8	1.11.45
		チーム	11	1.09.39	8	2.25.37	8	3.36.29	11	4.48.22	11	6.08.17	10	1.03.32	11	2.16.00	12	3.35.29	11	4.59.27	11	6.11.12
		総合	**11**	**1.09.39**	**8**	**2.25.37**	**8**	**3.36.29**	**11**	**4.48.22**	**11**	**6.08.17**	**8**	**7.11.49**	**9**	**8.24.17**	**12**	**9.43.46**	**11**	**11.07.44**	**11**	**12.19.29**
12	東京教育	走者	4	伊藤 静夫	3	山方 博文	1	吉田 公彦	1	菊地 俊策	1	山崎 博司	3	柴野 照夫	2	吉田 政勝	1	飯沼 信輝	2	中塚 昌男	1	両角 勝
		個人	9	1.08.33	13	1.20.25	11	1.10.25	12	1.11.16	11	1.20.32	5	1.02.11	13	1.13.41	12	1.15.46	13	1.29.28	10	1.13.18
		チーム	9	1.08.33	12	2.28.58	13	3.39.23	13	4.50.39	13	6.11.11	5	1.02.11	10	2.15.52	11	3.31.38	12	5.01.06	12	6.14.24
		総合	**9**	**1.08.33**	**12**	**2.28.58**	**13**	**3.39.23**	**13**	**4.50.39**	**13**	**6.11.11**	**10**	**7.13.22**	**12**	**8.27.03**	**11**	**9.42.49**	**12**	**11.12.17**	**12**	**12.25.35**
13	青山学院	走者	3	椎名 通	4	小平 務	2	北野 勉	3	森 猛	4	尾花 実行	2	白坂 文彦	3	青木 律	1	海藤 忠	4	柳田 進	4	田村 雅明
		個人	10	1.09.30	14	1.21.28	7	1.08.05	11	1.10.52	7	1.18.22	14	1.05.30	12	1.13.23	13	1.18.54	14	1.30.07	14	1.16.32
		チーム	10	1.09.30	14	2.30.58	12	3.39.03	12	4.49.55	10	6.08.17	14	1.05.30	13	2.18.53	14	3.37.47	14	5.07.54	14	6.24.26
		総合	**10**	**1.09.30**	**14**	**2.30.58**	**12**	**3.39.03**	**12**	**4.49.55**	**10**	**6.08.17**	**12**	**7.13.47**	**13**	**8.27.10**	**13**	**9.46.04**	**13**	**11.16.11**	**13**	**12.32.43**
14	拓殖	走者	4	大内 誠	3	石谷 義徳	1	浜田 建治	1	岩本 隆	2	小池 康雄	2	村田 篤司	3	田高 常夫	2	佐藤 幹寿	1	鈴木 至広	1	半田 辰雄
		個人	8	1.08.14	10	1.17.42	15	1.13.43	15	1.15.59	9	1.19.37	12	1.05.12	15	1.16.45	11	1.15.11	12	1.26.39	13	1.15.05
		チーム	8	1.08.14	9	2.25.56	14	3.39.39	14	4.55.38	14	6.15.15	12	1.05.12	15	2.21.57	13	3.37.08	13	5.03.47	13	6.18.52
		総合	**8**	**1.08.14**	**9**	**2.25.56**	**14**	**3.39.39**	**14**	**4.55.38**	**14**	**6.15.15**	**14**	**7.20.27**	**14**	**8.37.12**	**14**	**9.52.23**	**14**	**11.19.02**	**14**	**12.34.07**
15	明治	走者	2	鈴木 尚企	1	梅田 克己	4	今井 伸一	3	阿瀬川 裕	3	滝田 正博	1	岡田 頼明	1	北峰 義己	2	木村 誠	2	三木 和明	4	貝沼 保信
		個人	15	1.13.36	15	1.28.25	14	1.11.51	14	1.12.02	8	1.19.32	13	1.05.14	14	1.15.42	15	1.20.35	15	1.32.51	15	1.18.21
		チーム	15	1.13.36	15	2.42.01	15	3.53.52	15	5.05.54	15	6.25.26	13	1.05.14	14	2.20.56	15	3.41.31	15	5.14.22	15	6.32.43
		総合	**15**	**1.13.36**	**15**	**2.42.01**	**15**	**3.53.52**	**15**	**5.05.54**	**15**	**6.25.26**	**15**	**7.30.40**	**15**	**8.46.22**	**15**	**10.06.57**	**15**	**11.39.48**	**15**	**12.58.09**

第49回　1973年(昭和48年)1月2日～3日　総距離：225.0km　往路：112.5km　復路：112.5km

順	大学名		往路										復路									
			1区 (21.8km)		2区 (25.2km)		3区 (22.2km)		4区 (21.9km)		5区 (21.4km)		6区 (21.4km)		7区 (21.9km)		8区 (22.2km)		9区 (25.2km)		10区 (21.8km)	
1	日本体育	走者	2	高橋 勝好	1	和田 誠一	1	荒野 吉之	1	関口 孝久	4	石倉 義隆	3	今野 秀悦	4	古川 久司	3	田ノ上貢一	3	大金 一幸	2	村上 邦弘
		個人	4	1.07.25	3	1.18.05	1	1.11.12	2	1.13.29	1	1.14.45	1	*1.00.06*	2	1.05.53	3	1.07.59	4	1.18.22	4	1.10.16
		チーム	4	1.07.25	3	2.25.30	1	3.36.42	1	4.50.11	1	6.04.56	1	1.00.06	1	2.05.59	1	3.13.58	2	4.32.20	3	5.42.36
		総合	**4**	**1.07.25**	**3**	**2.25.30**	**1**	**3.36.42**	**1**	**4.50.11**	**1**	**6.04.56**	**1**	**7.05.02**	**1**	**8.10.55**	**1**	**9.18.54**	**1**	**10.37.16**	**1**	**11.47.32**
2	大東文化	走者	1	秋枝 実男	4	森下 茂樹	2	竹内 譲二	2	下村 剛	3	松田 強	4	原田 忠夫	2	鞭馬 講二	4	兼田 賢一	4	安田 亘	3	味沢 善朗
		個人	2	1.06.53	8	1.21.55	5	1.13.16	9	1.17.15	3	1.20.27	2	*1.00.11*	5	1.08.09	1	*1.07.03*	1	1.16.42	1	1.08.40
		チーム	2	1.06.53	7	2.28.48	7	3.42.04	5	4.59.19	4	6.19.46	2	1.00.11	3	2.08.20	3	3.15.23	1	4.32.05	1	5.40.45
		総合	**2**	**1.06.53**	**7**	**2.28.48**	**7**	**3.42.04**	**5**	**4.59.19**	**4**	**6.19.46**	**4**	**7.19.57**	**3**	**8.28.06**	**3**	**9.35.09**	**2**	**10.51.51**	**2**	**12.00.31**
3	日本	走者	2	安西 純彦	2	野中 三徳	4	田口 裕茂	2	林 千都志	3	鶴巻 健	2	中願寺 寛	4	小田 定則	1	桜庭 誠	4	坂井 博行	3	内野 保雄
		個人	8	1.07.54	4	1.19.01	9	1.14.46	1	1.12.48	2	1.18.11	6	1.01.52	4	1.07.35	7	1.10.23	7	1.20.22	4	1.10.16
		チーム	8	1.07.54	6	2.26.55	6	3.41.41	3	4.54.29	2	6.12.40	6	1.01.52	5	2.09.27	5	3.19.50	6	4.40.12	6	5.50.28
		総合	**8**	**1.07.54**	**6**	**2.26.55**	**6**	**3.41.41**	**3**	**4.54.29**	**2**	**6.12.40**	**2**	**7.14.32**	**2**	**8.22.07**	**2**	**9.32.30**	**3**	**10.52.52**	**3**	**12.03.08**
4	順天堂	走者	2	中村 典之	4	黒田 政夫	1	朝倉 忠勝	2	枝松 武彦	1	小倉 庸夫	1	中橋富士夫	3	菊地 由益	4	円成栄三郎	2	匂坂 清貴	4	矢野 俊一
		個人	5	1.07.28	5	1.19.27	2	1.12.13	3	1.14.31	7	1.22.34	8	1.02.56	6	1.09.30	2	1.07.43	2	1.18.04	3	1.09.58
		チーム	5	1.07.28	5	2.26.55	3	3.39.08	2	4.53.39	3	6.16.13	8	1.02.56	6	2.12.26	6	3.20.09	5	4.38.13	5	5.48.11
		総合	**5**	**1.07.28**	**5**	**2.26.55**	**3**	**3.39.08**	**2**	**4.53.39**	**3**	**6.16.13**	**3**	**7.19.09**	**4**	**8.28.39**	**4**	**9.36.22**	**4**	**10.54.26**	**4**	**12.04.24**
5	国士舘	走者	3	猪俣 善典	3	古賀 文雄	2	阿部 光幸	2	藤原 博	2	菅谷 久二	2	田上 伸一	4	今野 幸昭	3	土屋 力三	1	都丸 美明	4	平 喜昭
		個人	3	1.07.11	1	1.17.14	10	1.15.18	12	1.20.04	8	1.22.47	7	1.02.17	3	1.07.04	5	1.09.28	5	1.18.47	6	1.10.18
		チーム	3	1.07.11	1	2.24.25	4	3.39.43	6	4.59.47	5	6.22.34	7	1.02.17	4	2.09.21	4	3.18.49	4	4.37.36	4	5.47.54
		総合	**3**	**1.07.11**	**1**	**2.24.25**	**4**	**3.39.43**	**6**	**4.59.47**	**5**	**6.22.34**	**5**	**7.24.51**	**5**	**8.31.55**	**5**	**9.41.23**	**5**	**11.00.10**	**5**	**12.10.28**
6	中央	走者	2	柘植 辰雄	1	畑井 新治	2	米田 一公	3	岩崎 修	1	久保 良知	2	椎葉 文海	2	大花 弘美	1	佐藤 悟	3	吉田 親	4	江藤 栄一
		個人	11	1.08.26	10	1.22.31	11	1.15.33	4	1.14.36	14	1.27.40	3	*1.00.18*	1	1.05.46	4	1.08.55	3	1.18.16	2	1.09.13
		チーム	11	1.08.26	9	2.30.57	9	3.46.30	8	5.01.06	11	6.28.46	3	1.00.18	2	2.06.04	2	3.14.59	3	4.33.15	2	5.42.28
		総合	**11**	**1.08.26**	**9**	**2.30.57**	**9**	**3.46.30**	**8**	**5.01.06**	**11**	**6.28.46**	**7**	**7.29.04**	**6**	**8.34.50**	**6**	**9.43.45**	**6**	**11.02.01**	**6**	**12.11.14**
7	亜細亜	走者	3	井上 武彦	3	鈴木 和明	4	中野 正明	1	川嶋 輝章	3	金子 隆	2	長谷 正弘	3	大石 耕司	2	各務 隆政	2	前田 政光	1	近藤 美明
		個人	10	1.08.08	7	1.21.54	6	1.13.59	7	1.16.56	12	1.26.21	11	1.04.16	9	1.11.55	6	1.09.50	8	1.21.31	9	1.11.58
		チーム	10	1.08.08	8	2.30.02	8	3.44.01	7	5.00.57	8	6.27.18	11	1.04.16	10	2.16.11	7	3.26.01	7	4.47.32	7	5.59.30
		総合	**10**	**1.08.08**	**8**	**2.30.02**	**8**	**3.44.01**	**7**	**5.00.57**	**8**	**6.27.18**	**10**	**7.31.34**	**9**	**8.43.29**	**8**	**9.53.19**	**8**	**11.14.50**	**7**	**12.26.48**
8	東京農業	走者	1	小菅 勝己	2	服部 誠	1	近藤 和夫	1	小山 定彦	3	安原 達也	3	佐藤 博	1	藤本 孝明	3	枝 啓司	2	矢島 修	1	後藤 茂樹
		個人	6	1.07.31	2	1.17.50	8	1.14.37	8	1.17.07	13	1.26.58	5	1.01.47	8	1.10.57	11	1.14.57	11	1.23.00	12	1.14.09
		チーム	6	1.07.31	2	2.25.21	5	3.39.58	4	4.57.05	6	6.24.03	5	1.01.47	7	2.12.44	8	3.27.41	9	4.50.41	10	6.04.50
		総合	**6**	**1.07.31**	**2**	**2.25.21**	**5**	**3.39.58**	**4**	**4.57.05**	**6**	**6.24.03**	**6**	**7.25.50**	**7**	**8.36.47**	**7**	**9.51.44**	**7**	**11.14.44**	**8**	**12.28.53**
9	駒澤	走者	1	加瀬 治	4	大沢 隆司	4	田中 秀男	2	高木 勝義	3	宮川 寿夫	3	高橋 秀春	1	黒木 靖	1	佐藤 政雄	4	宮崎 慶喜	4	佐藤 次男
		個人	13	1.10.46	12	1.24.22	4	1.12.49	6	1.15.26	5	1.20.58	14	1.05.35	10	1.12.02	10	1.14.32	9	1.21.41	7	1.11.36
		チーム	13	1.10.46	13	2.35.08	10	3.47.57	9	5.03.23	7	6.24.21	14	1.05.35	11	2.17.37	11	3.32.09	11	4.53.50	11	6.05.26
		総合	**13**	**1.10.46**	**13**	**2.35.08**	**10**	**3.47.57**	**9**	**5.03.23**	**7**	**6.24.21**	**8**	**7.29.56**	**8**	**8.41.58**	**9**	**9.56.30**	**9**	**11.18.11**	**9**	**12.29.47**
10	専修	走者	3	柏木 竜一	3	佐野 恵久	3	清水 達夫	1	長塩 栄一	4	橋本 鎮雄	3	根本 寿夫	3	平山 陽吉	3	菅野 治信	1	妹尾 正白	4	松村 孝男
		個人	9	1.08.05	13	1.24.42	12	1.15.51	11	1.19.11	4	1.20.32	4	1.01.44	12	1.14.21	8	1.12.39	12	1.23.38	8	1.11.56
		チーム	9	1.08.05	12	2.32.47	11	3.48.38	11	5.07.49	10	6.28.21	4	1.01.44	9	2.16.05	10	3.28.44	10	4.52.22	9	6.04.18
		総合	**9**	**1.08.05**	**12**	**2.32.47**	**11**	**3.48.38**	**11**	**5.07.49**	**10**	**6.28.21**	**9**	**7.30.05**	**10**	**8.44.26**	**10**	**9.57.05**	**10**	**11.20.43**	**10**	**12.32.39**
11	東洋	走者	2	松田 進	2	井上 文男	3	根岸 明夫	2	松田 孟	2	近野 清作	3	川村 要二	1	関根 勝	2	松本 元明	3	塚越 久男	4	飯沢 明
		個人	1	*1.05.22*	6	1.20.22	3	1.12.33	15	1.30.59	10	1.25.09	10	1.04.05	7	1.10.42	9	1.13.52	6	1.19.17	11	1.13.51
		チーム	1	1.05.22	4	2.25.44	2	3.38.17	12	5.09.16	12	6.34.25	10	1.04.05	8	2.14.47	9	3.28.39	8	4.47.56	8	6.01.47
		総合	**1**	**1.05.22**	**4**	**2.25.44**	**2**	**3.38.17**	**12**	**5.09.16**	**12**	**6.34.25**	**12**	**7.38.30**	**12**	**8.49.12**	**11**	**10.03.04**	**11**	**11.22.21**	**11**	**12.36.12**
12	東京教育	走者	2	片山 茂	4	山方 博文	2	菊地 俊策	3	中塚 昌男	2	山崎 博司	3	吉田 政勝	4	柴野 照夫	2	坂元 譲次	2	飯沼 信輝	3	望月 幹雄
		個人	12	1.09.59	9	1.22.01	14	1.19.26	5	1.14.58	6	1.21.46	9	1.03.54	14	1.16.41	12	1.15.13	13	1.25.19	10	1.12.59
		チーム	12	1.09.59	11	2.32.00	12	3.51.26	10	5.06.24	9	6.28.10	9	1.03.54	13	2.20.35	12	3.35.48	12	5.01.07	12	6.14.06
		総合	**12**	**1.09.59**	**11**	**2.32.00**	**12**	**3.51.26**	**10**	**5.06.24**	**9**	**6.28.10**	**11**	**7.32.04**	**11**	**8.48.45**	**12**	**10.03.58**	**12**	**11.29.17**	**12**	**12.42.16**
13	青山学院	走者	3	北野 勉	1	谷川 忠彦	4	椎名 通	1	杉崎 孝	1	佐藤 和彦	3	白坂 文彦	3	河内喜一郎	1	柴山 勉	4	森 猛	1	平井 重行
		個人	15	1.12.25	15	1.28.23	7	1.14.25	14	1.22.59	11	1.25.25	13	1.05.20	13	1.16.02	14	1.19.21	10	1.22.52	14	1.15.31
		チーム	15	1.12.25	15	2.40.48	14	3.55.13	14	5.18.12	14	6.43.37	13	1.05.20	14	2.21.22	14	3.40.43	13	5.03.35	13	6.19.06
		総合	**15**	**1.12.25**	**15**	**2.40.48**	**14**	**3.55.13**	**14**	**5.18.12**	**14**	**6.43.37**	**13**	**7.48.57**	**14**	**9.04.59**	**14**	**10.24.20**	**13**	**11.47.12**	**13**	**13.02.43**
14	東海	走者	1	錦織 雅彦	1	宮田 将美	3	増田 博康	2	藤井 英二	1	鈴木 良弘	1	中須賀由採	1	久保 隆博	2	大沢 信一	2	大口 哲郎	4	金子 謙治
		個人	14	1.11.26	14	1.27.56	13	1.19.00	13	1.22.27	9	1.24.26	12	1.04.58	11	1.13.56	15	1.19.31	14	1.27.14	13	1.14.47
		チーム	14	1.11.26	14	2.39.22	15	3.58.22	15	5.20.49	15	6.45.15	12	1.04.58	12	2.18.54	13	3.38.25	14	5.05.39	14	6.20.26
		総合	**14**	**1.11.26**	**14**	**2.39.22**	**15**	**3.58.22**	**15**	**5.20.49**	**15**	**6.45.15**	**14**	**7.50.13**	**13**	**9.04.09**	**13**	**10.23.40**	**14**	**11.50.54**	**14**	**13.05.41**
15	早稲田	走者	3	大石 富之	1	尾崎 邦男	3	半田 義彦	4	加藤 敏夫	4	松村 茂	3	田中 勝和	4	増原 秀夫	1	溝垣善二郎	3	三島 俊美	4	河崎 力
		個人	7	1.07.43	11	1.23.58	15	1.20.37	10	1.18.18	15	1.29.46	15	1.10.25	15	1.17.30	13	1.19.04	15	1.27.21	15	1.15.37
		チーム	7	1.07.43	10	2.31.41	13	3.52.18	13	5.10.36	13	6.40.22	15	1.10.25	15	2.27.55	15	3.46.59	15	5.14.20	15	6.29.57
		総合	**7**	**1.07.43**	**10**	**2.31.41**	**13**	**3.52.18**	**13**	**5.10.36**	**13**	**6.40.22**	**15**	**7.50.47**	**15**	**9.08.17**	**15**	**10.27.21**	**15**	**11.54.42**	**15**	**13.10.19**

第50回　1974年(昭和49年)1月2日～3日　総距離：225.0km　往路：112.5km　復路：112.5km

順	大学名		往路 1区 (21.8km)		2区 (25.2km)		3区 (22.2km)		4区 (21.9km)		5区 (21.4km)		復路 6区 (21.4km)		7区 (21.9km)		8区 (22.2km)		9区 (25.2km)		10区 (21.8km)	
1	日本	走者	3	安西 純彦	1	松田 光香	2	桜庭 誠	3	林 千都志	4	鶴巻 健	3	中願寺 寛	1	野中 三徳	2	藤田 一成	4	大崎 修造	4	内野 保雄
		個人	6	1.07.05	3	1.16.56	5	1.08.11	4	1.08.22	4	1.16.24	10	1.02.51	1	*1.04.39*	5	1.11.30	1	1.19.25	3	1.10.39
		チーム	6	1.07.05	5	2.24.01	4	3.32.12	2	4.40.34	2	5.56.58	10	1.02.51	1	2.07.30	2	3.19.00	2	4.38.25	2	5.49.04
		総合	6	1.07.05	5	2.24.01	4	3.32.12	2	4.40.34	2	5.56.58	2	6.59.49	1	8.04.28	1	9.15.58	1	10.35.23	1	11.46.02
2	大東文化	走者	1	橋口 弘	4	松田 強	2	秋枝 実男	4	味沢 善朗	1	大久保初男	2	金田 五郎	3	鞭馬 講二	3	下村 剛	3	竹内 譲二	2	菊池 一成
		個人	7	1.07.15	18	1.23.13	2	1.07.37	5	1.08.24	1	1.13.41	1	1.00.12	3	1.08.09	1	1.08.53	2	1.20.22	1	1.10.20
		チーム	7	1.07.15	14	2.30.28	10	3.38.05	9	4.46.29	5	6.00.10	1	1.00.12	2	2.08.21	1	3.17.14	1	4.37.36	1	5.47.56
		総合	7	1.07.15	14	2.30.28	10	3.38.05	9	4.46.29	5	6.00.10	4	7.00.22	3	8.08.31	3	9.17.24	2	10.37.46	2	11.48.06
3	順天堂	走者	1	木崎 和夫	3	匂坂 清貴	1	入江 利昭	2	小倉 庸夫	2	朝倉 忠勝	4	菊地 由益	3	中村 典之	3	鈴木 秀夫	3	枝松 武彦	3	池田 久夫
		個人	2	1.06.49	7	1.17.50	8	1.08.55	6	1.08.48	2	1.15.55	4	1.01.34	13	1.13.42	3	1.10.19	4	1.22.22	2	1.10.24
		チーム	2	1.06.49	6	2.24.39	5	3.33.34	4	4.42.22	3	5.58.17	4	1.01.34	10	2.15.16	8	3.25.35	7	4.47.57	3	5.58.21
		総合	2	1.06.49	6	2.24.39	5	3.33.34	4	4.42.22	3	5.58.17	3	6.59.51	5	8.13.33	5	9.23.52	5	10.46.14	3	11.56.38
4	東京農業	走者	1	岩瀬 哲治	3	服部 誠	1	山本 吉光	1	佐藤 誠	1	壱岐 利美	4	佐藤 博	2	藤本 孝明	4	枝 啓司	3	矢島 修	2	小山 定彦
		個人	13	1.08.33	1	1.13.41	1	1.07.23	2	1.07.32	5	1.17.13	5	1.01.46	5	1.08.30	7	1.12.38	6	1.23.21	14	1.16.32
		チーム	13	1.08.33	1	2.22.14	1	3.29.37	1	4.37.09	1	5.54.22	5	1.01.46	5	2.10.16	4	3.22.54	4	4.46.15	8	6.02.47
		総合	13	1.08.33	1	2.22.14	1	3.29.37	1	4.37.09	1	5.54.22	1	6.56.08	2	8.04.38	2	9.17.16	3	10.40.37	4	11.57.09
5	日本体育	走者	4	清水 武治	2	和田 誠一	2	日下 賀之	3	笹渕 兼一	4	田ノ上貢一	4	今野 秀悦	2	荒野 吉之	2	関口 孝久	4	大金 一幸	1	塩塚 秀夫
		個人	5	1.06.56	4	1.16.57	10	1.10.24	8	1.09.23	3	1.16.07	3	1.01.27	4	1.08.19	2	1.09.56	9	1.24.29	15	1.16.43
		チーム	5	1.06.56	4	2.23.53	6	3.34.17	5	4.43.40	3	5.59.47	3	1.01.27	4	2.09.46	3	3.19.42	3	4.44.11	7	6.00.54
		総合	5	1.06.56	4	2.23.53	6	3.34.17	5	4.43.40	4	5.59.47	5	7.01.14	4	8.09.33	4	9.19.29	4	10.43.58	5	12.00.41
6	国士舘	走者	3	藤原 博	4	古賀 丈雄	2	千葉 正人	4	土屋 力三	3	菅谷 久二	3	田上 伸一	3	阿部 光幸	1	横田 貞純	2	都丸 美明	4	川越 順二
		個人	10	1.08.21	9	1.18.12	9	1.09.44	3	1.07.54	6	1.17.24	6	1.01.59	8	1.10.31	10	1.13.56	3	1.22.05	4	1.10.51
		チーム	10	1.08.21	8	2.26.33	8	3.36.17	7	4.44.11	7	6.01.35	6	1.01.59	8	2.12.30	9	3.26.26	8	4.48.31	4	5.59.22
		総合	10	1.08.21	8	2.26.33	8	3.36.17	7	4.44.11	7	6.01.35	7	7.03.34	6	8.14.05	7	9.28.01	6	10.50.06	6	12.00.57
7	中央	走者	3	椎葉 文海	3	大花 弘美	2	畑井 新治	1	引間 金夫	4	吉田 親	1	井上 道也	1	嶋村 哲也	2	佐藤 悟	4	岩崎 修	1	宇野 真
		個人	4	1.06.53	2	1.16.45	3	1.07.49	13	1.13.42	7	1.19.02	9	1.02.25	6	1.08.43	6	1.11.46	8	1.24.19	6	1.12.48
		チーム	4	1.06.53	2	2.23.38	2	3.31.27	8	4.45.09	8	6.04.11	9	1.02.25	6	2.11.08	4	3.22.54	5	4.47.13	5	6.00.01
		総合	4	1.06.53	2	2.23.38	2	3.31.27	8	4.45.09	8	6.04.11	9	7.06.36	9	8.15.19	6	9.27.05	7	10.51.24	7	12.04.12
8	東洋	走者	2	高橋富志雄	3	井上 文男	1	河田 潔	3	松田 進	2	関根 勝	2	保田 仁	4	根岸 明夫	4	塚越 久男	3	近野 清作	4	川村 要二
		個人	12	1.08.27	5	1.17.00	12	1.11.06	1	1.07.22	13	1.21.26	2	1.00.58	2	1.08.07	13	1.15.22	5	1.23.02	7	1.12.54
		チーム	12	1.08.27	7	2.25.27	9	3.36.33	6	4.43.55	9	6.05.21	2	1.00.58	3	2.09.05	6	3.24.27	6	4.47.29	6	6.00.23
		総合	12	1.08.27	7	2.25.27	9	3.36.33	6	4.43.55	9	6.05.21	8	7.06.19	7	8.14.26	9	9.29.48	8	10.52.50	8	12.05.44
9	東海	走者	2	宮田 将美	1	新居 利広	4	増田 博康	1	西出 勝	1	坂下 静男	2	中須賀由採	3	藤井 英二	2	錦織 雅彦	3	大口 哲郎	2	久保 隆博
		個人	1	1.06.40	6	1.17.07	4	1.08.01	7	1.08.58	12	1.20.04	8	1.02.24	10	1.11.38	9	1.13.52	16	1.31.20	13	1.16.26
		チーム	1	1.06.40	3	2.23.47	3	3.31.48	3	4.40.46	6	6.00.50	8	1.02.24	9	2.14.02	11	3.27.54	11	4.59.14	11	6.15.40
		総合	1	1.06.40	3	2.23.47	3	3.31.48	3	4.40.46	6	6.00.50	6	7.03.14	8	8.14.52	8	9.28.44	9	11.00.04	9	12.16.30
10	亜細亜	走者	2	川嶋 輝章	4	鈴木 和明	3	長谷 正弘	4	大石 耕司	1	森子 栄蔵	1	浜辺 明	4	井上 武彦	1	太田代秀一	3	前田 政光	1	宮島 孝昌
		個人	14	1.08.44	8	1.17.52	7	1.08.45	10	1.12.10	15	1.22.54	13	1.04.42	9	1.10.44	4	1.11.19	12	1.27.16	18	1.20.59
		チーム	14	1.08.44	9	2.26.36	7	3.35.21	10	4.47.31	11	6.10.25	13	1.04.42	11	2.15.26	10	3.26.45	10	4.54.01	10	6.15.00
		総合	14	1.08.44	9	2.26.36	7	3.35.21	10	4.47.31	11	6.10.25	11	7.15.07	10	8.25.51	10	9.37.10	10	11.04.26	10	12.25.25
11	専修	走者	4	佐野 恵久	3	村上 清隆	2	妹尾 正白	1	木村 哲夫	1	長谷川幸哉	4	根本 寿夫	4	原田 賢児	4	清水 達夫	4	菅野 治信	4	梶野 信人
		個人	11	1.08.25	17	1.21.45	15	1.12.35	14	1.14.06	14	1.21.53	7	1.02.08	7	1.09.25	8	1.13.30	11	1.26.40	10	1.15.51
		チーム	11	1.08.25	13	2.30.10	14	3.42.45	14	4.56.51	13	6.18.44	7	1.02.08	7	2.11.33	7	3.25.03	9	4.51.43	9	6.07.34
		総合	11	1.08.25	13	2.30.10	14	3.42.45	14	4.56.51	13	6.18.44	13	7.20.52	11	8.30.17	11	9.43.47	11	11.10.27	11	12.26.18
12	駒澤	走者	3	高木 勝義	1	渡辺 光	1	大東 快任	4	戸村又治朗	4	宮川 寿夫	3	松原 政幸	3	緒方 光平	2	加瀬 治	2	黒木 靖	4	江藤 雅彦
		個人	20	1.11.28	10	1.18.18	16	1.12.43	11	1.12.49	9	1.19.38	16	1.05.45	17	1.19.36	11	1.14.35	10	1.25.24	5	1.12.22
		チーム	20	1.11.28	12	2.29.46	13	3.42.29	13	4.55.18	12	6.14.56	16	1.05.45	16	2.25.21	15	3.39.56	12	5.05.20	12	6.17.42
		総合	20	1.11.28	12	2.29.46	13	3.42.29	13	4.55.18	12	6.14.56	12	7.20.41	13	8.40.17	13	9.54.52	12	11.20.16	12	12.32.38
13	東京教育	走者	3	片山 茂	3	山崎 博司	4	吉田 政勝	4	中塚 昌男	3	飯沼 信輝	3	吉田 公彦	1	桐原 賢	3	坂元 譲次	3	菊地 俊策	4	望月 幹雄
		個人	3	1.06.49	11	1.19.59	13	1.11.39	9	1.11.42	8	1.19.26	12	1.04.23	19	1.24.26	12	1.15.19	19	1.34.41	11	1.16.03
		チーム	3	1.06.49	10	2.26.48	11	3.38.27	11	4.50.09	10	6.09.35	12	1.04.23	18	2.28.49	17	3.44.08	19	5.18.49	18	6.34.52
		総合	3	1.06.49	10	2.26.48	11	3.38.27	11	4.50.09	10	6.09.35	10	7.13.58	12	8.38.24	12	9.53.43	13	11.28.24	13	12.44.27
14	青山学院	走者	1	青木 国昭	2	谷川 忠彦	4	北野 勉	1	南原 茂	2	佐藤 和彦	4	白坂 文彦	2	平井 重行	2	柴山 勉	2	杉崎 孝	1	小林 満
		個人	9	1.08.18	14	1.20.43	17	1.16.18	18	1.16.32	10	1.19.53	14	1.04.55	15	1.14.23	16	1.19.39	17	1.32.13	12	1.16.19
		チーム	9	1.08.18	11	2.29.01	17	3.45.19	17	5.01.51	14	6.21.44	14	1.04.55	13	2.19.18	13	3.38.57	14	5.11.10	13	6.27.29
		総合	9	1.08.18	11	2.29.01	17	3.45.19	17	5.01.51	14	6.21.44	14	7.26.39	14	8.41.02	14	10.00.41	15	11.32.54	14	12.49.13
15	法政	走者	2	森岡 昭彦	2	大野 隆司	1	田島 康之	3	田中 竜博	1	東谷 了	3	中条 秀明	3	中 正美	4	鈴木 昭雄	3	吉田 友彦	4	山田 輝雄
		個人	8	1.08.12	20	1.24.23	14	1.12.16	15	1.14.18	16	1.23.14	15	1.05.32	18	1.20.38	17	1.19.59	13	1.28.17	8	1.13.11
		チーム	8	1.08.12	19	2.32.35	16	3.44.51	16	4.59.09	16	6.22.23	15	1.05.32	17	2.26.10	18	3.46.09	17	5.14.26	14	6.27.37
		総合	8	1.08.12	19	2.32.35	16	3.44.51	16	4.59.09	16	6.22.23	15	7.27.55	18	8.48.33	18	10.08.32	17	11.36.49	15	12.50.00
16	早稲田	走者	4	半田 義彦	2	尾崎 邦男	4	大石 富之	1	粂田 俊	2	石橋 修	1	横山 菊勝	1	高塚 俊	4	三島 俊美	2	溝垣善二郎	4	田中 勝和
		個人	17	1.10.09	15	1.20.57	6	1.08.42	16	1.14.26	18	1.28.29	17	1.07.57	12	1.13.15	14	1.18.04	14	1.29.30	19	1.21.28
		チーム	17	1.10.09	16	2.31.06	12	3.39.48	14	4.54.14	17	6.22.43	17	1.07.57	14	2.21.12	14	3.39.16	13	5.08.46	16	6.30.14
		総合	17	1.10.09	16	2.31.06	12	3.39.48	14	4.54.14	17	6.22.43	16	7.30.40	16	8.43.55	15	10.01.59	14	11.31.29	16	12.52.57
17	明治	走者	3	梅田 克己	4	三木 和明	4	鈴木 尚企	3	岡田 頼明	4	小杉 則雄	3	須藤 純一	3	北峰 義己	2	山岸 達也	2	草島 稔	1	坂口 宗弘
		個人	15	1.09.36	19	1.24.14	11	1.10.26	12	1.12.58	17	1.25.02	18	1.09.43	14	1.13.46	15	1.19.18	15	1.31.07	16	1.18.03
		チーム	15	1.09.36	20	2.33.50	15	3.44.16	15	4.57.14	15	6.22.16	18	1.09.43	19	2.23.29	16	3.42.47	16	5.13.54	17	6.31.57
		総合	15	1.09.36	20	2.33.50	15	3.44.16	15	4.57.14	15	6.22.16	18	7.31.59	17	8.45.45	17	10.05.03	16	11.36.10	17	12.54.13
18	拓殖	走者	3	鈴木 至広	2	藤崎 広人	3	半田 辰雄	2	菊地 俊幸	1	箭内 良平	4	村田 篤司	4	小池 康雄	3	岩本 隆	4	佐藤 幹寿	1	桜井与志雄
		個人	16	1.10.05	16	1.21.05	18	1.16.31	19	1.19.54	11	1.20.01	11	1.03.46	11	1.12.31	18	1.21.02	20	1.36.00	20	1.21.38
		チーム	16	1.10.05	17	2.31.10	18	3.47.41	19	5.07.35	18	6.27.36	11	1.03.46	12	2.16.17	12	3.37.19	15	5.13.19	19	6.34.57
		総合	16	1.10.05	17	2.31.10	18	3.47.41	19	5.07.35	18	6.27.36	17	7.31.22	15	8.43.53	16	10.04.55	18	11.40.55	18	13.02.33
19	慶應義塾	走者	4	名雲 昭夫	4	青木 純	3	平田 勇助	1	阿部 知之	2	森 一	3	増田 英一	1	吉田 暁	2	阿部 静隆	2	江森喜美男	3	佐藤 政司
		個人	18	1.10.35	13	1.20.42	20	1.19.23	17	1.15.01	20	1.29.56	19	1.11.06	16	1.18.18	19	1.22.01	7	1.23.24	9	1.15.18
		チーム	18	1.10.35	18	2.31.17	20	3.50.40	18	5.05.41	19	6.35.37	19	1.11.06	19	2.29.24	19	3.51.25	18	5.14.49	15	6.30.07
		総合	18	1.10.35	18	2.31.17	20	3.50.40	18	5.05.41	19	6.35.37	19	7.46.43	19	9.05.01	19	10.27.02	19	11.50.26	19	13.05.44
20	神奈川	走者	4	小出 信博	4	鈴木 雅夫	2	渡辺 邦夫	1	吉村 重男	1	杉山 彰	3	光島 政克	2	木藤 隆通	3	白田 啓二	1	星野 政信	2	須賀 章
		個人	19	1.10.49	12	1.20.03	19	1.18.20	20	1.21.26	19	1.29.07	20	1.12.15	20	1.37.06	20	1.23.17	18	1.32.57	17	1.19.39
		チーム	19	1.10.49	15	2.30.52	19	3.49.12	20	5.10.38	20	6.39.45	20	1.12.15	20	2.49.21	20	4.12.38	20	5.45.35	20	7.05.14
		総合	19	1.10.49	15	2.30.52	19	3.49.12	20	5.10.38	20	6.39.45	20	7.52.00	20	9.29.06	20	10.52.23	20	12.25.20	20	13.44.59

第51回　1975年(昭和50年)1月2日～3日　総距離：225.0km　往路：112.5km　復路：112.5km

順	大学名		往路										復路									
			1区(21.8km)		2区(25.2km)		3区(22.2km)		4区(21.9km)		5区(21.4km)		6区(21.4km)		7区(21.9km)		8区(22.2km)		9区(25.2km)		10区(21.8km)	
1	大東文化	走者	2	橋口 弘	3	秋枝 実男	3	松本 始	4	鞭馬 講二	2	大久保初男	3	金田 五郎	4	下村 剛	1	阿部 和美	3	菊池 一成	4	竹内 譲二
		個人	2	1.06.38	2	1.15.05	5	1.06.57	1	*1.03.54*	1	*1.12.02*	1	*59.56*	1	1.05.06	3	1.09.03	6	1.20.34	1	*1.06.55*
		チーム	2	1.06.38	3	2.21.43	2	3.28.40	1	4.32.34	1	5.44.36	1	59.56	1	2.05.02	1	3.14.05	2	4.34.39	1	5.41.34
		総合	2	1.06.38	3	2.21.43	2	3.28.40	1	4.32.34	1	5.44.36	1	6.44.32	1	7.49.38	1	8.58.41	1	10.19.15	1	11.26.10
2	順天堂	走者	4	鈴木 秀夫	4	匂坂 清貴	1	新原 保徳	3	小倉 庸夫	3	朝倉 忠勝	2	入江 利昭	4	池田 久夫	1	田中 登	4	枝松 武彦	2	木崎 和夫
		個人	4	1.06.43	6	1.16.25	4	1.06.41	2	*1.05.18*	6	1.15.56	6	1.01.56	3	1.06.14	5	1.09.37	3	1.18.11	2	1.08.49
		チーム	4	1.06.43	4	2.23.08	4	3.29.49	3	4.35.07	3	5.51.03	6	1.01.56	3	2.08.10	3	3.17.47	3	4.35.58	3	5.44.47
		総合	4	1.06.43	4	2.23.08	4	3.29.49	3	4.35.07	3	5.51.03	3	6.52.59	2	7.59.13	2	9.08.50	2	10.27.01	2	11.35.50
3	日本体育	走者	2	石井 隆士	3	荒野 吉之	2	中村 高行	1	斗高 克敏	3	竹林 昌広	2	関 英雄	3	和田 誠一	3	輿水 勝美	3	関口 孝久	1	北中 純一
		個人	8	1.08.13	4	1.16.16	6	1.07.59	4	1.07.16	5	1.15.48	3	1.00.58	2	1.05.29	1	1.08.35	4	1.19.05	4	1.09.30
		チーム	8	1.08.13	6	2.24.29	5	3.32.28	5	4.39.44	4	5.55.32	3	1.00.58	2	2.06.27	2	3.15.02	1	4.34.07	2	5.43.37
		総合	8	1.08.13	6	2.24.29	5	3.32.28	5	4.39.44	4	5.55.32	4	6.56.30	4	8.01.59	4	9.10.34	3	10.29.39	3	11.39.09
4	東京農業	走者	3	小菅 勝己	4	服部 誠	2	山本 吉光	1	山岡 秀樹	3	藤本 孝明	4	矢島 修	2	岩瀬 哲治	2	佐藤 誠	1	保谷 藤樹	1	小野寺貞雄
		個人	5	1.06.52	1	*1.13.21*	1	*1.04.42*	12	1.09.47	2	1.14.51	2	1.00.54	9	1.09.27	4	1.09.21	8	1.21.38	8	1.11.26
		チーム	5	1.06.52	1	2.20.13	1	3.24.55	2	4.34.42	2	5.49.33	2	1.00.54	5	2.10.21	5	3.19.42	6	4.41.20	6	5.52.46
		総合	5	1.06.52	1	2.20.13	1	3.24.55	2	4.34.42	2	5.49.33	2	6.50.27	3	7.59.54	3	9.09.15	4	10.30.53	4	11.42.19
5	日本	走者	4	安西 純彦	1	西 弘美	1	岸原 政義	3	藤田 一成	2	松田 光香	4	中願寺 寛	3	桜庭 誠	1	小山 雅之	4	野中 三徳	4	林 千都志
		個人	6	1.07.07	7	1.17.09	8	1.08.51	6	1.08.00	3	1.15.03	5	1.01.18	7	1.08.53	6	1.10.06	2	1.16.42	7	1.11.19
		チーム	6	1.07.07	5	2.24.16	6	3.33.07	6	4.41.07	5	5.56.10	5	1.01.18	4	2.10.11	6	3.20.17	5	4.36.59	5	5.48.18
		総合	6	1.07.07	5	2.24.16	6	3.33.07	6	4.41.07	5	5.56.10	5	6.57.28	5	8.06.21	5	9.16.27	5	10.33.09	5	11.44.28
6	中央	走者	1	谷川 和文	2	安田 昭一	2	宇野 真	4	椎葉 文海	1	吉沢 洋	2	井上 道也	2	嶋村 哲也	2	引間 金夫	4	大花 弘美	3	畑井 新治
		個人	9	1.08.22	12	1.19.45	3	1.06.25	3	1.07.13	9	1.18.46	7	1.02.12	6	1.08.45	2	1.08.37	1	1.16.39	3	1.09.24
		チーム	9	1.08.22	12	2.28.07	7	3.34.32	7	4.41.45	8	6.00.31	7	1.02.12	8	2.10.57	4	3.19.34	4	4.36.13	4	5.45.37
		総合	9	1.08.22	12	2.28.07	7	3.34.32	7	4.41.45	8	6.00.31	6	7.02.43	7	8.11.28	6	9.20.05	6	10.36.44	6	11.46.08
7	国士舘	走者	2	橋口 憲一	4	阿部 光幸	4	藤原 博	2	横田 貞純	4	菅谷 久二	3	鈴木 宏美	3	千葉 正人	2	吉田 礼治	2	柳川 順三	3	西尾 吉正
		個人	7	1.07.24	13	1.19.56	11	1.09.05	9	1.09.07	4	1.15.20	8	1.03.07	4	1.07.25	10	1.11.47	7	1.20.58	6	1.10.25
		チーム	7	1.07.24	11	2.27.20	12	3.36.25	11	4.45.32	9	6.00.52	8	1.03.07	6	2.10.32	8	3.22.19	8	4.43.17	7	5.53.42
		総合	7	1.07.24	11	2.27.20	12	3.36.25	11	4.45.32	9	6.00.52	8	7.03.59	6	8.11.24	7	9.23.11	7	10.44.09	7	11.54.34
8	東洋	走者	1	深田 文夫	4	井上 文男	3	高橋富志雄	3	関根 勝	2	関口 操	3	保田 仁	2	河田 潔	2	小屋迫 宏	4	近野 清作	1	武半 和久
		個人	14	1.10.47	5	1.16.20	9	1.08.54	13	1.10.24	8	1.17.06	4	1.01.13	8	1.09.24	7	1.11.13	5	1.19.42	15	1.14.04
		チーム	14	1.10.47	10	2.27.07	10	3.36.01	12	4.46.25	10	6.03.31	4	1.01.13	7	2.10.37	7	3.21.50	7	4.41.32	8	5.55.36
		総合	14	1.10.47	10	2.27.07	10	3.36.01	12	4.46.25	10	6.03.31	10	7.04.44	8	8.14.08	8	9.25.21	8	10.45.03	8	11.59.07
9	駒澤	走者	1	石原 一雄	2	渡辺 光	1	菊地原浩二	3	菅沼 友一	3	加瀬 治	2	原口 豪	1	福田 裕次	3	黒木 靖	1	渡辺 要	2	大貫 正信
		個人	15	1.11.00	9	1.18.03	2	*1.05.31*	10	1.09.26	7	1.16.25	9	1.03.41	13	1.12.43	9	1.11.21	9	1.23.28	5	1.10.10
		チーム	15	1.11.00	13	2.29.03	8	3.34.34	9	4.44.00	7	6.00.25	9	1.03.41	11	2.16.24	10	3.27.45	9	4.51.13	9	6.01.23
		総合	15	1.11.00	13	2.29.03	8	3.34.34	9	4.44.00	7	6.00.25	9	7.04.06	10	8.16.49	9	9.28.10	9	10.51.38	9	12.01.48
10	東海	走者	1	川島 二郎	2	新居 利広	4	大口 哲郎	3	宮田 将美	3	久保 隆博	3	中須賀由採	4	藤井 英二	3	錦織 雅彦	2	西出 勝	2	森 繁
		個人	10	1.08.37	8	1.17.28	10	1.09.03	5	1.07.25	14	1.21.56	11	1.04.57	10	1.10.18	8	1.11.15	12	1.25.20	11	1.12.29
		チーム	10	1.08.37	7	2.26.05	9	3.35.08	8	4.42.33	12	6.04.29	11	1.04.57	10	2.15.15	9	3.26.30	10	4.51.50	10	6.04.19
		総合	10	1.08.37	7	2.26.05	9	3.35.08	8	4.42.33	12	6.04.29	11	7.09.26	11	8.19.44	11	9.30.59	10	10.56.19	10	12.08.48
11	筑波	走者	4	片山 茂	4	山崎 博司	1	高井 貞男	2	桐原 賢	4	飯沼 信輝	1	樋口 聡	2	鎌田 豊数	1	中島 修平	4	坂元 譲次	2	鍋田 昌広
		個人	1	1.05.26	3	1.16.01	7	1.08.16	8	1.08.44	12	1.20.01	10	1.04.20	12	1.12.05	12	1.14.53	14	1.27.07	12	1.12.45
		チーム	1	1.05.26	2	2.21.27	3	3.29.43	4	4.38.27	6	5.58.28	10	1.04.20	12	2.16.25	11	3.31.18	13	4.58.25	13	6.11.10
		総合	1	1.05.26	2	2.21.27	3	3.29.43	4	4.38.27	6	5.58.28	7	7.02.48	9	8.14.53	10	9.29.46	11	10.56.53	11	12.09.38
12	亜細亜	走者	4	長谷 正弘	2	太田代秀一	1	小林 稔	3	近藤 美明	4	前田 政光	1	福島 誠剛	2	浜辺 明	3	森 茂	3	泉山 治郎	3	川嶋 輝章
		個人	11	1.08.57	10	1.18.06	12	1.09.15	7	1.08.12	11	1.19.53	13	1.06.41	11	1.11.39	11	1.13.51	10	1.23.32	10	1.12.23
		チーム	11	1.08.57	9	2.27.03	11	3.36.18	10	4.44.30	11	6.04.23	13	1.06.41	13	2.18.20	13	3.32.11	11	4.55.43	11	6.08.06
		総合	11	1.08.57	9	2.27.03	11	3.36.18	10	4.44.30	11	6.04.23	12	7.11.04	12	8.22.43	12	9.36.34	12	11.00.06	12	12.12.29
13	専修	走者	1	伊藤 一成	1	橋田 敏弘	2	高田 康夫	1	伊藤 弘之	2	長谷川幸哉	3	金田 正一	4	村上 清隆	1	今坂 康弘	2	木村 哲夫	4	密本 利和
		個人	3	1.06.38	14	1.20.19	15	1.11.51	15	1.13.04	15	1.30.21	12	1.05.34	5	1.08.04	14	1.17.49	13	1.25.25	9	1.11.51
		チーム	3	1.06.38	8	2.26.57	13	3.38.48	14	4.51.52	15	6.22.13	12	1.05.34	9	2.13.38	12	3.31.27	12	4.56.52	12	6.08.43
		総合	3	1.06.38	8	2.26.57	13	3.38.48	14	4.51.52	15	6.22.13	14	7.27.47	14	8.35.51	14	9.53.40	13	11.19.05	13	12.30.56
14	青山学院	走者	3	平井 重行	3	谷川 忠彦	1	松原 純一	2	青木 国昭	3	佐藤 和彦	2	小林 満	3	杉崎 孝	1	吉倉 秀男	1	椎名 誠	2	南原 茂
		個人	13	1.09.41	11	1.19.28	14	1.10.20	11	1.09.43	10	1.19.30	15	1.08.55	15	1.14.34	13	1.16.44	15	1.31.31	13	1.13.03
		チーム	13	1.09.41	14	2.29.09	14	3.39.29	13	4.49.12	13	6.08.42	15	1.08.55	15	2.23.29	14	3.40.13	14	5.11.44	14	6.24.47
		総合	13	1.09.41	14	2.29.09	14	3.39.29	13	4.49.12	13	6.08.42	13	7.17.37	13	8.32.11	13	9.48.55	14	11.20.26	14	12.33.29
15	早稲田	走者	3	尾崎 邦男	1	内野 郁夫	2	高塚 俊	1	斎藤 洋	3	石橋 修	2	横山 菊勝	2	粂田 俊	1	黒田 隆之	3	溝垣善二郎	1	杉崎 経雅
		個人	12	1.09.34	15	1.28.03	13	1.09.37	14	1.12.34	13	1.20.56	14	1.07.16	14	1.13.07	15	1.32.21	11	1.24.23	14	1.13.52
		チーム	12	1.09.34	15	2.37.37	15	3.47.14	15	4.59.48	14	6.20.44	14	1.07.16	14	2.20.23	15	3.52.44	15	5.17.07	15	6.30.59
		総合	12	1.09.34	15	2.37.37	15	3.47.14	15	4.59.48	14	6.20.44	15	7.28.00	15	8.41.07	15	10.13.28	15	11.37.51	15	12.51.43

第52回　1976年(昭和51年)1月2日～3日　総距離：225.0km　往路：112.5km　復路：112.5km

順	大学名		往路										復路									
			1区(21.8km)		2区(25.2km)		3区(22.2km)		4区(21.9km)		5区(21.4km)		6区(21.4km)		7区(21.9km)		8区(22.2km)		9区(25.2km)		10区(21.8km)	
1	大東文化	走者	3	橋口 弘	2	森田 義三	2	後藤 守利	4	松本 始	3	大久保初男	4	金田 五郎	2	小林 雄二	2	塩野 一昭	4	秋枝 実男	4	菊池 一成
		個人	12	1.08.06	3	1.16.53	2	1.06.19	2	1.06.15	1	1.12.35	2	1.00.16	1	1.07.36	3	1.11.03	1	1.17.28	3	1.09.25
		チーム	12	1.08.06	5	2.24.59	2	3.31.18	3	4.37.33	1	5.50.08	2	1.00.16	2	2.07.52	2	3.18.55	2	4.36.23	2	5.45.48
		総合	12	1.08.06	5	2.24.59	2	3.31.18	3	4.37.33	1	5.50.08	1	6.50.24	1	7.58.00	1	9.09.03	1	10.26.31	1	11.35.56
2	日本体育	走者	4	和田 誠一	4	荒野 吉之	4	関口 孝久	4	日下 賀之	4	輿水 勝美	3	塩塚 秀夫	4	竹林 昌広	3	関 英雄	2	斗高 克敏	3	石井 隆士
		個人	1	1.05.38	1	1.16.35	1	1.06.03	4	1.06.41	10	1.20.36	1	*58.57*	2	1.08.01	1	1.07.52	2	1.19.20	5	1.10.13
		チーム	1	1.05.38	1	2.22.13	1	3.28.16	1	4.34.57	3	5.55.33	1	58.57	1	2.06.58	1	3.14.50	1	4.34.10	1	5.44.23
		総合	1	1.05.38	1	2.22.13	1	3.28.16	1	4.34.57	3	5.55.33	2	6.54.30	2	8.02.31	2	9.10.23	2	10.29.43	2	11.39.56
3	東京農業	走者	3	岩瀬 哲治	2	山岡 秀樹	4	小菅 勝己	3	山本 吉光	4	藤本 孝明	4	後藤 茂樹	2	小野寺貞雄	3	壱岐 利美	2	保谷 藤樹	2	丸橋 久良
		個人	2	1.06.04	5	1.17.49	6	1.09.06	1	*1.03.30*	3	1.16.43	5	1.02.18	5	1.09.46	4	1.11.19	4	1.19.45	1	1.08.58
		チーム	2	1.06.04	4	2.23.53	4	3.32.59	2	4.36.29	2	5.53.12	5	1.02.18	3	2.12.04	3	3.23.23	3	4.43.08	3	5.52.06
		総合	2	1.06.04	4	2.23.53	4	3.32.59	2	4.36.29	2	5.53.12	3	6.55.30	3	8.05.16	3	9.16.35	3	10.36.20	3	11.45.18
4	中央	走者	4	畑井 新治	3	引間 金夫	1	石山 正男	3	宇野 真	4	佐藤 悟	1	古賀 貞実	3	井上 道也	2	佐藤 弘幸	3	嶋村 哲也	1	橋本 義仲
		個人	6	1.06.47	2	1.16.44	4	1.08.05	5	1.08.01	2	1.16.40	6	1.02.44	8	1.10.06	9	1.12.26	3	1.19.29	8	1.11.49
		チーム	6	1.06.47	2	2.23.31	3	3.31.36	4	4.39.37	4	5.56.17	6	1.02.44	6	2.12.50	6	3.25.16	5	4.44.45	5	5.56.34
		総合	6	1.06.47	2	2.23.31	3	3.31.36	4	4.39.37	4	5.56.17	4	6.59.01	4	8.09.07	4	9.21.33	4	10.41.02	4	11.52.51
5	順天堂	走者	1	竹島 克己	2	新原 保徳	3	木崎 和夫	4	小倉 庸夫	4	朝倉 忠勝	4	中橋富士夫	2	田中 登	3	入江 利昭	3	元山潤次郎	4	出ノ口康生
		個人	10	1.07.29	7	1.18.45	3	1.07.45	3	1.06.19	6	1.19.01	7	1.03.11	3	1.09.02	6	1.11.32	5	1.20.01	4	1.10.08
		チーム	10	1.07.29	8	2.26.14	5	3.33.59	5	4.40.18	5	5.59.19	7	1.03.11	5	2.12.13	4	3.23.45	4	4.43.46	4	5.53.54
		総合	10	1.07.29	8	2.26.14	5	3.33.59	5	4.40.18	5	5.59.19	5	7.02.30	5	8.11.32	5	9.23.04	5	10.43.05	5	11.53.13
6	日本	走者	2	岸原 政義	2	西 弘美	1	堀 一章	2	川原 祐治	3	松田 光香	1	諏訪 祐三	2	森近 繁則	2	大川 義則	2	小山 雅之	4	藤田 一成
		個人	8	1.07.09	12	1.20.17	9	1.09.40	6	1.08.13	4	1.17.57	11	1.04.43	4	1.09.20	2	1.11.02	9	1.22.40	2	1.09.03
		チーム	8	1.07.09	9	2.27.26	9	3.37.06	8	4.45.19	6	6.03.16	11	1.04.43	9	2.14.03	5	3.25.05	7	4.47.45	6	5.56.48
		総合	8	1.07.09	9	2.27.26	9	3.37.06	8	4.45.19	6	6.03.16	7	7.07.59	7	8.17.19	6	9.28.21	6	10.51.01	6	12.00.04
7	駒澤	走者	3	原口 豪	3	渡辺 光	1	大越 正禅	2	菊地原浩二	4	加瀬 治	1	千葉 博久	4	黒木 靖	2	石原 一雄	2	渡辺 要	1	荻野 茂
		個人	5	1.06.41	4	1.16.57	10	1.10.36	8	1.09.52	7	1.19.21	4	1.02.08	10	1.11.13	10	1.12.38	7	1.22.08	9	1.13.31
		チーム	5	1.06.41	3	2.23.38	6	3.34.14	6	4.44.06	7	6.03.27	4	1.02.08	7	2.13.21	9	3.25.59	8	4.48.07	8	6.01.38
		総合	5	1.06.41	3	2.23.38	6	3.34.14	6	4.44.06	7	6.03.27	6	7.05.35	6	8.16.48	7	9.29.26	7	10.51.34	7	12.05.05
8	国士舘	走者	3	橋口 憲一	4	千葉 正人	3	原山 嘉昭	4	小泉 政文	3	柳川 順三	4	春山 一成	3	崎口 幹夫	3	横田 貞純	4	鈴木 宏美	4	三国 節夫
		個人	9	1.07.11	9	1.18.50	11	1.11.01	12	1.12.12	9	1.20.07	8	1.03.25	6	1.10.01	8	1.12.09	6	1.21.23	6	1.10.25
		チーム	9	1.07.11	7	2.26.01	8	3.37.02	9	4.49.14	9	6.09.21	8	1.03.25	8	2.13.26	8	3.25.35	6	4.46.58	7	5.57.23
		総合	9	1.07.11	7	2.26.01	8	3.37.02	9	4.49.14	9	6.09.21	9	7.12.46	9	8.22.47	8	9.34.56	8	10.56.19	8	12.06.44
9	亜細亜	走者	2	小林 稔	3	太田代秀一	4	川嶋 輝章	3	浜辺 明	4	近藤 美明	1	相川 浩一	1	鈴木 邦宣	3	森子 栄蔵	4	森 茂	2	福島 誠剛
		個人	3	1.06.39	6	1.18.36	7	1.09.12	7	1.09.40	8	1.19.52	12	1.04.50	11	1.11.43	14	1.15.02	8	1.22.33	7	1.11.19
		チーム	3	1.06.39	6	2.25.15	7	3.34.27	7	4.44.07	8	6.03.59	12	1.04.50	12	2.16.33	12	3.31.35	11	4.54.08	10	6.05.27
		総合	3	1.06.39	6	2.25.15	7	3.34.27	7	4.44.07	8	6.03.59	8	7.08.49	8	8.20.32	9	9.35.34	9	10.58.07	9	12.09.26
10	東洋	走者	3	工藤 悟	4	保田 仁	4	関根 勝	2	深田 文夫	3	関口 操	3	前田 篤秀	3	河田 潔	3	堤 隆裕	3	小屋迫 宏	2	武半 和久
		個人	14	1.09.00	10	1.19.17	8	1.09.27	15	1.15.42	5	1.18.26	10	1.04.01	7	1.10.05	5	1.11.27	10	1.23.10	12	1.15.43
		チーム	14	1.09.00	13	2.28.17	10	3.37.44	11	4.53.26	10	6.11.52	10	1.04.01	10	2.14.06	7	3.25.33	9	4.48.43	9	6.04.26
		総合	14	1.09.00	13	2.28.17	10	3.37.44	11	4.53.26	10	6.11.52	10	7.15.53	10	8.25.58	10	9.37.25	10	11.00.35	10	12.16.18
11	筑波	走者	2	高井 卓男	2	樋口 聡	3	桐原 賢	2	中島 修平	3	鎌田 豊数	1	泉田 俊幸	3	菊田 靖久	3	鍋田 昌広	2	左近 靖夫	3	中条 明
		個人	13	1.08.41	15	1.22.33	5	1.09.00	11	1.11.47	11	1.21.26	13	1.05.05	13	1.13.57	11	1.13.20	13	1.27.58	10	1.13.42
		チーム	13	1.08.41	15	2.31.14	11	3.40.14	10	4.52.01	11	6.13.27	13	1.05.05	13	2.19.02	13	3.32.22	13	5.00.20	12	6.14.02
		総合	13	1.08.41	15	2.31.14	11	3.40.14	10	4.52.01	11	6.13.27	11	7.18.32	12	8.32.29	12	9.45.49	12	11.13.47	11	12.27.29
12	専修	走者	3	長谷川幸哉	2	伊藤 一成	1	水野谷 勝	2	橋田 敏弘	1	坂内 庄一	2	村松 恭平	1	遠山 昭	3	木村 哲夫	1	稲垣 良夫	4	加藤 幸晴
		個人	4	1.06.41	14	1.22.28	15	1.17.26	9	1.10.44	14	1.27.22	9	1.03.59	12	1.11.44	7	1.12.04	14	1.30.33	11	1.14.17
		チーム	4	1.06.41	14	2.29.09	15	3.46.35	15	4.57.19	14	6.24.41	9	1.03.59	11	2.15.43	11	3.27.47	12	4.58.20	11	6.12.37
		総合	4	1.06.41	14	2.29.09	15	3.46.35	15	4.57.19	14	6.24.41	14	7.28.40	13	8.40.24	13	9.52.28	13	11.23.01	12	12.37.18
13	東海	走者	4	宮田 将美	3	新居 利広	3	蒲田 芳一	2	川島 二郎	3	井手 則夫	4	中須賀由採	4	久保 隆博	3	坂下 静男	3	森 繁	3	上村 宣久
		個人	15	1.09.25	8	1.18.47	13	1.13.49	10	1.11.40	15	1.37.24	15	1.08.58	15	1.20.45	13	1.14.19	11	1.27.03	13	1.16.58
		チーム	15	1.09.25	12	2.28.12	13	3.42.01	12	4.53.41	15	6.31.05	15	1.08.58	15	2.29.43	15	3.44.02	14	5.11.05	13	6.28.03
		総合	15	1.09.25	12	2.28.12	13	3.42.01	12	4.53.41	15	6.31.05	15	7.40.03	15	9.00.48	15	10.15.07	14	11.42.10	13	12.59.08
14	法政	走者	4	森岡 昭彦	2	成田 道彦	1	小板橋成男	1	上山 修功	3	金沢 宏一	2	百鬼 広治	1	鈴木 俊雄	3	下川 達也	4	大野 隆司	1	玉岡 一臣
		個人	7	1.06.57	13	1.20.58	14	1.14.57	14	1.14.10	13	1.24.01	14	1.06.45	14	1.14.31	15	1.19.02	15	1.49.04	14	1.25.03
		チーム	7	1.06.57	11	2.27.55	14	3.42.52	14	4.57.02	13	6.21.03	14	1.06.45	14	2.21.16	14	3.40.18	15	5.29.22	14	6.54.25
		総合	7	1.06.57	11	2.27.55	14	3.42.52	14	4.57.02	13	6.21.03	13	7.27.48	14	8.42.19	14	10.01.21	15	11.50.25	14	13.15.28
棄	青山学院	走者	4	谷川 忠彦	2	松原 純一	4	平井 重行	2	吉倉 秀男	4	佐藤 和彦	1	多田 英農	3	青木 国昭	1	中村 春雄	1	林 一美	4	杉崎 孝
		個人	11	1.08.04	11	1.19.39	12	1.12.34	13	1.14.03	12	1.22.41	3	1.01.56	9	1.10.15	12	1.13.58	12	1.27.15	途中棄権	
		チーム	11	1.08.04	10	2.27.43	12	3.40.17	13	4.54.20	12	6.17.01	3	1.01.56	4	2.12.11	10	3.26.09	10	4.53.24	記録なし	
		総合	11	1.08.04	10	2.27.43	12	3.40.17	13	4.54.20	12	6.17.01	12	7.18.57	11	8.29.12	11	9.43.10	11	11.10.25	記録なし	

第53回　1977年（昭和52年）1月2日～3日　総距離：225.0km　往路：112.5km　復路：112.5km

順	大学名		往路										復路									
			1区(21.8km)		2区(25.2km)		3区(22.2km)		4区(21.9km)		5区(21.4km)		6区(21.4km)		7区(21.9km)		8区(22.2km)		9区(25.2km)		10区(21.8km)	
1	日本体育	走者	4	石井 隆士	4	関 英雄	1	中村 孝生	2	照井 典勝	3	北中 純一	4	塩塚 秀夫	3	萩谷 隆司	2	小沢 信一	3	斗高 克敏	1	伊藤 哲二
		個人	1	*1.04.09*	9	1.16.42	1	1.05.28	3	1.05.23	4	1.14.47	1	*58.56*	1	1.05.52	2	1.09.39	1	1.17.38	13	1.12.37
		チーム	1	1.04.09	1	2.20.51	1	3.26.19	1	4.31.42	1	5.46.29	1	58.56	1	2.04.48	1	3.14.27	1	4.32.05	1	5.44.42
		総合	**1**	**1.04.09**	**1**	**2.20.51**	**1**	**3.26.19**	**1**	**4.31.42**	**1**	**5.46.29**	**1**	**6.45.25**	**1**	**7.51.17**	**1**	**9.00.56**	**1**	**10.18.34**	**1**	**11.31.11**
2	東京農業	走者	4	壱岐 利美	4	山本 吉光	1	信時 勝	3	山岡 秀樹	2	黒岩 哲夫	2	加藤 安信	3	丸橋 久良	1	下野 郁雄	3	保谷 藤樹	4	岩瀬 哲治
		個人	6	1.05.56	1	1.15.07	3	1.06.13	1	1.04.31	7	1.17.31	2	1.01.06	2	1.06.02	9	1.12.28	4	1.18.40	1	*1.06.31*
		チーム	6	1.05.56	2	2.21.03	2	3.27.16	2	4.31.47	2	5.49.18	2	1.01.06	2	2.07.08	4	3.19.36	3	4.38.16	2	5.44.47
		総合	**6**	**1.05.56**	**2**	**2.21.03**	**2**	**3.27.16**	**2**	**4.31.47**	**2**	**5.49.18**	**2**	**6.50.24**	**2**	**7.56.26**	**3**	**9.08.54**	**2**	**10.27.34**	**2**	**11.34.05**
3	大東文化	走者	2	法村 昌三	3	森田 義三	3	塩野 一昭	2	宮地 敏孝	4	大久保初男	1	吉元 政昭	4	伊藤 敏康	2	平盛 惣一	3	阿部 和美	4	橋口 弘
		個人	13	1.07.30	7	1.16.40	4	1.07.55	4	1.06.00	1	*1.11.48*	5	1.02.06	4	1.07.43	8	1.11.55	7	1.20.16	2	*1.06.52*
		チーム	13	1.07.30	9	2.24.10	5	3.32.05	4	4.38.05	3	5.49.53	5	1.02.06	4	2.09.49	5	3.21.44	5	4.42.00	5	5.48.52
		総合	**13**	**1.07.30**	**9**	**2.24.10**	**5**	**3.32.05**	**4**	**4.38.05**	**3**	**5.49.53**	**3**	**6.51.59**	**3**	**7.59.42**	**4**	**9.11.37**	**4**	**10.31.53**	**3**	**11.38.45**
4	順天堂	走者	3	重成 敏史	3	田中 登	4	箱崎 公平	4	木崎 和夫	3	新原 保徳	2	川口 晴実	4	元山潤次郎	4	竹本 英利	2	竹島 克己	4	高橋 秀一
		個人	8	1.06.33	6	1.16.36	9	1.09.12	2	1.04.46	3	1.13.13	6	1.02.22	6	1.08.16	1	1.07.51	5	1.19.06	10	1.11.09
		チーム	8	1.06.33	6	2.23.09	7	3.32.21	3	4.37.07	4	5.50.20	6	1.02.22	6	2.10.38	2	3.18.29	2	4.37.35	4	5.48.44
		総合	**8**	**1.06.33**	**6**	**2.23.09**	**7**	**3.32.21**	**3**	**4.37.07**	**4**	**5.50.20**	**4**	**6.52.42**	**4**	**8.00.58**	**2**	**9.08.49**	**3**	**10.27.55**	**4**	**11.39.04**
5	日本	走者	3	岸原 政義	3	森近 繁則	3	西 弘美	3	川原 祐治	2	堀 一章	1	小川 聡	4	松田 光香	3	前田 和弘	1	武田 光義	1	吉村 良二
		個人	14	1.07.48	14	1.20.23	2	1.05.45	5	1.06.44	9	1.17.50	4	1.01.57	3	1.06.52	4	1.10.18	6	1.19.44	4	1.09.16
		チーム	14	1.07.48	15	2.28.11	10	3.33.56	8	4.40.40	9	5.58.30	4	1.01.57	3	2.08.49	3	3.19.07	4	4.38.51	3	5.48.07
		総合	**14**	**1.07.48**	**15**	**2.28.11**	**10**	**3.33.56**	**8**	**4.40.40**	**9**	**5.58.30**	**7**	**7.00.27**	**5**	**8.07.19**	**5**	**9.17.37**	**5**	**10.37.21**	**5**	**11.46.37**
6	東海	走者	4	西出 勝	4	新居 利広	2	折野 圭一	2	菊地 恭利	4	井手 則夫	4	坂下 静男	3	清海 昭雄	4	森 繁	3	川島 二郎	2	曽根 厚
		個人	3	1.05.34	8	1.16.41	6	1.08.34	7	1.08.24	5	1.16.55	13	1.04.37	11	1.11.02	5	1.10.31	2	1.18.07	5	1.09.24
		チーム	3	1.05.34	4	2.22.15	3	3.30.49	5	4.39.13	5	5.56.08	13	1.04.37	12	2.15.39	10	3.26.10	8	4.44.17	6	5.53.41
		総合	**3**	**1.05.34**	**4**	**2.22.15**	**3**	**3.30.49**	**5**	**4.39.13**	**5**	**5.56.08**	**8**	**7.00.45**	**9**	**8.11.47**	**8**	**9.22.18**	**7**	**10.40.25**	**6**	**11.49.49**
7	駒澤	走者	4	原口 豪	3	菊地原浩二	2	荻野 茂	1	岡 秀夫	2	大越 正禅	2	千葉 博久	4	鈴木 俊通	2	石田 正治	4	渡辺 光	3	渡辺 要
		個人	9	1.06.47	10	1.16.57	13	1.10.07	12	1.09.39	2	1.12.49	6	1.02.22	12	1.12.26	3	1.10.01	3	1.18.16	12	1.12.23
		チーム	9	1.06.47	8	2.23.44	9	3.33.51	11	4.43.30	6	5.56.19	6	1.02.22	11	2.14.48	8	3.24.49	6	4.43.05	8	5.55.28
		総合	**9**	**1.06.47**	**8**	**2.23.44**	**9**	**3.33.51**	**11**	**4.43.30**	**6**	**5.56.19**	**5**	**6.58.41**	**8**	**8.11.07**	**7**	**9.21.08**	**6**	**10.39.24**	**7**	**11.51.47**
8	中央	走者	4	宇野 真	4	嶋村 哲也	3	丸山 富穂	3	谷川 和文	3	金山也寸志	4	井上 道也	2	橋本 義仲	2	石山 正男	3	佐藤 弘幸	2	古賀 貞実
		個人	2	1.05.31	2	1.15.48	12	1.10.05	9	1.09.00	6	1.16.59	9	1.02.47	7	1.08.18	6	1.10.51	9	1.22.14	8	1.10.54
		チーム	2	1.05.31	3	2.21.19	4	3.31.24	7	4.40.24	7	5.57.23	9	1.02.47	7	2.11.05	6	3.21.56	7	4.44.10	7	5.55.04
		総合	**2**	**1.05.31**	**3**	**2.21.19**	**4**	**3.31.24**	**7**	**4.40.24**	**7**	**5.57.23**	**6**	**7.00.10**	**6**	**8.08.28**	**6**	**9.19.19**	**8**	**10.41.33**	**8**	**11.52.27**
9	東洋	走者	2	相良 和彦	4	関口 操	4	河田 潔	4	堤 隆治	3	吉田 二郎	1	松本 正	1	山橋 淳一	4	小屋迫 宏	2	沢村佐多夫	4	工藤 悟
		個人	4	1.05.52	12	1.18.22	5	1.08.00	6	1.08.09	7	1.17.31	12	1.04.23	9	1.09.41	10	1.12.38	12	1.24.04	3	1.08.39
		チーム	4	1.05.52	10	2.24.14	6	3.32.14	6	4.40.23	8	5.57.54	12	1.04.23	10	2.14.04	11	3.26.42	11	4.50.46	9	5.59.25
		総合	**4**	**1.05.52**	**10**	**2.24.14**	**6**	**3.32.14**	**6**	**4.40.23**	**8**	**5.57.54**	**9**	**7.02.17**	**10**	**8.11.58**	**9**	**9.24.36**	**9**	**10.48.40**	**9**	**11.57.19**
10	専修	走者	3	伊藤 一成	4	長谷川幸哉	4	木村 哲夫	2	坂内 庄一	3	橋田 敏弘	3	村松 恭平	2	遠山 昭	2	秋山 俊次	4	辻川 学	4	高田 康夫
		個人	15	1.08.02	5	1.16.32	7	1.08.46	11	1.09.30	10	1.17.56	3	1.01.50	5	1.08.00	14	1.15.13	11	1.23.37	9	1.11.05
		チーム	15	1.08.02	12	2.24.34	8	3.33.20	10	4.42.50	10	6.00.46	3	1.01.50	5	2.09.50	9	3.25.03	10	4.48.40	11	5.59.45
		総合	**15**	**1.08.02**	**12**	**2.24.34**	**8**	**3.33.20**	**10**	**4.42.50**	**10**	**6.00.46**	**10**	**7.02.36**	**7**	**8.10.36**	**10**	**9.25.49**	**10**	**10.49.26**	**10**	**12.00.31**
11	亜細亜	走者	4	浜辺 明	3	小林 稔	2	鈴木 邦宣	2	柘植 修	2	相川 浩一	4	森子 栄蔵	3	福島 誠剛	1	曽根田秀樹	2	三輪 裕明	4	宮島 孝昌
		個人	10	1.07.02	4	1.16.11	14	1.10.56	13	1.09.41	14	1.19.45	10	1.03.00	10	1.10.25	7	1.11.18	10	1.23.27	11	1.11.26
		チーム	10	1.07.02	7	2.23.13	12	3.34.09	12	4.43.50	12	6.03.35	10	1.03.00	9	2.13.25	7	3.24.43	9	4.48.10	10	5.59.36
		総合	**10**	**1.07.02**	**7**	**2.23.13**	**12**	**3.34.09**	**12**	**4.43.50**	**12**	**6.03.35**	**12**	**7.06.35**	**12**	**8.17.00**	**11**	**9.28.18**	**11**	**10.51.45**	**11**	**12.03.11**
12	国士舘	走者	4	原山 嘉昭	4	柳川 順三	2	横地 仁志	4	崎口 幹夫	1	下重 庄三	4	横田 貞純	4	橋口 憲一	2	佐藤 修	2	湊 文昭	2	轟木 善一
		個人	7	1.06.29	13	1.19.32	11	1.09.56	10	1.09.27	15	1.19.58	8	1.02.34	8	1.08.48	15	1.19.23	8	1.21.34	7	1.10.42
		チーム	7	1.06.29	13	2.26.01	15	3.35.57	13	4.45.24	14	6.05.22	8	1.02.34	8	2.11.22	12	3.30.45	12	4.52.19	12	6.03.01
		総合	**7**	**1.06.29**	**13**	**2.26.01**	**15**	**3.35.57**	**13**	**4.45.24**	**14**	**6.05.22**	**13**	**7.07.56**	**11**	**8.16.44**	**13**	**9.36.07**	**12**	**10.57.41**	**12**	**12.08.23**
13	早稲田	走者	1	石川 海次	1	瀬古 利彦	4	横山 菊勝	3	内野 郁夫	4	高塚 俊	2	森山 嘉夫	2	藤井 健平	4	粂田 俊	3	斎藤 洋	3	内藤 光雅
		個人	12	1.07.27	11	1.16.58	10	1.09.39	8	1.08.37	12	1.18.44	11	1.03.35	14	1.16.00	11	1.13.02	13	1.25.09	15	1.13.12
		チーム	12	1.07.27	11	2.24.25	11	3.34.04	9	4.42.41	11	6.01.25	11	1.03.35	14	2.19.35	13	3.32.37	13	4.57.46	13	6.10.58
		総合	**12**	**1.07.27**	**11**	**2.24.25**	**11**	**3.34.04**	**9**	**4.42.41**	**11**	**6.01.25**	**11**	**7.05.00**	**13**	**8.21.00**	**12**	**9.34.02**	**13**	**10.59.11**	**13**	**12.12.23**
14	法政	走者	1	山口 勝彦	3	成田 道彦	4	田島 康之	1	佐藤 勝	2	金沢 宏一	2	鈴木 俊雄	1	山本 篤志	1	法月 達恵	2	上山 修功	1	樋口 勝俊
		個人	11	1.07.10	3	1.15.55	15	1.12.12	15	1.10.59	13	1.19.30	14	1.04.41	13	1.14.28	12	1.13.44	15	1.29.38	14	1.12.48
		チーム	11	1.07.10	5	2.23.05	13	3.35.17	15	4.46.16	15	6.05.46	14	1.04.41	13	2.19.09	14	3.32.53	14	5.02.31	14	6.15.19
		総合	**11**	**1.07.10**	**5**	**2.23.05**	**13**	**3.35.17**	**15**	**4.46.16**	**15**	**6.05.46**	**14**	**7.10.27**	**14**	**8.24.55**	**14**	**9.38.39**	**14**	**11.08.17**	**14**	**12.21.05**
15	拓殖	走者	2	塚本 徹	2	中村 貫	1	八巻 源一	1	広瀬 啓二	4	箭内 良平	1	板橋 勝典	3	畑本 圭一	1	稲野 孝彦	3	鈴木 豊	1	森川 互
		個人	5	1.05.54	15	1.20.44	8	1.09.10	14	1.09.59	11	1.18.30	15	1.06.41	15	1.20.58	13	1.14.14	14	1.25.21	6	1.10.33
		チーム	5	1.05.54	14	2.26.38	14	3.35.48	14	4.45.47	13	6.04.17	15	1.06.41	15	2.27.39	15	3.41.53	15	5.07.14	15	6.17.47
		総合	**5**	**1.05.54**	**14**	**2.26.38**	**14**	**3.35.48**	**14**	**4.45.47**	**13**	**6.04.17**	**15**	**7.10.58**	**15**	**8.31.56**	**15**	**9.46.10**	**15**	**11.11.31**	**15**	**12.22.04**

第54回　1978年(昭和53年)1月2日～3日　総距離：225.0km　往路：112.5km　復路：112.5km

順	大学名		往路										復路									
			1区 (21.8km)		2区 (25.2km)		3区 (22.2km)		4区 (21.9km)		5区 (21.4km)		6区 (21.4km)		7区 (21.9km)		8区 (22.2km)		9区 (25.2km)		10区 (21.8km)	
1	日本体育	走者	2	伊藤 哲二	2	中村 孝生	1	新地 憲宏	2	新宅 雅也	4	北中 純一	2	坂本 亘	3	小沢 信一	2	坂本 充	4	斗高 克敏	3	照井 典勝
		個人	4	1.05.12	3	1.15.18	5	1.07.40	2	1.03.39	2	1.13.08	1	1.00.48	4	1.07.43	1	1.07.26	1	1.16.23	1	1.07.15
		チーム	4	1.05.12	4	2.20.30	4	3.28.10	2	4.31.49	2	5.44.57	1	1.00.48	2	2.08.31	1	3.15.57	1	4.32.20	1	5.39.35
		総合	**4**	**1.05.12**	**4**	**2.20.30**	**4**	**3.28.10**	**2**	**4.31.49**	**2**	**5.44.57**	**2**	**6.45.45**	**2**	**7.53.28**	**1**	**9.00.54**	**1**	**10.17.17**	**1**	**11.24.32**
2	順天堂	走者	4	重成 敏史	1	松元 利弘	3	川口 晴実	4	田中 登	4	新原 保徳	1	酒匂 真次	3	高瀬 文敏	3	木下 亨	3	竹島 克己	1	波多野宏美
		個人	2	1.04.28	4	1.15.50	2	1.05.52	1	1.03.33	1	1.12.17	4	1.01.54	6	1.08.47	4	1.10.14	2	1.17.13	4	1.09.51
		チーム	2	1.04.28	3	2.20.18	2	3.26.10	1	4.29.43	1	5.42.00	4	1.01.54	5	2.10.41	5	3.20.55	5	4.38.08	5	5.47.59
		総合	**2**	**1.04.28**	**3**	**2.20.18**	**2**	**3.26.10**	**1**	**4.29.43**	**1**	**5.42.00**	**1**	**6.43.54**	**1**	**7.52.41**	**2**	**9.02.55**	**2**	**10.20.08**	**2**	**11.29.59**
3	大東文化	走者	4	塩野 一昭	4	森田 義三	1	山元 章義	3	宮地 敏孝	4	小林 雄二	3	森下 好美	2	吉元 政昭	3	法村 昌三	3	平盛 惣一	4	後藤 守利
		個人	3	1.05.11	7	1.17.17	4	1.07.39	3	1.05.12	5	1.15.49	5	1.01.56	1	1.07.02	2	1.09.43	5	1.18.51	2	1.07.58
		チーム	3	1.05.11	7	2.22.28	6	3.30.07	3	4.35.19	3	5.51.08	5	1.01.56	4	2.08.58	3	3.18.41	4	4.37.32	2	5.45.30
		総合	**3**	**1.05.11**	**7**	**2.22.28**	**6**	**3.30.07**	**3**	**4.35.19**	**3**	**5.51.08**	**3**	**6.53.04**	**3**	**8.00.06**	**3**	**9.09.49**	**3**	**10.28.40**	**3**	**11.36.38**
4	東京農業	走者	2	信時 勝	4	山岡 秀樹	3	加藤 安信	4	福重 寛司	4	小野寺貞雄	1	高橋 幸宏	3	黒岩 哲夫	2	蜂須賀 明	4	保谷 藤樹	1	平野 淳俊
		個人	6	1.05.17	12	1.19.16	3	1.06.23	4	1.06.46	6	1.17.31	2	1.00.54	2	1.07.09	3	1.10.03	6	1.19.11	5	1.10.08
		チーム	6	1.05.17	9	2.24.33	7	3.30.56	5	4.37.42	4	5.55.13	2	1.00.54	1	2.08.03	2	3.18.06	2	4.37.17	4	5.47.25
		総合	**6**	**1.05.17**	**9**	**2.24.33**	**7**	**3.30.56**	**5**	**4.37.42**	**4**	**5.55.13**	**4**	**6.56.07**	**4**	**8.03.16**	**4**	**9.13.19**	**4**	**10.32.30**	**4**	**11.42.38**
5	日本	走者	4	西 弘美	4	川原 祐治	4	森近 繁則	1	高岡 伸明	3	堀 一章	3	諏訪 祐三	2	小川 聡	4	小山 雅之	3	山田 久次	4	大川 義則
		個人	1	*1.03.42*	10	1.18.06	1	*1.03.45*	12	1.10.27	14	1.22.55	3	1.01.12	3	1.07.41	5	1.10.15	3	1.18.12	3	1.08.46
		チーム	1	1.03.42	6	2.21.48	1	3.25.33	4	4.36.00	7	5.58.55	3	1.01.12	3	2.08.53	4	3.19.08	3	4.37.20	3	5.46.06
		総合	**1**	**1.03.42**	**6**	**2.21.48**	**1**	**3.25.33**	**4**	**4.36.00**	**7**	**5.58.55**	**6**	**7.00.07**	**5**	**8.07.48**	**5**	**9.18.03**	**5**	**10.36.15**	**5**	**11.45.01**
6	早稲田	走者	2	石川 海次	2	瀬古 利彦	4	斎藤 洋	4	内藤 光雅	4	内野 郁夫	3	森山 嘉夫	1	甲斐 鉄朗	1	佐藤 剛史	1	小田 和利	1	滝川 哲也
		個人	9	1.06.04	2	1.13.54	9	1.09.13	11	1.09.15	7	1.18.26	6	1.02.13	13	1.10.31	10	1.12.01	4	1.18.40	9	1.11.24
		チーム	9	1.06.04	2	2.19.58	5	3.29.11	6	4.38.26	5	5.56.52	6	1.02.13	8	2.12.44	9	3.24.45	6	4.43.25	6	5.54.49
		総合	**9**	**1.06.04**	**2**	**2.19.58**	**5**	**3.29.11**	**6**	**4.38.26**	**5**	**5.56.52**	**5**	**6.59.05**	**6**	**8.09.36**	**6**	**9.21.37**	**6**	**10.40.17**	**6**	**11.51.41**
7	中央	走者	4	丸山 富穂	3	石山 正男	2	西 清隆	3	橋本 義仲	4	金山也寸志	1	星 善市	4	谷川 和文	3	山口 清隆	4	吉沢 洋	1	奥田 英洋
		個人	7	1.05.18	5	1.16.19	14	1.11.09	7	1.07.43	13	1.21.50	7	1.02.15	10	1.09.40	8	1.11.20	11	1.21.09	6	1.10.25
		チーム	7	1.05.18	5	2.21.37	9	3.32.46	8	4.40.29	11	6.02.19	7	1.02.15	6	2.11.55	6	3.23.15	7	4.44.24	6	5.54.49
		総合	**7**	**1.05.18**	**5**	**2.21.37**	**9**	**3.32.46**	**8**	**4.40.29**	**11**	**6.02.19**	**9**	**7.04.34**	**8**	**8.14.14**	**8**	**9.25.34**	**8**	**10.46.43**	**7**	**11.57.08**
8	法政	走者	2	山口 勝彦	4	成田 道彦	2	山本 篤志	2	佐藤 勝	3	金沢 宏一	1	川原 智	2	樋口 勝俊	2	法月 達恵	1	安達 清一	3	上山 修功
		個人	5	1.05.13	1	1.13.35	8	1.08.45	15	1.11.22	10	1.18.55	12	1.04.07	8	1.09.23	12	1.12.46	9	1.20.50	12	1.12.56
		チーム	5	1.05.13	1	2.18.48	3	3.27.33	7	4.38.55	6	5.57.50	12	1.04.07	11	2.13.30	11	3.26.16	9	4.47.06	11	6.00.02
		総合	**5**	**1.05.13**	**1**	**2.18.48**	**3**	**3.27.33**	**7**	**4.38.55**	**6**	**5.57.50**	**7**	**7.01.57**	**7**	**8.11.20**	**7**	**9.24.06**	**7**	**10.44.56**	**8**	**11.57.52**
9	東洋	走者	3	相良 和彦	2	山橋 淳一	2	木下 茂	4	吉田 二郎	3	深見 寿	4	深田 文夫	3	沢村佐多夫	3	宮本 典和	2	松本 正	3	藤田 修
		個人	8	1.05.39	8	1.17.27	11	1.09.37	14	1.10.33	8	1.18.28	11	1.03.50	11	1.09.54	7	1.11.01	12	1.22.25	7	1.10.52
		チーム	8	1.05.39	8	2.23.06	8	3.32.43	10	4.43.16	10	6.01.44	11	1.03.50	13	2.13.44	9	3.24.45	10	4.47.10	8	5.58.02
		総合	**8**	**1.05.39**	**8**	**2.23.06**	**8**	**3.32.43**	**10**	**4.43.16**	**10**	**6.01.44**	**11**	**7.05.34**	**10**	**8.15.28**	**9**	**9.26.29**	**10**	**10.48.54**	**9**	**11.59.46**
10	東海	走者	2	石田 和明	3	曽根 厚	4	川島 二郎	2	生野 俊道	2	吉川 徹	2	新井 辰夫	3	菊地 恭利	1	小田倉 茂	3	関根 唯夫	1	溝口 良司
		個人	12	1.07.08	11	1.18.40	10	1.09.15	6	1.07.32	11	1.20.45	13	1.04.12	5	1.08.33	9	1.11.29	7	1.20.36	13	1.13.27
		チーム	12	1.07.08	10	2.25.48	11	3.35.03	9	4.42.35	12	6.03.20	13	1.04.12	10	2.12.45	8	3.24.14	8	4.44.50	9	5.58.17
		総合	**12**	**1.07.08**	**10**	**2.25.48**	**11**	**3.35.03**	**9**	**4.42.35**	**12**	**6.03.20**	**12**	**7.07.32**	**11**	**8.16.05**	**10**	**9.27.34**	**9**	**10.48.10**	**10**	**12.01.37**
11	専修	走者	4	伊藤 一成	4	橋田 敏弘	3	遠山 昭	3	坂内 庄一	1	山本 正人	4	村松 恭平	1	荻津 弘行	1	川崎 博勇	4	白根 芳正	4	今坂 康弘
		個人	10	1.06.51	15	1.22.42	6	1.07.58	10	1.08.45	9	1.18.50	9	1.03.09	9	1.09.34	6	1.10.59	14	1.25.00	8	1.11.11
		チーム	10	1.06.51	15	2.29.33	14	3.37.31	14	4.46.16	13	6.05.06	9	1.03.09	7	2.12.43	7	3.23.42	12	4.48.42	10	5.59.53
		総合	**10**	**1.06.51**	**15**	**2.29.33**	**14**	**3.37.31**	**14**	**4.46.16**	**13**	**6.05.06**	**13**	**7.08.15**	**13**	**8.17.49**	**11**	**9.28.48**	**11**	**10.53.48**	**11**	**12.04.59**
12	国士舘	走者	3	佐藤 修	2	下重 庄三	2	赤池 学	1	加藤 悟	3	市川 勉	2	五十嵐克三	2	吉山 嘉一	2	野口 司	2	伊藤 悦禅	3	横地 仁志
		個人	11	1.06.56	13	1.19.55	13	1.10.26	8	1.07.55	12	1.20.46	8	1.02.46	12	1.09.58	13	1.14.31	10	1.21.00	11	1.12.54
		チーム	11	1.06.56	13	2.26.51	13	3.37.17	13	4.45.12	14	6.05.58	8	1.02.46	8	2.12.44	12	3.27.15	11	4.48.15	12	6.01.09
		総合	**11**	**1.06.56**	**13**	**2.26.51**	**13**	**3.37.17**	**13**	**4.45.12**	**14**	**6.05.58**	**14**	**7.08.44**	**14**	**8.18.42**	**13**	**9.33.13**	**12**	**10.54.13**	**12**	**12.07.07**
13	駒澤	走者	3	千葉 博久	4	菊地原浩二	1	日塔 仁	3	荻野 茂	3	大越 正禅	1	楠 康夫	3	石田 正治	1	橋本 康司	4	渡辺 要	1	宿理 和郎
		個人	15	1.09.59	6	1.16.50	12	1.09.58	9	1.08.19	3	1.15.42	14	1.04.34	7	1.08.59	15	1.19.43	8	1.20.48	14	1.13.32
		チーム	15	1.09.59	12	2.26.49	12	3.36.47	12	4.45.06	9	6.00.48	14	1.04.34	12	2.13.33	14	3.33.16	13	4.54.04	13	6.07.36
		総合	**15**	**1.09.59**	**12**	**2.26.49**	**12**	**3.36.47**	**12**	**4.45.06**	**9**	**6.00.48**	**10**	**7.05.22**	**9**	**8.14.21**	**14**	**9.34.04**	**13**	**10.54.52**	**13**	**12.08.24**
14	拓殖	走者	2	八巻 源一	3	塚本 徹	4	畑本 圭一	2	広瀬 啓二	3	中村 貢	1	中石富士夫	1	矢野日出敏	4	鈴木 豊	2	稲野 孝彦	2	板橋 勝典
		個人	14	1.08.26	9	1.17.54	7	1.07.59	13	1.10.32	4	1.15.45	10	1.03.22	14	1.12.43	11	1.12.23	15	1.29.47	10	1.12.17
		チーム	14	1.08.26	11	2.26.20	10	3.34.19	11	4.44.51	8	6.00.36	10	1.03.22	14	2.16.05	13	3.28.28	14	4.58.15	14	6.10.32
		総合	**14**	**1.08.26**	**11**	**2.26.20**	**10**	**3.34.19**	**11**	**4.44.51**	**8**	**6.00.36**	**8**	**7.03.58**	**12**	**8.16.41**	**12**	**9.29.04**	**14**	**10.58.51**	**14**	**12.11.08**
15	筑波	走者	1	阿久津 浩	4	高井 卓男	4	中島 修平	4	左近 靖夫	1	高野 喜宏	4	樋口 聡	4	森 二郎	1	加藤 洋一	3	泉田 俊幸	1	仲子 宏
		個人	13	1.07.20	14	1.20.39	15	1.20.28	5	1.07.17	15	1.23.42	15	1.05.46	15	1.15.20	14	1.15.07	13	1.22.48	15	1.20.04
		チーム	13	1.07.20	14	2.27.59	15	3.48.27	15	4.55.44	15	6.19.26	15	1.05.46	15	2.21.06	15	3.36.13	15	4.59.01	15	6.19.05
		総合	**13**	**1.07.20**	**14**	**2.27.59**	**15**	**3.48.27**	**15**	**4.55.44**	**15**	**6.19.26**	**15**	**7.25.12**	**15**	**8.40.32**	**15**	**9.55.39**	**15**	**11.18.27**	**15**	**12.38.31**

第55回　1979年(昭和54年)1月2日～3日　総距離：217.3km　往路：108.5km　復路：108.8km

順	大学名		往路										復路									
			1区(21.3km)		2区(24.4km)		3区(21.3km)		4区(21.0km)		5区(20.5km)		6区(20.5km)		7区(21.3km)		8区(21.3km)		9区(24.4km)		10区(21.3km)	
1	順天堂	走者	2	波多野宏美	2	松元 利弘	1	神田 修	4	川口 晴実	2	上田 誠仁	2	酒匂 真次	3	寒川 正悟	4	木下 亨	4	竹島 克己	2	村松 学
		個人	5	1.05.55	3	1.15.36	8	1.08.58	1	1.04.52	1	1.14.40	1	1.00.00	4	1.07.42	3	1.07.51	1	*1.15.56*	7	1.09.08
		チーム	5	1.05.55	3	2.21.31	2	3.30.29	2	4.35.21	1	5.50.01	1	1.00.00	2	2.07.42	2	3.15.33	1	4.31.29	2	5.40.37
		総合	**5**	**1.05.55**	**3**	**2.21.31**	**2**	**3.30.29**	**2**	**4.35.21**	**1**	**5.50.01**	**1**	**6.50.01**	**1**	**7.57.43**	**1**	**9.05.34**	**1**	**10.21.30**	**1**	**11.30.38**
2	日本体育	走者	4	照井 典勝	3	中村 孝生	3	伊藤 哲二	3	坂本 充	3	新宅 雅也	4	小沢 信一	2	新地 憲宏	3	出口 彰	3	坂本 亘	4	小山 英士
		個人	1	1.05.18	2	1.15.34	12	1.09.52	5	1.07.57	3	1.15.02	3	1.00.48	1	1.06.19	1	1.07.06	2	1.17.54	1	*1.06.29*
		チーム	1	1.05.18	2	2.20.52	3	3.30.44	3	4.38.41	3	5.53.43	3	1.00.48	1	2.07.07	1	3.14.13	2	4.32.07	1	5.38.36
		総合	**1**	**1.05.18**	**2**	**2.20.52**	**3**	**3.30.44**	**3**	**4.38.41**	**3**	**5.53.43**	**2**	**6.54.31**	**2**	**8.00.50**	**2**	**9.07.56**	**2**	**10.25.50**	**2**	**11.32.19**
3	大東文化	走者	3	横田 仁	4	宮地 敏孝	3	吉元 政昭	4	岩元 修一	2	生田 昌司	3	清水 俊光	3	望月 明義	2	山元 章義	3	榎田 登	2	長谷川直明
		個人	11	1.07.54	4	1.16.06	1	1.07.40	3	1.07.22	9	1.18.53	5	1.01.34	3	1.07.26	2	1.07.30	7	1.20.04	4	1.08.17
		チーム	11	1.07.54	5	2.24.00	4	3.31.40	4	4.39.02	5	5.57.55	5	1.01.34	3	2.09.00	3	3.16.30	3	4.36.34	3	5.44.51
		総合	**11**	**1.07.54**	**5**	**2.24.00**	**4**	**3.31.40**	**4**	**4.39.02**	**5**	**5.57.55**	**5**	**6.59.29**	**5**	**8.06.55**	**3**	**9.14.25**	**3**	**10.34.29**	**3**	**11.42.46**
4	早稲田	走者	3	石川 海次	3	瀬古 利彦	3	金山 雅之	1	井上 雅喜	2	甲斐 鉄朗	4	森山 嘉夫	1	加藤 正之	1	寺内 正彦	2	小田 和利	2	滝川 哲也
		個人	3	1.05.42	1	*1.12.18*	13	1.09.56	2	1.07.16	8	1.18.14	7	1.01.59	12	1.10.50	6	1.10.25	3	1.18.16	2	1.08.12
		チーム	3	1.05.42	1	2.18.00	1	3.27.56	1	4.35.12	2	5.53.26	7	1.01.59	9	2.12.49	7	3.23.14	6	4.41.30	5	5.49.42
		総合	**3**	**1.05.42**	**1**	**2.18.00**	**1**	**3.27.56**	**1**	**4.35.12**	**2**	**5.53.26**	**3**	**6.55.25**	**4**	**8.06.15**	**5**	**9.16.40**	**4**	**10.34.56**	**4**	**11.43.08**
5	日本	走者	3	小川 聡	4	山田 久次	3	五十嵐陽一	3	吉村 良二	4	堀 一章	2	高岡 伸明	1	長谷川直秀	1	篠原 忍	4	諏訪 祐三	4	福島 寿夫
		個人	4	1.05.53	8	1.17.52	15	1.10.21	4	1.07.36	2	1.14.45	4	1.01.25	5	1.07.44	8	1.10.58	9	1.20.17	14	1.12.20
		チーム	4	1.05.53	4	2.23.45	8	3.34.06	5	4.41.42	4	5.56.27	4	1.01.25	5	2.09.09	5	3.20.07	5	4.40.24	7	5.52.44
		総合	**4**	**1.05.53**	**4**	**2.23.45**	**8**	**3.34.06**	**5**	**4.41.42**	**4**	**5.56.27**	**4**	**6.57.52**	**3**	**8.05.36**	**4**	**9.16.34**	**5**	**10.36.51**	**5**	**11.49.11**
6	東洋	走者	4	相良 和彦	3	山橋 淳一	3	木下 茂	4	深見 寿	3	松本 正	4	沢村佐多夫	1	坂本 安夫	2	鳴海比呂志	4	宮本 典和	4	藤田 修
		個人	12	1.08.27	6	1.17.05	9	1.09.10	8	1.09.16	7	1.17.45	8	1.02.28	7	1.08.56	12	1.12.42	6	1.19.41	6	1.08.51
		チーム	12	1.08.27	10	2.25.32	9	3.34.42	8	4.43.58	8	6.01.43	8	1.02.28	7	2.11.24	8	3.24.06	7	4.43.47	6	5.52.38
		総合	**12**	**1.08.27**	**10**	**2.25.32**	**9**	**3.34.42**	**8**	**4.43.58**	**8**	**6.01.43**	**8**	**7.04.11**	**7**	**8.13.07**	**7**	**9.25.49**	**6**	**10.45.30**	**6**	**11.54.21**
7	東京農業	走者	2	平野 淳俊	4	黒岩 哲夫	2	高橋 幸宏	3	信時 勝	2	長島 浩	2	三橋 稔	4	加藤 安信	1	永山 忠幸	4	上田 勉	2	吉川 政俊
		個人	9	1.06.45	10	1.18.11	2	1.07.49	14	1.11.29	15	1.23.54	6	1.01.44	2	1.07.18	4	1.09.34	5	1.19.33	3	1.08.14
		チーム	9	1.06.45	8	2.24.56	6	3.32.45	9	4.44.14	14	6.08.08	6	1.01.44	4	2.09.02	4	3.18.36	4	4.38.09	4	5.46.23
		総合	**9**	**1.06.45**	**8**	**2.24.56**	**6**	**3.32.45**	**9**	**4.44.14**	**14**	**6.08.08**	**12**	**7.09.52**	**8**	**8.17.10**	**8**	**9.26.44**	**7**	**10.46.17**	**7**	**11.54.31**
8	拓殖	走者	4	塚本 徹	3	八巻 源一	3	広瀬 啓二	2	矢野日出敏	4	中村 貢	2	野口 賢司	1	鈴木 良則	2	田中 正彦	3	板橋 勝典	2	大坪 泰巳
		個人	6	1.05.57	11	1.18.21	3	1.08.08	12	1.10.34	5	1.16.29	13	1.03.56	8	1.09.08	9	1.11.17	10	1.22.29	13	1.11.34
		チーム	6	1.05.57	6	2.24.18	5	3.32.26	7	4.43.00	7	5.59.29	13	1.03.56	11	2.13.04	10	3.24.21	10	4.46.50	11	5.58.24
		総合	**6**	**1.05.57**	**6**	**2.24.18**	**5**	**3.32.26**	**7**	**4.43.00**	**7**	**5.59.29**	**7**	**7.03.25**	**6**	**8.12.33**	**6**	**9.23.50**	**8**	**10.46.19**	**8**	**11.57.53**
9	専修	走者	1	近藤 孝志	2	山本 正人	4	遠山 昭	2	荻津 弘行	1	近藤 幸明	2	細谷 文男	1	小林 伸一	4	坂内 庄一	2	川崎 博勇	4	秋山 俊次
		個人	8	1.06.44	9	1.18.00	4	1.08.16	6	1.08.59	6	1.17.22	10	1.03.11	15	1.14.39	7	1.10.49	8	1.20.12	12	1.10.34
		チーム	8	1.06.44	7	2.24.44	7	3.33.00	6	4.41.59	6	5.59.21	10	1.03.11	14	2.17.50	13	3.28.39	12	4.48.51	13	5.59.25
		総合	**8**	**1.06.44**	**7**	**2.24.44**	**7**	**3.33.00**	**6**	**4.41.59**	**6**	**5.59.21**	**6**	**7.02.32**	**9**	**8.17.11**	**9**	**9.28.00**	**9**	**10.48.12**	**9**	**11.58.46**
10	国士舘	走者	4	佐藤 修	3	下重 庄三	3	西川 政孝	2	加藤 悟	3	伊藤 悦禅	4	市川 勉	3	野口 司	3	五十嵐克三	3	吉山 嘉一	3	赤池 学
		個人	2	1.05.40	12	1.19.24	14	1.10.08	10	1.09.51	12	1.19.30	14	1.04.21	13	1.11.16	10	1.11.23	4	1.19.28	10	1.09.43
		チーム	2	1.05.40	9	2.25.04	10	3.35.12	10	4.45.03	10	6.04.33	14	1.04.21	13	2.15.37	12	3.27.00	9	4.46.28	8	5.56.11
		総合	**2**	**1.05.40**	**9**	**2.25.04**	**10**	**3.35.12**	**10**	**4.45.03**	**10**	**6.04.33**	**11**	**7.08.54**	**13**	**8.20.10**	**12**	**9.31.33**	**10**	**10.51.01**	**10**	**12.00.44**
11	東海	走者	3	生野 俊道	4	曽根 厚	3	石田 和明	3	堀田 朋之	3	吉川 徹	2	小田倉 茂	1	中島 朋広	2	伊藤 孝	2	溝口 良司	1	三井田芳郎
		個人	10	1.07.53	15	1.22.48	5	1.08.18	7	1.09.15	4	1.16.01	11	1.03.12	9	1.09.45	14	1.13.23	11	1.22.43	9	1.09.39
		チーム	10	1.07.53	14	2.30.41	14	3.38.59	13	4.48.14	9	6.04.15	11	1.03.12	10	2.12.57	11	3.26.20	13	4.49.03	12	5.58.42
		総合	**10**	**1.07.53**	**14**	**2.30.41**	**14**	**3.38.59**	**13**	**4.48.14**	**9**	**6.04.15**	**9**	**7.07.27**	**10**	**8.17.12**	**11**	**9.30.35**	**12**	**10.53.18**	**11**	**12.02.57**
12	駒澤	走者	2	小島 栄次	2	阿部 文明	2	楠 康夫	1	青木 孝悦	4	大越 正禅	3	岡 秀夫	2	宿理 和郎	2	日塔 仁	1	宮内 照男	4	荻野 茂
		個人	15	1.10.42	5	1.16.22	7	1.08.50	9	1.09.30	14	1.22.11	12	1.03.36	6	1.08.47	11	1.11.46	13	1.24.15	5	1.08.41
		チーム	15	1.10.42	11	2.27.04	12	3.35.54	11	4.45.24	12	6.07.35	12	1.03.36	8	2.12.23	9	3.24.09	11	4.48.24	9	5.57.05
		総合	**15**	**1.10.42**	**11**	**2.27.04**	**12**	**3.35.54**	**11**	**4.45.24**	**12**	**6.07.35**	**14**	**7.11.11**	**12**	**8.19.58**	**13**	**9.31.44**	**13**	**10.55.59**	**12**	**12.04.40**
13	中央	走者	2	奥田 英洋	4	橋本 義仲	2	星 善市	4	石山 正男	2	佐藤 幸男	1	嵐田 浩道	3	友田 千利	2	藤田 和弘	4	山口 清隆	2	牛田 保
		個人	14	1.09.42	7	1.17.39	6	1.08.22	13	1.10.57	13	1.20.05	2	1.00.42	10	1.10.34	5	1.10.17	12	1.22.44	15	1.13.59
		チーム	14	1.09.42	12	2.27.21	11	3.35.43	12	4.46.40	11	6.06.45	2	1.00.42	6	2.11.16	6	3.21.33	8	4.44.17	10	5.58.16
		総合	**14**	**1.09.42**	**12**	**2.27.21**	**11**	**3.35.43**	**12**	**4.46.40**	**11**	**6.06.45**	**9**	**7.07.27**	**11**	**8.18.01**	**10**	**9.28.18**	**11**	**10.51.02**	**13**	**12.05.01**
14	法政	走者	3	山口 勝彦	2	安達 清一	3	山本 篤志	2	川原 智	4	金沢 宏一	4	上山 修功	3	樋口 勝俊	1	木村 昭彦	4	鈴木 俊男	3	佐藤 勝
		個人	7	1.06.28	13	1.21.00	10	1.09.13	15	1.12.09	10	1.18.55	9	1.02.55	11	1.10.47	15	1.16.51	15	1.26.43	8	1.09.18
		チーム	7	1.06.28	13	2.27.28	13	3.36.41	14	4.48.50	13	6.07.45	9	1.02.55	12	2.13.42	14	3.30.33	14	4.57.16	14	6.06.34
		総合	**7**	**1.06.28**	**13**	**2.27.28**	**13**	**3.36.41**	**14**	**4.48.50**	**13**	**6.07.45**	**13**	**7.10.40**	**14**	**8.21.27**	**14**	**9.38.18**	**14**	**11.05.01**	**14**	**12.14.19**
15	亜細亜	走者	4	鈴木 邦宣	3	曽根田秀樹	1	宮下 友次	2	秋元 宏之	4	相川 浩一	3	長谷川 正	4	柘植 修	1	笠原 和広	4	三輪 裕明	1	照井 勝弘
		個人	13	1.09.35	14	1.21.26	11	1.09.15	11	1.09.55	11	1.19.25	15	1.08.36	14	1.13.53	13	1.12.55	14	1.24.26	11	1.10.23
		チーム	13	1.09.35	15	2.31.01	15	3.40.16	15	4.50.11	15	6.09.36	15	1.08.36	15	2.22.29	15	3.35.24	15	4.59.50	15	6.10.13
		総合	**13**	**1.09.35**	**15**	**2.31.01**	**15**	**3.40.16**	**15**	**4.50.11**	**15**	**6.09.36**	**15**	**7.18.12**	**15**	**8.32.05**	**15**	**9.45.00**	**15**	**11.09.26**	**15**	**12.19.49**

第56回　1980年(昭和55年)1月2日～3日　総距離：217.3km　往路：108.5km　復路：108.8km

順	大学名		往路										復路									
			1区(21.3km)		2区(24.4km)		3区(21.3km)		4区(21.0km)		5区(20.5km)		6区(20.5km)		7区(21.3km)		8区(21.3km)		9区(24.4km)		10区(21.3km)	
1	日本体育	走者	4	伊藤 哲二	4	新宅 雅也	3	新地 憲宏	4	中村 孝生	4	出口 彰	3	田中 春行	3	尾崎 健吾	1	大塚 正美	4	坂本 亘	4	坂本 充
		個人	2	1.06.16	3	1.15.02	1	1.05.43	1	*1.03.00*	5	1.15.57	5	1.02.00	4	1.07.03	1	*1.06.20*	1	1.15.58	1	1.06.32
		チーム	2	1.06.16	2	2.21.18	2	3.27.01	2	4.30.01	1	5.45.58	5	1.02.00	3	2.09.03	2	3.15.23	1	4.31.21	1	5.37.53
		総合	**2**	**1.06.16**	**2**	**2.21.18**	**2**	**3.27.01**	**2**	**4.30.01**	**1**	**5.45.58**	**1**	**6.47.58**	**1**	**7.55.01**	**1**	**9.01.21**	**1**	**10.17.19**	**1**	**11.23.51**
2	順天堂	走者	3	波多野宏美	3	松元 利弘	2	吉田 富男	3	村松 学	3	上田 誠仁	3	酒匂 真次	1	中島 修三	1	中井 良晴	4	寒川 正悟	2	小山 輝夫
		個人	5	1.06.53	4	1.15.28	11	1.08.35	6	1.06.24	1	1.12.41	1	1.00.39	1	1.05.44	2	1.08.15	3	1.18.13	2	1.07.36
		チーム	5	1.06.53	4	2.22.21	7	3.30.56	5	4.37.20	3	5.50.01	1	1.00.39	1	2.06.23	1	3.14.38	2	4.32.51	2	5.40.27
		総合	**5**	**1.06.53**	**4**	**2.22.21**	**7**	**3.30.56**	**5**	**4.37.20**	**3**	**5.50.01**	**2**	**6.50.40**	**2**	**7.56.24**	**2**	**9.04.39**	**2**	**10.22.52**	**2**	**11.30.28**
3	早稲田	走者	4	石川 海次	4	瀬古 利彦	1	金井 豊	2	井上 雅喜	3	甲斐 鉄朗	2	寺内 正彦	3	佐藤 剛史	4	金山 雅之	3	小田 和利	3	滝川 哲也
		個人	1	1.06.04	1	*1.11.37*	2	1.05.52	4	1.05.53	11	1.18.18	14	1.04.43	7	1.08.48	6	1.10.02	2	1.16.54	5	1.08.51
		チーム	1	1.06.04	1	2.17.41	1	3.23.33	1	4.29.26	2	5.47.44	14	1.04.43	11	2.13.31	8	3.23.33	6	4.40.27	4	5.49.18
		総合	**1**	**1.06.04**	**1**	**2.17.41**	**1**	**3.23.33**	**1**	**4.29.26**	**2**	**5.47.44**	**3**	**6.52.27**	**4**	**8.01.15**	**4**	**9.11.17**	**3**	**10.28.11**	**3**	**11.37.02**
4	大東文化	走者	4	清水 俊光	1	池田 重政	4	吉元 政昭	3	山元 章義	2	立石 靖司	2	加藤 宏純	4	望月 明義	2	大隈 広基	3	生田 昌司	3	長谷川直明
		個人	15	1.07.43	6	1.15.55	3	1.06.03	2	1.04.44	4	1.15.52	9	1.02.47	3	1.06.50	5	1.09.00	7	1.21.18	12	1.10.57
		チーム	15	1.07.43	7	2.23.38	4	3.29.41	3	4.34.25	4	5.50.17	9	1.02.47	5	2.09.37	5	3.18.37	4	4.39.55	5	5.50.52
		総合	**15**	**1.07.43**	**7**	**2.23.38**	**4**	**3.29.41**	**3**	**4.34.25**	**4**	**5.50.17**	**4**	**6.53.04**	**3**	**7.59.54**	**3**	**9.08.54**	**4**	**10.30.12**	**4**	**11.41.09**
5	日本	走者	4	小川 聡	2	宗像 寛	1	金田 剛	1	山本 隆司	2	篠原 忍	3	高岡 伸明	1	小野 透	2	田宮 健	3	佐山 武	4	五十嵐陽一
		個人	6	1.06.58	11	1.18.59	12	1.09.07	3	1.05.40	7	1.16.42	2	1.01.26	2	1.06.43	3	1.08.29	4	1.19.42	13	1.11.29
		チーム	6	1.06.58	12	2.25.57	12	3.35.04	11	4.40.44	10	5.57.26	2	1.01.26	2	2.08.09	3	3.16.38	3	4.36.20	3	5.47.49
		総合	**6**	**1.06.58**	**12**	**2.25.57**	**12**	**3.35.04**	**11**	**4.40.44**	**10**	**5.57.26**	**8**	**6.58.52**	**6**	**8.05.35**	**5**	**9.14.04**	**5**	**10.33.46**	**5**	**11.45.15**
6	東京農業	走者	3	高橋 幸宏	3	吉川 政俊	3	三橋 稔	2	永山 忠幸	3	長島 浩	4	渡辺 茂男	4	信時 勝	3	平野 淳俊	4	渡部 敏久	2	吉沢 俊明
		個人	7	1.07.00	9	1.17.00	5	1.07.16	8	1.07.02	10	1.17.57	3	1.01.40	5	1.07.31	4	1.08.42	14	1.22.23	10	1.10.46
		チーム	7	1.07.00	9	2.24.00	8	3.31.16	7	4.38.18	7	5.56.15	3	1.01.40	4	2.09.11	4	3.17.53	5	4.40.16	6	5.51.02
		総合	**7**	**1.07.00**	**9**	**2.24.00**	**8**	**3.31.16**	**7**	**4.38.18**	**7**	**5.56.15**	**7**	**6.57.55**	**5**	**8.05.26**	**6**	**9.14.08**	**6**	**10.36.31**	**6**	**11.47.17**
7	東洋	走者	3	鳴海比呂志	4	山橋 淳一	4	木下 茂	3	山中 昇	1	仙内 勇	4	松本 正	1	佐藤 和也	1	田中 弘	2	坂本 安夫	3	谷 年明
		個人	10	1.07.05	8	1.16.49	10	1.08.12	10	1.07.51	2	1.13.35	11	1.03.55	12	1.10.44	14	1.14.28	5	1.19.56	4	1.08.36
		チーム	10	1.07.05	8	2.23.54	9	3.32.06	8	4.39.57	5	5.53.32	11	1.03.55	13	2.14.39	12	3.29.07	12	4.49.03	9	5.57.39
		総合	**10**	**1.07.05**	**8**	**2.23.54**	**9**	**3.32.06**	**8**	**4.39.57**	**5**	**5.53.32**	**6**	**6.57.27**	**7**	**8.08.11**	**10**	**9.22.39**	**8**	**10.42.35**	**7**	**11.51.11**
8	筑波	走者	1	合田 浩二	3	高野 喜宏	3	杉山 喜一	3	阿久津 浩	3	横松 盛人	1	河野 匡	2	田口 学	3	加藤 洋一	3	脇坂 高峰	2	米村 雅幸
		個人	9	1.07.05	2	1.14.54	7	1.07.59	11	1.07.52	8	1.16.58	4	1.01.53	13	1.11.51	12	1.12.54	12	1.21.59	3	1.08.28
		チーム	9	1.07.05	3	2.21.59	5	3.29.58	6	4.37.50	6	5.54.48	4	1.01.53	12	2.13.44	11	3.26.38	11	4.48.37	8	5.57.05
		総合	**9**	**1.07.05**	**3**	**2.21.59**	**5**	**3.29.58**	**6**	**4.37.50**	**6**	**5.54.48**	**5**	**6.56.41**	**9**	**8.08.32**	**8**	**9.21.26**	**10**	**10.43.25**	**8**	**11.51.53**
9	専修	走者	3	荻津 弘行	3	山本 正人	2	近藤 孝志	3	米川 優	2	近藤 幸明	3	細谷 文男	2	坪 正之	1	古谷 健司	3	川崎 博勇	2	幸田 正文
		個人	8	1.07.02	7	1.16.00	4	1.06.13	15	1.13.43	3	1.15.37	7	1.02.26	9	1.09.29	8	1.11.25	8	1.21.24	9	1.10.26
		チーム	8	1.07.02	6	2.23.02	3	3.29.15	12	4.42.58	12	5.58.35	7	1.02.26	6	2.11.55	7	3.23.20	8	4.44.44	7	5.55.10
		総合	**8**	**1.07.02**	**6**	**2.23.02**	**3**	**3.29.15**	**12**	**4.42.58**	**12**	**5.58.35**	**10**	**7.01.01**	**10**	**8.10.30**	**9**	**9.21.55**	**9**	**10.43.19**	**9**	**11.53.45**
10	東海	走者	2	三井田芳郎	1	湯沢 克美	4	石田 和明	2	本間 興一	4	吉川 徹	2	井藤 博幸	3	小田倉 茂	3	伊藤 孝	3	溝口 良司	4	生野 俊道
		個人	12	1.07.24	10	1.17.32	6	1.07.49	9	1.07.24	6	1.16.13	10	1.02.51	8	1.09.15	7	1.11.08	9	1.21.29	15	1.13.51
		チーム	12	1.07.24	10	2.24.56	10	3.32.45	9	4.40.09	8	5.56.22	10	1.02.51	7	2.12.06	6	3.23.14	7	4.44.43	11	5.58.34
		総合	**12**	**1.07.24**	**10**	**2.24.56**	**10**	**3.32.45**	**9**	**4.40.09**	**8**	**5.56.22**	**9**	**6.59.13**	**8**	**8.08.28**	**7**	**9.19.36**	**7**	**10.41.05**	**10**	**11.54.56**
11	駒澤	走者	3	楠 康夫	3	阿部 文明	2	宮内 照男	2	青木 孝悦	2	松下 明	3	長谷川 守	1	成田 明	3	宿理 和郎	4	岡 秀夫	3	橋本 康司
		個人	4	1.06.43	5	1.15.42	9	1.08.08	5	1.06.19	12	1.19.52	15	1.04.50	14	1.12.10	9	1.12.18	11	1.21.45	7	1.10.04
		チーム	4	1.06.43	5	2.22.25	6	3.30.33	4	4.36.52	9	5.56.44	15	1.04.50	15	2.17.00	13	3.29.18	13	4.51.03	13	6.01.07
		総合	**4**	**1.06.43**	**5**	**2.22.25**	**6**	**3.30.33**	**4**	**4.36.52**	**9**	**5.56.44**	**11**	**7.01.34**	**12**	**8.13.44**	**12**	**9.26.02**	**12**	**10.47.47**	**11**	**11.57.51**
12	国士舘	走者	3	加藤 悟	4	下重 庄三	4	五十嵐克三	4	吉山 嘉一	4	伊藤 悦禅	2	吉田 正	4	西川 政孝	2	廻谷 宏	2	諏訪部昌久	4	赤池 学
		個人	3	1.06.16	12	1.19.11	7	1.07.59	7	1.06.55	9	1.17.28	13	1.04.35	6	1.08.15	10	1.12.26	9	1.21.29	14	1.13.20
		チーム	3	1.06.16	11	2.25.27	11	3.33.26	10	4.40.21	11	5.57.49	13	1.04.35	9	2.12.50	9	3.25.16	9	4.46.45	12	6.00.05
		総合	**3**	**1.06.16**	**11**	**2.25.27**	**11**	**3.33.26**	**10**	**4.40.21**	**11**	**5.57.49**	**12**	**7.02.24**	**11**	**8.10.39**	**11**	**9.23.05**	**11**	**10.44.34**	**12**	**11.57.54**
13	拓殖	走者	4	八巻 源一	2	鈴木 良則	3	野口 賢司	3	大坪 奉巳	3	矢野日出敏	3	中石富士夫	3	田中 正彦	4	広瀬 啓二	4	稲野 孝彦	2	古沢 秀昭
		個人	11	1.07.19	14	1.21.23	13	1.09.46	12	1.09.46	14	1.22.23	6	1.02.24	11	1.10.36	13	1.13.20	6	1.21.15	11	1.10.51
		チーム	11	1.07.19	14	2.28.42	14	3.38.28	13	4.48.14	13	6.10.37	6	1.02.24	10	2.13.00	10	3.26.20	10	4.47.35	10	5.58.26
		総合	**11**	**1.07.19**	**14**	**2.28.42**	**14**	**3.38.28**	**13**	**4.48.14**	**13**	**6.10.37**	**13**	**7.13.01**	**13**	**8.23.37**	**13**	**9.36.57**	**13**	**10.58.12**	**13**	**12.09.03**
14	法政	走者	4	山口 勝彦	3	安達 清一	3	川原 智	1	坂本 朋隆	1	森 輝光	1	越中 浩	4	樋口 勝俊	1	新井 一則	1	高橋 篤	4	佐藤 勝
		個人	13	1.07.24	13	1.19.50	15	1.11.08	13	1.11.09	15	1.22.28	8	1.02.38	10	1.09.53	15	1.17.11	13	1.22.22	6	1.09.17
		チーム	13	1.07.24	13	2.27.14	13	3.38.22	14	4.49.31	14	6.11.59	8	1.02.38	8	2.12.31	15	3.29.42	14	4.52.04	14	6.01.21
		総合	**13**	**1.07.24**	**13**	**2.27.14**	**13**	**3.38.22**	**14**	**4.49.31**	**14**	**6.11.59**	**14**	**7.14.37**	**14**	**8.24.30**	**14**	**9.41.41**	**14**	**11.04.03**	**14**	**12.13.20**
無	中央	走者	3	星 善市	3	佐藤 幸男	3	木村ミゲオ	2	小嶋 一生	4	友田 千利	2	嵐田 浩道	2	井 登志幸	2	小林 和之	3	藤田 和弘	1	大草 武美
		個人	14	1.07.30	15	1.22.11	14	1.10.35	14	1.13.07	13	1.21.03	12	1.04.16	無	1.12.39	無	1.12.32	15	1.24.49	8	1.10.18
		チーム	14	1.07.30	15	2.29.41	15	3.40.16	15	4.53.23	15	6.14.26	12	1.04.16	無	2.16.55	無	3.29.27	無	4.54.16	無	6.04.34
		総合	**14**	**1.07.30**	**15**	**2.29.41**	**15**	**3.40.16**	**15**	**4.53.23**	**15**	**6.14.26**	**15**	**7.18.42**	**無**	**8.31.21**	**無**	**9.43.53**	**無**	**11.08.42**	**無**	**12.19.00**

第57回　1981年(昭和56年)1月2日～3日　総距離：217.3km　往路：108.5km　復路：108.8km

順	大学名		往路										復路									
			1区 (21.3km)		2区 (24.4km)		3区 (21.3km)		4区 (21.0km)		5区 (20.5km)		6区 (20.5km)		7区 (21.3km)		8区 (21.3km)		9区 (24.4km)		10区 (21.3km)	
1	順天堂	走者	4	波多野宏美	4	松元 利弘	1	木村 康樹	2	中島 修三	4	上田 誠仁	4	酒匂 真次	4	村松 学	2	中井 良晴	3	神田 修	3	小山 輝夫
		個人	9	1.06.49	2	1.15.26	3	1.06.53	1	1.05.42	2	1.14.22	3	59.56	2	1.05.32	1	1.07.10	4	1.17.05	1	*1.05.51*
		チーム	9	1.06.49	4	2.22.15	3	3.29.08	1	4.34.50	1	5.49.12	3	59.56	2	2.05.28	2	3.12.38	2	4.29.43	2	5.35.34
		総合	**9**	**1.06.49**	**4**	**2.22.15**	**3**	**3.29.08**	**1**	**4.34.50**	**1**	**5.49.12**	**1**	**6.49.08**	**2**	**7.54.40**	**1**	**9.01.50**	**1**	**10.18.55**	**1**	**11.24.46**
2	日本体育	走者	4	田中 春行	4	新地 憲宏	2	中沢 栄	2	岡 俊博	2	大塚 正美	2	谷口 浩美	3	前田 直樹	2	藤井 修	4	禿 雄進	4	尾崎 健吾
		個人	3	1.05.43	6	1.16.40	2	1.06.29	3	1.07.53	1	1.13.24	1	59.33	1	1.04.49	5	1.07.50	5	1.17.41	2	*1.06.12*
		チーム	3	1.05.43	6	2.22.23	2	3.28.52	3	4.36.45	2	5.50.09	1	59.33	1	2.04.22	1	3.12.12	3	4.29.53	3	5.36.05
		総合	**3**	**1.05.43**	**6**	**2.22.23**	**2**	**3.28.52**	**3**	**4.36.45**	**2**	**5.50.09**	**2**	**6.49.42**	**1**	**7.54.31**	**2**	**9.02.21**	**2**	**10.20.02**	**2**	**11.26.14**
3	大東文化	走者	4	長谷川直明	2	池田 重政	1	米重 修一	4	山元 章義	3	立石 靖司	4	生田 昌司	1	坂中 末美	1	袴田 英雄	3	大隈 広基	3	加藤 宏純
		個人	4	1.05.44	3	1.15.41	4	1.07.17	4	1.07.55	6	1.18.02	2	59.40	4	1.06.45	4	1.07.46	1	*1.13.30*	3	1.06.30
		チーム	4	1.05.44	1	2.21.25	1	3.28.42	2	4.36.37	3	5.54.39	2	59.40	3	2.06.25	3	3.14.11	1	4.27.41	1	5.34.11
		総合	**4**	**1.05.44**	**1**	**2.21.25**	**1**	**3.28.42**	**2**	**4.36.37**	**3**	**5.54.39**	**3**	**6.54.19**	**3**	**8.01.04**	**3**	**9.08.50**	**3**	**10.22.20**	**3**	**11.28.50**
4	東京農業	走者	4	三橋 稔	4	長島 浩	1	森岡 伸司	3	吉沢 俊明	3	永山 忠幸	4	手島 洋暁	4	平野 淳俊	4	水崎 美孝	4	吉川 政俊	2	加藤 裕二
		個人	1	1.05.04	7	1.16.58	6	1.07.49	6	1.08.24	5	1.17.55	5	1.00.49	9	1.08.25	7	1.08.24	2	*1.15.30*	12	1.11.04
		チーム	1	1.05.04	3	2.22.02	5	3.29.51	4	4.38.15	4	5.56.10	5	1.00.49	7	2.09.14	6	3.17.38	5	4.33.08	7	5.44.12
		総合	**1**	**1.05.04**	**3**	**2.22.02**	**5**	**3.29.51**	**4**	**4.38.15**	**4**	**5.56.10**	**4**	**6.56.59**	**4**	**8.05.24**	**4**	**9.13.48**	**4**	**10.29.18**	**4**	**11.40.22**
5	早稲田	走者	4	佐藤 剛史	2	金井 豊	1	坂口 泰	3	井上 雅喜	3	寺内 正彦	4	甲斐 鉄朗	3	加藤 正之	2	森本 滋	4	小田 和利	4	滝川 哲也
		個人	14	1.08.08	5	1.16.34	8	1.07.56	2	1.07.07	7	1.18.41	12	1.03.08	8	1.08.22	3	1.07.44	3	1.16.16	3	1.06.30
		チーム	14	1.08.08	7	2.24.42	7	3.32.38	6	4.39.45	6	5.58.26	12	1.03.08	11	2.11.30	8	3.19.14	6	4.35.30	5	5.42.00
		総合	**14**	**1.08.08**	**7**	**2.24.42**	**7**	**3.32.38**	**6**	**4.39.45**	**6**	**5.58.26**	**6**	**7.01.34**	**6**	**8.09.56**	**6**	**9.17.40**	**6**	**10.33.56**	**5**	**11.40.26**
6	筑波	走者	4	杉山 喜一	4	高野 喜宏	4	横松 盛人	4	加藤 洋一	3	前河 洋一	2	河野 匡	3	米村 雅幸	1	保田 教之	4	脇坂 高峰	2	合田 浩二
		個人	2	1.05.26	4	1.16.12	10	1.08.12	9	1.10.02	4	1.17.32	10	1.02.35	3	1.06.03	6	1.07.55	9	1.19.22	8	1.07.43
		チーム	2	1.05.26	2	2.21.38	4	3.29.50	7	4.39.52	5	5.57.24	10	1.02.35	5	2.08.38	5	3.16.33	7	4.35.55	6	5.43.38
		総合	**2**	**1.05.26**	**2**	**2.21.38**	**4**	**3.29.50**	**7**	**4.39.52**	**5**	**5.57.24**	**5**	**6.59.59**	**5**	**8.06.02**	**5**	**9.13.57**	**5**	**10.33.19**	**6**	**11.41.02**
7	日本	走者	2	金田 剛	3	宗像 寛	3	河出 千里	2	山本 隆司	3	篠原 忍	4	高岡 伸明	2	小野 透	1	倉橋 賢二	3	田宮 健	4	栗原 清
		個人	5	1.06.02	8	1.18.45	13	1.08.29	13	1.13.11	3	1.17.25	4	1.00.40	7	1.07.13	2	1.07.14	7	1.17.55	6	1.07.25
		チーム	5	1.06.02	8	2.24.47	8	3.33.16	11	4.46.27	9	6.03.52	4	1.00.40	4	2.07.53	4	3.15.07	4	4.33.02	4	5.40.27
		総合	**5**	**1.06.02**	**8**	**2.24.47**	**8**	**3.33.16**	**11**	**4.46.27**	**9**	**6.03.52**	**9**	**7.04.32**	**8**	**8.11.45**	**7**	**9.18.59**	**7**	**10.36.54**	**7**	**11.44.19**
8	駒澤	走者	3	青木 孝悦	4	阿部 文明	1	花田 豊徳	2	成田 明	3	松下 明	1	楢木野亮二	4	宿理 和郎	3	宮内 照男	4	楠 康夫	1	斎藤 一浩
		個人	10	1.06.57	1	1.15.24	5	1.07.31	8	1.09.30	13	1.22.08	8	1.02.04	14	1.09.43	7	1.08.24	6	1.17.43	9	1.08.38
		チーム	10	1.06.57	5	2.22.21	6	3.29.52	5	4.39.22	7	6.01.30	8	1.02.04	12	2.11.47	10	3.20.11	8	4.37.54	8	5.46.32
		総合	**10**	**1.06.57**	**5**	**2.22.21**	**6**	**3.29.52**	**5**	**4.39.22**	**7**	**6.01.30**	**7**	**7.03.34**	**9**	**8.13.17**	**9**	**9.21.41**	**8**	**10.39.24**	**8**	**11.48.02**
9	専修	走者	3	坪 正之	4	山本 正人	3	幸田 正文	1	加藤 覚	3	近藤 孝志	1	沼尾 一明	4	荻津 弘行	2	古谷 健司	4	川崎 博勇	2	殿林 昌律
		個人	7	1.06.27	13	1.21.54	1	1.06.24	5	1.08.06	8	1.18.53	9	1.02.06	6	1.06.54	12	1.09.42	9	1.19.22	10	1.09.26
		チーム	7	1.06.27	12	2.28.21	10	3.34.45	8	4.42.51	8	6.01.44	9	1.02.06	6	2.09.00	7	3.18.42	9	4.38.04	9	5.47.30
		総合	**7**	**1.06.27**	**12**	**2.28.21**	**10**	**3.34.45**	**8**	**4.42.51**	**8**	**6.01.44**	**8**	**7.03.50**	**7**	**8.10.44**	**8**	**9.20.26**	**9**	**10.39.48**	**9**	**11.49.14**
10	東洋	走者	2	田中 弘	2	佐藤 和也	4	佐藤 章	1	柴崎 万伸	2	仙内 勇	3	坂本 太志	1	林 清司	1	大野 利丈	4	山中 昇	4	谷 年明
		個人	6	1.06.08	12	1.21.51	11	1.08.14	11	1.11.40	9	1.19.31	14	1.03.32	5	1.06.52	10	1.09.19	11	1.20.07	7	1.07.40
		チーム	6	1.06.08	10	2.27.59	12	3.36.13	12	4.47.53	12	6.07.24	14	1.03.32	8	2.10.24	9	3.19.43	10	4.39.50	9	5.47.30
		総合	**6**	**1.06.08**	**10**	**2.27.59**	**12**	**3.36.13**	**12**	**4.47.53**	**12**	**6.07.24**	**12**	**7.10.56**	**11**	**8.17.48**	**11**	**9.27.07**	**11**	**10.47.14**	**10**	**11.54.54**
11	中央	走者	4	木村ミゲオ	2	大草 武美	2	大島 浩光	2	後藤 行彦	4	佐藤 幸男	4	星 善市	3	井 登志幸	3	小林 和之	4	奥田 英洋	3	小嶋 一生
		個人	11	1.07.04	9	1.19.20	7	1.07.55	10	1.10.06	12	1.21.11	15	1.03.58	10	1.08.35	14	1.11.45	13	1.21.08	5	1.07.12
		チーム	11	1.07.04	9	2.26.24	9	3.34.19	9	4.44.25	11	6.05.36	15	1.03.58	14	2.12.33	14	3.24.18	13	4.45.26	11	5.52.38
		総合	**11**	**1.07.04**	**9**	**2.26.24**	**9**	**3.34.19**	**9**	**4.44.25**	**11**	**6.05.36**	**11**	**7.09.34**	**12**	**8.18.09**	**12**	**9.29.54**	**12**	**10.51.02**	**11**	**11.58.14**
12	東海	走者	2	山ノ内和広	2	湯沢 克美	4	伊藤 孝	3	本間 興一	4	小田倉 茂	2	岡村 純	4	小松 敬二	3	井藤 博幸	3	三井田芳郎	4	溝口 良司
		個人	15	1.08.19	10	1.19.45	9	1.08.05	7	1.09.04	10	1.19.45	7	1.01.59	15	1.10.18	11	1.09.20	8	1.18.50	15	1.13.50
		チーム	15	1.08.19	11	2.28.04	11	3.36.09	10	4.45.13	10	6.04.58	7	1.01.59	13	2.12.17	11	3.21.37	11	4.40.27	13	5.54.17
		総合	**15**	**1.08.19**	**11**	**2.28.04**	**11**	**3.36.09**	**10**	**4.45.13**	**10**	**6.04.58**	**10**	**7.06.57**	**10**	**8.17.15**	**10**	**9.26.35**	**10**	**10.45.25**	**12**	**11.59.15**
13	国士舘	走者	4	加藤 悟	3	諏訪部昌久	3	吉田 正	1	井出 和範	3	藤井 康之	1	清水 光二	2	広田 隆男	3	廻谷 宏	4	福田 敬	4	飯塚 正行
		個人	8	1.06.41	14	1.22.10	12	1.08.25	12	1.12.24	11	1.20.50	13	1.03.18	13	1.09.30	9	1.08.53	14	1.21.17	13	1.11.14
		チーム	8	1.06.41	13	2.28.51	13	3.37.16	13	4.49.40	13	6.10.30	13	1.03.18	15	2.12.48	12	3.21.41	12	4.42.58	12	5.54.12
		総合	**8**	**1.06.41**	**13**	**2.28.51**	**13**	**3.37.16**	**13**	**4.49.40**	**13**	**6.10.30**	**13**	**7.13.48**	**13**	**8.23.18**	**13**	**9.32.11**	**13**	**10.53.28**	**13**	**12.04.42**
14	法政	走者	2	坂本 朋隆	4	安達 清一	2	高橋 篤	2	金子 秀一	2	森 輝光	2	新井 一則	3	西山 雅美	4	檜田 圭三	1	金子 憲之	2	斎藤 悟至
		個人	13	1.07.17	11	1.21.48	14	1.09.03	15	1.13.30	14	1.22.10	6	1.01.58	12	1.09.12	13	1.11.03	15	1.26.06	11	1.09.53
		チーム	13	1.07.17	14	2.29.05	14	3.38.08	14	4.51.38	14	6.13.48	6	1.01.58	9	2.11.10	13	3.22.13	15	4.48.19	15	5.58.12
		総合	**13**	**1.07.17**	**14**	**2.29.05**	**14**	**3.38.08**	**14**	**4.51.38**	**14**	**6.13.48**	**14**	**7.15.46**	**14**	**8.24.58**	**14**	**9.36.01**	**14**	**11.02.07**	**14**	**12.12.00**
15	拓殖	走者	4	野口 賢司	4	田中 正彦	4	矢野日出敏	4	大坪 春巳	3	松井 修	4	中石富士夫	3	古沢 秀昭	3	山崎 人士	2	宍戸 浩司	3	竹内 正己
		個人	12	1.07.07	15	1.23.37	15	1.11.49	14	1.13.18	15	1.22.27	11	1.02.37	11	1.08.44	15	1.14.23	12	1.20.28	14	1.11.58
		チーム	12	1.07.07	15	2.30.44	15	3.42.33	15	4.55.51	15	6.18.18	11	1.02.37	10	2.11.21	15	3.25.44	14	4.46.12	14	5.58.10
		総合	**12**	**1.07.07**	**15**	**2.30.44**	**15**	**3.42.33**	**15**	**4.55.51**	**15**	**6.18.18**	**15**	**7.20.55**	**15**	**8.29.39**	**15**	**9.44.02**	**15**	**11.04.30**	**15**	**12.16.28**

第58回　1982年(昭和57年)1月2日～3日　総距離：217.3km　往路：108.5km　復路：108.8km

順	大学名		往路										復路									
			1区 (21.3km)		2区 (24.4km)		3区 (21.3km)		4区 (21.0km)		5区 (20.5km)		6区 (20.5km)		7区 (21.3km)		8区 (21.3km)		9区 (24.4km)		10区 (21.3km)	
1	順天堂	走者	4	吉田 富男	3	中井 良晴	3	内野　朗	3	中島 修三	4	小山 輝夫	2	有田 哲治	2	木村 康樹	3	鈴木 秀悦	4	神田　修	1	門田 光史
		個人	1	1.04.30	4	1.16.10	5	1.08.11	1	1.04.09	2	1.13.15	2	1.00.29	2	1.07.07	2	1.08.47	4	1.17.24	9	1.09.58
		チーム	1	1.04.30	2	2.20.40	3	3.28.51	2	4.33.00	2	5.46.15	2	1.00.29	2	2.07.36	2	3.16.23	1	4.33.47	2	5.43.45
		総合	**1**	**1.04.30**	**2**	**2.20.40**	**3**	**3.28.51**	**2**	**4.33.00**	**2**	**5.46.15**	**2**	**6.46.44**	**2**	**7.53.51**	**2**	**9.02.38**	**1**	**10.20.02**	**1**	**11.30.00**
2	日本体育	走者	2	植松　誠	3	大塚 正美	1	中田 盛之	3	島村 雅浩	3	岡　俊博	3	谷口 浩美	3	有坂 精児	3	藤井　修	4	前田 直樹	1	小田 英明
		個人	2	1.05.16	1	1.14.43	2	1.06.47	3	1.06.06	1	1.12.57	1	*58.04*	4	1.08.27	1	1.08.25	11	1.21.03	6	1.09.08
		チーム	2	1.05.16	1	2.19.59	1	3.26.46	1	4.32.52	1	5.45.49	1	58.04	1	2.06.31	1	3.14.56	3	4.35.59	4	5.45.07
		総合	**2**	**1.05.16**	**1**	**2.19.59**	**1**	**3.26.46**	**1**	**4.32.52**	**1**	**5.45.49**	**1**	**6.43.53**	**1**	**7.52.20**	**1**	**9.00.45**	**2**	**10.21.48**	**2**	**11.30.56**
3	日本	走者	3	金田　剛	3	小野　透	4	宗像　寛	2	楠本 武彦	4	篠原　忍	4	河出 千里	2	倉橋 賢二	1	丸橋　昇	4	田宮　健	3	山本 隆司
		個人	4	1.05.29	8	1.17.10	1	1.05.42	2	1.05.12	6	1.14.42	6	1.02.57	1	1.06.37	9	1.10.45	3	1.17.18	1	1.06.40
		チーム	4	1.05.29	7	2.22.39	2	3.28.21	3	4.33.33	3	5.48.15	6	1.02.57	3	2.09.34	4	3.20.19	4	4.37.37	3	5.44.17
		総合	**4**	**1.05.29**	**7**	**2.22.39**	**2**	**3.28.21**	**3**	**4.33.33**	**3**	**5.48.15**	**3**	**6.51.12**	**3**	**7.57.49**	**3**	**9.08.34**	**3**	**10.25.52**	**3**	**11.32.32**
4	大東文化	走者	4	袴田 英雄	3	池田 重政	3	島津 淳三	4	中野 信晃	4	立石 靖司	2	磯野 直利	2	坂中 末美	4	大隈 重信	4	大隈 広基	4	加藤 宏純
		個人	10	1.06.16	3	1.15.59	3	1.07.23	5	1.06.28	7	1.15.04	5	1.02.10	14	1.10.56	3	1.08.50	2	1.15.53	4	1.08.03
		チーム	10	1.06.16	3	2.22.15	4	3.29.38	4	4.36.06	4	5.51.10	5	1.02.10	8	2.13.06	5	3.21.56	5	4.37.49	5	5.45.52
		総合	**10**	**1.06.16**	**3**	**2.22.15**	**4**	**3.29.38**	**4**	**4.36.06**	**4**	**5.51.10**	**4**	**6.53.20**	**4**	**8.04.16**	**4**	**9.13.06**	**4**	**10.28.59**	**4**	**11.37.02**
5	早稲田	走者	4	加藤 正之	3	金井　豊	1	高橋 雅哉	4	井上 雅喜	1	尾崎 一志	2	伊藤 雅弘	3	森本　滋	3	大和 清孝	2	坂口　泰	1	遠藤　司
		個人	14	1.07.58	2	1.15.27	7	1.08.30	4	1.06.20	11	1.18.14	3	1.01.58	7	1.09.14	4	1.09.04	1	1.14.39	3	1.07.33
		チーム	14	1.07.58	8	2.23.25	7	3.31.55	5	4.38.15	7	5.56.29	3	1.01.58	5	2.11.12	3	3.20.16	2	4.34.55	1	5.42.28
		総合	**14**	**1.07.58**	**8**	**2.23.25**	**7**	**3.31.55**	**5**	**4.38.15**	**7**	**5.56.29**	**6**	**6.58.27**	**5**	**8.07.41**	**5**	**9.16.45**	**5**	**10.31.24**	**5**	**11.38.57**
6	東洋	走者	3	佐藤 和也	3	田中　弘	2	大野 利丈	2	柴崎 万伸	3	仙内　勇	4	坂本 太志	2	大宮 裕治	1	金子 尚志	2	林　清司	4	坂本 安夫
		個人	5	1.05.33	7	1.17.05	12	1.09.38	11	1.09.29	3	1.14.00	7	1.03.07	11	1.10.05	10	1.10.48	7	1.19.13	5	1.08.24
		チーム	5	1.05.33	6	2.22.38	8	3.32.16	9	4.41.45	6	5.55.45	7	1.03.07	9	2.13.12	9	3.24.00	8	4.43.13	8	5.51.37
		総合	**5**	**1.05.33**	**6**	**2.22.38**	**8**	**3.32.16**	**9**	**4.41.45**	**6**	**5.55.45**	**7**	**6.58.52**	**7**	**8.08.57**	**6**	**9.19.45**	**6**	**10.38.58**	**6**	**11.47.22**
7	筑波	走者	1	渋谷 俊浩	4	米村 雅幸	3	河野　匡	2	西尾 剛造	4	前河 洋一	3	福元 康貴	2	保田 教之	1	山下　誠	3	合田 浩二	4	田口　学
		個人	6	1.05.37	5	1.16.40	10	1.09.29	14	1.12.46	4	1.14.06	8	1.03.13	3	1.08.23	12	1.11.46	5	1.18.27	2	1.07.15
		チーム	6	1.05.37	4	2.22.17	6	3.31.46	11	4.44.32	9	5.58.38	8	1.03.13	6	2.11.36	7	3.23.22	7	4.41.49	6	5.49.04
		総合	**6**	**1.05.37**	**4**	**2.22.17**	**6**	**3.31.46**	**11**	**4.44.32**	**9**	**5.58.38**	**8**	**7.01.51**	**8**	**8.10.14**	**8**	**9.22.00**	**8**	**10.40.27**	**7**	**11.47.42**
8	中央	走者	4	小嶋 一生	3	大草 武美	3	大島 浩光	2	浦田 春生	2	植村 和弘	2	村田日出明	4	井 登志幸	3	大曽根興光	4	坪田 昭一	2	重広 秀一
		個人	3	1.05.22	6	1.16.56	8	1.08.38	8	1.08.11	8	1.15.17	10	1.03.30	9	1.09.48	13	1.12.26	8	1.19.54	12	1.10.42
		チーム	3	1.05.22	5	2.22.18	5	3.30.56	6	4.39.07	5	5.54.24	10	1.03.30	11	2.13.18	13	3.25.44	10	4.45.38	10	5.56.20
		総合	**3**	**1.05.22**	**5**	**2.22.18**	**5**	**3.30.56**	**6**	**4.39.07**	**5**	**5.54.24**	**5**	**6.57.54**	**6**	**8.07.42**	**7**	**9.20.08**	**7**	**10.40.02**	**8**	**11.50.44**
9	専修	走者	2	梶本 広康	2	加藤　覚	1	堂道　誠	4	幸田 正文	4	近藤 孝志	2	沼尾 一明	3	斎藤 方英	4	川上 英一	4	坪　正之	3	殿柿 昌律
		個人	13	1.06.22	13	1.20.20	13	1.11.50	9	1.08.23	5	1.14.32	4	1.02.09	6	1.08.54	11	1.11.26	6	1.18.43	8	1.09.49
		チーム	13	1.06.22	13	2.26.42	13	3.38.32	13	4.46.55	12	6.01.27	4	1.02.09	4	2.11.03	6	3.22.29	6	4.41.12	7	5.51.01
		総合	**13**	**1.06.22**	**13**	**2.26.42**	**13**	**3.38.32**	**13**	**4.46.55**	**12**	**6.01.27**	**10**	**7.03.36**	**10**	**8.12.30**	**9**	**9.23.56**	**9**	**10.42.39**	**9**	**11.52.28**
10	国士舘	走者	2	清水 光二	4	諏訪部昌久	4	布施 好道	1	今川 広太	4	山本 博之	4	市村 光雄	3	広田 隆男	4	藤井 康之	1	井出 和範	3	佐藤 義治
		個人	11	1.06.20	9	1.17.48	10	1.09.29	12	1.10.34	9	1.15.34	14	1.03.58	10	1.09.54	7	1.10.24	10	1.20.49	11	1.10.27
		チーム	11	1.06.20	9	2.24.08	11	3.33.37	10	4.44.11	10	5.59.45	14	1.03.58	12	2.13.52	11	3.24.16	9	4.45.05	9	5.55.32
		総合	**11**	**1.06.20**	**9**	**2.24.08**	**11**	**3.33.37**	**10**	**4.44.11**	**10**	**5.59.45**	**11**	**7.03.43**	**11**	**8.13.37**	**10**	**9.24.01**	**10**	**10.44.50**	**10**	**11.55.17**
11	東海	走者	3	山ノ内和広	3	湯沢 克美	4	三井田芳郎	2	安田 悦郎	4	平野 弘一	3	岡村　純	2	松田 英司	4	上田　廣	2	小松 憲司	1	服部 隆虎
		個人	9	1.06.15	11	1.18.43	4	1.07.53	7	1.07.55	12	1.19.14	9	1.03.15	4	1.08.27	15	1.17.05	9	1.20.14	7	1.09.12
		チーム	9	1.06.15	11	2.24.58	9	3.32.51	7	4.40.46	11	6.00.00	9	1.03.15	7	2.11.42	14	3.28.47	14	4.49.01	12	5.58.13
		総合	**9**	**1.06.15**	**11**	**2.24.58**	**9**	**3.32.51**	**7**	**4.40.46**	**11**	**6.00.00**	**9**	**7.03.15**	**9**	**8.11.42**	**11**	**9.28.47**	**11**	**10.49.01**	**11**	**11.58.13**
12	亜細亜	走者	4	渡辺 安弘	4	照井 勝弘	4	笠原 和広	2	河田 幸雄	1	安広 善夫	3	真下 広義	2	佐野 匡史	2	諸井 光久	3	宮谷 英邦	2	野宮　明
		個人	7	1.05.51	10	1.18.26	9	1.08.45	6	1.07.45	10	1.17.34	15	1.06.34	15	1.12.25	14	1.13.08	13	1.21.53	10	1.10.14
		チーム	7	1.05.51	10	2.24.17	10	3.33.02	8	4.40.47	8	5.58.21	15	1.06.34	15	2.18.59	15	3.32.07	15	4.54.00	15	6.04.14
		総合	**7**	**1.05.51**	**10**	**2.24.17**	**10**	**3.33.02**	**8**	**4.40.47**	**8**	**5.58.21**	**12**	**7.04.55**	**12**	**8.17.20**	**12**	**9.30.28**	**12**	**10.52.21**	**12**	**12.02.35**
13	駒澤	走者	1	楠　尚博	4	青木 孝悦	2	花田 豊徳	1	井上　浩	4	庄司 賢一	2	楢木野亮二	1	大山 清文	4	松下　明	4	宮内 照男	1	石川　裕
		個人	8	1.06.08	12	1.20.19	6	1.08.16	13	1.11.20	14	1.25.08	11	1.03.36	13	1.10.41	8	1.10.32	15	1.22.39	15	1.14.24
		チーム	8	1.06.08	12	2.26.27	12	3.34.43	12	4.46.03	13	6.11.11	11	1.03.36	13	2.14.17	12	3.24.49	13	4.47.28	14	6.01.52
		総合	**8**	**1.06.08**	**12**	**2.26.27**	**12**	**3.34.43**	**12**	**4.46.03**	**13**	**6.11.11**	**13**	**7.14.47**	**13**	**8.25.28**	**13**	**9.36.00**	**13**	**10.58.39**	**13**	**12.13.03**
14	拓殖	走者	4	古沢 秀昭	3	宍戸 浩司	4	竹内 正己	2	高貫 靖夫	4	松井　修	1	黒沢 忠直	4	鈴木 良則	2	久米 浩二	4	山崎 人士	4	西川 逸夫
		個人	12	1.06.21	15	1.23.02	15	1.18.28	15	1.14.48	13	1.23.30	13	1.03.55	8	1.09.20	6	1.10.09	14	1.22.17	14	1.13.13
		チーム	12	1.06.21	15	2.29.23	15	3.47.51	15	5.02.39	14	6.26.09	13	1.03.55	10	2.13.15	8	3.23.24	11	4.45.41	13	5.58.54
		総合	**12**	**1.06.21**	**15**	**2.29.23**	**15**	**3.47.51**	**15**	**5.02.39**	**14**	**6.26.09**	**14**	**7.30.04**	**14**	**8.39.24**	**14**	**9.49.33**	**14**	**11.11.50**	**14**	**12.25.03**
15	東京農業	走者	3	加藤 裕二	4	永山 忠幸	4	吉沢 俊明	3	伊藤 重幸	2	国府田克則	2	小河原義友	2	森岡 伸司	1	黒岩 文城	1	白川　満	2	出山 耕一
		個人	15	1.08.08	14	1.20.32	14	1.12.30	10	1.09.00	15	1.37.34	12	1.03.41	12	1.10.36	5	1.09.56	12	1.21.48	13	1.11.40
		チーム	15	1.08.08	14	2.28.40	14	3.41.10	14	4.50.10	15	6.27.44	12	1.03.41	13	2.14.17	10	3.24.13	12	4.46.01	11	5.57.41
		総合	**15**	**1.08.08**	**14**	**2.28.40**	**14**	**3.41.10**	**14**	**4.50.10**	**15**	**6.27.44**	**15**	**7.31.25**	**15**	**8.42.01**	**15**	**9.51.57**	**15**	**11.13.45**	**15**	**12.25.25**

第59回　1983年(昭和58年)1月2日～3日　総距離：213.9km　往路：106.8km　復路：107.1km

順	大学名		往路										復路									
			1区(21.3km)		2区(22.7km)		3区(21.3km)		4区(21.0km)		5区(20.5km)		6区(20.5km)		7区(21.3km)		8区(21.3km)		9区(22.7km)		10区(21.3km)	
1	日本体育	走者	3	植松 誠	4	大塚 正美	4	有坂 精児	2	中田 盛之	4	岡 俊博	4	谷口 浩美	4	中沢 栄	4	藤井 修	2	小田 英明	1	足立 幸永
		個人	2	1.04.33	1	*1.07.34*	4	1.05.57	2	1.03.25	1	*1.11.44*	1	*57.47*	1	1.05.15	2	1.07.50	2	*1.13.15*	2	1.09.05
		チーム	2	1.04.33	1	2.12.07	1	3.18.04	1	4.21.29	1	5.33.13	1	57.47	1	2.03.02	1	3.10.52	1	4.24.07	2	5.33.12
		総合	**2**	**1.04.33**	**1**	**2.12.07**	**1**	**3.18.04**	**1**	**4.21.29**	**1**	**5.33.13**	**1**	**6.31.00**	**1**	**7.36.15**	**1**	**8.44.05**	**1**	**9.57.20**	**1**	**11.06.25**
2	早稲田	走者	3	谷口 伴之	4	金井 豊	2	尾崎 一志	2	高橋 雅哉	1	木下 哲彦	4	滝田 輝行	4	大和 清孝	1	川越 学	3	坂口 泰	2	遠藤 司
		個人	10	1.06.51	3	*1.09.00*	8	1.07.22	3	1.03.36	2	1.13.03	7	1.02.39	2	1.05.42	3	1.08.07	1	*1.09.53*	1	1.06.49
		チーム	10	1.06.51	5	2.15.51	5	3.23.13	4	4.26.49	2	5.39.52	7	1.02.39	3	2.08.21	3	3.16.28	2	4.26.21	1	5.33.10
		総合	**10**	**1.06.51**	**5**	**2.15.51**	**5**	**3.23.13**	**4**	**4.26.49**	**2**	**5.39.52**	**2**	**6.42.31**	**2**	**7.48.13**	**2**	**8.56.20**	**2**	**10.06.13**	**2**	**11.13.02**
3	順天堂	走者	4	渡辺 義雄	2	門田 光史	3	有田 哲治	4	中島 修三	3	木村 康樹	2	羽柴 卓也	2	三枝 秀樹	4	中井 良晴	4	鈴木 秀悦	1	岩佐 吉章
		個人	9	1.06.31	10	1.11.38	2	1.05.30	1	*1.02.40*	6	1.15.59	2	1.01.07	5	1.08.00	1	1.06.28	3	*1.13.28*	5	1.10.05
		チーム	9	1.06.31	10	2.18.09	7	3.23.39	3	4.26.19	3	5.42.18	2	1.01.07	4	2.09.07	2	3.15.35	3	4.29.03	3	5.39.08
		総合	**9**	**1.06.31**	**10**	**2.18.09**	**7**	**3.23.39**	**3**	**4.26.19**	**3**	**5.42.18**	**3**	**6.43.25**	**3**	**7.51.25**	**3**	**8.57.53**	**3**	**10.11.21**	**3**	**11.21.26**
4	日本	走者	4	金田 剛	3	楠本 武彦	2	音喜多正志	4	山本 隆司	3	倉橋 賢二	2	今川 博喜	4	小野 透	2	丸橋 昇	3	岡田 泰	4	新 雅弘
		個人	5	1.05.43	4	*1.09.50*	14	1.11.03	5	1.04.18	3	1.13.48	5	1.01.26	3	1.06.46	5	1.09.04	6	1.14.31	11	1.11.58
		チーム	5	1.05.43	4	2.15.33	9	3.26.36	8	4.30.54	4	5.44.42	5	1.01.26	2	2.08.12	4	3.17.16	4	4.31.47	4	5.43.45
		総合	**5**	**1.05.43**	**4**	**2.15.33**	**9**	**3.26.36**	**8**	**4.30.54**	**4**	**5.44.42**	**4**	**6.46.08**	**4**	**7.52.54**	**4**	**9.01.58**	**4**	**10.16.29**	**4**	**11.28.27**
5	東海	走者	4	湯沢 克美	3	松田 英司	4	山ノ内和広	3	佐藤 弘明	2	服部 隆虎	4	岡村 純	2	鍋島 研介	3	安田 悦郎	3	小松 憲司	4	松本 寿夫
		個人	7	1.06.01	6	*1.10.57*	3	1.05.47	8	1.06.41	4	1.15.16	9	1.02.53	8	1.08.47	9	1.10.17	5	1.14.29	4	1.10.03
		チーム	7	1.06.01	7	2.16.58	4	3.22.45	6	4.29.26	5	5.44.42	9	1.02.53	9	2.11.40	7	3.21.57	7	4.36.26	6	5.46.29
		総合	**7**	**1.06.01**	**7**	**2.16.58**	**4**	**3.22.45**	**6**	**4.29.26**	**5**	**5.44.42**	**5**	**6.47.35**	**5**	**7.56.22**	**5**	**9.06.39**	**5**	**10.21.08**	**5**	**11.31.11**
6	大東文化	走者	3	坂中 末美	3	米重 修一	3	野口 康之	4	広島 嘉彦	4	池田 重政	2	千木良孝之	1	石井 俊久	4	島津 淳三	2	佐久間伊一	3	中島 稔彦
		個人	4	1.04.56	2	*1.08.10*	5	1.06.34	6	1.06.07	14	1.24.46	4	1.01.20	9	1.09.41	4	1.08.56	8	1.15.28	3	1.09.54
		チーム	4	1.04.56	2	2.13.06	2	3.19.40	2	4.25.47	9	5.50.33	4	1.01.20	7	2.11.01	6	3.19.57	5	4.35.25	5	5.45.19
		総合	**4**	**1.04.56**	**2**	**2.13.06**	**2**	**3.19.40**	**2**	**4.25.47**	**9**	**5.50.33**	**8**	**6.51.53**	**8**	**8.01.34**	**7**	**9.10.30**	**6**	**10.25.58**	**6**	**11.35.52**
7	東洋	走者	4	佐藤 和也	4	田中 弘	3	林 清司	3	大野 利丈	4	仙内 勇	2	増沢 和彦	2	山本 裕芳	1	中村 展人	2	菊池 清治	3	柴崎 万伸
		個人	1	*1.03.30*	8	*1.11.18*	6	1.06.41	12	1.08.35	13	1.20.23	3	1.01.19	6	1.08.10	8	1.10.16	9	1.16.28	7	1.11.04
		チーム	1	1.03.30	3	2.14.48	3	3.21.29	7	4.30.04	8	5.50.27	3	1.01.19	5	2.09.29	5	3.19.45	6	4.36.13	8	5.47.17
		総合	**1**	**1.03.30**	**3**	**2.14.48**	**3**	**3.21.29**	**7**	**4.30.04**	**8**	**5.50.27**	**7**	**6.51.46**	**6**	**7.59.56**	**6**	**9.10.12**	**7**	**10.26.40**	**7**	**11.37.44**
8	筑波	走者	4	福元 康貴	4	合田 浩二	3	保田 教之	2	渋谷 俊浩	3	大山 敏浩	4	河野 匡	1	森 芳幸	2	矢野 哲	3	根橋 篤	1	高橋 悟
		個人	6	1.05.46	11	1.12.51	1	1.04.52	4	1.03.37	9	1.17.45	12	1.03.41	12	1.11.52	7	1.10.08	10	1.16.58	14	1.12.27
		チーム	6	1.05.46	11	2.18.37	6	3.23.29	5	4.27.06	6	5.44.51	12	1.03.41	12	2.15.33	10	3.25.41	10	4.42.39	10	5.55.06
		総合	**6**	**1.05.46**	**11**	**2.18.37**	**6**	**3.23.29**	**5**	**4.27.06**	**6**	**5.44.51**	**6**	**6.48.32**	**7**	**8.00.24**	**8**	**9.10.32**	**8**	**10.27.30**	**8**	**11.39.57**
9	東京農業	走者	1	岡部 邦彦	3	工藤 耕治	4	加藤 裕二	2	白川 満	2	黒岩 文城	2	吾郷 修二	1	長田 千治	3	国府田克則	3	阿久津 進	1	小沢 吉健
		個人	15	1.09.05	12	1.13.02	7	1.07.02	7	1.06.19	12	1.18.26	6	1.02.37	7	1.08.25	10	1.11.00	7	1.14.35	6	1.10.09
		チーム	15	1.09.05	14	2.22.07	12	3.29.09	10	4.35.28	11	5.53.54	6	1.02.37	8	2.11.02	8	3.22.02	8	4.36.37	7	5.46.46
		総合	**15**	**1.09.05**	**14**	**2.22.07**	**12**	**3.29.09**	**10**	**4.35.28**	**11**	**5.53.54**	**10**	**6.56.31**	**10**	**8.04.56**	**9**	**9.15.56**	**9**	**10.30.31**	**9**	**11.40.40**
10	中央	走者	3	浦田 春生	4	大草 武美	1	木村 和彦	4	大島 浩光	3	植村 和弘	3	村田日出明	1	村上 享史	1	内藤 宣也	4	後藤 行彦	4	大曽根興光
		個人	3	1.04.51	9	*1.11.36*	9	1.07.23	14	1.10.19	5	1.15.32	8	1.02.44	11	1.11.25	15	1.16.12	4	1.14.22	9	1.11.28
		チーム	3	1.04.51	6	2.16.27	8	3.23.50	9	4.34.09	7	5.49.41	8	1.02.44	10	2.14.09	13	3.30.21	11	4.44.43	11	5.56.11
		総合	**3**	**1.04.51**	**6**	**2.16.27**	**8**	**3.23.50**	**9**	**4.34.09**	**7**	**5.49.41**	**9**	**6.52.25**	**9**	**8.03.50**	**10**	**9.20.02**	**10**	**10.34.24**	**10**	**11.45.52**
11	国士舘	走者	2	佐藤 一弥	3	清水 光二	1	中村 新吾	2	今川 広太	4	広田 隆男	1	山田 健	4	横田 春男	1	宮本 健寿	2	宮島 哲郎	1	中野 孝行
		個人	11	1.06.57	15	1.16.38	10	1.09.22	13	1.10.18	7	1.17.03	10	1.03.30	4	1.07.16	11	1.11.31	11	1.17.06	8	1.11.14
		チーム	11	1.06.57	15	2.23.35	15	3.32.57	15	4.43.15	14	6.00.18	10	1.03.30	6	2.10.46	9	3.22.17	9	4.39.23	9	5.50.37
		総合	**11**	**1.06.57**	**15**	**2.23.35**	**15**	**3.32.57**	**15**	**4.43.15**	**14**	**6.00.18**	**13**	**7.03.48**	**12**	**8.11.04**	**12**	**9.22.35**	**12**	**10.39.41**	**11**	**11.50.55**
12	駒澤	走者	2	楠 尚博	3	花田 豊徳	2	石田 善久	2	大山 清文	2	井上 浩	3	楢木野亮二	4	成田 明	1	小沢 正浩	2	西 潔	2	大成 正芳
		個人	8	1.06.06	7	*1.11.02*	13	1.10.14	10	1.08.07	10	1.17.57	11	1.03.39	10	1.10.44	12	1.12.41	14	1.18.50	10	1.11.39
		チーム	8	1.06.06	8	2.17.08	10	3.27.22	11	4.35.29	10	5.53.26	11	1.03.39	11	2.14.23	11	3.27.04	12	4.45.54	12	5.57.33
		総合	**8**	**1.06.06**	**8**	**2.17.08**	**10**	**3.27.22**	**11**	**4.35.29**	**10**	**5.53.26**	**11**	**6.57.05**	**11**	**8.07.49**	**11**	**9.20.30**	**11**	**10.39.20**	**12**	**11.50.59**
13	亜細亜	走者	2	吉川 正伸	3	河田 幸雄	3	御園 史雄	4	宮谷 英邦	2	安広 善夫	1	小泉 信一	3	小関 浩	1	畑野 敏幸	4	真下 広義	2	田中 義朗
		個人	12	1.07.09	14	1.13.45	15	1.11.06	9	1.07.45	11	1.18.21	15	1.08.00	13	1.12.03	13	1.13.24	13	1.18.37	13	1.12.21
		チーム	12	1.07.09	12	2.20.54	14	3.32.00	14	4.39.45	13	5.58.06	15	1.08.00	15	2.20.03	15	3.33.27	15	4.52.04	14	6.04.25
		総合	**12**	**1.07.09**	**12**	**2.20.54**	**14**	**3.32.00**	**14**	**4.39.45**	**13**	**5.58.06**	**14**	**7.06.06**	**14**	**8.18.09**	**14**	**9.31.33**	**14**	**10.50.10**	**13**	**12.02.31**
14	専修	走者	1	大庭 幸治	3	加藤 覚	1	渡瀬 智康	3	梶本 広康	1	北垣 章	1	佐藤 靖弘	4	殿柿 昌律	1	桑原 達治	4	斎藤 方英	2	堂道 誠
		個人	14	1.08.11	13	1.13.14	12	1.09.53	11	1.08.09	8	1.17.36	13	1.06.07	14	1.12.08	14	1.14.34	12	1.18.01	15	1.15.08
		チーム	14	1.08.11	13	2.21.25	13	3.31.18	13	4.39.27	12	5.57.03	13	1.06.07	13	2.18.15	14	3.32.49	14	4.50.50	15	6.05.58
		総合	**14**	**1.08.11**	**13**	**2.21.25**	**13**	**3.31.18**	**13**	**4.39.27**	**12**	**5.57.03**	**12**	**7.03.10**	**13**	**8.15.18**	**13**	**9.29.52**	**13**	**10.47.53**	**14**	**12.03.01**
15	法政	走者	4	新井 一則	2	若倉 和也	3	佐野 泰章	4	金子 秀一	3	金子 憲之	3	牛田 慶男	2	古川 博章	4	東江 正樹	1	新里 努	3	斎藤 悟至
		個人	13	1.07.14	5	*1.10.45*	11	1.09.45	15	1.10.21	15	1.25.20	14	1.07.07	15	1.12.25	6	1.09.56	15	1.21.15	12	1.12.10
		チーム	13	1.07.14	9	2.17.59	11	3.27.44	12	4.38.05	15	6.03.25	14	1.07.07	14	2.19.32	12	3.29.28	13	4.50.43	13	6.02.53
		総合	**13**	**1.07.14**	**9**	**2.17.59**	**11**	**3.27.44**	**12**	**4.38.05**	**15**	**6.03.25**	**15**	**7.10.32**	**15**	**8.22.57**	**15**	**9.32.53**	**15**	**10.54.08**	**15**	**12.06.18**

第60回　1984年(昭和59年)1月2日〜3日　総距離：213.9km　往路：106.8km　復路：107.1km

順	大学名		往路										復路									
			1区 (21.3km)		2区 (22.7km)		3区 (21.3km)		4区 (20.9km)		5区 (20.6km)		6区 (20.5km)		7区 (21.3km)		8区 (21.3km)		9区 (22.7km)		10区 (21.3km)	
1	早稲田	走者	2	田原 貴之	4	坂口 泰	4	高橋 昇	3	高橋 雅哉	2	木下 哲彦	3	越智 房樹	4	伊藤 雅弘	2	川越 学	4	谷口 伴之	3	遠藤 司
		個人	5	1.05.10	2	1.08.56	4	1.06.12	1	*1.02.52*	2	1.13.27	5	1.02.05	1	1.06.09	1	1.07.22	1	1.11.19	1	*1.04.05*
		チーム	5	1.05.10	1	2.14.06	1	3.20.18	1	4.23.10	1	5.36.37	5	1.02.05	1	2.08.14	1	3.15.36	1	4.26.55	1	5.31.00
		総合	5	1.05.10	1	2.14.06	1	3.20.18	1	4.23.10	1	5.36.37	1	6.38.42	1	7.44.51	1	8.52.13	1	10.03.32	1	11.07.37
2	日本体育	走者	4	植松 誠	3	小田 英明	2	高橋 修	3	中田 盛之	3	皆川 洋義	3	渡辺 正昭	2	小野 茂	1	湯山 秀史	2	足立 幸永	4	玉城 良二
		個人	1	1.04.11	8	1.11.15	7	1.06.23	6	1.06.10	6	1.15.32	4	1.01.51	4	1.08.27	2	1.09.51	2	1.12.15	3	1.07.00
		チーム	1	1.04.11	4	2.15.26	4	3.21.49	5	4.27.59	3	5.43.31	4	1.01.51	3	2.10.18	2	3.20.09	2	4.32.24	2	5.39.24
		総合	1	1.04.11	4	2.15.26	4	3.21.49	5	4.27.59	3	5.43.31	2	6.45.22	2	7.53.49	2	9.03.40	2	10.15.55	2	11.22.55
3	順天堂	走者	2	岩佐 吉章	4	木村 康樹	4	有田 哲治	3	門田 光史	1	新井 広幸	3	羽柴 卓也	3	川崎 勇二	3	三枝 秀樹	3	高橋 慎	4	川尻 真
		個人	6	1.05.13	3	1.09.55	2	1.05.43	2	1.04.24	15	1.19.55	1	1.00.52	9	1.10.13	5	1.10.27	4	1.13.34	2	1.06.50
		チーム	6	1.05.13	2	2.15.08	2	3.20.51	2	4.25.15	5	5.45.10	1	1.00.52	5	2.11.05	5	3.21.32	4	4.35.06	3	5.41.56
		総合	6	1.05.13	2	2.15.08	2	3.20.51	2	4.25.15	5	5.45.10	4	6.46.02	5	7.56.15	5	9.06.42	4	10.20.16	3	11.27.06
4	大東文化	走者	2	佐々木律夫	4	米重 修一	4	野口 康之	4	坂中 末美	2	若林 寿	2	大野 俊之	3	佐久間伊一	2	江口 和浩	4	袴田 英雄	4	中島 稔彦
		個人	9	1.07.28	1	1.08.34	9	1.06.37	3	1.05.08	7	1.16.32	6	1.02.44	2	1.07.34	3	1.10.16	7	1.14.01	10	1.09.34
		チーム	9	1.07.28	5	2.16.02	6	3.22.39	3	4.27.47	4	5.44.19	6	1.02.44	3	2.10.18	3	3.20.34	3	4.34.35	6	5.44.09
		総合	9	1.07.28	5	2.16.02	6	3.22.39	3	4.27.47	4	5.44.19	6	6.47.03	4	7.54.37	3	9.04.53	4	10.18.54	4	11.28.28
5	日本	走者	1	笠間三四郎	4	楠本 武彦	2	吉田 秀徳	3	丸橋 昇	4	倉橋 賢二	3	今川 博喜	4	岡田 泰	1	永田 克久	4	堀口 雅晴	3	音喜多正志
		個人	7	1.05.23	5	1.10.41	8	1.06.25	4	1.05.31	8	1.17.19	2	1.01.23	3	1.07.39	12	1.12.16	9	1.15.07	5	1.07.19
		チーム	7	1.05.23	6	2.16.04	5	3.22.29	6	4.28.00	6	5.45.19	2	1.01.23	2	2.09.02	4	3.21.18	6	4.36.25	5	5.43.44
		総合	7	1.05.23	6	2.16.04	5	3.22.29	6	4.28.00	6	5.45.19	5	6.46.42	3	7.54.21	4	9.06.37	5	10.21.44	5	11.29.03
6	東海	走者	3	鍋島 研介	4	松田 英司	1	大崎 栄	4	佐藤 弘明	3	服部 隆虎	2	玉置 暁	4	蒔田 祐二	2	小坂 一俊	4	小松 憲司	3	加藤 智明
		個人	2	1.04.34	6	1.10.43	5	1.06.20	7	1.06.21	4	1.14.50	7	1.03.01	16	1.11.37	15	1.12.51	3	1.13.18	7	1.08.13
		チーム	2	1.04.34	3	2.15.17	3	3.21.37	4	4.27.58	2	5.42.48	7	1.03.01	12	2.14.38	13	3.27.29	10	4.40.47	9	5.49.00
		総合	2	1.04.34	3	2.15.17	3	3.21.37	4	4.27.58	2	5.42.48	3	6.45.49	6	7.57.26	6	9.10.17	6	10.23.35	6	11.31.48
7	東京農業	走者	4	工藤 耕治	2	長田 千治	2	岡部 邦彦	3	吾郷 修二	2	増村 健治	3	吉田 亮	1	小指 徹	3	斎藤 元徳	2	楠本 勝己	3	佐藤 淳
		個人	4	1.05.08	14	1.13.59	11	1.07.19	8	1.06.36	12	1.19.03	3	1.01.24	10	1.10.42	4	1.10.18	5	1.13.41	4	1.07.04
		チーム	4	1.05.08	9	2.19.07	10	3.26.26	9	4.33.02	10	5.52.05	3	1.01.24	6	2.12.06	6	3.22.24	5	4.36.05	4	5.43.09
		総合	4	1.05.08	9	2.19.07	10	3.26.26	9	4.33.02	10	5.52.05	9	6.53.29	10	8.04.11	10	9.14.29	9	10.28.10	7	11.35.14
8	東洋	走者	4	柴崎 万伸	4	林 清司	4	花野 実	3	増沢 和彦	3	金子 尚志	1	今井 哲	4	大宮 裕治	3	菊池 清治	2	中村 展人	4	伊藤 政博
		個人	14	1.08.26	9	1.11.39	5	1.06.20	13	1.09.02	3	1.14.28	12	1.04.22	7	1.09.11	7	1.10.37	6	1.13.53	6	1.07.55
		チーム	14	1.08.26	10	2.20.05	9	3.26.25	10	4.35.27	9	5.49.55	12	1.04.22	7	2.13.33	7	3.24.10	7	4.38.03	7	5.45.58
		総合	14	1.08.26	10	2.20.05	9	3.26.25	10	4.35.27	9	5.49.55	10	6.54.17	9	8.03.28	9	9.14.05	10	10.27.58	8	11.35.53
9	筑波	走者	3	矢野 哲	3	渋谷 俊浩	4	保田 教之	4	坪井 健司	2	高橋 悟	2	長沼 修	1	柳井 健男	3	山下 誠	2	森 芳幸	4	西尾 剛造
		個人	8	1.07.05	4	1.09.56	3	1.05.56	9	1.06.45	11	1.18.44	12	1.04.22	8	1.09.37	6	1.10.34	10	1.15.39	8	1.08.14
		チーム	8	1.07.05	7	2.17.01	8	3.22.57	8	4.29.42	8	5.48.26	12	1.04.22	8	2.13.59	8	3.24.33	8	4.40.12	8	5.48.26
		総合	8	1.07.05	7	2.17.01	8	3.22.57	8	4.29.42	8	5.48.26	8	6.52.48	7	8.02.25	7	9.12.59	10	10.28.38	9	11.36.52
10	専修	走者	4	加藤 覚	2	北垣 章	2	渡瀬 智康	2	大庭 幸治	1	小沢 利之	2	佐藤 靖弘	1	渡辺 勝彦	2	西田 浩智	1	森田 修一	2	桑原 達治
		個人	3	1.04.42	11	1.12.34	1	1.05.40	5	1.05.49	13	1.19.08	9	1.03.18	13	1.11.23	11	1.11.08	8	1.14.25	9	1.08.52
		チーム	3	1.04.42	8	2.17.16	7	3.22.56	7	4.28.45	7	5.47.53	9	1.03.18	13	2.14.41	12	3.25.49	9	4.40.14	10	5.49.06
		総合	3	1.04.42	8	2.17.16	7	3.22.56	7	4.28.45	7	5.47.53	7	6.51.11	8	8.02.34	8	9.13.42	8	10.28.07	10	11.36.59
11	中央	走者	3	大志田秀次	2	木村 和彦	1	宮岡 聖次	1	富永 博文	4	植村 和弘	1	吉崎 修	2	村上 享史	4	村田日出明	1	守永 史朗	1	北条 雅敏
		個人	11	1.07.51	13	1.13.13	12	1.07.46	14	1.09.07	5	1.15.12	16	1.05.34	5	1.08.46	9	1.10.55	11	1.16.19	10	1.09.34
		チーム	11	1.07.51	12	2.21.04	11	3.28.50	11	4.37.57	11	5.53.09	16	1.05.34	11	2.14.20	10	3.25.15	11	4.41.34	11	5.51.08
		総合	11	1.07.51	12	2.21.04	11	3.28.50	11	4.37.57	11	5.53.09	11	6.58.43	11	8.07.29	11	9.18.24	11	10.34.43	11	11.44.17
12	駒澤	走者	4	楢木野亮二	4	花田 豊徳	3	井上 浩	2	手塚 秀雄	1	大八木弘明	3	石川 裕	4	山本 一夫	3	石田 善久	3	大山 清文	3	大成 正芳
		個人	20	1.12.14	10	1.11.56	13	1.08.23	11	1.08.28	1	1.12.41	15	1.05.15	6	1.08.48	8	1.10.46	15	1.17.03	13	1.09.49
		チーム	20	1.12.14	15	2.24.10	14	3.32.33	13	4.41.01	12	5.53.42	15	1.05.15	10	2.14.03	9	3.24.49	12	4.41.52	12	5.51.41
		総合	20	1.12.14	15	2.24.10	14	3.32.33	13	4.41.01	12	5.53.42	12	6.58.57	12	8.07.45	12	9.18.31	12	10.35.34	12	11.45.23
13	国士舘	走者	3	佐藤 一弥	2	中野 孝行	2	中村 新吾	4	清水 光二	2	宮本 健寿	2	山田 健	1	藤代 和敏	2	山本 浩	3	宮島 哲郎	2	栗林 規
		個人	13	1.08.13	16	1.15.16	10	1.06.52	10	1.07.50	18	1.21.52	11	1.04.05	12	1.11.07	13	1.12.25	17	1.19.08	12	1.09.45
		チーム	13	1.08.13	14	2.23.29	12	3.30.21	12	4.38.11	13	6.00.03	11	1.04.05	15	2.15.12	14	3.27.37	15	4.46.45	14	5.56.30
		総合	13	1.08.13	14	2.23.29	12	3.30.21	12	4.38.11	13	6.00.03	14	7.04.08	14	8.15.15	14	9.27.40	15	10.46.48	13	11.56.33
14	亜細亜	走者	2	小川 光	4	河田 幸雄	1	安部 和吉	4	小関 浩	3	安広 善夫	2	小林 雅彦	1	山本 弘記	2	岡田 彰	2	小泉 信一	1	鈴木 茂広
		個人	15	1.09.21	12	1.13.06	16	1.10.40	15	1.09.11	10	1.18.06	8	1.03.15	11	1.10.45	17	1.15.24	12	1.16.22	15	1.11.35
		チーム	15	1.09.21	13	2.22.27	15	3.33.07	14	4.42.18	14	6.00.24	8	1.03.15	9	2.14.00	15	3.29.24	14	4.45.46	15	5.57.21
		総合	15	1.09.21	13	2.22.27	15	3.33.07	14	4.42.18	14	6.00.24	13	7.03.39	13	8.14.24	15	9.29.48	14	10.46.10	14	11.57.45
15	拓殖	走者	3	黒沢 忠直	2	稲葉 智正	2	東 卓志	4	高貫 靖夫	1	小川 俊也	4	久米 浩二	3	宇佐美晴英	2	金沢 正和	3	西沢 久幸	3	坂本 義信
		個人	18	1.09.54	15	1.14.42	14	1.09.25	12	1.08.53	14	1.19.41	10	1.03.23	15	1.11.26	10	1.10.58	16	1.17.38	17	1.11.46
		チーム	18	1.09.54	16	2.24.36	16	3.34.01	16	4.42.54	16	6.02.35	10	1.03.23	14	2.14.49	11	3.25.47	13	4.43.25	13	5.55.11
		総合	18	1.09.54	16	2.24.36	16	3.34.01	16	4.42.54	16	6.02.35	15	7.05.58	15	8.17.24	14	9.28.22	13	10.46.00	15	11.57.46
16	法政	走者	4	佐野 泰章	3	若倉 和也	1	山田 星雄	4	金子 憲之	3	渡辺 利夫	1	加藤人望和	3	古川 博章	4	奈良部 悟	2	下山 健二	2	宮下 信一
		個人	17	1.09.42	6	1.10.43	17	1.10.44	18	1.11.18	9	1.18.04	18	1.06.46	13	1.11.23	16	1.14.19	19	1.21.27	16	1.11.37
		チーム	17	1.09.42	11	2.20.25	13	3.31.09	15	4.42.27	15	6.00.31	18	1.06.46	16	2.18.09	17	3.32.28	17	4.53.55	16	6.05.32
		総合	17	1.09.42	11	2.20.25	13	3.31.09	15	4.42.27	15	6.00.31	16	7.07.17	16	8.18.40	16	9.32.59	16	10.54.26	16	12.06.03
17	東京	走者	4	清水 明	4	渡辺 史	3	栗田 晴彦	4	渡辺 典之	4	半田 禎	4	中村 貴司	1	真田 弘幸	2	清水 真	2	武田 政文	4	太田 文児
		個人	16	1.09.22	17	1.16.38	15	1.10.02	16	1.09.25	16	1.20.18	19	1.07.13	19	1.17.22	20	1.16.50	14	1.16.49	14	1.11.09
		チーム	16	1.09.22	17	2.26.00	17	3.36.02	17	4.45.27	17	6.05.45	19	1.07.13	19	2.24.35	19	3.41.25	19	4.58.14	18	6.09.23
		総合	16	1.09.22	17	2.26.00	17	3.36.02	17	4.45.27	17	6.05.45	17	7.12.58	17	8.30.20	18	9.47.10	17	11.03.59	17	12.15.08
18	明治	走者	3	北山 和人	1	井上 晋一	3	六反田雅宏	1	川崎 幹男	1	細貝 雅一	3	中村 俊宏	1	茂手木 聡	3	園原 健弘	2	中沢 保弘	2	畑山 政浩
		個人	10	1.07.48	19	1.18.58	19	1.12.42	19	1.12.16	17	1.20.56	14	1.05.05	17	1.13.28	14	1.12.50	20	1.22.26	18	1.13.14
		チーム	10	1.07.48	18	2.26.46	18	3.39.28	19	4.51.44	18	6.12.40	14	1.05.05	17	2.18.33	16	3.31.23	16	4.53.49	17	6.07.03
		総合	10	1.07.48	18	2.26.46	18	3.39.28	19	4.51.44	18	6.12.40	18	7.17.45	18	8.31.13	17	9.44.03	18	11.06.29	18	12.19.43
19	東京学芸	走者	1	鈴木 彰	2	田口 克己	4	市川 浩	1	阿部 悟郎	3	片山 照久	3	野口 充康	1	大出 孝一	2	塚本 嘉夫	1	滝沢 明男	3	吉岡 秀樹
		個人	19	1.11.41	18	1.17.27	18	1.11.18	17	1.09.35	20	1.29.07	17	1.06.09	18	1.14.06	18	1.15.35	18	1.19.18	20	1.14.57
		チーム	19	1.11.41	20	2.29.08	19	3.40.26	18	4.50.01	19	6.19.08	17	1.06.09	18	2.20.15	18	3.35.50	18	4.55.08	19	6.10.05
		総合	19	1.11.41	20	2.29.08	19	3.40.26	18	4.50.01	19	6.19.08	19	7.25.17	19	8.39.23	19	9.54.58	19	11.14.16	19	12.29.13
20	慶應義塾	走者	2	森下 善己	4	白井伊和雄	1	野路 良平	3	四方 秀紀	3	長島 浩	4	矢崎 浩二	4	小杉 直久	3	川田 拓也	3	田辺 英司	3	屋代 真孝
		個人	12	1.07.58	20	1.20.04	20	1.14.37	20	1.13.27	19	1.24.27	20	1.13.51	20	1.18.18	19	1.16.08	13	1.16.35	19	1.13.53
		チーム	12	1.07.58	19	2.28.02	20	3.42.39	20	4.56.06	20	6.20.33	20	1.13.51	20	2.32.09	20	3.48.17	20	5.04.52	20	6.18.45
		総合	12	1.07.58	19	2.28.02	20	3.42.39	20	4.56.06	20	6.20.33	20	7.34.24	20	8.52.42	20	10.08.50	20	11.25.25	20	12.39.18

第61回　1985年(昭和60年)1月2日～3日　総距離：213.9km　往路：106.8km　復路：107.1km

順	大学名		往路										復路									
			1区 (21.3km)		2区 (22.7km)		3区 (21.3km)		4区 (20.9km)		5区 (20.6km)		6区 (20.5km)		7区 (21.3km)		8区 (21.3km)		9区 (22.7km)		10区 (21.3km)	
1	早稲田	走者	3	田原 貴之	4	遠藤 司	1	坂内 敦	4	高橋 雅哉	3	木下 哲彦	4	赤堀 正司	4	伊藤 雅弘	4	尾崎 一志	3	川越 学	2	豊福 嘉弘
		個人	3	1.05.02	2	1.09.06	5	1.06.48	1	1.03.01	1	*1.11.59*	3	1.01.38	6	1.08.07	2	1.07.17	2	1.11.17	2	1.07.01
		チーム	3	1.05.02	1	2.14.08	2	3.20.56	1	4.23.57	1	5.35.56	3	1.01.38	3	2.09.45	2	3.17.02	2	4.28.19	2	5.35.20
		総合	3	1.05.02	1	2.14.08	2	3.20.56	1	4.23.57	1	5.35.56	1	6.37.34	1	7.45.41	1	8.52.58	1	10.04.15	1	11.11.16
2	順天堂	走者	3	小谷野慎也	4	門田 光史	3	岩佐 吉章	4	三枝 秀樹	2	新井 広幸	4	羽柴 卓也	2	横道 正憲	2	衛藤 道夫	4	高橋 慎	1	工藤 康弘
		個人	10	1.06.33	3	1.09.44	1	1.04.03	2	1.04.53	3	1.15.05	1	1.01.17	5	1.07.40	3	1.07.40	3	1.11.19	3	1.07.30
		チーム	10	1.06.33	3	2.16.17	1	3.20.20	2	4.25.13	2	5.40.18	1	1.01.17	1	2.08.57	1	3.16.37	1	4.27.56	3	5.35.26
		総合	10	1.06.33	3	2.16.17	1	3.20.20	2	4.25.13	2	5.40.18	2	6.41.35	2	7.49.15	2	8.56.55	2	10.08.14	2	11.15.44
3	日本体育	走者	2	仲西 浩	4	中田 盛之	1	鈴木 尚人	4	小田 英明	4	皆川 洋義	3	浜里 正己	3	高橋 修	1	平山 征志	3	足立 幸永	3	丸山 一徳
		個人	1	1.04.29	9	1.12.16	3	1.05.51	6	1.06.02	2	1.13.31	4	1.02.17	2	1.06.51	4	1.08.32	1	1.11.14	1	1.06.06
		チーム	1	1.04.29	5	2.16.45	3	3.22.36	3	4.28.38	3	5.42.09	4	1.02.17	2	2.09.08	4	3.17.40	3	4.28.54	1	5.35.00
		総合	1	1.04.29	5	2.16.45	3	3.22.36	3	4.28.38	3	5.42.09	3	6.44.26	3	7.51.17	3	8.59.49	3	10.11.03	3	11.17.09
4	日本	走者	4	音喜多正志	4	丸橋 昇	3	吉田 秀徳	2	笠間三四郎	1	日比 勝俊	4	今川 博喜	2	大渕 俊幸	2	妹尾 幸	2	岩本 和彦	2	永田 克久
		個人	6	1.05.36	6	1.12.13	2	1.05.19	12	1.08.18	5	1.15.40	6	1.03.01	3	1.07.20	5	1.08.39	6	1.12.51	15	1.10.41
		チーム	6	1.05.36	7	2.17.49	5	3.23.08	7	4.31.26	7	5.47.06	6	1.03.01	4	2.10.21	5	3.19.00	5	4.31.51	5	5.42.32
		総合	6	1.05.36	7	2.17.49	5	3.23.08	7	4.31.26	7	5.47.06	5	6.50.07	4	7.57.27	4	9.06.06	4	10.18.57	4	11.29.38
5	大東文化	走者	4	佐久間伊一	3	若林 寿	1	只隈 伸也	3	大野 俊之	3	石井 俊久	4	千木良孝之	4	小泉 英樹	3	江口 和浩	3	佐々木律夫	2	江本 剛
		個人	8	1.05.47	8	1.12.15	4	1.06.15	4	1.05.22	8	1.16.04	2	1.01.28	14	1.10.39	7	1.09.25	8	1.13.19	14	1.10.21
		チーム	8	1.05.47	8	2.18.02	7	3.24.17	4	4.29.39	5	5.45.43	2	1.01.28	6	2.12.07	6	3.21.32	6	4.34.51	6	5.45.12
		総合	8	1.05.47	8	2.18.02	7	3.24.17	4	4.29.39	5	5.45.43	4	6.47.11	5	7.57.50	5	9.07.15	5	10.20.34	5	11.30.55
6	中央	走者	2	宮岡 聖次	3	村上 享史	3	木村 和彦	1	榭沢 俊明	2	富永 博文	2	吉崎 修	1	北川宏太郎	4	大志田秀次	2	守永 史朗	4	常木 博至
		個人	7	1.05.42	14	1.15.10	9	1.07.58	7	1.06.27	9	1.17.18	5	1.03.01	4	1.07.26	1	1.07.01	7	1.13.09	5	1.07.59
		チーム	7	1.05.42	11	2.20.52	11	3.28.50	9	4.35.17	10	5.52.35	5	1.03.01	5	2.10.27	3	3.17.28	4	4.30.37	4	5.38.36
		総合	7	1.05.42	11	2.20.52	11	3.28.50	9	4.35.17	10	5.52.35	9	6.55.36	8	8.03.02	6	9.10.03	6	10.23.12	6	11.31.11
7	東京農業	走者	4	吾郷 修二	3	長田 千治	3	小沢 吉健	1	石沢 浩二	2	小指 徹	2	婦木 重秋	2	五十嵐正美	4	斎藤 元徳	3	並木 茂利	3	岡部 邦彦
		個人	5	1.05.35	4	1.11.00	7	1.07.17	5	1.05.57	4	1.15.39	13	1.05.55	12	1.10.12	6	1.08.54	10	1.14.22	7	1.08.03
		チーム	5	1.05.35	4	2.16.35	6	3.23.52	6	4.29.49	4	5.45.28	13	1.05.55	15	2.16.07	12	3.25.01	11	4.39.23	11	5.47.26
		総合	5	1.05.35	4	2.16.35	6	3.23.52	6	4.29.49	4	5.45.28	6	6.51.23	7	8.01.35	7	9.10.29	8	10.24.51	7	11.32.54
8	筑波	走者	1	加藤 聡	4	渋谷 俊浩	2	神林 勲	1	高戸 良之	3	高橋 悟	3	長沼 優	4	矢野 哲	4	山下 誠	3	森 芳幸	2	柳井 健男
		個人	11	1.06.34	1	1.08.55	8	1.07.24	8	1.06.50	10	1.17.23	15	1.07.36	1	1.06.34	8	1.10.01	9	1.13.26	12	1.09.06
		チーム	11	1.06.34	2	2.15.29	4	3.22.53	5	4.29.43	6	5.47.06	15	1.07.36	12	2.14.10	9	3.24.11	8	4.37.37	9	5.46.43
		総合	11	1.06.34	2	2.15.29	4	3.22.53	5	4.29.43	6	5.47.06	8	6.54.42	6	8.01.16	8	9.11.17	7	10.24.43	8	11.33.49
9	東洋	走者	4	増沢 和彦	3	中村 展人	2	今井 哲	2	定方 次男	4	金子 尚志	3	明本 樹昌	2	大浦 清司	1	新井 哲	4	菊池 清治	2	及川 篤
		個人	12	1.06.43	11	1.14.12	6	1.07.06	9	1.06.52	6	1.15.46	9	1.03.16	13	1.10.32	11	1.10.17	11	1.14.53	9	1.08.24
		チーム	12	1.06.43	12	2.20.55	10	3.28.01	8	4.34.53	8	5.50.39	9	1.03.16	10	2.13.48	8	3.24.05	10	4.38.58	10	5.47.22
		総合	12	1.06.43	12	2.20.55	10	3.28.01	8	4.34.53	8	5.50.39	7	6.53.55	9	8.04.27	9	9.14.44	9	10.29.37	9	11.38.01
10	専修	走者	3	大庭 幸治	3	北垣 章	4	堂道 誠	3	植田 茂	2	小沢 利之	3	佐藤 靖弘	3	渡瀬 智康	3	桑原 達治	2	森田 修一	2	宇田川 聡
		個人	13	1.06.47	10	1.13.03	14	1.09.39	11	1.08.10	11	1.18.07	10	1.03.29	11	1.09.40	13	1.11.30	5	1.12.49	6	1.08.01
		チーム	13	1.06.47	10	2.19.50	12	3.29.29	13	4.37.39	13	5.55.46	10	1.03.29	8	2.13.09	11	3.24.39	7	4.37.28	7	5.45.29
		総合	13	1.06.47	10	2.19.50	12	3.29.29	13	4.37.39	13	5.55.46	12	6.59.15	13	8.08.55	12	9.20.25	10	10.33.14	10	11.41.15
11	駒澤	走者	4	井上 浩	2	大八木弘明	3	手塚 秀雄	1	高橋 信良	4	石田 善久	3	坂口 勝美	3	山内 裕文	2	東郷 裕昭	3	森 浩二	4	石川 裕
		個人	4	1.05.34	5	1.11.43	11	1.08.35	13	1.09.58	13	1.19.32	8	1.03.15	8	1.08.57	10	1.10.11	13	1.15.34	8	1.08.10
		チーム	4	1.05.34	6	2.17.17	8	3.25.52	11	4.35.50	12	5.55.22	8	1.03.15	7	2.12.12	7	3.22.23	9	4.37.57	8	5.46.07
		総合	4	1.05.34	6	2.17.17	8	3.25.52	11	4.35.50	12	5.55.22	11	6.58.37	11	8.07.34	10	9.17.45	12	10.33.19	11	11.41.29
12	国士舘	走者	4	佐藤 一弥	3	中村 新吾	3	西又 克行	3	中野 孝行	3	宮本 健寿	1	島口 勝裕	2	藤代 和敏	1	池井 俊正	3	栗林 規	2	佐藤 知彦
		個人	9	1.05.57	15	1.15.11	13	1.09.19	3	1.05.10	12	1.19.19	11	1.04.43	9	1.09.14	12	1.10.21	12	1.15.17	4	1.07.49
		チーム	9	1.05.57	14	2.21.08	13	3.30.27	10	4.35.37	11	5.54.56	11	1.04.43	11	2.13.57	10	3.24.18	12	4.39.35	12	5.47.24
		総合	9	1.05.57	14	2.21.08	13	3.30.27	10	4.35.37	11	5.54.56	13	6.59.39	12	8.08.53	11	9.19.14	13	10.34.31	12	11.42.20
13	東海	走者	4	鍋島 研介	2	大崎 栄	1	本村 穣治	1	一ノ瀬篤志	4	服部 隆虎	2	石井 祐治	3	大園 栄一	4	古旗 剛	4	加藤 智明	4	原田 誠
		個人	2	1.04.53	13	1.14.34	10	1.08.23	10	1.08.06	7	1.15.47	14	1.06.09	10	1.09.19	15	1.13.32	4	1.12.34	10	1.09.04
		チーム	2	1.04.53	9	2.19.27	9	3.27.50	12	4.35.56	9	5.51.43	14	1.06.09	13	2.15.28	15	3.29.00	13	4.41.34	13	5.50.38
		総合	2	1.04.53	9	2.19.27	9	3.27.50	12	4.35.56	9	5.51.43	10	6.57.52	10	8.07.11	13	9.20.43	11	10.33.17	13	11.42.21
14	亜細亜	走者	2	鈴木 新吾	4	安広 善夫	3	岡田 彰	1	杉本 祐二	1	松永勇二郎	3	小林 雅彦	2	山本 弘記	2	大石 剛弘	3	小泉 信一	2	鈴木 茂広
		個人	14	1.07.43	12	1.14.15	12	1.09.09	15	1.10.12	14	1.19.46	12	1.05.31	7	1.08.15	14	1.12.44	14	1.16.16	13	1.09.15
		チーム	14	1.07.43	15	2.21.58	14	3.31.07	14	4.41.19	14	6.01.05	12	1.05.31	9	2.13.46	14	3.26.30	15	4.42.46	15	5.52.01
		総合	14	1.07.43	15	2.21.58	14	3.31.07	14	4.41.19	14	6.01.05	15	7.06.36	14	8.14.51	14	9.27.35	14	10.43.51	14	11.53.06
15	明治	走者	4	北山 和人	1	牧野 典彰	4	六反田雅宏	2	川崎 幹男	2	細貝 雅一	4	中村 俊宏	1	管 宏尚	4	園原 健弘	2	井上 晋一	3	畑山 政浩
		個人	15	1.08.43	7	1.12.14	15	1.11.27	14	1.10.07	15	1.20.47	7	1.03.13	15	1.12.27	9	1.10.08	15	1.16.25	11	1.09.05
		チーム	15	1.08.43	13	2.20.57	15	3.32.24	15	4.42.31	15	6.03.18	7	1.03.13	14	2.15.40	13	3.25.48	14	4.42.13	14	5.51.18
		総合	15	1.08.43	13	2.20.57	15	3.32.24	15	4.42.31	15	6.03.18	14	7.06.31	15	8.18.58	15	9.29.06	15	10.45.31	15	11.54.36

第62回　1986年(昭和61年)1月2日～3日　総距離：213.9km　往路：106.8km　復路：107.1km

順	大学名		往路										復路									
			1区(21.3km)		2区(22.7km)		3区(21.3km)		4区(20.9km)		5区(20.6km)		6区(20.6km)		7区(21.2km)		8区(21.3km)		9区(22.7km)		10区(21.3km)	
1	順天堂	走者	1	畑中 良介	3	衛藤 道夫	4	岩佐 吉章	1	倉林 俊彰	3	新井 広幸	4	小谷野慎也	2	石原 典泰	2	松田 卓也	3	横道 正憲	2	工藤 康弘
		個人	10	1.05.52	7	1.12.32	1	1.05.27	6	1.08.08	4	1.16.08	4	1.01.13	1	*1.05.20*	2	1.07.15	2	1.11.27	2	1.06.11
		チーム	10	1.05.52	10	2.18.24	5	3.23.51	5	4.31.59	5	5.48.07	4	1.01.13	2	2.06.33	1	3.13.48	1	4.25.15	1	5.31.26
		総合	10	1.05.52	10	2.18.24	5	3.23.51	5	4.31.59	5	5.48.07	5	6.49.20	2	7.54.40	2	9.01.55	2	10.13.22	1	11.19.33
2	早稲田	走者	4	田原 貴之	4	川越 学	2	平井 政行	3	豊福 嘉弘	4	木下 哲彦	2	瀬戸 明	4	太田 真樹	2	杉本 和之	2	坂内 敦	4	藤原 良典
		個人	4	1.04.51	3	1.10.30	4	1.08.20	1	1.05.53	1	1.12.01	7	1.01.49	11	1.09.09	1	1.07.09	3	1.11.34	14	1.10.58
		チーム	4	1.04.51	3	2.15.21	4	3.23.41	1	4.29.34	1	5.41.35	7	1.01.49	9	2.10.58	7	3.18.07	3	4.29.41	9	5.40.39
		総合	4	1.04.51	3	2.15.21	4	3.23.41	1	4.29.34	1	5.41.35	1	6.43.24	1	7.52.33	1	8.59.42	1	10.11.16	2	11.22.14
3	大東文化	走者	2	只隈 伸也	4	若林 寿	1	山口 政信	4	大野 俊之	4	石井 俊久	2	島田 栄二	2	矢野 功	1	小椋 克彦	4	佐々木律夫	4	江口 和浩
		個人	3	1.04.29	6	1.11.56	8	1.09.07	3	1.07.25	6	1.16.44	9	1.02.10	4	1.06.29	8	1.08.44	1	1.10.23	1	1.05.58
		チーム	3	1.04.29	4	2.16.25	6	3.25.32	6	4.32.57	6	5.49.41	9	1.02.10	6	2.08.39	6	3.17.23	2	4.27.46	2	5.33.44
		総合	3	1.04.29	4	2.16.25	6	3.25.32	6	4.32.57	6	5.49.41	6	6.51.51	6	7.58.20	6	9.07.04	4	10.17.27	3	11.23.25
4	駒澤	走者	2	高橋 信良	3	大八木弘明	3	東郷 裕昭	1	斎藤 篤孝	4	手塚 秀雄	4	坂口 勝美	4	山内 裕文	3	小島 正人	4	森 浩二	2	大塚 建一
		個人	6	1.05.03	1	1.10.00	3	1.06.46	10	1.08.56	2	1.14.43	8	1.02.06	9	1.08.18	5	1.08.08	8	1.13.37	8	1.08.25
		チーム	6	1.05.03	2	2.15.03	1	3.21.49	3	4.30.45	2	5.45.28	8	1.02.06	8	2.10.24	8	3.18.32	8	4.32.09	8	5.40.34
		総合	6	1.05.03	2	2.15.03	1	3.21.49	3	4.30.45	2	5.45.28	2	6.47.34	5	7.55.52	5	9.04.00	5	10.17.37	4	11.26.02
5	東京農業	走者	4	岡部 邦彦	4	長田 千治	2	大間 孝	2	石沢 浩二	3	小指 徹	4	小沢 吉健	2	中座 俊隆	4	増村 健治	1	今西 俊郎	3	五十嵐正美
		個人	1	1.04.07	10	1.12.57	2	1.06.36	5	1.07.47	3	1.15.26	6	1.01.48	6	1.07.00	3	1.07.22	11	1.14.58	6	1.08.09
		チーム	1	1.04.07	8	2.17.04	3	3.23.40	4	4.31.27	3	5.46.53	6	1.01.48	7	2.08.48	3	3.16.10	7	4.31.08	4	5.39.17
		総合	1	1.04.07	8	2.17.04	3	3.23.40	4	4.31.27	3	5.46.53	3	6.48.41	4	7.55.41	3	9.03.03	6	10.18.01	5	11.26.10
6	日本体育	走者	3	仲西 浩	2	鈴木 尚人	2	小川 欽也	4	丸山 一徳	3	湯山 秀史	2	竹内 大雄	4	高橋 修	1	深井 剛	2	平山 征志	1	川島 伸次
		個人	5	1.05.00	2	1.10.02	4	1.08.20	2	1.06.30	7	1.17.05	10	1.02.21	3	1.06.12	4	1.08.07	7	1.13.36	9	1.09.29
		チーム	5	1.05.00	1	2.15.02	2	3.23.22	2	4.29.52	4	5.46.57	10	1.02.21	5	2.08.33	4	3.16.40	5	4.30.16	6	5.39.45
		総合	5	1.05.00	1	2.15.02	2	3.23.22	2	4.29.52	4	5.46.57	4	6.49.18	3	7.55.30	4	9.03.37	3	10.17.13	6	11.26.42
7	東海	走者	3	大塚 正人	2	本村 穣治	1	両角 速	1	小杉 好則	3	大崎 栄	3	石井 祐治	2	大石 佳伸	1	新号 和政	4	大園 栄一	2	一ノ瀬篤志
		個人	8	1.05.37	9	1.12.46	9	1.09.18	8	1.08.38	5	1.16.17	2	1.01.08	7	1.07.23	6	1.08.30	9	1.13.58	7	1.08.18
		チーム	8	1.05.37	9	2.18.23	9	3.27.41	9	4.36.19	8	5.52.36	2	1.01.08	4	2.08.31	5	3.17.01	6	4.30.59	4	5.39.17
		総合	8	1.05.37	9	2.18.23	9	3.27.41	9	4.36.19	8	5.52.36	7	6.53.44	7	8.01.07	7	9.09.37	7	10.23.35	7	11.31.53
8	中央	走者	2	卜部 昌次	2	榊沢 俊明	2	北川宏太郎	3	松下 功	3	富永 博文	3	吉崎 修	4	村上 享史	3	守永 史朗	4	木村 和彦	1	守田 健彦
		個人	13	1.07.51	11	1.13.37	13	1.11.46	7	1.08.25	12	1.18.07	1	*1.00.46*	2	1.05.44	7	1.08.36	6	1.13.33	3	1.06.42
		チーム	13	1.07.51	12	2.21.28	12	3.33.14	11	4.41.39	11	5.59.46	1	1.00.46	1	2.06.30	2	3.15.06	4	4.28.39	3	5.35.21
		総合	13	1.07.51	12	2.21.28	12	3.33.14	11	4.41.39	11	5.59.46	10	7.00.32	9	8.06.16	8	9.14.52	8	10.28.25	8	11.35.07
9	国士舘	走者	4	中村 新吾	4	中野 孝行	2	島口 勝裕	3	藤代 和敏	1	阿部 一也	1	斎藤 学	3	大月 英治	2	池井 俊正	4	山本 浩	3	佐藤 知彦
		個人	2	1.04.19	8	1.12.43	6	1.08.42	10	1.08.56	9	1.17.56	5	1.01.35	14	1.10.37	9	1.10.10	13	1.17.03	5	1.07.44
		チーム	2	1.04.19	7	2.17.02	7	3.25.44	8	4.34.40	7	5.52.36	5	1.01.35	10	2.12.12	10	3.22.22	12	4.39.25	11	5.47.09
		総合	2	1.04.19	7	2.17.02	7	3.25.44	8	4.34.40	7	5.52.36	8	6.54.11	8	8.04.48	9	9.14.58	10	10.32.01	9	11.39.45
10	専修	走者	4	北垣 章	3	森田 修一	3	太田 一夫	4	大庭 幸治	3	小沢 利之	4	佐藤 靖弘	3	渡辺 勝彦	3	吉沢三津夫	4	植田 茂	3	松本 卓也
		個人	7	1.05.23	5	1.11.35	7	1.08.49	4	1.07.34	15	1.22.04	14	1.04.43	8	1.07.54	11	1.10.24	5	1.13.09	13	1.10.22
		チーム	7	1.05.23	6	2.16.58	8	3.25.47	7	4.33.21	9	5.55.25	14	1.04.43	11	2.12.37	11	3.23.01	10	4.36.10	10	5.46.32
		総合	7	1.05.23	6	2.16.58	8	3.25.47	7	4.33.21	9	5.55.25	9	7.00.08	10	8.08.02	10	9.18.26	9	10.31.35	10	11.41.57
11	筑波	走者	1	服部 光幸	2	加藤 聡	2	山口 渉	2	高戸 良之	4	高橋 悟	4	杉田 英年	3	下園 伸秀	1	弘山 勉	4	森 芳幸	1	深田 真範
		個人	11	1.06.04	12	1.14.29	11	1.10.43	9	1.08.46	8	1.17.31	13	1.04.33	12	1.09.19	13	1.11.06	4	1.12.46	10	1.09.37
		チーム	11	1.06.04	11	2.20.33	11	3.31.16	10	4.40.02	10	5.57.33	13	1.04.33	13	2.13.52	13	3.24.58	11	4.37.44	12	5.47.21
		総合	11	1.06.04	11	2.20.33	11	3.31.16	10	4.40.02	10	5.57.33	11	7.02.06	11	8.11.25	11	9.22.31	11	10.35.17	11	11.44.54
12	日本	走者	2	乙倉 公敏	3	笠間三四郎	3	永田 克久	1	安池 一公	2	日比 勝俊	2	武田 裕明	3	大渕 俊幸	2	中村 慎二	2	熊本 正彦	4	岩田 哲生
		個人	9	1.05.41	4	1.10.47	14	1.11.59	15	1.19.30	11	1.18.04	3	1.01.12	5	1.06.59	10	1.10.22	10	1.14.28	4	1.07.24
		チーム	9	1.05.41	5	2.16.28	10	3.28.27	14	4.47.57	14	6.06.01	3	1.01.12	3	2.08.11	9	3.18.33	9	4.33.01	7	5.40.25
		総合	9	1.05.41	5	2.16.28	10	3.28.27	14	4.47.57	14	6.06.01	13	7.07.13	12	8.14.12	12	9.24.34	12	10.39.02	12	11.46.26
13	東洋	走者	3	及川 篤	3	定方 次男	2	志津野 誠	2	今野 英樹	3	今井 哲	1	中村 幸彦	3	菊池 和成	4	安沢 和宣	4	中村 展人	4	明本 樹昌
		個人	12	1.07.31	15	1.15.36	12	1.11.07	13	1.09.49	13	1.18.10	12	1.04.06	10	1.08.55	12	1.10.36	14	1.17.42	15	1.11.32
		チーム	12	1.07.31	13	2.23.07	13	3.34.14	13	4.44.03	13	6.02.13	12	1.04.06	12	2.13.01	12	3.23.37	13	4.41.19	13	5.52.51
		総合	12	1.07.31	13	2.23.07	13	3.34.14	13	4.44.03	13	6.02.13	12	7.06.19	13	8.15.14	13	9.25.50	13	10.43.32	13	11.55.04
14	亜細亜	走者	4	小林 雅彦	3	山本 弘記	4	岡田 彰	3	鈴木 新吾	2	松永勇二郎	1	仲鉢 聡	1	酒井 義則	2	藤田 明美	3	鈴木 茂広	1	吉住 研二
		個人	14	1.09.04	14	1.15.02	15	1.12.44	14	1.12.55	14	1.20.25	11	1.03.55	15	1.10.49	14	1.12.19	15	1.17.56	11	1.09.40
		チーム	14	1.09.04	14	2.24.06	15	3.36.50	15	4.49.45	15	6.10.10	11	1.03.55	14	2.14.44	14	3.27.03	14	4.44.59	14	5.54.39
		総合	14	1.09.04	14	2.24.06	15	3.36.50	15	4.49.45	15	6.10.10	15	7.14.05	15	8.24.54	14	9.37.13	15	10.55.09	14	12.04.49
15	明治	走者	3	井上 晋一	2	牧野 典彰	1	石井 隆夫	1	宮田 藤夫	4	畑山 政浩	2	里木 伸輔	1	滝田 治夫	3	細貝 雅一	2	佐藤 寛文	1	山本 浩一
		個人	15	1.09.29	13	1.14.41	10	1.10.38	12	1.09.03	10	1.17.58	15	1.08.07	13	1.10.26	15	1.17.45	12	1.16.40	12	1.10.14
		チーム	15	1.09.29	15	2.24.10	14	3.34.48	12	4.43.51	12	6.01.49	15	1.08.07	15	2.18.33	15	3.36.18	15	4.52.58	15	6.03.12
		総合	15	1.09.29	15	2.24.10	14	3.34.48	12	4.43.51	12	6.01.49	14	7.09.56	14	8.20.22	15	9.38.07	14	10.54.47	15	12.05.01

第63回　1987年(昭和62年)1月2日～3日　総距離：213.9km　往路：106.8km　復路：107.1km

順	大学名		往路										復路									
			1区(21.3km)		2区(22.7km)		3区(21.3km)		4区(20.9km)		5区(20.6km)		6区(20.6km)		7区(21.2km)		8区(21.3km)		9区(22.7km)		10区(21.3km)	
1	順天堂	走者	2	三浦 武彦	3	石原 典泰	2	畑中 良介	2	倉林 俊彰	4	新井 広幸	1	仲村 明	1	山田 和人	3	松田 卓也	4	横道 正憲	3	工藤 康弘
		個人	5	1.05.53	8	1.11.43	5	1.05.20	3	1.04.30	2	1.14.33	2	1.00.58	2	1.05.52	1	1.07.28	1	1.12.12	4	1.08.05
		チーム	5	1.05.53	7	2.17.36	6	3.22.56	5	4.27.26	3	5.41.59	2	1.00.58	1	2.06.50	1	3.14.18	1	4.26.30	1	5.34.35
		総合	5	1.05.53	7	2.17.36	6	3.22.56	5	4.27.26	3	5.41.59	3	6.42.57	2	7.48.49	2	8.56.17	1	10.08.29	1	11.16.34
2	日本体育	走者	2	川島 伸次	3	鈴木 尚人	2	深井 剛	2	島津 秀一	3	平山 征志	3	竹内 大雄	2	三浦 学	4	湯山 秀史	2	別府 健至	3	小川 欽也
		個人	10	1.06.04	2	1.09.31	2	1.04.19	2	1.04.10	1	1.14.00	10	1.03.47	4	1.06.59	2	1.07.47	3	1.13.06	1	1.07.56
		チーム	10	1.06.04	3	2.15.35	3	3.19.54	1	4.24.04	1	5.38.04	10	1.03.47	7	2.10.46	4	3.18.33	4	4.31.39	3	5.39.35
		総合	10	1.06.04	3	2.15.35	3	3.19.54	1	4.24.04	1	5.38.04	2	6.41.51	3	7.48.50	3	8.56.37	2	10.09.43	2	11.17.39
3	中央	走者	4	富永 博文	3	榊沢 俊明	4	吉崎 修	4	松下 功	2	黒野 敦史	2	黒沢 一道	4	宮岡 聖次	1	長谷川真也	2	瀬田 和広	2	佐々木泰一
		個人	2	1.05.36	3	1.09.40	1	1.04.10	4	1.04.52	5	1.15.36	1	*1.00.31*	3	1.06.54	4	1.08.06	8	1.14.40	2	1.08.02
		チーム	2	1.05.36	2	2.15.16	1	3.19.26	2	4.24.18	2	5.39.54	1	1.00.31	2	2.07.25	2	3.15.31	2	4.30.11	2	5.38.13
		総合	2	1.05.36	2	2.15.16	1	3.19.26	2	4.24.18	2	5.39.54	1	6.40.25	1	7.47.19	1	8.55.25	3	10.10.05	3	11.18.07
4	日本	走者	3	日比 勝俊	4	笠間三四郎	1	岡本 和浩	3	武田 裕明	2	北川 貢	2	幸保 雅信	4	大渕 俊幸	3	中村 慎二	4	岩本 和彦	4	妹尾 幸
		個人	3	1.05.40	7	1.11.36	3	1.04.48	5	1.05.03	9	1.16.57	3	1.01.05	8	1.08.14	9	1.09.41	11	1.15.20	5	1.08.25
		チーム	3	1.05.40	6	2.17.16	4	3.22.04	4	4.27.07	5	5.44.04	3	1.01.05	4	2.09.19	5	3.19.00	7	4.34.20	6	5.42.45
		総合	3	1.05.40	6	2.17.16	4	3.22.04	4	4.27.07	5	5.44.04	5	6.45.09	4	7.53.23	5	9.03.04	4	10.18.24	4	11.26.49
5	大東文化	走者	3	矢野 功	3	只隈 伸也	4	清水 康浩	2	山口 政信	2	小椋 克彦	1	野房 和彦	2	佐久間利次	1	中倉 伸	4	大場 利直	2	中東 康英
		個人	7	1.05.57	1	1.08.38	4	1.04.53	6	1.05.53	8	1.16.49	7	1.02.53	9	1.08.26	7	1.09.24	12	1.16.00	10	1.11.04
		チーム	7	1.05.57	1	2.14.35	2	3.19.28	3	4.25.21	4	5.42.10	7	1.02.53	9	2.11.19	7	3.20.43	10	4.36.43	9	5.47.47
		総合	7	1.05.57	1	2.14.35	2	3.19.28	3	4.25.21	4	5.42.10	4	6.45.03	5	7.53.29	4	9.02.53	5	10.18.53	5	11.29.57
6	東海	走者	4	大塚 正人	4	大崎 栄	2	両角 速	3	一ノ瀬篤志	3	本村 穣治	4	石井 祐治	3	大石 佳伸	1	児林 信治	2	新号 和政	1	佐藤 円
		個人	9	1.05.57	12	1.13.19	7	1.05.57	11	1.06.41	6	1.15.48	6	1.02.38	7	1.07.52	13	1.10.35	4	1.13.08	7	1.09.35
		チーム	9	1.05.57	12	2.19.16	9	3.25.13	11	4.31.54	8	5.47.42	6	1.02.38	5	2.10.30	8	3.21.05	6	4.34.13	8	5.43.48
		総合	9	1.05.57	12	2.19.16	9	3.25.13	11	4.31.54	8	5.47.42	7	6.50.20	7	7.58.12	8	9.08.47	8	10.21.55	6	11.31.30
7	専修	走者	2	奥山 光広	4	森田 修一	4	太田 一夫	4	渡辺 勝彦	3	瀬谷 隼人	4	高橋 勇	4	松本 卓也	4	宇田川 聡	4	小沢 利之	2	川鍋 正樹
		個人	8	1.05.57	9	1.11.47	10	1.07.02	9	1.06.08	15	1.18.52	8	1.03.05	1	*1.05.00*	8	1.09.27	7	1.13.47	12	1.11.11
		チーム	8	1.05.57	8	2.17.44	7	3.24.46	8	4.30.54	11	5.49.46	8	1.03.05	3	2.08.05	3	3.17.32	3	4.31.19	4	5.42.30
		総合	8	1.05.57	8	2.17.44	7	3.24.46	8	4.30.54	11	5.49.46	11	6.52.51	6	7.57.51	7	9.07.18	7	10.21.05	7	11.32.16
8	早稲田	走者	1	池田 克美	3	坂内 敦	3	神能 竜知	4	豊福 嘉弘	3	杉本 和之	2	木村 哲久	1	佐野川 靖	3	瀬戸 明	3	平井 政行	2	曽根 雅史
		個人	1	1.05.18	4	1.10.19	15	1.09.59	1	1.03.37	4	1.15.20	15	1.05.17	13	1.09.09	3	1.08.04	6	1.13.38	13	1.11.42
		チーム	1	1.05.18	4	2.15.37	10	3.25.36	6	4.29.13	6	5.44.33	15	1.05.17	15	2.14.26	12	3.22.30	9	4.36.08	10	5.47.50
		総合	1	1.05.18	4	2.15.37	10	3.25.36	6	4.29.13	6	5.44.33	6	6.49.50	8	7.58.59	6	9.07.03	6	10.20.41	8	11.32.23
9	筑波	走者	4	柳井 健男	2	服部 光幸	4	神林 勲	3	高戸 良之	3	加藤 聡	3	山口 渉	4	村上 庄司	2	服部 隆志	2	弘山 勉	3	星野 有
		個人	15	1.07.58	14	1.13.57	6	1.05.52	12	1.06.48	3	1.15.18	9	1.03.13	11	1.08.31	14	1.10.38	2	1.12.21	3	1.08.04
		チーム	15	1.07.58	14	2.21.55	13	3.27.47	12	4.34.35	12	5.49.53	9	1.03.13	10	2.11.44	11	3.22.22	8	4.34.43	7	5.42.47
		総合	15	1.07.58	14	2.21.55	13	3.27.47	12	4.34.35	12	5.49.53	12	6.53.06	12	8.01.37	12	9.12.15	9	10.24.36	9	11.32.40
10	東洋	走者	4	菊池 和成	4	及川 篤	2	中村 幸彦	4	中山 裕康	1	丸山 恵一	4	大浦 清司	4	定方 次男	3	柴崎 茂	2	河原 一哲	3	志津野 誠
		個人	13	1.07.18	10	1.11.59	14	1.09.31	10	1.06.29	10	1.17.10	5	1.02.11	10	1.08.27	10	1.09.52	5	1.13.21	6	1.08.44
		チーム	13	1.07.18	13	2.19.17	14	3.28.48	13	4.35.17	13	5.52.27	5	1.02.11	6	2.10.38	6	3.20.30	5	4.33.51	5	5.42.35
		総合	13	1.07.18	13	2.19.17	14	3.28.48	13	4.35.17	13	5.52.27	13	6.54.38	13	8.03.05	13	9.12.57	11	10.26.18	10	11.35.02
11	国士舘	走者	4	藤代 和敏	2	阿部 一也	2	原田 徹	4	佐藤 知彦	3	島口 勝裕	2	斎藤 学	4	本田 秀徳	3	松波 哲哉	3	満井 康雄	1	古川信一郎
		個人	12	1.07.03	6	1.11.13	9	1.06.46	7	1.06.00	13	1.18.21	4	1.02.00	14	1.09.14	12	1.10.07	14	1.16.41	9	1.10.16
		チーム	12	1.07.03	9	2.18.16	8	3.25.02	9	4.31.02	10	5.49.23	4	1.02.00	8	2.11.14	9	3.21.21	11	4.38.02	11	5.48.18
		総合	12	1.07.03	9	2.18.16	8	3.25.02	9	4.31.02	10	5.49.23	8	6.51.23	11	8.00.37	10	9.10.44	13	10.27.25	11	11.37.41
12	駒澤	走者	3	高橋 信良	4	東郷 裕昭	2	斎藤 篤孝	3	大塚 建一	1	赤星 伸一	2	坂井 博信	1	小寺 司	3	三五 秀行	4	小島 正人	3	佐々木修二
		個人	6	1.05.54	5	1.10.35	8	1.06.05	13	1.06.51	11	1.17.35	14	1.04.54	5	1.07.46	15	1.11.08	9	1.14.53	14	1.12.01
		チーム	6	1.05.54	5	2.16.29	5	3.22.34	7	4.29.25	7	5.47.00	14	1.04.54	12	2.12.40	15	3.23.48	13	4.38.41	14	5.50.42
		総合	6	1.05.54	5	2.16.29	5	3.22.34	7	4.29.25	7	5.47.00	9	6.51.54	9	7.59.40	11	9.10.48	10	10.25.41	12	11.37.42
13	東京農業	走者	3	大間 孝	4	小指 徹	3	中座 俊隆	3	石沢 浩二	2	印南 真一	3	大関 勇一	1	江渕 真一	2	奥河 仁康	1	青木 潤	4	婦木 重秋
		個人	11	1.06.26	11	1.12.19	11	1.07.03	8	1.06.04	7	1.15.58	12	1.04.27	6	1.07.51	5	1.09.21	15	1.17.17	15	1.13.23
		チーム	11	1.06.26	10	2.18.45	11	3.25.48	10	4.31.52	9	5.47.50	12	1.04.27	11	2.12.18	10	3.21.39	14	4.38.56	15	5.52.19
		総合	11	1.06.26	10	2.18.45	11	3.25.48	10	4.31.52	9	5.47.50	10	6.52.17	10	8.00.08	9	9.09.29	12	10.26.46	13	11.40.09
14	明治	走者	2	滝田 治夫	3	牧野 典彰	1	岡田 敦行	2	山本 浩一	2	宮田 藤夫	1	乗松 圭太	4	井上 晋一	4	細貝 雅一	3	佐藤 寛文	2	茂木 善和
		個人	4	1.05.40	13	1.13.28	12	1.07.33	15	1.10.24	12	1.17.46	13	1.04.46	15	1.09.20	5	1.09.21	10	1.14.55	8	1.10.04
		チーム	4	1.05.40	11	2.19.08	12	3.26.41	14	4.37.05	14	5.54.51	13	1.04.46	14	2.14.06	14	3.23.27	12	4.38.22	12	5.48.26
		総合	4	1.05.40	11	2.19.08	12	3.26.41	14	4.37.05	14	5.54.51	14	6.59.37	14	8.08.57	14	9.18.18	14	10.33.13	14	11.43.17
15	山梨学院	走者	1	福田 正志	1	鈴木 治	2	夏目 勝也	1	梶川 和行	1	野村 浩一	1	中沢 正仁	1	柴田 康男	1	本田 征義	1	西口 英樹	1	髙橋 真
		個人	14	1.07.24	15	1.14.55	13	1.09.09	14	1.07.13	14	1.18.49	11	1.04.26	12	1.08.49	10	1.09.52	13	1.16.15	11	1.11.05
		チーム	14	1.07.24	15	2.22.19	15	3.31.28	15	4.38.41	15	5.57.30	11	1.04.26	13	2.13.15	13	3.23.07	15	4.39.22	13	5.50.27
		総合	14	1.07.24	15	2.22.19	15	3.31.28	15	4.38.41	15	5.57.30	15	7.01.56	15	8.10.45	15	9.20.37	15	10.36.52	15	11.47.57

第64回　1988年（昭和63年）1月2日～3日　総距離：213.9km　往路：106.8km　復路：107.1km

順	大学名		往路										復路									
			1区(21.3km)		2区(22.7km)		3区(21.3km)		4区(20.9km)		5区(20.6km)		6区(20.6km)		7区(21.2km)		8区(21.3km)		9区(22.7km)		10区(21.3km)	
1	順天堂	走者	3	三浦 武彦	2	鈴木 賢一	4	打越 忠夫	4	石原 典泰	3	倉林 俊彰	2	仲村 明	2	石垣 英士	4	松田 卓也	4	工藤 康弘	2	山田 和人
		個人	2	1.04.15	2	1.10.00	1	1.05.03	1	1.03.37	2	1.14.02	1	*59.26*	1	1.05.25	1	1.07.14	1	1.09.56	1	1.05.13
		チーム	2	1.04.15	1	2.14.15	1	3.19.18	1	4.22.55	1	5.36.57	1	59.26	1	2.04.51	1	3.12.05	1	4.22.01	1	5.27.14
		総合	2	1.04.15	1	2.14.15	1	3.19.18	1	4.22.55	1	5.36.57	1	6.36.23	1	7.41.48	1	8.49.02	1	9.58.58	1	11.04.11
2	大東文化	走者	1	実井謙二郎	4	只隈 伸也	4	矢野 功	3	山口 政信	1	松浦 忠明	2	野房 和彦	3	佐久間利次	1	樋口 一隆	3	菅原洋一郎	4	島田 栄二
		個人	1	1.03.59	6	1.11.37	2	1.05.19	3	1.05.27	8	1.16.44	2	1.01.08	4	1.07.45	6	1.08.56	3	1.12.11	4	1.08.14
		チーム	1	1.03.59	3	2.15.36	2	3.20.55	2	4.26.22	2	5.43.06	2	1.01.08	3	2.08.53	4	3.17.49	3	4.30.00	3	5.38.14
		総合	1	1.03.59	3	2.15.36	2	3.20.55	2	4.26.22	2	5.43.06	2	6.44.14	2	7.51.59	2	9.00.55	2	10.13.06	2	11.21.20
3	日本体育	走者	4	小川 欽也	4	鈴木 尚人	3	深井 剛	4	竹内 大雄	4	平山 征志	3	川島 伸次	1	平塚 潤	3	別府 健至	3	島津 秀一	3	三浦 学
		個人	8	1.05.31	7	1.11.38	4	1.06.23	8	1.07.29	1	1.13.38	7	1.02.46	2	1.06.24	2	1.08.03	2	1.11.53	7	1.09.01
		チーム	8	1.05.31	5	2.17.09	4	3.23.32	6	4.31.01	3	5.44.39	7	1.02.46	4	2.09.10	2	3.17.13	2	4.29.06	2	5.38.07
		総合	8	1.05.31	5	2.17.09	4	3.23.32	6	4.31.01	3	5.44.39	4	6.47.25	3	7.53.49	3	9.01.52	3	10.13.45	3	11.22.46
4	日本	走者	3	安池 一公	4	武田 裕明	2	岡本 和浩	4	日比 勝俊	3	北川 貢	3	幸保 雅信	2	佐田 和美	3	野口 政春	4	田中 千広	2	島村 直宏
		個人	15	1.07.17	3	1.10.43	5	1.06.31	5	1.06.32	12	1.18.39	4	1.01.19	3	1.07.28	5	1.08.45	8	1.14.17	3	1.07.42
		チーム	15	1.07.17	8	2.18.00	6	3.24.31	7	4.31.03	7	5.49.42	4	1.01.19	2	2.08.47	3	3.17.32	4	4.31.49	4	5.39.31
		総合	15	1.07.17	8	2.18.00	6	3.24.31	7	4.31.03	7	5.49.42	7	6.51.01	6	7.58.29	6	9.07.14	5	10.21.31	4	11.29.13
5	中央	走者	2	長谷川真也	4	樹沢 俊明	3	瀬田 和広	1	山口 修二	3	黒野 敦史	2	山口 真也	2	大沢 陽祐	3	佐々木泰一	1	東崎 永孝	4	卜部 昌次
		個人	4	1.04.49	1	1.09.57	7	1.06.37	6	1.07.24	6	1.16.22	3	1.01.17	9	1.09.04	9	1.09.34	11	1.15.45	8	1.09.11
		チーム	4	1.04.49	2	2.14.46	3	3.21.23	4	4.28.47	4	5.45.09	3	1.01.17	5	2.10.21	6	3.19.55	7	4.35.40	8	5.44.51
		総合	4	1.04.49	2	2.14.46	3	3.21.23	4	4.28.47	4	5.45.09	3	6.46.26	4	7.55.30	4	9.05.04	4	10.20.49	5	11.30.00
6	東京農業	走者	4	中座 俊隆	2	青木 潤	4	大間 孝	3	奥河 仁康	3	印南 真一	4	佐藤 博明	3	佐藤 信之	4	中村 大吾	2	加茂 健生	2	嘉賀 新吾
		個人	9	1.05.36	15	1.18.15	3	1.05.52	7	1.07.25	3	1.15.20	8	1.03.05	6	1.08.08	4	1.08.38	7	1.14.11	6	1.08.52
		チーム	9	1.05.36	15	2.23.51	15	3.29.43	12	4.37.08	9	5.52.28	8	1.03.05	8	2.11.13	5	3.19.51	6	4.34.02	5	5.42.54
		総合	9	1.05.36	15	2.23.51	15	3.29.43	12	4.37.08	9	5.52.28	9	6.55.33	9	8.03.41	7	9.12.19	7	10.26.30	6	11.35.22
7	国士舘	走者	4	池井 俊正	3	阿部 一也	3	成田 清和	3	原田 徹	4	松波 哲哉	3	斎藤 学	1	須田 貴幸	1	木村 聡	3	文野 克成	2	市坪 憲治
		個人	12	1.05.55	9	1.12.06	5	1.06.31	4	1.06.05	5	1.16.17	5	1.01.59	10	1.09.31	3	1.08.25	14	1.16.56	14	1.13.13
		チーム	12	1.05.55	9	2.18.01	7	3.24.32	5	4.30.37	6	5.46.54	5	1.01.59	9	2.11.30	6	3.19.55	9	4.36.51	12	5.50.04
		総合	12	1.05.55	9	2.18.01	7	3.24.32	5	4.30.37	6	5.46.54	5	6.48.53	5	7.58.24	5	9.06.49	6	10.23.45	7	11.36.58
8	東海	走者	3	両角 速	3	新号 和政	1	益子 亮二	3	小杉 好則	4	本村 穣治	2	児林 信治	2	富永 豪紀	2	斎藤 雄一	4	一ノ瀬篤志	1	梅津 正文
		個人	7	1.05.29	4	1.11.07	11	1.07.28	15	1.12.16	11	1.17.36	6	1.02.18	8	1.08.42	8	1.09.06	6	1.13.47	10	1.09.53
		チーム	7	1.05.29	4	2.16.36	5	3.24.04	11	4.36.20	11	5.53.56	6	1.02.18	6	2.11.00	8	3.20.06	5	4.33.53	6	5.43.46
		総合	7	1.05.29	4	2.16.36	5	3.24.04	11	4.36.20	11	5.53.56	10	6.56.14	10	8.04.56	10	9.14.02	9	10.27.49	8	11.37.42
9	早稲田	走者	4	瀬戸 明	4	坂内 敦	1	中村恵一郎	2	池田 克美	4	杉本 和之	4	神能 竜知	1	山井 久也	2	佐野川 靖	4	平井 政行	3	曽根 雅史
		個人	13	1.06.10	5	1.11.31	9	1.07.04	2	1.03.45	9	1.17.06	15	1.04.32	13	1.10.35	15	1.12.07	4	1.13.43	13	1.11.41
		チーム	13	1.06.10	7	2.17.41	8	3.24.45	3	4.28.30	5	5.45.36	15	1.04.32	14	2.15.07	15	3.27.14	14	4.40.57	14	5.52.38
		総合	13	1.06.10	7	2.17.41	8	3.24.45	3	4.28.30	5	5.45.36	6	6.50.08	7	8.00.43	8	9.12.50	8	10.26.33	9	11.38.14
10	明治	走者	2	岡田 敦行	3	滝田 治夫	2	乗松 圭太	3	山本 浩一	3	宮田 藤夫	3	石井 隆夫	1	河本 政之	1	進藤 吉紀	4	佐藤 寛文	4	牧野 典彰
		個人	10	1.05.37	10	1.13.18	12	1.07.32	12	1.09.10	13	1.19.07	9	1.03.08	5	1.08.02	7	1.09.02	12	1.16.14	2	1.07.15
		チーム	10	1.05.37	11	2.18.55	10	3.26.27	10	4.35.37	12	5.54.44	9	1.03.08	7	2.11.10	9	3.20.12	8	4.36.26	7	5.43.41
		総合	10	1.05.37	11	2.18.55	10	3.26.27	10	4.35.37	12	5.54.44	12	6.57.52	11	8.05.54	11	9.14.56	11	10.31.10	10	11.38.25
11	山梨学院	走者	3	夏目 勝也	2	鈴木 治	2	福田 正志	3	伊東 宣明	2	梶川 和行	2	中沢 正仁	2	中野 政文	2	本田 征義	1	青木 貴紀	2	野村 勉
		個人	5	1.05.04	14	1.15.06	8	1.06.49	9	1.07.47	4	1.16.06	11	1.03.40	7	1.08.40	11	1.10.40	13	1.16.36	12	1.11.10
		チーム	5	1.05.04	13	2.20.10	11	3.26.59	8	4.34.46	8	5.50.52	11	1.03.40	10	2.12.20	10	3.23.00	11	4.39.36	13	5.50.46
		総合	5	1.05.04	13	2.20.10	11	3.26.59	8	4.34.46	8	5.50.52	8	6.54.32	8	8.03.12	9	9.13.52	10	10.30.28	11	11.41.38
12	駒澤	走者	3	斎藤 篤孝	4	高橋 信良	1	渡部 忠司	4	佐々木修二	4	大塚 建一	1	平林 哲也	1	伊藤 裕之	1	江口 正久	2	鈴木 康之	1	北原 慎也
		個人	11	1.05.48	8	1.11.43	13	1.08.18	14	1.09.28	10	1.17.31	12	1.04.03	12	1.10.15	10	1.10.38	10	1.15.08	9	1.09.19
		チーム	11	1.05.48	6	2.17.31	9	3.25.49	9	4.35.17	10	5.52.48	12	1.04.03	12	2.14.18	11	3.24.56	13	4.40.04	10	5.49.23
		総合	11	1.05.48	6	2.17.31	9	3.25.49	9	4.35.17	10	5.52.48	11	6.56.51	12	8.07.06	12	9.17.44	12	10.32.52	12	11.42.11
13	東洋	走者	2	丸山 恵一	4	中西 俊文	3	河原 一哲	1	小林 英生	4	佐々木竜也	4	新井 哲	1	清水 理	4	柴崎 茂	4	志津野 誠	3	中村 幸彦
		個人	14	1.07.08	12	1.14.04	10	1.07.20	13	1.09.26	14	1.19.33	13	1.04.11	11	1.09.57	13	1.11.04	9	1.14.28	5	1.08.16
		チーム	14	1.07.08	14	2.21.12	13	3.28.32	14	4.37.58	14	5.57.31	13	1.04.11	11	2.14.08	13	3.25.12	12	4.39.40	9	5.47.56
		総合	14	1.07.08	14	2.21.12	13	3.28.32	14	4.37.58	14	5.57.31	14	7.01.42	14	8.11.39	14	9.22.43	13	10.37.11	13	11.45.27
14	専修	走者	3	奥山 光広	4	瀬谷 隼人	2	大賀 輝夫	3	川鍋 正樹	1	衛藤 博志	3	野村 智久	1	中瀬 洋一	4	満仲 嘉和	2	酒井 大	1	小池 誠
		個人	3	1.04.39	11	1.13.56	14	1.09.41	11	1.09.09	15	1.27.08	10	1.03.37	14	1.10.50	14	1.11.07	4	1.13.43	11	1.10.06
		チーム	3	1.04.39	10	2.18.35	12	3.28.16	13	4.37.25	15	6.04.33	10	1.03.37	13	2.14.27	13	3.25.34	10	4.39.17	10	5.49.23
		総合	3	1.04.39	10	2.18.35	12	3.28.16	13	4.37.25	15	6.04.33	15	7.08.10	15	8.19.00	15	9.30.07	15	10.43.50	14	11.53.56
15	筑波	走者	4	星野 有	3	弘山 勉	2	白倉 寛	4	高戸 良之	4	加藤 聡	4	山口 渉	2	木路 修平	3	服部 隆志	3	服部 光幸	3	深田 真範
		個人	6	1.05.25	13	1.14.16	15	1.10.00	10	1.08.43	7	1.16.26	14	1.04.13	15	1.11.52	12	1.10.58	15	1.18.44	15	1.14.09
		チーム	6	1.05.25	12	2.19.41	14	3.29.41	15	4.38.24	13	5.54.50	14	1.04.13	15	2.16.05	14	3.27.03	15	4.45.47	15	5.59.56
		総合	6	1.05.25	12	2.19.41	14	3.29.41	15	4.38.24	13	5.54.50	13	6.59.03	13	8.10.55	13	9.21.53	14	10.40.37	15	11.54.46

第65回　1989年(昭和64年)1月2日～3日　総距離：213.9km　往路：106.8km　復路：107.1km

順	大学名		往路										復路									
			1区 (21.3km)		2区 (22.7km)		3区 (21.3km)		4区 (20.9km)		5区 (20.6km)		6区 (20.6km)		7区 (21.2km)		8区 (21.3km)		9区 (22.7km)		10区 (21.3km)	
1	順天堂	走者	4	三浦 武彦	3	鈴木 賢一	1	山本 正樹	4	倉林 俊彰	3	仲村 明	4	今村 稔和	3	橘 謙	4	畑中 良介	3	山田 和人	1	巽 博和
		個人	1	1.05.40	3	1.10.05	5	1.06.27	1	1.03.18	2	1.14.15	3	1.00.30	10	1.09.27	1	1.07.14	1	1.10.09	2	1.07.45
		チーム	1	1.05.40	2	2.15.45	3	3.22.12	1	4.25.30	1	5.39.45	3	1.00.30	6	2.09.57	3	3.17.11	1	4.27.20	1	5.35.05
		総合	**1**	**1.05.40**	**2**	**2.15.45**	**3**	**3.22.12**	**1**	**4.25.30**	**1**	**5.39.45**	**2**	**6.40.15**	**2**	**7.49.42**	**2**	**8.56.56**	**1**	**10.07.05**	**1**	**11.14.50**
2	日本体育	走者	4	深井 剛	2	千葉 祐一	4	三浦 学	4	別府 健至	4	島津 秀一	4	川島 伸次	2	矢島 亨	4	有川 哲蔵	4	大槻 義幸	1	倉村 修一
		個人	2	1.05.46	8	1.12.00	2	1.05.42	2	1.03.49	1	1.12.40	1	1.00.03	4	1.07.43	2	1.07.18	3	1.14.07	5	1.08.31
		チーム	2	1.05.46	7	2.17.46	5	3.23.28	2	4.27.17	2	5.39.57	1	1.00.03	2	2.07.46	1	3.15.04	2	4.29.11	2	5.37.42
		総合	**2**	**1.05.46**	**7**	**2.17.46**	**5**	**3.23.28**	**2**	**4.27.17**	**2**	**5.39.57**	**1**	**6.40.00**	**1**	**7.47.43**	**1**	**8.55.01**	**2**	**10.09.08**	**2**	**11.17.39**
3	中央	走者	3	大沢 陽祐	3	長谷川真也	1	松本 秀之	4	佐々木泰一	4	黒野 敦史	2	東崎 永孝	3	山口 真也	2	田幸 寛史	4	西村 和幸	1	板橋 弘行
		個人	3	1.06.06	6	1.11.00	3	1.05.59	3	1.06.02	4	1.14.59	4	1.00.55	5	1.08.54	4	1.08.38	5	1.14.17	10	1.09.52
		チーム	3	1.06.06	5	2.17.06	4	3.23.05	5	4.29.07	3	5.44.06	4	1.00.55	5	2.09.49	5	3.18.27	4	4.32.44	4	5.42.36
		総合	**3**	**1.06.06**	**5**	**2.17.06**	**4**	**3.23.05**	**5**	**4.29.07**	**3**	**5.44.06**	**3**	**6.45.01**	**3**	**7.53.55**	**3**	**9.02.33**	**3**	**10.16.50**	**3**	**11.26.42**
4	大東文化	走者	1	横田 芳則	2	実井謙二郎	4	山口 政信	2	樋口 一隆	2	松浦 忠明	3	野房 和彦	3	川原 悟	3	斎藤 大輔	4	菅原洋一郎	4	中東 康英
		個人	4	1.06.16	4	1.10.30	1	1.05.20	5	1.06.31	9	1.17.55	8	1.02.12	2	1.07.05	6	1.09.38	2	1.14.01	9	1.09.51
		チーム	4	1.06.16	4	2.16.46	2	3.22.06	4	4.28.37	5	5.46.32	8	1.02.12	4	2.09.17	6	3.18.55	5	4.32.56	5	5.42.47
		総合	**4**	**1.06.16**	**4**	**2.16.46**	**2**	**3.22.06**	**4**	**4.28.37**	**5**	**5.46.32**	**5**	**6.48.44**	**4**	**7.55.49**	**4**	**9.05.27**	**4**	**10.19.28**	**4**	**11.29.19**
5	日本	走者	1	岩本 照暢	3	佐田 和美	1	梅津 富浩	3	岡本 和浩	1	山口 和政	1	谷川 義秀	4	幸保 雅信	2	仲 宏治	3	島村 直宏	4	北川 貢
		個人	10	1.07.13	11	1.12.35	13	1.08.50	7	1.06.42	6	1.16.30	2	1.00.18	1	1.05.25	8	1.10.22	12	1.15.35	1	1.06.36
		チーム	10	1.07.13	12	2.19.48	11	3.28.38	10	4.35.20	9	5.51.50	2	1.00.18	1	2.05.43	2	3.16.05	3	4.31.40	3	5.38.16
		総合	**10**	**1.07.13**	**12**	**2.19.48**	**11**	**3.28.38**	**10**	**4.35.20**	**9**	**5.51.50**	**7**	**6.52.08**	**5**	**7.57.33**	**5**	**9.07.55**	**5**	**10.23.30**	**5**	**11.30.06**
6	駒澤	走者	1	大場 康成	4	斎藤 篤孝	2	渡部 忠司	1	高橋 秀樹	2	北原 慎也	3	鈴木 康之	1	岩崎 吉晃	2	江口 正久	3	小寺 司	1	生見 一法
		個人	9	1.07.08	10	1.12.31	14	1.08.59	8	1.06.53	3	1.14.25	6	1.01.36	8	1.09.03	9	1.11.03	4	1.14.15	6	1.09.08
		チーム	9	1.07.08	11	2.19.39	12	3.28.38	11	4.35.31	6	5.49.56	6	1.01.36	7	2.10.39	7	3.21.42	7	4.35.57	7	5.45.05
		総合	**9**	**1.07.08**	**11**	**2.19.39**	**12**	**3.28.38**	**11**	**4.35.31**	**6**	**5.49.56**	**6**	**6.51.32**	**8**	**8.00.35**	**8**	**9.11.38**	**7**	**10.25.53**	**6**	**11.35.01**
7	山梨学院	走者	4	夏目 勝也	1	J.オツオリ	3	福田 正志	4	伊東 宣明	3	梶川 和行	2	小西 雅仁	3	野村 勉	1	K. イセナ	3	中野 政文	3	柴田 康男
		個人	8	1.06.28	1	1.08.23	4	1.06.10	6	1.06.39	7	1.16.50	7	1.02.02	15	1.11.41	15	1.13.16	7	1.15.03	8	1.09.11
		チーム	8	1.06.28	1	2.14.51	1	3.21.01	3	4.27.40	4	5.44.30	7	1.02.02	13	2.13.43	14	3.26.59	12	4.42.02	12	5.51.13
		総合	**8**	**1.06.28**	**1**	**2.14.51**	**1**	**3.21.01**	**3**	**4.27.40**	**4**	**5.44.30**	**4**	**6.46.32**	**6**	**7.58.13**	**7**	**9.11.29**	**8**	**10.26.32**	**7**	**11.35.43**
8	東海	走者	3	佐藤 円	4	両角 速	4	小杉 好則	4	新号 和政	2	長岡 孝之	3	児林 信治	1	橋本 孝博	3	斎藤 雄一	3	富永 豪紀	2	黒田 正治
		個人	11	1.07.21	9	1.12.13	7	1.07.55	11	1.08.07	5	1.16.09	5	1.01.20	3	1.07.29	5	1.09.36	9	1.15.12	12	1.11.10
		チーム	11	1.07.21	10	2.19.34	8	3.27.29	12	4.35.36	8	5.51.45	5	1.01.20	3	2.08.49	4	3.18.25	6	4.33.37	6	5.44.47
		総合	**11**	**1.07.21**	**10**	**2.19.34**	**8**	**3.27.29**	**12**	**4.35.36**	**8**	**5.51.45**	**8**	**6.53.05**	**7**	**8.00.34**	**6**	**9.10.10**	**6**	**10.25.22**	**8**	**11.36.32**
9	東京農業	走者	4	佐藤 信之	3	青木 潤	3	嘉賀 新吾	2	木口 典昭	4	印南 真一	1	後藤 一水	3	二ノ宮祥生	1	鰐淵 健二	1	川口 章一	1	都甲 裕司
		個人	12	1.07.28	7	1.11.40	11	1.08.24	4	1.06.18	8	1.17.11	11	1.02.23	6	1.08.56	11	1.11.40	10	1.15.16	14	1.12.01
		チーム	12	1.07.28	8	2.19.08	10	3.27.32	7	4.33.50	7	5.51.01	11	1.02.23	9	2.11.19	11	3.22.59	9	4.38.15	10	5.50.16
		総合	**12**	**1.07.28**	**8**	**2.19.08**	**10**	**3.27.32**	**7**	**4.33.50**	**7**	**5.51.01**	**9**	**6.53.24**	**9**	**8.02.20**	**9**	**9.14.00**	**9**	**10.29.16**	**9**	**11.41.17**
10	早稲田	走者	2	中村恵一郎	3	池田 克美	1	中富 肇	2	児玉 敬介	3	佐野川 靖	2	近藤 雄二	4	尾崎 雅行	2	山井 久也	4	曽根 雅史	1	深谷 弘
		個人	6	1.06.24	2	1.10.03	15	1.09.41	9	1.07.21	11	1.18.24	15	1.05.43	12	1.10.16	12	1.11.57	8	1.15.06	3	1.07.52
		チーム	6	1.06.24	3	2.16.27	7	3.26.08	6	4.33.29	10	5.51.53	15	1.05.43	15	2.15.59	15	3.27.56	13	4.43.02	11	5.50.54
		総合	**6**	**1.06.24**	**3**	**2.16.27**	**7**	**3.26.08**	**6**	**4.33.29**	**10**	**5.51.53**	**11**	**6.57.36**	**12**	**8.07.52**	**13**	**9.19.49**	**11**	**10.34.55**	**10**	**11.42.47**
11	明治	走者	3	岡田 敦行	4	滝田 治夫	2	進藤 吉紀	3	深山 晃	4	宮田 藤夫	4	石井 隆夫	2	掛橋 竜一	1	渡辺 重治	4	山本 浩一	3	乗松 圭太
		個人	13	1.07.29	15	1.13.59	6	1.07.45	14	1.09.12	10	1.18.17	10	1.02.21	8	1.09.03	10	1.11.29	11	1.15.32	4	1.08.14
		チーム	13	1.07.29	14	2.21.28	13	3.29.13	14	4.38.25	13	5.56.42	10	1.02.21	10	2.11.24	9	3.22.53	10	4.38.25	8	5.46.39
		総合	**13**	**1.07.29**	**14**	**2.21.28**	**13**	**3.29.13**	**14**	**4.38.25**	**13**	**5.56.42**	**13**	**6.59.03**	**13**	**8.08.06**	**12**	**9.19.35**	**12**	**10.35.07**	**11**	**11.43.21**
12	国士舘	走者	4	原田 徹	4	阿部 一也	4	成田 清和	1	宮島 誠一	2	木村 聡	4	斎藤 学	2	須田 貴幸	1	森岡 圭一	4	三浦 敬樹	3	古川信一郎
		個人	7	1.06.24	5	1.10.57	8	1.08.00	12	1.09.00	12	1.19.15	13	1.02.32	14	1.11.13	3	1.08.13	13	1.18.36	15	1.12.06
		チーム	7	1.06.24	6	2.17.21	6	3.25.21	8	4.34.21	11	5.53.36	13	1.02.32	14	2.13.45	8	3.21.58	11	4.40.34	13	5.52.40
		総合	**7**	**1.06.24**	**6**	**2.17.21**	**6**	**3.25.21**	**8**	**4.34.21**	**11**	**5.53.36**	**10**	**6.56.08**	**11**	**8.07.21**	**10**	**9.15.34**	**10**	**10.34.10**	**12**	**11.46.16**
13	筑波	走者	1	伊豆 博明	4	弘山 勉	3	白倉 寛	4	服部 光幸	1	大胡 満慎	1	田辺 真	3	木路 修平	4	原 茂人	4	深田 真範	4	服部 隆志
		個人	14	1.07.58	12	1.12.59	10	1.08.19	13	1.09.08	14	1.20.44	14	1.03.37	11	1.09.40	7	1.09.41	6	1.15.01	11	1.10.00
		チーム	14	1.07.58	13	2.20.57	14	3.29.16	13	4.38.24	14	5.59.08	14	1.03.37	11	2.13.17	10	3.22.58	8	4.37.59	9	5.47.59
		総合	**14**	**1.07.58**	**13**	**2.20.57**	**14**	**3.29.16**	**13**	**4.38.24**	**14**	**5.59.08**	**14**	**7.02.45**	**14**	**8.12.25**	**14**	**9.22.06**	**13**	**10.37.07**	**13**	**11.47.07**
14	東洋	走者	3	斎藤 勲	4	中村 幸彦	4	桑名 義典	2	清水 理	4	河原 一哲	1	牛込 保雄	2	小玉 正之	1	竹内 達朗	2	沼田 康二	1	唐沢 明良
		個人	5	1.06.16	13	1.13.11	9	1.08.03	10	1.07.30	13	1.20.31	9	1.02.13	7	1.09.00	14	1.12.44	14	1.20.58	7	1.09.10
		チーム	5	1.06.16	9	2.19.27	9	3.27.30	9	4.35.00	12	5.55.31	9	1.02.13	8	2.11.13	12	3.23.57	14	4.44.55	14	5.54.05
		総合	**5**	**1.06.16**	**9**	**2.19.27**	**9**	**3.27.30**	**9**	**4.35.00**	**12**	**5.55.31**	**12**	**6.57.44**	**10**	**8.06.44**	**11**	**9.19.28**	**14**	**10.40.26**	**14**	**11.49.36**
15	法政	走者	4	末次 実	2	時末 政義	2	波越 巌	3	小金沢英樹	4	西田 和弥	1	井田 茂宣	1	村上 亮史	2	平山 浩	3	有川清一郎	2	町田 淳一
		個人	15	1.09.09	14	1.13.44	12	1.08.45	15	1.12.06	15	1.21.29	12	1.02.25	13	1.11.00	13	1.12.42	15	1.21.46	13	1.11.16
		チーム	15	1.09.09	15	2.22.53	15	3.31.38	15	4.43.44	15	6.05.13	12	1.02.25	12	2.13.25	13	3.26.07	15	4.47.53	15	5.59.09
		総合	**15**	**1.09.09**	**15**	**2.22.53**	**15**	**3.31.38**	**15**	**4.43.44**	**15**	**6.05.13**	**15**	**7.07.38**	**15**	**8.18.38**	**15**	**9.31.20**	**15**	**10.53.06**	**15**	**12.04.22**

第66回　1990年（平成2年）1月2日～3日　総距離：213.9km　往路：106.8km　復路：107.1km

順	大学名		往路										復路									
			1区 (21.3km)		2区 (22.7km)		3区 (21.3km)		4区 (20.9km)		5区 (20.6km)		6区 (20.6km)		7区 (21.2km)		8区 (21.3km)		9区 (22.7km)		10区 (21.3km)	
1	大東文化	走者	3	松浦 忠明	3	実井謙二郎	3	大津 睦	3	樋口 一隆	1	奈良 修	2	島嵜 貴之	2	岡野 雅毅	4	斎藤 大輔	3	広藤 敏幸	4	野房 和彦
		個人	9	1.05.25	3	1.09.03	1	1.04.00	2	1.05.15	1	1.12.47	1	*59.21*	3	1.07.38	2	1.08.18	1	1.12.29	6	1.10.23
		チーム	9	1.05.25	3	2.14.28	2	3.18.28	1	4.23.43	1	5.36.30	1	59.21	2	2.06.59	2	3.15.17	1	4.27.46	2	5.38.09
		総合	9	1.05.25	3	2.14.28	2	3.18.28	1	4.23.43	1	5.36.30	1	6.35.51	1	7.43.29	1	8.51.47	1	10.04.16	1	11.14.39
2	日本	走者	2	谷川 義秀	4	岡本 和浩	2	岩本 照暢	4	佐田 和美	2	山口 和政	1	林 博志	2	梅津 富浩	4	島村 直宏	3	仲 宏治	3	竹石 実
		個人	1	1.04.38	4	1.10.02	4	1.05.24	6	1.06.31	4	1.15.09	10	1.02.41	5	1.07.51	1	1.07.29	3	1.14.14	2	1.06.58
		チーム	1	1.04.38	4	2.14.40	3	3.20.04	3	4.26.35	3	5.41.44	10	1.02.41	6	2.10.32	3	3.18.01	3	4.32.15	3	5.39.13
		総合	1	1.04.38	4	2.14.40	3	3.20.04	3	4.26.35	3	5.41.44	4	6.44.25	4	7.52.16	3	8.59.45	3	10.13.59	2	11.20.57
3	中央	走者	2	板橋 弘行	2	松本 秀之	2	深川 竜太	3	犬塚 崇志	2	小堀 明位	4	山口 真也	3	福永 秀樹	2	伊木 貞仁	4	長谷川真也	4	岡川 功
		個人	2	1.04.59	8	1.10.53	3	1.04.54	14	1.08.29	8	1.16.32	2	1.00.35	1	1.05.47	4	1.08.41	2	1.13.19	1	1.06.51
		チーム	2	1.04.59	6	2.15.52	4	3.20.46	6	4.29.15	6	5.45.47	2	1.00.35	1	2.06.22	1	3.15.03	2	4.28.22	1	5.35.13
		総合	2	1.04.59	6	2.15.52	4	3.20.46	6	4.29.15	6	5.45.47	5	6.46.22	3	7.52.09	4	9.00.50	4	10.14.09	3	11.21.00
4	山梨学院	走者	3	青木 貴紀	2	J.オツオリ	4	福田 正志	4	野村 勉	4	梶川 和行	3	小西 雅仁	4	本田 征義	4	鈴木 治	4	中野 政文	3	鳥山 晋
		個人	5	1.05.13	1	1.08.18	2	1.04.48	4	1.06.13	7	1.16.08	9	1.02.31	2	1.06.35	5	1.09.11	4	1.14.56	14	1.11.41
		チーム	5	1.05.13	1	2.13.31	1	3.18.19	2	4.24.32	2	5.40.40	9	1.02.31	3	2.09.06	4	3.18.17	4	4.33.13	5	5.44.54
		総合	5	1.05.13	1	2.13.31	1	3.18.19	2	4.24.32	2	5.40.40	2	6.43.11	2	7.49.46	2	8.58.57	2	10.13.53	4	11.25.34
5	順天堂	走者	2	巽 博和	4	鈴木 賢一	2	新藤 伸之	4	山田 和人	4	仲村 明	4	宮川 剛	4	橘 謙	2	山本 正樹	2	大蔵 典宏	2	坂本 貴彦
		個人	14	1.06.23	7	1.10.33	14	1.08.46	1	*1.02.45*	2	1.14.07	4	1.01.28	11	1.09.41	3	1.08.36	12	1.16.50	10	1.11.05
		チーム	14	1.06.23	8	2.16.56	10	3.25.42	4	4.28.27	4	5.42.34	4	1.01.28	10	2.11.09	5	3.19.45	6	4.36.35	7	5.47.40
		総合	14	1.06.23	8	2.16.56	10	3.25.42	4	4.28.27	4	5.42.34	3	6.44.02	5	7.53.43	5	9.02.19	5	10.19.09	5	11.30.14
6	日本体育	走者	3	千葉 祐一	3	平塚 潤	1	溜井 浩章	3	矢島 亨	2	小野 総志	2	倉村 修一	1	橋本 和人	2	森山 竜一	4	村上 富敏	3	西尾 康正
		個人	12	1.05.52	6	1.10.25	10	1.08.09	12	1.08.25	6	1.15.45	6	1.02.08	6	1.08.21	6	1.10.11	5	1.15.11	3	1.07.56
		チーム	12	1.05.52	7	2.16.17	7	3.24.26	10	4.32.51	9	5.48.36	6	1.02.08	5	2.10.29	7	3.20.40	5	4.35.51	4	5.43.47
		総合	12	1.05.52	7	2.16.17	7	3.24.26	10	4.32.51	9	5.48.36	9	6.50.44	9	7.59.05	8	9.09.16	6	10.24.27	6	11.32.23
7	国士舘	走者	2	宮島 誠一	3	木村 聡	4	古川信一郎	4	市坪 憲治	2	森岡 圭一	2	相川 宙士	1	永井 博一	3	須田 貴幸	2	億田 明彦	3	和田 雄介
		個人	7	1.05.21	10	1.12.32	6	1.07.04	8	1.07.14	5	1.15.11	8	1.02.22	8	1.08.46	8	1.10.35	11	1.16.46	7	1.10.35
		チーム	7	1.05.21	12	2.17.53	8	3.24.57	9	4.32.11	8	5.47.22	8	1.02.22	9	2.11.08	9	3.21.43	9	4.38.29	9	5.49.04
		総合	7	1.05.21	12	2.17.53	8	3.24.57	9	4.32.11	8	5.47.22	7	6.49.44	7	7.58.30	7	9.09.05	8	10.25.51	7	11.36.26
8	東海	走者	3	黒田 正治	3	梅津 正文	4	小山 秀樹	4	佐藤 円	3	長岡 孝之	3	津田 祥一	4	富永 豪紀	3	小林 誠司	4	池田 光明	1	山本 恭規
		個人	4	1.05.11	11	1.12.33	12	1.08.15	3	1.06.08	11	1.16.46	4	1.01.28	4	1.07.46	10	1.10.52	9	1.16.35	12	1.11.17
		チーム	4	1.05.11	10	2.17.44	11	3.25.59	8	4.32.07	10	5.48.53	4	1.01.28	4	2.09.14	6	3.20.06	7	4.36.41	8	5.47.58
		総合	4	1.05.11	10	2.17.44	11	3.25.59	8	4.32.07	10	5.48.53	8	6.50.21	6	7.58.07	6	9.08.59	7	10.25.34	8	11.36.51
9	早稲田	走者	3	中村恵一郎	4	池田 克美	2	深谷 弘	3	児玉 敬介	2	中富 肇	3	安部 猛	3	山井 久也	3	近藤 雄二	4	佐野川 靖	1	富田 雄也
		個人	8	1.05.21	2	1.08.32	10	1.08.09	5	1.06.27	3	1.14.47	12	1.04.41	15	1.10.53	14	1.11.46	8	1.16.33	11	1.11.08
		チーム	8	1.05.21	2	2.13.53	5	3.22.02	5	4.28.29	5	5.43.16	12	1.04.41	14	2.15.34	14	3.27.20	12	4.43.53	12	5.55.01
		総合	8	1.05.21	2	2.13.53	5	3.22.02	5	4.28.29	5	5.43.16	6	6.47.57	8	7.58.50	9	9.10.36	9	10.27.09	9	11.38.17
10	法政	走者	2	井田 茂宣	3	波越 巌	4	有川清一郎	2	村上 亮史	1	深山 英樹	3	上野 正雄	1	加藤 明武	3	平山 浩	3	時末 政義	4	竹山 和広
		個人	10	1.05.26	9	1.11.55	9	1.08.06	15	1.08.48	10	1.16.41	11	1.03.54	14	1.10.27	11	1.11.09	7	1.15.21	4	1.08.25
		チーム	10	1.05.26	9	2.17.21	9	3.25.27	11	4.34.15	11	5.50.56	11	1.03.54	11	2.14.21	11	3.25.30	11	4.40.51	10	5.49.16
		総合	10	1.05.26	9	2.17.21	9	3.25.27	11	4.34.15	11	5.50.56	11	6.54.50	11	8.05.17	12	9.16.26	11	10.31.47	10	11.40.12
11	専修	走者	2	石崎 昭雄	1	木戸 真樹	2	高添 邦彦	1	池田 佳右	4	大久保 明	4	大賀 輝夫	3	鈴木 健	3	中瀬 洋一	2	井田 芳宣	1	高橋 哲也
		個人	11	1.05.46	14	1.14.00	8	1.07.51	8	1.07.14	13	1.19.37	3	1.00.52	13	1.10.01	8	1.10.35	6	1.15.17	8	1.10.37
		チーム	11	1.05.46	14	2.19.46	14	3.27.37	12	4.34.51	13	5.54.28	3	1.00.52	7	2.10.53	8	3.21.28	8	4.36.45	6	5.47.22
		総合	11	1.05.46	14	2.19.46	14	3.27.37	12	4.34.51	13	5.54.28	12	6.55.20	12	8.05.21	11	9.15.56	10	10.31.13	11	11.41.50
12	東京農業	走者	3	木口 典昭	4	青木 潤	1	山岸 博之	2	川口 章一	2	都甲 裕司	4	嘉賀 新吾	4	二ノ宮祥生	1	中山 誠	3	阿部 寛	2	石川 知広
		個人	3	1.05.02	5	1.10.15	7	1.07.35	7	1.06.50	9	1.16.33	15	1.06.08	9	1.09.14	13	1.11.44	15	1.19.26	5	1.10.10
		チーム	3	1.05.02	5	2.15.17	6	3.22.52	7	4.29.42	7	5.46.15	15	1.06.08	13	2.15.22	13	3.27.06	14	4.46.32	14	5.56.42
		総合	3	1.05.02	5	2.15.17	6	3.22.52	7	4.29.42	7	5.46.15	10	6.52.23	10	8.01.37	10	9.13.21	12	10.32.47	12	11.42.57
13	東洋	走者	2	出水田 洋	4	斎藤 勲	2	竹内 達朗	3	清水 理	2	矢島 渡	2	牛込 保雄	3	沼田 康二	1	斎藤 孝徳	2	窪田 尚人	1	豊福 健一
		個人	13	1.06.05	13	1.13.12	13	1.08.17	12	1.08.25	15	1.20.09	7	1.02.18	7	1.08.41	12	1.11.21	9	1.16.35	15	1.13.21
		チーム	13	1.06.05	13	2.19.17	13	3.27.34	14	4.35.59	15	5.56.08	7	1.02.18	8	2.10.59	10	3.22.20	10	4.38.55	11	5.52.16
		総合	13	1.06.05	13	2.19.17	13	3.27.34	14	4.35.59	15	5.56.08	13	6.58.26	13	8.07.07	13	9.18.28	13	10.35.03	13	11.48.24
14	駒澤	走者	2	大場 康成	2	高橋 秀樹	2	岩崎 吉晃	4	鈴木 康之	3	北原 慎也	3	平林 哲也	1	古中 忍	2	生見 一法	4	小寺 司	2	吉川 三男
		個人	15	1.07.38	15	1.15.05	5	1.06.23	10	1.07.18	12	1.16.47	13	1.05.51	12	1.09.51	7	1.10.15	14	1.18.26	13	1.11.40
		チーム	15	1.07.38	15	2.22.43	15	3.29.06	15	4.36.24	12	5.53.11	13	1.05.51	15	2.15.42	12	3.25.57	13	4.44.23	13	5.56.03
		総合	15	1.07.38	15	2.22.43	15	3.29.06	15	4.36.24	12	5.53.11	14	6.59.02	14	8.08.53	14	9.19.08	14	10.37.34	14	11.49.14
15	亜細亜	走者	4	橋本 忠幸	4	松原 肇	1	板垣 英樹	2	高橋 良和	3	松葉 和之	1	田中 寛重	2	飯塚 典久	3	辻 裕之	3	上田 康博	4	佐野 誠
		個人	6	1.05.14	12	1.12.37	15	1.09.35	11	1.07.45	14	1.19.49	14	1.05.55	10	1.09.18	15	1.16.35	13	1.17.21	9	1.10.38
		チーム	6	1.05.14	11	2.17.51	12	3.27.26	13	4.35.11	14	5.55.00	14	1.05.55	12	2.15.13	15	3.31.48	15	4.49.09	15	5.59.47
		総合	6	1.05.14	11	2.17.51	12	3.27.26	13	4.35.11	14	5.55.00	15	7.00.55	15	8.10.13	15	9.26.48	15	10.44.09	15	11.54.47

第67回　1991年(平成3年)1月2日～3日　総距離：214.7km　往路：107.2km　復路：107.5km

順	大学名		往路										復路									
			1区 (21.3km)		2区 (23.0km)		3区 (21.3km)		4区 (20.9km)		5区 (20.7km)		6区 (20.7km)		7区 (21.2km)		8区 (21.3km)		9区 (23.0km)		10区 (21.3km)	
1	大東文化	走者	3	横田 秀則	4	実井謙二郎	4	大津 睦	4	松浦 忠明	2	奈良 修	3	島嵜 貴之	4	樋口 一隆	1	山中 正明	4	広藤 敏幸	2	浜矢 将直
		個人	10	1.06.21	4	1.09.50	1	1.04.03	1	1.05.24	2	1.13.54	2	1.00.38	2	1.05.52	4	1.09.05	11	1.15.42	2	1.08.18
		チーム	10	1.06.21	6	2.16.11	2	3.20.14	1	4.25.38	1	5.39.32	2	1.00.38	2	2.06.30	1	3.15.35	3	4.31.17	2	5.39.35
		総合	10	1.06.21	6	2.16.11	2	3.20.14	1	4.25.38	1	5.39.32	1	6.40.10	1	7.46.02	1	8.55.07	1	10.10.49	1	11.19.07
2	山梨学院	走者	1	飯島 理彰	3	J. オツオリ	4	鳥山 晋	3	川崎 光人	4	片桐 岳彦	3	杉谷 範雄	3	K. イセナ	1	下山 一彦	3	比嘉 正樹	3	高野 和彦
		個人	8	1.05.30	1	1.08.40	8	1.07.39	8	1.07.32	4	1.15.35	5	1.01.22	3	1.06.23	6	1.09.39	5	1.13.38	10	1.09.35
		チーム	8	1.05.30	2	2.14.10	5	3.21.49	6	4.29.21	5	5.44.56	5	1.01.22	3	2.07.45	4	3.17.24	2	4.31.02	3	5.40.37
		総合	8	1.05.30	2	2.14.10	5	3.21.49	6	4.29.21	5	5.44.56	2	6.46.18	2	7.52.41	2	9.02.20	2	10.15.58	2	11.25.33
3	中央	走者	4	福永 秀樹	4	田幸 寛史	3	板橋 弘行	3	深川 竜太	3	小堀 明位	4	東崎 永孝	3	大江 英之	3	伊木 貞仁	3	大谷 栄	1	高梨 信介
		個人	6	1.04.37	5	1.10.28	3	1.05.45	3	1.06.09	7	1.16.41	13	1.04.05	5	1.07.31	7	1.09.50	4	1.13.31	1	1.07.54
		チーム	6	1.04.37	4	2.15.05	3	3.20.50	2	4.26.59	2	5.43.40	13	1.04.05	11	2.11.36	12	3.21.26	8	4.34.57	5	5.42.51
		総合	6	1.04.37	4	2.15.05	3	3.20.50	2	4.26.59	2	5.43.40	4	6.47.45	4	7.55.16	4	9.05.06	5	10.18.37	3	11.26.31
4	日本	走者	3	谷川 義秀	3	岩本 照暢	3	梅津 富浩	4	竹石 実	1	中村 博幸	1	大沢 芳明	4	戸田 俊介	2	林 博志	4	仲 宏治	1	岡島 由明
		個人	4	1.04.07	10	1.12.05	4	1.05.50	2	1.05.35	6	1.16.37	11	1.03.20	6	1.07.39	2	1.08.15	7	1.14.19	8	1.09.29
		チーム	4	1.04.07	7	2.16.12	6	3.22.02	3	4.27.37	3	5.44.14	11	1.03.20	10	2.10.59	5	3.19.14	5	4.33.33	6	5.43.02
		総合	4	1.04.07	7	2.16.12	6	3.22.02	3	4.27.37	3	5.44.14	3	6.47.34	3	7.55.13	3	9.03.28	3	10.17.47	4	11.27.16
5	日本体育	走者	4	千葉 祐一	4	平塚 潤	3	赤星 輝彦	3	森山 竜一	3	小野 総志	4	横山 哲治	2	山本 敏	1	松井 紀仁	4	矢島 亨	2	橋本 和人
		個人	2	1.03.49	3	1.09.17	9	1.07.52	6	1.06.59	5	1.16.25	12	1.03.57	12	1.08.37	1	1.08.12	3	1.13.20	7	1.09.22
		チーム	2	1.03.49	1	2.13.06	4	3.20.58	4	4.27.57	4	5.44.22	12	1.03.57	12	2.12.34	10	3.20.46	6	4.34.06	7	5.43.28
		総合	2	1.03.49	1	2.13.06	4	3.20.58	4	4.27.57	4	5.44.22	5	6.48.19	6	7.56.56	5	9.05.08	4	10.18.28	5	11.27.50
6	順天堂	走者	2	畠中 重一	1	本川 一美	3	山本 正樹	3	大蔵 典宏	2	松本 正信	4	紺野 浩	1	広松 尚記	3	垣内 元宏	3	新藤 伸之	3	大越 元昭
		個人	13	1.07.10	6	1.10.43	5	1.06.38	7	1.07.14	12	1.17.55	1	1.00.26	9	1.07.58	3	1.08.58	1	1.12.39	5	1.08.49
		チーム	13	1.07.10	10	2.17.53	8	3.24.31	8	4.31.45	9	5.49.40	1	1.00.26	4	2.08.24	3	3.17.22	1	4.30.01	1	5.38.50
		総合	13	1.07.10	10	2.17.53	8	3.24.31	8	4.31.45	9	5.49.40	6	6.50.06	7	7.58.04	7	9.07.02	6	10.19.41	6	11.28.30
7	東京農業	走者	4	木口 典昭	3	川口 章一	1	高安 哲二	3	小泉 充	1	宇都 英雄	4	下沢 洋	2	蛭沼 礼雄	3	都甲 裕司	2	山岸 博之	1	鈴木 博
		個人	3	1.04.07	9	1.12.03	12	1.08.37	4	1.06.17	10	1.17.29	9	1.03.00	8	1.07.47	5	1.09.36	10	1.15.16	3	1.08.37
		チーム	3	1.04.07	5	2.16.10	9	3.24.47	7	4.31.04	7	5.48.33	9	1.03.00	9	2.10.47	9	3.20.23	9	4.35.39	9	5.44.16
		総合	3	1.04.07	5	2.16.10	9	3.24.47	7	4.31.04	7	5.48.33	8	6.51.33	8	7.59.20	8	9.08.56	7	10.24.12	7	11.32.49
8	東海	走者	4	黒田 正治	3	相沢 義和	3	佐藤 米映	1	松岡 政文	2	石川 博敏	3	吉田 茂	4	津田 祥一	4	小林 誠司	3	橋本 孝博	4	長岡 孝之
		個人	15	1.07.52	8	1.11.57	10	1.07.54	5	1.06.32	11	1.17.47	6	1.01.24	7	1.07.43	14	1.10.51	2	1.13.06	4	1.08.38
		チーム	15	1.07.52	13	2.19.49	13	3.27.43	10	4.34.15	12	5.52.02	6	1.01.24	5	2.09.07	7	3.19.58	4	4.33.04	4	5.41.42
		総合	15	1.07.52	13	2.19.49	13	3.27.43	10	4.34.15	12	5.52.02	12	6.53.26	10	8.01.09	10	9.12.00	9	10.25.06	8	11.33.44
9	駒澤	走者	1	鎌込 和成	3	高橋 秀樹	3	生見 一法	2	古中 忍	4	北原 慎也	4	渡部 忠司	3	大場 康成	4	江口 正久	1	大江 延之	2	東 真一郎
		個人	7	1.04.47	11	1.12.16	13	1.09.18	15	1.10.59	1	1.13.35	3	1.00.43	1	*1.04.44*	8	1.10.16	14	1.18.26	11	1.09.39
		チーム	7	1.04.47	9	2.17.03	10	3.26.21	13	4.37.20	11	5.50.55	3	1.00.43	1	2.05.27	2	3.15.43	7	4.34.09	8	5.43.48
		総合	7	1.04.47	9	2.17.03	10	3.26.21	13	4.37.20	11	5.50.55	9	6.51.38	5	7.56.22	6	9.06.38	8	10.25.04	9	11.34.43
10	法政	走者	3	井田 茂宣	4	波越 巌	4	平山 浩	1	斎藤 茂	2	深山 英樹	3	江本 真	4	上野 正雄	2	水田 訓靖	4	時末 政義	1	金子 祐之
		個人	5	1.04.31	12	1.12.25	7	1.07.30	10	1.07.56	8	1.16.44	8	1.02.21	10	1.08.06	12	1.10.39	9	1.15.09	14	1.12.45
		チーム	5	1.04.31	8	2.16.56	7	3.24.26	9	4.32.22	8	5.49.06	8	1.02.21	8	2.10.27	11	3.21.06	10	4.36.15	13	5.49.00
		総合	5	1.04.31	8	2.16.56	7	3.24.26	9	4.32.22	8	5.49.06	7	6.51.27	9	7.59.33	9	9.10.12	10	10.25.21	10	11.38.06
11	早稲田	走者	1	武井 隆次	1	櫛部 静二	1	花田 勝彦	3	深谷 弘	3	中富 肇	4	中村恵一郎	2	大塚 毅	4	近藤 雄二	2	豊福 知徳	2	富田 雄也
		個人	1	*1.03.26*	15	1.16.44	6	1.07.16	9	1.07.39	3	1.14.50	7	1.02.20	14	1.11.36	13	1.10.44	8	1.14.29	9	1.09.32
		チーム	1	1.03.26	14	2.20.10	12	3.27.26	11	4.35.05	10	5.49.55	7	1.02.20	13	2.13.56	13	3.24.40	13	4.39.09	12	5.48.41
		総合	1	1.03.26	14	2.20.10	12	3.27.26	11	4.35.05	10	5.49.55	10	6.52.15	11	8.03.51	11	9.14.35	11	10.29.04	11	11.38.36
12	専修	走者	3	石崎 昭雄	2	木戸 真樹	4	中瀬 洋一	2	池田 佳右	4	衛藤 博志	4	三角 晴好	2	阿久津匡志	3	三輪 和雄	3	井田 芳宣	2	高橋 哲也
		個人	11	1.06.46	13	1.12.39	11	1.07.58	12	1.08.23	14	1.19.24	10	1.03.18	4	1.06.26	10	1.10.36	12	1.16.31	13	1.11.05
		チーム	11	1.06.46	12	2.19.25	11	3.27.23	12	4.35.46	13	5.55.10	10	1.03.18	7	2.09.44	8	3.20.20	11	4.36.51	10	5.47.56
		総合	11	1.06.46	12	2.19.25	11	3.27.23	12	4.35.46	13	5.55.10	14	6.58.28	12	8.04.54	12	9.15.30	13	10.32.01	12	11.43.06
13	国士舘	走者	4	須田 貴幸	3	宮島 誠一	2	井出 亘	2	森田 博之	3	森岡 圭一	3	相川 宙士	2	永井 博一	1	石山 薫	3	億田 明彦	4	和田 雄介
		個人	14	1.07.13	7	1.11.49	15	1.10.48	13	1.09.21	13	1.18.07	4	1.00.53	11	1.08.31	9	1.10.18	15	1.19.06	6	1.09.20
		チーム	14	1.07.13	11	2.19.02	14	3.29.50	14	4.39.11	14	5.57.18	4	1.00.53	6	2.09.24	6	3.19.42	12	4.38.48	11	5.48.08
		総合	14	1.07.13	11	2.19.02	14	3.29.50	14	4.39.11	14	5.57.18	13	6.58.11	14	8.06.42	13	9.17.00	14	10.36.06	13	11.45.26
14	明治	走者	3	渡辺 重治	4	進藤 吉紀	2	北沢 義信	1	柳 倫明	4	掛橋 竜一	1	袴田 良仁	1	富岡 貴	1	高橋 孝典	4	河本 政之	2	佐藤 亘
		個人	9	1.05.59	2	1.08.54	2	1.05.20	11	1.08.09	9	1.16.58	15	1.08.04	15	1.11.56	15	1.12.28	6	1.13.59	15	1.16.26
		チーム	9	1.05.59	3	2.14.53	1	3.20.13	5	4.28.22	6	5.45.20	15	1.08.04	15	2.20.00	15	3.32.28	15	4.46.27	15	6.02.53
		総合	9	1.05.59	3	2.14.53	1	3.20.13	5	4.28.22	6	5.45.20	11	6.53.24	13	8.05.20	14	9.17.48	12	10.31.47	14	11.48.13
15	東洋	走者	2	永井 聡	2	斎藤 孝徳	3	竹内 達朗	1	本間 喜一	1	奥泉 伸	3	牛込 保雄	2	豊福 健一	2	椙山 弘明	3	窪田 尚人	2	多胡 秀昭
		個人	12	1.06.48	14	1.13.57	14	1.10.28	14	1.10.58	15	1.21.49	14	1.05.49	13	1.10.40	11	1.10.38	13	1.18.05	12	1.10.45
		チーム	12	1.06.48	15	2.20.45	15	3.31.13	15	4.42.11	15	6.04.00	14	1.05.49	14	2.16.29	14	3.27.07	14	4.45.12	14	5.55.57
		総合	12	1.06.48	15	2.20.45	15	3.31.13	15	4.42.11	15	6.04.00	15	7.09.49	15	8.20.29	15	9.31.07	15	10.49.12	15	11.59.57

第68回　1992年(平成4年)1月2日～3日　総距離：214.7km　往路：107.2km　復路：107.5km

順	大学名		往路										復路									
			1区(21.3km)		2区(23.0km)		3区(21.3km)		4区(20.9km)		5区(20.7km)		6区(20.7km)		7区(21.2km)		8区(21.3km)		9区(23.0km)		10区(21.3km)	
1	山梨学院	走者	1	井幡 政等	4	J.オツオリ	4	K.イセナ	2	飯島 理彰	2	下山 一彦	3	広瀬 諭史	4	高野 和彦	4	下山 保之	4	比嘉 正樹	4	野溝 幸弘
		個人	5	1.04.28	2	1.09.11	1	*1.03.45*	5	1.05.21	8	1.15.28	1	59.51	2	1.06.50	1	1.07.44	8	1.13.37	3	1.07.52
		チーム	5	1.04.28	2	2.13.39	1	3.17.24	1	4.22.45	1	5.38.13	1	59.51	1	2.06.41	1	3.14.25	1	4.28.02	2	5.35.54
		総合	**5**	**1.04.28**	**2**	**2.13.39**	**1**	**3.17.24**	**1**	**4.22.45**	**1**	**5.38.13**	**1**	**6.38.04**	**1**	**7.44.54**	**1**	**8.52.38**	**1**	**10.06.15**	**1**	**11.14.07**
2	日本	走者	4	梅津 富浩	4	岩本 照暢	2	芳本 三靖	1	堀尾 貴幸	1	川内 勝弘	3	青木 亮	1	川崎 光年	3	林 博志	2	岡島 由明	3	尾座本 崇
		個人	4	1.04.25	4	1.10.56	10	1.07.02	1	1.03.49	4	1.14.08	5	1.00.55	1	1.06.16	4	1.08.28	13	1.15.43	1	1.06.12
		チーム	4	1.04.25	4	2.15.21	6	3.22.23	4	4.26.12	3	5.40.20	5	1.00.55	2	2.07.11	2	3.15.39	5	4.31.22	3	5.37.34
		総合	**4**	**1.04.25**	**4**	**2.15.21**	**6**	**3.22.23**	**4**	**4.26.12**	**3**	**5.40.20**	**2**	**6.41.15**	**2**	**7.47.31**	**2**	**8.55.59**	**2**	**10.11.42**	**2**	**11.17.54**
3	順天堂	走者	1	伊藤 克昌	2	本川 一美	3	三好 健治	4	山本 正樹	1	高橋 健一	2	村松 明彦	2	広松 尚記	4	垣内 元宏	4	新藤 伸之	3	畠中 重一
		個人	9	1.04.43	1	1.08.07	2	1.05.57	3	1.04.17	15	1.20.15	7	1.01.41	4	1.07.06	2	1.07.54	4	1.12.06	2	1.06.32
		チーム	9	1.04.43	1	2.12.50	2	3.18.47	2	4.23.04	8	5.43.19	7	1.01.41	6	2.08.47	5	3.16.41	2	4.28.47	1	5.35.19
		総合	**9**	**1.04.43**	**1**	**2.12.50**	**2**	**3.18.47**	**2**	**4.23.04**	**8**	**5.43.19**	**5**	**6.45.00**	**5**	**7.52.06**	**5**	**9.00.00**	**3**	**10.12.06**	**3**	**11.18.38**
4	中央	走者	1	佐藤 信之	4	大江 英之	1	菅 陽一郎	2	高梨 信介	3	大沢 哲夫	3	太田 善之	4	板橋 弘行	1	武井 康真	4	深川 竜太	3	伊藤 孝浩
		個人	2	1.04.09	8	1.11.18	5	1.06.38	2	1.03.52	11	1.15.49	4	1.00.20	7	1.07.22	3	1.08.04	10	1.15.03	6	1.08.49
		チーム	2	1.04.09	5	2.15.27	4	3.22.05	3	4.25.57	5	5.41.46	4	1.00.20	3	2.07.42	3	3.15.46	4	4.30.49	5	5.39.38
		総合	**2**	**1.04.09**	**5**	**2.15.27**	**4**	**3.22.05**	**3**	**4.25.57**	**5**	**5.41.46**	**4**	**6.42.06**	**3**	**7.49.28**	**3**	**8.57.32**	**4**	**10.12.35**	**4**	**11.21.24**
5	大東文化	走者	4	須藤 智樹	4	清水 康次	4	横田 芳則	2	松苗 明	3	奈良 修	4	島嵜 貴之	2	田島 励	2	山中 正明	4	金子 克紀	3	浜矢 将直
		個人	6	1.04.28	5	1.11.06	5	1.06.38	15	1.08.15	1	*1.11.13*	2	59.53	10	1.07.56	5	1.08.42	11	1.15.12	10	1.09.38
		チーム	6	1.04.28	6	2.15.34	5	3.22.12	9	4.30.27	4	5.41.40	2	59.53	5	2.07.49	4	3.16.31	6	4.31.43	7	5.41.21
		総合	**6**	**1.04.28**	**6**	**2.15.34**	**5**	**3.22.12**	**9**	**4.30.27**	**4**	**5.41.40**	**3**	**6.41.33**	**4**	**7.49.29**	**4**	**8.58.11**	**5**	**10.13.23**	**5**	**11.23.01**
6	早稲田	走者	2	武井 隆次	2	櫛部 静二	2	花田 勝彦	1	小林 正幹	4	中富 肇	1	小林 修	4	深谷 弘	4	田村 寛徳	3	豊福 知徳	3	新井 昇
		個人	1	*1.03.22*	9	1.11.21	3	1.06.25	8	1.05.58	2	1.13.00	15	1.05.31	5	1.07.07	8	1.09.44	1	1.11.31	7	1.09.09
		チーム	1	1.03.22	3	2.14.43	3	3.21.08	5	4.27.06	2	5.40.06	15	1.05.31	13	2.12.38	14	3.22.22	9	4.33.53	9	5.43.02
		総合	**1**	**1.03.22**	**3**	**2.14.43**	**3**	**3.21.08**	**5**	**4.27.06**	**2**	**5.40.06**	**6**	**6.45.37**	**6**	**7.52.44**	**6**	**9.02.28**	**6**	**10.13.59**	**6**	**11.23.08**
7	専修	走者	3	木戸 真樹	4	井田 芳宣	4	石崎 昭雄	3	阿久津匡志	1	渡辺 靖	3	長野 正芳	1	池田 義幸	1	高木 展	3	池田 佳右	2	松村 泰幸
		個人	3	1.04.20	11	1.12.29	12	1.08.04	4	1.04.48	12	1.16.06	3	1.00.13	8	1.07.32	11	1.09.52	3	1.11.42	5	1.08.37
		チーム	3	1.04.20	10	2.16.49	11	3.24.53	8	4.29.41	9	5.45.47	3	1.00.13	4	2.07.45	6	3.17.37	3	4.29.19	4	5.37.56
		総合	**3**	**1.04.20**	**10**	**2.16.49**	**11**	**3.24.53**	**8**	**4.29.41**	**9**	**5.45.47**	**7**	**6.46.00**	**7**	**7.53.32**	**7**	**9.03.24**	**7**	**10.15.06**	**7**	**11.23.43**
8	駒澤	走者	2	鎌込 和成	4	大場 康成	3	東 真一郎	4	生見 一法	4	高橋 秀樹	1	久文 貞明	4	岩崎 吉晃	3	横山 演章	1	有地 毅	1	吉本 輝夫
		個人	8	1.04.33	13	1.12.44	9	1.07.00	5	1.05.21	3	1.13.23	12	1.03.26	6	1.07.20	9	1.09.45	6	1.13.29	12	1.10.02
		チーム	8	1.04.33	11	2.17.17	10	3.24.17	7	4.29.38	6	5.43.01	12	1.03.26	9	2.10.46	9	3.20.31	10	4.34.00	10	5.44.02
		総合	**8**	**1.04.33**	**11**	**2.17.17**	**10**	**3.24.17**	**7**	**4.29.38**	**6**	**5.43.01**	**8**	**6.46.27**	**8**	**7.53.47**	**8**	**9.03.32**	**8**	**10.17.01**	**8**	**11.27.03**
9	東京農業	走者	3	山岸 博之	4	川口 章一	1	吉田 賢史	4	小泉 充	3	山本 秋彦	2	藤野 英之	2	高安 哲二	4	都甲 裕司	2	鈴木 博	2	宇都 英雄
		個人	12	1.05.36	5	1.11.06	8	1.06.54	11	1.06.55	9	1.15.31	6	1.01.28	11	1.08.36	13	1.10.05	2	1.11.41	8	1.09.17
		チーム	12	1.05.36	8	2.16.42	9	3.23.36	10	4.30.31	10	5.46.02	6	1.01.28	7	2.10.04	8	3.20.09	7	4.31.50	6	5.41.07
		総合	**12**	**1.05.36**	**8**	**2.16.42**	**9**	**3.23.36**	**10**	**4.30.31**	**10**	**5.46.02**	**9**	**6.47.30**	**10**	**7.56.06**	**10**	**9.06.11**	**9**	**10.17.52**	**9**	**11.27.09**
10	東海	走者	2	松岡 政文	4	相沢 義和	2	永村 智明	1	船井 晃晴	3	石川 博敏	2	望月 知明	4	吉田 茂	2	丸田 正勝	3	清水 雅人	3	田中 和貴
		個人	13	1.05.37	5	1.11.06	7	1.06.51	14	1.08.11	6	1.15.22	11	1.03.18	3	1.07.05	7	1.09.31	5	1.12.15	13	1.10.32
		チーム	13	1.05.37	9	2.16.43	8	3.23.34	11	4.31.45	11	5.47.07	11	1.03.18	8	2.10.23	7	3.19.54	8	4.32.09	8	5.42.41
		総合	**13**	**1.05.37**	**9**	**2.16.43**	**8**	**3.23.34**	**11**	**4.31.45**	**11**	**5.47.07**	**11**	**6.50.25**	**11**	**7.57.30**	**11**	**9.07.01**	**11**	**10.19.16**	**10**	**11.29.48**
11	日本体育	走者	4	森山 竜一	2	松井 紀仁	2	木村 文祐	3	永田 純也	4	小野 総志	4	倉村 修一	3	橋本 和人	2	松村 茂樹	4	赤星 輝彦	3	益田 道法
		個人	11	1.05.20	3	1.10.25	10	1.07.02	7	1.05.49	5	1.14.42	14	1.04.55	9	1.07.49	6	1.09.20	7	1.13.32	14	1.11.47
		チーム	11	1.05.20	7	2.15.45	7	3.22.47	6	4.28.36	7	5.43.18	14	1.04.55	14	2.12.44	11	3.22.04	11	4.35.36	12	5.47.23
		総合	**11**	**1.05.20**	**7**	**2.15.45**	**7**	**3.22.47**	**6**	**4.28.36**	**7**	**5.43.18**	**10**	**6.48.13**	**9**	**7.56.02**	**9**	**9.05.22**	**10**	**10.18.54**	**11**	**11.30.41**
12	法政	走者	2	斎藤 茂	4	井田 茂宣	1	竹内 一晴	2	金子 祐之	3	深山 英樹	1	結城 和彦	3	水田 訓靖	1	宮田 修一	3	信賀 宏信	4	石井 睦美
		個人	10	1.05.14	10	1.12.23	14	1.08.35	13	1.07.55	10	1.15.44	9	1.02.30	12	1.09.13	10	1.09.50	12	1.15.34	11	1.10.00
		チーム	10	1.05.14	12	2.17.37	12	3.26.12	12	4.34.07	12	5.49.51	9	1.02.30	10	2.11.43	10	3.21.33	12	4.37.07	11	5.47.07
		総合	**10**	**1.05.14**	**12**	**2.17.37**	**12**	**3.26.12**	**12**	**4.34.07**	**12**	**5.49.51**	**12**	**6.52.21**	**12**	**8.01.34**	**12**	**9.11.24**	**12**	**10.26.58**	**12**	**11.36.58**
13	国士舘	走者	3	森田 博之	4	宮島 誠一	4	相川 宙士	2	中川 孝浩	4	森岡 圭一	3	白鳥 敦	4	億田 明彦	2	石山 薫	3	井出 亘	3	永井 博一
		個人	14	1.06.51	12	1.12.41	13	1.08.15	12	1.07.28	7	1.15.26	13	1.03.58	14	1.09.34	15	1.11.06	9	1.14.43	4	1.08.29
		チーム	14	1.06.51	13	2.19.32	13	3.27.47	13	4.35.15	13	5.50.41	13	1.03.58	15	2.13.32	15	3.24.38	14	4.39.21	13	5.47.50
		総合	**14**	**1.06.51**	**13**	**2.19.32**	**13**	**3.27.47**	**13**	**4.35.15**	**13**	**5.50.41**	**14**	**6.54.39**	**13**	**8.04.13**	**14**	**9.15.19**	**13**	**10.30.02**	**13**	**11.38.31**
14	神奈川	走者	3	志田 征巳	3	小田 典彦	4	大勝 浩一	3	横山 武史	2	三谷 伸一	1	梶山 暢之	3	斎藤 哲也	2	井本 一哉	2	島田 善輝	1	初鹿野 充
		個人	7	1.04.33	15	1.15.04	15	1.09.12	9	1.06.27	14	1.17.50	10	1.03.01	13	1.09.23	12	1.09.53	14	1.16.15	9	1.09.18
		チーム	7	1.04.33	14	2.19.37	14	3.28.49	14	4.35.16	15	5.53.06	10	1.03.01	12	2.12.24	13	3.22.17	13	4.38.32	13	5.47.50
		総合	**7**	**1.04.33**	**14**	**2.19.37**	**14**	**3.28.49**	**14**	**4.35.16**	**15**	**5.53.06**	**15**	**6.56.07**	**15**	**8.05.30**	**15**	**9.15.23**	**14**	**10.31.38**	**14**	**11.40.56**
15	亜細亜	走者	2	北口 学	3	板垣 英樹	2	高野 公博	1	宮本 善史	4	村山 厚也	4	高橋 良和	1	柴田 伸一	1	飯塚 透	1	神宮 誠治	2	関口 泰彦
		個人	15	1.07.48	14	1.14.29	4	1.06.32	10	1.06.51	13	1.16.42	8	1.01.50	15	1.10.07	14	1.10.19	15	1.17.33	15	1.13.12
		チーム	15	1.07.48	15	2.22.17	15	3.28.49	15	4.35.40	14	5.52.22	8	1.01.50	11	2.11.57	12	3.22.16	15	4.39.49	15	5.53.01
		総合	**15**	**1.07.48**	**15**	**2.22.17**	**15**	**3.28.49**	**15**	**4.35.40**	**14**	**5.52.22**	**13**	**6.54.12**	**14**	**8.04.19**	**13**	**9.14.38**	**15**	**10.32.11**	**15**	**11.45.23**

第69回　1993年(平成5年)1月2日〜3日　総距離：214.7km　往路：107.2km　復路：107.5km

順	大学名		往路										復路									
			1区(21.3km)		2区(23.0km)		3区(21.3km)		4区(20.9km)		5区(20.7km)		6区(20.7km)		7区(21.2km)		8区(21.3km)		9区(23.0km)		10区(21.3km)	
1	早稲田	走者	3	櫛部 静二	1	渡辺 康幸	2	小林 正幹	3	花田 勝彦	2	小林 修	4	大塚 毅	3	武井 隆次	3	高瀬 豪史	4	豊福 知徳	4	富田 雄也
		個人	1	*1.02.09*	2	1.08.48	1	1.04.13	1	*1.02.07*	7	1.15.31	7	1.01.35	1	*1.02.53*	1	1.07.01	4	1.12.38	2	1.06.39
		チーム	1	1.02.09	1	2.10.57	1	3.15.10	1	4.17.17	1	5.32.48	7	1.01.35	1	2.04.28	1	3.11.29	2	4.24.07	1	5.30.46
		総合	1	1.02.09	1	2.10.57	1	3.15.10	1	4.17.17	1	5.32.48	2	6.34.23	1	7.37.16	1	8.44.17	1	9.56.55	1	11.03.34
2	山梨学院	走者	3	飯島 理彰	1	S．マヤカ	3	高見 武司	2	井幡 政等	3	下山 一彦	4	広瀬 諭史	1	平田 雅人	2	小椋 誠	3	黒木 純	4	奥川 修義
		個人	4	1.03.24	1	1.08.26	4	1.05.34	3	1.03.18	2	1.14.04	1	59.28	3	1.06.12	3	1.07.52	1	1.10.22	4	1.06.59
		チーム	4	1.03.24	2	2.11.50	3	3.17.24	2	4.20.42	2	5.34.46	1	59.28	2	2.05.40	2	3.13.32	1	4.23.54	2	5.30.53
		総合	4	1.03.24	2	2.11.50	3	3.17.24	2	4.20.42	2	5.34.46	1	6.34.14	2	7.40.26	2	8.48.18	2	9.58.40	2	11.05.39
3	中央	走者	1	前田 了二	2	佐藤 信之	2	武井 康真	3	高梨 信介	3	森川 貴生	3	片渕 博文	1	川波 貴臣	1	綱崎 真二	2	菅 陽一郎	2	山内 朋之
		個人	2	*1.02.54*	3	1.09.31	2	1.04.22	13	1.06.54	10	1.16.36	5	1.01.26	2	1.05.17	2	1.07.08	5	1.12.54	6	1.07.34
		チーム	2	1.02.54	3	2.12.25	2	3.16.47	4	4.23.41	4	5.40.17	5	1.01.26	3	2.06.43	3	3.13.51	3	4.26.45	3	5.34.19
		総合	2	1.02.54	3	2.12.25	2	3.16.47	4	4.23.41	4	5.40.17	4	6.41.43	3	7.47.00	3	8.54.08	3	10.07.02	3	11.14.36
4	専修	走者	4	木戸 真樹	4	阿久津国志	2	池田 義幸	2	渡辺 靖	2	高木 展	4	長野 正芳	4	池田 佳右	4	石田 敏洋	3	松村 泰幸	4	高橋 哲也
		個人	5	1.03.35	5	1.10.44	5	1.05.38	14	1.07.29	4	1.14.38	2	59.51	9	1.07.20	6	1.08.48	6	1.12.56	5	1.07.10
		チーム	5	1.03.35	5	2.14.19	5	3.19.57	5	4.27.26	5	5.42.04	2	59.51	4	2.07.11	4	3.15.59	4	4.28.55	4	5.36.05
		総合	5	1.03.35	5	2.14.19	5	3.19.57	5	4.27.26	5	5.42.04	5	6.41.55	5	7.49.15	5	8.58.03	4	10.10.59	4	11.18.09
5	日本	走者	2	川内 勝弘	2	堀尾 貴幸	2	前田 重信	2	川崎 光年	4	林 博志	4	青木 亮	2	小川 宏樹	2	小池 義之	3	武居 弘晃	3	中西 康晴
		個人	3	*1.03.01*	7	1.10.54	3	1.05.30	2	1.02.54	9	1.16.17	6	1.01.32	6	1.07.16	12	1.10.06	15	1.17.05	11	1.09.44
		チーム	3	1.03.01	4	2.13.55	4	3.19.25	3	4.22.19	3	5.38.36	6	1.01.32	8	2.08.48	9	3.18.54	13	4.35.59	14	5.45.43
		総合	3	1.03.01	4	2.13.55	4	3.19.25	3	4.22.19	3	5.38.36	3	6.40.08	4	7.47.24	4	8.57.30	5	10.14.35	5	11.24.19
6	駒澤	走者	3	鎌込 和成	4	横山 演章	4	東 真一郎	1	高田 昌徳	2	今西 敦司	4	古中 忍	2	吉本 輝夫	3	江口 秀樹	2	有地 毅	1	米山 岳男
		個人	7	1.04.05	14	1.13.24	7	1.06.10	4	1.03.55	11	1.16.57	10	1.02.14	4	1.06.29	11	1.09.21	8	1.13.44	8	1.08.18
		チーム	7	1.04.05	11	2.17.29	10	3.23.39	8	4.27.34	9	5.44.31	10	1.02.14	6	2.08.43	8	3.18.04	5	4.31.48	6	5.40.06
		総合	7	1.04.05	11	2.17.29	10	3.23.39	8	4.27.34	9	5.44.31	9	6.46.45	7	7.53.14	8	9.02.35	6	10.16.19	6	11.24.37
7	法政	走者	1	磯松 大輔	4	深山 英樹	2	宮田 修一	1	有隅 剛志	4	加藤 明武	2	結城 和彦	1	立川 剛士	2	竹内 一晴	3	斎藤 茂	1	山口 哲
		個人	10	1.04.30	4	1.10.25	11	1.06.52	7	1.05.43	6	1.15.18	12	1.02.37	13	1.09.04	13	1.10.18	2	1.11.35	10	1.09.09
		チーム	10	1.04.30	6	2.14.55	7	3.21.47	6	4.27.30	7	5.42.48	12	1.02.37	14	2.11.41	14	3.21.59	8	4.33.34	8	5.42.43
		総合	10	1.04.30	6	2.14.55	7	3.21.47	6	4.27.30	7	5.42.48	7	6.45.25	9	7.54.29	10	9.04.47	7	10.16.22	7	11.25.31
8	神奈川	走者	2	梶山 暢之	4	志田 征巳	4	横山 武史	2	初鹿野 充	4	小田 典彦	2	中野 剛	3	上条 敦史	1	田淵 哲也	1	石井 徹治	4	斎藤 哲也
		個人	8	1.04.21	8	1.11.03	14	1.07.42	6	1.05.37	1	1.13.32	14	1.03.49	8	1.07.18	10	1.09.09	12	1.16.29	3	1.06.41
		チーム	8	1.04.21	8	2.15.24	9	3.23.06	9	4.28.43	6	5.42.15	14	1.03.49	12	2.11.07	11	3.20.16	14	4.36.45	11	5.43.26
		総合	8	1.04.21	8	2.15.24	9	3.23.06	9	4.28.43	6	5.42.15	8	6.46.04	8	7.53.22	7	9.02.31	9	10.19.00	8	11.25.41
9	順天堂	走者	2	高橋 健一	3	本川 一美	4	三好 健治	2	伊藤 克昌	1	相沢 克之	2	泉 亘	3	広松 尚記	2	鈴木 康文	4	畠中 重一	1	安永 淳一
		個人	12	1.04.57	15	1.19.16	10	1.06.40	5	1.04.09	5	1.15.01	8	1.01.42	14	1.09.39	7	1.08.57	3	1.12.32	1	1.06.12
		チーム	12	1.04.57	15	2.24.13	15	3.30.53	15	4.35.02	13	5.50.03	8	1.01.42	13	2.11.21	12	3.20.18	7	4.32.50	5	5.39.02
		総合	12	1.04.57	15	2.24.13	15	3.30.53	15	4.35.02	13	5.50.03	12	6.51.45	13	8.01.24	13	9.10.21	12	10.22.53	9	11.29.05
10	日本体育	走者	4	橋本 和人	3	松井 紀仁	4	溜井 浩章	1	平山 勝重	2	緒方 寿和	3	永山 稔朗	4	染宮 唯二	4	松本 憲吾	4	服部 清人	1	前田 定之
		個人	11	1.04.43	6	1.10.50	13	1.07.09	11	1.06.48	2	1.14.04	3	1.00.59	11	1.07.46	5	1.08.23	14	1.16.41	15	1.11.46
		チーム	11	1.04.43	9	2.15.33	8	3.22.42	10	4.29.30	8	5.43.34	3	1.00.59	7	2.08.45	5	3.17.08	9	4.33.49	13	5.45.35
		総合	11	1.04.43	9	2.15.33	8	3.22.42	10	4.29.30	8	5.43.34	6	6.44.33	6	7.52.19	6	9.00.42	8	10.17.23	10	11.29.09
11	東洋	走者	2	小平 剛志	4	永井 聡	4	多胡 秀昭	4	斎藤 孝徳	1	後城 英明	2	永井 洋光	1	小山 強志	1	松山 克敏	3	奥泉 伸	2	後藤 正樹
		個人	13	1.05.44	13	1.12.50	6	1.06.08	9	1.05.47	13	1.17.25	13	1.02.40	10	1.07.44	14	1.10.24	7	1.13.20	7	1.07.49
		チーム	13	1.05.44	14	2.18.34	12	3.24.42	11	4.30.29	11	5.47.54	13	1.02.40	10	2.10.24	13	3.20.48	11	4.34.08	7	5.41.57
		総合	13	1.05.44	14	2.18.34	12	3.24.42	11	4.30.29	11	5.47.54	11	6.50.34	11	7.58.18	12	9.08.42	11	10.22.02	11	11.29.51
12	東京農業	走者	4	中山 誠	3	高安 哲二	1	日向 栄次	2	吉田 賢史	4	山本 秋彦	3	藤野 英之	4	山岸 博之	3	宇都 英雄	3	鈴木 博	1	加藤 俊英
		個人	14	1.06.12	11	1.11.51	9	1.06.32	11	1.06.48	8	1.15.44	4	1.01.18	5	1.06.54	9	1.08.59	13	1.16.38	14	1.11.21
		チーム	14	1.06.12	12	2.18.03	11	3.24.35	12	4.31.23	10	5.47.07	4	1.01.18	5	2.08.12	7	3.17.11	9	4.33.49	12	5.45.10
		総合	14	1.06.12	12	2.18.03	11	3.24.35	12	4.31.23	10	5.47.07	10	6.48.25	10	7.55.19	9	9.04.18	10	10.20.56	12	11.32.17
13	亜細亜	走者	1	ビズネ・Y.T.	4	板垣 英樹	3	高野 公博	2	宮本 善史	2	飯塚 透	1	塚本 治身	3	関口 泰彦	3	古井 康洋	2	辰己 善文	1	村田 幸輝
		個人	6	1.04.04	9	1.11.17	8	1.06.16	10	1.05.56	15	1.22.53	9	1.01.50	7	1.07.17	4	1.08.03	10	1.15.36	13	1.10.20
		チーム	6	1.04.04	7	2.15.21	6	3.21.37	7	4.27.33	14	5.50.26	9	1.01.50	9	2.09.07	6	3.17.10	6	4.32.46	10	5.43.06
		総合	6	1.04.04	7	2.15.21	6	3.21.37	7	4.27.33	14	5.50.26	13	6.52.16	12	7.59.33	11	9.07.36	13	10.23.12	13	11.33.32
14	東海	走者	1	田口 茂和	4	石川 博敏	2	小野 直樹	3	日高 真吾	2	山下 俊一	3	松岡 政文	2	船井 晃晴	3	永村 智明	4	清水 雅人	2	小出 真義
		個人	15	1.06.39	10	1.11.42	12	1.07.07	15	1.08.40	14	1.21.08	11	1.02.34	12	1.08.14	7	1.08.57	9	1.14.31	9	1.08.34
		チーム	15	1.06.39	13	2.18.21	13	3.25.28	14	4.34.08	15	5.55.16	11	1.02.34	11	2.10.48	10	3.19.45	12	4.34.16	9	5.42.50
		総合	15	1.06.39	13	2.18.21	13	3.25.28	14	4.34.08	15	5.55.16	15	6.57.50	14	8.06.04	14	9.15.01	14	10.29.32	14	11.38.06
15	大東文化	走者	3	松苗 明	3	田島 励	3	新井 智幸	3	山中 正明	4	奈良 修	2	竹田 正之	3	高橋 雄志	1	加々見雄三	3	沢田 智美	4	遠藤 宗寛
		個人	9	1.04.27	12	1.12.19	15	1.09.45	7	1.05.43	12	1.17.15	15	1.04.46	15	1.12.08	15	1.13.01	11	1.15.56	12	1.09.48
		チーム	9	1.04.27	10	2.16.46	14	3.26.31	13	4.32.14	12	5.49.29	15	1.04.46	15	2.16.54	15	3.29.55	15	4.45.51	15	5.55.39
		総合	9	1.04.27	10	2.16.46	14	3.26.31	13	4.32.14	12	5.49.29	14	6.54.15	15	8.06.23	15	9.19.24	15	10.35.20	15	11.45.08

第70回　1994年(平成6年)1月2日～3日　総距離：214.7km　往路：107.2km　復路：107.5km

順	大学名		往路										復路									
			1区(21.3km)		2区(23.0km)		3区(21.3km)		4区(20.9km)		5区(20.7km)		6区(20.7km)		7区(21.2km)		8区(21.3km)		9区(23.0km)		10区(21.3km)	
1	山梨学院	走者	3	井幡 政等	2	S.マヤカ	1	中村 祐二	4	飯島 理彰	4	下山 一彦	2	藤脇 友介	4	高見 武司	3	小椋 誠	4	黒木 純	2	尾方 剛
		個人	2	*1.01.40*	1	*1.07.34*	1	1.04.22	2	1.03.38	1	1.13.08	2	1.00.21	2	1.05.33	3	1.07.41	2	1.10.18	1	1.04.58
		チーム	2	1.01.40	1	2.09.14	1	3.13.36	1	4.17.14	1	5.30.22	2	1.00.21	1	2.05.54	1	3.13.35	1	4.23.53	1	5.28.51
		総合	2	1.01.40	1	2.09.14	1	3.13.36	1	4.17.14	1	5.30.22	1	6.30.43	1	7.36.16	1	8.43.57	1	9.54.15	1	10.59.13
2	早稲田	走者	2	渡辺 康幸	4	花田 勝彦	1	小林 雅幸	4	武井 隆次	3	小林 修	2	小倉 圭介	3	小林 正幹	3	大関 篤史	4	櫛部 静二	4	高瀬 豪史
		個人	1	*1.01.13*	3	1.08.14	4	1.04.41	1	1.03.28	6	1.14.59	13	1.02.41	1	1.03.44	2	1.07.25	3	1.10.40	2	1.06.37
		チーム	1	1.01.13	2	2.09.27	2	3.14.08	2	4.17.36	2	5.32.35	13	1.02.41	2	2.06.25	2	3.13.50	2	4.24.30	2	5.31.07
		総合	1	1.01.13	2	2.09.27	2	3.14.08	2	4.17.36	2	5.32.35	2	6.35.16	2	7.39.00	2	8.46.25	2	9.57.05	2	11.03.42
3	順天堂	走者	3	高橋 健一	4	本川 一美	1	浜野 健	3	伊藤 克昌	2	相沢 克之	3	泉 亘	3	鈴木 康文	4	吉岡 修	2	安永 淳一	3	西木場優二
		個人	3	1.02.54	2	1.08.05	6	1.05.56	3	1.03.43	3	1.13.58	3	1.00.22	7	1.07.07	4	1.07.48	1	1.10.17	8	1.07.56
		チーム	3	1.02.54	3	2.10.59	3	3.16.55	3	4.20.38	3	5.34.36	3	1.00.22	5	2.07.29	5	3.15.17	3	4.25.34	3	5.33.30
		総合	3	1.02.54	3	2.10.59	3	3.16.55	3	4.20.38	3	5.34.36	2	6.34.58	3	7.42.05	3	8.49.53	3	10.00.10	3	11.08.06
4	中央	走者	2	桐崎 真二	1	松田 和宏	3	武井 康真	4	高梨 信介	2	川波 貴臣	4	片渕 博文	2	前田 了二	1	榎木 和貴	3	佐藤 信之	3	菅 陽一郎
		個人	5	1.03.16	4	1.09.53	3	1.04.40	4	1.04.47	10	1.15.49	10	1.01.45	5	1.06.25	1	1.06.31	10	1.12.56	4	1.07.16
		チーム	5	1.03.16	4	2.13.09	4	3.17.49	4	4.22.36	4	5.38.25	10	1.01.45	7	2.08.10	3	3.14.41	4	4.27.37	4	5.34.53
		総合	5	1.03.16	4	2.13.09	4	3.17.49	4	4.22.36	4	5.38.25	4	6.40.10	4	7.46.35	4	8.53.06	4	10.06.02	4	11.13.18
5	東海	走者	4	永村 智明	3	小出 真義	3	小野 直樹	2	高瀬 晋治	2	田口 茂和	2	鈴木 隆	1	吉田 正幸	1	小椋 英樹	2	鈴木 和成	4	日高 真吾
		個人	4	1.03.06	10	1.11.05	8	1.06.04	9	1.06.10	14	1.16.43	5	1.00.44	16	1.08.51	12	1.09.20	4	1.11.18	3	1.07.06
		チーム	4	1.03.06	7	2.14.11	5	3.20.15	5	4.26.25	10	5.43.08	5	1.00.44	11	2.09.35	12	3.18.55	7	4.30.13	5	5.37.19
		総合	4	1.03.06	7	2.14.11	5	3.20.15	5	4.26.25	10	5.43.08	7	6.43.52	9	7.52.43	10	9.02.03	6	10.13.21	5	11.20.27
6	専修	走者	4	松村 泰幸	3	渡辺 靖	1	中原 大輔	2	渡辺 誠	3	高木 展	1	小栗 一秀	3	木佐 充伸	2	瀬戸 八州	4	松本 正樹	4	山本 康広
		個人	7	1.03.25	7	1.10.37	11	1.06.42	13	1.07.05	4	1.14.24	6	1.00.54	3	1.05.36	9	1.08.46	12	1.13.45	14	1.09.52
		チーム	7	1.03.25	5	2.14.02	7	3.20.44	9	4.27.49	7	5.42.13	6	1.00.54	3	2.06.30	4	3.15.16	6	4.29.01	9	5.38.53
		総合	7	1.03.25	5	2.14.02	7	3.20.44	9	4.27.49	7	5.42.13	5	6.43.07	5	7.48.43	5	8.57.29	5	10.11.14	6	11.21.06
7	神奈川	走者	3	中野 剛	3	梶山 暢之	2	田淵 哲也	3	金子 長久	1	近藤 重勝	2	友納 由博	1	市川 大輔	1	中川 真一	3	初鹿野 充	4	上条 敦史
		個人	13	1.04.54	9	1.10.58	14	1.07.29	6	1.05.47	2	1.13.41	8	1.01.19	11	1.07.53	11	1.09.11	8	1.12.41	6	1.07.43
		チーム	13	1.04.54	12	2.15.52	13	3.23.21	11	4.29.08	9	5.42.49	8	1.01.19	10	2.09.12	8	3.18.23	9	4.31.04	8	5.38.47
		総合	13	1.04.54	12	2.15.52	13	3.23.21	11	4.29.08	9	5.42.49	8	6.44.08	7	7.52.01	7	9.01.12	8	10.13.53	7	11.21.36
8	日本体育	走者	1	野田 道胤	4	松井 紀仁	4	木村 文祐	3	緒方 寿和	1	児玉 弘幸	4	永山 稔朗	3	城井 秀光	4	松村 茂樹	2	平山 勝重	2	神場 忠勝
		個人	14	1.05.07	5	1.10.04	9	1.06.37	5	1.04.56	7	1.15.06	17	1.03.43	9	1.07.40	7	1.08.29	6	1.12.19	10	1.08.24
		チーム	14	1.05.07	10	2.15.11	11	3.21.48	7	4.26.44	6	5.41.50	17	1.03.43	16	2.11.23	13	3.19.52	13	4.32.11	11	5.40.35
		総合	14	1.05.07	10	2.15.11	11	3.21.48	7	4.26.44	6	5.41.50	10	6.45.33	10	7.53.13	8	9.01.42	9	10.14.01	8	11.22.25
9	日本	走者	3	川崎 光年	3	川内 勝弘	2	水田 貴士	4	芳本 三靖	3	小池 義之	3	小川 宏樹	2	山本 豪	2	沼尻 英昭	4	岡島 由明	3	前田 重信
		個人	6	1.03.22	11	1.11.11	7	1.06.02	7	1.05.55	11	1.15.59	4	1.00.42	12	1.08.16	6	1.08.27	13	1.13.49	13	1.09.32
		チーム	6	1.03.22	8	2.14.33	6	3.20.35	6	4.26.30	8	5.42.29	4	1.00.42	9	2.08.58	7	3.17.25	10	4.31.14	12	5.40.46
		総合	6	1.03.22	8	2.14.33	6	3.20.35	6	4.26.30	8	5.42.29	6	6.43.11	6	7.51.27	6	8.59.54	7	10.13.43	9	11.23.15
10	法政	走者	2	有隅 剛志	2	磯松 大輔	2	山口 哲	2	立川 剛士	4	斎藤 茂	1	奥脇 州一	3	結城 和彦	1	川西 康弘	3	宮田 修一	3	竹内 一晴
		個人	10	1.04.26	8	1.10.40	15	1.07.32	9	1.06.10	13	1.16.41	11	1.02.10	4	1.05.52	18	1.10.48	5	1.11.46	5	1.07.33
		チーム	10	1.04.26	9	2.15.06	12	3.22.38	10	4.28.48	11	5.45.29	11	1.02.10	6	2.08.02	11	3.18.50	8	4.30.36	6	5.38.09
		総合	10	1.04.26	9	2.15.06	12	3.22.38	10	4.28.48	11	5.45.29	11	6.47.39	11	7.53.31	12	9.04.19	10	10.16.05	10	11.23.38
11	駒澤	走者	4	鎌込 和成	3	吉本 輝夫	2	高田 昌徳	1	長壁 丈	1	森田 昌宏	3	今西 敦司	1	樋口 優司	1	山下 秀人	3	有地 毅	4	江口 秀樹
		個人	15	1.05.28	15	1.11.33	2	1.04.27	18	1.08.57	16	1.17.15	9	1.01.37	15	1.08.38	5	1.08.21	9	1.12.51	7	1.07.48
		チーム	15	1.05.28	15	2.17.01	10	3.21.28	13	4.30.25	14	5.47.40	9	1.01.37	12	2.10.15	9	3.18.36	12	4.31.27	10	5.39.15
		総合	15	1.05.28	15	2.17.01	10	3.21.28	13	4.30.25	14	5.47.40	14	6.49.17	14	7.57.55	13	9.06.16	14	10.19.07	11	11.26.55
12	亜細亜	走者	2	ビズネ・Y.T.	3	宮本 善史	3	柴田 伸一	3	梅田 勝	4	石井 信幸	4	北口 学	4	関口 泰彦	4	古井 康洋	2	村田 幸輝	4	高野 公博
		個人	11	1.04.26	14	1.11.29	5	1.04.54	19	1.09.14	18	1.18.23	1	1.00.13	6	1.06.26	8	1.08.40	11	1.12.58	16	1.10.14
		チーム	11	1.04.26	13	2.15.55	8	3.20.49	12	4.30.03	15	5.48.26	1	1.00.13	4	2.06.39	6	3.15.19	5	4.28.17	7	5.38.31
		総合	11	1.04.26	13	2.15.55	8	3.20.49	12	4.30.03	15	5.48.26	13	6.48.39	12	7.55.05	11	9.03.45	11	10.16.43	12	11.26.57
13	東京農業	走者	4	藤野 英之	4	宇都 英雄	2	加藤 俊英	2	日向 栄次	1	和田 光弘	3	青沼 克之	2	棚瀬 亮治	2	大森 光晴	4	田代 尚樹	2	末永 貴史
		個人	8	1.03.28	6	1.10.35	12	1.07.08	8	1.06.02	5	1.14.36	16	1.03.39	8	1.07.12	13	1.09.21	19	1.16.52	12	1.09.24
		チーム	8	1.03.28	6	2.14.03	9	3.21.11	8	4.27.13	5	5.41.49	16	1.03.39	13	2.10.51	14	3.20.12	16	4.37.04	16	5.46.28
		総合	8	1.03.28	6	2.14.03	9	3.21.11	8	4.27.13	5	5.41.49	9	6.45.28	8	7.52.40	9	9.02.01	13	10.18.53	13	11.28.17
14	国士舘	走者	4	中川 孝浩	4	石山 薫	4	山田 憲一	3	松本 茂明	3	山田 実	2	北沢 斉	4	武田 和則	2	三浦 正幸	3	菅原 和幸	2	森山 昭宏
		個人	9	1.03.54	16	1.11.54	20	1.08.28	11	1.06.14	15	1.17.01	7	1.01.06	10	1.07.42	15	1.10.00	7	1.12.32	17	1.10.17
		チーム	9	1.03.54	11	2.15.48	15	3.24.16	14	4.30.30	13	5.47.31	7	1.01.06	8	2.08.48	10	3.18.48	11	4.31.20	13	5.41.37
		総合	9	1.03.54	11	2.15.48	15	3.24.16	14	4.30.30	13	5.47.31	12	6.48.37	13	7.56.19	14	9.06.19	12	10.18.51	14	11.29.08
15	東洋	走者	2	斎藤 洋一	4	奥泉 伸	2	松山 克敏	2	後城 英明	2	小山 強志	3	永井 洋光	1	竹内 秀和	4	小倉 健	3	田尻 竜也	3	後藤 正樹
		個人	16	1.06.17	12	1.11.18	16	1.07.46	12	1.06.25	8	1.15.26	20	1.06.02	18	1.09.02	17	1.10.08	14	1.14.52	11	1.08.46
		チーム	16	1.06.17	16	2.17.35	16	3.25.21	16	4.31.46	12	5.47.12	20	1.06.02	19	2.15.04	19	3.25.12	18	4.40.04	17	5.48.50
		総合	16	1.06.17	16	2.17.35	16	3.25.21	16	4.31.46	12	5.47.12	15	6.53.14	15	8.02.16	15	9.12.24	15	10.27.16	15	11.36.02
16	中央学院	走者	4	福田 悟司	3	町田 次雄	2	高橋 秀治	2	小山 誠	3	森川 千秋	2	森 喜久雄	4	上西 大介	4	河野 寛治	2	宮川 篤史	2	戸島 啓介
		個人	19	1.08.04	18	1.12.21	17	1.07.55	15	1.07.46	12	1.16.10	15	1.03.03	17	1.08.53	10	1.09.05	15	1.15.07	15	1.10.11
		チーム	19	1.08.04	18	2.20.25	18	3.28.20	18	4.36.06	18	5.52.16	15	1.03.03	17	2.11.56	16	3.21.01	15	4.36.08	15	5.46.19
		総合	19	1.08.04	18	2.20.25	18	3.28.20	18	4.36.06	18	5.52.16	17	6.55.19	16	8.04.12	16	9.13.17	16	10.28.24	16	11.38.35
17	関東学院	走者	3	伊藤 和彦	3	篠原 博	3	斎藤 圭	3	藤本 幹人	4	山崎 孝寛	1	小泉 賢哉	3	黒田 明嗣	3	金子 寿雄	3	蔦野 悟	4	塚田 聡
		個人	17	1.07.41	17	1.12.09	19	1.08.14	16	1.07.52	9	1.15.47	19	1.04.29	18	1.09.02	16	1.10.04	20	1.17.50	18	1.10.34
		チーム	17	1.07.41	17	2.19.50	17	3.28.04	17	4.35.56	17	5.51.43	19	1.04.29	18	2.13.31	18	3.23.35	19	4.41.25	18	5.51.59
		総合	17	1.07.41	17	2.19.50	17	3.28.04	17	4.35.56	17	5.51.43	18	6.56.12	17	8.05.14	17	9.15.18	17	10.33.08	17	11.43.42
18	大東文化	走者	4	松苗 明	4	田島 励	4	新井 智幸	2	白井 文雄	2	原田 幸雄	3	豊島 美幸	4	高橋 雄志	2	加々見雄三	3	原島 貴男	1	池谷 真輝
		個人	20	1.08.37	20	1.15.05	10	1.06.38	14	1.07.40	20	1.23.11	14	1.02.51	14	1.08.28	13	1.09.21	16	1.15.08	9	1.08.08
		チーム	20	1.08.37	20	2.23.42	20	3.30.20	19	4.38.00	20	6.01.11	14	1.02.51	15	2.11.19	15	3.20.40	14	4.35.48	14	5.43.56
		総合	20	1.08.37	20	2.23.42	20	3.30.20	19	4.38.00	20	6.01.11	20	7.04.02	20	8.12.30	20	9.21.51	20	10.36.59	18	11.45.07
19	慶應義塾	走者	3	神田 大	4	片岡 孝昭	4	金谷 明憲	2	桜井 友晶	2	谷垣 秀将	4	伯野 雅和	3	関西 智之	2	新井 幸雄	1	若松 鉄也	4	若森 誠
		個人	18	1.07.51	19	1.13.05	18	1.07.57	20	1.09.18	19	1.19.55	12	1.02.38	13	1.08.26	19	1.11.44	17	1.15.58	19	1.11.40
		チーム	18	1.07.51	19	2.20.56	19	3.28.53	20	4.38.11	19	5.58.06	12	1.02.38	14	2.11.04	17	3.22.48	17	4.38.46	18	5.50.26
		総合	18	1.07.51	19	2.20.56	19	3.28.53	20	4.38.11	19	5.58.06	19	7.00.44	19	8.09.10	19	9.20.54	19	10.36.52	19	11.48.32
20	筑波	走者	4	千葉 信彦	3	堀尾 典臣	3	山本 泰明	4	山田 泰嗣	1	前島 啓一	1	松麿 浩	2	佐瀬日出夫	1	上田 潔史	4	中垣内真樹	1	井上 忠士
		個人	12	1.04.47	13	1.11.23	13	1.07.13	17	1.08.22	17	1.17.37	18	1.04.24	20	1.12.46	20	1.12.05	18	1.16.46	20	1.13.17
		チーム	12	1.04.47	14	2.16.10	14	3.23.23	15	4.31.45	16	5.49.22	18	1.04.24	20	2.17.10	20	3.29.15	20	4.46.01	20	5.59.18
		総合	12	1.04.47	14	2.16.10	14	3.23.23	15	4.31.45	16	5.49.22	16	6.53.46	18	8.06.32	18	9.18.37	18	10.35.23	20	11.48.40

第71回　1995年(平成7年)1月2日～3日　総距離：214.7km　往路：107.2km　復路：107.5km

順	大学名		往路										復路									
			1区 (21.3km)		2区 (23.0km)		3区 (21.3km)		4区 (20.9km)		5区 (20.7km)		6区 (20.7km)		7区 (21.2km)		8区 (21.3km)		9区 (23.0km)		10区 (21.3km)	
1	山梨学院	走者	2	中村 祐二	3	S. マヤカ	1	中馬 大輔	4	井幡 政等	4	小椋 誠	3	藤脇 友介	2	国増 尚吾	3	児玉 聡	3	平田 雅人	4	瀬戸 優之
		個人	1	1.01.32	2	*1.07.20*	6	1.05.32	2	*1.02.00*	6	1.14.59	1	59.40	1	1.04.38	12	1.10.24	2	1.11.10	3	1.06.31
		チーム	1	1.01.32	1	2.08.52	2	3.14.24	2	4.16.24	2	5.31.23	1	59.40	1	2.04.18	4	3.14.42	2	4.25.52	2	5.32.23
		総合	**1**	**1.01.32**	**1**	**2.08.52**	**2**	**3.14.24**	**2**	**4.16.24**	**2**	**5.31.23**	**1**	**6.31.03**	**1**	**7.35.41**	**2**	**8.46.05**	**1**	**9.57.15**	**1**	**11.03.46**
2	早稲田	走者	1	荒川 誠	3	渡辺 康幸	4	小林 正幹	2	小林 雅幸	4	小林 修	1	足立 俊治	2	藤井 一博	4	後宮 正幸	4	大関 篤史	3	小倉 圭介
		個人	9	1.03.33	1	*1.06.48*	1	*1.02.49*	1	*1.01.35*	5	1.14.51	13	1.03.05	3	1.05.51	3	1.07.30	5	1.11.41	7	1.08.05
		チーム	9	1.03.33	2	2.10.21	1	3.13.10	1	4.14.45	1	5.29.36	13	1.03.05	9	2.08.56	6	3.16.26	5	4.28.07	6	5.36.12
		総合	**9**	**1.03.33**	**2**	**2.10.21**	**1**	**3.13.10**	**1**	**4.14.45**	**1**	**5.29.36**	**2**	**6.32.41**	**2**	**7.38.32**	**1**	**8.46.02**	**2**	**9.57.43**	**2**	**11.05.48**
3	中央	走者	3	前田 了二	2	松田 和宏	4	武井 康真	3	網崎 真二	1	尾方 拳志	2	工藤 利寿	1	小林 渉	2	榎木 和貴	4	菅 陽一郎	4	佐藤 信之
		個人	5	1.03.12	4	1.08.47	13	1.06.54	4	1.04.02	3	1.13.45	3	1.00.09	10	1.07.36	1	*1.06.03*	1	1.10.35	1	1.05.33
		チーム	5	1.03.12	4	2.11.59	8	3.18.53	5	4.22.55	5	5.36.40	3	1.00.09	7	2.07.45	1	3.13.48	1	4.24.23	1	5.29.56
		総合	**5**	**1.03.12**	**4**	**2.11.59**	**8**	**3.18.53**	**5**	**4.22.55**	**5**	**5.36.40**	**4**	**6.36.49**	**4**	**7.44.25**	**3**	**8.50.28**	**3**	**10.01.03**	**3**	**11.06.36**
4	日本	走者	4	川内 勝弘	3	水田 貴士	4	前田 重信	4	堀尾 貴幸	1	細井 良則	3	渡辺 源仁	4	川崎 光年	3	沼尻 英昭	2	山本 正樹	3	山本 豪
		個人	3	1.03.11	7	1.09.42	5	1.05.26	10	1.06.03	9	1.15.39	9	1.01.10	2	1.04.39	5	1.08.15	7	1.12.30	4	1.06.34
		チーム	3	1.03.11	7	2.12.53	6	3.18.19	7	4.24.22	8	5.40.01	9	1.01.10	2	2.05.49	2	3.14.04	3	4.26.34	3	5.33.08
		総合	**3**	**1.03.11**	**7**	**2.12.53**	**6**	**3.18.19**	**7**	**4.24.22**	**8**	**5.40.01**	**7**	**6.41.11**	**6**	**7.45.50**	**5**	**8.54.05**	**5**	**10.06.35**	**4**	**11.13.09**
5	日本体育	走者	2	野田 道胤	4	緒方 寿和	1	伊藤 敦	3	前田 定之	2	児玉 弘幸	3	神場 忠勝	4	小島 秀夫	1	宇野 淳	3	平山 勝重	4	城井 秀光
		個人	2	1.02.56	6	1.09.41	7	1.05.37	9	1.05.36	8	1.15.32	6	1.00.43	6	1.07.09	6	1.08.43	4	1.11.37	2	1.06.26
		チーム	2	1.02.56	5	2.12.37	5	3.18.14	6	4.23.50	6	5.39.22	6	1.00.43	6	2.07.52	7	3.16.35	6	4.28.12	4	5.34.38
		総合	**2**	**1.02.56**	**5**	**2.12.37**	**5**	**3.18.14**	**6**	**4.23.50**	**6**	**5.39.22**	**6**	**6.40.05**	**7**	**7.47.14**	**8**	**8.55.57**	**7**	**10.07.34**	**5**	**11.14.00**
6	神奈川	走者	3	友納 由博	4	中野 剛	4	梶山 暢之	1	牧 宏一	2	近藤 重勝	3	洲崎 幸雄	4	金子 長久	3	重田 真孝	4	初鹿野 充	2	市川 大輔
		個人	11	1.03.51	10	1.11.48	4	1.05.24	8	1.05.15	1	1.13.21	10	1.01.34	9	1.07.27	2	1.06.59	3	1.11.16	6	1.07.47
		チーム	11	1.03.51	10	2.15.39	9	3.21.03	10	4.26.18	7	5.39.39	10	1.01.34	10	2.09.01	5	3.16.00	4	4.27.16	5	5.35.03
		総合	**11**	**1.03.51**	**10**	**2.15.39**	**9**	**3.21.03**	**10**	**4.26.18**	**7**	**5.39.39**	**8**	**6.41.13**	**8**	**7.48.40**	**7**	**8.55.39**	**6**	**10.06.55**	**6**	**11.14.42**
7	専修	走者	2	中原 大輔	4	渡辺 靖	4	池田 義幸	2	三瓶 智	4	高木 展	2	小栗 一秀	4	木佐 充伸	1	福永 勝彦	3	小西 純	1	魚住 直毅
		個人	8	1.03.18	5	1.09.32	2	1.04.56	5	1.04.35	2	1.13.36	11	1.01.39	11	1.07.39	8	1.09.13	11	1.13.29	10	1.09.11
		チーム	8	1.03.18	6	2.12.50	3	3.17.46	4	4.22.21	3	5.35.57	11	1.01.39	12	2.09.18	11	3.18.31	11	4.32.00	9	5.41.11
		総合	**8**	**1.03.18**	**6**	**2.12.50**	**3**	**3.17.46**	**4**	**4.22.21**	**3**	**5.35.57**	**5**	**6.37.36**	**5**	**7.45.15**	**6**	**8.54.28**	**8**	**10.07.57**	**7**	**11.17.08**
8	東海	走者	4	小野 直樹	4	小出 真義	3	高瀬 晋治	3	土持 康博	2	秋場 実	3	鈴木 隆	2	横山 景	2	小椋 英樹	3	鈴木 和成	2	志田 淳
		個人	4	1.03.11	12	1.11.57	11	1.06.15	6	1.04.46	15	1.17.44	7	1.00.53	4	1.06.02	11	1.09.53	8	1.12.34	5	1.07.29
		チーム	4	1.03.11	9	2.15.08	10	3.21.23	9	4.26.09	11	5.43.53	7	1.00.53	3	2.06.55	8	3.16.48	8	4.29.22	7	5.36.51
		総合	**4**	**1.03.11**	**9**	**2.15.08**	**10**	**3.21.23**	**9**	**4.26.09**	**11**	**5.43.53**	**10**	**6.44.46**	**10**	**7.50.48**	**9**	**9.00.41**	**9**	**10.13.15**	**8**	**11.20.44**
9	東京農業	走者	3	加藤 俊英	3	日向 栄次	4	木暮 貞行	2	王鞍 克巳	2	和田 光弘	3	森重 真	3	末永 貴史	2	鈴木 健弘	3	棚瀬 亮治	4	松尾 智
		個人	7	1.03.18	8	1.10.09	3	1.05.17	14	1.07.21	10	1.15.42	8	1.00.56	8	1.07.16	15	1.14.16	6	1.12.08	14	1.10.28
		チーム	7	1.03.18	8	2.13.27	7	3.18.44	8	4.26.05	9	5.41.47	8	1.00.56	8	2.08.12	13	3.22.28	12	4.34.36	11	5.45.04
		総合	**7**	**1.03.18**	**8**	**2.13.27**	**7**	**3.18.44**	**8**	**4.26.05**	**9**	**5.41.47**	**9**	**6.42.43**	**9**	**7.49.59**	**10**	**9.04.15**	**10**	**10.16.23**	**9**	**11.26.51**
10	東洋	走者	1	千原 詩郎	3	小山 強志	3	斎藤 洋一	2	星野 隆男	3	松山 克敏	1	佐藤 武	2	小沢希久雄	1	石川 高伸	4	小平 剛志	1	大坪 優
		個人	13	1.05.06	13	1.12.47	8	1.05.52	15	1.07.54	13	1.17.10	2	59.45	7	1.07.12	10	1.09.51	12	1.13.30	8	1.08.09
		チーム	13	1.05.06	14	2.17.53	13	3.23.45	14	4.31.39	14	5.48.49	2	59.45	4	2.06.57	8	3.16.48	9	4.30.18	8	5.38.27
		総合	**13**	**1.05.06**	**14**	**2.17.53**	**13**	**3.23.45**	**14**	**4.31.39**	**14**	**5.48.49**	**12**	**6.48.34**	**11**	**7.55.46**	**11**	**9.05.37**	**11**	**10.19.07**	**10**	**11.27.16**
11	亜細亜	走者	4	神宮 誠治	3	村田 幸輝	2	金沢 貴	3	ビズネ・Y.T.	1	菅野 邦彰	3	清水 慎吾	4	飯塚 透	2	板橋 英治	2	本田 博一	2	玉野 邦彦
		個人	10	1.03.44	13	1.12.47	9	1.06.00	7	1.05.04	7	1.15.26	15	1.04.20	14	1.09.14	13	1.10.37	15	1.15.27	13	1.10.19
		チーム	10	1.03.44	11	2.16.31	11	3.22.31	11	4.27.35	10	5.43.01	15	1.04.20	15	2.13.34	14	3.24.11	15	4.39.38	14	5.49.57
		総合	**10**	**1.03.44**	**11**	**2.16.31**	**11**	**3.22.31**	**11**	**4.27.35**	**10**	**5.43.01**	**11**	**6.47.21**	**12**	**7.56.35**	**12**	**9.07.12**	**12**	**10.22.39**	**11**	**11.32.58**
12	中央学院	走者	4	町田 次雄	4	森川 千秋	2	上西 陽介	4	須藤 和男	1	沼田 成弘	3	森 喜久雄	3	戸島 啓介	3	小山 誠	3	高橋 秀治	3	山本 宏伸
		個人	12	1.05.00	9	1.11.45	14	1.06.55	13	1.07.05	12	1.16.39	12	1.02.25	15	1.09.25	14	1.13.10	9	1.13.20	9	1.08.26
		チーム	12	1.05.00	12	2.16.45	12	3.23.40	13	4.30.45	12	5.47.24	12	1.02.25	13	2.11.50	15	3.25.00	14	4.38.20	12	5.46.46
		総合	**12**	**1.05.00**	**12**	**2.16.45**	**12**	**3.23.40**	**13**	**4.30.45**	**12**	**5.47.24**	**13**	**6.49.49**	**13**	**7.59.14**	**14**	**9.12.24**	**14**	**10.25.44**	**12**	**11.34.10**
13	駒澤	走者	4	吉本 輝夫	2	山下 秀人	3	高田 昌徳	1	足立 康光	2	森田 昌宏	4	今西 敦司	1	吉田 慎一	2	藤野 博英	3	伊藤 一洋	1	藤田 幸則
		個人	14	1.05.11	11	1.11.49	15	1.07.22	10	1.06.03	14	1.17.24	14	1.03.56	13	1.08.35	9	1.09.25	14	1.15.09	11	1.09.49
		チーム	14	1.05.11	13	2.17.00	14	3.24.22	12	4.30.25	13	5.47.49	14	1.03.56	14	2.12.31	12	3.21.56	13	4.37.05	13	5.46.54
		総合	**14**	**1.05.11**	**13**	**2.17.00**	**14**	**3.24.22**	**12**	**4.30.25**	**13**	**5.47.49**	**14**	**6.51.45**	**14**	**8.00.20**	**13**	**9.09.45**	**13**	**10.24.54**	**13**	**11.34.43**
14	大東文化	走者	2	池谷 真輝	3	田中 康秀	2	小林 教邦	2	高橋 宏幸	3	白井 文雄	3	加々見雄三	3	原田 幸雄	1	柳谷 昭二	4	原島 貴男	1	石井 信弘
		個人	15	1.05.44	15	1.21.14	12	1.06.52	12	1.06.58	11	1.15.43	5	1.00.29	12	1.08.32	7	1.09.08	10	1.13.21	12	1.10.08
		チーム	15	1.05.44	15	2.26.58	15	3.33.50	15	4.40.48	15	5.56.31	5	1.00.29	10	2.09.01	10	3.18.09	10	4.31.30	10	5.41.38
		総合	**15**	**1.05.44**	**15**	**2.26.58**	**15**	**3.33.50**	**15**	**4.40.48**	**15**	**5.56.31**	**15**	**6.57.00**	**15**	**8.05.32**	**15**	**9.14.40**	**15**	**10.28.01**	**14**	**11.38.09**
棄	順天堂	走者	3	安永 淳一	4	高橋 健一	2	内山 孝之	4	伊藤 克昌	3	相沢 克之	4	泉 亘	4	西木場優二	4	鈴木 康文	2	鈴木 一弥	2	浜野 健
		個人	6	1.03.15	3	1.08.38	10	1.06.02	3	1.03.52	4	1.14.23	4	1.00.24	5	1.06.41	4	1.07.36	13	1.13.42		途中棄権
		チーム	6	1.03.15	3	2.11.53	4	3.17.55	3	4.21.47	4	5.36.10	4	1.00.24	5	2.07.05	3	3.14.41	7	4.28.23		記録なし
		総合	**6**	**1.03.15**	**3**	**2.11.53**	**4**	**3.17.55**	**3**	**4.21.47**	**4**	**5.36.10**	**3**	**6.36.34**	**3**	**7.43.15**	**4**	**8.50.51**	**4**	**10.04.33**		**記録なし**

第72回　1996年(平成8年)1月2日～3日　総距離：214.7km　往路：107.2km　復路：107.5km

順	大学名		往路										復路									
			1区(21.8km)		2区(25.2km)		3区(22.2km)		4区(21.9km)		5区(21.4km)		6区(21.4km)		7区(21.9km)		8区(22.2km)		9区(25.2km)		10区(21.8km)	
1	中央	走者	1	石本 文人	3	松田 和宏	2	新名 貴弘	3	榎木 和貴	2	尾方 拳志	3	工藤 利寿	3	前田 敬樹	4	川波 貴臣	4	綱崎 真二	2	大成 貴之
		個人	11	1.04.32	2	1.08.29	12	1.06.05	1	1.02.15	3	1.12.10	1	59.59	3	1.05.46	1	*1.05.48*	4	1.12.04	2	1.07.07
		チーム	11	1.04.32	2	2.13.01	6	3.19.06	2	4.21.21	2	5.33.31	1	59.59	2	2.05.45	1	3.11.33	1	4.23.37	1	5.30.44
		総合	**11**	**1.04.32**	**2**	**2.13.01**	**6**	**3.19.06**	**2**	**4.21.21**	**2**	**5.33.31**	**1**	**6.33.30**	**1**	**7.39.16**	**1**	**8.45.04**	**1**	**9.57.08**	**1**	**11.04.15**
2	早稲田	走者	2	梅木 蔵雄	4	渡辺 康幸	2	中村 英幸	3	藤井 一博	3	小林 雅幸	2	新井 正浩	1	山崎 慎治	3	村松 大吾	2	荒川 誠	4	小倉 圭介
		個人	9	1.04.03	1	1.06.54	7	1.05.25	6	1.04.27	1	*1.10.27*	12	1.02.30	2	1.05.35	3	1.08.04	4	1.12.04	11	1.09.23
		チーム	9	1.04.03	1	2.10.57	1	3.16.22	1	4.20.49	1	5.31.16	12	1.02.30	7	2.08.05	3	3.16.09	3	4.28.13	5	5.37.36
		総合	**9**	**1.04.03**	**1**	**2.10.57**	**1**	**3.16.22**	**1**	**4.20.49**	**1**	**5.31.16**	**2**	**6.33.46**	**2**	**7.39.21**	**2**	**8.47.25**	**2**	**9.59.29**	**2**	**11.08.52**
3	順天堂	走者	1	三代 直樹	3	浜野 健	4	安永 淳一	3	鈴木 一弥	4	相沢 克之	1	室 政敬	2	大崎 一就	1	大橋 真一	3	菅野 悟史	3	内山 孝之
		個人	3	1.03.33	13	1.12.05	8	1.05.26	9	1.05.30	5	1.12.50	7	1.01.24	10	1.07.21	7	1.08.20	9	1.12.53	3	1.07.17
		チーム	3	1.03.33	12	2.15.38	10	3.21.04	9	4.26.34	6	5.39.24	7	1.01.24	9	2.08.45	6	3.17.05	7	4.29.58	4	5.37.15
		総合	**3**	**1.03.33**	**12**	**2.15.38**	**10**	**3.21.04**	**9**	**4.26.34**	**6**	**5.39.24**	**6**	**6.40.48**	**7**	**7.48.09**	**6**	**8.56.29**	**6**	**10.09.22**	**3**	**11.16.39**
4	東海	走者	3	吉田 正幸	3	志田 淳	1	高橋 尚孝	3	横山 景	4	土持 康博	4	鈴木 隆	2	西沢 洋務	4	鈴木 政徳	4	鈴木 和成	1	高塚 和利
		個人	8	1.03.59	14	1.12.07	10	1.06.02	2	1.02.54	4	1.12.28	3	1.00.27	9	1.07.15	10	1.09.01	12	1.13.53	6	1.08.43
		チーム	8	1.03.59	13	2.16.06	11	3.22.08	7	4.25.02	3	5.37.30	3	1.00.27	4	2.07.42	5	3.16.43	8	4.30.36	7	5.39.19
		総合	**8**	**1.03.59**	**13**	**2.16.06**	**11**	**3.22.08**	**7**	**4.25.02**	**3**	**5.37.30**	**3**	**6.37.57**	**3**	**7.45.12**	**3**	**8.54.13**	**4**	**10.08.06**	**4**	**11.16.49**
5	大東文化	走者	2	柳谷 昭二	3	池谷 真輝	4	田中 康秀	2	池谷 寛之	4	白井 文雄	4	加々見雄三	2	渡辺 篤志	1	萩原 英之	3	鈴木 孝雄	3	小林 教邦
		個人	10	1.04.08	11	1.11.17	6	1.05.23	3	1.03.58	9	1.14.42	6	1.00.45	11	1.07.23	6	1.08.17	6	1.12.29	8	1.08.54
		チーム	10	1.04.08	10	2.15.25	9	3.20.48	4	4.24.46	7	5.39.28	6	1.00.45	8	2.08.08	4	3.16.25	4	4.28.54	6	5.37.48
		総合	**10**	**1.04.08**	**10**	**2.15.25**	**9**	**3.20.48**	**4**	**4.24.46**	**7**	**5.39.28**	**5**	**6.40.13**	**6**	**7.47.36**	**5**	**8.55.53**	**5**	**10.08.22**	**5**	**11.17.16**
6	法政	走者	2	糸山 二朗	4	磯松 大輔	2	武本 譲治	4	有隅 剛志	2	荒井 伸次	1	藤巻 耕太	3	遠藤 英典	3	川西 康弘	4	立川 剛士	2	田中 健一
		個人	6	1.03.51	7	1.10.05	5	1.04.38	3	1.03.58	11	1.15.20	8	1.01.29	6	1.06.21	11	1.09.26	7	1.12.41	14	1.10.28
		チーム	6	1.03.51	5	2.13.56	4	3.18.34	3	4.22.32	4	5.37.52	8	1.01.29	5	2.07.50	8	3.17.16	6	4.29.57	9	5.40.25
		総合	**6**	**1.03.51**	**5**	**2.13.56**	**4**	**3.18.34**	**3**	**4.22.32**	**4**	**5.37.52**	**4**	**6.39.21**	**4**	**7.45.42**	**4**	**8.55.08**	**3**	**10.07.49**	**6**	**11.18.17**
7	亜細亜	走者	4	ビズネ・Y.T.	2	菅野 邦彰	3	金沢 貴	1	帯刀 秀幸	1	藤井 貴紀	1	池谷 重喜	3	野口 憲司	3	沼口 寛	4	村田 幸輝	2	伊藤 幸一
		個人	1	1.03.26	5	1.09.41	13	1.06.48	11	1.05.59	8	1.14.29	3	1.00.27	4	1.05.58	15	1.10.44	10	1.13.39	7	1.08.47
		チーム	1	1.03.26	3	2.13.07	8	3.19.55	8	4.25.54	8	5.40.23	3	1.00.27	3	2.06.25	7	3.17.09	9	4.30.48	8	5.39.35
		総合	**1**	**1.03.26**	**3**	**2.13.07**	**8**	**3.19.55**	**8**	**4.25.54**	**8**	**5.40.23**	**7**	**6.40.50**	**5**	**7.46.48**	**8**	**8.57.32**	**7**	**10.11.11**	**7**	**11.19.58**
8	東京農業	走者	4	加藤 俊英	4	日向 栄次	3	本田 義治	3	王鞍 克巳	3	和田 光弘	3	北川 寿雅	1	大原 桂一	4	大家 清孝	4	棚瀬 亮治	1	酒井 政人
		個人	4	1.03.40	4	1.09.28	9	1.05.49	12	1.06.03	7	1.13.06	15	1.04.19	7	1.06.43	3	1.08.04	13	1.14.00	13	1.09.38
		チーム	4	1.03.40	4	2.13.08	5	3.18.57	6	4.25.00	5	5.38.06	15	1.04.19	13	2.11.02	12	3.19.06	13	4.33.06	13	5.42.44
		総合	**4**	**1.03.40**	**4**	**2.13.08**	**5**	**3.18.57**	**6**	**4.25.00**	**5**	**5.38.06**	**8**	**6.42.25**	**8**	**7.49.08**	**7**	**8.57.12**	**8**	**10.11.12**	**8**	**11.20.50**
9	日本体育	走者	4	神場 忠勝	3	野田 道胤	1	玉目 隆博	1	田口 篤	3	児玉 弘幸	1	堀本 修司	4	赤間 俊勝	2	青柳 友博	4	平山 勝重	2	宇野 淳
		個人	12	1.04.40	8	1.10.50	14	1.07.13	8	1.05.24	12	1.15.44	14	1.03.24	12	1.07.48	13	1.10.02	3	1.11.26	4	1.07.51
		チーム	12	1.04.40	11	2.15.30	14	3.22.43	11	4.28.07	11	5.43.51	14	1.03.24	14	2.11.12	15	3.21.14	12	4.32.40	10	5.40.31
		総合	**12**	**1.04.40**	**11**	**2.15.30**	**14**	**3.22.43**	**11**	**4.28.07**	**11**	**5.43.51**	**12**	**6.47.15**	**12**	**7.55.03**	**12**	**9.05.05**	**10**	**10.16.31**	**9**	**11.24.22**
10	専修	走者	3	中原 大輔	3	三瓶 智	4	小西 純	2	湯浅 竜雄	4	瀬戸 八州	3	小栗 一秀	1	今井 秀和	2	福永 勝彦	2	藤原 正昭	4	鈴木 利弘
		個人	5	1.03.45	9	1.10.56	4	1.04.29	10	1.05.39	13	1.15.59	9	1.01.57	15	1.10.49	2	1.07.40	8	1.12.45	15	1.10.47
		チーム	5	1.03.45	7	2.14.41	7	3.19.10	5	4.24.49	9	5.40.48	9	1.01.57	15	2.12.46	13	3.20.26	14	4.33.11	14	5.43.58
		総合	**5**	**1.03.45**	**7**	**2.14.41**	**7**	**3.19.10**	**5**	**4.24.49**	**9**	**5.40.48**	**9**	**6.42.45**	**9**	**7.53.34**	**9**	**9.01.14**	**9**	**10.13.59**	**10**	**11.24.46**
11	東洋	走者	4	斎藤 洋一	2	千原 詩郎	1	酒井 俊幸	3	小沢希久雄	4	小山 強志	2	佐藤 武	3	竹内 秀和	2	大坪 優	3	星野 隆男	2	萩野 聡
		個人	13	1.04.52	12	1.11.34	11	1.06.03	13	1.08.25	10	1.14.56	5	1.00.39	8	1.07.11	12	1.09.39	15	1.14.57	10	1.09.11
		チーム	13	1.04.52	14	2.16.26	12	3.22.29	12	4.30.54	12	5.45.50	5	1.00.39	5	2.07.50	9	3.17.29	11	4.32.26	12	5.41.37
		総合	**13**	**1.04.52**	**14**	**2.16.26**	**12**	**3.22.29**	**12**	**4.30.54**	**12**	**5.45.50**	**11**	**6.46.29**	**10**	**7.53.40**	**10**	**9.03.19**	**11**	**10.18.16**	**11**	**11.27.27**
12	駒澤	走者	1	藤田 敦史	3	山下 秀人	2	足立 康光	4	高田 昌徳	3	藤野 博英	1	河合 芳隆	1	佐藤 裕之	2	吉田 慎一	2	藤田 幸則	2	松本 直人
		個人	2	1.03.32	10	1.11.06	15	1.07.59	5	1.04.15	15	1.16.47	10	1.02.01	14	1.08.08	14	1.10.30	14	1.14.35	9	1.09.09
		チーム	2	1.03.32	6	2.14.38	13	3.22.37	10	4.26.52	10	5.43.39	10	1.02.01	11	2.10.09	14	3.20.39	15	4.35.14	15	5.44.23
		総合	**2**	**1.03.32**	**6**	**2.14.38**	**13**	**3.22.37**	**10**	**4.26.52**	**10**	**5.43.39**	**10**	**6.45.40**	**11**	**7.53.48**	**11**	**9.04.18**	**12**	**10.18.53**	**12**	**11.28.02**
13	日本	走者	4	山本 豪	4	水田 貴士	3	山本 正樹	2	細井 良則	4	沼尻 英昭	4	渡辺 源仁	2	近藤 健介	4	水田 憲吾	4	川元 輝国	4	和田 修策
		個人	7	1.03.58	15	1.26.22	3	1.04.28	7	1.04.36	14	1.16.32	11	1.02.20	13	1.07.54	3	1.08.04	11	1.13.42	12	1.09.33
		チーム	7	1.03.58	15	2.30.20	15	3.34.48	13	4.39.24	13	5.55.56	11	1.02.20	12	2.10.14	11	3.18.18	10	4.32.00	11	5.41.33
		総合	**7**	**1.03.58**	**15**	**2.30.20**	**15**	**3.34.48**	**13**	**4.39.24**	**13**	**5.55.56**	**13**	**6.58.16**	**13**	**8.06.10**	**13**	**9.14.14**	**13**	**10.27.56**	**13**	**11.37.29**
棄	神奈川	走者	2	中野 幹生	3	市川 大輔	2	高津 智一	2	高島 康司	3	近藤 重勝	4	友納 由博	1	渡辺 聡	3	藤本 大輔	4	重田 真孝	4	阿武 宏明
		個人	14	1.04.58	6	1.09.55	1	1.03.32	途中棄権		2	1.11.59	2	1.00.11	1	1.05.19	9	1.08.48	1	1.10.20	5	1.08.36
		チーム	14	1.04.58	8	2.14.53	2	3.18.25	記録なし				2	1.00.11	1	2.05.30	2	3.14.18	2	4.24.38	2	5.33.14
		総合	**14**	**1.04.58**	**8**	**2.14.53**	**2**	**3.18.25**	**記録なし**													
棄	山梨学院	走者	1	里内 正幸	4	S. マヤカ	2	中馬 大輔	3	中村 祐二	3	北川原一欽	4	藤脇 友介	3	国増 尚吾	4	南 忍	4	平田 雅人	4	渡辺 高志
		個人	15	1.05.28	3	1.09.26	2	1.03.33	途中棄権		6	1.12.51	13	1.03.18	4	1.05.58	8	1.08.46	2	1.11.04	1	1.05.39
		チーム	15	1.05.28	9	2.14.54	3	3.18.27	記録なし				13	1.03.18	10	2.09.16	10	3.18.02	5	4.29.06	3	5.34.45
		総合	**15**	**1.05.28**	**9**	**2.14.54**	**3**	**3.18.27**	**記録なし**													

第73回　1997年(平成9年)1月2日～3日　総距離：214.7km　往路：107.2km　復路：107.5km

順	大学名		往路										復路									
			1区(21.3km)		2区(23.0km)		3区(21.3km)		4区(20.9km)		5区(20.7km)		6区(20.7km)		7区(21.2km)		8区(21.3km)		9区(23.0km)		10区(21.3km)	
1	神奈川	走者	3	高津 智一	4	市川 大輔	2	大川 智裕	4	藤本 大輔	4	近藤 重勝	2	渡辺 聡	1	小松 直人	2	岩原 正樹	3	高島 康司	4	今泉 勝彦
		個人	3	1.05.00	2	1.12.08	2	1.08.34	2	1.06.38	1	1.13.31	5	1.00.10	4	1.04.57	3	1.06.29	3	1.10.10	1	1.06.25
		チーム	3	1.05.00	2	2.17.08	2	3.25.42	1	4.32.20	1	5.45.51	5	1.00.10	3	2.05.07	4	3.11.36	3	4.21.46	2	5.28.11
		総合	**3**	**1.05.00**	**2**	**2.17.08**	**2**	**3.25.42**	**1**	**4.32.20**	**1**	**5.45.51**	**1**	**6.46.01**	**1**	**7.50.58**	**1**	**8.57.27**	**1**	**10.07.37**	**1**	**11.14.02**
2	山梨学院	走者	2	S.ワチーラ	4	中村 祐二	1	松下 康二	2	森政 辰巳	4	北川原一欽	2	境田 孝将	2	近野 聡志	1	古田 哲弘	2	里内 正幸	4	野呂 康一
		個人	9	1.05.52	1	1.11.00	1	1.08.16	5	1.08.35	13	1.19.52	3	59.47	9	1.05.35	1	*1.04.05*	7	1.12.06	3	1.07.12
		チーム	9	1.05.52	1	2.16.52	1	3.25.08	4	4.33.43	5	5.53.35	3	59.47	4	2.05.22	1	3.09.27	2	4.21.33	3	5.28.45
		総合	**9**	**1.05.52**	**1**	**2.16.52**	**1**	**3.25.08**	**4**	**4.33.43**	**5**	**5.53.35**	**4**	**6.53.22**	**5**	**7.58.57**	**3**	**9.03.02**	**2**	**10.15.08**	**2**	**11.22.20**
3	大東文化	走者	2	萩原 英之	4	池谷 真輝	3	柳谷 昭二	3	池谷 寛之	4	鈴木 孝雄	3	斎藤 剛	3	渡辺 篤志	4	茂木 昭夫	4	高橋 宏幸	2	川上 大輔
		個人	2	1.04.59	5	1.12.29	3	1.09.34	3	1.06.40	3	1.16.18	7	1.01.01	7	1.05.23	4	1.06.33	12	1.13.00	5	1.07.52
		チーム	2	1.04.59	4	2.17.28	4	3.27.02	3	4.33.42	3	5.50.00	7	1.01.01	6	2.06.24	5	3.12.57	7	4.25.57	6	5.33.49
		総合	**2**	**1.04.59**	**4**	**2.17.28**	**4**	**3.27.02**	**3**	**4.33.42**	**3**	**5.50.00**	**3**	**6.51.01**	**2**	**7.56.24**	**2**	**9.02.57**	**3**	**10.15.57**	**3**	**11.23.49**
4	中央	走者	2	久保田瑞穂	4	松田 和宏	2	小島 大輔	4	榎木 和貴	3	尾方 拳志	4	工藤 利寿	2	豊田 雄樹	4	前田 敬樹	2	国武 良真	2	石本 文人
		個人	5	1.05.17	3	1.12.17	7	1.10.07	1	1.06.03	2	1.14.15	11	1.01.57	14	1.07.46	7	1.07.15	5	1.11.35	7	1.08.00
		チーム	5	1.05.17	5	2.17.34	5	3.27.41	5	4.33.44	2	5.47.59	11	1.01.57	14	2.09.43	13	3.16.58	13	4.28.33	11	5.36.33
		総合	**5**	**1.05.17**	**5**	**2.17.34**	**5**	**3.27.41**	**5**	**4.33.44**	**2**	**5.47.59**	**2**	**6.49.56**	**3**	**7.57.42**	**4**	**9.04.57**	**4**	**10.16.32**	**4**	**11.24.32**
5	早稲田	走者	3	梅木 蔵雄	4	藤井 一博	3	中村 英幸	2	山崎 慎治	2	酒井 秀行	2	新妻 明	4	小林 雅幸	4	村松 大吾	3	荒川 誠	1	前田 泰秀
		個人	1	1.04.57	4	1.12.23	4	1.09.41	4	1.06.41	9	1.18.28	14	1.02.30	1	1.03.13	9	1.07.26	9	1.12.23	4	1.07.43
		チーム	1	1.04.57	3	2.17.20	3	3.27.01	2	4.33.42	4	5.52.10	14	1.02.30	5	2.05.43	6	3.13.09	6	4.25.32	5	5.33.15
		総合	**1**	**1.04.57**	**3**	**2.17.20**	**3**	**3.27.01**	**2**	**4.33.42**	**4**	**5.52.10**	**5**	**6.54.40**	**4**	**7.57.53**	**5**	**9.05.19**	**5**	**10.17.42**	**5**	**11.25.25**
6	駒澤	走者	3	藤田 幸則	2	藤田 敦史	1	西田 隆維	3	足立 康光	3	吉田 慎一	2	河合 芳隆	1	大西 雄三	2	北田 初男	4	山下 秀人	3	松本 直人
		個人	6	1.05.18	7	1.13.06	11	1.12.01	6	1.08.53	15	1.21.34	2	59.42	2	1.04.17	2	1.06.11	2	1.10.02	2	1.06.56
		チーム	6	1.05.18	7	2.18.24	7	3.30.25	7	4.39.18	9	6.00.52	2	59.42	1	2.03.59	2	3.10.10	1	4.20.12	1	5.27.08
		総合	**6**	**1.05.18**	**7**	**2.18.24**	**7**	**3.30.25**	**7**	**4.39.18**	**9**	**6.00.52**	**8**	**7.00.34**	**7**	**8.04.51**	**7**	**9.11.02**	**6**	**10.21.04**	**6**	**11.28.00**
7	東洋	走者	4	永井 謙二	3	佐藤 武	4	竹内 秀和	2	沢柳 厚志	3	千原 詩郎	3	萩野 聡	2	酒井 俊幸	4	星野 隆男	4	小沢希久雄	3	神田 哲広
		個人	4	1.05.06	6	1.12.39	8	1.10.18	8	1.09.30	7	1.17.36	4	1.00.05	12	1.06.21	6	1.07.01	13	1.13.29	12	1.09.34
		チーム	4	1.05.06	6	2.17.45	6	3.28.03	6	4.37.33	6	5.55.09	4	1.00.05	7	2.06.26	7	3.13.27	9	4.26.56	10	5.36.30
		総合	**4**	**1.05.06**	**6**	**2.17.45**	**6**	**3.28.03**	**6**	**4.37.33**	**6**	**5.55.09**	**6**	**6.55.14**	**6**	**8.01.35**	**6**	**9.08.36**	**7**	**10.22.05**	**7**	**11.31.39**
8	東海	走者	3	吉田 正幸	4	横山 景	2	高塚 和利	2	諏訪 利成	1	古崎 英俊	4	秋場 実	4	志田 淳	3	栗原 偉哲	3	関 厚志	3	長谷川 淳
		個人	13	1.08.07	9	1.14.39	5	1.09.53	7	1.09.06	6	1.17.02	10	1.01.29	6	1.05.22	8	1.07.19	10	1.12.36	8	1.08.52
		チーム	13	1.08.07	11	2.22.46	10	3.32.39	9	4.41.45	7	5.58.47	10	1.01.29	8	2.06.51	8	3.14.10	8	4.26.46	9	5.35.38
		総合	**13**	**1.08.07**	**11**	**2.22.46**	**10**	**3.32.39**	**9**	**4.41.45**	**7**	**5.58.47**	**7**	**7.00.16**	**8**	**8.05.38**	**8**	**9.12.57**	**8**	**10.25.33**	**8**	**11.34.25**
9	順天堂	走者	4	内山 孝之	2	三代 直樹	1	政綱 孝之	4	菅野 悟史	1	太田 友幸	2	室 政敬	3	吉岡 善知	4	飯村 祐一	4	浜野 健	2	大橋 真一
		個人	7	1.05.45	8	1.13.23	12	1.12.17	9	1.09.56	12	1.19.18	13	1.02.28	3	1.04.56	12	1.08.22	1	*1.09.30*	10	1.09.16
		チーム	7	1.05.45	8	2.19.08	8	3.31.25	8	4.41.21	8	6.00.39	13	1.02.28	10	2.07.24	11	3.15.46	5	4.25.16	7	5.34.32
		総合	**7**	**1.05.45**	**8**	**2.19.08**	**8**	**3.31.25**	**8**	**4.41.21**	**8**	**6.00.39**	**9**	**7.03.07**	**9**	**8.08.03**	**9**	**9.16.25**	**9**	**10.25.55**	**9**	**11.35.11**
10	日本体育	走者	3	菊地 忍	4	野田 道胤	2	田口 篤	2	北山 智	4	児玉 弘幸	3	八張 公成	3	青柳 友博	1	藤沢 一茂	4	坂巻 圭一	3	宇野 淳
		個人	11	1.07.47	10	1.14.52	6	1.10.00	12	1.11.48	10	1.18.41	9	1.01.29	10	1.05.55	11	1.08.01	8	1.12.09	6	1.07.56
		チーム	11	1.07.47	10	2.22.39	9	3.32.39	10	4.44.27	10	6.03.08	9	1.01.29	10	2.07.24	10	3.15.25	10	4.27.34	8	5.35.30
		総合	**11**	**1.07.47**	**10**	**2.22.39**	**9**	**3.32.39**	**10**	**4.44.27**	**10**	**6.03.08**	**10**	**7.04.37**	**10**	**8.10.32**	**10**	**9.18.33**	**10**	**10.30.42**	**10**	**11.38.38**
11	専修	走者	3	藤原 正昭	4	三瓶 智	2	佐藤 允延	3	湯浅 竜雄	4	中原 大輔	4	小栗 一秀	2	今井 秀和	3	立花 仁	3	福永 勝彦	4	小栗 康良
		個人	12	1.07.49	12	1.15.59	14	1.14.25	14	1.13.40	4	1.16.54	1	*59.07*	5	1.05.02	4	1.06.33	6	1.11.51	13	1.10.13
		チーム	12	1.07.49	12	2.23.48	12	3.38.13	13	4.51.53	13	6.08.47	1	59.07	2	2.04.09	3	3.10.42	4	4.22.33	4	5.32.46
		総合	**12**	**1.07.49**	**12**	**2.23.48**	**12**	**3.38.13**	**13**	**4.51.53**	**13**	**6.08.47**	**12**	**7.07.54**	**11**	**8.12.56**	**11**	**9.19.29**	**11**	**10.31.20**	**11**	**11.41.33**
12	亜細亜	走者	4	野口 憲司	2	帯刀 秀幸	3	押切 章宏	4	玉野 邦彦	2	藤井 貴紀	2	池谷 重喜	3	伊藤 幸一	4	本田 博一	3	菅野 邦彰	2	黒田 高正
		個人	8	1.05.48	11	1.15.10	13	1.14.12	15	1.13.51	8	1.17.59	6	1.00.31	15	1.08.23	15	1.08.55	4	1.10.43	14	1.10.27
		チーム	8	1.05.48	9	2.20.58	11	3.35.10	11	4.49.01	11	6.07.00	6	1.00.31	13	2.08.54	14	3.17.49	12	4.28.32	13	5.38.59
		総合	**8**	**1.05.48**	**9**	**2.20.58**	**11**	**3.35.10**	**11**	**4.49.01**	**11**	**6.07.00**	**11**	**7.07.31**	**12**	**8.15.54**	**12**	**9.24.49**	**12**	**10.35.32**	**12**	**11.45.59**
13	拓殖	走者	3	松本 剛	2	吉田 行宏	3	佐藤 大輔	3	久保 健二	3	吉浦 真一	1	小林 史和	3	安川 友啓	1	井上 信也	2	船木 吉知	1	吉田 和央
		個人	14	1.09.05	14	1.20.32	10	1.10.46	13	1.12.57	11	1.18.50	8	1.01.27	8	1.05.27	13	1.08.27	11	1.12.38	9	1.08.53
		チーム	14	1.09.05	14	2.29.37	14	3.40.23	15	4.53.20	14	6.12.10	8	1.01.27	9	2.06.54	9	3.15.21	11	4.27.59	12	5.36.52
		総合	**14**	**1.09.05**	**14**	**2.29.37**	**14**	**3.40.23**	**15**	**4.53.20**	**14**	**6.12.10**	**14**	**7.13.37**	**14**	**8.19.04**	**14**	**9.27.31**	**13**	**10.40.09**	**13**	**11.49.02**
14	法政	走者	4	小林 哲也	3	糸山 二朗	3	武本 謙治	2	藤巻 耕太	1	坪田 智夫	1	佐藤 研司	2	小板橋直巳	3	田中 健一	3	荒井 伸次	4	遠藤 英典
		個人	15	1.10.30	15	1.21.42	9	1.10.22	10	1.10.33	14	1.21.22	12	1.02.15	11	1.06.02	10	1.07.51	14	1.14.49	11	1.09.30
		チーム	15	1.10.30	15	2.32.12	15	3.42.34	14	4.53.07	15	6.14.29	12	1.02.15	12	2.08.17	12	3.16.08	14	4.30.57	14	5.40.27
		総合	**15**	**1.10.30**	**15**	**2.32.12**	**15**	**3.42.34**	**14**	**4.53.07**	**15**	**6.14.29**	**15**	**7.16.44**	**15**	**8.22.46**	**15**	**9.30.37**	**15**	**10.45.26**	**14**	**11.54.56**
15	東京農業	走者	3	保坂 祐介	4	鈴木 健弘	4	芦沢 尚紀	4	嵐田 剛史	4	和田 光弘	3	川久保 信	2	大原 桂一	2	小林 学	4	本田 義治	1	八張 友宏
		個人	10	1.06.48	13	1.17.58	15	1.14.50	11	1.10.34	5	1.16.58	15	1.03.15	13	1.07.39	14	1.08.29	15	1.15.44	15	1.15.40
		チーム	10	1.06.48	13	2.24.46	13	3.39.36	12	4.50.10	12	6.07.08	15	1.03.15	15	2.10.54	15	3.19.23	15	4.35.07	15	5.50.47
		総合	**10**	**1.06.48**	**13**	**2.24.46**	**13**	**3.39.36**	**12**	**4.50.10**	**12**	**6.07.08**	**13**	**7.10.23**	**13**	**8.18.02**	**13**	**9.26.31**	**14**	**10.42.15**	**15**	**11.57.55**

第74回　1998年(平成10年)1月2日～3日　総距離：214.7km　往路：107.2km　復路：107.5km

順	大学名		往路										復路									
			1区(21.8km)		2区(25.2km)		3区(22.2km)		4区(21.9km)		5区(21.4km)		6区(21.4km)		7区(21.9km)		8区(22.2km)		9区(25.2km)		10区(21.8km)	
1	神奈川	走者	4	高津 智一	2	小松 直人	2	野々口 修	3	渡辺　聡	1	勝間 信弥	3	中沢　晃	4	中野 幹生	2	辻原 幸生	3	岩原 正樹	4	中里 竜也
		個人	11	1.04.39	6	1.09.57	6	1.04.56	1	1.02.48	2	1.11.28	1	*58.44*	1	1.04.45	1	1.07.12	3	1.11.28	2	1.05.46
		チーム	11	1.04.39	8	2.14.36	6	3.19.32	4	4.22.20	1	5.33.48	1	58.44	1	2.03.29	1	3.10.41	1	4.22.09	1	5.27.55
		総合	**11**	**1.04.39**	**8**	**2.14.36**	**6**	**3.19.32**	**4**	**4.22.20**	**1**	**5.33.48**	**1**	**6.32.32**	**1**	**7.37.17**	**1**	**8.44.29**	**1**	**9.55.57**	**1**	**11.01.43**
2	駒澤	走者	2	西田 隆維	3	藤田 敦史	2	大西 雄三	4	藤田 幸則	4	足立 康光	3	河合 芳隆	2	前田 康弘	3	北田 初男	3	佐藤 裕之	3	古賀 聖治
		個人	7	1.03.43	2	1.08.12	4	1.04.20	7	1.04.52	3	1.12.54	4	1.00.26	3	1.05.46	11	1.08.48	1	1.09.49	5	1.06.58
		チーム	7	1.03.43	3	2.11.55	2	3.16.15	2	4.21.07	2	5.34.01	4	1.00.26	2	2.06.12	3	3.15.00	2	4.24.49	2	5.31.47
		総合	**7**	**1.03.43**	**3**	**2.11.55**	**2**	**3.16.15**	**2**	**4.21.07**	**2**	**5.34.01**	**2**	**6.34.27**	**2**	**7.40.13**	**2**	**8.49.01**	**2**	**9.58.50**	**2**	**11.05.48**
3	山梨学院	走者	3	森政 辰巳	1	尾池 政利	3	S.ワチーラ	4	中馬 大輔	3	横田 一仁	3	境田 孝将	4	藤村 貴生	2	浜田 茂男	2	西川 哲生	3	大崎 悟史
		個人	8	1.03.50	12	1.12.21	2	1.03.38	3	1.04.09	1	1.11.25	3	1.00.21	11	1.08.09	7	1.08.20	2	1.10.54	1	1.05.11
		チーム	8	1.03.50	11	2.16.11	8	3.19.49	6	4.23.58	4	5.35.23	3	1.00.21	8	2.08.30	7	3.16.50	5	4.27.44	3	5.32.55
		総合	**8**	**1.03.50**	**11**	**2.16.11**	**8**	**3.19.49**	**6**	**4.23.58**	**4**	**5.35.23**	**3**	**6.35.44**	**4**	**7.43.53**	**4**	**8.52.13**	**3**	**10.03.07**	**3**	**11.08.18**
4	中央	走者	3	久保田瑞穂	3	小島 大輔	2	藤田 将弘	3	国武 良真	4	尾方 拳志	2	岩本　淳	4	遠藤 智久	4	石黒　睦	4	小林　渉	2	宇野 彰男
		個人	5	1.03.25	8	1.10.45	5	1.04.21	2	1.03.47	7	1.14.14	2	59.17	8	1.07.02	2	1.07.29	9	1.13.12	6	1.07.01
		チーム	5	1.03.25	5	2.14.10	3	3.18.31	3	4.22.18	5	5.36.32	2	59.17	3	2.06.19	2	3.13.48	4	4.27.00	5	5.34.01
		総合	**5**	**1.03.25**	**5**	**2.14.10**	**3**	**3.18.31**	**3**	**4.22.18**	**5**	**5.36.32**	**4**	**6.35.49**	**3**	**7.42.51**	**3**	**8.50.20**	**4**	**10.03.32**	**4**	**11.10.33**
5	順天堂	走者	4	吉岡 善知	3	三代 直樹	1	宮井 将治	1	宮崎 展仁	2	佐藤 功二	3	室　政敬	2	政綱 孝之	3	大橋 真一	1	高橋 謙介	4	大崎 一就
		個人	4	1.03.24	3	1.08.18	11	1.07.01	8	1.04.58	14	1.17.13	8	1.01.22	4	1.06.10	4	1.07.48	4	1.11.36	4	1.06.30
		チーム	4	1.03.24	2	2.11.42	4	3.18.43	5	4.23.41	10	5.40.54	8	1.01.22	6	2.07.32	4	3.15.20	3	4.26.56	4	5.33.26
		総合	**4**	**1.03.24**	**2**	**2.11.42**	**4**	**3.18.43**	**5**	**4.23.41**	**10**	**5.40.54**	**8**	**6.42.16**	**7**	**7.48.26**	**7**	**8.56.14**	**6**	**10.07.50**	**5**	**11.14.20**
6	早稲田	走者	1	佐藤 敦之	4	梅木 蔵雄	3	山崎 慎治	4	荒川　誠	3	酒井 秀行	2	佐野 匡英	4	中村 英幸	2	湯朝 育広	3	増田 創至	3	郷原　剛
		個人	3	1.03.02	1	1.07.48	3	1.04.05	4	1.04.39	8	1.15.43	12	1.02.38	12	1.08.25	6	1.08.02	8	1.12.54	8	1.08.02
		チーム	3	1.03.02	1	2.10.50	1	3.14.55	1	4.19.34	3	5.35.17	12	1.02.38	12	2.11.03	11	3.19.05	11	4.31.59	10	5.40.01
		総合	**3**	**1.03.02**	**1**	**2.10.50**	**1**	**3.14.55**	**1**	**4.19.34**	**3**	**5.35.17**	**5**	**6.37.55**	**6**	**7.46.20**	**5**	**8.54.22**	**5**	**10.07.16**	**6**	**11.15.18**
7	日本	走者	2	巽　浩二	2	山本 佑樹	1	塩見 雄介	4	近藤 健介	1	渡辺 尚幹	1	成瀬 貴彦	4	島田 健夫	3	有井 達也	3	岡本 佑也	3	南波 伸彦
		個人	10	1.04.32	4	1.08.43	9	1.06.20	5	1.04.43	6	1.13.53	9	1.02.07	2	1.05.24	14	1.10.59	5	1.12.02	13	1.08.29
		チーム	10	1.04.32	4	2.13.15	7	3.19.35	8	4.24.18	6	5.38.11	9	1.02.07	5	2.07.31	10	3.18.30	8	4.30.32	9	5.39.01
		総合	**10**	**1.04.32**	**4**	**2.13.15**	**7**	**3.19.35**	**8**	**4.24.18**	**6**	**5.38.11**	**6**	**6.40.18**	**5**	**7.45.42**	**8**	**8.56.41**	**7**	**10.08.43**	**7**	**11.17.12**
8	拓殖	走者	3	東　勝博	3	吉田 行宏	1	鈴木 武道	2	吉田 和央	3	高須 則吉	2	小林 史和	2	井上 信也	4	松本　剛	4	佐藤 大輔	4	久保 健二
		個人	2	1.02.58	9	1.11.35	8	1.05.22	6	1.04.45	10	1.15.59	7	1.01.05	6	1.06.43	3	1.07.38	10	1.13.16	15	1.09.48
		チーム	2	1.02.58	7	2.14.33	9	3.19.55	9	4.24.40	9	5.40.39	7	1.01.05	7	2.07.48	5	3.15.26	7	4.28.42	8	5.38.30
		総合	**2**	**1.02.58**	**7**	**2.14.33**	**9**	**3.19.55**	**9**	**4.24.40**	**9**	**5.40.39**	**7**	**6.41.44**	**8**	**7.48.27**	**6**	**8.56.05**	**8**	**10.09.21**	**8**	**11.19.09**
9	大東文化	走者	3	萩原 英之	4	池谷 寛之	4	柳谷 昭二	4	渡辺 篤志	3	松下 泰平	4	斎藤　剛	1	真名子 圭	2	前田 光成	3	永島 慎吾	2	丹沢 太郎
		個人	6	1.03.25	11	1.12.18	7	1.05.20	11	1.05.33	4	1.13.26	10	1.02.21	14	1.08.43	8	1.08.22	12	1.13.39	12	1.08.28
		チーム	6	1.03.25	10	2.15.43	10	3.21.03	10	4.26.36	7	5.40.02	10	1.02.21	13	2.11.04	12	3.19.26	12	4.33.05	12	5.41.33
		総合	**6**	**1.03.25**	**10**	**2.15.43**	**10**	**3.21.03**	**10**	**4.26.36**	**7**	**5.40.02**	**9**	**6.42.23**	**9**	**7.51.06**	**9**	**8.59.28**	**9**	**10.13.07**	**9**	**11.21.35**
10	東洋	走者	3	酒井 俊幸	4	佐藤　武	3	三島 淳司	4	神田 哲広	4	千原 詩郎	4	萩野　聡	4	谷　秀行	1	秋葉 正人	3	沢柳 厚志	4	友部 哲哉
		個人	13	1.06.28	7	1.10.31	10	1.06.38	15	1.07.44	5	1.13.44	6	1.00.41	13	1.08.26	12	1.09.20	6	1.12.07	3	1.06.19
		チーム	13	1.06.28	12	2.16.59	12	3.23.37	12	4.31.21	12	5.45.05	6	1.00.41	9	2.09.07	9	3.18.27	9	4.30.34	7	5.36.53
		総合	**13**	**1.06.28**	**12**	**2.16.59**	**12**	**3.23.37**	**12**	**4.31.21**	**12**	**5.45.05**	**11**	**6.45.46**	**11**	**7.54.12**	**12**	**9.03.32**	**11**	**10.15.39**	**10**	**11.21.58**
11	日本体育	走者	4	青柳 友博	4	菊地　忍	3	玉目 隆博	4	宇野　淳	1	佐藤 洋平	1	浜本 憲秀	2	関根 孝史	2	藤沢 一茂	3	北山　智	4	渡辺 康芳
		個人	12	1.05.26	12	1.12.21	15	1.08.11	10	1.05.23	9	1.15.54	5	1.00.41	5	1.06.41	10	1.08.44	7	1.12.09	7	1.07.10
		チーム	12	1.05.26	13	2.17.47	13	3.25.58	13	4.31.21	13	5.47.15	5	1.00.41	4	2.07.22	6	3.16.06	6	4.28.15	6	5.35.25
		総合	**12**	**1.05.26**	**13**	**2.17.47**	**13**	**3.25.58**	**13**	**4.31.21**	**13**	**5.47.15**	**12**	**6.47.56**	**12**	**7.54.37**	**11**	**9.03.21**	**10**	**10.15.30**	**11**	**11.22.40**
12	専修	走者	4	湯浅 竜雄	4	福永 勝彦	4	藤原 正昭	3	平尾　仁	1	飯田 茂雄	2	佐々木隆志	1	竹之内憲男	4	立花　仁	3	勝岡 卓弥	3	村上 由樹
		個人	1	1.02.46	14	1.12.29	1	1.03.33	9	1.05.21	11	1.16.20	14	1.03.24	10	1.07.36	15	1.11.08	11	1.13.33	9	1.08.19
		チーム	1	1.02.46	9	2.15.15	5	3.18.48	7	4.24.09	8	5.40.29	14	1.03.24	11	2.11.00	14	3.22.08	13	4.35.41	13	5.44.00
		総合	**1**	**1.02.46**	**9**	**2.15.15**	**5**	**3.18.48**	**7**	**4.24.09**	**8**	**5.40.29**	**10**	**6.43.53**	**10**	**7.51.29**	**10**	**9.02.37**	**12**	**10.16.10**	**12**	**11.24.29**
13	関東学院	走者	2	織田 泰聡	4	国分 隆宣	2	坂井 健一	3	国本 亮二	3	鈴木　朗	2	鳥居 新也	4	尾座本正志	4	阿部 和仁	4	中川 禎毅	2	惣臺 光範
		個人	15	1.06.42	10	1.11.56	14	1.08.02	13	1.07.03	12	1.16.21	13	1.02.47	7	1.06.56	5	1.07.55	13	1.14.14	10	1.08.20
		チーム	15	1.06.42	14	2.18.38	14	3.26.40	14	4.33.43	14	5.50.04	13	1.02.47	10	2.09.43	8	3.17.38	10	4.31.52	11	5.40.12
		総合	**15**	**1.06.42**	**14**	**2.18.38**	**14**	**3.26.40**	**14**	**4.33.43**	**14**	**5.50.04**	**14**	**6.52.51**	**14**	**7.59.47**	**14**	**9.07.42**	**13**	**10.21.56**	**13**	**11.30.16**
14	東海	走者	4	西沢 洋務	3	諏訪 利成	3	高塚 和利	3	大熊 賢司	2	古崎 英俊	4	柿沼　崇	4	栗原 偉哲	3	野尻 和秀	4	長谷川 淳	4	川崎 太志
		個人	9	1.04.31	5	1.09.51	12	1.07.27	12	1.06.21	13	1.16.30	15	1.04.57	9	1.07.10	13	1.10.53	14	1.15.11	11	1.08.27
		チーム	9	1.04.31	6	2.14.22	11	3.21.49	11	4.28.10	11	5.44.40	15	1.04.57	14	2.12.07	15	3.23.00	15	4.38.11	15	5.46.38
		総合	**9**	**1.04.31**	**6**	**2.14.22**	**11**	**3.21.49**	**11**	**4.28.10**	**11**	**5.44.40**	**13**	**6.49.37**	**13**	**7.56.47**	**13**	**9.07.40**	**14**	**10.22.51**	**14**	**11.31.18**
15	帝京	走者	2	菅田　学	3	桑山 和久	1	菅野 利哉	2	佐藤 重俊	1	小川 直也	3	斉藤 剛毅	1	鎌浦 淳二	3	山口 徳之	3	芳養 孝之	4	西田 一夫
		個人	14	1.06.37	15	1.13.03	13	1.07.42	14	1.07.32	15	1.17.40	11	1.02.33	15	1.09.46	9	1.08.35	15	1.16.01	14	1.09.23
		チーム	14	1.06.37	15	2.19.40	15	3.27.22	15	4.34.54	15	5.52.34	11	1.02.33	15	2.12.19	13	3.20.54	14	4.36.55	14	5.46.18
		総合	**14**	**1.06.37**	**15**	**2.19.40**	**15**	**3.27.22**	**15**	**4.34.54**	**15**	**5.52.34**	**15**	**6.55.07**	**15**	**8.04.53**	**15**	**9.13.28**	**15**	**10.29.29**	**15**	**11.38.52**

第75回　1999年（平成11年）1月2日～3日　総距離：216.4km　往路：107.2km　復路：109.2km

順	大学名		往路										復路									
			1区(21.3km)		2区(23.0km)		3区(21.3km)		4区(20.9km)		5区(20.7km)		6区(20.7km)		7区(21.2km)		8区(21.3km)		9区(23.0km)		10区(23.0km)	
1	順天堂	走者	1	岩水 嘉孝	4	三代 直樹	1	入船 満	4	大橋 真一	3	佐藤 功二	2	宮井 将治	3	政綱 孝之	1	奥田真一郎	2	高橋 謙介	2	宮崎 展仁
		個人	8	1.04.23	1	*1.06.46*	3	1.04.43	8	1.04.22	3	1.13.59	4	1.00.02	4	1.05.45	3	1.07.22	1	*1.09.17*	1	*1.11.08*
		チーム	8	1.04.23	1	2.11.09	1	3.15.52	2	4.20.14	2	5.34.13	4	1.00.02	4	2.05.47	2	3.13.09	2	4.22.26	1	5.33.34
		総合	8	1.04.23	1	2.11.09	1	3.15.52	2	4.20.14	2	5.34.13	2	6.34.15	2	7.40.00	2	8.47.22	1	9.56.39	1	11.07.47
2	駒澤	走者	3	西田 隆維	4	佐藤 裕之	1	揖斐 祐治	4	藤田 敦史	1	神屋 伸行	4	河合 芳隆	3	前田 康弘	3	上原 浩二	4	北田 初男	2	増永 洋平
		個人	3	1.04.04	2	1.08.29	8	1.05.39	1	*1.00.56*	2	1.13.15	6	1.00.20	3	1.05.25	4	1.08.16	4	1.11.48	7	1.14.21
		チーム	3	1.04.04	2	2.12.33	2	3.18.12	1	4.19.08	1	5.32.23	6	1.00.20	3	2.05.45	4	3.14.01	4	4.25.49	5	5.40.10
		総合	3	1.04.04	2	2.12.33	2	3.18.12	1	4.19.08	1	5.32.23	1	6.32.43	1	7.38.08	1	8.46.24	2	9.58.12	2	11.12.33
3	神奈川	走者	3	小松 直人	4	渡辺 聡	3	野々口 修	3	辻原 幸生	2	勝間 信弥	4	中沢 晃	1	飯島 智志	1	相馬 雄太	4	大川 智裕	4	平野 泰輔
		個人	2	1.04.04	12	1.11.46	1	1.04.18	3	1.03.38	11	1.16.43	1	*58.06*	5	1.05.58	1	1.06.07	2	1.11.10	11	1.15.10
		チーム	2	1.04.04	10	2.15.50	6	3.20.08	5	4.23.46	6	5.40.29	1	58.06	1	2.04.04	1	3.10.11	1	4.21.21	2	5.36.31
		総合	2	1.04.04	10	2.15.50	6	3.20.08	5	4.23.46	6	5.40.29	5	6.38.35	4	7.44.33	3	8.50.40	3	10.01.50	3	11.17.00
4	中央	走者	4	久保田瑞穂	4	小島 大輔	4	石本 文人	3	藤田 将弘	4	豊田 雄樹	3	小川 智	2	永井 順明	1	富田 善継	4	国武 良真	3	宇野 彰男
		個人	5	1.04.09	9	1.11.03	2	1.04.40	2	1.03.30	4	1.14.25	8	1.00.35	7	1.06.13	2	1.06.27	5	1.12.06	6	1.14.07
		チーム	5	1.04.09	8	2.15.12	5	3.19.52	4	4.23.22	4	5.37.47	8	1.00.35	8	2.06.48	3	3.13.15	3	4.25.21	4	5.39.28
		総合	5	1.04.09	8	2.15.12	5	3.19.52	4	4.23.22	4	5.37.47	4	6.38.22	5	7.44.35	4	8.51.02	4	10.03.08	4	11.17.15
5	東海	走者	4	高橋 尚孝	4	諏訪 利成	2	横山 周二	4	高塚 和利	1	柴田 真一	4	河野 雅展	4	野尻 和秀	4	馬場 正和	3	折井 正幸	4	大熊 賢司
		個人	4	1.04.06	5	1.09.31	5	1.05.13	7	1.04.19	1	1.12.35	6	1.00.20	8	1.06.18	5	1.08.44	14	1.14.33	12	1.15.12
		チーム	4	1.04.06	3	2.13.37	3	3.18.50	3	4.23.09	3	5.35.44	6	1.00.20	6	2.06.38	7	3.15.22	9	4.29.55	9	5.45.07
		総合	4	1.04.06	3	2.13.37	3	3.18.50	3	4.23.09	3	5.35.44	3	6.36.04	3	7.42.22	5	8.51.06	5	10.05.39	5	11.20.51
6	山梨学院	走者	3	宮原 充普	3	古田 哲弘	4	近野 聡志	3	西川 哲生	4	横田 一仁	3	黒岩 新弥	4	S.ワチーラ	4	大坪 隆誠	4	森政 辰巳	4	大崎 悟史
		個人	9	1.04.34	15	1.12.55	9	1.05.55	5	1.04.02	8	1.15.59	10	1.01.08	2	1.04.58	9	1.08.55	2	1.11.10	2	1.12.24
		チーム	9	1.04.34	14	2.17.29	14	3.23.24	8	4.27.26	8	5.43.25	10	1.01.08	5	2.06.06	6	3.15.01	5	4.26.11	3	5.38.35
		総合	9	1.04.34	14	2.17.29	14	3.23.24	8	4.27.26	8	5.43.25	8	6.44.33	6	7.49.31	6	8.58.26	6	10.09.36	6	11.22.00
7	大東文化	走者	2	真名子 圭	1	小林 秀行	1	林 昌史	4	飯田 涼平	4	松下 泰平	1	金子 宣隆	1	橘 義昭	2	松浦 仁一	3	徳原 淳治	3	丹沢 太郎
		個人	14	1.05.24	7	1.10.47	10	1.05.57	12	1.07.34	5	1.14.33	3	59.58	10	1.06.46	11	1.09.13	7	1.12.28	5	1.13.48
		チーム	14	1.05.24	11	2.16.11	10	3.22.08	11	4.29.42	9	5.44.15	3	59.58	7	2.06.44	8	3.15.57	6	4.28.25	6	5.42.13
		総合	14	1.05.24	11	2.16.11	10	3.22.08	11	4.29.42	9	5.44.15	7	6.44.13	8	7.50.59	7	9.00.12	7	10.12.40	7	11.26.28
8	日本	走者	3	巽 浩二	3	山本 佑樹	4	南波 伸彦	2	塩見 雄介	2	渡辺 尚幹	2	中山 隆	2	占部 信弘	4	有井 達也	4	岡本 佑也	2	成瀬 貴彦
		個人	7	1.04.18	6	1.09.42	12	1.06.37	6	1.04.06	7	1.15.37	12	1.02.36	12	1.07.54	14	1.09.43	9	1.12.56	9	1.14.48
		チーム	7	1.04.18	4	2.14.00	8	3.20.37	7	4.24.43	5	5.40.20	12	1.02.36	13	2.10.30	12	3.20.13	11	4.33.09	12	5.47.57
		総合	7	1.04.18	4	2.14.00	8	3.20.37	7	4.24.43	5	5.40.20	6	6.42.56	7	7.50.50	8	9.00.33	8	10.13.29	8	11.28.17
9	東洋	走者	4	沢柳 厚志	1	石川 末広	2	秋葉 正人	3	鈴木健太郎	1	高久 亮	3	多田 裕志	2	岡田 徹	1	生田 直人	2	岡村 篤志	3	柏原 誠司
		個人	13	1.05.00	14	1.12.37	6	1.05.19	11	1.07.27	10	1.16.21	2	59.40	6	1.06.04	8	1.08.50	13	1.14.31	4	1.13.18
		チーム	13	1.05.00	15	2.17.37	13	3.22.56	12	4.30.23	12	5.46.44	2	59.40	2	2.05.44	5	3.14.34	8	4.29.05	7	5.42.23
		総合	13	1.05.00	15	2.17.37	13	3.22.56	12	4.30.23	12	5.46.44	12	6.46.24	10	7.52.28	10	9.01.18	12	10.15.49	9	11.29.07
10	早稲田	走者	4	郷原 剛	4	山崎 慎治	1	新井 広憲	2	佐藤 敦之	2	佐藤 智彦	4	新妻 明	4	酒井 秀行	3	上田 健治	3	平下 修	4	増田 創至
		個人	11	1.04.46	4	1.09.23	11	1.06.17	4	1.03.47	13	1.17.25	15	1.04.00	11	1.07.28	12	1.09.21	6	1.12.20	10	1.15.00
		チーム	11	1.04.46	6	2.14.09	7	3.20.26	6	4.24.13	7	5.41.38	15	1.04.00	14	2.11.28	15	3.20.49	11	4.33.09	13	5.48.09
		総合	11	1.04.46	6	2.14.09	7	3.20.26	6	4.24.13	7	5.41.38	10	6.45.38	11	7.53.06	11	9.02.27	9	10.14.47	10	11.29.47
11	拓殖	走者	4	東 勝博	3	吉田 和央	4	高須 則吉	3	小林 史和	1	天野 元文	2	鈴木 武道	4	吉田 行宏	3	山本 博之	4	船木 吉如	1	杉山 祐太
		個人	1	1.04.01	8	1.11.00	4	1.04.50	15	1.11.01	8	1.15.59	13	1.02.39	1	1.04.41	6	1.08.46	8	1.12.32	8	1.14.44
		チーム	1	1.04.01	7	2.15.01	4	3.19.51	13	4.30.52	13	5.46.51	13	1.02.39	9	2.07.20	9	3.16.06	7	4.28.38	8	5.43.22
		総合	1	1.04.01	7	2.15.01	4	3.19.51	13	4.30.52	13	5.46.51	13	6.49.30	12	7.54.11	12	9.02.57	11	10.15.29	11	11.30.13
12	日本体育	走者	2	佐藤 洋平	4	北山 智	3	藤沢 一茂	2	小原 岳	2	須藤 大樹	3	高橋 良和	4	玉目 隆博	1	城戸口直樹	4	池田 大	3	小平 佳伸
		個人	6	1.04.15	10	1.11.17	13	1.06.49	10	1.06.44	6	1.15.20	9	1.00.46	9	1.06.38	10	1.09.03	11	1.14.00	13	1.16.03
		チーム	6	1.04.15	9	2.15.32	11	3.22.21	10	4.29.05	10	5.44.25	9	1.00.46	10	2.07.24	10	3.16.27	10	4.30.27	10	5.46.30
		総合	6	1.04.15	9	2.15.32	11	3.22.21	10	4.29.05	10	5.44.25	9	6.45.11	9	7.51.49	9	9.00.52	10	10.14.52	12	11.30.55
13	中央学院	走者	3	井上 太	4	吉川 浩司	4	鳴滝 誠二	1	尾上 岳史	4	小林 裕二	1	川村 希全	3	加部 順二	2	森 幹生	3	渡辺 利彦	3	尾山 智康
		個人	12	1.04.54	13	1.12.08	7	1.05.26	14	1.09.56	15	1.18.27	11	1.01.32	13	1.08.28	13	1.09.32	15	1.14.52	3	1.13.03
		チーム	12	1.04.54	12	2.17.02	12	3.22.28	14	4.32.24	15	5.50.51	11	1.01.32	12	2.10.00	11	3.19.32	14	4.34.24	11	5.47.27
		総合	12	1.04.54	12	2.17.02	12	3.22.28	14	4.32.24	15	5.50.51	14	6.52.23	14	8.00.51	14	9.10.23	15	10.25.15	13	11.38.18
14	法政	走者	1	徳本 一善	3	坪田 智夫	1	奈良沢 徹	3	佐藤 研司	4	藤巻 耕太	4	小板橋直巳	2	長谷川夏樹	2	竹崎 重紀	2	大村 一	3	渡辺 俊介
		個人	10	1.04.42	3	1.09.18	14	1.07.10	9	1.06.23	14	1.18.25	5	1.00.16	14	1.08.29	15	1.11.29	12	1.14.27	15	1.18.53
		チーム	10	1.04.42	5	2.14.00	9	3.21.10	9	4.27.33	11	5.45.58	5	1.00.16	11	2.08.45	13	3.20.14	15	4.34.41	15	5.53.34
		総合	10	1.04.42	5	2.14.00	9	3.21.10	9	4.27.33	11	5.45.58	11	6.46.14	13	7.54.43	13	9.06.12	13	10.20.39	14	11.39.32
15	帝京	走者	3	吉富 武宏	1	中崎 幸伸	3	市川 英樹	2	鎌浦 淳二	2	小川 直也	3	安生 充宏	1	北島 吉章	3	佐藤 重俊	2	喜多 健一	4	芳養 孝之
		個人	15	1.05.45	11	1.11.24	15	1.07.27	13	1.08.17	12	1.17.12	14	1.03.04	15	1.08.40	7	1.08.47	10	1.13.07	14	1.17.02
		チーム	15	1.05.45	13	2.17.09	15	3.24.36	15	4.32.53	14	5.50.05	14	1.03.04	15	2.11.44	14	3.20.31	13	4.33.38	14	5.50.40
		総合	15	1.05.45	13	2.17.09	15	3.24.36	15	4.32.53	14	5.50.05	15	6.53.09	15	8.01.49	15	9.10.36	14	10.23.43	15	11.40.45

第76回　2000年(平成12年)1月2日～3日　総距離：216.4km　往路：107.2km　復路：109.2km

順	大学名		往路										復路									
			1区 (21.3km)		2区 (23.0km)		3区 (21.3km)		4区 (20.9km)		5区 (20.7km)		6区 (20.7km)		7区 (21.2km)		8区 (21.3km)		9区 (23.0km)		10区 (23.0km)	
1	駒澤	走者	1	島村 清孝	2	神屋 伸行	1	布施 知進	4	前田 康弘	1	松下 竜治	4	大西 雄三	2	揖斐 祐治	2	平川 良樹	4	西田 隆維	2	高橋 正仁
		個人	3	1.03.44	2	1.08.51	6	1.04.45	8	1.04.18	4	1.12.02	2	59.23	1	1.03.12	7	1.07.36	1	*1.09.00*	1	*1.10.26*
		チーム	3	1.03.44	3	2.12.35	3	3.17.20	3	4.21.38	1	5.33.40	2	59.23	1	2.02.35	3	3.10.11	1	4.19.11	1	5.29.37
		総合	**3**	**1.03.44**	**3**	**2.12.35**	**3**	**3.17.20**	**3**	**4.21.38**	**1**	**5.33.40**	**1**	**6.33.03**	**1**	**7.36.15**	**1**	**8.43.51**	**1**	**9.52.51**	**1**	**11.03.17**
2	順天堂	走者	2	岩水 嘉孝	3	高橋 謙介	2	坂井 隆則	2	野口 英盛	4	佐藤 功二	3	宮井 将治	4	政綱 孝之	2	奥田真一郎	2	入船　満	3	宮崎 展仁
		個人	2	1.03.44	2	1.08.51	8	1.05.20	1	1.02.14	12	1.15.30	3	59.32	3	1.05.23	1	1.04.37	2	1.10.11	3	1.12.13
		チーム	2	1.03.44	2	2.12.35	4	3.17.55	1	4.20.09	5	5.35.39	3	59.32	3	2.04.55	1	3.09.32	2	4.19.43	2	5.31.56
		総合	**2**	**1.03.44**	**2**	**2.12.35**	**4**	**3.17.55**	**1**	**4.20.09**	**5**	**5.35.39**	**3**	**6.35.11**	**3**	**7.40.34**	**3**	**8.45.11**	**2**	**9.55.22**	**2**	**11.07.35**
3	中央	走者	3	板山　学	1	池田 圭介	2	村本 洋介	3	木村 圭介	1	藤原 正和	3	永井 順明	1	野村 佳史	2	花田 俊輔	4	中川 康隆	4	宇野 彰男
		個人	4	1.03.46	12	1.11.13	4	1.04.40	7	1.04.08	1	*1.11.36*	1	*58.35*	2	1.04.46	2	1.06.27	4	1.11.22	8	1.13.25
		チーム	4	1.03.46	9	2.14.59	7	3.19.39	8	4.23.47	4	5.35.23	1	58.35	2	2.03.21	2	3.09.48	3	4.21.10	3	5.34.35
		総合	**4**	**1.03.46**	**9**	**2.14.59**	**7**	**3.19.39**	**8**	**4.23.47**	**4**	**5.35.23**	**2**	**6.33.58**	**2**	**7.38.44**	**2**	**8.45.11**	**3**	**9.56.33**	**3**	**11.09.58**
4	帝京	走者	2	谷川 嘉朗	2	中崎 幸伸	2	北島 吉章	3	鎌浦 淳二	1	飛松　誠	2	佐竹 恵一	4	吉富 武宏	4	市川 英樹	3	喜多 健一	4	安生 充宏
		個人	6	1.03.49	6	1.10.07	1	1.03.16	6	1.04.03	6	1.13.37	9	1.01.40	7	1.05.38	4	1.07.10	8	1.13.12	11	1.14.16
		チーム	6	1.03.49	5	2.13.56	2	3.17.12	2	4.21.15	3	5.34.52	9	1.01.40	6	2.07.18	5	3.14.28	6	4.27.40	7	5.41.56
		総合	**6**	**1.03.49**	**5**	**2.13.56**	**2**	**3.17.12**	**2**	**4.21.15**	**3**	**5.34.52**	**4**	**6.36.32**	**4**	**7.42.10**	**4**	**8.49.20**	**4**	**10.02.32**	**4**	**11.16.48**
5	日本	走者	1	山本 勝義	4	巽　浩二	1	清水 将也	3	塩見 雄介	3	渡辺 尚幹	3	中山　隆	1	清水 智也	1	新垣 良介	2	和田 正人	3	成瀬 貴彦
		個人	13	1.05.21	7	1.10.20	12	1.05.46	5	1.03.25	3	1.11.44	6	1.00.18	6	1.05.34	12	1.08.47	9	1.13.16	6	1.13.11
		チーム	13	1.05.21	12	2.15.41	13	3.21.27	10	4.24.52	7	5.36.36	6	1.00.18	5	2.05.52	6	3.14.39	7	4.27.55	6	5.41.06
		総合	**13**	**1.05.21**	**12**	**2.15.41**	**13**	**3.21.27**	**10**	**4.24.52**	**7**	**5.36.36**	**6**	**6.36.54**	**5**	**7.42.28**	**5**	**8.51.15**	**5**	**10.04.31**	**5**	**11.17.42**
6	早稲田	走者	2	新井 広憲	3	佐藤 敦之	2	尾崎 章嗣	2	原田 正彦	1	相楽　豊	4	佐野 匡英	2	桜井 勇樹	4	湯朝 育広	4	平下　修	1	後藤 信二
		個人	10	1.04.18	4	1.09.04	14	1.06.23	2	1.02.44	11	1.15.27	11	1.02.17	5	1.05.30	10	1.07.48	3	1.11.16	8	1.13.25
		チーム	10	1.04.18	4	2.13.22	9	3.19.45	5	4.22.29	8	5.37.56	11	1.02.17	9	2.07.47	9	3.15.35	5	4.26.51	5	5.40.16
		総合	**10**	**1.04.18**	**4**	**2.13.22**	**9**	**3.19.45**	**5**	**4.22.29**	**8**	**5.37.56**	**9**	**6.40.13**	**8**	**7.45.43**	**7**	**8.53.31**	**6**	**10.04.47**	**6**	**11.18.12**
7	東海	走者	1	米田 尚人	3	横山 周二	3	伊藤 孝志	3	西村 哲生	2	柴田 真一	4	君島 光紀	1	永島 貴史	1	松崎 雄介	3	斎藤 直己	4	岩本 亮介
		個人	7	1.03.49	13	1.11.34	2	1.04.05	3	1.03.04	1	*1.11.36*	14	1.02.37	10	1.07.10	13	1.08.53	14	1.14.40	4	1.12.32
		チーム	7	1.03.49	11	2.15.23	5	3.19.28	6	4.22.32	2	5.34.08	14	1.02.37	12	2.09.47	14	3.18.40	14	4.33.20	10	5.45.52
		総合	**7**	**1.03.49**	**11**	**2.15.23**	**5**	**3.19.28**	**6**	**4.22.32**	**2**	**5.34.08**	**5**	**6.36.45**	**6**	**7.43.55**	**6**	**8.52.48**	**7**	**10.07.28**	**7**	**11.20.00**
8	神奈川	走者	2	相馬 雄太	4	辻原 幸生	1	原田 恵章	4	野々口 修	3	林 健太郎	4	野間 裕人	2	金原 良征	4	中村　裕	4	小松 直人	4	吉野 秀吾
		個人	8	1.03.49	9	1.10.35	7	1.05.17	3	1.03.04	15	1.19.37	12	1.02.19	4	1.05.27	3	1.06.36	5	1.12.27	2	*1.11.07*
		チーム	8	1.03.49	6	2.14.24	8	3.19.41	7	4.22.45	13	5.42.22	12	1.02.19	8	2.07.46	4	3.14.22	4	4.26.49	4	5.37.56
		総合	**8**	**1.03.49**	**6**	**2.14.24**	**8**	**3.19.41**	**7**	**4.22.45**	**13**	**5.42.22**	**13**	**6.44.41**	**12**	**7.50.08**	**11**	**8.56.44**	**9**	**10.09.11**	**8**	**11.20.18**
9	山梨学院	走者	4	大浜 洋平	4	古田 哲弘	4	宮原 充普	1	D.カリウキ	3	尾崎 輝人	4	黒岩 新弥	2	清田 泰之	2	安藤 真人	3	尾池 政利	3	椎葉 弘幸
		個人	14	1.05.22	5	1.09.50	3	1.04.19	8	1.04.18	13	1.16.34	5	1.00.10	11	1.07.13	8	1.07.45	12	1.14.13	7	1.13.14
		チーム	14	1.05.22	10	2.15.12	6	3.19.31	9	4.23.49	12	5.40.23	5	1.00.10	7	2.07.23	7	3.15.08	8	4.29.21	8	5.42.35
		総合	**14**	**1.05.22**	**10**	**2.15.12**	**6**	**3.19.31**	**9**	**4.23.49**	**12**	**5.40.23**	**11**	**6.40.33**	**10**	**7.47.46**	**9**	**8.55.31**	**11**	**10.09.44**	**9**	**11.22.58**
10	法政	走者	2	徳本 一善	4	坪田 智夫	4	佐藤 研司	2	奈良沢 徹	3	大村　一	3	長谷川夏樹	1	今津　誠	3	竹崎 重紀	1	土井 洋志	2	久村 幸平
		個人	1	1.02.39	1	1.08.16	9	1.05.22	13	1.05.48	7	1.14.20	15	1.02.56	14	1.08.20	11	1.08.38	7	1.12.55	10	1.14.13
		チーム	1	1.02.39	1	2.10.55	1	3.16.17	4	4.22.05	6	5.36.25	15	1.02.56	15	2.11.16	15	3.19.54	13	4.32.49	12	5.47.02
		総合	**1**	**1.02.39**	**1**	**2.10.55**	**1**	**3.16.17**	**4**	**4.22.05**	**6**	**5.36.25**	**8**	**6.39.21**	**9**	**7.47.41**	**10**	**8.56.19**	**10**	**10.09.14**	**10**	**11.23.27**
11	日本体育	走者	3	佐藤 洋平	3	須藤 大樹	2	城戸口直樹	4	坂田 修宏	1	佐藤 信介	3	浜本 憲秀	2	服部 史寛	1	栗原 親也	4	小平 佳伸	3	小原　岳
		個人	5	1.03.46	10	1.10.43	9	1.05.22	12	1.05.31	9	1.14.23	13	1.02.32	13	1.08.17	5	1.07.17	10	1.13.19	12	1.14.27
		チーム	5	1.03.46	7	2.14.29	10	3.19.51	12	4.25.22	10	5.39.45	13	1.02.32	14	2.10.49	12	3.18.06	11	4.31.25	10	5.45.52
		総合	**5**	**1.03.46**	**7**	**2.14.29**	**10**	**3.19.51**	**12**	**4.25.22**	**10**	**5.39.45**	**12**	**6.42.17**	**13**	**7.50.34**	**12**	**8.57.51**	**12**	**10.11.10**	**11**	**11.25.37**
12	大東文化	走者	3	真名子 圭	2	秋山羊一郎	3	松浦 仁一	4	赤崎 康久	2	小林 秀行	2	金子 宣隆	3	池田 洋介	3	福田 哲二	4	徳原 淳治	4	丹沢 太郎
		個人	9	1.04.17	8	1.10.31	11	1.05.24	14	1.06.35	5	1.12.26	4	59.47	8	1.06.03	14	1.09.32	13	1.14.35	15	1.17.44
		チーム	9	1.04.17	8	2.14.48	11	3.20.12	13	4.26.47	9	5.39.13	4	59.47	4	2.05.50	8	3.15.22	10	4.29.57	13	5.47.41
		総合	**9**	**1.04.17**	**8**	**2.14.48**	**11**	**3.20.12**	**13**	**4.26.47**	**9**	**5.39.13**	**7**	**6.39.00**	**7**	**7.45.03**	**8**	**8.54.35**	**8**	**10.09.10**	**12**	**11.26.54**
13	関東学院	走者	4	深瀬 弘志	1	尾田 賢典	2	寺尾 成人	3	武生 健治	3	武生 康志	4	織田 泰聡	4	鳥居 新也	3	坂本 哲生	4	惣臺 光範	4	坂井 健一
		個人	12	1.05.19	15	1.12.37	15	1.06.41	11	1.05.09	8	1.14.22	10	1.02.08	9	1.07.09	9	1.07.47	6	1.12.47	5	1.12.59
		チーム	12	1.05.19	14	2.17.56	15	3.24.37	14	4.29.46	14	5.44.08	10	1.02.08	11	2.09.17	10	3.17.04	9	4.29.51	9	5.42.50
		総合	**12**	**1.05.19**	**14**	**2.17.56**	**15**	**3.24.37**	**14**	**4.29.46**	**14**	**5.44.08**	**14**	**6.46.16**	**14**	**7.53.25**	**14**	**9.01.12**	**14**	**10.13.59**	**13**	**11.26.58**
14	拓殖	走者	4	井上 信也	2	安部晋太郎	3	鈴木 武道	4	山本 博之	2	天野 元文	4	小林 史和	1	松尾 明典	1	重松 修平	2	杉山 祐太	2	稲垣　亮
		個人	11	1.04.41	11	1.11.10	5	1.04.42	10	1.04.29	10	1.14.57	6	1.00.18	12	1.08.00	15	1.10.04	11	1.13.25	14	1.16.48
		チーム	11	1.04.41	13	2.15.51	12	3.20.33	11	4.25.02	11	5.39.59	6	1.00.18	10	2.08.18	13	3.18.22	12	4.31.47	14	5.48.35
		総合	**11**	**1.04.41**	**13**	**2.15.51**	**12**	**3.20.33**	**11**	**4.25.02**	**11**	**5.39.59**	**10**	**6.40.17**	**11**	**7.48.17**	**13**	**8.58.21**	**13**	**10.11.46**	**14**	**11.28.34**
15	東洋	走者	4	鈴木健太郎	3	秋葉 正人	3	岡田　徹	1	奥田 孝志	2	仲野 旭彦	4	多田 裕志	3	福士 将史	2	生田 直人	2	石川 末広	4	柏原 誠司
		個人	15	1.06.17	14	1.12.02	13	1.06.12	15	1.06.37	14	1.16.37	8	1.01.27	15	1.08.41	6	1.07.28	15	1.19.13	13	1.16.11
		チーム	15	1.06.17	15	2.18.19	14	3.24.31	15	4.31.08	15	5.47.45	8	1.01.27	13	2.10.08	11	3.17.36	15	4.36.49	15	5.53.00
		総合	**15**	**1.06.17**	**15**	**2.18.19**	**14**	**3.24.31**	**15**	**4.31.08**	**15**	**5.47.45**	**15**	**6.49.12**	**15**	**7.57.53**	**15**	**9.05.21**	**15**	**10.24.34**	**15**	**11.40.45**

第77回　2001年(平成13年)1月2日～3日　総距離：216.4km　往路：107.2km　復路：109.2km

順	大学名		往路										復路									
			1区(21.3km)		2区(23.0km)		3区(21.3km)		4区(20.9km)		5区(20.7km)		6区(20.7km)		7区(21.2km)		8区(21.3km)		9区(23.0km)		10区(23.0km)	
1	順天堂	走者	3	入船　満	3	岩水 嘉孝	2	中川 拓郎	3	野口 英盛	3	奥田真一郎	4	宮井 将治	3	坂井 隆則	4	榊枝 広光	4	高橋 謙介	4	宮崎 展仁
		個人	7	1.03.51	4	1.09.34	6	1.09.03	1	1.06.00	3	1.14.40	2	*58.29*	3	1.03.38	10	1.07.07	3	1.10.34	4	1.11.09
		チーム	7	1.03.51	3	2.13.25	5	3.22.28	2	4.28.28	2	5.43.08	2	58.29	1	2.02.07	2	3.09.14	2	4.19.48	1	5.30.57
		総合	**7**	**1.03.51**	**3**	**2.13.25**	**5**	**3.22.28**	**2**	**4.28.28**	**2**	**5.43.08**	**1**	**6.41.37**	**1**	**7.45.15**	**1**	**8.52.22**	**2**	**10.02.56**	**1**	**11.14.05**
2	駒澤	走者	1	内田 直将	3	神屋 伸行	3	河村 修一	2	松村 拓希	2	布施 知進	2	松下 竜治	3	揖斐 祐治	4	武井 拓麻	3	高橋 正仁	2	高橋 桂逸
		個人	4	1.03.45	3	1.09.04	5	1.08.47	6	1.08.30	4	1.15.18	4	59.21	1	1.03.17	1	1.04.48	1	1.09.49	12	1.14.21
		チーム	4	1.03.45	2	2.12.49	3	3.21.36	6	4.30.06	4	5.45.24	4	59.21	2	2.02.38	1	3.07.26	1	4.17.15	4	5.31.36
		総合	**4**	**1.03.45**	**2**	**2.12.49**	**3**	**3.21.36**	**6**	**4.30.06**	**4**	**5.45.24**	**4**	**6.44.45**	**3**	**7.48.02**	**2**	**8.52.50**	**1**	**10.02.39**	**2**	**11.17.00**
3	中央	走者	2	野村 佳史	4	板山　学	3	村本 洋介	2	池田 圭介	2	藤原 正和	4	永井 順明	3	杉山 智基	3	花田 俊輔	2	池上 誠悟	4	木村 圭介
		個人	1	1.03.38	5	1.10.01	3	1.07.56	4	1.07.34	2	1.13.51	3	59.13	10	1.05.14	4	1.05.37	10	1.11.56	11	1.14.17
		チーム	1	1.03.38	4	2.13.39	2	3.21.35	3	4.29.09	1	5.43.00	3	59.13	4	2.04.27	5	3.10.04	6	4.22.00	6	5.36.17
		総合	**1**	**1.03.38**	**4**	**2.13.39**	**2**	**3.21.35**	**3**	**4.29.09**	**1**	**5.43.00**	**2**	**6.42.13**	**2**	**7.47.27**	**3**	**8.53.04**	**3**	**10.05.00**	**3**	**11.19.17**
4	法政	走者	1	黒田 将由	3	徳本 一善	4	竹崎 重紀	1	中村 洋輔	4	大村　一	1	長嶺 貴裕	3	奈良沢 徹	3	高橋　剛	2	土井 洋志	2	早川 謙司
		個人	3	1.03.40	2	1.08.59	2	1.07.47	3	1.07.33	7	1.15.56	6	1.00.42	4	1.03.53	9	1.06.45	2	1.10.03	13	1.15.05
		チーム	3	1.03.40	1	2.12.39	1	3.20.26	1	4.27.59	3	5.43.55	6	1.00.42	5	2.04.35	6	3.11.20	5	4.21.23	7	5.36.28
		総合	**3**	**1.03.40**	**1**	**2.12.39**	**1**	**3.20.26**	**1**	**4.27.59**	**3**	**5.43.55**	**3**	**6.44.37**	**4**	**7.48.30**	**4**	**8.55.15**	**4**	**10.05.18**	**4**	**11.20.23**
5	神奈川	走者	3	飯島 智志	3	相馬 雄太	3	田中 俊也	3	土谷　修	2	浅尾　英	3	松田 栄一	1	吉村 尚悟	4	林 健太郎	2	原田 恵章	4	青陰　寛
		個人	2	1.03.38	11	1.11.23	9	1.10.58	13	1.11.02	10	1.17.57	9	1.01.17	2	1.03.20	2	1.05.15	4	1.10.43	3	1.10.59
		チーム	2	1.03.38	9	2.15.01	9	3.25.59	11	4.37.01	12	5.54.58	9	1.01.17	6	2.04.37	3	3.09.52	3	4.20.35	3	5.31.34
		総合	**2**	**1.03.38**	**9**	**2.15.01**	**9**	**3.25.59**	**11**	**4.37.01**	**12**	**5.54.58**	**13**	**6.56.15**	**10**	**7.59.35**	**8**	**9.04.50**	**6**	**10.15.33**	**5**	**11.26.32**
6	大東文化	走者	1	柴田 純一	3	秋山羊一郎	4	松浦 仁一	4	福田 哲二	1	村田 義広	3	金子 宣隆	4	池田 洋介	2	田子 康晴	2	山脇 拓哉	4	真名子 圭
		個人	15	1.06.56	8	1.11.08	14	1.12.18	12	1.09.39	8	1.16.42	1	*58.21*	5	1.04.18	12	1.07.30	6	1.10.54	1	*1.10.19*
		チーム	15	1.06.56	12	2.18.04	13	3.30.22	13	4.40.01	13	5.56.43	1	58.21	3	2.02.39	4	3.10.09	4	4.21.03	2	5.31.22
		総合	**15**	**1.06.56**	**12**	**2.18.04**	**13**	**3.30.22**	**13**	**4.40.01**	**13**	**5.56.43**	**9**	**6.55.04**	**9**	**7.59.22**	**10**	**9.06.52**	**9**	**10.17.46**	**6**	**11.28.05**
7	帝京	走者	3	中崎 幸伸	3	谷川 嘉朗	3	北島 吉章	4	鎌浦 淳二	2	飛松　誠	1	清野 祥啓	4	小川 直也	4	野尻浩太郎	4	喜多 健一	2	村野 真一
		個人	9	1.03.54	5	1.10.01	1	1.07.45	5	1.08.22	14	1.18.53	10	1.01.24	11	1.05.49	7	1.06.20	13	1.13.12	7	1.12.54
		チーム	9	1.03.54	5	2.13.55	4	3.21.40	5	4.30.02	6	5.48.55	10	1.01.24	11	2.07.13	10	3.13.33	12	4.26.45	12	5.39.39
		総合	**9**	**1.03.54**	**5**	**2.13.55**	**4**	**3.21.40**	**5**	**4.30.02**	**6**	**5.48.55**	**6**	**6.50.19**	**6**	**7.56.08**	**6**	**9.02.28**	**8**	**10.15.40**	**7**	**11.28.34**
8	日本	走者	1	中谷 圭介	1	藤井 周一	1	蔭谷 将良	2	清水 将也	4	渡辺 尚幹	4	中山　隆	4	塩見 雄介	2	山本 勝義	2	清水 智也	3	清水 貴之
		個人	5	1.03.45	10	1.11.20	11	1.11.08	9	1.09.08	6	1.15.54	5	1.00.36	9	1.05.01	11	1.07.26	8	1.11.17	8	1.13.42
		チーム	5	1.03.45	10	2.15.05	10	3.26.13	9	4.35.21	8	5.51.15	5	1.00.36	7	2.05.37	9	3.13.03	8	4.24.20	10	5.38.02
		総合	**5**	**1.03.45**	**10**	**2.15.05**	**10**	**3.26.13**	**9**	**4.35.21**	**8**	**5.51.15**	**8**	**6.51.51**	**7**	**7.56.52**	**7**	**9.04.18**	**7**	**10.15.35**	**8**	**11.29.17**
9	山梨学院	走者	1	橋ノ口滝一	2	D.カリウキ	4	橋本　淳	3	清田 泰之	4	尾崎 輝人	2	松田 浩二	2	清家　健	1	高見沢 勝	4	尾池 政利	4	長谷　亮
		個人	6	1.03.49	9	1.11.10	7	1.10.20	7	1.08.44	5	1.15.48	8	1.01.14	8	1.04.52	3	1.05.25	5	1.10.48	14	1.17.08
		チーム	6	1.03.49	8	2.14.59	7	3.25.19	7	4.34.03	7	5.49.51	8	1.01.14	8	2.06.06	7	3.11.31	7	4.22.19	11	5.39.27
		総合	**6**	**1.03.49**	**8**	**2.14.59**	**7**	**3.25.19**	**7**	**4.34.03**	**7**	**5.49.51**	**7**	**6.51.05**	**5**	**7.55.57**	**5**	**9.01.22**	**5**	**10.12.10**	**9**	**11.29.18**
10	早稲田	走者	3	新井 広憲	2	森村　哲	4	久場 潔実	3	原田 正彦	1	五十嵐 毅	4	大角 重人	2	中尾 栄二	4	松岡　宏	2	後藤 信二	4	鈴木 陽介
		個人	11	1.04.09	12	1.12.07	10	1.11.06	8	1.08.54	9	1.17.29	11	1.01.49	13	1.06.16	8	1.06.25	7	1.11.11	2	*1.10.22*
		チーム	11	1.04.09	11	2.16.16	11	3.27.22	10	4.36.16	11	5.53.45	11	1.01.49	13	2.08.05	12	3.14.30	11	4.25.41	5	5.36.03
		総合	**11**	**1.04.09**	**11**	**2.16.16**	**11**	**3.27.22**	**10**	**4.36.16**	**11**	**5.53.45**	**11**	**6.55.34**	**13**	**8.01.50**	**13**	**9.08.15**	**12**	**10.19.26**	**10**	**11.29.48**
11	日本体育	走者	4	佐藤 洋平	4	須藤 大樹	1	森永 幸男	2	阿部　直	2	佐藤 信介	3	服部 史寛	3	大光 剣心	2	解良 健二	3	城戸口直樹	2	鈴木　直
		個人	8	1.03.53	7	1.10.49	8	1.10.45	11	1.09.33	12	1.18.25	12	1.02.00	12	1.05.57	5	1.05.38	9	1.11.20	6	1.11.55
		チーム	8	1.03.53	7	2.14.42	8	3.25.27	8	4.35.00	9	5.53.25	12	1.02.00	12	2.07.57	11	3.13.35	9	4.24.55	8	5.36.50
		総合	**8**	**1.03.53**	**7**	**2.14.42**	**8**	**3.25.27**	**8**	**4.35.00**	**9**	**5.53.25**	**10**	**6.55.25**	**12**	**8.01.22**	**11**	**9.07.00**	**10**	**10.18.20**	**11**	**11.30.15**
12	拓殖	走者	1	藤原　新	1	丸山 直之	3	天野 元文	2	松尾 明典	3	杉山 祐太	1	山田 一誠	3	稲垣　亮	2	重松 修平	4	大宮 宙憲	1	米倉 暁彦
		個人	10	1.04.03	13	1.14.34	12	1.11.45	10	1.09.27	1	1.13.49	13	1.02.02	7	1.04.44	6	1.06.06	12	1.12.42	5	1.11.53
		チーム	10	1.04.03	13	2.18.37	12	3.30.22	12	4.39.49	10	5.53.38	13	1.02.02	9	2.06.46	8	3.12.52	10	4.25.34	9	5.37.27
		総合	**10**	**1.04.03**	**13**	**2.18.37**	**12**	**3.30.22**	**12**	**4.39.49**	**10**	**5.53.38**	**12**	**6.55.40**	**11**	**8.00.24**	**9**	**9.06.30**	**11**	**10.19.12**	**12**	**11.31.05**
13	平成国際	走者	3	田村 博史	3	J. カーニー	4	米山　宏	3	F. ムヒア	4	市川 哲平	3	星野　寛	1	吉野 孝弘	4	伊東 永雄	2	田島 康幸	3	橋本 太一
		個人	14	1.06.47	1	1.07.43	4	1.08.25	2	1.06.51	13	1.18.29	7	1.01.13	14	1.07.26	14	1.11.19	11	1.12.22	9	1.13.50
		チーム	14	1.06.47	6	2.14.30	6	3.22.55	4	4.29.46	5	5.48.15	7	1.01.13	14	2.08.39	14	3.19.58	14	4.32.20	14	5.46.10
		総合	**14**	**1.06.47**	**6**	**2.14.30**	**6**	**3.22.55**	**4**	**4.29.46**	**5**	**5.48.15**	**5**	**6.49.28**	**8**	**7.56.54**	**12**	**9.08.13**	**13**	**10.20.35**	**13**	**11.34.25**
14	國學院	走者	1	秦　玲	2	橋本　勝	1	山本 泰之	2	片山 敦輝	2	飯塚 喜春	3	五島 徹陽	1	山岡 雅義	2	小俣 好紀	3	吉原 一徳	2	飯干 守道
		個人	13	1.04.48	14	1.15.23	13	1.11.57	14	1.11.53	11	1.18.23	14	1.02.28	6	1.04.40	13	1.08.14	14	1.13.56	10	1.14.13
		チーム	13	1.04.48	14	2.20.11	14	3.32.08	14	4.44.01	14	6.02.24	14	1.02.28	10	2.07.08	13	3.15.22	13	4.29.18	13	5.43.31
		総合	**13**	**1.04.48**	**14**	**2.20.11**	**14**	**3.32.08**	**14**	**4.44.01**	**14**	**6.02.24**	**14**	**7.04.52**	**14**	**8.09.32**	**14**	**9.17.46**	**14**	**10.31.42**	**14**	**11.45.55**
棄	東海	走者	2	米田 尚人	4	伊藤 孝志	4	横山 周二	4	西村 哲生	3	柴田 真一	4	斎藤 直己	1	河野 孝行	3	松宮 正典	3	大井 貴博	4	横山 貴臣
		個人	12	1.04.11	途中棄権		参	1.13.46	参	1.09.01	参	1.18.36	参	1.00.54	参	1.04.25	参	1.07.03	参	1.11.15	参	1.14.39
		チーム	12	1.04.11	記録なし								参	1.00.54	参	2.05.19	参	3.12.22	参	4.23.37	参	5.38.16
		総合	**12**	**1.04.11**	**記録なし**																	

第78回　2002年（平成14年）1月2日～3日　総距離：216.4km　往路：107.2km　復路：109.2km

順	大学名		往路										復路									
			1区(21.3km)		2区(23.0km)		3区(21.3km)		4区(20.9km)		5区(20.7km)		6区(20.7km)		7区(21.2km)		8区(21.3km)		9区(23.0km)		10区(23.0km)	
1	駒澤	走者	2	北浦 政史	4	神屋 伸行	3	島村 清孝	3	松下 竜治	1	田中 宏樹	2	吉田 繁	4	揖斐 祐治	1	塩川 雄也	4	高橋 正仁	4	河村 修一
		個人	13	1.04.48	9	1.09.31	2	1.04.57	1	1.02.24	4	1.15.08	2	59.21	3	1.03.45	2	1.04.57	1	1.09.31	4	1.11.13
		チーム	13	1.04.48	9	2.14.19	4	3.19.16	1	4.21.40	2	5.36.48	2	59.21	2	2.03.06	1	3.08.03	1	4.17.34	1	5.28.47
		総合	**13**	**1.04.48**	**9**	**2.14.19**	**4**	**3.19.16**	**1**	**4.21.40**	**2**	**5.36.48**	**1**	**6.36.09**	**1**	**7.39.54**	**1**	**8.44.51**	**1**	**9.54.22**	**1**	**11.05.35**
2	順天堂	走者	4	入船 満	4	奥田真一郎	2	三原 幸男	4	坂井 隆則	4	野口 英盛	2	磯野 弘晴	2	伊牟田裕二	3	中川 拓郎	2	長山 丞	3	春田 真臣
		個人	1	1.04.21	6	1.09.03	12	1.07.21	3	1.03.55	1	1.12.32	6	1.00.48	5	1.04.50	1	1.04.53	3	1.10.18	5	1.11.33
		チーム	1	1.04.21	4	2.13.24	8	3.20.45	8	4.24.40	3	5.37.12	6	1.00.48	5	2.05.38	3	3.10.31	3	4.20.49	3	5.32.22
		総合	**1**	**1.04.21**	**4**	**2.13.24**	**8**	**3.20.45**	**8**	**4.24.40**	**3**	**5.37.12**	**2**	**6.38.00**	**4**	**7.42.50**	**2**	**8.47.43**	**2**	**9.58.01**	**2**	**11.09.34**
3	早稲田	走者	3	中尾 栄二	4	原田 正彦	3	森村 哲	4	新井 広憲	2	五十嵐 毅	3	相楽 豊	1	空山 隆児	3	植竹 誠也	3	後藤 信二	4	桜井 勇樹
		個人	9	1.04.36	1	1.08.35	1	1.04.27	5	1.04.13	7	1.15.53	8	1.01.00	1	1.03.33	6	1.06.57	4	1.10.22	1	*1.10.18*
		チーム	9	1.04.36	2	2.13.11	1	3.17.38	2	4.21.51	4	5.37.44	8	1.01.00	3	2.04.33	6	3.11.30	5	4.21.52	2	5.32.10
		総合	**9**	**1.04.36**	**2**	**2.13.11**	**1**	**3.17.38**	**2**	**4.21.51**	**4**	**5.37.44**	**4**	**6.38.44**	**3**	**7.42.17**	**3**	**8.49.14**	**3**	**9.59.36**	**3**	**11.09.54**
4	中央	走者	3	池上 誠悟	3	野村 佳史	1	中野 裕介	3	池田 圭介	3	藤原 正和	1	野村 俊輔	2	岡本 崇郁	1	家高 晋吾	2	原田 聡	4	杉山 智基
		個人	3	1.04.24	4	1.09.00	8	1.06.10	10	1.05.37	3	1.14.36	3	59.49	7	1.05.15	4	1.05.33	2	1.09.34	9	1.13.00
		チーム	3	1.04.24	5	2.13.24	7	3.19.34	9	4.25.11	6	5.39.47	3	59.49	4	2.05.04	4	3.10.37	2	4.20.11	4	5.33.11
		総合	**3**	**1.04.24**	**5**	**2.13.24**	**7**	**3.19.34**	**9**	**4.25.11**	**6**	**5.39.47**	**6**	**6.39.36**	**6**	**7.44.51**	**5**	**8.50.24**	**4**	**9.59.58**	**4**	**11.12.58**
5	大東文化	走者	2	村田 義広	4	秋山羊一郎	4	林 昌史	3	田上 二朗	4	橘 義昭	4	金子 宣隆	2	柴田 純一	3	金光 隆中	3	山脇 拓哉	3	田子 康晴
		個人	10	1.04.43	5	1.09.02	6	1.05.38	7	1.05.01	5	1.15.09	1	59.04	2	1.03.36	10	1.07.25	7	1.11.20	7	1.12.17
		チーム	10	1.04.43	8	2.13.45	6	3.19.23	7	4.24.24	5	5.39.33	1	59.04	1	2.02.40	2	3.10.05	4	4.21.25	5	5.33.42
		総合	**10**	**1.04.43**	**8**	**2.13.45**	**6**	**3.19.23**	**7**	**4.24.24**	**5**	**5.39.33**	**3**	**6.38.37**	**2**	**7.42.13**	**4**	**8.49.38**	**5**	**10.00.58**	**5**	**11.13.15**
6	神奈川	走者	4	飯島 智志	3	原田 恵章	2	下里 和義	2	島田健一郎	2	吉村 尚悟	3	谷口 武志	1	竜田 美幸	3	園山 憲司	4	相馬 雄太	4	金原 良征
		個人	2	1.04.22	8	1.09.14	3	1.05.13	4	1.04.04	2	1.13.32	13	1.02.20	6	1.04.53	7	1.07.04	13	1.12.50	8	1.12.57
		チーム	2	1.04.22	6	2.13.36	2	3.18.49	3	4.22.53	1	5.36.25	13	1.02.20	9	2.07.13	9	3.14.17	9	4.27.07	11	5.40.04
		総合	**2**	**1.04.22**	**6**	**2.13.36**	**2**	**3.18.49**	**3**	**4.22.53**	**1**	**5.36.25**	**5**	**6.38.45**	**5**	**7.43.38**	**6**	**8.50.42**	**6**	**10.03.32**	**6**	**11.16.29**
7	亜細亜	走者	4	片岡 宏昭	4	前田 和之	3	鈴木 良則	4	相楽 顕	2	鈴木 聖仁	3	堀越勝太郎	4	野呂 祐司	2	松浦 良樹	3	塩川 健司	4	木村 恵也
		個人	12	1.04.45	3	1.08.37	14	1.08.02	9	1.05.36	8	1.16.22	5	1.00.45	10	1.06.10	14	1.08.28	10	1.11.41	3	1.11.07
		チーム	12	1.04.45	3	2.13.22	10	3.21.24	10	4.27.00	9	5.43.22	5	1.00.45	8	2.06.55	10	3.15.23	8	4.27.04	7	5.38.11
		総合	**12**	**1.04.45**	**3**	**2.13.22**	**10**	**3.21.24**	**10**	**4.27.00**	**9**	**5.43.22**	**7**	**6.44.07**	**7**	**7.50.17**	**9**	**8.58.45**	**10**	**10.10.26**	**7**	**11.21.33**
8	帝京	走者	4	北島 吉章	4	中崎 幸伸	3	飛松 誠	4	谷川 嘉朗	2	秋山 新吾	4	佐竹 恵一	2	清野 祥啓	1	戸村 将幸	3	小鹿 敬司	2	桐谷 圭
		個人	8	1.04.36	7	1.09.08	5	1.05.36	6	1.04.18	12	1.18.48	14	1.02.49	8	1.05.21	11	1.07.42	8	1.11.27	6	1.11.54
		チーム	8	1.04.36	7	2.13.44	5	3.19.20	4	4.23.38	7	5.42.26	14	1.02.49	10	2.08.10	11	3.15.52	11	4.27.19	10	5.39.13
		総合	**8**	**1.04.36**	**7**	**2.13.44**	**5**	**3.19.20**	**4**	**4.23.38**	**7**	**5.42.26**	**9**	**6.45.15**	**8**	**7.50.36**	**8**	**8.58.18**	**8**	**10.09.45**	**8**	**11.21.39**
9	山梨学院	走者	3	岩永 暁如	1	O.モカンバ	3	川嶋 洋平	4	清田 泰之	3	D.カリウキ	4	高堰 隼人	2	橋ノ口滝一	4	安藤 真人	3	清家 健	3	森 和治
		個人	4	1.04.25	1	1.08.35	7	1.05.58	8	1.05.08	11	1.18.47	12	1.01.48	13	1.08.12	8	1.07.14	6	1.10.56	2	1.10.41
		チーム	4	1.04.25	1	2.13.00	3	3.18.58	5	4.24.06	8	5.42.53	12	1.01.48	14	2.10.00	12	3.17.14	12	4.28.10	9	5.38.51
		総合	**4**	**1.04.25**	**1**	**2.13.00**	**3**	**3.18.58**	**5**	**4.24.06**	**8**	**5.42.53**	**8**	**6.44.41**	**10**	**7.52.53**	**11**	**9.00.07**	**11**	**10.11.03**	**9**	**11.21.44**
10	日本	走者	3	清水 智也	2	藤井 周一	1	岩井 勇輝	3	清水 将也	2	中谷 圭介	2	藤谷 将良	3	勝亦 利彦	2	白柳 智也	4	和田 正人	4	清水 貴之
		個人	15	1.05.06	12	1.10.25	4	1.05.22	2	1.03.30	13	1.19.58	9	1.01.08	9	1.05.30	9	1.07.18	5	1.10.52	12	1.13.31
		チーム	15	1.05.06	12	2.15.31	9	3.20.53	6	4.24.23	10	5.44.21	9	1.01.08	7	2.06.38	7	3.13.56	7	4.24.48	8	5.38.19
		総合	**15**	**1.05.06**	**12**	**2.15.31**	**9**	**3.20.53**	**6**	**4.24.23**	**10**	**5.44.21**	**10**	**6.45.29**	**9**	**7.50.59**	**7**	**8.58.17**	**7**	**10.09.09**	**10**	**11.22.40**
11	日本体育	走者	3	栗原 親也	3	佐藤 信介	1	四辻 聖	2	青野 寧明	2	田渕 真也	3	解良 健二	3	鈴木 直	1	山田 紘之	2	久野 正悟	4	服部 史寛
		個人	11	1.04.43	13	1.11.32	10	1.07.07	11	1.05.53	10	1.18.05	7	1.00.59	4	1.04.47	5	1.05.41	9	1.11.37	10	1.13.12
		チーム	11	1.04.43	13	2.16.15	13	3.23.22	11	4.29.15	12	5.47.20	7	1.00.59	6	2.05.46	5	3.11.27	6	4.23.04	6	5.36.16
		総合	**11**	**1.04.43**	**13**	**2.16.15**	**13**	**3.23.22**	**11**	**4.29.15**	**12**	**5.47.20**	**12**	**6.48.19**	**11**	**7.53.06**	**10**	**8.58.47**	**9**	**10.10.24**	**11**	**11.23.36**
12	関東学院	走者	3	尾田 賢典	4	寺尾 成人	1	瀧田 護	3	石川 歩	1	北川 昌史	4	中里 政義	2	永田 景介	4	秋葉 啓太	4	駒形 英也	3	石井清加寿
		個人	5	1.04.29	11	1.10.21	13	1.07.56	14	1.08.18	9	1.17.40	4	1.00.29	14	1.08.20	3	1.05.10	14	1.13.19	11	1.13.21
		チーム	5	1.04.29	11	2.14.50	12	3.22.46	14	4.31.04	13	5.48.44	4	1.00.29	11	2.08.49	8	3.13.59	10	4.27.18	12	5.40.39
		総合	**5**	**1.04.29**	**11**	**2.14.50**	**12**	**3.22.46**	**14**	**4.31.04**	**13**	**5.48.44**	**13**	**6.49.13**	**13**	**7.57.33**	**13**	**9.02.43**	**13**	**10.16.02**	**12**	**11.29.23**
13	専修	走者	4	矢吹 和啓	2	行友 誠	4	田村 佳丈	4	飯嶋 秀樹	4	高瀬 敏治	2	吉川 裕也	2	鈴木 真	3	佐藤 政和	3	福島 啓介	4	伊藤 雄史
		個人	7	1.04.33	10	1.10.06	9	1.06.51	13	1.08.04	6	1.15.29	10	1.01.32	12	1.08.01	12	1.08.06	11	1.12.14	14	1.18.46
		チーム	7	1.04.33	10	2.14.39	11	3.21.30	11	4.29.34	11	5.45.03	10	1.01.32	13	2.09.33	14	3.17.39	13	4.29.53	14	5.48.39
		総合	**7**	**1.04.33**	**10**	**2.14.39**	**11**	**3.21.30**	**12**	**4.29.34**	**11**	**5.45.03**	**11**	**6.46.35**	**12**	**7.54.36**	**12**	**9.02.42**	**12**	**10.14.56**	**13**	**11.33.42**
14	東海	走者	3	永島 貴史	2	河野 孝行	3	松崎 雄介	4	大井 貴博	1	古賀 孝志	4	松宮 正典	1	越川 秀宣	4	高橋 政則	2	横山大三郎	4	反町 一貴
		個人	14	1.04.49	14	1.12.11	11	1.07.18	12	1.06.08	14	1.20.24	11	1.01.33	11	1.07.48	13	1.08.13	12	1.12.21	13	1.13.34
		チーム	14	1.04.49	14	2.17.00	14	3.24.18	13	4.30.26	14	5.50.50	11	1.01.33	12	2.09.21	13	3.17.34	14	4.29.55	13	5.43.29
		総合	**14**	**1.04.49**	**14**	**2.17.00**	**14**	**3.24.18**	**13**	**4.30.26**	**14**	**5.50.50**	**14**	**6.52.23**	**14**	**8.00.11**	**14**	**9.08.24**	**14**	**10.20.45**	**14**	**11.34.19**
棄	法政	走者	2	黒田 将由	4	徳本 一善	2	有原 忠義	2	中村 洋輔	2	長嶺 貴裕	1	中矢 章太	2	坂野 清志	4	高橋 剛	3	土井 洋志	4	久村 幸平
		個人	6	1.04.31	途中棄権		参	1.07.11	参	1.05.21	参	1.17.02	参	1.03.35	参	1.06.50	参	1.06.49	参	1.09.37	参	1.12.35
		チーム	6	1.04.31	記録なし								参	1.03.35	参	2.10.25	参	3.17.14	参	4.26.51	参	5.39.26
		総合	**6**	**1.04.31**	**記録なし**																	

第79回　2003年(平成15年)1月2日～3日　総距離：216.4km　往路：107.2km　復路：109.2km

順	大学名		往路										復路									
			1区(21.3km)		2区(23.0km)		3区(21.3km)		4区(20.9km)		5区(20.7km)		6区(20.7km)		7区(21.2km)		8区(21.3km)		9区(23.0km)		10区(23.0km)	
1	駒澤	走者	3	内田 直将	4	松下 竜治	1	佐藤 慎悟	2	塩川 雄也	2	田中 宏樹	3	吉田 繁	1	糟谷 悟	2	太田 貴之	4	島村 清孝	3	北浦 政史
		個人	1	1.04.36	2	1.07.58	6	1.04.07	7	1.03.49	2	1.12.15	5	1.00.48	2	1.05.38	1	1.05.40	1	1.09.02	1	*1.09.54*
		チーム	1	1.04.36	2	2.12.34	2	3.16.41	4	4.20.30	2	5.32.45	5	1.00.48	3	2.06.26	2	3.12.06	1	4.21.08	1	5.31.02
		総合	1	1.04.36	2	2.12.34	2	3.16.41	4	4.20.30	2	5.32.45	2	6.33.33	2	7.39.11	2	8.44.51	1	9.53.53	1	11.03.47
2	山梨学院	走者	3	橋ノ口滝一	2	O.モカンバ	3	高見沢 勝	4	D.カリウキ	1	森本 直人	4	川嶋 洋平	4	岩永 暁如	4	北原 英一	4	清家 健	4	森 和治
		個人	3	1.04.51	3	1.08.02	7	1.04.08	1	1.01.32	4	1.12.33	4	1.00.46	1	1.05.26	4	1.06.35	12	1.11.31	10	1.13.04
		チーム	3	1.04.51	3	2.12.53	3	3.17.01	1	4.18.33	1	5.31.06	4	1.00.46	2	2.06.12	3	3.12.47	3	4.24.18	3	5.37.22
		総合	3	1.04.51	3	2.12.53	3	3.17.01	1	4.18.33	1	5.31.06	1	6.31.52	1	7.37.18	1	8.43.53	2	9.55.24	2	11.08.28
3	日本	走者	4	勝亦 利彦	4	清水 将也	2	岩井 勇輝	3	藤井 周一	1	吉岡 玲	1	武者 由幸	3	中谷 圭介	3	白柳 智也	4	清水 智也	1	下重 正樹
		個人	11	1.04.56	5	1.08.50	8	1.04.13	2	1.02.04	9	1.14.16	17	1.02.21	2	1.05.38	10	1.07.43	2	1.10.31	6	1.12.20
		チーム	10	1.04.56	5	2.13.46	5	3.17.59	2	4.20.03	3	5.34.19	16	1.02.21	10	2.07.59	10	3.15.42	8	4.26.13	5	5.38.33
		総合	10	1.04.56	5	2.13.46	5	3.17.59	2	4.20.03	3	5.34.19	3	6.36.40	3	7.42.18	3	8.50.01	3	10.00.32	3	11.12.52
4	大東文化	走者	2	佐々木 誠	3	村田 義広	4	田子 康晴	1	野宮 章弘	2	馬場 周太	3	村井 健太	3	矢島 信	2	立石 義晴	4	山脇 拓哉	4	田上 二朗
		個人	10	1.04.55	17	1.11.13	2	1.03.26	4	1.03.30	5	1.12.36	10	1.01.49	14	1.06.26	11	1.07.46	2	1.10.31	9	1.13.03
		チーム	9	1.04.55	16	2.16.08	8	3.19.34	7	4.23.04	4	5.35.40	10	1.01.49	12	2.08.15	13	3.16.01	9	4.26.32	9	5.39.35
		総合	9	1.04.55	16	2.16.08	8	3.19.34	7	4.23.04	4	5.35.40	4	6.37.29	5	7.43.55	7	8.51.41	4	10.02.12	4	11.15.15
5	中央	走者	4	池田 圭介	4	藤原 正和	4	池上 誠悟	1	池永 和樹	4	高橋 憲昭	2	野村 俊輔	3	岡本 崇郁	2	家高 晋吾	3	原田 聡	3	河合 恵悟
		個人	9	1.04.54	1	1.07.31	3	1.03.47	8	1.04.11	19	1.19.14	1	58.54	15	1.06.31	2	1.06.25	11	1.11.23	13	1.13.37
		チーム	8	1.04.54	1	2.12.25	1	3.16.12	3	4.20.23	12	5.39.37	1	58.54	1	2.05.25	1	3.11.50	2	4.23.13	2	5.36.50
		総合	8	1.04.54	1	2.12.25	1	3.16.12	3	4.20.23	12	5.39.37	8	6.38.31	9	7.45.02	6	8.51.27	5	10.02.50	5	11.16.27
6	東洋	走者	3	久保田 満	3	三行 幸一	4	田辺 公大	2	北岡 幸浩	2	渡辺 和孝	2	布江 剛士	4	奥田 孝志	3	菅原 寿和	3	永富 和真	4	岩田 豪
		個人	6	1.04.53	7	1.09.07	9	1.04.27	6	1.03.31	16	1.16.30	18	1.02.36	6	1.05.53	12	1.07.48	5	1.10.42	2	1.11.29
		チーム	6	1.04.53	6	2.14.00	6	3.18.27	5	4.21.58	9	5.38.28	17	1.02.36	14	2.08.29	15	3.16.17	11	4.26.59	4	5.38.28
		総合	6	1.04.53	6	2.14.00	6	3.18.27	5	4.21.58	9	5.38.28	12	6.41.04	10	7.46.57	12	8.54.45	11	10.05.27	6	11.16.56
7	東海	走者	1	丸山 敬三	3	根立 友樹	2	越川 秀宣	3	生井 怜	1	中井 祥太	2	角田 貴則	4	松崎 雄介	1	市村 一訓	3	横山大三郎	3	影山 淳一
		個人	12	1.04.59	11	1.10.05	12	1.05.04	13	1.04.39	1	*1.11.29*	12	1.01.56	10	1.06.13	6	1.06.58	16	1.13.33	4	1.12.09
		チーム	11	1.04.59	11	2.15.04	10	3.20.08	10	4.24.47	5	5.36.16	12	1.01.56	11	2.08.09	9	3.15.07	13	4.28.40	13	5.40.49
		総合	11	1.04.59	11	2.15.04	10	3.20.08	10	4.24.47	5	5.36.16	6	6.38.12	7	7.44.25	5	8.51.23	8	10.04.56	7	11.17.05
8	順天堂	走者	1	村上 康則	4	中川 拓郎	3	長山 丞	1	和田 真幸	1	難波 祐樹	4	大藤 雅興	3	伊牟田裕二	1	井生 知宏	3	三原 幸男	4	春田 真臣
		個人	19	1.05.26	4	1.08.19	5	1.03.59	11	1.04.19	14	1.15.09	11	1.01.55	4	1.05.52	7	1.07.03	8	1.11.04	17	1.14.07
		チーム	18	1.05.26	4	2.13.45	4	3.17.44	6	4.22.03	7	5.37.12	11	1.01.55	8	2.07.47	7	3.14.50	7	4.25.54	10	5.40.01
		総合	18	1.05.26	4	2.13.45	4	3.17.44	6	4.22.03	7	5.37.12	9	6.39.07	8	7.44.59	8	8.52.02	7	10.03.06	8	11.17.13
9	日本体育	走者	4	栗原 親也	2	山田 紘之	2	四辻 聖	4	鈴木 直	3	森永 幸男	4	解良 健二	1	熊本 剛	2	弘 潤一	3	久野 正悟	3	青野 宰明
		個人	15	1.05.10	10	1.09.44	4	1.03.51	12	1.04.38	7	1.12.58	8	1.01.32	4	1.05.52	6	1.07.25	18	1.14.12	4	1.12.09
		チーム	14	1.05.10	10	2.14.54	7	3.18.45	8	4.23.23	6	5.36.21	8	1.01.32	7	2.07.24	6	3.14.49	14	4.29.01	14	5.41.10
		総合	14	1.05.10	10	2.14.54	7	3.18.45	8	4.23.23	6	5.36.21	5	6.37.53	4	7.43.45	4	8.51.10	9	10.05.22	9	11.17.31
10	中央学院	走者	2	中東 亨介	4	福山 良祐	4	藤枝 覚	3	河南 耕二	1	信田 雄一	3	大西 亮輔	3	奥村 雄大	4	藤本 昌也	1	蔭山 浩司	4	魚崎 裕司
		個人	16	1.05.15	6	1.09.00	16	1.05.43	9	1.04.15	12	1.14.40	19	1.02.39	13	1.06.25	5	1.06.38	7	1.10.50	3	1.12.08
		チーム	15	1.05.15	7	2.14.15	9	3.19.58	9	4.24.13	11	5.38.53	18	1.02.39	16	2.09.04	10	3.15.42	9	4.26.32	6	5.38.40
		総合	15	1.05.15	7	2.14.15	9	3.19.58	9	4.24.13	11	5.38.53	13	6.41.32	12	7.47.57	11	8.54.35	10	10.05.25	10	11.17.33
11	神奈川	走者	3	下里 和義	4	原田 恵章	3	吉村 尚悟	3	藤本 聖	2	三宅 達也	4	浅尾 英	2	内野 雅貴	2	柏倉 渉	3	島田健一郎	4	町野 英也
		個人	2	1.04.48	19	1.11.51	11	1.04.59	3	1.03.24	6	1.12.47	2	1.00.27	17	1.05.59	15	1.08.06	5	1.10.42	20	1.14.54
		チーム	2	1.04.48	18	2.16.39	16	3.21.38	11	4.25.02	8	5.37.49	2	1.00.27	3	2.06.26	5	3.14.32	4	4.25.14	11	5.40.08
		総合	2	1.04.48	18	2.16.39	16	3.21.38	11	4.25.02	8	5.37.49	7	6.38.16	6	7.44.15	9	8.52.21	6	10.03.03	11	11.17.57
12	拓殖	走者	2	加藤健一朗	2	上村 智祐	3	高田 千春	3	藤原 新	4	松尾 明典	2	宮崎 隆春	3	丸山 直之	2	神谷 俊介	4	和田 政志	1	野間 俊哉
		個人	8	1.04.54	15	1.11.07	14	1.05.37	4	1.03.30	13	1.14.48	7	1.01.01	9	1.06.07	12	1.07.48	4	1.10.36	13	1.13.37
		チーム	7	1.04.54	15	2.16.01	15	3.21.38	12	4.25.08	14	5.39.56	7	1.01.01	6	2.07.08	8	3.14.56	5	4.25.32	7	5.39.09
		総合	7	1.04.54	15	2.16.01	15	3.21.38	12	4.25.08	14	5.39.56	11	6.40.57	11	7.47.04	13	8.54.52	12	10.05.28	12	11.19.05
13	帝京	走者	1	中尾 誠宏	4	飛松 誠	4	小鹿 敬司	3	秋山 新吾	1	中尾 勇生	4	光本 健吾	2	井上泰加彦	1	佐藤 拓也	3	桐谷 圭	2	東山 毅
		個人	18	1.05.18	13	1.10.33	15	1.05.38	10	1.04.17	15	1.15.10	6	1.00.59	8	1.06.02	3	1.06.29	13	1.12.14	13	1.13.37
		チーム	17	1.05.18	13	2.15.51	14	3.21.29	14	4.25.46	15	5.40.56	6	1.00.59	5	2.07.01	4	3.13.30	6	4.25.44	8	5.39.21
		総合	17	1.05.18	13	2.15.51	14	3.21.29	14	4.25.46	15	5.40.56	15	6.41.55	12	7.47.57	10	8.54.26	13	10.06.40	13	11.20.17
14	國學院	走者	3	秦 玲	4	飯干 守道	3	山岡 雅義	4	橋本 勝	4	小俣 好紀	1	盛 隆宏	2	佐藤 徹治	2	山口 勝也	4	尾上 昇	4	片山 敦輝
		個人	14	1.05.01	20	1.11.57	1	1.03.25	14	1.04.48	11	1.14.34	13	1.02.00	11	1.06.18	8	1.07.25	17	1.13.45	12	1.13.27
		チーム	13	1.05.01	19	2.16.58	11	3.20.23	13	4.25.11	13	5.39.45	13	1.02.00	13	2.08.18	12	3.15.43	15	4.29.28	15	5.42.55
		総合	13	1.05.01	19	2.16.58	11	3.20.23	13	4.25.11	13	5.39.45	14	6.41.45	14	7.48.03	14	8.55.28	15	10.09.13	14	11.22.40
15	早稲田	走者	2	篠浦 辰徳	4	森村 哲	2	杉山 一介	3	大浦 周	3	五十嵐 毅	4	松村 啓輔	4	高橋 耕	2	岡部 祐介	4	後藤 信二	4	植竹 誠也
		個人	17	1.05.16	9	1.09.36	18	1.06.21	16	1.05.17	3	1.12.20	9	1.01.36	19	1.08.05	19	1.08.54	9	1.11.09	18	1.14.08
		チーム	16	1.05.16	9	2.14.52	13	3.21.13	16	4.26.30	10	5.38.50	9	1.01.36	17	2.09.41	17	3.18.35	16	4.29.44	16	5.43.52
		総合	16	1.05.16	9	2.14.52	13	3.21.13	16	4.26.30	10	5.38.50	10	6.40.26	15	7.48.31	15	8.57.25	14	10.08.34	15	11.22.42
16	法政	走者	3	有原 忠義	3	長濱 貴裕	1	山口 航	3	栗原 健一	1	岡田 拓也	1	白田 雄久	1	谷本 幸城	4	早川 謙司	3	中村 洋輔	2	中矢 章太
		個人	5	1.04.52	14	1.11.05	19	1.07.01	17	1.05.59	18	1.18.12	3	1.00.42	18	1.07.06	16	1.08.15	10	1.11.22	8	1.12.56
		チーム	5	1.04.52	14	2.15.57	19	3.22.58	18	4.28.57	18	5.47.09	3	1.00.42	9	2.07.48	14	3.16.03	12	4.27.25	12	5.40.21
		総合	5	1.04.52	14	2.15.57	19	3.22.58	18	4.28.57	18	5.47.09	18	6.47.51	18	7.54.57	18	9.03.12	17	10.14.34	16	11.27.30
17	亜細亜	走者	4	鈴木 良則	4	木村 恵也	3	梁瀬 建蔵	3	中村健太郎	3	小池 健太	4	堀越勝太郎	2	中根 光洋	3	松浦 良樹	3	五十嵐利治	4	久田 隼人
		個人	4	1.04.51	18	1.11.22	13	1.05.36	18	1.06.26	10	1.14.19	20	1.03.36	12	1.06.21	20	1.08.55	14	1.12.53	11	1.13.13
		チーム	4	1.04.51	17	2.16.13	17	3.21.49	17	4.28.15	16	5.42.34	19	1.03.36	18	2.09.57	18	3.18.52	17	4.31.45	17	5.44.58
		総合	4	1.04.51	17	2.16.13	17	3.21.49	17	4.28.15	16	5.42.34	17	6.46.10	16	7.52.31	16	9.01.26	16	10.14.19	17	11.27.32
18	関東学院	走者	2	北川 昌史	4	尾田 賢典	2	鈴木 伸司	2	瀧田 護	4	滝奥 恵二	1	田中 利弘	3	末次 良三	1	阿久津真倫	4	石川 歩	4	石井清加寿
		個人	20	1.05.37	8	1.09.10	17	1.06.00	15	1.05.01	17	1.17.11	16	1.02.13	20	1.08.20	18	1.08.21	15	1.12.59	16	1.13.45
		チーム	19	1.05.37	8	2.14.47	12	3.20.47	15	4.25.48	17	5.42.59	15	1.02.13	19	2.10.33	19	3.18.54	18	4.31.53	19	5.45.38
		総合	19	1.05.37	8	2.14.47	12	3.20.47	15	4.25.48	17	5.42.59	16	6.45.12	17	7.53.32	17	9.01.53	18	10.14.52	18	11.28.37
19	専修	走者	1	彦久保文章	3	行友 誠	3	太田 宏嗣	3	本多 幸希	4	福島 啓介	4	吉川 裕也	3	乙訓 正幸	2	菅野 慎吾	2	古田 智	3	福地 宏行
		個人	13	1.04.59	12	1.10.25	20	1.07.02	20	1.07.32	20	1.19.15	14	1.02.08	17	1.06.34	17	1.08.17	20	1.15.14	7	1.12.46
		チーム	12	1.04.59	12	2.15.24	18	3.22.26	19	4.29.58	19	5.49.13	14	1.02.08	15	2.08.42	16	3.16.59	19	4.32.13	18	5.44.59
		総合	12	1.04.59	12	2.15.24	18	3.22.26	19	4.29.58	19	5.49.13	19	6.51.21	19	7.57.55	19	9.06.12	19	10.21.26	19	11.34.12
参	関東学連	走者	3	坂斎 亨	4	重成 英彰	2	佐藤 良仁	4	野崎 天馬	3	鐘ヶ江幸治	3	岡本 英伯	3	山内 貴司	1	前田 健太	4	田島 康幸	4	斉藤 剛志
		個人	7	1.04.53	16	1.11.12	10	1.04.51	19	1.06.43	8	1.13.54	15	1.02.08	16	1.06.33	14	1.08.00	19	1.14.49	19	1.14.18
		チーム	参	1.04.53	参	2.16.05	参	3.20.56	参	4.27.39	参	5.41.33	参	1.02.08	参	2.08.41	参	3.16.41	参	4.31.30	参	5.45.48
		総合	参	1.04.53	参	2.16.05	参	3.20.56	参	4.27.39	参	5.41.33	参	6.43.41	参	7.50.14	参	8.58.14	参	10.13.03	参	11.27.21

第80回　2004年(平成16年)1月2日～3日　総距離：216.4km　往路：107.2km　復路：109.2km

順	大学名		往路										復路									
			1区(21.3km)		2区(23.0km)		3区(21.3km)		4区(20.9km)		5区(20.7km)		6区(20.7km)		7区(21.2km)		8区(21.3km)		9区(23.0km)		10区(23.0km)	
1	駒澤	走者	3	太田 貴之	4	内田 直将	2	佐藤 慎悟	3	田中 宏樹	2	村上 和春	4	吉田 繁	2	斉藤 弘幸	2	本宮 隆良	3	塩川 雄也	2	糟谷 悟
		個人	2	1.02.57	7	1.10.02	1	1.04.16	1	1.03.20	5	1.13.59	3	1.00.01	3	1.05.21	4	1.06.54	2	1.10.30	1	1.10.31
		チーム	2	1.02.57	2	2.12.59	1	3.17.15	1	4.20.35	1	5.34.34	3	1.00.01	2	2.05.22	2	3.12.16	2	4.22.46	1	5.33.17
		総合	2	1.02.57	2	2.12.59	1	3.17.15	1	4.20.35	1	5.34.34	1	6.34.35	1	7.39.56	1	8.46.50	1	9.57.20	1	11.07.51
2	東海	走者	4	生井 怜	2	一井 裕介	2	村上 智	3	越川 秀宣	2	中井 祥太	3	永松 剛	4	小出 徹	4	影山 淳一	4	根立 友樹	3	古賀 孝志
		個人	7	1.03.43	3	1.09.54	13	1.06.21	7	1.05.08	2	1.12.54	14	1.01.58	1	1.04.53	1	1.05.27	12	1.11.50	9	1.11.40
		チーム	7	1.03.43	7	2.13.37	7	3.19.58	7	4.25.06	2	5.38.00	13	1.01.58	5	2.06.51	3	3.12.18	5	4.24.08	4	5.35.48
		総合	7	1.03.43	7	2.13.37	7	3.19.58	7	4.25.06	2	5.38.00	3	6.39.58	2	7.44.51	2	8.50.18	2	10.02.08	2	11.13.48
3	亜細亜	走者	4	滝沢 優	3	岩崎 洋平	4	梁瀬 建蔵	2	木許 史博	4	鈴木 聖仁	4	五十嵐利治	3	尾崎 良知	4	中村健太郎	4	堀越勝太郎	1	山下 拓郎
		個人	5	1.03.31	8	1.10.05	6	1.05.26	14	1.05.52	4	1.13.56	13	1.01.40	15	1.06.54	9	1.07.29	1	1.09.45	7	1.11.39
		チーム	5	1.03.31	6	2.13.36	4	3.19.02	4	4.24.54	3	5.38.50	12	1.01.40	12	2.08.34	9	3.16.03	8	4.25.48	6	5.37.27
		総合	5	1.03.31	6	2.13.36	4	3.19.02	4	4.24.54	3	5.38.50	5	6.40.30	7	7.47.24	5	8.54.53	3	10.04.38	3	11.16.17
4	法政	走者	1	円井 彰彦	4	長嶺 貴裕	4	黒田 将由	2	岡田 拓也	3	佐藤 浩二	2	白田 雄久	2	山口 航	2	原田 誠	4	中村 洋輔	2	秋山 和稔
		個人	8	1.03.47	13	1.10.48	4	1.05.13	9	1.05.28	3	1.13.50	5	1.00.31	10	1.06.29	2	1.06.06	14	1.12.40	14	1.12.50
		チーム	8	1.03.47	9	2.14.35	6	3.19.48	9	4.25.16	5	5.39.06	5	1.00.31	7	2.07.00	6	3.13.06	7	4.25.46	8	5.38.36
		総合	8	1.03.47	9	2.14.35	6	3.19.48	9	4.25.16	5	5.39.06	2	6.39.37	3	7.46.06	3	8.52.12	5	10.04.52	4	11.17.42
5	順天堂	走者	2	村上 康則	1	今井 正人	4	長山 丞	1	松瀬 元太	2	難波 祐樹	2	長谷川清勝	2	和田 真幸	2	井生 知宏	1	長門 俊介	4	三原 幸男
		個人	18	1.05.38	10	1.10.10	11	1.06.12	8	1.05.10	12	1.15.49	4	1.00.14	2	1.05.16	5	1.07.03	4	1.10.49	3	1.11.24
		チーム	17	1.05.38	12	2.15.48	13	3.22.00	13	4.27.10	12	5.42.59	4	1.00.14	4	2.05.30	4	3.12.33	4	4.23.22	2	5.34.46
		総合	17	1.05.38	12	2.15.48	13	3.22.00	13	4.27.10	12	5.42.59	11	6.43.13	9	7.48.29	9	8.55.32	7	10.06.21	5	11.17.45
6	東洋	走者	4	久保田 満	4	三行 幸一	3	信清 高志	4	永富 和真	4	菅原 寿和	3	南川 勝大	1	川畑 憲三	4	浜田 智也	2	渡辺 史侑	4	鈴木 北斗
		個人	9	1.03.50	1	1.08.45	20	1.07.37	2	1.04.41	7	1.14.51	12	1.01.24	14	1.06.52	8	1.07.28	13	1.12.08	2	1.10.42
		チーム	9	1.03.50	1	2.12.35	8	3.20.12	3	4.24.53	6	5.39.44	11	1.01.24	10	2.08.16	8	3.15.44	9	4.27.52	7	5.38.34
		総合	9	1.03.50	1	2.12.35	8	3.20.12	3	4.24.53	6	5.39.44	6	6.41.08	8	7.48.00	8	8.55.28	9	10.07.36	6	11.18.18
7	中央	走者	2	田村 航	4	原田 聡	3	中野 裕介	2	池永 和樹	2	中村 和哉	3	野村 俊輔	3	家高 晋吾	1	山本 亮	3	高橋 憲昭	4	河合 恵悟
		個人	16	1.05.01	14	1.10.50	17	1.07.04	6	1.05.06	10	1.15.26	1	58.29	4	1.05.22	11	1.07.47	5	1.10.50	11	1.12.26
		チーム	15	1.05.01	13	2.15.51	16	3.22.55	15	4.28.01	13	5.43.27	1	58.29	1	2.03.51	1	3.11.38	1	4.22.28	3	5.34.54
		総合	15	1.05.01	13	2.15.51	16	3.22.55	15	4.28.01	13	5.43.27	8	6.41.56	5	7.47.18	6	8.55.05	6	10.05.55	7	11.18.21
8	神奈川	走者	1	中山慎二郎	4	吉村 尚悟	4	下里 和義	3	八津川裕二	3	内野 雅貴	3	竜田 美幸	1	森脇 佑紀	2	村井 勇二	4	島田健一郎	4	佐藤 健太
		個人	13	1.04.46	3	1.09.54	1	1.04.16	16	1.06.00	14	1.16.38	2	59.56	5	1.05.27	7	1.07.16	3	1.10.32	17	1.13.48
		チーム	13	1.04.46	10	2.14.40	3	3.18.56	5	4.24.56	7	5.41.34	2	59.56	3	2.05.23	5	3.12.39	3	4.23.11	5	5.36.59
		総合	13	1.04.46	10	2.14.40	3	3.18.56	5	4.24.56	7	5.41.34	7	6.41.30	4	7.46.57	4	8.54.13	4	10.04.45	8	11.18.33
9	日本体育	走者	1	鷲見 知彦	1	保科 光作	3	四辻 聖	2	熊本 剛	1	稲垣 晃二	1	上野飛偉楼	2	関根 靖史	2	梅枝 裕吉	3	山田 紘之	4	青野 宰明
		個人	1	1.02.51	9	1.10.09	5	1.05.25	4	1.05.01	11	1.15.34	10	1.01.10	16	1.07.13	17	1.09.12	6	1.11.07	6	1.11.36
		チーム	1	1.02.51	3	2.13.00	2	3.18.25	2	4.23.26	4	5.39.00	10	1.01.10	11	2.08.23	15	3.17.35	10	4.28.42	10	5.40.18
		総合	1	1.02.51	3	2.13.00	2	3.18.25	2	4.23.26	4	5.39.00	4	6.40.10	6	7.47.23	10	8.56.35	10	10.07.42	9	11.19.18
10	日本	走者	4	中谷 圭介	4	藤井 周一	4	白柳 智也	2	下重 正樹	1	高橋 秀昭	1	末吉 翔	3	仙頭 竜典	1	土橋 啓太	2	武者 由幸	1	原田 徹
		個人	6	1.03.41	11	1.10.17	12	1.06.18	3	1.04.50	15	1.16.46	6	1.00.50	8	1.06.04	3	1.06.39	8	1.11.28	20	1.14.55
		チーム	6	1.03.41	8	2.13.58	9	3.20.16	6	4.25.06	9	5.41.52	6	1.00.50	6	2.06.54	7	3.13.33	6	4.25.01	9	5.39.56
		総合	6	1.03.41	8	2.13.58	9	3.20.16	6	4.25.06	9	5.41.52	9	6.42.42	10	7.48.46	7	8.55.25	8	10.06.53	10	11.21.48
11	中央学院	走者	3	石田 直之	3	中東 亨介	2	江藤 裕也	4	渡辺 祐介	2	信田 雄一	4	斎藤 伴和	2	杉本 芳規	4	河南 耕二	2	蔭山 浩司	4	奥村 雄大
		個人	17	1.05.28	12	1.10.38	9	1.05.57	5	1.05.02	6	1.14.32	9	1.01.09	13	1.06.42	13	1.08.29	19	1.14.33	4	1.11.28
		チーム	16	1.05.28	16	2.16.06	14	3.22.03	12	4.27.05	8	5.41.37	9	1.01.09	9	2.07.51	11	3.16.20	16	4.30.53	13	5.42.21
		総合	16	1.05.28	16	2.16.06	14	3.22.03	12	4.27.05	8	5.41.37	10	6.42.46	11	7.49.28	11	8.57.57	11	10.12.30	11	11.23.58
12	山梨学院	走者	4	橋ノ口滝一	3	O.モカンバ	2	小障 良太	4	高見沢 勝	3	川原誉志文	3	矢崎 登久	1	飯上 幸哉	3	片貝 勝浩	4	元原 卓哉	2	向井 良人
		個人	11	1.04.22	2	1.09.12	19	1.07.30	10	1.05.29	13	1.16.26	7	1.00.54	18	1.08.28	12	1.08.03	15	1.13.02	12	1.12.30
		チーム	11	1.04.22	5	2.13.34	11	3.21.04	10	4.26.33	11	5.42.59	7	1.00.54	15	2.09.22	13	3.17.25	15	4.30.27	15	5.42.57
		総合	11	1.04.22	5	2.13.34	11	3.21.04	10	4.26.33	11	5.42.59	12	6.43.53	12	7.52.21	12	9.00.24	12	10.13.26	12	11.25.56
13	大東文化	走者	4	村井 健太	3	佐々木 誠	1	宮地 章弘	2	野宮 章弘	3	馬場 周太	3	古川 茂	2	田口 康平	4	矢島 信	4	柴田 純一	4	島沢 誉寛
		個人	4	1.03.26	6	1.09.59	10	1.06.00	13	1.05.51	20	1.20.53	15	1.02.21	9	1.06.24	10	1.07.30	17	1.13.22	7	1.11.39
		チーム	4	1.03.26	4	2.13.25	5	3.19.25	8	4.25.16	16	5.46.09	14	1.02.21	14	2.08.45	10	3.16.15	12	4.29.37	12	5.41.16
		総合	4	1.03.26	4	2.13.25	5	3.19.25	8	4.25.16	16	5.46.09	16	6.48.30	15	7.54.54	14	9.02.24	15	10.15.46	13	11.27.25
14	帝京	走者	2	中尾 誠宏	3	戸村 将幸	2	佐藤 拓也	3	井上泰加彦	3	坂口 大助	4	清野 祥啓	2	角 裕	3	白石 利治	4	斉藤 昌宏	3	東山 毅
		個人	3	1.03.23	17	1.11.57	8	1.05.43	17	1.06.41	9	1.15.12	19	1.03.05	17	1.07.43	18	1.09.20	9	1.11.35	16	1.13.42
		チーム	3	1.03.23	11	2.15.20	10	3.21.03	14	4.27.44	10	5.42.56	18	1.03.05	17	2.10.48	17	3.20.08	17	4.31.43	17	5.45.25
		総合	3	1.03.23	11	2.15.20	10	3.21.03	14	4.27.44	10	5.42.56	13	6.46.01	14	7.53.44	15	9.03.04	13	10.14.39	14	11.28.21
15	東京農業	走者	4	山内 貴司	4	中田 進康	4	加藤 利也	2	山田 賢児	3	宮本 脩平	3	渡辺 隆	3	長谷部英博	3	早川 真悟	3	横峰 英実	4	恒松 太陽
		個人	12	1.04.28	16	1.11.24	15	1.06.39	19	1.07.41	16	1.16.56	17	1.02.53	7	1.05.47	14	1.08.47	11	1.11.43	10	1.12.04
		チーム	12	1.04.28	14	2.15.52	15	3.22.31	16	4.30.12	17	5.47.08	16	1.02.53	13	2.08.40	14	3.17.27	11	4.29.10	11	5.41.14
		総合	12	1.04.28	14	2.15.52	15	3.22.31	16	4.30.12	17	5.47.08	17	6.50.01	16	7.55.48	16	9.04.35	16	10.16.18	15	11.28.22
16	早稲田	走者	3	杉山 一介	3	空山 隆児	3	篠浦 辰徳	1	藤森 憲秀	4	五十嵐 毅	2	高岡 弘	2	原 英嗣	4	大浦 周	4	河津 直行	3	岡部 祐介
		個人	15	1.04.49	19	1.13.51	3	1.04.31	18	1.07.05	8	1.15.06	8	1.00.55	11	1.06.33	16	1.09.10	18	1.13.40	15	1.13.07
		チーム	14	1.04.49	18	2.18.40	17	3.23.11	17	4.30.16	15	5.45.22	8	1.00.55	8	2.07.28	12	3.16.38	14	4.30.18	16	5.43.25
		総合	14	1.04.49	18	2.18.40	17	3.23.11	17	4.30.16	15	5.45.22	14	6.46.17	13	7.52.50	13	9.02.00	14	10.15.40	16	11.28.47
17	国士舘	走者	2	首藤 弘憲	4	坂斎 亨	2	原田 拓	M2	岡 賢宏	1	佐藤 幸也	2	新井 一匡	2	神山 大樹	2	菅原 修一	4	細美 達也	2	岩沢 優治
		個人	19	1.05.59	5	1.09.55	7	1.05.27	12	1.05.35	17	1.17.39	19	1.03.05	20	1.09.04	15	1.08.56	16	1.13.06	19	1.14.48
		チーム	18	1.05.59	15	2.15.54	12	3.21.21	11	4.26.56	14	5.44.35	18	1.03.05	19	2.12.09	18	3.21.05	18	4.34.11	18	5.48.59
		総合	18	1.05.59	15	2.15.54	12	3.21.21	11	4.26.56	14	5.44.35	15	6.47.40	17	7.56.44	17	9.05.40	17	10.18.46	17	11.33.34
18	関東学院	走者	1	林 竜司	3	北川 昌史	3	鈴木 伸司	3	瀧田 護	4	末次 良三	3	粟飯原 太	1	小沢 計義	3	伊藤 伸朗	2	阿久津真倫	3	惣臺 宜明
		個人	20	1.06.32	18	1.13.10	14	1.06.29	20	1.08.27	19	1.18.52	16	1.02.48	12	1.06.41	19	1.09.21	7	1.11.17	13	1.12.38
		チーム	19	1.06.32	19	2.19.42	19	3.26.11	19	4.34.38	19	5.53.30	15	1.02.48	16	2.09.29	16	3.18.50	13	4.30.07	14	5.42.45
		総合	19	1.06.32	19	2.19.42	19	3.26.11	19	4.34.38	19	5.53.30	19	6.56.18	19	8.02.59	18	9.12.20	18	10.23.37	18	11.36.15
19	城西	走者	1	田上 貴之	2	河野 孝志	1	高岡 寛典	1	中安 秀人	4	千島 明人	3	斎藤 秀幸	2	内田 光紀	2	前田 健太	2	富岡 悠平	1	南谷 塁
		個人	10	1.03.58	20	1.14.17	18	1.07.19	14	1.05.52	18	1.18.27	18	1.03.04	19	1.08.31	20	1.11.18	20	1.15.24	18	1.14.05
		チーム	10	1.03.58	17	2.18.15	18	3.25.34	18	4.31.26	18	5.49.53	17	1.03.04	18	2.11.35	19	3.22.53	19	4.38.17	19	5.52.22
		総合	10	1.03.58	17	2.18.15	18	3.25.34	18	4.31.26	18	5.49.53	18	6.52.57	18	8.01.28	19	9.12.46	19	10.28.10	19	11.42.15
参	日本学連	走者	3	白浜 三徳	3	加藤健一朗	3	村刺 厚介	4	中川 智博	4	鐘ヶ江幸治	2	稲井 義幸	3	辻 裕樹	3	末吉 勇	4	秦 玲	M2	片岡 祐介
		個人	14	1.04.49	15	1.11.04	16	1.06.51	11	1.05.34	1	1.12.21	11	1.01.11	6	1.05.44	6	1.07.07	10	1.11.40	5	1.11.29
		チーム	参	1.04.49	参	2.15.53	参	3.22.44	参	4.28.18	参	5.40.39	参	1.01.11	参	2.06.55	参	3.14.02	参	4.25.42	参	5.37.11
		総合	参	1.04.49	参	2.15.53	参	3.22.44	参	4.28.18	参	5.40.39	参	6.41.50	参	7.47.34	参	8.54.41	参	10.06.21	参	11.17.50

第81回　2005年(平成17年)1月2日～3日　総距離：217.9km　往路：108.0km　復路：109.9km

順	大学名		往路										復路									
			1区(21.4km)		2区(23.2km)		3区(21.5km)		4区(21.0km)		5区(20.9km)		6区(20.8km)		7区(21.3km)		8区(21.5km)		9区(23.2km)		10区(23.1km)	
1	駒澤	走者	4	太田 貴之	3	佐藤 慎悟	3	井手 貴教	4	田中 宏樹	3	村上 和春	3	藤山 哲隆	3	糟谷 悟	1	藤井 輝	4	塩川 雄也	4	柴田 尚輝
		個人	7	1.03.23	9	1.09.33	4	1.04.50	1	1.02.05	2	1.12.50	5	1.00.27	1	1.04.07	14	1.07.17	1	*1.08.38*	7	1.10.38
		チーム	7	1.03.23	8	2.12.56	5	3.17.46	3	4.19.51	2	5.32.41	5	1.00.27	1	2.04.34	6	3.11.51	1	4.20.29	1	5.31.07
		総合	**7**	**1.03.23**	**8**	**2.12.56**	**5**	**3.17.46**	**3**	**4.19.51**	**2**	**5.32.41**	**2**	**6.33.08**	**1**	**7.37.15**	**1**	**8.44.32**	**1**	**9.53.10**	**1**	**11.03.48**
2	日本体育	走者	2	鷲見 知彦	3	熊本 剛	2	保科 光作	2	稲垣 晃二	1	北村 聡	3	末吉 敏	4	後藤 宣広	4	弘 潤一	3	岩崎 喬也	4	山田 紘之
		個人	3	1.03.06	6	1.09.16	6	1.05.04	11	1.04.47	4	1.13.28	8	1.00.30	3	1.04.40	6	1.06.23	12	1.11.04	1	*1.09.05*
		チーム	3	1.03.06	4	2.12.22	3	3.17.26	4	4.22.13	5	5.35.41	8	1.00.30	3	2.05.10	4	3.11.33	5	4.22.37	3	5.31.42
		総合	**3**	**1.03.06**	**4**	**2.12.22**	**3**	**3.17.26**	**4**	**4.22.13**	**5**	**5.35.41**	**5**	**6.36.11**	**4**	**7.40.51**	**5**	**8.47.14**	**4**	**9.58.18**	**2**	**11.07.23**
3	日本	走者	2	土橋 啓太	4	岩井 勇輝	1	D.サイモン	1	阿久津尚二	3	吉岡 玲	2	末吉 翔	4	藤谷 将良	2	福井 誠	3	武者 由幸	3	下重 正樹
		個人	8	1.03.24	6	1.09.16	1	1.03.23	4	1.03.42	9	1.14.24	4	1.00.22	7	1.05.52	2	1.04.50	5	1.10.24	13	1.12.11
		チーム	8	1.03.24	6	2.12.40	2	3.16.03	2	4.19.45	3	5.34.09	4	1.00.22	6	2.06.14	3	3.11.04	3	4.21.28	5	5.33.39
		総合	**8**	**1.03.24**	**6**	**2.12.40**	**2**	**3.16.03**	**2**	**4.19.45**	**3**	**5.34.09**	**3**	**6.34.31**	**3**	**7.40.23**	**3**	**8.45.13**	**2**	**9.55.37**	**3**	**11.07.48**
4	中央	走者	1	上野裕一郎	4	高橋 憲昭	2	小林 賢輔	3	池永 和樹	3	中村 和哉	4	野村 俊輔	4	家高 晋吾	2	奥田 実	2	森 勇基	3	田村 航
		個人	19	1.06.23	3	1.08.46	7	1.05.22	2	1.03.15	2	1.12.50	1	1.00.01	2	1.04.38	1	1.04.26	14	1.11.49	4	1.10.19
		チーム	18	1.06.23	15	2.15.09	12	3.20.31	7	4.23.46	6	5.36.36	1	1.00.01	2	2.04.39	1	3.09.05	2	4.20.54	2	5.31.13
		総合	**18**	**1.06.23**	**15**	**2.15.09**	**12**	**3.20.31**	**7**	**4.23.46**	**6**	**5.36.36**	**6**	**6.36.37**	**5**	**7.41.15**	**4**	**8.45.41**	**3**	**9.57.30**	**4**	**11.07.49**
5	順天堂	走者	3	村上 康則	1	松岡 佑起	2	中村 泰之	2	清野 純一	2	今井 正人	3	長谷川清勝	3	和田 真幸	3	難波 祐樹	2	長門 俊介	2	松瀬 元太
		個人	5	1.03.19	11	1.10.41	13	1.05.47	17	1.05.47	1	*1.09.12*	6	1.00.28	9	1.06.02	10	1.07.07	6	1.10.27	3	1.09.57
		チーム	5	1.03.19	10	2.14.00	9	3.19.47	15	4.25.34	4	5.34.46	6	1.00.28	7	2.06.30	9	3.13.37	8	4.24.04	6	5.34.01
		総合	**5**	**1.03.19**	**10**	**2.14.00**	**9**	**3.19.47**	**15**	**4.25.34**	**4**	**5.34.46**	**4**	**6.35.14**	**6**	**7.41.16**	**6**	**8.48.23**	**5**	**9.58.50**	**5**	**11.08.47**
6	東海	走者	3	丸山 敬三	1	伊達 秀晃	4	北沢 賢悟	3	一井 裕介	4	越川 秀宣	2	石田 和也	4	角田 貴則	1	前川 雄	3	倉平 幸治	2	植木 崇行
		個人	1	1.02.52	2	1.08.04	3	1.04.18	3	1.03.23	5	1.13.34	10	1.00.43	4	1.05.27	7	1.06.38	20	1.14.33	8	1.11.00
		チーム	1	1.02.52	1	2.10.56	1	3.15.14	1	4.18.37	1	5.32.11	10	1.00.43	5	2.06.10	7	3.12.48	15	4.27.21	12	5.38.21
		総合	**1**	**1.02.52**	**1**	**2.10.56**	**1**	**3.15.14**	**1**	**4.18.37**	**1**	**5.32.11**	**1**	**6.32.54**	**2**	**7.38.21**	**2**	**8.44.59**	**6**	**9.59.32**	**6**	**11.10.32**
7	亜細亜	走者	3	木許 史博	4	岩崎 洋平	4	小池 健太	2	辻 拓郎	1	小沢 信	3	板倉 克宜	1	菊池 昌寿	4	杉光 俊信	4	政元 豪	2	山下 拓郎
		個人	2	1.03.00	4	1.09.11	17	1.06.27	15	1.05.18	8	1.14.08	3	1.00.14	13	1.06.47	5	1.05.53	3	1.10.12	6	1.10.30
		チーム	2	1.03.00	3	2.12.11	7	3.18.38	8	4.23.56	7	5.38.04	3	1.00.14	9	2.07.01	8	3.12.54	7	4.23.06	4	5.33.36
		総合	**2**	**1.03.00**	**3**	**2.12.11**	**7**	**3.18.38**	**8**	**4.23.56**	**7**	**5.38.04**	**7**	**6.38.18**	**7**	**7.45.05**	**8**	**8.50.58**	**7**	**10.01.10**	**7**	**11.11.40**
8	法政	走者	2	円井 彰彦	3	原田 誠	2	友広 哲也	3	岡田 拓也	4	佐藤 浩二	2	松垣 省吾	2	谷本 幸城	2	田中 宏幸	3	山口 航	3	秋山 和稔
		個人	12	1.03.47	10	1.09.58	18	1.06.28	8	1.04.34	11	1.15.01	2	1.00.06	12	1.06.43	3	1.04.57	11	1.11.03	9	1.11.16
		チーム	12	1.03.47	9	2.13.45	11	3.20.13	10	4.24.47	13	5.39.48	2	1.00.06	8	2.06.49	5	3.11.46	6	4.22.49	7	5.34.05
		総合	**12**	**1.03.47**	**9**	**2.13.45**	**11**	**3.20.13**	**10**	**4.24.47**	**13**	**5.39.48**	**10**	**6.39.54**	**11**	**7.46.37**	**9**	**8.51.34**	**9**	**10.02.37**	**8**	**11.13.53**
9	中央学院	走者	3	蔭山 浩司	4	中東 亨介	1	篠藤 淳	4	石田 直之	1	伊藤 達志	2	天野 達也	3	杉本 芳規	3	信田 雄一	3	江藤 裕也	1	大内 陽介
		個人	15	1.04.03	13	1.10.57	5	1.04.58	13	1.04.53	10	1.14.53	9	1.00.34	5	1.05.29	4	1.04.59	7	1.10.53	17	1.12.56
		チーム	15	1.04.03	14	2.15.00	10	3.19.58	12	4.24.51	11	5.39.44	9	1.00.34	4	2.06.03	2	3.11.02	4	4.21.55	9	5.34.51
		総合	**15**	**1.04.03**	**14**	**2.15.00**	**10**	**3.19.58**	**12**	**4.24.51**	**11**	**5.39.44**	**11**	**6.40.18**	**8**	**7.45.47**	**7**	**8.50.46**	**8**	**10.01.39**	**9**	**11.14.35**
10	神奈川	走者	2	中山慎二郎	4	竜田 美幸	4	柏倉 渉	4	芝 大輔	2	森脇 佑紀	2	豊田 崇	4	川口 晋史	1	小村 章悟	3	村井 勇二	4	内野 雅貴
		個人	13	1.03.55	15	1.11.04	9	1.05.36	9	1.04.39	7	1.13.56	7	1.00.29	14	1.06.53	9	1.07.02	7	1.10.53	5	1.10.22
		チーム	13	1.03.55	13	2.14.59	13	3.20.35	13	4.25.14	10	5.39.10	7	1.00.29	10	2.07.22	10	3.14.24	10	4.25.17	10	5.35.39
		総合	**13**	**1.03.55**	**13**	**2.14.59**	**13**	**3.20.35**	**13**	**4.25.14**	**10**	**5.39.10**	**8**	**6.39.39**	**10**	**7.46.32**	**10**	**8.53.34**	**10**	**10.04.27**	**10**	**11.14.49**
11	早稲田	走者	4	空山 隆児	4	篠浦 辰徳	1	石橋 洋三	2	藤森 憲秀	1	駒野 亮太	4	杉山 一介	3	原 英嗣	4	岡部 祐介	2	河野 隼人	3	高岡 弘
		個人	4	1.03.17	14	1.11.00	19	1.06.32	5	1.04.01	12	1.15.36	15	1.01.48	6	1.05.46	13	1.07.16	4	1.10.15	2	*1.09.40*
		チーム	4	1.03.17	11	2.14.17	16	3.20.49	11	4.24.50	15	5.40.26	15	1.01.48	13	2.07.34	13	3.14.50	9	4.25.05	8	5.34.45
		総合	**4**	**1.03.17**	**11**	**2.14.17**	**16**	**3.20.49**	**11**	**4.24.50**	**15**	**5.40.26**	**14**	**6.42.14**	**13**	**7.48.00**	**13**	**8.55.16**	**11**	**10.05.31**	**11**	**11.15.11**
12	大東文化	走者	2	金塚 洋輔	4	佐々木 誠	4	古川 茂	3	野宮 章弘	1	佐々木 悟	4	笠井 大輔	2	菊川 浩史	1	畔柳 拓也	4	馬場 周太	2	薄田 洋輔
		個人	18	1.04.58	20	1.13.31	2	1.03.42	7	1.04.22	6	1.13.48	17	1.02.00	8	1.05.55	8	1.06.51	10	1.10.57	10	1.11.19
		チーム	17	1.04.58	18	2.18.29	17	3.22.11	16	4.26.33	14	5.40.21	17	1.02.00	14	2.07.55	12	3.14.46	11	4.25.43	11	5.37.02
		総合	**17**	**1.04.58**	**18**	**2.18.29**	**17**	**3.22.11**	**16**	**4.26.33**	**14**	**5.40.21**	**15**	**6.42.21**	**14**	**7.48.16**	**12**	**8.55.07**	**12**	**10.06.04**	**12**	**11.17.23**
13	東洋	走者	3	渡辺 史侑	4	北岡 幸浩	2	尾田 寛幸	2	川畑 憲三	2	宮下 裕介	2	末上 哲平	4	信清 高志	1	平沢 岳	4	鈴木 北斗	4	大橋 怜
		個人	10	1.03.25	8	1.09.25	14	1.06.02	14	1.05.09	13	1.15.46	18	1.02.12	15	1.06.57	17	1.07.52	2	1.10.08	12	1.11.49
		チーム	10	1.03.25	7	2.12.50	8	3.18.52	9	4.24.01	12	5.39.47	18	1.02.12	15	2.09.09	15	3.17.01	14	4.27.09	14	5.38.58
		総合	**10**	**1.03.25**	**7**	**2.12.50**	**8**	**3.18.52**	**9**	**4.24.01**	**12**	**5.39.47**	**13**	**6.41.59**	**15**	**7.48.56**	**15**	**8.56.48**	**14**	**10.06.56**	**13**	**11.18.45**
14	山梨学院	走者	4	片貝 勝浩	4	O.モカンバ	1	山本 安志	2	小山 祐太	3	森本 直人	2	大越 直哉	2	金子 峻輔	4	川原誉志文	3	向井 良人	4	後藤 順
		個人	14	1.03.58	1	1.07.47	12	1.05.43	12	1.04.50	16	1.15.59	14	1.01.36	18	1.07.47	19	1.08.30	16	1.12.15	15	1.12.33
		チーム	14	1.03.58	2	2.11.45	4	3.17.28	5	4.22.18	8	5.38.17	14	1.01.36	16	2.09.23	17	3.17.53	19	4.30.08	17	5.42.41
		総合	**14**	**1.03.58**	**2**	**2.11.45**	**4**	**3.17.28**	**5**	**4.22.18**	**8**	**5.38.17**	**9**	**6.39.53**	**12**	**7.47.40**	**14**	**8.56.10**	**15**	**10.08.25**	**14**	**11.20.58**
15	城西	走者	1	森田 稔	2	田上 貴之	2	南谷 塁	2	中安 秀人	M1	千島 明人	2	武田 郷史	2	高沢 真人	2	川野 竜男	2	川崎 英哉	2	篠原 秀一
		個人	6	1.03.19	5	1.09.13	8	1.05.24	16	1.05.23	14	1.15.49	12	1.01.11	10	1.06.12	12	1.07.08	19	1.12.28	19	1.16.42
		チーム	6	1.03.19	5	2.12.32	6	3.17.56	6	4.23.19	9	5.39.08	12	1.01.11	11	2.07.23	11	3.14.31	13	4.26.59	18	5.43.41
		総合	**6**	**1.03.19**	**5**	**2.12.32**	**6**	**3.17.56**	**6**	**4.23.19**	**9**	**5.39.08**	**12**	**6.40.19**	**9**	**7.46.31**	**11**	**8.53.39**	**13**	**10.06.07**	**15**	**11.22.49**
16	帝京	走者	3	中尾 誠宏	4	戸村 将幸	3	百武 宗親	4	東山 毅	4	坂口 大助	2	黒木 文太	4	宗 洋和	3	船越 健二	4	井上泰加彦	4	白石 利治
		個人	9	1.03.24	19	1.12.39	16	1.06.09	19	1.07.42	18	1.16.29	11	1.01.00	11	1.06.27	18	1.08.04	7	1.10.53	14	1.12.16
		チーム	9	1.03.24	17	2.16.03	18	3.22.12	18	4.29.54	18	5.46.23	11	1.01.00	12	2.07.27	14	3.15.31	12	4.26.24	13	5.38.40
		総合	**9**	**1.03.24**	**17**	**2.16.03**	**18**	**3.22.12**	**18**	**4.29.54**	**18**	**5.46.23**	**18**	**6.47.23**	**18**	**7.53.50**	**18**	**9.01.54**	**18**	**10.12.47**	**16**	**11.25.03**
17	専修	走者	3	彦久保文章	1	座間 紅祢	2	平沢 幸太	3	伊深 智広	2	長谷川 淳	3	辰巳 陽亮	2	高橋 良輔	2	佐藤 彰浩	4	吉田 智	4	谷口 善隆
		個人	11	1.03.35	17	1.11.36	10	1.05.38	18	1.05.56	14	1.15.49	16	1.01.49	20	1.08.28	15	1.07.45	15	1.12.01	16	1.12.37
		チーム	11	1.03.35	16	2.15.11	15	3.20.49	17	4.26.45	17	5.42.34	16	1.01.49	19	2.10.17	18	3.18.02	18	4.30.03	16	5.42.40
		総合	**11**	**1.03.35**	**16**	**2.15.11**	**15**	**3.20.49**	**17**	**4.26.45**	**17**	**5.42.34**	**17**	**6.44.23**	**17**	**7.52.51**	**17**	**9.00.36**	**17**	**10.12.37**	**17**	**11.25.14**
18	明治	走者	2	岡本 直己	3	幸田 高明	2	田中 文昭	2	池辺 稔	2	尾籠 浩考	2	青田 享	1	木村秀太朗	3	辻村 充	3	細井 崇明	4	佐藤 慈
		個人	16	1.04.14	12	1.10.45	10	1.05.38	10	1.04.43	17	1.16.03	13	1.01.28	19	1.08.02	16	1.07.46	18	1.12.22	20	1.17.22
		チーム	16	1.04.14	12	2.14.59	14	3.20.37	14	4.25.20	16	5.41.23	13	1.01.28	17	2.09.30	16	3.17.16	16	4.29.38	19	5.47.00
		総合	**16**	**1.04.14**	**12**	**2.14.59**	**14**	**3.20.37**	**14**	**4.25.20**	**16**	**5.41.23**	**16**	**6.42.51**	**16**	**7.50.53**	**16**	**8.58.39**	**16**	**10.11.01**	**18**	**11.28.23**
19	拓殖	走者	4	磯 洋行	4	上村 智祐	4	神谷 俊介	4	加藤健一朗	4	長尾 洋平	1	井上 貴博	4	中本健太郎	1	久野 雅浩	4	宮崎 隆春	3	阿部 哲史
		個人	20	1.08.20	18	1.11.55	20	1.06.40	20	1.08.33	20	1.18.27	18	1.02.12	16	1.07.24	20	1.09.04	13	1.11.09	11	1.11.24
		チーム	19	1.08.20	19	2.20.15	19	3.26.55	19	4.35.28	19	5.53.55	18	1.02.12	18	2.09.36	19	3.18.40	17	4.29.49	15	5.41.13
		総合	**19**	**1.08.20**	**19**	**2.20.15**	**19**	**3.26.55**	**19**	**4.35.28**	**19**	**5.53.55**	**19**	**6.56.07**	**19**	**8.03.31**	**19**	**9.12.35**	**19**	**10.23.44**	**19**	**11.35.08**
参	関東学連	走者	4	佐藤 良仁	2	三島 慎吾	3	田中 利弘	3	首藤 弘憲	4	中山 智貴	3	竹下 友章	3	前田 昌紀	1	松本 翔	4	横峰 英実	3	亀田 健一
		個人	17	1.04.14	16	1.11.07	15	1.06.04	6	1.04.19	19	1.16.41	20	1.02.20	17	1.07.41	10	1.07.07	17	1.12.21	18	1.14.44
		チーム	参	1.04.14	参	2.15.21	参	3.21.25	参	4.25.44	参	5.42.25	参	1.02.20	参	2.10.01	参	3.17.08	参	4.29.29	参	5.44.13
		総合	**参**	**1.04.14**	**参**	**2.15.21**	**参**	**3.21.25**	**参**	**4.25.44**	**参**	**5.42.25**	**参**	**6.44.45**	**参**	**7.52.26**	**参**	**8.59.33**	**参**	**10.11.54**	**参**	**11.26.38**

第82回　2006年(平成18年)1月2日～3日　総距離：217.9km　往路：108.0km　復路：109.9km

順	大学名		往路										復路									
			1区 (21.4km)		2区 (23.2km)		3区 (21.5km)		4区 (18.5km)		5区 (23.4km)		6区 (20.8km)		7区 (21.3km)		8区 (21.5km)		9区 (23.2km)		10区 (23.1km)	
1	亜細亜	走者	4	木許 史博	4	板倉 克宜	3	岡田 晃	2	菊池 昌寿	2	小沢 信	4	北条 泰弘	4	綿引 一貴	2	益田 稔	3	山下 拓郎	3	岡田 直寛
		個人	9	1.04.19	17	1.10.38	6	1.04.26	2	55.36	4	1.21.18	14	1.01.09	3	1.04.10	6	1.06.01	1	1.09.30	7	1.12.19
		チーム	9	1.04.19	13	2.14.57	7	3.19.23	7	4.14.59	6	5.36.17	13	1.01.09	3	2.05.19	2	3.11.20	2	4.20.50	2	5.33.09
		総合	9	1.04.19	13	2.14.57	7	3.19.23	7	4.14.59	6	5.36.17	7	6.37.26	5	7.41.36	2	8.47.37	1	9.57.07	1	11.09.26
2	山梨学院	走者	3	大越 直哉	1	M.モグス	4	片貝 勝浩	2	飯塚 伸彦	4	森本 直人	4	梅本 雅哉	4	親崎 慎吾	4	前岡 優	4	向井 良人	3	小山 祐太
		個人	13	1.04.32	1	1.07.29	5	1.04.18	8	56.21	7	1.22.10	3	59.38	15	1.06.01	14	1.07.25	11	1.11.33	2	1.11.39
		チーム	12	1.04.32	1	2.12.01	1	3.16.19	2	4.12.40	4	5.34.50	3	59.38	7	2.05.39	10	3.13.04	10	4.24.37	6	5.36.16
		総合	12	1.04.32	1	2.12.01	1	3.16.19	2	4.12.40	4	5.34.50	2	6.34.28	3	7.40.29	3	8.47.54	4	9.59.27	2	11.11.06
3	日本	走者	3	土橋 啓太	2	D.サイモン	3	福井 誠	1	笹谷 拓磨	4	下重 正樹	3	末吉 翔	3	秀島 隼人	1	阿部 豊幸	4	吉岡 玲	4	武者 由幸
		個人	4	1.03.54	19	1.11.40	2	1.03.43	5	55.51	3	1.20.19	15	1.01.10	14	1.05.51	8	1.06.19	7	1.10.48	6	1.12.18
		チーム	4	1.03.54	15	2.15.34	6	3.19.17	8	4.15.08	5	5.35.27	14	1.01.10	13	2.07.01	11	3.13.20	8	4.24.08	7	5.36.26
		総合	4	1.03.54	15	2.15.34	6	3.19.17	8	4.15.08	5	5.35.27	6	6.36.37	7	7.42.28	6	8.48.47	5	9.59.35	3	11.11.53
4	順天堂	走者	1	佐藤 秀和	2	松岡 佑起	3	松瀬 元太	4	村上 康則	3	今井 正人	4	長谷川清勝	1	小野 裕幸	4	難波 祐樹	3	長門 俊介	3	清野 純一
		個人	11	1.04.28	14	1.10.20	8	1.04.48	1	*55.20*	1	*1.18.30*	6	59.57	2	1.04.08	20	1.10.33	3	1.10.13	10	1.13.50
		チーム	11	1.04.28	12	2.14.48	9	3.19.36	6	4.14.56	1	5.33.26	6	59.57	2	2.04.05	15	3.14.38	11	4.24.51	10	5.38.41
		総合	11	1.04.28	12	2.14.48	9	3.19.36	6	4.14.56	1	5.33.26	1	6.33.23	1	7.37.31	4	8.48.04	3	9.58.17	4	11.12.07
5	駒澤	走者	4	藤山 哲隆	4	佐藤 慎悟	4	井手 貴教	4	斉藤 弘幸	4	村上 和春	2	藤井 輝	2	安西 秀幸	2	堺 晃一	2	平野 護	4	糟谷 悟
		個人	2	1.03.44	7	1.09.38	7	1.04.43	8	56.21	2	1.19.30	9	1.00.41	17	1.06.31	2	1.05.17	10	1.11.24	17	1.14.53
		チーム	2	1.03.44	5	2.13.22	5	3.18.05	5	4.14.26	2	5.33.56	9	1.00.41	14	2.07.12	7	3.12.29	7	4.23.53	11	5.38.46
		総合	2	1.03.44	5	2.13.22	5	3.18.05	5	4.14.26	2	5.33.56	3	6.34.37	4	7.41.08	1	8.46.25	2	9.57.49	5	11.12.42
6	東海	走者	1	杉本 将友	4	丸山 敬三	1	佐藤 悠基	4	市村 一訓	2	伊達 秀晃	3	石田 和也	3	宮本 和哉	3	植木 崇行	4	一井 裕介	2	前川 雄
		個人	15	1.04.41	12	1.10.03	1	*1.02.12*	8	56.21	18	1.24.29	17	1.01.36	6	1.05.00	7	1.06.05	2	1.10.07	5	1.12.11
		チーム	14	1.04.41	11	2.14.44	4	3.16.56	4	4.13.17	8	5.37.46	16	1.01.36	11	2.06.36	9	3.12.41	4	4.22.48	4	5.34.59
		総合	14	1.04.41	11	2.14.44	4	3.16.56	4	4.13.17	8	5.37.46	8	6.39.22	9	7.44.22	7	8.50.27	6	10.00.34	6	11.12.45
7	法政	走者	1	高嶺 秀仁	3	田中 宏幸	2	下川原 温	4	岡田 拓也	1	姜山 佑樹	3	松垣 省吾	2	柳沼 晃太	2	後藤 裕介	4	山口 航	4	秋山 和稔
		個人	18	1.05.26	13	1.10.13	12	1.05.35	7	56.08	17	1.24.00	2	59.09	1	1.04.02	5	1.05.55	5	1.10.44	8	1.13.05
		チーム	17	1.05.26	17	2.15.39	15	3.21.14	14	4.17.22	15	5.41.22	2	59.09	1	2.03.11	1	3.09.06	1	4.19.50	1	5.32.55
		総合	17	1.05.26	17	2.15.39	15	3.21.14	14	4.17.22	15	5.41.22	11	6.40.31	10	7.44.33	8	8.50.28	8	10.01.12	7	11.14.17
8	中央	走者	3	奥田 実	4	池永 和樹	2	上野裕一郎	3	小林 賢輔	4	中村 和哉	3	阿江 匠	3	森 勇基	3	山本 亮	3	宮本 竜一	4	加藤 直人
		個人	3	1.03.46	4	1.09.06	3	1.03.48	4	55.50	8	1.22.15	8	1.00.39	6	1.05.00	15	1.07.51	15	1.12.20	14	1.14.27
		チーム	3	1.03.46	3	2.12.52	2	3.16.40	1	4.12.30	3	5.34.45	8	1.00.39	7	2.05.39	12	3.13.30	14	4.25.50	14	5.40.17
		総合	3	1.03.46	3	2.12.52	2	3.16.40	1	4.12.30	3	5.34.45	4	6.35.24	2	7.40.24	5	8.48.15	7	10.00.35	8	11.15.02
9	日本体育	走者	3	鷲見 知彦	3	保科 光作	3	永田 淳	3	鶴留 雄太	2	北村 聡	4	末吉 敏	2	藤原 司	2	高橋 宏弥	4	岩崎 喬也	4	熊本 剛
		個人	17	1.04.51	3	1.08.56	17	1.06.40	20	59.10	5	1.21.36	5	59.49	12	1.05.47	13	1.06.49	4	1.10.21	4	1.12.00
		チーム	16	1.04.51	6	2.13.47	13	3.20.27	16	4.19.37	14	5.41.13	5	59.49	6	2.05.36	6	3.12.25	3	4.22.46	3	5.34.46
		総合	16	1.04.51	6	2.13.47	13	3.20.27	16	4.19.37	14	5.41.13	12	6.41.02	12	7.46.49	13	8.53.38	10	10.03.59	9	11.15.59
10	東洋	走者	1	市川 健一	2	黒崎 拓克	3	尾田 寛幸	3	北島 寿典	1	大西 智也	3	末上 哲平	1	山本 浩之	1	松尾 孝	2	今堀 将司	4	渡辺 史侑
		個人	5	1.03.55	2	1.08.47	4	1.04.10	8	56.21	15	1.23.24	4	59.40	13	1.05.48	18	1.09.16	17	1.12.58	3	1.11.41
		チーム	5	1.03.55	2	2.12.42	3	3.16.52	3	4.13.13	7	5.36.37	4	59.40	4	2.05.28	16	3.14.44	16	4.27.42	13	5.39.23
		総合	5	1.03.55	2	2.12.42	3	3.16.52	3	4.13.13	7	5.36.37	5	6.36.17	6	7.42.05	10	8.51.21	11	10.04.19	10	11.16.00
11	城西	走者	2	森田 稔	3	田上 貴之	2	山口 浩一	2	橋本 圭史	4	三瓶 優太	1	加藤 翔太	1	伊藤 一行	2	五十嵐真悟	3	川崎 英哉	3	高岡 寛典
		個人	8	1.04.18	14	1.10.20	9	1.04.55	17	57.34	13	1.23.10	13	1.01.07	11	1.05.44	4	1.05.42	13	1.11.49	1	1.11.31
		チーム	8	1.04.18	10	2.14.38	8	3.19.33	12	4.17.07	13	5.40.17	12	1.01.07	12	2.06.51	8	3.12.33	9	4.24.22	5	5.35.53
		総合	8	1.04.18	10	2.14.38	8	3.19.33	12	4.17.07	13	5.40.17	13	6.41.24	13	7.47.08	11	8.52.50	13	10.04.39	11	11.16.10
12	大東文化	走者	3	金塚 洋輔	4	野宮 章弘	3	加藤 徳一	1	久保 謙志	2	佐々木 悟	1	佐藤 匠	4	村松 卓	4	本田 慶太	3	薄田 洋輔	4	笹谷 甲
		個人	14	1.04.39	16	1.10.27	11	1.05.20	13	56.51	6	1.21.45	11	1.00.45	5	1.04.58	16	1.08.22	8	1.11.12	9	1.13.33
		チーム	13	1.04.39	14	2.15.06	12	3.20.26	13	4.17.17	11	5.39.02	10	1.00.45	10	2.05.43	13	3.14.05	13	4.25.17	12	5.38.50
		総合	13	1.04.39	14	2.15.06	12	3.20.26	13	4.17.17	11	5.39.02	9	6.39.47	11	7.44.45	12	8.53.07	11	10.04.19	12	11.17.52
13	早稲田	走者	1	阿久津圭司	1	竹沢 健介	3	宮城 普邦	2	本多 浩隆	4	高岡 弘	1	高橋 和也	4	原 英嗣	2	小島 将平	3	河野 隼人	1	三輪 真之
		個人	7	1.04.15	11	1.09.55	13	1.05.43	12	56.28	9	1.22.17	16	1.01.17	4	1.04.24	11	1.06.39	16	1.12.51	19	1.15.21
		チーム	7	1.04.15	8	2.14.10	10	3.19.53	9	4.16.21	9	5.38.38	15	1.01.17	9	2.05.41	5	3.12.20	12	4.25.11	15	5.40.32
		総合	7	1.04.15	8	2.14.10	10	3.19.53	9	4.16.21	9	5.38.38	10	6.39.55	8	7.44.19	9	8.50.58	9	10.03.49	13	11.19.10
14	國學院	走者	2	山口 祥太	3	三島 慎吾	3	竹下 大亮	3	船越 大輔	2	武村 佳尚	3	塚原 芳典	4	大竹 優一	4	南 智浩	4	長江 定矢	4	青野 敏之
		個人	10	1.04.21	5	1.09.28	16	1.06.36	6	55.57	12	1.23.09	20	1.03.38	9	1.05.36	3	1.05.19	9	1.11.22	20	1.15.37
		チーム	10	1.04.21	7	2.13.49	11	3.20.25	10	4.16.22	12	5.39.31	19	1.03.38	18	2.09.14	14	3.14.33	15	4.25.55	16	5.41.32
		総合	10	1.04.21	7	2.13.49	11	3.20.25	10	4.16.22	12	5.39.31	16	6.43.09	15	7.48.45	14	8.54.04	14	10.05.26	14	11.21.03
15	専修	走者	3	平沢 幸太	2	座間 紅祢	3	湯野隆太朗	3	高橋 良輔	3	長谷川 淳	4	辰巳 陽亮	4	彦久保文章	3	佐藤 彰浩	4	伊深 智広	1	小柳 秀文
		個人	19	1.05.53	9	1.09.42	15	1.06.33	18	58.39	11	1.23.02	1	59.07	16	1.06.24	9	1.06.33	12	1.11.34	12	1.14.13
		チーム	18	1.05.33	16	2.15.35	17	3.22.08	17	4.20.47	17	5.43.49	1	59.07	5	2.05.31	3	3.12.04	6	4.23.38	9	5.37.51
		総合	18	1.05.33	16	2.15.35	17	3.22.08	17	4.20.47	17	5.43.49	15	6.42.56	16	7.49.20	16	8.55.53	16	10.07.27	15	11.21.40
16	神奈川	走者	4	平本 哲也	3	豊田 崇	2	森津 翔太	4	坂本 純一	3	森脇 佑紀	3	川南 友佑	2	片山 弘之	2	小村 章悟	4	村井 勇二	4	松浦 学
		個人	16	1.04.50	8	1.09.40	14	1.06.25	3	55.44	10	1.22.19	19	1.02.34	19	1.06.53	11	1.06.39	14	1.11.56	18	1.14.59
		チーム	15	1.04.50	9	2.14.30	14	3.20.55	11	4.16.39	10	5.38.58	18	1.02.34	19	2.09.27	18	3.16.06	17	4.28.02	17	5.43.01
		総合	15	1.04.50	9	2.14.30	14	3.20.55	11	4.16.39	10	5.38.58	14	6.41.32	14	7.48.25	15	8.58.04	15	10.07.00	16	11.21.59
17	中央学院	走者	1	木原真佐人	4	信田 雄一	2	木村 聡寿	2	松浦 貴之	2	伊藤 達志	3	天野 達也	2	池田 政輝	4	杉本 芳規	4	江藤 裕也	2	篠藤 淳
		個人	1	1.03.42	6	1.09.37	20	1.09.05	19	58.51	14	1.23.19	12	1.00.55	18	1.06.32	1	1.04.48	6	1.10.45	16	1.14.48
		チーム	1	1.03.42	4	2.13.19	18	3.22.24	19	4.21.15	18	5.44.34	11	1.00.55	16	2.07.27	4	3.12.15	5	4.23.00	8	5.37.48
		総合	1	1.03.42	4	2.13.19	18	3.22.24	19	4.21.15	18	5.44.34	18	6.45.29	18	7.52.01	17	8.56.49	17	10.07.34	17	11.22.22
18	明治	走者	3	岡本 直己	3	田中 文昭	4	幸田 高明	3	吉岡 秀司	3	尾籠 浩考	4	辻村 充	1	東野 賢治	1	村上 貴彦	3	池辺 稔	4	細井 崇明
		個人	6	1.04.00	20	1.12.22	10	1.05.19	14	57.10	16	1.23.58	18	1.01.50	10	1.05.39	19	1.09.41	17	1.12.58	15	1.14.41
		チーム	6	1.04.00	18	2.16.22	16	3.21.41	15	4.18.51	16	5.42.49	17	1.01.50	17	2.07.29	19	3.17.10	18	4.30.08	19	5.44.49
		総合	6	1.04.00	18	2.16.22	16	3.21.41	15	4.18.51	16	5.42.49	17	6.44.39	17	7.50.18	18	8.59.59	18	10.12.57	18	11.27.38
19	国士舘	走者	2	阿宗 高広	3	竹田 祐	1	川崎 健太	4	原田 拓	4	首藤 弘憲	1	山中 貴弘	2	森田 浩聡	2	原口 広大	3	黒崎 悠	4	新井 一匡
		個人	20	1.05.54	18	1.10.51	18	1.06.49	15	57.17	20	1.27.37	7	1.00.15	20	1.07.05	17	1.08.44	19	1.14.24	11	1.14.06
		チーム	19	1.05.54	19	2.16.45	19	3.23.34	18	4.20.51	19	5.48.28	7	1.00.15	15	2.07.20	17	3.16.04	19	4.30.28	18	5.44.34
		総合	19	1.05.54	19	2.16.45	19	3.23.34	18	4.20.51	19	5.48.28	19	6.48.43	19	7.55.48	19	9.04.32	19	10.18.56	19	11.33.02
参	関東学連	走者	4	中尾 誠宏	4	阿久津真倫	2	藤原 忠昌	4	仲村 一孝	4	阿部 哲史	3	黒木 文太	4	醍醐 大介	2	伊藤 文浩	4	山田 賢児	4	亀田 健一
		個人	12	1.04.30	10	1.09.50	19	1.07.18	15	57.17	19	1.26.04	9	1.00.41	8	1.05.33	9	1.06.33	20	1.17.10	13	1.14.14
		チーム	参	1.04.30	参	2.14.20	参	3.21.38	参	4.18.55	参	5.44.59	参	1.00.41	参	2.06.14	参	3.12.47	参	4.29.57	参	5.44.11
		総合	参	1.04.30	参	2.14.20	参	3.21.38	参	4.18.55	参	5.44.59	参	6.45.40	参	7.51.13	参	8.57.46	参	10.14.56	参	11.29.10

第83回　2007年(平成19年)1月2日～3日　総距離：217.9km　往路：108.0km　復路：109.9km

順	大学名		往路										復路									
			1区 (21.4km)		2区 (23.2km)		3区 (21.5km)		4区 (18.5km)		5区 (23.4km)		6区 (20.8km)		7区 (21.3km)		8区 (21.5km)		9区 (23.2km)		10区 (23.1km)	
1	順天堂	走者	4	中村 泰之	2	小野 裕幸	3	松岡 佑起	2	佐藤 秀和	4	今井 正人	4	清野 純一	3	井野 洋	4	板倉 具視	4	長門 俊介	4	松瀬 元太
		個人	14	1.05.50	12	1.09.51	4	1.03.57	1	55.30	1	*1.18.05*	8	1.00.42	4	1.05.40	4	1.06.49	1	1.10.06	1	*1.08.59*
		チーム	14	1.05.50	12	2.15.41	9	3.19.38	5	4.15.08	1	5.33.13	8	1.00.42	5	2.06.22	3	3.13.11	1	4.23.17	1	5.32.16
		総合	14	1.05.50	12	2.15.41	9	3.19.38	5	4.15.08	1	5.33.13	1	6.33.55	1	7.39.35	1	8.46.24	1	9.56.30	1	11.05.29
2	日本	走者	3	松藤 大輔	4	福井 誠	1	G.ダニエル	1	中原 知大	2	阿部 豊幸	4	末吉 翔	4	秀島 隼人	2	笹谷 拓磨	4	土橋 啓太	3	阿久津尚二
		個人	6	1.05.37	8	1.09.21	2	1.03.15	2	55.41	12	1.23.12	1	59.29	3	1.05.15	3	1.06.47	8	1.11.57	2	1.11.08
		チーム	6	1.05.37	8	2.14.58	4	3.18.13	3	4.13.54	5	5.37.06	1	59.29	1	2.04.44	1	3.11.31	2	4.23.28	2	5.34.36
		総合	6	1.05.37	8	2.14.58	4	3.18.13	3	4.13.54	5	5.37.06	3	6.36.35	4	7.41.50	3	8.48.37	3	10.00.34	2	11.11.42
3	東海	走者	2	佐藤 悠基	3	伊達 秀晃	2	藤原 昌隆	2	小泉 元	4	石田 和也	3	皆倉 一馬	4	植木 崇行	2	木下 聡士	3	前川 雄	2	吉田 憲正
		個人	1	*1.01.06*	2	1.07.59	18	1.05.56	4	55.58	14	1.23.56	10	1.00.53	2	1.05.12	7	1.07.32	5	1.11.18	9	1.12.17
		チーム	1	1.01.06	1	2.09.05	1	3.15.01	1	4.10.59	2	5.34.55	10	1.00.53	4	2.06.05	5	3.13.37	3	4.24.55	4	5.37.12
		総合	1	1.01.06	1	2.09.05	1	3.15.01	1	4.10.59	2	5.34.55	2	6.35.48	2	7.41.00	2	8.48.32	2	9.59.50	3	11.12.07
4	日本体育	走者	1	森 賢大	4	保科 光作	2	野口 功太	2	永井 大隆	3	北村 聡	2	石谷慶一郎	4	鷲見 知彦	2	竹下 正人	3	高橋 宏弥	3	竹中 友人
		個人	5	1.05.35	4	1.08.24	8	1.04.32	7	56.39	4	1.21.23	5	1.00.15	1	1.04.38	6	1.07.30	18	1.14.59	15	1.12.49
		チーム	5	1.05.35	5	2.13.59	5	3.18.31	6	4.15.10	3	5.36.33	5	1.00.15	2	2.04.53	2	3.12.23	8	4.27.22	9	5.40.11
		総合	5	1.05.35	5	2.13.59	5	3.18.31	6	4.15.10	3	5.36.33	4	6.36.48	3	7.41.26	4	8.48.56	4	10.03.55	4	11.16.44
5	東洋	走者	2	大西 智也	3	黒崎 拓克	2	山本 浩之	2	飛坂 篤恭	1	釜石 慶太	2	大西 一輝	2	森 雅也	4	北島 寿典	4	川畑 憲三	4	尾田 寛幸
		個人	2	1.05.07	3	1.08.09	5	1.04.02	5	56.00	17	1.26.30	4	1.00.02	11	1.06.44	1	1.06.28	6	1.11.43	8	1.12.14
		チーム	2	1.05.07	2	2.13.16	3	3.17.18	2	4.13.18	10	5.39.48	4	1.00.02	6	2.06.46	4	3.13.14	4	4.24.57	3	5.37.11
		総合	2	1.05.07	2	2.13.16	3	3.17.18	2	4.13.18	10	5.39.48	8	6.39.50	7	7.46.34	5	8.53.02	5	10.04.45	5	11.16.59
6	早稲田	走者	2	阿久津圭司	2	竹沢 健介	4	藤森 憲秀	3	本多 浩隆	3	駒野 亮太	1	加藤 創大	1	神沢 陽一	3	飯塚 淳司	4	河野 隼人	4	宮城 普邦
		個人	9	1.05.39	1	1.07.46	3	1.03.49	14	57.48	8	1.21.55	9	1.00.48	13	1.06.56	13	1.08.27	10	1.12.29	3	1.11.52
		チーム	9	1.05.39	3	2.13.25	2	3.17.14	4	4.15.02	4	5.36.57	9	1.00.48	10	2.07.44	11	3.16.11	11	4.28.40	10	5.40.32
		総合	9	1.05.39	3	2.13.25	2	3.17.14	4	4.15.02	4	5.36.57	5	6.37.45	6	7.44.41	6	8.53.08	6	10.05.37	6	11.17.29
7	駒澤	走者	2	池田 宗司	1	宇賀地 強	3	豊後 友章	4	高井 和治	1	深津 卓也	3	藤井 輝	1	高林 祐介	2	太田 行紀	3	堺 晃一	4	治郎丸健一
		個人	15	1.05.50	13	1.09.56	13	1.05.14	3	55.51	7	1.21.54	2	59.52	7	1.06.03	19	1.10.18	4	1.11.14	5	1.11.57
		チーム	15	1.05.50	13	2.15.46	14	3.21.00	9	4.16.51	7	5.38.45	2	59.52	3	2.05.55	12	3.16.13	10	4.27.27	7	5.39.24
		総合	15	1.05.50	13	2.15.46	14	3.21.00	9	4.16.51	7	5.38.45	6	6.38.37	5	7.44.40	9	8.54.58	7	10.06.12	7	11.18.09
8	中央	走者	1	梁瀬 峰史	4	奥田 実	3	上野裕一郎	4	小林 賢輔	4	山本 亮	4	阿江 匠	1	山本 庸平	2	森 誠則	2	徳地 悠一	4	宮本 竜一
		個人	17	1.05.56	15	1.10.21	1	1.02.50	20	1.00.57	3	1.20.55	12	1.01.09	6	1.05.54	9	1.07.48	3	1.10.56	4	1.11.55
		チーム	17	1.05.56	17	2.16.17	8	3.19.07	18	4.20.04	14	5.40.59	12	1.01.09	8	2.07.03	7	3.14.51	5	4.25.47	5	5.37.42
		総合	17	1.05.56	17	2.16.17	8	3.19.07	18	4.20.04	14	5.40.59	14	6.42.08	10	7.48.02	12	8.55.50	10	10.06.46	8	11.18.41
9	専修	走者	4	長谷川 淳	3	座間 紅祢	4	佐藤 彰浩	4	赤木 淳一	1	五ケ谷宏司	4	山本 和也	1	嬉野 純平	1	井上 直紀	4	湯野隆太朗	2	木下 卓己
		個人	4	1.05.24	5	1.08.35	9	1.04.33	9	56.58	13	1.23.45	7	1.00.31	12	1.06.53	10	1.07.52	9	1.12.06	7	1.12.05
		チーム	4	1.05.24	4	2.13.59	6	3.18.32	8	4.15.30	8	5.39.15	7	1.00.31	9	2.07.24	9	3.15.16	8	4.27.22	8	5.39.27
		総合	4	1.05.24	4	2.13.59	6	3.18.32	8	4.15.30	8	5.39.15	7	6.39.46	9	7.46.39	7	8.54.31	9	10.06.37	9	11.18.42
10	亜細亜	走者	3	吉川 修司	4	山下 拓郎	4	岡田 直寛	2	筒井 雅那	3	小沢 信	4	吉田 亮太	3	益田 稔	2	与那覇大二郎	3	菊池 昌寿	4	岡田 晃
		個人	7	1.05.38	16	1.10.36	10	1.04.36	8	56.49	11	1.22.50	15	1.01.42	9	1.06.20	5	1.07.13	2	1.10.45	13	1.12.45
		チーム	7	1.05.38	16	2.16.14	12	3.20.50	10	4.17.39	13	5.40.29	15	1.01.42	11	2.08.02	8	3.15.15	6	4.26.00	6	5.38.45
		総合	7	1.05.38	16	2.16.14	12	3.20.50	10	4.17.39	13	5.40.29	15	6.42.11	14	7.48.31	11	8.55.44	8	10.06.29	10	11.19.14
11	城西	走者	1	高橋 優太	2	伊藤 一行	4	田上 貴之	1	佐藤 直樹	4	川野 竜男	3	山口 浩一	4	南谷 塁	3	五十嵐真悟	3	橋本 圭史	3	福岡 功
		個人	3	1.05.18	17	1.10.52	7	1.04.19	11	57.12	10	1.22.17	17	1.01.58	8	1.06.09	2	1.06.33	11	1.12.39	16	1.13.33
		チーム	3	1.05.18	15	2.16.10	11	3.20.29	11	4.17.41	12	5.39.58	17	1.01.58	12	2.08.07	6	3.14.40	7	4.27.19	11	5.40.52
		総合	3	1.05.18	15	2.16.10	11	3.20.29	11	4.17.41	12	5.39.58	12	6.41.56	11	7.48.05	8	8.54.38	11	10.07.17	11	11.20.50
12	山梨学院	走者	4	飯上 幸哉	2	M.モグス	2	宮城 真人	4	荒木 宏太	4	小山 祐太	3	中満 勇太	3	篠原 祐太	2	山本 真也	4	大越 直哉	3	栗原 圭太
		個人	11	1.05.42	6	1.08.53	17	1.05.53	12	57.43	5	1.21.37	14	1.01.17	15	1.07.13	11	1.08.05	12	1.12.46	10	1.12.18
		チーム	11	1.05.42	6	2.14.35	10	3.20.28	12	4.18.11	9	5.39.48	14	1.01.17	14	2.08.30	13	3.16.35	12	4.29.21	12	5.41.39
		総合	11	1.05.42	6	2.14.35	10	3.20.28	12	4.18.11	9	5.39.48	11	6.41.05	13	7.48.18	13	8.56.23	13	10.09.09	12	11.21.27
13	中央学院	走者	3	松浦 貴之	2	木原真佐人	3	篠藤 淳	3	前沢 賢	3	伊藤 達志	4	天野 達也	3	大内 陽介	2	辻 茂樹	3	木村 聡寿	3	池田 政輝
		個人	8	1.05.39	7	1.09.14	6	1.04.10	6	56.12	9	1.22.15	18	1.02.41	10	1.06.27	14	1.08.57	14	1.13.21	11	1.12.34
		チーム	8	1.05.39	7	2.14.53	7	3.19.03	7	4.15.15	6	5.37.30	18	1.02.41	18	2.09.08	16	3.18.05	15	4.31.26	15	5.44.00
		総合	8	1.05.39	7	2.14.53	7	3.19.03	7	4.15.15	6	5.37.30	9	6.40.11	8	7.46.38	10	8.55.35	12	10.08.56	13	11.21.30
14	大東文化	走者	2	中村 友一	4	金塚 洋輔	4	加藤 徳一	2	宮城 和臣	3	佐々木 悟	4	松尾龍太郎	2	長部 智博	3	水越 大輔	4	薄田 洋輔	2	久保 謙志
		個人	19	1.06.06	20	1.11.18	11	1.04.53	15	57.55	6	1.21.48	3	59.59	14	1.06.58	16	1.09.09	15	1.13.31	18	1.13.53
		チーム	19	1.06.06	20	2.17.24	18	3.22.17	19	4.20.12	15	5.42.00	3	59.59	7	2.06.57	10	3.16.06	13	4.29.37	14	5.43.30
		総合	19	1.06.06	20	2.17.24	18	3.22.17	19	4.20.12	15	5.42.00	13	6.41.59	15	7.48.57	14	8.58.06	14	10.11.37	14	11.25.30
15	法政	走者	4	友広 哲也	4	円井 彰彦	3	下川原 温	4	清水 陽介	2	姜山 佑樹	4	松垣 省吾	3	柳沼 晃太	4	越後 英俊	4	田中 宏幸	4	伊藤 雅紀
		個人	18	1.05.57	18	1.11.05	14	1.05.16	10	57.10	15	1.25.44	13	1.01.15	17	1.07.42	15	1.09.06	7	1.11.45	14	1.12.46
		チーム	18	1.05.57	18	2.17.02	19	3.22.18	16	4.19.28	16	5.45.12	13	1.01.15	15	2.08.57	15	3.18.03	14	4.29.48	13	5.42.34
		総合	18	1.05.57	18	2.17.02	19	3.22.18	16	4.19.28	16	5.45.12	16	6.46.27	16	7.54.09	16	9.03.15	16	10.15.00	15	11.27.46
16	明治	走者	1	石川 卓哉	4	岡本 直己	4	池辺 稔	2	東野 賢治	4	尾籠 浩考	2	中村 智春	1	安田 昌倫	3	中門 健	2	村上 貴彦	3	藤田 秀之
		個人	16	1.05.52	9	1.09.24	15	1.05.42	18	58.16	2	1.20.39	11	1.01.05	15	1.07.13	17	1.09.55	17	1.14.41	20	1.15.10
		チーム	16	1.05.52	10	2.15.16	13	3.20.58	14	4.19.14	11	5.39.53	11	1.01.05	13	2.08.18	17	3.18.13	17	4.32.54	19	5.48.04
		総合	16	1.05.52	10	2.15.16	13	3.20.58	14	4.19.14	11	5.39.53	10	6.40.58	12	7.48.11	14	8.58.06	15	10.12.47	16	11.27.57
17	神奈川	走者	1	森本 卓司	4	豊田 崇	3	森 弘光	1	田中 弘明	4	森脇 佑紀	4	川南 友佑	4	中山慎二郎	1	黒田 孝之	3	森津 翔太	3	片山 弘之
		個人	12	1.05.43	10	1.09.26	20	1.06.56	13	57.44	16	1.26.13	20	1.03.13	5	1.05.46	18	1.10.09	16	1.14.35	17	1.13.35
		チーム	12	1.05.43	9	2.15.09	17	3.22.05	17	4.19.49	17	5.46.02	20	1.03.13	16	2.08.59	19	3.19.08	19	4.33.43	17	5.47.18
		総合	12	1.05.43	9	2.15.09	17	3.22.05	17	4.19.49	17	5.46.02	18	6.49.15	17	7.55.01	18	9.05.10	17	10.19.45	17	11.33.20
18	國學院	走者	3	山口 祥太	4	三島 慎吾	4	船越 大輔	4	塚原 芳典	3	武村 佳尚	4	竹下 大亮	3	福井 規人	2	田中 駿	4	井手 彰彦	3	森 徳史
		個人	10	1.05.41	14	1.10.20	12	1.05.12	17	58.07	18	1.27.30	16	1.01.44	18	1.07.54	11	1.08.05	19	1.15.17	19	1.14.19
		チーム	10	1.05.41	14	2.16.01	16	3.21.13	15	4.19.20	18	5.46.50	16	1.01.44	19	2.09.38	14	3.17.43	18	4.33.00	18	5.47.19
		総合	10	1.05.41	14	2.16.01	16	3.21.13	15	4.19.20	18	5.46.50	17	6.48.34	18	7.56.28	17	9.04.33	18	10.19.50	18	11.34.09
19	国士舘	走者	4	竹田 祐	3	高久 佑一	4	奥村 隆太	2	高谷 将弘	2	山中 貴弘	3	永坂 幸也	4	松木啓次郎	3	阿宗 高広	2	川崎 健太	4	黒崎 悠
		個人	20	1.06.07	19	1.11.17	19	1.06.30	19	1.00.11	19	1.28.01	19	1.02.44	19	1.08.17	8	1.07.41	13	1.13.04	12	1.12.38
		チーム	20	1.06.07	19	2.17.24	20	3.23.54	20	4.24.05	19	5.52.06	19	1.02.44	20	2.11.01	18	3.18.42	16	4.31.46	16	5.44.24
		総合	20	1.06.07	19	2.17.24	20	3.23.54	20	4.24.05	19	5.52.06	20	6.54.50	20	8.03.07	19	9.10.48	19	10.23.52	19	11.36.30
20	関東学連	走者	1	外丸 和輝	3	久野 雅浩	2	佐藤 雄治	3	大城 将範	4	涌井 圭介	2	川内 優輝	4	小沢 計義	2	椎谷 智広	2	馬場 圭太	2	米沢 豪
		個人	13	1.05.44	11	1.09.40	16	1.05.47	16	58.02	20	1.34.32	6	1.00.24	20	1.08.40	20	1.11.50	19	1.15.17	5	1.11.57
		チーム	13	1.05.44	11	2.15.24	15	3.21.11	13	4.19.13	20	5.53.45	6	1.00.24	17	2.09.04	20	3.20.54	20	4.36.11	20	5.48.08
		総合	13	1.05.44	11	2.15.24	15	3.21.11	13	4.19.13	20	5.53.45	19	6.54.09	19	8.02.49	20	9.14.39	20	10.29.56	20	11.41.53

第84回　2008年（平成20年）1月2日～3日　総距離：217.9km　往路：108.0km　復路：109.9km

順	大学名		往路										復路									
			1区 (21.4km)		2区 (23.2km)		3区 (21.5km)		4区 (18.5km)		5区 (23.4km)		6区 (20.8km)		7区 (21.3km)		8区 (21.5km)		9区 (23.2km)		10区 (23.1km)	
1	駒澤	走者	3	池田 宗司	2	宇賀地 強	2	高林 祐介	4	平野 護	4	安西 秀幸	4	藤井 輝	4	豊後 友章	2	深津 卓也	4	堺 晃一	3	太田 行紀
		個人	2	1.04.40	5	1.08.48	7	1.05.03	4	56.13	2	1.19.38	12	1.01.12	2	1.04.14	1	1.04.57	2	1.09.14	3	1.11.01
		チーム	2	1.04.40	5	2.13.28	6	3.18.31	5	4.14.44	2	5.34.22	12	1.01.12	4	2.05.26	1	3.10.23	1	4.19.37	1	5.30.38
		総合	2	1.04.40	5	2.13.28	6	3.18.31	5	4.14.44	2	5.34.22	2	6.35.34	2	7.39.48	2	8.44.45	1	9.53.59	1	11.05.00
2	早稲田	走者	2	尾崎 貴宏	2	高原 聖典	3	竹沢 健介	1	中島 賢士	4	駒野 亮太	2	加藤 創大	4	石橋 洋三	4	飯塚 淳司	3	三輪 真之	2	神沢 陽一
		個人	3	1.04.41	12	1.10.09	1	1.03.32	8	56.34	1	1.18.12	1	59.15	4	1.05.11	5	1.06.56	6	1.10.50	12	1.12.09
		チーム	3	1.04.41	12	2.14.50	5	3.18.22	6	4.14.56	1	5.33.08	1	59.15	2	2.04.26	2	3.11.22	3	4.22.12	3	5.34.21
		総合	3	1.04.41	12	2.14.50	5	3.18.22	6	4.14.56	1	5.33.08	1	6.32.23	1	7.37.34	1	8.44.30	2	9.55.20	2	11.07.29
3	中央学院	走者	1	鈴木 忠	3	木原真佐人	3	堀 宏和	1	小林 光二	4	伊藤 達志	3	渡部 政彦	4	大内 陽介	3	辻 茂樹	4	篠藤 淳	4	池田 政輝
		個人	9	1.04.51	3	1.07.42	10	1.05.14	13	56.48	10	1.22.41	9	1.00.58	7	1.05.42	11	1.07.28	1	*1.08.01*	7	1.11.40
		チーム	9	1.04.51	2	2.12.33	2	3.17.47	3	4.14.35	5	5.37.16	9	1.00.58	7	2.06.40	7	3.14.08	2	4.22.09	2	5.33.49
		総合	9	1.04.51	2	2.12.33	2	3.17.47	3	4.14.35	5	5.37.16	5	6.38.14	6	7.43.56	6	8.51.24	3	9.59.25	3	11.11.05
4	関東学連	走者	4	山口 祥太	3	東野 賢治	2	石川 卓哉	4	久野 雅浩	2	福山 真魚	3	佐藤 雄治	3	川辺 一将	4	井村 光孝	3	中村 嘉孝	4	横田 竜一
		個人	8	1.04.46	11	1.09.54	8	1.05.04	2	55.54	3	1.20.47	2	1.00.03	11	1.06.10	2	1.06.33	9	1.11.29	9	1.11.45
		チーム	8	1.04.46	10	2.14.40	10	3.19.44	9	4.15.38	4	5.36.25	2	1.00.03	5	2.06.13	4	3.12.46	4	4.24.15	4	5.36.00
		総合	8	1.04.46	10	2.14.40	10	3.19.44	9	4.15.38	4	5.36.25	3	6.36.28	5	7.42.38	3	8.49.11	4	10.00.40	4	11.12.25
5	亜細亜	走者	4	吉川 修司	4	菊池 昌寿	4	益田 稔	1	池淵 智紀	4	小沢 信	3	三船 将司	2	小川雄一郎	3	緒方 孝太	3	与那覇大二郎	4	宮田 真平
		個人	14	1.05.11	14	1.10.31	9	1.05.13	3	56.06	4	1.20.53	16	1.02.18	5	1.05.29	4	1.06.53	4	1.10.16	6	1.11.20
		チーム	14	1.05.11	13	2.15.42	13	3.20.55	11	4.17.01	7	5.37.54	16	1.02.18	13	2.07.47	11	3.14.40	6	4.24.56	6	5.36.16
		総合	14	1.05.11	13	2.15.42	13	3.20.55	11	4.17.01	7	5.37.54	9	6.40.12	7	7.45.41	7	8.52.34	6	10.02.50	5	11.14.10
6	山梨学院	走者	3	松村 康平	3	M. モグス	4	田中 僚	2	後藤 敬	1	高瀬 無量	4	中満 勇太	4	飯塚 伸彦	4	栗原 圭太	3	宮城 真人	2	中川 剛
		個人	7	1.04.44	1	*1.06.23*	6	1.04.50	19	57.32	6	1.21.38	14	1.01.24	9	1.05.58	6	1.06.57	12	1.12.12	15	1.13.22
		チーム	7	1.04.44	1	2.11.07	1	3.15.57	1	4.13.29	3	5.35.07	14	1.01.24	12	2.07.22	10	3.14.19	10	4.26.31	14	5.39.53
		総合	7	1.04.44	1	2.11.07	1	3.15.57	1	4.13.29	3	5.35.07	4	6.36.31	4	7.42.29	4	8.49.26	5	10.01.38	6	11.15.00
7	中央	走者	2	山本 庸平	3	徳地 悠一	4	上野裕一郎	3	森 誠則	2	梁瀬 峰史	4	森宗 信也	4	関 敏則	1	山下 隆盛	3	平川 信彦	4	加田 将士
		個人	5	1.04.42	9	1.09.26	2	1.03.52	7	56.31	14	1.24.32	11	1.01.06	14	1.06.13	15	1.07.54	8	1.11.02	4	1.11.14
		チーム	5	1.04.42	7	2.14.08	3	3.18.00	2	4.14.31	10	5.39.03	11	1.01.06	11	2.07.19	13	3.15.13	9	4.26.15	8	5.37.29
		総合	5	1.04.42	7	2.14.08	3	3.18.00	2	4.14.31	10	5.39.03	8	6.40.09	10	7.46.22	9	8.54.16	8	10.05.18	7	11.16.32
8	帝京	走者	4	清水 健司	3	梅津 毅	3	酒井 将規	1	久保 芳斗	3	吉野 将悟	3	赤木 翼	1	西村 知修	4	大脇 佑介	4	小田 鎌徳	4	田部 貴之
		個人	6	1.04.43	17	1.11.14	15	1.05.46	14	56.54	8	1.21.57	7	1.00.38	3	1.04.46	11	1.07.28	11	1.12.07	5	1.11.15
		チーム	6	1.04.43	15	2.15.57	15	3.21.43	16	4.18.37	12	5.40.34	7	1.00.38	3	2.05.24	5	3.12.52	7	4.24.59	5	5.36.14
		総合	6	1.04.43	15	2.15.57	15	3.21.43	16	4.18.37	12	5.40.34	11	6.41.12	8	7.45.58	8	8.53.26	10	10.05.33	8	11.16.48
9	日本	走者	2	中原 知大	2	G.ダニエル	1	延寿寺博亮	2	谷口 恭悠	3	阿部 豊幸	4	染谷 勇人	2	高橋 周平	2	丸林 祐樹	4	阿久津尚二	3	笹谷 拓磨
		個人	19	1.05.55	2	1.07.27	16	1.05.54	11	56.43	7	1.21.48	13	1.01.19	15	1.07.00	17	1.08.50	10	1.11.30	2	1.10.26
		チーム	19	1.05.55	4	2.13.22	9	3.19.16	10	4.15.59	6	5.37.47	13	1.01.19	15	2.08.19	17	3.17.09	15	4.28.39	12	5.39.05
		総合	19	1.05.55	4	2.13.22	9	3.19.16	10	4.15.59	6	5.37.47	7	6.39.06	9	7.46.06	12	8.54.56	11	10.06.26	9	11.16.52
10	東洋	走者	3	大西 智也	4	黒崎 拓克	3	若松 儀裕	4	今堀 将司	2	釜石 慶太	3	大西 一輝	4	桜井 豊	1	大津 翔吾	4	中田 貴勝	2	岸村 好満
		個人	4	1.04.41	6	1.09.03	5	1.04.34	5	56.24	13	1.23.41	18	1.03.20	6	1.05.35	7	1.07.13	7	1.10.54	10	1.11.47
		チーム	4	1.04.41	6	2.13.44	4	3.18.18	4	4.14.42	9	5.38.23	18	1.03.20	16	2.08.55	15	3.16.08	13	4.27.02	10	5.38.49
		総合	4	1.04.41	6	2.13.44	4	3.18.18	4	4.14.42	9	5.38.23	12	6.41.43	12	7.47.18	10	8.54.31	9	10.05.25	10	11.17.12
11	城西	走者	2	佐藤 直樹	3	伊藤 一行	3	篠原 辰己	1	田中 佳祐	4	橋本 圭史	4	山口 浩一	3	加藤 翔太	4	五十嵐真悟	2	高宮 祐樹	2	永岩 義人
		個人	1	1.04.37	18	1.11.16	4	1.04.27	20	58.08	15	1.24.51	8	1.00.46	8	1.05.57	13	1.07.34	14	1.12.29	1	1.10.14
		チーム	1	1.04.37	14	2.15.53	12	3.20.20	13	4.18.28	16	5.43.19	8	1.00.46	8	2.06.43	9	3.14.17	12	4.26.46	7	5.37.00
		総合	1	1.04.37	14	2.15.53	12	3.20.20	13	4.18.28	16	5.43.19	14	6.44.05	14	7.50.02	14	8.57.36	13	10.10.05	11	11.20.19
12	日本体育	走者	1	野口 拓也	4	北村 聡	2	森 賢大	3	永井 大隆	2	久保岡諭司	3	石谷慶一郎	1	谷野 琢弥	4	高橋 宏弥	3	野口 功太	1	出口 和也
		個人	11	1.04.59	8	1.09.25	3	1.04.18	6	56.26	16	1.26.42	15	1.01.49	10	1.06.02	8	1.07.16	3	1.09.47	17	1.13.46
		チーム	11	1.04.59	9	2.14.24	8	3.18.42	7	4.15.08	14	5.41.50	15	1.01.49	14	2.07.51	12	3.15.07	5	4.24.54	9	5.38.40
		総合	11	1.04.59	9	2.14.24	8	3.18.42	7	4.15.08	14	5.41.50	13	6.43.39	13	7.49.41	13	8.56.57	12	10.06.44	12	11.20.30
13	国士舘	走者	3	山中 貴弘	4	高久 佑一	4	大森章太郎	4	阿宗 高広	3	川崎 健太	1	武田 哲平	3	田代 洋平	4	原口 広大	3	小島 康彰	2	羽島 駿介
		個人	12	1.05.01	20	1.13.09	20	1.07.05	1	55.24	5	1.20.56	17	1.02.58	17	1.07.31	8	1.07.16	15	1.12.39	8	1.11.44
		チーム	12	1.05.01	20	2.18.10	20	3.25.15	20	4.20.39	13	5.41.35	17	1.02.58	18	2.10.29	18	3.17.45	16	4.30.24	15	5.42.08
		総合	12	1.05.01	20	2.18.10	20	3.25.15	20	4.20.39	13	5.41.35	15	6.44.33	15	7.52.04	15	8.59.20	14	10.11.59	13	11.23.43
14	専修	走者	2	五ヶ谷宏司	2	井上 直紀	2	嬉野 純平	2	酒井 潤一	4	郷間 章	4	米山 昇吾	3	森脇 啓太	1	五十嵐祐太	3	木下 卓己	4	柴内 康寛
		個人	15	1.05.11	16	1.10.55	14	1.05.42	10	56.41	17	1.27.28	10	1.01.00	19	1.08.25	3	1.06.37	5	1.10.40	14	1.12.58
		チーム	15	1.05.11	16	2.16.06	16	3.21.48	15	4.18.29	17	5.45.57	10	1.01.00	17	2.09.25	14	3.16.02	11	4.26.42	13	5.39.40
		総合	15	1.05.11	16	2.16.06	16	3.21.48	15	4.18.29	17	5.45.57	17	6.46.57	19	7.55.22	17	9.01.59	15	10.12.39	14	11.25.37
15	神奈川	走者	2	染谷 和則	2	森本 卓司	1	天野 峻	4	小村 章悟	4	石田 将教	3	的場 義真	2	黒田 孝之	3	三谷 泰之	4	森津 翔太	4	石原 洸
		個人	17	1.05.38	19	1.11.36	11	1.05.20	16	57.21	18	1.28.28	4	1.00.26	12	1.06.12	14	1.07.37	16	1.12.53	11	1.11.51
		チーム	17	1.05.38	19	2.17.14	17	3.22.34	17	4.19.55	19	5.48.23	4	1.00.26	6	2.06.38	8	3.14.15	14	4.27.08	11	5.38.59
		総合	17	1.05.38	19	2.17.14	17	3.22.34	17	4.19.55	19	5.48.23	19	6.48.49	18	7.55.01	18	9.02.38	17	10.15.31	15	11.27.22
16	法政	走者	2	福島 成博	3	高嶺 秀仁	3	斎藤雄太郎	3	山川 太一	3	姜山 佑樹	2	上田 剛史	4	下川原 温	1	稲垣 雄太	4	大森英一郎	4	水沼 啓
		個人	18	1.05.51	15	1.10.43	17	1.06.21	15	57.17	9	1.22.11	19	1.03.23	18	1.07.32	16	1.07.59	17	1.13.25	16	1.13.24
		チーム	18	1.05.51	17	2.16.34	18	3.22.55	19	4.20.12	15	5.42.23	19	1.03.23	19	2.10.55	19	3.18.54	18	4.32.19	17	5.45.43
		総合	18	1.05.51	17	2.16.34	18	3.22.55	19	4.20.12	15	5.42.23	16	6.45.46	16	7.53.18	16	9.01.17	16	10.14.42	16	11.28.06
17	東京農業	走者	2	清水 和朗	2	外丸 和輝	1	横山 裕己	4	岡村 翔	4	若松 佑太	2	細谷 祐二	1	田村 英晃	3	出原 啓太	3	椎谷 智広	4	浜崎 武雅
		個人	10	1.04.54	7	1.09.14	19	1.06.51	18	57.29	19	1.29.06	3	1.00.07	16	1.07.01	19	1.09.58	18	1.13.41	13	1.12.37
		チーム	10	1.04.54	8	2.14.08	14	3.20.59	14	4.18.28	18	5.47.34	3	1.00.07	10	2.07.08	16	3.17.06	17	4.30.47	16	5.43.24
		総合	10	1.04.54	8	2.14.08	14	3.20.59	14	4.18.28	18	5.47.34	18	6.47.41	17	7.54.42	19	9.04.40	18	10.18.21	17	11.30.58
棄	東海	走者	3	藤原 昌隆	4	伊達 秀晃	3	吉田 憲正	1	平山 竜成	1	河野 晴友	4	皆倉 一馬	3	佐藤 悠基	3	芳村 隆一	4	前川 雄	4	荒川 丈弘
		個人	16	1.05.21	4	1.07.50	12	1.05.21	9	56.37	12	1.22.55	5	1.00.28	1	*1.02.35*	18	1.09.39	13	1.12.23	途中棄権	
		チーム	16	1.05.21	3	2.13.11	7	3.18.32	8	4.15.09	8	5.38.04	5	1.00.28	1	2.03.03	3	3.12.42	8	4.25.05	記録なし	
		総合	16	1.05.21	3	2.13.11	7	3.18.32	8	4.15.09	8	5.38.04	6	6.38.32	3	7.41.07	5	8.50.46	7	10.03.09	記録なし	
棄	大東文化	走者	2	清野 篤	4	佐々木 悟	3	宮原 卓	3	宮城 和臣	3	下条 誠士	3	佐藤 匠	3	木村 茂樹	2	高橋 賢人	3	住田 直紀	4	水越 大輔
		個人	13	1.05.03	10	1.09.41	13	1.05.34	16	57.21	11	1.22.47	6	1.00.37	12	1.06.12	8	1.07.16	途中棄権		参	1.14.18
		チーム	13	1.05.03	11	2.14.44	11	3.20.18	12	4.17.39	11	5.40.26	6	1.00.37	9	2.06.49	6	3.14.05	記録なし			
		総合	13	1.05.03	11	2.14.44	11	3.20.18	12	4.17.39	11	5.40.26	10	6.41.03	11	7.47.15	10	8.54.31	記録なし			
棄	順天堂	走者	2	関戸 雅輝	3	山崎 敦史	4	井野 洋	3	武田 毅	3	小野 裕幸	4	渡辺 啓	1	新井 岳	2	木水 良	2	山田 翔太	4	矢島 冬吾
		個人	20	1.06.28	13	1.10.11	18	1.06.39	12	56.47	途中棄権		参	1.00.08	参	1.07.55	参	1.13.01	参	1.10.47	参	1.11.41
		チーム	20	1.06.28	18	2.16.39	19	3.23.18	18	4.20.05	記録なし		参	1.00.08	参	2.08.03	参	3.21.04	参	4.31.51	参	5.43.32
		総合	20	1.06.28	18	2.16.39	19	3.23.18	18	4.20.05	記録なし											

第85回　2009年(平成21年)1月2日～3日　総距離：217.9km　往路：108.0km　復路：109.9km

順	大学名		往路										復路									
			1区 (21.4km)		2区 (23.2km)		3区 (21.5km)		4区 (18.5km)		5区 (23.4km)		6区 (20.8km)		7区 (21.3km)		8区 (21.5km)		9区 (23.2km)		10区 (23.1km)	
1	東洋	走者	4	若松 儀裕	4	山本 浩之	4	大西 智也	1	宇野 博之	1	柏原 竜二	2	富永 光	4	飛坂 篤恭	2	千葉 優	2	大津 翔吾	2	高見 諒
		個人	8	1.05.06	17	1.10.54	3	1.03.21	9	56.45	1	*1.17.18*	12	1.00.48	1	1.05.01	2	1.06.42	2	1.11.16	6	1.12.03
		チーム	8	1.05.06	14	2.16.00	9	3.19.21	9	4.16.06	1	5.33.24	12	1.00.48	6	2.05.49	2	3.12.31	1	4.23.47	1	5.35.50
		総合	8	1.05.06	14	2.16.00	9	3.19.21	9	4.16.06	1	5.33.24	2	6.34.12	2	7.39.13	1	8.45.55	1	9.57.11	1	11.09.14
2	早稲田	走者	1	矢沢 曜	3	尾崎 貴宏	4	竹沢 健介	1	三田 裕介	4	三輪 真之	3	加藤 創大	1	八木 勇樹	2	中島 賢士	4	朝日 嗣也	4	三戸 格
		個人	1	1.04.48	7	1.09.36	1	*1.01.40*	1	*55.04*	13	1.22.38	7	1.00.08	2	1.05.07	8	1.07.39	5	1.11.57	3	1.11.18
		チーム	1	1.04.48	6	2.14.24	2	3.16.04	1	4.11.08	2	5.33.46	7	1.00.08	3	2.05.15	3	3.12.54	2	4.24.51	2	5.36.09
		総合	1	1.04.48	6	2.14.24	2	3.16.04	1	4.11.08	2	5.33.46	1	6.33.54	1	7.39.01	2	8.46.40	2	9.58.37	2	11.09.55
3	日本体育	走者	2	出口 和也	3	森 賢大	2	野口 拓也	3	久保岡諭司	4	竹下 正人	3	高尾 博教	4	奥村隆太郎	3	長尾 正樹	4	野口 功太	4	永井 大隆
		個人	6	1.04.58	12	1.10.11	4	1.03.42	6	56.14	3	1.20.02	15	1.01.06	11	1.06.19	5	1.07.17	12	1.12.35	1	1.10.41
		チーム	6	1.04.58	9	2.15.09	8	3.18.51	4	4.15.05	3	5.35.07	15	1.01.06	13	2.07.25	9	3.14.42	10	4.27.17	4	5.37.58
		総合	6	1.04.58	9	2.15.09	8	3.18.51	4	4.15.05	3	5.35.07	4	6.36.13	3	7.42.32	3	8.49.49	3	10.02.24	3	11.13.05
4	大東文化	走者	4	宮城 和臣	3	清野 篤	3	井上 裕彬	3	佐藤 歩	4	下条 誠士	4	佐藤 匠	2	若狭 聖也	2	土田 純	4	久保 謙志	4	木村 茂樹
		個人	9	1.05.08	19	1.11.04	5	1.04.21	16	57.25	5	1.21.10	1	59.14	8	1.06.11	16	1.08.16	7	1.12.08	11	1.12.51
		チーム	9	1.05.08	16	2.16.12	14	3.20.33	14	4.17.58	9	5.39.08	1	59.14	4	2.05.25	5	3.13.41	4	4.25.49	5	5.38.40
		総合	9	1.05.08	16	2.16.12	14	3.20.33	14	4.17.58	9	5.39.08	6	6.38.22	7	7.44.33	6	8.52.49	5	10.04.57	4	11.17.48
5	中央学院	走者	2	鈴木 忠	4	木原真佐人	2	小林 光二	2	大谷 克	4	辻 茂樹	4	渡部 政彦	3	三浦 隆稔	3	大野 紘崇	4	堀 宏和	3	木之下翔太
		個人	11	1.05.19	3	1.08.22	15	1.05.04	8	56.32	4	1.20.28	8	1.00.15	14	1.06.33	17	1.08.51	16	1.13.02	14	1.13.24
		チーム	11	1.05.19	3	2.13.41	4	3.18.45	6	4.15.17	4	5.35.45	8	1.00.15	12	2.06.48	13	3.15.39	13	4.28.41	13	5.42.05
		総合	11	1.05.19	3	2.13.41	4	3.18.45	6	4.15.17	4	5.35.45	3	6.36.00	4	7.42.33	5	8.51.24	4	10.04.26	5	11.17.50
6	山梨学院	走者	4	松村 康平	4	M.モグス	4	宮城 真人	3	後藤 敬	2	高瀬 無量	4	渡辺 清紘	3	岩田 真澄	3	岸本 匡	3	中川 剛	2	赤峰 直樹
		個人	4	1.04.54	1	*1.06.04*	10	1.04.50	4	56.08	22	1.25.41	10	1.00.26	4	1.05.33	22	1.11.04	1	1.11.07	8	1.12.09
		チーム	4	1.04.54	1	2.10.58	1	3.15.48	2	4.11.56	5	5.37.37	10	1.00.26	9	2.05.59	16	3.17.03	11	4.28.10	11	5.40.19
		総合	4	1.04.54	1	2.10.58	1	3.15.48	2	4.11.56	5	5.37.37	5	6.38.03	5	7.43.36	12	8.54.40	9	10.05.47	6	11.17.56
7	日本	走者	1	堂本 尚寛	3	G.ダニエル	3	谷口 恭悠	1	岡村 悠平	4	阿部 豊幸	2	池谷健太郎	3	丸林 祐樹	3	井上 陽介	4	笹谷 拓磨	3	吉田 和矢
		個人	22	1.06.34	2	1.07.04	16	1.05.06	18	57.41	11	1.22.33	9	1.00.23	13	1.06.23	15	1.08.13	10	1.12.12	7	1.12.05
		チーム	22	1.06.34	2	2.13.38	3	3.18.44	10	4.16.25	8	5.38.58	9	1.00.23	11	2.06.46	11	3.14.59	9	4.27.11	8	5.39.16
		総合	22	1.06.34	2	2.13.38	3	3.18.44	10	4.16.25	8	5.38.58	9	6.39.21	10	7.45.44	10	8.53.57	10	10.06.09	7	11.18.14
8	明治	走者	1	鎧坂 哲哉	3	石川 卓哉	3	北條 尚	3	松本 昂大	2	小林 優太	4	中村 智春	3	安田 昌倫	1	細川 勇介	3	遠藤 寿寛	4	卜部 淳史
		個人	3	1.04.53	8	1.09.47	13	1.04.53	3	55.28	18	1.23.57	4	59.36	3	1.05.10	7	1.07.27	20	1.13.55	12	1.13.10
		チーム	3	1.04.53	7	2.14.40	10	3.19.33	3	4.15.01	7	5.38.58	4	59.36	1	2.04.46	1	3.12.13	6	4.26.08	9	5.39.18
		総合	3	1.04.53	7	2.14.40	10	3.19.33	3	4.15.01	7	5.38.58	7	6.38.34	6	7.43.44	4	8.51.11	6	10.05.06	8	11.18.16
9	関東学連	走者	2	仁科 徳将	4	高嶺 秀仁	4	川口 成徳	4	佐藤 雄治	4	婁山 佑樹	4	川内 優輝	1	梶原 有高	4	中村 嘉孝	4	坂本 智史	3	佐野 広明
		個人	16	1.05.34	13	1.10.14	7	1.04.42	11	57.09	15	1.22.54	3	59.27	5	1.05.40	21	1.09.40	13	1.12.45	2	1.10.51
		チーム	16	1.05.34	12	2.15.48	13	3.20.30	13	4.17.39	13	5.40.33	3	59.27	2	2.05.07	7	3.14.11	8	4.26.56	3	5.37.47
		総合	16	1.05.34	12	2.15.48	13	3.20.30	13	4.17.39	13	5.40.33	11	6.40.00	9	7.45.40	13	8.54.44	12	10.07.29	9	11.18.20
10	中央	走者	3	山本 庸平	4	徳地 悠一	4	森 誠則	3	梁瀬 峰史	2	大石 港与	2	山下 隆盛	4	山本 武史	1	小柳 俊介	4	平川 信彦	2	斎藤 勇人
		個人	13	1.05.21	5	1.08.44	7	1.04.42	23	58.31	12	1.22.34	5	59.45	7	1.06.09	14	1.08.10	4	1.11.48	10	1.12.49
		チーム	13	1.05.21	5	2.14.05	6	3.18.47	12	4.17.18	11	5.39.52	5	59.45	7	2.05.54	6	3.14.04	5	4.25.52	6	5.38.41
		総合	13	1.05.21	5	2.14.05	6	3.18.47	12	4.17.18	11	5.39.52	10	6.39.37	11	7.45.46	8	8.53.56	7	10.05.44	10	11.18.33
11	国士舘	走者	4	小島 康彰	4	山中 貴弘	4	高谷 将弘	1	伊藤 正樹	4	川崎 健太	3	村川 敦哉	4	田代 洋平	1	久井原 歩	2	平川 玲央	3	羽島 駿介
		個人	5	1.04.56	13	1.10.14	6	1.04.37	5	56.12	8	1.22.03	21	1.02.11	16	1.07.05	6	1.07.18	15	1.12.50	4	1.11.41
		チーム	5	1.04.56	10	2.15.10	11	3.19.47	8	4.15.59	6	5.38.02	21	1.02.11	19	2.09.16	14	3.16.34	14	4.29.24	12	5.41.05
		総合	5	1.04.56	10	2.15.10	11	3.19.47	8	4.15.59	6	5.38.02	12	6.40.13	13	7.47.18	11	8.54.36	11	10.07.26	11	11.19.07
12	東京農業	走者	1	松原 健太	3	外丸 和輝	2	田村 英晃	1	瀬山 直人	2	貝塚 信洋	1	木下 潤哉	3	清水 和朗	4	園田 稔	4	谷 一	4	倉持 貴充
		個人	14	1.05.24	4	1.08.30	14	1.04.54	22	58.26	14	1.22.42	11	1.00.27	6	1.05.43	3	1.07.09	11	1.12.29	17	1.13.33
		チーム	14	1.05.24	4	2.13.54	7	3.18.48	11	4.17.14	12	5.39.56	11	1.00.27	10	2.06.10	4	3.13.19	3	4.25.48	10	5.39.21
		総合	14	1.05.24	4	2.13.54	7	3.18.48	11	4.17.14	12	5.39.56	13	6.40.23	12	7.46.06	7	8.53.15	7	10.05.44	12	11.19.17
13	駒澤	走者	2	末松 裕一	3	宇賀地 強	2	渡辺 潤	4	高橋 徹	3	星 創太	3	藤山 修一	4	我妻 伸洋	3	高林 祐介	4	池田 宗司	4	太田 行紀
		個人	19	1.05.45	6	1.09.22	21	1.07.12	19	57.48	7	1.21.12	16	1.01.16	19	1.07.31	1	1.06.27	3	1.11.35	9	1.12.12
		チーム	19	1.05.45	8	2.15.07	17	3.22.19	18	4.20.07	15	5.41.19	16	1.01.16	15	2.08.47	12	3.15.14	7	4.26.49	7	5.39.01
		総合	19	1.05.45	8	2.15.07	17	3.22.19	18	4.20.07	15	5.41.19	15	6.42.35	14	7.50.06	14	8.56.33	13	10.08.08	13	11.20.20
14	専修	走者	4	木下 卓己	3	五ヶ谷宏司	3	井上 直紀	3	酒井 潤一	2	五十嵐祐太	1	松尾 直樹	2	塩原 大	3	石垣 弘志	4	金子 純也	4	森脇 啓太
		個人	15	1.05.28	20	1.11.07	20	1.07.05	7	56.25	5	1.21.10	13	1.00.49	23	1.08.18	10	1.07.55	13	1.12.45	19	1.13.57
		チーム	15	1.05.28	19	2.16.35	21	3.23.40	17	4.20.05	14	5.41.15	13	1.00.49	17	2.09.07	15	3.17.02	15	4.29.47	16	5.43.44
		総合	15	1.05.28	19	2.16.35	21	3.23.40	17	4.20.05	14	5.41.15	14	6.42.04	15	7.50.22	15	8.58.17	15	10.11.02	14	11.24.59
15	神奈川	走者	3	染谷 和則	2	天野 峻	3	森本 卓司	2	小杉新太郎	4	三谷 泰之	4	的場 義真	3	川上 晃弘	4	小村 章悟	3	小出健一郎	4	藤井 和也
		個人	2	1.04.52	21	1.11.35	9	1.04.45	12	57.14	16	1.23.06	14	1.01.03	22	1.08.09	18	1.08.57	8	1.12.11	13	1.13.15
		チーム	2	1.04.52	17	2.16.27	16	3.21.12	16	4.18.26	16	5.41.32	14	1.01.03	18	2.09.12	20	3.18.09	16	4.30.20	15	5.43.35
		総合	2	1.04.52	17	2.16.27	16	3.21.12	16	4.18.26	16	5.41.32	15	6.42.35	16	7.50.44	19	8.59.41	17	10.11.52	15	11.25.07
16	亜細亜	走者	1	橋本 俊樹	2	池淵 智紀	4	吉見 忠亮	2	塚本 幹矢	2	瀬口 啓太	4	田口 健人	4	三船 将司	4	神山 卓也	3	山中 宣幸	4	筒井 雅那
		個人	20	1.05.48	10	1.10.08	23	1.07.33	15	57.20	9	1.22.04	22	1.02.14	18	1.07.23	18	1.08.57	8	1.12.11	5	1.12.01
		チーム	20	1.05.48	13	2.15.56	20	3.23.29	21	4.20.49	19	5.42.53	22	1.02.14	21	2.09.37	22	3.18.34	20	4.30.45	14	5.42.46
		総合	20	1.05.48	13	2.15.56	20	3.23.29	21	4.20.49	19	5.42.53	20	6.45.07	21	7.52.30	21	9.01.27	20	10.13.38	16	11.25.39
17	拓殖	走者	4	小路 優人	4	伊藤 太賀	2	西山 容平	3	村山 徳宏	2	谷川 智浩	1	梅木 悠平	1	舘石 盛行	4	浅田 洋平	4	西 仁史	4	児玉 雄介
		個人	12	1.05.20	15	1.10.42	17	1.05.07	13	57.16	17	1.23.28	18	1.02.01	21	1.07.44	9	1.07.43	19	1.13.44	16	1.13.26
		チーム	12	1.05.20	15	2.16.02	15	3.21.09	15	4.18.25	17	5.41.53	18	1.02.01	22	2.09.45	19	3.17.28	21	4.31.12	18	5.44.38
		総合	12	1.05.20	15	2.16.02	15	3.21.09	15	4.18.25	17	5.41.53	17	6.43.54	19	7.51.38	17	8.59.21	19	10.13.05	17	11.26.31
18	東海	走者	1	栗原 俊	4	吉田 憲正	4	佐藤 悠基	2	平山 竜成	2	河野 晴友	4	芳村 隆一	2	金子 太郎	4	木下 聡士	1	刀祢健太郎	4	藤原 昌隆
		個人	18	1.05.39	16	1.10.49	2	1.02.18	10	56.54	23	1.27.39	17	1.01.24	11	1.06.19	4	1.07.15	18	1.13.26	21	1.16.21
		チーム	18	1.05.39	18	2.16.28	5	3.18.46	7	4.15.40	21	5.43.19	17	1.01.24	14	2.07.43	10	3.14.58	12	4.28.24	19	5.44.45
		総合	18	1.05.39	18	2.16.28	5	3.18.46	7	4.15.40	21	5.43.19	19	6.44.43	17	7.51.02	15	8.58.17	16	10.11.43	18	11.28.04
19	順天堂	走者	3	関戸 雅輝	4	山崎 敦史	3	山田 翔太	4	武田 毅	4	小野 裕幸	2	岡部 寛之	3	村上 真	3	木水 良	4	仲田 篤孝	1	小髙 悠馬
		個人	23	1.07.04	11	1.10.09	22	1.07.31	16	57.25	2	1.19.56	19	1.02.10	17	1.07.12	12	1.08.04	17	1.13.07	20	1.15.31
		チーム	23	1.07.04	21	2.17.13	23	3.24.44	23	4.22.09	18	5.42.05	19	1.02.10	20	2.09.22	18	3.17.26	17	4.30.33	21	5.46.04
		総合	23	1.07.04	21	2.17.13	23	3.24.44	23	4.22.09	18	5.42.05	18	6.44.15	18	7.51.27	18	8.59.31	18	10.12.38	19	11.28.09
20	帝京	走者	2	西村 知修	4	梅津 毅	4	赤木 翼	4	馬場 圭太	4	酒井 将規	3	板垣 辰矢	3	河野 健一	3	佐藤 健	4	前川 剛己	1	渡辺 克則
		個人	7	1.05.05	9	1.10.07	10	1.04.50	2	*55.12*	20	1.24.03	2	59.23	10	1.06.17	20	1.08.59	22	1.15.57	22	1.18.28
		チーム	7	1.05.05	11	2.15.12	12	3.20.02	5	4.15.14	10	5.39.17	2	59.23	5	2.05.40	8	3.14.39	19	4.30.36	22	5.49.04
		総合	7	1.05.05	11	2.15.12	12	3.20.02	5	4.15.14	10	5.39.17	8	6.38.40	8	7.44.57	8	8.53.56	14	10.09.53	20	11.28.21
21	上武	走者	1	坂口 竜成	3	石田 康雄	3	福島 弘将	4	後藤 祐一	3	福山 真魚	3	朝日 宏宣	2	伊藤 彰	2	原 茂明	2	梅田 大輔	4	大塚 良軌
		個人	17	1.05.37	18	1.11.01	19	1.06.50	14	57.19	10	1.22.28	19	1.02.10	15	1.06.50	13	1.08.07	21	1.15.08	14	1.13.24
		チーム	17	1.05.37	20	2.16.38	19	3.23.28	20	4.20.47	20	5.43.15	19	1.02.10	16	2.09.00	17	3.17.07	22	4.32.15	20	5.45.39
		総合	17	1.05.37	20	2.16.38	19	3.23.28	20	4.20.47	20	5.43.15	21	6.45.25	20	7.52.15	20	9.00.22	22	10.15.30	21	11.28.54
22	青山学院	走者	3	荒井 輔	4	松野 祐季	3	米沢 類	4	先崎 祐也	4	佐々木徹也	4	岡崎 隼也	4	大坪 恭兵	1	小林 剛寛	2	辻本 啓吏	4	宇野 純也
		個人	21	1.06.00	22	1.11.37	12	1.04.52	21	58.15	19	1.24.00	23	1.02.59	20	1.07.34	11	1.07.56	6	1.12.05	18	1.13.42
		チーム	21	1.06.00	23	2.17.37	18	3.22.29	19	4.20.44	22	5.44.44	23	1.02.59	23	2.10.33	21	3.18.29	18	4.30.34	17	5.44.16
		総合	21	1.06.00	23	2.17.37	18	3.22.29	19	4.20.44	22	5.44.44	23	6.47.43	23	7.55.17	22	9.03.13	21	10.15.18	22	11.29.00
棄	城西	走者	2	田中 佳祐	3	佐藤 直樹	3	高橋 優太	4	加藤 翔太	3	高宮 祐樹	2	三田 翔平	4	篠原 辰己	2	石田 亮	4	伊藤 一行	1	田村 優典
		個人	10	1.05.12	23	1.12.19	18	1.06.20	20	58.09	21	1.25.25	5	59.45	9	1.06.12		途中棄権	参	1.10.39	参	1.12.49
		チーム	10	1.05.12	22	2.17.31	22	3.23.51	22	4.22.00	23	5.47.25	5	59.45	8	2.05.57		記録なし				
		総合	10	1.05.12	22	2.17.31	22	3.23.51	22	4.22.00	23	5.47.25	22	6.47.10	22	7.53.22		記録なし				

第86回　2010年(平成22年)1月2日～3日　総距離：217.9km　往路：108.0km　復路：109.9km

順	大学名		往路										復路									
			1区 (21.4km)		2区 (23.2km)		3区 (21.5km)		4区 (18.5km)		5区 (23.4km)		6区 (20.8km)		7区 (21.3km)		8区 (21.5km)		9区 (23.2km)		10区 (23.1km)	
1	東洋	走者	2	宇野 博之	3	大津 翔吾	1	渡邊 公志	4	世古 浩基	2	柏原 竜二	1	市川 孝徳	2	田中 貴章	3	千葉　優	4	工藤 正也	3	高見　諒
		個人	5	1.03.02	10	1.09.49	10	1.04.49	4	57.14	1	*1.17.08*	9	1.00.55	1	1.04.56	2	1.06.56	10	1.12.18	7	1.13.06
		チーム	5	1.03.02	7	2.12.51	9	3.17.40	7	4.14.54	1	5.32.02	9	1.00.55	2	2.05.51	2	3.12.47	2	4.25.05	2	5.38.11
		総合	5	1.03.02	7	2.12.51	9	3.17.40	7	4.14.54	1	5.32.02	1	6.32.57	1	7.37.53	1	8.44.49	1	9.57.07	1	11.10.13
2	駒澤	走者	1	後藤田健介	4	宇賀地 強	3	飯田 明徳	1	久我 和弥	4	深津 卓也	1	千葉 健太	1	撹上 宏光	2	井上 翔太	4	高林 祐介	4	藤山 修一
		個人	18	1.05.14	3	1.08.38	16	1.05.57	8	57.42	4	1.21.47	1	59.44	4	1.05.48	3	1.07.05	1	1.10.19	3	1.11.45
		チーム	18	1.05.14	13	2.13.52	13	3.19.49	13	4.17.31	8	5.39.18	1	59.44	1	2.05.32	1	3.12.37	1	4.22.56	1	5.34.41
		総合	18	1.05.14	13	2.13.52	13	3.19.49	13	4.17.31	8	5.39.18	6	6.39.02	4	7.44.50	4	8.51.55	2	10.02.14	2	11.13.59
3	山梨学院	走者	2	松枝　翔	3	高瀬 無量	2	O.コスマス	4	後藤　敬	4	大谷 康太	2	田口 恭輔	4	小山 大介	4	岩田 真澄	4	中川　剛	4	大谷 健太
		個人	7	1.03.16	7	1.09.03	2	1.03.04	14	58.59	2	1.21.16	3	1.00.09	11	1.06.33	9	1.07.54	9	1.12.13	9	1.13.19
		チーム	7	1.03.16	3	2.12.19	2	3.15.23	5	4.14.22	2	5.35.38	3	1.00.09	5	2.06.42	4	3.14.36	4	4.26.49	7	5.40.08
		総合	7	1.03.16	3	2.12.19	2	3.15.23	5	4.14.22	2	5.35.38	2	6.35.47	2	7.42.20	2	8.50.14	3	10.02.27	3	11.15.46
4	中央	走者	4	水越 智哉	4	山本 庸平	2	棟方 雄己	1	佐々木健太	3	大石 港与	3	山下 隆盛	4	高橋　靖	2	小柳 俊介	3	斎藤 勇人	4	辻　幸佑
		個人	6	1.03.16	13	1.10.14	8	1.04.12	4	57.14	3	1.21.30	2	59.48	9	1.06.27	17	1.09.01	12	1.12.34	2	1.11.44
		チーム	6	1.03.16	10	2.13.30	10	3.17.42	8	4.14.56	4	5.36.26	2	59.48	3	2.06.15	8	3.15.16	9	4.27.50	4	5.39.34
		総合	6	1.03.16	10	2.13.30	10	3.17.42	8	4.14.56	4	5.36.26	3	6.36.14	3	7.42.41	3	8.51.42	4	10.04.16	4	11.16.00
5	東京農業	走者	4	清水 和朗	4	外丸 和輝	2	松原 健太	3	市川 貴洋	3	貝塚 信洋	4	松岡 育生	2	瀬山 直人	4	須藤　朗	3	田村 英晃	2	木下 潤哉
		個人	11	1.04.09	3	1.08.38	5	1.03.48	6	57.21	7	1.23.03	15	1.02.02	8	1.06.26	10	1.07.59	4	1.11.23	4	1.11.53
		チーム	11	1.04.09	6	2.12.47	6	3.16.35	3	4.13.56	5	5.36.59	15	1.02.02	15	2.08.28	14	3.16.27	9	4.27.50	5	5.39.43
		総合	11	1.04.09	6	2.12.47	6	3.16.35	3	4.13.56	5	5.36.59	5	6.39.01	5	7.45.27	5	8.53.26	5	10.04.49	5	11.16.42
6	城西	走者	4	佐藤 直樹	4	高橋 優太	1	中原　大	2	橋本 隆光	2	田村 優典	4	岡本 賢治	3	石田　亮	4	恩田 峻之	3	田中 佳祐	3	八巻　賢
		個人	8	1.03.45	9	1.09.39	18	1.06.31	3	56.48	6	1.22.42	8	1.00.51	2	1.05.27	11	1.08.08	2	1.11.07	5	1.12.55
		チーム	8	1.03.45	9	2.13.24	14	3.19.55	10	4.16.43	10	5.39.25	8	1.00.51	4	2.06.18	3	3.14.26	3	4.25.33	3	5.38.28
		総合	8	1.03.45	9	2.13.24	14	3.19.55	10	4.16.43	10	5.39.25	8	6.40.16	7	7.45.43	6	8.53.51	6	10.04.58	6	11.17.53
7	早稲田	走者	2	矢沢　曜	4	尾崎 貴宏	1	平賀 翔太	2	大串 顕史	2	八木 勇樹	4	加藤 創大	1	萩原　涼	3	北爪 貴志	3	中島 賢士	4	神沢 陽一
		個人	2	1.02.40	12	1.10.13	4	1.03.27	11	58.13	9	1.23.34	16	1.02.13	6	1.06.10	6	1.07.39	14	1.12.44	8	1.13.11
		チーム	2	1.02.40	8	2.12.53	3	3.16.20	6	4.14.33	7	5.38.07	16	1.02.13	14	2.08.23	11	3.16.02	12	4.28.46	10	5.41.57
		総合	2	1.02.40	8	2.12.53	3	3.16.20	6	4.14.33	7	5.38.07	9	6.40.20	9	7.46.30	9	8.54.09	7	10.06.53	7	11.20.04
8	青山学院	走者	1	出岐 雄大	4	米沢　類	4	荒井　輔	1	横山 拓也	1	小嶺 篤志	3	小川 恭正	4	市岡 敬介	1	相原 征帆	2	川村 駿吾	3	鈴木 惇司
		個人	9	1.03.48	5	1.08.54	7	1.04.09	13	58.36	10	1.23.52	7	1.00.50	5	1.06.08	8	1.07.51	15	1.13.45	12	1.13.32
		チーム	9	1.03.48	5	2.12.42	8	3.16.51	9	4.15.27	9	5.39.19	7	1.00.50	6	2.06.58	5	3.14.49	11	4.28.34	11	5.42.06
		総合	9	1.03.48	5	2.12.42	8	3.16.51	9	4.15.27	9	5.39.19	7	6.40.09	8	7.46.17	8	8.54.08	9	10.07.53	8	11.21.25
9	日本体育	走者	3	出口 和也	4	森　賢大	3	野口 拓也	4	久保岡諭司	4	長尾 正樹	4	高尾 博教	1	早川 智浩	3	筱嵜 昌道	3	谷野 琢弥	3	小柳津幸輝
		個人	12	1.04.18	8	1.09.18	1	1.02.46	2	56.45	8	1.23.08	20	1.04.23	17	1.07.11	7	1.07.47	13	1.12.41	10	1.13.28
		チーム	12	1.04.18	12	2.13.36	4	3.16.22	2	4.13.07	3	5.36.15	20	1.04.23	19	2.11.34	18	3.19.21	16	4.32.02	17	5.45.30
		総合	12	1.04.18	12	2.13.36	4	3.16.22	2	4.13.07	3	5.36.15	10	6.40.38	10	7.47.49	10	8.55.36	10	10.08.17	9	11.21.45
10	明治	走者	4	北條　尚	4	石川 卓哉	2	鎧坂 哲哉	4	安田 昌倫	4	久国 公也	1	大江 啓貴	1	菊地 賢人	2	岡本 考平	4	遠藤 寿寛	1	渡辺 真矢
		個人	1	1.02.27	6	1.08.56	3	1.03.08	1	55.57	18	1.27.17	11	1.01.12	10	1.06.31	12	1.08.23	16	1.13.47	17	1.14.19
		チーム	1	1.02.27	1	2.11.23	1	3.14.31	1	4.10.28	6	5.37.45	11	1.01.12	9	2.07.43	12	3.16.06	13	4.29.53	14	5.44.12
		総合	1	1.02.27	1	2.11.23	1	3.14.31	1	4.10.28	6	5.37.45	4	6.38.57	6	7.45.28	6	8.53.51	8	10.07.38	10	11.21.57
11	帝京	走者	3	大沼　睦	3	中村 亮太	3	西村 知修	3	安藤 慎治	3	土久岡陽祐	4	板垣 辰矢	2	渡辺 克則	2	稲葉 智之	4	河野 健一	4	佐藤　健
		個人	19	1.05.23	11	1.10.00	15	1.05.38	17	59.30	12	1.24.17	4	1.00.23	16	1.07.10	13	1.08.24	3	1.11.12	5	1.12.55
		チーム	19	1.05.23	16	2.15.23	15	3.21.01	15	4.20.31	15	5.44.48	4	1.00.23	7	2.07.33	10	3.15.57	6	4.27.09	6	5.40.04
		総合	19	1.05.23	16	2.15.23	15	3.21.01	15	4.20.31	15	5.44.48	13	6.45.11	13	7.52.21	14	9.00.45	12	10.11.57	11	11.24.52
12	東海	走者	2	刀祢健太郎	1	村澤 明伸	1	早川　翼	3	永田 慎介	3	金子 太郎	3	河野 晴友	4	与那嶺恭兵	3	赤染　健	2	田中 飛鳥	2	海老原 匠
		個人	14	1.04.30	2	1.08.08	6	1.04.04	19	1.00.05	15	1.26.00	11	1.01.12	12	1.06.39	5	1.07.32	5	1.12.04	20	1.15.32
		チーム	14	1.04.30	4	2.12.38	7	3.16.42	11	4.16.47	12	5.42.47	11	1.01.12	11	2.07.51	9	3.15.23	7	4.27.27	12	5.42.59
		総合	14	1.04.30	4	2.12.38	7	3.16.42	11	4.16.47	12	5.42.47	12	6.43.59	11	7.50.38	11	8.58.10	11	10.10.14	12	11.25.46
13	中央学院	走者	4	三浦 隆稔	3	小林 光二	3	鈴木　忠	3	仁部 幸太	3	大谷　克	4	野中 洋輝	4	渡部 恭平	4	木之下翔太	4	磯　将弥	4	小畠　彰
		個人	17	1.05.00	20	1.12.31	13	1.05.21	12	58.30	11	1.24.02	13	1.01.21	13	1.06.40	1	1.06.55	6	1.12.09	15	1.14.12
		チーム	17	1.05.00	19	2.17.31	18	3.22.52	17	4.21.22	16	5.45.24	13	1.01.21	12	2.08.01	6	3.14.56	5	4.27.05	8	5.41.17
		総合	17	1.05.00	19	2.17.31	18	3.22.52	17	4.21.22	16	5.45.24	15	6.46.45	15	7.53.25	13	9.00.20	13	10.12.29	13	11.26.41
14	上武	走者	2	坂口 竜成	4	石田 康雄	3	長谷川裕介	1	渡辺 力将	4	福山 真魚	4	朝日 宏宣	1	氏原 健介	3	古瀬 弘賢	2	銀山耕一郎	4	福島 弘将
		個人	15	1.04.32	14	1.10.31	19	1.07.20	16	59.22	5	1.22.27	18	1.02.42	7	1.06.23	19	1.09.37	17	1.14.26	1	1.10.54
		チーム	15	1.04.32	15	2.15.03	17	3.22.23	19	4.21.45	14	5.44.12	18	1.02.42	16	2.09.05	17	3.18.42	18	4.33.08	13	5.44.02
		総合	15	1.04.32	15	2.15.03	17	3.22.23	19	4.21.45	14	5.44.12	16	6.46.54	14	7.53.17	16	9.02.54	17	10.17.20	14	11.28.14
15	日本	走者	4	谷口 恭悠	4	G.ダニエル	2	堂本 尚寛	1	佐藤 佑輔	3	笹崎 慎一	3	池谷健太郎	4	井上 陽介	4	吉田 和矢	4	丸林 祐樹	2	山崎 大直
		個人	13	1.04.26	1	1.07.37	9	1.04.24	7	57.36	20	1.29.22	14	1.01.49	3	1.05.47	15	1.08.43	18	1.14.50	16	1.14.14
		チーム	13	1.04.26	2	2.12.03	5	3.16.27	4	4.14.03	13	5.43.25	14	1.01.49	8	2.07.36	13	3.16.19	15	4.31.09	16	5.45.23
		総合	13	1.04.26	2	2.12.03	5	3.16.27	4	4.14.03	13	5.43.25	14	6.45.14	12	7.51.01	12	8.59.44	14	10.14.34	15	11.28.48
16	関東学連	走者	4	森本 卓司	2	伊藤 正樹	4	尾関　誠	4	飯沼 健太	4	北浦 貴大	3	仁科 徳将	2	梶原 有高	2	荻野 皓平	4	染谷 和則	3	福島 法明
		個人	4	1.03.00	16	1.10.56	11	1.04.54	10	58.08	13	1.24.39	10	1.01.07	20	1.10.54	17	1.09.01	7	1.12.10	18	1.14.48
		チーム	4	1.03.00	14	2.13.56	12	3.18.50	12	4.16.58	11	5.41.37	10	1.01.07	20	2.12.01	20	3.21.02	19	4.33.12	19	5.48.00
		総合	4	1.03.00	14	2.13.56	12	3.18.50	12	4.16.58	11	5.41.37	11	6.42.44	16	7.53.38	15	9.02.39	15	10.14.49	16	11.29.37
17	専修	走者	4	五ヶ谷宏司	3	五十嵐祐太	4	酒井 潤一	2	安島 慎吾	1	星野 光汰	3	佐藤 優気	3	山本 浩平	4	桑原　豊	4	石垣 弘志	4	井上 直紀
		個人	3	1.02.46	15	1.10.47	12	1.05.15	18	59.58	17	1.26.50	19	1.02.44	14	1.06.53	14	1.08.25	8	1.12.11	13	1.14.02
		チーム	3	1.02.46	11	2.13.33	11	3.18.48	14	4.18.46	17	5.45.36	19	1.02.44	17	2.09.37	16	3.18.02	14	4.30.13	15	5.44.15
		総合	3	1.02.46	11	2.13.33	11	3.18.48	14	4.18.46	17	5.45.36	18	6.48.20	17	7.55.13	17	9.03.38	16	10.15.49	17	11.29.51
18	大東文化	走者	4	清野　篤	4	佐藤　歩	2	吉田 明広	1	鎌田 大輝	4	高橋 賢人	3	高関　伸	4	樋口 勝利	3	土田　純	4	井上 裕彬	3	川崎　慧
		個人	16	1.04.47	17	1.11.34	20	1.07.47	20	1.00.37	16	1.26.16	5	1.00.39	15	1.07.07	4	1.07.26	11	1.12.29	14	1.14.11
		チーム	16	1.04.47	18	2.16.21	20	3.24.08	20	4.24.45	20	5.51.01	5	1.00.39	10	2.07.46	7	3.15.12	8	4.27.41	9	5.41.52
		総合	16	1.04.47	18	2.16.21	20	3.24.08	20	4.24.45	20	5.51.01	19	6.51.40	19	7.58.47	19	9.06.13	18	10.18.42	18	11.32.53
19	法政	走者	3	清谷　匠	2	近藤 洋平	3	塩月 良輝	3	山本 洋輔	2	末山 貴文	4	上田 剛史	3	神山 祐太	3	稲垣 雄太	4	福島 成博	4	奥田 宗弘
		個人	10	1.03.56	18	1.11.57	17	1.06.29	15	59.15	14	1.25.45	6	1.00.44	18	1.07.30	16	1.08.57	20	1.15.19	11	1.13.30
		チーム	10	1.03.56	17	2.15.53	16	3.22.22	18	4.21.37	18	5.47.22	6	1.00.44	13	2.08.14	15	3.17.11	17	4.32.30	18	5.46.00
		総合	10	1.03.56	17	2.15.53	16	3.22.22	18	4.21.37	18	5.47.22	17	6.48.06	18	7.55.36	18	9.04.33	19	10.19.52	19	11.33.22
20	亜細亜	走者	2	折田 拓也	3	池淵 智紀	3	濱崎 達規	2	宮川 尚人	4	山中 宣幸	4	中塚 陵太	3	上野 大地	3	安部 秀保	3	船村 真也	2	古舘 昭久
		個人	20	1.05.58	19	1.12.06	14	1.05.22	9	57.44	19	1.29.10	17	1.02.18	19	1.08.31	20	1.09.52	19	1.15.09	19	1.14.57
		チーム	20	1.05.58	20	2.18.04	19	3.23.26	16	4.21.10	19	5.50.20	17	1.02.18	18	2.10.49	19	3.20.41	20	4.35.50	20	5.50.47
		総合	20	1.05.58	20	2.18.04	19	3.23.26	16	4.21.10	19	5.50.20	20	6.52.38	20	8.01.09	20	9.11.01	20	10.26.10	20	11.41.07

第87回　2011年(平成23年)1月2日～3日　総距離：217.9km　往路：108.0km　復路：109.9km

順	大学名		往路										復路									
			1区 (21.4km)		2区 (23.2km)		3区 (21.5km)		4区 (18.5km)		5区 (23.4km)		6区 (20.8km)		7区 (21.3km)		8区 (21.5km)		9区 (23.2km)		10区 (23.1km)	
1	早稲田	走者	1	大迫 傑	2	平賀 翔太	3	矢沢 曜	2	前田 悠貴	4	猪俣 英希	4	高野 寛基	3	三田 裕介	4	北爪 貴志	3	八木 勇樹	4	中島 賢士
		個人	1	1.02.22	4	1.07.50	6	1.03.45	2	55.06	9	1.21.14	2	58.55	2	1.04.01	3	1.06.40	2	1.10.03	2	1.09.55
		チーム	1	1.02.22	1	2.10.12	1	3.13.57	1	4.09.03	2	5.30.17	2	58.55	2	2.02.56	2	3.09.36	1	4.19.39	1	5.29.34
		総合	1	1.02.22	1	2.10.12	1	3.13.57	1	4.09.03	2	5.30.17	1	6.29.12	1	7.33.13	1	8.39.53	1	9.49.56	1	10.59.51
2	東洋	走者	3	川上 遼平	1	設楽 啓太	1	設楽 悠太	3	宇野 博之	3	柏原 竜二	2	市川 孝徳	4	大津 翔吾	4	千葉 優	3	田中 貴章	3	山本 憲二
		個人	8	1.04.23	7	1.08.09	8	1.04.00	3	55.25	1	1.17.53	3	59.58	4	1.04.49	1	1.06.13	1	1.09.46	1	1.09.36
		チーム	8	1.04.23	6	2.12.32	7	3.16.32	3	4.11.57	1	5.29.50	3	59.58	3	2.04.47	3	3.11.00	3	4.20.46	2	5.30.22
		総合	8	1.04.23	6	2.12.32	7	3.16.32	3	4.11.57	1	5.29.50	2	6.29.48	2	7.34.37	2	8.40.50	2	9.50.36	2	11.00.12
3	駒澤	走者	1	油布 郁人	2	撹上 宏光	2	上野 渉	2	久我 和弥	3	井上 翔太	2	千葉 健太	1	窪田 忍	3	高瀬 泰一	4	飯田 明徳	2	後藤田健介
		個人	3	1.04.15	10	1.08.36	5	1.03.25	8	56.05	6	*1.20.54*	1	58.11	1	1.03.43	8	1.07.11	8	1.11.08	3	1.10.25
		チーム	3	1.04.15	10	2.12.51	5	3.16.16	5	4.12.21	5	5.33.15	1	58.11	1	2.01.54	1	3.09.05	2	4.20.13	3	5.30.38
		総合	3	1.04.15	10	2.12.51	5	3.16.16	5	4.12.21	5	5.33.15	3	6.31.26	3	7.35.09	3	8.42.20	3	9.53.28	3	11.03.53
4	東海	走者	3	刀祢健太郎	2	村澤 明伸	1	元村 大地	4	平山 竜成	2	早川 翼	4	河野 晴友	4	永田 慎介	4	赤染 健	4	金子 太郎	4	藤井 勘太
		個人	20	1.04.53	1	1.06.52	3	1.03.21	10	56.14	5	1.20.27	7	1.00.17	17	1.06.45	12	1.07.26	12	1.11.26	4	1.10.31
		チーム	20	1.04.53	3	2.11.45	2	3.15.06	2	4.11.20	3	5.31.47	7	1.00.17	14	2.07.02	14	3.14.28	13	4.25.54	8	5.36.25
		総合	20	1.04.53	3	2.11.45	2	3.15.06	2	4.11.20	3	5.31.47	4	6.32.04	4	7.38.49	4	8.46.15	4	9.57.41	4	11.08.12
5	明治	走者	4	松本 翔	3	鎧坂 哲哉	2	菊地 賢人	1	北 魁道	2	大江 啓貴	1	広瀬 大貴	2	渡辺 真矢	4	岸本 大直	3	細川 勇介	4	小林 優太
		個人	15	1.04.31	3	1.07.36	4	1.03.23	11	56.49	2	1.19.52	17	1.01.44	11	1.05.28	6	1.07.01	10	1.11.21	5	1.10.39
		チーム	15	1.04.31	4	2.12.07	3	3.15.30	4	4.12.19	4	5.32.11	17	1.01.44	15	2.07.12	12	3.14.13	11	4.25.34	7	5.36.13
		総合	15	1.04.31	4	2.12.07	3	3.15.30	4	4.12.19	4	5.32.11	5	6.33.55	5	7.39.23	5	8.46.24	5	9.57.45	5	11.08.24
6	中央	走者	1	西嶋 悠	3	棟方 雄己	2	渥美 昂大	2	野脇 勇志	4	大石 港与	4	山下 隆盛	4	斎藤 勇人	2	新庄 浩太	3	井口 恵太	2	塩谷 潤一
		個人	10	1.04.28	17	1.10.10	10	1.04.18	7	55.58	7	1.20.58	13	1.00.54	6	1.04.58	4	1.06.50	14	1.11.38	6	1.11.12
		チーム	10	1.04.28	17	2.14.38	17	3.18.56	14	4.14.54	8	5.35.52	13	1.00.54	6	2.05.52	5	3.12.42	6	4.24.20	6	5.35.32
		総合	10	1.04.28	17	2.14.38	17	3.18.56	14	4.14.54	8	5.35.52	7	6.36.46	6	7.41.44	6	8.48.34	7	10.00.12	6	11.11.24
7	拓殖	走者	2	兼実 省伍	1	J．マイナ	4	西山 容平	2	北澤 健太	3	舘石 盛行	3	横山 築	2	野本 大喜	3	那須 大地	3	真家 尚	4	住本 裕樹
		個人	17	1.04.33	6	1.08.04	9	1.04.05	16	57.13	11	1.22.06	18	1.01.48	3	1.04.22	5	1.06.58	6	1.10.57	7	1.11.22
		チーム	17	1.04.33	7	2.12.37	8	3.16.42	10	4.13.55	9	5.36.01	18	1.01.48	9	2.06.10	7	3.13.08	5	4.24.05	4	5.35.27
		総合	17	1.04.33	7	2.12.37	8	3.16.42	10	4.13.55	9	5.36.01	12	6.37.49	7	7.42.11	8	8.49.09	6	10.00.06	7	11.11.28
8	日本体育	走者	4	出口 和也	4	野口 拓也	1	服部 翔大	1	本田 匠	2	高田 翔二	2	福士優太朗	1	矢野 圭吾	4	篠嵜 昌道	4	谷野 琢弥	2	谷永 雄一
		個人	4	1.04.19	14	1.08.59	2	1.03.13	6	55.57	18	1.23.51	4	59.59	14	1.06.09	2	1.06.34	18	1.12.55	8	1.11.23
		チーム	4	1.04.19	13	2.13.18	6	3.16.31	6	4.12.28	10	5.36.19	4	59.59	8	2.06.08	5	3.12.42	12	4.25.37	10	5.37.00
		総合	4	1.04.19	13	2.13.18	6	3.16.31	6	4.12.28	10	5.36.19	6	6.36.18	9	7.42.27	7	8.49.01	12	10.01.56	8	11.13.19
9	青山学院	走者	1	福田 雄大	2	出岐 雄大	2	横山 拓也	4	辻本 啓史	2	松田 直久	4	小川 恭正	3	川村 駿吾	2	小嶺 篤志	3	小林 剛寛	4	小林 駿祐
		個人	16	1.04.33	4	1.07.50	16	1.05.20	17	57.51	12	1.22.19	5	1.00.05	7	1.05.12	10	1.07.16	4	1.10.52	13	1.12.02
		チーム	16	1.04.33	5	2.12.23	11	3.17.43	17	4.15.34	16	5.37.53	5	1.00.05	4	2.05.17	4	3.12.33	4	4.23.25	5	5.35.27
		総合	16	1.04.33	5	2.12.23	11	3.17.43	17	4.15.34	16	5.37.53	14	6.37.58	13	7.43.10	11	8.50.26	10	10.01.18	9	11.13.20
10	國學院	走者	4	田中光太郎	3	荻野 皓平	3	宮沢 公孝	3	桑原 圭治	4	仁科 徳将	3	三部 将史	2	中山 翔平	4	當山 篤志	4	奥 龍将	1	寺田 夏生
		個人	9	1.04.24	13	1.08.51	12	1.04.29	13	56.52	4	1.20.24	19	1.02.38	10	1.05.25	14	1.07.31	7	1.11.05	11	1.11.44
		チーム	9	1.04.24	12	2.13.15	12	3.17.44	12	4.14.36	6	5.35.00	19	1.02.38	17	2.08.03	15	3.15.34	14	4.26.39	13	5.38.23
		総合	9	1.04.24	12	2.13.15	12	3.17.44	12	4.14.36	6	5.35.00	11	6.37.38	11	7.43.03	13	8.50.34	11	10.01.39	10	11.13.23
11	城西	走者	4	田中 佳祐	3	橋本 隆光	4	八巻 賢	1	山口 浩勢	3	田村 優典	3	山本 隆司	2	吉元 真司	1	平田 啓介	4	石田 亮	4	甲岡 昌吾
		個人	18	1.04.40	18	1.10.25	7	1.03.46	4	55.43	7	1.20.58	15	1.01.31	8	1.05.22	13	1.07.28	5	1.10.56	15	1.12.37
		チーム	18	1.04.40	19	2.15.05	16	3.18.51	11	4.14.34	7	5.35.32	15	1.01.31	12	2.06.53	13	3.14.21	9	4.25.17	12	5.37.54
		総合	18	1.04.40	19	2.15.05	16	3.18.51	11	4.14.34	7	5.35.32	9	6.37.03	8	7.42.25	10	8.49.53	8	10.00.49	11	11.13.26
12	山梨学院	走者	3	松枝 翔	4	高瀬 無量	3	O.コスマス	2	伏島 祐介	3	中村 悠二	4	山口 大徳	3	佐々木直弥	2	牧野 俊紀	4	赤峰 直樹	4	中原 薫
		個人	6	1.04.20	15	1.09.11	1	1.02.19	18	57.58	15	1.23.04	6	1.00.10	12	1.06.08	11	1.07.17	13	1.11.31	12	1.11.52
		チーム	6	1.04.20	15	2.13.31	4	3.15.50	9	4.13.48	13	5.36.52	6	1.00.10	10	2.06.18	10	3.13.35	8	4.25.06	9	5.36.58
		総合	6	1.04.20	15	2.13.31	4	3.15.50	9	4.13.48	13	5.36.52	8	6.37.02	13	7.43.10	12	8.50.27	13	10.01.58	12	11.13.50
13	帝京	走者	4	大沼 睦	4	中村 亮太	1	難波 幸貴	4	西村 知修	4	土久岡陽祐	1	田村 拓眞	3	渡辺 克則	1	蛯名 聡勝	4	安藤 慎治	4	杉山 功
		個人	11	1.04.29	9	1.08.22	18	1.05.52	1	*54.34*	16	1.23.12	10	1.00.39	9	1.05.24	9	1.07.12	9	1.11.12	16	1.13.25
		チーム	11	1.04.29	9	2.12.51	15	3.18.43	8	4.13.17	12	5.36.29	10	1.00.39	7	2.06.03	8	3.13.15	7	4.24.27	11	5.37.52
		総合	11	1.04.29	9	2.12.51	15	3.18.43	8	4.13.17	12	5.36.29	10	6.37.08	10	7.42.32	9	8.49.44	9	10.00.56	13	11.14.21
14	東京農業	走者	3	松原 健太	3	木下 潤哉	4	市川 貴洋	4	横山 裕己	1	津野 浩大	4	川内 涼	3	瀬山 直人	3	大工谷秀平	4	田村 英晃	2	木村 翔太
		個人	14	1.04.30	8	1.08.20	11	1.04.21	5	55.52	17	1.23.25	14	1.01.26	15	1.06.19	20	1.09.25	3	1.10.27	10	1.11.38
		チーム	14	1.04.30	8	2.12.50	10	3.17.11	7	4.13.03	11	5.36.28	14	1.01.26	16	2.07.45	18	3.17.10	17	4.27.37	15	5.39.15
		総合	14	1.04.30	8	2.12.50	10	3.17.11	7	4.13.03	11	5.36.28	13	6.37.54	15	7.44.13	15	8.53.38	14	10.04.05	14	11.15.43
15	神奈川	走者	4	小杉新太郎	3	坪内 武史	4	浜野 友弘	2	吉川 了	4	天野 峻	2	高久 芳裕	3	小堀 佑真	3	高橋 俊光	4	菅原 貴行	2	福田 健太
		個人	12	1.04.29	20	1.10.55	15	1.05.07	14	57.01	3	1.20.02	12	1.00.45	5	1.04.50	15	1.08.01	20	1.13.57	9	1.11.30
		チーム	12	1.04.29	20	2.15.24	19	3.20.31	19	4.17.32	15	5.37.34	12	1.00.45	5	2.05.35	11	3.13.36	16	4.27.33	14	5.39.03
		総合	12	1.04.29	20	2.15.24	19	3.20.31	19	4.17.32	15	5.37.34	16	6.38.19	12	7.43.09	14	8.51.10	15	10.05.07	15	11.16.37
16	中央学院	走者	3	塚本 千仁	4	小林 光二	4	仁部 幸太	2	藤井 啓介	1	田中 瑞穂	2	板屋 祐樹	3	冨山 莉己	4	日野 裕也	4	大谷 克	4	村田 耕介
		個人	5	1.04.20	19	1.10.33	19	1.06.17	9	56.07	10	1.22.03	9	1.00.32	16	1.06.26	18	1.09.13	10	1.11.21	14	1.12.08
		チーム	5	1.04.20	18	2.14.53	20	3.21.10	18	4.17.17	18	5.39.20	9	1.00.32	13	2.06.58	16	3.16.11	15	4.27.32	16	5.39.40
		総合	5	1.04.20	18	2.14.53	20	3.21.10	18	4.17.17	18	5.39.20	17	6.39.52	17	7.46.18	18	8.55.31	17	10.06.52	16	11.19.00
17	専修	走者	2	大橋 秀星	4	五十嵐祐太	4	瀬崎 裕次	1	宮坂 俊輔	2	住中 翔	3	松尾 直樹	1	上野 大空	4	佐藤 優気	3	安島 慎吾	4	塩原 大
		個人	19	1.04.50	11	1.08.37	13	1.04.31	12	56.51	13	1.22.29	11	1.00.41	19	1.08.02	16	1.08.10	16	1.12.11	19	1.14.43
		チーム	19	1.04.50	14	2.13.27	14	3.17.58	13	4.14.49	14	5.37.18	11	1.00.41	19	2.08.43	17	3.16.53	18	4.29.04	19	5.43.47
		総合	19	1.04.50	14	2.13.27	14	3.17.58	13	4.14.49	14	5.37.18	15	6.37.59	16	7.46.01	16	8.54.11	16	10.06.22	17	11.21.05
18	関東学連	走者	4	濱崎 達規	3	梶原 有高	3	近藤 洋平	3	樋口 正明	1	前田 康太	4	高関 伸	4	岡部 寛之	2	船井慎太郎	4	福島 法明	4	清谷 匠
		個人	7	1.04.22	12	1.08.50	14	1.04.39	15	57.11	20	1.26.22	8	1.00.18	12	1.06.08	6	1.07.01	15	1.12.06	18	1.14.20
		チーム	7	1.04.22	11	2.13.12	13	3.17.51	16	4.15.02	19	5.41.24	8	1.00.18	11	2.06.26	9	3.13.27	10	4.25.33	17	5.39.53
		総合	7	1.04.22	11	2.13.12	13	3.17.51	16	4.15.02	19	5.41.24	18	6.41.42	18	7.47.50	17	8.54.51	18	10.06.57	18	11.21.17
19	上武	走者	2	氏原 健介	4	長谷川裕介	2	石川 拓馬	3	坂口 竜成	3	園田 隼	3	合田 佳功	4	伊藤 彰	4	船越 敬太	4	原 茂明	4	地下 翔太
		個人	13	1.04.30	16	1.09.52	17	1.05.36	20	58.36	14	1.23.02	16	1.01.34	18	1.06.49	19	1.09.18	17	1.12.15	17	1.13.39
		チーム	13	1.04.30	16	2.14.22	18	3.19.58	20	4.18.34	20	5.41.36	16	1.01.34	18	2.08.23	19	3.17.41	19	4.29.56	18	5.43.35
		総合	13	1.04.30	16	2.14.22	18	3.19.58	20	4.18.34	20	5.41.36	20	6.43.10	19	7.49.59	20	8.59.17	19	10.11.32	19	11.25.11
20	日本	走者	3	堂本 尚寛	2	G.ベンジャミン	1	森谷 修平	4	和田 朋之	1	田村 優宝	3	山下 尭哉	4	高月 雄人	2	吉田 貴大	3	坂下 大直	2	寺田 裕成
		個人	2	1.03.16	2	1.07.09	20	1.06.18	19	58.13	19	1.24.01	20	1.02.51	20	1.08.25	17	1.08.53	19	1.13.55	20	1.14.59
		チーム	2	1.03.16	2	2.10.25	9	3.16.43	15	4.14.56	17	5.38.57	20	1.02.51	20	2.11.16	20	3.20.09	20	4.34.04	20	5.49.03
		総合	2	1.03.16	2	2.10.25	9	3.16.43	15	4.14.56	17	5.38.57	19	6.41.48	20	7.50.13	19	8.59.06	20	10.13.01	20	11.28.00

第88回　2012年（平成24年）1月2日～3日　総距離：217.9km　往路：108.0km　復路：109.9km

順	大学名		往路										復路									
			1区(21.4km)		2区(23.2km)		3区(21.5km)		4区(18.5km)		5区(23.4km)		6区(20.8km)		7区(21.3km)		8区(21.5km)		9区(23.2km)		10区(23.1km)	
1	東洋	走者	4	宇野 博之	2	設楽 啓太	4	山本 憲二	1	田口 雅也	4	柏原 竜二	3	市川 孝徳	2	設楽 悠太	2	大津 顕杜	4	田中 貴章	3	斎藤 貴志
		個人	4	1.02.34	2	1.08.04	2	1.02.43	1	54.45	1	*1.16.39*	1	59.16	1	*1.02.32*	1	1.04.12	6	1.11.06	1	1.09.45
		チーム	4	1.02.34	1	2.10.38	1	3.13.21	1	4.08.06	1	5.24.45	1	59.16	1	2.01.48	1	3.06.00	1	4.17.06	1	5.26.51
		総合	4	1.02.34	1	2.10.38	1	3.13.21	1	4.08.06	1	5.24.45	1	6.24.01	1	7.26.33	1	8.30.45	1	9.41.51	1	10.51.36
2	駒澤	走者	3	撹上 宏光	1	村山 謙太	2	油布 郁人	3	久我 和弥	4	井上 翔太	3	千葉 健太	3	上野 渉	4	高瀬 泰一	2	窪田 忍	3	後藤田健介
		個人	3	1.02.27	9	1.09.04	12	1.04.03	3	54.59	4	1.20.55	5	59.39	2	1.03.29	4	1.05.38	1	1.09.06	5	1.11.18
		チーム	3	1.02.27	5	2.11.31	6	3.15.34	4	4.10.33	4	5.31.28	5	59.39	2	2.03.08	2	3.08.46	2	4.17.52	2	5.29.10
		総合	3	1.02.27	5	2.11.31	6	3.15.34	4	4.10.33	4	5.31.28	4	6.31.07	3	7.34.36	4	8.40.14	2	9.49.20	2	11.00.38
3	明治	走者	1	大六野秀畝	3	菊地 賢人	2	石間 涼	1	八木沢元樹	3	大江 啓貴	2	広瀬 大貴	2	北 魁道	1	有村 優樹	4	細川 勇介	4	鎧坂 哲哉
		個人	6	1.02.46	5	1.08.47	13	1.04.06	2	54.53	2	1.19.34	8	1.00.19	4	1.04.11	3	1.05.25	8	1.11.39	4	1.11.10
		チーム	6	1.02.46	6	2.11.33	8	3.15.39	3	4.10.32	3	5.30.06	8	1.00.19	5	2.04.30	4	3.09.55	4	4.21.34	3	5.32.44
		総合	6	1.02.46	6	2.11.33	8	3.15.39	3	4.10.32	3	5.30.06	2	6.30.25	3	7.34.36	3	8.40.01	4	9.51.40	3	11.02.50
4	早稲田	走者	2	大迫 傑	3	平賀 翔太	4	矢沢 曜	4	大串 顕史	1	山本 修平	3	西城 裕尭	3	佐々木寛文	2	志方 文典	3	前田 悠貴	3	市川宗一朗
		個人	1	1.02.03	5	1.08.47	6	1.03.34	5	55.36	3	1.19.52	15	1.00.54	3	1.03.37	2	1.05.23	2	1.10.41	9	1.12.43
		チーム	1	1.02.03	2	2.10.50	2	3.14.24	2	4.10.00	2	5.29.52	15	1.00.54	6	2.04.31	3	3.09.54	3	4.20.35	4	5.33.18
		総合	1	1.02.03	2	2.10.50	2	3.14.24	2	4.10.00	2	5.29.52	3	6.30.46	2	7.34.23	2	8.39.46	3	9.50.27	4	11.03.10
5	青山学院	走者	1	佐藤 研人	3	出岐 雄大	2	福田 雄大	2	遠藤 正人	3	小嶺 篤志	2	竹内 一輝	4	川村 駿吾	2	井上 尚樹	3	横山 拓也	3	大谷遼太郎
		個人	12	1.03.30	1	1.07.26	13	1.04.06	9	56.22	11	1.22.34	6	59.49	11	1.05.09	7	1.06.30	4	1.10.59	7	1.12.21
		チーム	12	1.03.30	3	2.10.56	3	3.15.02	7	4.11.24	7	5.33.58	6	59.49	8	2.04.58	7	3.11.28	5	4.22.27	7	5.34.48
		総合	12	1.03.30	3	2.10.56	3	3.15.02	7	4.11.24	7	5.33.58	6	6.33.47	6	7.38.56	6	8.45.26	5	9.56.25	5	11.08.46
6	城西	走者	1	村山 紘太	4	橋本 隆光	3	中原 大	2	山口 浩勢	4	田村 優典	2	平田 啓介	3	石橋 佑一	3	浜本 栄太	3	吉元 真司	4	山本 隆司
		個人	5	1.02.35	10	1.09.20	10	1.03.56	4	55.17	7	1.21.09	4	59.35	12	1.05.16	12	1.07.00	18	1.13.35	8	1.12.34
		チーム	5	1.02.35	9	2.11.55	10	3.15.51	5	4.11.08	5	5.32.17	4	59.35	7	2.04.51	8	3.11.51	10	4.25.26	10	5.38.00
		総合	5	1.02.35	9	2.11.55	10	3.15.51	5	4.11.08	5	5.32.17	5	6.31.52	5	7.37.08	5	8.44.08	6	9.57.43	6	11.10.17
7	順天堂	走者	3	堀 正樹	4	的場 亮太	3	田中 秀幸	3	大池 達也	1	西郷 貴之	3	信時 一輝	1	的野 遼大	3	山崎 翔太	1	松村 優樹	2	小沢 一真
		個人	14	1.03.36	13	1.09.59	4	1.03.10	11	56.36	15	1.23.52	11	1.00.35	7	1.04.30	12	1.07.00	5	1.11.00	3	1.10.57
		チーム	14	1.03.36	13	2.13.35	12	3.16.45	11	4.13.21	13	5.37.13	11	1.00.35	9	2.05.05	9	3.12.05	6	4.23.05	5	5.34.02
		総合	14	1.03.36	13	2.13.35	12	3.16.45	11	4.13.21	13	5.37.13	12	6.37.48	11	7.42.18	11	8.49.18	8	10.00.18	7	11.11.15
8	中央	走者	2	西嶋 悠	4	棟方 雄己	3	渥美 昂大	1	新庄 翔太	4	井口 恵太	2	代田 修平	2	須河 宏紀	3	新庄 浩太	3	大須田優二	3	塩谷 潤一
		個人	8	1.02.57	4	1.08.44	7	1.03.47	7	55.56	18	1.25.42	3	59.34	9	1.04.50	8	1.06.36	14	1.12.38	2	1.10.33
		チーム	8	1.02.57	8	2.11.41	5	3.15.28	6	4.11.24	12	5.37.06	3	59.34	4	2.04.24	6	3.11.00	8	4.23.38	6	5.34.11
		総合	8	1.02.57	8	2.11.41	5	3.15.28	6	4.11.24	12	5.37.06	11	6.36.40	9	7.41.30	8	8.48.06	10	10.00.44	8	11.11.17
9	山梨学院	走者	1	井上 大仁	4	中村 悠二	4	O.コスマス	4	田口 恭輔	3	松本 大樹	3	伏島 祐介	2	宮本 悠矢	3	牧野 俊紀	4	松枝 翔	4	尾崎 博
		個人	10	1.03.13	18	1.10.56	1	*1.01.38*	6	55.51	9	1.21.33	18	1.02.15	15	1.05.51	6	1.06.27	10	1.11.54	11	1.13.00
		チーム	10	1.03.13	16	2.14.09	9	3.15.47	9	4.11.38	6	5.33.11	18	1.02.15	18	2.08.06	17	3.14.33	15	4.26.27	14	5.39.27
		総合	10	1.03.13	16	2.14.09	9	3.15.47	9	4.11.38	6	5.33.11	7	6.35.26	8	7.41.17	7	8.47.44	7	9.59.38	9	11.12.38
10	國學院	走者	4	桑原 圭治	4	荻野 皓平	4	宮沢 公孝	1	沖守 怜	2	寺田 夏生	3	上野 智幸	1	大下 稔樹	3	端坂 望	3	中山 翔平	4	青木 信夫
		個人	13	1.03.35	7	1.08.57	16	1.04.31	13	56.53	5	1.21.06	12	1.00.36	16	1.06.02	14	1.07.06	9	1.11.45	12	1.13.11
		チーム	13	1.03.35	10	2.12.32	13	3.17.03	13	4.13.56	9	5.35.02	12	1.00.36	14	2.06.38	15	3.13.44	12	4.25.29	12	5.38.40
		総合	13	1.03.35	10	2.12.32	13	3.17.03	13	4.13.56	9	5.35.02	10	6.35.38	10	7.41.40	9	8.48.46	9	10.00.31	10	11.13.42
11	国士舘	走者	3	福田 穣	4	伊藤 正樹	4	藤本 拓	2	菊池 貴文	4	中山 裕貴	4	中元 健二	4	小野 浩典	4	久井原 歩	4	鈴木 卓也	4	西尾 尚貴
		個人	15	1.03.39	12	1.09.40	3	1.03.08	16	57.33	16	1.23.54	14	1.00.43	14	1.05.45	15	1.07.11	11	1.11.55	13	1.13.19
		チーム	15	1.03.39	12	2.13.19	11	3.16.27	14	4.14.00	14	5.37.54	14	1.00.43	13	2.06.28	13	3.13.39	13	4.25.34	13	5.38.53
		総合	15	1.03.39	12	2.13.19	11	3.16.27	14	4.14.00	14	5.37.54	13	6.38.37	13	7.44.22	13	8.51.33	11	10.03.28	11	11.16.47
12	東海	走者	2	元村 大地	3	村澤 明伸	4	刀祢健太郎	4	田中 飛鳥	3	早川 翼	3	野中 久徳	3	松谷 公靖	1	吉川 修司	4	小松 紀裕	4	海老原 匠
		個人	11	1.03.21	3	1.08.14	9	1.03.49	8	56.08	14	1.23.22	13	1.00.39	20	1.07.13	20	1.08.40	12	1.12.06	17	1.13.42
		チーム	11	1.03.21	7	2.11.35	4	3.15.24	8	4.11.32	8	5.34.54	13	1.00.39	17	2.07.52	18	3.16.32	18	4.28.38	18	5.42.20
		総合	11	1.03.21	7	2.11.35	4	3.15.24	8	4.11.32	8	5.34.54	8	6.35.33	12	7.42.46	12	8.51.26	12	10.03.32	12	11.17.14
13	帝京	走者	4	神田 純也	2	田中 健人	3	大迫 聖晃	2	難波 幸貴	2	小山 司	2	田村 拓眞	3	三輪龍之介	3	山川 雄大	4	渡辺 克則	4	稲葉 智之
		個人	19	1.04.54	19	1.11.14	19	1.05.17	15	57.30	12	1.22.59	16	1.01.07	13	1.05.32	5	1.05.56	3	1.10.57	16	1.13.32
		チーム	19	1.04.54	19	2.16.08	20	3.21.25	18	4.18.55	17	5.41.54	16	1.01.07	15	2.06.39	10	3.12.35	7	4.23.32	8	5.37.04
		総合	19	1.04.54	19	2.16.08	20	3.21.25	18	4.18.55	17	5.41.54	18	6.43.01	17	7.48.33	16	8.54.29	13	10.05.26	13	11.18.58
14	拓殖	走者	3	兼実 省伍	3	野本 大喜	2	D. モゼ	1	佐護 啓輔	4	横山 築	3	堅谷 真	2	奥谷 裕一	4	那須 大地	4	真家 尚	3	北澤 健太
		個人	17	1.03.51	15	1.10.18	5	1.03.20	18	58.04	19	1.27.16	17	1.01.49	6	1.04.22	10	1.06.51	13	1.12.27	6	1.12.03
		チーム	17	1.03.51	15	2.14.09	15	3.17.29	15	4.15.33	19	5.42.49	17	1.01.49	12	2.06.11	11	3.13.02	11	4.25.29	9	5.37.32
		総合	17	1.03.51	15	2.14.09	15	3.17.29	15	4.15.33	19	5.42.49	19	6.44.38	19	7.49.00	18	8.55.51	18	10.08.18	14	11.20.21
15	神奈川	走者	4	小嶋 直耶	4	坪内 武史	3	吉川 了	3	福田 健太	4	小堀 佑真	4	久門 大輔	4	森津 祐一	4	山中 健太	3	鈴木 駿	4	高橋 俊光
		個人	18	1.04.00	17	1.10.54	20	1.05.38	12	56.47	5	1.21.06	7	1.00.14	17	1.06.43	9	1.06.46	16	1.13.23	19	1.14.51
		チーム	18	1.04.00	17	2.14.54	17	3.20.32	17	4.17.19	15	5.38.25	7	1.00.14	16	2.06.57	14	3.13.43	16	4.27.06	17	5.41.57
		総合	18	1.04.00	17	2.14.54	17	3.20.32	17	4.17.19	15	5.38.25	14	6.38.39	14	7.45.22	14	8.52.08	14	10.05.31	15	11.20.22
16	上武	走者	1	佐藤 舜	3	氏原 健介	2	山岸 宏貴	1	倉田 翔平	4	園田 隼	4	合田 佳功	3	石川 拓馬	4	坂口 竜成	3	渡辺 力将	4	銀山耕一郎
		個人	7	1.02.53	16	1.10.48	18	1.05.01	17	57.46	13	1.23.05	19	1.02.19	18	1.06.51	16	1.07.27	7	1.11.14	13	1.13.19
		チーム	7	1.02.53	14	2.13.41	16	3.18.42	16	4.16.28	16	5.39.33	19	1.02.19	19	2.09.10	19	3.16.37	17	4.27.51	16	5.41.10
		総合	7	1.02.53	14	2.13.41	16	3.18.42	16	4.16.28	16	5.39.33	16	6.41.52	18	7.48.43	19	8.56.10	16	10.07.24	16	11.20.43
17	関東学連	走者	2	田村 優宝	3	佐藤 佑輔	4	梶原 有高	3	大橋 秀星	1	吉村 大輝	2	田子 祐輝	4	安島 慎吾	3	大沼 恭教	4	宮川 尚人	3	篠原 義裕
		個人	9	1.03.01	14	1.10.05	11	1.04.02	10	56.31	8	1.21.29	10	1.00.26	8	1.04.49	19	1.08.34	20	1.16.38	20	1.16.01
		チーム	9	1.03.01	11	2.13.06	14	3.17.08	12	4.13.39	10	5.35.08	10	1.00.26	10	2.05.15	16	3.13.49	19	4.30.27	20	5.46.28
		総合	9	1.03.01	11	2.13.06	14	3.17.08	12	4.13.39	10	5.35.08	9	6.35.34	7	7.40.23	10	8.48.57	15	10.05.35	17	11.21.36
18	中央学院	走者	1	芝山 智紀	3	藤井 啓介	3	室田 祐司	4	太田 成紀	2	田中 瑞穂	2	岡本 雄大	2	沼田 大貴	4	冨山 莉己	1	山田 侑紀	2	沖田 涼太
		個人	20	1.06.29	11	1.09.29	17	1.04.51	20	58.37	10	1.22.30	8	1.00.19	10	1.05.02	17	1.07.43	15	1.13.15	15	1.13.26
		チーム	20	1.06.29	18	2.15.58	19	3.20.49	20	4.19.26	18	5.41.56	8	1.00.19	11	2.05.21	12	3.13.04	14	4.26.19	15	5.39.45
		総合	20	1.06.29	18	2.15.58	19	3.20.49	20	4.19.26	18	5.41.56	17	6.42.15	16	7.47.17	17	8.55.00	17	10.08.15	18	11.21.41
19	日本体育	走者	2	服部 翔大	2	本田 匠	2	矢野 圭吾	3	谷永 雄一	4	鈴木 友也	3	福士優太朗	3	大田 侑典	4	今崎 文仁	2	吉村 喜一	4	佐久間大知
		個人	2	1.02.26	8	1.09.02	13	1.04.06	14	56.57	17	1.24.17	20	1.02.30	19	1.06.52	18	1.07.54	19	1.15.32	10	1.12.50
		チーム	2	1.02.26	4	2.11.28	7	3.15.34	10	4.12.31	11	5.36.48	20	1.02.30	20	2.09.22	20	3.17.16	20	4.32.48	19	5.45.38
		総合	2	1.02.26	4	2.11.28	7	3.15.34	10	4.12.31	11	5.36.48	15	6.39.18	15	7.46.10	15	8.54.04	19	10.09.36	19	11.22.26
20	東京農業	走者	3	青木 優	4	木下 潤哉	1	浅岡 満憲	3	内藤 寛人	2	津野 浩大	2	佐藤 達也	4	松原 健太	1	竹内 竜真	3	木村 翔太	3	花田 昌之
		個人	16	1.03.45	20	1.13.14	7	1.03.47	19	58.27	20	1.46.49	2	59.25	5	1.04.20	11	1.06.55	17	1.13.31	18	1.14.03
		チーム	16	1.03.45	20	2.16.59	18	3.20.46	19	4.19.13	20	6.06.02	2	59.25	3	2.03.45	5	3.10.40	9	4.24.11	11	5.38.14
		総合	16	1.03.45	20	2.16.59	18	3.20.46	19	4.19.13	20	6.06.02	20	7.05.27	20	8.09.47	20	9.16.42	20	10.30.13	20	11.44.16

第89回　2013年(平成25年)1月2日～3日　総距離：217.9km　往路：108.0km　復路：109.9km

順	大学名		往路										復路									
			1区(21.4km)		2区(23.2km)		3区(21.5km)		4区(18.5km)		5区(23.4km)		6区(20.8km)		7区(21.3km)		8区(21.5km)		9区(23.2km)		10区(23.1km)	
1	日本体育	走者	1	勝亦 祐太	3	本田 匠	1	山中 秀仁	2	木村 勇貴	3	服部 翔大	3	鈴木 悠介	4	高田 翔二	4	高柳 祐也	3	矢野 圭吾	4	谷永 雄一
		個人	7	1.04.07	4	1.10.47	6	1.06.30	5	58.16	1	1.20.35	7	59.33	2	1.04.53	2	1.07.03	2	1.10.26	2	1.11.16
		チーム	7	1.04.07	3	2.14.54	4	3.21.24	2	4.19.40	1	5.40.15	7	59.33	3	2.04.26	2	3.11.29	2	4.21.55	2	5.33.11
		総合	**7**	**1.04.07**	**3**	**2.14.54**	**4**	**3.21.24**	**2**	**4.19.40**	**1**	**5.40.15**	**1**	**6.39.48**	**1**	**7.44.41**	**1**	**8.51.44**	**1**	**10.02.10**	**1**	**11.13.26**
2	東洋	走者	2	田口 雅也	3	設楽 啓太	3	設楽 悠太	2	淀川 弦太	3	定方 俊樹	4	市川 孝徳	2	高久 龍	3	大津 顕杜	1	服部 勇馬	4	富岡 司
		個人	1	1.03.32	3	1.10.29	1	1.04.36	11	59.14	10	1.25.03	4	59.16	4	1.05.22	7	1.07.24	3	1.11.02	7	1.12.22
		チーム	1	1.03.32	2	2.14.01	1	3.18.37	1	4.17.51	3	5.42.54	4	59.16	5	2.04.38	5	3.12.02	3	4.23.04	4	5.35.26
		総合	**1**	**1.03.32**	**2**	**2.14.01**	**1**	**3.18.37**	**1**	**4.17.51**	**3**	**5.42.54**	**2**	**6.42.10**	**2**	**7.47.32**	**2**	**8.54.56**	**2**	**10.05.58**	**2**	**11.18.20**
3	駒澤	走者	3	油布 郁人	3	窪田 忍	2	中村 匠吾	3	湯地 俊介	2	村山 謙太	4	千葉 健太	4	久我 和弥	3	郡司 貴大	4	上野 渉	4	後藤田健介
		個人	4	1.03.58	7	1.11.25	3	1.05.55	19	1.01.29	8	1.24.25	1	58.15	5	1.05.33	11	1.07.44	1	1.09.50	1	1.10.49
		チーム	4	1.03.58	5	2.15.23	2	3.21.18	10	4.22.47	9	5.47.12	1	58.15	2	2.03.48	3	3.11.32	1	4.21.22	1	5.32.11
		総合	**4**	**1.03.58**	**5**	**2.15.23**	**2**	**3.21.18**	**10**	**4.22.47**	**9**	**5.47.12**	**6**	**6.45.27**	**5**	**7.51.00**	**6**	**8.58.44**	**3**	**10.08.34**	**3**	**11.19.23**
4	帝京	走者	3	田中 健人	3	蛯名 聡勝	1	高橋 裕太	2	早川 昇平	3	小山 司	3	千葉 一慶	3	難波 幸貴	3	猪狩 大樹	4	山川 雄大	2	熊崎 健人
		個人	14	1.05.24	8	1.11.28	8	1.07.30	2	57.56	5	1.24.09	3	59.07	6	1.05.44	3	1.07.11	8	1.11.48	3	1.11.22
		チーム	14	1.05.24	15	2.16.52	12	3.24.22	6	4.22.18	7	5.46.27	3	59.07	6	2.04.51	5	3.12.02	4	4.23.50	3	5.35.12
		総合	**14**	**1.05.24**	**15**	**2.16.52**	**12**	**3.24.22**	**6**	**4.22.18**	**7**	**5.46.27**	**7**	**6.45.34**	**6**	**7.51.18**	**5**	**8.58.29**	**5**	**10.10.17**	**4**	**11.21.39**
5	早稲田	走者	4	前田 悠貴	4	平賀 翔太	3	大迫 傑	4	佐々木寛文	2	山本 修平	3	相原 将仁	3	志方 文典	1	柳 利幸	3	田中 鴻佑	2	田口 大貴
		個人	17	1.05.36	6	1.11.02	2	1.04.44	8	58.36	3	1.22.52	12	1.00.17	11	1.06.25	14	1.07.49	12	1.12.29	4	1.11.49
		チーム	17	1.05.36	12	2.16.38	3	3.21.22	3	4.19.58	2	5.42.50	12	1.00.17	11	2.06.42	12	3.14.31	10	4.27.00	8	5.38.49
		総合	**17**	**1.05.36**	**12**	**2.16.38**	**3**	**3.21.22**	**3**	**4.19.58**	**2**	**5.42.50**	**4**	**6.43.07**	**4**	**7.49.32**	**4**	**8.57.21**	**4**	**10.09.50**	**5**	**11.21.39**
6	順天堂	走者	4	大池 達也	3	小沢 一真	1	松枝 博輝	4	田中 秀幸	2	西郷 貴之	4	信時 一輝	4	山崎 翔太	4	石井 格人	2	松村 優樹	4	堀 正樹
		個人	10	1.04.42	13	1.12.06	16	1.08.16	1	57.16	5	1.24.09	11	59.58	7	1.05.56	15	1.07.58	7	1.11.45	9	1.12.37
		チーム	10	1.04.42	14	2.16.48	15	3.25.04	7	4.22.20	8	5.46.29	11	59.58	7	2.05.54	9	3.13.52	7	4.25.37	7	5.38.14
		総合	**10**	**1.04.42**	**14**	**2.16.48**	**15**	**3.25.04**	**7**	**4.22.20**	**8**	**5.46.29**	**8**	**6.46.27**	**8**	**7.52.23**	**8**	**9.00.21**	**7**	**10.12.06**	**6**	**11.24.43**
7	明治	走者	2	文元 慧	2	大六野秀畝	4	菊地 賢人	2	八木沢元樹	4	大江 啓貴	3	広瀬 大貴	2	有村 優樹	1	横手 健	2	松井 智靖	3	北 魁道
		個人	2	1.03.46	12	1.11.43	5	1.06.27	7	58.21	7	1.24.20	2	58.19	3	1.05.01	9	1.07.38	18	1.15.29	17	1.14.10
		チーム	2	1.03.46	6	2.15.29	6	3.21.56	4	4.20.17	4	5.44.37	2	58.19	1	2.03.20	1	3.10.58	9	4.26.27	13	5.40.37
		総合	**2**	**1.03.46**	**6**	**2.15.29**	**6**	**3.21.56**	**4**	**4.20.17**	**4**	**5.44.37**	**3**	**6.42.56**	**3**	**7.47.57**	**3**	**8.55.35**	**6**	**10.11.04**	**7**	**11.25.14**
8	青山学院	走者	3	遠藤 正人	4	大谷遼太郎	1	久保田和真	2	川崎 友輝	4	松田 直久	2	藤川 拓也	1	小椋 裕介	2	高橋 宗司	4	横山 拓也	4	出岐 雄大
		個人	18	1.05.36	5	1.10.55	4	1.06.16	13	59.35	4	1.24.05	14	1.00.43	14	1.06.51	1	1.06.46	9	1.11.53	14	1.13.19
		チーム	18	1.05.36	11	2.16.31	7	3.22.47	8	4.22.22	6	5.46.27	14	1.00.43	14	2.07.34	11	3.14.20	8	4.26.13	9	5.39.32
		総合	**18**	**1.05.36**	**11**	**2.16.31**	**7**	**3.22.47**	**8**	**4.22.22**	**6**	**5.46.27**	**9**	**6.47.10**	**9**	**7.54.01**	**9**	**9.00.47**	**8**	**10.12.40**	**8**	**11.25.59**
9	法政	走者	2	西池 和人	4	篠原 義裕	3	田井慎一郎	2	黒山 和嵩	2	関口 頌悟	4	品田 潤之	4	大森 一輝	1	藤井 孝之	3	松田 憲彦	3	高梨 寛隆
		個人	3	1.03.47	17	1.13.27	13	1.07.54	3	57.59	2	1.22.32	8	59.35	15	1.06.52	12	1.07.45	14	1.12.57	16	1.13.52
		チーム	3	1.03.47	16	2.17.14	16	3.25.08	13	4.23.07	5	5.45.39	8	59.35	9	2.06.27	10	3.14.12	11	4.27.09	15	5.41.01
		総合	**3**	**1.03.47**	**16**	**2.17.14**	**16**	**3.25.08**	**13**	**4.23.07**	**5**	**5.45.39**	**5**	**6.45.14**	**7**	**7.52.06**	**7**	**8.59.51**	**9**	**10.12.48**	**9**	**11.26.40**
10	中央学院	走者	1	濵滝 大記	4	藤井 啓介	1	塩谷 桂大	3	沼田 大貴	3	田中 瑞穂	3	岡本 雄大	2	木部 誠人	2	及川 佑太	4	室田 祐司	2	山田 侑紀
		個人	8	1.04.13	9	1.11.29	18	1.08.41	4	58.07	14	1.27.35	6	59.32	12	1.06.26	8	1.07.30	6	1.11.44	6	1.12.17
		チーム	8	1.04.13	7	2.15.42	13	3.24.23	9	4.22.30	13	5.50.05	6	59.32	8	2.05.58	7	3.13.28	6	4.25.12	5	5.37.29
		総合	**8**	**1.04.13**	**7**	**2.15.42**	**13**	**3.24.23**	**9**	**4.22.30**	**13**	**5.50.05**	**11**	**6.49.37**	**11**	**7.56.03**	**10**	**9.03.33**	**10**	**10.15.17**	**10**	**11.27.34**
11	山梨学院	走者	4	土田 俊徳	1	E.オムワンバ	2	井上 大仁	4	鳥羽 和晃	4	松本 大樹	2	桃澤 大祐	2	阿部 竜巳	1	前田 拓哉	4	牧野 俊紀	2	福沢 潤一
		個人	16	1.05.32	2	1.09.32	7	1.06.40	14	1.00.05	13	1.26.20	18	1.02.34	13	1.06.38	13	1.07.46	4	1.11.04	5	1.12.13
		チーム	16	1.05.32	4	2.15.04	5	3.21.44	5	4.21.49	11	5.48.09	18	1.02.34	17	2.09.12	17	3.16.58	15	4.28.02	11	5.40.15
		総合	**16**	**1.05.32**	**4**	**2.15.04**	**5**	**3.21.44**	**5**	**4.21.49**	**11**	**5.48.09**	**13**	**6.50.43**	**13**	**7.57.21**	**13**	**9.05.07**	**12**	**10.16.11**	**11**	**11.28.24**
12	大東文化	走者	2	市田 宏	3	片川 準二	2	市田 孝	2	池田 紀保	3	大崎 翔也	4	田口 哲	3	大西 亮	3	吉川 修平	4	稲田 康希	2	植木 章文
		個人	5	1.04.03	14	1.12.09	11	1.07.41	11	59.14	12	1.25.39	16	1.01.33	8	1.06.02	10	1.07.41	16	1.13.28	12	1.13.16
		チーム	5	1.04.03	8	2.16.12	8	3.23.53	14	4.23.07	12	5.48.46	16	1.01.33	15	2.07.35	14	3.15.16	17	4.28.44	16	5.42.00
		総合	**5**	**1.04.03**	**8**	**2.16.12**	**8**	**3.23.53**	**14**	**4.23.07**	**12**	**5.48.46**	**12**	**6.50.19**	**12**	**7.56.21**	**12**	**9.04.02**	**13**	**10.17.30**	**12**	**11.30.46**
13	関東学連	走者	4	大橋 秀星	4	早川 翼	4	野本 大喜	1	山口 修平	2	吉村 大輝	4	大沼 恭教	4	塚田 空	4	橋爪 孝安	3	菊池 貴文	3	山本 哲広
		個人	11	1.04.44	10	1.11.31	17	1.08.33	6	58.18	9	1.24.46	10	59.50	16	1.06.58	18	1.09.19	10	1.11.55	18	1.15.56
		チーム	11	1.04.44	9	2.16.15	14	3.24.48	12	4.23.06	10	5.47.52	10	59.50	13	2.06.48	16	3.16.07	15	4.28.02	17	5.43.58
		総合	**11**	**1.04.44**	**9**	**2.16.15**	**14**	**3.24.48**	**12**	**4.23.06**	**10**	**5.47.52**	**10**	**6.47.42**	**10**	**7.54.40**	**11**	**9.03.59**	**11**	**10.15.54**	**13**	**11.31.50**
14	國學院	走者	2	沖守 怜	3	寺田 夏生	3	柿沼 昂太	1	廣川 倖暉	2	大下 稔樹	4	上野 智幸	4	中山 翔平	1	吾妻 佑起	2	鮫島敦二郎	4	岡本 昂之
		個人	19	1.06.44	15	1.12.39	14	1.07.57	14	1.00.05	11	1.25.38	5	59.26	17	1.07.01	6	1.07.22	15	1.13.25	11	1.13.11
		チーム	19	1.06.44	17	2.19.23	17	3.27.20	17	4.27.25	14	5.53.03	5	59.26	9	2.06.27	8	3.13.49	12	4.27.14	12	5.40.25
		総合	**19**	**1.06.44**	**17**	**2.19.23**	**17**	**3.27.20**	**17**	**4.27.25**	**14**	**5.53.03**	**14**	**6.52.29**	**14**	**7.59.30**	**14**	**9.06.52**	**14**	**10.20.17**	**14**	**11.33.28**
15	日本	走者	1	荻野眞之介	4	G.ベンジャミン	4	佐藤 佑輔	4	寺田 裕成	4	吉田 貴大	3	日向野聖隆	2	高松 峻平	2	林 慎吾	3	田村 優宝	2	竹ノ内佳樹
		個人	13	1.05.14	1	1.08.46	20	1.10.10	18	1.00.56	17	1.29.25	15	1.00.47	18	1.07.09	5	1.07.18	11	1.12.28	10	1.13.10
		チーム	13	1.05.14	1	2.14.00	10	3.24.10	16	4.25.06	15	5.54.31	15	1.00.47	16	2.07.56	13	3.15.14	14	4.27.42	14	5.40.52
		総合	**13**	**1.05.14**	**1**	**2.14.00**	**10**	**3.24.10**	**16**	**4.25.06**	**15**	**5.54.31**	**15**	**6.55.18**	**15**	**8.02.27**	**15**	**9.09.45**	**15**	**10.22.13**	**15**	**11.35.23**
16	神奈川	走者	4	福田 健太	1	西山 凌平	2	小泉 和也	2	赤松 宏樹	2	柏部孝太郎	4	高久 芳裕	1	我那覇和真	4	吉川 了	4	鈴木 駿	2	井上 雄介
		個人	12	1.04.48	11	1.11.32	10	1.07.37	10	59.11	18	1.36.55	9	59.39	1	1.04.47	4	1.07.15	13	1.12.36	12	1.13.16
		チーム	12	1.04.48	10	2.16.20	9	3.23.57	15	4.23.08	18	6.00.03	9	59.39	3	2.04.26	4	3.11.41	5	4.24.17	6	5.37.33
		総合	**12**	**1.04.48**	**10**	**2.16.20**	**9**	**3.23.57**	**15**	**4.23.08**	**18**	**6.00.03**	**16**	**6.59.42**	**16**	**8.04.29**	**16**	**9.11.44**	**16**	**10.24.20**	**16**	**11.37.36**
17	東京農業	走者	4	木村 翔太	2	竹内 竜真	2	浅岡 満憲	1	戸田 雅稀	4	内藤 寛人	3	三輪晋太朗	3	佐藤 達也	2	岩渕 慎矢	4	青木 優	4	花田 昌之
		個人	15	1.05.25	19	1.14.02	19	1.09.14	20	1.02.18	15	1.28.25	13	1.00.32	10	1.06.13	16	1.08.48	5	1.11.42	8	1.12.34
		チーム	15	1.05.25	18	2.19.27	20	3.28.41	20	4.30.59	17	5.59.24	13	1.00.32	12	2.06.45	15	3.15.33	13	4.27.15	10	5.39.49
		総合	**15**	**1.05.25**	**18**	**2.19.27**	**20**	**3.28.41**	**20**	**4.30.59**	**17**	**5.59.24**	**17**	**6.59.56**	**17**	**8.06.09**	**17**	**9.14.57**	**17**	**10.26.39**	**17**	**11.39.13**
18	上武	走者	2	佐々木天太	2	佐藤 舜	3	山岸 宏貴	4	石川 拓馬	4	氏原 健介	2	横内佑太朗	4	渡辺 力将	2	松元 航	4	平迫 幸紀	2	大西 淳貴
		個人	20	1.06.46	18	1.13.34	15	1.08.12	17	1.00.52	16	1.28.38	17	1.02.17	9	1.06.12	17	1.09.13	17	1.13.39	15	1.13.21
		チーム	20	1.06.46	20	2.20.20	19	3.28.32	19	4.29.24	16	5.58.02	17	1.02.17	17	2.08.29	18	3.17.42	18	4.31.21	18	5.44.42
		総合	**20**	**1.06.46**	**20**	**2.20.20**	**19**	**3.28.32**	**19**	**4.29.24**	**16**	**5.58.02**	**18**	**7.00.19**	**18**	**8.06.31**	**18**	**9.15.44**	**18**	**10.29.23**	**18**	**11.42.44**
棄	城西	走者	4	中原 大	2	村山 紘太	2	松村 元輝	1	山本 雄大	4	浜本 栄太	3	平田 啓介	2	寺田 博英	4	松岡 竜也	4	石橋 佑一	2	二平 智裕
		個人	6	1.04.06	15	1.12.39	9	1.07.35	9	58.42		途中棄権	参	1.00.05	参	1.06.21	参	1.07.36	参	1.12.03	参	1.13.08
		チーム	6	1.04.06	13	2.16.45	11	3.24.20	11	4.23.02		記録なし	参	1.00.05	参	2.06.26	参	3.14.02	参	4.26.05	参	5.39.13
		総合	**6**	**1.04.06**	**13**	**2.16.45**	**11**	**3.24.20**	**11**	**4.23.02**						**記録なし**						
棄	中央	走者	4	大須田優二	2	新庄 翔太	3	須河 宏紀	2	多田 要	4	野脇 勇志	3	代田 修平	1	徳永 照	2	永井 秀篤	3	相場 祐人	4	塩谷 潤一
		個人	9	1.04.15	20	1.15.19	12	1.07.46	14	1.00.05		途中棄権	参	59.01	参	1.06.30	参	1.06.10	参	1.14.01	参	1.15.37
		チーム	9	1.04.15	19	2.19.34	18	3.27.20	18	4.27.25		記録なし	参	59.01	参	2.05.31	参	3.11.41	参	4.25.42	参	5.41.19
		総合	**9**	**1.04.15**	**19**	**2.19.34**	**18**	**3.27.20**	**18**	**4.27.25**						**記録なし**						

第90回　2014年(平成26年)1月2日～3日　総距離：217.9km　往路：108.0km　復路：109.9km

順	大学名		往路										復路									
			1区(21.4km)		2区(23.2km)		3区(21.5km)		4区(18.5km)		5区(23.4km)		6区(20.8km)		7区(21.3km)		8区(21.5km)		9区(23.2km)		10区(23.1km)	
1	東洋	走者	3	田口 雅也	2	服部 勇馬	4	設楽 悠太	3	今井 憲久	4	設楽 啓太	4	日下 佳祐	1	服部 弾馬	3	高久 龍	2	上村 和生	4	大津 顕杜
		個人	3	1.01.46	3	1.08.43	1	1.02.13	3	55.15	1	1.19.16	4	59.04	1	1.03.27	1	1.04.35	4	1.09.24	1	1.09.08
		チーム	3	1.01.46	2	2.10.29	1	3.12.42	1	4.07.57	1	5.27.13	4	59.04	1	2.02.31	1	3.07.06	1	4.16.30	1	5.25.38
		総合	**3**	**1.01.46**	**2**	**2.10.29**	**1**	**3.12.42**	**1**	**4.07.57**	**1**	**5.27.13**	**1**	**6.26.17**	**1**	**7.29.44**	**1**	**8.34.19**	**1**	**9.43.43**	**1**	**10.52.51**
2	駒澤	走者	3	中村 匠吾	3	村山 謙太	4	油布 郁人	1	中谷 圭佑	2	馬場 翔大	3	西澤 佳洋	1	西山 雄介	1	大塚 祥平	4	窪田 忍	2	其田 健也
		個人	2	1.01.36	2	1.08.27	3	1.03.34	1	54.41	3	1.19.54	5	59.22	3	1.04.04	6	1.06.21	2	1.08.56	2	1.10.30
		チーム	2	1.01.36	1	2.10.03	2	3.13.37	2	4.08.18	2	5.28.12	5	59.22	4	2.03.26	3	3.09.47	2	4.18.43	2	5.29.13
		総合	**2**	**1.01.36**	**1**	**2.10.03**	**2**	**3.13.37**	**2**	**4.08.18**	**2**	**5.28.12**	**2**	**6.27.34**	**2**	**7.31.38**	**2**	**8.37.59**	**2**	**9.46.55**	**2**	**10.57.25**
3	日本体育	走者	2	山中 秀仁	4	本田 匠	2	勝亦 祐太	1	坂本 新	4	服部 翔大	4	鈴木 悠介	1	山本 航平	2	奥野 翔弥	4	矢野 圭吾	4	甲斐 翔太
		個人	1	1.01.25	10	1.10.57	17	1.05.56	10	56.10	2	1.19.17	2	58.51	13	1.05.29	5	1.06.07	1	1.08.29	5	1.11.10
		チーム	1	1.01.25	6	2.12.22	7	3.18.18	7	4.14.28	4	5.33.45	2	58.51	5	2.04.20	5	3.10.27	3	4.18.56	3	5.30.06
		総合	**1**	**1.01.25**	**6**	**2.12.22**	**7**	**3.18.18**	**7**	**4.14.28**	**4**	**5.33.45**	**4**	**6.32.36**	**4**	**7.38.05**	**4**	**8.44.12**	**3**	**9.52.41**	**3**	**11.03.51**
4	早稲田	走者	4	大迫 傑	2	高田 康暉	1	武田凜太郎	1	平 和真	3	高橋 広夢	2	三浦 雅裕	2	柳 利幸	1	井戸 浩貴	3	田口 大貴	2	中村信一郎
		個人	5	1.02.14	1	1.08.18	5	1.04.00	2	55.03	12	1.22.47	2	58.51	5	1.04.29	9	1.06.30	7	1.10.33	10	1.11.32
		チーム	5	1.02.14	3	2.10.32	3	3.14.32	3	4.09.35	3	5.32.22	2	58.51	3	2.03.20	4	3.09.50	5	4.20.23	4	5.31.55
		総合	**5**	**1.02.14**	**3**	**2.10.32**	**3**	**3.14.32**	**3**	**4.09.35**	**3**	**5.32.22**	**3**	**6.31.13**	**3**	**7.35.42**	**3**	**8.42.12**	**4**	**9.52.45**	**4**	**11.04.17**
5	青山学院	走者	1	一色 恭志	2	神野 大地	4	石田 駿介	2	山村 隼	3	高橋 宗司	2	村井 駿	2	小椋 裕介	4	井上 尚樹	3	藤川 拓也	4	竹内 一輝
		個人	6	1.02.15	6	1.09.44	8	1.04.47	7	55.50	11	1.22.28	18	1.01.41	2	1.03.37	10	1.06.36	3	1.09.23	17	1.12.32
		チーム	6	1.02.15	5	2.11.59	5	3.16.46	5	4.12.36	5	5.35.04	18	1.01.41	6	2.05.18	6	3.11.54	6	4.21.17	6	5.33.49
		総合	**6**	**1.02.15**	**5**	**2.11.59**	**5**	**3.16.46**	**5**	**4.12.36**	**5**	**5.35.04**	**6**	**6.36.45**	**6**	**7.40.22**	**6**	**8.46.58**	**6**	**9.56.21**	**5**	**11.08.53**
6	明治	走者	3	文元 慧	3	大六野秀畝	3	八木沢元樹	2	木村 慎	2	横手 健	4	広瀬 大貴	3	松井 智靖	3	有村 優樹	3	前野 貴行	4	石間 涼
		個人	4	1.02.02	5	1.09.15	2	1.03.27	5	55.36	19	1.25.41	1	58.16	8	1.04.43	2	1.05.21	14	1.11.34	22	1.14.14
		チーム	4	1.02.02	4	2.11.17	4	3.14.44	4	4.10.20	7	5.36.01	1	58.16	2	2.02.59	2	3.08.20	4	4.19.54	7	5.34.08
		総合	**4**	**1.02.02**	**4**	**2.11.17**	**4**	**3.14.44**	**4**	**4.10.20**	**7**	**5.36.01**	**5**	**6.34.17**	**5**	**7.39.00**	**5**	**8.44.21**	**5**	**9.55.55**	**6**	**11.10.09**
7	日本	走者	2	荻野眞之介	4	森谷 修平	3	竹ノ内佳樹	1	石川 颯真	2	D.キトニー	4	日向野聖隆	3	大門 友也	3	村越 直希	3	林 慎吾	3	高松 峻平
		個人	12	1.03.22	9	1.10.47	7	1.04.45	12	56.27	10	1.21.51	10	1.00.58	14	1.05.41	14	1.07.00	11	1.10.56	4	1.11.05
		チーム	12	1.03.22	10	2.14.09	8	3.18.54	8	4.15.21	10	5.37.12	10	1.00.58	14	2.06.39	14	3.13.39	13	4.24.35	10	5.35.40
		総合	**12**	**1.03.22**	**10**	**2.14.09**	**8**	**3.18.54**	**8**	**4.15.21**	**10**	**5.37.12**	**11**	**6.38.10**	**9**	**7.43.51**	**11**	**8.50.51**	**8**	**10.01.47**	**7**	**11.12.52**
8	帝京	走者	3	柳原 貴大	4	小山 司	4	難波 幸貴	3	早川 昇平	2	竹本 紘希	4	千葉 一慶	4	蛯名 聡勝	4	猪狩 大樹	3	熊崎 健人	3	杉山 連哉
		個人	15	1.04.02	12	1.11.10	12	1.05.24	4	55.23	14	1.23.24	13	1.01.03	4	1.04.18	12	1.06.51	8	1.10.36	3	1.10.52
		チーム	15	1.04.02	16	2.15.12	14	3.20.36	11	4.15.59	12	5.39.23	13	1.01.03	7	2.05.21	7	3.12.12	7	4.22.48	5	5.33.40
		総合	**15**	**1.04.02**	**16**	**2.15.12**	**14**	**3.20.36**	**11**	**4.15.59**	**12**	**5.39.23**	**12**	**6.40.26**	**12**	**7.44.44**	**12**	**8.51.35**	**10**	**10.02.11**	**8**	**11.13.03**
9	拓殖	走者	2	東島 彰吾	4	D.モゼ	2	金森 寛人	3	佐護 啓輔	3	尾上慎太郎	3	大島 千幸	3	桜井 一樹	1	宇田 朋史	4	奥谷 裕一	4	木寺 良太
		個人	17	1.04.15	4	1.08.44	11	1.05.18	8	55.52	9	1.21.43	10	1.00.58	17	1.06.14	17	1.07.40	10	1.10.44	11	1.11.38
		チーム	17	1.04.15	7	2.12.59	6	3.18.17	6	4.14.09	6	5.35.52	10	1.00.58	17	2.07.12	18	3.14.52	14	4.25.36	13	5.37.14
		総合	**17**	**1.04.15**	**7**	**2.12.59**	**6**	**3.18.17**	**6**	**4.14.09**	**6**	**5.35.52**	**7**	**6.36.50**	**8**	**7.43.04**	**10**	**8.50.44**	**7**	**10.01.28**	**9**	**11.13.06**
10	大東文化	走者	3	市田 宏	3	市田 孝	3	植木 章文	3	池田 紀保	4	片川 準二	4	大崎 翔也	3	上田 祐貴	4	吉川 修平	2	大隅 裕介	4	大西 亮
		個人	8	1.02.50	10	1.10.57	14	1.05.38	9	56.09	7	1.20.57	14	1.01.08	21	1.06.53	4	1.05.50	17	1.12.39	12	1.11.42
		チーム	8	1.02.50	8	2.13.47	12	3.19.25	9	4.15.34	8	5.36.31	14	1.01.08	20	2.08.01	15	3.13.51	15	4.26.30	16	5.38.12
		総合	**8**	**1.02.50**	**8**	**2.13.47**	**12**	**3.19.25**	**9**	**4.15.34**	**8**	**5.36.31**	**9**	**6.37.39**	**11**	**7.44.32**	**7**	**8.50.22**	**11**	**10.03.01**	**10**	**11.14.43**
11	法政	走者	4	田井慎一郎	3	佐野 拓馬	3	黒山 和嵩	2	中村 涼	3	関口 頌悟	4	田子 祐輝	3	森永 貴幸	2	佐藤 和仁	4	松田 憲彦	4	高梨 寛隆
		個人	11	1.03.13	16	1.11.30	19	1.06.44	6	55.44	6	1.20.35	7	1.00.18	18	1.06.16	7	1.06.23	13	1.11.18	19	1.13.32
		チーム	11	1.03.13	13	2.14.43	15	3.21.27	14	4.17.11	11	5.37.46	7	1.00.18	13	2.06.34	11	3.12.57	12	4.24.15	14	5.37.47
		総合	**11**	**1.03.13**	**13**	**2.14.43**	**15**	**3.21.27**	**14**	**4.17.11**	**11**	**5.37.46**	**10**	**6.38.04**	**10**	**7.44.20**	**9**	**8.50.43**	**9**	**10.02.01**	**11**	**11.15.33**
12	中央学院	走者	2	濱滝 大記	4	岡本 雄大	2	塩谷 桂大	1	村上 優輝	3	及川 佑太	1	海老澤 剛	3	木部 誠人	4	沼田 大貴	4	田中 瑞穂	3	山田 侑紀
		個人	13	1.03.34	15	1.11.29	4	1.03.55	15	56.54	18	1.24.26	12	1.01.01	16	1.06.04	3	1.05.47	12	1.11.14	7	1.11.16
		チーム	13	1.03.34	15	2.15.03	10	3.18.58	10	4.15.52	13	5.40.18	12	1.01.01	16	2.07.05	10	3.12.52	9	4.24.06	8	5.35.22
		総合	**13**	**1.03.34**	**15**	**2.15.03**	**10**	**3.18.58**	**10**	**4.15.52**	**13**	**5.40.18**	**13**	**6.41.19**	**13**	**7.47.23**	**13**	**8.53.10**	**13**	**10.04.24**	**12**	**11.15.40**
13	東海	走者	2	白吉 凌	4	元村 大地	1	土屋 貴幸	1	荒井 七海	2	宮上 翔太	1	福村 拳太	4	上原 将平	2	今井 拓実	3	山下 英俊	3	吉川 修司
		個人	7	1.02.41	17	1.11.53	6	1.04.35	20	57.45	5	1.20.06	8	1.00.26	12	1.05.11	19	1.07.59	19	1.13.20	21	1.13.56
		チーム	7	1.02.41	12	2.14.34	11	3.19.09	13	4.16.54	9	5.37.00	8	1.00.26	9	2.05.37	13	3.13.36	17	4.26.56	18	5.40.52
		総合	**7**	**1.02.41**	**12**	**2.14.34**	**11**	**3.19.09**	**13**	**4.16.54**	**9**	**5.37.00**	**8**	**6.37.26**	**7**	**7.42.37**	**8**	**8.50.36**	**12**	**10.03.56**	**13**	**11.17.52**
14	東京農業	走者	4	佐藤 達也	4	津野 浩大	2	戸田 雅稀	2	佐野 雅治	4	三輪晋太朗	3	土井久理夫	3	岩渕 慎矢	3	浅岡 満憲	3	竹内 竜真	4	山本 和樹
		個人	22	1.06.48	13	1.11.19	13	1.05.32	21	58.04	4	1.19.56	15	1.01.14	8	1.04.43	8	1.06.29	6	1.10.23	20	1.13.34
		チーム	22	1.06.48	19	2.18.07	18	3.23.39	20	4.21.43	14	5.41.39	15	1.01.14	10	2.05.57	8	3.12.26	8	4.22.49	12	5.36.23
		総合	**22**	**1.06.48**	**19**	**2.18.07**	**18**	**3.23.39**	**20**	**4.21.43**	**14**	**5.41.39**	**14**	**6.42.53**	**14**	**7.47.36**	**14**	**8.54.05**	**14**	**10.04.28**	**14**	**11.18.02**
15	中央	走者	3	新庄 翔太	4	相場 祐人	1	町澤 大雅	2	三宅 一輝	2	小谷 政宏	4	代田 修平	2	徳永 照	1	市田 拓海	3	多田 要	4	須河 宏紀
		個人	14	1.03.36	20	1.13.09	16	1.05.48	13	56.35	13	1.23.19	16	1.01.15	7	1.04.42	16	1.07.35	9	1.10.41	15	1.12.03
		チーム	14	1.03.36	17	2.16.45	17	3.22.33	17	4.19.08	17	5.42.27	16	1.01.15	11	2.05.57	12	3.13.32	10	4.24.13	11	5.36.16
		総合	**14**	**1.03.36**	**17**	**2.16.45**	**17**	**3.22.33**	**17**	**4.19.08**	**17**	**5.42.27**	**17**	**6.43.42**	**16**	**7.48.24**	**16**	**8.55.59**	**15**	**10.06.40**	**15**	**11.18.43**
16	順天堂	走者	3	松村 優樹	4	小沢 一真	2	稲田 翔威	1	西澤 卓弥	4	山下 侑哉	4	林 優	3	松村 和樹	2	松枝 博輝	2	田中 孝貴	1	聞谷 賢人
		個人	9	1.02.55	14	1.11.20	15	1.05.41	19	57.43	21	1.25.51	21	1.02.10	11	1.05.06	11	1.06.42	5	1.10.16	8	1.11.19
		チーム	9	1.02.55	11	2.14.15	13	3.19.56	15	4.17.39	19	5.43.30	21	1.02.10	18	2.07.16	16	3.13.58	11	4.24.14	9	5.35.33
		総合	**9**	**1.02.55**	**11**	**2.14.15**	**13**	**3.19.56**	**15**	**4.17.39**	**19**	**5.43.30**	**20**	**6.45.40**	**19**	**7.50.46**	**18**	**8.57.28**	**16**	**10.07.44**	**16**	**11.19.03**
17	國學院	走者	4	柿沼 昴太	4	寺田 夏生	3	沖守 怜	4	牛山 雄平	3	大下 稔樹	3	湯川 智史	2	廣川 倖暉	1	蜂須賀 源	2	吾妻 佑起	3	塚本 一政
		個人	18	1.04.19	7	1.10.28	21	1.07.11	17	57.06	16	1.23.32	9	1.00.53	6	1.04.38	13	1.06.57	20	1.14.09	9	1.11.31
		チーム	18	1.04.19	14	2.14.47	16	3.21.58	16	4.19.04	18	5.42.36	9	1.00.53	8	2.05.31	9	3.12.28	16	4.26.37	15	5.38.08
		総合	**18**	**1.04.19**	**14**	**2.14.47**	**16**	**3.21.58**	**16**	**4.19.04**	**18**	**5.42.36**	**15**	**6.43.29**	**15**	**7.48.07**	**15**	**8.55.04**	**17**	**10.09.13**	**17**	**11.20.44**
18	神奈川	走者	3	小泉 和也	2	我那覇和真	2	西山 凌平	3	井上 雄介	3	柿原 聖哉	1	東 瑞基	3	高山 直哉	1	石橋 健	4	岡部 貴洋	4	坂本 翔太
		個人	21	1.06.28	19	1.13.00	9	1.04.54	11	56.18	8	1.21.16	20	1.02.00	10	1.04.51	20	1.08.40	22	1.14.32	13	1.11.48
		チーム	21	1.06.28	20	2.19.28	20	3.24.22	18	4.20.40	15	5.41.56	20	1.02.00	15	2.06.51	19	3.15.31	20	4.30.03	20	5.41.51
		総合	**21**	**1.06.28**	**20**	**2.19.28**	**20**	**3.24.22**	**18**	**4.20.40**	**15**	**5.41.56**	**18**	**6.43.56**	**17**	**7.48.47**	**17**	**8.57.27**	**18**	**10.11.59**	**18**	**11.23.47**
19	城西	走者	4	山口 浩勢	3	村山 紘太	3	横田 良輔	1	松村陣之助	3	黒川 遼	1	菊地 聡之	4	佐野瑛一朗	2	河名真貴志	3	寺田 博英	3	杵島 凌太
		個人	19	1.04.59	18	1.12.25	18	1.06.38	15	56.54	15	1.23.31	6	1.00.04	19	1.06.20	18	1.07.47	20	1.14.09	18	1.12.55
		チーム	19	1.04.59	18	2.17.24	19	3.24.02	19	4.20.56	20	5.44.27	6	1.00.04	12	2.06.24	17	3.14.11	18	4.28.20	19	5.41.15
		総合	**19**	**1.04.59**	**18**	**2.17.24**	**19**	**3.24.02**	**19**	**4.20.56**	**20**	**5.44.27**	**19**	**6.44.31**	**20**	**7.50.51**	**19**	**8.58.38**	**19**	**10.12.47**	**19**	**11.25.42**
20	上武	走者	4	山岸 宏貴	3	倉田 翔平	3	佐藤 舜	2	東 森拓	3	松元 航	2	三好 慎平	4	高津戸翔太	3	根岸 成光	3	大西 淳貴	4	金子 大樹
		個人	10	1.03.11	8	1.10.40	10	1.05.05	18	57.13	20	1.25.50	17	1.01.37	20	1.06.32	22	1.10.32	18	1.12.52	16	1.12.24
		チーム	10	1.03.11	9	2.13.51	9	3.18.56	12	4.16.09	16	5.41.59	17	1.01.37	21	2.08.09	22	3.18.41	22	4.31.33	22	5.43.57
		総合	**10**	**1.03.11**	**9**	**2.13.51**	**9**	**3.18.56**	**12**	**4.16.09**	**16**	**5.41.59**	**16**	**6.43.36**	**18**	**7.50.08**	**20**	**9.00.40**	**20**	**10.13.32**	**20**	**11.25.56**
21	専修	走者	1	濱野 優太	3	吉良 充人	4	澤野 健史	3	駒井 滉平	3	斉藤 翔太	3	中山 賢太	4	松尾 修治	4	木内 勇貴	4	小原 延之	4	上野 大空
		個人	20	1.06.02	22	1.13.54	20	1.06.50	14	56.47	17	1.24.24	19	1.01.46	15	1.05.47	21	1.09.26	16	1.12.28	6	1.11.15
		チーム	20	1.06.02	21	2.19.56	21	3.26.46	21	4.23.33	21	5.47.57	19	1.01.46	19	2.07.33	20	3.16.59	19	4.29.27	17	5.40.42
		総合	**20**	**1.06.02**	**21**	**2.19.56**	**21**	**3.26.46**	**21**	**4.23.33**	**21**	**5.47.57**	**21**	**6.49.43**	**21**	**7.55.30**	**21**	**9.04.56**	**21**	**10.17.24**	**21**	**11.28.39**
22	国士舘	走者	3	浪岡 健吾	4	菊池 貴文	2	武藤 健太	4	中山 祐介	4	杉澤 諒	1	石井 秀昂	3	櫻井 亮太	1	餅崎 巧実	4	岡崎 友哉	2	堀合 修平
		個人	23	1.08.59	21	1.13.14	22	1.07.45	22	58.14	22	1.27.35	22	1.03.28	22	1.07.50	15	1.07.22	15	1.12.15	14	1.11.53
		チーム	23	1.08.59	22	2.22.13	22	3.29.58	22	4.28.12	22	5.55.47	22	1.03.28	22	2.11.18	21	3.18.40	21	4.30.55	21	5.42.48
		総合	**23**	**1.08.59**	**22**	**2.22.13**	**22**	**3.29.58**	**22**	**4.28.12**	**22**	**5.55.47**	**22**	**6.59.15**	**22**	**8.07.05**	**22**	**9.14.27**	**22**	**10.26.42**	**22**	**11.38.35**
棄	山梨学院	走者	2	田代 一馬	2	E.オムワンバ	3	兼子 侑大	1	上村 純也	3	井上 大仁	3	桃澤 大祐	4	松山雄太朗	2	前田 拓哉	3	阿部 竜巳	4	森井 勇磨
		個人	16	1.04.06	途中棄権		参	1.04.06	参	57.22	参	1.21.11	参	1.00.58	参	1.05.19	参	1.08.10	参	1.09.46	参	1.11.10
		チーム	16	1.04.06	記録なし								参	1.00.58	参	2.06.17	参	3.14.27	参	4.24.13	参	5.35.23
		総合	**16**	**1.04.06**	**記録なし**																	

第91回　2015年(平成27年)1月2日～3日　総距離：217.1km　往路：107.5km　復路：109.6km

順	大学名		往路										復路									
			1区(21.3km)		2区(23.1km)		3区(21.4km)		4区(18.5km)		5区(23.2km)		6区(20.8km)		7区(21.3km)		8区(21.4km)		9区(23.1km)		10区(23.0km)	
1	青山学院	走者	3	久保田和真	2	一色 恭志	3	渡邉 利典	1	田村 和希	3	神野 大地	3	村井 駿	3	小椋 裕介	4	高橋 宗司	4	藤川 拓也	2	安藤 悠哉
		個人	2	1.02.01	3	1.07.45	5	1.03.29	1	*54.28*	1	*1.16.15*	2	59.11	1	1.02.40	1	1.05.31	1	1.08.04	2	1.10.03
		チーム	2	1.02.01	3	2.09.46	3	3.13.15	2	4.07.43	1	5.23.58	2	59.11	1	2.01.51	1	3.07.22	1	4.15.26	1	5.25.29
		総合	2	1.02.01	3	2.09.46	3	3.13.15	2	4.07.43	1	5.23.58	1	6.23.09	1	7.25.49	1	8.31.20	1	9.39.24	1	10.49.27
2	駒澤	走者	4	中村 匠吾	4	村山 謙太	2	中谷 圭佑	1	工藤 有生	3	馬場 翔大	4	西澤 佳洋	2	西山 雄介	2	大塚 祥平	3	其田 健也	4	黒川 翔矢
		個人	1	1.02.00	4	1.07.46	1	1.02.40	2	*54.31*	17	1.24.26	3	59.21	2	1.03.26	2	1.05.45	3	1.09.25	8	1.10.57
		チーム	1	1.02.00	2	2.09.46	1	3.12.26	1	4.06.57	4	5.31.23	3	59.21	3	2.02.47	2	3.08.32	3	4.17.57	2	5.28.54
		総合	1	1.02.00	2	2.09.46	1	3.12.26	1	4.06.57	4	5.31.23	3	6.30.44	2	7.34.10	2	8.39.55	2	9.49.20	2	11.00.17
3	東洋	走者	4	田口 雅也	3	服部 勇馬	3	上村 和生	2	櫻岡 駿	4	五郎谷 俊	3	高橋 尚弥	2	服部 弾馬	4	今井 憲久	3	寺内 将人	4	淀川 弦太
		個人	4	1.02.12	1	1.07.32	6	1.03.34	4	55.15	11	1.22.14	8	1.00.01	3	1.03.35	6	1.06.03	9	1.10.27	5	1.10.29
		チーム	4	1.02.12	1	2.09.44	4	3.13.18	4	4.08.33	3	5.30.47	8	1.00.01	3	2.03.36	4	3.09.39	4	4.20.06	4	5.30.35
		総合	4	1.02.12	1	2.09.44	4	3.13.18	4	4.08.33	3	5.30.47	4	6.30.48	3	7.34.23	3	8.40.26	4	9.50.53	3	11.01.22
4	明治	走者	3	横手 健	4	大六野秀畝	4	有村 優樹	4	松井 智靖	4	文元 慧	4	山田 速人	1	末次 慶太	3	牟田 祐樹	3	木村 慎	2	江頭賢太郎
		個人	3	1.02.07	5	1.07.56	2	1.02.41	3	55.00	6	1.21.13	7	59.54	14	1.05.45	13	1.07.14	2	1.08.58	10	1.11.09
		チーム	3	1.02.07	4	2.10.03	2	3.12.44	3	4.07.44	2	5.28.57	7	59.54	11	2.05.39	10	3.12.53	7	4.21.51	6	5.33.00
		総合	3	1.02.07	4	2.10.03	2	3.12.44	3	4.07.44	2	5.28.57	2	6.28.51	4	7.34.36	5	8.41.50	3	9.50.48	4	11.01.57
5	早稲田	走者	3	中村信一郎	3	高田 康暉	2	井戸 浩貴	2	平 和真	4	山本 修平	3	三浦 雅裕	2	武田凜太郎	1	安井 雄一	3	柳 利幸	4	田口 大貴
		個人	11	1.02.42	6	1.08.17	8	1.03.47	9	56.31	10	1.21.45	1	*58.31*	5	1.04.09	1	1.06.05	4	1.09.32	7	1.10.56
		チーム	11	1.02.42	5	2.10.59	5	3.14.46	5	4.11.17	6	5.33.02	1	58.31	2	2.02.40	3	3.08.45	3	4.18.17	3	5.29.13
		総合	11	1.02.42	5	2.10.59	5	3.14.46	5	4.11.17	6	5.33.02	5	6.31.33	5	7.35.42	4	8.41.47	5	9.51.19	5	11.02.15
6	東海	走者	3	白吉 凌	1	川端 千都	2	廣田 雄希	4	吉川 修司	3	宮上 翔太	4	山下 英俊	2	石橋 安孝	1	春日 千速	3	高木登志夫	2	土屋 貴幸
		個人	12	1.02.43	7	1.08.32	12	1.04.30	14	56.58	5	1.21.12	9	1.00.26	7	1.04.30	5	1.06.02	12	1.10.32	13	1.11.43
		チーム	12	1.02.43	7	2.11.15	8	3.15.45	7	4.12.43	7	5.33.55	9	1.00.26	7	2.04.56	7	3.10.58	5	4.21.30	8	5.33.13
		総合	12	1.02.43	7	2.11.15	8	3.15.45	7	4.12.43	7	5.33.55	7	6.34.21	6	7.38.51	6	8.44.53	6	9.55.25	6	11.07.08
7	城西	走者	2	松村陣之助	4	村山 紘太	4	横田 良輔	3	山本 雄大	2	菊地 聡之	3	西岡 喬介	3	室井 勇吾	4	黒川 遼	1	菅 真大	4	寺田 博英
		個人	16	1.03.51	2	1.07.43	10	1.04.04	18	57.51	9	1.21.40	10	1.00.27	6	1.04.29	12	1.06.53	15	1.11.16	1	1.10.01
		チーム	16	1.03.51	8	2.11.34	7	3.15.38	8	4.13.29	8	5.35.09	10	1.00.27	7	2.04.56	8	3.11.49	9	4.23.05	7	5.33.06
		総合	16	1.03.51	8	2.11.34	7	3.15.38	8	4.13.29	8	5.35.09	9	6.35.36	9	7.40.05	9	8.46.58	9	9.58.14	7	11.08.15
8	中央学院	走者	3	潰滝 大記	2	海老澤 剛	3	塩谷 桂大	2	村上 優輝	4	及川 佑太	4	木部 誠人	2	海老澤 太	3	山本 拓巳	4	山田 侑紀	2	久保田 翼
		個人	5	1.02.27	11	1.09.30	4	1.03.07	15	57.35	3	1.19.47	16	1.01.16	11	1.05.17	8	1.06.24	16	1.12.06	14	1.11.49
		チーム	5	1.02.27	11	2.11.57	6	3.15.04	6	4.12.39	5	5.32.26	16	1.01.16	13	2.06.33	11	3.12.57	16	4.25.03	14	5.36.52
		総合	5	1.02.27	11	2.11.57	6	3.15.04	6	4.12.39	5	5.32.26	6	6.33.42	7	7.38.59	7	8.45.23	7	9.57.29	8	11.09.18
9	山梨学院	走者	3	田代 一馬	2	佐藤 孝哉	4	井上 大仁	2	上村 純也	3	前田 拓哉	4	桃澤 大祐	1	市谷龍太郎	3	谷原 先嘉	4	阿部 竜巳	4	兼子 侑大
		個人	20	1.05.38	18	1.11.10	3	1.02.56	12	56.37	12	1.22.32	5	59.38	12	1.05.23	4	1.05.56	14	1.10.44	3	1.10.09
		チーム	20	1.05.38	20	2.16.48	17	3.19.44	14	4.16.21	13	5.38.53	5	59.38	9	2.05.01	6	3.10.57	6	4.21.41	5	5.31.50
		総合	20	1.05.38	20	2.16.48	17	3.19.44	14	4.16.21	13	5.38.53	12	6.38.31	11	7.43.54	11	8.49.50	11	10.00.34	9	11.10.43
10	大東文化	走者	3	大隅 裕介	4	市田 孝	4	平塚 祐三	1	原 法利	4	市田 宏	4	徳原宗一郎	2	北村 一摩	3	森橋 完介	4	池田 紀保	4	植木 章文
		個人	9	1.02.40	10	1.09.03	13	1.04.57	16	57.44	4	1.20.57	15	1.01.13	17	1.06.17	11	1.06.43	7	1.10.08	11	1.11.33
		チーム	9	1.02.40	10	2.11.43	9	3.16.40	12	4.14.24	9	5.35.21	15	1.01.13	18	2.07.30	16	3.14.13	13	4.24.21	12	5.35.54
		総合	9	1.02.40	10	2.11.43	9	3.16.40	12	4.14.24	9	5.35.21	10	6.36.34	10	7.42.51	10	8.49.34	10	9.59.42	10	11.11.15
11	帝京	走者	4	早川 昇平	4	柳原 貴大	4	杉山 連哉	3	野村 雄一	3	竹本 紘希	3	君島 亮太	2	内田 直斗	3	阿南 堅也	3	高橋 裕太	3	堤 悠生
		個人	15	1.03.44	16	1.11.02	7	1.03.41	19	58.17	13	1.22.34	18	1.01.34	10	1.05.06	14	1.07.15	6	1.09.50	4	1.10.27
		チーム	15	1.03.44	16	2.14.46	13	3.18.27	16	4.16.44	16	5.39.18	18	1.01.34	14	2.06.40	13	3.13.55	11	4.23.45	9	5.34.12
		総合	15	1.03.44	16	2.14.46	13	3.18.27	16	4.16.44	16	5.39.18	15	6.40.52	15	7.45.58	14	8.53.13	13	10.03.03	11	11.13.30
12	順天堂	走者	4	松村 優樹	3	田中 孝貴	4	三宅 隆友	3	稲田 翔威	3	松枝 博輝	2	森 湧暉	2	西澤 卓弥	1	栃木 渡	4	松村 和樹	2	聞谷 賢人
		個人	7	1.02.37	12	1.09.43	17	1.06.50	6	56.10	16	1.23.58	11	1.00.40	4	1.04.07	15	1.07.59	8	1.10.21	9	1.11.07
		チーム	7	1.02.37	12	2.12.20	15	3.19.10	13	4.15.20	15	5.39.18	11	1.00.40	6	2.04.47	9	3.12.46	10	4.23.07	10	5.34.14
		総合	7	1.02.37	12	2.12.20	15	3.19.10	13	4.15.20	15	5.39.18	14	6.39.58	12	7.44.05	12	8.52.04	12	10.02.25	12	11.13.32
13	日本	走者	3	荻野眞之介	2	石川 颯真	4	竹ノ内佳樹	1	高野 千尋	3	D. キトニー	4	渡部 良太	4	高松 峻平	1	町井 宏行	4	村越 直希	4	大門 友也
		個人	17	1.04.07	19	1.11.28	9	1.03.59	20	59.10	2	1.18.45	13	1.00.52	18	1.06.30	16	1.08.00	10	1.10.28	18	1.14.40
		チーム	17	1.04.07	18	2.15.35	16	3.19.34	18	4.18.44	12	5.37.29	13	1.00.52	16	2.07.22	16	3.15.22	17	4.25.50	17	5.40.30
		総合	17	1.04.07	18	2.15.35	16	3.19.34	18	4.18.44	12	5.37.29	11	6.38.21	13	7.44.51	13	8.52.51	14	10.03.19	13	11.17.59
14	國學院	走者	2	蜂須賀 源	4	沖守 怜	4	塚本 一政	3	吾妻 佑起	4	大下 稜樹	2	細森 大輔	4	鮫島教二郎	4	川副 智洋	3	廣川 倖暉	4	湯川 智史
		個人	14	1.03.15	17	1.11.08	20	1.08.29	8	56.25	14	1.23.31	14	1.00.55	13	1.05.33	19	1.08.34	5	1.09.42	6	1.10.40
		チーム	14	1.03.15	15	2.14.23	20	3.22.52	20	4.19.17	19	5.42.48	14	1.00.55	12	2.06.28	17	3.15.02	15	4.24.44	11	5.35.24
		総合	14	1.03.15	15	2.14.23	20	3.22.52	20	4.19.17	19	5.42.48	19	6.43.43	19	7.49.16	19	8.57.50	19	10.07.32	14	11.18.12
15	日本体育	走者	3	勝亦 祐太	3	奥野 翔弥	4	加藤 光	4	木村 勇貴	1	小町 昌矢	2	秋山 清仁	2	大手 敬史	1	吉田 亮壱	2	山本 航平	1	富安 央
		個人	18	1.04.09	14	1.10.09	11	1.04.24	17	57.47	19	1.25.19	4	59.29	16	1.05.51	17	1.08.23	11	1.10.30	16	1.12.23
		チーム	18	1.04.09	14	2.14.18	14	3.18.42	15	4.16.29	17	5.41.48	4	59.29	10	2.05.20	12	3.13.43	12	4.24.13	13	5.36.36
		総合	18	1.04.09	14	2.14.18	14	3.18.42	15	4.16.29	17	5.41.48	16	6.41.17	17	7.47.08	17	8.55.31	15	10.06.01	15	11.18.24
16	拓殖	走者	4	佐護 啓輔	3	金森 寛人	3	東島 彰吾	1	西 智也	4	尾上慎太郎	4	大島 千幸	2	新井 裕崇	2	宇田 朋史	3	栩山 健	4	桜井 一樹
		個人	8	1.02.38	13	1.10.08	14	1.05.00	11	56.35	8	1.21.15	20	1.03.07	20	1.07.08	18	1.08.31	17	1.12.12	14	1.11.50
		チーム	8	1.02.38	13	2.12.46	11	3.17.46	11	4.14.21	11	5.35.36	20	1.03.07	20	2.10.15	20	3.18.46	20	4.30.58	18	5.42.48
		総合	8	1.02.38	13	2.12.46	11	3.17.46	11	4.14.21	11	5.35.36	13	6.38.43	14	7.45.51	16	8.54.22	17	10.06.34	16	11.18.24
17	神奈川	走者	3	我那覇和真	4	柿原 聖哉	1	大川 一成	3	西山 凌平	3	渡邊 慎也	1	鈴木 健吾	4	高山 直哉	1	大野 日暉	4	井上 雄介	2	中神 恒也
		個人	6	1.02.34	8	1.08.34	18	1.07.00	5	56.08	18	1.24.53	19	1.02.42	9	1.04.57	9	1.06.28	20	1.13.58	11	1.11.33
		チーム	6	1.02.34	6	2.11.08	12	3.18.08	10	4.14.16	14	5.39.09	19	1.02.42	19	2.07.39	15	3.14.07	18	4.28.05	16	5.39.38
		総合	6	1.02.34	6	2.11.08	12	3.18.08	10	4.14.16	14	5.39.09	17	6.41.51	16	7.46.48	15	8.53.16	18	10.07.14	17	11.18.47
18	上武	走者	1	井上 弘也	4	佐藤 舜	1	坂本 佳太	4	倉田 翔平	3	森田 清貴	4	横内佑太朗	3	三好 慎平	3	田林 希望	3	山岸 塁	2	河崎 裕史
		個人	19	1.05.13	15	1.10.52	16	1.06.00	7	56.11	15	1.23.39	17	1.01.30	15	1.05.50	10	1.06.37	13	1.10.36	17	1.12.25
		チーム	19	1.05.13	19	2.16.05	18	3.22.05	17	4.18.16	18	5.41.55	17	1.01.30	15	2.07.20	14	3.13.57	14	4.24.33	15	5.36.58
		総合	19	1.05.13	19	2.16.05	18	3.22.05	17	4.18.16	18	5.41.55	18	6.43.25	18	7.49.15	18	8.55.52	16	10.06.28	18	11.18.53
19	中央	走者	2	町澤 大雅	4	新庄 翔太	3	藤井 寛之	2	鈴木 修平	3	小谷 政宏	2	谷本 拓巳	3	徳永 照	4	永井 秀篤	3	松原 啓介	4	多田 要
		個人	10	1.02.41	9	1.08.55	15	1.05.43	13	56.52	7	1.21.14	6	59.53	8	1.04.44	3	1.05.47	18	1.12.13	20	1.22.49
		チーム	10	1.02.41	9	2.11.36	10	3.17.19	9	4.14.11	10	5.35.25	6	59.53	5	2.04.37	5	3.10.24	8	4.22.37	19	5.45.26
		総合	10	1.02.41	9	2.11.36	10	3.17.19	9	4.14.11	10	5.35.25	8	6.35.18	8	7.40.02	8	8.45.49	8	9.58.02	19	11.20.51
20	創価	走者	3	山口 修平	3	後沢 広大	1	蟹澤 淳平	1	大山 憲明	2	セルナルド祐慈	4	小島 一貴	1	江藤 光輝	3	新村 健太	2	彦坂 一成	4	沼口 雅彦
		個人	13	1.02.46	20	1.12.26	19	1.07.27	10	56.34	20	1.25.32	12	1.00.51	19	1.06.33	20	1.08.54	19	1.13.07	19	1.17.30
		チーム	13	1.02.46	17	2.15.12	19	3.22.39	19	4.19.13	20	5.44.45	12	1.00.51	17	2.07.24	19	3.16.18	19	4.29.25	20	5.46.55
		総合	13	1.02.46	17	2.15.12	19	3.22.39	19	4.19.13	20	5.44.45	20	6.45.36	20	7.52.09	20	9.01.03	20	10.14.10	20	11.31.40
参	関東学連	走者	4	浅岡 満憲	4	斉藤 翔太	3	堀合 修平	2	柴田 拓真	4	吉村 大輝	3	古川 敬祐	3	村瀬 圭太	3	小針 旭人	3	松井 将器	3	佐久間 祥
		個人	参	1.03.59	参	1.10.52	参	1.04.43	参	57.18	参	1.21.35	参	1.05.08	参	1.05.16	参	1.07.18	参	1.12.08	参	1.10.55
		チーム	参	1.03.59	参	2.14.51	参	3.19.34	参	4.16.52	参	5.38.27	参	1.05.08	参	2.10.24	参	3.17.42	参	4.29.50	参	5.40.45
		総合	参	1.03.59	参	2.14.51	参	3.19.34	参	4.16.52	参	5.38.27	参	6.43.35	参	7.48.51	参	8.56.09	参	10.08.17	参	11.19.12

出雲駅伝（出雲全日本大学選抜駅伝競走）第1回～第26回

第1回　1989年（平成元年）10月10日（名称：平成記念 出雲くにびき大学招待クロスカントリーリレーフェスティバル）　**総距離：42.6km**

順	大学名		1区 (6.0km)		2区 (7.7km)		3区 (5.3km)		4区 (5.3km)		5区 (7.0km)		6区 (11.3km)	
1	日本	走者	2	谷川 義秀	2	梅津 富浩	2	岩本 照暢	3	戸田 俊介	3	仲 宏治	4	岡本 和浩
		個人	1	17.14	2	22.34	5	15.26	1	15.12	4	20.35	1	33.19
		チーム	1	17.14	1	39.48	1	55.14	1	1.10.26	1	1.31.01	1	2.04.20
2	大東文化	走者	2	岡野 雅毅	3	実井 謙二郎	3	大津 睦	1	奈良 修	4	斎藤 大輔	2	島嵜 貴之
		個人	5	17.35	6	22.45	1	15.00	2	15.17	3	20.34	3	33.46
		チーム	5	17.35	7	40.20	2	55.20	2	1.10.37	2	1.31.11	2	2.04.57
3	山梨学院	走者	2	松石 正勝	2	J. オツオリ	4	福田 正志	4	梶川 和行	3	青木 貴紀	2	K. イセナ
		個人	13	17.56	1	21.53	6	15.34	3	15.24	2	20.32	5	34.41
		チーム	13	17.56	2	39.49	3	55.23	3	1.10.47	3	1.31.19	3	2.06.00
4	順天堂	走者	2	巽 博和	4	仲村 明	2	大蔵 典宏	2	新藤 伸之	4	鈴木 賢一	4	山田 和人
		個人	8	17.39	7	22.48	8	15.57	9	15.58	1	20.25	2	33.22
		チーム	8	17.39	8	40.27	8	56.24	8	1.12.22	8	1.32.47	4	2.06.09
5	中央	走者	2	板橋 弘行	4	大沢 陽祐	3	犬塚 崇志	3	田幸 寛史	2	松本 秀之	2	大谷 栄
		個人	3	17.23	5	22.44	7	15.37	3	15.24	5	20.45	6	34.46
		チーム	3	17.23	3	40.07	7	55.44	6	1.11.08	4	1.31.53	5	2.06.39
6	京都産業	走者	4	堀田 直希	4	古田 康寛	4	定木 徹治	2	松本 泰孝	4	山本 直人	4	岸本 実
		個人	2	17.19	8	22.50	3	15.17	6	15.38	10	21.31	4	34.38
		チーム	2	17.19	4	40.09	5	55.26	4	1.11.04	6	1.32.35	6	2.07.13
7	東海	走者	1	蔵元 篤志	4	富永 豪紀	3	黒田 正治	4	児林 信治	4	池田 光明	4	佐藤 円
		個人	4	17.28	8	22.50	2	15.08	8	15.50	8	21.24	8	34.54
		チーム	4	17.28	6	40.18	4	55.26	7	1.11.16	7	1.32.40	7	2.07.34
8	東京農業	走者	4	二ノ宮 祥生	4	青木 潤	2	川口 章一	3	木口 典昭	2	都甲 裕司	1	山岸 博之
		個人	6	17.37	3	22.36	4	15.22	5	15.31	6	21.13	10	35.33
		チーム	6	17.37	5	40.13	6	55.35	5	1.11.06	5	1.32.19	8	2.07.52
9	日本体育	走者	3	矢島 亨	3	平塚 潤	1	山本 敏	2	倉村 修一	2	森山 竜一	4	村上 富敏
		個人	11	17.51	4	22.41	13	16.24	7	15.41	7	21.14	12	35.38
		チーム	11	17.51	9	40.32	10	56.56	9	1.12.37	9	1.33.51	9	2.09.29
10	中京	走者	2	高味 武彦	3	西岡 英治	4	市来 仁	2	北山 豊	4	田中 直行	3	大石 幸浩
		個人	7	17.38	10	23.07	9	15.59	11	16.11	11	21.42	11	35.35
		チーム	7	17.38	10	40.45	9	56.44	10	1.12.55	10	1.34.37	10	2.10.12
11	駒澤	走者	2	大場 康成	4	鈴木 康之	1	古中 忍	1	東 真一郎	2	生見 一法	2	高橋 秀樹
		個人	16	18.42	11	23.59	12	16.15	15	16.26	9	21.28	7	34.48
		チーム	16	18.42	15	42.41	14	58.56	14	1.15.22	13	1.36.50	11	2.11.38
12	徳山	走者	3	宮田 和哉	1	川久保 謙一	4	中藤 健二	1	下村 博之	2	西原 博	4	小村 明弘
		個人	10	17.46	13	24.08	10	16.06	15	16.26	13	21.53	14	36.00
		チーム	10	17.46	11	41.54	11	58.00	11	1.14.26	11	1.36.19	12	2.12.19
13	早稲田	走者	2	深谷 弘	3	中村 恵一郎	1	豊福 知徳	3	児玉 敬介	3	近藤 雄二	4	佐野川 靖
		個人	12	17.56	15	24.30	11	16.11	12	16.15	12	21.47	15	36.08
		チーム	12	17.56	13	42.36	12	58.37	12	1.14.52	12	1.36.39	13	2.12.47
14	福岡	走者	3	栗原 勉	3	山之内 浩一	4	清田 隆宏	3	窪田 和敏	2	四辻 浩二	4	高瀬 幸一
		個人	9	17.41	16	24.33	14	16.32	10	16.07	14	22.07	16	36.36
		チーム	9	17.41	12	42.14	13	58.46	13	1.14.53	14	1.37.00	14	2.13.36
15	北信越連	走者	2	水沢 康博	4	二瓶 昭夫	3	平田 幸一	3	後藤 清和	3	河合 健一	4	樋口 友幸
		個人	20	19.30	17	24.56	16	16.41	13	16.16	16	22.13	13	35.42
		チーム	20	19.30	18	44.26	18	1.01.07	17	1.17.23	16	1.39.36	15	2.15.18
16	東北学連	走者	4	田中 保志	4	品川 紀明	2	野口 理	4	斎藤 真司	4	和泉 佳男	4	山口 欣也
		個人	17	18.55	14	24.27	18	16.52	17	16.29	19	23.22	9	35.22
		チーム	17	18.55	16	43.22	16	1.00.14	16	1.16.43	17	1.40.05	16	2.15.27
17	大阪体育	走者	3	中野 一郎	3	油屋 健二	4	舛田 英之	4	深井 悟	1	梅本 浩志	4	上坊 悟
		個人	15	18.26	12	24.01	15	16.40	18	16.56	17	22.21	20	37.33
		チーム	15	18.26	14	42.27	15	59.07	15	1.16.03	15	1.38.24	17	2.15.57
18	中四国連	走者	3	伴 真和	4	山本 正和	4	大国 伸司	4	秋月 昌臣	3	河東 重光	3	瀧浦 博文
		個人	18	19.03	19	25.45	19	17.01	14	16.23	15	22.08	17	36.49
		チーム	18	19.03	20	44.48	19	1.01.49	19	1.18.12	18	1.40.20	18	2.17.09
19	北海道連	走者	3	古田 仁	2	岡本 邦彦	2	佐藤 卓志	2	高橋 秀典	3	高木 克志	4	竹内 貴之
		個人	14	18.15	20	25.47	17	16.50	20	17.04	20	23.27	18	37.06
		チーム	14	18.15	17	44.02	17	1.00.52	18	1.17.56	19	1.41.23	19	2.18.29
20	久留米	走者	2	永田 寿志	1	丹下 克己	3	森 幸司	1	楠本 美徳	3	小川 和之	4	前屋敷 満
		個人	19	19.25	18	25.23	20	17.13	19	17.02	18	22.28	19	37.30
		チーム	19	19.25	19	44.48	20	1.02.01	20	1.19.03	20	1.41.31	20	2.19.01

第2回　1990年(平成2年)10月10日 (名称：'90出雲くにびき 全日本大学招待ロードリレー大会)　総距離：42.6km

順	大学名		1区 (6.0km)		2区 (7.7km)		3区 (5.3km)		4区 (5.3km)		5区 (7.0km)		6区 (11.3km)	
1	大東文化	走者	3	横田 芳則	4	樋口 一隆	2	浜矢 将直	1	松苗 明	1	山中 正明	3	島嵜 貴之
		個人	5	17.35	3	23.16	3	15.51	2	15.48	1	*20.25*	2	33.46
		チーム	5	17.35	3	40.51	3	56.42	2	1.12.30	1	1.32.55	1	2.06.41
2	早稲田	走者	1	武井 隆次	1	櫛部 静二	1	花田 勝彦	3	深谷 弘	2	豊福 知徳	3	中富 肇
		個人	1	17.28	4	23.19	1	15.48	2	15.48	5	20.47	3	33.48
		チーム	1	17.28	1	40.47	1	56.35	1	1.12.23	2	1.33.10	2	2.06.58
3	山梨学院	走者	3	川崎 光人	4	片桐 岳彦	2	中尾 学	2	中尾 義久	4	鳥山 晋	3	J.オツオリ
		個人	10	17.58	10	24.10	4	16.02	18	17.00	2	20.41	1	*31.55*
		チーム	10	17.58	11	42.08	8	58.10	9	1.15.10	8	1.35.51	3	2.07.46
4	日本	走者	3	岩本 照暢	3	梅津 富浩	1	中村 博幸	1	大沢 芳明	4	仲 宏治	3	谷川 義秀
		個人	2	17.31	5	23.24	5	16.04	1	15.40	2	20.41	5	34.37
		チーム	2	17.31	5	40.55	4	56.59	3	1.12.39	3	1.33.20	4	2.07.57
5	中央	走者	4	田幸 寛史	3	板橋 弘行	1	森川 貴生	4	犬塚 崇志	3	小堀 明位	3	深川 竜太
		個人	9	17.43	1	23.08	8	16.34	8	16.13	6	20.49	7	34.27
		チーム	9	17.43	3	40.51	5	57.25	6	1.13.38	6	1.34.27	5	2.09.14
6	東海	走者	1	松岡 政文	4	黒田 正治	4	津田 祥一	3	相沢 義和	2	石川 博敏	3	橋本 孝博
		個人	12	18.07	9	23.54	5	16.04	2	15.48	8	21.02	4	34.35
		チーム	12	18.07	9	42.01	7	58.05	7	1.13.53	7	1.34.55	6	2.09.30
7	国士舘	走者	3	宮島 誠一	4	須田 貴幸	2	永井 博一	3	億田 明彦	2	井出 亘	4	木村 聡
		個人	2	17.31	7	23.39	7	16.16	5	15.51	7	20.57	10	35.23
		チーム	2	17.31	6	41.10	6	57.26	5	1.13.17	5	1.34.14	7	2.09.37
8	京都産業	走者	3	小野 靖彦	3	松本 泰孝	4	鳥居 久義	1	松永 規明	1	杉本 健一	1	安川 毅
		個人	4	17.33	2	23.15	1	15.48	10	16.16	9	21.16	17	37.02
		チーム	4	17.33	2	40.48	2	56.36	4	1.12.52	4	1.34.08	8	2.11.10
9	順天堂	走者	1	本川 一美	2	畠中 重一	2	松本 正信	2	尾下 博人	3	新藤 伸之	3	山本 正樹
		個人	7	17.39	11	24.17	11	16.44	12	16.32	4	20.45	8	35.16
		チーム	7	17.39	8	41.56	10	58.40	10	1.15.12	9	1.35.57	9	2.11.13
10	日本体育	走者	2	橋本 和人	4	平塚 潤	3	倉村 修一	1	永山 稔朗	4	永野 法正	4	千葉 祐一
		個人	20	19.38	6	23.37	12	16.48	6	16.06	11	21.28	5	34.37
		チーム	20	19.38	13	43.15	12	1.00.03	12	1.16.09	11	1.37.37	10	2.12.14
11	法政	走者	4	波越 巌	2	深山 英樹	1	斎藤 茂	3	江本 真	2	信賀 宏信	4	時末 政義
		個人	11	18.01	8	23.40	10	16.42	9	16.15	10	21.20	16	36.41
		チーム	11	18.01	7	41.41	9	58.23	8	1.14.38	10	1.35.58	11	2.12.39
12	大阪経済	走者	3	土井 秀之	4	寺川 慶一郎	2	乗松 洋平	1	福田 登	2	辻本 敏行	4	賀集 重安
		個人	8	17.42	12	24.21	14	17.01	13	16.37	17	22.35	9	35.20
		チーム	8	17.42	10	42.03	11	59.04	11	1.15.41	12	1.38.16	12	2.13.36
13	福岡	走者	3	四辻 浩二	2	喜久里 忍	3	木村 元紀	4	窪田 和敏	3	今津 淳一	4	栗原 勉
		個人	14	18.44	13	24.38	16	17.07	7	16.08	12	21.55	12	35.38
		チーム	14	18.44	14	43.22	15	1.00.29	14	1.16.37	13	1.38.32	13	2.14.10
14	徳山	走者	4	宮田 和哉	1	村田 仁	1	西原 隆広	2	安栖 富美雄	2	下村 博之	2	川久保 謙一
		個人	13	18.39	14	24.50	9	16.38	14	16.38	15	22.08	11	35.34
		チーム	13	18.39	15	43.29	14	1.00.07	15	1.16.45	15	1.38.53	14	2.14.27
15	中京	走者	4	西岡 英治	4	大石 幸浩	2	高山 康則	1	中西 俊二	3	仙田 幸一	3	高味 武彦
		個人	6	17.38	16	25.15	17	17.11	11	16.27	14	22.07	14	36.09
		チーム	6	17.38	12	42.53	13	1.00.04	13	1.16.31	14	1.38.38	15	2.14.47
16	北信越連	走者	2	後藤 清和	1	永松 憲治	4	平田 幸一	2	大越 武士	4	河合 健一	4	桜井 誠
		個人	18	19.07	18	25.42	12	16.48	17	16.58	12	21.55	13	35.47
		チーム	18	19.07	18	44.49	17	1.01.37	17	1.18.35	16	1.40.30	16	2.16.17
17	中四国連	走者	4	伴 真和	4	小川 啓一	4	平田 浩一	4	河東 重光	3	増田 昌彦	4	瀧浦 博文
		個人	15	18.45	16	25.15	20	17.44	14	16.38	18	22.37	15	36.21
		チーム	15	18.45	17	44.00	18	1.01.44	16	1.18.22	17	1.40.59	17	2.17.20
18	北海道連	走者	4	古田 仁	4	鈴木 克知	1	西村 憲	4	中山 秀則	3	岡本 邦彦	2	鐘下 伊雄
		個人	16	19.03	19	26.02	15	17.03	19	17.40	16	22.12	18	37.23
		チーム	16	19.03	19	45.05	19	1.02.08	19	1.19.48	18	1.42.00	18	2.19.23
19	九州国際	走者	3	山崎 利繁	4	赤治 直和	4	安松 敏郎	4	山吉 公雄	1	正木 英二	1	神野 与志男
		個人	17	19.05	15	24.54	18	17.18	20	17.41	20	23.12	19	38.15
		チーム	17	19.05	16	43.59	16	1.01.17	18	1.18.58	19	1.42.10	19	2.20.25
20	東北学連	走者	2	片岡 利則	3	阿部 誠	2	上野 哲寛	3	野口 理	3	佐々木 雅明	2	高橋 恭一
		個人	19	19.32	20	26.24	19	17.25	16	16.45	19	23.07	20	38.35
		チーム	19	19.32	20	45.56	20	1.03.21	20	1.20.06	20	1.43.13	20	2.21.48

第3回　1991年(平成3年)10月10日 (名称：'91出雲くにびき 全日本大学招待ロードリレー大会)　総距離：42.6km

順	大学名		1区(6.0km)		2区(7.7km)		3区(5.3km)		4区(5.3km)		5区(7.0km)		6区(11.3km)	
1	山梨学院	走者	2	飯島 理彰	4	下山 一彦	4	高野 和彦	3	中尾 義久	4	比嘉 正樹	4	J.オツオリ
		個人	3	17.31	6	23.26	2	15.49	5	15.35	6	21.08	1	32.41
		チーム	3	17.31	6	40.57	3	56.46	3	1.12.21	4	1.33.29	1	2.06.10
2	大東文化	走者	4	須藤 智樹	4	清水 康次	4	横田 芳則	2	松苗　明	3	奈良　修	4	島嵜 貴之
		個人	5	17.36	2	23.00	1	15.38	1	15.24	3	20.59	3	33.59
		チーム	5	17.36	2	40.36	1	56.14	1	1.11.38	1	1.32.37	2	2.06.36
3	日本	走者	4	谷川 義秀	4	梅津 富浩	1	川内 勝弘	3	林　博志	1	堀尾 貴幸	4	岩本 照暢
		個人	11	17.53	7	23.33	3	15.51	9	16.00	1	20.17	4	34.03
		チーム	11	17.53	8	41.26	7	57.17	5	1.13.17	5	1.33.34	3	2.07.37
4	順天堂	走者	1	伊藤 克昌	2	本川 一美	1	高橋 健一	3	三好 健治	4	新藤 伸之	4	山本 正樹
		個人	7	17.40	1	22.55	6	16.09	4	15.32	5	21.06	6	34.52
		チーム	7	17.40	1	40.35	2	56.44	2	1.12.16	2	1.33.22	4	2.08.14
5	東京農業	走者	4	小泉　充	4	川口 章一	3	福地 弘久	2	藤野 英之	2	高安 哲二	3	山岸 博之
		個人	12	17.55	9	23.58	11	16.22	8	15.53	2	20.50	2	33.46
		チーム	12	17.55	9	41.53	9	58.15	9	1.14.08	9	1.34.58	5	2.08.44
6	日本体育	走者	2	永山 稔朗	2	松井 紀仁	2	木村 文祐	3	山本　敏	3	永田 純也	1	緒方 寿和
		個人	6	17.37	3	23.13	4	16.01	2	15.30	4	21.01	11	35.30
		チーム	6	17.37	3	40.50	4	56.51	3	1.12.21	2	1.33.22	6	2.08.52
7	早稲田	走者	2	櫛部 静二	2	武井 隆次	1	小林 正幹	4	深谷　弘	1	小林　修	4	中富　肇
		個人	1	17.28	8	23.50	5	16.08	13	16.04	9	21.22	5	34.10
		チーム	1	17.28	7	41.18	8	57.26	8	1.13.30	8	1.34.52	7	2.09.02
8	東海	走者	4	相沢 義和	2	松岡 政文	1	小野 直樹	4	橋本 孝博	3	田中 和貴	2	永村 智明
		個人	8	17.41	4	23.14	9	16.19	3	15.31	9	21.22	10	35.29
		チーム	8	17.41	5	40.55	6	57.14	6	1.12.45	7	1.34.07	8	2.09.36
8	京都産業	走者	2	安川　毅	2	増井 昭博	3	小林 哲二	2	児玉 秀樹	2	杉本 健一	4	松本 泰孝
		個人	4	17.35	5	23.19	7	16.13	6	15.37	7	21.15	12	35.37
		チーム	4	17.35	4	40.54	5	57.07	5	1.12.44	6	1.33.59	8	2.09.36
10	中央	走者	1	菅 陽一郎	4	深川 竜太	1	佐藤 信之	4	板橋 弘行	3	大沢 哲夫	4	大江 英之
		個人	9	17.43	11	24.32	9	16.19	7	15.41	11	21.25	8	35.05
		チーム	9	17.43	10	42.15	10	58.34	10	1.14.15	10	1.35.40	10	2.10.45
11	鹿屋体育	走者	3	立迫 俊徳	3	真鍋 宏樹	3	古木 秀明	4	石岡 一洋	3	小柳 浩二	1	向井 卓郎
		個人	2	17.30	14	24.51	12	16.33	14	16.08	13	21.54	9	35.24
		チーム	2	17.30	11	42.21	11	58.54	11	1.15.02	11	1.36.56	11	2.12.20
12	駒澤	走者	2	鎌込 和成	4	大場 康成	3	東 真一郎	1	有地　毅	4	生見 一法	4	高橋 秀樹
		個人	14	17.56	20	25.36	16	16.53	12	16.02	8	21.17	7	35.04
		チーム	14	17.56	16	43.32	16	1.00.25	14	1.16.27	13	1.37.44	12	2.12.48
13	徳山	走者	3	川久保 謙一	2	西原 隆広	3	金好 俊雄	1	吉田 貴幸	1	矢田 育男	2	村田　仁
		個人	15	18.14	13	24.49	14	16.40	9	16.00	13	21.54	13	36.05
		チーム	15	18.14	13	43.03	12	59.43	12	1.15.43	12	1.37.37	13	2.13.42
14	福岡	走者	1	大谷 幸司	3	喜久里 忍	4	四辻 浩二	4	今津 淳一	3	末次　信	3	畑中 慎太郎
		個人	18	18.43	12	24.43	8	16.18	11	16.01	15	22.00	16	36.43
		チーム	18	18.43	15	43.26	13	59.44	13	1.15.45	14	1.37.45	14	2.14.28
15	中京	走者	4	遠中 正美	2	上 祐一郎	3	高山 康則	2	中西 俊二	4	北山　豊	2	大田 一美
		個人	12	17.55	16	25.13	17	17.01	19	16.34	12	21.49	18	37.07
		チーム	12	17.55	14	43.08	14	1.00.09	17	1.16.43	15	1.38.32	15	2.15.39
16	中四国連	走者	1	内冨 恭則	3	光井 栄造	1	舛下 和伸	3	松本 伸也	3	吉居 健二	2	村上 敬史
		個人	10	17.50	22	25.59	15	16.43	14	16.08	17	22.24	20	37.23
		チーム	10	17.50	17	43.49	17	1.00.32	16	1.16.40	17	1.39.04	16	2.16.27
17	大阪経済	走者	3	乗松 洋平	4	土井 秀之	1	菅野 清輝	1	宮崎　崇	1	河原 徹也	3	辻本 敏行
		個人	16	18.33	10	24.24	21	17.24	16	16.16	15	22.00	21	37.58
		チーム	16	18.33	12	42.57	15	1.00.21	15	1.16.37	16	1.38.37	17	2.16.35
18	東北学連	走者	3	上野 哲寛	3	片岡 利則	4	野口　理	3	山田　智	4	佐々木 雅明	3	高橋 信亮
		個人	19	18.58	18	25.28	18	17.08	17	16.27	21	22.49	14	36.25
		チーム	19	18.58	19	44.26	18	1.01.34	18	1.18.01	18	1.40.50	18	2.17.15
19	法政	走者	1	結城 和彦	2	金子 祐之	2	小林 秀彦	1	竹内 一晴	1	宮田 修一	1	小池　進
		個人	23	19.38	21	25.51	13	16.35	18	16.28	18	22.27	22	38.00
		チーム	23	19.38	22	45.29	20	1.02.04	19	1.18.22	19	1.40.59	19	2.18.59
20	上海体育	走者	3	陸　新国	1	徐　華	3	楊　衛中	1	張　健	2	金　惠良	2	卢　振華
		個人	20	19.01	18	25.28	22	17.53	22	17.58	19	22.29	15	36.34
		チーム	20	19.01	20	44.29	22	1.02.22	21	1.20.20	21	1.42.49	20	2.19.23
21	北海道連	走者	4	佐藤 卓志	2	西村　憲	1	美ノ谷 量弘	4	岡本 邦彦	3	鐘下 伊雄	4	高橋 秀典
		個人	22	19.29	15	25.04	20	17.19	21	17.10	22	23.09	19	37.22
		チーム	22	19.29	21	44.33	19	1.01.52	20	1.19.02	20	1.42.11	21	2.19.33
22	北信越連	走者	2	永松 憲治	3	林　雅弘	3	冨永 浩一	3	神田 幸也	4	中林 幸一	3	大越 武士
		個人	21	19.05	23	27.06	19	17.17	20	16.54	20	22.35	17	36.48
		チーム	21	19.05	23	46.11	23	1.03.28	22	1.20.22	22	1.42.57	22	2.19.45
23	SF 州立	走者		S.ロバート		L.マイケル		H.ロバート		P.エイリック		M.ガブリエル		J.マッソウ
		個人	17	18.40	17	25.18	23	18.17	23	18.33	23	24.32	23	39.16
		チーム	17	18.40	18	43.58	21	1.02.15	23	1.20.48	23	1.45.20	23	2.24.36

第4回　1992年（平成4年）10月10日（名称：'92出雲くにびき　全日本招待ロードリレー大会）　総距離：42.6km

順	大学名		1区(6.0km)		2区(7.7km)		2区(7.7km)		3区(5.3km)		3区(5.3km)		4区(5.3km)	
1	山梨学院	走者	1	藤脇 友介	3	飯島 理彰	2	瀬戸 優之	2	竹下 孝司	2	井幡 政等	1	S.マヤカ
		個人	7	17.47	6	23.02	2	15.34	5	15.32	1	*19.58*	1	32.53
		チーム	7	17.47	6	40.49	3	56.23	3	1.11.15	2	1.31.53	1	2.04.46
2	中央	走者	2	菅 陽一郎	2	佐藤 信之	1	川波 貴臣	1	綱崎 真二	3	高梨 信介	3	森川 貴生
		個人	6	17.42	4	22.44	4	15.53	1	15.21	7	21.11	3	34.11
		チーム	6	17.42	2	40.26	2	56.19	2	1.11.40	4	1.32.51	2	2.07.02
3	大東文化	走者	3	松苗 明	4	奈良 修	3	沢田 智美	3	新井 智幸	3	田島 励	3	高橋 雄志
		個人	11	17.58	2	22.39	7	16.05	2	15.25	3	20.40	4	34.18
		チーム	11	17.58	5	40.37	6	56.42	4	1.12.07	3	1.32.47	3	2.07.05
4	順天堂	走者	2	高橋 健一	3	本川 一美	1	安永 淳一	4	三好 健治	2	伊藤 克昌	4	畠中 重一
		個人	5	17.38	1	22.35	3	15.44	3	15.33	2	*20.17*	10	36.02
		チーム	5	17.38	1	40.13	1	55.57	1	1.11.30	1	1.31.47	4	2.07.49
5	専修	走者	4	木戸 真樹	4	阿久津 匡志	2	池田 義幸	3	山本 康広	2	渡辺 靖	4	長野 正芳
		個人	3	17.31	8	23.28	1	15.33	8	15.43	4	20.42	6	35.13
		チーム	3	17.31	7	40.59	5	56.32	5	1.12.15	5	1.32.57	5	2.08.10
6	東京農業	走者	1	加藤 俊英	3	高安 哲二	2	木暮 貞行	4	中山 誠	3	藤野 英之	4	山岸 博之
		個人	2	17.31	5	22.56	5	15.58	9	15.51	9	21.23	5	34.35
		チーム	2	17.31	3	40.27	4	56.25	6	1.12.16	7	1.33.39	6	2.08.14
7	早稲田	走者	2	小林 正幹	3	花田 勝彦	2	後宮 正幸	3	武井 隆次	4	富田 雄也	4	豊福 知徳
		個人	9	17.56	2	22.39	11	16.29	3	15.27	5	21.02	7	35.14
		チーム	9	17.56	4	40.35	7	57.04	7	1.12.31	6	1.33.33	7	2.08.47
8	日本	走者	3	大沢 芳明	3	芳本 三靖	2	川崎 光年	2	前田 重信	4	林 博志	2	堀尾 貴幸
		個人	14	18.14	9	24.12	8	16.07	7	15.35	6	21.10	2	34.04
		チーム	14	18.14	13	42.26	12	58.33	11	1.14.08	9	1.35.18	8	2.09.22
9	駒澤	走者	2	吉本 輝夫	3	鎌込 和成	1	高田 昌徳	2	久文 貞明	4	東 真一郎	4	横山 演章
		個人	8	17.50	11	24.13	6	16.00	10	16.00	7	21.11	8	35.35
		チーム	8	17.50	11	42.03	9	58.03	9	1.14.03	8	1.35.14	9	2.10.49
10	鹿屋体育	走者	4	真鍋 宏樹	4	立迫 俊徳	4	古木 秀明	4	石井 隆盛	4	小柳 浩二	2	向井 卓郎
		個人	12	17.59	7	23.05	10	16.25	11	16.19	12	21.31	9	35.53
		チーム	12	17.59	8	41.04	8	57.29	8	1.13.48	10	1.35.19	10	2.11.12
11	中四国連	走者	4	川久保 謙一	3	村田 仁	2	寺西 康浩	3	奥河 誠康	3	国増 和明	2	福居 利章
		個人	10	17.56	14	24.21	9	16.19	4	15.28	11	21.27	12	36.15
		チーム	10	17.56	12	42.17	13	58.36	10	1.14.04	11	1.35.31	11	2.11.46
12	京都産業	走者	3	児玉 秀樹	3	安川 毅	3	杉本 健一	4	有川 将史	2	岡戸 敦男	1	平野 伸二朗
		個人	1	17.23	11	24.13	14	16.44	14	16.29	13	21.33	15	36.44
		チーム	1	17.23	9	41.36	10	58.20	12	1.14.49	12	1.36.22	12	2.13.06
13	福岡	走者	2	島田 一成	2	清谷 英敏	4	喜久里 忍	1	和田 晃男	4	畑中 慎太郎	4	末次 信
		個人	17	18.54	18	24.45	12	16.32	11	16.19	9	21.23	11	36.07
		チーム	17	18.54	19	43.39	16	1.00.11	14	1.16.30	13	1.37.53	13	2.14.00
14	広島経済	走者	2	内冨 恭則	2	舛下 和伸	1	徳重 純	2	川崎 康司	3	村上 敬史	3	井上 隆
		個人	4	17.36	9	24.12	14	16.44	18	16.59	19	22.49	13	36.38
		チーム	4	17.36	10	41.48	11	58.32	13	1.15.31	14	1.38.20	14	2.14.58
15	名古屋商	走者	2	大場 正史	4	甲斐 武史	1	鈴木 拓哉	1	砂場 晴久	2	水野 清人	2	石橋 創
		個人	16	18.44	17	24.41	13	16.40	16	16.33	14	22.00	15	36.44
		チーム	16	18.44	15	43.25	14	1.00.05	17	1.16.38	15	1.38.38	15	2.15.22
16	北信越連	走者	3	永松 憲治	4	大越 武士	3	野口 幸男	4	神田 幸也	4	冨永 浩一	4	林 雅弘
		個人	18	19.06	15	24.26	17	16.59	17	16.37	15	22.04	14	36.39
		チーム	18	19.06	17	43.22	18	1.00.31	18	1.17.08	17	1.39.12	16	2.15.51
17	北海道連	走者	1	山崎 英哉	3	西村 憲	2	鹿内 万敬	1	川瀬 誠	2	永井 一仁	3	谷水 強
		個人	15	18.29	16	24.35	18	17.03	15	16.30	17	22.25	17	37.15
		チーム	15	18.29	14	43.04	15	1.00.07	15	1.16.37	16	1.39.02	17	2.16.17
18	関西学院	走者	4	藤沢 徹也	4	高橋 真悟	3	藤井 邦史	2	飯塚 裕史	1	松山 俊治	4	熊谷 太一
		個人	13	18.12	19	25.14	16	16.48	13	16.24	18	22.40	19	37.51
		チーム	13	18.12	16	43.26	17	1.00.14	16	1.16.38	18	1.39.18	18	2.17.09
19	東北学連	走者	4	若生 努	4	山田 智	2	関 伸一	4	藤沼 毅	4	片岡 利則	4	高橋 信亮
		個人	19	19.18	13	24.19	19	17.06	19	17.18	16	22.24	18	37.32
		チーム	19	19.18	18	43.37	19	1.00.43	19	1.18.01	19	1.40.25	19	2.17.57

第5回　1993年(平成5年)10月10日 (名称：'93出雲くにびき 全日本大学招待ロードリレー大会)　総距離：42.6km

順	大学名		1区(6.0km)		2区(7.7km)		3区(5.3km)		4区(5.3km)		5区(7.0km)		6区(11.3km)	
1	山梨学院	走者	2	藤脇 友介	4	飯島 理彰	3	調　義親	3	竹下 孝司	3	井幡 政等	2	S. マヤカ
		個人	5	17.25	4	22.14	3	15.20	4	15.52	1	21.13	1	33.26
		チーム	5	17.25	3	39.39	3	54.59	4	1.10.51	2	1.32.04	1	2.05.30
2	早稲田	走者	3	小林 正幹	2	渡辺 康幸	1	小林 雅幸	3	大関 篤史	4	花田 勝彦	4	櫛部 静二
		個人	4	17.22	1	21.57	1	15.07	7	16.05	2	21.15	3	35.03
		チーム	4	17.22	1	39.19	1	54.26	1	1.10.31	1	1.31.46	2	2.06.49
3	中央	走者	3	菅 陽一郎	3	佐藤 信之	2	綱崎 真二	3	武井 康真	1	松田 和宏	4	森川 貴生
		個人	7	17.33	3	22.13	1	15.07	4	15.52	3	21.22	5	35.49
		チーム	7	17.33	4	39.46	2	54.53	2	1.10.45	3	1.32.07	3	2.07.56
4	順天堂	走者	3	高橋 健一	4	本川 一美	3	泉　亘	1	浜野　健	2	安永 淳一	3	伊藤 克昌
		個人	2	17.18	2	22.09	8	15.34	3	15.50	4	21.51	6	36.01
		チーム	2	17.18	2	39.27	4	55.01	3	1.10.51	4	1.32.42	4	2.08.43
5	日本	走者	2	山本　豪	3	川内 勝弘	3	前田 重信	4	岡島 由明	3	小川 宏樹	3	川崎 光年
		個人	11	17.50	4	22.14	9	15.36	2	15.45	11	22.37	7	36.03
		チーム	11	17.50	7	40.04	5	55.40	6	1.11.25	5	1.34.02	5	2.10.05
6	広島経済	走者	3	内冨 恭則	3	水谷 聡作	3	川崎 康司	3	梅舎 達三	4	村上 敬史	3	舛下 和伸
		個人	1	*17.11*	9	22.43	12	15.56	12	16.15	5	22.17	4	35.46
		チーム	1	17.11	6	39.54	8	55.50	9	1.12.05	9	1.34.22	6	2.10.08
7	京都産業	走者	4	安川　毅	4	増井 昭博	4	児玉 秀樹	1	荒川 大作	2	藤坂 和博	3	松山　有
		個人	3	17.21	13	23.01	5	15.26	1	15.36	12	22.42	9	36.11
		チーム	3	17.21	9	40.22	7	55.48	5	1.11.24	6	1.34.06	7	2.10.17
8	神奈川	走者	3	梶山 暢之	4	上条 敦史	3	中野　剛	1	市川 大輔	3	金子 長久	1	近藤 重勝
		個人	8	17.42	11	22.53	4	15.25	4	15.52	9	22.30	8	36.10
		チーム	8	17.42	11	40.35	10	56.00	7	1.11.52	8	1.34.22	8	2.10.32
9	日本体育	走者	1	野田 道胤	3	緒方 寿和	2	前田 定之	4	木下 大志	1	児玉 弘幸	4	松井 紀仁
		個人	10	17.49	7	22.31	6	15.27	11	16.14	6	22.20	10	36.42
		チーム	10	17.49	8	40.20	6	55.47	8	1.12.01	7	1.34.21	9	2.11.03
10	大阪体育	走者	4	伐栗 直樹	4	須崎 元晶	2	石川 敬史	4	武下　靖	3	塚本 秀樹	M2	吉川　潔
		個人	17	18.22	15	23.15	15	16.12	10	16.13	15	23.28	2	34.58
		チーム	17	18.22	15	41.37	15	57.49	15	1.14.02	15	1.37.30	10	2.12.28
11	専修	走者	4	松村 泰幸	3	渡辺　靖	3	木佐 充伸	1	三瓶　智	2	瀬戸 八州	2	渡辺　誠
		個人	12	17.55	12	22.59	10	15.41	16	16.37	8	22.23	11	37.01
		チーム	12	17.55	13	40.54	12	56.35	13	1.13.12	13	1.35.35	11	2.12.36
12	駒澤	走者	4	鎌込 和成	3	吉本 輝夫	2	高田 昌徳	1	森田 昌宏	1	樋口 優司	3	有地　毅
		個人	14	18.00	10	22.52	7	15.31	9	16.11	7	22.21	15	37.50
		チーム	14	18.00	12	40.52	11	56.23	11	1.12.34	10	1.34.55	12	2.12.45
13	法政	走者	2	有隅 剛志	2	磯松 大輔	3	結城 和彦	3	竹内 一晴	4	斎藤　茂	3	宮田 修一
		個人	6	17.26	6	22.27	13	16.02	14	16.25	13	22.52	16	37.53
		チーム	6	17.26	5	39.53	9	55.55	10	1.12.20	11	1.35.12	13	2.13.05
14	中四国連	走者	1	樋口 俊志	3	寺西 康浩	3	福居 利章	2	吉本　淳	4	村田　仁	3	小林 正直
		個人	9	17.46	9	22.47	17	16.26	7	16.05	10	22.31	18	37.59
		チーム	9	17.46	10	40.33	13	56.59	12	1.13.04	12	1.35.35	14	2.13.34
15	大東文化	走者	2	加々見 雄三	4	新井 智幸	4	沢田 智美	4	松苗　明	4	田島　励	1	高橋 宏幸
		個人	15	18.08	14	23.06	11	15.50	13	16.24	13	22.52	13	37.15
		チーム	15	18.08	14	41.14	14	57.04	14	1.13.28	14	1.36.20	15	2.13.35
16	北海道連	走者	2	山崎 英哉	2	川瀬　誠	3	鹿内 万敬	2	大場 靖之	3	永井 一仁	4	西村　憲
		個人	13	17.57	16	23.42	20	16.42	18	17.16	16	23.36	12	37.08
		チーム	13	17.57	16	41.39	17	58.21	18	1.15.37	17	1.39.13	16	2.16.21
17	鹿屋体育	走者	1	山内 健太郎	3	向井 卓郎	1	岩下 邦浩	1	野口 武夫	2	井上 力哉	2	村瀬 健太郎
		個人	18	18.22	17	23.44	14	16.11	17	16.58	18	23.52	14	37.19
		チーム	18	18.22	17	42.06	16	58.17	16	1.15.15	16	1.39.07	17	2.16.26
18	福岡	走者	3	大谷 幸司	3	上野 淳一	3	森田 泰行	3	島田 一成	2	和田 晃男	3	中谷 義治
		個人	19	18.24	19	24.29	16	16.17	15	16.27	20	24.25	17	37.54
		チーム	19	18.24	19	42.53	18	59.10	17	1.15.37	18	1.40.02	18	2.17.56
19	北信越連	走者	2	青能　剛	2	竹中 泰知	4	永松 憲治	2	福光　崇	M1	冨永 浩一	4	野口 幸男
		個人	21	18.41	18	24.03	18	16.29	20	17.20	17	23.46	20	38.28
		チーム	21	18.41	18	42.44	19	59.13	19	1.16.33	19	1.40.19	19	2.18.47
20	名古屋商	走者	1	李　祖根	1	杉山 純一	2	鈴木 拓哉	1	平工　学	1	太田 重和	1	砂場 晴久
		個人	16	18.19	20	25.11	19	16.33	21	17.34	21	24.34	19	38.22
		チーム	16	18.19	20	43.30	20	1.00.03	20	1.17.37	20	1.42.11	20	2.20.33
21	東北学連	走者	3	関　伸一	3	斎藤 貴浩	3	上野 俊一朗	3	諸橋 健司	2	斉藤 哲哉	1	加藤 正彦
		個人	20	18.30	21	25.55	21	16.50	19	17.17	19	24.12	21	39.02
		チーム	20	18.30	21	44.25	21	1.01.15	21	1.18.32	21	1.42.44	21	2.21.46

第6回　1994年(平成6年)10月1日 (この大会から「出雲全日本大学選抜駅伝競走」という名称になった)　**総距離：42.6km**

順	大学名		1区(6.0km)		2区(7.7km)		3区(5.3km)		4区(5.3km)		5区(7.0km)		6区(11.3km)	
1	山梨学院	走者	2	小嶋 厚	3	藤脇 友介	4	瀬戸 優之	4	小椋 誠	4	井幡 政等	3	S. マヤカ
		個人	15	17.50	6	22.58	1	15.34	2	15.22	1	*19.46*	1	32.32
		チーム	15	17.50	10	40.48	7	56.22	5	1.11.44	1	1.31.30	1	*2.04.02*
2	早稲田	走者	4	木村 吉継	2	小林 雅幸	1	梅木 蔵雄	1	中村 英幸	1	荒川 誠	3	渡辺 康幸
		個人	9	17.32	1	22.12	6	15.56	10	15.52	7	20.54	2	33.01
		チーム	9	17.32	1	39.44	2	55.40	3	1.11.32	5	1.32.26	2	2.05.27
3	順天堂	走者	3	安永 淳一	4	高橋 健一	4	泉 亘	4	西木場 優二	4	伊藤 克昌	2	浜野 健
		個人	3	*17.10*	4	22.48	2	15.42	5	15.28	4	20.40	5	34.20
		チーム	3	17.10	4	39.58	3	55.40	1	1.11.08	2	1.31.48	3	2.06.08
4	日本	走者	3	水田 貴士	4	川内 勝弘	4	小川 宏樹	3	山本 豪	2	山本 正樹	4	川崎 光年
		個人	7	17.15	2	22.40	12	16.24	1	15.17	8	20.56	3	34.05
		チーム	7	17.15	2	39.55	6	56.19	4	1.11.36	7	1.32.32	4	2.06.37
5	神奈川	走者	2	市川 大輔	4	中野 剛	1	牧 宏一	1	中野 幹生	3	洲崎 幸雄	2	近藤 重勝
		個人	8	17.17	8	23.00	8	16.09	4	15.25	6	20.48	4	31.14
		チーム	8	17.17	7	40.17	9	56.26	8	1.11.51	8	1.32.39	5	2.06.53
6	京都産業	走者	3	前原 一樹	4	松山 有	3	松下 範生	1	西島 信介	4	岡戸 敦男	2	広瀬 尚紀
		個人	5	*17.10*	3	22.47	2	15.42	6	15.32	4	20.40	10	35.05
		チーム	5	17.10	3	39.57	1	55.39	2	1.11.11	3	1.31.51	6	2.06.56
7	中央	走者	3	前田 了二	2	松田 和宏	2	榎木 和貴	3	川波 貴臣	4	菅 陽一郎	3	綱崎 真二
		個人	2	*17.07*	9	23.04	6	15.56	8	15.48	2	20.32	7	34.47
		チーム	2	17.07	5	40.11	5	56.07	9	1.11.55	6	1.32.27	7	2.07.14
8	広島経済	走者	1	城 英樹	4	水谷 聡作	4	川崎 康司	4	梅舎 達三	3	徳重 純	4	舛下 和伸
		個人	6	17.13	7	22.59	4	15.49	7	15.46	3	20.38	8	34.59
		チーム	6	17.13	6	40.12	4	56.01	7	1.11.47	4	1.32.25	8	2.07.24
9	日本体育	走者	3	神場 忠勝	2	野田 道胤	3	前田 定之	1	伊藤 敦	2	児玉 弘幸	4	緒方 寿和
		個人	12	17.38	5	22.54	5	15.52	3	15.23	11	21.32	12	35.11
		チーム	12	17.38	8	40.32	8	56.24	6	1.11.47	9	1.33.19	9	2.08.30
10	中四国連	走者	2	樋口 俊志	3	松村 淳一	4	浦田 高治	3	三島 隆章	4	寺西 康浩	1	青山 秀一
		個人	4	*17.10*	12	23.46	15	16.39	12	16.00	10	21.18	6	34.42
		チーム	4	17.10	12	40.56	12	57.35	12	1.13.35	11	1.34.53	10	2.09.35
11	東海	走者	4	小野 直樹	2	秋場 実	1	関 厚志	2	手塚 孝周	2	吉田 正幸	4	小出 真義
		個人	13	17.38	12	23.46	9	16.14	11	15.56	14	21.39	9	35.02
		チーム	13	17.38	13	41.24	13	57.38	11	1.13.34	12	1.35.13	11	2.10.15
12	専修	走者	2	三瓶 智	4	渡辺 靖	4	木佐 充伸	1	福永 勝彦	1	魚住 直毅	4	高木 展
		個人	11	17.35	10	23.15	10	16.18	8	15.48	9	21.14	14	36.09
		チーム	11	17.35	11	40.50	11	57.08	10	1.12.56	10	1.34.10	12	2.10.19
13	法政	走者	3	磯松 大輔	1	糸山 二朗	1	須田 航	2	大塚 信也	1	武本 謙治	2	川西 康弘
		個人	1	17.04	11	23.31	11	16.22	17	16.57	13	21.37	17	36.25
		チーム	1	17.04	9	40.35	10	56.57	13	1.13.54	13	1.35.31	13	2.11.56
14	中京	走者	1	石川 辰巳	3	村嶋 輝久	3	岩本 洋行	1	島田 優	1	山本 貴光	3	滝口 哉
		個人	16	17.53	14	24.12	18	16.59	15	16.35	17	21.45	11	35.06
		チーム	16	17.53	15	42.05	15	59.04	15	1.15.39	15	1.37.24	14	2.12.30
15	関西	走者	3	方山 利哉	3	田中 正太郎	4	森本 悟史	1	小島 基広	2	酒居 徹地	2	岩熊 勇治
		個人	10	17.33	15	24.16	17	16.58	19	17.01	15	21.40	13	35.28
		チーム	10	17.33	14	41.49	14	58.47	17	1.15.48	17	1.37.28	15	2.12.56
16	福岡	走者	1	有隅 賢吾	4	島田 一成	2	高木 章嗣	3	和田 晃男	2	西村 岳	1	酒井 真一郎
		個人	19	18.09	16	24.32	13	16.31	14	16.34	12	21.36	15	36.11
		チーム	19	18.09	17	42.41	17	59.12	16	1.15.46	14	1.37.22	16	2.13.33
17	鹿屋体育	走者	2	岩下 邦浩	4	向井 卓郎	3	中畑 敏秀	4	吉田 幸三	2	山内 健太郎	1	瀬戸口 健
		個人	14	17.44	17	24.51	14	16.33	13	16.26	18	21.54	16	36.21
		チーム	14	17.44	16	42.35	16	59.08	14	1.15.34	16	1.37.28	17	2.13.49
18	北海道連	走者	3	山崎 英哉	2	三上 雅等	3	仲上 明彦	3	石井 憲	1	田中 伸一	4	永井 一仁
		個人	17	17.55	19	25.19	16	16.54	18	16.58	19	22.06	18	36.46
		チーム	17	17.55	18	43.14	18	1.00.08	18	1.17.06	18	1.39.12	18	2.15.58
19	北信越連	走者	3	青能 剛	3	竹中 泰知	4	清水 洋一	4	渡辺 修司	1	土井 健太郎	5	高北 久嗣
		個人	18	18.06	20	25.24	19	17.00	16	16.45	20	22.37	20	38.17
		チーム	18	18.06	19	43.30	19	1.00.30	19	1.17.15	19	1.39.52	19	2.18.09
20	東北学連	走者	2	加藤 正彦	1	兜森 忠道	3	蔵品 英之	4	斉藤 修	2	井上 典久	3	田中 勇
		個人	20	19.07	18	25.13	20	17.13	20	17.04	19	21.44	19	38.04
		チーム	20	19.07	20	44.20	20	1.01.33	20	1.18.37	20	1.40.21	20	2.18.25

第7回　1995年(平成7年)10月10日　総距離：42.6km

順	大学名		1区(6.0km)		2区(7.7km)		3区(5.3km)		4区(5.3km)		5区(7.0km)		6区(11.3km)	
1	山梨学院	走者	4	藤脇 友介	2	中馬 大輔	4	川口 智宏	1	森政 辰巳	4	平田 雅人	4	S.マヤカ
		個人	2	17.20	3	22.33	5	15.58	5	15.46	1	20.25	1	32.32
		チーム	2	17.20	3	39.53	3	55.51	3	1.11.37	2	1.32.02	1	2.04.34
2	早稲田	走者	2	中村 英幸	3	小林 雅幸	2	梅木 蔵雄	4	鈴木 公	2	荒川 誠	4	渡辺 康幸
		個人	5	17.27	1	22.17	12	16.20	10	15.58	5	20.56	2	32.39
		チーム	5	17.27	1	39.44	4	56.04	4	1.12.02	4	1.32.54	2	2.05.33
3	中央	走者	3	榎木 和貴	3	松田 和宏	1	石本 文人	2	遠藤 智久	4	綱崎 真二	2	小林 渉
		個人	1	17.19	2	22.29	2	15.47	6	15.48	6	20.56	4	34.13
		チーム	1	17.19	2	39.48	1	55.35	2	1.11.23	3	1.32.19	3	2.06.32
4	神奈川	走者	3	市川 大輔	2	中野 幹生	1	渡辺 聡	2	高津 智一	2	高島 康司	3	近藤 重勝
		個人	4	17.20	4	22.45	1	15.40	1	15.24	2	20.29	10	35.24
		チーム	4	17.20	4	40.05	2	55.45	1	1.11.09	1	1.31.38	4	2.07.02
5	関西	走者	4	荻野 純人	4	天野 右文	3	酒居 徹地	4	田中 正太郎	3	岩熊 勇治	4	方山 利哉
		個人	7	17.36	12	23.47	16	16.33	4	15.43	3	20.41	3	34.07
		チーム	7	17.36	10	41.23	13	57.56	11	1.13.39	9	1.34.20	5	2.08.27
6	日本	走者	4	山本 豪	4	水田 貴士	2	近藤 健介	2	細井 良則	4	沼尻 英昭	3	山本 正樹
		個人	3	17.20	7	23.07	5	15.58	14	16.09	7	21.01	8	35.05
		チーム	3	17.20	6	40.27	6	56.25	6	1.12.34	6	1.33.35	6	2.08.40
7	東海	走者	1	高塚 和利	3	横山 景	2	西沢 洋務	4	鈴木 政徳	4	高瀬 晋治	4	鈴木 和成
		個人	8	17.37	9	23.15	9	16.14	3	15.35	9	21.18	9	35.08
		チーム	8	17.37	8	40.52	7	57.06	7	1.12.41	8	1.33.59	7	2.09.07
8	広島経済	走者	3	長尾 幸保	2	城 英樹	1	左達 恵	1	原田 康二	2	中島 潤	4	徳重 純
		個人	15	17.55	8	23.08	11	16.18	7	15.54	12	21.23	6	34.53
		チーム	15	17.55	9	41.03	10	57.21	10	1.13.15	10	1.34.38	8	2.09.31
9	専修	走者	3	中原 大輔	3	三瓶 智	4	小西 純	1	今井 秀和	2	湯浅 竜雄	4	瀬戸 八州
		個人	16	18.03	10	23.38	8	16.12	13	16.07	4	20.50	5	34.49
		チーム	16	18.03	13	41.41	12	57.53	12	1.14.00	11	1.34.50	9	2.09.39
10	京都産業	走者	1	森 兼二	4	前原 一樹	4	松下 範生	2	国井 利文	3	山本 敏之	4	藤坂 和博
		個人	13	17.47	6	23.04	13	16.23	2	15.33	8	21.07	15	35.46
		チーム	13	17.47	7	40.51	8	57.14	8	1.12.47	7	1.33.54	10	2.09.40
11	東京農業	走者	4	加藤 俊英	4	日向 栄次	3	本田 義治	2	稲垣 竜治	1	酒井 政人	4	棚瀬 亮治
		個人	6	17.29	5	22.57	4	15.50	9	15.57	9	21.18	17	36.32
		チーム	6	17.29	5	40.26	5	56.16	5	1.12.13	5	1.33.31	11	2.10.03
12	東洋	走者	3	竹内 秀和	2	佐藤 武	1	酒井 俊幸	3	小林 諭	2	谷 秀行	4	松山 克敏
		個人	9	17.41	13	23.48	3	15.48	7	15.54	15	21.47	13	35.34
		チーム	9	17.41	12	41.29	9	57.17	9	1.13.11	12	1.34.58	12	2.10.32
13	日本体育	走者	1	田口 篤	3	野田 道胤	1	北山 智	3	志藤 純	4	平山 勝重	4	神場 忠勝
		個人	18	18.13	14	23.58	7	16.07	11	15.59	9	21.18	12	35.30
		チーム	18	18.13	14	42.11	14	58.18	13	1.14.17	13	1.35.35	13	2.11.05
14	鹿屋体育	走者	1	松村 勲	4	村瀬 恵太郎	4	中畑 敏秀	4	井上 力哉	M1	石岡 一洋	3	岩下 邦浩
		個人	11	17.42	11	23.45	10	16.17	19	16.41	13	21.26	14	35.36
		チーム	11	17.42	11	41.27	11	57.44	14	1.14.25	14	1.35.51	14	2.11.27
15	北海道連	走者	4	山崎 英哉	1	太田 崇	4	阿部 元輝	3	片山 純	3	三上 雅等	4	川瀬 誠
		個人	12	17.44	19	24.58	15	16.29	16	16.39	14	21.42	7	34.56
		チーム	12	17.44	18	42.42	17	59.11	17	1.15.50	15	1.37.32	15	2.12.28
16	中四国連	走者	3	樋口 俊志	4	松村 淳一	2	清水 俊和	3	村井 啓一	3	杉野 健二	2	青山 秀一
		個人	9	17.41	17	24.33	18	16.53	16	16.39	18	21.56	16	35.58
		チーム	9	17.41	15	42.14	16	59.07	16	1.15.46	17	1.37.42	16	2.13.40
17	第一工業	走者	2	赤城 圭介	3	西田 淳一	4	林田 克則	3	八坂 純一	3	山口 喜代治	1	谷口 英和
		個人	19	18.18	18	24.46	20	17.19	16	16.39	17	21.55	11	35.29
		チーム	19	18.18	19	43.04	19	1.00.23	19	1.17.02	19	1.38.57	17	2.14.26
18	東北学連	走者	3	井上 典久	4	加藤 弘朗	M1	上野 俊一朗	2	丹内 清人	1	辻浦 勝利	2	兎沢 忠良
		個人	14	17.49	16	24.32	17	16.51	15	16.26	19	22.01	18	37.08
		チーム	14	17.49	16	42.21	18	59.12	15	1.15.38	16	1.37.39	18	2.14.47
19	愛知工業	走者	2	奥野 佳宏	2	山崎 貴博	1	上野 大助	3	羽多野 隆三	1	山森 丈士	3	吉川 晴雄
		個人	17	18.11	15	24.21	14	16.28	20	17.10	16	21.52	19	37.37
		チーム	17	18.11	17	42.32	15	59.00	18	1.16.10	18	1.38.02	19	2.15.39
20	北信越連	走者	4	森 正	2	坂東 挙	4	早川 真也	3	高見 弘樹	3	島田 誠	2	土井 健太郎
		個人	20	18.55	20	25.12	18	16.53	12	16.05	20	22.10	20	38.52
		チーム	20	18.55	20	44.07	20	1.01.00	20	1.17.05	20	1.39.15	20	2.18.07

第8回　1996年(平成8年)10月10日　総距離：42.6km

順	大学名		1区(6.0km)		2区(7.7km)		3区(5.3km)		4区(5.3km)		5区(7.0km)		6区(11.3km)	
1	早稲田	走者	2	郷原 剛	3	荒川 誠	2	山崎 慎治	1	前田 泰秀	4	藤井 一博	4	小林 雅幸
		個人	16	17.49	11	23.18	4	15.24	3	15.27	1	20.22	1	32.48
		チーム	16	17.49	14	41.07	11	56.34	10	1.12.01	9	1.32.23	1	2.05.11
2	中央	走者	2	久保田 瑞穂	2	石本 文人	2	豊田 雄樹	1	岡田 展彦	2	小島 大輔	4	松田 和宏
		個人	2	17.26	5	22.45	9	15.56	7	15.32	3	20.29	2	33.05
		チーム	2	17.26	5	40.11	9	56.07	8	1.11.39	5	1.32.08	2	2.05.13
3	専修	走者	4	中原 大輔	3	湯浅 竜雄	3	福永 勝彦	4	小栗 一秀	3	藤原 正昭	4	三瓶 智
		個人	3	17.29	4	22.35	5	15.29	3	15.27	2	20.26	5	34.07
		チーム	3	17.29	4	40.04	2	55.33	2	1.11.00	1	1.31.26	3	2.05.33
4	京都産業	走者	2	片岡 繁貴	4	荒川 大作	4	広瀬 尚紀	3	前田 衆	1	前田 貴史	2	細川 道隆
		個人	11	17.36	2	22.20	7	15.38	3	15.27	6	20.38	4	34.03
		チーム	11	17.36	2	39.56	3	55.34	3	1.11.01	3	1.31.39	4	2.05.42
5	順天堂	走者	2	室 政敬	2	三代 直樹	1	政綱 孝之	3	吉岡 善知	4	内山 孝之	4	浜野 健
		個人	9	17.33	7	22.48	8	15.40	10	15.36	7	20.43	3	33.42
		チーム	9	17.33	6	40.21	7	56.01	7	1.11.37	8	1.32.20	5	2.06.02
6	東海	走者	2	高橋 尚孝	2	高塚 和利	3	西沢 洋務	2	諏訪 利成	3	関 厚志	4	横山 景
		個人	4	17.29	9	23.00	6	15.37	1	15.15	5	20.36	6	34.47
		チーム	4	17.29	8	40.29	8	56.06	5	1.11.21	4	1.31.57	6	2.06.14
7	亜細亜	走者	2	池谷 重喜	2	帯刀 秀幸	4	野口 憲司	3	押切 章宏	2	藤井 貴紀	3	菅野 邦彰
		個人	8	17.32	1	22.03	2	15.23	11	15.50	8	20.44	9	35.13
		チーム	8	17.32	1	39.35	1	54.58	1	1.10.48	2	1.31.32	7	2.06.45
8	大東文化	走者	3	斎藤 剛	2	萩原 英之	3	池谷 寛之	3	柳谷 昭二	4	池谷 真輝	4	高橋 宏幸
		個人	15	17.49	6	22.46	1	15.22	2	15.23	10	20.53	7	34.41
		チーム	15	17.49	9	40.35	4	55.57	4	1.11.20	7	1.32.13	8	2.06.54
9	日本体育	走者	3	菊地 忍	4	野田 道胤	1	関根 孝史	1	木村 友泰	4	児玉 弘幸	3	青柳 友博
		個人	7	17.31	3	22.31	10	15.58	8	15.35	4	20.34	10	35.18
		チーム	7	17.31	3	40.02	5	56.00	6	1.11.35	6	1.32.09	9	2.07.27
10	法政	走者	4	小林 哲也	1	坪田 智夫	1	佐藤 研司	2	小板橋 直巳	1	渡辺 俊介	3	荒井 伸次
		個人	1	17.22	10	23.01	11	15.59	8	15.35	15	21.30	11	35.23
		チーム	1	17.22	7	40.23	10	56.22	9	1.11.57	11	1.33.27	10	2.08.50
11	中四国連	走者	4	長尾 幸保	3	城 英樹	4	松長 信也	4	山口 真司	3	松山 孝	1	林 拓見
		個人	12	17.42	8	22.53	3	15.25	13	16.12	11	21.00	12	35.54
		チーム	12	17.42	10	40.35	6	56.00	11	1.12.12	10	1.33.12	11	2.09.06
12	東京農業	走者	4	本田 義治	2	大原 桂一	1	島田 剛	3	稲垣 竜治	4	嵐田 剛史	4	和田 光弘
		個人	14	17.47	16	23.51	14	16.15	14	16.13	9	20.48	8	35.01
		チーム	14	17.47	16	41.38	15	57.53	15	1.14.06	14	1.34.54	12	2.09.55
13	徳山	走者	2	柴田 真人	2	大原 誠	2	吉留 光一	3	栗原 英彰	2	嘉新 幸太郎	4	阪上 直義
		個人	6	17.31	14	23.35	16	16.29	6	15.29	12	21.04	13	35.57
		チーム	6	17.31	12	41.06	14	57.35	13	1.13.04	12	1.34.08	13	2.10.05
14	名古屋商	走者	4	太田 重和	1	井口 英明	3	福井 竜一郎	2	山岡 毅	3	野手 善博	3	李 祖根
		個人	10	17.36	12	23.30	12	16.00	12	15.56	13	21.20	15	36.15
		チーム	10	17.36	13	41.06	12	57.06	12	1.13.02	13	1.34.22	14	2.10.37
15	福岡	走者	3	酒井 真一郎	3	有隅 賢吾	4	高木 章嗣	1	石津 政和	2	井手 潤之介	4	山田 吉秀
		個人	13	17.44	15	23.40	19	17.04	15	16.15	14	21.25	19	37.03
		チーム	13	17.44	15	41.24	16	58.28	16	1.14.43	16	1.36.08	15	2.13.11
16	東北学連	走者	3	兜森 忠道	2	土屋 幸治	4	井上 典久	4	加藤 正彦	3	富樫 昌広	3	兎沢 忠良
		個人	17	18.01	19	24.21	13	16.08	16	16.19	19	21.55	16	36.35
		チーム	17	18.01	17	42.22	17	58.30	17	1.14.49	17	1.36.44	16	2.13.19
17	第一工業	走者	3	赤城 圭介	4	西田 淳一	3	三好 拓	4	大村 拓	1	下森 直	2	谷口 英和
		個人	18	18.16	18	24.08	20	17.09	18	16.23	16	21.34	14	36.11
		チーム	18	18.16	18	42.24	18	59.33	18	1.15.56	18	1.37.30	17	2.13.41
18	関西	走者	4	岩熊 勇治	1	中村 直樹	4	酒居 徹地	3	佐藤 正貴	4	杉沢 直樹	3	小島 基広
		個人	5	17.30	13	23.32	15	16.20	16	16.19	20	22.24	20	37.54
		チーム	5	17.30	11	41.02	13	57.22	14	1.13.41	15	1.36.05	18	2.13.59
19	北海道連	走者	4	片山 純	M1	川瀬 誠	4	小川 英宏	4	多田 興真	4	三上 雅等	4	三木 一
		個人	20	19.05	17	24.04	17	16.31	19	16.27	18	21.47	18	36.54
		チーム	20	19.05	19	43.09	19	59.40	19	1.16.07	19	1.37.54	19	2.14.48
20	北信越連	走者	3	土井 健太郎	3	中城 陽平	2	西尾 章広	1	北村 真司	2	橋本 一隆	1	長江 祐治
		個人	19	18.25	20	24.44	18	16.52	20	16.35	17	21.38	17	36.51
		チーム	19	18.25	20	43.09	20	1.00.01	20	1.16.36	20	1.38.14	20	2.15.05

第9回　1997年(平成9年)10月10日　総距離：42.6km

順	大学名		1区(6.0km)		2区(7.7km)		3区(5.3km)		4区(5.3km)		5区(7.0km)		6区(11.3km)	
1	駒澤	走者	2	西田 隆維	4	藤田 幸則	3	河合 芳隆	2	大西 雄三	3	佐藤 裕之	3	藤田 敦史
		個人	6	17.25	1	21.55	7	15.26	3	15.24	1	21.01	2	34.10
		チーム	6	17.25	1	39.20	2	54.46	2	1.10.10	1	1.31.11	1	2.05.21
2	神奈川	走者	2	小松 直人	4	高津 智一	2	野々口 修	2	辻原 幸生	1	勝間 信弥	3	渡辺　聡
		個人	3	17.22	2	22.10	1	15.10	2	15.21	2	21.09	5	34.23
		チーム	3	17.22	2	39.32	1	54.42	1	1.10.03	2	1.31.12	2	2.05.35
3	中央	走者	2	小川　智	2	岡田 展彦	1	永井 順明	3	小島 大輔	3	国武 良真	4	小林　渉
		個人	9	17.38	8	22.37	3	15.15	1	15.17	4	21.15	4	34.22
		チーム	9	17.38	9	40.15	7	55.30	3	1.10.47	3	1.32.02	3	2.06.24
4	山梨学院	走者	4	中馬 大輔	2	古田 哲弘	1	尾池 政利	2	大浜 洋平	3	横田 一仁	3	S. ワチーラ
		個人	5	17.39	6	22.12	3	15.15	5	15.46	3	21.11	6	34.32
		チーム	5	17.39	4	39.51	3	55.06	5	1.10.52	4	1.32.03	4	2.06.35
5	順天堂	走者	2	政綱 孝之	4	吉岡 善知	1	宮井 将治	2	河崎 拓馬	1	高橋 謙介	3	三代 直樹
		個人	10	17.39	7	22.29	5	15.16	6	15.48	9	22.13	1	33.47
		チーム	10	17.39	7	40.08	5	55.24	6	1.11.12	7	1.33.25	5	2.07.12
6	早稲田	走者	3	郷原　剛	1	佐藤 敦之	4	中村 英幸	1	佐藤 智彦	3	山崎 慎治	4	梅木 蔵雄
		個人	18	18.02	5	22.19	2	15.11	13	16.22	5	21.34	3	34.11
		チーム	18	18.02	11	40.21	9	55.32	10	1.11.54	8	1.33.28	6	2.07.39
7	京都産業	走者	3	片岡 繁貴	2	前田 貴史	4	荒川 大作	4	西島 信介	2	村山　豪	3	細川 道隆
		個人	7	17.31	3	22.12	7	15.26	4	15.38	8	22.09	8	34.57
		チーム	7	17.31	3	39.43	4	55.09	4	1.10.47	5	1.32.56	7	2.07.53
8	大東文化	走者	3	萩原 英之	4	池谷 寛之	4	斎藤　剛	1	真名子 圭	4	柳谷 昭二	4	渡辺 篤志
		個人	16	17.44	4	22.17	9	15.30	7	15.51	6	21.57	7	34.56
		チーム	16	17.44	5	40.01	8	55.31	7	1.11.22	6	1.33.19	8	2.08.15
9	東海	走者	4	西沢 洋務	3	諏訪 利成	4	川崎 太志	3	馬場 正和	4	長谷川 淳	3	高塚 和利
		個人	2	17.20	9	22.42	10	15.32	9	16.10	7	22.02	12	36.35
		チーム	2	17.20	6	40.02	10	55.34	9	1.11.44	9	1.33.46	9	2.10.21
10	広島経済	走者	2	鍋島 隆志	2	石田 達識	3	左達　恵	2	山口 誓己	4	中島　潤	2	藤井 敏行
		個人	4	17.23	10	22.46	6	15.20	9	16.10	11	22.15	13	36.40
		チーム	4	17.23	8	40.09	6	55.29	8	1.11.39	10	1.33.54	10	2.10.34
11	東洋	走者	3	酒井 俊幸	4	佐藤　武	1	秋葉 正人	1	岡田　徹	2	鈴木 健太郎	4	神田 哲広
		個人	8	17.34	16	23.43	11	15.41	8	16.08	9	22.13	9	35.28
		チーム	8	17.34	15	41.17	13	56.58	12	1.13.06	11	1.35.19	11	2.10.47
12	日本体育	走者	1	浜本 憲秀	3	北山　智	1	今山 和典	1	山崎 成人	2	川上 大輔	4	菊地　忍
		個人	11	17.39	11	22.59	16	16.11	16	16.32	12	22.20	10	35.42
		チーム	11	17.39	12	40.38	12	56.49	14	1.13.21	12	1.35.41	12	2.11.23
13	鹿屋体育	走者	1	永田 宏一郎	3	松村　勲	1	田村 哲英	2	矢野 絢也	4	吉田 大輔	4	山口 栄一
		個人	1	17.20	12	23.01	17	16.13	11	16.15	17	23.04	15	37.11
		チーム	1	17.20	10	40.21	11	56.34	11	1.12.49	14	1.35.53	13	2.13.04
14	立命館	走者	4	柴田　学	3	渡辺 真一	4	柳川 秀晶	2	山本 大輔	1	菊田 英寿	2	吉井　敦
		個人	12	17.40	14	23.30	13	15.49	12	16.20	13	22.22	16	37.32
		チーム	12	17.40	14	41.10	14	56.59	13	1.13.19	13	1.35.41	14	2.13.13
15	名古屋商	走者	4	李　祖根	1	田丸　純	3	山岡　毅	4	福井 竜一郎	2	赤堀 正隆	2	井口 英明
		個人	13	17.41	19	24.08	14	15.57	17	16.38	15	22.51	11	36.14
		チーム	13	17.41	18	41.49	18	57.46	18	1.14.24	18	1.37.15	15	2.13.29
16	北信越連	走者	4	土井 健太郎	4	中垣 義成	4	中城 陽平	2	北村 真司	3	生島 直樹	1	尾身 健太
		個人	17	17.46	17	23.46	15	16.10	15	16.30	16	22.54	14	37.07
		チーム	17	17.46	17	41.32	17	57.42	16	1.14.12	16	1.37.06	16	2.14.13
17	福岡	走者	4	有隅 賢吾	1	坂田 功志	2	石津 政和	3	尾崎 亮治	3	井手 潤之介	4	酒井 真一郎
		個人	14	17.42	13	23.15	18	16.16	19	17.10	14	22.42	18	37.47
		チーム	14	17.42	13	40.57	15	57.13	17	1.14.23	15	1.37.05	17	2.14.52
18	中四国連	走者	4	松山　孝	2	林　拓見	2	原田 充規	3	国島 淳二	2	松本　実	3	江頭 健太
		個人	19	18.17	15	23.37	12	15.42	14	16.23	14	23.06	20	38.06
		チーム	19	18.17	19	41.54	16	57.36	15	1.13.59	15	1.37.05	18	2.15.11
19	北海道連	走者	3	太田　崇	1	松岡 貞行	4	三浦 雅史	1	伊藤　裕	M1	三木　一	3	永井 秀典
		個人	15	17.43	18	23.48	19	16.22	20	17.24	20	24.53	17	37.37
		チーム	15	17.43	16	41.31	19	57.53	19	1.15.17	19	1.40.10	19	2.17.47
20	東北学連	走者	2	河野 修平	4	兎沢 忠良	1	山田 泰広	3	安藤 知弘	2	上杉 直史	3	土屋 幸治
		個人	20	18.30	20	25.49	20	16.35	18	16.45	19	24.48	19	37.59
		チーム	20	18.30	20	44.19	20	1.00.54	20	1.17.39	20	1.42.27	20	2.20.26

第10回　1998年(平成10年)10月10日　　総距離：43.1km

順	大学名		1区 (7.2km)		2区 (6.0km)		3区 (5.7km)		4区 (5.6km)		5区 (7.3km)		6区 (11.3km)	
1	駒澤	走者	3	大西 雄三	4	藤田 敦史	1	揖斐 祐治	4	北田 初男	1	神屋 伸行	4	佐藤 裕之
		個人	6	20.20	6	17.06	1	16.00	1	15.51	1	21.38	5	33.53
		チーム	6	20.20	4	37.26	3	53.26	1	1.09.17	1	1.30.55	1	2.04.48
2	山梨学院	走者	3	古田 哲弘	3	西川 哲生	2	橋本　淳	2	尾池 政利	4	森政 辰巳	4	S. ワチーラ
		個人	5	20.19	3	16.48	5	16.24	5	16.25	3	21.46	2	33.47
		チーム	5	20.19	3	37.07	4	53.31	5	1.09.56	4	1.31.42	2	2.05.29
3	神奈川	走者	4	中沢　晃	4	渡辺　聡	3	辻原 幸生	3	野々口 修	3	町野 走一	3	小松 直人
		個人	4	20.18	1	16.39	4	16.21	3	16.08	7	22.06	6	34.36
		チーム	4	20.18	2	36.57	1	53.18	3	1.09.26	3	1.31.32	3	2.06.08
4	京都産業	走者	4	細川 道隆	3	前田 貴史	2	山本 功児	3	村山　豪	1	諏訪 博志	4	片岡 繁貴
		個人	3	20.17	1	16.39	5	16.24	2	16.02	8	22.08	8	34.55
		チーム	3	20.17	1	36.56	2	53.20	2	1.09.22	2	1.31.30	4	2.06.25
5	順天堂	走者	2	高橋 謙介	3	政綱 孝之	1	岩水 嘉孝	1	入船　満	1	奥田 真一郎	4	三代 直樹
		個人	8	20.40	8	17.20	8	16.35	8	16.47	6	22.02	1	33.20
		チーム	8	20.40	8	38.00	7	54.35	7	1.11.22	7	1.33.24	5	2.06.44
6	拓殖	走者	1	杉山 祐太	4	吉田 行宏	4	高須 則吉	4	船木 吉如	4	東　勝博	3	吉田 和央
		個人	13	20.54	4	16.49	3	16.18	6	16.26	1	21.38	7	34.44
		チーム	13	20.54	6	37.43	6	54.01	6	1.10.27	6	1.32.05	6	2.06.49
7	中央	走者	4	久保田 瑞穂	4	小島 大輔	2	永井 順明	4	石本 文人	1	杉山 智基	4	国武 良真
		個人	7	20.38	5	16.52	2	16.02	4	16.20	4	21.55	11	35.25
		チーム	7	20.38	5	37.30	5	53.32	4	1.09.52	5	1.31.47	7	2.07.12
8	第一工業	走者	3	下森　直	1	Z. アブラハム	2	前田 明彦	3	渡辺 佳季	1	A. モハメド	2	A. ドリウッジ
		個人	10	20.43	9	17.36	14	17.13	13	17.18	5	21.57	3	33.48
		チーム	10	20.43	11	38.19	12	55.32	12	1.12.50	9	1.34.47	8	2.08.35
9	大東文化	走者	2	真名子 圭	1	小林 秀行	2	松浦 仁一	1	橘　義昭	4	飯田 涼平	4	松下 泰平
		個人	15	21.05	7	17.09	10	16.54	9	16.52	9	22.28	10	35.18
		チーム	15	21.05	10	38.14	11	55.08	8	1.12.00	8	1.34.28	9	2.09.46
10	日本	走者	3	山本 佑樹	2	塩見 雄介	1	山口 進吾	2	飯村 昌浩	1	大森 孝芳	4	岡本 佑也
		個人	2	20.05	12	17.50	13	17.07	12	17.16	10	22.32	9	35.16
		チーム	2	20.05	7	37.55	10	55.02	11	1.12.18	10	1.34.50	10	2.10.06
11	早稲田	走者	4	山崎 慎治	4	郷原　剛	2	佐藤 智彦	1	矢花　誠	3	前田 泰秀	2	佐藤 敦之
		個人	12	20.50	10	17.41	18	17.27	10	16.55	16	23.26	4	33.51
		チーム	12	20.50	13	38.31	14	55.58	13	1.12.53	14	1.36.19	11	2.10.10
12	東洋	走者	1	石川 末広	2	岡田　徹	3	下茶 徳和	2	福士 将史	2	岡村 篤志	4	沢柳 厚志
		個人	14	20.54	13	17.52	9	16.46	7	16.40	13	22.56	11	35.25
		チーム	14	20.54	15	38.46	13	55.32	10	1.12.12	12	1.35.08	12	2.10.33
13	広島経済	走者	3	鍋島 隆志	4	左達　恵	3	石田 達識	3	山口 誓己	4	原田 康二	3	藤井 敏行
		個人	9	20.41	11	17.48	7	16.27	11	17.15	11	22.43	14	36.10
		チーム	9	20.41	12	38.29	8	54.56	9	1.12.11	11	1.34.54	13	2.11.04
14	鹿屋体育	走者	2	永田 宏一郎	2	田村 哲英	2	森永 啓史	2	木村 亮介	3	小田 多一	4	松村　勲
		個人	1	20.04	16	17.59	11	16.55	20	17.57	12	22.46	13	35.39
		チーム	1	20.04	9	38.03	9	54.58	14	1.12.55	13	1.35.41	14	2.11.20
15	IVL	走者		K. ロナガン		D. シラー		C. リンチ		D. ジョンソン		D. オサリバン		K. オーシャ
		個人	11	20.44	15	17.57	20	17.56	19	17.49	15	23.13	16	36.31
		チーム	11	20.44	14	38.41	15	56.37	15	1.14.26	15	1.37.39	15	2.14.10
16	中四国連	走者	4	柴田 真人	4	江頭 健太	3	林　拓見	2	焼山 明浩	4	国島 淳二	4	岡本 哲也
		個人	20	22.00	18	18.25	19	17.52	18	17.48	14	23.03	15	36.23
		チーム	20	22.00	19	40.25	20	58.17	20	1.16.05	20	1.39.08	16	2.15.31
17	東北学連	走者	M1	萩野 智久	4	土屋 幸治	1	渡辺 哲也	2	秋庭 正司	3	河野 修平	2	山田 泰広
		個人	18	21.46	14	17.56	21	17.58	14	17.25	17	23.28	18	37.27
		チーム	18	21.46	17	39.42	18	57.40	18	1.15.05	19	1.38.33	17	2.16.00
18	北信越連	走者	4	橋本 一隆	3	横打 史雄	4	西尾 章広	4	寺岡 一樹	3	北村 真司	2	尾身 健太
		個人	19	21.52	17	18.05	12	17.05	17	17.47	19	23.53	19	37.36
		チーム	19	21.52	18	39.57	17	57.02	17	1.14.49	17	1.38.42	18	2.16.18
19	北海道連	走者	4	太田　崇	2	伊藤　裕	2	松岡 貞行	2	佐藤 一平	4	永井 秀典	1	片岡 祐介
		個人	16	21.09	19	18.26	17	17.21	15	17.43	20	24.23	17	37.23
		チーム	16	21.09	16	39.35	16	56.56	16	1.14.39	18	1.39.02	19	2.16.25
20	立命館	走者	4	渡辺 真一	1	西田 雄士	4	水谷 公一	2	山菅 善樹	1	村瀬 友一	3	角本 啓二
		個人	17	21.31	20	18.55	16	17.15	16	17.45	18	23.41	21	38.46
		チーム	17	21.31	20	40.26	19	57.41	19	1.15.26	19	1.39.07	20	2.17.53
21	愛知工業	走者	4	上野 大助	1	大原　強	2	沢木 輝保	1	北林 克己	2	西川 晃司	4	山森 丈士
		個人	21	22.48	21	19.16	15	17.14	21	18.50	21	24.38	20	38.37
		チーム	21	22.48	21	42.04	21	59.18	21	1.18.08	21	1.42.46	21	2.21.23

第11回　1999年(平成11年)10月10日　　総距離：43.1km

順	大学名		1区(7.2km)		2区(6.0km)		3区(5.7km)		4区(5.6km)		5区(7.3km)		6区(11.3km)	
1	順天堂	走者	2	入船　満	2	岩水 嘉孝	2	奥田 真一郎	2	野口 英盛	3	宮井 将治	3	高橋 謙介
		個人	3	20.24	2	17.03	2	16.02	1	16.06	5	21.39	1	33.43
		チーム	3	20.24	1	37.27	2	53.29	1	1.09.35	1	1.31.14	1	2.04.57
2	山梨学院	走者	4	宮原 充普	4	古田 哲弘	4	大浜 洋平	4	黒岩 新弥	3	尾崎 輝人	4	西川 哲生
		個人	6	20.36	1	16.52	1	16.01	3	16.24	4	21.33	2	33.54
		チーム	6	20.36	3	37.28	1	53.29	2	1.09.53	2	1.31.26	2	2.05.20
3	駒澤	走者	4	大西 雄三	2	揖斐 祐治	1	布施 知進	1	松村 拓希	4	西田 隆維	2	神屋 伸行
		個人	8	20.42	4	17.12	6	16.30	5	16.29	1	*21.20*	4	34.03
		チーム	8	20.42	4	37.54	4	54.24	4	1.10.53	3	1.32.13	3	2.06.16
4	中央	走者	2	杉山 智基	3	永井 順明	3	板山　学	4	中川 康隆	1	藤原 正和	4	藤田 将弘
		個人	10	20.45	10	17.43	4	16.23	5	16.29	3	21.30	5	34.12
		チーム	10	20.45	10	38.28	7	54.51	7	1.11.20	6	1.32.50	4	2.07.02
5	神奈川	走者	2	田中 俊也	4	野々口 修	3	鈴木 健太郎	2	相馬 雄太	4	辻原 幸生	4	小松 直人
		個人	14	21.02	6	17.26	7	16.34	2	16.17	2	21.27	6	34.18
		チーム	14	21.02	11	38.28	9	55.02	6	1.11.19	5	1.32.46	5	2.07.04
6	京都産業	走者	4	村山　豪	3	山本 功児	4	前田 貴史	1	天野 賢哉	2	坂下 智一	2	諏訪 博志
		個人	4	20.26	8	17.31	3	16.04	7	16.41	8	21.53	9	34.40
		チーム	4	20.26	5	37.57	3	54.01	3	1.10.42	4	1.32.35	6	2.07.15
7	大東文化	走者	3	真名子 圭	2	金子 宣隆	1	富岡 三成	2	橘　義昭	3	松浦 仁一	2	秋山 羊一郎
		個人	5	20.34	9	17.33	8	16.46	4	16.26	6	21.42	8	34.33
		チーム	5	20.34	6	38.07	8	54.53	5	1.11.19	7	1.33.01	7	2.07.34
8	日本	走者	2	和田 正人	4	巽　浩二	3	中山　隆	1	清水 将也	3	渡辺 尚幹	4	山本 佑樹
		個人	9	20.44	5	17.25	5	16.29	11	17.06	10	22.09	3	33.57
		チーム	9	20.44	7	38.09	5	54.38	8	1.11.44	9	1.33.53	8	2.07.50
9	第一工業	走者	3	A. ドリウッジ	2	A. モハメド	3	杉本　勉	4	渡辺 佳季	3	前田 明彦	4	下森　直
		個人	1	20.22	3	17.05	14	17.15	14	17.17	16	22.52	7	34.24
		チーム	1	20.22	2	37.27	6	54.42	10	1.11.59	11	1.34.51	9	2.09.15
10	東洋	走者	3	秋葉 正人	2	石川 末広	4	中井 博之	1	奥田 孝志	4	柏原 誠司	2	生田 直人
		個人	13	20.48	7	17.30	9	16.48	8	16.42	9	21.59	13	35.48
		チーム	13	20.48	8	38.18	10	55.06	9	1.11.48	8	1.33.47	10	2.09.35
11	東海	走者	2	柴田 真一	3	横山 周二	1	米田 尚人	3	伊藤 孝志	3	西村 哲生	4	岩本 亮介
		個人	7	20.40	12	17.50	11	16.55	9	16.53	7	21.45	12	35.46
		チーム	7	20.40	12	38.30	11	55.25	11	1.12.18	10	1.34.03	11	2.09.49
12	広島経済	走者	4	石田 達識	4	山口 誓己	3	渕山 祐行	4	二野宮 誠	3	松本 栄治	4	鍋島 隆志
		個人	11	20.46	16	18.13	10	16.53	10	16.56	17	23.03	11	35.44
		チーム	11	20.46	14	38.59	13	55.52	13	1.12.48	14	1.35.51	12	2.11.35
13	名古屋商	走者	3	田丸　純	2	前田 尚人	2	李　忠民	3	下田 達也	3	村木　力	4	井口 英明
		個人	12	20.47	15	18.06	16	17.19	12	17.10	18	23.04	10	35.13
		チーム	12	20.47	13	38.53	15	56.12	15	1.13.22	15	1.36.26	13	2.11.39
14	中四国連	走者	3	青木 博志	4	大川　陽	1	竹安 昌彦	1	坂本 将治	4	五十嵐 基博	5	山本 吉洋
		個人	15	21.14	11	17.46	12	16.57	13	17.16	11	22.32	16	36.10
		チーム	15	21.14	15	39.00	14	55.57	14	1.13.13	13	1.35.45	14	2.11.55
15	鹿屋体育	走者	3	永田 宏一郎	4	小田 多一	3	田村 哲英	1	徳重 祐児	2	浅岡　斉	M1	松村　勲
		個人	2	20.24	13	17.57	13	17.05	15	17.21	11	22.32	19	36.48
		チーム	2	20.24	9	38.21	12	55.26	12	1.12.47	12	1.35.19	15	2.12.07
16	早稲田	走者	4	前田 泰秀	2	矢花　誠	3	酒井 理弘	4	長澤　卓	1	西畑 良俊	3	阿部 幸太郎
		個人	19	21.58	14	17.59	17	17.27	17	17.26	14	22.43	14	36.03
		チーム	19	21.58	16	39.57	16	57.24	16	1.14.50	16	1.37.33	16	2.13.36
17	IVL	走者		C. オーシャ		B. テスマン		N. ディービー		A. ロッチ		J. ペテリーノ		T. クルース
		個人	16	21.25	18	18.48	14	17.15	16	17.25	15	22.48	15	36.09
		チーム	16	21.25	17	40.13	17	57.28	17	1.14.53	17	1.37.41	17	2.13.50
18	立命館	走者	1	阿野 貴志	2	西田 雄士	3	山菅 善樹	2	小山 貴史	4	徳岡 茂樹	4	角本 啓二
		個人	18	21.57	17	18.26	18	17.33	20	17.59	19	23.25	18	36.35
		チーム	18	21.57	18	40.23	18	57.56	18	1.15.55	18	1.39.20	18	2.15.55
19	北海道連	走者	2	新木 剛史	1	鈴木 康介	1	望月 昭雄	4	鈴木 弘教	1	富田 哲郎	2	片岡 祐介
		個人	21	22.23	20	18.56	20	18.03	21	18.18	13	22.42	17	36.23
		チーム	21	22.23	20	41.19	20	59.22	20	1.17.40	20	1.40.22	19	2.16.45
20	北信越連	走者	4	横打 史雄	3	尾身 健太	1	木下 尊詳	2	徳和 純一	4	北村 真司	4	守屋　慶
		個人	17	21.36	19	18.50	19	17.57	18	17.47	21	23.44	21	38.05
		チーム	17	21.36	19	40.26	19	58.23	19	1.16.10	19	1.39.54	20	2.17.59
21	東北学連	走者	4	上杉 直史	4	佐々木 昌仁	2	渡辺 哲也	3	山田 泰広	4	河野 修平	3	秋庭 正司
		個人	20	22.18	21	19.24	21	18.59	18	17.47	20	23.32	20	37.41
		チーム	20	22.18	21	41.42	21	1.00.41	21	1.18.28	21	1.42.00	21	2.19.41

第12回　2000年(平成12年)10月9日　総距離：43.1km

順	大学名		1区 (7.2km)		2区 (6.0km)		3区 (5.7km)		4区 (5.6km)		5区 (7.3km)		6区 (11.3km)	
1	順天堂	走者	3	入船　満	4	宮井 将治	3	岩水 嘉孝	3	坂井 隆則	3	野口 英盛	4	高橋 謙介
		個人	7	20.33	2	17.14	1	16.03	1	16.07	3	21.27	3	34.02
		チーム	7	20.33	5	37.47	2	53.50	1	1.09.57	1	1.31.24	1	2.05.26
2	山梨学院	走者	4	尾池 政利	4	橋本　淳	4	井幡　磨	1	橋ノ口 滝一	3	清田 泰之	1	高見沢 勝
		個人	3	20.24	6	17.17	4	16.20	3	16.24	5	21.35	7	34.19
		チーム	3	20.24	3	37.41	3	54.01	2	1.10.25	3	1.32.00	2	2.06.19
3	駒澤	走者	2	松村 拓希	3	揖斐 祐治	3	高橋 正仁	2	高橋 桂逸	2	松下 竜治	3	神屋 伸行
		個人	8	20.33	10	17.25	4	16.20	9	16.58	1	*21.19*	2	33.54
		チーム	8	20.33	10	37.58	8	54.18	8	1.11.16	4	1.32.35	3	2.06.29
4	中央	走者	2	野村 佳史	4	板山　学	3	村本 洋介	3	花田 俊輔	2	藤原 正和	4	永井 順明
		個人	6	20.32	1	17.01	7	16.34	2	16.21	2	21.21	9	34.54
		チーム	6	20.32	2	37.33	4	54.07	3	1.10.28	2	1.31.49	4	2.06.43
5	神奈川	走者	1	吉村 尚悟	3	田中 俊也	3	飯島 智志	2	谷口 武志	3	土谷　修	3	相馬 雄太
		個人	4	20.26	5	17.15	2	16.09	6	16.50	8	21.56	4	34.08
		チーム	4	20.26	4	37.41	1	53.50	4	1.10.40	5	1.32.36	5	2.06.44
6	日本	走者	1	藤井 周一	2	清水 将也	1	蔭谷 将良	4	中山　隆	1	中谷 圭介	3	和田 正人
		個人	10	20.39	6	17.17	9	16.40	4	16.31	6	21.41	5	34.12
		チーム	10	20.39	9	37.56	9	54.36	7	1.11.07	7	1.32.48	6	2.07.00
7	帝京	走者	4	喜多 健一	3	北島 吉章	2	飛松　誠	1	佐藤 光輝	3	谷川 嘉朗	3	中崎 幸伸
		個人	11	20.40	3	17.14	10	16.43	8	16.55	4	21.30	8	34.24
		チーム	11	20.40	7	37.54	10	54.37	9	1.11.32	8	1.33.02	7	2.07.26
8	早稲田	走者	2	森村　哲	1	五十嵐 毅	3	桜井 勇樹	3	矢花　誠	4	久場 潔実	3	原田 正彦
		個人	5	20.31	9	17.24	3	16.18	5	16.43	7	21.47	10	35.23
		チーム	5	20.31	8	37.55	6	54.13	5	1.10.56	6	1.32.43	8	2.08.06
9	京都産業	走者	4	山本 功児	3	諏訪 博志	3	坂下 智一	1	高野 修徳	4	大安 龍彦	2	天野 賢哉
		個人	9	20.34	6	17.17	6	16.26	12	17.16	16	22.30	11	35.32
		チーム	9	20.34	6	37.51	7	54.17	10	1.11.33	10	1.34.03	9	2.09.35
10	第一工業	走者	1	A.バイ	1	R.ブラディッド	2	中山　徹	4	杉本　勉	1	山内　進	4	前田 明彦
		個人	2	20.24	2	17.08	8	16.39	7	16.52	10	22.24	15	36.11
		チーム	2	20.24	1	37.32	5	54.11	6	1.11.03	9	1.33.27	10	2.09.38
11	東海	走者	3	柴田 真一	4	横山 周二	2	米田 尚人	3	松宮 正典	3	大井 貴博	4	西村 哲生
		個人	12	20.56	11	18.05	13	17.11	10	17.05	9	22.13	6	34.13
		チーム	12	20.56	11	39.01	11	56.12	11	1.13.17	11	1.35.30	11	2.09.43
12	鹿屋体育	走者	1	石塚 正太	4	森永 啓史	1	北村 拓也	2	徳重 祐児	4	田村 哲英	4	永田 宏一郎
		個人	16	21.31	12	18.11	20	17.48	11	17.11	17	23.14	1	32.55
		チーム	16	21.31	15	39.42	16	57.30	13	1.14.41	14	1.37.55	12	2.10.50
13	広島経済	走者	1	橋本 直也	1	高橋 一寿	1	安井 秀俊	4	松本 栄治	4	渕山 祐行	2	山田 剛史
		個人	14	21.15	13	18.25	14	17.19	16	17.30	12	22.38	13	35.49
		チーム	14	21.15	14	39.40	13	56.59	12	1.14.29	12	1.37.07	13	2.12.56
14	IVL	走者		D.オサリバン		R.バースバック		J.コリング		D.レッサー		M.グラント		W.ジョンソン
		個人	20	22.47	16	18.35	11	17.02	14	17.18	14	22.57	12	35.45
		チーム	20	22.47	19	41.22	18	58.24	18	1.15.42	16	1.38.39	14	2.14.24
15	中四国連	走者	2	竹安 昌彦	3	緒方 正和	M2	臼井 康善	2	坂本 将治	3	国恵 良太	3	兼重 仁彦
		個人	13	21.12	14	18.28	17	17.40	15	17.25	13	22.55	18	36.52
		チーム	13	21.12	13	39.40	14	57.20	14	1.14.45	13	1.37.40	15	2.14.32
16	法政	走者	3	徳本 一善	1	栗原 健一	1	深津 新太郎	2	加藤 康洋	3	佐藤　敬	4	中村 悠志
		個人	1	20.20	17	18.42	19	17.43	20	18.29	18	23.26	16	36.30
		チーム	1	20.20	12	39.02	12	56.45	15	1.15.14	17	1.38.40	16	2.15.10
17	東北学連	走者	4	秋庭 正司	3	渡辺 哲也	4	藤原 茂美	5	菊地 次郎	3	加賀屋 徹	4	山田 泰広
		個人	18	21.55	18	19.01	12	17.03	12	17.16	15	22.59	19	37.02
		チーム	18	21.55	17	40.56	17	57.59	16	1.15.15	15	1.38.14	17	2.15.16
18	関西	走者	2	山本 文平	2	平良 雅寿	3	佐毘 容平	2	佐藤 哲成	3	細江 克敏	3	佐喜田 和外
		個人	15	21.18	15	18.34	15	17.36	18	17.58	18	23.26	21	37.29
		チーム	15	21.18	16	39.52	15	57.28	17	1.15.26	18	1.38.52	18	2.16.21
19	北海道連	走者	3	新木 剛史	1	上林　亨	2	城　雅之	2	鈴木 康介	1	吉田 篤史	3	片岡 祐介
		個人	19	22.02	21	19.43	16	17.39	21	18.39	16	23.03	14	35.51
		チーム	19	22.02	20	41.45	20	59.24	20	1.18.03	20	1.41.06	19	2.16.57
20	名古屋商	走者	2	村上　徹	1	高尾　聖	1	池上 幸助	4	村木　力	1	大西　誠	3	谷口　透
		個人	17	21.40	19	19.24	18	17.41	17	17.34	21	23.39	20	37.26
		チーム	17	21.40	18	41.04	19	58.45	19	1.16.19	19	1.39.58	20	2.17.24
21	北信越連	走者	2	長谷川 久嗣	4	尾身 健太	2	木下 尊詳	4	小池 峰俊	4	杉山 史良	1	愛下 直樹
		個人	21	22.49	20	19.34	21	18.42	19	18.04	20	23.32	17	36.40
		チーム	21	22.49	21	42.23	21	1.01.05	21	1.19.09	21	1.42.41	21	2.19.21

第13回　2001年(平成13年)10月8日　総距離：44.0km

順	大学名		1区(8.0km)		2区(5.8km)		3区(8.5km)		4区(6.5km)		5区(5.0km)		6区(10.2km)	
1	順天堂	走者	4	入船　満	4	奥田 真一郎	4	野口 英盛	4	坂井 隆則	3	春田 真臣	4	岩水 嘉孝
		個人	9	24.23	1	16.48	5	25.31	1	18.08	2	14.38	2	30.21
		チーム	9	24.23	4	41.11	4	1.06.42	1	1.24.50	1	1.39.28	1	2.09.49
2	駒澤	走者	2	内田 直将	3	松村 拓希	3	松下 竜治	4	揖斐 祐治	4	高橋 正仁	4	神屋 伸行
		個人	7	24.17	2	16.53	7	25.32	2	18.20	1	14.28	3	30.29
		チーム	7	24.17	2	41.10	5	1.06.42	2	1.25.02	2	1.39.30	2	2.09.59
3	神奈川	走者	2	吉村 尚悟	2	下里 和義	4	飯島 智志	4	相馬 雄太	1	竜田 美幸	3	原田 恵章
		個人	2	24.10	7	17.00	2	25.24	3	18.32	4	14.39	4	30.44
		チーム	2	24.10	1	41.10	1	1.06.34	3	1.25.06	3	1.39.45	3	2.10.29
4	山梨学院	走者	2	橋ノ口 滝一	2	井手 信夫	3	岩永 暁如	3	松田 浩二	3	吉田 幸司	3	D.カリウキ
		個人	3	24.12	8	17.04	4	25.28	7	18.52	7	14.51	1	30.14
		チーム	3	24.12	7	41.16	6	1.06.44	6	1.25.36	7	1.40.27	4	2.10.41
5	日本	走者	2	藤井 周一	1	岩井 勇輝	2	中谷 圭介	2	藤谷 将良	4	清水 貴之	3	清水 将也
		個人	10	24.23	4	16.54	5	25.31	5	18.41	8	14.52	6	30.53
		チーム	10	24.23	8	41.17	7	1.06.48	4	1.25.29	4	1.40.21	5	2.11.14
6	中央	走者	3	池上 誠悟	3	野村 佳史	4	花田 俊輔	2	原田　聡	1	家高 晋吾	3	藤原 正和
		個人	4	24.13	6	16.59	2	25.24	9	19.14	9	14.53	5	30.50
		チーム	4	24.13	5	41.12	2	1.06.36	8	1.25.50	8	1.40.43	6	2.11.33
7	法政	走者	2	黒田 将由	3	今津　誠	4	徳本 一善	2	中村 洋輔	2	坂野 清志	2	長嶺 貴裕
		個人	5	24.14	10	17.25	1	24.57	8	19.07	5	14.42	7	31.11
		チーム	5	24.14	9	41.39	3	1.06.36	7	1.25.43	5	1.40.25	7	2.11.36
8	大東文化	走者	2	村井 健太	2	村田 義広	3	田子 康晴	3	田上 二朗	1	佐々木 誠	4	林　昌史
		個人	8	24.21	2	16.53	9	26.08	6	18.46	2	14.38	8	31.14
		チーム	8	24.21	6	41.14	9	1.07.22	9	1.26.08	9	1.40.46	8	2.12.00
9	京都産業	走者	4	山本 功児	2	三宅 浩之	4	諏訪 博志	3	天野 賢哉	2	中川 智博	2	高野 修徳
		個人	6	24.14	5	16.56	8	25.46	4	18.35	10	14.55	10	32.24
		チーム	6	24.14	3	41.10	8	1.06.56	5	1.25.31	6	1.40.26	9	2.12.50
10	帝京	走者	2	秋山 新吾	4	中崎 幸伸	4	北島 吉章	2	清野 祥啓	3	飛松　誠	3	谷川 嘉朗
		個人	14	25.08	9	17.15	10	26.35	10	19.21	6	14.47	9	31.20
		チーム	14	25.08	10	42.23	10	1.08.58	10	1.28.19	10	1.43.06	10	2.14.26
11	広島経済	走者	2	橋本 直也	2	安井 秀俊	1	園延 裕大	1	松尾　武	3	村戸 雄輝	3	山田 剛史
		個人	12	24.58	11	18.00	13	27.19	12	19.48	11	15.17	11	32.52
		チーム	12	24.58	12	42.58	13	1.10.17	12	1.30.05	11	1.45.22	11	2.18.14
12	IVL	走者		S.マクミラン		R.ビアズバック		J.ニッカソン		P.アングリン		P.ブルエット		M.ウイルキンソン
		個人	13	25.04	12	18.02	11	26.43	14	19.51	19	15.53	14	32.58
		チーム	13	25.04	14	43.06	11	1.09.49	11	1.29.40	12	1.45.33	12	2.18.31
13	北海道連	走者	4	片岡 祐介	4	新木 剛史	2	笹森 孝丸	2	上林　亨	4	菅原 善隆	2	吉田 篤史
		個人	11	24.42	13	18.18	12	27.08	18	20.04	13	15.30	11	32.52
		チーム	11	24.42	13	43.00	12	1.10.08	13	1.30.12	13	1.45.42	13	2.18.34
14	第一工業	走者	2	A.バイ	3	生野 潤也	3	河合 正行	1	横山 慶尚	2	福井 淑心	3	枦　博幸
		個人	1	23.57	16	18.37	17	27.52	21	20.45	17	15.50	15	33.09
		チーム	1	23.57	11	42.34	14	1.10.26	14	1.31.11	14	1.47.01	14	2.20.10
15	早稲田	走者	1	篠浦 辰徳	3	相楽　豊	3	吉原 健一	1	坂口 哲雄	1	岡部 祐介	2	宗　尚
		個人	16	25.09	17	18.39	19	28.15	11	19.35	14	15.35	17	33.11
		チーム	16	25.09	15	43.48	17	1.12.03	16	1.31.38	15	1.47.13	15	2.20.24
16	中四国連	走者	2	高浜 和行	4	兼重 仁彦	1	林　純二	3	伊藤 吉洋	3	吉村 寿哉	3	藤路　陽
		個人	18	25.51	15	18.25	15	27.40	15	19.52	16	15.49	18	33.23
		チーム	18	25.51	17	44.16	16	1.11.56	17	1.31.48	16	1.47.37	16	2.21.00
17	関西	走者	4	佐嘉田 和外	4	佐毘 容平	2	中西 慶輔	1	高橋 宏昌	4	坂田 隆平	4	細江 克敏
		個人	19	25.57	14	18.23	18	28.00	16	19.56	20	15.57	13	32.57
		チーム	19	25.57	18	44.20	18	1.12.20	18	1.32.16	18	1.48.13	17	2.21.10
18	名古屋商	走者	3	村上　徹	1	村松　直	3	永友 直樹	2	大西　誠	4	谷口　透	3	山口　明
		個人	15	25.09	17	18.39	16	27.45	16	19.56	21	16.41	15	33.09
		チーム	15	25.09	16	43.48	15	1.11.33	15	1.31.29	17	1.48.10	18	2.21.19
19	東北学連	走者	2	冠木 雅守	1	橘　明徳	M1	舩木 和寿	2	冨田 英之	3	柏木 良幸	4	堀畑 俊一郎
		個人	21	26.38	21	19.04	14	27.33	13	19.50	14	15.35	21	34.28
		チーム	21	26.38	21	45.42	20	1.13.15	19	1.33.05	19	1.48.40	19	2.23.08
20	鹿屋体育	走者	2	北村 拓也	3	大山 結城	3	徳重 祐児	2	安達 辰徳	1	當間 博之	1	小山 唯彦
		個人	17	25.32	20	19.03	20	28.20	20	20.41	17	15.50	19	34.11
		チーム	17	25.32	19	44.35	19	1.12.55	20	1.33.36	20	1.49.26	20	2.23.37
21	北信越連	走者	4	徳和 純一	1	板垣 雄三	3	釜　幸生	3	竹内 靖夫	M1	西澤 悟志	3	林　太志
		個人	20	26.27	19	18.44	21	28.23	19	20.39	12	15.25	20	34.17
		チーム	20	26.27	20	45.11	21	1.13.34	21	1.34.13	21	1.49.38	21	2.23.55

第14回　2002年(平成14年)10月14日　　総距離：44.0km

順	大学名		1区 (8.0km)		2区 (5.8km)		3区 (8.5km)		4区 (6.5km)		5区 (5.0km)		6区 (10.2km)	
1	山梨学院	走者	3	橋ノ口 滝一	4	吉田 幸司	3	高見沢 勝	4	岩永 暁知	4	清家　健	2	O.モカンバ
		個人	7	*23.48*	12	17.50	7	25.46	1	18.39	2	15.02	1	*29.22*
		チーム	7	23.48	10	41.38	9	1.07.24	5	1.26.03	5	1.41.05	1	2.10.27
2	神奈川	走者	2	竜田 美幸	3	下里 和義	3	吉村 尚悟	3	島田 健一郎	3	藤本　聖	4	原田 恵章
		個人	6	*23.48*	1	*16.33*	4	25.32	7	19.15	5	15.17	5	30.30
		チーム	6	23.48	1	40.21	1	1.05.53	1	1.25.08	1	1.40.25	2	2.10.55
3	駒澤	走者	3	内田 直将	1	佐藤 慎悟	2	塩川 雄也	4	布施 知進	4	島村 清孝	4	松下 竜治
		個人	1	*23.29*	9	17.25	5	25.38	6	19.12	1	14.56	3	30.23
		チーム	1	23.29	5	40.54	4	1.06.32	4	1.25.44	2	1.40.40	3	2.11.03
4	第一工業	走者	1	A.ワドゥリーリィ	4	生野 潤也	3	A.バイ	4	中山　徹	4	河合 正行	1	K.エレマブショル
		個人	12	24.12	6	17.12	1	*24.55*	5	19.10	6	15.22	2	30.17
		チーム	12	24.12	8	41.24	2	1.06.19	3	1.25.29	4	1.40.51	4	2.11.08
5	大東文化	走者	2	佐々木 誠	4	田子 康晴	3	村井 健太	1	田口 康平	2	古川　茂	4	山脇 拓哉
		個人	3	*23.37*	2	*16.47*	11	26.18	10	19.26	3	15.10	4	30.25
		チーム	3	23.37	2	40.24	6	1.06.42	8	1.26.08	7	1.41.18	5	2.11.43
6	京都産業	走者	3	中川 智博	3	三宅 浩之	4	天野 賢哉	3	高野 修徳	2	上間 翔太	2	村刺 厚介
		個人	9	*23.56*	3	16.49	6	25.40	2	19.00	7	15.23	8	31.20
		チーム	9	23.56	4	40.45	3	1.06.25	2	1.25.25	3	1.40.48	6	2.12.08
7	早稲田	走者	2	杉山 一介	3	五十嵐 毅	2	空山 隆児	4	後藤 信二	2	篠浦 辰徳	4	森村　哲
		個人	8	*23.51*	4	16.52	12	26.20	4	19.01	4	15.13	6	31.03
		チーム	8	23.51	3	40.43	7	1.07.03	6	1.26.04	6	1.41.17	7	2.12.20
8	亜細亜	走者	4	鈴木 良則	4	久田 隼人	4	堀越 勝太郎	3	中村 健太郎	3	滝沢　優	3	鈴木 聖仁
		個人	2	*23.36*	8	17.20	7	25.46	9	19.24	9	15.27	13	32.11
		チーム	2	23.36	6	40.56	5	1.06.42	7	1.26.06	8	1.41.33	8	2.13.44
9	徳山	走者	2	白濱 三徳	2	林　純二	4	竹安 昌彦	4	上野　剛	1	木田　長	3	高浜 和行
		個人	14	24.40	7	17.15	3	25.29	8	19.17	12	15.49	9	31.22
		チーム	14	24.40	11	41.55	10	1.07.24	10	1.26.41	10	1.42.30	9	2.13.52
10	順天堂	走者	4	中川 拓郎	1	村上 康則	1	難波 祐樹	4	春田 真臣	1	和田 真幸	3	長山　丞
		個人	4	*23.39*	10	17.37	13	26.23	12	19.37	8	15.26	11	31.39
		チーム	4	23.39	7	41.16	11	1.07.39	11	1.27.16	11	1.42.42	10	2.14.21
11	中央	走者	4	池上 誠悟	2	野村 俊輔	4	藤原 正和	3	岡本 崇郁	1	田村　航	3	原田　聡
		個人	10	23.58	17	18.07	2	25.16	2	19.00	10	15.41	17	32.51
		チーム	10	23.58	12	42.05	8	1.07.21	9	1.26.21	9	1.42.02	11	2.14.53
12	帝京	走者	1	佐藤 拓也	1	中尾 勇生	4	飛松　誠	4	小鹿 敬司	1	中尾 誠宏	3	村野 真一
		個人	20	25.31	5	17.09	9	25.54	11	19.28	11	15.46	10	31.32
		チーム	20	25.31	14	42.40	13	1.08.34	12	1.28.02	12	1.43.48	12	2.15.20
13	中四国連	走者	3	橋本 直也	4	藤路　陽	2	末吉　勇	2	田中 啓佑	4	吉村 寿哉	4	山田 剛史
		個人	5	*23.43*	11	17.44	14	26.48	18	20.03	22	17.00	12	31.45
		チーム	5	23.43	9	41.27	12	1.08.15	13	1.28.18	13	1.45.18	13	2.17.03
14	北海道連	走者	2	榊原　学	2	大槻　学	3	上林　亨	4	安藤 大樹	4	鈴木 康介	M1	片岡 祐介
		個人	13	24.15	15	18.03	21	27.59	15	19.51	17	16.13	7	31.17
		チーム	13	24.15	13	42.18	15	1.10.17	16	1.30.08	17	1.46.21	14	2.17.38
15	韓国選抜	走者		安　昌訓		宋　河珉		李　東日		洪　定佑		李　奉揆		鄭　載勳
		個人	21	25.41	21	18.22	10	25.59	20	20.17	13	16.00	16	32.35
		チーム	21	25.41	22	44.03	14	1.10.02	17	1.30.19	16	1.46.19	15	2.18.54
16	日本	走者	3	近藤　聡	2	西岡 辰雄	2	原　洋平	1	宮崎 貴雅	2	藤沢 向希	1	岩永 浩輔
		個人	18	25.21	15	18.03	16	27.10	17	19.59	16	16.06	15	32.20
		チーム	18	25.21	19	43.24	19	1.10.34	18	1.30.33	18	1.46.39	16	2.18.59
17	鹿屋体育	走者	3	石塚 正太	4	大山 結城	2	小山 唯彦	1	柳　昌光	4	徳重 祐児	3	安達 辰徳
		個人	11	24.11	22	19.20	15	26.51	13	19.42	13	16.00	18	33.02
		チーム	11	24.11	20	43.31	16	1.10.22	14	1.30.04	14	1.46.04	17	2.19.06
18	東北学連	走者	M2	藤原 茂美	4	星　智	M2	舩木 和寿	M2	山田 泰広	2	相澤 達也	3	菅野　伸
		個人	16	24.50	19	18.16	17	27.17	14	19.43	15	16.04	19	33.06
		チーム	16	24.50	16	43.06	17	1.10.23	15	1.30.06	15	1.46.10	18	2.19.16
19	IVL	走者		B.テスマン		A.ロッシー		D.マルチン		P.アングリン		D.シューレン		J.ニコルソン
		個人	17	24.57	18	18.11	20	27.53	16	19.55	18	16.15	14	32.15
		チーム	17	24.57	17	43.08	20	1.11.01	20	1.30.56	19	1.47.11	19	2.19.26
20	関西	走者	4	佐毘 容平	1	村岡 克彦	3	中西 慶輔	2	高橋 宏昌	4	山本 文平	4	平良 雅寿
		個人	15	24.42	19	18.16	19	27.26	20	20.17	21	16.53	21	33.38
		チーム	15	24.42	15	42.58	18	1.10.24	19	1.30.41	20	1.47.34	20	2.21.12
21	北信越連	走者	2	板垣 雄三	1	西塔 欣史	4	釜　幸生	2	伊田　宰	2	米田 周平	M2	西澤 悟志
		個人	19	25.30	13	17.53	22	28.08	22	20.27	20	16.33	20	33.17
		チーム	19	25.30	18	43.23	22	1.11.31	22	1.31.58	22	1.48.31	21	2.21.48
22	愛知工業	走者	3	桐山 幸祐	4	両角 明彦	4	冨田 泰弘	4	有馬 武彦	3	吹田 雅人	4	滝川　真
		個人	22	26.08	13	17.53	18	27.22	19	20.16	19	16.28	22	33.52
		チーム	22	26.08	21	44.01	21	1.11.23	21	1.31.39	21	1.48.07	22	2.21.59

第15回　2003年(平成15年)10月13日　　総距離：44.0km

順	大学名		1区(8.0km)		2区(5.8km)		3区(8.5km)		4区(6.5km)		5区(5.0km)		6区(10.2km)	
1	**日本**	走者	3	岩井 勇輝	4	白柳 智也	4	中谷 圭介	1	土橋 啓太	3	仙頭 竜典	4	藤井 周一
		個人	10	25.03	4	16.50	5	25.21	5	18.31	3	14.32	3	29.47
		チーム	10	25.03	8	41.53	5	1.07.14	3	1.25.45	2	1.40.17	1	2.10.04
2	**大東文化**	走者	2	野宮 章弘	1	宮地 章弘	4	村田 義広	3	笠井 大輔	3	古川　茂	4	柴田 純一
		個人	9	25.01	2	16.45	10	25.35	6	18.33	2	14.31	2	29.42
		チーム	9	25.01	3	41.46	8	1.07.21	6	1.25.54	4	1.40.25	2	2.10.07
3	**駒澤**	走者	2	斉藤 弘幸	4	内田 直将	3	塩川 雄也	2	佐藤 慎悟	3	太田 貴之	3	田中 宏樹
		個人	8	25.00	1	16.42	2	25.11	3	18.30	4	14.37	6	30.09
		チーム	8	25.00	1	41.42	2	1.06.53	1	1.25.23	1	1.40.00	3	2.10.09
4	**東海**	走者	3	越川 秀宣	2	丸山 敬三	2	一井 裕介	4	生井　怜	4	小出　徹	2	中井 祥太
		個人	12	25.04	10	17.09	3	25.13	1	18.29	1	***14.26***	5	30.00
		チーム	12	25.04	10	42.13	10	1.07.26	7	1.25.55	3	1.40.21	4	2.10.21
5	**山梨学院**	走者	4	橋ノ口 滝一	2	森本 直人	4	高見沢 勝	2	向井 良人	3	矢崎 登久	3	O. モカンバ
		個人	3	24.57	9	17.02	4	25.14	14	19.03	9	14.53	1	***29.20***
		チーム	3	24.57	9	41.59	4	1.07.13	10	1.26.16	10	1.41.09	5	2.10.29
6	**順天堂**	走者	1	清野 純一	4	長山　丞	1	今井 正人	1	長門 俊介	2	難波 祐樹	2	和田 真幸
		個人	11	25.03	4	16.50	7	25.25	1	18.29	7	14.45	8	30.30
		チーム	11	25.03	7	41.53	7	1.07.18	5	1.25.47	6	1.40.32	6	2.11.02
7	**中央**	走者	2	田村　航	3	家高 晋吾	4	原田　聡	2	真田 泰芳	2	池永 和樹	3	高橋 憲昭
		個人	7	24.59	4	16.50	5	25.21	10	18.54	8	14.46	7	30.13
		チーム	7	24.59	4	41.49	3	1.07.10	9	1.26.04	7	1.40.50	7	2.11.03
8	**東洋**	走者	4	三行 幸一	2	渡辺 史侑	4	永富 和真	1	末上 哲平	1	川畑 憲三	4	鈴木 北斗
		個人	6	24.59	7	16.52	9	25.31	7	18.39	12	15.07	11	31.15
		チーム	6	24.59	5	41.51	9	1.07.22	8	1.26.01	9	1.41.08	8	2.12.23
9	**日本体育**	走者	1	鷲見 知彦	2	梅枝 裕吉	1	保科 光作	1	稲垣 晃二	2	岩崎 喬也	2	今村 淳志
		個人	4	24.57	3	16.48	1	25.04	11	18.55	5	14.44	16	32.01
		チーム	4	24.57	2	41.45	1	1.06.49	2	1.25.44	5	1.40.28	9	2.12.29
10	**第一工業**	走者	2	吉井　賢	2	小林 秀寿	2	K.エレマブショル	2	A.ワドゥリーリィ	4	近藤 寛光	4	A. バイ
		個人	15	25.16	14	17.34	11	25.47	11	18.55	11	15.06	4	29.54
		チーム	15	25.16	15	42.50	14	1.08.37	13	1.27.32	14	1.42.38	10	2.12.32
11	**立命館**	走者	2	田子 康宏	1	森田 知行	2	稲井 義幸	1	樋口 達夫	1	平尾 光晃	3	松島 栄治
		個人	5	24.57	8	16.54	7	25.25	3	18.30	15	15.12	15	31.59
		チーム	5	24.57	6	41.51	6	1.07.16	4	1.25.46	8	1.40.58	11	2.12.57
12	**中央学院**	走者	2	蔭山 浩司	2	杉本 芳規	2	江藤 裕也	4	奥村 雄大	3	石田 直之	2	信田 雄一
		個人	2	24.55	15	17.36	13	26.05	8	18.43	5	14.44	9	30.59
		チーム	2	24.55	13	42.31	13	1.08.36	12	1.27.19	11	1.42.03	12	2.13.02
13	**徳山**	走者	3	白濱 三徳	4	井上 智義	3	林　純二	1	秋沢 潤弥	1	田中 大介	2	木田　長
		個人	1	24.54	13	17.31	12	25.49	13	19.02	13	15.11	12	31.20
		チーム	1	24.54	12	42.25	11	1.08.14	11	1.27.16	12	1.42.27	13	2.13.47
14	**京都産業**	走者	4	中川 智博	4	三宅 浩之	3	村刺 厚介	3	森田　司	3	辻　裕樹	2	井川 重史
		個人	13	25.07	11	17.16	15	26.12	15	19.04	10	14.54	13	31.34
		チーム	13	25.07	11	42.23	12	1.08.35	14	1.27.39	13	1.42.33	14	2.14.07
15	**中四国連**	走者	3	松岡 紘司	2	網岡 昌隆	3	末吉　勇	3	矢野 秀明	2	奥田 直樹	4	安井 秀俊
		個人	18	25.45	19	18.04	13	26.05	18	19.35	18	15.24	10	31.12
		チーム	18	25.45	19	43.49	17	1.09.54	17	1.29.29	18	1.44.53	15	2.16.05
16	**愛知工業**	走者	4	桐山 幸祐	2	堀　貴博	4	吹田 雅人	2	徳山 雄太	2	牛山 純一	3	松田 康成
		個人	17	25.19	12	17.30	18	27.03	16	19.20	17	15.23	14	31.50
		チーム	17	25.19	14	42.49	16	1.09.52	16	1.29.12	16	1.44.35	16	2.16.25
17	**鹿屋体育**	走者	3	小山 唯彦	4	安達 辰徳	2	柳　昌光	4	石塚 正太	4	北村 拓也	3	後藤 健太
		個人	16	25.19	17	17.45	17	26.47	9	18.53	19	15.25	20	32.36
		チーム	16	25.19	17	43.04	15	1.09.51	15	1.28.44	15	1.44.09	17	2.16.45
18	**東北学連**	走者	3	橘　明徳	4	冠木 雅守	3	相澤 達也	1	我妻 孝紀	4	沼崎 正次	4	冨田 英之
		個人	14	25.10	18	17.53	18	27.03	17	19.32	13	15.11	18	32.28
		チーム	14	25.10	16	43.03	18	1.10.06	18	1.29.38	17	1.44.49	18	2.17.17
19	**北海道連**	走者	3	榊原　学	3	大槻　学	M2	片岡 祐介	4	石川　真	2	迫田 明巳	4	上林　亨
		個人	19	26.06	16	17.43	16	26.32	19	19.38	21	15.44	19	32.29
		チーム	19	26.06	18	43.49	19	1.10.21	19	1.29.59	19	1.45.43	19	2.18.12
20	**IVL**	走者		C. ビークル		P. アングリン		D. マーチン		D. リボウィツ		S. モイヨ		B. カーン
		個人	21	26.36	21	18.56	20	28.14	20	19.39	16	15.22	17	32.22
		チーム	21	26.36	21	45.32	21	1.13.46	20	1.33.25	20	1.48.47	20	2.21.09
21	**北信越連**	走者	3	板垣 雄三	3	米田 周平	2	中島 将太	2	本田 高志	2	渡辺 裕介	2	松芳 理智
		個人	20	26.13	20	18.24	21	28.29	21	20.20	20	15.39	21	34.17
		チーム	20	26.13	20	44.37	20	1.13.06	21	1.33.26	21	1.49.05	21	2.23.22

第16回　2004年(平成16年)10月11日　総距離：44.0km

順	大学名		1区 (8.0km)		2区 (5.8km)		3区 (8.5km)		4区 (6.5km)		5区 (5.0km)		6区 (10.2km)	
1	日本	走者	4	岩井 勇輝	4	蔭谷 将良	3	下重 正樹	2	土橋 啓太	1	阿久津 尚二	1	D.サイモン
		個人	6	23.40	2	16.42	3	25.07	6	19.00	5	14.59	1	29.44
		チーム	6	23.40	1	40.22	2	1.05.29	2	1.24.29	2	1.39.28	1	*2.09.12*
2	駒澤	走者	4	田中 宏樹	1	鈴木 俊佑	4	塩川 雄也	3	本宮 隆良	2	大坪 祐樹	3	佐藤 慎悟
		個人	5	23.39	3	16.45	1	24.58	2	18.44	8	15.03	3	30.17
		チーム	5	23.39	3	40.24	1	1.05.22	1	1.24.06	1	1.39.09	2	2.09.26
3	中央	走者	1	上野 裕一郎	4	家高 晋吾	3	池永 和樹	2	山本 亮	3	田村 航	4	高橋 憲昭
		個人	4	23.37	6	16.52	7	25.29	4	18.53	2	14.49	2	29.48
		チーム	4	23.37	5	40.29	6	1.05.58	6	1.24.51	4	1.39.40	3	2.09.28
4	東海	走者	3	丸山 敬三	4	鈴木 聡志	4	越川 秀宣	4	角田 貴則	3	倉平 幸治	3	一井 裕介
		個人	2	23.30	8	16.54	4	25.08	9	19.12	3	14.54	7	30.34
		チーム	2	23.30	4	40.24	3	1.05.32	3	1.24.44	3	1.39.38	4	2.10.12
5	日本体育	走者	3	熊本 剛	2	鷲見 知彦	1	北村 聡	2	鶴留 雄太	4	後藤 宣広	2	保科 光作
		個人	8	23.52	4	16.47	5	25.09	5	18.58	7	15.01	7	30.34
		チーム	8	23.52	7	40.39	5	1.05.48	4	1.24.46	5	1.39.47	5	2.10.21
6	順天堂	走者	2	清野 純一	3	村上 康則	3	長谷川 清勝	1	松岡 佑起	3	和田 真幸	2	今井 正人
		個人	9	23.58	1	16.35	12	26.09	1	18.42	1	14.46	4	30.24
		チーム	9	23.58	6	40.33	9	1.06.42	9	1.25.24	7	1.40.10	6	2.10.34
7	法政	走者	3	岡田 拓也	2	円井 彰彦	3	原田 誠	3	秋山 和稔	2	友広 哲也	2	田中 宏幸
		個人	7	23.47	10	17.03	8	25.35	3	18.50	9	15.06	6	30.32
		チーム	7	23.47	9	40.50	8	1.06.25	8	1.25.15	8	1.40.21	7	2.10.53
8	大東文化	走者	4	佐々木 誠	3	野宮 章弘	4	古川 茂	2	金塚 洋輔	1	佐々木 悟	2	菊川 浩史
		個人	3	23.32	12	17.10	2	25.05	8	19.03	5	14.59	12	31.25
		チーム	3	23.32	8	40.42	4	1.05.47	5	1.24.50	6	1.39.49	8	2.11.14
9	京都産業	走者	4	森田 司	4	村刺 厚介	3	井川 重史	4	辻 裕樹	2	大西 毅彦	4	上間 翔太
		個人	12	24.03	5	16.48	6	25.21	7	19.02	10	15.09	11	31.20
		チーム	12	24.03	10	40.51	7	1.06.12	7	1.25.14	9	1.40.23	9	2.11.43
10	神奈川	走者	4	竜田 美幸	4	清水 大輔	4	内野 雅貴	1	小村 章悟	3	坂本 純一	2	森脇 佑紀
		個人	15	24.16	11	17.09	9	25.52	11	19.21	4	14.57	9	31.01
		チーム	15	24.16	12	41.25	11	1.07.17	10	1.26.38	10	1.41.35	10	2.12.36
11	立命館	走者	3	田子 康宏	3	池田 泰仁	2	森田 知行	3	富永 崇	4	大前 喬之	3	稲井 義幸
		個人	1	*23.26*	9	16.57	15	26.46	16	19.51	15	15.37	5	30.31
		チーム	1	23.26	2	40.23	10	1.07.09	12	1.27.00	12	1.42.37	11	2.13.08
12	東洋	走者	2	宮下 裕介	2	尾田 寛幸	3	渡辺 史侑	1	関吉 秀児	2	末上 哲平	1	黒崎 拓克
		個人	20	24.39	13	17.19	10	26.03	10	19.15	13	15.29	10	31.10
		チーム	20	24.39	16	41.58	14	1.08.01	13	1.27.16	13	1.42.45	12	2.13.55
13	徳山	走者	4	白濱 三徳	4	林 純二	3	木田 長	4	長浜 誠志	1	岡田 京大	2	秋沢 潤弥
		個人	10	24.00	6	16.52	13	26.28	12	19.28	12	15.28	18	32.38
		チーム	10	24.00	11	40.52	12	1.07.20	11	1.26.48	11	1.42.16	13	2.14.54
14	東北学連	走者	4	橘 明徳	2	D.ワンジャウ	2	三浦 雄太	2	荒 朋裕	3	鈴木 桂介	4	相澤 達也
		個人	11	24.01	16	17.30	14	26.29	14	19.42	19	16.01	17	32.26
		チーム	11	24.01	13	41.31	13	1.08.00	14	1.27.42	15	1.43.43	14	2.16.09
15	中四国連	走者	4	松岡 紘司	2	宮広 祐規	4	末吉 勇	4	矢野 秀明	4	井端 大介	M2	兼重 仁彦
		個人	21	24.42	14	17.27	11	26.07	19	19.59	11	15.26	19	32.44
		チーム	21	24.42	19	42.09	15	1.08.16	15	1.28.15	14	1.43.41	15	2.16.25
16	IVL	走者		P.モリソン		J.ベル		J.シュウメイカー		J.オールドウェイ		J.トラオゴット		E.ベイカー
		個人	13	24.07	19	17.47	17	27.04	17	19.53	18	16.00	16	32.17
		チーム	13	24.07	15	41.54	17	1.08.58	17	1.28.51	17	1.44.51	16	2.17.08
17	亜細亜	走者	1	菊池 昌寿	1	清原 雅志	3	阿久津 浩之	1	八木澤 宏昭	2	辻 拓郎	2	飯嶋 渉
		個人	22	24.54	21	18.19	18	27.12	13	19.31	21	16.09	13	31.50
		チーム	22	24.54	21	43.13	20	1.10.25	19	1.29.56	19	1.46.05	17	2.17.55
18	北信越連	走者	4	米田 周平	3	中島 将太	3	西村 博之	2	坂本 尚徳	3	上條 晃良	3	西塔 欣史
		個人	17	24.34	15	17.28	19	27.20	15	19.46	17	15.55	20	32.56
		チーム	17	24.34	17	42.02	18	1.09.22	18	1.29.08	18	1.45.03	18	2.17.59
19	第一工業	走者	3	吉井 賢	1	坂口 英範	3	小林 秀寿	2	前田 翼	1	Z.メイサ	3	手塚 健星
		個人	14	24.16	17	17.36	16	26.55	18	19.56	14	15.35	22	33.54
		チーム	14	24.16	14	41.52	16	1.08.47	16	1.28.43	16	1.44.18	19	2.18.12
20	福岡	走者	2	平湯 和也	4	満園 和樹	1	大石 裕基	3	近藤 隆太	4	永尾 健太	2	中島 裕之
		個人	16	24.25	18	17.41	21	28.05	21	20.36	16	15.46	15	32.11
		チーム	16	24.25	18	42.06	19	1.10.11	20	1.30.47	20	1.46.33	20	2.18.44
21	愛知工業	走者	3	牛山 純一	3	徳山 雄太	1	野村 真司	2	羽根 啓介	1	中村 昌利	4	松田 康成
		個人	18	24.36	20	18.01	22	28.34	22	21.21	20	16.05	14	32.04
		チーム	18	24.36	20	42.37	21	1.11.11	22	1.32.32	22	1.48.37	21	2.20.41
22	北海道連	走者	4	大槻 学	2	川島 啓太	2	大橋 祐貴	2	青木 健祐	2	小野 弘貴	3	児玉 健路
		個人	19	24.38	22	18.58	20	27.40	20	20.23	22	16.27	21	33.13
		チーム	19	24.38	22	43.36	22	1.11.16	21	1.31.39	21	1.48.06	22	2.21.19

第17回　2005年（平成17年）10月10日　　総距離：44.0km

順	大学名		1区 (8.0km)		2区 (5.8km)		3区 (8.5km)		4区 (6.5km)		5区 (5.0km)		6区 (10.2km)	
1	東海	走者	1	杉本 将友	1	佐藤 悠基	4	丸山 敬三	3	宮本 和哉	2	皆倉 一馬	2	伊達 秀晃
		個人	4	23.54	1	16.43	4	25.09	6	18.30	1	14.30	1	29.57
		チーム	4	23.54	1	40.36	2	1.05.45	2	1.24.15	2	1.38.45	1	*2.08.42*
2	中央	走者	3	奥田　実	3	小林 賢輔	4	池永 和樹	3	宮本 竜一	4	増田 紘之	2	上野 裕一郎
		個人	8	23.56	4	16.52	3	25.03	5	18.29	9	14.54	2	30.01
		チーム	8	23.56	5	40.48	5	1.05.51	3	1.24.20	3	1.39.14	2	2.09.15
3	日本体育	走者	4	岩崎 喬也	4	梅枝 裕吉	3	保科 光作	4	熊本　剛	3	鶴留 雄太	2	北村　聡
		個人	12	24.10	6	16.55	6	25.14	2	18.22	2	14.36	3	30.16
		チーム	12	24.10	7	41.05	7	1.06.19	5	1.24.41	4	1.39.17	3	2.09.33
4	駒澤	走者	4	藤山 哲隆	3	高井 和治	4	村上 和春	4	斉藤 弘幸	2	平野　護	4	佐藤 慎悟
		個人	6	23.54	5	16.53	2	24.59	2	18.22	3	14.37	6	30.50
		チーム	6	23.54	3	40.47	3	1.05.46	1	1.24.08	1	1.38.45	4	2.09.35
5	日本	走者	3	土橋 啓太	3	末吉　翔	4	下重 正樹	3	福井　誠	4	武者 由幸	2	D. サイモン
		個人	3	23.52	7	17.07	8	25.27	4	18.23	4	14.38	7	30.56
		チーム	3	23.52	6	40.59	8	1.06.26	6	1.24.49	5	1.39.27	5	2.10.23
6	第一工業	走者	1	中野 良平	2	A.アブテラアジス	1	K. キプコエチ	3	前田　翼	4	小林 秀寿	4	吉井　賢
		個人	10	23.59	10	17.16	1	*24.30*	12	18.54	11	14.59	10	31.24
		チーム	10	23.59	9	41.15	1	1.05.45	4	1.24.39	6	1.39.38	6	2.11.02
7	京都産業	走者	4	森田　司	4	村刺 厚介	4	井川 重史	3	大西 毅彦	4	藤田 昌也	4	上間 翔太
		個人	5	23.53	2	16.48	5	25.10	14	19.12	10	14.55	8	31.07
		チーム	5	23.53	2	40.41	4	1.05.51	8	1.25.03	8	1.39.58	7	2.11.05
8	亜細亜	走者	3	岡田　晃	4	板倉 克宜	4	綿引 一貴	3	吉田 亮太	4	阿久津 浩之	3	吾郷　新
		個人	9	23.57	3	16.51	7	25.15	12	18.54	11	14.59	9	31.11
		チーム	9	23.57	4	40.48	6	1.06.03	7	1.24.57	7	1.39.56	8	2.11.07
9	法政	走者	3	円井 彰彦	4	岡田 拓也	4	原田　誠	4	山口　航	1	高嶺 秀仁	3	田中 宏幸
		個人	2	23.41	13	17.34	10	25.47	9	18.41	8	14.50	5	30.48
		チーム	2	23.41	10	41.15	10	1.07.02	11	1.25.43	11	1.40.33	9	2.11.21
10	順天堂	走者	1	小野 裕幸	4	村上 康則	3	松瀬 元太	3	板倉 具視	1	佐藤 秀和	4	難波 祐樹
		個人	13	24.11	8	17.10	12	25.59	1	18.12	4	14.38	11	31.43
		チーム	13	24.11	12	41.21	11	1.07.20	10	1.25.32	9	1.40.10	10	2.11.53
11	中央学院	走者	1	木原 真佐人	4	信田 雄一	4	杉本 芳規	2	大内 陽介	4	江藤 裕也	2	篠藤　淳
		個人	7	23.56	8	17.10	11	25.50	7	18.36	6	14.10	12	31.50
		チーム	7	23.56	8	41.06	9	1.06.56	9	1.25.32	10	1.40.12	11	2.12.02
12	神奈川	走者	2	小村 章悟	3	中山 慎二郎	3	豊田　崇	2	森津 翔太	4	平本 哲也	3	森脇 佑紀
		個人	18	24.38	12	17.30	9	25.46	11	18.53	7	14.43	4	30.38
		チーム	18	24.38	14	42.08	13	1.07.54	13	1.26.47	13	1.41.30	12	2.12.08
13	立命館	走者	4	田子 康宏	4	池田 泰仁	3	森田 知行	1	川上 拓哉	4	稲井 義幸	2	木沢 創平
		個人	11	24.08	11	17.25	13	26.04	10	18.42	14	15.04	15	32.17
		チーム	11	24.08	13	41.33	12	1.07.37	12	1.26.19	12	1.41.23	13	2.13.40
14	IVL	走者		P. モリソン		A. フォーマン		K. ドゥセン		P. タービー		M. ベアード		J.オールドウェイ
		個人	1	23.36	14	17.45	17	27.09	8	18.38	18	15.30	13	31.53
		チーム	1	23.36	11	41.21	14	1.08.30	14	1.27.08	14	1.42.38	14	2.14.31
15	徳山	走者	4	木田　長	3	秋沢 潤弥	2	岡田 京大	2	東野 恒一	2	宮原 和也	2	有田 清一
		個人	17	27.27	16	17.57	14	26.46	16	19.20	13	15.02	16	32.27
		チーム	17	24.27	18	42.24	16	1.09.10	16	1.28.30	15	1.43.32	15	2.15.59
16	東北学連	走者	3	荒　朋裕	4	大泉 雅史	3	三浦 雄太	3	我妻 孝紀	3	三浦 善晃	3	D. ワンジャウ
		個人	14	24.19	17	17.58	15	26.48	15	19.17	15	15.27	14	32.15
		チーム	14	24.19	15	42.17	15	1.09.05	15	1.28.22	16	1.43.49	16	2.16.04
17	北海道連	走者	1	河原 伸宏	3	大橋 祐貴	4	沼田 恭平	5	榊原　学	2	安楽 良太	1	阪部 友洋
		個人	16	24.27	15	17.51	16	27.01	18	19.31	15	15.27	17	32.42
		チーム	16	24.27	16	42.18	17	1.09.19	17	1.28.50	17	1.44.17	17	2.16.59
18	中四国連	走者	1	S. ガンガ	M1	高橋 史人	M1	伊藤 正隆	4	惣明 宏成	3	正木　彬	4	二宮　和
		個人	15	24.25	17	17.58	20	27.49	19	20.02	19	15.38	19	33.15
		チーム	15	24.25	17	42.23	18	1.10.12	18	1.30	18	1.15.52	18	2.19.07
19	北信越連	走者	3	川上 泰之	4	渡辺 裕介	2	古荘 公久	1	沖田 修一	4	北川 雄二郎	4	西塔 欣史
		個人	21	25.30	21	19.19	21	28.14	17	19.28	17	15.28	18	33.00
		チーム	21	25.30	21	44.49	21	1.13.03	21	1.32.31	21	1.47.59	19	2.20.59
20	中京	走者	2	原田 恵輔	2	勝又　翼	4	坂井 俊介	3	青木　晶	3	山川 達也	3	鈴木 暁之
		個人	19	25.12	20	18.26	19	27.44	20	20.24	20	15.58	20	33.20
		チーム	19	25.12	20	43.38	20	1.11.22	20	1.31.46	20	1.47.44	20	2.21.04
21	鹿屋体育	走者	2	伊藤 文彦	4	矢花 之宏	4	柳　昌光	2	橋本 孝寛	1	神田 裕章	3	藤田　昇
		個人	20	25.17	19	18.13	18	27.14	21	20.25	21	16.31	21	33.45
		チーム	20	25.17	19	43.30	19	1.10.44	19	1.31.09	19	1.47.40	21	2.21.25

第18回　2006年(平成18年)10月9日　　総距離：44.0km

順	大学名		1区 (8.0km)		2区 (5.8km)		3区 (8.5km)		4区 (6.5km)		5区 (5.0km)		6区 (10.2km)	
1	東海	走者	3	荒川 丈弘	2	杉本 将友	3	伊達 秀晃	3	皆倉 一馬	2	藤原 昌隆	2	佐藤 悠基
		個人	7	23.30	1	*16.24*	1	*24.24*	2	18.42	1	15.01	4	29.47
		チーム	7	23.30	1	39.54	1	1.04.18	1	1.23.00	1	1.38.01	1	*2.07.48*
2	日本	走者	4	土橋 啓太	3	松藤 大輔	4	福井 誠	3	阿久津 尚二	4	末吉 翔	1	G. ダニエル
		個人	8	23.36	2	*16.25*	5	25.25	1	18.39	4	15.07	2	*29.15*
		チーム	8	23.36	5	40.01	3	1.05.26	2	1.24.05	2	1.39.12	2	*2.08.27*
3	東洋	走者	4	川畑 憲三	3	今堀 将司	2	大西 智也	3	宮田 越	3	桜井 豊	2	山本 浩之
		個人	3	*23.18*	7	16.42	4	25.18	4	18.52	5	15.08	12	30.48
		チーム	3	23.18	3	40.00	2	1.05.18	3	1.24.10	3	1.39.18	3	2.10.06
4	日本体育	走者	4	鷲見 知彦	1	森 賢大	4	保科 光作	2	石谷 慶一郎	2	竹下 正人	3	北村 聡
		個人	15	24.34	5	16.39	2	25.10	4	18.52	10	15.26	3	29.38
		チーム	15	24.34	12	41.13	9	1.06.23	7	1.25.15	10	1.40.41	4	2.10.19
5	駒澤	走者	3	安西 秀幸	3	豊後 友章	1	深津 卓也	3	藤井 輝	4	加藤 直樹	1	宇賀地 強
		個人	1	*23.16*	6	16.40	6	25.31	3	18.44	11	15.30	9	30.41
		チーム	1	23.16	2	39.56	4	1.05.27	4	1.24.11	4	1.39.41	5	2.10.22
6	第一工業	走者	2	中野 良平	1	K. ムタイ	1	R. ジョエル	1	厚地 翔太	4	前田 翼	3	A.アブデラアジス
		個人	5	*23.24*	4	16.36	7	25.33	13	29.38	9	15.21	6	29.58
		チーム	5	23.24	4	40.00	5	1.05.33	6	1.25.11	6	1.40.32	6	2.10.30
7	法政	走者	4	円井 彰彦	4	松垣 省吾	4	友広 哲也	4	清水 陽介	2	高嶺 秀仁	4	田中 宏幸
		個人	4	*23.18*	10	16.46	11	26.19	9	19.15	2	15.02	5	29.52
		チーム	4	23.18	6	40.04	10	1.06.23	10	1.25.38	8	1.40.40	7	2.10.32
8	亜細亜	走者	3	菊池 昌寿	4	岡田 直寛	4	岡田 晃	4	滝口 雄仁	3	吉川 修司	4	山下 拓郎
		個人	9	23.42	3	*16.33*	9	25.39	6	19.00	3	15.06	8	30.34
		チーム	9	23.42	7	40.15	7	1.05.54	5	1.24.54	5	1.40.00	8	2.10.34
9	順天堂	走者	4	清野 純一	3	井野 洋	2	小野 裕幸	1	関戸 雅輝	2	山崎 敦史	4	今井 正人
		個人	10	23.52	8	16.45	3	25.12	11	19.33	8	15.19	7	30.20
		チーム	10	23.52	8	40.37	6	1.05.49	9	1.25.22	9	1.40.41	9	2.11.01
10	立命館	走者	4	森田 知行	3	中嶋 聖善	4	樋口 達夫	3	相澤 直亮	1	西野 智也	2	辻 隆弘
		個人	6	*23.25*	15	17.14	8	25.37	7	19.02	7	15.16	10	30.44
		チーム	6	23.25	9	40.39	8	1.06.16	8	1.25.18	7	1.40.34	10	2.11.18
11	山梨学院	走者	4	大越 直哉	4	荒木 宏太	4	小山 祐太	1	小山 大介	3	篠原 祐太	2	M. モグス
		個人	17	24.43	8	16.45	12	26.20	10	19.21	13	15.51	1	*28.33*
		チーム	17	24.43	15	41.28	13	1.07.48	12	1.27.09	12	1.43.00	11	2.11.33
12	中央	走者	3	加田 将士	2	森 誠則	1	梁瀬 峰史	4	森 勇基	4	宮本 竜一	4	山本 亮
		個人	13	24.18	12	16.54	10	26.10	8	19.04	6	15.15	11	30.45
		チーム	13	24.18	11	41.12	11	1.07.22	11	1.26.26	11	1.41.41	12	2.12.26
13	IVL	走者		K. デュッセン		F.マックリーリ		M. スミス		E. モルト		D. ナッシュ		S. サンデル
		個人	11	23.55	13	16.55	15	26.39	14	19.52	16	16.18	13	30.49
		チーム	11	23.55	10	40.50	12	1.07.29	13	1.27.21	13	1.43.39	13	2.14.28
14	京都産業	走者	3	渡辺 圭一	4	大西 毅彦	3	長沢 朋哉	2	西村 純一	4	大西 洋彰	3	石浦 勝也
		個人	16	24.37	11	16.51	13	26.24	16	19.57	14	16.09	14	31.52
		チーム	16	24.37	14	41.28	14	1.07.52	14	1.27.49	14	1.43.58	14	2.15.50
15	日本文理	走者	3	佐藤 雅倫	1	佐竹 一弘	3	宇都 寿哉	2	五島 孝紀	2	辻 直也	3	成松 拓郎
		個人	14	24.19	14	17.12	14	26.38	15	19.56	15	16.13	17	32.34
		チーム	14	24.19	16	41.31	15	1.08.09	15	1.28.05	15	1.44.18	15	2.16.52
16	徳山	走者	3	宮原 和也	3	有田 清一	3	東野 恒一	4	秋沢 潤弥	3	菊永 一人	3	岡田 京大
		個人	18	25.06	21	18.07	17	27.02	12	19.35	20	17.02	15	31.55
		チーム	18	25.06	20	43.13	19	1.10.15	17	1.29.50	18	1.46.52	16	2.18.47
17	東北学連	走者	4	荒 朋裕	4	後藤 拓馬	4	D. ワンジャウ	4	三浦 善晃	3	黒坂 哲也	3	小野 直樹
		個人	19	25.14	18	17.07	16	26.57	18	20.17	12	15.49	20	33.14
		チーム	19	25.14	18	43.01	18	1.09.58	18	1.30.15	16	1.46.04	17	2.19.18
18	名古屋	走者	M1	中村 高洋	D3	内藤 聖貴	4	小泉 健二	M1	河合 健太郎	M1	森本 一広	3	藤永 紘基
		個人	12	24.17	16	17.40	21	27.57	19	20.27	18	16.33	18	32.40
		チーム	12	24.17	17	41.57	17	1.09.54	19	1.30.21	19	1.46.54	18	2.19.34
19	北海道連	走者	4	大橋 祐貴	2	滑 和也	M2	大沼 直樹	3	山崎 佑太郎	4	山田 裕章	2	阪部 友洋
		個人	20	25.26	17	17.41	20	27.53	21	20.47	16	16.18	16	32.22
		チーム	20	25.26	19	43.07	20	1.11.00	21	1.31.47	20	1.48.05	19	2.20.27
20	中四国連	走者	2	S. ガンガ	4	正木 彬	4	宮広 祐規	M2	高橋 史人	1	片山 純吾	3	辰巳 純也
		個人	2	*23.17*	20	18.04	19	27.38	16	19.57	21	17.29	21	34.20
		チーム	2	23.17	13	41.21	16	1.08.59	16	1.28.56	17	1.46.25	20	2.20.45
21	北信越連	走者	3	岡山 亮介	2	沖田 修一	M1	上條 晃良	4	川上 泰之	3	中小田 洋介	3	木村 尚志
		個人	21	25.42	19	17.53	18	27.28	20	20.32	18	16.33	19	32.49
		チーム	21	25.42	21	43.35	21	1.11.03	20	1.31.35	21	1.48.08	21	2.20.57

第19回　2007年(平成19年)10月8日　総距離：44.0km

順	大学名		1区(8.0km)		2区(5.8km)		3区(8.5km)		4区(6.5km)		5区(5.0km)		6区(10.2km)	
1	東海	走者	3	藤原 昌隆	4	荒川 丈弘	4	前川　雄	4	伊達 秀晃	4	皆倉 一馬	3	佐藤 悠基
		個人	5	*23.16*	4	16.37	7	25.11	1	*18.04*	1	14.34	2	29.32
		チーム	5	23.16	4	39.53	3	1.05.04	1	1.23.08	1	1.37.42	1	*2.07.14*
2	日本	走者	2	中原 知大	4	松藤 大輔	4	阿久津 尚二	2	高橋 周平	3	田中　仁	2	G.ダニエル
		個人	11	23.42	2	16.29	8	25.20	5	18.51	3	14.46	1	28.55
		チーム	11	23.42	7	40.11	9	1.05.31	8	1.24.22	5	1.39.08	2	2.08.03
3	日本体育	走者	2	森　賢大	1	出口 和也	1	野口 拓也	3	野口 功太	3	永井 大隆	4	北村　聡
		個人	4	*23.13*	1	*16.22*	9	25.32	2	18.40	4	14.49	3	29.40
		チーム	4	23.13	1	39.35	4	1.05.07	3	1.23.47	3	1.38.36	3	2.08.16
4	駒澤	走者	2	星　創太	4	豊後 友章	2	宇賀地 強	2	深津 卓也	2	高林 祐介	4	安西 秀幸
		個人	9	23.27	2	16.29	2	24.51	4	18.49	1	14.34	6	30.43
		チーム	9	23.27	5	39.56	1	1.04.47	2	1.23.36	2	1.38.10	4	2.08.53
5	順天堂	走者	3	山崎 敦史	4	井野　洋	4	松岡 佑起	2	山田 翔太	2	関戸 雅輝	3	小野 裕幸
		個人	2	*23.11*	14	17.13	1	24.28	8	18.55	9	15.14	4	30.18
		チーム	2	23.11	10	40.24	2	1.04.52	4	1.23.50	4	1.39.04	5	2.09.22
6	東洋	走者	3	大西 智也	1	千葉　優	3	山本 浩之	4	宮田　越	1	黒岩 優太	4	黒崎 拓克
		個人	8	23.21	10	16.57	5	25.02	3	18.44	8	15.10	9	31.04
		チーム	8	23.21	9	40.18	7	1.05.20	5	1.24.04	6	1.39.14	6	2.10.18
7	中央	走者	4	上野 裕一郎	2	梁瀬 峰史	3	徳地 悠一	3	森　誠則	1	斎藤 勇人	3	平川 信彦
		個人	1	*22.50*	6	16.48	11	25.47	6	18.54	15	15.35	8	30.56
		チーム	1	22.50	2	39.38	8	1.05.25	7	1.24.19	8	1.39.54	7	2.10.50
8	第一工業	走者	1	S.ムワンギ	2	厚地 翔太	1	J.グギ	1	松木 祐二	3	加治屋 毅	4	A.アブデラアジス
		個人	6	23.17	8	16.50	4	25.00	15	19.50	16	15.39	5	30.33
		チーム	6	23.17	6	40.07	5	1.05.07	9	1.24.57	10	1.40.36	8	2.11.09
9	亜細亜	走者	4	吉川 修司	3	神山 卓也	4	菊池 昌寿	4	小沢　信	4	清原 雅志	3	藤田 慎平
		個人	10	23.27	6	16.48	5	25.02	6	18.54	10	15.16	13	31.59
		チーム	10	23.27	8	40.15	6	1.05.17	6	1.24.11	7	1.39.27	9	2.11.26
10	早稲田	走者	2	加藤 創大	4	駒野 亮太	3	竹沢 健介	2	高原 聖典	3	阿久津 圭司	4	本多 浩隆
		個人	15	24.16	9	16.53	3	24.57	10	19.07	7	15.09	10	31.11
		チーム	15	24.16	15	41.09	10	1.06.06	10	1.25.13	9	1.40.22	10	2.11.33
11	立命館	走者	4	相澤 直亮	2	寺崎 宏紀	3	河原井 司	1	寺本 英司	1	古林 翔吾	2	藤原 庸平
		個人	14	23.56	11	17.01	10	25.43	12	19.25	11	15.20	11	31.31
		チーム	14	23.56	12	40.57	11	1.06.40	11	1.26.05	11	1.41.25	11	2.12.56
12	IVL	走者		M.キング		P.ターピー		J.マーカス		J.キンリー		C.ジョワスキー		S.サンデール
		個人	3	*23.11*	5	16.40	21	27.12	13	19.44	12	15.26	7	30.45
		チーム	3	23.11	3	39.52	12	1.07.03	12	1.26.47	12	1.42.13	12	2.12.58
13	日本文理	走者	1	吉田 亮太	2	佐竹 一弘	4	宇都 寿哉	3	五島 孝紀	4	佐藤 雅倫	4	成松 拓郎
		個人	12	23.48	12	17.07	14	26.21	16	19.54	6	15.08	12	31.35
		チーム	12	23.48	11	40.55	13	1.07.16	13	1.27.10	13	1.42.18	13	2.13.53
14	専修	走者	4	座間 紅祢	1	田中 貴大	2	五ヶ谷 宏司	1	佐藤 優気	2	田倍 正貴	2	井上 直紀
		個人	17	24.39	15	17.16	12	26.12	9	19.06	5	15.07	15	32.05
		チーム	17	24.39	16	41.55	16	1.08.07	14	1.27.13	14	1.42.20	14	2.14.25
15	愛知工業	走者	4	野村 真司	3	吉田 士恩	4	日下部 吉彦	2	田中 智博	2	金谷 将史	3	清水 翔太
		個人	18	24.46	17	17.40	19	26.58	11	19.21	12	15.26	14	32.03
		チーム	18	24.46	18	42.26	18	1.09.24	18	1.28.45	17	1.44.11	15	2.16.14
16	北信越連	走者	M2	上條 晃良	3	佐藤 隆史	4	藤沢 宗央	4	木村 尚志	3	真柄 俊介	3	羽庭　努
		個人	16	24.33	16	17.25	15	26.36	19	20.10	14	15.30	17	32.23
		チーム	16	24.33	17	41.58	17	1.08.34	17	1.28.44	18	1.44.14	16	2.16.37
17	中四国連	走者	3	S.ガンガ	4	石原 泰樹	3	岩見 龍昇	M1	正木　彬	3	福田 浩朗	3	東　克幸
		個人	7	23.21	19	17.47	16	26.37	17	19.57	17	15.40	21	33.24
		チーム	7	23.21	14	41.08	14	1.07.45	15	1.27.42	15	1.43.22	17	2.16.46
18	東北学連	走者	4	伊藤 達哉	M2	大泉 雅史	4	武藤 浩哉	3	石山 英明	4	林　優人	4	木村 明彦
		個人	13	23.52	13	17.12	18	26.43	20	20.17	19	15.54	20	33.18
		チーム	13	23.52	13	41.04	15	1.07.47	16	1.28.04	16	1.43.58	18	2.17.16
19	大阪体育	走者	2	小路　瑛	3	仲里 陽介	3	荻野 克也	2	白井 良平	4	吉井 賢志	4	清水 弥寿允
		個人	21	25.32	18	17.43	13	26.15	14	19.48	21	16.03	19	32.31
		チーム	21	25.32	21	43.15	19	1.09.30	19	1.29.18	19	1.45.21	19	2.17.52
20	北海道連	走者	2	久保 俊太	3	滑　和也	4	山崎 佑太郎	4	杉村 伸行	2	山本　亮	3	阪部 友洋
		個人	19	24.48	20	17.49	20	27.04	18	20.05	20	15.55	18	32.28
		チーム	19	24.48	19	42.37	20	1.09.41	20	1.29.46	20	1.45.41	20	2.18.09
21	徳山	走者	4	菊永 一人	4	宮原 和也	4	有田 清一	2	伊藤 健太	4	前田 健作	4	岡田 京大
		個人	20	25.09	21	17.59	17	26.39	21	20.26	18	15.48	16	32.22
		チーム	20	25.09	20	43.08	21	1.09.47	21	1.30.13	21	1.46.01	21	2.18.23

第20回　2008年(平成20年)10月13日　総距離：44.0km

順	大学名		1区 (8.0km)		2区 (5.8km)		3区 (8.5km)		4区 (6.5km)		5区 (5.0km)		6区 (10.2km)	
1	日本	走者	1	堂本 尚寛	3	谷口 恭悠	4	笹谷 拓磨	3	丸林 祐樹	3	井上 陽介	3	G. ダニエル
		個人	6	23.40	2	16.39	5	25.36	10	19.07	5	14.57	1	*28.28*
		チーム	6	23.40	2	40.19	4	1.05.55	5	1.25.02	5	1.39.59	1	2.08.27
2	駒澤	走者	3	星　創太	4	我妻 伸洋	3	深津 卓也	4	池田 宗司	3	高林 祐介	3	宇賀地 強
		個人	4	23.39	3	16.47	3	24.42	2	18.41	1	14.41	5	30.11
		チーム	4	23.39	4	40.26	3	1.05.08	1	1.23.49	1	1.38.30	2	2.08.41
3	第一工業	走者	1	K. キプゲノン	3	厚地 翔太	4	中野 良平	2	谷口　亮	1	山元　綾	1	K. ジュグナ
		個人	3	23.13	10	17.14	1	24.37	13	19.22	9	15.11	3	29.33
		チーム	3	23.13	5	40.27	2	1.05.04	3	1.24.26	3	1.39.37	3	2.09.10
4	山梨学院	走者	4	松村 康平	3	松本　葵	3	小山 大介	3	大谷 康太	3	後藤　敬	1	O. コスマス
		個人	7	23.43	1	16.38	7	25.47	4	18.54	3	14.54	2	29.22
		チーム	7	23.43	3	40.21	5	1.06.08	4	1.25.02	4	1.39.56	4	2.09.18
5	東洋	走者	1	柏原 竜二	1	宇野 博之	4	大西 智也	2	千葉　優	3	横山 龍弥	4	森　雅也
		個人	2	23.09	6	17.01	2	24.41	9	19.06	6	15.03	10	31.05
		チーム	2	23.09	1	40.10	1	1.04.51	2	1.23.57	2	1.39.00	5	2.10.05
6	東海	走者	2	河野 晴友	2	平山 竜成	4	吉田 憲正	4	藤原 昌隆	4	芳村 隆一	4	佐藤 悠基
		個人	15	24.23	14	17.22	4	25.17	1	18.37	4	14.55	4	29.49
		チーム	15	24.23	14	41.45	9	1.07.02	7	1.25.39	6	1.40.34	6	2.10.23
7	立命館	走者	2	寺本 英司	3	寺崎 宏紀	3	西野 智也	4	川上 拓哉	2	古林 翔吾	3	藤原 庸平
		個人	5	23.40	5	16.57	10	25.58	7	18.59	12	15.21	7	30.36
		チーム	5	23.40	7	40.37	6	1.06.35	6	1.25.34	7	1.40.55	7	2.11.31
8	中央	走者	4	森　誠則	1	棟方 雄己	3	水越 智哉	2	大石 港与	3	梁瀬 峰史	4	平川 信彦
		個人	9	23.53	7	17.07	15	26.42	8	19.05	2	14.50	6	30.28
		チーム	9	23.53	8	41.00	12	1.07.42	12	1.26.47	10	1.41.37	8	2.12.05
9	帝京	走者	4	馬場 圭太	2	西村 知修	2	佐藤 辰準	2	大沼　睦	3	佐藤　健	2	中村 亮太
		個人	8	23.47	4	16.50	14	26.31	6	18.58	7	15.08	9	30.54
		チーム	8	23.47	6	40.37	10	1.07.08	9	1.26.06	9	1.41.14	9	2.12.08
10	中央学院	走者	2	鈴木　忠	2	小林 光二	3	三浦 隆稔	2	大谷　克	2	眞田 雅之	4	渡部 政彦
		個人	12	23.54	8	17.09	8	25.53	3	18.48	10	15.19	12	31.29
		チーム	12	23.54	9	41.03	7	1.06.56	8	1.25.44	8	1.41.03	10	2.12.32
11	早稲田	走者	1	八木 勇樹	1	矢沢　曜	4	竹沢 健介	1	三田 裕介	3	加藤 創大	3	尾崎 貴宏
		個人	17	24.42	13	17.20	6	25.37	5	18.55	13	15.29	8	30.44
		チーム	17	24.42	17	42.02	11	1.07.39	11	1.26.34	11	1.42.03	11	2.12.47
12	亜細亜	走者	2	池淵 智紀	1	宮川 尚人	2	濱崎 達規	4	筒井 雅那	2	塚本 幹矢	3	山中 宣幸
		個人	11	23.53	17	17.41	12	26.23	11	19.09	8	15.10	11	31.12
		チーム	11	23.53	12	41.34	13	1.07.57	13	1.27.06	13	1.42.16	12	2.13.28
13	京都産業	走者	2	三岡 大樹	2	林　和貴	3	関谷 宜輝	3	住本 雅仁	4	西村 純一	4	林　哲也
		個人	10	23.53	9	17.10	9	25.56	13	19.22	18	15.51	14	31.57
		チーム	10	23.53	10	41.03	8	1.06.59	10	1.26.21	12	1.42.12	13	2.14.09
14	大東文化	走者	4	宮城 和臣	4	尾崎 淳也	3	濱　克徳	2	篠田 勝成	3	山田 誠一郎	1	吉田 明広
		個人	14	24.22	11	17.17	16	26.46	12	19.14	10	15.19	15	32.01
		チーム	14	24.22	13	41.39	16	1.08.25	15	1.27.39	14	1.42.58	14	2.14.59
15	日本文理	走者	2	吉田 亮太	3	田村 諭弥	3	佐竹 一弘	3	高木 和夫	3	内田 恒三	4	五島 孝紀
		個人	13	23.59	18	17.47	11	26.21	15	19.32	14	15.35	18	32.36
		チーム	13	23.59	15	41.46	14	1.08.07	14	1.27.39	15	1.43.14	15	2.15.50
16	北海道連	走者	3	久保 俊太	4	滑　和也	2	西沼 佑司	3	田野 寛之	1	鈴木 孝佳	4	阪部 友洋
		個人	16	24.33	11	17.17	13	26.27	20	20.05	16	15.43	17	32.38
		チーム	16	24.33	16	41.50	15	1.08.17	16	1.28.22	16	1.44.05	16	2.16.38
17	IVL	走者		S.キャナディー		E. モート		O.ウォシュバーン		A. ザミール		J.マンデバーグ		M. オリビエ
		個人	19	24.47	15	17.26	17	27.09	16	19.47	16	15.43	16	32.29
		チーム	19	24.47	18	42.13	17	1.09.22	17	1.29.09	17	1.44.52	17	2.17.21
18	北信越連	走者	4	牧　良輔	4	佐藤 隆史	4	沖田 修一	3	岡本　渉	4	村澤 智啓	4	羽庭　努
		個人	20	25.05	16	17.39	17	27.09	18	19.53	15	15.38	19	33.02
		チーム	20	25.05	19	42.44	19	1.09.53	19	1.29.46	18	1.45.24	18	2.18.26
19	愛知工業	走者	3	金谷 将史	4	吉田 士恩	3	田中 智博	4	鳥羽 邦彦	3	山村 圭介	3	中山 祐平
		個人	21	25.15	19	18.01	19	27.13	21	20.25	22	16.13	13	31.54
		チーム	21	25.15	21	43.16	21	1.10.29	21	1.30.54	21	1.47.07	19	2.19.01
20	広島経済	走者	4	S. ガンガ	1	上原 千弥	2	金地 直哉	4	田村 将成	3	水島 琢弥	4	佐藤 雄介
		個人	1	22.56	22	18.14	21	28.12	19	20.03	20	16.11	20	33.43
		チーム	1	22.56	11	41.10	18	1.09.22	18	1.29.25	19	1.45.36	20	2.19.19
21	中四国連	走者	4	福田 浩朗	M2	正木　彬	4	岩見 龍昇	4	東　克幸	4	二宮 政人	M2	山下 淳一
		個人	18	24.46	20	18.02	20	27.23	17	19.50	20	16.11	20	33.43
		チーム	18	24.46	20	42.48	20	1.10.11	20	1.30.01	20	1.46.12	21	2.19.55
22	東北学連	走者	4	齋藤　純	3	長柴　翔	4	飛田 将孝	M1	小林 和也	1	樋渡 翔太	2	大場 直樹
		個人	22	25.58	20	18.02	22	28.29	22	20.37	19	16.01	22	34.16
		チーム	22	25.58	22	44.00	22	1.12.29	22	1.33.06	22	1.49.07	22	2.23.23

第21回　2009年(平成21年)10月12日　　総距離：44.5km

順	大学名		1区 (8.0km)		2区 (5.8km)		3区 (7.9km)		4区 (6.2km)		5区 (6.4km)		6区 (10.2km)	
1	日本	走者	1	G.ベンジャミン	4	谷口 恭悠	1	佐藤 佑輔	2	堂本 尚寛	3	池谷 健太郎	4	G. ダニエル
		個人	3	23.02	6	16.40	4	23.20	7	18.49	9	19.59	1	*28.17*
		チーム	3	23.02	5	39.42	3	1.03.02	2	1.21.51	5	1.41.50	1	2.10.07
2	山梨学院	走者	4	後藤　敬	4	松本　葵	3	高瀬 無量	4	大谷 健太	4	大谷 康太	2	O. コスマス
		個人	10	23.41	3	16.24	5	23.22	4	18.43	1	18.59	2	29.17
		チーム	10	23.41	7	40.05	7	1.03.27	7	1.22.10	1	1.41.09	2	2.10.26
3	東洋	走者	2	柏原 竜二	2	山本 憲二	1	渡邊 公志	2	川上 遼平	2	佐藤 寛才	3	高見　諒
		個人	2	*22.50*	6	16.40	13	24.04	1	18.33	2	19.05	5	30.07
		チーム	2	22.50	1	39.30	8	1.03.34	6	1.22.07	2	1.41.12	3	2.11.19
4	早稲田	走者	2	矢沢　曜	2	八木 勇樹	4	尾崎 貴宏	1	佐々木 寛文	2	中山 卓也	1	平賀 翔太
		個人	4	23.10	5	16.36	2	23.07	2	18.34	7	19.50	4	30.05
		チーム	4	23.10	6	39.46	2	1.02.53	1	1.21.27	3	1.41.17	4	2.11.22
5	中央	走者	2	棟方 雄己	1	野脇 勇志	4	山本 庸平	4	辻　幸佑	4	高橋　靖	3	大石 港与
		個人	8	23.35	8	16.48	11	23.49	3	18.39	2	19.05	6	30.28
		チーム	8	23.35	10	40.23	11	1.04.12	10	1.22.51	7	1.41.56	5	2.12.24
6	立命館	走者	2	田中 裕之	1	今崎 俊樹	4	藤原 庸平	4	詫間 礼斗	3	寺本 英司	4	西野 智也
		個人	13	23.42	4	16.34	9	23.45	6	18.48	4	19.15	7	30.31
		チーム	13	23.42	9	40.16	10	1.04.01	9	1.22.49	8	1.42.04	6	2.12.35
7	第一工業	走者	2	K. ジュグナ	4	厚地 翔太	2	山元　綾	1	W. カルイル	3	松木 祐二	3	谷口　亮
		個人	1	*22.30*	14	17.05	10	23.47	5	18.45	5	19.26	11	31.17
		チーム	1	22.30	3	39.35	5	1.03.22	5	1.22.07	4	1.41.33	7	2.12.50
8	京都産業	走者	3	三岡 大樹	3	林　和貴	4	住本 雅仁	1	野田 一貴	2	黒川 優気	3	奥野 雅史
		個人	5	23.11	1	*16.19*	6	23.38	8	18.57	7	19.50	14	31.31
		チーム	5	23.11	2	39.30	4	1.03.08	4	1.22.05	6	1.41.55	8	2.13.26
9	大東文化	走者	4	清野　篤	1	成田 匠平	4	佐藤　歩	3	秋山 拓平	3	高関　伸	4	高橋 賢人
		個人	14	23.49	11	16.56	7	23.39	9	19.00	6	19.36	10	30.47
		チーム	14	23.49	14	40.44	12	1.04.23	11	1.23.23	10	1.42.59	9	2.13.46
10	駒澤	走者	4	高林 祐介	2	馬越 幹成	4	宇賀地 強	2	岡本 尚文	3	早瀬 祐樹	1	手塚 佳宏
		個人	11	23.41	12	16.57	1	22.48	11	19.19	14	20.20	9	30.46
		チーム	11	23.41	12	40.38	6	1.03.26	8	1.22.45	11	1.43.05	10	2.13.51
11	中央学院	走者	2	塚本 千仁	4	三浦 隆稔	2	渡邊 嵩仁	3	沖坂 佐鶴	1	板屋 祐樹	1	室田 祐司
		個人	6	23.17	2	16.23	3	23.09	10	19.08	10	20.08	15	31.49
		チーム	6	23.17	4	39.40	1	1.02.49	3	1.21.57	9	1.42.05	11	2.13.54
12	明治	走者	2	鎧坂 哲哉	1	菊地 賢人	4	遠藤 寿寛	4	北條　尚	2	田原 淳平	4	石川 卓哉
		個人	9	23.38	10	16.52	14	24.18	12	19.31	12	20.19	3	29.47
		チーム	9	23.38	11	40.30	14	1.04.48	13	1.24.19	12	1.44.38	12	2.14.25
13	IVL	走者		B. トゥルー		D.ナイティンゲール		Z. ハイン		J. ケンリィ		M. カヤリ		R. マヤー
		個人	7	23.21	8	16.48	8	23.40	15	20.00	15	20.50	7	30.31
		チーム	7	23.21	8	40.09	9	1.03.49	12	1.23.49	13	1.44.39	13	2.15.10
14	日本文理	走者	3	吉田 亮太	4	内田 恒三	4	佐竹 一弘	2	原　知明	4	伊波　航	4	高木 和夫
		個人	12	23.42	13	17.02	12	23.51	16	20.07	12	20.19	13	31.23
		チーム	12	23.42	13	40.44	13	1.04.35	14	1.24.42	14	1.45.14	14	2.16.24
15	愛知工業	走者	4	中山 祐平	4	金谷 将史	2	大原　司	4	伊藤 彰洋	4	田中 智博	2	長坂 公靖
		個人	18	24.36	17	17.40	15	25.01	13	19.32	11	20.11	11	31.17
		チーム	18	24.36	17	42.16	17	1.07.17	16	1.26.49	15	1.47.00	15	2.18.17
16	北信越連	走者	M1	佐藤 隆史	3	村澤 陽介	2	牛木 陽一	4	中澤　翔	M1	楠本 康博	6	久保 暢大
		個人	16	24.26	15	17.34	16	25.11	14	19.36	17	20.55	21	33.51
		チーム	16	24.26	16	42.00	16	1.07.11	15	1.26.47	16	1.47.42	16	2.21.33
17	中四国連	走者	2	三賀森 智哉	1	監物 稔浩	M2	竹下 英伸	1	村田　総	2	中岡 裕介	2	島尾 佳宏
		個人	17	24.33	18	17.54	20	25.27	17	20.17	16	20.52	18	32.38
		チーム	17	24.33	18	42.27	18	1.07.54	18	1.28.11	17	1.49.03	17	2.21.41
18	久留米	走者	4	徹島　翼	2	志熊 克成	1	阪田 浩平	2	安村 浩志	1	竹口　俊	3	中尾 喜大
		個人	19	24.52	21	18.18	17	25.16	18	20.19	18	20.57	17	32.27
		チーム	19	24.52	19	43.10	19	1.08.26	19	1.28.45	19	1.49.42	18	2.22.09
19	北海道連	走者	4	久保 俊太	1	藤井 太雅	3	西沼 佑司	4	田野 寛之	2	鈴木 嘉人	2	治田 全貴
		個人	15	24.12	16	17.39	18	25.17	19	20.31	20	21.53	19	32.49
		チーム	15	24.12	15	41.51	15	1.07.08	17	1.27.39	18	1.49.32	19	2.22.21
20	東北学連	走者	4	長柴　翔	3	大場 直樹	6	熊谷　遊	2	伊東 直之	2	樋渡 翔太	M1	島田 健作
		個人	20	25.22	19	17.55	19	25.22	21	20.49	19	21.34	16	31.55
		チーム	20	25.22	20	43.17	20	1.08.39	20	1.29.28	20	1.51.02	20	2.22.57
21	広島経済	走者	1	森　啓太	2	赤井 暁彦	3	金地 直哉	2	上原 千弥	4	水島 琢弥	1	岡本 勝敏
		個人	21	25.29	20	18.02	21	25.45	20	20.43	21	22.29	20	33.24
		チーム	21	25.29	21	43.31	21	1.09.16	21	1.29.59	21	1.52.28	21	2.25.52

第22回　2010年(平成22年)10月11日　　総距離：44.5km

順	大学名		1区 (8.0km)		2区 (5.8km)		3区 (7.9km)		4区 (6.2km)		5区 (6.4km)		6区 (10.2km)	
1	早稲田	走者	3	矢沢　曜	1	大迫　傑	3	八木 勇樹	2	佐々木 寛文	1	志方 文典	2	平賀 翔太
		個人	1	23.07	3	16.56	1	23.15	1	*17.54*	5	*18.53*	1	30.00
		チーム	1	23.07	1	40.03	1	1.03.18	1	1.21.12	1	1.40.05	1	*2.10.05*
2	日本体育	走者	1	服部 翔大	2	福士 優太朗	4	出口 和也	4	筱嵜 昌道	2	早川 智浩	4	野口 拓也
		個人	4	23.27	1	16.45	5	23.34	5	*18.11*	3	*18.47*	5	30.32
		チーム	4	23.27	2	40.12	2	1.03.46	2	1.21.57	2	1.40.44	2	2.11.16
3	駒澤	走者	2	撹上 宏光	1	油布 郁人	2	千葉 健太	1	窪田　忍	2	上野　渉	2	久我 和弥
		個人	8	23.41	5	17.04	10	23.54	2	*17.55*	1	*18.30*	4	30.24
		チーム	8	23.41	5	40.45	7	1.04.39	5	1.22.34	4	1.41.04	3	2.11.28
4	東洋	走者	1	設楽 啓太	1	設楽 悠太	3	川上 遼平	1	定方 俊樹	4	本田 勝也	2	市川 孝徳
		個人	5	23.27	2	16.55	6	23.35	8	*18.29*	2	*18.38*	7	30.55
		チーム	5	23.27	3	40.22	3	1.03.57	3	1.22.26	3	1.41.04	4	2.11.59
5	山梨学院	走者	3	O. コスマス	2	鳥羽 和晃	3	中村 悠二	3	松枝　翔	4	川口 琢也	4	高瀬 無量
		個人	2	23.24	11	17.35	3	23.29	3	*18.02*	11	19.30	2	30.09
		チーム	2	23.24	8	40.59	4	1.04.28	4	1.22.30	6	1.42.00	5	2.12.09
6	東京農業	走者	3	松原 健太	4	市川 貴洋	3	木下 潤哉	4	田村 英晃	2	内藤 寛人	2	木村 翔太
		個人	9	23.46	8	17.14	4	23.33	4	*18.10*	7	19.06	9	31.15
		チーム	9	23.46	9	41.00	5	1.04.33	6	1.22.43	5	1.41.49	6	2.13.04
7	中央	走者	1	西嶋　悠	2	新庄 浩太	3	棟方 雄己	2	渥美 昂大	3	井口 恵太	4	斎藤 勇人
		個人	6	23.37	7	17.11	13	24.33	7	*18.26*	4	*18.51*	6	30.42
		チーム	6	23.37	6	40.48	10	1.05.21	10	1.23.47	8	1.42.38	7	2.13.20
8	明治	走者	2	菊地 賢人	4	松本　翔	3	鎧坂 哲哉	2	大江 啓貴	1	北　魁道	4	小林 優太
		個人	16	25.02	4	17.01	2	23.16	6	*18.16*	6	*18.59*	11	31.45
		チーム	16	25.02	13	42.03	9	1.05.19	8	1.23.35	7	1.42.34	8	2.14.19
9	京都産業	走者	4	三岡 大樹	4	林　和貴	4	住本 雅仁	4	奥野 雅史	2	妹尾　陸	2	野田 一貴
		個人	3	23.26	6	17.08	12	24.04	9	18.46	13	19.47	8	31.14
		チーム	3	23.26	4	40.34	6	1.04.38	7	1.23.24	9	1.43.11	9	2.14.25
10	第一工業	走者	1	A. マハモド	4	松木 祐二	3	山元　綾	4	谷口　亮	1	飛松 佑輔	3	K. ジュグナ
		個人	15	24.57	10	17.25	8	23.43	10	18.58	9	19.16	2	30.09
		チーム	15	24.57	14	42.22	12	1.06.05	12	1.25.03	12	1.44.19	10	2.14.28
11	青山学院	走者	2	出岐 雄大	2	大谷 遼太郎	1	福田 雄大	2	松田 直久	1	横田　翼	2	内田 昌寛
		個人	12	24.13	14	17.44	9	23.51	10	18.58	10	19.17	10	31.31
		チーム	12	24.13	11	41.57	11	1.05.48	11	1.24.46	11	1.44.03	11	2.15.34
12	立命館	走者	3	田中 裕之	2	今崎 俊樹	4	寺本 英司	2	中村 研二	1	細田 大智	2	尾崎 文彦
		個人	7	23.37	9	17.22	7	23.41	15	19.04	11	19.30	18	32.53
		チーム	7	23.37	7	40.59	8	1.04.40	9	1.23.44	10	1.4314	12	2.16.07
13	城西	走者	1	山口 浩勢	4	田中 佳祐	4	石田　亮	4	三田 翔平	2	吉元 真司	4	八巻　賢
		個人	10	23.58	14	17.44	14	24.39	12	18.59	8	19.07	14	32.15
		チーム	10	23.58	10	41.42	13	1.06.21	13	1.25.20	13	1.44.27	13	2.16.42
14	中京	走者	4	山下　洸	2	吉川 朋希	2	芝田　遼	4	近藤 雄太	2	高橋 弘幸	M1	神谷 泰光
		個人	11	24.11	17	17.51	16	25.05	13	19.00	15	19.55	13	31.55
		チーム	11	24.11	12	42.02	14	1.07.07	14	1.26.07	14	1.46.02	14	2.17.57
15	IVL	走者		F. ティニー		M. マーグ		Z. ハインズ		J. キンリー		S. ラフ		S. サンディル
		個人	19	25.52	12	17.36	11	23.55	13	19.00	17	19.59	12	31.54
		チーム	19	25.52	18	43.28	15	1.07.23	15	1.26.23	15	1.46.22	15	2.18.16
16	北海道連	走者	2	藤井 太雅	3	藤山 智史	3	治田 全貴	2	神　直之	4	鈴木 嘉人	4	出口 善久
		個人	14	24.46	13	17.42	17	25.19	17	19.09	20	20.17	17	32.35
		チーム	14	24.46	15	42.28	16	1.07.47	16	1.26.56	16	1.47.13	16	2.19.48
17	東北学連	走者	3	吉田 義宏	4	渡邊 直也	M2	島田 健作	3	大泉 雅史	3	樋渡 翔太	1	小野寺 敬
		個人	20	25.53	18	18.06	15	24.44	15	19.04	14	19.49	15	32.33
		チーム	20	25.53	19	43.59	19	1.08.43	17	1.27.47	17	1.47.36	17	2.20.09
18	日本	走者	2	横松　徹	1	加賀田 剛輝	1	垂澤 直也	1	津田 光介	1	安田 翔吾	1	内田　拓
		個人	17	25.11	16	17.47	19	25.21	18	19.33	18	20.03	16	32.34
		チーム	17	25.11	17	42.58	17	1.08.19	18	1.27.52	18	1.47.55	18	2.20.29
19	日本文理	走者	4	吉田 亮太	3	原　知明	1	寺嶋 良貴	2	芦刈 敬典	2	神志那 優輝	4	後藤 将友
		個人	13	24.27	19	18.13	22	25.55	19	19.41	16	19.58	21	33.14
		チーム	13	24.27	16	42.40	18	1.08.35	19	1.28.16	19	1.48.14	19	2.21.28
20	中四国連	走者	2	監物 稔浩	4	日坂 佳祐	2	村田　総	2	岡田 翔治	3	島尾 佳宏	M1	田中 一兆
		個人	18	25.26	21	18.37	19	25.21	20	19.49	21	20.21	19	32.55
		チーム	18	25.26	20	44.03	20	1.09.24	20	1.29.13	20	1.49.34	20	2.22.29
21	北信越連	走者	4	岩渕 良平	4	中澤　翔	4	早野 吉信	4	高沢 圭輔	M2	楠本 康博	4	西沢 倫彦
		個人	21	26.28	19	18.13	18	25.20	21	19.53	19	20.07	20	33.13
		チーム	21	26.28	21	44.41	21	1.10.01	21	1.29.54	21	1.50.01	21	2.23.14
22	広島	走者	3	衣松 英亮	3	真野 裕史	2	相葉 直紀	1	樋口 幸貴	2	豊永 智弘	3	岩藤 博紀
		個人	22	26.35	22	18.46	21	25.34	22	20.19	22	20.57	22	34.17
		チーム	22	26.35	22	45.21	22	1.10.55	22	1.31.14	22	1.52.11	22	2.26.28

第23回　2011年(平成23年)10月10日　総距離：44.5km

順	大学名		1区 (8.0km)		2区 (5.8km)		3区 (7.9km)		4区 (6.2km)		5区 (6.4km)		6区 (10.2km)	
1	東洋	走者	4	柏原 竜二	4	川上 遼平	2	設楽 悠太	4	田中 貴章	3	市川 孝徳	2	設楽 啓太
		個人	6	23.21	3	*16.16*	1	23.08	1	18.36	1	19.02	5	30.20
		チーム	6	23.21	3	39.37	2	1.02.45	1	1.21.21	1	1.40.23	1	2.10.43
2	駒澤	走者	1	村山 謙太	3	上野 渉	3	撹上 宏光	2	油布 郁人	3	久我 和弥	2	窪田 忍
		個人	13	23.54	2	*16.12*	6	23.38	4	18.46	2	19.09	1	29.30
		チーム	13	23.54	8	40.06	7	1.03.44	5	1.22.30	3	1.41.39	2	2.11.09
3	早稲田	走者	2	大迫 傑	4	矢沢 曜	1	山本 修平	4	三田 裕介	3	前田 悠貴	3	平賀 翔太
		個人	3	23.01	6	16.32	2	23.09	2	18.42	3	19.24	6	30.25
		チーム	3	23.01	2	39.33	1	1.02.42	2	1.21.24	2	1.40.48	3	2.11.13
4	東海	走者	3	早川 翼	1	石川 裕之	4	刀祢 健太郎	1	中川 瞭	4	小松 紀裕	3	村澤 明伸
		個人	5	23.10	8	16.44	7	23.45	5	18.57	6	19.51	2	29.40
		チーム	5	23.10	6	39.54	6	1.03.39	6	1.22.36	5	1.42.27	4	2.12.07
5	拓殖	走者	2	D.モゼ	4	真家 尚	3	野本 大喜	4	那須 大地	4	甲斐 優人	2	J.マイナ
		個人	1	22.48	10	16.51	5	23.29	12	19.49	9	20.10	3	29.48
		チーム	1	22.48	5	39.39	4	1.03.08	7	1.22.57	7	1.43.07	5	2.12.55
6	日本体育	走者	2	矢野 圭吾	3	福士 優太朗	2	本田 匠	3	高田 翔二	3	高柳 祐也	2	服部 翔大
		個人	11	23.43	4	*16.18*	3	23.23	3	18.45	4	19.41	9	31.19
		チーム	11	23.43	7	40.01	5	1.03.24	3	1.22.09	4	1.41.50	6	2.13.09
7	明治	走者	1	文元 慧	4	鎧坂 哲哉	1	大六野 秀畝	2	広瀬 大貴	1	有村 優樹	3	菊地 賢人
		個人	8	23.32	1	*15.56*	4	23.28	8	19.26	11	20.21	7	30.43
		チーム	8	23.32	1	39.28	3	1.02.56	4	1.22.22	6	1.42.43	7	2.13.26
8	IVL	走者		C.ランドリー		S.スミス		L.ピーコック		A.ベンフォード		T.ロビンズ		J.グレイ
		個人	9	23.33	11	16.55	10	24.02	6	19.05	14	20.44	4	30.14
		チーム	9	23.33	11	40.28	10	1.04.30	10	1.23.35	10	1.44.19	8	2.14.33
9	中央	走者	1	新庄 翔太	2	代田 修平	2	須河 宏紀	2	西嶋 悠	2	相場 祐人	3	塩谷 潤一
		個人	10	23.39	5	16.31	8	23.51	10	19.33	5	19.50	10	31.22
		チーム	10	23.39	9	40.10	9	1.04.01	9	1.23.34	9	1.43.24	9	2.14.46
10	青山学院	走者	3	出岐 雄大	1	藤川 拓也	4	川村 駿吾	1	川崎 友輝	1	高橋 宗司	1	佐藤 研人
		個人	4	23.04	7	16.34	12	24.07	11	19.37	6	19.51	11	31.36
		チーム	4	23.04	4	39.38	8	1.03.45	8	1.23.22	8	1.43.13	10	2.14.49
11	國學院	走者	4	宮沢 公孝	4	桑原 圭治	4	荻野 皓平	3	中山 翔平	1	大下 稔樹	2	寺田 夏生
		個人	16	24.24	9	16.49	9	23.56	8	19.26	8	20.09	8	31.02
		チーム	16	24.24	14	41.13	13	1.05.09	12	1.24.35	12	1.44.44	11	2.15.46
12	京都産業	走者	3	野田 一貴	4	岩内 達郎	4	奥野 雅史	4	笹井 豊	2	藤井 裕也	3	妹尾 陸
		個人	7	23.25	13	17.07	13	24.23	7	19.20	10	20.13	13	32.13
		チーム	7	23.25	12	40.32	12	1.04.55	11	1.24.15	11	1.44.28	12	2.16.41
13	第一工業	走者	4	K.ジュグナ	2	山下 奨平	4	丸野 大樹	2	石川 徹平	4	山元 綾	2	飛松 佑輔
		個人	2	22.55	15	17.15	14	24.35	14	19.52	13	20.27	16	32.47
		チーム	2	22.55	10	40.10	11	1.04.45	13	1.24.37	13	1.45.04	13	2.17.51
14	関西学院	走者	4	安達 大祐	4	池田 充伺	3	上田 浩捷	4	大野 淳	4	山中 浩平	4	神原 龍之介
		個人	17	24.28	14	17.14	11	24.05	13	19.51	12	20.23	14	32.27
		チーム	17	24.28	17	41.42	14	1.05.47	14	1.25.38	14	1.46.01	14	2.18.28
15	日本文理	走者	1	畑山 修生	1	久保 貴寛	4	原 知明	2	古川 勇二	1	増田 悠大	3	神志那 優輝
		個人	14	27.07	12	17.03	16	24.48	17	20.26	16	20.48	18	32.52
		チーム	14	24.07	13	41.10	15	1.05.58	15	1.26.24	15	1.47.12	15	2.20.04
16	北海道連	走者	4	藤山 智史	1	北川 昌宏	2	手塚 大亮	3	木村 直也	3	神 直之	4	治田 全貴
		個人	15	24.16	17	17.22	15	24.45	20	21.01	17	20.49	14	32.27
		チーム	15	24.16	16	41.38	16	1.06.23	16	1.27.24	16	1.48.13	16	2.20.40
17	北信越連	走者	4	稲毛 寛人	M1	中澤 翔	5	岩渕 良平	4	牛木 陽一	3	鈴木 拳	M2	伊藤 悠太
		個人	18	24.45	16	17.18	18	25.29	18	20.32	18	20.51	17	32.49
		チーム	18	24.45	18	42.03	18	1.07.32	17	1.28.04	17	1.48.55	17	2.21.44
18	中京	走者	1	山口 泰輝	1	中島 章博	3	横田 成哉	2	松田 和真	1	林 佑樹	3	橋本 一樹
		個人	20	26.00	21	18.26	17	25.10	15	19.56	20	21.08	12	32.10
		チーム	20	26.00	20	44.26	20	1.09.36	20	1.29.32	20	1.50.40	18	2.22.50
19	広島	走者	3	相葉 直紀	4	真野 裕史	1	石川 篤	3	佐藤 好	4	衣松 英亮	4	岩藤 博紀
		個人	12	23.53	18	17.35	20	26.00	21	21.18	21	21.22	19	33.08
		チーム	12	23.53	15	41.28	17	1.07.28	18	1.28.46	18	1.50.08	19	2.23.16
20	中四国連	走者	3	監物 稔浩	4	三賀森 智哉	3	岡田 翔治	4	中岡 裕介	1	坂本 章	4	野々村 哲也
		個人	19	25.16	19	17.36	21	26.08	16	20.22	15	20.47	20	34.06
		チーム	19	25.16	19	42.52	19	1.09.00	19	1.29.22	19	1.50.09	20	2.24.15
21	東北学連	走者	2	小野寺 敬	4	樋渡 翔太	4	吉田 義宏	4	伊東 直之	2	深渡 慎一郎	1	大谷 宗平
		個人	21	26.54	20	17.55	19	25.37	19	20.47	19	21.02	21	34.18
		チーム	21	26.54	21	44.49	21	1.10.26	21	1.31.13	21	1.52.15	21	2.26.33

第24回　2012年（平成24年）10月8日　総距離：44.5km

順	大学名		1区(8.0km)		2区(5.8km)		3区(7.9km)		4区(6.2km)		5区(6.4km)		6区(10.2km)	
1	青山学院	走者	1	小椋 裕介	2	藤川 拓也	1	久保田 和真	4	大谷 遼太郎	3	福田 雄大	4	出岐 雄大
		個人	7	23.36	2	17.00	1	23.13	1	*17.50*	6	18.32	3	29.30
		チーム	7	23.36	2	40.36	1	1.03.49	1	1.21.39	1	1.40.11	1	*2.09.41*
2	東洋	走者	3	設楽 啓太	4	市川 孝徳	1	服部 勇馬	3	設楽 悠太	2	高久　龍	3	大津 顕杜
		個人	8	23.39	6	17.11	2	23.36	2	*17.54*	1	*18.11*	6	30.39
		チーム	8	23.39	4	40.50	2	1.04.26	2	1.22.20	2	1.40.31	2	2.11.10
3	中央	走者	3	代田 修平	1	藤井 寛之	2	多田　要	1	徳永　照	4	塩谷 潤一	3	西嶋　悠
		個人	1	23.29	4	17.09	4	23.50	4	17.56	4	*18.23*	7	30.48
		チーム	1	23.29	3	40.38	3	1.04.28	3	1.22.24	3	1.40.47	3	2.11.35
4	山梨学院	走者	2	井上 大仁	4	鳥羽 和晃	4	牧野 俊紀	3	松山 雄太朗	2	阿部 竜巳	1	E．オムワンバ
		個人	5	23.34	8	17.20	13	24.43	6	18.07	7	18.39	1	29.23
		チーム	5	23.34	6	40.54	9	1.05.37	7	1.23.44	7	1.42.23	4	2.11.46
5	駒澤	走者	4	撹上 宏光	2	村山 謙太	4	上野　渉	3	油布 郁人	4	久我 和弥	3	窪田　忍
		個人	11	24.06	9	17.27	11	24.37	3	17.55	3	*18.19*	2	29.26
		チーム	11	24.06	10	41.33	10	1.06.10	10	1.24.05	8	1.42.24	5	2.11.50
6	早稲田	走者	3	大迫　傑	1	高田 康暉	2	山本 修平	4	前田 悠貴	2	田口 大貴	4	平賀 翔太
		個人	10	23.57	4	17.09	3	23.46	5	18.01	8	18.41	5	30.32
		チーム	10	23.57	9	41.06	5	1.04.52	5	1.22.53	4	1.41.34	6	2.12.06
7	順天堂	走者	4	大池 達也	4	田中 秀幸	2	松村 優樹	4	石井 格人	1	松枝 博輝	2	西郷 貴之
		個人	3	23.33	1	16.50	6	24.11	8	18.14	10	19.04	4	30.21
		チーム	3	23.33	1	40.23	4	1.04.34	4	1.22.48	5	1.41.52	7	2.12.13
8	IVL	走者		E．ヒース		J．ルビア		L．ピーコック		J．サリバン		B．グレッグ		M．リアーノ
		個人	4	23.33	9	17.27	8	24.26	11	18.39	2	*18.13*	10	31.08
		チーム	4	23.33	8	41.00	8	1.05.26	9	1.24.05	6	1.42.18	8	2.13.26
9	城西	走者	2	村山 紘太	4	中原　大	3	山口 浩勢	4	石橋 佑一	1	山本 雄大	3	平田 啓介
		個人	9	23.53	3	17.06	7	24.14	7	18.11	12	19.07	9	31.04
		チーム	9	23.53	7	40.59	6	1.05.13	6	1.23.24	9	1.42.31	9	2.13.35
10	國學院	走者	3	寺田 夏生	2	大下 稔樹	2	沖守　怜	4	上野 智幸	3	牛山 雄平	4	中山 翔平
		個人	6	23.35	7	17.17	9	24.31	10	18.26	11	19.06	8	30.58
		チーム	6	23.35	5	40.52	7	1.05.23	8	1.23.49	10	1.42.55	10	2.13.53
11	明治	走者	2	有村 優樹	2	前野 貴行	2	文元　慧	2	山田 速人	1	木村　慎	2	大六野 秀畝
		個人	21	25.29	11	17.40	5	24.08	9	18.24	5	*18.30*	11	31.26
		チーム	21	25.29	15	43.09	12	1.07.17	12	1.25.41	11	1.44.11	11	2.15.37
12	第一工業	走者	1	J．カリウキ	3	石川 徹平	3	飛松 佑輔	3	山下 奨平	1	永井 智大	4	井上 智博
		個人	2	23.32	14	18.07	14	25.14	11	18.39	15	19.33	14	31.57
		チーム	2	23.32	11	41.39	11	1.06.53	11	1.25.32	12	1.45.05	12	2.17.02
13	立命館	走者	2	南雲 翔太	1	濱野　秀	2	吉村 直人	1	中野内 直人	3	細田 大智	2	荒木 尚馬
		個人	13	24.37	16	18.10	10	24.36	15	18.47	9	19.02	13	31.53
		チーム	13	24.37	12	42.47	13	1.07.23	13	1.26.10	13	1.45.12	13	2.17.05
14	関西学院	走者	4	西本 拓弥	3	児子 侑樹	2	小山 陽平	2	甲斐 将樹	1	田村 航大	4	上田 浩捷
		個人	15	24.51	18	18.22	12	24.38	13	18.44	14	19.31	15	32.00
		チーム	15	24.51	16	43.13	14	1.07.51	14	1.26.35	14	1.46.06	14	2.18.06
15	北信越連	走者	M2	中澤　翔	2	大野 雄揮	3	下山 高嶺	2	住　柔	4	鈴木　拳	1	岡野 耕大
		個人	17	25.09	12	17.53	17	25.44	14	18.46	17	19.46	16	32.36
		チーム	17	25.09	13	43.02	16	1.08.46	15	1.27.32	15	1.47.18	15	2.19.54
16	北海道連	走者	4	藤井 太雅	4	木村 直也	3	手塚 大亮	4	鈴木 辰彦	2	石尾 泰章	2	北川 昌宏
		個人	14	24.47	17	18.16	16	25.38	18	19.06	17	19.46	16	32.36
		チーム	14	24.47	14	43.03	15	1.08.41	16	1.27.47	16	1.47.33	16	2.20.09
17	日本文理	走者	2	畑山 修生	2	久保 貴寛	4	神志那 優輝	2	伊集院 広貴	3	古川 勇二	2	増田 悠大
		個人	18	25.13	14	18.07	15	25.30	16	19.04	19	20.05	16	32.36
		チーム	18	25.13	19	43.20	17	1.08.50	17	1.27.54	18	1.47.59	17	2.20.35
18	中四国連	走者	4	監物 稔浩	2	坂本　章	3	妹尾 良平	4	大石 祐己	1	樫部 直人	1	丸山 尚道
		個人	16	25.05	20	18.52	20	26.10	20	19.37	16	19.43	12	31.41
		チーム	16	25.05	21	43.57	21	1.10.07	21	1.29.44	19	1.49.27	18	2.21.08
19	東北学連	走者	3	門脇 幸汰	2	大谷 宗平	4	渡辺 航旗	4	佐藤　司	1	古舘　優	2	藤田 凌介
		個人	19	25.14	13	18.00	18	25.45	19	19.36	13	19.15	21	34.31
		チーム	19	25.14	17	43.14	18	1.08.59	18	1.28.35	17	1.47.50	19	2.22.21
20	愛知工業	走者	3	萱垣 義樹	1	吉田 新規	3	舘林 洸介	2	成田 和哉	1	加藤　慧	4	割田 雄貴
		個人	20	25.17	19	18.37	19	26.01	16	19.04	21	20.37	19	33.28
		チーム	20	25.17	20	43.54	20	1.09.55	19	1.28.59	20	1.49.36	20	2.23.04
21	広島	走者	4	相葉 直紀	M1	真野 裕史	3	高橋 秀明	3	橋口 幸貴	3	松田 直樹	4	石井 裕也
		個人	12	24.14	21	19.03	21	26.34	21	19.43	20	20.18	20	33.51
		チーム	12	24.14	18	43.17	19	1.09.51	20	1.29.34	21	1.49.52	21	2.23.43

第25回　2013年（平成25年）10月14日　　総距離：44.5km

順	大学名		1区 (8.0km)		2区 (5.8km)		3区 (7.9km)		4区 (6.2km)		5区 (6.4km)		6区 (10.2km)	
1	駒澤	走者	3	中村 匠吾	1	中谷 圭佑	3	村山 謙太	4	油布 郁人	1	西山 雄介	4	窪田 忍
		個人	1	23.25	2	16.44	1	*22.36*	2	18.03	2	18.31	1	29.52
		チーム	1	23.25	1	40.09	1	1.02.45	1	1.20.48	1	1.39.19	1	*2.09.11*
2	東洋	走者	3	田口 雅也	1	服部 弾馬	4	設楽 悠太	4	延藤 潤	2	服部 勇馬	4	設楽 啓太
		個人	6	24.05	6	17.00	3	23.14	3	18.05	1	*17.54*	2	29.59
		チーム	6	24.05	7	41.05	6	1.04.19	4	1.22.24	2	1.40.18	2	2.10.17
3	日本体育	走者	4	服部 翔大	3	冨田 祥平	2	山中 秀仁	3	加藤 光	4	甲斐 翔太	4	矢野 圭吾
		個人	2	23.45	5	16.49	2	22.49	4	18.13	4	18.45	5	30.38
		チーム	2	23.45	2	40.34	2	1.03.23	2	1.21.36	3	1.40.21	3	2.10.59
4	早稲田	走者	2	柳 利幸	2	高田 康暉	3	山本 修平	1	武田 凜太郎	2	中村 信一郎	4	大迫 傑
		個人	9	24,22	4	16.47	5	23.29	5	18.15	8	18.54	3	30.00
		チーム	9	24.22	8	41.09	7	1.04.38	7	1.22.53	7	1.41.47	4	2.11.47
5	青山学院	走者	2	小椋 裕介	3	藤川 拓也	1	一色 恭志	4	竹内 一輝	4	鈴木 優人	2	神野 大地
		個人	4	23.47	6	17.00	7	23.31	7	18.31	7	18.53	4	30.27
		チーム	4	23.47	5	40.47	5	1.04.18	5	1.22.49	6	1.41.42	5	2.12.09
6	中央学院	走者	2	潰滝 大記	3	及川 佑太	2	塩谷 桂大	4	岡本 雄大	3	木部 誠人	4	田中 瑞穂
		個人	5	23.51	3	16.45	10	23.40	1	*17.46*	11	19.18	8	31.04
		チーム	5	23.51	3	40.36	3	1.04.16	3	1.22.02	4	1.41.20	6	2.12.24
7	明治	走者	4	広瀬 大貴	3	八木沢 元樹	3	大六野 秀畝	2	牟田 祐樹	2	横手 健	3	文元 慧
		個人	12	24.32	1	16.32	12	23.54	11	18.42	3	18.38	6	30.51
		チーム	12	24.32	6	41.04	8	1.04.58	8	1.23.40	8	1.42.18	7	2.13.09
8	法政	走者	3	西池 和人	4	田子 祐輝	4	田井 慎一郎	4	松田 憲彦	1	足羽 純実	2	藤井 孝之
		個人	3	23.46	6	17.00	9	23.32	7	18.31	5	18.50	13	31.41
		チーム	3	23.46	4	40.46	4	1.04.18	6	1.22.49	5	1.41.39	8	2.13.20
9	順天堂	走者	2	松枝 博輝	4	岩崎 祐樹	3	松村 優樹	1	森 湧暉	4	小沢 一真	3	西郷 貴之
		個人	11	24.30	9	17.19	4	23.26	6	18.25	5	18.50	7	30.59
		チーム	11	24.30	11	41.49	9	1.05.15	9	1.23.40	9	1.42.30	9	2.13.29
10	中央	走者	1	町澤 大雅	1	谷本 拓巳	2	徳永 照	1	鈴木 修平	1	岸本 圭一郎	2	松原 啓介
		個人	8	24.13	12	17.34	6	23.30	9	18.40	13	19.28	9	31.15
		チーム	8	24.13	9	41.47	10	1.05.17	10	1.23.57	10	1.43.25	10	2.14.40
11	京都産業	走者	2	上門 大祐	2	中井 脩人	4	佐野 克斗	2	中西 健	4	小田 隼平	4	小橋 憲人
		個人	7	24.10	13	17.39	11	23.48	12	18.52	9	19.06	15	31.47
		チーム	7	24.10	10	41.49	11	1.05.37	11	1.24.29	11	1.43.35	11	2.15.22
12	帝京	走者	3	熊崎 健人	4	難波 幸貴	4	小山 司	3	柳原 貴大	2	高橋 裕太	3	早川 昇平
		個人	16	25.05	14	17.42	13	24.11	10	18.41	9	19.06	10	31.22
		チーム	16	25.05	15	42.47	14	1.06.58	12	1.25.39	12	1.44.45	12	2.16.07
13	関西学院	走者	3	小山 陽平	3	辻横 浩輝	1	本藤 光	4	大川 和輝	3	甲斐 将樹	2	川口 貴大
		個人	14	24.35	11	17.33	15	24.46	13	18.57	15	19.49	11	31.33
		チーム	14	24.35	13	42.08	13	1.06.54	13	1.25.51	13	1.45.40	13	2.17.13
14	IVL	走者		J. スタイリン		M. アムラウト		D. ローリー		K. メルバー		T. アクレン		B. マーチン
		個人	10	24.29	10	17.31	14	24.40	19	19.39	17	20.12	12	31.37
		チーム	10	24.29	12	42.00	12	1.06.40	14	1.26.19	14	1.46.31	14	2.18.08
15	中京	走者	3	山口 泰輝	2	米谷 卓也	4	田中 陽介	2	西田 隼大	4	近藤 駿一	4	松田 和真
		個人	13	24.34	15	17.52	19	25.11	14	19.19	16	19.55	16	31.52
		チーム	13	24.34	14	42.26	16	1.07.37	15	1.26.56	16	1.46.51	15	2.18.43
16	第一工業	走者	4	石川 徹平	2	高田 真樹	2	J. カリウキ	2	宮國 拓斗	2	永井 智大	4	山下 奨平
		個人	20	25.32	19	18.30	7	23.31	17	19.26	14	19.39	17	32.23
		チーム	20	25.32	19	44.02	15	1.07.33	16	1.26.59	15	1.46.38	16	2.19.01
17	日本文理	走者	3	畑山 修生	1	山本 祐希	3	筒井 恵也	3	新田 涼	2	大野 力	3	増田 悠大
		個人	15	24.38	21	19.07	16	24.52	18	19.34	12	19.26	14	31.44
		チーム	15	24.38	18	43.45	17	1.08.37	17	1.28.11	17	1.47.37	17	2.19.21
18	東北学連	走者	1	池田 圭	3	荒木 和也	2	高橋 佳希	M2	鈴木 高大	2	古舘 優	4	小野寺 敬
		個人	17	25.13	20	18.51	18	25.01	15	19.21	19	20.16	20	32.58
		チーム	17	25.13	20	44.04	19	1.09.05	18	1.28.26	18	1.48.42	18	2.21.40
19	北信越連	走者	3	大野 雄揮	3	米山 祐貴	3	住 柔	2	川端 洋平	2	池上 義輝	2	岡野 耕大
		個人	19	25.23	16	18.14	21	25.52	15	19.21	18	20.14	19	32.51
		チーム	19	25.23	16	43.37	20	1.09.29	20	1.28.50	19	1.49.04	19	2.21.55
20	北海道連	走者	4	手塚 大亮	3	尾崎 洋輔	3	北川 昌宏	3	石尾 泰章	4	工藤 雄大	2	斎藤 秀斗
		個人	21	25.37	18	18.27	17	24.54	20	19.51	20	20.28	18	32.4
		チーム	21	25.37	21	44.04	18	1.08.58	19	1.28.49	20	1.49.17	20	2.21.57
21	中四国連	走者	4	妹尾 良平	1	高見 雄飛	2	江浪 修平	3	森岡 廉	1	藤井 圭太	2	樫部 直人
		個人	18	25.21	17	18.21	20	25.49	20	19.51	22	21.03	21	33.45
		チーム	18	25.21	17	43.42	21	1.09.31	21	1.29.22	21	1.50.25	21	2.24.10
22	広島経済	走者	1	石川 雅之	4	赤井 暁彦	4	瀬戸 浩二朗	1	光谷 雄佑	4	伊永 亮太	1	藤原 舜
		個人	22	26.38	22	19.09	22	26.21	22	19.59	21	20.29	22	34.36
		チーム	22	26.28	22	45.47	22	1.12.08	22	1.32.07	22	1.52.36	22	2.27.12

第26回　2014年（平成26年）10月13日

悪天候により中止

全日本大学駅伝（秩父宮賜杯 全日本大学駅伝対校選手権大会） 第1回～第46回

第1回　1970年(昭和45年)3月1日　　総距離：118.0km　前半：62.0km　後半56.0km

順	大学名		前半								後半								総合
			1区 (15.6km)		2区 (11.5km)		3区 (12.3km)		4区 (22.6km)		5区 (15.0km)		6区 (8.1km)		7区 (12.8km)		8区 (20.1km)		
		走者	2	小沼 力	3	山口 敏夫	3	伊藤 保	2	田中 弘一	4	松岡 厚	4	大窪 勝太郎	3	久宗 恒夫	1	石倉 義隆	
1	日本体育	個人	1	48.54	2	35.47	1	38.54	2	1.11.32	2	45.43	4	25.14	3	39.51	1	59.29	6.05.24
		チーム	1	48.54	1	1.24.41	1	2.03.35	1	3.15.07	2	45.43	2	1.10.57	3	1.50.48	1	2.50.17	
		走者		市坪 利夫		久保田 勉		永嶋 照示		岩見 幾徳		天野 義則		富士代 芳実		柿原 一雄		若狭 健治	
2	福岡	個人	4	49.28	3	36.03	3	39.37	4	1.12.31	3	45.56	3	25.09	1	38.45	3	1.02.43	6.10.12
		チーム	4	49.28	3	1.25.31	3	2.05.08	3	3.17.39	3	45.56	3	1.11.05	2	1.49.50	2	2.52.33	
		走者	2	酒見 勝喜	3	吉武 鉄翁	2	大場 文夫	3	高尾 信昭	3	寺西 芳男	1	田口 裕茂	1	坂井 博行	2	佐藤 進	
3	日本	個人	5	50.12	1	35.05	4	40.40	1	1.10.38	5	47.19	5	25.39	5	40.54	2	1.02.30	6.12.57
		チーム	5	50.12	2	1.25.17	4	2.05.57	2	3.16.35	5	47.19	6	1.12.58	5	1.53.52	5	2.56.22	
		走者	1	森下 茂樹	2	若宮 義和	1	原田 忠夫	3	尾堂 博	1	安田 亘		坂本 育雄	3	寺島 吉昭	3	前田 俊雄	
4	大東文化	個人	2	49.23	5	36.29	6	40.48	3	1.12.25	1	45.29	1	24.21	2	39.39	6	1.05.31	6.14.05
		チーム	2	49.23	5	1.25.52	5	2.06.40	4	3.19.05	1	45.29	1	1.09.50	1	1.49.29	3	2.55.00	
		走者		近藤 勝巳		西井 幸司		永田 幸一		岸根 修		笠井 三郎		山下 健次		澄田 正人		岡田 耕三	
5	中京	個人	3	49.25	4	36.16	2	39.26	6	1.15.10	6	47.29	2	24.53	4	40.14	4	1.03.38	6.16.31
		チーム	3	49.25	4	1.25.41	2	2.05.07	5	3.20.17	6	47.29	4	1.12.22	4	1.52.36	4	2.56.14	
		走者		中西 与志雄		藤井 昇		田中 敏正		八木 在瀧		平田 書男		福田 雅広		吉岡 伝太郎		天野 精三	
6	大阪商業	個人	9	52.24	7	37.14	5	40.47	9	1.16.30	7	48.36	8	26.12	8	42.24	5	1.04.30	6.28.37
		チーム	9	52.24	7	1.29.38	6	2.10.25	6	3.26.55	7	48.36	7	1.14.48	8	1.57.12	6	3.01.42	
		走者		大塩 正則		吉村 忠郎		秋山 仲男		久米川 健次		塚本 敏雄		上田 俊明		米光 信二		奥村 悦二	
7	大阪体育	個人	11	52.39	6	36.38	7	42.03	7	1.16.04	4	47.01	7	25.57	7	42.20	8	1.07.19	6.30.01
		チーム	11	52.39	6	1.29.17	7	2.11.20	7	3.27.24	4	47.01	5	1.12.58	6	1.55.18	7	3.02.37	
		走者		割鞘 信夫		中垣 芳美		江崎 鉄美		坂本 文明		音出 文男		山崎 繁任		小城 惇一		吉田 泰博	
8	九州産業	個人	7	50.49	11	40.06	8	42.57	5	1.13.50	10	50.37	12	28.11	9	42.51	10	1.07.28	6.36.49
		チーム	7	50.49	11	1.30.55	8	2.13.52	8	3.27.42	10	50.37	9	1.18.48	9	2.01.39	9	3.09.07	
		走者		武智 勇紀		小野 正治		谷 一生		荒谷 哲次		工藤 明人		笠井 哲夫		山名 達郎		沖田 稔	
9	同志社	個人	8	51.21	9	38.49	10	43.49	13	1.18.43	8	49.02	6	25.54	6	41.32	13	1.10.02	6.39.12
		チーム	8	51.21	8	1.30.10	10	2.13.59	11	3.32.42	8	49.02	8	1.14.56	7	1.56.28	8	3.06.30	
		走者	1	大羽賀 了一	1	林 潤二		伊藤 富男		原口 克巳		村田 典元		奥脇 正春		青柳 稔	3	藤原 正博	
10	東京農業	個人	10	52.34	8	38.10	9	43.13	10	1.16.41	9	50.27	15	29.12	14	45.22	11	1.07.41	6.43.20
		チーム	10	52.34	10	1.30.44	9	2.13.57	9	3.30.38	9	50.27	12	1.19.39	11	2.05.01	11	3.12.42	
		走者		佐村 太吉		平野 彰		宮崎 薫		森本 康文		山内 政憲		箱田 喜孝		小谷 譲治		古賀 徳行	
11	八幡	個人	6	50.17	10	40.00	18	45.53	8	1.16.12	12	51.29	10	27.52	11	44.05	14	1.10.36	6.46.24
		チーム	6	50.17	9	1.30.17	11	2.16.10	10	3.32.22	12	51.29	10	1.19.21	10	2.03.26	13	3.14.02	
		走者		国重 忠男		栗田 栄二		萩原 浩一		堀部 紀昭		村上 信広		稲垣 正悟		古茂田 富夫		小早川 銀宗	
12	広島	個人	13	55.10	13	40.35	15	45.17	11	1.17.14	11	50.41	15	29.12	16	45.55	7	1.05.59	6.50.03
		チーム	13	55.10	13	1.35.45	14	2.21.02	12	3.38.16	11	50.41	13	1.19.53	13	2.05.48	10	3.11.47	
		走者		中野 喜夫		古沢 昇		杉本 三郎		松本 実		大竹 康夫		小池 勲		増田 勉		佐々木 孝志	
13	東京学芸	個人	15	55.22	16	41.28	11	44.10	12	1.17.39	16	53.26	11	28.06	15	45.33	15	1.10.38	6.56.22
		チーム	15	55.22	15	1.36.50	13	2.21.00	13	3.38.39	16	53.26	15	1.21.32	15	2.07.05	15	3.17.43	
		走者		小林 和正		西谷 正		南川 秀樹		角谷 唯高		星野 公平		香田 忍		高味 修一		西田 幹夫	
14	名古屋	個人	12	55.08	12	40.14	17	45.45	19	1.23.34	15	52.23	14	29.03	10	44.02	9	1.07.25	6.57.34
		チーム	12	55.08	12	1.35.22	14	2.21.07	16	3.44.41	15	52.23	14	1.21.26	12	2.05.28	12	3.12.53	
		走者		矢田 宗雄		生田 幸雄		近藤 正明		高橋 俊平		星野 義明		近沢 秀治		高橋 勉		村瀬 進治	
15	愛知学院	個人	18	56.27	20	43.12	16	45.24	17	1.22.28	14	52.05	18	30.53	12	44.40	12	1.09.43	7.04.52
		チーム	18	56.27	19	1.39.39	18	2.25.03	18	3.47.31	14	52.05	16	1.22.58	16	2.07.38	14	3.17.21	
		走者		菊池 良治		谷口 晃		山田 森男		白石 哲夫		八重樫 悟		小島 修三		久保田 実		興津 雅樹	
16	北海道	個人	19	56.36	19	43.00	12	44.37	14	1.19.57	20	54.45	19	30.59	13	44.55	17	1.11.20	7.06.09
		チーム	19	56.36	18	1.39.36	17	2.24.13	15	3.44.10	20	54.45	20	1.25.44	17	2.10.39	17	3.21.59	
		走者		青木 豊		山岸 明二		小笠原 広樹		佐貫 隆博		下平 拡司		小川 正行		夏苅 静男		奥山 幸生	
17	東京理科	個人	16	56.16	15	41.25	14	45.06	16	1.22.05	19	54.26	17	30.16	18	47.36	16	1.11.18	7.08.28
		チーム	16	56.16	16	1.37.41	16	2.22.47	17	3.44.52	19	54.26	18	1.24.42	19	2.12.18	18	3.23.36	
		走者		奥中 純夫		横部 公一		海本 正		定田 秀久		手東 順一		塩浜 寿男		矢野 邦雄		本田 正尚	
18	甲南	個人	20	58.26	18	42.17	19	46.11	15	1.21.26	13	51.37	9	27.48	17	47.33	18	1.13.20	7.08.38
		チーム	20	58.26	20	1.40.43	19	2.26.54	19	3.48.20	13	51.37	11	1.19.25	14	2.06.58	16	3.20.18	
		走者		畑 高司		橋本 博		清水 道男		福田 道弘		布勢 哲夫		成瀬 和正		箱守 右守		松本 健	
19	明治学院	個人	14	55.12	14	40.50	12	44.37	18	1.23.24	17	54.00	20	31.37	20	47.51	19	1.15.51	7.13.22
		チーム	14	55.12	14	1.36.02	14	2.20.39	14	3.44.03	17	54.00	19	1.25.37	20	2.13.28	20	3.29.19	
		走者		奈良 昭三		伊田 正一		水谷 彰		荻原 正人		中島 久雄		岩井 宏行		三井 裕之		加藤 史朗	
20	東京経済	個人	17	56.18	17	42.02	20	49.07	20	1.24.11	18	54.07	13	28.53	19	47.45	20	1.18.00	7.20.23
		チーム	17	56.18	17	1.38.20	20	2.27.27	20	3.51.38	18	54.07	17	1.23.00	18	2.10.45	19	3.28.45	

第2回　1971年(昭和46年)1月17日　総距離：111.4km　前半：54.8km　後半：56.6km

順	大学名		前半								後半								総合
			1区(15.6km)		2区(11.5km)		3区(5.3km)		4区(22.4km)		5区(15.7km)		6区(8.1km)		7区(12.8km)		8区(20.0km)		
1	日本体育	走者	3	小沼　力	1	田ノ上 貢一	4	伊藤　保	3	小沢 欽一	1	高橋 勝好	1	今野 秀悦	2	石倉 義隆	3	田中 弘一	*5.37.02*
		個人	1	*46.54*	2	*34.55*	2	16.18	1	1.08.18	3	48.03	3	24.28	2	*38.25*	1	59.41	
		チーム	1	46.54	1	1.21.49	3	1.38.07	1	2.46.25	3	48.03	3	1.12.31	2	1.50.26	1	2.50.37	
2	国士舘	走者	1	古賀 丈雄	3	鈴木 公広		奥畑 宣弘	3	蜂谷 英明	2	今野 幸昭	4	宮本 俊英	1	猪俣 善典	3	大花　務	5.40.10
		個人	3	*46.58*	3	*34.57*	1	16.11	2	1.08.43	4	48.35	1	*24.05*	4	*38.40*	5	1.02.01	
		チーム	3	46.58	2	1.21.55	1	1.38.06	2	2.46.49	4	48.35	4	1.12.40	3	1.51.20	5	2.53.21	
3	日本	走者	3	池田 忠秋	4	吉武 鉄翁	4	寺西 芳男	4	高尾 信昭	2	坂井 博行	3	大場 文夫	3	酒見 勝喜	3	佐藤　進	5.41.27
		個人	7	50.50	1	*34.15*	2	16.18	3	1.08.55	1	47.43	4	24.45	1	*38.08*	4	1.00.33	
		チーム	7	50.50	4	1.25.05	4	1.41.23	3	2.50.18	1	47.43	2	1.12.28	1	1.50.36	2	2.51.09	
4	中京	走者		市　武徳		近藤 勝巳		的場 幸夫		岡田 耕三		澄田 正人		山下 健次		岸根　修		笠井 三郎	5.45.06
		個人	2	*46.58*	4	35.39	5	16.27	7	1.13.12	2	47.53	2	24.23	7	40.14	3	1.00.20	
		チーム	2	46.58	3	1.22.37	2	1.39.04	4	2.52.16	2	47.53	1	1.12.16	4	1.52.30	3	2.52.50	
5	福岡	走者		富士代 芳実		永嶋 照示		伊藤 正彦		岩見 幾徳		天野 義則		久保田 勉		柿原 一雄		若狭 健治	5.46.59
		個人	4	48.59	5	36.19	4	16.26	4	1.12.17	6	49.05	6	25.18	3	*38.27*	2	1.00.08	
		チーム	4	48.59	5	1.25.18	5	1.41.44	5	2.54.01	6	49.05	6	1.14.23	5	1.52.50	4	2.52.58	
6	大東文化	走者	2	兼田 賢一	2	原田 忠夫	1	松田　強	4	寺島 吉昭	4	尾堂　博	3	若宮 義和	3	尾形　清	2	森下 茂樹	5.54.12
		個人	6	50.21	6	36.22	6	16.34	9	1.13.57	5	48.53	4	24.45	5	39.42	6	1.03.38	
		チーム	6	50.21	7	1.26.43	6	1.43.17	6	2.57.14	5	48.53	5	1.13.38	6	1.53.20	6	2.56.58	
7	専修	走者	2	橋本 鎮雄	4	八重樫 豊	1	佐野 恵久	4	相川 哲男	4	及川 俊栄	1	原田 賢児	2	中山 敏雄	4	染谷 功一	5.59.34
		個人	5	50.15	7	36.25	9	17.22	10	1.14.20	7	49.33	9	26.09	8	40.40	8	1.04.50	
		チーム	5	50.15	6	1.26.40	7	1.44.02	7	2.58.22	7	49.33	7	1.15.42	8	1.56.22	7	3.01.12	
8	大阪体育	走者		兼島 英樹		久米川 健次		吉村 忠郎		塚本 敏雄		上田 俊明		橋本 元栄		奥村 悦二		大塩 正則	6.05.55
		個人	9	51.41	9	37.18	8	17.09	15	1.17.16	8	50.08	8	26.02	6	40.09	10	1.06.12	
		チーム	9	51.41	8	1.28.59	8	1.46.08	10	3.03.24	8	50.08	8	1.16.10	7	1.56.19	8	3.02.31	
9	大阪商業	走者		八木 在瀧		中西 与志雄		福田 雅広		天野 精三		平田 書男		赤松 由章		細川　寛		奥田 豊一	6.10.30
		個人	11	53.05	8	37.13	7	17.01	5	1.12.41	9	51.05	7	25.57	16	45.22	13	1.08.06	
		チーム	11	53.05	9	1.30.18	9	1.47.19	8	3.00.00	9	51.05	9	1.17.02	10	2.02.24	11	3.10.30	
10	九州産業	走者		割鞘 信夫		中垣 芳美		山崎 繁任		坂本 文明		石橋 健次		大塚 紳一郎		音出 文男		吉田 泰博	6.11.15
		個人	8	51.17	11	39.01	10	18.04	8	1.13.40	11	52.39	13	27.43	12	43.38	9	1.05.13	
		チーム	8	51.17	9	1.30.18	10	1.48.22	9	3.02.02	11	52.39	11	1.20.22	13	2.04.00	10	3.09.13	
11	島根	走者		家原　均		川添 行文		丸山 和人		山本 久夫		中川 寿朗		坂本 義孝		岩城 雄治		万波 迪義	6.12.57
		個人	17	54.29	16	39.52	13	18.38	6	1.12.45	10	51.36	12	27.32	11	43.20	7	1.04.45	
		チーム	17	54.29	16	1.34.21	16	1.52.59	11	3.05.44	10	51.36	10	1.19.08	11	2.02.28	9	3.07.13	
12	北海道	走者		久保田 実		後藤 和正		宮田　悟		白石 哲夫		山田 森男		小松 正昭		岸田 幸也		菊池 良治	6.19.24
		個人	15	53.45	10	38.58	15	18.43	12	1.16.28	14	54.29	10	26.35	13	43.46	12	1.06.40	
		チーム	15	53.45	12	1.32.43	12	1.51.26	12	3.07.54	14	54.29	13	1.21.04	14	2.04.50	12	3.11.30	
13	名城	走者		石原　昇		杉山 英治		須郷 徳美		高井 康利		入場 治和		森 宏一郎		松尾 修治		西　文生	6.22.46
		個人	19	55.55	14	39.25	12	18.30	11	1.16.04	12	53.06	15	28.14	10	41.50	15	1.09.42	
		チーム	19	55.55	18	1.35.20	18	1.53.50	14	3.09.54	12	53.06	14	1.21.20	12	2.03.10	14	3.12.52	
14	名古屋	走者		小林 和正		笠井　登		山田 俊明		西田 幹夫		瀬戸 俊幸		河合　修		香田　忍		星野 公平	6.24.18
		個人	12	53.09	17	40.07	16	18.49	14	1.17.04	19	55.47	14	27.55	15	44.57	11	1.06.30	
		チーム	12	53.09	15	1.33.16	15	1.52.05	13	3.09.09	19	55.47	16	1.23.42	16	2.08.39	15	3.15.09	
15	熊本商科	走者		河村 義照		福村 光能		福田 幸夫		山田 日出男		山県 由幸		斎藤 慎次郎		加茂田 憲治		鏡　鉄郎	6.28.33
		個人	10	52.01	12	39.10	19	19.11	20	1.25.34	13	53.32	11	26.58	9	41.22	17	1.10.45	
		チーム	10	52.01	11	1.31.11	11	1.50.22	20	3.15.56	13	53.32	12	1.20.30	9	2.01.52	13	3.12.37	
16	甲南	走者		手束 順一		平　正明		矢野 邦雄		上林 靖幸		奥中 純夫		横部 公一		海本　正		定田 秀久	6.31.40
		個人	18	54.33	18	40.11	17	18.54	16	1.18.02	18	55.39	16	28.18	18	45.45	16	1.10.18	
		チーム	18	54.33	17	1.34.44	17	1.53.38	16	3.11.40	18	55.39	17	1.23.57	18	2.09.42	17	3.20.00	
17	神戸	走者		萩原 昭光		村岡 茂信		小谷 修一		三宅 正隆		石田 正樹		絹田 清昭		沢村 義夫		大西 秀典	6.32.02
		個人	14	53.40	13	39.14	14	18.41	18	1.19.39	16	54.40	17	28.16	17	45.25	18	1.12.27	
		チーム	14	53.40	14	1.32.54	13	1.51.35	15	3.11.14	16	54.40	15	1.22.56	15	2.08.21	18	3.20.48	
18	秋田	走者		栗山　洋		阿部 和夫		横浜　広		佐藤 寿芝		長谷部 一雄		平野 勝介		浅見　洋		加藤 慎一	6.33.32
		個人	13	53.21	15	39.29	20	19.14	19	1.23.17	17	54.53	18	29.36	14	44.46	14	1.08.56	
		チーム	13	53.21	13	1.32.50	14	1.52.04	19	3.15.21	17	54.53	19	1.24.29	17	2.09.15	16	3.18.11	
19	東京経済	走者		牧野 友保		奈良 昭三		三井 裕之		鈴木　孝		中島 久雄		伊田 正一		吉田　徹		荻原 正人	6.41.32
		個人	20	57.35	19	40.53	11	18.20	16	1.18.02	15	54.32	18	29.36	20	48.45	19	1.13.49	
		チーム	20	57.35	20	1.38.28	20	1.56.48	18	3.14.50	15	54.32	18	1.24.08	19	2.12.53	19	3.26.42	
20	信州	走者		井口 昌一		堀口 忠幸		渡辺　登		大塚 偉介		寺沢 文雄		森泉 慶二		大総 正篤		角谷 拓夫	6.45.20
		個人	16	54.05	20	42.08	18	19.08	13	1.16.54	20	56.31	20	31.02	19	47.02	20	1.18.30	
		チーム	16	54.05	19	1.36.13	19	1.55.21	17	3.12.15	20	56.31	20	1.27.33	20	2.14.35	20	3.33.05	

第3回　1972年(昭和47年)1月23日　総距離：111.4km　前半：54.8km　後半：56.6km

順	大学名		前半								後半								総合
			1 区 (15.6km)		2 区 (11.5km)		3 区 (5.3km)		4 区 (22.4km)		5 区 (15.7km)		6 区 (8.1km)		7 区 (12.8km)		8 区 (20.0km)		
		走者	1	笹渕 賢一	3	石倉 義隆	2	今野 秀悦	4	小沢 欽一	3	古川 久司	4	岩渕 仁	2	田ノ上 貢一	4	小沼 力	
1	日本体育	個人	4	47.54	1	*34.08*	3	*16.03*	2	1.13.17	5	*44.33*	2	25.03	5	41.11	1	1.01.26	5.43.35
		チーム	4	47.54	1	1.22.02	1	1.38.05	1	2.51.22	5	44.33	3	1.09.36	4	1.50.47	3	2.52.13	
		走者	2	菊地 由益	3	黒田 政夫	1	匂坂 清貴	4	宮下 敏夫	3	宮広 重夫	1	池田 久夫	4	福間 信隆	4	内田 幸二	
2	順天堂	個人	3	47.49	2	34.39	4	16.13	1	1.13.00	2	*44.10*	5	25.32	2	40.36	2	1.01.53	5.43.52
		チーム	3	47.49	2	1.22.28	2	1.38.41	2	2.51.41	2	44.10	4	1.09.42	3	1.50.18	2	2.52.11	
		走者	4	池田 忠秋	3	坂井 博行	3	小田 定則	4	田中 勝芳	2	鶴巻 健	4	酒見 勝喜	4	佐藤 進	4	大場 文夫	
3	日本	個人	6	48.43	5	35.48	2	*15.56*	4	1.14.46	3	*44.14*	1	24.50	1	39.23	3	1.02.23	5.46.03
		チーム	6	48.43	6	1.24.31	6	1.40.27	3	2.55.13	3	44.14	2	1.09.04	1	1.48.27	1	2.50.50	
		走者	2	松田 強	3	原田 忠夫	1	下村 剛	1	竹内 譲二	3	森下 茂樹	4	若宮 義和	1	鞭馬 講二	3	安田 亘	
4	大東文化	個人	7	49.09	3	35.24	1	*15.53*	7	1.16.56	1	*43.40*	3	25.11	4	41.02	6	1.04.32	5.51.47
		チーム	7	49.09	7	1.24.33	5	1.40.26	6	2.57.22	1	43.40	1	1.08.51	2	1.49.53	4	2.54.25	
		走者		喜多 秀喜		折田 幹雄		迫 人志		岩見 幾徳		大山 鐘善		太田 潔		富士代 芳実		原 元祥	
5	福岡	個人	1	47.21	6	36.42	5	16.15	5	1.15.41	6	*45.38*	8	25.41	6	41.15	5	1.04.15	5.52.48
		チーム	1	47.21	4	1.24.03	4	1.40.18	4	2.55.59	6	45.38	7	1.11.19	6	1.52.34	5	2.56.49	
		走者	3	橋本 鎮雄	2	原田 賢児	2	根本 寿夫	1	村上 清隆	2	野口 高史	2	佐野 恵久	2	平山 陽吉	3	松村 孝男	
6	専修	個人	8	49.16	9	36.57	7	16.52	3	1.14.33	7	*45.40*	7	25.38	8	42.14	7	1.05.12	5.56.22
		チーム	8	49.16	9	1.26.13	8	1.43.05	7	2.57.38	7	45.40	6	1.11.18	8	1.53.32	7	2.58.44	
		走者		岡田 耕三		山下 健次		岡本 直亮		山村 勇		岸根 修		松尾 望		西道 孝		稲垣 裕	
7	中京	個人	5	48.05	4	35.35	6	16.27	6	1.16.00	4	*44.28*	4	25.29	7	42.09	11	1.08.23	5.56.36
		チーム	5	48.05	3	1.23.40	3	1.40.07	5	2.56.07	4	44.28	5	1.09.57	5	1.52.06	8	3.00.29	
		走者	2	古賀 文雄	4	本間 弘	1	田上 伸一	1	阿部 光幸	4	鈴木 公広	4	佐藤 芳博	2	土屋 力三	4	大花 務	
8	国士舘	個人	2	47.31	7	36.44	9	17.06	11	1.19.31	11	*46.57*	6	25.33	3	40.45	4	1.03.58	5.58.05
		チーム	2	47.31	5	1.24.15	7	1.41.21	8	3.00.52	11	46.57	8	1.12.30	7	1.53.15	6	2.57.13	
		走者		兼島 英樹		藤原 郁生		馬渕 乾		上田 俊明		橋本 元栄		塚本 敏雄		谷口 利広		西野 秀樹	
9	大阪体育	個人	9	49.21	7	36.44	8	17.01	10	1.19.09	10	*46.21*	9	26.41	10	43.17	10	1.06.54	6.05.28
		チーム	9	49.21	8	1.26.05	9	1.43.06	9	3.02.05	10	46.21	9	1.13.02	9	1.56.19	9	3.03.13	
		走者		奥田 豊一		細川 寛		福田 雅広		天野 精三		亀谷 宏治		上田 友之		赤松 由章		小林 寿朗	
10	大阪商業	個人	10	49.59	12	38.50	10	17.16	9	1.18.09	12	*47.18*	10	27.39	9	43.15	13	1.08.51	6.11.17
		チーム	10	49.59	10	1.28.49	10	1.46.05	11	3.04.14	12	47.18	11	1.14.57	10	1.58.12	10	3.07.03	
		走者		吉田 泰博		中垣 芳美		石橋 健次		坂本 文明		西山 弘俊		酒井 貞行		森 重樹		峯崎 竜之	
11	九州産業	個人	12	51.53	17	40.18	11	17.55	8	1.17.02	8	*46.02*	16	29.56	12	45.12	14	1.10.17	6.18.35
		チーム	12	51.53	13	1.32.11	14	1.50.06	11	3.07.08	8	46.02	12	1.15.58	11	2.01.10	13	3.11.27	
		走者		万波 迪義		岩城 雄治		平井 章		中川 寿朗		家原 均		妹尾 武治		川添 行文		山本 久夫	
12	島根	個人	14	53.04	15	39.40	12	18.03	12	1.20.15	16	49.10	11	27.48	11	44.46	9	1.06.20	6.19.06
		チーム	14	53.04	15	1.32.44	13	1.50.47	12	3.11.02	16	49.10	13	1.16.58	13	2.01.44	12	3.08.04	
		走者		岡田 光志		米原 実		吉井 淳一		小谷 譲治		宮崎 容一		藤本 隆俊		平山 博文		森本 康文	
13	八幡	個人	11	51.12	10	38.04	18	19.14	20	1.29.13	9	*46.19*	13	28.22	15	46.46	8	1.06.14	6.25.24
		チーム	11	51.12	11	1.29.16	11	1.48.30	16	3.17.43	9	46.19	10	1.14.41	12	2.01.27	11	3.07.41	
		走者		榊 正信		志村 謙介		服部 紀博		後藤 和正		岸田 幸也		小木曽 英司		宮田 悟		久保田 実	
14	北海道	個人	18	56.08	19	40.34	16	19.06	13	1.21.13	15	49.09	17	30.07	14	46.36	12	1.08.29	6.31.22
		チーム	18	56.08	19	1.36.42	19	1.55.48	15	3.17.01	15	49.09	17	1.19.16	16	2.05.52	14	3.14.21	
		走者		市川 真澄		大津賀 賢		前野 清司		杉浦 繁		松本 和彦		青木 実		江本 隆		岩田 哲也	
15	愛知教育	個人	15	54.41	11	38.29	19	19.37	17	1.24.12	13	48.47	12	28.18	13	46.06	16	1.11.20	6.31.30
		チーム	15	54.41	15	1.33.10	15	1.52.47	14	3.16.59	13	48.47	14	1.17.05	14	2.03.11	15	3.14.31	
		走者		西田 幹夫		山田 俊明		藤森 直治		近藤 進		香田 忍		川井 正彦		小池 芳郎		南川 秀樹	
16	名古屋	個人	13	52.51	13	38.54	13	18.40	16	1.23.49	17	49.48	15	29.07	16	46.52	20	1.19.27	6.39.28
		チーム	13	52.51	12	1.31.45	12	1.50.25	13	3.14.14	17	49.48	16	1.18.55	17	2.05.47	19	3.25.14	
		走者		浜田 純		阿部 和夫		平野 勝介		加藤 慎一		進藤 操資		佐藤 寿芝		横浜 広		浅見 洋	
17	秋田	個人	20	56.33	14	39.24	17	19.11	15	1.23.02	14	49.08	14	28.47	17	47.14	19	1.16.29	6.39.48
		チーム	20	56.33	16	1.35.57	17	1.55.08	18	3.18.10	14	49.08	15	1.17.55	15	2.05.09	16	3.21.38	
		走者		渡辺 博真		藤下 隆美		船橋 清水		飯田 俊行		牧江 弘孝		小椋 真		久保 新一郎		丸山 隆史	
18	岐阜	個人	16	55.37	18	40.26	15	19.04	14	1.22.55	20	52.52	18	31.25	18	47.24	15	1.10.42	6.40.25
		チーム	16	55.37	17	1.36.03	16	1.55.07	17	3.18.02	20	52.52	20	1.24.17	19	2.11.41	17	3.22.23	
		走者		萩原 昭光		絹田 清昭		新 律		三宅 正隆		山崎 直樹		鍋谷 晴紀		荒木 育夫		大西 秀典	
19	神戸	個人	17	55.56	16	40.17	14	19.00	18	1.27.34	19	51.33	19	31.39	19	47.50	18	1.11.55	6.45.44
		チーム	17	55.56	18	1.36.13	18	1.55.13	19	3.22.47	19	51.33	19	1.23.12	18	2.11.02	18	3.22.57	
		走者		伊藤 正吾		武藤 紳一郎		南 賢治		大塚 偉介		大総 正篤		増井 博明		大沢 正育		井口 昌一	
20	信州	個人	19	56.23	20	42.04	20	20.39	19	1.28.40	18	49.51	20	31.49	20	52.40	17	1.11.26	6.53.32
		チーム	19	56.23	20	1.38.27	20	1.59.06	20	3.27.46	18	49.51	18	1.21.40	20	2.14.20	20	3.25.46	

第4回　1973年(昭和48年)1月21日　総距離：111.4km　前半：56.2km　後半：55.2km

順	大学名		前半								後半								総合
			1区 (15.6km)		2区 (11.5km)		3区 (5.3km)		4区 (23.8km)		5区 (14.3km)		6区 (8.1km)		7区 (12.8km)		8区 (20.0km)		
		走者	4	森下 茂樹	1	秋枝 実男	1	菊池 一成	3	松田 強	4	原田 忠夫	3	味沢 善朗	4	兼田 賢一	4	安田 亘	
1	大東文化	個人	1	48.14	3	35.45	3	16.52	3	1.14.13	2	44.25	3	25.18	1	39.27	5	1.02.45	5.46.59
		チーム	1	48.14	1	1.23.59	1	1.40.51	1	2.55.04	2	44.25	2	1.09.43	1	1.49.10	1	2.51.55	
		走者		山下 健次		的場 幸夫		中山 勇生		岡田 耕三		岸根 修		稲垣 裕		宇高 正美		山村 勇	
2	中京	個人	3	48.53	2	35.37	2	16.39	1	1.14.06	4	45.05	1	24.43	2	39.44	6	1.03.04	5.47.51
		チーム	3	48.53	3	1.24.30	2	1.41.09	2	2.55.15	4	45.05	3	1.09.48	2	1.49.32	4	2.52.36	
		走者	3	猪俣 善典	1	都丸 美明		篠原 孝明	3	古賀 丈雄	4	今野 幸昭	4	平 喜昭	3	土屋 力三	2	菅谷 久二	
3	国士舘	個人	4	49.19	5	35.59	7	17.20	4	1.14.34	1	44.21	4	25.20	4	40.07	4	1.02.27	5.49.27
		チーム	4	49.19	4	1.25.18	4	1.42.39	3	2.57.12	1	44.21	1	1.09.41	3	1.49.48	2	2.52.15	
		走者	3	根岸 明夫	1	保田 仁	1	高橋 富志雄	2	松田 進	3	塚越 久男	3	川村 要二	2	近野 清作	2	井上 文男	
4	東洋	個人	2	48.31	4	35.53	3	16.52	5	1.16.32	5	45.19	6	26.21	5	40.22	2	1.00.48	5.50.38
		チーム	2	48.31	2	1.24.24	3	1.41.16	5	2.57.48	5	45.19	6	1.11.40	6	1.52.02	5	2.52.50	
		走者	2	高橋 勝好	1	関口 孝久	3	今野 秀悦	1	和田 誠一	4	古川 久司	4	町野 英二	3	大金 一幸	4	石倉 義隆	
5	日本体育	個人	10	50.49	1	35.18	1	16.38	12	1.18.54	6	46.04	2	25.08	6	40.32	1	1.00.47	5.54.10
		チーム	10	50.49	5	1.26.07	5	1.42.45	6	3.01.39	6	46.04	4	1.11.12	4	1.51.44	3	2.51.31	
		走者		馬場 正信		上原 忠雄		折田 幹雄		原 元祥		大浦 元		福田 浩二		大山 鐘善		喜多 秀喜	
6	福岡	個人	5	49.31	7	36.58	6	17.12	10	1.18.22	7	46.14	5	25.43	3	39.55	3	1.01.27	5.55.22
		チーム	5	49.31	7	1.26.29	7	1.43.41	7	3.02.03	7	46.14	7	1.11.57	5	1.51.52	6	2.53.19	
		走者	1	小菅 勝己	3	佐藤 博	1	藤本 孝明	2	服部 誠	3	安原 達也	3	枝 啓司	2	矢島 修	1	近藤 和夫	
7	東京農業	個人	6	49.42	6	36.31	5	16.57	1	1.14.06	3	44.59	7	26.25	9	42.28	8	1.04.40	5.55.48
		チーム	6	49.42	6	1.26.13	6	1.43.10	4	2.57.16	3	44.59	5	1.11.24	7	1.53.52	7	2.58.32	
		走者	3	柏木 竜一	3	根本 寿夫	3	菅野 治信	4	橋本 鎮雄	3	清水 達夫	1	妹尾 正白	3	佐野 恵久	4	松村 孝男	
8	専修	個人	9	50.31	10	38.41	9	17.30	6	1.17.08	8	46.16	9	26.53	7	41.07	13	1.08.38	6.06.44
		チーム	9	50.31	9	1.29.12	9	1.46.42	8	3.03.50	8	46.16	8	1.13.09	8	1.54.16	8	3.02.54	
		走者		兼島 英樹		脇本 和義		小柳 繁清		橋本 元栄		藤田 洋介		高藤 敬一郎		丸山 秀喜		村上 和弘	
9	大阪体育	個人	7	49.49	8	37.37	8	17.26	13	1.19.24	12	48.02	8	26.49	8	42.02	15	1.09.26	6.10.35
		チーム	7	49.49	8	1.27.26	8	1.44.52	9	3.04.16	12	48.02	10	1.14.51	9	1.56.53	11	3.06.19	
		走者		児島 勝		西田 義則		今北 友幸		井上 正氏		百合野 康也		中村 健二		鈴木 竜次		南谷 勝夫	
10	京都産業	個人	14	52.45	9	38.18	10	17.52	11	1.18.29	10	47.18	12	28.20	10	43.46	10	1.06.03	6.12.51
		チーム	14	52.45	11	1.31.03	10	1.48.55	11	3.07.24	10	47.18	11	1.15.38	10	1.59.24	10	3.05.27	
		走者		重松 信幸		国広 勲		酒井 貞行		峯崎 竜之		宮田 誠信		中垣 芳美		松田 秀明		西山 弘俊	
11	九州産業	個人	11	51.20	16	40.23	15	19.12	18	1.17.57	11	48.00	14	29.13	13	44.50	9	1.05.29	6.16.24
		チーム	11	51.20	13	1.31.43	13	1.50.55	12	3.08.52	11	48.00	13	1.17.13	12	2.02.03	12	3.07.32	
		走者		赤松 由章		石崎 英司		蔵貫 吉知		奥田 豊一		小林 寿朗		金広 竜操		細川 寛		天野 精三	
12	大阪商業	個人	19	55.10	17	40.57	11	18.36	9	1.18.10	9	46.59	10	27.40	11	45.39	7	1.04.14	6.17.25
		チーム	19	55.10	17	1.36.07	17	1.54.43	14	3.12.53	9	46.59	9	1.14.39	11	2.00.18	9	3.04.32	
		走者		宮崎 容一		安田 良一		工藤 都四男		伊藤 正彦		都留 明男		米原 実		平山 博文		岡田 光志	
13	八幡	個人	9	50.42	12	39.37	16	19.35	7	1.17.13	13	48.33	15	29.15	18	47.05	11	1.06.06	6.18.06
		チーム	9	50.42	10	1.30.19	11	1.49.54	10	3.07.07	13	48.33	14	1.17.48	16	2.04.53	13	3.10.59	
		走者		家原 均		木村 孝志		富中 宗義		中川 寿朗		川添 行文		平井 章		妹尾 武治		山本 勝正	
14	島根	個人	12	51.47	11	39.31	14	19.00	14	1.20.45	17	49.46	16	29.21	12	44.46	12	1.07.08	6.22.04
		チーム	12	51.47	12	1.31.18	12	1.50.18	13	3.11.03	17	49.46	17	1.19.07	15	2.03.53	14	3.11.01	
		走者		南川 秀樹		山田 俊明		吉村 治		近藤 進		河合 修		福井 重治		武藤 進		瀬古 俊幸	
15	名古屋	個人	18	54.24	14	39.56	12	18.48	15	1.21.32	16	49.27	13	28.39	15	45.07	16	1.10.17	6.28.10
		チーム	18	54.24	16	1.34.20	16	1.53.08	16	3.14.40	16	49.27	15	1.18.06	13	2.03.13	15	3.13.30	
		走者		松本 和彦		桑原 義貴		松本 美登志		市川 真澄		岩田 哲也		青木 実		江本 隆		杉浦 繁	
16	愛知教育	個人	15	53.01	15	40.19	13	18.56	16	1.22.04	14	48.45	11	28.10	17	46.33	19	1.15.06	6.32.54
		チーム	15	53.01	15	1.33.20	14	1.52.16	15	3.14.20	14	48.45	12	1.16.55	14	2.03.28	18	3.18.34	
		走者		林 徹		村中 重夫		石飛 光章		栗山 由彦		秋山 純一		宮下 欣二		長嶋 孝之		家村 芳次	
17	京都	個人	13	52.41	13	39.38	19	20.41	18	1.25.02	18	50.21	19	30.54	13	44.50	17	1.10.51	6.34.58
		チーム	13	52.41	14	1.32.19	15	1.53.00	17	3.18.02	18	50.21	19	1.21.15	17	2.06.05	16	3.16.56	
		走者		山本 太一		長谷川 治		向田 和義		堀 貴志夫		菊池 芳次		山内 博司		山口 照夫		親谷 均一	
18	金沢	個人	16	53.56	19	42.13	17	19.39	17	1.24.29	15	48.53	17	29.54	19	49.25	14	1.08.56	6.37.25
		チーム	16	53.56	18	1.36.09	18	1.55.48	18	3.20.17	15	48.53	16	1.18.47	18	2.08.12	17	3.17.08	
		走者		加藤 昇		大蔵 孝一		小林 律		高橋 守		布施 幸雄		鈴木 基恭		佐野 正		植田 雄三	
19	仙台	個人	17	54.18	18	41.59	18	20.08	20	1.31.26	20	51.42	20	31.59	16	46.12	18	1.14.03	6.51.47
		チーム	17	54.18	19	1.36.17	19	1.56.25	19	3.27.51	20	51.42	20	1.23.41	19	2.09.53	19	3.23.56	
		走者		大畑 孝裕		竹中 正明		中島 達		岩崎 雅史		斎藤 重信		住吉 景一		三国 信義		本谷 健	
20	北海学園	個人	20	56.22	20	45.06	20	23.25	19	1.28.44	19	50.49	18	30.03	20	53.40	20	1.15.25	7.03.34
		チーム	20	56.22	20	1.41.28	20	2.04.53	20	3.33.37	19	50.49	18	1.20.52	20	2.14.32	20	3.29.57	

第5回　1974年(昭和49年)1月20日　総距離：109.0km　前半：53.8km　後半：55.2km

順	大学名		前半								後半								総合
			1区(13.4km)		2区（11.5km)		3区(5.3km)		4区（23.6km)		5区(14.3km)		6区（8.1km)		7区（12.8km)		8区(20.0km)		
1	大東文化	走者	1	大久保 初男	2	秋枝 実男	3	下村 剛	4	松田 強	3	竹内 譲二	2	菊池 一成	3	鞭馬 講二	4	味沢 善朗	
		個人	1	41.10	4	35.01	1	*15.50*	3	1.12.04	7	44.50	4	24.27	1	38.21	2	1.01.03	5.32.46
		チーム	1	41.10	1	1.16.11	1	1.32.01	1	2.44.05	7	44.50	6	1.09.17	4	1.47.38	2	2.48.41	
2	東京農業	走者	1	壱岐 利美	2	藤本 孝明	2	小山 定彦	3	服部 誠	1	山本 吉光	4	枝 啓司	3	矢島 修	1	佐藤 誠	
		個人	5	42.58	5	35.02	7	16.45	2	1.11.07	1	*42.50*	7	25.24	7	41.07	6	1.02.25	5.37.38
		チーム	5	42.58	5	1.18.00	5	1.34.45	2	2.45.52	1	42.50	4	1.08.14	6	1.49.21	6	2.51.46	
3	東洋	走者	2	保田 仁	1	河田 潔	1	関口 操	3	井上 文男	4	根岸 明夫	2	高橋 富志雄	3	近野 清作	3	松田 進	
		個人	3	42.55	7	35.26	5	16.33	4	1.12.26	5	*44.08*	5	25.02	5	39.49	3	1.01.26	5.37.45
		チーム	3	42.55	6	1.18.21	6	1.34.54	4	2.47.20	5	44.08	5	1.09.10	5	1.48.59	4	2.50.25	
4	中京	走者		田中 敏彦		浜口 昇		中島 敏一		宮本 勝人		田中 盟三		市 武徳		西道 孝		毛利 奉文	
		個人	6	43.30	1	34.26	3	16.22	12	1.17.31	4	*43.55*	1	*23.46*	2	38.41	1	1.00.14	5.38.25
		チーム	6	43.30	4	1.17.56	4	1.34.18	8	2.51.49	4	43.55	3	1.07.41	1	1.46.22	1	2.46.36	
5	中央	走者	2	畑井 新治	1	引間 金夫	1	宇野 真	4	吉田 親	3	椎葉 文海	1	嶋村 哲也	4	岩崎 修	1	井上 道也	
		個人	4	42.57	3	34.54	4	16.26	5	1.13.32	2	*42.50*	3	24.15	3	39.45	10	1.04.50	5.39.29
		チーム	4	42.57	3	1.17.51	3	1.34.17	5	2.47.49	2	42.50	2	1.07.05	3	1.46.50	5	2.51.40	
6	日本	走者	3	林 千都志	3	野中 三徳	3	中願寺 寛	4	大崎 修造	1	松田 光香	2	桜庭 誠	3	安西 純彦	4	鶴巻 健	
		個人	8	44.35	2	34.32	8	16.49	6	1.14.52	3	*42.56*	2	24.08	3	39.45	4	1.02.00	5.39.37
		チーム	8	44.35	7	1.19.07	7	1.35.56	7	2.50.48	3	42.56	1	1.07.04	2	1.46.49	3	2.48.49	
7	福岡	走者		福田 浩二		大浦 元		田中 泰斗		喜多 秀喜		木村 宏		米良 隆夫		上原 忠雄		馬場 正信	
		個人	7	43.44	8	36.14	6	16.37	1	1.09.37	10	46.04	10	25.47	6	40.50	8	1.03.23	5.42.16
		チーム	7	43.44	8	1.19.58	8	1.36.35	3	2.46.12	10	46.04	9	1.11.51	8	1.52.41	8	2.56.04	
8	日本体育	走者	2	関口 孝久	2	荒野 吉之	3	村上 邦弘	2	和田 誠一	4	清水 武治	2	中村 高行	4	今野 秀悦	4	田ノ上 貫一	
		個人	2	42.38	6	35.08	2	16.20	7	1.15.36	6	*44.15*	9	25.46	8	41.31	5	1.02.17	5.43.31
		チーム	2	42.38	2	1.17.46	2	1.34.06	6	2.49.42	6	44.15	7	1.10.01	7	1.51.32	7	2.53.49	
9	京都産業	走者		山口 潔		溝口 哲男		大辻 清治		井上 正氏		西田 義則		今北 友幸		児島 勝		百合野 康也	
		個人	11	46.06	11	37.45	9	17.07	8	1.15.49	8	45.55	8	25.43	9	41.35	11	1.05.01	5.55.01
		チーム	11	46.06	11	1.23.51	10	1.40.58	10	2.56.47	8	45.55	8	1.11.38	9	1.53.18	9	2.58.14	
10	大阪体育	走者		葦原 慶治		丸山 秀喜		石橋 剛		岡本 清		兼島 英樹		高岡 光男		藤田 洋介		平山 猛	
		個人	9	45.18	9	36.42	11	17.40	9	1.16.59	12	47.01	6	25.22	10	42.33	14	1.08.15	5.59.50
		チーム	9	45.18	9	1.22.00	9	1.39.40	9	2.56.39	12	47.01	10	1.12.23	10	1.54.56	11	3.03.11	
11	九州産業	走者		宮田 誠信		友安 春夫		酒井 貞行		西山 弘俊		岸尾 秀樹		国広 勲		松田 秀明		峯崎 竜之	
		個人	12	46.15	10	37.24	17	19.27	9	1.16.59	9	45.58	11	26.53	15	44.03	7	1.03.04	6.00.03
		チーム	12	46.15	10	1.23.39	11	1.43.06	11	3.00.05	9	45.58	11	1.12.51	11	1.56.54	10	2.59.58	
12	八幡	走者		伊藤 正彦		安田 良一		米原 実		宮崎 容一		都留 明男		土井 勝己		小湊 国昭		雛竹 政秋	
		個人	15	47.06	14	39.44	14	18.52	11	1.17.16	14	47.12	12	27.30	11	42.38	13	1.06.55	6.07.13
		チーム	15	47.06	13	1.26.50	13	1.45.42	12	3.02.58	14	47.12	12	1.14.42	12	1.57.20	13	3.04.15	
13	大阪商業	走者		塩川 智之		蔵貫 吉知		橋本 長政		村上 政隆		小林 寿朗		金広 竜操		石崎 英司		亀谷 宏治	
		個人	17	48.44	12	38.55	16	19.19	15	1.21.15	13	47.04	16	28.44	13	43.35	9	1.04.41	6.12.17
		チーム	17	48.44	14	1.27.39	15	1.46.58	15	3.08.13	13	47.04	14	1.15.48	13	1.59.23	12	3.04.04	
14	愛知教育	走者		山北 裕二		松本 美登志		大西 恒男		市川 真澄		岩田 哲也		儀間 清隆		桑原 義責		松本 和彦	
		個人	10	45.50	13	39.40	15	19.07	19	1.25.05	11	46.51	17	29.21	12	43.27	12	1.05.46	6.15.07
		チーム	10	45.50	12	1.25.30	12	1.44.37	17	3.09.42	11	46.51	15	1.16.12	15	1.59.39	14	3.05.25	
15	立命館	走者		山田 弘哉		橋田 俊介		永田 一志		河内 信一		西脇 淳治		松下 実		北川 猛		八十 幹雄	
		個人	14	47.00	18	41.29	13	18.41	14	1.18.32	15	47.26	14	28.05	16	44.07	19	1.12.46	6.18.06
		チーム	14	47.00	16	1.28.29	16	1.47.10	14	3.05.42	15	47.26	13	1.15.31	14	1.59.38	15	3.12.24	
16	北海道	走者		桑原 泰二		金田 房雄		榊 正信		後藤 和正		小木曽 英司		内藤 有恒		宮田 悟		岸田 幸也	
		個人	13	46.58	17	41.06	19	19.36	13	1.17.47	18	50.02	15	28.36	17	45.49	16	1.09.01	6.18.55
		チーム	13	46.58	15	1.28.04	17	1.47.40	13	3.05.27	18	50.02	16	1.18.38	17	2.04.27	16	3.13.28	
17	名古屋	走者		武藤 進		山田 俊明		吉村 治		中村 重治		河合 修		福井 重治		川原田 晴通		田口 篤志	
		個人	19	45.53	14	39.44	12	18.11	20	1.25.24	19	51.04	13	27.56	14	44.02	17	1.10.45	6.26.59
		チーム	19	45.53	18	1.29.37	18	1.47.48	18	3.13.12	19	51.04	17	1.19.00	16	2.03.02	17	3.13.47	
18	金沢	走者		山内 正人		山口 照夫		山内 博司		堀 貴志夫		菊池 芳次		長谷川 治		向田 和義		山本 太一	
		個人	16	47.41	20	42.56	20	19.54	18	1.23.58	17	49.22	20	30.32	18	46.06	15	1.08.29	6.28.58
		チーム	16	47.41	19	1.30.37	19	1.50.31	19	3.14.29	17	49.22	19	1.19.54	19	2.06.00	18	3.14.29	
19	島根	走者		平井 章		木村 孝志		三木 貴仁		家原 均		福田 恵		玉野 二三男		富中 宗義		妹尾 武治	
		個人	20	52.48	19	42.24	18	19.30	16	1.21.32	16	48.57	18	29.28	19	46.51	20	1.13.13	6.34.43
		チーム	20	52.48	20	1.35.12	20	1.54.42	20	3.16.14	16	48.57	18	1.19.25	18	2.05.16	19	3.18.29	
20	東北学院	走者		渡会 省吾		阿部 春彦		菊池 治雄		末永 真		鈴木 長敏		高橋 是清		小野寺 文郎		菊地 洋	
		個人	18	49.04	16	40.01	10	17.26	17	1.22.38	20	52.36	19	30.11	20	51.11	18	1.11.45	6.34.52
		チーム	18	49.04	17	1.29.05	14	1.46.31	16	3.09.09	20	52.36	20	1.22.47	20	2.13.58	20	3.25.43	

第6回　1975年(昭和50年)1月19日　　総距離：109.0km　前半：53.8km　後半：55.2km

順	大学名		前半								後半								総合
			1区 (13.4km)		2区 (11.5km)		3区 (5.3km)		4区 (23.6km)		5区 (14.3km)		6区 (8.1km)		7区 (12.8km)		8区 (20.0km)		
		走者	3	菊池 一成	4	竹内 譲二	1	森田 義三	2	大久保 初男	3	秋枝 実男	3	松本　始	4	下村　剛	4	鞭馬 講二	
1	大東文化	個人	1	43.19	2	36.32	2	16.55	2	1.13.30	1	43.24	3	24.59	1	38.18	2	59.56	5.36.43
		チーム	1	43.19	2	1.19.51	2	1.36.46	2	2.50.16	1	43.24	1	1.08.23	1	1.46.41	1	2.46.37	
		走者	1	山岡 秀樹	2	山本 吉光	2	佐藤　誠	4	服部　誠	2	岩瀬 哲治	3	小菅 勝己	1	保谷 藤樹	3	藤本 孝明	
2	東京農業	個人	2	43.19	4	36.40	1	16.53	1	1.12.49	5	46.01	1	24.18	4	39.53	6	1.01.49	5.41.42
		チーム	2	43.19	3	1.19.59	3	1.36.52	1	2.49.41	5	46.01	5	1.10.19	5	1.50.12	5	2.52.01	
		走者	3	中村 高行	3	輿水 勝美	2	関　英雄	3	竹林 昌広	3	荒野 吉之	4	高橋 勝好	1	斗高 克敏	3	和田 誠一	
3	日本体育	個人	5	43.39	1	36.08	2	16.55	7	1.18.04	2	43.26	5	25.30	2	39.01	4	1.00.56	5.43.42
		チーム	5	43.39	1	1.19.47	1	1.36.42	4	2.54.46	2	43.26	2	1.08.56	2	1.47.57	2	2.48.56	
		走者	2	橋口 憲一	4	藤原　博	3	鈴木 宏美	4	菅谷 久二	4	阿部 光幸	3	春山 一成	2	横田 直純	3	千葉 正人	
4	国士舘	個人	3	43.22	3	36.39	4	17.34	4	1.16.13	3	43.48	7	26.07	5	39.57	5	1.01.34	5.45.14
		チーム	3	43.22	4	1.20.01	4	1.37.35	3	2.53.48	3	43.48	4	1.09.55	3	1.49.52	4	2.51.26	
		走者		米良 隆夫		田中 泰斗		中山 孝治		大浦　元		馬場 正信		今富 俊明		木村　宏		喜多 秀喜	
5	福岡	個人	8	45.15	10	38.34	8	17.54	6	1.17.38	9	46.29	4	25.27	3	39.03	1	*59.35*	5.49.55
		チーム	8	45.15	9	1.23.49	9	1.41.43	7	2.59.21	9	46.29	7	1.11.56	6	1.50.59	3	2.50.34	
		走者	1	前田 和弘	3	藤田 一成	4	中願寺 寛	1	西　弘美	4	安西 純彦	3	桜庭　誠	1	岸原 政義	4	野中 三徳	
6	日本	個人	15	46.21	8	37.55	6	17.44	3	1.15.58	10	46.41	2	24.58	6	40.05	3	1.00.31	5.50.13
		チーム	15	46.21	10	1.24.16	10	1.42.00	5	2.57.58	10	46.41	6	1.11.39	7	1.51.44	6	2.52.15	
		走者		田中 盟三		浜口　昇		小西 正富		宇高 正美		長友 清美		星島 隆昌		中山 勇生		毛利 奉文	
7	中京	個人	6	44.30	5	36.55	7	17.53	13	1.21.29	4	43.53	6	25.38	7	40.21	8	1.02.39	5.53.18
		チーム	6	44.30	6	1.21.25	6	1.39.18	8	3.00.47	4	43.53	3	1.09.31	4	1.49.52	7	2.52.31	
		走者		岸尾 秀樹		友安 春夫		黒永 慎司		松尾 正雄		国広　勲		上田 則幸		森田 十美夫		峯崎 竜之	
8	九州産業	個人	9	45.16	7	37.46	11	18.33	5	1.17.07	12	47.25	12	27.12	8	40.24	10	1.03.30	5.57.13
		チーム	9	45.16	7	1.23.02	8	1.41.35	6	2.58.42	12	47.25	12	1.14.37	10	1.55.01	9	2.58.31	
		走者	3	保田　仁	2	河田　潔	2	工藤　悟	4	井上 文男	3	高橋 富志雄	4	小屋迫 宏	4	近野 清作	2	関口　操	
9	東洋	個人	7	44.43	9	38.28	9	18.02	11	1.20.53	8	46.22	8	26.13	9	40.31	10	1.03.30	5.58.42
		チーム	7	44.43	8	1.23.11	7	1.41.13	9	3.02.06	8	46.22	8	1.12.35	8	1.53.06	8	2.56.36	
		走者		高岡 光男		葦原 慶治		森崎 敏隆		森　久志		藤田 洋介		大城 一利		平山　猛		木村　俊	
10	大阪体育	個人	4	43.30	6	37.45	5	17.40	15	1.23.30	6	46.05	11	26.59	10	40.41	13	1.05.08	6.01.18
		チーム	4	43.30	5	1.21.15	5	1.38.55	10	3.02.25	6	46.05	9	1.13.04	9	1.53.45	10	2.58.53	
		走者		南谷 勝夫		今北 友幸		木村 憲二		井上 正氏		山口　潔		藤倉　勇		村松 丈太郎		西田 義則	
11	京都産業	個人	11	46.03	12	39.57	10	18.30	8	1.18.20	13	47.41	10	26.35	11	41.53	12	1.04.49	6.03.48
		チーム	11	46.03	12	1.26.00	12	1.44.30	11	3.02.50	13	47.41	11	1.14.16	12	1.56.09	11	3.00.58	
		走者		小湊 国昭		都留 明男		土井 勝己		伊藤 正彦		雛竹 政秋		田原 邦雄		安田 良一		黒川 新司	
12	八幡	個人	13	46.07	11	39.14	12	18.34	9	1.19.19	11	46.50	17	28.52	14	42.55	7	1.02.37	6.04.28
		チーム	13	46.07	11	1.25.21	11	1.43.55	12	3.03.14	11	46.50	14	1.15.42	13	1.58.37	12	3.01.14	
		走者		鈴木 長敏		小野寺 文郎		佐藤 芳勝		末永　真		加藤 宗英		阿部 春彦		鉄　和洋		扇子　弘	
13	東北学院	個人	14	46.17	15	41.04	19	19.43	10	1.19.28	7	46.19	13	27.19	12	42.06	17	1.08.27	6.10.43
		チーム	14	46.17	14	1.27.21	15	1.47.04	13	3.06.32	7	46.19	10	1.13.38	11	1.55.44	13	3.04.11	
		走者		山北 裕二		深谷 友一		儀間 清隆		市川 真澄		岩田 哲也		松本 美登志		桑原 義貴		松本 和彦	
14	愛知教育	個人	12	46.05	13	40.24	16	19.09	14	1.21.32	15	49.15	15	28.18	13	42.24	14	1.06.31	6.13.38
		チーム	12	46.05	13	1.26.29	13	1.45.38	14	3.07.10	15	49.15	15	1.17.33	14	1.59.57	15	3.06.28	
		走者		牧田 弘一		勝又　清		石橋　順		小川　修		長嶋 勝一郎		堀野 充彦		西尾 達也		小林 新緑	
15	名古屋商	個人	10	46.00	16	41.58	14	18.46	16	1.23.51	16	49.42	14	28.02	15	43.29	9	1.03.21	6.15.09
		チーム	10	46.00	15	1.27.58	14	1.46.44	15	3.10.35	16	49.42	16	1.17.44	16	2.01.13	14	3.04.34	
		走者		石崎 英司		塩川 智之		石岡 聖悟		村上 政隆		黒田 清隆		小林 寿朗		大谷 利春		藤原 安晃	
16	大阪商業	個人	18	48.48	19	42.52	18	19.35	12	1.20.56	14	48.46	9	26.29	18	44.52	16	1.08.22	6.20.40
		チーム	18	48.48	18	1.31.40	18	1.51.15	16	3.12.11	14	48.46	13	1.15.15	15	2.00.07	16	3.08.29	
		走者		佐藤 日出男		石田 英樹		中川 順博		石野 真也		出井 秀樹		国重 輝夫		横山　暁		森下　誠	
17	高知	個人	16	47.57	14	40.58	15	19.05	18	1.28.48	19	51.01	16	28.35	17	44.15	15	1.07.38	6.28.17
		チーム	16	47.57	16	1.28.55	16	1.48.00	18	3.16.48	19	51.01	18	1.19.36	18	2.03.51	17	3.11.29	
		走者		松井 礼二		稲田 耕治		石井 恒夫		脇本 照彦		森下 一彦		山下　潤		笹倉 尚登		辻　貢司	
18	関西学院	個人	19	48.51	18	42.35	17	19.25	17	1.24.03	17	50.13	18	29.16	15	43.29	20	1.13.38	*6.35.10
		チーム	19	48.51	17	1.31.26	17	1.50.51	17	3.14.54	17	50.13	17	1.19.29	17	2.02.58	20	3.16.36	
		走者		山内 正人		角間 辰之		飯島 利明		堀 貴志夫		菊池 芳次		佐々木 康彦		鈴木　修		山本 太一	
19	金沢	個人	17	48.39	20	44.03	20	20.21	19	1.29.13	20	52.06	20	32.09	19	45.42	18	1.08.52	6.41.05
		チーム	17	48.39	19	1.32.42	20	1.53.03	19	3.22.16	20	52.06	20	1.24.15	20	2.09.57	19	3.18.49	
		走者		田中 良知		明宮 秀隆		桑原 泰二		金田 房雄		遠藤 正彦		上口 尚史		榊　正信		小木曽 英司	
20	北海道	個人	20	51.49	17	42.14	13	18.35	20	1.37.44	18	50.41	19	29.43	20	46.23	19	1.09.46	6.46.55
		チーム	20	51.49	20	1.34.03	19	1.52.38	20	3.30.22	18	50.41	19	1.20.24	19	2.06.47	18	3.16.33	

第7回　1976年(昭和51年)1月18日　　総距離：109.3km　前半：53.8km　後半：55.5km

順	大学名		前半								後半								総合
			1区 (13.4km)		2区 (11.5km)		3区 (5.9km)		4区 (23.0km)		5区 (14.6km)		6区 (8.1km)		7区 (12.8km)		8区 (20.0km)		
1	大東文化	走者	2	後藤 守利	2	森田 義三	2	塩野 一昭	3	大久保 初男	4	菊池 一成	4	金田 五郎	4	松本 始	4	秋枝 実男	5.34.27
		個人	2	43.55	3	35.35	1	18.35	1	1.09.16	2	44.24	4	24.41	2	38.11	2	59.50	
		チーム	2	43.55	3	1.19.30	3	1.38.05	1	2.47.21	2	44.24	2	1.09.05	3	1.47.16	2	2.47.06	
2	東京農業	走者	3	壱岐 利美	2	小野寺 貞雄	1	黒岩 哲夫	2	保谷 藤樹	3	岩瀬 哲治	2	丸橋 久良	2	山岡 秀樹	3	山本 吉光	5.38.17
		個人	7	44.51	4	35.38	6	19.24	5	1.12.55	4	44.39	3	24.30	1	*37.44*	1	*58.36*	
		チーム	7	44.51	5	1.20.29	6	1.39.53	4	2.52.48	4	44.39	3	1.09.09	2	1.46.53	1	2.45.29	
3	日本体育	走者	4	和田 誠一	4	関口 孝久	1	小山 英士	2	北中 純一	3	関 英雄	3	塩塚 秀夫	4	輿水 勝美	4	荒野 吉之	5.38.34
		個人	1	43.37	2	34.26	2	18.41	8	1.14.13	1	43.33	1	24.10	3	38.38	5	1.01.16	
		チーム	1	43.37	1	1.18.03	1	1.36.44	3	2.50.57	1	43.33	1	1.07.43	1	1.46.21	3	2.47.37	
4	日本	走者	2	岸原 政義	2	西 弘美	4	桜庭 誠	3	松田 光香	2	大川 義則	2	川原 祐治	4	藤田 一成	2	森近 繁則	5.39.40
		個人	4	44.17	1	*34.08*	3	18.44	2	1.11.02	8	46.38	2	24.24	5	39.37	4	1.00.50	
		チーム	4	44.17	2	1.18.25	2	1.37.09	2	2.48.11	8	46.38	6	1.11.02	6	1.50.39	5	2.51.29	
5	駒澤	走者	4	黒木 靖	4	加瀬 治		光広 静彦	3	原口 豪	2	菊地原 浩二	1	千葉 博久	1	大越 正禅	3	渡辺 光	5.43.06
		個人	3	44.11	5	35.56	8	19.28	7	1.13.40	3	44.37	6	25.12	6	39.50	3	1.00.12	
		チーム	3	44.11	4	1.20.07	4	1.39.35	5	2.53.15	3	44.37	4	1.09.49	5	1.49.39	4	2.49.51	
6	中京	走者		田中 盟三		佐々木 秀麿		中島 敏一		毛利 奉文		星島 隆晶		西井 清四郎		田中 敏彦		前 政信	5.46.55
		個人	5	44.17	12	38.35	4	19.04	3	1.11.54	6	45.39	5	25.04	4	38.50	6	1.03.32	
		チーム	5	44.17	8	1.22.52	7	1.41.56	7	2.53.50	6	45.39	5	1.10.43	4	1.49.33	6	2.53.05	
7	東洋	走者	3	河田 潔	1	藤田 修	1	深見 寿	3	関口 操	3	前田 篤秀	2	武半 和久	3	堤 隆裕	1	相良 和彦	5.50.29
		個人	6	44.23	6	36.19	5	19.05	6	1.13.36	5	45.37	9	25.57	10	41.30	8	1.04.02	
		チーム	6	44.23	6	1.20.42	5	1.39.47	6	2.53.23	5	45.37	7	1.11.34	8	1.53.04	8	2.57.06	
8	福岡	走者		福田 浩二		塩塚 義信		中山 孝治		馬場 正信		今富 俊明		前田 洋		米良 隆夫		森永 謙二	5.52.52
		個人	10	46.13	7	36.25	9	19.45	9	1.14.37	7	46.31	7	25.15	6	39.50	10	1.04.16	
		チーム	10	46.13	7	1.22.38	8	1.42.23	8	2.57.00	7	46.31	8	1.11.46	7	1.51.36	7	2.55.52	
9	九州産業	走者		友安 春夫		緒方 良文		山口 三郎		松尾 正雄		森田 十美夫		松田 秀明		上田 則幸		吉末 重夫	5.57.03
		個人	14	48.05	9	37.44	7	19.27	4	1.12.02	13	48.28	12	26.11	9	41.21	7	1.03.45	
		チーム	14	48.05	12	1.25.49	11	1.45.16	9	2.57.18	13	48.28	12	1.14.39	10	1.56.00	9	2.59.45	
10	京都産業	走者		井上 正氏		山口 晴久		宮本 志郎		伊藤 博幸		藤倉 勇		吉田 昭男		藤川 秀幸		村松 丈太郎	6.01.51
		個人	8	45.04	10	38.24	10	19.56	11	1.16.44	11	47.52	10	25.58	11	42.22	12	1.05.31	
		チーム	8	45.04	9	1.23.28	9	1.43.24	10	3.00.08	11	47.52	11	1.13.50	11	1.56.12	11	3.01.43	
11	大阪体育	走者		加藤 暢		金原 正明		木村 和義		木村 俊		高岡 光男		森崎 敏隆		藤田 洋介		平山 猛	6.05.36
		個人	11	46.14	8	37.43	11	20.16	18	1.20.31	9	46.51	8	25.41	8	41.19	13	1.07.01	
		チーム	11	46.14	11	1.23.57	10	1.44.13	13	3.04.44	9	46.51	9	1.12.32	9	1.53.51	10	3.00.52	
12	八幡	走者		小湊 国昭		野村 誠		工藤 都四男		都留 明男		雛竹 政秋		野田 均		土井 勝己		黒川 新司	6.10.43
		個人	9	45.14	13	38.40	15	21.49	13	1.18.14	12	48.27	14	27.43	16	45.08	11	1.05.28	
		チーム	9	45.14	10	1.23.54	12	1.45.43	12	3.03.57	12	48.27	13	1.16.10	14	2.01.18	13	3.06.46	
13	東北学院	走者		鈴木 長敏		山田 喜生男		佐藤 芳勝		末永 真		扇子 弘		菊池 洋		阿部 春彦		三浦 文男	6.10.54
		個人	12	47.28	15	38.57	13	21.27	10	1.15.33	14	48.49	16	28.15	13	43.00	15	1.07.25	
		チーム	12	47.28	13	1.26.25	13	1.47.52	11	3.03.25	14	48.49	14	1.17.04	13	2.00.04	14	3.07.29	
14	大阪商業	走者		黒田 清隆		井上 康行		石岡 聖悟		勝谷 弘志		山崎 剛一		林 英昭		小田 幸生		村上 政隆	6.13.27
		個人	16	49.06	18	39.56	18	22.36	14	1.18.17	10	47.34	11	26.04	18	45.48	9	1.04.06	
		チーム	16	49.06	18	1.29.02	19	1.51.38	17	3.09.55	10	47.34	10	1.13.38	12	1.59.26	12	3.03.32	
15	愛知教育	走者		深谷 友一		増田 彰		吉岡 至道		山北 裕二		松本 美登志		小谷 正人		儀間 清隆		桑原 義貴	6.18.52
		個人	17	49.14	11	38.32	17	21.53	15	1.18.53	15	49.13	19	29.18	15	44.38	14	1.07.11	
		チーム	17	49.14	16	1.27.46	15	1.49.39	15	3.08.32	15	49.13	15	1.18.31	17	2.03.09	16	3.10.20	
16	同志社	走者		薮内 正記		亀井 慎一		房岡 潔司		池田 正純		常深 達成		佐々木 正男		吉原 穣		前田 渉	6.20.39
		個人	13	47.53	14	38.54	19	23.16	17	1.20.18	18	51.38	13	27.28	11	42.22	17	1.08.50	
		チーム	13	47.53	14	1.26.47	16	1.50.03	18	3.10.21	18	51.38	17	1.19.06	15	2.01.28	15	3.10.18	
17	名古屋商	走者		牧田 弘一		長嶋 勝一郎		石橋 順		小川 修		西尾 達也		堀野 充彦		二宮 利行		夏目 善雄	6.22.11
		個人	19	49.32	19	40.00	12	21.20	12	1.17.34	16	50.36	15	27.56	14	44.07	19	1.11.06	
		チーム	19	49.32	19	1.29.32	18	1.50.52	14	3.08.26	16	50.36	16	1.18.32	16	2.02.39	17	3.13.45	
18	広島	走者		高沢 有二		長田 雅宏		下前 克己		江口 修		白石 昭彦		斉藤 英美		河嶋 則之		新田 秀樹	6.24.24
		個人	15	48.08	17	39.38	14	21.36	16	1.19.12	17	51.12	18	29.05	17	45.12	18	1.10.21	
		チーム	15	48.08	15	1.27.46	14	1.49.22	16	3.08.34	17	51.12	18	1.20.17	18	2.05.29	18	3.15.50	
19	金沢工業	走者		半田 宗義		北川 貴夫		猪又 三秀		立蔵 義春		対馬 悟		宮本 一義		今井 行雄		草間 進	6.36.05
		個人	18	49.22	16	39.33	15	21.49	19	1.21.33	20	54.01	17	28.35	19	47.29	20	1.13.43	
		チーム	18	49.22	17	1.28.55	17	1.50.44	19	3.12.17	20	54.01	19	1.22.36	19	2.10.05	20	3.23.48	
20	酪農学園	走者		鈴木 哲		岩本 明		川又 信彦		田村 裕一		小林 健二		吉住 二郎		浅田 広志		星野 昌一	6.51.01
		個人	20	54.37	20	43.13	20	23.56	20	1.26.35	19	52.08	20	32.26	20	50.16	16	1.07.50	
		チーム	20	54.37	20	1.37.50	20	2.01.46	20	3.28.21	19	52.08	20	1.24.34	20	2.14.50	19	3.22.40	

第8回　1977年(昭和52年)1月23日　総距離：109.3km　前半：53.8km　後半：55.5km

順	大学名		前半								後半								総合
			1区 (13.4km)		2区 (11.5km)		3区 (5.9km)		4区 (23.0km)		5区 (14.6km)		6区 (8.1km)		7区 (12.8km)		8区 (20.0km)		
		走者	3	北中 純一	1	中村 孝生	3	萩谷 隆司	4	関　英雄	2	照井 典勝	3	斗高 克敏	4	塩塚 秀夫	4	石井 隆士	
1	日本体育	個人	3	42.04	1	34.09	2	*18.19*	6	1.11.22	1	*43.29*	2	24.47	1	38.01	1	1.00.50	*5.33.01*
		チーム	3	42.04	1	1.16.13	1	1.34.32	4	2.45.54	1	43.29	1	1.08.16	1	1.46.17	1	2.47.07	
		走者	1	信時　勝	3	丸橋 久良	2	加藤 安信	3	山岡 秀樹	4	壱岐 利美	4	佐藤　誠	4	岩瀬 哲治	4	山本 吉光	
2	東京農業	個人	4	42.14	2	34.48	3	*18.27*	4	1.10.23	7	45.35	4	25.05	3	39.12	2	1.01.01	5.36.35
		チーム	4	42.14	4	1.17.02	4	1.35.29	3	2.45.42	7	45.35	5	1.10.40	3	1.49.52	2	2.50.53	
		走者	4	松田 光香	1	武田 光義	2	山田 久次	3	西　弘美	2	堀　一章	1	小川　聡	3	岸原 政義	3	前田 和弘	
3	日本	個人	1	41.31	5	35.29	1	*18.09*	1	1.09.46	3	44.24	1	24.32	4	40.04	10	1.04.57	5.38.52
		チーム	1	41.31	3	1.17.00	2	1.35.09	1	2.44.55	3	44.24	2	1.08.56	2	1.49.00	6	2.53.57	
		走者	3	森田 義三	2	宮地 敏孝	3	後藤 守利	4	大久保 初男	4	伊藤 敏康	1	吉元 政昭	3	塩野 一昭	4	橋口　弘	
4	大東文化	個人	2	41.52	3	35.01	4	*18.35*	3	1.10.03	8	46.36	5	25.34	2	38.59	4	1.02.16	5.38.56
		チーム	2	41.52	2	1.16.53	3	1.35.28	2	2.45.31	8	46.36	8	1.12.10	5	1.51.09	3	2.53.25	
		走者		吉末 重夫		桧枝 徳昌		緒方 良文		松尾 正雄		山口 三郎		友安 春夫		岩永　茂		森田 十美夫	
5	九州産業	個人	7	43.07	4	35.03	8	18.55	2	1.09.59	4	44.43	8	25.45	10	41.35	8	1.04.07	5.43.14
		チーム	7	43.07	6	1.18.10	6	1.37.05	5	2.47.04	4	44.43	4	1.10.28	7	1.52.03	9	2.56.10	
		走者	3	重成 敏史	4	元山 潤次郎	2	川口 晴実	3	新原 保徳	3	田中　登	2	竹島 克己	4	竹本 英利	4	木崎 和夫	
6	順天堂	個人	6	42.40	5	35.29	5	18.41	7	1.12.42	2	44.04	3	24.53	8	41.16	7	1.03.31	5.43.16
		チーム	6	42.40	5	1.18.09	5	1.36.50	6	2.49.32	2	44.04	3	1.08.57	4	1.50.13	4	2.53.44	
		走者	1	山橋 淳一	3	武半 和久	2	深見　寿	3	吉田 二郎	4	前田 篤秀	1	松本　正	2	藤田　修	2	相良 和彦	
7	東洋	個人	8	43.18	8	36.03	9	19.05	8	1.12.56	5	45.09	6	25.42	5	40.37	5	1.02.17	5.45.07
		チーム	8	43.18	8	1.19.21	7	1.38.26	8	2.51.22	5	45.09	6	1.10.51	6	1.51.28	5	2.53.45	
		走者		穴戸 春寿		長友 清美		福井 清孝		毛利 春文		角正 美之		佐々木 秀麿		疋田 康彦		中瀬 敬夫	
8	中京	個人	10	44.13	7	35.57	7	18.54	5	1.11.05	11	47.08	6	25.42	7	40.50	3	1.02.12	5.46.01
		チーム	10	44.13	10	1.20.10	10	1.39.04	7	2.50.09	11	47.08	9	1.12.50	9	1.53.40	8	2.55.52	
		走者		米良 隆夫		前田　洋		原　敬		野間口 孝二		今富 俊明		松尾 一人		松本 信治		塩塚 義信	
9	福岡	個人	9	43.44	9	36.06	7	18.45	9	1.14.06	6	45.16	10	26.26	6	40.38	6	1.02.20	5.47.21
		チーム	9	43.44	9	1.19.50	8	1.38.35	9	2.52.41	6	45.16	7	1.11.42	8	1.52.20	7	2.54.40	
		走者		岩木 久典		村上 一郎		伊藤 達朗		伊藤 博幸		田中 義彦		田中 幹広		藤倉　勇		村松 丈太郎	
10	京都産業	個人	5	42.38	10	36.28	11	19.38	10	1.15.19	9	46.45	14	27.11	14	42.55	13	1.05.55	5.56.49
		チーム	5	42.38	7	1.19.06	9	1.38.44	10	2.54.03	9	46.45	13	1.13.56	12	1.56.51	11	3.02.46	
		走者		山崎 剛一		林　英昭		小田 幸生		村上 政隆		藤原 安晃		佃　守		勝谷 弘志		井上 康行	
11	大阪商業	個人	11	44.31	12	37.28	14	20.17	12	1.15.38	13	47.20	8	25.45	11	41.43	15	1.08.37	6.01.19
		チーム	11	44.31	12	1.21.59	13	1.42.16	11	2.57.54	13	47.20	10	1.13.05	10	1.54.48	13	3.03.25	
		走者		岩見 政勝		大和 忠広		三輪　成		池田　功		浜田 和利		森　久志		渡辺 公照		加藤　暢	
12	大阪体育	個人	14	45.06	11	36.38	10	19.36	16	1.18.32	14	47.26	17	28.27	9	41.18	9	1.04.32	6.01.35
		チーム	14	45.06	11	1.21.44	11	1.41.20	12	2.59.52	14	47.26	15	1.15.53	13	1.57.11	10	3.01.43	
		走者		富川 泰幸		島田　豊		大里 耕作		久保 啓昭		本村 邦彦		西村 津樹雄		湊　圭三		上間　哲	
13	琉球	個人	15	45.29	17	39.35	18	21.01	13	1.16.28	16	48.16	16	27.39	13	42.04	10	1.04.57	6.05.29
		チーム	15	45.29	14	1.25.04	15	1.46.05	13	3.02.33	16	48.16	16	1.15.55	14	1.57.59	12	3.02.56	
		走者		岩谷 雅彦		緑川　稔		杉本　稔		星　文夫		田中　稔		水田 鋭久		鹿野 秀悦		谷地田 幸雄	
14	仙台	個人	13	44.59	18	40.26	15	20.24	15	1.17.49	12	47.16	10	26.26	17	44.20	14	1.06.30	6.08.10
		チーム	13	44.59	15	1.25.25	14	1.45.49	15	3.03.38	12	47.16	11	1.13.42	15	1.58.02	14	3.04.32	
		走者		高尾 義晃		島本 佳行		吉本　保		小林 利郎		尾上 輝明		堀越 雅之		前田 俊二		尾川 宏和	
15	関西	個人	12	44.41	13	37.44	12	19.42	19	1.21.16	10	46.48	12	27.06	12	41.51	17	1.09.15	6.08.23
		チーム	12	44.41	13	1.22.25	12	1.42.07	14	3.03.23	10	46.48	12	1.13.54	11	1.55.45	15	3.05.00	
		走者		石田 英樹		田頭 順一		尾崎　浩		石野 真也		坂本 英透		岩井 秋雄		松井 幸也		横山　暁	
16	高知	個人	19	48.30	11	38.30	13	20.04	20	1.21.26	20	51.40	15	27.38	15	43.03	12	1.05.33	6.16.24
		チーム	19	48.30	17	1.27.00	17	1.47.04	18	3.08.30	20	51.40	18	1.19.18	17	2.02.21	16	3.07.54	
		走者		中山 史信		山本 昌孝		吉岡 至道		山北 裕二		深谷 友一		増田　彰		小谷 正人		儀間 清隆	
17	愛知教育	個人	17	47.17	15	38.50	16	20.52	17	1.19.08	15	47.56	13	27.08	20	47.53	16	1.08.54	6.17.58
		チーム	17	47.17	16	1.26.07	16	1.46.59	17	3.06.07	15	47.56	14	1.15.04	18	2.02.57	17	3.11.51	
		走者		安居院 高志		柴田　充		野村 哲男		本間　敦		林　弘嗣		内藤 有恒		山口 英良		遠藤 正彦	
18	北海道	個人	20	51.22	19	41.28	19	22.02	14	1.17.14	17	48.33	18	29.33	16	44.07	19	1.11.08	6.25.27
		チーム	20	51.22	20	1.32.50	20	1.54.52	19	3.12.06	17	48.33	17	1.18.06	16	2.02.13	18	3.13.21	
		走者		宮本 一義		畑　里志		内田 幸雄		半田 宗義		立蔵 義春		南　隆行		北川 貴夫		草間　進	
19	金沢工業	個人	16	46.41	20	44.05	20	22.22	18	1.20.01	18	49.04	20	31.31	18	44.52	18	1.09.39	6.28.16
		チーム	16	46.41	19	1.30.46	19	1.53.08	20	3.13.09	18	49.04	19	1.20.36	19	2.05.28	19	3.15.07	
		走者		長嶋 勝一郎		西尾 達也		牧田 弘一		小川　修		二宮 利行		伊藤 博文		堀野 充彦		夏目 善雄	
棄	名古屋商	個人	18	48.00	16	39.32	17	20.53	11	1.15.21	19	50.57	19	30.07	19	45.47		途中棄権	途中棄権
		チーム	18	48.00	18	1.27.32	18	1.48.25	16	3.03.46	19	50.57	20	1.21.04	20	2.06.51		記録なし	

第9回　1978年(昭和53年)1月22日　　総距離：109.3km　前半：53.8km　後半：55.5km

順	大学名		前半								後半								総合
			1区(13.4km)		2区(11.5km)		3区(5.9km)		4区(23.0km)		5区(14.6km)		6区(8.1km)		7区(12.8km)		8区(20.0km)		
		走者	3	照井 典勝	2	坂本　充	2	伊藤 哲二	2	中村 孝生	4	北中 純一	1	新地 憲宏	4	斗高 克敏	2	新宅 雅也	
1	日本体育	個人	1	44.00	1	36.11	2	19.06	1	1.12.19	2	43.50	2	25.04	4	39.00	2	59.25	5.38.55
		チーム	1	44.00	1	1.20.11	1	1.39.17	1	2.51.36	2	43.50	2	1.08.54	2	1.47.54	2	2.47.19	
		走者	4	新原 保徳	1	松元 利弘	1	波多野 宏美	4	田中　登	4	重成 敏史	1	村松　学	3	川口 晴実	3	竹島 克己	
2	順天堂	個人	2	44.00	2	36.14	1	19.04	2	1.13.39	1	43.42	3	25.08	1	38.19	3	59.40	5.39.46
		チーム	2	44.00	2	1.20.14	2	1.39.18	2	2.52.57	1	43.42	1	1.08.50	1	1.47.09	1	2.46.49	
		走者	4	福重 寛司	1	平野 淳俊	1	高橋 幸宏	3	加藤 安信	2	信時　勝	2	蜂須賀 明	4	小野寺 貞雄	4	山岡 秀樹	
3	東京農業	個人	5	45.01	3	37.07	6	19.51	5	1.14.39	3	45.20	5	25.22	3	38.35	1	59.04	5.44.59
		チーム	5	45.01	3	1.22.08	3	1.41.59	3	2.56.38	3	45.20	3	1.10.42	4	1.49.17	3	2.48.21	
		走者	1	山元 章義	2	吉元 政昭	2	横田　仁	3	宮地 敏孝	4	後藤 守利	3	法村 昌三	4	塩野 一昭	4	森田 義三	
4	大東文化	個人	8	46.14	4	37.17	4	19.37	3	1.13.43	5	45.36	4	25.09	2	39.02	6	1.01.20	5.47.16
		チーム	8	46.14	7	1.23.31	6	1.43.08	4	2.56.51	5	45.36	5	1.10.45	3	1.49.05	4	2.50.25	
		走者		穴戸 春寿		佐々木 秀鷹		有本　良		長友 清美		上地 修二		角正 美之		池野 修二		奥田　稔	
5	中京	個人	10	46.55	7	37.31	3	19.28	4	1.14.18	4	45.32	9	25.59	5	39.02	4	1.00.54	5.49.39
		チーム	10	46.55	9	1.24.26	8	1.43.54	6	2.58.12	4	45.32	6	1.11.31	5	1.50.33	5	2.51.27	
		走者	2	生野 俊道	1	小田倉 茂	1	溝口 良司	3	曽根　厚	2	石田 和明	2	吉川　徹	3	関根 唯夫	3	菊地 恭利	
6	東海	個人	4	45.01	5	37.20	5	19.43	11	1.15.38	6	45.42	1	25.01	8	40.22	9	1.02.40	5.51.27
		チーム	4	45.01	4	1.22.21	4	1.42.04	5	2.57.42	6	45.42	4	1.10.43	6	1.51.05	7	2.53.45	
		走者		吉末 重夫		山崎 秀行		岩永　茂		松尾 正雄		山口 三郎		中野 敏明		緒方 良文		森田 十美夫	
7	九州産業	個人	3	44.39	13	39.45	9	20.21	6	1.14.48	7	46.19	7	25.39	7	40.06	5	1.01.11	5.52.48
		チーム	3	44.39	8	1.24.24	10	1.44.45	7	2.59.33	7	46.19	7	1.11.58	7	1.52.04	6	2.53.15	
		走者	4	丸山 富穂	3	橋本 義仲	1	牛田　保	3	石山 正男	1	奥田 英洋	4	吉沢　洋	3	山口 清隆	4	谷川 和文	
8	中央	個人	7	45.03	9	37.39	10	20.27	15	1.18.53	8	46.41	8	25.50	9	40.23	7	1.02.09	5.57.05
		チーム	7	45.03	6	1.22.42	7	1.43.07	10	3.02.02	8	46.41	8	1.12.31	9	1.52.54	8	2.55.03	
		走者		新浜 章浩		伊藤 博幸		村上 一郎		岩木 久典		東　良尚		上川　勉		河内 克也		玉置 昌宏	
9	京都産業	個人	9	46.55	8	37.37	7	19.52	9	1.15.21	10	46.59	6	25.33	6	39.38	17	1.07.12	5.59.07
		チーム	9	46.55	10	1.24.32	9	1.44.24	8	2.59.45	10	46.59	9	1.12.32	8	1.52.10	9	2.59.22	
		走者		浜田 和利		藤本 真市		船木 正信		加藤　暢		大和 忠広		永山 隆一		坂口 隆一		岩見 政勝	
10	大阪体育	個人	6	45.03	6	37.30	8	20.12	14	1.18.32	9	46.56	12	27.20	10	41.04	17	1.07.12	6.03.49
		チーム	6	45.03	5	1.22.33	5	1.42.45	9	3.01.17	9	46.56	10	1.14.16	10	1.55.20	12	3.02.32	
		走者		今富 俊明		前田　洋		原　敬		野間口 孝二		塩塚 義信		渡辺　徹		松本 信治		工藤 雅実	
11	福岡	個人	12	47.41	11	39.04	11	21.13	13	1.17.26	13	48.06	11	26.49	11	41.32	11	1.03.52	6.05.43
		チーム	12	47.41	11	1.26.45	11	1.47.58	11	3.05.24	13	48.06	12	1.14.55	11	1.56.27	10	3.00.19	
		走者		北　雄志		田ノ上 晃		三角 昌是		田中 伸二		川崎　卓		満薗 良一		中村 秀文		古川 大二郎	
12	鹿児島	個人	13	49.17	12	39.37	14	21.44	7	1.14.57	11	47.55	10	26.30	15	43.45	10	1.03.23	6.07.08
		チーム	13	49.17	13	1.28.54	13	1.50.38	12	3.05.35	11	47.55	11	1.14.25	12	1.58.10	11	3.01.33	
		走者		高沢 有二		日浦　宏		大下 一郎		江口　修		金尾 洋治		渡辺　亨		永井　敦		河嶋 則之	
13	広島	個人	17	50.08	14	39.58	16	21.53	10	1.15.26	15	48.28	13	27.36	17	44.25	8	1.02.27	6.10.21
		チーム	17	50.08	16	1.30.06	16	1.51.59	14	3.07.25	15	48.28	13	1.16.04	15	2.00.29	13	3.02.56	
		走者		中尾　明		岡本 義司		富田 宏和		西内 克己		中村 賢一		杉本 茂樹		田中 雅晴		松永 義明	
14	近畿	個人	14	49.36	15	40.05	15	21.51	8	1.15.04	16	48.59	17	29.13	13	42.06	12	1.04.14	6.11.08
		チーム	14	49.36	15	1.29.41	15	1.51.32	13	3.06.36	16	48.59	17	1.18.12	14	2.00.18	15	3.04.32	
		走者		林　英昭		青木 実雄		佃　守		山崎 剛一		楠木 長武		堀谷 育生		森宗 康則		勝谷 弘志	
15	大阪商業	個人	16	49.47	10	38.41	17	21.56	18	1.21.40	17	49.06	14	27.41	12	42.02	13	1.04.42	6.15.35
		チーム	16	49.47	12	1.28.28	12	1.50.24	16	3.12.04	17	49.06	14	1.16.47	13	1.58.49	14	3.03.31	
		走者		三浦 文男		横江　功		遠藤 雅裕		山田 喜生男		渡辺 晴仁		佐藤 嘉倫		千葉 光正		須藤　功	
16	東北学院	個人	11	47.30	18	41.42	13	21.40	16	1.20.09	14	48.16	15	28.52	19	44.55	14	1.05.13	6.18.19
		チーム	11	47.30	14	1.29.12	14	1.50.52	15	3.11.01	14	48.16	15	1.17.08	16	2.02.07	16	3.07.18	
		走者		山本 昌孝		小谷 正人		西村 嘉二		増田　彰		中山 史信		吉岡 至道		服部 健二		深谷 友一	
17	愛知教育	個人	18	51.58	17	41.18	19	22.46	17	1.21.05	18	49.39	16	29.02	16	43.56	15	1.06.04	6.25.48
		チーム	18	51.58	18	1.33.16	18	1.56.02	18	3.17.07	18	49.39	18	1.18.41	17	2.02.37	17	3.08.41	
		走者		柴田　充		斉藤 秀樹		明戸 孝夫		林　弘嗣		遠藤 正彦		菱谷 尚之		塙　隆夫		本間　敦	
18	北海道	個人	20	54.27	20	43.39	12	21.23	12	1.16.39	20	51.07	19	29.40	14	43.31	16	1.06.41	6.27.07
		チーム	20	54.27	20	1.38.06	20	1.59.29	17	3.16.08	20	51.07	20	1.20.47	19	2.04.18	18	3.10.59	
		走者		後藤 康元		岩田　真		宮崎　慎		伊藤　彰		森　悟		吉村 美信		今井 敬博		工藤 省吾	
19	岐阜	個人	15	49.45	19	42.34	18	22.14	20	1.22.55	19	51.02	18	29.21	18	44.49	20	1.01.59	6.32.39
		チーム	15	49.45	17	1.32.19	17	1.54.33	19	3.17.28	19	51.02	19	1.20.23	20	2.05.12	20	3.15.11	
		走者		宮本 一義		山本　崇		畑　里志		半田 宗義		草間　進		玉谷 隆信		田中 英明		立蔵 義春	
20	金沢工業	個人	19	53.05	16	41.11	20	24.50	19	1.21.58	12	48.01	20	29.55	20	45.14	19	1.09.06	6.33.20
		チーム	19	53.05	19	1.34.16	19	1.59.06	20	3.21.04	12	48.01	16	1.17.56	18	2.03.10	19	3.12.16	

第10回　1979年(昭和54年)1月21日　　総距離：109.4km

順	大学名			1区 (15.1km)		2区 (13.5km)		3区 (23.5km)		4区 (11.5km)		5区 (13.5km)		6区 (10.7km)		7区 (21.6km)
1	福岡	走者		工藤 雅実		松本 信治		村越 忍		坂本 菊義		前田 洋		段村 富賢		塩塚 義信
		個人	6	45.15	2	40.16	2	1.12.21	1	36.57	1	40.40	3	31.32	2	1.04.53
		チーム	6	45.15	2	1.25.31	1	2.37.51	1	3.14.48	1	3.55.28	1	4.27.00	1	5.31.53
2	順天堂	走者	2	上田 誠仁	4	川口 晴実	4	竹島 克己	2	波多野 宏美	2	村松 学	4	木下 亨	2	松元 利弘
		個人	3	45.08	1	40.13	3	1.13.04	4	37.22	5	41.10	4	31.48	6	1.06.19
		チーム	3	45.08	1	1.25.21	2	2.38.25	2	3.15.47	2	3.56.57	2	4.28.45	2	5.35.04
3	日本体育	走者	4	照井 典勝	3	坂本 亘	3	中村 孝生	4	小山 英士	2	新地 憲宏	3	出口 彰	3	新宅 雅也
		個人	2	45.07	5	41.25	9	1.15.42	3	37.18	2	40.52	1	31.20	1	1.04.14
		チーム	2	45.07	5	1.26.32	5	2.42.14	4	3.19.32	4	4.00.24	4	4.31.44	3	5.35.58
4	日本	走者	3	小川 聡	4	諏訪 祐三	4	堀 一章	3	五十嵐 陽一	1	長谷川 直秀	2	高岡 伸明	4	山田 久次
		個人	1	45.05	4	41.08	4	1.14.08	8	38.11	7	41.41	2	31.27	3	1.05.01
		チーム	1	45.05	4	1.26.13	3	2.40.21	3	3.18.32	3	4.00.13	3	4.31.40	4	5.36.41
5	大東文化	走者	4	宮地 敏孝	4	岩元 修一	3	吉元 政昭	2	長谷川 直明	3	望月 明義		森岡 芳彦	2	山元 章義
		個人	4	45.13	9	42.23	7	1.15.30	6	37.32	3	40.55	7	32.30	4	1.05.34
		チーム	4	45.13	6	1.27.36	6	2.43.06	6	3.20.38	6	4.01.33	6	4.34.03	5	5.39.37
6	東京農業	走者	2	高橋 幸宏	2	平野 淳俊	2	吉川 政俊		春田 英二	1	永山 忠幸	3	下野 郁雄	2	長島 浩
		個人	5	45.14	3	40.44	5	1.14.40	12	39.44	4	41.04	5	32.15	5	1.06.08
		チーム	5	45.14	3	1.25.58	4	2.40.38	5	3.20.22	5	4.01.26	5	4.33.41	6	5.39.49
7	九州産業	走者		吉末 重夫		中野 敏明		山崎 秀行		桧枝 徳昌		緒方 良文		岩永 茂		山口 三郎
		個人	8	45.45	11	43.11	6	1.15.02	2	37.08	8	42.17	6	32.16	7	1.06.45
		チーム	8	45.45	8	1.28.56	9	2.43.58	7	3.21.06	8	4.03.23	7	4.35.39	7	5.42.24
8	中京	走者		池野 修二		上地 修二		川口 孝志郎		尾花 幸次		峯岡 高之		高野 正彦		奥田 稔
		個人	14	49.03	6	42.01	1	1.12.17	7	37.50	6	41.37	9	33.00	10	1.07.53
		チーム	14	49.03	11	1.31.04	7	2.43.21	9	3.21.11	7	4.02.48	8	4.35.48	8	5.43.41
9	京都産業	走者		椴谷 米男		新浜 章浩		岩木 久典		土屋 雅宏		植田 良二		山口 隆樹		東 良尚
		個人	7	45.38	7	42.16	10	1.15.48	5	37.29	10	42.38	8	32.59	13	1.08.59
		チーム	7	45.38	7	1.27.54	8	2.43.42	8	3.21.11	9	4.03.39	9	4.36.38	9	5.45.37
10	大阪体育	走者		加藤 暢		藤本 真市		浜田 和利		船木 正信		黒木 良治		永山 隆一		木畑 卓也
		個人	10	46.56	8	42.19	8	1.15.37	10	38.34	12	43.07	14	34.35	9	1.07.30
		チーム	10	46.56	9	1.29.15	10	2.44.52	10	3.23.26	10	4.06.33	10	4.41.08	10	5.48.38
11	国士舘	走者	3	下重 庄三	3	五十嵐 克三	3	吉山 嘉一	4	市川 勉	2	加藤 悟		鈴木 正一	4	佐藤 修
		個人	9	46.46	12	43.14	16	1.20.40	8	38.11	8	42.18	11	34.02	8	1.07.12
		チーム	9	46.46	10	1.30.00	13	2.50.40	13	3.28.51	11	4.11.08	11	4.45.10	11	5.52.22
12	鹿児島	走者		古川 大二郎		前田 伸一		田中 伸二		中村 秀文		満薗 良一		田ノ上 晃		川崎 卓
		個人	11	47.29	13	43.41	11	1.16.05	15	40.55	11	43.05	12	34.09	12	1.08.30
		チーム	11	47.29	12	1.31.10	11	2.47.15	12	3.28.10	12	4.11.15	12	4.45.24	12	5.53.54
13	大阪経済	走者		青木 基泰		鶴沢 敏男		岡本 一彦		岩野 正典		藤田 広司		米田 茂樹		西本 一弘
		個人	12	48.02	14	44.23	12	1.16.05	11	39.09	14	45.39	15	34.59	15	1.09.40
		チーム	12	48.02	14	1.32.25	12	2.48.30	11	3.27.39	13	4.13.18	13	4.48.17	13	5.57.57
14	大阪商業	走者		井上 康行		青木 実雄		山崎 剛一		佃 守		石原 弘人		堀 隆勝		勝谷 弘志
		個人	15	49.03	10	43.03	14	1.19.41	13	39.49	13	44.59	13	34.25	11	1.07.57
		チーム	15	49.03	13	1.32.06	14	2.51.47	14	3.31.36	14	4.16.35	14	4.51.00	14	5.58.57
15	東北学院	走者		山田 喜生男		佐々木 茂晴		武内 信		横江 功		宍戸 敏郎		三浦 文男		須藤 功
		個人	13	48.21	17	45.19	17	1.20.44	14	40.43	19	47.56	10	33.53	17	1.11.51
		チーム	13	48.21	15	1.33.40	16	2.54.24	16	3.35.07	16	4.23.03	16	4.56.56	15	6.08.47
16	山口	走者		古家後 啓太		川中 正昭		川崎 康紀		岡部 正美		三好 一哉		中村 英治		平川 正昭
		個人	18	50.27	16	44.56	13	1.18.09	16	41.14	16	46.34	16	35.32	18	1.12.04
		チーム	18	50.27	17	1.35.23	15	2.53.32	15	3.34.46	15	4.21.20	15	4.56.52	16	6.08.56
17	名古屋	走者		一見 正尚		羽賀 達也		田中 誠一		馬場 礼三		沢田 吉裕		山本 博文		井上 晴之
		個人	19	50.27	18	45.55	18	1.21.00	19	43.56	17	47.28	17	36.13	14	1.09.02
		チーム	19	50.27	18	1.36.22	18	2.57.55	18	3.41.18	18	4.28.46	18	5.04.59	17	6.14.01
18	愛知教育	走者		増田 彰		中山 史信		服部 健二		西村 嘉二		小谷 正人		吉岡 至道		山本 昌孝
		個人	16	49.03	15	44.39	19	1.22.16	18	43.13	20	48.03	19	37.10	16	1.11.29
		チーム	16	49.03	16	1.33.42	17	2.55.58	17	3.39.11	17	4.27.14	17	5.04.24	18	6.15.53
19	北海道	走者		本間 敦		菱谷 尚之		林 弘嗣		明戸 孝夫		狩野 拓史		柴田 充		岡本 俊則
		個人	17	49.11	20	50.42	20	1.23.44	17	43.04	18	47.32	18	37.00	19	1.12.30
		チーム	17	49.11	20	1.39.53	20	3.03.37	20	3.46.41	20	4.34.13	20	5.11.13	19	6.23.43
20	金沢工業	走者		草間 進		山本 崇		塚本 憲弘		田中 英明		宮本 一義		子安 省吾		半田 宗義
		個人	20	52.06	19	47.29	15	1.19.57	20	44.00	15	46.13	20	37.44	20	1.16.34
		チーム	20	52.06	19	1.39.35	19	2.59.32	19	3.43.32	19	4.29.45	19	5.07.29	20	6.24.03

第11回　1980年(昭和55年)1月20日　　総距離：109.4km

順	大学名		1区(15.1km)		2区(13.5km)		3区(23.5km)		4区(11.5km)		5区(13.5km)		6区(10.7km)		7区(21.6km)	
		走者	1	大塚 正美	4	坂本 充	4	中村 孝生	4	坂本 亘	3	新地 憲宏	4	伊藤 哲二	4	新宅 雅也
1	日本体育	個人	1	*44.30*	1	*38.43*	2	*1.09.21*	1	*34.38*	1	*40.40*	1	*30.27*	2	1.05.03
		チーム	1	44.30	1	1.23.13	1	2.32.34	1	3.07.10	1	3.47.50	1	4.18.17	1	*5.23.20*
		走者		工藤 雅実		坂本 菊義		村越 忍		前田 節夫		段村 富賢		手嶋 成明		松本 信治
2	福岡	個人	2	*44.31*	2	*40.08*	3	*1.09.33*	4	*35.59*	2	40.47	8	32.48	6	1.07.15
		チーム	2	44.31	2	1.24.39	2	2.34.12	2	3.10.11	2	3.50.58	2	4.23.46	2	*5.31.01*
		走者		上地 修二		池野 修二		川口 孝志郎		岡村 博三		峯岡 高之		吉川 克宏		奥田 稔
3	中京	個人	7	45.52	3	40.20	1	*1.09.15*	6	*36.09*	4	41.24	4	32.02	5	1.06.42
		チーム	7	45.52	6	1.26.12	3	2.35.27	3	3.11.36	3	3.53.00	3	4.25.02	3	*5.31.44*
		走者	2	立石 靖司	4	吉元 政昭	1	池田 重政		江田 茂	4	望月 明義	4	榎田 登	3	山元 章義
4	大東文化	個人	8	45.52	6	40.37	6	*1.11.52*	7	*36.11*	3	41.16	5	32.09	3	1.05.59
		チーム	8	45.52	8	1.26.29	5	2.38.21	5	3.14.32	5	3.55.48	5	4.27.57	4	5.33.56
		走者	2	吉沢 俊明	3	平野 淳俊	3	吉川 政俊	3	三橋 稔	2	永山 忠幸	4	信時 勝	3	長島 浩
5	東京農業	個人	9	45.59	10	41.38	7	1.12.40	2	*34.46*	7	42.15	3	32.01	1	1.05.02
		チーム	9	45.59	9	1.27.37	9	2.40.17	6	3.15.03	6	3.57.18	6	4.29.19	5	5.34.21
		走者	3	杉山 喜一	2	米村 雅幸	3	高野 喜宏	1	河野 匡	3	横松 盛人	3	阿久津 浩	1	合田 浩二
6	筑波	個人	5	45.25	3	40.20	5	*1.11.47*	3	*35.32*	6	42.07	6	32.30	8	1.07.46
		チーム	5	45.25	3	1.25.45	4	2.37.32	4	3.13.04	4	3.55.11	4	4.27.31	6	5.35.17
		走者		土屋 雅宏		新浜 章浩		椴谷 米男		浅田 文明		植田 良二		播磨 秀剛		福山 護
7	京都産業	個人	10	46.44	8	41.00	4	*1.11.28*	5	*36.01*	8	42.26	9	33.08	9	1.08.29
		チーム	10	46.44	10	1.27.44	6	2.39.12	7	3.15.13	7	3.57.39	7	4.30.47	7	5.39.16
		走者		岩永 茂		桧枝 徳昌		山崎 秀行		光永 康彦		秋山 義美		黒石 智視		中野 敏明
8	九州産業	個人	4	45.20	5	40.36	8	1.13.23	12	37.37	9	42.30	10	33.38	4	1.06.31
		チーム	4	45.20	5	1.25.56	7	2.39.19	9	3.16.56	8	3.59.26	9	4.33.04	8	5.39.35
		走者	3	山本 正人	3	荻津 弘行	2	近藤 幸明	1	斎藤 方英	3	川崎 博勇	2	幸田 正文	2	近藤 孝志
9	専修	個人	6	45.49	6	40.37	13	1.15.10	11	37.09	5	41.57	2	31.55	7	1.07.44
		チーム	6	45.49	7	1.26.26	10	2.41.36	10	3.18.45	9	4.00.42	8	4.32.37	9	5.40.21
		走者	1	湯沢 克美	2	本間 興一	2	井藤 博幸	1	山ノ内 和広	3	溝口 良司	3	伊藤 孝	3	小田倉 茂
10	東海	個人	3	*44.51*	7	41.03	10	1.14.00	8	36.39	13	45.08	7	32.47	14	1.10.58
		チーム	3	44.51	4	1.25.54	8	2.39.54	8	3.16.33	10	4.01.41	10	4.34.28	10	5.45.26
		走者		梶浦 永人		前田 芳久		河村 英和		小野 伸一郎		南 享		草間 義彦		森川 賢一
11	京都教育	個人	12	47.14	12	42.54	12	1.14.45	14	38.15	10	43.21	14	34.35	11	1.09.11
		チーム	12	47.14	11	1.30.08	12	2.44.53	12	3.23.08	12	4.06.29	12	4.41.04	11	5.50.15
		走者		前田 伸一		有薗 公博		田中 伸二		中村 秀文		有枝 幹延		田ノ上 晃		満薗 良一
12	鹿児島	個人	11	46.45	15	43.33	15	1.15.36	17	38.40	11	43.59	11	34.00	10	1.09.04
		チーム	11	46.45	12	1.30.18	13	2.45.54	13	3.24.34	13	4.08.33	13	4.42.33	12	5.51.37
		走者		和田 教司		近藤 英		藪下 正弘		田中 正典		山本 敏		大野 順一		林 喜代勝
13	立命館	個人	20	51.34	11	42.31	18	1.17.57	10	37.03	14	45.16	12	34.11	12	1.09.52
		チーム	20	51.34	16	1.34.05	17	2.52.02	16	3.29.05	14	4.14.21	14	4.48.32	13	5.58.24
		走者		藤本 真市		船木 正信		浜田 和利		丸山 雅清		小野田 芳史		竹本 博		黒木 良治
14	大阪体育	個人	14	48.15	14	43.13	8	1.13.23	9	36.42	12	44.00	13	34.29	19	1.19.16
		チーム	14	48.15	13	1.31.28	11	2.44.51	11	3.21.33	11	4.05.33	11	4.40.02	14	5.59.18
		走者		一見 正尚		小幡 一雅		田中 誠一		山本 博文		沢田 吉裕		馬場 礼三		井上 晴之
15	名古屋	個人	13	47.56	19	46.21	14	1.15.26	15	38.27	16	46.59	17	36.13	13	1.10.35
		チーム	13	47.56	17	1.34.17	15	2.49.43	15	3.28.10	15	4.15.09	16	4.51.22	15	6.01.57
		走者		田中 稔		川村 雄二		田村 忠之		籾山 直樹		半場 秀則		小松 敏明		土井 文彦
16	仙台	個人	16	49.09	16	44.19	17	1.17.43	18	39.02	15	45.30	15	34.42	17	1.13.29
		チーム	16	49.09	15	1.33.28	16	2.51.11	17	3.30.13	16	4.15.43	15	4.50.25	16	6.03.54
		走者		堀内 淳一		浦山 修		林 弘嗣		山田 篤身		宗原 弘幸		都丸 亮一		岡本 俊則
17	北海道	個人	18	51.19	20	47.36	16	1.16.08	13	37.54	18	48.36	18	36.20	15	1.11.49
		チーム	18	51.19	20	1.38.55	18	2.55.03	18	3.32.57	18	4.21.33	18	4.57.53	17	6.09.42
		走者		渡辺 亨		日浦 宏		高原 清秀		園田 研之		篠原 登		坂口 通章		田中 真介
18	広島	個人	15	48.24	13	43.09	11	1.14.43	16	38.32	20	54.29	16	35.08	18	1.15.33
		チーム	15	48.24	14	1.31.33	14	2.46.16	14	3.24.48	17	4.19.17	17	4.54.25	18	6.09.58
		走者		今井 敬博		印藤 馨		工藤 省吾		伊藤 孝一		吉村 美信		永田 功		鈴木 雅人
19	岐阜	個人	17	50.29	17	44.22	20	1.22.13	19	40.32	17	47.30	20	39.09	16	1.12.00
		チーム	17	50.29	18	1.34.51	19	2.57.04	19	3.37.36	19	4.25.06	19	5.04.15	19	6.16.15
		走者		並木 茂雄		番度 行弘		児玉 健		山本 哲夫		山崎 勉		川合 元博		久守 徹
20	金沢	個人	19	51.25	18	45.58	19	1.20.28	20	41.44	19	50.48	19	37.33	20	1.25.18
		チーム	19	51.25	19	1.37.23	20	2.57.51	20	3.39.35	20	4.30.23	20	5.07.56	20	6.33.14

第12回　1981年(昭和56年)1月18日　　総距離：109.4km

順	大学名		1区 (15.1km)		2区 (13.5km)		3区 (23.5km)		4区 (11.5km)		5区 (13.5km)		6区 (10.7km)		7区 (21.6km)	
1	福岡	走者		段村 富賢		坂本 菊義		村越 忍		小山 治		備 秀朗		前田 節夫		工藤 雅実
		個人	2	44.38	1	39.06	3	*1.07.39*	3	*34.12*	3	*40.32*	4	32.43	1	*1.03.55*
		チーム	2	44.38	1	1.23.44	1	2.31.23	1	3.05.35	1	3.46.07	1	4.18.50	1	*5.22.45*
2	日本体育	走者	2	中沢 栄	3	前田 直樹	2	大塚 正美	4	田中 春行	2	藤井 修	2	谷口 浩美	4	新地 憲宏
		個人	6	44.50	4	40.15	2	*1.07.18*	9	35.35	5	40.50	1	32.15	2	1.05.34
		チーム	6	44.50	4	1.25.05	3	2.32.23	3	3.07.58	3	3.48.48	3	4.21.03	2	5.26.37
3	中京	走者		清田 勝義		上地 修二		川口 孝志郎		鯖戸 育宏		峯岡 高之		吉川 克宏		岡村 博三
		個人	5	44.44	3	40.14	1	*1.07.16*	1	*33.49*	5	40.50	5	32.44	7	1.07.12
		チーム	5	44.44	3	1.24.58	2	2.32.14	2	3.06.03	2	3.46.53	2	4.19.37	3	5.26.49
4	大東文化	走者	3	加藤 宏純	1	坂中 末美	2	池田 重政	1	米重 修一	3	大隈 広基	4	生田 昌司	3	立石 靖司
		個人	7	44.52	8	40.45	4	1.09.36	5	34.58	1	*39.45*	3	32.40	4	1.05.56
		チーム	7	44.52	6	1.25.37	4	2.35.13	4	3.10.11	4	3.49.56	4	4.22.36	4	5.28.32
5	日本	走者	3	宗像 寛	1	倉橋 賢二	3	篠原 忍	2	小野 透	4	栗原 清	2	金田 剛	3	田宮 健
		個人	3	44.41	6	40.30	8	1.11.33	2	*33.57*	2	*40.18*	2	32.23	5	1.07.03
		チーム	3	44.41	5	1.25.11	8	2.36.44	5	3.10.41	5	3.50.59	5	4.23.22	5	5.30.25
6	筑波	走者	4	杉山 喜一	3	前河 洋一	4	高野 喜宏	2	河野 匡	1	保田 教之		仲子 宏	3	米村 雅幸
		個人	9	45.11	7	40.35	7	1.10.45	4	34.57	3	*40.32*	7	32.57	6	1.07.08
		チーム	9	45.11	7	1.25.46	7	2.36.31	7	3.11.28	6	3.52.00	6	4.24.57	6	5.32.05
7	東京農業	走者	4	三橋 稔	3	吉沢 俊明	4	長島 浩	3	永山 忠幸	1	森岡 伸司	1	工藤 耕治	4	吉川 政俊
		個人	8	45.04	2	39.53	6	1.10.35	8	35.19	15	44.08	9	34.12	3	1.05.38
		チーム	8	45.04	2	1.24.57	5	2.35.32	6	3.10.42	8	3.54.50	8	4.29.02	7	5.34.40
8	京都産業	走者		新浜 章浩		植田 良二		椴谷 米男		妹尾 誠		土屋 雅宏		播磨 秀剛		浅田 文明
		個人	10	45.44	5	40.19	5	1.10.24	10	35.44	7	40.57	11	34.28	13	1.10.20
		チーム	10	45.44	8	1.26.03	6	2.36.27	8	3.12.11	7	3.53.08	7	4.27.36	8	5.37.56
9	専修	走者	1	加藤 覚	3	坪 正之	4	山本 正人	2	殿柿 昌律	3	幸田 正文	3	近藤 孝志	4	荻津 弘行
		個人	4	44.42	12	42.41	9	1.12.46	7	35.10	10	42.25	6	32.46	9	1.08.15
		チーム	4	44.42	9	1.27.23	9	2.40.09	9	3.15.19	9	3.57.44	9	4.30.30	9	5.38.45
10	大阪体育	走者		丸山 雅清		藤本 真市		木畑 卓也		土屋 英雄		立野 誠次		山口 賢		船木 正信
		個人	1	44.32	17	44.58	12	1.14.12	6	35.09	8	41.39	8	33.51	8	1.08.14
		チーム	1	44.32	11	1.29.30	11	2.43.42	10	3.18.51	10	4.00.30	10	4.34.21	10	5.42.35
11	大阪経済	走者		青木 基泰		西本 一弘		岡本 一彦		鶴沢 敏男		木村 春彦		太田 剛		岩野 正典
		個人	13	47.33	10	41.56	11	1.13.33	13	36.58	9	42.13	15	35.28	15	1.11.50
		チーム	13	47.33	10	1.29.29	10	2.43.02	11	3.20.00	11	4.02.13	11	4.37.41	11	5.49.31
12	徳山	走者		梶原 浩一		鎌倉 浩二		蛭川 剛		宮地 拓史		宮脇 誠		岸田 巧		池田 武
		個人	15	48.18	9	41.37	14	1.15.39	14	37.00	11	42.36	17	35.46	10	1.09.12
		チーム	15	48.18	12	1.29.55	12	2.45.34	12	3.22.34	12	4.05.10	12	4.40.56	12	5.50.08
13	熊本商科	走者		出水田 浩		石川 勝		宮崎 幸仁		村上 康治		西田 司		尾崎 秀一		清田 寛
		個人	14	48.01	13	43.11	16	1.16.23	12	36.06	13	43.33	10	34.23	11	1.10.07
		チーム	14	48.01	13	1.31.14	14	2.47.37	13	3.23.43	13	4.07.16	13	4.41.39	13	5.51.46
14	大阪商業	走者		野間 和也		長谷川 浩幸		佐藤 幸男		堀 隆勝		楠木 長武		柳瀬 正		荻野 伸哉
		個人	12	47.32	14	43.59	19	1.18.24	11	36.05	12	43.05	12	34.41	12	1.10.12
		チーム	12	47.32	14	1.31.31	17	2.49.55	16	3.26.00	14	4.09.05	14	4.43.46	14	5.53.58
15	鹿児島	走者		有枝 幹延		前田 伸一		川崎 卓		東 剛彦		有薗 公博		前田 賢治		満薗 良一
		個人	16	49.01	11	42.35	17	1.16.32	15	37.18	14	43.58	14	35.18	16	1.12.22
		チーム	16	49.01	15	1.31.36	16	2.48.08	14	3.25.26	15	4.09.24	15	4.44.42	15	5.57.04
16	岐阜	走者		印藤 馨		伊藤 孝一		和田 正信		吉村 美信		工藤 省吾		岩田 真		鈴木 雅人
		個人	17	49.52	16	44.41	10	1.12.54	19	39.25	16	44.33	13	35.09	17	1.12.45
		チーム	17	49.52	17	1.34.33	13	2.47.27	17	3.26.52	16	4.11.25	16	4.46.34	16	5.59.19
17	名古屋	走者		一見 正尚		井上 晴之		田中 誠一		山本 博文		沢田 吉裕		若松 尚則		安藤 秀樹
		個人	11	47.27	15	44.36	15	1.15.40	16	38.03	18	45.41	19	36.57	18	1.13.22
		チーム	11	47.27	16	1.32.03	15	2.47.43	15	3.25.46	17	4.11.27	17	4.48.24	17	6.01.46
18	信州	走者		大沢 幸造		清水 秀文		伊藤 一雄		白倉 滝男		本多 末男		工藤 忠好		樋口 良雄
		個人	20	52.53	18	45.28	13	1.15.29	17	38.05	17	44.36	18	36.03	14	1.11.16
		チーム	20	52.53	19	1.38.21	18	2.53.50	18	3.31.55	18	4.16.31	18	4.52.34	18	6.03.50
19	東北学院	走者		武内 信		高橋 賢一		須藤 功		中島 学		佐藤 通晃		鈴木 信義		宍戸 敏郎
		個人	18	50.10	19	46.45	18	1.17.06	18	38.07	19	47.31	15	35.28	19	1.14.13
		チーム	18	50.10	18	1.36.55	19	2.54.01	19	3.32.08	19	4.19.39	19	4.55.07	19	6.09.20
20	北海道	走者		堀内 淳一		土井 太		宗原 弘幸		浦山 修		都丸 亮一		明戸 孝夫		永野 孝一
		個人	19	51.48	20	47.04	20	1.25.41	20	40.07	20	47.40	20	38.00	20	1.16.40
		チーム	19	51.48	20	1.38.52	20	3.04.33	20	3.44.40	20	4.32.20	20	5.10.20	20	6.27.00

第13回　1982年(昭和57年)1月17日　総距離：109.4km

順	大学名			1区(15.1km)		2区(13.5km)		3区(23.5km)		4区(11.5km)		5区(13.5km)		6区(10.7km)		7区(21.6km)
1	福岡	走者		前田 節夫		坂本 菊義		村越 忍		坂梨 信介		小山 治		飛松 一郎		備 秀朗
		個人	2	45.46	2	39.40	1	1.07.33	2	34.10	2	*39.25*	3	31.30	5	1.05.40
		チーム	2	45.46	2	1.25.26	1	2.32.59	1	3.07.09	1	3.46.34	1	4.18.04	1	5.23.44
2	日本	走者	4	宗像 寛	2	楠本 武彦	2	倉橋 賢二	3	山本 隆司	3	小野 透	3	金田 剛	4	田宮 健
		個人	6	45.52	1	39.20	6	1.10.59	1	*33.34*	5	40.01	1	31.03	4	1.05.12
		チーム	6	45.52	1	1.25.12	4	2.36.11	3	3.09.45	2	3.49.46	2	4.20.49	2	5.26.01
3	筑波	走者	1	渋谷 俊浩	3	河野 匡	4	米村 雅幸	4	田口 学	2	保田 教之	3	合田 浩二	4	前河 洋一
		個人	9	46.09	3	39.49	5	1.10.50	9	35.24	3	*39.38*	2	31.15	3	1.05.10
		チーム	9	46.09	4	1.25.58	5	2.36.48	5	3.12.12	5	3.51.50	4	4.23.05	3	5.28.15
4	大東文化	走者	2	坂中 末美	3	池田 重政	4	大隈 広基	4	大隈 重信	4	加藤 宏純	3	島津 淳三	4	立石 靖司
		個人	3	45.50	4	39.55	3	1.10.10	6	34.51	1	*39.22*	4	32.03	7	1.06.17
		チーム	3	45.50	3	1.25.45	3	2.35.55	4	3.10.46	4	3.50.08	3	4.22.11	4	5.28.28
5	中京	走者		福光 英雄		広田 孝		川口 孝志郎		岡村 博三		清田 勝義		赤坂 宏		峯岡 高之
		個人	5	45.52	6	40.39	2	1.08.08	4	34.45	6	40.40	11	33.17	6	1.05.48
		チーム	5	45.52	6	1.26.31	2	2.34.39	2	3.09.24	3	3.50.04	5	4.23.21	5	5.29.09
6	日本体育	走者	3	岡 俊博	1	中田 盛之	3	大塚 正美	3	島村 雅浩	3	藤井 修		池田 盛仁	3	谷口 浩美
		個人	1	45.39	7	41.05	7	1.11.51	3	34.23	7	40.55	4	32.03	1	1.04.13
		チーム	1	45.39	7	1.26.44	7	2.38.35	6	3.12.58	7	3.53.53	7	4.25.56	6	5.30.09
7	専修	走者	4	近藤 孝志	4	幸田 正文	2	加藤 覚	3	斎藤 方英	4	坪 正之	3	殿柿 昌律	2	梶本 広康
		個人	4	45.51	8	41.34	4	1.10.23	10	35.30	4	39.55	6	32.19	8	1.06.36
		チーム	4	45.51	8	1.27.25	6	2.37.48	7	3.13.18	6	3.53.13	6	4.25.32	7	5.32.08
8	東洋	走者	2	林 清司	3	佐藤 和也	3	仙内 勇	1	増沢 和彦	2	柴崎 万伸	2	大宮 裕治	3	田中 弘
		個人	7	46.00	5	40.16	10	1.12.29	11	35.58	9	41.53	8	32.58	2	1.05.04
		チーム	7	46.00	5	1.26.16	8	2.38.45	8	3.14.43	8	3.56.36	8	4.29.34	8	5.34.38
9	九州産業	走者		杉本 和正		松野 知利		大上 力		桜井 正博		斎藤 健次		浜田 安生		黒石 智視
		個人	8	46.07	9	41.46	11	1.12.37	5	34.47	8	41.50	9	33.06	10	1.07.24
		チーム	8	46.07	9	1.27.53	9	2.40.30	9	3.15.17	9	3.57.07	9	4.30.13	9	5.37.37
10	大阪体育	走者		山口 賢		中西 章浩		丸山 雅清		土屋 英雄		安富 均		西崎 清洋		中西 正二
		個人	12	46.48	10	42.26	8	1.12.11	8	35.19	11	42.23	10	33.11	16	1.09.54
		チーム	12	46.48	10	1.29.14	10	2.41.25	10	3.16.44	10	3.59.07	10	4.32.18	10	5.42.12
11	京都産業	走者		植田 良二		土屋 雅宏		浅田 文明		山崎 裕久		妹尾 誠		天野 善彦		岡本 基
		個人	11	46.35	12	43.03	15	1.14.56	7	35.02	10	42.06	7	32.31	13	1.08.27
		チーム	11	46.35	11	1.29.38	12	2.44.34	11	3.19.36	11	4.01.42	11	4.34.13	11	5.42.40
12	大阪経済	走者		木村 春彦		嬉野 尚二		西本 一弘		伊野 肇		太田 剛		米田 茂樹		青木 基泰
		個人	18	49.23	11	43.01	9	1.12.26	14	36.34	13	42.42	14	34.57	9	1.06.48
		チーム	18	49.23	15	1.32.24	13	2.44.50	13	3.21.24	13	4.04.06	12	4.39.03	12	5.45.51
13	鹿児島	走者		有枝 幹延		東 剛彦		前田 伸一		前田 賢治		角島 栄		野崎 義行		有薗 公博
		個人	13	46.53	15	43.46	12	1.13.27	12	36.15	15	43.18	17	35.41	12	1.08.26
		チーム	13	46.53	13	1.30.39	11	2.44.06	12	3.20.21	12	4.03.39	13	4.39.20	13	5.47.46
14	京都教育	走者		前田 芳久		筒井 清次郎		沢井 宏次		草間 義彦		南 享		海老瀬 正純		梶浦 永人
		個人	15	48.31	16	43.48	13	1.13.29	13	36.30	14	43.08	13	34.48	11	1.07.40
		チーム	15	48.31	14	1.32.19	14	2.45.48	14	3.22.18	14	4.05.26	14	4.40.14	14	5.47.54
15	徳山	走者		蛭川 剛		宮脇 誠		池田 武		豊永 安夫		梶原 浩一		稲永 順士		池田 幹夫
		個人	10	46.16	14	43.31	18	1.16.18	15	37.01	12	42.25	12	34.47	15	1.09.18
		チーム	10	46.16	12	1.29.47	15	2.46.05	15	3.23.06	15	4.05.31	15	4.40.18	15	5.49.36
16	信州	走者		本多 末男		清水 秀文		伊藤 一雄		百瀬 定雄		登内 達朗		迫村 泰成		樋口 良雄
		個人	16	49.21	17	44.29	14	1.14.41	17	38.11	19	44.50	15	35.36	14	1.08.57
		チーム	16	49.21	16	1.33.50	16	2.48.31	16	3.26.42	16	4.11.32	16	4.47.08	16	5.56.05
17	名古屋商	走者		荒木田 武寿		熊木 才雄		鉤 康幸		鈴田 明人		盛田 正行		浅野 友之		近藤 英道
		個人	17	49.23	18	45.02	20	1.17.12	16	37.06	18	44.09	16	35.37	20	1.13.09
		チーム	17	49.23	18	1.34.25	19	2.51.37	17	3.28.43	17	4.12.52	17	4.48.29	17	6.01.38
18	東北学院	走者		鈴木 信義		後藤 栄樹		遠藤 良則		渡会 政元		若松 亮一		高橋 賢一		中島 学
		個人	19	50.29	13	43.22	19	1.16.52	19	38.52	15	43.18	18	36.22	18	1.12.44
		チーム	19	50.29	17	1.33.51	17	2.50.43	18	3.29.35	18	4.12.53	18	4.49.15	18	6.01.59
19	名城	走者		後鳥 研司		沢野 元始		森 隆史		山崎 知巳		木村 元彦		高橋 克佳		福田 和男
		個人	14	47.41	20	48.03	17	1.15.41	20	40.08	17	43.58	20	37.02	19	1.13.00
		チーム	14	47.41	19	1.35.44	18	2.51.25	19	3.31.33	19	4.15.31	19	4.52.33	19	6.05.33
20	北海道	走者		宗原 弘幸		永野 孝一		山田 篤身		芳川 充		土井 太		岡島 吉俊		千原 遠見彦
		個人	20	52.39	19	46.27	16	1.14.57	18	38.27	20	46.46	19	36.33	17	1.10.57
		チーム	20	52.39	20	1.39.06	20	2.54.03	20	3.32.30	20	4.19.16	20	4.55.59	20	6.06.46

第14回　1983年(昭和58年)1月23日　　総距離：109.4km

順	大学名		1区(15.1km)		2区 (13.5km)		3区(23.5km)		4区 (11.5km)		5区(13.5km)		6区 (10.7km)		7区 (21.6km)	
1	日本体育	走者	4	岡　俊博	3	植松　誠	4	大塚 正美	4	有坂 精児	2	中田 盛之	4	中沢　栄	4	谷口 浩美
		個人	1	*43.30*	5	40.24	2	1.08.47	1	34.20	1	*38.59*	1	30.57	1	*1.03.47*
		チーム	1	43.30	1	1.23.54	2	2.32.41	1	3.07.01	1	3.46.00	1	4.16.57	1	*5.20.44*
2	大東文化	走者	3	坂中 末美	4	池田 重政	3	米重 修一	1	大野 俊之	2	佐久間 伊一		小泉 美樹	3	中島 稔彦
		個人	3	44.21	3	40.03	1	1.07.44	4	35.06	6	40.49	5	32.21	3	1.06.01
		チーム	3	44.21	3	1.24.24	1	2.32.08	2	3.07.14	2	3.48.03	2	4.20.24	2	5.26.25
3	福岡	走者		飛松 一郎		今村 智浩		小山　治		坂梨 信介		山口 善正		大西 徳彦		備　秀朗
		個人	2	44.03	4	40.16	3	1.11.20	3	34.31	5	40.48	4	32.12	5	1.06.47
		チーム	2	44.03	2	1.24.19	3	2.35.39	3	3.10.10	3	3.50.58	3	4.23.10	3	5.29.57
4	中京	走者		福光 英雄		広田　孝		愛敬 重之		岡村 博三		岡村 茂裕		石山 喜代二		青戸 洋二
		個人	5	45.19	2	39.33	5	1.11.46	2	34.26	3	40.16	3	32.11	4	1.06.46
		チーム	5	45.19	4	1.24.52	5	2.36.38	4	3.11.04	4	3.51.23	4	4.23.34	4	5.30.20
5	日本	走者	4	金田　剛	4	山本 隆司	3	楠本 武彦	2	音喜多 正志	4	小野　透	2	今川 博喜	3	倉橋 賢二
		個人	6	45.32	1	39.22	4	1.11.21	8	36.05	4	40.39	2	32.00	2	1.05.47
		チーム	6	45.32	5	1.24.54	4	2.36.15	5	3.12.20	5	3.52.59	5	4.24.59	5	5.30.46
6	筑波	走者	4	福元 康貴	3	大山 敏浩	2	渋谷 俊浩	1	長沼　優	3	保田 教之	2	山下　誠	4	合田 浩二
		個人	4	44.25	9	41.34	6	1.11.58	12	36.47	2	*39.14*	7	32.40	6	1.07.05
		チーム	4	44.25	6	1.25.59	6	2.37.57	6	3.14.44	6	3.53.58	6	4.26.38	6	5.33.43
7	東海	走者	2	鍋島 研介	3	安田 悦郎	3	松田 英司	4	湯沢 克美	3	佐藤 弘明	4	山ノ内 和広	3	小松 憲司
		個人	8	45.49	9	41.34	8	1.12.59	5	35.10	8	41.33	6	32.34	9	1.07.06
		チーム	8	45.49	8	1.27.23	8	2.40.22	7	3.15.32	7	3.57.05	7	4.29.39	7	5.36.45
8	京都産業	走者		妹尾　誠		山崎 裕久		浅田 文明		有田 憲正		武信 克仁		今井 芳照		岡本　基
		個人	9	46.05	7	41.00	7	1.12.51	7	35.37	9	42.03	9	32.46	5	1.06.39
		チーム	9	46.05	7	1.27.05	7	2.39.56	8	3.15.33	9	3.57.36	9	4.30.22	8	5.37.01
9	大阪体育	走者		山口　賢		西崎 清洋		丸山 雅清		吉岡 秀師		土屋 英雄		藤田 繁也		中西 章浩
		個人	11	46.36	8	41.16	9	1.13.06	6	35.20	7	41.04	8	32.42	14	1.09.20
		チーム	11	46.36	10	1.27.52	9	2.40.58	9	3.16.18	8	3.57.22	8	4.30.04	9	5.39.24
10	東洋	走者	2	山本 裕芳	2	増沢 和彦	3	林　清司	3	大野 利丈	2	菊池 清治	3	柴崎 万伸	4	田中　弘
		個人	17	47.57	12	41.59	10	1.13.30	9	36.24	16	44.01	10	33.11	4	1.06.11
		チーム	17	47.57	15	1.29.56	11	2.43.26	11	3.19.50	11	4.03.51	11	4.37.02	10	5.43.13
11	鹿児島	走者		有枝 幹延		楢崎 浩史		有薗 公博		前田 賢治		角島　栄		東　剛彦		右田 孝志
		個人	7	45.33	11	41.57	16	1.16.36	14	37.01	11	43.03	14	34.34	10	1.07.19
		チーム	7	45.33	9	1.27.30	13	2.44.06	12	3.21.07	12	4.04.10	12	4.38.44	11	5.46.03
12	九州産業	走者		福田 豊徳		河村 芳生		大上　力		伊藤　剛		斎藤 健次		金山　靖		桜井 正博
		個人	15	47.30	6	40.55	11	1.14.07	11	36.42	10	42.45	11	33.23	18	1.11.21
		チーム	15	47.30	11	1.28.25	10	2.42.32	10	3.19.14	10	4.01.59	10	4.35.22	12	5.46.43
13	大阪経済	走者		木田 博仁		宇山　学		木村 春彦		小林 克行		太田　剛		大路 順紀		嬉野 尚二
		個人	14	47.13	17	43.17	14	1.15.11	15	37.24	14	43.40	13	34.21	16	1.09.37
		チーム	14	47.13	16	1.30.30	14	2.45.41	13	3.23.05	14	4.06.45	13	4.41.06	13	5.50.43
14	徳山	走者		梶原 浩一		江向 丘吏		池田 幹夫		豊永 安夫		丸橋　亘		笹原 昌二		宮脇　誠
		個人	12	46.58	16	42.37	18	1.17.24	13	36.54	15	43.45	12	34.14	13	1.09.14
		チーム	12	46.58	14	1.29.35	15	2.46.59	15	3.23.53	15	4.07.38	14	4.41.52	14	5.51.06
15	東北学院	走者		遠藤 良則		後藤 栄樹		菅野 信夫		鈴木 高幸		阿部　弘		佐藤 達晃		鈴木 信義
		個人	10	46.26	13	42.03	13	1.14.58	17	39.42	12	43.08	18	36.28	15	1.09.23
		チーム	10	46.26	12	1.28.29	12	2.43.27	14	3.23.09	13	4.06.17	15	4.42.45	15	5.52.08
16	京都教育	走者		草間 義彦		海老瀬 正純		沢井 宏次		小野 伸一郎		島田　敦		中沢　幸		前田 芳久
		個人	16	47.35	19	45.05	12	1.14.52	10	36.40	17	44.51	17	36.14	11	1.07.42
		チーム	16	47.35	18	1.32.40	17	2.47.32	16	3.24.12	16	4.09.03	17	4.45.17	16	5.52.59
17	愛知教育	走者		福山 勇治		斉木 英男		立花 英夫		加藤 貴久		横田 泰一		戸松 秀樹		高木 明彦
		個人	13	47.09	14	42.25	19	1.17.25	18	39.45	13	43.18	15	35.11	12	1.09.00
		チーム	13	47.09	13	1.29.34	16	2.46.59	17	3.26.44	17	4.10.02	16	4.45.13	17	5.54.13
18	信州	走者		百瀬 定雄		横田 則雄		本多 末男		竹内　現		登内 達朗		田中 孝志		清水 秀文
		個人	18	48.43	16	42.39	20	1.19.33	16	38.31	18	45.03	16	36.09	20	1.15.23
		チーム	18	48.43	17	1.31.22	19	2.50.55	19	3.29.26	18	4.14.29	18	4.50.38	18	6.06.01
19	愛知学院	走者		小栗 昭伸		福山 慎也		青木 芳幸		梅原 祐二		河合 直人		梶原 聡明		直江 功希
		個人	19	49.10	18	44.22	15	1.15.13	20	40.33	20	48.03	19	36.40	19	1.12.20
		チーム	19	49.10	19	1.33.32	18	2.48.45	18	3.29.18	19	4.17.21	19	4.54.01	19	6.06.21
20	北海道	走者		芳川　充		川本 浩一		山田 篤身		金高 弘典		高橋 誠一		永岡　栄		千原 遠見彦
		個人	20	53.57	20	45.14	17	1.16.46	19	39.58	19	45.44	20	37.23	17	1.11.09
		チーム	20	53.57	20	1.39.11	20	2.55.57	20	3.35.55	20	4.21.39	20	4.59.02	20	6.10.11

第15回　1984年(昭和59年)1月22日　総距離：108.9km

順	大学名		1区 (15.1km)		2区 (13.5km)		3区 (23.2km)		4区 (11.3km)		5区 (13.5km)		6区 (10.7km)		7区 (21.6km)	
1	大東文化	走者	4	坂中 末美	2	石井 俊久	4	米重 修一	4	袴田 英雄	2	若林 寿	2	江口 和浩	3	佐久間 伊一
		個人	5	45.10	3	40.12	1	1.09.37	3	34.08	1	40.41	3	32.06	3	1.05.28
		チーム	5	45.10	3	1.25.31	1	2.35.08	1	3.09.15	1	3.49.57	1	4.22.03	1	5.27.31
2	専修	走者	2	北垣 章	2	渡瀬 智康	4	加藤 覚	1	小沢 利之	2	西田 浩智	3	堂道 誠	2	大庭 幸治
		個人	4	45.04	4	40.27	2	1.10.37	8	35.06	5	41.43	5	32.23	5	1.06.01
		チーム	4	45.04	4	1.25.31	2	2.36.08	2	3.11.14	2	3.52.57	2	4.25.20	2	5.31.21
3	福岡	走者		飛松 一郎		小山 治		今村 智浩		坂梨 信介		山口 善正		松園 勉		備 秀朗
		個人	6	45.25	6	40.46	5	1.13.28	1	33.46	3	40.51	1	31.27	6	1.06.17
		チーム	6	45.25	5	1.26.11	6	2.39.39	5	3.13.25	4	3.54.16	3	4.25.43	3	5.32.00
4	筑波	走者	3	矢野 哲	4	保田 教之	3	渋谷 俊浩	1	柳井 健男	4	坪井 健司	1	神林 勲	4	西尾 剛造
		個人	9	46.18	5	40.35	3	1.10.43	7	34.58	6	41.53	11	33.02	1	1.05.11
		チーム	9	46.18	7	1.26.53	3	2.37.36	3	3.12.34	6	3.54.27	6	4.27.29	4	5.32.40
5	中京	走者		福光 英雄		清田 勝義		愛敬 重之		岡村 茂裕		石山 喜代二		今西 利和		岡野 幹史
		個人	10	46.19	7	41.07	4	1.12.04	2	33.56	2	40.46	2	31.55	7	1.06.42
		チーム	10	46.19	9	1.27.26	5	2.39.30	6	3.13.26	3	3.54.12	4	4.26.07	5	5.32.49
6	東海	走者	1	大崎 栄	4	松田 英司	3	鍋島 研介		青田 恭志	4	小松 憲司	4	佐藤 弘明	3	服部 隆虎
		個人	3	44.50	1	39.36	5	1.13.28	10	35.16	4	41.12	10	32.56	4	1.05.49
		チーム	3	44.50	1	1.24.26	4	2.37.54	4	3.13.10	5	3.54.22	5	4.27.18	6	5.33.07
7	日本体育	走者	4	植松 誠	3	中田 盛之	3	小田 英明		井手上 敏浩	3	渡辺 正昭	4	玉城 良二	2	足立 幸永
		個人	1	44.40	2	40.01	9	1.15.04	9	35.13	8	42.32	6	32.24	2	1.05.20
		チーム	1	44.40	2	1.24.41	7	2.39.45	7	3.14.58	8	3.57.30	8	4.29.54	7	5.35.14
8	京都産業	走者		泉 宜廣		蔵所 和弘		岡本 基		高橋 徹也		名倉 直也		今井 芳照		有田 憲正
		個人	2	44.43	10	42.03	7	1.14.06	4	34.17	7	42.01	7	32.36	10	1.08.30
		チーム	2	44.43	6	1.26.46	8	2.40.52	8	3.15.09	7	3.57.10	7	4.29.46	8	5.38.16
9	東京農業	走者	4	工藤 耕治	2	岡部 邦彦	3	斎藤 元徳	3	吾郷 修二	2	楠本 勝己	1	婦木 重秋	2	増村 健治
		個人	7	45.32	9	41.42	12	1.16.50	6	34.52	11	43.19	13	34.08	8	1.07.12
		チーム	7	45.32	8	1.27.14	10	2.44.04	9	3.18.56	9	4.02.15	9	4.36.23	9	5.43.35
10	立命館	走者		蒲田 英司		雁子 敏一		大江 茂		空 誠二		西村 隆		高畑 恒治		中坊 剛
		個人	14	47.18	13	43.18	11	1.15.54	11	35.32	13	43.41	4	32.10	12	1.09.16
		チーム	14	47.18	15	1.30.36	12	2.46.30	11	3.22.02	11	4.05.43	10	4.37.53	10	5.47.09
11	九州産業	走者		今福 藤信		原 秀幸		大上 力		浜田 安生		桜井 正博		杉本 和正		河村 芳生
		個人	12	46.57	12	42.11	17	1.21.08	5	34.44	9	42.36	8	32.40	9	1.07.44
		チーム	12	46.57	11	1.29.08	16	2.50.16	15	3.25.00	13	4.07.36	13	4.40.16	11	5.48.00
12	鹿児島	走者		楢崎 浩史		吉原 裕智		右田 孝志		小原 節明		角島 栄		稲木 光晴		東 剛彦
		個人	13	47.11	11	42.09	8	1.14.09	16	36.52	16	44.28	14	34.43	16	1.11.35
		チーム	13	47.11	12	1.29.20	9	2.43.29	10	3.20.21	10	4.04.49	11	4.39.32	12	5.51.07
13	大阪体育	走者		藤田 繁也		安達 淳		山口 賢		合田 成一		三栖 信征		中島 信一		中山 正明
		個人	15	47.33	8	41.29	10	1.15.45	17	37.23	12	43.33	12	34.00	17	1.11.38
		チーム	15	47.33	10	1.29.02	11	2.44.47	12	3.22.10	11	4.05.43	12	4.39.43	13	5.51.21
14	徳山	走者		梶原 浩一		村瀬 裕之		宮脇 誠		稲永 順士		小山田 裕介		大谷 照幸		丸橋 亘
		個人	16	48.29	14	43.22	13	1.17.07	13	35.59	10	43.16	9	32.45	18	1.11.58
		チーム	16	48.29	16	1.31.51	14	2.48.58	14	3.24.57	14	4.08.13	14	4.40.58	14	5.52.56
15	大阪経済	走者		木村 春彦		大路 順紀		嬉野 尚二		小林 克行		堀 光穂		乾 正義		宇山 学
		個人	11	46.47	15	43.27	16	1.17.52	12	35.41	18	45.20	17	35.27	13	1.10.11
		チーム	11	46.47	14	1.30.14	13	2.48.06	13	3.23.47	15	4.09.07	15	4.44.34	15	5.54.45
16	東北学院	走者		遠藤 良則		後藤 栄樹		菅野 信夫		小田島 敦志		高橋 賢一		高橋 秀一		阿部 弘
		個人	8	45.40	18	43.40	18	1.21.11	15	36.38	14	43.50	20	36.28	14	1.10.27
		チーム	8	45.40	13	1.29.20	17	2.50.31	17	3.27.09	16	4.10.59	18	4.47.27	16	5.57.54
17	愛知教育	走者		立花 英夫		櫟原 邦弘		斉木 英男		加藤 貴久		今村 知之		戸松 秀樹		福山 勇治
		個人	18	49.12	19	43.41	15	1.17.39	14	36.23	19	45.23	15	35.03	15	1.11.34
		チーム	18	49.12	18	1.32.53	18	2.50.32	16	3.26.55	18	4.12.18	16	4.47.21	17	5.58.55
18	中部工業	走者		岩附 稔浩		永田 貴司		菊地 彰隆		久米 清隆		水野 伸克		岡本 繁雄		沼口 敏史
		個人	17	48.42	17	43.36	14	1.17.10	19	38.20	15	44.16	16	35.18	19	1.14.05
		チーム	17	48.42	17	1.32.18	15	2.49.28	18	3.27.48	17	4.12.04	17	4.47.22	18	6.01.27
19	北海道	走者		永岡 栄		杉山 禎		高橋 誠一		上浦 廣司		川本 浩一		原沢 辰明		千原 遠見彦
		個人	19	50.28	16	43.31	19	1.21.18	20	38.46	20	45.28	18	35.43	11	1.09.02
		チーム	19	50.28	19	1.33.59	19	2.55.17	19	3.34.03	19	4.19.31	19	4.55.14	19	6.04.16
20	金沢	走者		柳平 実		中野 義晴		石山 隆		内山 理人		坪井 昌彦		太田 繁男		土屋 浩一
		個人	20	51.12	20	46.18	20	1.23.15	18	38.03	17	44.44	19	35.55	20	1.19.33
		チーム	20	51.12	20	1.37.30	20	3.00.45	20	3.38.48	20	4.23.32	20	4.59.27	20	6.19.00

第16回　1985年(昭和60年)1月20日　　総距離：108.9km

順	大学名		1区(15.1km)		2区(13.5km)		3区(23.4km)		4区(11.1km)		5区(13.5km)		6区(12.1km)		7区(20.2km)	
1	日本体育	走者	4	中田 盛之		井手上 敏浩	2	仲西 浩	3	高橋 修	2	湯山 秀史	3	丸山 一徳	3	足立 幸永
		個人	2	44.15	3	40.34	6	1.13.26	2	33.10	9	42.11	1	35.34	1	1.00.06
		チーム	2	44.15	2	1.24.49	4	2.38.15	3	3.11.25	5	3.53.36	3	4.29.10	1	5.29.16
2	東京農業	走者	3	長田 千治	3	岡部 邦彦	2	小指 徹	4	吾郷 修二	3	小沢 吉健	1	中座 俊隆	1	石沢 浩二
		個人	6	45.08	1	39.51	4	1.12.29	4	33.33	3	40.41	5	37.06	2	1.01.42
		チーム	6	45.08	3	1.24.59	2	2.37.48	2	3.11.21	3	3.52.02	2	4.29.08	2	5.30.50
3	大東文化	走者	1	只隈 伸也	3	石井 俊久	3	若林 寿	4	千木良 孝之	4	佐久間 伊一	3	江口 和浩	3	大野 俊之
		個人	4	44.30	4	40.53	3	1.12.47	3	33.24	2	40.19	4	37.04	6	1.02.36
		チーム	4	44.30	5	1.25.23	3	2.38.10	5	3.11.34	2	3.51.53	1	4.28.57	3	5.31.33
4	福岡	走者		松園 勉		山口 善正		今村 智浩		西村 明雄		伊東 増直		高島 美好		大西 徳彦
		個人	1	44.09	2	40.07	7	1.14.13	1	32.58	1	40.02	12	38.36	4	1.02.12
		チーム	1	44.09	1	1.24.16	5	2.38.29	4	3.11.27	1	3.51.29	4	4.30.05	4	5.32.17
5	日本	走者	2	笠間 三四郎	4	音喜多 正志	4	丸橋 昇	1	日比 勝俊	2	大渕 俊幸	2	妹尾 幸	2	岩本 和彦
		個人	3	44.21	4	40.53	1	1.12.14	5	33.50	7	41.58	3	36.51	5	1.02.28
		チーム	3	44.21	4	1.25.14	1	2.37.28	1	3.11.18	4	3.53.16	5	4.30.07	5	5.32.25
6	専修	走者	3	大庭 幸治	2	松本 卓也	3	北垣 章	2	小沢 利之	3	植田 茂	4	堂道 誠	2	森田 修一
		個人	10	45.49	7	41.47	11	1.15.15	6	33.53	4	40.53	2	36.37	3	1.01.59
		チーム	10	45.49	9	1.27.36	9	2.42.51	8	3.16.44	7	3.57.37	7	4.34.14	6	5.36.13
7	九州産業	走者		原 秀幸		今福 藤信		河村 芳生		金山 靖		福田 豊徳		佐藤 充		最所 清貴
		個人	9	45.49	6	41.40	2	1.12.21	9	34.44	6	41.57	6	37.15	10	1.03.13
		チーム	9	45.49	8	1.27.29	6	2.39.50	6	3.14.34	6	3.56.31	6	4.33.46	7	5.36.59
8	中京	走者		岡村 茂裕		村越 修		愛敬 重之		藤原 公		桂川 一哉		吉崎 康志		岡野 幹史
		個人	5	44.51	9	41.52	9	1.14.17	8	34.43	12	42.38	7	37.23	7	1.02.46
		チーム	5	44.51	6	1.26.43	7	2.41.00	7	3.15.43	8	3.58.21	8	4.35.44	8	5.38.30
9	京都産業	走者		泉 宜廣		藤川 実		岡本 基		大河原 宏樹		今井 芳照		武信 克仁		有田 憲正
		個人	7	45.09	7	41.47	8	1.14.15	13	35.38	10	42.27	9	38.18	8	1.02.48
		チーム	7	45.09	7	1.26.56	8	2.41.11	9	3.16.49	9	3.59.16	9	4.37.34	9	5.40.22
10	東北学院	走者		遠藤 良則		後藤 栄樹		菅野 信夫		小田島 敦志		菊地 淳		鈴木 高幸		阿部 弘
		個人	12	46.22	11	42.19	9	1.14.17	14	35.41	11	42.37	11	38.34	11	1.03.39
		チーム	12	46.22	10	1.28.41	10	2.42.58	10	3.18.39	10	4.01.16	10	4.39.50	10	5.43.29
11	中央	走者	3	村上 享史	4	大志田 秀次	2	富永 博文	3	木村 和彦	1	北川 宏太郎	2	吉崎 修	1	栩沢 俊明
		個人	13	46.23	14	43.17	15	1.16.40	7	33.54	5	41.46	14	38.58	9	1.02.59
		チーム	13	46.23	12	1.29.40	13	2.46.20	11	3.20.14	11	4.02.00	11	4.40.58	11	5.43.57
12	立命館	走者		高畑 恒治		福本 整		松内 昇		国島 智行		大江 茂		西村 隆		中坊 剛
		個人	8	45.48	15	43.24	12	1.16.09	12	35.32	8	42.07	10	38.24	13	1.04.26
		チーム	8	45.48	11	1.29.12	12	2.45.21	12	3.20.53	12	4.03.00	12	4.41.24	12	5.45.50
13	大阪体育	走者		石川 哲也		沢口 博之		藤田 繁也		伊藤 和明		吉田 克久		中島 信一		三栖 信征
		個人	15	48.22	10	42.08	13	1.16.15	10	35.00	15	42.49	8	38.17	12	1.04.19
		チーム	15	48.22	13	1.30.30	14	2.46.45	14	3.21.45	13	4.04.34	13	4.42.51	13	5.47.10
14	鹿児島	走者		吉原 裕智		稲木 光晴		右田 孝志		田北 佳郎		田畑 真治		西村 国彦		小原 節明
		個人	11	46.16	20	44.53	5	1.12.50	19	37.35	18	44.37	16	39.11	15	1.05.21
		チーム	11	46.16	15	1.31.09	11	2.43.59	13	3.21.34	14	4.06.11	14	4.45.22	14	5.50.43
15	大阪経済	走者		峰地 伸彦		嬉野 尚二		興津 佳孝		堀 光穂		山口 正道		大路 順紀		宇山 学
		個人	20	50.09	12	42.20	18	1.18.11	11	35.22	12	42.38	17	39.24	14	1.04.37
		チーム	20	50.09	17	1.32.29	17	2.50.40	17	3.26.02	16	4.08.40	17	4.48.04	15	5.52.41
16	愛知教育	走者		櫟原 邦弘		小泉 賢治		斉木 英男		加藤 貴久		戸松 秀樹		田辺 正幸		立花 英夫
		個人	17	48.35	13	42.53	14	1.16.20	18	36.42	14	42.43	18	40.06	16	1.05.37
		チーム	17	48.35	16	1.31.28	15	2.47.48	16	3.24.30	15	4.07.13	15	4.47.19	16	5.52.56
17	徳山	走者		村瀬 裕之		矢野 雄二		江向 丘吏		高橋 隆之		上田 隆志		坂口 和彦		小山田 裕介
		個人	14	46.50	16	43.44	17	1.17.53	15	35.54	16	44.20	13	38.46	18	1.07.51
		チーム	14	46.50	14	1.30.34	16	2.48.27	15	3.24.21	17	4.08.41	16	4.47.27	17	5.55.18
18	北海道	走者		杉山 禎		高橋 誠一		千原 遠見彦		天野 博哉		金高 弘典		原沢 辰明		永岡 栄
		個人	18	48.50	18	44.26	16	1.17.44	16	36.34	20	46.49	19	40.26	17	1.06.30
		チーム	18	48.50	19	1.33.16	18	2.51.00	18	3.27.34	19	4.14.23	20	4.54.49	18	6.01.19
19	中部	走者		永田 貴司		岩附 稔浩		菊地 彰隆		岡本 繁雄		浅井 宏泰		鈴木 敏文		池田 和典
		個人	16	48.32	17	44.15	20	1.18.54	20	38.06	19	45.36	15	38.59	19	1.08.05
		チーム	16	48.32	18	1.32.47	19	2.51.41	20	3.29.47	20	4.15.23	19	4.54.22	19	6.02.27
20	新潟	走者		伊与部 浩幸		野々上 敬一		仲川 栄二		安達 昭則		早津 一仁		五十嵐 理		川瀬 晃
		個人	19	49.19	19	44.42	19	1.18.17	17	36.39	17	44.28	20	40.53	20	1.08.23
		チーム	19	49.19	20	1.34.01	20	2.52.18	19	3.28.57	18	4.13.25	18	4.54.18	20	6.02.41

第17回　1986年(昭和61年)1月19日　総距離：108.9km

順	大学名		1区 (15.1km)		2区 (13.5km)		3区 (23.4km)		4区 (11.1km)		5区 (13.5km)		6区 (12.1km)		7区 (20.2km)	
		走者		今井 芳照		足立 亘		泉 宜廣		大河原 宏樹		名倉 直也		蔵所 和弘		足立 泰男
1	京都産業	個人	8	45.08	1	39.10	2	*1.11.20*	5	33.31	1	40.03	8	37.30	2	1.00.11
		チーム	8	45.08	2	1.24.18	1	2.35.38	1	3.09.09	1	3.49.12	1	4.26.42	1	*5.26.53*
		走者	2	日比 勝俊	1	幸保 雅信	2	乙倉 公敏	2	熊本 正彦		鈴木 徹	2	武田 裕明	3	笠間 三四郎
2	日本	個人	4	44.59	4	40.00	7	1.13.42	4	33.30	7	41.32	2	36.49	1	*59.47*
		チーム	4	44.59	5	1.24.59	7	2.38.41	7	3.12.11	7	3.53.43	6	4.30.32	2	5.30.19
		走者	3	仲西 浩	4	丸山 一徳	2	鈴木 尚人	1	深井 剛	2	小川 欽也	1	別府 健至	4	高橋 修
3	日本体育	個人	10	45.15	7	40.49	3	*1.12.05*	2	33.19	3	40.34	3	37.00	3	1.01.32
		チーム	10	45.15	7	1.26.04	4	2.38.09	4	3.11.28	2	3.52.02	3	4.29.02	3	5.30.34
		走者	4	北垣 章	4	植田 茂	3	森田 修一	1	奥山 光広	3	渡辺 勝彦	3	小沢 利之	4	大庭 幸治
4	専修	個人	6	45.03	2	39.17	6	1.13.05	6	33.36	5	41.12	5	37.25	5	1.02.27
		チーム	6	45.03	3	1.24.20	3	2.37.25	3	3.11.01	4	3.52.13	4	4.29.38	4	5.32.05
		走者		松園 勉		山口 善正		今村 智浩		伊東 増直		土持 栄二		後藤 文仁		田島 順二
5	福岡	個人	2	44.30	3	39.39	5	1.12.46	7	33.37	10	42.18	6	37.27	4	1.02.19
		チーム	2	44.30	1	1.24.09	2	2.36.55	2	3.10.32	5	3.52.50	5	4.30.17	5	5.32.27
		走者		原 秀幸		福田 豊徳		河村 芳生		佐藤 充		今福 藤信		金山 靖		最所 清貴
6	九州産業	個人	15	45.40	11	41.30	1	*1.11.09*	3	33.20	8	41.53	10	37.49	7	1.03.09
		チーム	15	45.40	11	1.27.10	5	2.38.19	6	3.11.39	6	3.53.32	8	4.31.21	6	5.34.30
		走者	4	中野 孝行	2	島口 勝裕	4	中村 新吾	1	斎藤 学	1	阿部 一也	3	藤代 和敏	3	佐藤 知彦
7	国士舘	個人	5	45.02	9	41.09	4	1.12.43	9	33.49	4	41.10	4	37.07	13	1.05.49
		チーム	5	45.02	8	1.26.11	8	2.38.54	8	3.12.43	8	3.53.53	7	4.31.00	7	5.36.49
		走者	4	岡部 邦彦	2	大間 孝	3	小指 徹	1	印南 真一	4	増村 健治	2	中座 俊隆	2	石沢 浩二
8	東京農業	個人	13	45.29	8	40.57	9	1.14.31	8	33.45	6	41.30	9	33.37	10	1.03.33
		チーム	13	45.29	10	1.26.26	9	2.40.57	9	3.14.42	9	3.56.12	9	4.33.49	8	5.37.22
		走者		吉川 深		三栖 信征		吉田 克久		森本 聡一郎		中島 信一		市来 浩幸		沢口 博之
9	大阪体育	個人	9	45.13	10	41.11	17	1.18.28	12	34.14	9	41.59	11	38.04	8	1.03.14
		チーム	9	45.13	9	1.26.24	13	2.44.52	11	3.19.06	11	4.01.05	11	4.39.09	9	5.42.23
		走者		吉崎 康志		榊原 靖之		愛敬 重之		碓井 一義		川崎 吉彦		浅野 由樹久		大西 直人
10	中京	個人	12	45.28	13	42.01	18	1.18.53	10	34.05	13	42.43	7	37.30	6	1.02.56
		チーム	12	45.28	12	1.27.29	16	2.46.22	14	3.20.27	13	4.03.10	12	4.40.40	10	5.43.36
		走者		菅野 信夫		鈴木 高幸		菊地 淳		大内 文広		阿部 弘		北目 秀哉		小水内 俊浩
11	東北学院	個人	7	45.04	6	40.22	12	1.16.53	13	35.07	12	42.35	14	38.42	12	1.05.41
		チーム	7	45.04	6	1.25.26	10	2.42.19	10	3.17.26	10	4.00.01	10	4.38.43	11	5.44.24
		走者		吉田 雅広		興津 佳孝		木田 博仁		峰地 伸彦		山口 正道		真柴 孝彰		宇山 学
12	大阪経済	個人	16	47.11	12	41.50	13	1.16.54	11	34.07	11	42.29	12	38.27	9	1.03.28
		チーム	16	47.11	15	1.29.01	15	2.45.55	13	3.20.02	12	4.02.31	13	4.40.58	12	5.44.26
		走者		村瀬 裕之		高橋 隆三		江向 丘吏		矢野 雄二		高田 精一郎		坂口 和彦		塩屋 孝久
13	徳山	個人	14	45.31	14	42.13	11	1.16.25	16	35.47	16	44.11	15	38.54	11	1.05.18
		チーム	14	45.31	14	1.27.44	11	2.44.09	12	3.19.56	14	4.04.07	14	4.43.01	13	5.48.19
		走者		新城 薫		長谷川 拓也		松下 明尚		土師 智宏		高久 正生		池田 友治		山近 良次
14	八幡	個人	3	44.53	19	44.15	10	1.16.14	18	36.13	14	43.00	19	39.56	16	1.07.35
		チーム	3	44.53	16	1.29.08	14	2.45.22	15	3.21.35	15	4.04.35	15	4.44.31	14	5.52.06
		走者		尾山 文朗		川崎 貞治		中松 圭		小牟田 竜一		大野 昌義		長森 真信		阿部 直志
15	関西	個人	11	45.25	15	42.14	13	1.16.54	20	38.11	17	44.17	17	39.36	15	1.07.21
		チーム	11	45.25	13	1.27.39	12	2.44.33	16	3.22.44	16	4.07.01	16	4.46.37	15	5.53.58
		走者		櫟原 邦弘		小泉 賢治		斉木 英男		高見 英治		田辺 正幸		伊藤 孝晴		戸松 秀樹
16	愛知教育	個人	11	45.25	16	42.54	15	1.17.01	14	35.26	18	44.24	20	40.13	17	1.08.32
		チーム	11	45.25	18	1.31.41	17	2.48.42	17	3.24.08	17	4.08.32	17	4.48.45	16	5.57.17
		走者		菊地 彰隆		竹内 寿満		永田 貴司		長谷川 司		伊藤 禎記		池田 和典		鈴木 敏文
17	中部	個人	17	47.20	20	45.29	20	1.21.23	15	35.33	15	43.39	13	38.37	14	1.06.07
		チーム	17	47.20	19	1.32.49	19	2.54.12	19	3.29.45	19	4.13.24	19	4.52.01	17	5.58.08
		走者		杉山 禎		高橋 誠一		永岡 栄		中島 直香		鹿取 正道		原沢 辰明		佐藤 健也
18	北海道	個人	18	47.58	17	43.15	16	1.17.41	17	36.11	20	45.17	16	39.23	18	1.09.03
		チーム	18	47.58	17	1.31.13	18	2.48.54	18	3.25.05	18	4.10.22	18	4.49.45	18	5.58.48
		走者	2	只隈 伸也	2	矢野 功	4	若林 寿	1	山口 政信	4	石井 俊久	4	江口 和浩	4	佐々木 律夫
19	大東文化	個人	1	44.26	5	40.15	8	1.13.44	1	33.13	2	40.26	1	36.27	20	1.31.13
		チーム	1	44.26	4	1.24.41	6	2.38.25	5	3.11.38	3	3.52.04	2	4.28.31	19	5.59.44
		走者		野々上 敬一		陸川 均		伊与部 浩幸		五十嵐 理		早津 一仁		長谷 良弘		川瀬 晃
20	新潟	個人	20	50.35	18	44.04	19	1.19.56	19	37.09	19	44.40	18	39.52	19	1.09.42
		チーム	20	50.35	20	1.34.39	20	2.54.35	20	3.31.44	20	4.16.24	20	4.56.16	20	6.05.58

第18回　1987年(昭和62年)1月18日　　総距離：108.9km

順	大学名		1区(15.1km)		2区 (13.5km)		3区(23.4km)		4区 (11.1km)		5区(13.5km)		6区 (12.1km)		7区 (20.2km)	
		走者	3	平山 征志	2	川島 伸次	3	鈴木 尚人	3	小川 欽也	2	深井　剛	2	別府 健至	2	島津 秀一
1	日本体育	個人	3	45.21	1	40.00	2	*1.10.36*	1	34.11	1	39.58	1	36.07	1	*59.40*
		チーム	3	45.21	1	1.25.21	1	2.35.57	1	3.10.08	1	3.50.06	1	4.26.13	1	*5.25.53*
		走者	1	堀田 直希	2	宮嶋 教博	4	泉　宜廣	4	足立　亘	3	大河原 宏樹	3	藤川　実	2	足立 泰男
2	京都産業	個人	10	46.17	5	41.15	4	1.11.38	2	34.12	5	41.11	2	36.11	3	1.00.01
		チーム	10	46.17	7	1.27.32	5	2.39.10	2	3.13.22	3	3.54.33	2	4.30.44	2	5.30.45
		走者	1	岡本 和浩	3	日比 勝俊	4	笠間 三四郎	4	岩本 和彦	2	北川　貫	4	妹尾　幸	3	武田 裕明
3	日本	個人	2	45.13	9	41.34	6	1.12.35	7	35.12	2	40.28	3	36.14	2	59.48
		チーム	2	45.13	3	1.26.47	6	2.39.22	5	3.14.34	4	3.55.02	4	4.31.16	3	5.31.04
		走者	2	奥山 光広	4	松本 卓也	4	森田 修一	2	野村 智久	4	渡辺 勝彦	4	太田 一夫	4	小沢 利之
4	専修	個人	5	45.31	2	40.47	5	1.12.13	5	35.02	4	40.44	6	36.30	6	1.01.01
		チーム	5	45.31	2	1.26.18	3	2.38.31	4	3.13.33	2	3.54.17	3	4.30.47	4	5.31.48
		走者	3	西村 明雄	4	小村 恭生	4	松園　勉	2	田中 裕美	4	後藤 文仁	3	土持 栄二	4	田島 順二
5	福岡	個人	1	45.08	11	42.15	3	1.11.36	3	34.29	8	41.54	4	36.17	5	1.00.39
		チーム	1	45.08	6	1.27.23	4	2.38.59	3	3.13.28	5	3.55.22	5	4.31.39	5	5.32.18
		走者	3	矢野　功	1	野房 和彦	3	只隈 伸也	2	中東 康英	2	山口 政信	3	高橋 孝幸	4	清水 康浩
6	大東文化	個人	6	45.39	8	41.26	1	*1.10.08*	18	37.34	9	42.28	8	37.29	4	1.00.24
		チーム	6	45.39	4	1.27.05	2	2.37.13	6	3.14.47	6	3.57.15	7	4.34.44	6	5.35.08
		走者	4	大崎　栄	2	小杉 好則	3	本村 穣治	2	新号 和政	2	両角　速	1	佐藤　円	4	大塚 正人
7	東海	個人	7	45.41	7	41.25	9	1.14.08	4	34.46	6	41.19	7	36.57	8	1.01.57
		チーム	7	45.41	5	1.27.06	8	2.41.14	7	3.16.00	7	3.57.19	6	4.34.16	7	5.36.13
		走者	4	今井　哲	2	中村 幸彦	4	及川　篤	4	新井　哲	4	菊池 和成	4	定方 次男	3	志津野 誠
8	東洋	個人	12	46.53	3	40.58	13	1.15.53	6	35.10	3	40.35	4	36.17	7	1.01.24
		チーム	12	46.53	9	1.27.51	12	2.43.44	12	3.18.54	8	3.59.29	8	4.35.46	8	5.37.10
		走者	2	原　晋	4	藤原　公	4	村越　修	2	秋枝 文明	2	碓井 一義	3	中川　豊	3	吉崎 康志
9	中京	個人	14	47.22	6	41.17	8	1.13.52	11	35.48	7	41.35	10	37.42	9	1.02.57
		チーム	14	47.22	11	1.28.39	10	2.42.31	10	3.18.19	9	3.59.54	9	4.37.36	9	5.40.33
		走者	2	吉川　潔	3	吉田 克久	3	沢口 博之	3	市来 浩幸	3	浜田 俊成	2	森本 聡一郎		中山 祐次
10	大阪体育	個人	4	45.27	14	42.42	11	1.14.18	8	35.22	13	43.02	12	38.29	10	1.03.03
		チーム	4	45.27	10	1.28.09	9	2.42.27	9	3.17.49	10	4.00.51	11	4.39.20	10	5.42.23
		走者	4	原　秀幸	4	佐藤　充	4	最所 清貴		黒仁田 譲治	4	南島 敏孝	4	古賀 和彦	1	大迫 秀治
11	九州産業	個人	9	46.09	13	42.40	10	1.14.13	9	35.28	10	42.43	9	37.40	11	1.03.32
		チーム	9	46.09	12	1.28.49	11	2.43.02	11	3.18.30	11	4.01.13	10	4.38.53	11	5.42.25
		走者	2	小牟田 竜一	3	川崎 貞治	4	尾山 文朗	2	阿部 直志	2	長森 真信	3	岩城　傑	3	中松　圭
12	関西	個人	11	46.44	4	40.59	7	1.13.31	13	36.27	16	43.42	17	39.31	15	1.05.20
		チーム	11	46.44	8	1.27.43	7	2.41.14	8	3.17.41	12	4.01.23	12	4.40.54	12	5.46.14
		走者	1	足立　啓	2	飯田 幸裕	3	興津 佳孝	4	堀　光穂	2	角田 隆志	2	真柴 孝彰	2	片山 直次
13	大阪経済	個人	15	47.42	10	41.54	12	1.15.30	12	35.58	11	42.46	11	37.53	16	1.05.25
		チーム	15	47.42	14	1.29.36	13	2.45.06	13	3.21.04	13	4.03.50	13	4.41.43	13	5.47.08
		走者	1	福留 雄二	1	前屋敷 満	4	土肥 正幸		中尾 賢則	2	上稲葉 力	4	森内 直宏	4	村田 秀人
14	久留米	個人	19	48.51	16	43.03	14	1.16.22	17	37.29	17	43.52	16	38.57	12	1.04.01
		チーム	19	48.51	18	1.31.54	14	2.48.16	15	3.25.45	15	4.09.37	15	4.48.34	14	5.52.35
		走者	4	川中 敏也	4	小野 敬弘	4	吾妻 武男	4	木阪　尚	3	朝妻 正一		和泉 佳男	4	佐々木 康次
15	仙台	個人	16	48.20	15	42.57	15	1.17.19	10	35.32	15	42.47	18	39.42	18	1.06.03
		チーム	16	48.20	15	1.31.17	15	2.48.36	14	3.24.08	14	4.06.55	14	4.46.37	15	5.52.40
		走者	1	立永 周治	2	井上　宏		山田 昭夫		松田 守弘	2	渡辺　健	2	香山 喜市郎	1	西溜 敏弘
16	名古屋商	個人	18	48.44	12	42.38	16	1.11.55	19	37.47	15	43.39	15	38.55	17	1.05.30
		チーム	18	48.44	16	1.31.22	16	2.49.17	16	3.27.04	16	4.10.43	16	4.49.38	16	5.55.08
		走者	4	村瀬 裕之		久保 浩一郎	3	塩屋 孝久	3	北村 信也	3	矢野 雄二		東山 浩幸	1	小村 明弘
17	徳山	個人	8	45.45	17	43.12	19	1.22.12	15	36.41	14	43.35	13	38.38	14	1.05.13
		チーム	8	45.45	13	1.28.57	17	2.51.09	17	3.27.50	17	4.11.25	17	4.50.03	17	5.55.16
		走者	1	太島　誠	1	松井 正秀	3	伊与部 浩幸		野崎 義朗	1	星野　豊	2	村山 英司	2	陸川　均
18	新潟	個人	17	48.20	18	43.50	17	1.19.13	16	36.50	18	44.11	19	39.49	19	1.07.33
		チーム	17	48.20	19	1.32.10	18	2.51.23	18	3.28.13	18	4.12.24	18	4.52.13	18	5.59.46
		走者	2	佐藤 健也	4	天野 博哉	4	杉山　禎		木原　誠	2	鹿取 正道	2	渡会 雅明	2	宇山　顕
19	北海道	個人	20	53.12	20	45.05	18	1.21.23	20	39.48	18	44.11	20	41.21	20	1.08.06
		チーム	20	53.12	20	1.38.17	19	2.59.40	19	3.39.28	19	4.23.39	19	5.05.00	19	6.13.06
		走者	1	小塚　武	1	中神 章博	4	永田 貴司	1	近藤 正樹	2	伊藤 禎記		後藤 文哉	4	鈴木 敏文
20	中部	個人	13	47.11	19	44.19	20	1.37.25	14	36.34	20	44.17	14	38.51	13	1.04.43
		チーム	13	47.11	17	1.31.30	20	3.08.55	20	3.45.29	20	4.29.46	20	5.08.37	20	6.13.20

第19回　1988年(昭和63年)1月17日　総距離：108.9km

順	大学名		1区 (15.1km)		2区 (13.5km)		3区 (23.4km)		4区 (11.1km)		5区 (13.5km)		6区 (12.1km)		7区 (20.2km)	
1	日本体育	走者	4	鈴木 尚人	4	平山 征志	3	島津 秀一	4	小川 欽也	3	深井 剛	1	平塚 潤	3	別府 健至
		個人	2	44.17	1	39.40	3	1.11.37	5	33.35	2	39.31	1	*35.27*	1	1.00.20
		チーム	2	44.17	2	1.23.57	3	2.35.34	3	3.09.09	3	3.48.40	1	4.24.07	1	*5.24.27*
2	日本	走者	2	岡本 和浩	4	日比 勝俊	4	武田 裕明	3	幸保 雅信	2	島村 直宏	3	野口 政春	2	佐田 和美
		個人	1	44.00	4	39.46	2	1.11.04	4	33.34	2	39.31	3	36.47	2	1.01.15
		チーム	1	44.00	1	1.23.46	1	2.34.50	1	3.08.24	1	3.47.55	2	4.24.42	2	5.25.57
3	大東文化	走者	2	野房 和彦	4	只隈 伸也	4	矢野 功	3	山口 政信	1	実井 謙二郎	1	樋口 一隆	3	菅原 洋一郎
		個人	3	44.36	2	39.42	5	1.11.59	1	*32.27*	1	39.30	4	36.57	4	1.01.43
		チーム	3	44.36	3	1.24.18	4	2.36.17	2	3.08.44	2	3.48.14	3	4.25.11	3	5.26.54
4	京都産業	走者	2	岸本 実	2	堀田 直希	3	足立 泰男	2	芦田 勝男	1	鳥居 久義		安養寺 俊隆	2	山本 直人
		個人	7	44.59	6	40.33	1	*1.09.47*	10	34.26	9	41.20	6	37.28	6	1.02.29
		チーム	7	44.59	5	1.25.32	2	2.35.19	4	3.09.45	4	3.51.05	4	4.28.33	4	5.31.02
5	福岡	走者	3	田中 裕美	4	志賀 立巳	4	土持 栄二	4	藤沢 寛	2	清田 隆宏	1	山之内 浩一	4	岸川 隆
		個人	10	46.07	3	39.44	11	1.15.08	3	33.07	4	40.14	2	35.57	5	1.02.14
		チーム	10	46.07	7	1.25.51	8	2.40.59	8	3.14.06	8	3.54.20	5	4.30.17	5	5.32.31
6	国士舘	走者	3	原田 徹	3	成田 清和	3	阿部 一也	1	木村 聡	3	斎藤 学	2	市坪 憲治	4	松波 哲哉
		個人	4	44.53	7	40.37	7	1.12.52	8	33.49	6	40.48	7	37.39	7	1.02.49
		チーム	4	44.53	4	1.25.30	6	2.38.22	7	3.12.11	6	3.52.59	6	4.30.38	6	5.33.27
7	大阪体育	走者	4	沢口 博之	1	油屋 健二	3	吉川 潔	3	日野 敏治	3	杉浦 英男	2	舛田 英之	2	上坊 悟
		個人	5	44.53	9	41.13	4	1.11.38	6	33.40	10	41.39	14	39.11	10	1.03.21
		チーム	5	44.53	8	1.26.06	5	2.37.44	5	3.11.24	7	3.53.03	8	4.32.14	7	5.35.35
8	山梨学院	走者	3	夏目 勝也	2	福田 正志	2	梶川 和行	2	本田 征義	3	伊東 宣明	2	小森 亮	2	鈴木 実
		個人	8	45.13	5	40.23	8	1.13.22	2	*32.42*	8	41.18	9	38.21	14	1.05.10
		チーム	8	45.13	6	1.25.36	7	2.38.58	6	3.11.40	5	3.52.58	7	4.31.19	8	5.36.29
9	東海	走者	1	益子 亮二	3	両角 速	3	新号 和政	2	児林 信治	2	富永 豪紀	2	佐藤 円	3	小杉 好則
		個人	18	48.12	15	42.51	6	1.12.27	7	33.46	5	40.47	5	37.02	3	1.01.39
		チーム	18	48.12	18	1.31.03	10	2.43.30	9	3.17.16	9	3.58.03	9	4.35.05	9	5.36.44
10	大阪経済	走者	4	吉田 雅広	2	足立 啓	4	興津 佳孝	4	峰地 伸彦	3	片山 直次	3	真柴 孝彰	3	飯田 幸裕
		個人	9	46.05	3	41.00	12	1.15.20	11	34.54	11	42.08	8	37.52	10	1.03.21
		チーム	9	46.05	9	1.27.05	9	2.42.25	10	3.17.19	10	3.59.27	10	4.37.19	10	5.40.40
11	中京	走者	3	榊原 靖之	1	西岡 英治	4	吉崎 康志	3	原 晋	2	田中 直行	4	中川 豊	3	秋枝 文明
		個人	14	46.37	10	41.16	17	1.17.30	9	34.04	7	41.00	11	38.38	8	1.03.10
		チーム	14	46.37	10	1.27.53	14	2.45.23	11	3.19.27	11	4.00.27	11	4.39.05	11	5.42.15
12	立命館	走者	4	福本 整	1	森田 康征	1	広瀬 永和	1	千葉 暁	2	坊 裕行	3	加藤 敦	4	北村 忠人
		個人	11	46.08	14	42.46	14	1.16.25	15	35.35	13	42.30	13	39.03	9	1.03.18
		チーム	11	46.08	11	1.28.54	13	2.45.19	14	3.20.54	13	4.03.24	13	4.42.37	12	5.45.45
13	沖縄国際	走者	4	浜川 武晴	4	上間 喜仁	4	宮里 晃	4	長浜 正典	2	本村 三男	2	座間味 弘樹	3	金良 勝夫
		個人	6	44.56	18	44.04	10	1.15.00	16	35.39	15	43.42	12	38.46	13	1.04.04
		チーム	6	44.56	12	1.29.00	12	2.44.00	13	3.19.39	12	4.03.21	12	4.42.07	13	5.46.11
14	山形	走者	2	山口 欣也	4	赤沢 正樹	3	佐藤 博之	4	佐藤 淳	4	向山 直樹	3	五十嵐 修二	4	井上 敏春
		個人	17	47.32	11	41.30	16	1.11.13	18	36.20	14	42.48	15	39.12	12	1.03.52
		チーム	17	47.32	13	1.29.02	16	2.46.15	15	3.22.35	16	4.05.23	16	4.44.35	14	5.48.27
15	徳山	走者	1	宮田 和哉	4	高田 精一郎	2	小村 明弘		角屋 克博	4	塩屋 孝久		久保 浩一郎		矢野 雄二
		個人	16	47.23	13	42.42	18	1.18.04	12	34.56	12	42.16	10	38.30	16	1.05.39
		チーム	16	47.23	17	1.30.05	17	2.48.09	17	3.23.05	15	4.05.21	15	4.43.51	15	5.49.30
16	中部	走者	2	小塚 武	2	近藤 正樹	1	市川 光庸	3	野中 正継	3	伊藤 禎記	1	遠 一弘	2	中神 章博
		個人	13	46.29	16	43.07	15	1.16.31	19	36.34	16	43.44	17	39.40	15	1.05.20
		チーム	13	46.29	16	1.29.36	15	2.46.07	16	3.22.41	17	4.06.25	17	4.46.05	16	5.51.25
17	九州	走者	4	木村 宏一	4	月形 賢児	4	下迫田 義昭		松本 真知	4	川中 健太郎	3	藤瀬 修	4	玉井 忠和
		個人	12	46.20	17	43.10	9	1.14.01	17	36.03	17	44.04	16	39.31	20	1.09.42
		チーム	12	46.20	15	1.29.30	11	2.43.31	12	3.19.34	14	4.03.38	14	4.43.09	17	5.52.51
18	新潟	走者	2	松井 正秀	1	川尻 優	2	太島 誠	1	桜井 誠	3	陸川 均	2	星野 豊	1	平田 幸一
		個人	20	48.21	19	45.18	13	1.15.41	14	35.14	19	44.32	18	39.48	19	1.07.21
		チーム	20	48.21	19	1.33.39	18	2.49.20	18	3.24.34	18	4.09.06	18	4.48.54	18	5.56.15
19	名古屋商	走者	3	井上 宏	2	立永 周治	2	西溜 敏弘	1	山中 秀伸	3	渡辺 健	3	香山 喜市郎	3	森田 和彦
		個人	15	47.08	12	42.11	19	1.22.24	13	35.11	18	44.09	19	41.36	18	1.07.06
		チーム	15	47.08	14	1.29.19	19	2.51.43	19	3.26.54	19	4.11.03	19	4.52.39	19	5.59.45
20	北海道	走者	3	鹿取 正道	3	渡会 雅明	3	宇山 顕	2	宮田 博己	4	藤原 正和	1	大西 泰司	3	佐藤 健也
		個人	19	48.19	20	46.04	20	1.22.38	20	39.08	20	45.11	20	43.23	17	1.06.01
		チーム	19	48.19	20	1.34.23	20	2.57.01	20	3.36.09	20	4.21.30	20	5.04.43	20	6.10.44

第20回　1988年(昭和63年)11月6日　　総距離：108.9km

順	大学名		1区 (15.1km)		2区 (13.5km)		3区 (9.5km)		4区 (13.9km)		5区 (12.4km)		6区 (12.2km)		7区 (12.1km)		8区 (20.2km)	
		走者	2	平塚　潤	4	島津 秀一	2	千葉 祐一	4	川島 伸次	4	大槻 義幸	4	有川 哲蔵	4	深井　剛	4	別府 健至
1	日本体育	個人	7	44.00	1	38.23	1	28.01	3	42.34	4	37.12	3	36.38	4	37.02	1	1.00.09
		チーム	7	44.00	1	1.22.23	1	1.50.24	1	2.32.58	1	3.10.10	1	3.46.48	1	4.23.50	1	5.23.59
		走者	4	三浦 武彦	3	鈴木 賢一	1	巽　博和	3	仲村　明	4	畑中 良介	1	山本 正樹	3	山田 和人	4	倉林 俊彰
2	順天堂	個人	4	43.44	6	39.36	6	28.33	6	42.46	1	37.02	6	36.49	1	35.29	2	1.00.20
		チーム	4	43.44	4	1.23.20	4	1.51.53	4	2.34.39	3	3.11.41	3	3.48.30	2	4.23.59	2	5.24.19
		走者	1	岩本 照暢	3	岡本 和浩	1	梅津 富浩	4	幸保 雅信	4	野口 政春	4	安池 一公	4	北川　貢	3	佐田 和美
3	日本	個人	5	43.55	3	38.59	2	28.12	2	42.25	3	37.07	5	36.44	6	37.05	4	1.01.29
		チーム	5	43.55	2	1.22.54	2	1.51.06	2	2.33.31	2	3.10.38	2	3.47.22	3	4.24.27	3	5.25.56
		走者	1	松本 秀之	2	田幸 寛史	2	犬塚 崇志	3	大沢 陽祐	4	西村 和幸	4	佐々木 泰一	1	板橋 弘行	3	長谷川 真也
4	中央	個人	10	44.14	13	41.20	3	28.20	1	42.13	2	37.06	1	36.12	3	36.31	6	1.02.15
		チーム	10	44.14	11	1.25.34	10	1.53.54	7	2.36.07	5	3.13.13	5	3.49.25	4	4.25.56	4	5.28.11
		走者	3	岸本　実	3	古田 康寛	1	長谷川 貴司	2	鳥居 久義	4	宮嶋 教博	3	山本 直人	3	堀田 直希	4	足立 泰男
5	京都産業	個人	6	43.57	4	39.06	5	28.33	4	42.45	9	39.02	7	36.54	2	36.03	5	1.02.06
		チーム	6	43.57	3	1.23.03	3	1.51.36	3	2.34.21	7	3.13.23	6	3.50.17	5	4.26.20	5	5.28.26
		走者	1	横田 芳則	2	実井 謙二郎	2	広藤 敏幸	3	野房 和彦	2	松浦 忠明	1	清水 康次	2	樋口 一隆	4	山口 政信
6	大東文化	個人	8	44.11	5	39.11	8	28.51	7	43.47	6	37.19	9	37.20	5	37.02	3	1.01.16
		チーム	8	44.11	5	1.23.22	5	1.52.13	6	2.36.00	6	3.13.19	7	3.50.39	7	4.27.41	6	5.28.57
		走者	3	青木　潤	4	印南 真一	4	佐藤 信之	3	嘉賀 新吾	3	二ノ宮 祥生	2	木口 典昭	4	木暮 幸一	1	鍔淵 健二
7	東京農業	個人	2	*43.07*	11	40.53	7	28.38	5	42.45	5	37.15	2	36.23	7	37.29	11	1.04.50
		チーム	2	43.07	7	1.24.00	6	1.52.38	5	2.35.23	4	3.12.38	4	3.49.01	6	4.26.30	7	5.31.20
		走者	4	原田　徹	4	阿部 一也	1	勝田 清二	4	成田 清和	1	宮島 誠一	2	須田 貴幸	4	斎藤　学	2	木村　聡
8	国士舘	個人	15	45.47	2	38.45	10	29.13	8	43.51	8	37.55	8	36.54	9	38.03	7	1.02.20
		チーム	15	45.47	10	1.24.32	9	1.53.45	8	2.37.36	8	3.15.31	8	3.52.25	8	4.30.28	8	5.32.48
		走者	4	新号 和政	3	佐藤　円	4	両角　速	3	池田 光明	1	橋本 孝博	3	児林 信治	2	黒田 正治	3	富永 豪紀
9	東海	個人	12	45.11	10	40.29	4	28.23	9	44.49	7	37.39	4	36.40	8	37.40	10	1.04.03
		チーム	12	45.11	12	1.25.40	11	1.54.03	10	2.38.52	9	3.16.31	9	3.53.11	9	4.30.51	9	5.34.54
		走者	1	J．オツオリ	3	福田 正志	2	鳥山　晋	1	川崎 光人	3	高橋　真	2	小西 雅仁	1	松石 正勝	1	K．イセナ
10	山梨学院	個人	1	*43.01*	9	40.22	11	29.24	21	47.39	10	39.11	12	38.38	15	39.54	8	1.03.04
		チーム	1	43.01	6	1.23.23	7	1.52.47	11	2.40.26	11	3.19.37	11	3.58.15	12	4.38.09	10	5.41.13
		走者	4	吉川　潔	4	日野 敏治	4	渡嘉敷 義成	2	油屋 健二	4	杉浦 英男	2	江本　洋	3	深井　悟	3	上坊　悟
11	大阪体育	個人	3	43.31	12	40.54	18	30.52	10	45.10	12	39.20	11	38.32	11	39.20	13	1.05.39
		チーム	3	43.31	9	1.24.25	12	1.55.17	12	2.40.27	12	3.19.47	12	3.58.19	11	4.37.39	11	5.43.18
		走者	1	高味 武彦	4	榊原 靖之	2	西岡 英治	3	田中 直行	3	市来　仁	2	大石 幸浩	1	遠中 正美	4	碓井 一義
12	中京	個人	9	44.12	7	39.59	9	29.08	11	45.13	13	39.26	15	39.10	10	38.44	22	1.09.23
		チーム	9	44.12	8	1.24.11	8	1.53.19	9	2.38.32	10	3.17.58	10	3.57.08	10	4.35.52	12	5.45.15
		走者	3	坊　裕行	1	熊谷 淳二	2	千葉　暁	2	森田 康征	4	加藤　敦	1	梅垣 吉正	2	塚田 一郎	2	広瀬 永和
13	立命館	個人	14	45.43	17	41.58	14	30.14	12	45.14	20	41.02	10	38.04	13	39.46	9	1.03.36
		チーム	14	45.43	17	1.27.41	16	1.57.55	14	2.43.09	16	3.24.11	14	4.02.15	14	4.42.01	13	5.45.37
		走者	3	清田 隆宏	4	田中 裕美	3	古閑　透	2	栗原　勉	2	北崎 朋毅	1	四辻 浩二	3	熊谷 智宏	2	山之内 浩一
14	福岡	個人	18	46.55	8	40.20	13	30.11	16	45.51	14	39.38	17	39.34	12	39.37	12	1.04.57
		チーム	18	46.55	14	1.27.15	14	1.57.26	15	2.43.17	14	3.22.55	15	4.02.29	15	4.42.06	14	5.47.03
		走者	4	片山 直次	2	寺川 慶一郎	4	角田 隆志	2	婦木 幸洋	3	奥村　功	3	後藤 裕介	2	片平 博文	4	飯田 幸裕
15	大阪経済	個人	17	46.00	14	41.21	12	29.40	14	45.24	11	39.12	13	38.57	14	39.50	19	1.08.28
		チーム	17	46.00	16	1.27.21	13	1.57.01	13	2.42.25	13	3.21.37	13	4.00.34	13	4.40.24	15	5.48.52
		走者	1	山崎 利繁	2	赤治 直和	4	曽根 眞史	3	黒木 洋道	2	山吉 公雄	1	堀田 輝雄	3	畑瀬 利秋	3	溝上 敦行
16	八幡	個人	16	45.48	15	41.28	17	30.47	13	45.16	17	40.01	18	39.42	16	40.27	17	1.07.50
		チーム	16	45.48	15	1.27.16	17	1.58.03	16	2.43.19	15	3.23.20	16	4.03.02	16	4.43.29	16	5.51.19
		走者	2	宮田 和哉	2	村田　力	3	中藤 健二	2	中山 浩輔	1	西原　博	3	有田 道徳	4	藤井 克成	3	小村 明弘
17	徳山	個人	21	47.10	19	42.33	16	30.32	17	45.51	15	39.40	14	39.03	17	40.34	21	1.09.14
		チーム	21	47.10	19	1.29.43	19	2.00.15	19	2.46.06	19	3.25.46	17	4.04.49	17	4.45.23	17	5.54.37
		走者	4	北目 秀哉	3	田中 保志	3	砂金 英輝	3	品川 紀明	2	青木　繁	2	鈴木 克弘	3	久慈 英樹	2	金沢　元
18	東北学院	個人	13	45.41	21	43.13	20	30.53	15	45.32	16	39.56	22	40.26	19	41.00	23	1.09.34
		チーム	13	45.41	18	1.28.54	18	1.59.47	18	2.45.19	17	3.25.15	19	4.05.41	18	4.46.41	18	5.56.15
		走者	1	許　績勝	3	立永 周治	2	山中 秀伸	1	中村 高明	1	河井 光輝	3	本庄 郁康	2	相良 一将	3	西溜 敏弘
19	名古屋商	個人	11	45.02	16	41.56	19	30.52	20	47.06	19	40.38	19	39.43	21	42.40	20	1.08.53
		チーム	11	45.02	13	1.26.58	15	1.57.50	17	2.44.56	18	3.25.34	18	4.05.17	19	4.47.57	19	5.56.50
		走者	3	脇田 高洋	3	福留 雄二	1	永田 寿志	3	前屋敷 満	2	森　幸司	4	上稲葉 力	2	小川 和之	4	小佐々 栄一
20	久留米	個人	19	47.03	20	43.03	22	32.04	18	46.00	18	40.25	16	39.25	22	42.56	18	1.08.22
		チーム	19	47.03	20	1.30.06	21	2.02.10	20	2.48.10	20	3.28.35	20	4.08.00	20	4.50.56	20	5.59.18
		走者	3	太島　誠	3	松井 正秀	2	桜井　誠	3	小竹 昭也	3	星野　豊	2	吉村 淳一	5	渡辺 健寛	2	平田 幸一
21	新潟	個人	20	47.07	23	44.09	15	30.28	22	48.18	21	41.03	21	40.23	18	40.36	15	1.07.38
		チーム	20	47.07	22	1.31.16	20	2.01.44	22	2.50.02	21	3.31.05	21	4.11.28	21	4.52.04	21	5.59.42
		走者	4	長坂 尚久	4	安藤　匡	1	愛甲 雄一	4	水野 善和	2	鈴木 久則	2	若松 篤幸	2	田村　一	3	山崎 好夫
22	名古屋	個人	22	48.55	18	42.05	21	31.39	19	46.27	23	43.31	20	40.00	20	41.08	16	1.07.43
		チーム	22	48.55	21	1.31.00	22	2.02.39	21	2.49.06	22	3.32.37	22	4.12.37	22	4.53.45	22	6.01.28
		走者	1	佐藤 卓志	4	宇山　顕	2	梅津 武弘	2	大西 泰司	1	原　智彦	4	渡会 雅明	4	佐藤 健也	4	鹿取 正道
23	北海道	個人	23	50.16	22	43.45	23	32.08	23	51.11	22	42.40	23	43.22	23	44.18	14	1.07.29
		チーム	23	50.16	23	1.34.01	23	2.06.09	23	2.57.20	23	3.40.00	23	4.23.22	23	5.07.40	23	6.15.09

第21回　1989年(平成1年)11月5日　　総距離：108.9km

順	大学名		1区 (15.1km)		2区 (13.5km)		3区 (9.5km)		4区 (13.9km)		5区 (12.4km)		6区 (12.2km)		7区 (12.1km)		8区 (20.2km)	
1	大東文化	走者	3	樋口 一隆	3	実井 謙二郎	3	広藤 敏幸	3	大津　睦	1	奈良　修	2	清水 康次	2	横田 芳則	4	川原　悟
		個人	4	45.16	1	38.31	2	28.15	1	*41.24*	1	37.06	10	38.08	3	36.58	3	1.01.01
		チーム	4	45.16	1	1.23.47	1	1.52.02	1	2.33.26	1	3.10.32	1	3.48.40	1	4.25.38	1	5.26.39
2	日本	走者	2	谷川 義秀	2	梅津 富浩	2	岩本 照暢	4	島村 直宏	3	仲　宏治	3	戸田 俊介	4	佐田 和美	4	岡本 和浩
		個人	1	44.45	3	39.22	1	28.10	4	43.06	3	37.23	3	36.43	2	36.57	2	1.00.50
		チーム	1	44.45	2	1.24.07	2	1.52.17	2	2.35.23	2	3.12.46	2	3.49.29	2	4.26.26	2	5.27.16
3	山梨学院	走者	4	本田 征義	3	青木 貴紀	4	福田 正志	4	梶川 和行	4	中野 政文	4	安田 隆伸	1	磯野　誠	2	J. オツオリ
		個人	3	45.15	8	40.08	4	28.19	5	43.36	4	37.36	6	37.38	4	37.15	1	*58.52*
		チーム	3	45.15	5	1.25.23	4	1.53.42	5	2.37.18	5	3.14.54	5	3.52.32	5	4.29.47	3	5.28.39
4	中央	走者	2	板橋 弘行	2	大江 英之	3	犬塚 崇志	4	大沢 陽祐	3	福永 秀樹	2	深川 竜太	2	大谷　栄	2	松本 秀之
		個人	7	45.39	7	40.05	3	28.18	3	43.05	2	37.18	1	*35.52*	1	36.50	4	1.01.58
		チーム	7	45.39	6	1.24.44	5	1.54.02	4	2.37.07	4	3.14.25	3	3.50.17	3	4.27.07	4	5.29.05
5	順天堂	走者	2	大蔵 典宏	4	鈴木 賢一	2	巽　博和	4	仲村　明	1	松本 正信	2	山本 正樹	2	新藤 伸之	4	山田 和人
		個人	6	45.22	2	39.10	7	29.06	2	42.15	8	38.25	7	37.53	6	37.35	5	1.02.12
		チーム	6	45.22	3	1.24.32	3	1.53.38	3	2.35.53	3	3.14.18	4	3.52.11	4	4.29.46	5	5.31.58
6	東京農業	走者	3	木口 典昭	4	青木　潤	1	福地 弘久	4	二ノ宮 祥生	1	山岸 博之	2	大城 光志	3	下沢　洋	2	川口 章一
		個人	5	45.21	5	39.50	8	29.21	6	44.02	7	38.20	4	37.24	12	39.15	6	1.02.33
		チーム	5	45.21	4	1.25.11	6	1.54.32	6	2.38.34	6	3.16.54	6	3.54.18	7	4.33.33	6	5.36.06
7	京都産業	走者	4	堀田 直希	4	岸本　実	4	定木 徹治	4	古田 康寛	2	松本 泰孝	2	水野 康男	2	小林 浩志	4	山本 直人
		個人	10	46.18	10	40.44	6	29.00	6	44.02	12	39.10	2	36.26	5	37.30	8	1.03.21
		チーム	10	46.18	10	1.27.02	7	1.56.02	7	2.40.04	8	3.19.14	7	3.55.40	6	4.33.10	7	5.36.31
8	専修	走者	2	石崎 昭雄	1	木戸 真樹	3	三角 晴好	2	井田 芳宣	3	中瀬 洋一	3	小池　誠	4	大賀 輝夫	4	大久保 明
		個人	14	46.42	6	40.00	10	29.27	12	44.54	6	38.08	8	37.59	7	37.55	10	1.05.07
		チーム	14	46.42	9	1.26.42	9	1.56.09	10	2.41.03	7	3.19.11	8	3.57.10	8	4.35.05	8	5.40.12
9	東海	走者	4	富永 豪紀	4	佐藤　円	3	黒田 正治	4	池田 光明	3	津田 祥一	3	小林 誠司	3	梅津 正文	3	長岡 孝之
		個人	16	47.04	9	40.24	5	28.53	10	44.37	10	38.50	5	37.32	11	38.39	11	1.05.11
		チーム	16	47.04	11	1.27.28	10	1.56.21	9	2.40.58	10	3.19.48	9	3.57.20	9	4.35.59	9	5.41.10
10	中京	走者	2	高味 武彦	3	西岡 英治	2	遠中 正美	4	田中 直行	4	市来　仁	2	北山　豊	4	中原 公士	3	大石 幸浩
		個人	15	46.45	4	39.40	11	29.40	11	44.52	9	38.30	13	38.22	15	40.00	12	1.05.19
		チーム	15	46.45	7	1.26.25	8	1.56.05	8	2.40.57	9	3.19.27	10	3.57.49	12	4.37.49	10	5.43.08
11	日本体育	走者	3	平塚　潤	2	倉村 修一	1	橋本 和人	3	矢島　亨	3	千葉 祐一	4	村上 富敏	3	西尾 康正	2	小野 総志
		個人	18	47.36	12	41.01	13	30.03	9	44.25	5	37.52	12	38.14	8	38.12	16	1.06.25
		チーム	18	47.36	16	1.28.37	15	1.58.40	12	2.43.05	12	3.20.57	11	3.59.11	10	4.37.23	11	5.43.48
12	大阪経済	走者	3	寺川 慶一郎	2	土井 秀之	4	後藤 裕介	4	足立　啓	3	賀集 重安	1	松宮 正樹	3	婦木 幸洋	4	西川 栄司
		個人	11	46.23	13	41.09	12	29.53	8	44.14	11	38.51	15	38.48	9	38.28	15	1.06.12
		チーム	11	46.23	12	1.27.32	12	1.57.25	11	2.41.39	11	3.20.30	12	3.59.18	11	4.37.46	12	5.43.58
13	立命館	走者	4	坊　裕行	2	梅垣 吉正	1	大田 智司	3	梶　剛彰	2	熊谷 淳二	3	森田 康征	2	菊谷 勇治	3	広瀬 永和
		個人	9	46.14	16	42.17	8	29.21	14	45.48	17	40.24	14	38.34	17	40.42	7	1.03.01
		チーム	9	46.14	15	1.28.31	13	1.57.52	13	2.43.40	15	3.24.04	14	4.02.38	14	4.43.20	13	5.46.21
14	福岡	走者	3	栗原　勉	3	窪田 和敏	4	荒木 邦治	2	四辻 浩二	4	古閑　透	4	清田 隆宏	2	今津 淳一	3	山之内 浩一
		個人	8	45.58	15	41.38	16	30.39	13	45.46	13	39.30	10	38.08	13	39.26	14	1.06.10
		チーム	8	45.58	13	1.27.36	14	1.58.15	15	2.44.01	13	3.23.31	13	4.01.39	13	4.41.05	14	5.47.15
15	名古屋商	走者	2	許　績勝	1	王　珍輝	1	花田 順一	4	西溜 敏弘	1	寺田 英憲	1	白谷 嘉一	1	高岡 良行	1	甲斐 武史
		個人	2	44.58	14	41.33	15	30.35	18	46.37	16	39.49	17	39.54	18	40.44	13	1.05.20
		チーム	2	44.58	8	1.26.31	11	1.57.06	14	2.43.43	14	3.23.32	15	4.03.26	16	4.44.10	15	5.49.30
16	大阪体育	走者	3	油屋 健二	4	舛田 英之	3	中野 一郎	4	上坊　悟	1	石田　亘	1	梅本 浩志	1	石田 達也	3	江本　洋
		個人	12	46.38	17	43.21	14	30.24	16	46.16	13	39.30	16	39.21	10	38.37	22	1.09.31
		チーム	12	46.38	17	1.29.59	16	2.00.23	16	2.46.39	16	3.26.09	16	4.05.30	15	4.44.07	16	5.53.38
17	新潟	走者	3	平田 幸一	3	桜井　誠	3	川尻　優	4	小竹 昭也	4	松井 正秀	6	大平 敦郎	3	長谷川 寛	4	太島　誠
		個人	19	48.05	19	43.31	19	31.24	19	46.41	18	40.28	18	40.13	20	41.19	18	1.07.10
		チーム	19	48.05	20	1.31.36	19	2.03.00	18	2.49.41	17	3.30.09	17	4.10.22	17	4.51.41	17	5.58.51
18	久留米	走者	4	脇田 高洋	1	丹下 克己	2	永田 寿志	1	野口 光明	1	大石 裕道	3	坂口　尚	3	小川 和之	3	森　幸司
		個人	20	48.11	18	43.22	17	30.41	20	46.46	22	42.44	20	41.07	19	41.02	19	1.08.36
		チーム	20	48.11	19	1.31.33	17	2.02.14	17	2.49.00	18	3.31.44	18	4.12.51	18	4.53.53	18	6.02.29
19	沖縄国際	走者	1	當山 俊典	1	本地　忍	4	座間味 弘樹	3	平敷 直樹	1	大城 和幸	2	大城　護	2	太田　勝	1	太田 守和
		個人	22	48.41	22	45.58	20	31.29	17	46.35	19	41.22	19	40.49	22	42.23	17	1.06.32
		チーム	22	48.41	22	1.34.39	21	2.06.08	21	2.52.43	21	3.34.05	20	4.14.54	21	4.57.17	19	6.03.49
20	東北学院	走者	4	品川 紀明	4	田中 保志	2	大崎 健司	4	久慈 英樹	3	鈴木 克弘	2	今井 兼人	2	石川 孝之	3	金沢　元
		個人	17	47.06	21	44.08	18	31.12	22	48.01	20	41.44	22	42.04	21	41.39	21	1.09.17
		チーム	17	47.06	18	1.31.14	18	2.02.26	19	2.50.27	19	3.32.11	19	4.14.15	19	4.55.54	20	6.05.11
21	中部	走者	3	市川 光庸	3	中西　稔	2	鈴木 淳也	4	水野　隆	1	鈴木 弘之	4	近藤 正樹	4	中神 章博	2	小野 達也
		個人	21	48.15	20	43.57	21	31.43	21	47.44	21	42.12	23	43.39	14	39.46	20	1.09.13
		チーム	21	48.15	21	1.32.12	20	2.03.55	20	2.51.39	20	3.33.51	21	4.17.30	20	4.57.16	21	6.06.29
22	北海道教	走者	4	大熊 修一	1	鳥井 博幸	1	山田　学	1	谷水　強	3	牧野 安紀久	3	三本木 温	1	前田 義久	3	中山 秀則
		個人	23	51.32	23	46.02	22	33.49	23	48.20	23	44.20	21	41.50	23	44.48	23	1.11.42
		チーム	23	51.32	23	1.37.34	22	2.11.23	22	2.59.43	22	3.44.03	22	4.25.53	22	5.10.41	22	6.22.23
棄	徳山	走者	3	宮田 和哉	1	川久保 謙一	4	中藤 健二	2	西原　博	1	安栖 富美雄	3	村田　力	1	下村 博之	4	小村 明弘
		個人	13	46.41	11	40.56	途中棄権		15	45.49	15	39.43	9	38.01	15	40.00	9	1.03.55
		チーム	13	46.41	14	1.27.37	記録なし											

第22回　1990年(平成2年)11月4日　　総距離：106.9km

順	大学名		1区 (14.6km)		2区 (13.2km)		3区 (9.5km)		4区 (14.0km)		5区 (12.2km)		6区 (11.8km)		7区 (11.9km)		8区 (19.7km)	
1	大東文化	走者	4	樋口 一隆	4	大津 睦	3	横田 芳則	4	松浦 忠明	1	山中 正明	2	浜矢 将直	4	広藤 敏幸	4	実井 謙二郎
		個人	5	44.13	2	39.07	1	*27.58*	6	41.44	1	37.05	7	38.18	1	38.02	2	1.00.24
		チーム	5	44.13	2	1.23.20	1	1.51.18	1	2.33.02	1	3.10.07	1	3.48.25	1	4.26.27	1	5.26.51
2	山梨学院	走者	1	飯島 理彰	2	菅原 宏幸	3	松石 正勝	1	下山 一彦	4	鳥山 晋	4	片桐 岳彦	1	徳留 大士	3	J.オツオリ
		個人	4	44.12	16	41.40	11	29.16	9	42.38	5	37.45	1	37.41	4	38.43	1	59.48
		チーム	4	44.12	9	1.25.12	10	1.55.08	8	2.37.46	8	3.15.31	7	3.53.12	7	4.31.55	2	5.31.43
3	日本	走者	1	大沢 芳明	3	梅津 富浩	3	谷川 義秀	3	岩本 照暢	4	戸田 俊介	1	芳本 三靖	1	中村 博幸	4	仲 宏治
		個人	15	46.01	3	39.11	5	28.40	1	40.42	3	37.38	9	38.29	2	38.06	3	1.03.20
		チーム	15	46.01	6	1.25.12	6	1.53.52	3	2.34.34	2	3.12.12	2	3.50.41	2	4.28.47	3	5.32.07
4	中央	走者	4	田幸 寛史	3	深川 竜太	4	福永 秀樹	3	板橋 弘行	1	森川 貴生	1	片渕 博文	1	高梨 信介	3	小堀 明位
		個人	3	44.02	11	41.07	3	28.18	5	41.39	6	37.46	6	38.06	5	38.45	4	1.03.39
		チーム	3	44.02	4	1.25.09	4	1.53.27	4	2.35.06	3	3.12.52	3	3.50.58	4	4.29.43	4	5.33.22
5	日本体育	走者	4	千葉 祐一	4	平塚 潤	4	西尾 康正	4	永野 法正	3	倉村 修一	3	赤星 輝彦	2	橋本 和人	4	矢島 亨
		個人	6	44.14	1	38.51	7	28.56	4	41.34	19	39.50	2	37.47	7	38.52	5	1.03.43
		チーム	6	44.14	1	1.23.05	2	1.52.01	2	2.33.35	6	3.13.25	5	3.51.12	5	4.30.04	5	5.33.47
6	東海	走者	3	橋本 孝博	3	相沢 義和	4	黒田 正治	4	津田 祥一	2	石川 博敏	1	永村 智明	3	佐藤 米映	2	清水 雅人
		個人	12	45.29	7	40.26	2	28.15	2	41.18	2	37.34	4	37.57	3	38.32	13	1.05.12
		チーム	12	45.29	11	1.25.55	8	1.54.10	6	2.35.28	4	3.13.02	4	3.50.59	3	4.29.31	6	5.34.43
7	京都産業	走者	3	小野 靖彦	3	松本 泰孝	2	小林 哲二	4	鳥居 久義	3	山中 和也	1	安川 毅	1	児玉 秀樹	2	上村 哲也
		個人	10	44.54	6	40.18	6	28.48	3	41.24	4	37.42	11	38.57	11	39.14	10	1.05.03
		チーム	10	44.54	6	1.25.12	7	1.54.00	5	2.35.24	5	3.13.06	6	3.52.03	6	4.31.17	7	5.36.20
8	国士舘	走者	3	宮島 誠一	3	億田 明彦	4	和田 雄介	2	永井 博一	3	森岡 圭一	3	相川 宙士	2	森田 博之	4	須田 貴幸
		個人	2	44.01	12	41.10	4	28.37	8	42.36	12	39.06	3	37.50	8	38.54	8	1.04.57
		チーム	2	44.01	5	1.25.11	5	1.53.48	7	2.36.24	7	3.15.30	8	3.53.20	8	4.32.14	8	5.37.11
9	専修	走者	3	石崎 昭雄	3	高添 邦彦	4	三角 晴好	2	木戸 真樹	4	中瀬 洋一	2	高橋 哲也	1	松下 学	2	池田 佳右
		個人	18	46.45	8	40.53	13	29.37	11	43.08	7	38.01	8	38.23	6	38.46	10	1.05.03
		チーム	18	46.45	17	1.27.38	16	1.57.15	14	2.40.23	12	3.18.24	11	3.56.47	10	4.35.33	9	5.40.36
10	中京	走者	4	西岡 英治	3	遠中 正美	3	北山 豊	4	大石 幸浩	2	高山 康則	1	大田 一美	3	宮本 英明	3	高味 武彦
		個人	11	45.20	5	40.15	10	29.14	12	43.15	9	38.41	12	39.17	18	39.52	12	1.05.07
		チーム	11	45.20	8	1.25.35	9	1.54.49	9	2.38.04	9	3.16.45	10	3.56.02	11	4.35.54	10	5.41.01
11	亜細亜	走者	2	板垣 英樹	1	高野 公博	3	村山 厚也	4	上田 康博	3	飯塚 典久	3	高橋 良和	1	北口 学	4	吉田 和雅
		個人	7	44.18	20	42.07	7	28.56	10	42.55	11	38.57	10	38.38	9	38.56	15	1.06.18
		チーム	7	44.18	13	1.26.25	11	1.55.21	10	2.38.16	10	3.17.13	9	3.55.51	9	4.34.47	11	5.41.05
12	名古屋商	走者	3	許 績勝	2	王 珍輝	1	北堀 正文	4	野々村 健	2	花田 順一	1	小山 努	1	霜手 猛寛	2	甲斐 武史
		個人	1	43.46	4	40.09	12	29.21	18	45.51	10	38.45	17	40.06	13	39.17	7	1.04.29
		チーム	1	43.46	3	1.23.55	3	1.53.16	11	2.39.07	11	3.17.52	13	3.57.58	12	4.37.15	12	5.41.44
13	大阪経済	走者	3	土井 秀之	4	賀集 重安	1	福田 登	2	乗松 洋平	4	婦木 幸洋	4	石井 修	3	森下 泰成	4	寺川 慶一郎
		個人	13	45.42	14	41.28	19	30.02	7	42.33	15	39.31	13	39.32	19	39.54	6	1.04.06
		チーム	13	45.42	14	1.27.10	14	1.57.12	12	2.39.45	13	3.19.16	14	3.58.48	14	4.38.42	13	5.42.48
14	福岡	走者	4	栗原 勉	4	窪田 和敏	4	山之内 浩一	3	今津 淳一	4	北崎 朋毅	3	四辻 浩二	3	木村 元紀	2	喜久里 忍
		個人	17	46.32	10	41.02	14	29.38	14	43.43	8	38.36	5	38.05	21	40.39	16	1.06.28
		チーム	17	46.32	15	1.27.34	14	1.57.12	15	2.40.55	14	3.19.31	12	3.57.36	13	4.38.15	14	5.44.43
15	徳山	走者	4	宮田 和哉	2	川久保 謙一	1	西原 隆広	2	安栖 富美雄	3	稲葉 紀之	2	金好 俊雄	2	下村 博之	1	村田 仁
		個人	19	46.58	17	41.44	18	29.52	17	44.41	14	39.26	14	39.43	17	39.37	8	1.04.57
		チーム	19	46.58	18	1.28.42	19	1.58.34	19	2.43.15	19	3.22.41	18	4.02.24	17	4.42.01	15	5.46.58
16	立命館	走者	1	市来 統	1	山中 将弘	3	菊谷 勇治	3	熊谷 淳二	3	後藤 治巳	4	森田 康征	1	石川 淳一	4	広瀬 永和
		個人	14	45.45	19	41.50	20	30.11	15	44.16	20	39.56	16	40.00	20	40.27	14	1.06.08
		チーム	14	45.45	16	1.27.35	17	1.57.46	17	2.42.02	17	3.21.58	17	4.01.58	18	4.42.25	16	5.48.33
17	同志社	走者	2	秋山 武史	2	小林 大治	2	鈴木 長陽	3	八杉 明	4	上田 素弘	3	山添 久也	1	檜垣 孝	4	倉本 拓
		個人	8	44.51	15	41.33	16	29.41	16	44.17	21	40.21	20	41.00	10	39.05	19	1.08.33
		チーム	8	44.51	12	1.26.24	13	1.56.05	13	2.40.22	15	3.20.43	16	4.01.43	16	4.40.48	17	5.49.21
18	鹿屋体育	走者	2	立迫 俊徳	2	真鍋 宏樹	2	古木 秀明	4	岡田 匡央	3	石岡 一洋	4	武田 誠司	2	石井 隆盛	2	小柳 浩二
		個人	9	44.52	9	41.01	17	29.49	19	46.39	18	39.48	19	40.51	15	39.28	17	1.06.58
		チーム	9	44.52	10	1.25.53	12	1.55.42	18	2.42.21	18	3.22.09	19	4.03.00	19	4.42.28	18	5.49.26
19	愛知工業	走者	4	橋本 慎一	1	桂川 陽介	2	猪谷 泰久	1	岡村 浩司	2	加納 雅彦	1	渡辺 登	3	中島 道也	4	須原 浩貴
		個人	16	46.24	21	42.29	9	29.12	13	43.25	13	39.21	18	40.29	12	39.15	23	1.14.02
		チーム	16	46.24	19	1.28.53	18	1.58.05	16	2.41.30	16	3.20.51	15	4.01.20	15	4.40.35	19	5.54.37
20	九州国際	走者	3	山崎 利繁	4	赤治 直和	1	正木 英二	3	堀田 輝雄	4	安松 敏郎	1	神野 与志男	4	山吉 公雄	2	岩田 茂
		個人	20	47.31	13	41.26	15	29.39	20	47.00	16	39.42	15	39.56	14	39.27	21	1.10.39
		チーム	20	47.31	20	1.28.57	20	1.58.36	20	2.45.36	20	3.25.18	20	4.05.14	20	4.44.41	20	5.55.20
21	福井工業	走者	1	永松 憲治	1	生嶋 宏光	4	河合 健一	2	大島 晴仁	1	玉置 幸治	2	柳沼 秀亨	3	中林 幸一	2	林 雅宏
		個人	21	47.43	22	44.50	21	30.13	22	47.57	16	39.42	21	41.36	16	39.34	20	1.10.03
		チーム	21	47.43	22	1.32.33	21	2.02.46	21	2.50.43	21	3.30.25	21	4.12.01	21	4.51.35	21	6.01.38
22	秋田経法	走者	3	佐々木 雅明	2	片岡 利則	1	工藤 圭	1	佐藤 奨	3	佐藤 和寿	2	小菅 信博	2	草薙 弥	3	志渡 昭人
		個人	23	49.24	18	41.49	22	32.14	21	47.51	22	40.55	22	40.55	23	43.38	18	1.08.00
		チーム	23	49.24	21	1.31.13	22	2.03.27	22	2.51.18	22	3.32.13	22	4.15.17	22	4.58.55	22	6.06.55
23	札幌学院	走者	2	藤井 力吉	1	西村 憲	2	水野 浩	4	本間 聡	1	中谷 英樹	1	赤石 嘉美	4	池本 隆	3	中川 道雄
		個人	22	49.19	23	47.46	23	33.38	23	49.06	23	42.40	23	44.00	22	42.23	22	1.11.42
		チーム	22	49.19	23	1.37.05	23	2.10.43	23	2.59.49	23	3.42.29	23	4.26.29	23	5.08.52	23	6.20.34
OP	IVL	走者		C.ホワイトリー		B.キャン		T.パスカス		R.フェイス		C.グーリー		W.パク		T.ハート		E.グロスマン
		個人	(11)	45.20	(8)	40.35	(4)	28.21	(14)	43.43	(7)	37.52	(14)	39.43	(3)	38.25	(7)	1.04.20
		チーム	(11)	45.20	(11)	1.25.55	(9)	1.54.16	(9)	2.37.59	(9)	3.15.51	(9)	3.55.34	(9)	4.33.59	(9)	5.38.19

第23回　1991年(平成3年)11月3日　　総距離：106.9km

順	大学名		1区(14.6km)		2区(13.2km)		3区(9.5km)		4区(14.0km)		5区(12.2km)		6区(11.8km)		7区(11.9km)		8区(19.7km)	
1	日本	走者	4	梅津 富浩	4	岩本 照暢	2	大沢 芳明	1	川内 勝弘	1	川崎 光年	2	岡島 由明	3	青木 亮	1	堀尾 貴幸
		個人	2	*43.41*	1	39.06	5	28.49	1	42.12	3	37.06	2	*36.31*	7	38.03	2	1.00.28
		チーム	2	43.41	1	1.22.47	1	1.51.36	1	2.33.48	1	3.10.54	1	3.47.25	1	4.25.28	1	*5.25.56*
2	山梨学院	走者	1	井幡 政等	2	飯島 理彰	1	瀬戸 優之	4	高野 和彦	2	下山 一彦	4	K.イセナ	3	広瀬 諭史	4	J.オツオリ
		個人	7	45.08	2	39.22	6	28.52	7	43.53	2	*37.05*	5	*36.51*	13	39.08	1	*59.16*
		チーム	7	45.08	4	1.24.30	5	1.53.22	6	2.37.15	4	3.14.20	5	3.51.11	5	4.30.19	2	5.29.35
3	大東文化	走者	4	島嵜 貴之	4	清水 康次	2	松苗 明	4	横田 芳則	2	田島 励	3	浜矢 将直	4	岡野 雅毅	3	奈良 修
		個人	3	43.50	4	39.56	4	28.43	2	42.37	5	37.50	12	38.09	1	*37.06*	4	1.01.30
		チーム	3	43.50	2	1.23.46	2	1.52.29	2	2.35.06	2	3.12.56	3	3.51.05	3	4.28.11	3	5.29.41
4	京都産業	走者	2	安川 毅	4	山中 和也	3	小林 哲二	2	杉本 健一	3	上村 哲也	2	児玉 秀樹	2	松本 規明	1	福田 良春
		個人	1	*43.32*	7	40.19	8	29.17	6	43.26	1	*37.00*	3	*36.48*	5	*37.42*	5	1.01.45
		チーム	1	43.32	3	1.23.51	3	1.53.08	4	2.36.34	3	3.13.34	2	3.50.22	2	4.28.04	4	5.29.49
5	中央	走者	4	板橋 弘行	4	大江 英之	1	武井 康真	1	佐藤 信之	1	山内 朋之	1	菅 陽一郎	3	伊藤 孝浩	3	大沢 哲夫
		個人	6	45.03	3	39.41	3	28.36	3	42.55	7	38.22	1	*36.29*	3	*37.22*	10	1.04.08
		チーム	6	45.03	5	1.24.44	4	1.53.20	3	2.36.15	5	3.14.37	4	3.51.06	4	4.28.28	5	5.32.36
6	東京農業	走者	4	川口 章一	4	小泉 充	3	中山 誠	3	山岸 博之	3	蛭沼 礼雄	2	鈴木 博	2	宇都 英雄	2	高安 哲二
		個人	9	45.20	8	40.21	7	29.09	10	44.07	14	39.36	6	*37.02*	2	*37.16*	3	1.01.11
		チーム	9	45.20	8	1.24.41	8	1.54.50	8	2.38.57	10	3.18.33	8	3.55.35	8	4.32.51	6	5.34.02
7	専修	走者	2	山本 康広	3	木戸 真樹	4	石崎 昭雄	3	阿久津 匡志	1	池田 義幸	3	高橋 哲也	3	長野 正芳	4	井田 芳宣
		個人	10	45.25	5	40.04	1	28.09	4	43.15	11	39.12	8	37.58	4	*37.31*	6	1.02.50
		チーム	10	45.25	7	1.25.29	6	1.53.38	5	2.36.53	6	3.16.05	6	3.54.03	6	4.31.34	7	5.34.24
8	東海	走者	2	永村 智明	3	山本 恭規	1	北西 瑞穂	4	相沢 義和	3	清水 雅人	1	船井 晃晴	2	日高 真吾	3	石川 博敏
		個人	13	45.30	15	41.52	15	29.41	5	43.23	4	37.34	9	37.59	11	38.43	7	1.03.21
		チーム	13	45.30	14	1.27.22	14	1.57.03	11	2.40.26	9	3.18.00	9	3.55.59	10	4.34.42	8	5.38.03
9	日本体育	走者	2	永山 稔朗	2	松井 紀仁	2	木村 文祐	4	相川 慶彦	3	益田 道法	4	赤星 輝彦	3	永田 純也	4	森山 竜一
		個人	17	46.22	5	40.04	9	29.19	9	44.01	6	37.54	4	*36.49*	6	*38.02*	15	1.06.07
		チーム	17	46.22	9	1.26.26	9	1.55.45	9	2.39.46	8	3.17.40	7	3.54.29	7	4.32.31	9	5.38.38
10	鹿屋体育	走者	3	立迫 俊徳	3	古木 秀明	3	真鍋 宏樹	1	向井 卓郎	4	石岡 一洋	1	江上 純一	3	石井 隆盛	3	小柳 浩二
		個人	4	43.54	11	41.17	2	28.30	11	44.13	8	38.33	18	39.45	9	38.24	11	1.04.14
		チーム	4	43.54	6	1.25.11	7	1.53.41	7	2.37.54	7	3.16.27	10	3.56.12	9	4.34.36	10	5.38.50
11	亜細亜	走者	2	北口 学	2	高野 公博	4	村山 厚也	1	宮本 善史	2	古井 康洋	4	高橋 良和	1	柴田 伸一	3	板垣 英樹
		個人	8	45.12	14	41.47	10	29.21	8	43.55	21	41.39	7	37.43	7	38.03	8	1.03.56
		チーム	8	45.12	12	1.26.59	12	1.56.20	10	2.40.15	14	3.21.54	12	3.59.37	11	4.37.40	11	5.41.36
12	名古屋商	走者	4	許 績勝	3	甲斐 武史	1	白井 久之	2	霜手 猛寛	1	石橋 創	1	大場 正史	1	近藤 健司	1	水野 清人
		個人	5	44.56	16	41.53	12	29.29	15	45.02	19	41.16	9	37.59	17	39.36	9	1.04.05
		チーム	5	44.56	11	1.26.49	11	1.56.18	13	2.41.20	16	3.22.36	14	4.00.35	14	4.40.11	12	5.44.16
13	愛知工業	走者	3	猪谷 泰久	3	加納 雅彦	1	星 竜也	1	福西 栄治	2	渡辺 登	2	渡辺 英男	4	中島 道也	2	桂川 陽介
		個人	16	46.14	13	41.45	17	29.45	16	45.12	9	38.46	16	39.10	18	39.37	14	1.05.49
		チーム	16	46.14	17	1.27.59	17	1.57.44	16	2.42.56	13	3.21.42	15	4.00.52	15	4.40.29	13	5.46.18
14	広島経済	走者	1	内冨 恭則	1	舛下 和伸	1	水谷 聡作	2	村上 敬史	1	梅舎 達三	1	福元 哲郎	1	川崎 康司	2	井上 隆
		個人	13	45.00	10	40.58	13	29.32	17	45.13	16	40.12	11	38.07	19	39.56	18	1.07.08
		チーム	13	45.00	10	1.26.28	10	1.56.00	12	2.41.13	12	3.21.25	11	3.59.32	12	4.39.28	14	5.46.36
15	大阪体育	走者	2	武下 靖	2	須崎 元晶	2	伐栗 直樹	1	中野 昌彦	3	石田 亘	2	小松崎 真	3	梅本 浩志	4	西野 茂樹
		個人	15	46.10	9	40.57	14	29.39	19	45.17	9	38.46	17	39.12	16	39.33	19	1.07.15
		チーム	15	46.10	13	1.27.07	13	1.56.46	14	2.42.03	11	3.20.49	13	4.00.01	13	4.39.34	15	5.46.49
16	福岡	走者	3	喜久里 忍	4	四辻 浩二	1	清谷 英敏	4	今津 淳一	3	吉川 環	1	大谷 幸司	3	畑中 慎太郎	3	末次 信
		個人	20	47.32	17	41.59	11	29.28	13	44.46	15	39.43	15	39.06	10	38.33	16	1.06.12
		チーム	20	47.32	18	1.29.31	18	1.58.59	18	2.43.45	18	3.23.28	17	4.02.34	17	4.41.07	16	5.47.19
17	中京	走者	4	達中 正美	4	北山 豊	2	上 祐一郎	3	高山 康則	2	中西 俊二	2	大田 一美	2	我妻 光	4	仙田 幸一
		個人	11	45.27	18	42.07	19	30.09	14	44.54	17	40.30	13	38.51	12	38.46	21	1.07.43
		チーム	11	45.27	15	1.27.34	16	1.57.43	15	2.42.37	17	3.23.07	16	4.01.58	16	4.40.44	17	5.48.27
18	大阪経済	走者	4	土井 秀之	1	河原 徹也	1	菅野 清輝	3	辻本 敏行	1	宮崎 崇	3	松宮 正樹	1	檜本 茂樹	3	乗松 洋平
		個人	12	45.29	19	42.16	15	29.41	20	45.33	13	39.34	20	40.17	21	41.07	13	1.05.19
		チーム	12	45.29	16	1.27.45	15	1.57.26	17	2.42.59	15	3.22.33	18	4.02.50	19	4.43.57	18	5.49.16
19	岡山理科	走者	3	柏谷 武美	1	福居 利章	1	小林 正直	3	岡村 信之	3	細川 貴雄	2	沢田 岳彦	3	林 喜一郎	2	国増 和明
		個人	18	47.10	21	42.38	18	30.08	17	45.13	22	41.47	19	39.51	14	39.09	12	1.05.08
		チーム	18	47.10	19	1.29.48	19	1.59.56	19	2.45.09	20	3.26.56	20	4.06.47	20	4.45.56	19	5.51.04
20	立命館	走者	2	市来 統	2	山中 将弘	1	巽 貴宏	1	白江 利行	2	大泉 高英	1	笹倉 均員	2	石川 淳一	4	菊谷 勇治
		個人	21	48.19	12	41.44	20	30.44	12	44.23	12	39.27	14	39.05	15	39.26	23	1.11.09
		チーム	21	48.19	20	1.30.03	20	2.00.47	20	2.45.10	19	3.24.37	19	4.03.42	18	4.43.08	20	5.54.17
21	札幌学院	走者	2	西村 憲	3	藤井 力吉	1	鹿内 万敬	2	中谷 英樹	1	工藤 寛之	1	渡辺 浩司	4	池本 隆	1	畠山 万里
		個人	19	47.20	22	43.09	21	31.20	23	48.08	23	42.13	23	41.18	22	42.14	17	1.06.26
		チーム	19	47.20	21	1.30.29	21	2.01.49	21	2.49.57	22	3.32.10	22	4.13.28	22	4.55.42	21	6.02.08
22	東北	走者	3	大谷 啓太	2	上野 哲寛	1	上野 俊一朗	3	天野 禎人	3	二瓶 久志	4	高橋 俊幸	4	太田 康明	4	安島 雄二
		個人	22	49.16	20	42.26	22	31.29	21	47.10	20	41.28	21	40.22	23	42.37	20	1.07.31
		チーム	22	49.16	22	1.31.42	22	2.03.11	22	2.50.21	21	3.31.49	21	4.12.11	21	4.54.48	22	6.02.19
23	福井工業	走者	1	大西 栄一	2	生嶋 宏光	2	山口 昌樹	2	永松 憲治	1	池田 竜太郎	3	上北 賢二	1	網島 孝宏	4	中林 幸一
		個人	23	51.08	23	45.11	23	31.34	22	47.44	18	40.32	22	40.53	20	40.14	22	1.10.49
		チーム	23	51.08	23	1.36.19	23	2.07.53	23	2.55.37	23	3.36.09	23	4.17.02	23	4.57.16	23	6.08.05
OP	IVL	走者		W.バーク		D.ゴフ		J.ギブソン		R.ビーバー		J.ミッシェル		B.ローガン		D.マクドナルド		S.オローン
		個人	(9)	45.13	(7)	40.17	(7)	29.06	(7)	43.30	(11)	39.04	(8)	37.45	(15)	39.11	(18)	1.06.45
		チーム	(9)	45.13	(8)	1.25.30	(8)	1.54.36	(8)	2.38.06	(8)	3.17.10	(8)	3.54.55	(9)	4.34.06	(11)	5.40.51

第24回　1992年(平成4年)11月1日　　総距離：106.9km

順	大学名		1区 (14.6km)		2区 (13.2km)		3区 (9.5km)		4区 (14.0km)		5区 (11.6km)		6区 (12.3km)		7区 (11.9km)		8区 (19.7km)	
1	早稲田	走者	3	花田 勝彦	1	渡辺 康幸	2	小林 正幹	3	武井 隆次	2	小林 修	4	豊福 知徳	4	富田 雄也	3	櫛部 静二
		個人	1	44.11	2	*38.51*	1	*27.51*	3	41.38	4	35.16	1	36.36	2	*36.02*	4	1.00.07
		チーム	1	44.11	1	1.23.02	1	1.50.53	1	2.32.31	1	3.07.47	1	3.44.23	1	4.20.25	1	*5.20.32*
2	山梨学院	走者	2	瀬戸 優之	2	井幡 政等	2	竹下 孝司	3	飯島 理彰	1	藤脇 友介	4	中尾 義久	3	下山 一彦	1	S. マヤカ
		個人	10	45.33	1	*38.46*	7	28.37	2	41.10	6	35.36	12	39.13	1	*35.24*	1	*57.48*
		チーム	10	45.33	3	1.24.19	4	1.52.56	2	2.34.06	3	3.09.42	6	3.48.55	3	4.24.19	2	5.22.07
3	日本	走者	2	川内 勝弘	2	川崎 光年	2	小川 宏樹	3	芳本 三靖	2	前田 重信	4	林 博志	3	岡島 由明	2	堀尾 貴幸
		個人	3	44.37	5	39.31	4	28.22	6	42.24	2	34.48	2	36.48	6	*36.42*	3	1.00.01
		チーム	3	44.37	2	1.24.08	2	1.52.30	3	2.34.54	2	3.09.42	2	3.46.30	2	4.23.12	3	5.23.13
4	専修	走者	2	池田 義幸	4	木戸 真樹	4	長野 正芳	4	阿久津 匡志	2	高木 展	4	池田 佳右	4	石田 敏洋	2	渡辺 靖
		個人	11	45.33	6	39.44	6	28.36	4	42.03	5	35.25	6	37.23	3	*36.23*	5	1.00.28
		チーム	11	45.33	7	1.25.17	7	1.53.53	5	2.35.56	5	3.11.21	4	3.48.44	4	4.25.07	4	5.25.35
5	順天堂	走者	2	高橋 健一	2	伊藤 克昌	1	相沢 克之	4	三好 健治	4	畠中 重一	2	鈴木 康文	4	尾下 博人	3	本川 一美
		個人	2	44.36	8	39.52	8	28.59	7	42.33	8	35.45	4	37.08	9	37.30	2	59.52
		チーム	2	44.36	5	1.24.28	6	1.53.27	6	2.36.00	6	3.11.45	5	3.48.53	6	4.26.23	5	5.26.15
6	中央	走者	1	前田 了二	2	佐藤 信之	1	綱崎 真二	3	高梨 信介	1	川波 貴臣	2	菅 陽一郎	3	片渕 博文	3	森川 貴生
		個人	7	45.15	3	39.12	5	28.26	8	42.41	1	34.43	3	37.07	11	37.54	6	1.01.02
		チーム	7	45.15	4	1.24.27	3	1.52.53	4	2.35.34	4	3.10.17	3	3.47.24	5	4.25.18	6	5.26.20
7	東京農業	走者	1	加藤 俊英	3	高安 哲二	3	国近 賢治	4	山岸 博之	4	中山 誠	1	日向 栄次	3	鈴木 博	2	吉田 賢史
		個人	15	46.08	7	39.47	11	29.16	5	42.11	3	35.11	5	37.16	7	*36.54*	8	1.01.52
		チーム	15	46.08	10	1.25.55	10	1.55.11	10	2.37.22	7	3.12.33	7	3.49.49	7	4.26.43	7	5.28.35
8	京都産業	走者	3	安川 毅	3	杉本 健一	1	粟津 透	3	児玉 秀樹	4	小林 哲二	2	岡戸 敦男	1	平野 伸二朗	4	上村 哲也
		個人	5	44.47	13	41.38	10	29.14	1	41.06	11	36.20	7	37.45	4	*36.24*	7	1.01.39
		チーム	5	44.47	13	1.26.25	11	1.55.39	8	2.36.45	9	3.13.05	8	3.50.50	8	4.27.14	8	5.28.53
9	東洋	走者	4	永井 聡	2	小平 剛志	1	小山 強志	4	多胡 秀昭	4	斎藤 孝徳	2	加藤 洋晃	2	後藤 正樹	1	後城 英明
		個人	6	44.51	10	40.35	13	29.34	9	42.44	9	36.11	8	38.02	5	*36.26*	9	1.02.30
		チーム	6	44.51	8	1.25.26	9	1.55.00	11	2.37.44	11	3.13.55	11	3.51.57	9	4.28.23	9	5.30.53
10	大東文化	走者	3	山中 正明	4	奈良 修	3	松苗 明	3	田島 励	3	新井 智幸	3	沢田 智美	1	加々見 雄三	3	高橋 雄志
		個人	18	46.33	4	39.18	2	28.05	10	43.21	7	35.44	10	38.15	8	37.27	13	1.03.24
		チーム	18	46.33	9	1.25.51	8	1.53.56	9	2.37.17	8	3.13.01	10	3.51.16	10	4.28.43	10	5.32.07
11	鹿屋体育	走者	4	立迫 俊徳	4	古木 秀明	4	真鍋 宏樹	2	向井 卓郎	1	井上 力哉	1	村瀬 恵太郎	4	石井 隆盛	4	小柳 浩二
		個人	4	44.46	9	40.20	3	28.06	11	43.29	12	36.25	9	38.09	10	37.42	12	1.03.19
		チーム	4	44.46	6	1.25.06	5	1.53.12	7	2.36.41	10	3.13.06	9	3.51.15	11	4.28.57	11	5.32.16
12	徳山	走者	4	川久保 謙一	3	西原 隆広	1	吉本 淳	4	金好 俊雄	2	有吉 剛	2	矢田 育男	4	安栖 富美雄	3	村田 仁
		個人	9	45.25	11	40.47	16	29.56	12	43.34	18	37.24	16	39.47	13	38.24	10	1.02.55
		チーム	9	45.25	12	1.26.12	13	1.56.08	13	2.39.42	13	3.17.06	13	3.56.53	12	4.35.17	12	5.38.12
13	広島経済	走者	2	内冨 恭則	2	舛下 和伸	1	小谷 誠	2	水谷 聡作	1	徳重 純	2	福元 哲郎	2	川崎 康司	3	井上 隆
		個人	8	45.23	11	40.47	14	29.44	15	43.44	14	36.51	14	39.40	20	39.32	14	1.03.36
		チーム	8	45.23	11	1.26.10	12	1.55.54	12	2.39.38	12	3.16.29	12	3.56.09	13	4.35.41	13	5.39.17
14	福岡	走者	4	末次 信	4	畑中 慎太郎	2	大谷 幸司	4	喜久里 忍	2	清谷 英敏	2	島田 一成	1	和田 晃男	4	吉川 環
		個人	20	47.03	14	41.42	15	29.46	13	43.38	21	38.02	11	38.41	17	38.55	17	1.04.12
		チーム	20	47.03	17	1.28.45	16	1.58.31	15	2.42.09	17	3.20.11	14	3.58.52	14	4.37.47	14	5.41.59
15	名古屋商	走者	2	水野 清人	2	大場 正史	1	鈴木 拓哉	2	石橋 創	1	吉岡 敏夫	1	砂場 晴久	1	倉岡 徳幸	4	甲斐 武史
		個人	17	46.16	22	43.37	12	29.21	19	44.46	13	36.43	13	39.37	10	38.46	11	1.03.03
		チーム	17	46.16	20	1.29.53	18	1.59.14	18	2.44.00	18	3.20.43	17	4.00.20	16	4.39.06	15	5.42.09
16	大阪経済	走者	4	乗松 洋平	2	河原 徹也	1	佐々木 庸正	2	檜本 茂樹	2	菅野 清輝	2	出野 昌布	1	中村 健治	2	宮崎 崇
		個人	12	45.58	16	41.48	19	30.46	14	43.40	15	36.55	23	41.48	18	39.01	16	1.04.12
		チーム	12	45.58	14	1.27.46	17	1.58.32	16	2.42.12	15	3.19.07	18	4.00.55	19	4.39.56	16	5.44.08
17	関西学院	走者	4	藤沢 徹也	4	高橋 真悟	1	松山 俊治	4	熊谷 太一	2	飯塚 裕史	3	藤井 邦史	3	太田 茂	3	井上 一志
		個人	16	46.09	14	41.42	17	30.03	18	44.34	17	37.17	17	40.05	14	38.36	20	1.05.45
		チーム	16	46.09	15	1.27.51	15	1.57.54	17	2.42.28	16	3.19.45	16	3.59.50	15	4.38.26	17	5.44.11
18	愛知工業	走者	4	猪谷 泰久	3	渡辺 登	3	桂川 陽介	2	星 竜也	3	岡村 浩司	2	福西 栄治	3	渡辺 英男	4	加納 雅彦
		個人	13	45.59	18	42.05	9	29.13	17	44.00	16	37.06	22	40.48	22	40.43	19	1.05.39
		チーム	13	45.59	16	1.28.04	14	1.57.17	14	2.41.17	14	3.18.23	15	3.59.11	18	4.39.54	18	5.45.33
19	久留米	走者	2	大石 純男	4	丹下 克己	4	大石 裕道	4	楠本 美徳	4	野口 光明	4	溝口 克	2	井上 裕理男	4	池田 央
		個人	14	46.01	21	42.53	21	31.32	16	43.48	19	37.25	19	40.18	15	38.45	21	1.06.01
		チーム	14	46.01	18	1.28.54	20	2.00.26	19	2.44.14	20	3.21.39	20	4.01.57	20	4.40.42	19	5.46.43
20	中京	走者	2	村嶋 輝久	3	大田 一美	3	我妻 光	3	中西 俊二	4	高山 康則	1	土佐 博之	3	上 祐一郎	2	岩本 洋行
		個人	19	47.01	18	42.05	18	30.16	21	45.56	10	36.15	15	39.43	12	38.23	23	1.08.07
		チーム	19	47.01	19	1.29.06	19	1.59.22	20	2.45.18	19	3.21.33	19	4.01.16	17	4.39.39	20	5.47.46
21	札幌学院	走者	3	西村 憲	2	永井 一仁	1	小島 明洋	2	鹿内 万敬	4	藤井 力吉	1	仲上 明彦	2	渡辺 浩司	2	畠山 万里
		個人	22	48.41	17	42.00	22	32.22	20	44.47	20	37.36	18	40.13	19	39.11	15	1.04.06
		チーム	22	48.41	21	1.30.41	21	2.03.03	21	2.47.50	21	3.25.26	21	4.05.39	21	4.44.50	21	5.48.56
22	福井工業	走者	3	永松 憲治	1	福光 崇	1	松原 直紀	3	生嶋 宏光	1	青能 剛	1	山本 浩史	1	竹中 泰知	4	林 雅宏
		個人	21	48.11	23	43.42	23	32.40	22	47.05	22	38.07	20	40.24	21	39.42	18	1.05.17
		チーム	21	48.11	22	1.31.53	23	2.04.33	23	2.51.38	22	3.29.45	22	4.10.09	22	4.49.51	22	5.55.08
23	東北	走者	4	大谷 啓太	2	上野 俊一朗	4	山田 光影	4	天野 禎人	2	田中 彰一	4	二瓶 久志	5	高橋 俊幸	4	上野 哲寛
		個人	23	49.20	20	42.45	20	31.10	23	48.20	23	39.19	22	41.40	23	41.29	22	1.06.31
		チーム	23	49.20	23	1.32.05	22	2.03.15	22	2.51.35	23	3.30.54	23	4.12.34	23	4.54.03	23	6.00.34
OP	IVL	走者		R. バグズリー		W. バーク		J. ギブソン		D. ゴフ		T. ウェルズ		T.スティルマン		J.ミッシェル		G. メイズ
		個人	(4)	44.39	(9)	39.58	(15)	29.46	(8)	42.34	(11)	36.20	(8)	38.02	(10)	37.41	(16)	1.04.07
		チーム	(4)	44.39	(6)	1.24.37	(9)	1.54.23	(9)	2.36.57	(11)	3.13.17	(11)	3.51.19	(12)	4.29.00	(12)	5.33.07

第25回　1993年(平成5年)11月7日　総距離：106.8km

順	大学名		1区 (14.6km)		2区 (13.2km)		3区 (9.5km)		4区 (14.0km)		5区 (11.6km)		6区 (12.3km)		7区 (11.9km)		8区 (19.7km)	
1	早稲田	走者	2	渡辺 康幸	4	櫛部 静二	3	小林 正幹	1	小林 雅幸	4	武井 隆次	4	高瀬 豪史	3	大関 篤史	4	花田 勝彦
		個人	1	*43.02*	1	38.57	2	*27.41*	1	41.54	2	35.41	4	37.33	4	36.26	1	58.07
		チーム	1	43.02	1	1.21.59	1	1.49.40	1	2.31.34	1	3.07.15	1	3.44.48	1	4.21.14	1	*5.19.21*
2	中央	走者	1	松田 和宏	2	網崎 真二	2	川波 貴臣	3	武井 康真	3	菅 陽一郎	4	高梨 信介	4	森川 貴生	3	佐藤 信之
		個人	5	44.55	4	39.52	3	28.20	2	42.13	4	35.56	1	36.41	2	35.59	2	59.33
		チーム	5	44.55	4	1.24.47	4	1.53.07	4	2.35.20	4	3.11.16	2	3.47.57	3	4.23.56	2	5.23.29
3	日本	走者	3	川内 勝弘	3	川崎 光年	2	山本　豪	2	水田 貴士	3	堀尾 貴幸	2	沼尻 英昭	4	岡島 由明	4	芳本 三靖
		個人	2	44.00	3	39.46	5	28.47	4	42.30	3	35.44	3	37.15	1	35.51	3	1.01.14
		チーム	2	44.00	2	1.23.46	3	1.52.33	3	2.35.03	3	3.10.47	3	3.48.02	2	4.23.53	3	5.25.07
4	山梨学院	走者	4	飯島 理彰	4	高見 武司	2	S. マヤカ	4	下山 一彦	2	藤脇 友介	3	調　義親	1	上西 健介	4	黒木　純
		個人	4	44.49	5	40.04	1	*27.05*	5	42.43	5	35.58	7	38.21	8	37.31	6	1.02.36
		チーム	4	44.49	5	1.24.53	2	1.51.58	2	2.34.41	2	3.10.39	4	3.49.00	4	4.26.31	4	5.29.07
5	京都産業	走者	1	荒川 大作	4	安川　毅	3	松山　有	4	児玉 秀樹	4	増井 昭博	2	前原 一樹	2	藤坂 和博	1	広瀬 尚紀
		個人	6	45.23	2	39.24	7	29.02	6	42.58	1	35.31	4	37.33	7	37.21	9	1.03.09
		チーム	6	45.23	3	1.24.47	5	1.53.49	5	2.36.47	5	3.12.18	5	3.49.51	5	4.27.12	5	5.30.21
6	駒澤	走者	3	吉本 輝夫	4	鎌込 和成	3	久文 貞明	4	江口 秀樹	2	米山 岳男	1	樋口 優司	1	森田 昌宏	2	高田 昌徳
		個人	3	44.45	9	40.31	11	29.24	9	43.40	7	36.58	6	38.20	10	37.43	10	1.03.16
		チーム	3	44.45	6	1.25.16	6	1.54.40	7	2.38.20	6	3.15.18	6	3.53.38	6	4.31.21	6	5.34.37
7	東洋	走者	2	小山 強志	2	斎藤 洋一	1	竹内 秀和	2	松山 克敏	1	永井 謙二	3	柴田 清成	1	小沢 希久雄	2	後城 英明
		個人	15	46.19	6	40.20	8	29.08	7	43.03	9	37.15	8	38.27	15	38.38	5	1.01.49
		チーム	15	46.19	10	1.26.39	9	1.55.47	8	2.38.50	8	3.16.05	7	3.54.32	10	4.33.10	7	5.34.59
8	日本体育	走者	1	野田 道胤	4	松井 紀仁	4	木村 文祐	1	児玉 弘幸	4	松村 茂樹	2	平山 勝重	3	小島 秀夫	2	神場 忠勝
		個人	16	46.19	14	41.27	9	29.09	8	43.12	10	37.22	10	38.44	5	36.54	7	1.02.55
		チーム	16	46.19	14	1.27.46	12	1.56.55	10	2.40.07	9	3.17.29	10	3.56.13	9	4.33.07	8	5.36.02
9	大東文化	走者	3	原島 貴男	3	豊島 美幸	4	松苗　明	4	田島　励	4	新井 智幸	1	池谷 真輝	2	田中 康秀	4	山中 正明
		個人	19	46.37	15	41.34	6	28.49	17	44.57	6	36.36	9	38.38	6	37.15	8	1.02.58
		チーム	19	46.37	17	1.28.11	13	1.57.00	14	2.41.57	11	3.18.33	11	3.57.11	11	4.34.26	9	5.37.24
10	広島経済	走者	3	内冨 恭則	3	舛下 和伸	4	村上 敬史	3	水谷 聡作	3	梅舎 達三	2	徳重　純	3	川崎 康司	4	井上　隆
		個人	9	45.40	7	40.22	10	29.22	2	42.13	12	37.48	11	39.08	9	37.39	17	1.05.27
		チーム	9	45.40	7	1.26.02	8	1.55.24	6	2.37.37	7	3.15.25	8	3.54.33	8	4.32.12	10	5.37.39
11	徳山	走者	4	西原 隆広	1	樋口 俊志	2	松村 淳一	2	吉本　淳	2	山田 貴士	3	吉田 貴幸	3	矢田 育男	4	村田　仁
		個人	14	46.15	13	41.23	15	30.05	14	44.36	8	37.03	13	39.27	11	37.50	4	1.01.34
		チーム	14	46.15	13	1.27.38	16	1.57.43	15	2.42.19	12	3.19.22	12	3.58.49	12	4.36.39	11	5.38.13
12	亜細亜	走者	3	宮本 善史	1	ビズネ・Y.T.	3	柴田 伸一	1	金沢　貴	4	古井 康洋	4	関口 泰彦	4	北口　学	3	神宮 誠治
		個人	7	45.24	11	41.15	4	28.37	10	43.45	18	39.02	2	37.14	3	36.21	20	1.06.44
		チーム	7	45.24	9	1.26.39	7	1.55.16	9	2.39.01	10	3.18.03	9	3.55.17	7	4.31.38	12	5.38.22
13	大阪体育	走者	4	須崎 元晶	4	武下　靖	4	伐栗 直樹	3	塚本 秀樹	4	柴崎 一樹	4	小松崎 真	2	石川 敬史	3	土器屋 耕
		個人	8	45.38	10	41.06	18	30.23	12	44.07	15	38.15	15	39.50	12	38.06	13	1.04.06
		チーム	8	45.38	11	1.26.44	14	1.57.07	12	2.41.14	13	3.19.29	13	3.59.19	13	4.37.25	13	5.41.31
14	関西	走者	2	荻野 純人	2	方山 利哉	3	森本 悟史	2	田中 正太郎	1	鬼塚 正寛	4	三知矢 進重	2	天野 右文	1	岩熊 勇治
		個人	10	45.43	8	40.23	16	30.09	13	44.18	20	39.29	18	40.33	12	38.06	12	1.03.50
		チーム	10	45.43	8	1.26.06	10	1.56.15	11	2.40.33	14	3.20.02	15	4.00.35	14	4.38.41	14	5.42.31
15	立命館	走者	4	市来　統	4	山中 将弘	1	村上 智彦	3	白江 利行	1	播本 真也	2	藤田 正志	1	田中 大輔	2	山本 史暁
		個人	13	46.06	12	41.17	12	29.28	15	44.39	19	39.08	14	39.34	16	38.56	11	1.03.34
		チーム	13	46.06	12	1.27.23	11	1.56.51	13	2.41.30	15	3.20.38	14	4.00.12	15	4.39.08	15	5.42.42
16	名古屋商	走者	1	李　祖根	2	鈴木 拓哉	3	大場 正史	1	太田 重和	2	砂場 晴久	2	倉岡 徳幸	1	杉山 純一	3	石橋　創
		個人	12	46.02	17	42.02	20	31.18	18	45.11	11	37.32	17	40.13	14	38.10	14	1.04.48
		チーム	12	46.02	16	1.23.04	17	1.59.22	17	2.44.33	16	3.22.05	18	4.02.18	16	4.40.28	16	5.45.16
17	愛知工業	走者	3	星　竜也	4	渡辺　登	1	中野　稔	3	森　光紀	3	鶴見 博和	3	稲生 秀樹	4	渡辺 英男	4	岡村 浩司
		個人	11	45.50	18	42.08	13	29.39	20	46.23	15	38.15	16	39.53	17	39.07	15	1.05.07
		チーム	11	45.50	15	1.27.58	15	1.57.37	16	2.44.00	17	3.22.15	16	4.02.08	17	4.41.15	17	5.46.22
18	鹿屋体育	走者	3	向井 卓郎	1	山内 健太郎	3	江上 純一	1	岩下 邦浩	2	井上 力哉	3	関口　実	1	野口 武夫	2	村瀬 恵太郎
		個人	22	48.27	20	43.00	14	29.46	11	44.00	14	37.54	12	39.09	19	39.33	18	1.05.40
		チーム	22	48.27	21	1.31.27	21	2.01.13	18	2.45.13	18	3.23.07	17	4.02.16	18	4.41.49	18	5.47.29
19	札幌学院	走者	3	永井 一仁	4	西村　憲	1	小川 英宏	3	鹿内 万敬	1	三上 雅等	2	仲上 明彦	1	宮脇　克	3	畠山 万里
		個人	17	46.22	16	42.01	23	32.32	16	44.54	12	37.48	19	41.11	21	40.34	19	1.05.43
		チーム	17	46.22	18	1.28.33	19	2.00.55	19	2.45.49	19	3.23.37	19	4.04.48	19	4.45.22	19	5.51.05
19	福岡	走者	3	大谷 幸司	3	上野 淳一	4	青木 光治	2	和田 晃男	3	清谷 英敏	3	島田 一成	3	森田 泰行	3	中谷 義治
		個人	18	46.35	22	43.48	17	30.18	19	45.22	17	38.24	20	41.55	18	39.24	16	1.05.19
		チーム	18	46.35	19	1.30.23	18	2.00.41	20	2.46.03	20	3.24.27	20	4.06.22	20	4.45.46	19	5.51.05
21	福井工業	走者	2	竹中 泰知	2	青能　剛	2	松原 直紀	2	山本 浩史	3	網島 孝宏	1	荒木 一敏	1	利岡　充	4	永松 憲治
		個人	20	47.53	19	42.38	19	30.41	22	46.51	21	39.34	23	42.50	20	40.31	21	1.06.57
		チーム	20	47.53	20	1.30.31	20	2.01.12	21	2.48.03	21	3.27.37	21	4.10.27	21	4.50.58	21	5.57.55
22	沖縄国際	走者	3	下田 登志光	2	仲井間 憲彦	1	前田 宗一郎	3	門口　誠	1	知念 永純	3	金城 栄起	3	番場 直樹	1	加藤　彰
		個人	21	48.02	21	43.47	21	31.23	23	46.57	22	39.35	22	42.33	22	41.44	22	1.07.31
		チーム	21	48.02	22	1.31.49	22	2.03.12	22	2.50.09	22	3.29.44	22	4.12.17	22	4.54.01	22	6.01.32
23	東北	走者	3	上野 俊一朗	4	天野 禎人	2	和泉 俊介	3	田中 彰一	1	井上 典久	6	高橋 俊幸	1	高橋 真嘉	M1	山田 光影
		個人	23	49.28	23	44.21	22	31.40	22	46.49	23	41.09	20	41.55	23	42.01	23	1.08.47
		チーム	23	49.28	23	1.33.49	23	2.05.29	23	2.52.18	23	3.33.27	23	4.15.22	23	4.57.23	23	6.06.10
OP	IVL	走者		R. バグズリー		M.ライオンズ		E. バーリー		R. カニア		N. サッコー		S. リオナ		W. ブランド		D. マーカス
		個人	(3)	44.03	(10)	40.51	(13)	29.36	(24)	47.28	(18)	38.53	(17)	39.54	(20)	40.07	(6)	1.02.26
		チーム	(3)	44.03	(6)	1.24.54	(6)	1.54.30	(15)	2.41.58	(16)	3.20.51	(16)	4.00.45	(17)	4.40.52	(16)	5.43.18

第26回　1994年（平成6年）11月6日　　総距離：106.8km

順	大学名		1区 (14.6km)		2区 (13.2km)		3区 (9.5km)		4区 (14.0km)		5区 (11.6km)		6区 (12.3km)		7区 (11.9km)		8区 (19.7km)	
1	早稲田	走者	2	小林 雅幸	4	小林 正幹	1	梅木 蔵雄	4	大関 篤史	1	荒川 誠	4	後宮 正幸	2	藤井 一博	3	渡辺 康幸
		個人	2	*42.55*	1	39.17	5	28.36	1	42.20	4	35.32	2	37.12	2	36.22	1	*57.19*
		チーム	2	42.55	1	1.22.12	2	1.50.48	1	2.33.08	2	3.08.40	1	3.45.52	1	4.22.14	1	5.19.33
2	山梨学院	走者	3	S.マヤカ	3	平田 雅人	3	藤脇 友介	4	小椋 誠	4	瀬戸 優之	3	川口 智宏	4	竹下 孝司	2	中村 祐二
		個人	1	*42.38*	5	39.46	1	28.13	9	42.59	2	34.50	6	37.33	3	36.25	2	*57.27*
		チーム	1	42.38	2	1.22.24	1	1.50.37	2	2.33.36	1	3.08.26	2	3.45.59	2	4.22.24	2	5.19.51
3	中央	走者	3	前田 了二	4	武井 康真	2	榎木 和貴	3	綱崎 真二	3	川波 貴臣	2	前田 敬樹	4	菅 陽一郎	2	松田 和宏
		個人	3	44.00	2	39.32	4	28.28	2	42.22	3	35.13	10	37.55	1	*35.22*	3	59.23
		チーム	3	44.00	3	1.23.32	3	1.52.00	3	2.34.22	4	3.09.35	4	3.47.30	3	4.22.52	3	5.22.15
4	日本	走者	4	川内 勝弘	4	川崎 光年	3	山本 豪	4	前田 重信	4	堀尾 貴幸	2	山本 正樹	1	細井 良則	3	水田 貴士
		個人	4	44.07	3	39.36	6	28.40	5	42.38	1	*34.17*	1	36.45	8	36.55	5	1.00.03
		チーム	4	44.07	4	1.23.43	4	1.52.23	4	2.35.01	3	3.09.18	3	3.46.03	4	4.22.58	4	5.23.01
5	京都産業	走者	3	前原 一樹	4	松山 有	1	西島 信介	3	松下 範生	4	岡戸 敦男	3	藤坂 和博	3	大田 智也	2	広瀬 尚紀
		個人	5	44.15	8	40.10	9	28.50	6	42.42	5	35.35	5	37.30	4	36.31	9	1.01.35
		チーム	5	44.15	5	1.24.25	6	1.53.15	6	2.35.57	5	3.11.32	5	3.49.02	5	4.25.33	5	5.27.08
6	神奈川	走者	2	市川 大輔	4	中野 剛	4	初鹿野 充	4	梶山 暢之	1	牧 宏一	3	友納 由博	1	中野 幹生	2	近藤 重勝
		個人	8	44.53	6	39.53	2	28.17	3	42.37	10	36.29	6	37.33	7	36.54	10	1.01.44
		チーム	8	44.53	6	1.24.46	5	1.53.03	5	2.35.40	6	3.12.09	6	3.49.42	6	4.26.36	6	5.28.20
7	広島経済	走者	4	内冨 恭則	4	舛下 和伸	1	中島 潤	1	城 英樹	4	梅舎 達三	3	徳重 純	4	川崎 康司	4	水谷 聡作
		個人	7	44.48	14	40.45	12	29.18	7	42.43	12	36.53	12	38.12	9	36.58	6	1.00.16
		チーム	7	44.48	9	1.25.33	9	1.54.51	7	2.37.34	9	3.14.27	9	3.52.39	9	4.29.37	7	5.29.53
8	東海	走者	2	横山 景	3	土持 康博	2	吉田 正幸	4	小出 真義	2	秋場 実	2	志田 淳	2	小椋 英樹	4	小野 直樹
		個人	11	45.37	4	39.45	21	30.20	3	42.37	7	36.03	4	37.20	10	37.09	8	1.01.30
		チーム	11	45.37	8	1.25.22	12	1.55.42	10	2.38.19	8	3.14.22	8	3.51.42	8	4.28.51	8	5.30.21
9	法政	走者	1	糸山 二朗	3	磯松 大輔	1	須田 航	3	立川 剛士	1	田中 健一	1	武本 謙治	3	有隅 剛志	4	宮田 修一
		個人	13	45.52	9	40.13	10	28.54	8	42.58	9	36.18	3	37.14	6	36.41	13	1.02.12
		チーム	13	45.52	11	1.26.05	10	1.54.59	8	2.37.57	7	3.14.15	7	3.51.29	7	4.28.10	9	5.30.22
10	日本体育	走者	4	城井 秀光	4	緒方 寿和	1	伊藤 敦	2	児玉 弘幸	3	前田 定之	3	平山 勝重	4	小島 秀夫	3	神場 忠勝
		個人	21	47.24	13	40.35	8	28.49	12	43.50	6	35.36	8	37.41	5	36.39	7	1.00.42
		チーム	21	47.24	15	1.27.59	14	1.56.48	14	2.40.38	12	3.16.14	11	3.53.55	10	4.30.34	10	5.31.16
11	亜細亜	走者	4	柴田 伸一	2	ビズネ・Y.T.	2	金沢 貴	3	村田 幸輝	2	野口 憲司	3	清水 慎吾	1	伊藤 幸一	1	菅野 邦彰
		個人	18	46.51	7	40.04	7	28.46	13	43.57	8	36.13	11	38.03	15	37.45	4	59.38
		チーム	18	46.51	13	1.26.55	11	1.55.41	13	2.39.38	10	3.15.51	10	3.53.54	11	4.31.39	11	5.31.17
12	徳山	走者	2	樋口 俊志	3	松村 淳一	3	吉本 淳	4	矢田 育男	3	山田 貴士	4	有吉 剛	1	栗原 英彰	1	青山 秀一
		個人	6	44.23	12	40.33	12	29.18	19	44.56	11	36.46	13	38.44	12	37.33	15	1.02.44
		チーム	6	44.23	7	1.24.56	7	1.54.14	11	2.39.10	11	3.15.56	12	3.54.40	12	4.32.13	12	5.34.57
13	名古屋商	走者	2	李 祖根	2	太田 重和	3	砂場 晴久	1	竹沢 孝夫	3	倉岡 徳幸	1	福井 竜一郎	1	城島 賢	3	鈴木 拓哉
		個人	10	45.19	11	40.30	15	29.56	11	43.43	14	37.13	18	39.34	16	37.51	11	1.01.47
		チーム	10	45.19	10	1.25.49	13	1.55.45	12	2.39.28	14	3.16.41	13	3.56.15	13	4.34.06	13	5.35.53
14	関西	走者	3	方山 利哉	3	田中 正太郎	3	荻野 純人	2	岩熊 勇治	1	佐藤 正貴	2	酒居 徹地	2	杉沢 直樹	3	天野 右文
		個人	12	45.48	10	40.28	3	28.19	10	43.36	21	38.12	20	39.53	20	38.13	14	1.02.30
		チーム	12	45.48	12	1.26.16	8	1.54.35	9	2.38.11	13	3.16.23	14	3.56.16	14	4.34.29	14	5.36.59
15	鹿屋体育	走者	2	岩下 邦浩	1	瀬戸口 健	3	中畑 敏秀	4	向井 卓郎	3	井上 力哉	4	関口 実	2	野口 武夫	3	村瀬 恵太郎
		個人	15	46.27	21	42.08	11	29.10	16	44.44	13	37.11	14	38.48	13	37.36	16	1.02.55
		チーム	15	46.27	19	1.28.35	15	1.57.45	15	2.42.29	15	3.19.40	16	3.58.28	15	4.36.04	15	5.38.59
16	中京	走者	3	村嶋 輝久	1	石川 辰巳	3	長尾 信望	1	山本 貴光	3	岩本 洋行	1	島田 優	2	麻生 晶也	3	滝口 哉
		個人	20	47.14	16	41.20	17	30.01	14	44.04	20	38.11	15	38.53	14	37.41	12	1.01.52
		チーム	20	47.14	18	1.28.34	19	1.58.35	16	2.42.39	18	3.20.50	17	3.59.43	17	4.37.24	16	5.39.16
17	愛知工業	走者	4	星 竜也	4	福西 栄治	1	奥野 佳宏	4	鶴見 博和	3	藤井 智也	4	稲生 秀樹	1	山崎 貴博	2	吉川 晴雄
		個人	9	45.06	23	43.14	14	29.35	18	44.51	16	37.22	9	37.49	18	37.41	20	1.04.35
		チーム	9	45.06	16	1.28.20	17	1.57.55	17	2.42.46	16	3.20.08	15	3.57.57	16	4.36.06	17	5.40.41
18	大阪経済	走者	4	河原 徹也	4	菅野 清輝	1	森本 満哉	4	出野 昌布	1	樋上 雅之	2	石本 一作	4	檜本 茂樹	3	中村 健治
		個人	14	45.55	18	41.42	19	30.09	21	45.39	15	37.17	20	39.53	11	37.28	21	1.05.04
		チーム	14	45.55	14	1.27.37	16	1.57.46	18	2.43.25	17	3.20.42	18	4.00.35	18	4.38.03	18	5.43.07
19	札幌学院	走者	4	永井 一仁	4	鹿内 万敬	3	仲上 明彦	2	三上 雅等	2	小川 英宏	1	谷口 正憲	2	宮脇 克	4	畠山 万里
		個人	17	46.46	19	41.47	15	29.56	20	45.26	18	37.59	16	39.01	22	39.08	18	1.03.55
		チーム	17	46.46	17	1.28.33	18	1.58.29	20	2.43.55	20	3.21.54	19	4.00.35	20	4.40.03	19	5.43.58
20	大阪体育	走者	4	土器屋 耕	2	松本 健作	3	穴沢 正人	1	永井 章生	3	菊地 伸幸	4	中野 昌彦	3	岡田 光	3	的羽 秀和
		個人	22	47.43	22	42.30	18	30.04	16	44.44	19	38.10	18	39.34	17	37.58	19	1.04.23
		チーム	22	47.43	23	1.30.13	23	2.00.17	22	2.45.01	21	3.23.11	21	4.02.45	21	4.40.43	20	5.45.06
21	福井工業	走者	3	竹中 泰知	3	青能 剛	1	土井 健太郎	3	山本 浩史	2	高見 弘樹	3	福光 崇	1	中城 陽平	1	坂東 拳
		個人	19	47.07	17	41.29	22	30.21	15	44.40	17	37.34	22	39.56	21	38.24	22	1.06.05
		チーム	19	47.07	20	1.28.36	20	1.58.57	19	2.43.37	19	3.21.11	20	4.01.07	19	4.39.31	21	5.45.36
22	福岡	走者	1	酒井 真一郎	1	有隅 賢吾	4	大谷 幸司	2	西村 岳	4	清谷 英敏	2	高木 章嗣	3	小森 義郎	2	山田 吉秀
		個人	23	48.15	15	41.12	23	30.30	23	46.03	22	38.38	17	39.27	18	38.09	17	1.03.34
		チーム	23	48.15	22	1.29.27	22	1.59.57	23	2.46.00	22	3.24.38	22	4.04.05	22	4.42.14	22	5.45.48
23	東北	走者	2	井上 典久	4	上野 俊一朗	M1	大谷 啓太	3	和泉 俊介	2	高橋 真嘉	3	浅野 貴央	1	水野 浩靖	4	斎藤 和也
		個人	16	46.45	20	42.05	20	30.10	22	46.01	23	39.59	23	41.28	23	40.52	23	1.10.06
		チーム	16	46.45	21	1.28.50	21	1.59.00	21	2.45.01	23	3.25.00	23	4.06.28	23	4.47.20	23	5.57.26
OP	IVL	走者		B.クラス		T.クーガン		E.バーリー		R.カニンガム		D.ウエスト		W.ブランド		N.サッコー		R.カーレイ
		個人	(7)	44.43	(23)	42.32	(14)	29.24	(10)	43.31	(18)	37.48	(20)	39.44	(23)	39.34	(17)	1.03.26
		チーム	(7)	44.43	(14)	1.27.15	(14)	1.56.39	(14)	2.40.10	(15)	3.17.58	(15)	3.57.42	(17)	4.37.16	(18)	5.40.42

第27回　1995年(平成7年)11月5日　　総距離：106.8km

順	大学名		1区 (14.6km)		2区 (13.2km)		3区 (9.5km)		4区 (14.0km)		5区 (11.6km)		6区 (12.3km)		7区 (11.9km)		8区 (19.7km)	
1	早稲田	走者	3	小林 雅幸	2	中村 英幸	1	山崎 慎治	2	荒川　誠	2	梅木 蔵雄	3	村松 大吾	4	小倉 圭介	4	渡辺 康幸
		個人	1	42.53	3	39.23	5	28.20	8	42.54	7	36.04	3	37.39	7	36.34	1	*56.59*
		チーム	1	42.53	1	1.22.16	2	1.50.36	2	2.33.30	3	3.09.34	3	3.47.13	3	4.23.47	1	5.20.46
2	中央	走者	2	小林　渉	3	榎木 和貴	1	石本 文人	2	尾方 拳志	1	小島 大輔	4	綱崎 真二	1	国武 良真	3	松田 和宏
		個人	4	43.51	1	38.43	1	27.59	3	42.16	8	36.12	2	37.07	2	36.08	3	58.43
		チーム	4	43.51	2	1.22.34	1	1.50.33	1	2.32.49	1	3.09.01	1	3.46.08	2	4.22.16	2	5.20.59
3	山梨学院	走者	4	平田 雅人	4	藤脇 友介	1	大崎 悟史	2	中馬 大輔	1	横田 一仁	4	川口 智宏	1	森政 辰巳	4	S. マヤカ
		個人	6	43.59	2	39.07	6	28.25	1	42.10	11	36.28	4	37.40	6	36.17	2	57.32
		チーム	6	43.59	3	1.23.06	3	1.51.31	3	2.33.41	4	3.10.09	4	3.47.49	4	4.24.06	3	5.21.38
4	神奈川	走者	2	中野 幹生	3	市川 大輔	1	渡辺　聡	2	高島 康司	3	近藤 重勝	3	中川 真一	4	友納 由博	4	重田 真孝
		個人	5	43.55	4	39.34	7	28.28	2	42.15	1	34.51	7	38.03	1	*35.10*	6	1.00.04
		チーム	5	43.55	4	1.23.29	6	1.51.57	4	2.34.12	2	3.09.03	2	3.47.06	1	4.22.16	4	5.22.20
5	法政	走者	4	有隅 剛志	2	糸山 二朗	2	荒井 伸次	4	立川 剛士	2	田中 健一	2	武本 謙治	3	遠藤 英典	4	磯松 大輔
		個人	9	44.34	6	39.49	8	28.35	7	42.39	6	36.01	1	*36.19*	5	36.13	4	59.26
		チーム	9	44.34	8	1.24.23	8	1.52.58	8	2.35.37	8	3.11.38	5	3.47.57	5	4.24.10	5	5.23.36
6	大東文化	走者	4	白井 文雄	2	柳谷 昭二	2	渡辺 篤志	2	池谷 寛之	3	鈴木 孝雄	4	加々見 雄三	3	高橋 宏幸	3	池谷 真輝
		個人	7	44.00	9	40.05	3	28.19	4	42.23	4	35.53	11	38.27	12	37.17	5	1.00.01
		チーム	7	44.00	7	1.24.05	7	1.52.24	6	2.34.47	6	3.10.40	7	3.49.07	8	4.26.24	6	5.26.25
7	京都産業	走者	4	前原 一樹	4	松下 範生	1	片岡 繁貴	3	山本 敏之	2	西島 信介	1	森　兼二	3	志水 順一	3	広瀬 尚紀
		個人	3	43.49	8	39.54	2	28.09	5	42.31	10	36.16	5	37.52	2	36.08	10	1.01.59
		チーム	3	43.49	6	1.23.43	5	1.51.52	5	2.34.23	5	3.10.39	6	3.48.31	6	4.24.39	7	5.26.38
8	亜細亜	走者	3	ビズネ・Y.T.	1	池谷 重喜	1	帯刀 秀幸	3	沼口　寛	4	村田 幸輝	3	玉野 邦彦	3	金沢　貴	2	菅野 邦彰
		個人	2	43.38	7	39.51	3	28.19	10	43.34	2	35.38	10	38.25	4	36.12	8	1.01.15
		チーム	2	43.38	5	1.23.29	4	1.51.48	7	2.35.22	7	3.11.00	8	3.49.25	7	4.25.37	8	5.26.52
9	東海	走者	3	横山　景	4	土持 康博	2	西沢 洋務	4	鈴木　隆	4	高瀬 晋治	4	鈴木 政徳	3	小椋 英樹	3	志田　淳
		個人	8	44.27	14	40.55	11	28.51	9	42.59	9	36.15	15	38.49	14	37.49	9	1.01.47
		チーム	8	44.27	11	1.25.22	10	1.54.13	10	2.37.12	9	3.13.27	9	3.52.16	9	4.30.05	9	5.31.52
10	広島経済	走者	2	城　英樹	3	長尾 幸保	4	中原　剛	1	左達　恵	3	松長 信也	2	中島　潤	2	竹原 啓二	4	徳重　純
		個人	11	44.45	10	40.17	10	28.43	13	44.24	13	36.35	9	38.24	8	36.58	13	1.02.22
		チーム	11	44.45	10	1.25.02	9	1.53.45	11	2.38.09	11	3.14.44	12	3.53.08	10	4.30.06	10	5.32.28
11	関西	走者	4	方山 利哉	4	荻野 純人	3	鬼塚 正寛	3	岩熊 勇治	3	酒居 徹地	4	田中 正太郎	3	東家 俊一	4	天野 右文
		個人	14	44.56	5	39.35	16	29.43	6	42.32	17	37.53	8	38.14	16	38.20	14	1.02.31
		チーム	14	44.56	9	1.24.31	11	1.54.14	9	2.36.46	10	3.14.39	10	3.52.53	11	4.31.13	11	5.33.44
12	日本体育	走者	3	野田 道胤	1	北山　智	1	堀本 修司	1	田口　篤	2	宇野　淳	2	青柳 友博	3	志藤　純	4	神場 忠勝
		個人	12	44.52	17	41.12	15	29.30	15	44.39	5	35.55	12	38.29	11	37.12	11	1.02.07
		チーム	12	44.52	13	1.26.04	14	1.55.34	15	2.40.13	13	3.16.08	13	3.54.37	13	4.31.49	12	5.33.56
13	徳山	走者	3	樋口 俊志	1	柴田 真人	1	大原　誠	2	栗原 英彰	3	阪上 直義	4	松村 淳一	4	山田 貴士	2	青山 秀一
		個人	17	45.47	15	41.01	9	28.37	11	43.51	3	35.43	6	38.01	18	38.45	18	1.03.35
		チーム	17	45.47	16	1.26.48	13	1.55.25	12	2.39.16	12	3.14.59	11	3.53.00	12	4.31.45	13	5.35.20
14	名古屋商	走者	3	李　祖根	4	鈴木 拓哉	2	福井 竜一郎	2	竹沢 孝夫	2	野手 善博	1	山岡　毅	4	砂場 晴久	3	太田 重和
		個人	20	46.27	11	40.20	13	29.12	12	44.12	17	37.53	20	39.53	17	38.39	7	1.01.12
		チーム	20	46.27	15	1.26.47	16	1.55.59	14	2.40.11	14	3.18.04	17	3.57.57	16	4.36.36	14	5.37.48
15	鹿屋体育	走者	4	村瀬 恵太郎	3	岩下 邦浩	4	中畑 敏秀	4	田中 秀樹	4	井上 力哉	3	山内 健太郎	M1	石岡 一洋	1	松村　勲
		個人	16	45.41	13	40.49	16	29.43	17	44.50	16	37.35	17	39.14	9	37.07	17	1.03.06
		チーム	16	45.41	14	1.26.30	17	1.56.13	16	2.41.03	16	3.18.38	16	3.57.52	15	4.34.59	15	5.38.05
16	第一工業	走者	4	林田 克則	3	八坂 純一	2	赤城 圭介	3	西田 淳一	4	西島 信弘	3	山口 嘉代治	1	春岡 貴博	1	谷口 英和
		個人	18	45.49	16	41.08	12	29.00	18	45.17	14	37.24	14	38.48	20	39.16	15	1.02.35
		チーム	18	45.49	17	1.26.57	15	1.55.57	17	2.41.14	16	3.18.38	15	3.57.26	17	4.36.42	16	5.39.17
17	愛知工業	走者	1	上野 大助	2	奥野 佳宏	3	中野　稔	3	吉川 晴雄	3	羽多野 隆三	3	安田 憲右	1	山森 文士	2	山崎 貴博
		個人	19	46.12	18	41.24	18	29.47	19	45.18	19	37.54	21	40.09	15	38.10	12	1.02.10
		チーム	19	46.12	20	1.27.36	18	1.57.23	18	2.42.41	18	3.20.35	20	4.00.44	19	4.38.54	17	5.41.04
18	中京	走者	3	滝口　哉	2	石川 辰巳	2	島田　優	3	安藤 宜孝	4	長尾 信望	1	宮本 斉浩	3	豊田 篤志	2	山本 貴光
		個人	13	44.55	21	42.38	20	30.20	21	46.32	12	36.30	18	39.34	19	39.11	16	1.03.00
		チーム	13	44.55	19	1.27.33	19	1.57.53	20	2.44.25	19	3.20.55	19	4.00.29	20	4.39.40	18	5.42.40
19	近畿	走者	2	小倉 高弘	3	宮川 裕幸	2	矢吹 寿浩	3	前中　正	1	高道 淳也	2	前野 祐哉	2	板倉 聖仁	1	岸田 隆之
		個人	10	44.43	12	40.46	19	29.51	14	44.35	21	38.42	13	38.47	9	37.07	23	1.08.54
		チーム	10	44.43	12	1.25.29	12	1.55.20	13	2.39.55	15	3.18.37	14	3.57.24	14	4.34.31	19	5.43.25
20	龍谷	走者	2	横井 智好	4	治郎丸 真吾	2	宮本 和幸	2	中野　晋	1	糀　龍吾	1	北田 宗秀	3	山下 元治	2	岩井 靖久
		個人	22	47.08	19	41.32	14	29.16	16	44.45	20	38.40	16	38.57	13	37.44	21	1.06.38
		チーム	22	47.08	21	1.28.40	20	1.57.56	18	2.42.41	20	3.21.21	18	4.00.18	18	4.38.02	20	5.44.40
21	福井工業	走者	2	土井 健太郎	3	高見 弘樹	4	青能　剛	2	中城 陽平	2	中垣 義成	4	福光　崇	1	生島 直樹	2	坂東　挙
		個人	21	46.58	23	42.51	22	30.55	20	45.56	22	38.54	19	39.51	22	40.14	20	1.06.16
		チーム	21	46.58	22	1.29.49	22	2.00.44	22	2.46.40	22	3.25.34	21	4.05.25	21	4.45.39	21	5.51.55
22	東北	走者	3	井上 典久	M1	上野 俊一朗	2	水野 浩靖	2	小野瀬 剛志	4	菅原 靖宏	4	浅野 貴央	1	内海 健史	4	和泉 俊介
		個人	15	45.22	20	42.06	21	30.31	23	47.15	23	39.48	22	41.46	23	40.21	19	1.04.48
		チーム	15	45.22	18	1.27.28	21	1.57.59	21	2.45.14	21	3.25.02	22	4.06.48	22	4.47.09	22	5.51.57
23	札幌学院	走者	3	三上 雅等	2	田中 伸一	2	森　祥紀	3	小川 英宏	1	太田　崇	3	宮脇　克	1	東　寛之	3	片山　純
		個人	23	47.51	21	42.38	23	31.08	22	46.57	15	37.33	23	42.31	21	40.00	22	1.07.26
		チーム	23	47.51	23	1.30.29	23	2.01.37	23	2.48.34	23	3.26.07	23	4.08.38	23	4.48.38	23	5.56.04
OP	IVL	走者		S. ウィルバー		M. リチャードソン		R. カニンガム		E. フィッツパトリック		D. ジョンソン		K. クラマー		R. カーレイ		T. マクリーン
		個人	(19)	46.12	(21)	42.21	(20)	30.06	(10)	43.33	(15)	37.25	(13)	38.32	(15)	38.09	(20)	1.05.06
		チーム	(19)	46.12	(21)	1.28.33	(22)	1.58.39	(18)	2.42.12	(18)	3.19.37	(18)	3.58.09	(16)	4.36.18	(18)	5.41.24

第28回　1996年(平成8年)11月3日　総距離：106.8km

順	大学名		1区 (14.6km)		2区 (13.2km)		3区 (9.5km)		4区 (14.0km)		5区 (11.6km)		6区 (12.3km)		7区 (11.9km)		8区 (19.7km)	
1	神奈川	走者	3	高津 智一	4	近藤 重勝	3	中野 幹生	2	渡辺　聡	4	藤本 大輔	3	高島 康司	1	小松 直人	4	市川 大輔
		個人	3	44.29	1	39.36	1	28.08	4	42.29	1	35.22	1	36.56	4	36.32	3	59.08
		チーム	3	44.29	2	1.24.05	1	1.52.13	2	2.34.42	1	3.10.04	1	3.47.00	1	4.23.32	1	5.22.40
2	山梨学院	走者	3	中馬 大輔	1	古田 哲弘	2	横田 一仁	2	S. ワチーラ	1	西川 哲生	2	森政 辰巳	2	里内 正幸	4	中村 祐二
		個人	5	44.52	7	40.02	6	28.46	1	41.37	3	35.29	11	38.02	3	36.27	2	58.54
		チーム	5	44.52	5	1.24.54	5	1.53.40	3	2.35.17	3	3.10.46	3	3.48.48	3	4.25.15	2	5.24.09
3	京都産業	走者	4	荒川 大作	2	細川 道隆	3	国井 利文	2	片岡 繁貴	4	山本 敏之	3	前田　衆	3	西島 信介	4	広瀬 尚紀
		個人	2	44.15	3	39.48	3	28.16	2	42.15	5	35.33	6	37.44	6	36.45	7	1.00.47
		チーム	2	44.15	1	1.24.03	2	1.52.19	1	2.34.34	2	3.10.07	2	3.47.51	2	4.24.36	3	5.25.23
4	早稲田	走者	3	荒川　誠	4	藤井 一博	1	前田 泰秀	3	梅木 蔵雄	2	山崎 慎治	3	中村 英幸	1	上田 健治	4	小林 雅幸
		個人	18	46.45	4	39.50	4	28.30	3	42.28	4	35.31	3	37.23	11	37.49	1	57.46
		チーム	18	46.45	13	1.26.35	11	1.55.05	9	2.37.33	9	3.13.04	8	3.50.27	9	4.28.16	4	5.26.02
5	順天堂	走者	2	三代 直樹	4	内山 孝之	1	沢田 哲律	4	菅野 悟史	3	吉岡 善知	1	政綱 孝之	1	上口 広之	4	浜野　健
		個人	8	44.55	9	40.14	11	29.14	7	42.43	6	35.46	5	37.31	8	37.04	3	59.08
		チーム	8	44.55	7	1.25.09	8	1.54.23	7	2.37.06	7	3.12.52	7	3.50.23	7	4.27.27	5	5.26.35
6	亜細亜	走者	4	ビズネ・Y.T.	3	菅野 邦彰	3	吉村　力	4	野口 憲司	4	玉野 邦彦	2	藤井 貴紀	2	池谷 重喜	2	帯刀 秀幸
		個人	1	44.12	6	39.59	8	29.00	8	42.51	8	36.27	6	37.44	5	36.43	6	59.59
		チーム	1	44.12	3	1.24.11	4	1.53.11	5	2.36.02	6	3.12.29	6	3.50.13	5	4.26.56	6	5.26.55
7	東洋	走者	3	佐藤　武	3	千原 詩郎	4	竹内 秀和	4	星野 隆男	3	神田 哲広	2	三島 淳司	3	萩野　聡	4	小沢 希久雄
		個人	6	44.54	10	40.20	4	28.30	5	42.33	2	35.28	8	37.46	6	36.45	9	1.01.07
		チーム	6	44.54	8	1.25.14	6	1.53.44	6	2.36.17	4	3.11.45	4	3.49.31	4	4.26.16	7	5.27.23
8	駒澤	走者	3	藤田 幸則	3	足立 康光	1	大西 雄三	2	河合 芳隆	1	西田 隆維	2	佐藤 裕之	3	吉田 慎一	4	山下 秀人
		個人	12	45.24	2	39.44	9	29.04	9	42.57	7	35.53	9	37.57	1	36.02	8	1.00.54
		チーム	12	45.24	6	1.25.08	7	1.54.12	8	2.37.09	8	3.13.02	9	3.50.59	6	4.27.01	8	5.27.55
9	中央	走者	2	久保田 瑞穂	2	石本 文人	1	小川　智	4	榎木 和貴	3	遠藤 智久	2	小島 大輔	1	岩本　淳	4	松田 和宏
		個人	4	44.49	15	41.24	12	29.19	10	43.15	15	37.02	2	37.09	2	36.24	3	59.08
		チーム	4	44.49	11	1.26.13	12	1.55.32	11	2.38.47	11	3.15.49	10	3.52.58	10	4.29.22	9	5.28.30
10	東海	走者	3	吉田 正幸	2	諏訪 利成	2	高橋 尚孝	3	関　厚志	1	今井 邦彦	2	高塚 和利	4	小椋 英樹	4	横山　景
		個人	10	44.57	5	39.56	2	28.12	6	42.37	10	36.35	4	37.29	14	38.10	11	1.01.42
		チーム	10	44.57	4	1.24.53	3	1.53.05	4	2.35.42	5	3.12.17	5	3.49.46	8	4.27.56	10	5.29.38
11	広島経済	走者	3	城　英樹	4	長尾 幸保	1	石田 達識	2	左達　恵	4	松長 信也	1	藤井 敏行	1	鍋島 隆志	1	二野宮 誠
		個人	7	44.55	19	42.15	7	28.58	11	43.40	13	36.58	12	38.18	9	37.32	17	1.03.36
		チーム	7	44.55	14	1.27.10	13	1.56.08	13	2.39.48	13	3.16.46	11	3.55.04	11	4.32.36	11	5.36.12
12	徳山	走者	3	栗原 英彰	2	柴田 真人	2	大原　誠	2	嘉新 幸太郎	4	樋口 俊志	3	田中　宏	3	茂田 信宏	4	阪上 直義
		個人	17	46.32	13	40.45	10	29.06	12	43.56	17	37.21	10	38.00	12	37.52	15	1.02.51
		チーム	17	46.32	16	1.27.17	15	1.56.23	14	2.40.19	14	3.17.40	13	3.55.40	13	4.33.32	12	5.36.23
13	鹿屋体育	走者	4	岩下 邦浩	2	松村　勲	4	野口 武夫	1	小田 多一	4	山内 健太郎	3	山口 栄一	3	山田 知純	4	吉松 和宏
		個人	11	45.14	8	40.08	14	29.26	13	43.58	13	36.58	17	39.42	13	38.02	18	1.03.41
		チーム	11	45.14	9	1.25.22	10	1.54.48	10	2.38.46	10	3.15.44	12	3.55.26	12	4.33.28	13	5.37.09
14	名古屋商	走者	3	李　祖根	1	井口 英明	3	福井 竜一郎	3	野手 善博	2	山岡　毅	1	赤堀 正隆	2	知崎 祐樹	4	太田 重和
		個人	14	46.00	14	41.11	16	29.41	15	44.21	11	36.42	13	38.55	23	39.39	10	1.01.29
		チーム	14	46.00	15	1.27.11	16	1.56.52	15	2.41.13	15	3.17.55	14	3.56.50	16	4.36.29	14	5.37.58
15	第一工業	走者	2	谷口 英和	3	赤城 圭介	4	八坂 純一	1	下森　直	4	川尻 修三	3	三好　拓	4	大村　拓	4	西田 淳一
		個人	9	44.56	11	40.30	12	29.19	14	44.02	16	37.12	23	41.46	16	38.30	12	1.02.20
		チーム	9	44.56	10	1.25.26	9	1.54.45	12	2.38.47	12	3.15.59	15	3.57.45	15	4.36.15	15	5.38.35
16	立命館	走者	2	渡辺 真一	3	柴田　学	3	柳川 秀晶	4	村上 智彦	2	水谷 公一	1	吉井　敦	3	河原 直樹	1	角本 啓二
		個人	13	45.56	12	40.33	17	29.45	17	45.14	9	36.34	18	39.49	15	38.17	19	1.04.15
		チーム	13	45.56	12	1.26.29	14	1.56.14	16	2.41.28	16	3.18.02	16	3.57.51	14	4.36.08	16	5.40.23
17	愛知工業	走者	2	上野 大助	3	吉川　聡	3	関谷　勇	3	山崎 貴博	3	奥野 佳宏	1	塩川 岳彦	4	羽多野 隆三	4	中野　稔
		個人	19	46.47	16	41.33	15	29.34	19	46.09	12	36.50	14	39.14	19	38.54	14	1.02.39
		チーム	19	46.47	17	1.28.20	17	1.57.54	17	2.44.03	17	3.20.53	17	4.00.07	18	4.39.01	17	5.41.40
18	近畿	走者	4	宮川 裕幸	4	島津 信一	3	矢吹 寿浩	3	前野 祐哉	1	森川 裕之	2	松浦 敏雄	3	板倉 聖仁	4	前中　正
		個人	21	47.17	17	41.49	18	30.03	16	45.03	17	37.21	14	39.14	10	37.34	20	1.04.25
		チーム	21	47.17	19	1.29.06	19	1.59.09	18	2.44.12	18	3.21.33	18	4.00.47	17	4.38.21	18	5.42.46
19	福岡	走者	3	酒井 真一郎	3	有隅 賢吾	4	高木 章嗣	4	徳永 健司	2	井手 潤之介	4	山田 吉秀	2	西田 裕一郎	2	浜元 靖典
		個人	16	46.23	18	42.08	19	30.13	21	46.11	19	37.30	16	39.24	21	39.19	21	1.06.16
		チーム	16	46.23	18	1.28.31	18	1.58.44	19	2.44.55	19	3.22.25	19	4.01.49	19	4.41.08	19	5.47.24
20	山形	走者	3	兜森 忠道	4	高橋 明久	2	安藤 知弘	3	富樫 昌広	3	設楽 公貴	3	伊藤 智彦	3	菊地 次郎	2	土屋 幸治
		個人	20	46.51	22	43.11	23	31.02	22	46.13	21	38.56	21	40.44	22	39.24	16	1.03.20
		チーム	20	46.51	21	1.30.02	21	2.01.04	21	2.47.17	20	3.26.13	20	4.06.57	21	4.46.21	20	5.49.41
21	中京	走者	2	宮本 斉浩	3	石川 辰巳	4	豊田 篤志	3	佐藤 和人	2	松田 真吾	3	島田　優	4	安藤 宜孝	3	山本 貴光
		個人	15	46.01	22	43.11	20	30.40	18	45.22	23	42.16	22	41.12	18	38.43	13	1.02.26
		チーム	15	46.01	20	1.29.12	20	1.59.52	20	2.45.14	22	3.27.30	23	4.08.42	22	4.47.25	21	5.49.51
22	福井工業	走者	1	北村 真司	2	生島 直樹	1	山田 隆司	4	内田 明彦	3	中城 陽平	3	中垣 義成	3	土井 健太郎	1	長江 祐治
		個人	23	49.25	20	42.58	22	30.54	20	46.10	20	37.45	20	40.27	17	38.32	22	1.06.35
		チーム	23	49.25	23	1.32.23	23	2.03.17	23	2.49.27	21	3.27.12	21	4.07.39	20	4.46.11	22	5.52.46
23	札幌学院	走者	3	田中 伸一	4	小川 英宏	3	谷口 正憲	4	片山　純	2	太田　崇	2	永井 秀典	4	宮脇　克	4	三上 雅等
		個人	22	48.36	21	43.10	21	30.41	23	46.59	22	38.58	19	40.07	20	39.07	23	1.06.42
		チーム	22	48.36	22	1.31.46	22	2.02.27	22	2.49.26	23	3.28.24	22	4.08.31	23	4.47.38	23	5.54.20
OP	IVL	走者		K. オーシャ		J. ドウワイヤー		S. アンダーソン		C. ランガン		W. ジョンソン		M. リチャードソン		D. ジョンソン		A. ブーブロン
		個人	(13)	45.47	(17)	41.42	(6)	28.42	(17)	45.04	(8)	36.25	(18)	39.43	(19)	38.44	(19)	1.03.50
		チーム	(13)	45.47	(17)	1.27.29	(14)	1.56.11	(16)	2.41.15	(14)	3.17.40	(15)	3.57.23	(14)	4.36.07	(16)	5.39.57

第29回　1997年(平成9年)11月2日　総距離：106.8km

順	大学名		1区 (14.6km)		2区 (13.2km)		3区 (9.5km)		4区 (14.0km)		5区 (11.6km)		6区 (12.3km)		7区 (11.9km)		8区 (19.7km)	
1	神奈川	走者	4	高津 智一	3	渡辺 聡	3	中沢 晃	1	勝間 信弥	3	岩原 正樹	2	野々口 修	2	辻原 幸一	2	小松 直人
		個人	1	43.03	5	*38.35*	3	27.48	2	41.29	1	34.28	1	*36.11*	2	36.01	3	59.43
		チーム	1	43.03	3	1.21.38	3	1.49.26	2	2.30.55	1	3.05.23	1	3.41.34	1	4.17.35	1	*5.17.18*
2	山梨学院	走者	2	古田 哲弘	3	横田 一仁	1	尾池 政利	4	藤村 貴生	2	西川 哲生	3	森政 辰巳	3	大崎 悟史	3	S. ワチーラ
		個人	5	43.17	2	*38.12*	4	27.49	11	42.57	5	34.46	2	36.32	1	35.37	1	59.12
		チーム	5	43.17	2	1.21.29	2	1.49.18	4	2.32.15	3	3.07.01	3	3.43.33	2	4.19.10	2	*5.18.22*
3	早稲田	走者	3	山崎 慎治	4	梅木 蔵雄	4	中村 英幸	1	佐藤 敦之	3	増田 創至	2	前田 泰秀	2	湯朝 育広	4	荒川 誠
		個人	3	43.11	1	*38.05*	1	27.31	2	41.29	6	35.12	5	37.05	8	37.09	5	1.00.24
		チーム	3	43.11	1	1.21.16	1	1.48.47	1	2.30.16	2	3.05.28	2	3.42.33	3	4.19.42	3	5.20.06
4	駒澤	走者	3	佐藤 裕之	4	足立 康光	2	西田 隆維	4	藤田 幸則	2	大西 雄三	3	河合 芳隆	3	古賀 聖治	3	藤田 敦史
		個人	2	43.09	11	39.32	6	28.20	1	41.22	2	34.41	6	37.08	6	36.52	4	59.44
		チーム	2	43.09	5	1.22.41	5	1.51.01	5	2.32.23	4	3.07.04	4	3.44.12	4	4.21.04	4	5.20.48
5	拓殖	走者	3	東 勝博	3	吉田 行宏	3	船木 吉知	3	高須 則吉	2	井上 信也	4	松本 剛	1	鈴木 武道	2	吉田 和央
		個人	4	43.12	4	*38.30*	2	27.46	10	42.42	14	36.20	4	37.02	5	36.50	6	1.01.07
		チーム	4	43.12	4	1.21.42	4	1.49.28	3	2.32.10	6	3.08.30	6	3.45.32	6	4.22.22	5	5.23.29
6	順天堂	走者	1	宮井 将治	1	高橋 謙介	1	宮崎 展仁	2	政綱 孝之	4	吉岡 善知	3	田畑 智貴	3	大橋 真一	3	三代 直樹
		個人	12	44.37	8	39.29	5	28.11	8	42.36	3	34.45	10	37.44	9	37.11	2	59.38
		チーム	12	44.37	13	1.24.06	11	1.52.17	11	2.34.53	8	3.09.38	8	3.47.22	8	4.24.33	6	5.24.11
7	京都産業	走者	2	前田 貴史	4	荒川 大作	4	西島 信介	3	細川 道隆	3	片岡 繁貴	3	大田 竜広	4	前田 衆	4	弓元 紀明
		個人	6	43.22	12	39.37	8	28.28	4	41.45	3	34.45	7	37.13	7	36.55	8	1.02.27
		チーム	6	43.22	6	1.22.59	6	1.51.27	6	2.33.12	5	3.07.57	5	3.45.10	5	4.22.05	7	5.24.32
8	大東文化	走者	4	柳谷 昭二	4	池谷 寛之	1	真名子 圭	4	渡辺 篤志	2	丹沢 太郎	2	徳原 淳治	3	飯田 涼平	3	萩原 英之
		個人	13	44.43	3	*38.20*	10	28.40	5	42.00	9	35.51	8	37.18	10	37.14	9	1.02.46
		チーム	13	44.43	7	1.23.03	8	1.51.43	7	2.33.43	7	3.09.34	7	3.46.52	7	4.24.06	8	5.26.52
9	東海	走者	4	西沢 洋務	3	諏訪 利成	3	高塚 和利	4	長谷川 淳	1	横山 貴臣	2	今井 邦彦	3	高橋 尚孝	3	大熊 賢司
		個人	9	43.55	8	39.29	9	28.36	6	42.14	10	36.02	13	38.23	4	36.33	13	1.02.54
		チーム	9	43.55	11	1.23.24	10	1.52.00	8	2.34.14	9	3.10.16	9	3.48.39	9	4.25.12	9	5.28.06
10	中央	走者	3	国武 良真	3	小島 大輔	1	永井 順明	2	中川 康隆	2	小川 智	2	藤田 将弘	4	遠藤 智久	4	小林 渉
		個人	14	44.46	6	38.48	15	29.15	18	44.11	8	35.34	3	36.57	3	36.09	11	1.02.50
		チーム	14	44.46	12	1.23.34	13	1.52.49	13	2.37.00	13	3.12.34	11	3.49.31	10	4.25.40	10	5.28.30
11	広島経済	走者	2	鍋島 隆志	2	藤井 敏行	4	中島 潤	3	左達 恵	2	石田 達識	2	山口 誓己	4	竹原 啓二	4	城 英樹
		個人	7	43.32	13	38.48	14	29.04	7	42.34	7	35.29	16	38.52	12	37.49	7	1.02.08
		チーム	7	43.32	9	1.23.14	12	1.52.18	10	2.34.52	10	3.10.21	10	3.49.13	11	4.27.02	11	5.29.10
12	第一工業	走者	1	A. ドリウッジ	4	赤城 圭介	1	M. ファティヒ	2	下森 直	3	谷口 英和	3	川元 英経	3	川元 裕介	3	春岡 貴博
		個人	10	43.56	7	39.42	7	28.23	8	42.36	15	36.38	18	39.18	21	39.20	14	1.02.59
		チーム	10	43.56	10	1.23.19	7	1.51.42	9	2.34.18	11	3.10.56	12	3.50.14	13	4.29.34	12	5.32.33
13	鹿屋体育	走者	1	永田 宏一郎	3	松村 勲	1	森永 啓史	1	田村 哲英	2	矢野 絢也	4	山田 知純	1	清水 健児	4	山口 栄一
		個人	8	43.39	8	39.29	11	28.45	14	43.54	12	36.06	14	38.27	17	38.42	16	1.03.39
		チーム	8	43.39	8	1.23.08	9	1.51.53	12	2.35.47	12	3.11.53	13	3.50.20	13	4.29.02	13	5.32.41
14	徳山	走者	3	柴田 真人	1	青木 博志	3	江頭 健太	3	西原 俊文	2	大川 陽	4	田中 宏	3	大原 誠	3	柳本 拓
		個人	18	46.07	19	40.53	13	29.00	14	43.54	13	36.16	9	37.39	13	37.50	17	1.03.43
		チーム	18	46.07	20	1.27.00	16	1.56.00	17	2.39.54	16	3.16.10	15	3.53.49	15	4.31.39	14	5.35.22
15	立命館	走者	3	渡辺 真一	4	柴田 学	4	柳川 秀晶	2	吉井 敦	3	水谷 公一	2	山本 大輔	1	菊田 英寿	1	舟川 史人
		個人	11	44.32	14	40.18	18	29.23	19	44.17	11	36.04	19	39.24	11	37.35	19	1.04.34
		チーム	11	44.32	14	1.24.50	14	1.54.13	15	2.38.30	14	3.14.34	16	3.53.58	14	4.31.33	15	5.36.07
16	近畿	走者	4	小倉 高弘	2	森川 裕之	4	前野 祐哉	3	高道 淳也	2	岡 隆	4	板倉 聖仁	1	松田 篤志	4	菖蒲迫 英史
		個人	17	45.19	15	40.23	15	29.15	12	43.29	17	36.40	11	38.02	16	38.32	19	1.04.34
		チーム	17	45.19	15	1.25.42	15	1.54.57	14	2.38.26	15	3.15.06	14	3.53.08	16	4.31.40	16	5.36.14
17	名古屋商	走者	2	赤堀 正隆	3	山岡 毅	1	杉浦 健光	4	野手 善博	4	福井 竜一郎	1	村木 力	4	城島 賢	2	井口 英明
		個人	20	46.21	16	40.33	19	29.26	13	43.34	19	37.07	15	38.45	14	37.55	12	1.02.51
		チーム	20	46.21	18	1.26.54	17	1.56.20	16	2.39.54	17	3.17.01	17	3.55.46	17	4.33.41	17	5.36.32
18	愛知工業	走者	4	奥野 佳宏	4	関谷 勇	3	上野 大助	4	吉川 聡	3	山森 丈士	1	佐藤 直樹	2	塩川 岳彦	4	山崎 貴博
		個人	23	48.09	20	40.57	12	28.57	16	44.01	18	36.46	21	39.53	18	38.48	10	1.02.48
		チーム	23	48.09	22	1.29.06	22	1.58.03	20	2.42.04	19	3.18.50	19	3.58.43	19	4.37.31	18	5.40.19
19	福岡	走者	4	有隅 賢吾	1	坂田 功志	2	石津 政和	3	井手 潤之介	1	岩下 一憲	4	酒井 真一郎	3	浜元 靖典	2	木下 徳之
		個人	19	46.20	18	40.38	20	29.58	17	44.10	20	37.23	12	38.09	15	38.04	23	1.08.09
		チーム	19	46.20	19	1.26.58	19	1.56.56	19	2.41.06	18	3.18.29	18	3.56.38	18	4.34.42	19	5.42.51
20	大阪経済	走者	2	村田 章太郎	2	小西 弘晃	1	大西 雄大	4	樋上 雅之	4	三枝 弘和	1	斉藤 高志	3	和泉 紀雄	4	北口 俊成
		個人	22	47.33	23	41.39	21	30.34	21	44.58	16	36.39	20	39.25	20	39.16	15	1.03.11
		チーム	22	47.33	23	1.29.12	23	1.59.46	23	2.44.44	22	3.21.23	21	4.00.48	21	4.40.04	20	5.43.15
21	山形	走者	4	兜森 忠道	3	安藤 知弘	1	吉住 賢一	1	山田 泰広	4	設楽 公貴	4	伊藤 智彦	4	富樫 昌広	3	土屋 幸治
		個人	16	45.07	22	41.37	22	30.51	23	45.43	22	38.18	17	39.08	19	38.52	21	1.05.06
		チーム	16	45.07	17	1.26.44	21	1.57.35	22	2.43.18	23	3.21.36	20	4.00.44	20	4.39.36	21	5.44.42
22	福井工業	走者	2	北村 真司	4	土井 健太郎	4	中城 陽平	3	生島 直樹	1	加藤 直人	3	松田 孝之	3	寺岡 一樹	4	中垣 義成
		個人	21	46.34	17	40.36	17	29.17	20	44.32	23	38.26	23	41.58	22	40.37	18	1.03.49
		チーム	21	46.34	21	1.27.10	18	1.56.27	18	2.40.59	20	3.19.25	23	4.01.23	22	4.42.00	22	5.45.49
23	北海道	走者	M2	川瀬 誠	4	風間 孝弘	1	萩原 幸亮	4	平松 賢泰	1	大嶽 怜	4	布施 功馬	4	大室 朗	3	小林 健太郎
		個人	15	44.53	21	41.02	23	31.07	22	45.34	21	37.27	22	40.59	23	41.33	22	1.07.39
		チーム	15	44.53	16	1.25.55	20	1.57.02	21	2.42.36	21	3.20.03	22	4.01.02	23	4.42.35	23	5.50.14
OP	IVL	走者		K. オーシャ		I. カースウェル		D. シーラー		K. ロナーガン		S. アンダーソン		J. ペレイラ		C. リア		W. ジョンソン
		個人	(12)	46.21	(22)	41.29	(15)	29.09	(20)	44.18	(15)	36.22	(15)	38.44	(20)	38.59	(14)	1.02.58
		チーム	(12)	46.21	(17)	1.26.02	(16)	1.55.11	(16)	2.39.29	(16)	3.15.51	(17)	3.54.35	(17)	4.33.34	(18)	5.36.32

第30回　1998年(平成10年)11月1日　　総距離：106.8km

順	大学名		1区(14.6km)		2区(13.2km)		3区(9.5km)		4区(14.0km)		5区(11.6km)		6区(12.3km)		7区(11.9km)		8区(19.7km)	
1	駒澤	走者	3	西田 隆維	4	佐藤 裕之	3	大西 雄三	1	揖斐 祐治	4	北田 初男	1	神屋 伸行	3	前田 康弘	4	藤田 敦史
		個人	2	43.47	1	38.16	1	27.33	5	42.06	1	34.46	1	36.37	4	36.26	1	58.17
		チーム	2	43.47	2	1.22.03	1	1.49.36	1	2.31.42	1	3.06.28	1	3.43.05	1	4.19.31	1	5.17.48
2	山梨学院	走者	3	西川 哲生	4	森政 辰巳	3	大浜 洋平	3	宮原 充普	4	S.ワチーラ	4	近野 聡志	4	大崎 悟史	3	古田 哲弘
		個人	3	43.48	4	38.48	2	27.56	4	41.58	2	34.49	2	36.59	1	36.05	2	58.51
		チーム	3	43.48	3	1.22.36	2	1.50.32	2	2.32.30	2	3.07.19	2	3.44.18	2	4.20.23	2	5.19.14
3	拓殖	走者	4	東 勝博	4	高須 則吉	1	天野 元文	3	吉田 和央	1	杉山 祐太	2	衣川 秀俊	3	小林 史和	4	吉田 行宏
		個人	5	43.54	6	38.57	5	28.26	3	41.54	7	35.42	5	37.28	3	36.09	3	59.28
		チーム	5	43.54	4	1.22.51	5	1.51.17	5	2.33.11	5	3.08.53	5	3.46.21	4	4.22.30	3	5.21.58
4	神奈川	走者	1	飯島 智志	3	小松 直人	4	中沢 晃	2	勝間 信弥	3	石本 幸一	3	野々口 修	3	吉野 秀吾	4	渡辺 聡
		個人	11	44.48	7	39.26	3	27.59	8	42.53	3	35.02	2	36.59	2	36.07	5	1.00.00
		チーム	11	44.48	9	1.24.14	7	1.52.13	7	2.35.06	6	3.10.08	6	3.47.07	5	4.23.14	4	5.23.14
5	中央	走者	4	久保田 瑞穂	4	小島 大輔	2	永井 順明	4	豊田 雄樹	4	石本 文人	1	杉山 智基	1	花田 俊輔	4	国武 良真
		個人	6	44.02	5	38.54	4	28.18	2	41.47	4	35.14	4	37.02	6	37.11	12	1.03.41
		チーム	6	44.02	6	1.22.56	4	1.51.14	3	2.33.01	3	3.08.15	3	3.45.17	3	4.22.28	5	5.26.09
6	京都産業	走者	4	細川 道隆	3	前田 貴史	2	山本 功児	4	片岡 繁貴	3	村山 豪	1	諏訪 博志	1	坂下 智一	4	増田 陽一
		個人	1	43.44	2	38.18	9	28.47	6	42.15	5	35.35	8	37.40	7	37.47	9	1.02.26
		チーム	1	43.44	1	1.22.02	3	1.50.49	4	2.33.04	4	3.08.39	4	3.46.19	6	4.24.06	6	5.26.32
7	東海	走者	4	高橋 尚孝	4	諏訪 利成	3	君島 光紀	2	横山 周二	1	大井 貴博	2	西村 哲生	3	今井 邦彦	4	高塚 和利
		個人	10	44.32	3	38.20	7	28.43	7	42.28	12	36.48	5	37.28	8	37.53	7	1.01.37
		チーム	10	44.32	5	1.22.52	6	1.51.35	6	2.34.03	7	3.10.51	7	3.48.19	7	4.26.12	7	5.27.49
8	順天堂	走者	2	高橋 謙介	1	岩水 嘉孝	2	榊枝 広光	2	宮井 将治	1	奥田 真一郎	1	入船 満	4	大橋 真一	4	三代 直樹
		個人	12	45.06	10	40.08	6	28.40	12	44.36	7	35.42	11	38.26	5	37.00	4	59.42
		チーム	12	45.06	12	1.25.14	12	1.53.54	13	2.38.30	12	3.14.12	11	3.52.38	9	4.29.38	8	5.29.20
9	早稲田	走者	4	山崎 慎治	4	郷原 剛	1	桜井 勇樹	4	増田 創至	2	佐藤 智彦	3	上田 健治	1	矢花 誠	2	佐藤 敦之
		個人	9	44.27	8	39.28	12	28.59	9	43.15	16	37.28	9	38.15	9	37.56	6	1.00.09
		チーム	9	44.27	7	1.23.55	8	1.52.54	9	2.36.09	11	3.13.37	10	3.51.52	10	4.29.48	9	5.29.57
10	第一工業	走者	1	A.モハメド	3	下森 直	4	谷口 英和	2	A.ドリウッジ	2	前田 明彦	1	Z.アブラハム	2	杉本 勉	4	春岡 貴博
		個人	13	45.07	11	40.23	15	29.08	1	41.21	13	36.51	7	37.31	14	38.56	14	1.05.00
		チーム	13	45.07	13	1.25.30	13	1.54.38	8	2.35.59	9	3.12.50	8	3.50.21	8	4.29.17	10	5.34.17
11	大東文化	走者	1	小林 秀行	2	真名子 圭	1	金子 宣隆	4	飯田 涼平	1	林 昌史	2	松浦 仁一	1	千嶋 敬大	4	松下 泰平
		個人	8	44.13	12	40.50	7	28.43	10	43.22	6	35.41	10	38.25	19	40.21	10	1.03.17
		チーム	8	44.13	11	1.25.03	11	1.53.46	10	2.37.08	8	3.12.49	9	3.51.14	12	4.31.35	11	5.34.52
12	広島経済	走者	3	鍋島 隆志	3	石田 達識	3	二野宮 誠	3	藤井 敏行	4	原田 康二	4	揚田 将史	3	山口 誓己	4	左達 恵
		個人	7	44.12	9	39.50	11	28.58	13	44.48	9	35.45	13	39.07	12	38.37	13	1.03.45
		チーム	7	44.12	8	1.24.02	9	1.53.00	12	2.37.48	10	3.13.33	12	3.52.40	11	4.31.17	12	5.35.02
13	鹿屋体育	走者	2	永田 宏一郎	2	森永 啓史	3	小田 多一	2	田村 哲英	3	矢野 絢也	2	木村 亮介	1	浅岡 斉	4	松村 勲
		個人	4	43.53	13	40.58	10	28.54	11	43.55	15	37.27	19	40.18	11	38.20	8	1.01.46
		チーム	4	43.53	10	1.24.51	10	1.53.45	11	2.37.40	13	3.15.07	13	3.55.25	13	4.33.45	13	5.35.31
14	名古屋商	走者	2	田丸 純	4	山岡 毅	1	李 忠民	3	赤堀 正隆	1	浮田 孝則	2	村木 力	3	近藤 芳憲	3	井口 英明
		個人	18	46.07	14	41.09	13	29.01	15	45.05	23	39.11	12	38.58	15	39.01	11	1.03.40
		チーム	18	46.07	14	1.27.16	14	1.56.17	14	2.41.22	15	3.20.33	14	3.59.31	14	4.38.32	14	5.42.12
15	福岡	走者	3	石津 政和	4	中村 昭博	2	坂田 功志	3	菊池 隆文	4	浜元 靖典	1	三井 浩一	4	西田 裕一郎	2	本田 邦夫
		個人	21	47.03	15	41.16	14	29.07	14	45.02	14	37.00	18	40.15	13	38.51	16	1.05.34
		チーム	21	47.03	19	1.28.19	15	1.57.26	15	2.42.28	14	3.19.28	15	3.59.43	15	4.38.34	15	5.44.08
16	龍谷	走者	4	椛 龍吾	1	富士原 幸平	4	引原 有輝	3	治郎丸 卓三	2	三井田 将希	4	北田 宗秀	2	森口 達也	3	岩西 賢二郎
		個人	16	45.51	18	42.00	17	30.27	19	45.55	11	36.41	15	39.27	23	41.18	17	1.05.56
		チーム	16	45.51	16	1.27.51	17	1.58.18	16	2.44.13	16	3.20.54	16	4.00.21	18	4.41.39	16	5.47.35
17	奈良産業	走者	1	高尾 浩史	2	松原 大剛	4	森 浩記	2	折本 岳志	4	瀬尾 良平	3	采本 知己	3	勢井 球一	4	村元 雅弘
		個人	20	47.00	17	41.59	16	30.10	18	45.53	10	36.39	16	39.45	16	39.05	20	1.07.33
		チーム	20	47.00	21	1.28.59	19	1.59.09	17	2.45.02	17	3.21.41	17	4.01.26	16	4.40.31	17	5.48.04
18	名古屋	走者	M1	三浦 真弘	4	安田 純徳	M2	杉原 浩明	3	二村 和典	4	細川 俊彦	3	河端 宏樹	1	内藤 聖貴	M4	斎藤 享
		個人	17	46.01	22	42.56	21	31.02	17	45.09	20	38.21	20	40.32	20	40.25	15	1.05.02
		チーム	17	46.01	20	1.28.57	21	1.59.59	19	2.45.08	20	3.23.29	19	4.04.01	20	4.44.26	18	5.49.28
19	徳山	走者	2	青木 博志	3	大川 陽	2	大中 哲	4	柳本 拓	4	江頭 健太	4	西原 俊文	1	緒方 正和	4	柴田 真人
		個人	19	46.54	16	41.18	22	31.07	20	46.12	17	37.31	14	39.26	10	38.11	23	1.09.15
		チーム	19	46.54	18	1.28.12	20	1.59.19	20	2.45.31	18	3.23.02	18	4.02.28	17	4.40.39	19	5.49.54
20	中京	走者	4	宮本 斉浩	1	村越 恵史	2	佐藤 治伸	4	松田 真吾	4	磯村 弦	3	福井 洋平	3	中川 昌彦	2	鈴木 徹
		個人	14	45.09	19	42.13	19	30.40	23	47.47	21	38.26	17	40.09	18	39.42	19	1.06.56
		チーム	14	45.09	15	1.27.22	16	1.58.02	21	2.45.49	21	3.24.15	20	4.04.24	19	4.44.06	20	5.51.02
21	仙台	走者	1	渡辺 哲也	2	高田 圭一	2	堀越 里枝	3	佐々木 昌仁	4	鵜川 貴行	1	加賀屋 徹	2	千葉 和也	3	扶川 典靖
		個人	23	47.25	20	42.16	23	31.10	21	46.19	19	38.19	21	40.58	17	39.31	21	1.08.00
		チーム	23	47.25	22	1.29.41	22	2.00.51	23	2.47.10	22	3.25.29	22	4.06.27	22	4.45.58	21	5.53.58
22	札幌学院	走者	4	太田 崇	4	永井 秀典	3	菊野 基	2	佐藤 一平	1	菅原 善隆	4	赤川 桂一	2	富樫 建太	3	佐々木 喜規
		個人	15	45.30	21	42.28	18	30.33	22	46.34	18	38.16	23	41.26	21	40.39	22	1.08.33
		チーム	15	45.30	17	1.27.58	18	1.58.31	18	2.45.05	19	3.23.21	21	4.04.47	21	4.45.26	22	5.53.59
23	福井工業	走者	3	北村 真司	1	片岡 篤史	1	石黒 忠慶	4	寺岡 一樹	1	横田 晃行	1	佐藤 孝道	1	宮崎 義朗	1	三島 智治
		個人	22	47.12	23	43.38	20	30.55	16	45.08	22	39.10	22	41.21	21	40.39	18	1.06.34
		チーム	22	47.12	23	1.30.50	23	2.01.45	22	2.46.53	23	3.26.03	23	4.07.24	23	4.48.03	23	5.54.37

第31回　1999年(平成11年)11月7日　総距離：106.8km

順	大学名		1区 (14.6km)		2区 (13.2km)		3区 (9.5km)		4区 (14.0km)		5区 (11.6km)		6区 (12.3km)		7区 (11.9km)		8区 (19.7km)	
1	駒澤	走者	1	布施 知進	4	西田 隆維	2	揖斐 祐治	4	前田 康弘	1	島村 清孝	4	大西 雄三	1	松下 竜治	2	神屋 伸行
		個人	9	44.24	4	38.57	1	27.29	3	41.56	1	34.39	3	36.43	1	35.46	1	59.16
		チーム	9	44.24	8	1.23.21	2	1.50.50	2	2.32.46	2	3.07.25	2	3.44.08	2	4.19.54	1	5.19.10
2	山梨学院	走者	4	西川 哲生	4	古田 哲弘	4	黒岩 新弥	1	D. カリウキ	4	大浜 洋平	4	宮原 充普	2	清田 泰之	3	尾崎 輝人
		個人	6	43.33	1	38.10	2	27.57	2	41.55	1	34.39	1	36.38	6	36.12	2	1.00.33
		チーム	6	43.33	1	1.21.43	1	1.49.40	1	2.31.35	1	3.06.14	1	3.42.52	1	4.19.04	2	5.19.37
3	順天堂	走者	2	入船　満	2	岩水 嘉孝	4	政綱 孝之	3	宮井 将治	2	奥田 真一郎	2	野口 英盛	2	坂井 隆則	3	高橋 謙介
		個人	2	43.20	5	39.05	9	28.50	4	42.11	3	35.04	2	36.42	5	36.11	3	1.00.38
		チーム	2	43.20	3	1.22.25	4	1.51.15	4	2.33.26	3	3.08.30	3	3.45.12	3	4.21.23	3	5.22.01
4	中央	走者	2	花田 俊輔	2	杉山 智基	1	野村 佳史	4	中川 康隆	1	池上 誠悟	3	板山　学	2	富田 善継	1	藤原 正和
		個人	8	44.23	9	39.35	4	28.03	12	43.12	10	36.31	5	37.08	2	35.52	4	1.00.39
		チーム	8	44.23	10	1.23.58	7	1.52.01	9	2.35.13	9	3.11.44	8	3.48.52	7	4.24.44	4	5.25.23
5	京都産業	走者	4	村山　豪	4	前田 貴史	1	天野 賢哉	2	坂下 智一	4	沼田 雅人	3	山本 功児	1	岡島 浩三	2	諏訪 博志
		個人	5	43.32	7	39.17	10	29.01	8	42.51	6	35.48	8	37.44	7	36.16	6	1.00.57
		チーム	5	43.32	5	1.22.49	6	1.51.50	7	2.34.41	5	3.10.29	6	3.48.13	6	4.24.29	5	5.25.26
6	神奈川	走者	4	小松 直人	2	相馬 雄太	3	鈴木 健太郎	4	辻原 幸生	2	金原 良征	4	石本 幸一	3	勝間 信弥	4	町野 走一
		個人	10	44.25	9	39.35	7	28.27	1	41.44	9	36.26	4	36.47	4	36.10	8	1.02.03
		チーム	10	44.25	11	1.24.00	9	1.52.27	6	2.34.11	6	3.10.37	5	3.47.24	5	4.23.34	6	5.25.37
7	東海	走者	2	柴田 真一	3	横山 周二	2	大井 貴博	3	西村 哲生	1	米田 尚人	3	斎藤 直己	4	岩本 亮介	4	折井 正幸
		個人	3	43.25	6	39.12	6	28.15	5	42.18	7	35.56	7	37.37	8	36.32	12	1.02.27
		チーム	3	43.25	4	1.22.37	3	1.50.52	3	2.33.10	4	3.09.06	4	3.46.43	4	4.23.15	7	5.25.42
8	拓殖	走者	2	天野 元文	4	吉田 和央	2	安部 晋太郎	4	山本 博之	3	鈴木 武道	3	大宮 宙憲	4	小林 史和	4	井上 信也
		個人	12	44.52	13	40.02	8	28.38	13	43.14	4	35.27	9	37.58	9	36.40	7	1.01.26
		チーム	12	44.52	12	1.24.54	12	1.53.32	12	2.36.46	11	3.12.13	9	3.50.11	10	4.26.51	8	5.28.17
9	早稲田	走者	2	原田 正彦	3	佐藤 敦之	2	桜井 勇樹	2	新井 広憲	4	平下　修	1	森村　哲	2	矢花　誠	3	久場 潔実
		個人	11	44.35	2	38.32	12	29.04	9	42.58	5	35.31	10	38.01	11	37.04	14	1.02.43
		チーム	11	44.35	6	1.23.07	8	1.52.11	8	2.35.09	7	3.10.40	7	3.48.41	8	4.25.45	9	5.28.28
10	大東文化	走者	2	金子 宣隆	3	松浦 仁一	3	真名子 圭	2	秋山 羊一郎	1	富岡 三成	2	橘　義昭	3	池田 洋介	4	徳原 淳治
		個人	18	46.02	11	39.41	3	28.01	7	42.34	13	36.48	6	37.18	3	36.08	9	1.02.16
		チーム	18	46.02	14	1.25.43	14	1.53.44	11	2.36.18	12	3.13.06	10	3.50.24	9	4.26.32	10	5.28.48
11	日本	走者	4	巽　浩二	2	和田 正人	3	中山　隆	3	塩見 雄介	3	成瀬 貴彦	3	渡辺 尚幹	1	山本 勝義	4	山本 佑樹
		個人	13	45.01	17	40.31	5	28.04	11	43.11	12	36.36	15	39.01	10	37.03	4	1.00.39
		チーム	13	45.01	13	1.25.32	13	1.53.36	13	2.36.47	13	3.13.23	13	3.52.24	13	4.29.27	11	5.30.06
12	法政	走者	2	徳本 一善	4	坪田 智夫	2	奈良沢 徹	1	土井 洋志	4	佐藤 研司	3	高橋 純一	3	長谷川 夏樹	4	渡辺 俊介
		個人	7	44.14	8	39.21	13	29.08	10	43.06	8	36.01	12	38.36	12	37.34	11	1.02.25
		チーム	7	44.14	9	1.23.35	10	1.52.43	10	2.35.49	10	3.11.50	11	3.50.26	11	4.28.00	12	5.30.25
13	第一工業	走者	2	A. モハメド	4	下森　直	3	前田 明彦	3	A. ドリウッジ	1	枦　博幸	1	中山　徹	3	杉本　勉	4	河村 知明
		個人	4	43.31	3	38.53	11	29.02	6	42.29	15	36.57	22	39.55	14	37.48	21	1.05.19
		チーム	4	43.31	2	1.22.24	5	1.51.26	5	2.33.55	8	3.10.52	12	3.50.47	12	4.28.35	13	5.33.54
14	鹿屋体育	走者	3	永田 宏一郎	4	小田 多一	1	徳重 祐児	3	田村 哲英	4	品川 和夫	3	森永 啓史	1	樫本　梓	2	浅岡　斉
		個人	1	43.07	14	40.03	19	29.53	16	44.33	19	37.37	16	39.08	21	38.43	16	1.03.37
		チーム	1	43.07	7	1.23.10	11	1.53.03	14	2.37.36	14	3.15.13	14	3.54.21	14	4.33.04	14	5.36.41
15	広島経済	走者	4	鍋島 隆志	4	石田 達識	3	渕山 祐行	4	藤井 敏行	1	山田 剛史	4	広瀬 元章	4	山口 誓己	4	二野宮 誠
		個人	14	45.32	15	40.15	14	29.09	15	44.20	14	39.54	20	39.37	15	38.09	15	1.03.12
		チーム	14	45.32	15	1.25.47	15	1.54.56	15	2.39.16	15	3.16.10	15	3.55.47	15	4.33.56	15	5.37.08
16	名古屋商	走者	3	田丸　純	2	前田 尚人	2	李　忠民	3	下田 達也	2	谷口　透	1	村上　徹	3	村木　力	4	井口 英明
		個人	19	46.08	19	41.08	17	29.46	20	45.34	17	37.08	11	38.26	13	37.35	10	1.02.22
		チーム	19	46.08	19	1.27.16	19	1.57.02	19	2.42.36	19	3.19.44	18	3.58.10	18	4.35.45	16	5.38.07
17	関西	走者	4	中村 直樹	1	山本 文平	2	佐嘉田 和外	2	佐毘 容平	3	中馬 智史	3	松尾 信好	1	佐藤 哲成	1	平良 雅寿
		個人	15	45.42	15	40.15	20	30.06	17	44.43	11	36.34	17	39.15	23	39.01	17	1.04.11
		チーム	15	45.42	17	1.25.57	17	1.56.03	18	2.40.46	16	3.17.20	17	3.56.35	17	4.35.36	17	5.39.47
18	徳山	走者	4	大川　陽	1	竹安 昌彦	1	坂本 将治	3	青木 博志	4	柴田 芳成	4	中田 天平	1	野村 信介	2	緒方 正和
		個人	16	45.43	18	40.55	16	29.39	14	44.06	18	37.15	13	38.54	17	38.26	20	1.05.05
		チーム	16	45.43	18	1.26.38	18	1.56.17	17	2.40.23	17	3.17.38	16	3.56.32	16	4.34.58	18	5.40.03
19	近畿	走者	2	金月 裕介	4	森川 裕之	1	田中 祐馬	2	木庭 和彦	2	西島 陽平	3	福田 佳介	3	前田 和良	1	柴田 淳次
		個人	17	45.58	12	39.54	15	29.12	18	45.08	25	39.29	14	38.57	19	38.38	18	1.04.37
		チーム	17	45.58	16	1.25.52	16	1.55.04	16	2.40.12	18	3.19.41	19	3.58.38	19	4.37.16	19	5.41.53
20	福岡	走者	3	坂田 功志	2	山田 忠昌	1	藤山 雄浩	4	石津 政和	3	岩下 一憲	4	竹内 章剛	4	高田 敏寛	3	本田 邦夫
		個人	23	47.04	21	41.39	18	29.47	19	45.13	15	36.57	22	39.55	16	38.25	22	1.05.25
		チーム	23	47.04	21	1.28.43	21	1.58.30	20	2.43.43	20	3.20.40	20	4.00.35	20	4.39.00	20	5.44.25
21	四日市	走者	4	坂本　温	2	舘　佑輔	1	中村 卓哉	1	西嶋 孝博	2	一木 慎也	1	鎌田 正行	2	川瀬 規彰	3	星野 友成
		個人	22	46.53	25	43.19	21	30.08	21	45.46	24	38.13	18	39.16	20	38.39	13	1.02.42
		チーム	22	46.53	23	1.30.12	22	2.00.20	21	2.46.06	21	3.24.19	21	4.03.35	21	4.42.14	21	5.44.56
22	大阪学院	走者	3	中村 真佐志	4	吉田　健	2	菅野 仁志	3	新盛 大輔	3	富永 浩史	1	宮田 一毅	1	八隅 豊正	2	岩上 拓史
		個人	20	46.17	20	41.26	22	30.30	25	48.53	21	38.00	19	39.23	18	38.29	19	1.04.52
		チーム	20	46.17	20	1.27.43	20	1.58.13	22	2.47.06	22	3.25.06	22	4.04.29	22	4.42.58	22	5.47.50
23	信州	走者	4	横打 史雄	3	竹内 郁雄	4	高井　淳	1	長谷川 久嗣	3	小池 峰俊	3	粕谷　悠	3	杉山 史良	4	守屋　慶
		個人	21	46.43	22	42.53	23	31.12	24	46.41	20	37.38	24	40.07	22	38.54	23	1.05.52
		チーム	21	46.43	22	1.29.36	23	2.00.48	23	2.47.29	23	3.25.07	23	4.05.14	23	4.44.08	23	5.50.00
24	仙台	走者	2	内田 邦昭	2	渡辺 哲也	3	堀越 里枝	2	加賀屋 徹	3	千葉 和也	4	佐々木 昌仁	2	竹内 貴臣	4	扶川 典靖
		個人	24	48.47	23	43.02	25	32.13	22	46.15	22	38.01	25	40.18	24	40.10	25	1.07.24
		チーム	24	48.47	24	1.31.49	24	2.04.02	24	2.50.17	24	3.28.18	24	4.08.36	24	4.48.46	24	5.56.10
25	札幌学院	走者	1	鈴木 康介	1	城　雅之	4	菊野　基	3	佐藤 一平	1	安藤 大樹	2	菅原 善隆	4	大西　大	4	佐々木 喜規
		個人	25	49.29	24	43.12	24	31.38	23	46.39	23	38.03	21	39.38	25	41.27	24	1.07.08
		チーム	25	49.29	25	1.32.41	25	2.04.19	25	2.50.58	25	3.29.01	25	4.08.39	25	4.50.06	25	5.57.14

第32回　2000年(平成12年)11月5日　　総距離：106.8km

順	大学名		1区 (14.6km)		2区 (13.2km)		3区 (9.5km)		4区 (14.0km)		5区 (11.6km)		6区 (12.3km)		7区 (11.9km)		8区 (19.7km)	
1	順天堂	走者	3	岩水 嘉孝	4	宮井 将治	3	入船　満	3	野口 英盛	3	奥田 真一郎	3	坂井 隆則	4	宮崎 展仁	4	高橋 謙介
		個人	3	43.36	12	40.12	3	27.52	1	41.16	2	34.51	1	***36.08***	3	36.25	1	59.56
		チーム	3	43.36	9	1.23.48	5	1.51.40	2	2.32.56	2	3.07.47	1	3.43.55	1	4.20.20	1	5.20.16
2	駒澤	走者	2	布施 知進	3	高橋 正仁	3	揖斐 祐治	2	松下 竜治	1	内田 直将	2	松村 拓希	4	武井 拓麻	3	神屋 伸行
		個人	5	43.49	8	39.31	1	27.30	5	41.34	3	35.06	8	38.08	2	35.53	2	1.00.11
		チーム	5	43.49	8	1.23.20	1	1.50.50	1	2.32.24	1	3.07.30	3	3.45.38	2	4.21.31	2	5.21.42
3	大東文化	走者	4	真名子 圭	4	松浦 仁一	1	村田 義広	3	橘　義昭	2	田上 二朗	4	池田 洋介	3	金子 宣隆	3	秋山 羊一郎
		個人	8	43.56	4	39.08	2	27.49	7	42.05	6	35.30	3	37.20	1	35.44	4	1.00.15
		チーム	8	43.56	5	1.23.04	2	1.50.53	3	2.32.58	4	3.08.28	4	3.45.48	3	4.21.32	3	5.21.47
4	山梨学院	走者	4	尾池 政利	4	橋本　淳	1	橋ノ口 滝一	3	清田 泰之	2	D. カリウキ	4	椎葉 弘幸	4	尾崎 輝人	1	高見沢 勝
		個人	15	45.25	7	39.30	4	27.57	4	41.29	1	34.44	5	37.33	10	37.25	5	1.01.19
		チーム	15	45.25	13	1.24.55	11	1.52.52	8	2.34.21	5	3.09.05	5	3.46.38	5	4.24.03	4	5.25.22
5	日本	走者	2	山本 勝義	1	中谷 圭介	2	勝亦 利彦	2	清水 将也	2	清水 智也	3	和田 正人	4	中山　隆	1	藤井 周一
		個人	13	44.35	9	40.04	5	28.11	9	42.13	7	35.39	4	37.29	4	36.55	6	1.01.29
		チーム	13	44.35	12	1.24.39	10	1.52.50	10	2.35.03	8	3.10.42	7	3.48.11	6	4.25.06	5	5.26.35
6	神奈川	走者	1	吉村 尚悟	3	飯島 智志	4	鈴木 健太郎	3	田中 俊也	3	土谷　修	2	原田 恵章	3	松田 栄一	3	相馬 雄太
		個人	4	43.37	6	39.26	6	28.36	2	41.22	4	35.08	2	36.59	9	37.19	17	1.04.22
		チーム	4	43.37	4	1.23.03	4	1.51.39	4	2.33.01	3	3.08.09	2	3.45.08	4	4.22.27	6	5.26.49
7	中央	走者	4	永井 順明	4	板山　学	2	池田 圭介	3	花田 俊輔	2	池上 誠悟	3	村本 洋介	4	木村 圭介	2	藤原 正和
		個人	11	44.11	2	38.48	8	28.45	10	42.37	13	36.26	9	38.16	13	38.22	3	1.00.13
		チーム	11	44.11	3	1.22.59	6	1.51.44	7	2.34.21	9	3.10.47	9	3.49.03	8	4.27.25	7	5.27.38
8	法政	走者	1	黒田 将由	3	徳本 一善	3	奈良沢 徹	2	土井 洋志	4	竹崎 重紀	1	長嶺 貴裕	2	早川 謙司	4	大村　一
		個人	10	44.10	1	38.36	12	29.03	6	41.55	11	36.06	7	38.05	8	37.16	13	1.03.48
		チーム	10	44.10	2	1.22.46	7	1.51.49	6	2.33.44	7	3.09.50	6	3.47.55	7	4.25.11	8	5.28.59
9	東海	走者	2	米田 尚人	4	横山 周二	3	柴田 真一	3	大井 貴博	1	河野 孝行	3	松宮 正典	4	横山 貴臣	4	伊藤 孝志
		個人	6	43.50	5	39.22	9	28.46	12	43.12	12	36.11	10	38.36	11	37.36	7	1.01.42
		チーム	6	43.50	7	1.23.12	9	1.51.58	11	2.35.10	10	3.11.21	10	3.49.57	9	4.27.33	9	5.29.15
10	京都産業	走者	3	山本 功児	3	諏訪 博志	1	三宅 浩之	3	坂下 智一	3	楠本 友和	1	高野 修徳	4	大石 哲也	2	天野 賢哉
		個人	9	44.09	3	39.00	7	28.40	13	44.03	9	35.48	12	39.10	5	36.58	9	1.01.55
		チーム	9	44.09	6	1.23.09	8	1.51.49	12	2.35.52	12	3.11.40	12	3.50.50	11	4.27.48	10	5.29.43
11	早稲田	走者	2	森村　哲	1	五十嵐 毅	3	尾崎 章嗣	3	桜井 勇樹	4	久場 潔実	3	矢花　誠	4	大角 重人	4	鈴木 陽介
		個人	7	43.55	10	40.09	11	28.51	19	45.26	9	35.48	6	37.52	5	36.58	8	1.01.54
		チーム	7	43.55	10	1.24.04	12	1.52.55	14	2.38.21	14	3.14.09	13	3.52.01	13	4.28.59	11	5.30.53
12	鹿屋体育	走者	4	永田 宏一郎	4	森永 啓史	1	北村 拓也	M2	松村　勲	1	石塚 正太	4	田村 哲英	2	樫本　梓	3	浅岡　斉
		個人	1	***41.56***	10	40.09	13	29.24	8	42.09	8	35.45	13	39.15	20	38.57	12	1.03.29
		チーム	1	41.56	1	1.22.05	3	1.51.29	5	2.33.38	6	3.09.23	8	3.48.38	10	4.27.35	12	5.31.04
13	第一工業	走者	1	R. ブラティッド	2	中山　徹	4	杉本　勉	1	A. バイ	4	前田 明彦	4	渕上 真吉	4	A. ドリウッジ	1	山内　進
		個人	2	43.28	15	40.59	10	28.49	2	41.22	14	36.49	14	39.22	7	37.10	10	1.03.23
		チーム	2	43.28	11	1.24.27	13	1.53.16	9	2.34.38	11	3.11.27	11	3.50.49	12	4.27.59	13	5.31.22
14	拓殖	走者	3	安部 晋太郎	2	松尾 明典	1	山田 一誠	1	藤原　新	1	丸山 直之	4	鈴木 武道	2	重松 修平	3	杉山 祐太
		個人	12	44.13	14	40.54	16	29.33	11	43.09	5	35.14	11	39.01	16	38.30	11	1.03.24
		チーム	12	44.13	14	1.25.07	14	1.54.40	13	2.37.49	13	3.13.03	14	3.52.04	14	4.30.34	14	5.33.58
15	四日市	走者	4	星野 友成	1	永井　明	3	舘　佑輔	2	西川 典宏	2	野村 佳生	2	鎌田 正行	3	川瀬 規彰	2	西嶋 孝博
		個人	17	45.42	13	40.37	17	29.36	17	45.08	15	37.06	20	40.25	18	38.51	15	1.03.53
		チーム	17	45.42	16	1.26.19	15	1.55.55	16	2.41.03	15	3.18.09	15	3.58.34	15	4.37.25	15	5.41.18
16	広島経済	走者	1	橋本 直也	1	高橋 一寿	4	渕山 祐行	1	安井 秀俊	2	二野宮 淳	4	松本 栄治	3	近藤 昌也	2	山田 剛史
		個人	18	46.31	23	42.32	18	29.48	18	45.21	17	37.36	15	39.30	21	39.04	14	1.03.51
		チーム	18	46.31	19	1.29.03	19	1.58.51	19	2.44.12	19	3.21.48	17	4.01.18	18	4.40.22	16	5.44.13
17	徳山	走者	2	竹安 昌彦	4	青木 博志	3	沢田 博也	2	上野　剛	2	坂本 将治	3	篠田 武志	4	竹原 健治	3	緒方 正和
		個人	14	44.58	16	41.15	22	30.57	20	45.47	16	37.16	23	41.37	12	38.17	18	1.04.24
		チーム	14	44.58	15	1.26.13	17	1.57.10	17	2.42.57	17	3.20.13	19	4.01.50	17	4.40.07	18	5.44.31
18	名古屋商	走者	1	高尾　聖	3	李　忠民	1	大西　誠	1	池上 幸助	1	田中 彬士	1	渡辺 慎也	2	永友 直樹	4	村木　力
		個人	21	47.20	20	41.19	21	30.24	22	46.18	20	38.05	19	40.13	14	38.24	16	1.03.57
		チーム	21	47.20	21	1.29.19	20	1.59.43	21	2.46.01	21	3.24.06	21	4.04.19	21	4.42.43	18	5.46.40
19	関西	走者	3	佐嘉田 和外	2	山本 文平	2	平良 雅寿	4	中馬 智史	3	細江 克敏	4	松尾 信好	4	梶山　守	3	佐毘 容平
		個人	16	45.32	17	41.19	15	29.32	15	44.36	19	37.48	22	40.53	17	38.38	25	1.08.23
		チーム	16	45.32	17	1.26.51	16	1.56.23	15	2.40.59	16	3.18.47	16	3.59.40	16	4.38.18	19	5.46.41
20	愛知工業	走者	2	冨田 泰弘	2	桐山 幸祐	2	有馬 武彦	2	両角 明彦	1	吹田 雅人	2	滝川　真	1	田口 哲寛	2	角崎 貴史
		個人	20	47.12	18	41.41	13	29.24	16	45.05	22	38.20	17	40.00	25	40.10	22	1.06.27
		チーム	20	47.12	18	1.28.53	18	1.58.17	18	2.43.22	18	3.21.42	18	4.01.42	19	4.41.52	20	5.48.19
21	近畿	走者	3	木庭 和彦	2	田中 祐馬	1	松村 直樹	1	田久保 仁	4	前田 和良	4	福田 佳介	3	樋上　晶	2	柴田 淳次
		個人	23	48.10	19	41.57	19	29.54	21	46.08	18	37.42	15	39.30	19	38.56	23	1.07.03
		チーム	23	48.10	22	1.30.07	21	2.00.01	22	2.46.09	20	3.23.51	20	4.03.21	20	4.42.17	21	5.49.20
22	仙台	走者	3	渡辺 哲也	3	橋本 真一	3	竹内 貴臣	2	渡辺 一洋	3	内田 邦昭	4	千葉 和也	1	安部 智勝	3	加賀屋 徹
		個人	19	46.42	22	42.23	24	31.53	25	48.50	21	38.10	18	40.07	23	39.49	21	1.06.05
		チーム	19	46.42	20	1.29.05	23	2.00.58	23	2.49.48	22	3.27.58	22	4.08.05	22	4.47.54	22	5.53.59
23	福岡	走者	3	三井 浩一	3	山田 忠昌	4	坂田 功志	4	本田 邦夫	2	吉永 充孝	1	永村　祐	2	諸熊 賀津也	2	藤山 雄浩
		個人	22	48.06	21	42.22	20	29.57	14	44.30	25	43.41	21	40.32	22	39.10	20	1.05.42
		チーム	22	48.06	23	1.30.28	22	2.00.25	20	2.44.55	23	3.28.36	23	4.09.08	23	4.48.18	23	5.54.00
24	札幌学院	走者	2	安藤 大樹	3	菅原 善隆	1	大川 宏和	2	城　雅之	1	高橋 伸寛	1	石川　真	2	鈴木 康介	4	佐藤 一平
		個人	25	48.58	24	42.52	25	34.00	23	47.15	24	40.13	24	41.45	15	38.28	19	1.05.18
		チーム	25	48.58	25	1.31.50	25	2.05.50	25	2.53.05	25	3.33.18	25	4.15.03	25	4.53.31	24	5.58.49
25	金沢経済	走者	3	徳和 純一	2	石沢　繁	2	竹内 靖夫	2	釜　幸生	1	井上 建治	2	三浦　潤	3	滝川 啓成	2	林　太志
		個人	24	48.33	25	43.16	23	31.18	24	47.21	23	39.56	25	42.17	24	39.56	24	1.07.25
		チーム	24	48.33	24	1.31.49	24	2.03.07	24	2.50.28	24	3.30.24	24	4.12.41	24	4.52.37	25	6.00.02

第33回　2001年(平成13年)11月4日　　総距離：106.8km

順	大学名		1区 (14.6km)		2区 (13.2km)		3区 (9.5km)		4区 (14.0km)		5区 (11.6km)		6区 (12.3km)		7区 (11.9km)		8区 (19.7km)	
1	駒澤	走者	2	内田 直将	3	松下 竜治	4	揖斐 祐治	4	神屋 伸行	2	北浦 政史	3	松村 拓希	4	河村 修一	4	高橋 正仁
		個人	6	43.37	1	*38.03*	1	27.46	2	40.44	1	34.36	1	*35.47*	5	35.16	3	58.23
		チーム	6	43.37	2	1.21.40	1	1.49.26	1	2.30.10	1	3.04.46	1	3.40.33	1	4.15.49	1	*5.14.12*
2	山梨学院	走者	1	O. モカンバ	2	橋ノ口 滝一	2	井手 信夫	3	岩永 暁如	3	川嶋 洋平	4	清田 泰之	2	高見沢 勝	3	D. カリウキ
		個人	2	43.15	6	39.03	8	28.22	4	41.09	3	35.00	3	*35.59*	2	*34.42*	1	58.02
		チーム	2	43.15	3	1.22.18	4	1.50.40	3	2.31.49	3	3.06.49	2	3.42.48	2	4.17.30	2	*5.15.32*
3	順天堂	走者	4	奥田 真一郎	4	入船　満	3	春田 真臣	4	坂井 隆則	2	伊牟田 裕二	3	中川 拓郎	4	野口 英盛	4	岩水 嘉孝
		個人	4	43.17	5	39.02	13	28.56	3	40.57	5	35.05	2	*35.55*	1	*34.26*	2	58.03
		チーム	4	43.17	4	1.22.19	7	1.51.15	4	2.32.12	5	3.07.17	4	3.43.12	3	4.17.38	3	*5.15.41*
4	中央	走者	3	池上 誠悟	3	野村 佳史	1	家高 晋吾	4	花田 俊輔	4	杉山 智基	2	原田　聡	3	池田 圭介	3	藤原 正和
		個人	11	44.18	8	39.10	6	28.12	6	41.17	10	35.45	4	36.13	3	*34.53*	4	58.49
		チーム	11	44.18	10	1.23.28	10	1.51.40	7	2.32.57	8	3.08.42	7	3.44.55	6	4.19.48	4	5.18.37
5	法政	走者	2	黒田 将由	4	徳本 一善	2	坂野 清志	2	中村 洋輔	3	土井 洋志	3	早川 謙司	1	中矢 章太	2	長嶺 貴裕
		個人	5	43.17	2	38.14	9	28.23	10	42.19	2	34.42	7	36.40	9	35.57	9	1.00.06
		チーム	5	43.17	1	1.21.31	2	1.49.54	5	2.32.13	4	3.06.55	5	3.43.35	5	4.19.32	5	5.19.38
6	早稲田	走者	3	中尾 栄二	3	森村　哲	4	新井 広憲	4	原田 正彦	1	空山 隆児	2	五十嵐 毅	4	桜井 勇樹	3	後藤 信二
		個人	9	43.58	7	39.09	5	28.07	1	*40.24*	6	35.06	5	36.26	6	35.43	13	1.00.56
		チーム	9	43.58	8	1.23.07	6	1.51.14	2	2.31.38	2	3.06.44	3	3.43.10	4	4.18.53	6	5.19.49
7	大東文化	走者	3	山脇 拓哉	2	村田 義広	3	田子 康晴	4	林　昌史	1	佐々木 誠	3	田上 二朗	4	金子 宣隆	4	秋山 羊一郎
		個人	16	45.03	13	39.58	4	28.06	5	41.11	8	35.27	6	36.33	4	*35.02*	5	58.54
		チーム	16	45.03	15	1.25.01	13	1.53.07	11	2.34.18	10	3.09.45	10	3.46.18	9	4.21.20	7	5.20.14
8	日本	走者	2	中谷 圭介	2	藤井 周一	3	勝亦 利彦	1	岩井 勇輝	3	清水 智也	2	白柳 智也	1	仙頭 竜典	3	清水 将也
		個人	10	44.02	3	38.33	2	28.03	8	41.41	7	35.09	8	36.42	13	36.42	8	59.38
		チーム	10	44.02	5	1.22.35	3	1.50.38	6	2.32.19	6	3.07.28	6	3.44.10	7	4.20.52	8	5.20.30
9	神奈川	走者	2	吉村 尚悟	2	下里 和義	4	飯島 智志	4	相馬 雄太	3	浅尾　英	1	竜田 美幸	4	河井 淳一	3	原田 恵章
		個人	3	43.16	10	39.29	3	28.04	12	42.37	9	35.28	10	36.54	8	35.51	6	59.07
		チーム	3	43.16	6	1.22.45	5	1.50.49	10	2.33.26	9	3.08.54	9	3.45.48	10	4.21.39	9	5.20.46
10	帝京	走者	3	飛松　誠	4	中崎 幸伸	2	清野 祥啓	4	北島 吉章	1	戸村 将幸	3	村野 真一	2	秋山 新吾	4	谷川 嘉朗
		個人	13	44.28	4	38.35	11	28.35	9	41.44	14	36.24	9	36.43	10	36.03	7	59.10
		チーム	13	44.28	7	1.23.03	9	1.51.38	9	2.33.22	11	3.09.46	11	3.46.29	11	4.22.32	10	5.21.42
11	京都産業	走者	4	山本 功児	4	諏訪 博志	2	中川 智博	3	天野 賢哉	2	三宅 浩之	2	高野 修徳	4	楠本 友和	3	岡島 浩三
		個人	8	43.55	9	39.19	7	28.21	7	41.23	3	35.00	12	37.18	7	35.45	14	1.01.26
		チーム	8	43.55	9	1.23.14	8	1.51.35	8	2.32.58	7	3.07.58	8	3.45.16	8	4.21.01	11	5.22.27
12	専修	走者	4	矢吹 和啓	4	田村 佳文	2	吉川 裕也	4	飯嶋 秀樹	4	伊藤 雄史	3	福島 啓介	2	乙訓 正幸	2	行友　誠
		個人	12	44.21	12	39.52	12	28.41	11	42.20	11	35.47	13	37.28	14	36.46	11	1.00.51
		チーム	12	44.21	11	1.24.13	11	1.52.54	12	2.35.14	12	3.11.01	12	3.48.29	12	4.25.15	12	5.26.06
13	拓殖	走者	2	藤原　新	4	杉山 祐太	4	笹木 浩二	1	長尾 洋平	3	松尾 明典	2	山田 一誠	2	高田 千春	1	中本 健太郎
		個人	15	44.53	11	39.45	10	28.29	16	43.33	13	36.21	11	37.05	11	36.12	19	1.02.51
		チーム	15	44.53	14	1.24.38	12	1.53.07	13	2.36.40	13	3.13.01	13	3.50.06	13	4.26.18	13	5.29.09
14	徳山	走者	3	竹安 昌彦	1	林　純二	4	沢田 博也	1	白濱 三徳	3	坂本 将治	2	高浜 和行	4	緒方 正和	3	上野　剛
		個人	7	43.38	15	40.39	15	29.08	17	43.44	17	36.41	13	37.28	15	36.50	17	1.02.28
		チーム	7	43.38	12	1.24.17	14	1.53.25	14	2.37.09	14	3.13.50	14	3.51.18	14	4.28.08	14	5.30.36
15	愛知工業	走者	2	桐山 幸祐	3	冨田 泰弘	2	吹田 雅人	3	滝川　真	3	角崎 貴史	3	有馬 武彦	1	松田 康成	3	両角 明彦
		個人	21	46.19	16	40.50	16	29.20	13	43.17	20	36.59	15	37.30	20	38.00	12	1.00.55
		チーム	21	46.19	20	1.27.09	20	1.56.29	16	2.39.46	18	3.16.45	16	3.54.15	17	4.32.15	12	5.33.10
16	第一工業	走者	2	A. バイ	3	枦　博幸	3	生野 潤也	3	中山　徹	4	A. モハメド	2	木村 大樹	2	岩見 俊一	3	河合 正行
		個人	1	42.49	20	41.37	17	29.25	20	43.45	12	36.20	18	38.37	18	37.36	24	1.03.37
		チーム	1	42.49	13	1.24.26	15	1.53.51	15	2.37.36	15	3.13.56	15	3.52.33	15	4.30.09	16	5.33.46
17	広島経済	走者	2	橋本 直也	1	国延 裕大	2	松田 洋和	2	安井 秀俊	1	伊藤 龍大	3	村戸 雄輝	1	松尾　武	3	山田 剛史
		個人	18	45.13	22	42.02	18	29.27	13	43.17	16	36.39	16	37.39	19	37.51	17	1.02.28
		チーム	18	45.13	22	1.27.15	21	1.56.42	17	2.39.59	16	3.16.38	17	3.54.17	16	4.32.08	17	5.34.36
18	名古屋	走者	4	内藤 聖貴	3	瀧川　紘	1	藤田　裕	4	杉山 一慶	M1	嶋本 直之	4	松井 秀登	2	稲垣 真太郎	M1	嘉賀 正泰
		個人	20	45.39	18	41.32	22	29.46	15	43.19	21	37.11	21	38.49	21	38.08	10	1.00.22
		チーム	20	45.39	21	1.27.11	22	1.56.57	21	2.40.16	21	3.17.27	21	3.56.16	21	4.34.24	18	5.34.46
19	福岡	走者	3	藤山 雄浩	2	黒木 伸之	2	永村　祐	2	杉平 哲信	4	山田 忠昌	2	桜木 敬之	1	満園 和樹	3	郷原 尚生
		個人	19	45.13	19	41.36	19	29.34	17	43.44	15	36.33	19	38.42	17	37.35	22	1.03.26
		チーム	19	45.13	19	1.26.49	18	1.56.23	18	2.40.07	17	3.16.40	18	3.55.22	20	4.32.57	19	5.36.23
20	立命館	走者	3	阿野 貴志	1	大前 喬之	1	荒木 健司	2	志田 雄司	1	石嶋 智顕	1	本竹 真徳	1	松島 栄治	2	大久保 弘幸
		個人	14	44.36	21	41.54	23	29.49	21	43.53	22	37.12	21	38.49	12	36.41	23	1.03.36
		チーム	14	44.36	17	1.26.30	17	1.56.19	20	2.40.12	20	3.17.24	20	3.56.13	19	4.32.54	20	5.36.30
21	四日市	走者	3	鎌田 正行	2	永井　明	4	舘　佑輔	3	野村 佳生	4	広瀬　陽	4	川瀬 規彰	3	中村 卓哉	3	西嶋 孝博
		個人	22	46.20	14	40.22	21	29.42	17	43.44	18	36.53	20	38.46	16	37.01	25	1.04.17
		チーム	22	46.20	18	1.26.42	19	1.56.24	19	2.40.08	19	3.17.01	19	3.55.47	18	4.32.48	21	5.37.05
22	関西	走者	4	佐嘉田 和外	3	山本 文平	4	佐毘 容平	3	平良 雅寿	2	中西 慶輔	3	佐藤 哲成	1	高橋 宏昌	4	細江 克敏
		個人	17	45.06	17	40.53	14	29.04	25	46.35	19	36.55	23	38.56	24	38.54	21	1.03.00
		チーム	17	45.06	16	1.25.59	16	1.55.03	22	2.41.38	22	3.18.33	22	3.57.29	22	4.36.23	22	5.39.23
23	札幌学院	走者	3	安藤 大樹	3	城　雅之	1	大槻　学	4	菅原 善隆	2	石川　真	3	鈴木 康介	1	志野原 司典	2	笹森 孝丸
		個人	25	47.11	23	42.23	20	29.37	24	46.11	23	37.20	17	38.21	25	39.03	15	1.02.10
		チーム	25	47.11	24	1.29.34	23	1.59.11	24	2.45.22	24	3.22.42	23	4.01.03	24	4.40.06	23	5.42.16
24	金沢経済	走者	4	徳和 純一	3	竹内 靖夫	3	三浦　潤	3	林　太志	3	石沢　繁	4	滝川 啓成	1	米田 周平	3	釜　幸生
		個人	24	46.30	24	42.44	24	30.10	22	44.01	24	37.26	24	40.18	22	38.32	20	1.02.58
		チーム	24	46.30	23	1.29.14	24	1.59.24	23	2.43.25	23	3.20.51	24	4.01.09	23	4.39.41	24	5.42.39
25	仙台	走者	4	渡辺 哲也	4	橋本 真一	2	有澤 英司	4	高田 圭一	1	相澤 達也	3	蓬畑 徳仁	4	内田 邦昭	4	加賀屋 徹
		個人	23	46.25	25	43.37	25	30.37	23	45.14	25	37.39	25	40.25	23	38.45	16	1.02.20
		チーム	23	46.25	25	1.30.02	25	2.00.39	25	2.45.53	25	3.23.32	25	4.03.57	25	4.42.42	25	5.45.02

第34回　2002年(平成14年)11月3日　　総距離：106.8km

順	大学名		1区 14.6km		2区 13.2km		3区 9.5km		4区 14.0km		5区 11.6km		6区 12.3km		7区 11.9km		8区 19.7km	
1	駒澤	走者	3	内田 直将	4	島村 清孝	2	太田 貴之	2	田中 宏樹	1	佐藤 慎悟	2	塩川 雄也	3	北浦 政史	4	松下 竜治
		個人	2	43.27	12	39.31	6	28.56	2	41.39	2	35.25	1	36.08	1	35.22	3	58.13
		チーム	2	43.27	6	1.22.58	6	1.51.54	2	2.33.33	3	3.08.58	1	3.45.06	1	4.20.28	1	5.18.41
2	山梨学院	走者	3	高見沢 勝	4	D. カリウキ	1	森本 直人	3	橋ノ口 滝一	4	松田 浩二	4	清家 健	4	川嶋 洋平	2	O. モカンバ
		個人	7	43.43	1	*37.57*	2	28.35	5	42.30	8	36.13	3	37.04	9	36.27	1	57.45
		チーム	7	43.43	1	1.21.40	1	1.50.15	1	2.32.45	2	3.08.58	3	3.46.02	3	4.22.29	2	5.20.14
3	日本	走者	2	岩井 勇輝	4	清水 将也	3	藤谷 将良	4	清水 智也	3	藤井 周一	4	山本 勝義	4	勝亦 利彦	3	中谷 圭介
		個人	8	43.53	2	38.29	10	29.23	4	41.48	1	34.31	8	37.49	2	36.01	8	59.46
		チーム	8	43.53	2	1.22.22	3	1.51.45	3	2.33.33	1	3.08.04	2	3.45.53	2	4.21.54	3	5.21.40
4	大東文化	走者	3	村井 健太	3	村田 義広	2	佐々木 誠	4	田子 康晴	2	古川 茂	4	田上 二朗	1	野宮 章弘	4	山脇 拓哉
		個人	15	44.28	7	39.19	3	28.42	3	41.40	7	36.11	2	37.01	7	36.13	5	59.04
		チーム	15	44.28	13	1.23.47	9	1.52.29	4	2.34.09	5	3.10.20	4	3.47.21	4	4.23.34	4	5.22.38
5	東洋	走者	3	三行 幸一	3	久保田 満	4	田辺 公大	3	永富 和真	2	信清 高志	4	岩田 豪	1	渡辺 史侑	2	北岡 幸浩
		個人	1	43.27	9	39.24	1	28.23	11	43.16	5	35.52	4	37.05	5	36.08	6	59.20
		チーム	1	43.27	5	1.22.51	2	1.51.14	6	2.34.30	6	3.10.22	6	3.47.27	5	4.23.35	5	5.22.55
6	早稲田	走者	4	森村 哲	2	空山 隆児	2	篠浦 辰徳	3	五十嵐 毅	2	杉山 一介	4	中尾 栄二	1	原 英嗣	4	後藤 信二
		個人	6	43.34	10	39.28	5	28.46	7	42.38	4	35.47	5	37.14	11	36.52	7	59.25
		チーム	6	43.34	7	1.23.02	4	1.51.48	5	2.34.26	4	3.10.13	5	3.47.27	7	4.24.19	6	5.23.44
7	中央	走者	3	岡本 崇郁	4	藤原 正和	4	池上 誠悟	2	高橋 憲昭	1	中村 和哉	3	原田 聡	1	池永 和樹	4	池田 圭介
		個人	10	44.07	8	39.22	4	28.44	6	42.34	3	35.46	7	37.23	3	36.04	9	59.55
		チーム	10	44.07	9	1.23.29	7	1.52.13	8	2.34.47	7	3.10.33	7	3.47.56	6	4.24.00	7	5.23.55
8	順天堂	走者	4	中川 拓郎	3	長山 丞	1	和田 真幸	1	難波 祐樹	3	伊牟田 裕二	1	村上 康則	4	春田 真臣	3	三原 幸男
		個人	3	43.32	3	39.07	8	29.10	10	42.54	11	36.36	9	37.56	6	36.09	10	1.00.10
		チーム	3	43.32	3	1.22.39	5	1.51.49	7	2.34.43	9	3.11.19	9	3.49.15	8	4.25.24	8	5.25.34
9	法政	走者	3	黒田 将由	3	長嶺 貴裕	1	岡田 拓也	3	有原 忠義	3	坂野 清志	4	早川 謙司	2	佐藤 浩二	4	土井 洋志
		個人	4	43.33	6	39.17	12	29.31	14	43.49	14	36.43	13	38.26	12	37.03	2	58.12
		チーム	4	43.33	4	1.22.50	8	1.52.21	12	2.36.10	11	3.12.53	12	3.51.19	12	4.28.22	9	5.26.34
10	東海	走者	3	河野 孝行	1	丸山 敬三	4	永島 貴史	3	影山 淳一	3	生井 怜	2	越川 秀宣	3	根立 友樹	1	中井 祥太
		個人	12	44.14	10	39.28	7	29.04	9	42.45	13	36.39	6	37.17	4	36.06	14	1.01.24
		チーム	12	44.14	11	1.23.42	10	1.52.46	11	2.35.31	10	3.12.10	10	3.49.27	9	4.25.33	10	5.26.57
11	京都産業	走者	4	天野 賢哉	3	中川 智博	2	上間 翔太	3	三宅 浩之	4	岡島 浩三	2	森田 司	2	村刺 厚介	3	高野 修德
		個人	13	44.21	4	39.14	11	29.30	13	43.39	9	36.20	10	38.00	8	36.16	11	1.00.30
		チーム	13	44.21	10	1.23.35	12	1.53.05	13	2.36.44	12	3.13.04	11	3.51.04	10	4.27.20	11	5.27.50
12	神奈川	走者	2	竜田 美幸	3	下里 和義	2	清水 大輔	3	藤本 聖	1	坂本 純一	4	三村 努	2	内野 雅貴	4	原田 恵章
		個人	17	44.34	14	39.39	15	29.48	12	43.33	16	37.24	12	38.21	10	36.42	4	58.50
		チーム	17	44.34	14	1.24.13	14	1.54.01	14	2.37.34	14	3.14.58	14	3.53.19	13	4.30.01	12	5.28.51
13	第一工業	走者	1	K. エレマブショル	4	生野 潤也	1	A. ワドゥリーリィ	3	A. バイ	4	中山 徹	4	河合 正行	1	吉井 賢	4	枦 博幸
		個人	9	44.06	15	40.16	9	29.20	1	41.10	6	36.09	11	38.11	22	38.34	16	1.01.59
		チーム	9	44.06	15	1.24.22	13	1.53.42	9	2.34.52	8	3.11.01	8	3.49.12	11	4.27.46	13	5.29.45
14	徳山	走者	4	竹安 昌彦	2	白濱 三徳	2	林 純二	4	上野 剛	2	長浜 誠志	1	木田 長	1	庄子 哲也	3	高浜 和行
		個人	5	43.33	13	39.36	13	29.37	7	42.38	24	38.49	16	38.55	19	38.04	13	1.01.18
		チーム	5	43.33	8	1.23.09	11	1.52.46	10	2.35.24	13	3.14.13	13	3.53.08	14	4.31.12	14	5.32.30
15	帝京	走者	1	中尾 勇生	3	斉藤 昌宏	1	中尾 誠宏	2	戸村 将幸	4	光本 健吾	2	井上 泰加彦	2	東山 毅	4	小鹿 敬司
		個人	23	45.42	17	41.00	14	29.45	15	43.58	11	36.36	14	38.41	13	37.06	12	1.00.36
		チーム	23	45.42	21	1.26.42	18	1.56.27	18	2.40.25	15	3.17.01	15	3.55.42	15	4.32.48	12	5.33.24
16	立命館	走者	1	稲井 義幸	2	石嶋 智顕	2	大前 喬之	1	上田 宗央	1	吉田 新	3	志田 雄司	2	松島 栄治	3	大久保 弘幸
		個人	19	45.02	16	40.32	16	29.54	16	44.12	20	37.44	19	39.27	15	37.25	15	1.01.52
		チーム	19	45.02	17	1.25.34	17	1.55.28	16	2.39.40	17	3.17.24	18	3.56.51	16	4.34.16	16	5.36.08
17	四日市	走者	3	永井 明	4	中村 卓哉	2	日下部 佳佑	4	野村 佳生	1	加藤 光	2	紀平 大輔	4	西嶋 孝博	4	鎌田 正行
		個人	11	44.11	19	41.03	18	30.13	16	44.12	17	37.32	17	38.56	20	38.16	18	1.02.34
		チーム	11	44.11	16	1.25.14	16	1.55.27	15	2.39.39	16	3.17.11	16	3.56.07	17	4.34.23	18	5.36.57
18	愛知工業	走者	4	両角 明彦	4	冨田 泰弘	3	桐山 幸祐	4	滝川 真	4	有馬 武彦	3	吹田 雅人	1	竹中 裕紀	4	角崎 貴史
		個人	20	45.21	20	41.21	17	30.10	19	44.39	10	36.31	15	38.48	16	37.34	24	1.03.56
		チーム	20	45.21	20	1.26.42	19	1.56.52	20	2.41.31	18	3.18.02	17	3.56.50	18	4.34.24	18	5.38.20
19	鹿屋体育	走者	3	石塚 正太	2	小山 唯彦	3	北村 拓也	1	柳 昌光	3	安達 辰徳	4	大山 結城	2	後藤 健太	4	徳重 祐児
		個人	18	44.47	17	41.00	21	31.08	16	44.12	15	37.18	18	39.24	21	38.29	21	1.03.21
		チーム	18	44.47	18	1.25.47	20	1.56.55	19	2.41.07	19	3.18.25	19	3.57.49	19	4.36.18	19	5.39.39
20	広島経済	走者	4	山田 剛史	3	橋本 直也	3	高橋 一寿	2	松岡 紘司	2	渡辺 亮	2	松尾 武	3	松田 洋和	3	安井 秀俊
		個人	14	44.27	5	39.15	19	30.29	24	45.47	23	38.40	23	41.12	14	37.19	22	1.03.34
		チーム	14	44.27	12	1.23.42	15	1.54.11	17	2.39.58	20	3.18.38	20	3.59.50	20	4.37.09	20	5.40.43
21	福岡	走者	4	藤山 雄浩	3	黒木 伸之	1	近藤 隆太	3	杉平 哲信	3	村上 郁磨	4	吉永 充孝	2	満園 和樹	4	寺岡 誠
		個人	21	45.32	22	41.52	20	31.01	20	44.56	25	38.50	20	39.41	18	37.58	19	1.02.39
		チーム	21	45.32	22	1.27.24	22	1.58.25	21	2.43.21	22	3.22.11	21	4.01.52	21	4.39.50	21	5.42.29
22	名古屋商	走者	4	村上 徹	4	永友 直樹	2	村松 直	3	渡辺 慎也	3	斎藤 禎	2	桑沢 諭司	4	坂上 知也	4	山口 明
		個人	16	44.32	21	41.44	24	31.27	25	46.19	19	37.37	22	40.39	17	37.52	20	1.02.47
		チーム	16	44.32	19	1.26.16	21	1.57.43	22	2.44.02	21	3.21.39	22	4.02.18	22	4.40.10	22	5.42.57
23	東北学院	走者	M2	藤原 茂美	2	菅野 淳一	3	佐々木 英寿	1	村上 雄亮	2	鈴木 直也	3	菊地 健太郎	2	穂住 明弘	3	冨田 英之
		個人	22	45.41	24	42.07	25	31.51	21	45.15	22	38.27	21	39.58	24	40.34	17	1.02.14
		チーム	22	45.41	23	1.27.48	23	1.59.39	23	2.44.54	24	3.23.21	23	4.03.19	23	4.43.53	23	5.46.07
24	信州	走者	1	西塔 欣史	2	志釜 孝彦	2	佐藤 久	1	本田 高志	M2	竹内 郁雄	1	上條 晃良	4	長谷川 久嗣	M2	西澤 悟志
		個人	24	45.49	25	43.04	22	31.14	22	45.32	21	38.14	24	41.36	23	38.57	23	1.03.48
		チーム	24	45.49	25	1.28.53	25	2.00.07	25	2.45.39	25	3.23.53	25	4.05.29	24	4.44.26	24	5.48.14
25	札幌学院	走者	2	大槻 学	4	城 雅之	4	鈴木 康介	4	安藤 大樹	3	石川 真	1	児玉 健路	1	和田 孝太郎	3	笹森 孝丸
		個人	25	46.29	23	42.02	23	31.25	23	45.41	17	37.32	25	41.57	25	41.03	25	1.05.24
		チーム	25	46.29	24	1.28.31	24	1.59.56	24	2.45.37	23	3.23.09	24	4.05.06	25	4.46.09	25	5.51.33

第35回　2003年(平成15年)11月2日　　総距離：106.8km

順	大学名		1区(14.6km)		2区(13.2km)		3区(9.5km)		4区(14.0km)		5区(11.6km)		6区(12.3km)		7区(11.9km)		8区(19.7km)	
		走者	4	生井 怜	3	越川 秀宣	4	小出 徹	2	一井 裕介	2	村上 智	4	根立 友樹	1	宮本 和哉	2	中井 祥太
1	東海	個人	10	44.44	3	38.49	3	28.09	2	41.35	2	35.21	2	36.51	4	36.11	2	59.26
		チーム	10	44.44	4	1.23.33	1	1.51.42	1	2.33.17	2	3.08.38	1	3.45.29	1	4.21.40	1	5.21.06
		走者	3	佐々木 誠	3	古川 茂	1	宮地 章弘	4	村田 義広	4	柴田 純一	2	田口 康平	3	笠井 大輔	2	野宮 章弘
2	大東文化	個人	6	44.36	8	39.31	1	27.55	5	41.59	1	34.31	3	37.07	5	36.19	3	1.00.25
		チーム	6	44.36	8	1.24.07	4	1.52.02	4	2.34.01	1	3.08.32	2	3.45.39	3	4.21.58	2	5.22.23
		走者	2	森本 直人	4	高見沢 勝	3	川原 誉志文	4	橋ノ口 滝一	4	森 和治	2	向井 良人	1	金子 峻輔	3	O. モカンバ
3	山梨学院	個人	9	44.44	6	39.06	15	29.09	1	41.18	8	36.00	12	38.16	3	36.10	1	58.16
		チーム	9	44.44	7	1.23.50	11	1.52.59	5	2.34.17	4	3.10.17	6	3.48.33	5	4.24.43	3	5.22.59
		走者	2	佐藤 慎悟	4	内田 直将	1	高井 和治	3	塩川 雄也	3	太田 貴之	2	斉藤 弘幸	4	北浦 政史	3	田中 宏樹
4	駒澤	個人	4	44.32	1	38.29	12	28.50	4	41.40	3	35.28	1	36.49	2	36.00	5	1.01.24
		チーム	4	44.32	1	1.23.01	2	1.51.51	2	2.33.31	3	3.08.59	3	3.45.48	2	4.21.48	4	5.23.12
		走者	1	鷲見 知彦	2	熊本 剛	3	四辻 聖	2	梅枝 裕吉	1	稲垣 晃二	2	関根 靖史	1	上野 飛偉楼	1	保科 光作
5	日本体育	個人	3	44.30	7	39.20	11	28.48	10	43.08	4	35.39	6	37.41	1	35.40	6	1.01.39
		チーム	3	44.30	6	1.23.50	6	1.52.38	9	2.35.46	8	3.11.25	8	3.49.06	6	4.24.46	5	5.26.25
		走者	4	渡辺 祐介	2	蔭山 浩司	3	石田 直之	3	中東 亨介	4	大西 亮輔	2	江藤 裕也	2	杉本 芳規	4	奥村 雄大
6	中央学院	個人	15	44.58	9	39.33	5	28.22	3	41.39	6	35.46	4	37.26	7	36.42	7	1.02.26
		チーム	15	44.58	13	1.24.31	9	1.52.53	6	2.34.32	5	3.10.18	4	3.47.44	4	4.24.26	6	5.26.52
		走者	2	下重 正樹	4	藤井 周一	1	土橋 啓太	3	岩井 勇輝	3	原 洋平	1	高橋 秀昭	2	武者 由幸	4	中谷 圭介
7	日本	個人	18	45.07	2	38.38	9	28.44	7	42.11	5	35.44	5	37.35	8	36.48	9	1.02.38
		チーム	18	45.07	5	1.23.45	5	1.52.29	7	2.34.40	6	3.10.24	5	3.47.59	7	4.24.47	7	5.27.25
		走者	2	岡田 拓也	4	長嶺 貴裕	1	円井 彰彦	2	原田 誠	4	有原 忠義	2	秋山 和稔	3	佐藤 浩二	4	中村 洋輔
8	法政	個人	17	45.06	15	39.47	2	28.02	9	42.58	10	36.23	7	37.48	9	36.50	4	1.00.58
		チーム	17	45.06	15	1.24.53	10	1.52.55	10	2.35.53	10	3.12.16	9	3.50.04	9	4.26.54	8	5.27.52
		走者	4	永富 和真	4	三行 幸一	4	久保田 満	2	渡辺 史侑	1	川畑 憲三	1	末上 哲平	4	鈴木 北斗	4	菅原 寿和
9	東洋	個人	5	44.34	5	38.58	7	28.27	6	42.02	16	37.02	10	37.59	10	37.19	8	1.02.29
		チーム	5	44.34	3	1.23.32	3	1.51.59	3	2.34.01	7	3.11.03	7	3.49.02	8	4.26.21	9	5.28.50
		走者	4	中川 智博	3	村刺 厚介	4	三宅 浩之	4	高野 修徳	3	森田 司	2	谷口 雅軌	3	上間 翔太	3	辻 裕樹
10	京都産業	個人	13	44.52	11	39.38	10	28.45	18	44.22	7	35.57	9	37.55	6	36.38	10	1.02.49
		チーム	13	44.52	12	1.24.30	13	1.53.15	14	2.37.37	12	3.13.34	12	3.51.29	11	4.28.07	10	5.30.56
		走者	4	高田 千春	3	加藤 健一朗	3	宮崎 隆春	4	飯草 将喜	3	上村 智祐	3	神谷 俊介	4	藤原 新	4	浅羽 慶彦
11	拓殖	個人	8	44.38	15	39.47	6	28.23	12	43.30	9	36.04	11	38.03	11	37.39	13	1.03.14
		チーム	8	44.38	11	1.24.25	7	1.52.48	11	2.36.18	11	3.12.22	10	3.50.25	10	4.28.04	11	5.31.18
		走者	2	稲井 義幸	2	田子 康宏	1	樋口 達夫	1	森田 知行	1	南口 真吾	3	大前 喬之	2	上田 宗央	3	松島 栄治
12	立命館	個人	7	44.37	10	39.35	8	28.37	8	42.39	11	36.29	13	39.00	12	37.42	14	1.03.24
		チーム	7	44.37	9	1.24.12	8	1.52.49	8	2.35.28	9	3.11.57	11	3.50.57	12	4.28.39	12	5.32.03
		走者	4	山岡 雅義	4	秦 玲	3	山口 勝也	2	青野 敏之	3	中山 智貴	4	佐伯 尚彦	4	星野 和昭	4	山川 貴広
13	國學院	個人	14	44.56	12	39.39	20	29.51	15	44.08	12	36.30	7	37.48	14	38.10	11	1.02.56
		チーム	14	44.56	14	1.24.35	15	1.54.26	15	2.38.34	14	3.15.04	13	3.52.52	13	4.31.02	13	5.33.58
		走者	3	白濱 三徳	3	林 純二	4	井上 智義	1	秋沢 潤弥	3	長浜 誠志	3	栗谷 宜央	2	庄子 哲也	2	木田 長
14	徳山	個人	2	44.29	14	39.45	19	29.38	11	43.22	14	36.33	23	40.48	17	38.41	15	1.04.04
		チーム	2	44.29	10	1.24.14	14	1.53.52	13	2.37.14	13	3.13.47	14	3.54.35	15	4.33.16	14	5.37.20
		走者	3	松岡 紘司	4	安井 秀俊	4	松田 洋和	4	高橋 一寿	3	渡辺 亮	3	宮本 智浩	2	楠本 英広	2	八塚 唯一
15	広島経済	個人	16	45.06	20	41.00	22	30.09	17	44.14	15	36.54	14	39.10	13	37.44	20	1.05.12
		チーム	16	45.06	17	1.26.06	18	1.56.15	17	2.40.29	17	3.17.23	16	3.56.33	16	4.34.17	20	5.39.29
		走者	4	A. バイ	2	吉井 賢	2	手塚 健星	4	山内 進	2	小林 秀寿	4	近藤 寛光	4	岩見 俊一	3	中谷 至
16	第一工業	個人	1	43.49	13	39.40	18	29.32	16	44.09	20	38.24	14	39.10	16	38.21	21	1.06.57
		チーム	1	43.49	2	1.23.29	12	1.53.01	12	2.37.10	15	3.15.34	15	3.54.44	14	4.33.05	16	5.40.02
		走者	3	新井 博文	1	長井 健輔	2	大橋 昌弘	3	大家 孝行	1	畠中 祐樹	3	田茂井 政	3	新庄 正	3	浅井 猛
17	大阪体育	個人	24	46.32	19	40.13	25	30.46	14	43.55	18	38.09	16	39.16	15	38.18	17	1.04.30
		チーム	24	46.32	19	1.26.45	23	1.57.31	20	2.41.26	20	3.19.35	20	3.58.51	17	4.37.09	17	5.41.39
		走者	4	冠木 雅守	2	大泉 雅史	4	沼崎 正次	1	三浦 雄太	1	我妻 孝紀	3	佐藤 寛幸	2	鈴木 桂介	3	清水 雅人
18	東北福祉	個人	20	46.07	21	41.08	13	29.06	18	44.22	13	36.31	21	40.29	22	39.40	19	1.05.00
		チーム	20	46.07	21	1.27.15	19	1.56.21	19	2.40.43	16	3.17.14	17	3.57.43	19	4.37.23	18	5.42.23
		走者	4	杉平 哲信	1	平湯 和也	4	黒木 伸之	4	永村 祐	3	満園 和樹	3	上村 紘史	3	松本 修一	4	桜木 敬之
19	福岡	個人	22	46.08	22	41.25	16	29.12	20	44.49	17	37.13	19	39.52	23	39.49	18	1.04.46
		チーム	22	46.08	22	1.27.33	20	1.56.45	21	2.41.34	18	3.18.47	19	3.58.39	20	4.38.28	19	5.43.14
		走者	4	永井 明	3	日下部 佳佑	2	加藤 光	2	樋口 淳平	1	玉村 圭吾	1	市野 裕介	4	黒木 優祐	3	紀平 大輔
20	四日市	個人	11	44.49	24	42.14	21	29.59	22	45.52	21	38.48	22	40.44	18	38.47	12	1.02.57
		チーム	11	44.49	20	1.27.03	22	1.57.02	23	2.42.54	22	3.21.42	22	4.02.26	22	4.41.13	20	5.44.10
		走者	3	松田 康成	2	堀 貴博	4	吹田 雅人	4	桐山 幸祐	3	本島 治宏	2	牛山 純一	1	羽根 啓介	3	蓮池 彰太郎
21	愛知工業	個人	23	46.21	23	41.26	14	29.07	13	43.34	19	38.23	18	39.30	19	39.00	23	1.07.54
		チーム	23	46.21	23	1.27.47	21	1.56.54	16	2.40.28	19	3.18.51	18	3.58.21	18	4.37.21	21	5.45.15
		走者	2	中島 将太	2	渡辺 裕介	1	川上 泰之	2	坂本 真志	2	西村 博之	2	久保 隆太	2	新岡 康久	2	田阪 光昭
22	高岡法科	個人	21	46.07	25	42.32	23	30.41	24	46.49	22	39.41	20	40.11	20	39.06	15	1.04.04
		チーム	21	46.07	24	1.28.39	24	1.59.20	24	2.46.09	24	3.25.50	24	4.06.01	24	4.45.07	22	5.49.11
		走者	M2	片岡 祐介	4	上林 亨	4	梶原 崇嗣	M2	小柳 文彦	4	相原 紀幸	1	大橋 祐貴	2	落宰 公人	2	迫田 明巳
23	北海道教	個人	12	44.50	17	40.04	24	30.45	23	45.56	23	39.42	24	41.11	24	40.06	22	1.06.58
		チーム	12	44.50	16	1.24.54	16	1.55.39	22	2.41.35	21	3.21.17	23	4.02.28	23	4.42.34	23	5.49.32
		走者	4	石塚 正太	3	小山 唯彦	4	北村 拓也	3	後藤 健太	3	和田 勝	2	矢花 之宏	1	藤田 昇	4	安達 辰徳
24	鹿屋体育	個人	19	46.00	18	40.12	17	29.27	21	45.03	24	41.40	12	39.24	21	39.10	24	1.09.09
		チーム	19	46.00	18	1.26.12	17	1.55.39	18	2.40.42	23	3.22.22	21	4.01.46	21	4.40.56	24	5.50.05
		走者	3	空山 隆児	3	篠浦 辰徳	1	藤森 憲秀	2	原 英嗣	4	五十嵐 毅	4	河津 直行	2	高岡 弘	3	杉山 一介
棄	早稲田	個人	11	44.47	4	38.56	4	28.17	途中棄権		(7)	35.55	(12)	38.13	(11)	37.38	(6)	1.01.39
		チーム	11	44.47	5	1.23.43	4	1.52.00	記録なし									

第36回　2004年(平成16年)11月7日　　総距離：106.8km

順	大学名		1区(14.6km)		2区(13.2km)		3区(9.5km)		4区(14.0km)		5区(11.6km)		6区(12.3km)		7区(11.9km)		8区(19.7km)	
1	駒澤	走者	3	佐藤 慎悟	3	斉藤 弘幸	3	本宮 隆良	4	田中 宏樹	4	柴田 尚輝	3	村上 和春	3	糟谷 悟	4	塩川 雄也
		個人	1	43.42	2	38.22	4	28.17	1	40.32	1	34.52	1	36.44	4	36.02	4	59.31
		チーム	1	43.42	1	1.22.04	1	1.50.21	1	2.30.53	1	3.05.45	1	3.42.29	1	4.18.31	1	5.18.02
2	日本	走者	4	蔭谷 将良	1	D.サイモン	3	武者 由幸	4	岩井 勇輝	2	福井 誠	1	阿久津 尚二	2	土橋 啓太	3	下重 正樹
		個人	9	44.28	1	38.06	2	28.07	3	41.09	2	34.57	6	36.56	7	36.22	3	59.18
		チーム	9	44.28	2	1.22.34	2	1.50.41	2	2.31.50	2	3.06.47	2	3.43.43	2	4.20.05	2	5.19.23
3	中央	走者	2	山本 亮	1	上野 裕一郎	3	田村 航	4	高橋 憲昭	4	家高 晋吾	2	宮本 竜一	4	野村 俊輔	3	池永 和樹
		個人	15	44.47	3	38.39	7	28.27	2	40.37	10	35.59	3	36.52	3	36.00	2	59.11
		チーム	15	44.47	5	1.23.26	5	1.51.53	3	2.32.30	3	3.08.29	3	3.45.21	3	4.21.21	3	5.20.32
4	山梨学院	走者	3	森本 直人	2	小山 祐太	2	荒木 宏太	2	徳田 哲志	1	山本 安志	4	吉田 剛志	2	金子 峻輔	4	O.モカンバ
		個人	4	43.59	8	39.42	5	28.18	13	43.11	6	35.29	4	36.54	6	36.18	1	59.08
		チーム	4	43.59	7	1.23.41	6	1.51.59	9	2.35.10	10	3.10.39	9	3.47.33	8	4.23.51	4	5.22.59
5	順天堂	走者	1	松岡 佑起	3	村上 康則	3	和田 真幸	2	長門 俊介	2	清野 純一	3	長谷川 清勝	2	松瀬 元太	2	今井 正人
		個人	5	44.08	11	39.56	1	27.58	9	42.29	11	36.00	7	36.58	1	35.32	6	1.00.23
		チーム	5	44.08	10	1.24.04	7	1.52.02	7	2.34.31	7	3.10.31	7	3.47.29	6	4.23.01	5	5.23.24
6	日本体育	走者	2	鷲見 知彦	1	北村 聡	4	四辻 聖	3	熊本 剛	3	佐藤 直人	3	岩崎 喬也	2	鶴留 雄太	2	保科 光作
		個人	6	44.11	4	38.51	13	29.06	5	41.45	13	36.16	2	36.51	2	35.49	8	1.00.57
		チーム	6	44.11	4	1.23.02	9	1.52.08	5	2.33.53	6	3.10.09	6	3.47.00	4	4.22.49	6	5.23.46
7	神奈川	走者	1	小村 章悟	4	竜田 美幸	2	豊田 崇	3	村井 勇二	2	中山 慎二郎	4	内野 雅貴	2	西村 政吾	2	森脇 佑紀
		個人	11	44.30	6	39.18	6	28.19	7	42.12	4	35.16	8	37.02	8	36.37	7	1.00.52
		チーム	11	44.30	8	1.23.48	8	1.52.07	6	2.34.19	5	3.09.35	5	3.46.37	7	4.23.14	7	5.24.06
8	東海	走者	3	丸山 敬三	1	伊達 秀晃	4	角田 貴則	4	越川 秀宣	2	西田 知広	4	鈴木 聡志	3	倉平 幸治	3	一井 裕介
		個人	3	43.54	5	38.58	10	28.51	4	41.37	5	35.20	9	37.08	12	37.03	10	1.01.30
		チーム	3	43.54	3	1.22.52	3	1.51.43	4	2.33.20	4	3.08.40	4	3.45.48	5	4.22.51	8	5.24.21
9	大東文化	走者	4	古川 茂	1	佐々木 悟	2	薄田 洋輔	3	田口 康平	3	野宮 章弘	2	金塚 洋輔	3	本田 慶太	4	佐々木 誠
		個人	13	44.33	9	39.48	8	28.30	10	42.36	3	35.09	5	36.55	11	37.02	5	1.00.02
		チーム	13	44.33	11	1.24.21	10	1.52.51	11	2.35.27	8	3.10.36	8	3.47.31	10	4.24.33	9	5.24.35
10	亜細亜	走者	3	木許 史博	4	岩崎 洋平	4	杉光 俊信	4	尾崎 良知	2	岡田 直寛	2	山下 拓郎	3	板倉 克宜	4	政元 豪
		個人	10	44.30	7	39.32	12	29.05	6	42.09	9	35.56	10	37.09	5	36.04	9	1.01.29
		チーム	10	44.30	9	1.24.02	11	1.53.07	10	2.35.16	11	3.11.12	10	3.48.21	9	4.24.25	10	5.25.54
11	京都産業	走者	3	井川 重史	4	村刺 厚介	2	大西 毅彦	4	森田 司	4	上間 翔太	3	藤田 昌也	1	長安 裕也	4	辻 裕樹
		個人	2	43.48	10	39.50	3	28.14	11	42.58	7	35.48	15	38.47	9	36.45	14	1.03.54
		チーム	2	43.48	6	1.23.38	4	1.51.52	8	2.34.50	9	3.10.38	11	3.49.25	11	4.26.10	11	5.30.04
12	立命館	走者	3	田子 康宏	2	樋口 達夫	3	池田 泰仁	3	稲井 義幸	2	白坂 拡	2	南口 真吾	4	大前 喬之	4	石嶋 智顕
		個人	8	44.19	21	42.01	9	28.48	8	42.13	14	36.27	11	37.50	14	37.36	11	1.02.14
		チーム	8	44.19	17	1.26.20	16	1.55.08	12	2.37.21	13	3.13.48	12	3.51.38	12	4.29.14	12	5.31.28
13	中央学院	走者	3	蔭山 浩司	4	石田 直之	1	篠藤 淳	3	信田 雄一	2	天野 達也	3	梅田 将一	1	大内 陽介	4	畠山 卓哉
		個人	18	45.23	12	40.21	14	29.10	12	42.59	8	35.52	17	38.58	10	36.51	18	1.04.30
		チーム	18	45.23	14	1.25.44	13	1.54.54	13	2.37.53	12	3.13.45	13	3.52.43	13	4.29.34	13	5.34.04
14	徳山	走者	4	白濱 三徳	4	林 純二	1	岡田 京大	2	秋沢 潤弥	4	長浜 誠志	1	有田 清一	2	田中 大介	3	木田 長
		個人	14	44.41	13	40.38	14	29.10	15	44.01	15	36.54	14	38.46	13	37.26	13	1.03.47
		チーム	14	44.41	12	1.25.19	12	1.54.29	14	2.38.30	14	3.15.24	14	3.54.10	14	4.31.36	14	5.35.23
15	東北福祉	走者	2	三浦 雄太	3	大泉 雅史	2	阿部 芳規	2	我妻 孝紀	4	清水 雅人	1	高橋 健太	3	鈴木 桂介	4	佐藤 寛幸
		個人	19	45.32	14	40.38	16	29.14	19	44.45	12	36.02	23	40.09	16	38.20	16	1.04.05
		チーム	19	45.32	16	1.26.10	17	1.55.24	17	2.40.09	15	3.16.11	16	3.56.20	15	4.34.40	16	5.38.45
16	第一工業	走者	3	吉井 賢	1	坂口 英範	1	Z.メイサ	2	前田 翼	3	松田 清孝	3	小林 秀寿	3	手塚 健星	4	中谷 至
		個人	17	45.22	15	40.45	11	28.59	16	44.06	19	37.39	12	38.03	24	39.53	20	1.04.55
		チーム	17	45.22	15	1.26.07	15	1.55.06	15	2.39.12	16	3.16.51	15	3.54.54	17	4.34.47	16	5.39.42
17	広島経済	走者	4	松岡 紘司	4	宮本 智浩	2	宮広 祐規	4	渡辺 亮	4	宮地 智也	2	寺島 龍一	3	楠本 英広	4	松尾 武
		個人	7	44.16	18	41.12	18	29.33	18	44.31	20	37.41	21	39.43	15	37.47	22	1.05.42
		チーム	7	44.16	13	1.25.28	14	1.55.01	16	2.39.32	17	3.17.13	17	3.56.56	16	4.34.43	22	5.40.25
18	東北	走者	4	橘 明徳	4	山崎 裕太郎	2	笹野 佳彦	M1	山本 真二	4	鶴石 楽	3	奥津 多加志	4	瀬崎 雅則	3	山家 翔
		個人	12	44.31	23	42.17	19	29.36	14	43.57	23	38.22	19	39.20	20	38.41	19	1.04.36
		チーム	12	44.31	20	1.26.48	19	1.56.24	18	2.40.21	18	3.18.43	19	3.58.03	19	4.36.44	18	5.41.20
19	四日市	走者	1	尾崎 大悟	2	玉村 圭吾	3	樋口 淳平	1	菱田 雅紀	3	開田 義輝	4	矢野 泰久	3	山口 展	4	渡辺 大樹
		個人	21	45.34	19	41.54	22	30.00	24	45.22	24	38.39	16	38.55	18	38.33	15	1.03.57
		チーム	21	45.34	22	1.27.28	22	1.57.28	23	2.42.50	23	3.21.29	22	4.00.24	21	4.38.57	19	5.42.54
20	大阪体育	走者	2	長井 健輔	4	浅井 猛	2	坂口 岳史	4	大家 孝行	3	大橋 昌弘	1	清水 弥寿允	3	前田 義人	4	田茂井 政
		個人	16	44.47	20	41.56	23	30.16	21	45.02	17	37.29	13	38.29	19	38.35	25	1.06.43
		チーム	16	44.47	19	1.26.43	20	1.56.59	21	2.42.01	20	3.19.30	18	3.57.59	18	4.36.34	20	5.43.17
21	福岡	走者	2	平湯 和也	2	中島 裕之	1	大石 裕基	4	上村 紘史	4	永尾 健太	2	古賀 史浩	4	親川 翔太	3	免田 肇
		個人	23	46.01	16	40.55	17	29.21	20	44.55	18	37.36	22	40.01	23	39.27	23	1.06.21
		チーム	23	46.01	21	1.26.56	18	1.56.17	19	2.41.12	19	3.18.48	20	3.58.49	20	4.38.16	21	5.44.37
22	名古屋	走者	3	中村 高洋	M1	伊藤 潤一	5	森本 一広	1	藤永 紘基	5	渡辺 伸元	M1	稲垣 真太郎	1	木村 孝貴	D1	内藤 聖貴
		個人	22	45.40	22	42.01	21	29.57	22	45.10	21	38.05	20	39.25	25	40.00	17	1.04.30
		チーム	22	45.40	23	1.27.41	23	1.57.38	22	2.42.48	21	3.20.53	21	4.00.18	22	4.40.18	22	5.44.48
23	高岡法科	走者	3	中島 将太	2	川上 泰之	3	渡辺 裕介	3	西村 博之	3	松芳 理智	1	渡辺 健一郎	1	安達 陽平	3	田阪 光昭
		個人	25	47.40	24	42.19	20	29.47	23	45.13	16	37.24	24	41.11	22	39.17	12	1.02.58
		チーム	25	47.40	25	1.29.59	24	1.59.46	24	2.44.59	24	3.22.23	24	4.03.34	24	4.42.51	23	5.45.49
24	鹿屋体育	走者	4	小山 唯彦	3	柳 昌光	4	吉川 武彰	1	伊藤 文彦	4	和田 勝	3	柴田 幸一	4	後藤 健太	3	矢花 之宏
		個人	20	45.33	17	40.56	25	30.48	17	44.16	25	39.54	25	41.53	17	38.27	21	1.05.01
		チーム	20	45.33	18	1.26.29	21	1.57.17	20	2.41.33	22	3.21.27	23	4.03.20	23	4.41.47	24	5.46.48
25	札幌学院	走者	4	大槻 学	2	青木 健祐	3	沼田 洋平	4	志野原 司典	3	沼田 恭平	3	児玉 健路	2	川島 啓太	2	小川 祐
		個人	24	46.47	25	42.36	24	30.35	25	46.24	22	38.21	18	39.19	21	39.01	24	1.06.36
		チーム	24	46.47	24	1.29.23	25	1.59.58	25	2.46.22	25	3.24.43	25	4.04.02	25	4.43.03	25	5.49.39

第37回　2005年（平成17年）11月6日　　総距離：106.8km

順	大学名		1区 (14.6km)		2区 (13.2km)		3区 (9.5km)		4区 (14.0km)		5区 (11.6km)		6区 (12.3km)		7区 (11.9km)		8区 (19.7km)	
1	日本	走者	3	福井 誠	2	D. サイモン	3	秀島 隼人	3	土橋 啓太	4	武者 由幸	4	吉岡 玲	2	阿久津 尚二	4	下重 正樹
		個人	6	43.42	1	*37.46*	2	27.29	5	41.24	5	35.00	2	37.21	1	35.28	3	1.00.24
		チーム	6	43.42	1	1.21.28	1	1.48.57	1	2.30.21	1	3.05.21	1	3.42.42	1	4.18.10	1	5.18.34
2	中央	走者	4	田村 航	2	上野 裕一郎	3	小林 賢輔	3	宮本 竜一	4	加藤 直人	4	中村 和哉	3	山本 亮	4	池永 和樹
		個人	10	44.09	2	38.08	15	28.29	10	42.07	1	34.28	6	37.39	2	35.54	2	59.54
		チーム	10	44.09	2	1.22.17	5	1.50.45	6	2.32.53	5	3.07.28	5	3.45.00	3	4.20.54	2	5.20.48
3	駒澤	走者	2	堺 晃一	4	村上 和春	3	高井 和治	4	佐藤 慎悟	4	井手 貴教	2	平野 護	4	糟谷 悟	4	藤山 哲隆
		個人	12	44.27	3	38.48	1	27.27	2	40.44	7	35.08	1	37.07	5	36.19	7	1.01.24
		チーム	12	44.27	8	1.23.15	4	1.50.42	3	2.31.26	3	3.06.34	2	3.43.41	2	4.20.00	3	5.21.24
4	山梨学院	走者	3	大越 直哉	4	森本 直人	3	荒木 宏太	4	向井 良人	4	前岡 優	4	親崎 慎吾	3	金子 峻輔	1	M. モグス
		個人	16	44.58	7	39.12	10	28.19	8	41.57	15	35.33	12	38.16	16	37.46	1	57.10
		チーム	16	44.58	13	1.24.10	13	1.52.29	13	2.34.26	14	3.09.59	14	3.48.15	15	4.26.01	4	5.23.11
5	日本体育	走者	2	北村 聡	1	石谷 慶一郎	4	末吉 敏	4	熊本 剛	4	梅枝 裕吉	3	鶴留 雄太	4	岩崎 喬也	3	保科 光作
		個人	5	43.41	16	39.51	6	28.04	3	41.19	14	35.32	4	37.32	3	35.57	8	1.01.26
		チーム	5	43.41	10	1.23.32	9	1.51.36	7	2.32.55	7	3.08.27	6	3.45.59	5	4.21.56	5	5.23.22
6	大東文化	走者	2	佐々木 悟	3	金塚 洋輔	1	佐藤 匠	3	加藤 徳一	1	久保 謙志	3	薄田 洋輔	4	笹谷 甲	4	野宮 章弘
		個人	11	44.19	13	39.34	11	28.23	6	41.32	9	35.16	3	37.24	10	36.55	5	1.00.56
		チーム	11	44.19	12	1.23.53	12	1.52.16	10	2.33.48	9	3.09.04	8	3.46.28	8	4.23.23	6	5.24.19
7	神奈川	走者	3	豊田 崇	4	坂本 純一	3	川南 友佑	2	平本 昌樹	2	小村 章悟	2	森津 翔太	4	平本 哲也	3	森脇 佑紀
		個人	4	43.33	17	39.57	12	28.25	16	42.53	3	34.50	8	37.45	7	36.32	4	1.00.44
		チーム	4	43.33	9	1.23.30	11	1.51.55	14	2.34.48	12	3.09.38	11	3.47.23	10	4.23.55	7	5.24.39
8	東洋	走者	1	大西 智也	1	市川 健一	3	尾田 寛幸	1	山本 浩之	2	今堀 将司	2	宮田 越	2	桜井 豊	2	黒崎 拓克
		個人	2	43.28	9	39.22	4	27.39	12	42.14	10	35.19	15	38.38	12	37.03	6	1.01.21
		チーム	2	43.28	4	1.22.50	2	1.50.29	5	2.32.43	6	3.08.02	9	3.46.40	9	4.23.43	8	5.25.04
9	中央学院	走者	1	木原 真佐人	4	信田 雄一	4	杉本 芳規	2	篠藤 淳	4	江藤 裕也	2	木村 聡寿	3	天野 達也	2	大内 陽介
		個人	8	43.58	5	38.55	3	27.37	4	41.23	5	35.00	9	37.53	9	36.49	13	1.03.29
		チーム	8	43.58	6	1.22.53	3	1.50.30	4	2.31.53	4	3.06.53	4	3.44.46	4	4.21.35	9	5.25.04
10	第一工業	走者	1	T. キメリ	4	吉井 賢	3	前田 翼	1	K. キプコエチ	2	A. アブデラアジス	4	小林 秀寿	1	加治屋 毅	1	中野 良平
		個人	1	42.46	15	39.43	17	28.41	1	*39.49*	4	34.56	16	38.44	17	37.49	12	1.02.45
		チーム	1	42.46	3	1.22.29	6	1.51.10	2	2.30.59	2	3.05.55	3	3.44.39	6	4.22.28	10	5.25.13
11	亜細亜	走者	4	木許 史博	4	板倉 克宜	2	菊池 昌寿	3	岡田 晃	3	岡田 直寛	2	益田 稔	3	山下 拓郎	2	小沢 信
		個人	13	44.43	4	38.54	7	28.14	10	42.07	2	34.47	5	37.37	6	36.26	14	1.03.32
		チーム	13	44.43	11	1.23.37	10	1.51.51	11	2.33.58	8	3.08.45	7	3.46.22	7	4.22.48	11	5.26.20
12	京都産業	走者	4	井川 重史	4	村刺 厚介	3	大西 毅彦	4	森田 司	2	長沢 朋哉	2	渡辺 圭一	4	藤田 昌也	4	上間 翔太
		個人	9	44.08	6	39.04	8	28.18	9	42.02	16	35.36	10	38.11	8	36.43	10	1.02.28
		チーム	9	44.08	7	1.23.12	8	1.51.30	8	2.33.32	11	3.09.08	10	3.47.19	11	4.24.02	12	5.26.30
13	法政	走者	4	原田 誠	3	友広 哲也	1	姜山 佑樹	4	秋山 和稔	4	岡田 拓也	4	山口 航	4	小林 朋幸	3	田中 宏幸
		個人	17	45.01	12	39.31	16	28.33	14	42.34	12	35.28	7	37.43	4	36.13	9	1.01.54
		チーム	17	45.01	16	1.24.32	16	1.53.05	16	2.35.39	16	3.11.07	16	3.48.50	13	4.25.03	13	5.26.57
14	順天堂	走者	1	小野 裕幸	1	佐藤 秀和	3	清野 純一	3	松瀬 元太	2	井野 洋	3	長門 俊介	4	難波 祐樹	3	板倉 具視
		個人	18	45.03	8	39.14	8	28.18	7	41.45	11	35.22	14	38.20	14	37.31	11	1.02.29
		チーム	18	45.03	14	1.24.17	15	1.52.35	12	2.34.20	13	3.09.42	13	3.48.02	14	4.25.33	14	5.28.02
15	専修	走者	2	座間 紅祢	3	高橋 良輔	3	平沢 幸太	4	辰巳 陽亮	2	水野 大輔	4	山崎 俊介	3	中島 裕也	3	佐藤 彰浩
		個人	3	43.30	10	39.23	14	28.28	13	42.16	13	35.29	13	38.17	11	37.01	15	1.04.01
		チーム	3	43.30	5	1.22.53	7	1.51.21	9	2.33.37	10	3.09.06	12	3.47.23	12	4.24.24	15	5.28.25
16	立命館	走者	4	稲井 義幸	1	川上 拓哉	3	森田 知行	3	白坂 拡	4	池田 泰仁	2	樋口 達夫	1	加藤 秀人	2	木沢 創平
		個人	20	45.21	11	39.29	5	27.42	15	42.42	8	35.10	11	38.12	15	37.36	18	1.04.46
		チーム	20	45.21	17	1.24.50	14	1.52.32	15	2.35.14	15	3.10.24	15	3.48.36	16	4.26.12	16	5.30.58
17	徳山	走者	4	木田 長	2	岡田 京大	2	宮原 和也	2	有田 清一	2	菊永 一人	2	東野 恒一	4	十亀 裕樹	3	秋沢 潤弥
		個人	19	45.05	19	40.32	18	28.42	19	43.53	18	36.38	17	39.04	13	37.14	21	1.05.18
		チーム	19	45.05	18	1.25.37	18	1.54.19	18	2.38.12	18	3.14.50	18	3.53.54	17	4.31.08	21	5.36.26
18	広島経済	走者	1	S. ガンガ	4	八塚 唯一	3	宮広 祐規	4	楠本 英広	2	山田 康夫	3	西田 佑司	2	辻 智史	2	三宅 宏之
		個人	7	43.53	18	40.29	19	29.13	17	43.13	22	37.10	22	39.38	21	38.23	24	1.06.41
		チーム	7	43.53	15	1.24.22	17	1.53.35	17	2.36.48	17	3.13.58	17	3.53.36	18	4.31.59	18	5.38.40
19	近畿	走者	2	山本 健司	2	山副 翔吾	3	平尾 太一	4	奥野 智久	3	松岡 慎吾	2	平野 裕	3	泓川 周平	4	武田 真治
		個人	15	44.56	20	40.57	21	29.51	20	43.57	21	36.55	19	39.16	23	38.59	17	1.04.36
		チーム	15	44.56	20	1.25.53	20	1.55.44	19	2.39.41	19	3.16.36	19	3.55.52	20	4.34.51	19	5.39.27
20	大阪体育	走者	2	清水 弥寿允	3	長井 健輔	4	大橋 昌弘	3	坂口 岳史	4	仲谷 吉隆	1	仲里 陽介	3	畠中 祐樹	4	前田 義人
		個人	21	45.58	14	39.42	22	29.55	22	44.21	23	37.30	18	39.11	18	38.00	22	1.05.39
		チーム	21	45.58	19	1.25.40	19	1.55.35	20	2.39.56	20	3.17.26	20	3.56.37	19	4.34.37	20	5.40.16
21	四日市	走者	3	玉村 圭吾	2	尾崎 大悟	3	市野 裕介	3	田中 一成	4	樋口 淳平	2	樋口 真大	4	福田 恵大	4	山口 展
		個人	22	46.17	21	41.04	24	30.09	18	43.38	17	36.37	21	39.36	20	38.21	19	1.04.55
		チーム	22	46.17	22	1.27.21	22	1.57.30	21	2.41.08	21	3.17.45	21	3.57.21	21	4.35.42	21	5.40.37
22	東北福祉	走者	3	阿部 芳規	3	我妻 孝紀	3	三浦 雄太	4	大泉 雅史	1	松本 圭太	2	高橋 洋介	4	鈴木 桂介	2	高橋 健太
		個人	25	49.16	22	41.12	13	28.27	21	44.14	19	36.40	20	39.30	19	38.02	20	1.05.08
		チーム	25	49.16	25	1.30.28	23	1.58.55	23	2.43.09	22	3.19.49	22	3.59.19	22	4.37.21	22	5.42.29
23	東北学院	走者	3	荒 朋裕	3	郷家 健文	2	飛田 将孝	3	金野 賢二	2	菅原 将伍	2	氏居 真生	4	湯瀬 徹	2	小野 直樹
		個人	14	44.55	25	42.23	23	30.08	23	44.55	25	38.21	23	40.09	25	40.09	16	1.04.24
		チーム	14	44.55	21	1.27.18	21	1.57.26	21	2.42.21	23	3.20.42	23	4.00.51	23	4.41.00	23	5.45.24
24	高岡法科	走者	4	田阪 光昭	4	中島 将太	4	渡辺 裕介	4	安部 勇樹	1	田村 大輔	2	木村 尚志	1	沖田 修一	1	真柄 俊介
		個人	24	47.34	23	41.53	20	29.48	24	45.15	20	36.54	24	40.38	24	39.01	23	1.06.17
		チーム	24	47.34	24	1.29.27	24	1.59.15	24	2.44.30	24	3.21.24	24	4.02.02	24	4.41.03	24	5.47.20
25	札幌学院	走者	4	沼田 恭平	2	沼田 洋平	4	児玉 健路	3	川島 啓太	3	石川 晴路	2	杉村 伸行	3	小野 弘貴	2	齊藤 昌徳
		個人	23	47.33	23	41.53	25	30.54	25	45.22	24	37.50	25	41.47	22	38.46	25	1.07.02
		チーム	23	47.33	23	1.29.26	25	2.00.20	25	2.45.42	25	3.23.32	25	4.05.19	25	4.44.05	25	5.51.07

第38回　2006年(平成18年)11月5日　　総距離：106.8km

順	大学名		1区(14.6km)		2区(13.2km)		3区(9.5km)		4区(14.0km)		5区(11.6km)		6区(12.3km)		7区(11.9km)		8区(19.7km)	
1	駒澤	走者	3	豊後 友章	1	宇賀地 強	2	池田 宗司	3	安西 秀幸	1	高林 祐介	3	平野 護	1	深津 卓也	3	堺 晃一
		個人	12	44.17	2	38.28	2	27.30	2	41.10	3	35.08	1	36.11	1	35.38	7	1.00.43
		チーム	12	44.17	5	1.22.45	2	1.50.15	1	2.31.25	1	3.06.33	1	3.42.44	1	4.18.22	1	5.19.05
2	日本	走者	3	阿久津 尚二	1	G. ダニエル	4	秀島 隼人	4	土橋 啓太	3	松藤 大輔	2	笹谷 拓磨	4	末吉 翔	4	福井 誠
		個人	14	44.20	1	37.48	7	27.58	5	41.56	1	34.36	6	37.17	8	36.35	3	1.00.16
		チーム	14	44.20	1	1.22.08	1	1.50.06	2	2.32.02	2	3.06.38	3	3.43.55	2	4.20.30	2	5.20.46
3	中央	走者	4	奥田 実	2	森 誠則	3	上野 裕一郎	4	宮本 竜一	1	梁瀬 峰史	2	平川 信彦	3	加田 将士	4	山本 亮
		個人	7	44.12	9	39.04	1	27.07	4	41.43	13	36.01	4	36.57	2	36.12	5	1.00.25
		チーム	7	44.12	8	1.23.16	4	1.50.23	4	2.32.06	6	3.08.07	4	3.45.04	4	4.21.16	3	5.21.41
4	順天堂	走者	4	中村 泰之	2	小野 裕幸	3	井野 洋	4	松瀬 元太	2	山崎 敦史	1	関戸 雅輝	4	板倉 具視	4	今井 正人
		個人	11	44.17	2	38.28	4	27.45	5	41.46	7	35.33	7	37.30	6	36.26	4	1.00.17
		チーム	11	44.17	4	1.22.45	5	1.50.30	6	2.32.16	5	3.07.49	5	3.45.19	5	4.21.45	4	5.22.02
5	山梨学院	走者	4	小山 祐太	2	山本 真也	1	大谷 康太	2	松村 康平	4	飯上 幸哉	2	宮城 真人	4	末次 弘明	2	M. モグス
		個人	13	44.18	13	40.13	13	28.44	17	43.36	9	35.38	3	36.53	5	36.24	1	*56.31*
		チーム	13	44.18	12	1.24.31	12	1.53.15	13	2.36.51	14	3.12.29	12	3.49.22	11	4.25.46	5	5.22.17
6	日本体育	走者	4	鷲見 知彦	3	北村 聡	2	野口 功太	1	森 賢大	3	竹中 友人	2	石谷 慶一郎	4	稲垣 晃二	4	保科 光作
		個人	15	44.50	4	38.30	5	27.48	14	43.18	4	35.09	10	37.39	3	36.13	2	59.50
		チーム	15	44.50	9	1.23.20	7	1.51.08	9	2.34.26	8	3.09.35	8	3.47.14	7	4.23.27	6	5.23.17
7	亜細亜	走者	3	吉川 修司	4	岡田 晃	3	菊池 昌寿	3	小沢 信	2	筒井 雅那	4	辻 拓郎	3	宮田 真平	4	山下 拓郎
		個人	5	44.08	7	38.38	3	27.34	9	42.45	4	35.09	12	37.45	9	36.36	9	1.01.19
		チーム	5	44.08	6	1.22.46	3	1.50.20	7	2.33.05	7	3.08.14	6	3.45.59	6	4.22.35	7	5.23.54
8	東洋	走者	4	尾田 寛幸	2	大西 智也	3	今堀 将司	4	川畑 憲三	1	釜石 慶太	3	宮田 越	3	桜井 豊	2	山本 浩之
		個人	4	44.06	6	38.36	6	27.51	3	41.31	6	35.19	2	36.31	12	37.18	16	1.03.01
		チーム	4	44.06	3	1.22.42	6	1.50.33	3	2.32.04	3	3.07.23	2	3.43.54	3	4.21.12	8	5.24.13
9	第一工業	走者	2	中野 良平	1	K. ムタイ	1	厚地 翔太	3	A. アブデラアジス	4	前田 翼	1	能勢 勇作	2	加治屋 毅	1	R. ジョエル
		個人	6	44.11	4	38.30	11	28.36	1	40.58	8	35.34	15	38.16	21	38.27	8	1.01.13
		チーム	6	44.11	2	1.22.41	8	1.51.17	5	2.32.15	4	3.07.49	7	3.46.06	9	4.24.32	9	5.25.45
10	城西	走者	1	高橋 優太	2	伊藤 一行	4	田上 貴之	3	橋本 圭史	1	佐藤 直樹	3	福岡 功	2	篠原 辰己	3	山口 浩一
		個人	1	44.00	10	39.31	8	28.09	7	42.22	12	35.57	13	38.00	7	36.27	10	1.01.33
		チーム	1	44.00	10	1.23.31	9	1.51.40	8	2.34.02	9	3.09.59	9	3.47.59	8	4.24.26	10	5.25.59
11	大東文化	走者	4	金塚 洋輔	4	加藤 徳一	2	宮城 和臣	2	中村 友一	2	久保 謙志	4	薄田 洋輔	3	水越 大輔	3	佐々木 悟
		個人	8	44.12	8	39.02	12	28.42	12	43.15	11	35.46	8	37.36	10	37.01	6	1.00.42
		チーム	8	44.12	7	1.23.14	10	1.51.56	10	2.35.11	10	3.10.57	10	3.48.33	10	4.25.34	11	5.26.16
12	神奈川	走者	4	豊田 崇	4	中山 慎二郎	1	森本 卓司	3	森津 翔太	3	片山 弘之	3	石原 洸	1	黒田 孝之	4	森脇 佑紀
		個人	3	44.05	10	39.31	9	28.27	13	43.17	10	35.41	11	37.41	11	37.06	11	1.02.07
		チーム	3	44.05	11	1.23.36	11	1.52.03	11	2.35.20	11	3.11.01	11	3.48.42	12	4.25.48	12	5.27.55
13	明治	走者	1	安田 昌倫	4	池辺 稔	1	松本 昂大	4	岡本 直己	2	中村 智春	4	田中 文昭	1	石川 卓哉	4	尾籠 浩考
		個人	21	45.51	15	40.34	10	28.33	8	42.24	2	34.57	14	38.07	4	36.22	13	1.02.40
		チーム	20	45.51	17	1.26.25	15	1.54.58	14	2.37.22	12	3.12.19	14	3.50.26	13	4.26.48	13	5.29.28
14	立命館	走者	4	森田 知行	1	西野 智也	4	樋口 達夫	2	辻 隆弘	3	相澤 直亮	2	河原井 司	3	木沢 創平	3	中嶋 聖善
		個人	2	44.05	16	40.36	14	28.50	10	42.52	13	36.01	8	37.36	13	37.22	15	1.02.57
		チーム	2	44.05	14	1.24.41	13	1.53.31	12	2.36.23	13	3.12.24	13	3.50.00	14	4.27.22	14	5.30.19
15	國學院	走者	3	山口 翔太	3	武村 佳尚	2	川辺 一将	4	船越 大輔	3	森 徳史	2	田中 駿	4	井手 彰彦	4	三島 慎吾
		個人	20	45.43	24	41.59	15	29.04	11	43.01	15	36.05	5	37.11	15	37.26	12	1.02.36
		チーム	19	45.43	20	1.27.42	19	1.56.46	17	2.39.47	16	3.15.52	15	3.53.03	16	4.30.29	15	5.33.05
16	京都産業	走者	3	渡辺 圭一	4	大西 毅彦	2	西村 純一	4	大西 洋彰	1	住本 雅仁	3	石浦 勝也	2	林 哲也	3	長沢 朋哉
		個人	16	44.59	12	39.33	16	29.30	15	43.27	21	37.08	17	38.27	14	37.24	17	1.03.10
		チーム	16	44.59	13	1.24.32	14	1.54.02	15	2.37.29	15	3.14.37	16	3.53.04	15	4.30.28	16	5.33.38
17	日本文理	走者	3	佐藤 雅倫	1	佐竹 一弘	2	辻 直也	3	宇都 寿哉	3	川口 恵司	2	五島 孝紀	2	山本 卓司	3	成松 拓郎
		個人	25	47.22	22	41.56	21	30.00	20	44.11	18	36.35	16	38.23	16	37.41	14	1.02.41
		チーム	24	47.22	24	1.29.18	24	1.59.18	22	2.43.29	22	3.20.04	19	3.58.27	18	4.36.08	17	5.38.49
18	徳山	走者	4	秋沢 潤弥	3	宮原 和也	3	有田 清一	3	東野 恒一	3	菊永 一人	4	田中 大介	1	伊藤 健太	3	岡田 京大
		個人	19	45.23	22	41.56	17	29.35	21	44.33	16	36.22	19	39.09	24	39.04	20	1.04.31
		チーム	18	45.23	19	1.27.19	20	1.56.54	19	2.41.27	18	3.17.49	17	3.56.58	17	4.36.02	18	5.40.33
19	近畿	走者	3	山本 健司	3	山副 翔吾	4	牛飼 千博	4	松岡 慎吾	1	北浦 貴士	4	内藤 貴夫	3	清水 健太	4	泓川 周平
		個人	18	45.13	18	41.05	23	30.27	18	44.08	23	37.23	23	40.14	20	38.26	18	1.04.06
		チーム	17	45.13	16	1.26.18	18	1.56.45	18	2.40.53	19	3.18.16	21	3.58.30	21	4.36.56	19	5.41.02
20	四日市	走者	3	尾崎 大悟	4	玉村 圭吾	4	清水 充人	4	田中 一成	1	山中 勇季	2	服部 将典	3	山本 佳児	3	樋口 真大
		個人	23	46.22	20	41.39	20	29.48	19	44.10	24	37.27	20	39.13	19	38.15	23	1.05.38
		チーム	22	46.22	22	1.28.01	21	1.57.49	21	2.41.59	21	3.19.26	22	3.58.39	20	4.36.54	20	5.42.32
21	奈良産業	走者	3	D. ムリュウ	1	元田 幸祐	2	清水 博也	4	奥中 洋貴	1	松本 信行	2	横手 利光	1	新宅 祐太	2	大屋 直士
		個人	10	44.17	17	40.43	22	30.06	16	43.35	26	38.25	24	40.58	23	38.36	25	1.07.38
		チーム	10	44.17	15	1.25.00	16	1.55.06	16	2.38.41	17	3.17.06	18	3.58.04	19	4.36.40	21	5.44.18
22	広島経済	走者	2	S. ガンガ	4	宮広 祐規	2	田村 将成	4	西田 佑司	3	辻 智史	4	田窪 孝太	1	水島 琢弥	3	三宅 宏之
		個人	9	44.16	25	42.23	19	29.47	25	45.24	22	37.13	21	39.25	25	40.30	24	1.06.12
		チーム	9	44.16	18	1.26.39	17	1.56.26	20	2.41.50	20	3.19.03	20	3.58.28	23	4.38.58	22	5.45.10
23	東北福祉	走者	M1	大泉 雅史	2	松本 圭太	1	佐藤 貴司	M1	鈴木 桂介	4	阿部 芳規	3	高須賀 康志	4	三浦 雄太	3	高橋 洋介
		個人	22	46.01	21	41.45	24	30.46	24	45.17	20	36.38	26	42.16	22	38.34	19	1.04.14
		チーム	21	46.01	21	1.27.46	22	1.58.32	23	2.43.49	24	3.20.27	24	4.02.43	24	4.41.17	23	5.45.31
24	高岡法科	走者	4	川上 泰之	2	真柄 俊介	2	田村 大輔	3	岡山 亮介	3	渡辺 健一郎	3	古荘 公久	2	沖田 修一	3	木村 尚志
		個人	24	46.55	19	41.21	25	30.48	22	44.46	17	36.30	22	39.36	17	37.44	26	1.08.05
		チーム	23	46.55	23	1.28.16	23	1.59.04	24	2.43.50	23	3.20.20	23	3.59.56	22	4.37.40	24	5.45.45
25	札幌学院	走者	1	久保 俊太	4	青木 健祐	4	小野 弘貴	3	沼田 洋平	4	川島 啓太	3	杉村 伸行	1	竹本 雅史	4	小川 祐
		個人	26	48.13	26	43.03	26	31.41	26	46.06	25	38.15	24	40.58	26	41.39	22	1.05.00
		チーム	25	48.13	25	1.31.16	25	2.02.57	25	2.49.03	25	3.27.18	25	4.08.16	25	4.49.55	25	5.54.55
OP	東海学連	走者	M1	中村 高洋	D3	内藤 聖貴	3	原田 恵輔	3	伊藤 正人	S2	長田 裕也	3	野村 真司	4	山内 広幸	3	藤永 紘基
		個人	17	45.06	14	40.31	18	29.45	23	44.52	19	36.37	18	38.36	18	37.51	21	1.04.37
		チーム		45.06		1.25.37		1.55.22		2.40.14		3.16.51		3.55.27		4.33.18		5.37.55

第39回　2007年(平成19年)11月4日　総距離：106.8km

順	大学名		1区(14.6km)		2区(13.2km)		3区(9.5km)		4区(14.0km)		5区(11.6km)		6区(12.3km)		7区(11.9km)		8区(19.7km)	
1	駒澤	走者	4	豊後 友章	2	宇賀地 強	3	池田 宗司	2	深津 卓也	2	高林 祐介	4	平野 護	2	星 創太	4	堺 晃一
		個人	3	43.09	5	38.10	1	27.35	2	40.47	1	34.20	1	36.18	7	36.18	5	59.44
		チーム	3	43.09	2	1.21.19	1	1.48.54	1	2.29.41	1	3.04.01	1	3.40.19	1	4.16.37	1	5.16.21
2	日本体育	走者	1	野口 拓也	2	森 賢大	3	野口 功太	1	出口 和也	3	永井 大隆	3	石谷 慶一郎	1	谷野 琢弥	4	北村 聡
		個人	6	43.34	6	38.22	4	28.03	6	42.10	5	35.06	6	37.00	1	35.41	2	58.55
		チーム	6	43.34	6	1.21.56	5	1.49.59	5	2.32.09	4	3.07.15	5	3.44.15	4	4.19.56	2	5.18.51
3	中央	走者	2	梁瀬 峰史	3	徳地 悠一	3	森 誠則	4	上野 裕一郎	2	山本 庸平	2	水越 智哉	4	加田 将士	3	平川 信彦
		個人	13	43.57	8	38.47	3	28.00	1	40.04	3	34.54	8	37.15	2	35.58	7	1.00.18
		チーム	13	43.57	9	1.22.44	9	1.50.44	2	2.30.48	2	3.05.42	2	3.42.57	2	4.18.55	3	5.19.13
4	東海	走者	4	皆倉 一馬	3	佐藤 悠基	3	吉田 憲正	4	荒川 文弘	2	芳村 隆一	4	前川 雄	3	藤原 昌隆	4	伊達 秀晃
		個人	12	43.56	3	38.00	5	28.04	5	41.46	11	36.01	2	36.27	5	36.14	4	59.23
		チーム	12	43.56	5	1.21.56	6	1.50.00	4	2.31.46	6	3.07.47	4	3.44.14	5	4.20.28	4	5.19.51
5	早稲田	走者	2	高原 聖典	3	竹沢 健介	1	中島 賢士	4	駒野 亮太	2	尾崎 貴宏	2	神沢 陽一	3	三輪 真之	2	加藤 創大
		個人	7	43.35	1	*37.42*	9	28.27	4	41.39	4	35.04	7	37.09	6	36.17	8	1.00.48
		チーム	7	43.35	1	1.21.17	2	1.49.44	3	2.31.23	3	3.06.27	3	3.43.36	3	4.19.53	5	5.20.41
6	山梨学院	走者	3	松村 康平	1	高瀬 無量	3	山本 真也	4	飯塚 伸彦	4	田中 僚	2	中川 剛	4	栗原 圭太	3	M.モグス
		個人	9	43.55	14	39.52	12	29.02	11	42.54	7	35.38	13	37.56	9	36.57	1	*55.32*
		チーム	9	43.55	12	1.23.47	13	1.52.49	13	2.35.43	13	3.11.21	13	3.49.17	13	4.26.14	6	5.21.46
7	日本	走者	2	G.ダニエル	4	阿久津 尚二	2	高橋 周平	2	中原 知大	3	田中 仁	3	笹谷 拓磨	3	阿部 豊幸	4	松藤 大輔
		個人	1	*41.56*	12	39.43	7	28.13	10	42.46	15	36.38	4	36.42	4	36.06	6	59.48
		チーム	1	41.56	4	1.21.39	3	1.49.52	8	2.32.38	8	3.09.16	7	3.45.58	6	4.22.04	7	5.21.52
8	大東文化	走者	2	清野 篤	3	佐藤 匠	3	中村 友一	3	久保 謙志	3	宮城 和臣	2	高橋 賢人	3	住田 直紀	4	佐々木 悟
		個人	8	43.53	10	39.13	15	29.26	9	42.27	8	35.56	9	37.48	8	36.29	3	59.09
		チーム	8	43.53	11	1.23.06	11	1.52.32	12	2.34.59	12	3.10.55	11	3.48.43	11	4.25.12	8	5.24.21
9	拓殖	走者	1	谷川 智浩	4	久野 雅浩	4	樋本 芳弘	3	西 仁史	3	安田 裕司	3	小路 優人	2	井上 貴博	3	児玉 雄介
		個人	14	43.57	9	38.54	2	27.52	13	43.00	12	36.09	3	36.40	15	37.26	9	1.01.06
		チーム	14	43.57	10	1.22.51	8	1.50.43	10	2.33.43	10	3.09.52	8	3.46.32	9	4.23.58	9	5.25.04
10	中央学院	走者	4	松浦 貴之	4	篠藤 淳	3	寺田 啓志	3	木原 真佐人	3	辻 茂樹	3	渡部 政彦	2	三浦 隆稔	2	大野 紘崇
		個人	11	43.56	4	38.04	13	29.08	3	41.07	6	35.20	14	38.07	12	37.13	15	1.02.17
		チーム	11	43.56	8	1.22.00	10	1.51.08	6	2.32.15	5	3.07.35	6	3.45.42	7	4.22.55	10	5.25.12
11	順天堂	走者	3	山崎 敦史	4	松岡 佑起	2	関戸 雅輝	2	山田 翔太	3	武田 毅	1	岡部 寛之	1	新井 岳	3	小野 裕幸
		個人	5	43.31	2	37.48	10	28.39	7	42.19	10	35.58	15	38.29	13	37.17	11	1.01.35
		チーム	5	43.31	3	1.21.19	4	1.49.58	7	2.32.17	7	3.08.15	9	3.46.44	10	4.24.01	11	5.25.36
12	城西	走者	3	篠原 辰己	3	伊藤 一行	1	田中 佳祐	2	永岩 義人	2	佐藤 直樹	2	高宮 祐樹	4	五十嵐 真悟	3	加藤 翔太
		個人	10	43.55	15	39.59	10	28.39	8	42.26	2	34.52	10	37.52	3	36.02	12	1.02.06
		チーム	10	43.55	13	1.23.54	12	1.52.33	11	2.34.59	9	3.09.51	10	3.47.43	8	4.23.45	12	5.25.51
13	第一工業	走者	1	J.グギ	3	中野 良平	2	厚地 翔太	1	S.ムワンギ	3	加治屋 毅	1	松木 祐二	1	谷口 亮	4	A.アブデラアジス
		個人	4	43.27	7	38.30	6	28.11	15	43.26	19	36.58	17	39.05	19	38.12	10	1.01.19
		チーム	4	43.27	7	1.21.57	7	1.50.08	9	2.33.34	11	3.10.32	14	3.49.37	14	4.27.49	13	5.29.08
14	立命館	走者	3	河原井 司	4	相澤 直亮	2	寺崎 宏紀	2	藤原 庸平	1	古林 翔吾	2	西野 智也	4	樋口 達夫	4	中嶋 聖善
		個人	18	44.49	13	39.49	8	28.24	12	42.58	9	35.57	5	36.58	10	37.04	18	1.03.40
		チーム	17	44.49	15	1.24.38	14	1.53.02	14	2.36.00	14	3.11.57	12	3.48.55	12	4.25.59	14	5.29.39
15	京都産業	走者	4	渡辺 圭一	4	大西 毅彦	1	三岡 大樹	4	長沢 朋哉	3	西村 純一	2	関谷 宜輝	3	林 哲也	4	大西 洋彰
		個人	19	45.19	11	39.27	18	29.37	13	43.00	13	36.19	11	37.53	14	37.24	13	1.02.15
		チーム	18	45.19	16	1.24.46	16	1.54.23	15	2.37.23	15	3.13.42	15	3.51.35	15	4.28.59	15	5.31.14
16	日本文理	走者	1	吉田 亮太	2	佐竹 一弘	4	佐藤 雅倫	4	宇都 寿哉	3	辻 直也	3	五島 孝紀	2	内田 恒三	4	成松 拓郎
		個人	17	44.15	17	40.37	14	29.14	16	43.40	23	37.21	12	37.54	20	38.23	14	1.02.16
		チーム	16	44.15	17	1.24.52	15	1.54.06	16	2.37.46	16	3.15.07	16	3.53.01	16	4.31.24	16	5.33.40
17	長崎国際	走者	4	伊東 佑二	4	鹿子島 雄一	3	平瀬 祐太郎	1	近藤 直斗	1	大石 侑来	2	首藤 有弥	2	新原 大樹	4	高野 洋平
		個人	15	44.03	23	41.21	20	29.51	17	44.07	24	37.23	20	39.21	22	38.43	16	1.02.22
		チーム	15	44.03	18	1.25.24	17	1.55.15	17	2.39.22	17	3.16.45	17	3.56.06	17	4.34.49	17	5.37.11
18	高岡法科	走者	4	岡山 亮介	3	真柄 俊介	4	渡辺 健一郎	4	藤沢 宗央	4	安達 陽平	4	木村 尚志	3	沖田 修一	3	羽庭 努
		個人	23	46.07	21	41.18	16	29.31	20	45.05	17	36.51	19	39.08	16	37.46	20	1.04.16
		チーム	22	46.07	20	1.27.25	19	1.56.56	18	2.42.01	18	3.18.52	18	3.58.00	18	4.35.46	18	5.40.02
19	愛知工業	走者	4	野村 真司	4	日下部 吉彦	2	金谷 将史	2	清水 翔太	2	吉田 士恩	2	山村 圭介	3	鳥羽 邦彦	2	中山 祐平
		個人	20	45.58	24	41.51	19	29.43	19	44.45	16	36.48	17	39.05	23	39.05	22	1.04.44
		チーム	19	45.58	21	1.27.49	21	1.57.32	19	2.42.17	19	3.19.05	19	3.58.10	19	4.37.15	19	5.41.59
20	四日市	走者		尾崎 大悟	4	樋口 真大	3	服部 将典	2	山中 勇季	4	山下 恭介	3	飛渡 将仁	3	長浜 章	2	長谷川 真一
		個人	24	46.44	20	41.16	21	29.57	22	45.52	21	37.14	21	40.02	18	37.57	23	1.05.02
		チーム	23	46.44	22	1.28.00	22	1.57.57	21	2.43.49	21	3.21.03	21	4.01.05	20	4.39.02	20	5.44.04
21	東北福祉	走者	2	嶋田 優	M2	大泉 雅史	2	佐藤 貴司	3	松本 圭太	3	石山 英明	4	高橋 健太	M2	鈴木 桂介	4	高橋 洋介
		個人	26	48.56	16	40.24	25	31.21	18	44.19	18	36.53	24	40.55	17	37.56	17	1.03.24
		チーム	25	48.56	24	1.29.20	24	2.00.41	23	2.45.00	23	3.21.53	22	4.02.48	21	4.40.44	21	5.44.08
22	広島経済	走者	3	S.ガンガ	4	辻 智史	3	田村 将成	4	工藤 健吾	3	佐藤 雄介	1	金地 直哉	2	水島 琢弥	4	三宅 宏之
		個人	2	43.08	19	41.08	26	31.23	24	46.38	22	37.17	23	40.42	25	40.29	19	1.04.13
		チーム	2	43.08	14	1.24.16	18	1.55.39	20	2.42.17	20	3.19.34	20	4.00.16	22	4.40.45	22	5.44.58
23	関西	走者	4	檜山 壮志	4	勘場 健太郎	4	木村 陽介	1	山田 幸延	2	阪上 晃基	2	四ツ谷 洸一	M1	衣笠 茂英	1	永井 理
		個人	21	45.58	22	41.19	22	30.10	26	47.07	20	37.13	26	42.09	21	38.39	25	1.06.17
		チーム	20	45.58	19	1.27.17	20	1.57.27	22	2.44.34	22	3.21.47	23	4.03.56	23	4.42.35	23	5.48.52
24	札幌学院	走者	2	久保 俊太	1	小寺 貴大	4	杉村 伸行	4	齊藤 昌徳	2	竹本 雅史	2	住谷 将之	1	出口 善久	4	沼田 洋平
		個人	25	47.32	25	42.54	23	30.18	23	46.04	26	38.55	25	41.02	24	39.24	21	1.04.18
		チーム	24	47.32	25	1.30.26	25	2.00.44	24	2.46.48	25	3.25.43	25	4.06.45	24	4.46.09	24	5.50.27
25	広島	走者	3	福田 浩朗	4	竹下 英伸	3	二宮 政人	M1	山下 淳一	2	岡崎 祐介	3	加藤 誠二	3	森崎 一志	3	赤松 透
		個人	22	46.01	26	43.19	24	30.55	25	46.41	25	37.24	22	40.09	26	41.43	26	1.06.45
		チーム	21	46.01	23	1.29.20	23	2.00.15	25	2.46.56	24	3.24.20	24	4.04.29	25	4.46.12	25	5.52.57
OP	東海学連	走者	M2	中村 高洋	1	中田 剛司	3	林 育生	M1	酒井 達哉	2	石塚 誠	3	篠崎 暢哉	4	勝又 翼	2	渡邊 大介
		個人	16	44.05	18	40.53	17	29.35	21	45.35	14	36.27	16	39.03	11	37.07	24	1.05.22
		チーム		44.05		1.24.58		1.54.33		2.40.08		3.16.35		3.55.38		4.32.45		5.38.07

第40回　2008年(平成20年)11月2日　　総距離：106.8km

順	大学名		1区 (14.6km)		2区 (13.2km)		3区 (9.5km)		4区 (14.0km)		5区 (11.6km)		6区 (12.3km)		7区 (11.9km)		8区 (19.7km)	
1	駒澤	走者	3	星　創太	3	宇賀地 強	4	我妻 伸洋	4	池田 宗司	1	井上 翔太	3	高林 祐介	4	太田 行紀	3	深津 卓也
		個人	2	43.07	4	37.56	2	27.42	7	41.41	4	35.00	1	36.15	1	35.35	3	59.01
		チーム	2	43.07	3	1.21.03	3	1.48.45	3	2.30.26	2	3.05.26	2	3.41.41	1	4.17.16	1	5.16.17
2	早稲田	走者	1	矢沢　曜	4	竹沢 健介	1	八木 勇樹	1	三田 裕介	3	高原 聖典	4	朝日 嗣也	4	三戸　格	3	尾崎 貴宏
		個人	5	43.17	3	37.45	2	27.42	6	41.34	1	34.33	3	36.46	3	35.43	4	59.41
		チーム	5	43.17	2	1.21.02	2	1.48.44	1	2.30.18	1	3.04.51	1	3.41.37	2	4.17.20	2	5.17.01
3	山梨学院	走者	4	松村 康平	3	後藤　敬	2	赤峰 直樹	4	M. モグス	3	小山 大介	3	中川　剛	3	大谷 康太	1	O. コスマス
		個人	4	43.13	15	40.14	10	28.22	1	*39.32*	7	35.18	2	36.43	5	35.59	1	58.33
		チーム	4	43.13	8	1.23.27	9	1.51.49	5	2.31.21	5	3.06.39	5	3.43.22	4	4.19.21	3	5.17.54
4	東洋	走者	4	大西 智也	1	柏原 竜二	2	高見　諒	4	山本 浩之	4	森　雅也	4	飛坂 篤恭	3	世古 浩基	2	大津 翔吾
		個人	1	42.48	1	37.44	4	27.44	10	42.09	8	35.24	7	37.18	13	36.54	5	1.00.17
		チーム	1	42.48	1	1.20.32	1	1.48.16	2	2.30.25	3	3.05.49	4	3.43.07	5	4.20.01	4	5.20.18
5	中央学院	走者	2	鈴木　忠	4	木原 真佐人	2	小林 光二	4	堀　宏和	3	大野 紘崇	2	大谷　克	4	寺田 啓志	4	渡部 政彦
		個人	6	43.32	1	37.44	5	27.58	9	41.59	2	34.47	5	36.59	6	36.10	11	1.01.46
		チーム	6	43.32	4	1.21.16	4	1.49.14	4	2.31.13	4	3.06.00	3	3.42.59	3	4.19.09	5	5.20.55
6	日本	走者	3	丸林 祐樹	3	谷口 恭悠	2	池谷 健太郎	3	G. ダニエル	1	堂本 尚寛	4	笹谷 拓磨	3	井上 陽介	4	阿部 豊幸
		個人	14	45.13	7	39.14	7	28.06	2	*39.41*	3	34.55	8	37.23	7	36.11	6	1.00.33
		チーム	14	45.13	12	1.24.27	12	1.52.33	6	2.32.14	6	3.07.09	6	3.44.32	6	4.20.43	6	5.21.16
7	第一工業	走者	4	中野 良平	3	厚地 翔太	1	山元　綾	1	K. ジュグナ	2	谷口　亮	4	篠原 正大	4	加治屋 毅	1	K. キプゲノン
		個人	3	43.07	12	39.50	12	28.24	3	40.54	13	35.58	13	38.14	21	38.01	2	58.39
		チーム	3	43.07	6	1.22.57	7	1.51.21	7	2.32.15	8	3.08.13	7	3.46.27	11	4.24.28	7	5.23.07
8	中央	走者	3	山本 庸平	4	森　誠則	3	梁瀬 峰史	4	徳地 悠一	1	棟方 雄己	2	山下 隆盛	2	斎藤 勇人	4	平川 信彦
		個人	10	44.21	8	39.27	1	27.29	5	41.18	5	35.07	16	38.51	9	36.37	8	1.00.54
		チーム	10	44.21	9	1.23.48	6	1.51.17	8	2.32.35	7	3.07.42	9	3.46.33	7	4.23.10	8	5.24.04
9	日本体育	走者	2	出口 和也	2	野口 拓也	2	筱嵜 昌道	2	谷野 琢弥	3	久保岡 諭司	4	石谷 慶一郎	4	永井 大隆	3	森　賢大
		個人	7	43.52	6	39.08	13	28.36	11	42.48	6	35.15	14	38.38	4	35.49	9	1.00.56
		チーム	7	43.52	7	1.23.00	8	1.51.36	11	2.34.24	11	3.09.39	11	3.48.17	10	4.24.06	9	5.25.02
10	東京農業	走者	3	清水 和朗	2	田村 英晃	1	松原 健太	3	外丸 和輝	4	椎谷 智広	4	倉持 貴充	4	谷　一	4	園田　稔
		個人	9	44.18	10	39.38	8	28.16	4	41.03	14	36.17	6	37.16	11	36.39	12	1.01.56
		チーム	9	44.18	11	1.23.56	11	1.52.12	9	2.33.15	9	3.09.32	10	3.46.48	9	4.23.27	10	5.25.23
11	明治	走者	3	北條　尚	3	松本 昂大	1	鎧坂 哲哉	4	東野 賢治	2	松本　翔	2	小林 優太	3	遠藤 寿寛	4	中村 智春
		個人	8	44.07	5	38.42	9	28.18	15	43.45	11	35.34	11	38.10	8	36.28	10	1.01.10
		チーム	8	44.07	5	1.22.49	5	1.51.07	12	2.34.52	12	3.10.26	12	3.48.36	13	4.25.04	11	5.26.14
12	東海	走者	4	吉田 憲正	4	藤原 昌隆	1	栗原　俊	1	刀祢 健太郎	1	田中 飛鳥	2	平山 竜成	2	金子 太郎	4	新行内 友介
		個人	11	44.22	9	39.30	6	28.04	8	41.55	12	35.41	4	36.58	12	36.42	19	1.03.35
		チーム	11	44.22	10	1.23.52	10	1.51.56	10	2.33.51	10	3.09.32	8	3.46.30	8	4.23.12	12	5.26.47
13	帝京	走者	4	梅津　毅	2	西村 知修	2	大沼　睦	2	中村 亮太	4	馬場 圭太	4	岡田 洋輔	4	酒井 将規	2	土久岡 陽祐
		個人	12	44.44	11	39.47	14	28.39	12	42.58	9	35.25	10	37.47	2	35.42	15	1.02.14
		チーム	12	44.44	13	1.24.31	13	1.53.10	13	2.36.08	13	3.11.33	13	3.49.20	12	4.25.02	13	5.27.16
14	立命館	走者	2	寺本 英司	3	西野 智也	4	川上 拓哉	4	河原井 司	2	増田 直樹	1	田中 裕之	4	山本 清伸	3	藤原 庸平
		個人	16	45.26	14	40.10	10	28.22	19	44.10	10	35.32	12	38.13	10	36.38	7	1.00.36
		チーム	16	45.26	14	1.25.36	14	1.53.58	14	2.38.08	14	3.13.40	14	3.51.53	14	4.28.31	14	5.29.07
15	京都産業	走者	2	三岡 大樹	3	関谷 宜輝	1	笹井　豊	2	林　和貴	4	西村 純一	3	住本 雅仁	1	黒川 優氣	4	林　哲也
		個人	13	44.58	24	41.45	19	29.25	13	42.59	15	36.29	9	37.44	24	39.22	13	1.02.00
		チーム	13	44.58	16	1.26.43	15	1.56.08	15	2.39.07	15	3.15.36	15	3.53.20	15	4.32.42	15	5.34.42
16	日本文理	走者	3	佐竹 一弘	3	高木 和夫	2	秋田 幸宏	4	五島 孝紀	3	内田 恒三	4	山本 卓司	3	伊波　航	2	吉田 亮太
		個人	25	47.29	16	40.24	18	29.17	14	43.36	16	36.41	15	38.39	15	37.20	16	1.02.25
		チーム	24	47.29	21	1.27.53	20	1.57.10	18	2.40.46	17	3.17.27	16	3.56.06	16	4.33.26	16	5.35.51
17	東北福祉	走者	4	松本 圭太	2	渡部 佳也	2	嶋貫 大地	1	大泉 雅史	3	佐藤 貴司	3	嶋田　優	4	石山 英明	3	森　克紀
		個人	15	45.23	22	41.34	21	29.52	16	43.47	22	37.15	20	39.25	19	37.50	17	1.03.02
		チーム	15	45.23	19	1.26.57	18	1.56.49	17	2.40.36	18	3.17.51	18	3.57.16	18	4.35.06	17	5.38.08
18	奈良産業	走者	1	J. クアライ	3	松本 信行	1	天野 正治	4	清水 博也	2	平田 一真	3	礒野 晃嗣	1	竹内　源	4	大屋 直士
		個人	19	45.44	19	41.05	22	29.53	22	45.21	21	37.02	17	39.02	22	38.06	18	1.03.30
		チーム	19	45.44	18	1.26.49	17	1.56.42	19	2.42.03	19	3.19.05	19	3.58.07	19	4.36.13	18	5.39.43
19	福岡	走者	1	逸木 脩平	3	有働 敬太	4	四俣 勇人	3	江口 拓弥	3	加治屋 譲	M2	中島 裕之	2	上浦 彰太	2	市山 智史
		個人	20	45.45	18	40.59	20	29.33	18	43.55	18	36.51	18	39.13	20	37.58	25	1.06.10
		チーム	20	45.45	17	1.26.44	16	1.56.17	16	2.40.12	16	3.17.03	17	3.56.16	17	4.34.14	19	5.40.24
20	高岡法科	走者	4	真柄 俊介	4	田村 大輔	4	沖田 修一	3	岡本　渉	4	熊谷　豊	2	高沢 圭輔	4	松本 伸明	4	羽庭　努
		個人	26	47.37	26	42.41	16	29.11	20	45.15	18	36.51	21	39.41	23	38.30	20	1.03.45
		チーム	25	47.37	25	1.30.18	24	1.59.29	22	2.44.44	21	3.21.35	21	4.01.16	20	4.39.46	20	5.43.31
21	広島	走者	4	福田 浩朗	M1	竹下 英伸	4	二宮 政人	4	赤松　透	2	前田 悠爾	4	加藤 誠二	3	岡崎 祐介	M2	山下 淳一
		個人	17	45.42	20	41.17	22	29.53	24	46.14	23	37.55	23	39.52	25	39.51	22	1.05.00
		チーム	17	45.42	20	1.26.59	19	1.56.52	20	2.43.06	20	3.21.01	20	4.00.53	21	4.40.44	21	5.45.44
22	札幌学院	走者	2	西沼 佑司	3	久保 俊太	2	畠山 政和	2	鈴木 嘉人	1	鈴木 孝佳	1	田端 智宏	2	小寺 貴大	2	出口 善久
		個人	18	45.44	16	40.24	26	31.10	26	48.10	25	38.25	24	40.45	17	37.42	21	1.04.58
		チーム	18	45.44	15	1.26.08	21	1.57.18	24	2.45.28	25	3.23.53	25	4.04.38	24	4.42.20	22	5.47.18
23	中京	走者	3	佐藤 大貴	3	渡邊 大介	4	篠崎 暢哉	1	岩瀬 拓也	1	三方 勇輔	3	足立　健	1	栃木 一成	3	高木 竜一
		個人	24	46.52	21	41.33	24	29.55	21	45.19	26	39.48	25	41.07	16	37.39	24	1.05.36
		チーム	23	46.52	23	1.28.25	23	1.58.20	21	2.43.39	24	3.23.27	24	4.04.34	23	4.42.13	23	5.47.49
24	愛知工業	走者	3	金谷 将史	4	吉田 士恩	1	大原　司	4	鳥羽 邦彦	4	清水 翔太	3	山村 圭介	3	田中 智博	3	中山 祐平
		個人	23	46.51	25	42.05	25	30.49	23	45.59	17	36.43	19	39.14	26	40.57	23	1.05.27
		チーム	22	46.51	24	1.28.56	25	1.59.45	25	2.45.44	22	3.22.27	22	4.01.41	25	4.42.38	24	5.48.05
25	信州	走者	4	佐藤 隆史	4	村澤 智啓	2	村澤 陽介	3	加藤 真彰	4	常山 光太	3	菅沼 貴之	4	柴田 拓哉	M1	岩田 紘史
		個人	22	46.38	23	41.43	17	29.14	25	47.10	24	38.14	26	41.24	18	37.45	26	1.09.03
		チーム	21	46.38	22	1.28.21	22	1.57.35	23	2.44.45	23	3.22.59	23	4.04.23	22	4.42.08	25	5.51.11
OP	東海学連	走者	2	中田 剛司	4	池田 麻保呂	2	山本 崇博	M1	藤永 紘基	4	林　育生	2	松崎 友希	2	村西 研郎	3	長谷川 真一
		個人	21	46.30	13	39.54	15	28.51	16	43.47	20	36.58	22	39.42	14	37.03	13	1.02.00
		チーム		46.30		1.26.24		1.55.15		2.39.02		3.16.00		3.55.42		4.32.45		5.34.45

第41回　2009年(平成21年)11月1日　　総距離：106.8km

順	大学名		1区(14.6km)		2区(13.2km)		3区(9.5km)		4区(14.0km)		5区(11.6km)		6区(12.3km)		7区(11.9km)		8区(19.7km)	
1	日本	走者	4	井上 陽介	1	佐藤 佑輔	2	堂本 尚寛	1	G.ベンジャミン	4	谷口 恭悠	4	丸林 祐樹	1	横松　優	4	G.ダニエル
		個人	12	44.47	11	40.09	2	28.10	1	41.12	3	35.11	7	37.55	7	36.46	1	56.54
		チーム	12	44.47	11	1.24.56	9	1.53.06	4	2.34.18	2	3.09.29	3	3.47.24	3	4.24.10	1	5.21.04
2	東洋	走者	2	柏原 竜二	2	宇野 博之	2	川上 遼平	3	高見　諒	3	千葉　優	2	佐藤 寛才	2	田中 貴章	3	大津 翔吾
		個人	2	43.08	8	39.38	6	28.26	4	42.39	13	36.30	3	36.54	1	36.06	7	1.01.19
		チーム	2	43.08	3	1.22.46	2	1.51.12	2	2.33.51	4	3.10.21	2	3.47.15	2	4.23.21	2	5.24.40
3	明治	走者	4	北條　尚	2	鎧坂 哲哉	3	近藤 俊一	4	石川 卓哉	4	安田 昌倫	1	渡辺 真矢	4	遠藤 寿寛	2	細川 勇介
		個人	10	44.38	3	38.51	9	28.45	2	41.50	1	34.51	4	37.16	1	36.06	13	1.02.37
		チーム	10	44.38	6	1.23.29	6	1.52.14	3	2.34.04	1	3.08.55	1	3.46.11	1	4.22.17	3	5.24.54
4	早稲田	走者	2	矢沢　曜	2	八木 勇樹	1	佐々木 寛文	1	平賀 翔太	2	三田 裕介	4	神沢 陽一	1	前田 悠貴	4	尾崎 貴宏
		個人	3	43.55	5	39.19	2	28.10	3	42.06	12	36.21	5	37.38	13	37.13	5	1.01.04
		チーム	3	43.55	4	1.23.14	4	1.51.24	1	2.33.30	3	3.09.51	4	3.47.29	4	4.24.42	4	5.25.46
5	山梨学院	走者	4	後藤　敬	3	高瀬 無量	4	松本　葵	4	大谷 康太	4	小山 大介	2	松枝　翔	4	岩田 真澄	4	中川　剛
		個人	15	44.57	4	39.03	10	29.11	6	42.49	7	35.36	2	36.53	6	36.41	4	1.00.55
		チーム	15	44.57	8	1.24.00	10	1.53.11	8	2.36.00	8	3.11.36	6	3.48.29	5	4.25.10	5	5.26.05
6	中央	走者	2	棟方 雄己	3	斎藤 勇人	4	水越 智哉	4	山本 庸平	4	辻　幸佑	1	野脇 勇志	1	佐々木 健太	3	大石 港与
		個人	8	44.24	14	40.41	8	28.37	5	42.42	5	35.21	7	37.55	3	36.20	2	1.00.26
		チーム	8	44.24	12	1.25.05	13	1.53.42	10	2.36.24	9	3.11.45	9	3.49.40	8	4.26.00	6	5.26.26
7	駒澤	走者	1	上野　渉	4	宇賀地 強	1	千葉 健太	4	星　創太	1	撹上 宏光	4	高林 祐介	1	後藤田 健介	4	深津 卓也
		個人	9	44.28	1	37.50	7	28.31	23	46.50	4	35.14	1	36.09	4	36.28	6	1.01.08
		チーム	9	44.28	1	1.22.18	1	1.50.49	13	2.37.39	11	3.12.53	7	3.49.02	7	4.25.30	7	5.26.38
8	中央学院	走者	2	塚本 千仁	4	大野 紘崇	2	渡邊 嵩仁	4	三浦 隆稔	4	田口　優	4	野中 洋輝	4	渡部 恭平	3	小林 光二
		個人	5	44.06	7	39.36	1	27.38	10	43.23	14	36.32	11	38.12	5	36.39	3	1.00.47
		チーム	5	44.06	7	1.23.42	3	1.51.20	5	2.34.43	7	3.11.15	8	3.49.27	9	4.26.06	8	5.26.53
9	東海	走者	1	早川　翼	1	村澤 明伸	3	藤本 剛士	2	刀祢 健太郎	2	田中 飛鳥	3	平山 竜成	3	永田 慎介	3	金子 太郎
		個人	4	43.56	2	38.25	18	29.47	7	43.12	2	35.08	9	37.56	8	37.02	8	1.01.52
		チーム	4	43.56	2	1.22.21	5	1.52.08	6	2.35.20	5	3.10.28	5	3.48.24	6	4.25.26	9	5.27.18
10	第一工業	走者	2	K.ジュグナ	2	山元　綾	3	松木 祐二	3	谷口　亮	4	厚地 翔太	2	丸野 大樹	2	山田 勇基	1	W.カルイル
		個人	1	42.47	13	40.29	10	29.11	8	43.15	6	35.31	18	39.30	15	37.39	10	1.02.13
		チーム	1	42.47	5	1.23.16	7	1.52.27	7	2.35.42	6	3.11.13	10	3.50.43	10	4.28.22	10	5.30.35
11	立命館	走者	4	藤原 庸平	2	田中 裕之	1	今崎 俊樹	3	寺本 英司	4	詫間 礼斗	4	寺崎 宏紀	1	尾崎 文彦	4	西野 智也
		個人	11	44.43	15	40.49	2	28.10	13	43.35	11	36.09	6	37.44	16	37.50	9	1.01.53
		チーム	11	44.43	13	1.25.32	12	1.53.42	12	2.37.17	13	3.13.26	11	3.51.10	12	4.29.00	11	5.30.53
12	東京農業	走者	2	松原 健太	3	田村 英晃	2	木下 潤哉	2	瀬山 直人	2	藤代 晃司	3	高山 昇太	4	清水 和朗	3	横山 裕己
		個人	14	44.53	6	39.31	5	28.18	9	43.18	16	36.39	13	39.01	14	37.18	12	1.02.29
		チーム	14	44.53	10	1.24.24	8	1.52.42	9	2.36.00	10	3.12.39	12	3.51.40	11	4.28.58	12	5.31.27
13	京都産業	走者	3	三岡 大樹	3	林　和貴	1	野田 一貴	4	住本 雅仁	4	関谷 宜輝	1	宇野 翔太	2	黒川 優気	3	奥野 雅史
		個人	6	44.10	10	40.03	13	29.16	11	43.30	8	35.59	14	39.07	10	37.06	16	1.03.57
		チーム	6	44.10	9	1.24.13	11	1.53.29	11	2.36.59	12	3.12.58	13	3.52.05	13	4.29.11	13	5.33.08
14	専修	走者	4	酒井 潤一	4	五ヶ谷 宏司	4	井上 直紀	2	安島 慎吾	1	星野 光汰	2	松尾 直樹	4	石垣 弘志	3	五十嵐 祐太
		個人	18	46.18	12	40.24	12	29.15	14	43.51	9	36.01	14	39.07	9	37.05	11	1.02.17
		チーム	17	46.18	17	1.26.42	16	1.55.57	14	2.39.48	14	3.15.49	14	3.54.56	14	4.32.01	14	5.34.18
15	青山学院	走者	4	荒井　輔	4	米沢　類	4	市岡 敬介	1	小嶺 篤志	3	小川 恭正	2	川村 駿吾	1	横山 拓也	3	小林 駿祐
		個人	17	46.10	9	39.55	14	29.23	15	44.21	18	37.09	12	38.26	10	37.06	15	1.03.52
		チーム	16	46.10	15	1.26.05	14	1.55.28	15	2.39.49	15	3.16.58	15	3.55.24	15	4.32.30	15	5.36.22
16	日本文理	走者	3	吉田 亮太	4	内田 恒三	3	後藤 将友	4	伊波　航	4	川口 新也	2	原　知明	1	神志那 優輝	4	高木 和夫
		個人	7	44.15	19	41.21	22	30.19	16	44.31	19	37.25	20	39.33	23	39.08	14	1.03.02
		チーム	7	44.15	14	1.25.36	15	1.55.55	16	2.40.26	16	3.17.51	16	3.57.24	17	4.36.32	16	5.39.34
17	大阪経済	走者	4	上田 聡志	3	木村 哲也	2	濱田 正敏	3	宮永 大亮	4	八木 敏志	3	田中 秀門	2	國料 祥平	3	樋口 幸平
		個人	21	46.38	23	41.47	17	29.42	12	43.34	17	36.57	16	39.08	17	38.02	18	1.05.05
		チーム	20	46.38	19	1.28.25	19	1.58.07	17	2.41.41	17	3.18.38	17	3.57.46	16	4.35.48	17	5.40.53
18	名古屋	走者	M2	藤永 紘基	3	山本 崇博	4	田中 佑治	3	村西 研郎	3	濱田 洋平	5	平岡　悠	4	梶田 拓弥	4	羽生田 智彦
		個人	20	46.21	17	41.07	20	30.04	17	44.32	15	36.37	23	40.02	18	38.44	23	1.05.51
		チーム	19	46.21	18	1.27.28	18	1.57.32	18	2.42.04	18	3.18.41	18	3.58.43	18	4.37.27	18	5.43.18
19	中京	走者	3	山下　洸	4	佐藤 大貴	1	高橋 弘幸	4	神谷 泰光	1	橋本 一樹	3	近藤 雄太	2	栃木 一成	4	高木 竜一
		個人	24	47.21	16	41.06	19	30.00	20	45.57	22	38.07	17	39.22	22	39.06	20	1.05.22
		チーム	23	47.21	20	1.28.27	20	1.58.27	19	2.44.24	19	3.22.31	19	4.01.53	19	4.40.59	19	5.46.21
20	札幌学院	走者	1	藤井 太雅	4	久保 俊太	2	藤山 智史	3	西沼 佑司	3	鈴木 嘉人	2	治田 全貴	2	田端 智宏	3	出口 善久
		個人	26	48.46	18	41.17	16	29.37	21	46.15	23	38.30	21	39.43	21	39.05	18	1.05.05
		チーム	25	48.46	24	1.30.03	23	1.59.40	23	2.45.55	23	3.24.25	22	4.04.08	21	4.43.13	20	5.48.18
21	福岡	走者	1	中西 拓郎	2	逸木 脩平	1	堤　渉	4	有働 敬太	4	加治屋 譲	1	前川 貴映	3	上浦 彰太	1	後口 成就
		個人	13	44.50	21	41.30	23	30.47	25	47.47	25	38.45	22	39.55	26	40.24	21	1.05.26
		チーム	13	44.50	16	1.26.20	17	1.57.07	20	2.44.54	22	3.23.39	21	4.03.34	22	4.43.58	21	5.49.24
22	東北福祉	走者	3	渡部 佳也	M1	冠木 雅守	3	渡邊 直也	4	鈴木 弘成	4	佐藤 貴司	3	菊地 功喜	2	住谷 勇樹	3	嶋貫 大地
		個人	25	47.32	24	41.59	21	30.05	19	45.39	20	37.26	18	39.30	20	38.59	26	1.08.59
		チーム	24	47.32	23	1.29.31	22	1.59.36	21	2.45.15	20	3.22.41	20	4.02.11	20	4.41.10	22	5.50.09
23	東北	走者	M1	齋藤　純	3	大場 直樹	M1	柴田 拓哉	M2	小林 和也	M1	林　亮輔	4	平　聖也	1	尾形 翔平	M1	島田 健作
		個人	22	47.05	22	41.31	25	30.56	22	46.18	21	37.42	24	41.13	25	39.44	24	1.06.57
		チーム	21	47.05	21	1.28.36	21	1.59.32	22	2.45.50	21	3.23.32	23	4.04.45	23	4.44.29	23	5.51.26
24	信州	走者	M1	佐藤 隆史	3	村澤 陽介	M2	岩田 紘史	4	加藤 真彰	3	宮下 陽一	3	平林 竜一	2	山本 敦司	3	西沢 倫彦
		個人	19	46.20	25	42.45	24	30.54	24	47.23	24	38.37	26	41.49	24	39.34	22	1.05.39
		チーム	18	46.20	22	1.29.05	24	1.59.59	24	2.47.22	24	3.25.59	24	4.07.48	24	4.47.22	24	5.53.01
25	広島	走者	M2	竹下 英伸	1	相葉 直紀	2	衣松 英亮	M1	二宮 政人	M2	杉野本 勇気	2	真野 裕史	2	岩藤 博紀	3	平岡 幸一郎
		個人	23	47.08	26	43.01	26	31.33	26	48.43	26	38.53	25	41.20	19	38.48	25	1.07.07
		チーム	22	47.08	25	1.30.09	25	2.01.42	25	2.50.25	25	3.29.18	25	4.10.38	25	4.49.26	25	5.56.33
OP	東海学連	走者	3	中田 剛司	M1	伊藤 文浩	M1	林　育生	4	鈴木　慎	4	田中 智博	4	中山 祐平	2	長坂 公靖	4	池田 麻保呂
		個人	16	46.00	20	41.23	15	29.26	18	45.31	9	36.01	10	38.09	12	37.09	17	1.04.03
		チーム		46.00		1.27.23		1.56.49		2.42.20		3.18.21		3.56.30		4.33.39		5.37.42

第42回　2010年（平成22年）11月7日　　総距離：106.8km

順	大学名		1区(14.6km)		2区(13.2km)		3区(9.5km)		4区(14.0km)		5区(11.6km)		6区(12.3km)		7区(11.9km)		8区(19.7km)	
1	早稲田	走者	3	矢沢 曜	1	大迫 傑	3	八木 勇樹	2	佐々木 寛文	1	志方 文典	4	猪俣 英希	2	前田 悠貴	2	平賀 翔太
		個人	9	43.28	3	37.55	3	27.20	1	40.23	1	*33.47*	2	36.08	2	35.37	3	58.24
		チーム	9	43.28	2	1.21.23	3	1.48.43	1	2.29.06	1	3.02.53	1	3.39.01	1	4.14.38	1	*5.13.02*
2	駒澤	走者	2	撹上 宏光	2	上野 渉	1	油布 郁人	2	千葉 健太	2	後藤田 健介	1	窪田 忍	4	飯田 明徳	3	井上 翔太
		個人	5	43.14	5	38.19	1	*27.02*	3	41.10	7	35.03	1	36.03	1	35.09	5	59.22
		チーム	5	43.14	3	1.21.33	2	1.48.35	3	2.29.45	3	3.04.48	3	3.40.51	2	4.16.00	2	5.15.22
3	東洋	走者	1	設楽 啓太	3	柏原 竜二	4	本田 勝也	3	川上 遼平	1	設楽 悠太	3	田中 貴章	2	渡邊 公志	4	大津 翔吾
		個人	1	42.42	4	38.15	2	27.15	2	40.55	2	*33.56*	3	36.11	13	37.33	6	59.34
		チーム	1	42.42	1	1.20.57	1	1.48.12	2	2.29.07	2	3.03.03	2	3.39.14	3	4.16.47	3	5.16.21
4	日本	走者	1	田村 優宝	3	堂本 尚寛	4	高月 雄人	4	和田 朋之	1	森谷 修平	2	寺田 裕成	2	田倍 憲人	2	G.ベンジャミン
		個人	4	43.13	6	38.23	12	28.27	15	42.54	5	34.58	10	37.46	10	36.55	1	56.42
		チーム	4	43.13	5	1.21.36	5	1.50.03	10	2.32.57	8	3.07.55	11	3.45.41	11	4.22.36	4	5.19.18
5	東海	走者	2	早川 翼	4	金子 太郎	3	刀袮 健太郎	1	元村 大地	3	田中 飛鳥	3	小松 紀裕	4	永田 慎介	2	村澤 明伸
		個人	2	42.54	13	39.55	5	27.41	11	41.56	13	35.55	6	36.58	9	36.39	2	57.47
		チーム	2	42.54	12	1.22.49	11	1.50.30	9	2.32.26	12	3.08.21	9	3.45.19	9	4.21.58	5	5.19.45
6	明治	走者	4	松本 翔	3	鎧坂 哲哉	1	北 魁道	2	菊地 賢人	2	大江 啓貴	1	石間 涼	3	細川 勇介	4	小林 優太
		個人	11	43.56	1	*37.38*	6	27.47	6	41.25	4	34.50	10	37.46	4	35.59	9	1.00.31
		チーム	11	43.56	4	1.21.34	4	1.49.21	4	2.30.46	4	3.05.36	4	3.43.22	4	4.19.21	6	5.19.52
7	日本体育	走者	4	篠嵜 昌道	4	出口 和也	2	福士 優太朗	4	野口 拓也	1	矢野 圭吾	2	早川 智浩	4	谷野 琢弥	1	服部 翔大
		個人	15	44.12	8	38.37	4	27.38	4	41.12	10	35.22	4	36.44	8	36.37	7	59.38
		チーム	15	44.12	11	1.22.49	10	1.50.27	6	2.31.39	7	3.07.01	5	3.43.45	6	4.20.22	7	5.20.00
8	中央	走者	4	大石 港与	2	野脇 勇志	3	井口 恵太	3	棟方 雄己	1	西嶋 悠	3	小柳 俊介	2	塩谷 潤一	4	斎藤 勇人
		個人	6	43.16	10	39.06	8	27.57	5	41.21	3	34.33	9	37.42	5	36.03	10	1.00.34
		チーム	6	43.16	9	1.22.22	8	1.50.19	7	2.31.40	5	3.06.13	6	3.43.55	5	4.19.58	8	5.20.32
9	山梨学院	走者	3	松枝 翔	3	O.コスマス	2	牧野 俊紀	3	中村 悠二	3	尾崎 博	2	伏島 祐介	4	松森 新一	4	高瀬 無量
		個人	12	43.59	2	37.45	13	28.39	9	41.42	12	35.52	8	37.38	6	36.30	4	59.00
		チーム	12	43.59	6	1.21.44	9	1.50.23	8	2.32.05	9	3.07.57	10	3.45.35	10	4.22.05	9	5.21.05
10	帝京	走者	4	大沼 睦	4	中村 亮太	1	難波 幸貴	4	安藤 慎治	4	土久岡 陽祐	3	香川 竜一	3	渡辺 克則	3	稲葉 智之
		個人	7	43.18	7	38.29	9	28.17	8	41.31	6	35.01	15	38.01	3	35.49	13	1.01.38
		チーム	7	43.18	7	1.21.47	6	1.50.04	5	2.31.35	6	3.06.36	7	3.44.37	7	4.20.26	10	5.22.04
11	城西	走者	1	山口 浩勢	3	田村 優典	3	橋本 隆光	4	八巻 賢	1	平田 啓介	2	吉元 真司	2	松岡 竜也	4	石田 亮
		個人	16	44.20	11	39.18	7	27.52	7	41.28	8	35.13	5	36.51	7	36.34	8	1.00.29
		チーム	16	44.20	13	1.23.38	13	1.51.30	11	2.32.58	10	3.08.11	8	3.45.02	8	4.21.36	11	5.22.05
12	国士舘	走者	3	藤本 拓	3	伊藤 正樹	3	小野 浩典	3	久井原 歩	2	福田 穣	4	松本 良介	1	中山 祐介	3	鈴木 卓也
		個人	8	43.18	9	38.40	10	28.20	12	42.43	9	35.17	12	37.49	12	37.24	12	1.01.35
		チーム	8	43.18	8	1.21.58	7	1.50.18	12	2.33.01	11	3.08.18	12	3.46.07	12	4.23.31	12	5.25.06
13	京都産業	走者	4	三岡 大樹	4	林 和貴	4	岩内 達郎	2	野田 一貴	4	奥野 雅史	2	妹尾 陸	3	黒川 優気	4	住本 雅仁
		個人	3	43.05	12	39.35	11	28.24	13	42.45	14	36.06	13	37.52	11	37.03	11	1.01.04
		チーム	3	43.05	10	1.22.40	12	1.51.04	13	2.33.49	13	3.09.55	13	3.47.47	13	4.24.50	13	5.25.54
14	立命館	走者	3	田中 裕之	4	寺本 英司	2	谷口 祐樹	2	今崎 俊樹	3	佐藤 優希	2	中村 研二	1	細田 大智	2	尾崎 文彦
		個人	14	44.10	14	39.58	19	29.09	10	41.51	19	36.56	7	37.23	13	37.33	15	1.02.24
		チーム	14	44.10	15	1.24.08	15	1.53.17	14	2.35.08	15	3.12.04	15	3.49.27	14	4.27.00	14	5.29.24
15	第一工業	走者	3	K.ジュグナ	4	谷口 亮	4	松木 祐二	1	飛松 佑輔	3	山元 綾	1	石川 徹平	3	山田 勇基	3	丸野 大樹
		個人	10	43.37	16	40.20	16	28.57	14	42.46	11	35.46	14	37.53	16	37.48	21	1.03.48
		チーム	10	43.37	14	1.23.57	14	1.52.54	15	2.35.40	14	3.11.26	14	3.49.19	15	4.27.07	15	5.30.55
16	名古屋	走者	4	山本 崇博	M1	鈴木 慎	M1	田中 佑治	4	村西 研郎	4	平岡 悠	M1	梶田 拓弥	1	古川 和紀	4	濱田 洋平
		個人	24	46.47	17	40.33	20	29.13	16	43.04	15	36.21	20	39.47	20	38.16	16	1.03.01
		チーム	23	46.47	20	1.27.20	20	1.56.33	18	2.39.37	17	3.15.58	18	3.55.45	17	4.34.01	16	5.37.02
17	奈良産業	走者	3	J.クアライ	5	松本 信行	3	天野 正治	3	上村 康成	1	T.キハラ	2	用木 大地	1	森 友哉	4	平田 一真
		個人	17	45.04	22	41.39	17	29.01	16	43.04	22	37.26	16	38.51	23	39.02	20	1.03.39
		チーム	17	45.04	18	1.26.43	18	1.55.44	16	2.38.48	18	3.16.14	16	3.55.05	18	4.34.07	17	5.37.46
18	日本文理	走者	4	吉田 亮太	3	原 知明	2	芦刈 敬典	4	後藤 将友	1	古川 勇二	1	我原 芳史	4	秋田 幸宏	2	神志那 優輝
		個人	13	44.09	21	41.35	22	29.25	19	43.41	20	37.01	23	40.24	21	38.45	18	1.03.19
		チーム	13	44.09	16	1.25.44	16	1.55.09	17	2.38.50	16	3.15.51	19	3.56.15	19	4.35.00	18	5.38.19
19	中京	走者	4	山下 洸	M1	神谷 泰光	2	吉川 朋希	3	岩瀬 拓也	3	三方 勇輔	4	近藤 雄太	3	栃木 一成	2	野沢 俊
		個人	21	46.01	15	40.16	21	29.15	22	44.19	17	36.38	17	38.58	16	37.48	23	1.05.13
		チーム	20	46.01	17	1.26.17	17	1.55.32	19	2.39.51	19	3.16.29	17	3.55.27	16	4.33.15	19	5.38.28
20	東北福祉	走者	4	渡邊 直也	3	大泉 雅史	2	池田 圭	4	渡部 佳也	3	住谷 勇樹	4	嶋貫 大地	1	門脇 幸汰	M2	冠木 雅守
		個人	26	47.11	19	40.54	15	28.44	20	44.06	19	36.41	24	40.28	15	37.40	19	1.03.27
		チーム	25	47.11	23	1.28.05	21	1.56.49	20	2.40.55	20	3.17.36	21	3.58.04	20	4.35.44	20	5.39.11
21	札幌学院	走者	2	藤井 太雅	3	藤山 智史	4	鈴木 嘉人	3	治田 全貴	1	手塚 大亮	4	西沼 佑司	3	田端 智宏	4	出口 善久
		個人	23	46.26	18	40.38	18	29.08	21	44.14	26	38.07	19	39.25	22	38.52	25	1.05.26
		チーム	22	46.26	19	1.27.04	19	1.56.12	20	2.40.26	21	3.18.33	20	3.57.58	21	4.36.50	21	5.42.16
22	長崎国際	走者	3	白石 勝美	1	野中 裕輝	1	赤瀬 慎弥	2	山口 拓也	3	内田 洋平	1	渡邊 直也	1	石井 達也	4	近藤 直斗
		個人	25	47.04	26	43.14	25	29.52	25	46.01	21	37.04	22	40.13	19	38.00	17	1.03.02
		チーム	24	47.04	25	1.30.18	25	2.00.10	25	2.46.11	24	3.23.15	24	4.03.28	24	4.41.28	22	5.44.30
23	信州	走者	M2	佐藤 隆史	4	岩渕 良平	4	村澤 陽介	M1	加藤 真彰	4	宮下 陽一	2	高木 孝亮	2	小長谷 祥治	4	西沢 倫彦
		個人	20	45.47	24	41.45	23	29.30	24	45.40	25	38.00	25	40.47	24	39.03	22	1.05.09
		チーム	19	45.47	21	1.27.32	22	1.57.02	22	2.42.42	22	3.20.42	23	4.01.29	22	4.40.32	23	5.45.41
24	東北学院	走者	4	根本 達也	3	佐々木 孝太	3	伊東 直之	2	渡辺 航旗	2	齋藤 晃彦	3	曽根 赴紘	3	長谷 達也	2	下條 洋平
		個人	22	46.10	23	41.41	26	30.26	23	45.06	24	37.52	21	39.49	26	40.19	24	1.05.19
		チーム	21	46.10	22	1.27.51	23	1.58.17	23	2.43.23	23	3.21.15	22	4.01.04	23	4.41.23	24	5.46.42
25	広島	走者	2	相葉 直紀	3	衣松 英亮	3	真野 裕史	3	岡崎 翔太	1	橋口 幸貴	2	豊永 智弘	1	高橋 秀明	3	岩藤 博紀
		個人	18	45.45	25	42.52	24	29.45	26	47.12	23	37.50	26	41.34	25	39.31	26	1.06.18
		チーム	18	45.45	24	1.28.37	24	1.58.22	24	2.45.34	25	3.23.24	25	4.04.58	25	4.44.29	25	5.50.47
OP	東海学連	走者	3	長坂 公靖	M2	林 育生	3	大原 司	3	小野 郁文	4	伊藤 友明	4	小塚 雄介	4	尾崎 将也	4	中田 剛司
		個人	19	45.45	20	41.30	14	28.42	18	43.35	16	36.26	18	39.18	18	37.56	14	1.01.51
		チーム		45.45		1.27.15		1.55.57		2.39.32		3.15.58		3.55.16		4.33.12		5.35.03

第43回　2011年(平成23年)11月6日　総距離：106.8km

順	大学名		1区(14.6km)		2区(13.2km)		3区(9.5km)		4区(14.0km)		5区(11.6km)		6区(12.3km)		7区(11.9km)		8区(19.7km)	
1	駒澤	走者	3	撹上 宏光	1	村山 謙太	2	油布 郁人	3	上野 渉	3	久我 和弥	1	中村 匠吾	4	高瀬 泰一	2	窪田 忍
		個人	3	43.42	3	38.23	1	27.13	1	40.56	1	34.15	3	36.59	1	35.23	3	58.55
		チーム	3	43.42	1	1.22.05	1	1.49.18	1	2.30.14	1	3.04.29	1	3.41.28	1	4.16.51	1	5.15.46
2	東洋	走者	2	設楽 啓太	2	設楽 悠太	4	宇野 博之	4	川上 遼平	4	田中 貴章	4	山本 憲二	3	市川 孝徳	4	柏原 竜二
		個人	7	43.47	7	38.56	2	27.34	3	41.39	2	34.41	1	36.22	2	35.32	1	57.48
		チーム	7	43.47	6	1.22.43	2	1.50.17	2	2.31.56	2	3.06.37	2	3.42.59	2	4.18.31	2	5.16.19
3	早稲田	走者	1	山本 修平	2	大迫 傑	4	矢沢 曜	4	三田 裕介	3	前田 悠貴	3	市川 宗一朗	3	佐々木 寛文	3	平賀 翔太
		個人	12	44.42	2	38.18	3	27.39	2	41.35	4	35.07	6	37.13	4	36.40	5	59.52
		チーム	12	44.42	8	1.23.00	4	1.50.39	3	2.32.14	3	3.07.21	3	3.44.34	3	4.21.14	3	5.21.06
4	日本	走者	2	田村 優宝	4	堂本 尚寛	1	高松 峻平	3	佐藤 佑輔	1	小島 秀斗	3	吉田 貴大	1	竹ノ内 佳樹	3	G.ベンジャミン
		個人	1	43.38	5	38.50	13	29.08	4	41.55	9	35.37	5	37.11	6	37.01	2	58.34
		チーム	1	43.38	2	1.22.28	8	1.51.36	5	2.33.31	6	3.09.08	6	3.46.19	6	4.23.20	4	5.21.54
5	中央	走者	2	西嶋 悠	1	新庄 翔太	2	代田 修平	2	須河 宏紀	1	多田 要	3	大須田 優二	3	渥美 昂大	4	棟方 雄己
		個人	8	43.48	6	38.53	6	28.17	6	42.32	6	35.22	3	36.59	3	36.29	6	1.00.01
		チーム	8	43.48	5	1.22.41	5	1.50.58	4	2.33.30	4	3.08.52	5	3.45.51	4	4.22.20	5	5.22.21
6	上武	走者	1	佐藤 舜	1	倉田 翔平	4	坂口 竜成	3	氏原 健介	2	山岸 宏貴	3	渡辺 力将	1	佐々木 天太	4	園田 隼
		個人	10	44.04	10	39.45	5	28.13	5	42.09	5	35.12	2	36.25	10	37.32	7	1.00.24
		チーム	10	44.04	9	1.23.49	9	1.52.02	8	2.34.11	8	3.09.23	4	3.45.48	5	4.23.20	6	5.23.44
7	東海	走者	3	早川 翼	1	吉川 修司	1	中川 瞭	2	元村 大地	4	刀祢 健太郎	4	小松 紀裕	4	栗原 俊	3	村澤 明伸
		個人	2	43.40	8	39.12	4	27.47	7	42.53	7	35.27	12	38.29	12	37.48	4	59.10
		チーム	2	43.40	7	1.22.52	3	1.50.39	6	2.33.32	5	3.08.59	8	3.47.28	8	4.25.16	7	5.24.26
8	明治	走者	1	大六野 秀畝	4	鎧坂 哲哉	1	有村 優樹	3	田中 勝大	3	大江 啓貴	2	広瀬 大貴	4	細川 勇介	3	菊地 賢人
		個人	4	43.45	4	38.48	7	28.28	11	43.32	3	34.49	7	37.44	5	36.41	9	1.02.35
		チーム	4	43.45	4	1.22.33	6	1.51.01	9	2.34.33	7	3.09.22	7	3.47.06	7	4.23.47	8	5.26.22
9	青山学院	走者	2	福田 雄大	3	出岐 雄大	3	大谷 遼太郎	1	高橋 宗司	3	小嶺 篤志	2	井上 尚樹	1	佐藤 研人	3	横山 拓也
		個人	13	44.48	1	37.43	8	28.32	8	42.54	12	36.08	11	38.22	12	37.48	8	1.01.40
		チーム	13	44.48	3	1.22.31	7	1.51.03	7	2.33.57	9	3.10.05	9	3.48.27	9	4.26.15	9	5.27.55
10	城西	走者	4	橋本 隆光	2	山口 浩勢	1	村山 紘太	2	平田 啓介	4	山本 隆司	3	吉元 真司	3	石橋 佑一	4	田村 優典
		個人	11	44.39	12	39.54	11	28.53	10	43.21	11	36.03	8	37.45	6	37.01	11	1.03.19
		チーム	11	44.39	11	1.24.33	11	1.53.26	11	2.36.47	11	3.12.50	11	3.50.35	10	4.27.36	10	5.30.55
11	帝京	走者	2	難波 幸貴	2	蛯名 聡勝	1	早川 昇平	4	神田 純也	2	小山 司	1	三田 和矢	4	稲葉 智之	4	渡辺 克則
		個人	20	46.33	9	39.29	10	28.47	9	43.19	8	35.33	9	38.06	9	37.10	9	1.02.35
		チーム	20	46.33	16	1.26.02	13	1.54.49	13	2.38.08	12	3.13.41	12	3.51.47	12	4.28.57	11	5.31.32
12	京都産業	走者	3	野田 一貴	4	岩内 達郎	3	稲田 祐己	4	奥野 雅史	4	笹井 豊	3	妹尾 陸	4	黒川 優気	3	中祖 誠
		個人	9	43.56	12	39.54	12	28.59	13	43.43	9	35.37	10	38.21	11	37.35	16	1.04.31
		チーム	9	43.56	10	1.23.50	10	1.52.49	10	2.36.32	10	3.12.09	10	3.50.30	11	4.28.05	12	5.32.36
13	日本体育	走者	2	矢野 圭吾	2	服部 翔大	3	福士 優太朗	2	本田 匠	3	高柳 祐也	4	鈴木 友也	2	吉村 喜一	3	高田 翔二
		個人	16	45.24	11	39.53	8	28.32	15	43.50	16	36.57	13	38.38	8	37.03	12	1.03.38
		チーム	16	45.24	14	1.25.17	12	1.53.49	12	2.37.39	13	3.14.36	13	3.53.14	13	4.30.17	13	5.33.55
14	立命館	走者	4	田中 裕之	3	今崎 俊樹	2	久保 佑介	1	吉村 直人	1	荒木 尚馬	1	南雲 翔太	3	谷口 祐樹	4	赤松 駿
		個人	18	45.30	14	40.28	15	29.28	12	43.42	14	36.40	15	39.16	19	38.47	17	1.04.32
		チーム	18	45.30	15	1.25.58	14	1.55.26	14	2.39.08	14	3.15.48	14	3.55.04	14	4.33.51	14	5.38.23
15	関西学院	走者	1	小山 陽平	3	上田 浩捷	4	大迫 翔太	4	池田 充伺	4	安達 大祐	2	石橋 優希	4	山中 浩平	4	神原 龍之介
		個人	24	46.44	15	41.06	18	29.39	18	44.12	13	36.16	14	39.03	15	38.00	18	1.04.36
		チーム	23	46.44	20	1.27.50	19	1.57.29	17	2.41.41	16	3.17.57	15	3.57.00	15	4.35.00	15	5.39.36
16	第一工業	走者	4	K.ジュグナ	2	飛松 佑輔	2	山下 奨平	2	石川 徹平	4	中條 幸太	4	横尾 剛	3	松枝 拳	4	山田 勇基
		個人	6	43.47	16	41.08	23	30.31	14	43.46	19	37.20	21	40.35	15	38.00	19	1.05.38
		チーム	6	43.47	12	1.24.55	15	1.55.26	15	2.39.12	15	3.16.32	16	3.57.07	16	4.35.07	16	5.40.45
17	愛知工業	走者	4	長坂 公靖	2	萱垣 義樹	3	伊藤 晶寛	4	大原 司	4	山内 康平	2	舘林 洸介	1	佐野 恭平	3	割田 雄貴
		個人	17	45.26	22	42.14	22	30.26	19	44.47	15	36.55	17	39.23	19	38.47	14	1.03.43
		チーム	17	45.26	19	1.27.40	21	1.58.06	20	2.42.53	18	3.19.48	18	3.59.11	18	4.37.58	17	5.41.41
18	日本文理	走者	1	畑山 修生	1	久保 貴寛	1	新田 涼	1	増田 悠大	2	古川 勇二	4	原 知明	2	今坂 雄一	3	神志那 優輝
		個人	19	45.52	17	41.11	17	29.32	25	46.10	21	37.47	18	39.32	17	38.26	14	1.03.43
		チーム	19	45.52	17	1.27.03	17	1.56.35	19	2.42.45	20	3.20.32	20	4.00.04	19	4.38.30	18	5.42.13
19	中京	走者	M2	神谷 泰光	3	橋本 一樹	2	松田 和真	1	山口 泰輝	4	三方 勇輔	3	横田 成哉	3	芝田 遼	2	田中 陽介
		個人	26	47.38	20	41.41	14	29.26	16	43.51	20	37.27	16	39.18	14	37.55	20	1.05.50
		チーム	24	47.38	23	1.29.19	22	1.58.45	18	2.42.36	19	3.20.03	19	3.59.21	17	4.37.16	19	5.43.06
20	福岡	走者	3	中西 拓郎	3	前川 貴映	2	別府 翔太	4	逸木 脩平	2	冨高 一成	1	橋口 貴之	3	堤 渉	3	後口 成就
		個人	5	43.45	17	41.11	26	31.01	17	43.55	26	38.44	20	40.34	22	39.26	24	1.06.50
		チーム	5	43.45	13	1.24.56	16	1.55.57	16	2.39.52	17	3.18.36	17	3.59.10	20	4.38.36	20	5.45.26
21	札幌学院	走者	4	藤山 智史	2	手塚 大亮	1	北川 昌宏	3	藤井 太雅	4	田端 智宏	1	岡部 瑛	4	佐藤 大貴	4	治田 全貴
		個人	15	45.16	21	41.49	20	29.58	24	45.52	23	38.21	26	42.25	23	39.41	23	1.06.24
		チーム	15	45.16	18	1.27.05	18	1.57.03	21	2.42.55	21	3.21.16	22	4.03.41	22	4.43.22	21	5.49.46
22	新潟	走者	4	稲毛 寛人	3	鈴木 拳	1	住 柔	3	金澤 拓則	3	星野 大悟	2	石原 宏哉	1	池上 慎弥	M2	伊藤 悠太
		個人	22	46.41	26	42.50	24	30.41	23	45.40	25	38.22	23	41.08	27	41.10	22	1.06.14
		チーム	22	46.41	24	1.29.31	24	2.00.12	24	2.45.52	24	3.24.14	23	4.05.22	24	4.46.32	22	5.52.46
22	広島	走者	3	相葉 直紀	1	石川 篤	4	真野 裕史	4	岩藤 博紀	3	佐藤 好	2	高橋 秀明	3	石井 裕也	3	豊永 智弘
		個人	14	45.16	25	42.40	21	29.59	20	45.00	23	38.21	22	40.49	24	39.50	27	1.10.51
		チーム	14	45.16	21	1.27.56	20	1.57.55	22	2.42.55	22	3.21.16	21	4.02.05	21	4.41.55	23	5.52.46
24	東北福祉	走者	3	池田 圭	4	大泉 雅史	1	藤田 凌介	2	門脇 幸汰	M2	鈴木 芳也	3	佐藤 文哉	2	今野 雄二郎	4	住谷 勇樹
		個人	22	46.36	24	42.33	25	30.44	22	45.25	22	38.06	25	42.04	26	40.10	25	1.07.31
		チーム	21	46.36	22	1.29.09	23	1.59.53	23	2.45.18	23	3.23.24	24	4.05.28	23	4.45.38	24	5.53.09
25	北海道	走者	M2	中山 祐作	3	草間 大志	3	大屋 厚	2	白石 光平	1	梅田 周	1	尾崎 洋輔	4	真田 祐樹	M2	柏 真太郎
		個人	27	50.16	27	43.47	27	32.06	27	48.37	27	39.16	27	42.59	25	39.55	26	1.09.19
		チーム	25	50.16	25	1.34.03	25	2.06.09	25	2.54.46	25	3.34.02	25	4.17.01	25	4.56.56	25	6.06.15
OP	東海学連	走者	4	平岡 悠	1	森本 善智	2	石坂 健太	3	油井 一成	M1	小塚 雄介	4	小川 満太郎	3	三浦 修	M2	鈴木 慎
		個人	25	47.37	23	42.18	19	29.40	21	45.17	18	37.18	19	39.36	18	38.44	13	1.03.40
		チーム		47.37		1.29.55		1.59.35		2.44.52		3.22.10		4.01.46		4.40.30		5.44.10
OP	東北学連	走者	2	小野寺 敬	4	吉田 義宏	4	樋渡 翔太	4	伊東 直之	2	深渡 慎一郎	3	菅野 均	1	大谷 宗平	3	渡辺 航旗
		個人	23	46.42	19	41.30	16	29.30	26	46.21	17	37.10	24	41.33	21	38.55	21	1.06.04
		チーム		46.42		1.28.12		1.57.42		2.44.03		3.21.13		4.02.46		4.41.41		5.47.45

第44回　2012年（平成24年）11月4日　　総距離：106.8km

順	大学名		1区(14.6km)		2区(13.2km)		3区(9.5km)		4区(14.0km)		5区(11.6km)		6区(12.3km)		7区(11.9km)		8区(19.7km)	
1	駒澤	走者	4	撹上 宏光	2	村山 謙太	3	油布 郁人	4	上野 渉	3	湯地 俊介	4	久我 和弥	2	黒川 翔矢	3	窪田 忍
		個人	6	43.34	4	38.04	1	*26.55*	4	40.56	4	34.45	3	35.48	2	35.09	2	57.32
		チーム	6	43.34	3	1.21.38	2	1.48.33	2	2.29.29	2	3.04.14	2	3.40.02	2	4.15.11	1	*5.12.43*
2	東洋	走者	2	田口 雅也	3	設楽 啓太	3	延藤 潤	3	設楽 悠太	2	高久 龍	4	市川 孝徳	3	佐久間 建	1	服部 勇馬
		個人	1	43.17	3	37.40	2	27.19	3	40.50	3	34.28	2	*35.33*	1	34.57	6	59.28
		チーム	1	43.17	2	1.20.57	1	1.48.16	1	2.29.06	1	3.03.34	1	3.39.07	1	4.14.04	2	5.13.32
3	早稲田	走者	1	柳 利幸	3	大迫 傑	4	佐々木 寛文	2	山本 修平	1	高田 康暉	4	前田 悠貴	4	市川 宗一朗	4	平賀 翔太
		個人	12	44.15	2	*37.25*	4	27.42	2	40.42	6	34.53	1	*35.30*	10	36.03	4	58.38
		チーム	12	44.15	4	1.21.40	4	1.49.22	3	2.30.04	4	3.04.57	3	3.40.27	3	4.16.30	3	5.15.08
4	日本体育	走者	1	勝亦 祐太	3	本田 匠	4	福士 優太朗	3	服部 翔大	1	山中 秀仁	3	甲斐 翔太	4	高柳 祐也	3	矢野 圭吾
		個人	7	43.45	9	38.46	5	27.45	1	40.23	2	34.14	7	36.42	3	35.31	3	58.15
		チーム	7	43.45	6	1.22.31	7	1.50.16	4	2.30.39	3	3.04.53	4	3.41.35	4	4.17.06	4	5.15.21
5	明治	走者	2	文元 慧	2	大六野 秀畝	3	北 魁道	1	木村 慎	2	有村 優樹	2	松井 智靖	2	山田 速人	4	大江 啓貴
		個人	5	43.34	5	38.14	8	27.55	7	42.05	1	33.48	4	36.10	5	35.47	7	59.36
		チーム	5	43.34	5	1.21.48	5	1.49.43	7	2.31.48	5	3.05.36	5	3.41.46	5	4.17.33	5	5.17.09
6	日本	走者	3	田村 優宝	4	佐藤 佑輔	1	荻野 眞之介	2	林 慎吾	2	高松 峻平	4	寺田 裕成	2	竹ノ内 佳樹	4	G.ベンジャミン
		個人	9	44.08	9	38.46	9	27.58	10	42.20	9	35.21	10	37.30	7	35.54	1	56.52
		チーム	9	44.08	8	1.22.54	8	1.50.52	9	2.33.12	9	3.08.33	10	3.46.03	9	4.21.57	6	5.18.49
7	上武	走者	2	倉田 翔平	2	佐藤 舜	3	山岸 宏貴	4	渡辺 力将	2	佐々木 天太	2	松元 航	2	大西 淳貴	4	氏原 健介
		個人	3	43.32	12	39.30	7	27.50	6	41.27	5	34.52	6	36.35	9	36.01	9	1.00.30
		チーム	3	43.32	9	1.23.02	9	1.50.52	8	2.32.19	7	3.07.11	7	3.43.46	7	4.19.47	7	5.20.17
8	山梨学院	走者	2	井上 大仁	1	E.オムワンバ	3	松山 雄太朗	2	阿部 竜巳	1	田代 一馬	4	松本 大樹	4	鳥羽 和晃	4	森井 勇磨
		個人	2	43.23	1	*37.16*	10	28.05	8	42.15	14	36.46	9	37.07	4	35.43	8	59.58
		チーム	2	43.23	1	1.20.39	3	1.48.44	5	2.30.59	8	3.07.45	8	3.44.52	8	4.20.35	8	5.20.33
9	中央	走者	2	多田 要	2	新庄 翔太	4	大須田 優二	3	代田 修平	1	徳永 照	3	相場 祐人	4	新庄 浩太	4	塩谷 潤一
		個人	13	44.17	6	38.33	2	27.19	6	41.24	8	35.13	5	36.22	6	35.47	15	1.02.59
		チーム	13	44.17	7	1.22.50	6	1.50.09	6	2.31.33	6	3.06.46	6	3.43.08	6	4.18.55	9	5.21.54
10	神奈川	走者	1	西山 凌平	1	我那覇 和真	2	柿原 聖哉	2	小泉 和也	4	吉川 了	2	柏部 孝太郎	2	井上 雄介	2	鈴木 駿
		個人	14	44.30	8	38.38	11	28.07	9	42.16	7	35.06	8	36.48	14	37.01	11	1.00.57
		チーム	14	44.30	10	1.23.08	11	1.51.15	10	2.33.31	10	3.08.37	9	3.45.25	10	4.22.26	10	5.23.23
11	帝京	走者	4	山川 雄大	3	蛯名 聡勝	2	熊崎 健人	2	早川 昇平	1	高橋 裕太	3	千葉 一慶	2	三田 和矢	3	小山 司
		個人	16	44.48	6	38.33	6	27.48	11	42.37	10	35.41	13	37.44	8	35.57	10	1.00.32
		チーム	16	44.48	11	1.23.21	10	1.51.09	11	2.33.46	11	3.09.27	11	3.47.11	11	4.23.08	11	5.23.40
12	東海	走者	2	中川 瞭	3	元村 大地	1	白吉 凌	2	石川 裕之	1	宮上 翔太	3	岡 豊	4	松谷 公靖	4	早川 翼
		個人	8	44.03	11	39.29	12	28.24	12	42.39	12	36.09	18	39.09	11	36.37	5	59.22
		チーム	8	44.03	12	1.23.32	12	1.51.56	12	2.34.35	12	3.10.44	12	3.49.53	12	4.26.30	12	5.25.52
13	立命館	走者	2	吉村 直人	2	南雲 翔太	4	今崎 俊樹	2	荒木 尚馬	1	濱野 秀	1	中野内 直人	3	細田 大智	4	中村 研二
		個人	17	44.50	13	39.47	13	28.40	15	43.28	13	36.22	11	37.35	13	36.49	12	1.01.25
		チーム	17	44.50	15	1.24.37	13	1.53.17	14	2.36.45	14	3.13.07	13	3.50.42	13	4.27.31	13	5.28.56
14	関西学院	走者	4	西本 拓弥	4	上田 浩捷	2	甲斐 将樹	2	小山 陽平	1	田村 航大	3	石橋 優希	3	田中 裕太	1	川口 貴大
		個人	15	44.33	14	39.59	15	28.46	13	43.02	11	36.03	16	38.25	12	36.44	14	1.02.21
		チーム	15	44.33	14	1.24.32	14	1.53.18	13	2.36.20	13	3.12.23	14	3.50.48	14	4.27.32	14	5.29.53
15	大阪経済	走者	2	谷本 旭洋	3	富山 恭平	3	為石 勇太	3	米田 大輝	3	松下 良祐	2	津田 圭祐	2	大山 健太	2	溝渕 大輔
		個人	22	45.23	19	40.50	14	28.43	16	43.39	16	36.51	12	37.38	16	37.09	13	1.02.10
		チーム	22	45.23	19	1.26.13	16	1.54.56	17	2.38.35	16	3.15.26	15	3.53.04	15	4.30.13	15	5.32.23
16	日本文理	走者	2	畑山 修生	2	久保 貴寛	2	筒井 恵也	4	神志那 優輝	3	上萩 健太	3	古川 勇二	3	今坂 雄一	2	増田 悠大
		個人	11	44.11	15	40.19	16	29.19	21	44.15	20	37.17	17	38.29	21	38.09	17	1.03.53
		チーム	11	44.11	13	1.24.30	15	1.53.49	15	2.38.04	15	3.15.21	16	3.53.50	16	4.31.59	16	5.35.52
17	名古屋	走者	M2	山本 崇博	3	矢野 祥一	3	池亀 透	2	森本 善智	4	和田 健志	3	古川 和紀	1	國司 寛人	4	平岡 悠
		個人	19	45.02	21	41.26	16	29.19	19	44.08	19	37.14	18	39.09	17	37.25	16	1.03.33
		チーム	19	45.02	21	1.26.28	19	1.55.47	18	2.39.55	18	3.17.09	19	3.56.18	19	4.33.43	17	5.37.16
18	第一工業	走者	1	J.カリウキ	3	山下 奨平	3	石川 徹平	3	飛松 佑輔	1	三牧 真也	2	樺島 瑞貴	1	永井 智大	4	井上 智博
		個人	4	43.33	23	41.37	18	29.49	14	43.19	18	37.12	25	39.53	18	37.40	24	1.06.34
		チーム	4	43.33	16	1.25.10	17	1.54.59	16	2.38.18	17	3.15.30	17	3.55.23	17	4.33.03	18	5.39.37
19	中京	走者	3	松田 和真	4	橋本 一樹	4	横田 成哉	3	田中 陽介	4	芝田 遼	3	近藤 駿一	2	木下 博紀	2	山口 泰輝
		個人	21	45.16	24	42.14	21	30.02	18	43.55	15	36.47	14	38.00	15	37.06	24	1.06.34
		チーム	21	45.16	23	1.27.30	23	1.57.32	20	2.41.27	20	3.18.14	18	3.56.14	18	4.33.20	19	5.39.54
20	信州	走者	6	岩渕 良平	1	岡野 耕大	2	大野 雄揮	4	高木 孝亮	1	坂野 圭史	4	山崎 隆司	2	米山 祐貴	4	小長谷 祥治
		個人	24	45.45	17	40.38	20	29.56	23	45.15	23	37.56	21	39.35	20	38.04	21	1.05.04
		チーム	23	45.45	20	1.26.23	21	1.56.19	21	2.41.34	21	3.19.30	20	3.59.05	20	4.37.09	20	5.42.13
21	新潟	走者	2	住 柔	4	鈴木 拳	3	渡邉 和史	3	石原 宏哉	4	星野 大悟	1	吉河 孝朗	2	樗澤 慎吾	4	金澤 拓則
		個人	25	46.14	21	41.26	26	30.47	22	45.14	23	37.56	23	39.50	22	38.58	18	1.04.12
		チーム	24	46.14	24	1.27.40	24	1.58.27	24	2.43.41	22	3.21.37	22	4.01.27	21	4.40.25	21	5.44.37
22	広島	走者	4	相葉 直紀	M1	真野 裕史	4	豊永 智弘	4	石井 裕也	1	山嵜 慶祐	3	橋口 幸貴	3	松田 直樹	3	高橋 秀明
		個人	10	44.11	26	42.31	25	30.32	26	46.14	25	38.28	23	39.50	23	39.10	22	1.05.28
		チーム	10	44.11	22	1.26.42	22	1.57.14	23	2.43.28	23	3.21.56	23	4.01.46	22	4.40.56	22	5.46.24
23	札幌学院	走者	4	藤井 太雅	2	北川 昌宏	3	内藤 博紀	2	谷本 新之助	1	岸 伸考	2	岡部 瑛	2	西村 剛史	3	手塚 大亮
		個人	18	44.56	20	40.54	19	29.50	25	45.58	26	40.41	22	39.42	25	40.11	19	1.04.47
		チーム	18	44.56	17	1.25.50	18	1.55.40	22	2.41.38	24	3.22.19	24	4.02.01	24	4.42.12	23	5.46.59
24	福岡	走者	4	堤 渉	3	別府 翔太	1	沖中 啓太	2	松本 達哉	1	新村 雄星	1	黒瀬 智史	4	池田 達哉	2	橋口 貴之
		個人	26	49.49	25	42.15	24	30.12	24	45.40	22	37.55	20	39.34	24	39.45	23	1.05.38
		チーム	25	46.49	25	1.29.04	25	1.59.16	25	2.44.56	25	3.22.51	25	4.02.25	23	4.42.10	24	5.47.48
25	東北福祉	走者	4	池田 圭	3	門脇 幸汰	4	佐藤 司	2	藤田 凌介	3	越村 亮太	1	内藤 健太	2	和気 恭平	4	佐藤 文哉
		個人	20	45.13	18	40.48	23	30.09	20	44.13	21	37.48	26	41.47	26	42.23	26	1.07.34
		チーム	20	45.13	18	1.26.01	20	1.56.10	19	2.40.23	19	3.18.11	21	3.59.58	25	4.42.21	25	5.49.55
OP	東海学連	走者	3	萱垣 義樹	2	平岩 篤弥	1	吉田 新規	2	朝倉 和眞	M2	小塚 雄介	M1	小川 満太郎	3	舘林 洸介	2	三浦 健嗣
		個人	23	45.44	16	40.25	22	30.04	17	43.49	16	36.51	15	38.20	19	37.48	20	1.04.53
		チーム		45.44		1.26.09		1.56.13		2.40.02		3.16.53		3.55.13		4.33.01		5.37.54

第45回　2013年(平成25年)11月3日　　総距離：106.8km

順	大学名		1区 (14.6km)		2区 (13.2km)		3区 (9.5km)		4区 (14.0km)		5区 (11.6km)		6区 (12.3km)		7区 (11.9km)		8区 (19.7km)	
1	駒澤	走者	3	中村 匠吾	1	西山 雄介	4	油布 郁人	3	村山 謙太	1	中谷 圭佑	2	馬場 翔大	3	黒川 翔矢	4	窪田 忍
		個人	1	42.38	9	39.29	1	27.07	1	*39.24*	1	34.18	1	36.08	2	35.48	3	58.17
		チーム	1	42.38	2	1.22.07	2	1.49.14	1	2.28.38	1	3.02.56	1	3.39.04	1	4.14.52	1	5.13.09
2	東洋	走者	4	設楽 悠太	2	服部 勇馬	4	延藤 潤	3	田口 雅也	4	大津 顕杜	4	日下 佳祐	3	淀川 弦太	4	設楽 啓太
		個人	2	43.10	4	38.23	2	27.31	4	41.07	3	34.41	2	36.26	3	35.55	5	59.06
		チーム	2	43.10	1	1.21.33	1	1.49.04	2	2.30.11	2	3.04.52	2	3.41.18	2	4.17.13	2	5.16.19
3	明治	走者	3	文元 慧	3	八木沢 元樹	2	横手 健	3	有村 優樹	3	松井 智靖	4	広瀬 大貴	2	木村 慎	3	大六野 秀畝
		個人	4	43.29	11	39.47	6	28.03	6	41.50	2	34.35	4	36.54	1	35.19	4	58.35
		チーム	4	43.29	8	1.23.16	7	1.51.19	8	2.33.09	5	3.07.44	5	3.44.38	5	4.19.57	3	5.18.32
4	早稲田	走者	2	柳 利幸	4	大迫 傑	1	平 和真	3	山本 修平	1	武田 凛太郎	2	高田 康暉	1	井戸 浩貴	4	田中 鴻佑
		個人	15	45.19	1	38.08	7	28.06	3	41.05	4	34.56	3	36.27	3	35.55	6	59.26
		チーム	15	45.19	9	1.23.27	8	1.51.33	6	2.32.38	4	3.07.34	4	3.44.01	4	4.19.56	4	5.19.22
5	山梨学院	走者	1	佐藤 孝哉	3	井上 大仁	1	上村 純也	3	兼子 侑大	1	伊藤 淑記	4	森井 勇磨	3	阿部 竜巳	2	E. オムワンバ
		個人	11	44.29	1	38.08	13	28.37	5	41.35	11	35.43	7	37.20	5	36.05	2	58.10
		チーム	11	44.29	5	1.22.37	6	1.51.14	7	2.32.49	8	3.08.32	8	3.45.52	7	4.21.57	5	5.20.07
6	青山学院	走者	1	一色 恭志	2	神野 大地	4	石田 駿介	2	小椋 裕介	1	茂木 亮太	2	橋本 峻	2	山村 隼	3	高橋 宗司
		個人	6	43.38	6	38.38	3	27.37	7	41.58	12	35.55	5	37.08	10	36.39	10	1.00.36
		チーム	6	43.38	4	1.22.16	3	1.49.53	4	2.31.51	6	3.07.46	6	3.44.54	6	4.21.33	6	5.22.09
7	大東文化	走者	3	市田 孝	3	市田 宏	4	大西 亮	4	片川 準二	1	北村 一摩	3	池田 紀保	2	大隅 裕介	3	植木 章文
		個人	5	43.32	7	38.43	8	28.17	8	41.59	13	35.58	8	37.21	7	36.19	8	1.00.11
		チーム	5	43.32	3	1.22.15	5	1.50.32	5	2.32.31	7	3.08.29	7	3.45.50	8	4.22.09	7	5.22.20
8	日本体育	走者	2	勝亦 祐太	2	山中 秀仁	4	鈴木 悠介	4	服部 翔大	3	加藤 光	4	甲斐 翔太	3	冨田 祥平	4	矢野 圭吾
		個人	10	44.29	1	38.08	5	27.47	2	40.32	6	35.13	5	37.08	8	36.22	18	1.03.47
		チーム	10	44.29	6	1.22.37	4	1.50.24	3	2.30.56	3	3.06.09	3	3.43.17	3	4.19.39	8	5.23.26
9	日本	走者	3	林 慎吾	2	荻野 眞之介	1	石川 颯真	3	竹ノ内 佳樹	4	日向野 聖隆	4	森谷 修平	3	渡部 良太	2	D. キトニー
		個人	14	45.18	10	39.45	11	28.23	11	42.35	8	35.29	10	37.26	16	37.30	1	57.14
		チーム	14	45.18	14	1.25.03	12	1.53.26	12	2.36.01	12	3.11.30	12	3.48.56	12	4.26.26	9	5.23.40
10	順天堂	走者	3	松村 優樹	2	松枝 博輝	1	森 湧暉	4	狩野 良太	2	稲田 翔威	1	聞谷 賢人	3	松村 和樹	2	田中 孝貴
		個人	7	43.52	8	39.22	10	28.22	16	43.41	7	35.16	13	38.01	6	36.17	9	1.00.32
		チーム	7	43.52	7	1.23.14	9	1.51.36	11	2.35.17	10	3.10.33	11	3.48.34	10	4.24.51	10	5.25.23
11	中央学院	走者	4	岡本 雄大	2	潰滝 大記	2	塩谷 桂大	3	及川 佑太	1	村上 優輝	4	沼田 大貴	3	松下 弘大	4	田中 瑞穂
		個人	9	44.26	12	40.15	4	27.44	9	42.09	16	36.28	9	37.24	11	36.56	7	1.00.09
		チーム	9	44.26	12	1.24.41	11	1.52.25	9	2.34.34	11	3.11.02	10	3.48.26	11	4.25.22	11	5.25.31
12	法政	走者	4	田井 慎一郎	3	西池 和人	3	黒山 和嵩	4	田子 祐輝	1	足羽 純実	3	関口 頌悟	2	中村 涼	4	松田 憲彦
		個人	16	45.21	5	38.32	11	28.32	14	42.58	5	35.09	11	37.29	9	36.32	16	1.02.43
		チーム	16	45.21	10	1.23.53	10	1.52.16	10	2.35.14	9	3.10.23	9	3.47.52	9	4.24.24	12	5.27.07
13	帝京	走者	2	高橋 裕太	4	小山 司	3	柳原 貴大	4	難波 幸貴	2	君島 亮太	3	杉山 連哉	3	高橋 勝哉	2	竹本 紘希
		個人	18	45.49	19	41.23	9	28.18	10	42.12	15	36.16	12	37.31	16	37.30	12	1.01.03
		チーム	18	45.49	18	1.27.12	16	1.55.30	15	2.37.42	15	3.13.58	14	3.51.29	14	4.28.59	13	5.30.02
14	京都産業	走者	2	上門 大祐	2	中井 脩人	4	小田 隼平	4	佐野 克斗	2	中西 健	4	小橋 憲人	1	寺西 雅俊	4	林 俊宏
		個人	8	44.20	14	40.35	15	28.53	12	42.40	10	35.40	14	38.33	14	37.14	15	1.02.33
		チーム	8	44.20	13	1.24.55	13	1.53.48	13	2.36.28	13	3.12.08	13	3.50.41	13	4.27.55	14	5.30.28
15	立命館	走者	3	南雲 翔太	2	片渕 恵太	2	源 康介	3	荒木 尚馬	2	濱野 秀	3	大谷 宥喜	4	細田 大智	3	吉村 直人
		個人	12	44.41	13	40.25	16	28.56	15	43.24	9	35.22	16	38.43	19	37.48	14	1.02.25
		チーム	12	44.41	15	1.25.06	14	1.54.02	14	2.37.26	14	3.12.58	15	3.51.41	15	4.29.29	15	5.31.54
16	関西学院	走者	3	小山 陽平	3	辻横 浩輝	3	甲斐 将樹	1	本藤 光	4	大川 和輝	4	田中 裕太	4	山上 総太	2	川口 貴大
		個人	13	45.17	17	41.01	18	29.19	17	44.22	14	36.05	18	39.18	12	37.01	11	1.00.52
		チーム	13	45.17	16	1.26.18	17	1.55.37	16	2.39.59	16	3.16.04	16	3.55.22	16	4.32.23	16	5.33.15
17	大阪経済	走者	3	谷本 旭洋	4	富山 恭平	1	高橋 流星	4	為石 勇太	2	藤原 悠希	3	津田 圭祐	3	山口 良輔	3	溝渕 大輔
		個人	17	45.30	18	41.14	21	29.55	18	44.23	26	39.19	17	38.56	18	37.32	13	1.02.10
		チーム	17	45.30	17	1.26.44	18	1.56.39	18	2.41.02	20	3.20.21	19	3.59.17	18	4.36.49	17	5.38.59
18	日本文理	走者	3	畑山 修生	3	筒井 恵也	2	大野 力	3	新田 涼	3	久保 亮太	1	大川 滉貴	3	伊集院 広貴	3	増田 悠大
		個人	19	46.13	20	41.31	17	28.58	20	45.23	20	37.06	25	40.31	21	38.15	17	1.03.10
		チーム	19	46.13	19	1.27.44	19	1.56.42	19	2.42.05	18	3.19.11	20	3.59.42	20	4.37.57	18	5.41.07
19	第一工業	走者	2	J. カリウキ	4	飛松 佑輔	2	三牧 真也	4	石川 徹平	4	山下 奨平	2	宮國 拓斗	3	樺島 瑞貴	2	永井 智大
		個人	3	43.24	15	40.44	25	30.47	22	45.41	19	37.03	23	40.19	24	39.09	20	1.04.28
		チーム	3	43.24	11	1.24.08	15	1.54.55	17	2.40.36	17	3.17.39	17	3.57.58	19	4.37.07	19	5.41.35
20	中京	走者	4	松田 和真	1	於久 幸大	2	西田 隼大	4	田中 陽介	2	瀧石 凌	4	近藤 駿一	3	中島 章博	3	山口 泰輝
		個人	20	46.28	21	42.01	19	29.36	19	45.12	18	36.58	14	38.33	15	37.26	22	1.05.26
		チーム	20	46.28	20	1.28.29	20	1.58.05	20	2.43.17	19	3.20.15	18	3.58.48	17	4.36.14	20	5.41.40
21	東北	走者	M1	尾形 翔平	4	藤澤 萌人	1	出口 武志	4	齊藤 寛峻	M1	石代 剛之	1	本間 涼介	M1	菅野 均	2	高橋 佳希
		個人	24	48.05	26	43.14	22	30.29	21	45.34	23	37.39	22	40.06	20	38.11	19	1.04.15
		チーム	23	48.05	23	1.31.19	23	2.01.48	22	2.47.22	22	3.25.01	23	4.05.07	21	4.43.18	21	5.47.33
22	広島	走者	3	石川 篤	3	森岡 廉	2	池田 昂輝	4	橋口 幸貴	1	細川 誠司	4	高橋 秀明	3	松井 宏親	M1	石井 裕也
		個人	23	47.45	23	42.37	23	30.37	24	45.58	22	37.28	21	39.57	23	39.08	25	1.06.21
		チーム	22	47.45	22	1.30.22	21	2.00.59	21	2.46.57	21	3.24.25	21	4.04.22	22	4.43.30	22	5.49.51
23	岐阜経済	走者	1	上野 立貴	1	大垣 皓暉	1	鈴木 大史	1	横山 颯大	1	長尾 亮汰	1	中島 諒人	1	安田 翔一	1	島袋 匠
		個人	26	50.22	22	42.20	24	30.41	26	47.03	21	37.17	24	40.24	22	38.58	24	1.06.01
		チーム	25	50.22	25	1.32.42	25	2.03.23	25	2.50.26	24	3.27.43	24	4.08.07	24	4.47.05	23	5.53.06
24	新潟	走者	3	住 柔	1	宮川 光	6	片野 匠	4	石原 宏哉	M1	駒形 大樹	2	吉河 孝朗	2	雑賀 真人	3	樗澤 慎吾
		個人	25	48.46	24	43.06	20	29.49	23	45.50	24	37.43	20	39.44	25	39.50	26	1.09.09
		チーム	24	48.46	24	1.31.52	22	2.01.41	23	2.47.31	23	3.25.14	22	4.04.58	23	4.44.48	24	5.53.57
25	札幌学院	走者	3	北川 昌宏	4	手塚 大亮	2	岸 伸考	2	宮崎 卓磨	3	岡部 瑛	3	谷本 新之助	3	西村 剛史	4	内藤 博紀
		個人	22	47.12	25	43.08	26	31.59	25	47.01	25	38.23	26	40.40	26	40.22	23	1.05.46
		チーム	21	47.12	21	1.30.20	24	2.02.19	24	2.49.20	25	3.27.43	25	4.08.23	25	4.48.45	25	5.54.31
OP	東海学連	走者	4	萱垣 義樹	3	平岩 篤弥	4	池亀 透	3	朝倉 和眞	1	細澤 幸輝	2	吉田 新規	M1	三浦 修	4	矢野 祥一
		個人	21	47.10	15	40.44	14	28.46	13	42.41	17	36.46	19	39.37	13	37.02	21	1.04.30
		チーム		47.10		1.27.54		1.56.40		2.39.21		3.16.07		3.55.44		4.32.46		5.37.16

第46回　2014年(平成26年)11月2日　　総距離：106.8km

順	大学名		1区(14.6km)		2区(13.2km)		3区(9.5km)		4区(14.0km)		5区(11.6km)		6区(12.3km)		7区(11.9km)		8区(19.7km)	
1	駒澤	走者	4	村山 謙太	2	中谷 圭佑	4	西澤 佳洋	4	中村 匠吾	1	工藤 有生	2	西山 雄介	4	黒川 翔矢	3	馬場 翔大
		個人	1	42.58	2	38.21	2	27.34	1	41.01	2	34.09	2	36.00	1	34.46	5	59.47
		チーム	1	42.58	1	1.21.19	1	1.48.53	1	2.29.54	1	3.04.03	1	3.40.03	1	4.14.49	1	5.14.36
2	明治	走者	4	文元 慧	3	木村 慎	4	有村 優樹	4	松井 智靖	3	横手 健	4	山田 速人	2	山田 稜	4	大六野 秀畝
		個人	17	44.49	4	38.56	1	27.32	6	42.04	1	*33.22*	6	36.58	3	35/36	1	58.06
		チーム	17	44.49	8	1.23.45	6	1.51.17	5	2.33.21	2	3.06.43	4	3.43.41	4	4.19.17	2	5.17.23
3	青山学院	走者	2	一色 恭志	3	久保田 和真	2	秋山 雄飛	3	小椋 裕介	4	藤川 拓也	4	川崎 友輝	3	渡邉 心	3	神野 大地
		個人	6	43.46	3	38.36	6	27.55	8	42.18	3	34.15	1	35.56	8	35.53	3	58.45
		チーム	6	43.46	3	1.22.22	3	1.50.17	3	2.32.35	4	3.06.50	2	3.42.46	2	4.18.39	3	5.17.24
4	東洋	走者	2	服部 弾馬	3	服部 勇馬	2	櫻岡 駿	4	高久 龍	3	渡邊 一磨	4	今井 憲久	4	名倉 啓太	4	田口 雅也
		個人	10	44.08	1	38.12	6	27.55	4	41.43	5	34.45	4	36.46	4	35.42	4	58.58
		チーム	10	44.08	2	1.22.20	2	1.50.15	2	2.31.58	3	3.06.43	3	3.43.29	3	4.19.11	4	5.18.09
5	山梨学院	走者	2	佐藤 孝哉	1	市谷 龍太郎	3	谷原 先嘉	4	井上 大仁	2	上村 純也	4	兼子 侑大	4	阿部 竜巳	3	E.オムワンバ
		個人	11	44.09	12	40.09	11	28.22	3	41.28	13	35.31	8	37.09	5	35.46	2	58.28
		チーム	11	44.09	12	1.24.18	11	1.52.40	8	2.34.08	9	3.09.39	9	3.46.48	8	4.22.34	5	5.21.02
6	東海	走者	3	白吉 凌	1	川端 千都	2	廣田 雄希	3	宮上 翔太	4	石川 裕之	3	高木 登志夫	2	石橋 安孝	4	中川 瞭
		個人	7	44.03	8	39.33	12	28.36	5	42.02	4	34.38	5	36.51	2	35.34	7	1.00.10
		チーム	7	44.03	7	1.23.36	8	1.52.12	9	2.34.14	7	3.08.52	7	3.45.43	5	4.21.17	6	5.21.27
7	早稲田	走者	3	柳 利幸	3	高田 康暉	3	中村 信一郎	4	山本 修平	1	光延 誠	2	井戸 浩貴	2	佐藤 淳	4	田口 大貴
		個人	8	44.05	7	39.25	15	28.55	2	41.09	11	35.27	3	36.41	12	36.18	11	1.00.33
		チーム	8	44.05	6	1.23.30	9	1.52.25	6	2.33.34	8	3.09.01	6	3.45.42	7	4.22.00	7	5.22.33
8	大東文化	走者	4	市田 孝	4	市田 宏	2	北村 一摩	3	大隅 裕介	4	池田 紀保	4	平塚 祐三	3	石田 政	4	植木 章文
		個人	3	42.59	6	39.24	10	28.17	10	42.40	6	34.50	6	36.58	14	36.38	15	1.01.40
		チーム	3	42.59	4	1.22.23	4	1.50.40	4	2.33.20	5	3.08.10	5	3.45.08	6	4.21.46	8	5.23.26
9	順天堂	走者	3	田中 孝貴	1	花澤 賢人	2	西澤 卓弥	3	稲田 翔威	1	栃木 渡	2	聞谷 賢人	4	松村 和樹	4	松村 優樹
		個人	14	44.25	14	40.17	14	28.47	11	42.41	14	35.47	11	37.17	5	35.46	9	1.00.15
		チーム	14	44.25	15	1.24.42	13	1.53.29	13	2.36.10	13	3.11.57	11	3.49.14	11	4.25.00	9	5.25.15
10	神奈川	走者	4	柿原 聖哉	3	我那覇 和真	1	鈴木 健吾	3	西山 凌平	1	大川 一成	2	石橋 健	4	柏部 孝太郎	2	東 瑞基
		個人	9	44.07	12	40.09	9	28.16	9	42.38	8	35.14	13	37.42	9	36.08	13	1.01.22
		チーム	9	44.07	11	1.24.16	10	1.52.32	11	2.35.10	10	3.10.24	10	3.48.06	9	4.24.14	10	5.25.36
11	日本体育	走者	4	加藤 光	1	小町 昌矢	1	吉田 亮壱	1	柿本 昇忠	1	富安 央	3	周防 俊也	2	山本 航平	3	勝亦 祐太
		個人	16	44.41	16	40.36	15	28.55	17	43.24	10	35.21	9	37.12	7	35.50	8	1.00.12
		チーム	16	44.41	16	1.25.17	18	1.54.12	18	2.37.36	16	3.12.57	16	3.50.09	12	4.25.59	11	5.26.11
12	京都産業	走者	3	中西 健	3	中井 脩人	1	元木 駿介	3	上門 大祐	1	奥村 杏平	4	木村 友暉宏	2	大貫 陽嵩	2	寺西 雅俊
		個人	12	44.13	9	39.42	13	28.45	15	43.11	11	35.27	15	38.01	15	36.43	10	1.00.24
		チーム	12	44.13	10	1.23.55	12	1.52.40	12	2.35.51	12	3.11.18	12	3.49.19	13	4.26.02	12	5.26.26
13	上武	走者	4	倉田 翔平	1	坂本 佳太	1	井上 弘也	3	山岸 塁	2	上田 隼平	2	森田 清貴	3	田林 希望	4	佐藤 舜
		個人	15	44.33	20	41.04	8	28.11	14	42.55	15	35.59	10	37.16	11	36.12	12	1.01.15
		チーム	15	44.33	17	1.25.37	16	1.53.48	14	2.36.43	15	3.12.42	14	3.49.58	14	4.26.10	13	5.27.25
14	中央学院	走者	4	及川 佑太	3	潰滝 大記	2	海老澤 剛	3	塩谷 桂大	1	大森 澪	2	久保田 翼	4	松下 弘大	3	山本 拓巳
		個人	19	45.22	5	39.06	3	27.38	7	42.11	18	36.34	19	39.01	13	36.32	14	1.01.29
		チーム	19	45.22	13	1.24.28	7	1.52.06	10	2.34.17	11	3.10.51	13	3.49.52	16	4.26.24	14	5.27.53
15	城西	走者	4	村山 紘太	4	横田 良輔	2	菊地 聡之	4	寺田 博英	2	松村 陣之助	3	室井 勇吾	3	山本 雄大	1	菅 真大
		個人	2	42.58	11	40.08	4	27.50	12	42.43	7	35.09	12	37.37	21	38.35	21	1.03.33
		チーム	2	42.58	5	1.23.06	5	1.50.56	7	2.33.39	6	3.08.48	8	3.46.25	10	4.25.00	15	5.28.33
16	関西学院	走者	4	辻横 浩輝	4	小山 陽平	1	野中 優志	4	甲斐 将樹	3	田村 航大	2	本藤 光	4	村瀬 眞伸	3	川口 貴大
		個人	18	45.02	17	40.37	5	27.53	19	43.38	16	36.08	16	38.03	17	37.27	6	1.00.01
		チーム	18	45.02	18	1.25.39	15	1.53.32	16	2.37.10	17	3.13.18	17	3.51.21	17	4.28.48	16	5.28.49
17	立命館	走者	4	吉村 直人	4	南雲 翔太	3	源 康介	3	片渕 恵太	3	濱野 秀	2	土井 政人	4	荒木 尚馬	1	桝本 剛史
		個人	13	44.24	10	40.06	17	29.31	13	42.45	9	35.18	14	37.59	10	36.10	17	1.02.51
		チーム	13	44.24	14	1.24.30	17	1.54.01	15	2.36.46	14	3.12.04	15	3.50.03	15	4.26.13	17	5.29.04
18	京都	走者	3	平井 健太郎	M1	横山 裕樹	M1	久好 哲郎	3	下迫田 啓太	M2	不破 佑太	1	柴田 裕平	3	寶 雄也	M1	平井 幹
		個人	4	43.29	15	40.22	19	29.40	20	43.42	19	36.41	24	39.30	22	38.43	20	1.03.29
		チーム	4	43.29	9	1.23.51	14	1.53.31	17	2.37.13	18	3.13.54	18	3.53.24	18	4.32.07	18	5.35.36
19	大阪経済	走者	4	谷本 旭洋	2	高橋 流星	4	津田 圭祐	4	溝渕 大輔	2	山口 周平	1	能勢 浩介	4	山口 良輔	4	大山 健太
		個人	24	47.59	19	40.56	18	29.32	16	43.20	22	37.23	17	38.36	16	36.51	24	1.04.21
		チーム	23	47.59	22	1.28.55	19	1.58.27	19	2.41.47	19	3.19.10	19	3.57.46	19	4.34.37	19	5.38.58
20	広島経済	走者	2	大下 浩平	2	光谷 雄佑	2	藤原 舜	1	堀尾 和弥	1	大沼 優	2	石川 雅之	1	千原 康大	1	土居森 諒
		個人	21	46.27	22	41.50	22	30.17	23	45.38	22	37.23	21	39.07	23	38.57	16	1.02.14
		チーム	20	46.27	20	1.28.17	21	1.58.34	21	2.44.12	21	3.21.35	21	4.00.42	22	4.39.39	20	5.41.53
21	中京	走者	4	山口 泰輝	3	鈴木 紀公	3	米谷 卓也	2	石川 数馬	3	瀧石 凌	3	今川 大輔	4	木下 博紀	2	於久 幸大
		個人	25	48.08	23	41.58	21	29.55	21	44.50	20	37.14	18	38.54	18	37.56	18	1.03.06
		チーム	24	48.08	23	1.30.06	23	2.00.01	22	2.44.51	22	3.22.05	22	4.00.59	21	4.38.55	21	5.42.01
22	信州	走者	3	岡野 耕大	4	大野 雄揮	1	五十嵐 大義	3	坂野 圭史	4	米山 祐貴	1	田中 大輝	1	吉川 昇吾	M2	小長谷 祥治
		個人	22	47.16	21	41.39	20	29.50	22	44.55	21	37.17	23	39.29	19	37.57	22	1.03.45
		チーム	21	47.16	21	1.28.55	22	1.58.45	20	2.43.40	20	3.20.57	20	4.00.26	20	4.38.23	22	5.42.08
23	東北	走者	M2	尾形 翔平	M1	藤澤 萌人	M1	古澤 哲平	2	本間 涼介	M2	菅野 均	M2	石代 剛之	2	鈴木 貴史	3	高橋 佳希
		個人	23	47.52	24	42.42	24	30.48	24	45.54	24	37.25	25	40.01	24	39.07	19	1.03.19
		チーム	22	47.52	24	1.30.34	24	2.01.22	24	2.47.16	24	3.24.41	24	4.04.42	24	4.43.49	23	5.47.08
24	第一工業	走者	3	J.カリウキ	3	高田 真樹	1	別府 魁人	2	森 康平	3	宮國 拓斗	4	樺島 瑞貴	4	樺島 裕貴	3	吉岡 紀元
		個人	5	43.39	25	43.40	25	31.14	26	46.38	25	37.39	26	40.24	25	39.15	25	1.05.55
		チーム	5	43.39	19	1.27.19	20	1.58.33	23	2.45.11	23	3.22.50	23	4.03.14	23	4.42.29	24	5.48.24
25	札幌学院	走者	1	進藤 龍太	3	岸 伸考	1	谷口 創大	4	谷本 新之助	1	齊藤 涼太	4	北川 昌宏	3	村山 春人	3	宮崎 卓磨
		個人	26	48.45	26	45.13	26	31.58	25	46.19	26	40.54	22	39.23	26	39.22	26	1.12.34
		チーム	25	48.45	25	1.33.58	25	2.05.56	25	2.52.15	25	3.33.09	25	4.12.32	25	4.51.54	25	6.04.28
OP	東海学連	走者	4	朝倉 和眞	4	平岩 篤弥	1	田中 雄也	3	中西 玄気	2	安田 翔一	4	田中 静	2	細澤 幸輝	M2	三浦 修
		個人	20	46.09	18	40.43	23	30.31	18	43.25	17	36.30	20	39.04	20	38.01	23	1.03.54
		チーム		46.09		1.26.52		1.57.23		2.40.48		3.17.18		3.56.22		4.34.23		5.38.17

連合チーム選手の所属大学一覧

各駅伝大会で、連合チームの一員として参加した選手の所属大学を表記した。
同年の中は、順位に従って掲載した。

◆箱根駅伝（東京箱根間往復 大学駅伝競走）

回次	チーム	1区	2区	3区	4区	5区	6区	7区	8区	9区	10区
第79回（2003年）	関東学連選抜	坂斎 亨	重成 英彰	佐藤 良仁	野崎 天馬	鐘ヶ江幸治	岡本 英伯	山内 貴司	前田 健太	田島 康幸	斉藤 剛志
		国士舘	明治	青山学院	創価	筑波	防衛	東京農業	城西	平成国際	国際武道
第80回（2004年）	日本学連選抜	白浜 三徳	加藤健一朗	村刺 厚介	中川 智博	鐘ヶ江幸治	稲井 義幸	辻 裕樹	末吉 勇	秦 玲	片岡 祐介
		徳山	拓殖	京都産業	京都産業	筑波	立命館	京都産業	岡山	國學院	北海道教育
第81回（2005年）	関東学連選抜	佐藤 良仁	三島 慎吾	田中 利弘	首藤 弘憲	中山 智貴	竹下 友章	前田 昌紀	松本 翔	横峰 英実	亀田 健一
		青山学院	國學院	関東学院	国士舘	國學院	創価	東京農業	東京	東京農業	慶應義塾
第82回（2006年）	関東学連選抜	中尾 誠宏	阿久津真倫	藤原 忠昌	仲村 一孝	阿部 哲史	黒木 文太	醍醐 大介	伊藤 文浩	山田 賢児	亀田 健一
		帝京	関東学院	平成国際	青山学院	拓殖	帝京	流通経済	麗澤	東京農業	慶應義塾
第83回（2007年）	関東学連選抜	外丸 和輝	久野 雅浩	佐藤 雄治	大城 将範	涌井 圭介	川内 優輝	小沢 計義	椎谷 智広	馬場 圭太	米沢 豪
		東京農業	拓殖	平成国際	筑波	拓殖	学習院	関東学院	東京農業	帝京	青山学院
第84回（2008年）	関東学連選抜	山口 祥太	東野 賢治	石川 卓哉	久野 雅浩	福山 真魚	佐藤 雄治	川辺 一将	井村 光孝	中村 嘉孝	横田 竜一
		國學院	明治	明治	拓殖	上武	平成国際	國學院	関東学院	立教	青山学院
第85回（2009年）	関東学連選抜	仁科 徳将	高嶺 秀仁	川口 成徳	佐藤 雄治	姜山 佑樹	川内 優輝	梶原 有高	中村 嘉孝	坂本 智史	佐野 広明
		國學院	法政	関東学院	平成国際	法政	学習院	松蔭	立教	関東学院	麗澤
第86回（2010年）	関東学連選抜	森本 卓司	伊藤 正樹	尾関 誠	飯沼 健太	北浦 貴大	仁科 徳将	梶原 有高	荻野 皓平	染谷 和則	福島 法明
		神奈川	国士舘	創価	平成国際	関東学院	國學院	松蔭	國學院	神奈川	創価
第87回（2011年）	関東学連選抜	濱崎 達規	梶原 有高	近藤 洋平	樋口 正明	前田 康太	高関 伸	岡部 寛之	船井慎太郎	福島 法明	清谷 匠
		亜細亜	松蔭	法政	創価	流通経済	大東文化	順天堂	麗澤	創価	法政
第88回（2012年）	関東学連選抜	田村 優宝	佐藤 佑輔	梶原 有高	大橋 秀星	吉村 大輝	田子 祐輝	安島 慎吾	大沼 恭教	宮川 尚人	篠原 義裕
		日本	日本	松蔭	専修	流通経済	法政	専修	亜細亜	亜細亜	法政
第89回（2013年）	関東学連選抜	大橋 秀星	早川 翼	野本 大喜	山口 修平	吉村 大輝	大沼 恭教	塚田 空	橋爪 孝安	菊池 貴文	山本 哲広
		専修	東海	拓殖	創価	流通経済	亜細亜	平成国際	松蔭	国士舘	関東学院
第91回（2015年）	関東学生連合	浅岡 満憲	斉藤 翔太	堀合 修平	柴田 拓真	吉村 大輝	古川 敬祐	村瀬 圭太	小針 旭人	松井 将器	佐久間 祥
		東京農業	専修	国士舘	平成国際	流通経済	関東学院	麗澤	東京国際	東京工業	亜細亜

◆出雲駅伝（出雲全日本大学選抜駅伝競走）

回次	チーム	1区	2区	3区	4区	5区	6区
第1回（1989年）	北信越学連選抜	水沢 康博	二瓶 昭夫	平田 幸一	後藤 清和	河合 健一	樋口 友幸
		福井工業	上越教育	新潟	信州	福井工業	上越教育
	東北学連選抜	田中 保志	品川 紀明	野口 理	斎藤 真司	和泉 佳男	山口 欣也
		東北学院	東北学院	山形	福島	仙台	山形
	中国四国学連選抜	伴 真和	山本 正和	大国 伸司	秋月 昌臣	河東 重光	瀧浦 博文
		広島	愛媛	島根	岡山理科	岡山理科	鳥取
	北海道学連選抜	古田 仁	岡本 邦彦	佐藤 卓志	高橋 秀典	高木 克志	竹内 貴之
		北海学園	北星学園	北海道	北海道東海	酪農学園	札幌
第2回（1990年）	北信越学連選抜	後藤 清和	永松 憲治	平田 幸一	大越 武士	河合 健一	桜井 誠
		信州	福井工業	新潟	金沢	福井工業	新潟
	中国四国学連選抜	伴 真和	小川 啓一	平田 浩一	河東 重光	増田 昌彦	瀧浦 博文
		広島	岡山	松山	岡山理科	広島	鳥取
	北海道学連選抜	古田 仁	鈴木 克知	西村 憲	中山 秀則	岡本 邦彦	鐘下 伊雄
		北海学園	北星学園	札幌学院	北海道教育	北星学園	酪農学園
	東北学連選抜	片岡 利則	阿部 誠	上野 哲寛	野口 理	佐々木 雅明	高橋 恭一
		秋田経済法科	仙台	東北	山形	秋田経済法科	宮城
第3回（1991年）	中国四国学連選抜	内冨 恭則	光井 栄造	舛下 和伸	松本 伸也	吉居 健二	村上 敬史
		広島経済	広島修道	広島経済	島根	岡山理科	広島経済
	東北学連選抜	上野 哲寛	片岡 利則	野口 理	山田 智	佐々木 雅明	高橋 信亮
		東北	秋田経済法科	山形	岩手	秋田経済法科	青森
	北海道学連選抜	佐藤 卓志	西村 憲	美ノ谷 量弘	岡本 邦彦	鐘下 伊雄	高橋 秀典
		北海道	札幌学院	専修北海道短期	北星学園	酪農学園	北海道東海
	北信越学連選抜	永松 憲治	林 雅弘	冨永 浩一	神田 幸也	中林 幸一	大越 武士
		福井工業	福井工業	信州	信州	福井工業	金沢

回次	チーム	1区	2区	3区	4区	5区	6区
第4回（1992年）	中国四国学連選抜	川久保 謙一	村田 仁	寺西 康浩	奥河 誠康	国増 和明	福居 利章
		徳山	徳山	広島	福山	岡山理科	岡山理科
	北信越学連選抜	永松 憲治	大越 武士	野口 幸男	神田 幸也	冨永 浩一	林 雅弘
		福井工業	金沢	新潟	信州	信州	福井工業
	北海道学連選抜	山崎 英哉	西村 憲	鹿内 万敬	川瀬 誠	永井 一仁	谷水 強
		北海道教育	札幌学院	札幌学院	北海道	札幌学院	北海道教育
	東北学連選抜	若生 努	山田 智	関 伸一	藤沼 毅	片岡 利則	高橋 信亮
		東北福祉	岩手	東北福祉	東北福祉	秋田経済法科	青森
第5回（1993年）	中国四国学連選抜	樋口 俊志	寺西 康浩	福居 利章	吉本 淳	村田 仁	小林 正直
		徳山	広島	岡山理科	徳山	徳山	岡山理科
	北海道学連選抜	山崎 英哉	川瀬 誠	鹿内 万敬	大場 靖之	永井 一仁	西村 憲
		北海道教育	北海道	札幌学院	旭川	札幌学院	札幌学院
	北信越学連選抜	青能 剛	竹中 泰知	永松 憲治	福光 崇	冨永 浩一	野口 幸男
		福井工業	福井工業	福井工業	福井工業	信州	新潟
	東北学連選抜	関 伸一	斎藤 貴浩	上野 俊一朗	諸橋 健司	斉藤 哲哉	加藤 正彦
		東北福祉	東北学院	東北	仙台	秋田経済法科	東北学院
第6回（1994年）	中国四国学連選抜	樋口 俊志	松村 淳一	浦田 高治	三島 隆章	寺西 康浩	青山 秀一
		徳山	徳山	広島	広島	広島	徳山
	北海道学連選抜	山崎 英哉	三上 雅等	仲上 明彦	石井 憲	田中 伸一	永井 一仁
		北海道教育	札幌学院	札幌学院	札幌	札幌学院	札幌学院
	北信越学連選抜	青能 剛	竹中 泰知	清水 洋一	渡辺 修司	土井 健太郎	高北 久嗣
		福井工業	福井工業	金沢	信州	福井工業	金沢
	東北学連選抜	加藤 正彦	兜森 忠道	蔵品 英之	斉藤 修	井上 典久	田中 勇
		東北学院	山形	いわき明星	福島	東北	日大工学部
第7回（1995年）	北海道学連選抜	山崎 英哉	太田 崇	阿部 元輝	片山 純	三上 雅等	川瀬 誠
		北海道教育	札幌学院	北海道	札幌学院	札幌学院	北海道
	中国四国学連選抜	樋口 俊志	松村 淳一	清水 俊和	村井 啓一	杉野 健二	青山 秀一
		徳山	徳山	岡山理科	松山	松山	徳山
	東北学連選抜	井上 典久	加藤 弘朗	上野 俊一朗	丹内 清人	辻浦 勝利	兎沢 忠良
		東北	仙台	東北	東北福祉	青森	仙台
	北信越学連選抜	森 正	坂東 挙	早川 真也	高見 弘樹	島田 誠	土井 健太郎
		金沢	福井工業	新潟	福井工業	信州	福井工業
第8回（1996年）	中国四国学連選抜	長尾 幸保	城 英樹	松長 信也	山口 真司	松山 孝	林 拓見
		広島経済	広島経済	広島経済	岡山理科	広島修道	松山
	東北学連選抜	兜森 忠道	土屋 幸治	井上 典久	加藤 正彦	富樫 昌広	兎沢 忠良
		山形	山形	東北	東北学院	山形	仙台
	北海道学連選抜	片山 純	川瀬 誠	小川 英宏	多田 興真	三上 雅等	三木 一
		札幌学院	北海道	札幌学院	北海道	札幌学院	北海道
	北信越学連選抜	土井 健太郎	中城 陽平	西尾 章広	北村 真司	橋本 一隆	長江 祐治
		福井工業	福井工業	信州	福井工業	富山	福井工業
第9回（1997年）	北信越学連選抜	土井 健太郎	中垣 義成	中城 陽平	北村 真司	生島 直樹	尾身 健太
		福井工業	福井工業	福井工業	福井工業	福井工業	新潟
	中国四国学連選抜	松山 孝	林 拓見	原田 充規	国島 淳二	松本 実	江頭 健太
		広島修道	松山	徳山	広島修道	松山	徳山
	北海道学連選抜	太田 崇	松岡 貞行	三浦 雅史	伊藤 裕	三木 一	永井 秀典
		札幌学院	北海道教育	旭川	駒大北海道教養部	北海道	札幌学院
	東北学連選抜	河野 修平	兎沢 忠良	山田 泰広	安藤 知弘	上杉 直史	土屋 幸治
		福島	仙台	山形	山形	東北	山形
第10回（1998年）	アイビーリーグ選抜	K.ロナガン	D.シラー	C.リンチ	D.ジョンソン	D.オサリバン	K.オーシャ
		ハーバード	ハーバード	プリンストン	ブラウン	ブラウン	コロンビア
	中国四国学連選抜	柴田 真人	江頭 健太	林 拓見	焼山 明浩	国島 淳二	岡本 哲也
		徳山	徳山	松山	倉敷芸術科学	広島修道	福山
	東北学連選抜	萩野 智久	土屋 幸治	渡辺 哲也	秋庭 正司	河野 修平	山田 泰広
		秋田	山形	仙台	東北学院	福島	山形
	北信越学連選抜	橋本 一隆	横打 史雄	西尾 章広	寺岡 一樹	北村 真司	尾身 健太
		富山	信州	信州	福井工業	福井工業	新潟
	北海道学連選抜	太田 崇	伊藤 裕	松岡 貞行	佐藤 一平	永井 秀典	片岡 祐介
		札幌学院	駒大北海道教養部	北海道教育	札幌学院	札幌学院	北海道教育

回次	チーム	1区	2区	3区	4区	5区	6区
第11回（1999年）	中国四国学連選抜	青木 博志	大川　陽	竹安 昌彦	坂本 将治	五十嵐 基博	山本 吉洋
		徳山	徳山	徳山	徳山	広島	徳山工専
	アイビーリーグ選抜	K.オーシャ	B.テスマン	N.ディービー	A.ロッチ	J.ベテリーノ	T.クルース
		コロンビア	ブラウン	ブラウン	コロンビア	ブラウン	コロンビア
	北海道学連選抜	新木 剛史	鈴木 康介	望月 昭雄	鈴木 弘教	富田 哲郎	片岡 祐介
		北海道	札幌学院	拓殖北海道短期	北海道	北海道	北海道教育
	北信越学連選抜	横打 史雄	尾身 健太	木下 尊詳	徳和 純一	北村 真司	守屋　慶
		信州	新潟	福井工業	金沢経済	福井工業	信州
	東北学連選抜	上杉 直史	佐々木 昌仁	渡辺 哲也	山田 泰広	河野 修平	秋庭 正司
		東北	仙台	仙台	山形	福島	東北学院
第12回（2000年）	アイビーリーグ選抜	D.オサリバン	R.バースバック	J.コリング	D.レッサー	M.グラント	W.ジョンソン
		ブラウン	コロンビア	プリンストン	ブラウン	コロンビア	エール
	中国四国学連選抜	竹安 昌彦	緒方 正和	臼井 康善	坂本 将治	国恵 良太	兼重 仁彦
		徳山	徳山	広島	徳山	福山	山口
	東北学連選抜	秋庭 正司	渡辺 哲也	藤原 茂美	菊地 次郎	加賀屋 徹	山田 泰広
		東北学院	仙台	東北学院	山形	仙台	山形
	北海道学連選抜	新木 剛史	上林　亨	城　雅之	鈴木 康介	吉田 篤史	片岡 祐介
		北海道	北海道教育	札幌学院	札幌学院	浅井学園	北海道教育
	北信越学連選抜	長谷川 久嗣	尾身 健太	木下 尊詳	小池 峰俊	杉山 史良	愛下 直樹
		信州	新潟	福井工業	信州	信州	福井工業
第13回（2001年）	アイビーリーグ選抜	S.マクミラン	R.ビアズバック	J.ニッカソン	P.アングリン	P.ブルエット	M.ウイルキンソン
		ペンシルヴェニア	コロンビア	ダートマス	プリンストン	ダートマス	ペンシルヴェニア
	北海道学連選抜	片岡 祐介	新木 剛史	笹森 孝丸	上林　亨	菅原 善隆	吉田 篤史
		北海道教育	北海道	札幌学院	北海道教育	札幌学院	浅井学園
	中国四国学連選抜	高浜 和行	兼重 仁彦	林　純二	伊藤 吉洋	吉村 寿哉	藤路　陽
		徳山	徳山	徳山	福山	広島	島根
	東北学連選抜	冠木 雅守	橘　明徳	舩木 和寿	冨田 英之	柏木 良幸	堀畑 俊一郎
		東北福祉	東北	青森	東北学院	秋田	東北福祉
	北信越学連選抜	徳和 純一	板垣 雄三	釜　幸生	竹内 靖夫	西澤 悟志	林　太志
		金沢経済	新潟	金沢経済	金沢経済	信州	金沢経済
第14回（2002年）	中国四国学連選抜	橋本 直也	藤路　陽	末吉　勇	田中 啓佑	吉村 寿哉	山田 剛史
		広島経済	島根	岡山	広島修道	広島	広島経済
	北海道学連選抜	榊原　学	大槻　学	上林　亨	安藤 大樹	鈴木 康介	片岡 祐介
		旭川医科	札幌学院	北海道教育	札幌学院	札幌学院	北海道教育
	韓国大学選抜	安　昌訓	宋　河珉	李　東日	洪　定佑	李　奉揆	鄭　載勳
		啓明大学校	韓国体育大学校	韓国体育大学校	漢陽大学校	建国大学校	韓国大学校
	東北学連選抜	藤原 茂美	星　智	舩木 和寿	山田 泰広	相澤 達也	菅野　伸
		東北学院	東北福祉	青森	山形	仙台	岩手
	アイビーリーグ選抜	B.テスマン	A.ロッシー	D.マルチン	P.アングリン	D.シューレン	J.ニコルソン
		ブラウン	コロンビア	ハーバード	プリンストン	ブラウン	ダートマス
	北信越学連選抜	板垣 雄三	西塔 欣史	釜　幸生	伊田　宰	米田 周平	西澤 悟志
		新潟	信州	金沢星稜	新潟	金沢星稜	信州
第15回（2003年）	中国四国学連選抜	松岡 紘司	網岡 昌隆	末吉　勇	矢野 秀明	奥田 直樹	安井 秀俊
		広島経済	広島経済	岡山	島根	福山	広島経済
	東北学連選抜	橘　明徳	冠木 雅守	相澤 達也	我妻 孝紀	沼崎 正次	冨田 英之
		東北	東北福祉	仙台	東北福祉	東北福祉	東北学院
	北海道学連選抜	榊原　学	大槻　学	片岡 祐介	石川　真	迫田 明巳	上林　亨
		旭川医科	札幌学院	北海道教育	札幌学院	北海道教育	北海道教育
	アイビーリーグ選抜	C.ビークル	P.アングリン	D.マーチン	D.リボウィッツ	S.モイヨ	B.カーン
		ブラウン	プリンストン	ハーバード	コロンビア	ハーバード	コーネル
	北信越学連選抜	板垣 雄三	米田 周平	中島 将太	本田 高志	渡辺 裕介	松芳 理智
		新潟	金沢星稜	高岡法科	信州	高岡法科	高岡法科
第16回（2004年）	東北学連選抜	橘　明徳	D.ワンジャウ	三浦 雄太	荒　朋裕	鈴木 桂介	相澤 達也
		東北	青森	東北福祉	東北学院	東北福祉	仙台
	中国四国学連選抜	松岡 紘司	宮広 祐規	末吉　勇	矢野 秀明	井端 大介	兼重 仁彦
		広島経済	広島経済	岡山	島根	岡山	山口
	アイビーリーグ選抜	P.モリソン	J.ベル	J.シュウメイカー	J.オールドウェイ	J.トラオゴット	E.ベイカー
		プリンストン	プリンストン	ダートマス	プリンストン	ハーバード	ハーバード
	北信越学連選抜	米田 周平	中島 将太	西村 博之	坂本 尚徳	上條 晃良	西塔 欣史
		金沢星稜	高岡法科	高岡法科	新潟	信州	信州
	北海道学連選抜	大槻　学	川島 啓太	大橋 祐貴	青木 健祐	小野 弘貴	児玉 健路
		札幌学院	札幌学院	北海道教育	札幌学院	札幌学院	札幌学院

連合チーム選手の所属大学一覧

回次	チーム	1区	2区	3区	4区	5区	6区
第17回（2005年）	アイビーリーグ選抜	P．モリソン	A．フォーマン	K．ドゥセン	P．タービー	M．ベアード	J．オールドウェイ
		プリンストン	ハーバード	コロンビア	ダートマス	プリンストン	プリンストン
	東北学連選抜	荒　朋裕	大泉 雅史	三浦 雄太	我妻 孝紀	三浦 善晃	D．ワンジャウ
		東北学院	東北福祉	東北福祉	東北福祉	仙台	青森
	北海道学連選抜	河原 伸宏	大橋 祐貴	沼田 恭平	榊原　学	安楽 良太	阪部 友洋
		浅井学園	北海道教育	札幌学院	旭川医科	北海道教育	北海道教育
	中国四国学連選抜	S．ガンガ	高橋 史人	伊藤 正隆	惣明 宏成	正木　彬	二宮　和
		広島経済	広島	山口	広島修道	福山	岡山
	北信越学連選抜	川上 泰之	渡辺 裕介	古荘 公久	沖田 修一	北川 雄二郎	西塔 欣史
		高岡法科	高岡法科	高岡法科	高岡法科	金沢	信州
第18回（2006年）	アイビーリーグ選抜	K．デュッセン	F．マックリーリ	M．スミス	E．モルト	D．ナッシュ	S．サンデル
		コロンビア	プリンストン	ジョージタウン	コーネル	コロンビア	コロンビア
	東北学連選抜	荒　朋裕	後藤 拓馬	D．ワンジャウ	三浦 善晃	黒坂 哲也	小野 直樹
		東北学院	東北公益文科	青森	仙台	山形	東北学院
	北海道学連選抜	大橋 祐貴	滑　和也	大沼 直樹	山崎 佑太郎	山田 裕章	阪部 友洋
		北海道教育	北海学園	北海道	北海道	北星学園	北海道教育
	中国四国学連選抜	S．ガンガ	正木　彬	宮広 祐規	髙橋 史人	片山 純吾	辰巳 純也
		広島経済	福山	広島経済	広島	福山	広島修道
	北信越学連選抜	岡山 亮介	沖田 修一	上條 晃良	川上 泰之	中小田 洋介	木村 尚志
		高岡法科	高岡法科	上越教育	高岡法科	金沢星稜	高岡法科
第19回（2007年）	アイビーリーグ選抜	M．キング	P．タービー	J．マーカス	J．キンリー	C．ジョワスキー	S．サンデール
		コーネル	ブラウン	コロンビア	ブラウン	ペンシルヴェニア	コロンビア
	北信越学連選抜	上條 晃良	佐藤 隆史	藤沢 宗央	木村 尚志	真柄 俊介	羽庭　努
		上越教育	信州	高岡法科	高岡法科	高岡法科	高岡法科
	中国四国学連選抜	S．ガンガ	石原 泰樹	岩見 龍昇	正木　彬	福田 浩朗	東　克幸
		広島経済	福山	広島修道	福山	広島	福山
	東北学連選抜	伊藤 達哉	大泉 雅史	武藤 浩哉	石山 英明	林　優人	木村 明彦
		青森	東北福祉	福島	東北福祉	富士	仙台
	北海道学連選抜	久保 俊太	滑　和也	山崎佑太郎	杉村 伸行	山本　亮	阪部 友洋
		札幌学院	北海学園	北海道	札幌学院	北翔	北海道教育
第20回（2008年）	北海道学連選抜	久保 俊太	滑　和也	西沼 佑司	田野 寛之	鈴木 孝佳	阪部 友洋
		札幌学院	北海学園	札幌学院	北海道教育	札幌学院	北海道教育
	アイビーリーグ選抜	S．キャナディー	E．モート	O．ウォシュバーン	A．ザミール	J．マンデバーグ	M．オリビエ
		コーネル	コーネル	ブラウン	ブラウン	コロンビア	コロンビア
	北信越学連選抜	牧　良輔	佐藤　隆史	沖田 修一	岡本　渉	村澤 智啓	羽庭　努
		新潟医療福祉	信州	高岡法科	高岡法科	信州	高岡法科
	中国四国学連選抜	福田 浩朗	正木　彬	岩見 龍昇	東　克幸	二宮 政人	山下 淳一
		広島	福山	広島修道	福山	広島	広島
	東北学連選抜	齋藤　純	長柴　翔	飛田 将孝	小林 和也	樋渡 翔太	大場 直樹
		東北	東北学院	東北学院	東北	富士	東北
第21回（2009年）	アイビーリーグ選抜	B．トゥルー	D．ナイティンゲール	Z．ハイン	J．ケンリィ	M．カヤリ	R．マヤー
		ダートマス	プリンストン	コーネル	ブラウン	エール	エール
	北信越学連選抜	佐藤 隆史	村澤 陽介	牛木 陽一	中澤　翔	楠本 康博	久保 暢大
		信州	信州	新潟医療福祉	新潟医療福祉	富山	新潟
	中国四国学連選抜	三賀森 智哉	監物 稔浩	竹下 英伸	村田　総	中岡 裕介	島尾 佳宏
		島根	環太平洋	広島	福山	岡山商科	鳥取
	北海道学連選抜	久保 俊太	藤井 太雅	西沼 佑司	田野 寛之	鈴木 嘉人	治田 全貴
		札幌学院	札幌学院	札幌学院	北海道教育	札幌学院	札幌学院
	東北学連選抜	長柴　翔	大場 直樹	熊谷　遊	伊東 直之	樋渡 翔太	島田 健作
		東北学院	東北	山形	東北学院	富士	東北
第22回（2010年）	アイビーリーグ選抜	F．ティニー	M．マーグ	Z．ハインズ	J．キンリー	S．ラフ	S．サンディル
		プリンストン	プリンストン	コーネル	ブラウン	コーネル	コーネル
	北海道学連選抜	藤井 太雅	藤山 智史	治田 全貴	神　直之	鈴木 嘉人	出口 善久
		札幌学院	札幌学院	札幌学院	北海道文教	札幌学院	札幌学院
	東北学連選抜	吉田 義宏	渡邊 直也	島田 健作	大泉 雅史	樋渡 翔太	小野寺 敬
		福島	東北福祉	東北	東北福祉	富士	富士
	中国四国学連選抜	監物 稔浩	日坂 佳祐	村田　総	岡田 翔治	島尾 佳宏	田中 一兆
		環太平洋	高知	福山	岡山商科	鳥取	愛媛
	北信越学連選抜	岩渕 良平	中澤　翔	早野 吉信	高沢 圭輔	楠本 康博	西沢 倫彦
		信州	新潟医療福祉	松本	高岡法科	富山	信州

回次	チーム	1区	2区	3区	4区	5区	6区
第23回（2011年）	アイビーリーグ選抜	C.ランドリー	S.スミス	L.ピーコック	A.ベンフォード	T.ロビンズ	J.グレイ
		ウイリアムアンドメアリー	サンタバーバラ	ウィスコンシン	リッチモンド	ダートマス	ウイリアムアンドメアリー
	北海道学連選抜	藤山 智史	北川 昌宏	手塚 大亮	木村 直也	神 直之	治田 全貴
		札幌学院	札幌学院	札幌学院	北海道教育	北海道文教	札幌学院
	北信越学連選抜	稲毛 寛人	中澤 翔	岩渕 良平	牛木 陽一	鈴木 拳	伊藤 悠太
		新潟	新潟医療福祉	信州	新潟医療福祉	新潟	新潟
	中国四国学連選抜	監物 稔浩	三賀森 智哉	岡田 翔治	中岡 裕介	坂本 章	野々村 哲也
		環太平洋	島根	岡山商科	岡山商科	山口福祉文化	愛媛
	東北学連選抜	小野寺 敬	樋渡 翔太	吉田 義宏	伊東 直之	深渡 慎一郎	大谷 宗平
		富士	富士	福島	東北学院	東北	岩手
第24回（2012年）	アイビーリーグ選抜	E.ヒース	J.ルビア	L.ピーコック	J.サリバン	B.グレッグ	M.リアーノ
		スタンフォード	サンタバーバラ	ウィスコンシン	スタンフォード	スタンフォード	リッチモンド
	北信越学連選抜	中澤 翔	大野 雄揮	下山 高嶺	住 柔	鈴木 拳	岡野 耕大
		新潟医療福祉	信州	金沢	新潟	新潟	信州
	北海道学連選抜	藤井 太雅	木村 直也	手塚 大亮	鈴木 辰彦	石尾 泰章	北川 昌宏
		札幌学院	北海道教育	札幌学院	北星学園	北海道教育	札幌学院
	中国四国学連選抜	監物 稔浩	坂本 章	妹尾 良平	大石 祐己	樫部 直人	丸山 尚道
		環太平洋	山口福祉文化	広島修道	岡山商科	山口	広島経済
	東北学連選抜	門脇 幸汰	大谷 宗平	渡辺 航旗	佐藤 司	古舘 優	藤田 凌介
		東北福祉	岩手	東北学院	東北福祉	富士	東北福祉
第25回（2013年）	アイビーリーグ選抜	J.スタイリン	M.アムラウト	D.ローリー	K.メルバー	T.アクレン	B.マーチン
		プリンストン	プリンストン	ブラウン	コロンビア	プリンストン	コロンビア
	東北学連選抜	池田 圭	荒木 和也	高橋 佳希	鈴木 高大	古舘 優	小野寺 敬
		東北福祉	富士	東北	秋田	富士	富士
	北信越学連選抜	大野 雄揮	米山 祐貴	住 柔	川端 洋平	池上 義輝	岡野 耕大
		信州	信州	新潟	金沢	富山	信州
	北海道学連選抜	手塚 大亮	尾崎 洋輔	北川 昌宏	石尾 泰章	工藤 雄大	斎藤 秀斗
		札幌学院	北海道	札幌学院	北海道教育	札幌学院	北海道教育
	中国四国学連選抜	妹尾 良平	高見 雄飛	江浪 修平	森岡 廉	藤井 圭太	樫部 直人
		広島修道	山口	愛媛	広島	環太平洋	山口

◆全日本大学駅伝（秩父宮賜杯 全日本大学駅伝対校選手権大会）

回次	チーム	1区	2区	3区	4区	5区	6区	7区	8区
第38回（2006年）	東海学連選抜	中村 高洋	内藤 聖貴	原田 恵輔	伊藤 正人	長田 裕也	野村 真司	山内 広幸	藤永 紘基
		名古屋	名古屋	中京	中京	鈴鹿高専	愛知工業	愛知工業	名古屋
第39回（2007年）	東海学連選抜	中村 高洋	中田 剛司	林 育生	酒井 達哉	石塚 誠	篠崎 暢哉	勝又 翼	渡邊 大介
		名古屋	三重中京	豊橋技術科学	愛知教育	愛知学院	中京	中京	中京
第40回（2008年）	東海学連選抜	中田 剛司	池田 麻保呂	山本 崇博	藤永 紘基	林 育生	松崎 友希	村西 研郎	長谷川 真一
		三重中京	三重中京	名古屋	名古屋	豊橋技術科学	富士常葉	名古屋	四日市
第41回（2009年）	東海学連選抜	中田 剛司	伊藤 文浩	林 育生	鈴木 慎	田中 智博	中山 祐平	長坂 公靖	池田 麻保呂
		三重中京	愛知教育	豊橋技術科学	静岡	愛知工業	愛知工業	愛知工業	三重中京
第42回（2010年）	東海学連選抜	長坂 公靖	林 育生	大原 司	小野 郁文	伊藤 友明	小塚 雄介	尾崎 将也	中田 剛司
		愛知工業	豊橋技術科学	愛知工業	皇學館	名城	愛知教育	名城	三重中京
第43回（2011年）	東海学連選抜	平岡 悠	森本 善智	石坂 健太	油井 一成	小塚 雄介	小川 満太郎	三浦 修	鈴木 慎
		名古屋	名古屋	皇學館	愛知	愛知教育	静岡	名古屋工業	名古屋
	東北学連選抜	小野寺 敬	吉田 義宏	樋渡 翔太	伊東 直之	深渡 慎一郎	菅野 均	大谷 宗平	渡辺 航旗
		富士	福島	富士	東北学院	東北	東北	岩手	東北学院
第44回（2012年）	東海学連選抜	萱垣 義樹	平岩 篤弥	吉田 新規	朝倉 和眞	小塚 雄介	小川 満太郎	舘林 洸介	三浦 健嗣
		愛知工業	名城	愛知工業	静岡	愛知教育	静岡	愛知工業	皇學館
第45回（2013年）	東海学連選抜	萱垣 義樹	平岩 篤弥	池亀 透	朝倉 和眞	細澤 幸輝	吉田 新規	三浦 修	矢野 祥一
		愛知工業	名城	名古屋	静岡	三重	愛知工業	名古屋工業	名古屋
第46回（2014年）	東海学連選抜	朝倉 和眞	平岩 篤弥	田中 雄也	中西 玄気	安田 翔一	田中 静	細澤 幸輝	三浦 修
		静岡	名城	皇學館	静岡	岐阜経済	至学館	三重	名古屋工業

年度別大会記録

1969年度

	第46回 箱根駅伝 1970年1月2日～3日 東京大手町～箱根町往復 （224.2km）		第1回 全日本大学駅伝 1970年3月1日 熱田神宮～伊勢神宮 （118.0km）	
大学名	総合順位	タイム	順位	タイム
日本体育大学	1	11.31.21	1	6.05.24
順天堂大学	2	11.41.10		
日本大学	3	11.41.43	3	6.12.57
国士舘大学	4	11.42.01		
大東文化大学	5	11.51.27	4	6.14.05
専修大学	6	11.53.32		
東洋大学	7	11.56.25		
亜細亜大学	8	11.57.46		
中央大学	9	12.02.57		
駒澤大学	10	12.11.15		
東京教育大学	11	12.15.42		
青山学院大学	12	12.26.32		
法政大学	13	12.31.45		
神奈川大学	14	13.00.51		
拓殖大学	15	13.11.31		
福岡大学			2	6.10.12
中京大学			5	6.16.31
大阪商業大学			6	6.28.37
大阪体育大学			7	6.30.01
九州産業大学			8	6.36.49
同志社大学			9	6.39.12
東京農業大学			10	6.43.20
八幡大学			11	6.46.24
広島大学			12	6.50.03
東京学芸大学			13	6.56.22
名古屋大学			14	6.57.34
愛知学院大学			15	7.04.52
北海道大学			16	7.06.09
東京理科大学			17	7.08.28
甲南大学			18	7.08.38
明治学院大学			19	7.13.22
東京経済大学			20	7.20.23

1970年度

	第47回 箱根駅伝 1971年1月2日～3日 東京大手町～箱根町往復 （224.2km）		第2回 全日本大学駅伝 1971年1月17日 熱田神宮～伊勢神宮 （111.4km）	
大学名	総合順位	タイム	順位	タイム
日本体育大学	1	11.32.10	1	5.37.02
順天堂大学	2	11.32.33		
日本大学	3	11.33.31	3	5.41.27
国士舘大学	4	11.37.15	2	5.40.10
亜細亜大学	5	11.49.44		
東洋大学	6	11.50.57		
大東文化大学	7	11.54.57	6	5.54.12
中央大学	8	11.56.55		
駒澤大学	9	12.05.27		
専修大学	10	12.15.56	7	5.59.34
東京教育大学	11	12.24.52		
青山学院大学	12	12.26.23		
早稲田大学	13	12.29.02		
法政大学	14	12.39.45		
慶應義塾大学	15	12.53.54		
中京大学			4	5.45.06
福岡大学			5	5.46.59
大阪体育大学			8	6.05.55
大阪商業大学			9	6.10.30
九州産業大学			10	6.11.15
島根大学			11	6.12.57
北海道大学			12	6.19.24
名城大学			13	6.22.46
名古屋大学			14	6.24.18
熊本商科大学			15	6.28.33
甲南大学			16	6.31.40
神戸大学			17	6.32.02
秋田大学			18	6.33.32
東京経済大学			19	6.41.32
信州大学			20	6.45.20

1971年度

	第48回 箱根駅伝 1972年1月2日～3日 東京大手町～箱根町往復 (225.0km)		第3回 全日本大学駅伝 1972年1月23日 熱田神宮～伊勢神宮 (111.4km)	
大学名	総合順位	タイム	順位	タイム
日本体育大学	1	11.31.03	1	5.43.35
日本大学	2	11.37.12	3	5.46.03
大東文化大学	3	11.40.19	4	5.51.47
順天堂大学	4	11.43.21	2	5.43.52
国士舘大学	5	11.44.11	8	5.58.05
中央大学	6	11.49.55		
専修大学	7	11.57.59	6	5.56.22
東洋大学	8	12.05.37		
駒澤大学	9	12.13.05		
亜細亜大学	10	12.14.15		
東京農業大学	11	12.19.29		
東京教育大学	12	12.25.35		
青山学院大学	13	12.32.43		
拓殖大学	14	12.34.07		
明治大学	15	12.58.09		
福岡大学			5	5.52.48
中京大学			7	5.56.36
大阪体育大学			9	6.05.28
大阪商業大学			10	6.11.17
九州産業大学			11	6.18.35
島根大学			12	6.19.06
八幡大学			13	6.25.24
北海道大学			14	6.31.22
愛知教育大学			15	6.31.30
名古屋大学			16	6.39.28
秋田大学			17	6.39.48
岐阜大学			18	6.40.25
神戸大学			19	6.45.44
信州大学			20	6.53.32

1972年度

	第49回 箱根駅伝 1973年1月2日～3日 東京大手町～箱根町往復 （225.0km）		第4回 全日本大学駅伝 1973年1月21日 熱田神宮～伊勢神宮 （111.4km）	
大学名	総合順位	タイム	順位	タイム
日本体育大学	1	11.47.32	5	5.54.10
大東文化大学	2	12.00.31	1	5.46.59
日本大学	3	12.03.08		
順天堂大学	4	12.04.24		
国士舘大学	5	12.10.28	3	5.49.27
中央大学	6	12.11.14		
亜細亜大学	7	12.26.48		
東京農業大学	8	12.28.53	7	5.55.48
駒澤大学	9	12.29.47		
専修大学	10	12.32.39	8	6.06.44
東洋大学	11	12.36.12	4	5.50.38
東京教育大学	12	12.42.16		
青山学院大学	13	13.02.43		
東海大学	14	13.05.41		
早稲田大学	15	13.10.19		
中京大学			2	5.47.51
福岡大学			6	5.55.22
大阪体育大学			9	6.10.35
京都産業大学			10	6.12.51
九州産業大学			11	6.16.24
大阪商業大学			12	6.17.25
八幡大学			13	6.18.06
島根大学			14	6.22.04
名古屋大学			15	6.28.10
愛知教育大学			16	6.32.54
京都大学			17	6.34.58
金沢大学			18	6.37.25
仙台大学			19	6.51.47
北海学園大学			20	7.03.34

1973年度

	第50回 箱根駅伝 1974年1月2日～3日 東京大手町～箱根町往復 （225.0km）		第5回 全日本大学駅伝 1974年1月20日 熱田神宮～伊勢神宮 （109.0km）	
大学名	総合順位	タイム	順位	タイム
日本大学	1	11.46.02	6	5.39.37
大東文化大学	2	11.48.06	1	5.32.46
順天堂大学	3	11.56.38		
東京農業大学	4	11.57.09	2	5.37.38
日本体育大学	5	12.00.41	8	5.43.31
国士舘大学	6	12.00.57		
中央大学	7	12.04.12	5	5.39.29
東洋大学	8	12.05.44	3	5.37.45
東海大学	9	12.16.30		
亜細亜大学	10	12.25.25		
専修大学	11	12.26.18		
駒澤大学	12	12.32.38		
東京教育大学	13	12.44.27		
青山学院大学	14	12.49.13		
法政大学	15	12.50.00		
早稲田大学	16	12.52.57		
明治大学	17	12.54.13		
拓殖大学	18	13.02.33		
慶應義塾大学	19	13.05.44		
神奈川大学	20	13.44.59		
中京大学			4	5.38.25
福岡大学			7	5.42.16
京都産業大学			9	5.55.01
大阪体育大学			10	5.59.50
九州産業大学			11	6.00.03
八幡大学			12	6.07.13
大阪商業大学			13	6.12.17
愛知教育大学			14	6.15.07
立命館大学			15	6.18.06
北海道大学			16	6.18.55
名古屋大学			17	6.26.59
金沢大学			18	6.28.58
島根大学			19	6.34.43
東北学院大学			20	6.34.52

1974年度

	第51回 箱根駅伝 1975年1月2日～3日 東京大手町～箱根町往復 （225.0km）		第6回 全日本大学駅伝 1975年1月19日 熱田神宮～伊勢神宮 （109.0km）	
大学名	総合順位	タイム	順位	タイム
大東文化大学	1	11.26.10	1	5.36.43
順天堂大学	2	11.35.50		
日本体育大学	3	11.39.09	3	5.43.42
東京農業大学	4	11.42.19	2	5.41.42
日本大学	5	11.44.28	6	5.50.13
中央大学	6	11.46.08		
国士舘大学	7	11.54.34	4	5.45.14
東洋大学	8	11.59.07	9	5.58.42
駒澤大学	9	12.01.48		
東海大学	10	12.08.48		
筑波大学	11	12.09.38		
亜細亜大学	12	12.12.29		
専修大学	13	12.30.56		
青山学院大学	14	12.33.29		
早稲田大学	15	12.51.43		
福岡大学			5	5.49.55
中京大学			7	5.53.18
九州産業大学			8	5.57.13
大阪体育大学			10	6.01.18
京都産業大学			11	6.03.48
八幡大学			12	6.04.28
東北学院大学			13	6.10.43
愛知教育大学			14	6.13.38
名古屋商科大学			15	6.15.09
大阪商業大学			16	6.20.40
高知大学			17	6.28.17
関西学院大学			18	6.35.10
金沢大学			19	6.41.05
北海道大学			20	6.46.55

1975年度

	第52回 箱根駅伝 1976年1月2日～3日 東京大手町～箱根町往復 (225.0km)		第7回 全日本大学駅伝 1976年1月18日 熱田神宮～伊勢神宮 (109.3km)	
大学名	総合順位	タイム	順位	タイム
大東文化大学	1	11.35.56	1	5.34.27
日本体育大学	2	11.39.56	3	5.38.34
東京農業大学	3	11.45.18	2	5.38.17
中央大学	4	11.52.51		
順天堂大学	5	11.53.13		
日本大学	6	12.00.04	4	5.39.40
駒澤大学	7	12.05.05	5	5.43.06
国士舘大学	8	12.06.44		
亜細亜大学	9	12.09.26		
東洋大学	10	12.16.18	7	5.50.29
筑波大学	11	12.27.29		
専修大学	12	12.37.18		
東海大学	13	12.59.08		
法政大学	14	13.15.28		
青山学院大学	棄権	記録なし		
中京大学			6	5.46.55
福岡大学			8	5.52.52
九州産業大学			9	5.57.03
京都産業大学			10	6.01.51
大阪体育大学			11	6.05.36
八幡大学			12	6.10.43
東北学院大学			13	6.10.54
大阪商業大学			14	6.13.27
愛知教育大学			15	6.18.52
同志社大学			16	6.20.39
名古屋商科大学			17	6.22.11
広島大学			18	6.24.24
金沢工業大学			19	6.36.05
酪農学園大学			20	6.51.01

1976年度

	第53回 箱根駅伝 1977年1月2日～3日 東京大手町～箱根町往復 （225.0km）		第8回 全日本大学駅伝 1977年1月23日 熱田神宮～伊勢神宮 （109.3km）	
大学名	総合順位	タイム	順位	タイム
日本体育大学	1	11.31.11	1	5.33.01
東京農業大学	2	11.34.05	2	5.36.35
大東文化大学	3	11.38.45	4	5.38.56
順天堂大学	4	11.39.04	6	5.43.16
日本大学	5	11.46.37	3	5.38.52
東海大学	6	11.49.49		
駒澤大学	7	11.51.47		
中央大学	8	11.52.27		
東洋大学	9	11.57.19	7	5.45.07
専修大学	10	12.00.31		
亜細亜大学	11	12.03.11		
国士舘大学	12	12.08.23		
早稲田大学	13	12.12.23		
法政大学	14	12.21.05		
拓殖大学	15	12.22.04		
九州産業大学			5	5.43.14
中京大学			8	5.46.01
福岡大学			9	5.47.21
京都産業大学			10	5.56.49
大阪商業大学			11	6.01.19
大阪体育大学			12	6.01.35
琉球大学			13	6.05.29
仙台大学			14	6.08.10
関西大学			15	6.08.23
高知大学			16	6.16.24
愛知教育大学			17	6.17.58
北海道大学			18	6.25.27
金沢工業大学			19	6.28.16
名古屋商科大学			棄権	記録なし

1977年度

	第54回 箱根駅伝 1978年1月2日～3日 東京大手町～箱根町往復 （225.0km）		第9回 全日本大学駅伝 1978年1月22日 熱田神宮～伊勢神宮 （109.3km）	
大学名	総合順位	タイム	順位	タイム
日本体育大学	1	11.24.32	1	5.38.55
順天堂大学	2	11.29.59	2	5.39.46
大東文化大学	3	11.36.38	4	5.47.16
東京農業大学	4	11.42.38	3	5.44.59
日本大学	5	11.45.01		
早稲田大学	6	11.51.41		
中央大学	7	11.57.08	8	5.57.05
法政大学	8	11.57.52		
東洋大学	9	11.59.46		
東海大学	10	12.01.37	6	5.51.27
専修大学	11	12.04.59		
国士舘大学	12	12.07.07		
駒澤大学	13	12.08.24		
拓殖大学	14	12.11.08		
筑波大学	15	12.38.31		
中京大学			5	5.49.39
九州産業大学			7	5.52.48
京都産業大学			9	5.59.07
大阪体育大学			10	6.03.49
福岡大学			11	6.05.43
鹿児島大学			12	6.07.08
広島大学			13	6.10.21
近畿大学			14	6.11.08
大阪商業大学			15	6.15.35
東北学院大学			16	6.18.19
愛知教育大学			17	6.25.48
北海道大学			18	6.27.07
岐阜大学			19	6.32.39
金沢工業大学			20	6.33.20

1978年度

	第55回 箱根駅伝 1979年1月2日～3日 東京大手町～箱根町往復 (217.3km)		第10回 全日本大学駅伝 1979年1月21日 熱田神宮～伊勢神宮 (109.4km)	
大学名	総合順位	タイム	順位	タイム
順天堂大学	1	11.30.38	2	5.35.04
日本体育大学	2	11.32.19	3	5.35.58
大東文化大学	3	11.42.46	5	5.39.37
早稲田大学	4	11.43.08		
日本大学	5	11.49.11	4	5.36.41
東洋大学	6	11.54.21		
東京農業大学	7	11.54.31	6	5.39.49
拓殖大学	8	11.57.53		
専修大学	9	11.58.46		
国士舘大学	10	12.00.44	11	5.52.22
東海大学	11	12.02.57		
駒澤大学	12	12.04.40		
中央大学	13	12.05.01		
法政大学	14	12.14.19		
亜細亜大学	15	12.19.49		
福岡大学			1	5.31.53
九州産業大学			7	5.42.24
中京大学			8	5.43.41
京都産業大学			9	5.45.37
大阪体育大学			10	5.48.38
鹿児島大学			12	5.53.54
大阪経済大学			13	5.57.57
大阪商業大学			14	5.58.57
東北学院大学			15	6.08.47
山口大学			16	6.08.56
名古屋大学			17	6.14.01
愛知教育大学			18	6.15.53
北海道大学			19	6.23.43
金沢工業大学			20	6.24.03

1979年度

	第56回 箱根駅伝 1980年1月2日～3日 東京大手町～箱根町往復 (217.3km)		第11回 全日本大学駅伝 1980年1月20日 熱田神宮～伊勢神宮 (109.4km)	
大学名	総合順位	タイム	順位	タイム
日本体育大学	1	11.23.51	1	5.23.20
順天堂大学	2	11.30.28		
早稲田大学	3	11.37.02		
大東文化大学	4	11.41.09	4	5.33.56
日本大学	5	11.45.15		
東京農業大学	6	11.47.17	5	5.34.21
東洋大学	7	11.51.11		
筑波大学	8	11.51.53	6	5.35.17
専修大学	9	11.53.45	9	5.40.21
東海大学	10	11.54.56	10	5.45.26
駒澤大学	11	11.57.51		
国士舘大学	12	11.57.54		
拓殖大学	13	12.09.03		
法政大学	14	12.13.20		
中央大学	(無効)	12.19.00		
福岡大学			2	5.31.01
中京大学			3	5.31.44
京都産業大学			7	5.39.16
九州産業大学			8	5.39.35
京都教育大学			11	5.50.15
鹿児島大学			12	5.51.37
立命館大学			13	5.58.24
大阪体育大学			14	5.59.18
名古屋大学			15	6.01.57
仙台大学			16	6.03.54
北海道大学			17	6.09.42
広島大学			18	6.09.58
岐阜大学			19	6.16.15
金沢大学			20	6.33.14

1980年度

	第57回 箱根駅伝 1981年1月2日～3日 東京大手町～箱根町往復 (217.3km)		第12回 全日本大学駅伝 1981年1月18日 熱田神宮～伊勢神宮 (109.4km)	
大学名	総合順位	タイム	順位	タイム
順天堂大学	1	11.24.46		
日本体育大学	2	11.26.14	2	5.26.37
大東文化大学	3	11.28.50	4	5.28.32
東京農業大学	4	11.40.22	7	5.34.40
早稲田大学	5	11.40.26		
筑波大学	6	11.41.02	6	5.32.05
日本大学	7	11.44.19	5	5.30.25
駒澤大学	8	11.48.02		
専修大学	9	11.49.14	9	5.38.45
東洋大学	10	11.54.54		
中央大学	11	11.58.14		
東海大学	12	11.59.15		
国士舘大学	13	12.04.42		
法政大学	14	12.12.00		
拓殖大学	15	12.16.28		
福岡大学			1	5.22.45
中京大学			3	5.26.49
京都産業大学			8	5.37.56
大阪体育大学			10	5.42.35
大阪経済大学			11	5.49.31
徳山大学			12	5.50.08
熊本商科大学			13	5.51.46
大阪商業大学			14	5.53.58
鹿児島大学			15	5.57.04
岐阜大学			16	5.59.19
名古屋大学			17	6.01.46
信州大学			18	6.03.50
東北学院大学			19	6.09.20
北海道大学			20	6.27.00

1981年度

	第58回 箱根駅伝 1982年1月2日～3日 東京大手町～箱根町往復 (217.3km)		第13回 全日本大学駅伝 1982年1月17日 熱田神宮～伊勢神宮 (109.4km)	
大学名	総合順位	タイム	順位	タイム
順天堂大学	1	11.30.00		
日本体育大学	2	11.30.56	6	5.30.09
日本大学	3	11.32.32	2	5.26.01
大東文化大学	4	11.37.02	4	5.28.28
早稲田大学	5	11.38.57		
東洋大学	6	11.47.22	8	5.34.38
筑波大学	7	11.47.42	3	5.28.15
中央大学	8	11.50.44		
専修大学	9	11.52.28	7	5.32.08
国士舘大学	10	11.55.17		
東海大学	11	11.58.13		
亜細亜大学	12	12.02.35		
駒澤大学	13	12.13.03		
拓殖大学	14	12.25.03		
東京農業大学	15	12.25.25		
福岡大学			1	5.23.44
中京大学			5	5.29.09
九州産業大学			9	5.37.37
大阪体育大学			10	5.42.12
京都産業大学			11	5.42.40
大阪経済大学			12	5.45.51
鹿児島大学			13	5.47.46
京都教育大学			14	5.47.54
徳山大学			15	5.49.36
信州大学			16	5.56.05
名古屋商科大学			17	6.01.38
東北学院大学			18	6.01.59
名城大学			19	6.05.33
北海道大学			20	6.06.46

1982年度

	第59回 箱根駅伝 1983年1月2日～3日 東京大手町～箱根町往復 （213.9km）		第14回 全日本大学駅伝 1983年1月23日 熱田神宮～伊勢神宮 （109.4km）	
大学名	総合順位	タイム	順位	タイム
日本体育大学	1	11.06.25	1	5.20.44
早稲田大学	2	11.13.02		
順天堂大学	3	11.21.26		
日本大学	4	11.28.27	5	5.30.46
東海大学	5	11.31.11	7	5.36.45
大東文化大学	6	11.35.52	2	5.26.25
東洋大学	7	11.37.44	10	5.43.13
筑波大学	8	11.39.57	6	5.33.43
東京農業大学	9	11.40.40		
中央大学	10	11.45.52		
国士舘大学	11	11.50.55		
駒澤大学	12	11.50.59		
亜細亜大学	13	12.02.31		
専修大学	14	12.03.01		
法政大学	15	12.06.18		
福岡大学			3	5.29.57
中京大学			4	5.30.20
京都産業大学			8	5.37.01
大阪体育大学			9	5.39.24
鹿児島大学			11	5.46.03
九州産業大学			12	5.46.43
大阪経済大学			13	5.50.43
徳山大学			14	5.51.06
東北学院大学			15	5.52.08
京都教育大学			16	5.52.59
愛知教育大学			17	5.54.13
信州大学			18	6.06.01
愛知学院大学			19	6.06.21
北海道大学			20	6.10.11

1983年度

	第60回 箱根駅伝 1984年1月2日～3日 東京大手町～箱根町往復 （213.9km）		第15回 全日本大学駅伝 1984年1月22日 熱田神宮～伊勢神宮 （108.9km）	
大学名	総合順位	タイム	順位	タイム
早稲田大学	1	11.07.37		
日本体育大学	2	11.22.55	7	5.35.14
順天堂大学	3	11.27.06		
大東文化大学	4	11.28.28	1	5.27.31
日本大学	5	11.29.03		
東海大学	6	11.31.48	6	5.33.07
東京農業大学	7	11.35.14	9	5.43.35
東洋大学	8	11.35.53		
筑波大学	9	11.36.52	4	5.32.40
専修大学	10	11.36.59	2	5.31.21
中央大学	11	11.44.17		
駒澤大学	12	11.45.23		
国士舘大学	13	11.56.33		
亜細亜大学	14	11.57.45		
拓殖大学	15	11.57.46		
法政大学	16	12.06.03		
東京大学	17	12.15.08		
明治大学	18	12.19.43		
東京学芸大学	19	12.29.13		
慶應義塾大学	20	12.39.18		
福岡大学			3	5.32.00
中京大学			5	5.32.49
京都産業大学			8	5.38.16
立命館大学			10	5.47.09
九州産業大学			11	5.48.00
鹿児島大学			12	5.51.07
大阪体育大学			13	5.51.21
徳山大学			14	5.52.56
大阪経済大学			15	5.54.45
東北学院大学			16	5.57.54
愛知教育大学			17	5.58.55
中部工業大学			18	6.01.27
北海道大学			19	6.04.16
金沢大学			20	6.19.00

1984年度

	第61回 箱根駅伝 1985年1月2日～3日 東京大手町～箱根町往復 (213.9km)		第16回 全日本大学駅伝 1985年1月20日 熱田神宮～伊勢神宮 (108.9km)	
大学名	総合順位	タイム	順位	タイム
早稲田大学	1	11.11.16		
順天堂大学	2	11.15.44		
日本体育大学	3	11.17.09	1	5.29.16
日本大学	4	11.29.38	5	5.32.25
大東文化大学	5	11.30.55	3	5.31.33
中央大学	6	11.31.11	11	5.43.57
東京農業大学	7	11.32.54	2	5.30.50
筑波大学	8	11.33.49		
東洋大学	9	11.38.01		
専修大学	10	11.41.15	6	5.36.13
駒澤大学	11	11.41.29		
国士舘大学	12	11.42.20		
東海大学	13	11.42.21		
亜細亜大学	14	11.53.06		
明治大学	15	11.54.36		
福岡大学			4	5.32.17
九州産業大学			7	5.36.59
中京大学			8	5.38.30
京都産業大学			9	5.40.22
東北学院大学			10	5.43.29
立命館大学			12	5.45.50
大阪体育大学			13	5.47.10
鹿児島大学			14	5.50.43
大阪経済大学			15	5.52.41
愛知教育大学			16	5.52.56
徳山大学			17	5.55.18
北海道大学			18	6.01.19
中部大学			19	6.02.27
新潟大学			20	6.02.41

1985年度

	第62回 箱根駅伝 1986年1月2日～3日 東京大手町～箱根町往復 (213.9km)		第17回 全日本大学駅伝 1986年1月19日 熱田神宮～伊勢神宮 (108.9km)	
大学名	総合順位	タイム	順位	タイム
順天堂大学	1	11.19.33		
早稲田大学	2	11.22.14		
大東文化大学	3	11.23.25	19	5.59.44
駒澤大学	4	11.26.02		
東京農業大学	5	11.26.10	8	5.37.22
日本体育大学	6	11.26.42	3	5.30.34
東海大学	7	11.31.53		
中央大学	8	11.35.07		
国士舘大学	9	11.39.45	7	5.36.49
専修大学	10	11.41.57	4	5.32.05
筑波大学	11	11.44.54		
日本大学	12	11.46.26	2	5.30.19
東洋大学	13	11.55.04		
亜細亜大学	14	12.04.49		
明治大学	15	12.05.01		
京都産業大学			1	5.26.53
福岡大学			5	5.32.27
九州産業大学			6	5.34.30
大阪体育大学			9	5.42.23
中京大学			10	5.43.36
東北学院大学			11	5.44.24
大阪経済大学			12	5.44.26
徳山大学			13	5.48.19
八幡大学			14	5.52.06
関西大学			15	5.53.58
愛知教育大学			16	5.57.17
中部大学			17	5.58.08
北海道大学			18	5.58.48
新潟大学			20	6.05.58

1986年度

	第63回 箱根駅伝 1987年1月2日～3日 東京大手町～箱根町往復 (213.9km)		第18回 全日本大学駅伝 1987年1月18日 熱田神宮～伊勢神宮 (108.9km)	
大学名	総合順位	タイム	順位	タイム
順天堂大学	1	11.16.34		
日本体育大学	2	11.17.39	1	5.25.53
中央大学	3	11.18.07		
日本大学	4	11.26.49	3	5.31.04
大東文化大学	5	11.29.57	6	5.35.08
東海大学	6	11.31.30	7	5.36.13
専修大学	7	11.32.16	4	5.31.48
早稲田大学	8	11.32.23		
筑波大学	9	11.32.40		
東洋大学	10	11.35.02	8	5.37.10
国士舘大学	11	11.37.41		
駒澤大学	12	11.37.42		
東京農業大学	13	11.40.09		
明治大学	14	11.43.17		
山梨学院大学	15	11.47.57		
京都産業大学			2	5.30.45
福岡大学			5	5.32.18
中京大学			9	5.40.33
大阪体育大学			10	5.42.23
九州産業大学			11	5.42.25
関西大学			12	5.46.14
大阪経済大学			13	5.47.08
久留米大学			14	5.52.35
仙台大学			15	5.52.40
名古屋商科大学			16	5.55.08
徳山大学			17	5.55.16
新潟大学			18	5.59.46
北海道大学			19	6.13.03
中部大学			20	6.13.20

1987年度

	第64回 箱根駅伝 1988年1月2日～3日 東京大手町～箱根町往復 (213.9km)		第19回 全日本大学駅伝 1988年1月17日 熱田神宮～伊勢神宮 (108.9km)	
大学名	総合順位	タイム	順位	タイム
順天堂大学	1	11.04.11		
大東文化大学	2	11.21.20	3	5.26.54
日本体育大学	3	11.22.46	1	5.24.27
日本大学	4	11.29.13	2	5.25.57
中央大学	5	11.30.00		
東京農業大学	6	11.35.22		
国士舘大学	7	11.36.58	6	5.33.27
東海大学	8	11.37.42	9	5.36.44
早稲田大学	9	11.38.14		
明治大学	10	11.38.25		
山梨学院大学	11	11.41.38	8	5.36.29
駒澤大学	12	11.42.11		
東洋大学	13	11.45.27		
専修大学	14	11.53.56		
筑波大学	15	11.54.46		
京都産業大学			4	5.31.02
福岡大学			5	5.32.31
大阪体育大学			7	5.35.35
大阪経済大学			10	5.40.40
中京大学			11	5.42.15
立命館大学			12	5.45.45
沖縄国際大学			13	5.46.11
山形大学			14	5.48.27
徳山大学			15	5.49.30
中部大学			16	5.51.25
九州大学			17	5.52.51
新潟大学			18	5.56.15
名古屋商科大学			19	5.59.45
北海道大学			20	6.10.44

1988年度

	第65回箱根駅伝 1989年1月2日～3日 東京大手町～箱根町往復 （214.7km）		第20回全日本大学駅伝 1988年11月6日 熱田神宮～伊勢神宮 （108.9km）	
大学名	総合順位	タイム	順位	タイム
順天堂大学	1	11.14.50	2	5:24:19
日本体育大学	2	11.17.39	1	5:23:59
中央大学	3	11.26.42	4	5:28:11
大東文化大学	4	11.29.19	6	5:28:57
日本大学	5	11.30.06	3	5:25:56
駒澤大学	6	11.35.01		
山梨学院大学	7	11.35.43	10	5:41:13
東海大学	8	11.36.32	9	5:34:54
東京農業大学	9	11.41.17	7	5:31:20
早稲田大学	10	11.42.47		
明治大学	11	11.43.21		
国士舘大学	12	11.46.16	8	5:32:48
筑波大学	13	11.47.07		
東洋大学	14	11.49.36		
法政大学	15	12.04.22		
京都産業大学			5	5:28:26
大阪体育大学			11	5:43:18
中京大学			12	5:45:15
立命館大学			13	5:45:37
福岡大学			14	5:47:03
大阪経済大学			15	5:48:52
八幡大学			16	5:51:19
徳山大学			17	5:54:37
東北学院大学			18	5:56:15
名古屋商科大学			19	5:56:50
久留米大学			20	5:59:18
新潟大学			21	5:59:42
名古屋大学			22	6:01:28
北海道大学			23	6:15:09

1989年度

	第66回箱根駅伝 1990年1月2日~3日 東京大手町~箱根町往復 (214.7km)		第1回出雲駅伝 1989年10月10日 浜山陸上競技場~平田市役所 折返し(42.6km)		第21回全日本大学駅伝 1989年11月5日 熱田神宮~伊勢神宮 (108.9km)	
大学名	総合順位	タイム	順位	タイム	順位	タイム
大東文化大学	1	11.14.39	2	2:04:57	1	5:26:39
日本大学	2	11.20.57	1	2:04:20	2	5:27:16
中央大学	3	11.21.00	5	2:06:39	4	5:29:05
山梨学院大学	4	11.25.34	3	2:06:00	3	5:28:39
順天堂大学	5	11.30.14	4	2:06:09	5	5:31:58
日本体育大学	6	11.32.23	9	2:09:29	11	5:43:48
国士舘大学	7	11.36.26				
東海大学	8	11.36.51	7	2:07:34	9	5:41:10
早稲田大学	9	11.38.17	13	2:12:47		
法政大学	10	11.40.12				
専修大学	11	11.41.50			8	5:40:12
東京農業大学	12	11.42.57	8	2:07:52	6	5:36:06
東洋大学	13	11.48.24				
駒澤大学	14	11.49.14	11	2:11:38		
亜細亜大学	15	11.54.47				
京都産業大学			6	2:07:13	7	5:36:31
中京大学			10	2:10:12	10	5:43:08
徳山大学			12	2:12:19	棄権	記録なし
福岡大学			14	2:13:36	14	5:47:15
大阪体育大学			17	2:15:57	16	5:53:38
久留米大学			20	2:19:01	18	6:02:29
大阪経済大学					12	5:43:58
立命館大学					13	5:46:21
名古屋商科大学					15	5:49:30
新潟大学					17	5:58:51
沖縄国際大学					19	6:03:49
東北学院大学					20	6:05:11
中部大学					21	6:06:29
北海道教育大学					22	6:22:23

1990年度

	第67回箱根駅伝 1991年1月2日~3日 東京大手町~箱根町往復 (214.7km)		第2回出雲駅伝 1990年10月10日 浜山陸上競技場~平田市役所 折返し(42.6km)		第22回全日本大学駅伝 1990年11月4日 熱田神宮~伊勢神宮 (106.9km)	
大学名	総合順位	タイム	順位	タイム	順位	タイム
大東文化大学	1	11.19.07	1	2:06:41	1	5:26:51
山梨学院大学	2	11.25.33	3	2:07:46	2	5:31:43
中央大学	3	11.26.31	5	2:09:14	4	5:33:22
日本大学	4	11.27.16	4	2:07:57	3	5:32:07
日本体育大学	5	11.27.50	10	2:12:14	5	5:33:47
順天堂大学	6	11.28.30	9	2:11:13		
東京農業大学	7	11.32.49				
東海大学	8	11.33.44	6	2:09:30	6	5:34:43
駒澤大学	9	11.34.43				
法政大学	10	11.38.06	11	2:12:39		
早稲田大学	11	11.38.36	2	2:06:58		
専修大学	12	11.43.06			9	5:40:36
国士舘大学	13	11.45.26	7	2:09:37	8	5:37:11
明治大学	14	11.48.13				
東洋大学	15	11.59.57				
京都産業大学			8	2:11:10	7	5:36:20
大阪経済大学			12	2:13:36	13	5:42:48
福岡大学			13	2:14:10	14	5:44:43
徳山大学			14	2:14:27	15	5:46:58
中京大学			15	2:14:47	10	5:41:01
九州国際大学			19	2:20:25	20	5:55:20
亜細亜大学					11	5:41:05
名古屋商科大学					12	5:41:44
立命館大学					16	5:48:33
同志社大学					17	5:49:21
鹿屋体育大学					18	5:49:26
愛知工業大学					19	5:54:37
福井工業大学					21	6:01:38
秋田経済法科大学					22	6:06:55
札幌学院大学					23	6:20:34

1991年度

	第68回箱根駅伝 1992年1月2日~3日 東京大手町~箱根町往復 (214.7km)		第3回出雲駅伝 1991年10月10日 浜山陸上競技場~平田市役所 折返し (42.6km)		第23回全日本大学駅伝 1991年11月3日 熱田神宮~伊勢神宮 (106.9km)	
大学名	総合順位	タイム	順位	タイム	順位	タイム
山梨学院大学	1	11.14.07	1	2:06:10	2	5:29:35
日本大学	2	11.17.54	3	2:07:37	1	5:25:56
順天堂大学	3	11.18.38	4	2:08:14		
中央大学	4	11.21.24	10	2:10:45	5	5:32:36
大東文化大学	5	11.23.01	2	2:06:36	3	5:29:41
早稲田大学	6	11.23.08	7	2:09:02		
専修大学	7	11.23.43			7	5:34:24
駒澤大学	8	11.27.03	12	2:12:48		
東京農業大学	9	11.27.09	5	2:08:44	6	5:34:02
東海大学	10	11.29.48	8	2:09:36	8	5:38:03
日本体育大学	11	11.30.41	6	2:08:52	9	5:38:38
法政大学	12	11.36.58				
国士舘大学	13	11.38.31				
神奈川大学	14	11.40.56				
亜細亜大学	15	11.45.23			11	5:41:36
京都産業大学			9	2:09:36	4	5:29:49
鹿屋体育大学			11	2:12:20	10	5:38:50
徳山大学			13	2:13:42		
福岡大学			14	2:14:28	16	5:47:19
中京大学			15	2:15:39	17	5:48:27
大阪経済大学			17	2:16:35	18	5:49:16
法政大学			19	2:18:59		
上海体育運動技術学院			20	2:19:23		
サンフランシスコ州立大学			23	2:24:36		
名古屋商科大学					12	5:44:16
愛知工業大学					13	5:46:18
広島経済大学					14	5:46:36
大阪体育大学					15	5:46:49
岡山理科大学					19	5:51:04
立命館大学					20	5:54:17
札幌学院大学					21	6:02:08
東北大学					22	6:02:19
福井工業大学					23	6:08:05

1992年度

	第69回箱根駅伝 1993年1月2日～3日 東京大手町～箱根町往復 (214.7km)		第4回出雲駅伝 1992年10月10日 浜山陸上競技場～平田市役所 折返し (42.6km)		第24回全日本大学駅伝 1992年11月1日 熱田神宮～伊勢神宮 (106.8km)	
大学名	総合順位	タイム	順位	タイム	順位	タイム
早稲田大学	1	11.03.34	7	2:08:47	1	5:20:32
山梨学院大学	2	11.05.39	1	2:04:46	2	5:22:07
中央大学	3	11.14.36	2	2:07:02	6	5:26:20
専修大学	4	11.18.09	5	2:08:10	4	5:25:35
日本大学	5	11.24.19	8	2:09:22	3	5:23:13
駒澤大学	6	11.24.37	9	2:10:49		
法政大学	7	11.25.31				
神奈川大学	8	11.25.41				
順天堂大学	9	11.29.05	4	2:07:49	5	5:26:15
日本体育大学	10	11.29.09				
東洋大学	11	11.29.51			9	5:30:53
東京農業大学	12	11.32.17	6	2:08:14	7	5:28:35
亜細亜大学	13	11.33.32				
東海大学	14	11.38.06				
大東文化大学	15	11.45.08	3	2:07:05	10	5:32:07
鹿屋体育大学			10	2:11:12	11	5:32:16
京都産業大学			12	2:13:06	8	5:28:53
福岡大学			13	2:14:00	14	5:41:59
広島経済大学			14	2:14:58	13	5:39:17
名古屋商科大学			15	2:15:22	15	5:42:09
関西学院大学			18	2:17:09	17	5:44:11
徳山大学					12	5:38:12
大阪経済大学					16	5:44:08
愛知工業大学					18	5:45:33
久留米大学					19	5:46:43
中京大学					20	5:47:46
札幌学院大学					21	5:48:56
福井工業大学					22	5:55:08
東北大学					23	6:00:34

1993年度

	第70回箱根駅伝 1994年1月2日～3日 東京大手町～箱根町往復 （214.7km）		第5回出雲駅伝 1993年10月10日 浜山陸上競技場～平田市役所 折返し（42.6km）		第25回全日本大学駅伝 1993年11月7日 熱田神宮～伊勢神宮 （106.8km）	
大学名	総合順位	タイム	順位	タイム	順位	タイム
山梨学院大学	1	10.59.13	1	2:05:30	4	5:29:07
早稲田大学	2	11.03.42	2	2:06:49	1	5:19:21
順天堂大学	3	11.08.06	4	2:08:43		
中央大学	4	11.13.18	3	2:07:56	2	5:23:29
東海大学	5	11.20.27				
専修大学	6	11.21.06	11	2:12:36		
神奈川大学	7	11.21.36	8	2:10:32		
日本体育大学	8	11.22.25	9	2:11:03	8	5:36:02
日本大学	9	11.23.15	5	2:10:05	3	5:25:07
法政大学	10	11.23.38	13	2:13:05		
駒澤大学	11	11.26.55	12	2:12:45	6	5:34:37
亜細亜大学	12	11.26.57			12	5:38:22
東京農業大学	13	11.28.17				
国士舘大学	14	11.29.08				
東洋大学	15	11.36.02			7	5:34:59
中央学院大学	16	11.38.35				
関東学院大学	17	11.43.42				
大東文化大学	18	11.45.07	15	2:13:35	9	5:37:24
慶應義塾大学	19	11.48.32				
筑波大学	20	11.48.40				
広島経済大学			6	2:10:08	10	5:37:39
京都産業大学			7	2:10:17	5	5:30:21
大阪体育大学			10	2:12:28	13	5:41:31
鹿屋体育大学			17	2:16:26	18	5:47:29
福岡大学			18	2:17:56	20	5:51:05
名古屋商科大学			20	2:20:33	16	5:45:16
徳山大学					11	5:38:13
関西大学					14	5:42:31
立命館大学					15	5:42:42
愛知工業大学					17	5:46:22
札幌学院大学					19	5:51:05
福井工業大学					21	5:57:55
沖縄国際大学					22	6:01:32
東北大学					23	6:06:10

1994年度

	第71回箱根駅伝 1995年1月2日~3日 東京大手町~箱根町往復 (214.7km)		第6回出雲駅伝 1994年10月10日 浜山陸上競技場~平田市役所 折返し(42.6km)		第26回全日本大学駅伝 1994年11月6日 熱田神宮~伊勢神宮 (106.8km)	
大学名	総合順位	タイム	順位	タイム	順位	タイム
山梨学院大学	1	11.03.46	1	2:04:02	2	5:19:51
早稲田大学	2	11.05.48	2	2:05:27	1	5:19:33
中央大学	3	11.06.36	7	2:07:14	3	5:22:15
日本大学	4	11.13.09	4	2:06:37	4	5:23:01
日本体育大学	5	11.14.00	9	2:08:30	10	5:31:16
神奈川大学	6	11.14.42	5	2:06:53	6	5:28:20
専修大学	7	11.17.08	12	2:10:19		
東海大学	8	11.20.44	11	2:10:15	8	5:30:21
東京農業大学	9	11.26.51				
東洋大学	10	11.27.16				
亜細亜大学	11	11.32.58			11	5:31:17
中央学院大学	12	11.34.10				
駒澤大学	13	11.34.43				
大東文化大学	14	11.38.09				
順天堂大学	棄権	記録なし	3	2:06:08		
京都産業大学			6	2:06:56	5	5:27:08
広島経済大学			8	2:07:24	7	5:29:53
法政大学			13	2:11:56	9	5:30:22
中京大学			14	2:12:30	16	5:39:16
関西大学			15	2:12:56	14	5:36:59
福岡大学			16	2:13:33	22	5:45:48
鹿屋体育大学			17	2:13:49	15	5:38:59
徳山大学					12	5:34:57
名古屋商科大学					13	5:35:53
愛知工業大学					17	5:40:41
大阪経済大学					18	5:43:07
札幌学院大学					19	5:43:58
大阪体育大学					20	5:45:06
福井工業大学					21	5:45:36
東北大学					23	5:57:26

1995年度

	第72回箱根駅伝 1996年1月2日〜3日 東京大手町〜箱根町往復 （214.7km）		第7回出雲駅伝 1995年10月10日 浜山陸上競技場〜平田市役所 折返し（42.6km）		第27回全日本大学駅伝 1995年11月5日 熱田神宮〜伊勢神宮 （106.8km）	
大学名	総合順位	タイム	順位	タイム	順位	タイム
中央大学	1	11.04.15	3	2:06:32	2	5:20:59
早稲田大学	2	11.08.52	2	2:05:33	1	5:20:46
順天堂大学	3	11.16.39				
東海大学	4	11.16.49	7	2:09:07	9	5:31:52
大東文化大学	5	11.17.16			6	5:26:25
法政大学	6	11.18.17			5	5:23:36
亜細亜大学	7	11.19.58			8	5:26:52
東京農業大学	8	11.20.50	11	2:10:03		
日本体育大学	9	11.24.22	13	2:11:05	12	5:33:56
専修大学	10	11.24.46	9	2:09:39		
東洋大学	11	11.27.27	12	2:10:32		
駒澤大学	12	11.28.02				
日本大学	13	11.37.29	6	2:08:40		
山梨学院大学	棄権	記録なし	1	2:04:34	3	5:21:38
神奈川大学	棄権	記録なし	4	2:07:02	4	5:22:20
関西大学			5	2:08:27	11	5:33:44
広島経済大学			8	2:09:31	10	5:32:28
京都産業大学			10	2:09:40	7	5:26:38
鹿屋体育大学			14	2:11:27	15	5:38:05
第一工業大学			17	2:14:26	16	5:39:17
愛知工業大学			19	2:15:39	17	5:41:04
徳山大学					13	5:35:20
名古屋商科大学					14	5:37:48
中京大学					18	5:42:40
近畿大学					19	5:43:25
龍谷大学					20	5:44:40
福井工業大学					21	5:51:55
東北大学					22	5:51:57
札幌学院大学					23	5:56:04

1996年度

	第73回箱根駅伝 1997年1月2日~3日 東京大手町~箱根町往復 (214.7km)		第8回出雲駅伝 1996年10月10日 浜山陸上競技場~平田市役所 折返し(42.6km)		第28回全日本大学駅伝 1996年11月3日 熱田神宮~伊勢神宮 (106.8km)	
大学名	総合順位	タイム	順位	タイム	順位	タイム
神奈川大学	1	11.14.02			1	5:22:40
山梨学院大学	2	11.22.20			2	5:24:09
大東文化大学	3	11.23.49	8	2:06:54		
中央大学	4	11.24.32	2	2:05:13	9	5:28:30
早稲田大学	5	11.25.25	1	2:05:11	4	5:26:02
駒澤大学	6	11.28.00			8	5:27:55
東洋大学	7	11.31.39			7	5:27:23
東海大学	8	11.34.25	6	2:06:14	10	5:29:38
順天堂大学	9	11.35.11	5	2:06:02	5	5:26:35
日本体育大学	10	11.38.38	9	2:07:27		
専修大学	11	11.41.33	3	2:05:33		
亜細亜大学	12	11.45.59	7	2:06:45	6	5:26:55
拓殖大学	13	11.49.02				
法政大学	14	11.54.56	10	2:08:50		
東京農業大学	15	11.57.55	12	2:09:55		
京都産業大学			4	2:05:42	3	5:25:23
徳山大学			13	2:10:05	12	5:36:23
名古屋商科大学			14	2:10:37	14	5:37:58
福岡大学			15	2:13:11	19	5:47:24
第一工業大学			17	2:13:41	15	5:38:35
関西大学			18	2:13:59		
広島経済大学					11	5:36:12
鹿屋体育大学					13	5:37:09
立命館大学					16	5:40:23
愛知工業大学					17	5:41:40
近畿大学					18	5:42:46
山形大学					20	5:49:41
中京大学					21	5:49:51
福井工業大学					22	5:52:46
札幌学院大学					23	5:54:20

1997年度

	第74回箱根駅伝 1998年1月2日~3日 東京大手町~箱根町往復 （214.7km）		第9回出雲駅伝 1997年10月10日 浜山陸上競技場~平田市役所 折返し（42.6km）		第29回全日本大学駅伝 1997年11月2日 熱田神宮~伊勢神宮 （106.8km）	
大学名	総合順位	タイム	順位	タイム	順位	タイム
神奈川大学	1	11.01.43	2	2:05:35	1	5:17:18
駒澤大学	2	11.05.48	1	2:05:21	4	5:20:48
山梨学院大学	3	11.08.18	4	2:06:35	2	5:18:22
中央大学	4	11.10.33	3	2:06:24	10	5:28:30
順天堂大学	5	11.14.20	5	2:07:12	6	5:24:11
早稲田大学	6	11.15.18	6	2:07:39	3	5:20:06
日本大学	7	11.17.12				
拓殖大学	8	11.19.09			5	5:23:29
大東文化大学	9	11.21.35	8	2:08:15	8	5:26:52
東洋大学	10	11.21.58	11	2:10:47		
日本体育大学	11	11.22.40	12	2:11:23		
専修大学	12	11.24.29				
関東学院大学	13	11.30.16				
東海大学	14	11.31.18	9	2:10:21	9	5:28:06
帝京大学	15	11.38.52				
京都産業大学			7	2:07:53	7	5:24:32
広島経済大学			10	2:10:34	11	5:29:10
鹿屋体育大学			13	2:13:04	13	5:32:41
立命館大学			14	2:13:13	15	5:36:07
名古屋商科大学			15	2:13:29	17	5:36:32
福岡大学			17	2:14:52	19	5:42:51
第一工業大学					12	5:32:33
徳山大学					14	5:35:22
近畿大学					16	5:36:14
愛知工業大学					18	5:40:19
大阪経済大学					20	5:43:15
山形大学					21	5:44:42
福井工業大学					22	5:45:39
北海道大学					23	5:50:14

1998年度

	第75回箱根駅伝 1999年1月2日~3日 東京大手町~箱根町往復 (216.4km)		第10回出雲駅伝 1998年10月10日 出雲大社~浜山陸上競技場 (43.1km)		第30回全日本大学駅伝 1998年11月1日 熱田神宮~伊勢神宮 (106.8km)	
大学名	総合順位	タイム	順位	タイム	順位	タイム
順天堂大学	1	11.07.47	5	2:06:44	8	5:29:20
駒澤大学	2	11.12.33	1	2:04:48	1	5:17:48
神奈川大学	3	11.17.00	3	2:06:08	4	5:23:14
中央大学	4	11.17.15	7	2:07:12	5	5:26:09
東海大学	5	11.20.51			7	5:27:49
山梨学院大学	6	11.22.00	2	2:05:29	2	5:19:14
大東文化大学	7	11.26.28	9	2:09:46	11	5:34:52
日本大学	8	11.28.17	10	2:10:06		
東洋大学	9	11.29.07	12	2:10:33		
早稲田大学	10	11.29.47	11	2:10:10	9	5:29:57
拓殖大学	11	11.30.13	6	2:06:49	3	5:21:58
日本体育大学	12	11.30.55				
中央学院大学	13	11.38.18				
法政大学	14	11.39.32				
帝京大学	15	11.40.45				
京都産業大学			4	2:06:25	6	5:26:32
第一工業大学			8	2:08:35	10	5:34:17
広島経済大学			13	2:11:04	12	5:35:02
鹿屋体育大学			14	2:11:20	13	5:35:31
立命館大学			20	2:17:53		
愛知工業大学			21	2:21:23		
名古屋商科大学					14	5:42:12
福岡大学					15	5:44:08
龍谷大学					16	5:47:35
奈良産業大学					17	5:48:01
名古屋大学					18	5:49:28
徳山大学					19	5:49:54
中京大学					20	5:51:02
仙台大学					21	5:53:58
札幌学院大学					22	5:53:59
福井工業大学					23	5:54:37

1999年度

	第76回箱根駅伝 2000年1月2日~3日 東京大手町~箱根町往復 (216.4km)		第11回出雲駅伝 1999年10月10日 出雲大社~浜山陸上競技場 (43.1km)		第31回全日本大学駅伝 1999年11月7日 熱田神宮~伊勢神宮 (106.8km)	
大学名	総合順位	タイム	順位	タイム	順位	タイム
駒澤大学	1	11.03.17	3	2:06:16	1	5:19:10
順天堂大学	2	11.07.35	1	2:04:57	3	5:22:01
中央大学	3	11.09.58	4	2:07:02	4	5:25:23
帝京大学	4	11.16.48				
日本大学	5	11.17.42	8	2:07:50	11	5:30:06
早稲田大学	6	11.18.12	16	2:13:36	9	5:28:28
東海大学	7	11.20.00	11	2:09:49	7	5:25:42
神奈川大学	8	11.20.18	5	2:07:04	6	5:25:37
山梨学院大学	9	11.22.58	2	2:05:20	2	5:19:37
法政大学	10	11.23.27			12	5:30:25
日本体育大学	11	11.25.37				
大東文化大学	12	11.26.54	7	2:07:34	10	5:28:48
関東学院大学	13	11.26.58				
拓殖大学	14	11.28.34			8	5:28:17
東洋大学	15	11.40.45	10	2:09:35		
京都産業大学			6	2:07:15	5	5:25:26
第一工業大学			9	2:09:15	13	5:33:54
広島経済大学			12	2:11:35	15	5:37:08
名古屋商科大学			13	2:11:39	16	5:38:07
鹿屋体育大学			15	2:12:07	14	5:36:41
立命館大学			18	2:15:55		
関西大学					17	5:39:47
徳山大学					18	5:40:03
近畿大学					19	5:41:53
福岡大学					20	5:44:25
四日市大学					21	5:44:56
大阪学院大学					22	5:47:50
信州大学					23	5:50:00
仙台大学					24	5:56:10
札幌学院大学					25	5:57:14

2000年度

	第77回箱根駅伝 2001年1月2日~3日 東京大手町~箱根町往復 (216.4km)		第12回出雲駅伝 2000年10月9日 出雲大社~浜山陸上競技場 (43.1km)		第32回全日本大学駅伝 2000年11月5日 熱田神宮~伊勢神宮 (106.8km)	
大学名	総合順位	タイム	順位	タイム	順位	タイム
順天堂大学	1	11.14.05	1	2:05:26	1	5:20:16
駒澤大学	2	11.17.00	3	2:06:29	2	5:21:42
中央大学	3	11.19.17	4	2:06:43	7	5:27:36
法政大学	4	11.20.23	16	2:15:10	8	5:28:59
神奈川大学	5	11.26.32	5	2:06:44	6	5:26:49
大東文化大学	6	11.28.05			3	5:21:47
帝京大学	7	11.28.34	7	2:07:26		
日本大学	8	11.29.17	6	2:07:00	5	5:26:35
山梨学院大学	9	11.29.18	2	2:06:19	4	5:25:22
早稲田大学	10	11.29.48	8	2:08:06	11	5:30:53
日本体育大学	11	11.30.15				
拓殖大学	12	11.31.05			14	5:33:58
平成国際大学	13	11.34.25				
國學院大学	14	11.45.55				
東海大学	棄権	記録なし	11	2:09:43	9	5:29:15
京都産業大学			9	2:09:35	10	5:29:43
第一工業大学			10	2:09:38	13	5:31:22
鹿屋体育大学			12	2:10:50	12	5:31:04
広島経済大学			13	2:12:56	16	5:44:13
関西大学			18	2:16:21	19	5:46:41
名古屋商科大学			20	2:17:24	18	5:46:40
四日市大学					15	5:41:18
徳山大学					17	5:44:31
愛知工業大学					20	5:48:19
近畿大学					21	5:49:20
仙台大学					22	5:53:59
福岡大学					23	5:54:00
札幌学院大学					24	5:58:49
金沢経済大学					25	6:00:02

2001年度

	第78回箱根駅伝 2002年1月2日~3日 東京大手町~箱根町往復 (216.4km)		第13回出雲駅伝 2001年10月8日 出雲大社~出雲ドーム (44km)		第33回全日本大学駅伝 2001年11月4日 熱田神宮~伊勢神宮 (106.8km)	
大学名	総合順位	タイム	順位	タイム	順位	タイム
駒澤大学	1	11.05.35	2	2:09:59	1	5:14:12
順天堂大学	2	11.09.34	1	2:09:49	3	5:15:41
早稲田大学	3	11.09.54	15	2:20:24	6	5:19:49
中央大学	4	11.12.58	6	2:11:33	4	5:18:37
大東文化大学	5	11.13.15	8	2:12:00	7	5:20:14
神奈川大学	6	11.16.29	3	2:10:29	9	5:20:46
亜細亜大学	7	11.21.33				
帝京大学	8	11.21.39	10	2:14:26	10	5:21:42
山梨学院大学	9	11.21.44	4	2:10:41	2	5:15:32
日本大学	10	11.22.40	5	2:11:14	8	5:20:30
日本体育大学	11	11.23.36				
関東学院大学	12	11.29.23				
専修大学	13	11.33.42			12	5:26:06
東海大学	14	11.34.19				
法政大学	棄権	記録なし	7	2:11:36	5	5:19:38
京都産業大学			9	2:12:50	11	5:22:27
広島経済大学			11	2:18:14	17	5:34:36
第一工業大学			14	2:20:10	16	5:33:46
関西大学			17	2:21:10	22	5:39:23
名古屋商科大学			18	2:21:19		
鹿屋体育大学			20	2:23:37		
拓殖大学					13	5:29:09
徳山大学					14	5:30:36
愛知工業大学					15	5:33:10
名古屋大学					18	5:34:46
福岡大学					19	5:36:23
立命館大学					20	5:36:30
四日市大学					21	5:37:05
札幌学院大学					23	5:42:16
金沢経済大学					24	5:42:39
仙台大学					25	5:45:02

2002年度

	第79回箱根駅伝 2003年1月2日~3日 東京大手町~箱根町往復 (216.4km)		第14回出雲駅伝 2002年10月14日 出雲大社~出雲ドーム (44km)		第34回全日本大学駅伝 2002年11月3日 熱田神宮~伊勢神宮 (106.8km)	
大学名	総合順位	タイム	順位	タイム	順位	タイム
駒澤大学	1	11.03.47	3	2:11:03	1	5:18:41
山梨学院大学	2	11.08.28	1	2:10:27	2	5:20:14
日本大学	3	11.12.52	16	2:18:59	3	5:21:40
大東文化大学	4	11.15.15	5	2:11:43	4	5:22:38
中央大学	5	11.16.27	11	2:14:53	7	5:23:55
東洋大学	6	11.16.56			5	5:22:55
東海大学	7	11.17.05			10	5:26:57
順天堂大学	8	11.17.13	10	2:14:21	8	5:25:34
日本体育大学	9	11.17.31				
中央学院大学	10	11.17.33				
神奈川大学	11	11.17.57	2	2:10:55	12	5:28:51
拓殖大学	12	11.19.05				
帝京大学	13	11.20.17	12	2:15:20	15	5:33:23
國學院大学	14	11.22.40				
早稲田大学	15	11.22.42	7	2:12:20	6	5:23:44
法政大学	16	11.27.30			9	5:26:34
亜細亜大学	17	11.27.32	8	2:13:44		
関東学院大学	18	11.28.37				
専修大学	19	11.34.12				
第一工業大学			4	2:11:08	13	5:29:45
京都産業大学			6	2:12:08	11	5:27:50
徳山大学			9	2:13:52	14	5:32:30
鹿屋体育大学			17	2:19:06	19	5:39:39
関西大学			20	2:21:12		
愛知工業大学			22	2:21:59	18	5:38:20
立命館大学					16	5:36:08
四日市大学					17	5:36:57
広島経済大学					20	5:40:43
福岡大学					21	5:42:39
名古屋商科大学					22	5:42:57
東北学院大学					23	5:46:07
信州大学					24	5:48:14
札幌学院大学					25	5:51:33

2003年度

	第80回箱根駅伝 2004年1月2日~3日 東京大手町~箱根町往復 (216.4km)		第15回出雲駅伝 2003年10月13日 出雲大社~出雲ドーム (44km)		第35回全日本大学駅伝 2003年11月2日 熱田神宮~伊勢神宮 (106.8km)	
大学名	総合順位	タイム	順位	タイム	順位	タイム
駒澤大学	1	11.07.51	3	2:10:09	4	5:23:12
東海大学	2	11.13.48	4	2:10:21	1	5:21:06
亜細亜大学	3	11.16.17				
法政大学	4	11.17.42			8	5:27:52
順天堂大学	5	11.17.45	6	2:11:02		
東洋大学	6	11.18.18	8	2:12:23	9	5:28:50
中央大学	7	11.18.21	7	2:11:03		
神奈川大学	8	11.18.33				
日本体育大学	9	11.19.18	9	2:12:29	5	5:26:25
日本大学	10	11.21.48	1	2:10:04	7	5:27:25
中央学院大学	11	11.23.58	12	2:13:02	6	5:26:52
山梨学院大学	12	11.25.56	5	2:10:29	3	5:22:59
大東文化大学	13	11.27.25	2	2:10:07	2	5:22:23
帝京大学	14	11.28.21				
東京農業大学	15	11.28.22				
早稲田大学	16	11.28.47			棄権	記録なし
国士舘大学	17	11.33.34				
関東学院大学	18	11.36.15				
城西大学	19	11.42.15				
第一工業大学			10	2:12:32	16	5:40:02
立命館大学			11	2:12:57	12	5:32:03
徳山大学			13	2:13:47	14	5:37:20
京都産業大学			14	2:14:07	10	5:30:56
愛知工業大学			16	2:16:25	21	5:45:15
鹿屋体育大学			17	2:16:45	24	5:50:05
拓殖大学					11	5:31:18
國學院大学					13	5:33:58
広島経済大学					15	5:39:29
大阪体育大学					17	5:41:39
東北福祉大学					18	5:42:23
福岡大学					19	5:43:14
四日市大学					20	5:44:10
高岡法科大学					22	5:49:11
北海道教育大学					23	5:49:32

2004年度

	第81回箱根駅伝 2005年1月2日～3日 東京大手町～箱根町往復 (217.9km)		第16回出雲駅伝 2004年10月11日 出雲大社～出雲ドーム (44km)		第36回全日本大学駅伝 2004年11月7日 熱田神宮～伊勢神宮 (106.8km)	
大学名	総合順位	タイム	順位	タイム	順位	タイム
駒澤大学	1	11.03.48	2	2:09:26	1	5:18:02
日本体育大学	2	11.07.23	5	2:10:21	6	5:23:46
日本大学	3	11.07.48	1	2:09:12	2	5:19:23
中央大学	4	11.07.49	3	2:09:28	3	5:20:32
順天堂大学	5	11.08.47	6	2:10:34	5	5:23:24
東海大学	6	11.10.32	4	2:10:12	8	5:24:21
亜細亜大学	7	11.11.40	17	2:17:55	10	5:25:54
法政大学	8	11.13.53	7	2:10:53		
中央学院大学	9	11.14.35			13	5:34:04
神奈川大学	10	11.14.49	10	2:12:36	7	5:24:06
早稲田大学	11	11.15.11				
大東文化大学	12	11.17.23	8	2:11:14	9	5:24:35
東洋大学	13	11.18.45	12	2:13:55		
山梨学院大学	14	11.20.58			4	5:22:59
城西大学	15	11.22.49				
帝京大学	16	11.25.03				
専修大学	17	11.25.14				
明治大学	18	11.28.23				
拓殖大学	19	11.35.08				
京都産業大学			9	2:11:43	11	5:30:04
立命館大学			11	2:13:08	12	5:31:28
徳山大学			13	2:14:54	14	5:35:23
第一工業大学			19	2:18:12	16	5:39:42
福岡大学			20	2:18:44	21	5:44:37
愛知工業大学			21	2:20:41		
東北福祉大学					15	5:38:45
広島経済大学					17	5:40:25
東北大学					18	5:41:20
四日市大学					19	5:42:54
大阪体育大学					20	5:43:17
名古屋大学					22	5:44:48
高岡法科大学					23	5:45:49
鹿屋体育大学					24	5:46:48
札幌学院大学					25	5:49:39

2005年度

	第82回箱根駅伝 2006年1月2日~3日 東京大手町~箱根町往復 (217.9km)		第17回出雲駅伝 2005年10月10日 出雲大社~出雲ドーム (44km)		第37回全日本大学駅伝 2005年11月6日 熱田神宮~伊勢神宮 (106.8km)	
大学名	総合順位	タイム	順位	タイム	順位	タイム
亜細亜大学	1	11.09.26	8	2:11:07	11	5:26:20
山梨学院大学	2	11.11.06			4	5:23:11
日本大学	3	11.11.53	5	2:10:23	1	5:18:34
順天堂大学	4	11.12.07	10	2:11:53	14	5:28:02
駒澤大学	5	11.12.42	4	2:09:35	3	5:21:24
東海大学	6	11.12.45	1	2:08:45		
法政大学	7	11.14.17	9	2:11:21	13	5:26:57
中央大学	8	11.15.02	2	2:09:15	2	5:20:48
日本体育大学	9	11.15.59	3	2:09:33	5	5:23:22
東洋大学	10	11.16.00			8	5:24:04
城西大学	11	11.16.10				
大東文化大学	12	11.17.52			6	5:24:19
早稲田大学	13	11.19.10				
國學院大学	14	11.21.03				
専修大学	15	11.21.40			15	5:28:25
神奈川大学	16	11.21.59	12	2:12:08	7	5:24:39
中央学院大学	17	11.22.22	11	2:12:02	9	5:25:04
明治大学	18	11.27.38				
国士舘大学	19	11.33.02				
第一工業大学			6	2:11:02	10	5:25:13
京都産業大学			7	2:11:05	12	5:26:30
立命館大学			13	2:13:40	16	5:30:58
徳山大学			15	2:15:59	17	5:36:26
中京大学			20	2:21:04		
鹿屋体育大学			21	2:21:25		
広島経済大学					18	5:38:40
近畿大学					19	5:39:27
大阪体育大学					20	5:40:16
四日市大学					21	5:40:37
東北福祉大学					22	5:42:29
東北学院大学					23	5:45:24
高岡法科大学					24	5:47:20
札幌学院大学					25	5:51:07

2006年度

	第83回箱根駅伝 2007年1月2日~3日 東京大手町~箱根町往復 (217.9km)		第18回出雲駅伝 2006年10月8日 出雲大社~出雲ドーム (44km)		第38回全日本大学駅伝 2006年11月4日 熱田神宮~伊勢神宮 (106.8km)	
大学名	総合順位	タイム	順位	タイム	順位	タイム
順天堂大学	1	11.05.29	9	2:11:01	4	5:22:02
日本大学	2	11.11.42	2	2:08:27	2	5:20:46
東海大学	3	11.12.07	1	2:07:48		
日本体育大学	4	11.16.44	4	2:10:19	6	5:23:17
東洋大学	5	11.16.59	3	2:10:06	8	5:24:13
早稲田大学	6	11.17.29				
駒澤大学	7	11.18.09	5	2:10:22	1	5:19:05
中央大学	8	11.18.41	12	2:12:26	3	5:21:41
専修大学	9	11.18.42				
亜細亜大学	10	11.19.14	8	2:10:34	7	5:23:54
城西大学	11	11.20.50			10	5:25:59
山梨学院大学	12	11.21.27	11	2:11:33	5	5:22:17
中央学院大学	13	11.21.30				
大東文化大学	14	11.25.30			11	5:26:16
法政大学	15	11.27.46	7	2:10:32		
明治大学	16	11.27.57			13	5:29:28
神奈川大学	17	11.33.20			12	5:27:55
國學院大学	18	11.34.09			15	5:33:05
国士舘大学	19	11.36.30				
第一工業大学			6	2:10:30	9	5:25:45
立命館大学			10	2:11:18	14	5:30:19
京都産業大学			14	2:15:50	16	5:33:38
日本文理大学			15	2:16:52	17	5:38:49
徳山大学			16	2:18:47	18	5:40:33
名古屋大学			18	2:19:34		
近畿大学					19	5:41:02
四日市大学					20	5:42:32
奈良産業大学					21	5:44:18
広島経済大学					22	5:45:10
東北福祉大学					23	5:45:31
高岡法科大学					24	5:45:45
札幌学院大学					25	5:54:55

2007年度

	第84回箱根駅伝 2008年1月2日~3日 東京大手町~箱根町往復 (217.9km)		第19回出雲駅伝 2007年10月8日 出雲大社~出雲ドーム (44km)		第39回全日本大学駅伝 2007年11月4日 熱田神宮~伊勢神宮 (106.8km)	
大学名	総合順位	タイム	順位	タイム	順位	タイム
駒澤大学	1	11.05.00	4	2:08:53	1	5:16:21
早稲田大学	2	11.07.29	10	2:11:33	5	5:20:41
中央学院大学	3	11.11.05			10	5:25:12
亜細亜大学	5	11.14.10	9	2:11:26		
山梨学院大学	6	11.15.00			6	5:21:46
中央大学	7	11.16.32	7	2:10:50	3	5:19:13
帝京大学	8	11.16.48				
日本大学	9	11.16.52	2	2:08:03	7	5:21:52
東洋大学	10	11.17.12	6	2:10:18		
城西大学	11	11.20.19			12	5:25:51
日本体育大学	12	11.20.30	3	2:08:16	2	5:18:51
国士舘大学	13	11.23.43				
専修大学	14	11.25.37	14	2:14:25		
神奈川大学	15	11.27.22				
法政大学	16	11.28.06				
東京農業大学	17	11.30.58				
東海大学	棄権	記録なし	1	2:07:14	4	5:19:51
順天堂大学	棄権	記録なし	5	2:09:22	11	5:25:36
大東文化大学	棄権	記録なし			8	5:24:21
第一工業大学			8	2:11:09	13	5:29:08
立命館大学			11	2:12:56	14	5:29:39
日本文理大学			13	2:13:53	16	5:33:40
愛知工業大学			15	2:16:14	19	5:41:59
大阪体育大学			19	2:17:52		
徳山大学			21	2:18:33		
拓殖大学					9	5:25:04
京都産業大学					15	5:31:14
長崎国際大学					17	5:37:11
高岡法科大学					18	5:40:02
四日市大学					20	5:44:04
東北福祉大学					21	5:44:08
広島経済大学					22	5:44:58
関西大学					23	5:48:52
札幌学院大学					24	5:50:27
広島大学					25	5:52:57

2008年度

	第85回箱根駅伝 2009年1月2日～3日 東京大手町～箱根町往復 (217.9km)		第20回出雲駅伝 2008年10月13日 出雲大社～出雲ドーム (44km)		第40回全日本大学駅伝 2008年11月2日 熱田神宮～伊勢神宮 (106.8km)	
大学名	総合順位	タイム	順位	タイム	順位	タイム
東洋大学	1	11.09.14	5	2:10:05	4	5:20:18
早稲田大学	2	11.09.55	11	2:12:47	2	5:17:01
日本体育大学	3	11.13.05			9	5:25:02
大東文化大学	4	11.17.48	14	2:14:59		
中央学院大学	5	11.17.50	10	2:12:32	5	5:20:55
山梨学院大学	6	11.17.56	4	2:09:18	3	5:17:54
日本大学	7	11.18.14	1	2:08:27	6	5:21:16
明治大学	8	11.18.16			11	5:26:14
中央大学	10	11.18.33	8	2:12:05	8	5:24:04
国士舘大学	11	11.19.07				
東京農業大学	12	11.19.17			10	5:25:23
駒澤大学	13	11.20.20	2	2:08:41	1	5:16:17
専修大学	14	11.24.59				
神奈川大学	15	11.25.07				
亜細亜大学	16	11.25.39	12	2:13:28		
拓殖大学	17	11.26.31				
東海大学	18	11.28.04	6	2:10:23	12	5:26:47
順天堂大学	19	11.28.09				
帝京大学	20	11.28.21	9	2:12:08	13	5:27:16
上武大学	21	11.28.54				
青山学院大学	22	11.29.00				
城西大学	棄権	記録なし				
第一工業大学			3	2:09:10	7	5:23:07
立命館大学			7	2:11:31	14	5:29:07
京都産業大学			13	2:14:09	15	5:34:42
日本文理大学			15	2:15:50	16	5:35:51
愛知工業大学			19	2:19:01	24	5:48:05
広島経済大学			20	2:19:19		
東北福祉大学					17	5:38:08
奈良産業大学					18	5:39:43
福岡大学					19	5:40:24
高岡法科大学					20	5:43:31
広島大学					21	5:45:44
札幌学院大学					22	5:47:18
中京大学					23	5:47:49
信州大学					25	5:51:11

2009年度

	第86回箱根駅伝 2010年1月2日~3日 東京大手町~箱根町往復 (217.9km)		第21回出雲駅伝 2009年10月12日 出雲大社~出雲ドーム (44.5km)		第41回全日本大学駅伝 2009年11月1日 熱田神宮~伊勢神宮 (106.8km)	
大学名	総合順位	タイム	順位	タイム	順位	タイム
東洋大学	1	11.10.13	3	2:11:19	2	5:24:40
駒澤大学	2	11.13.59	10	2:13:51	7	5:26:38
山梨学院大学	3	11.15.46	2	2:10:26	5	5:26:05
中央大学	4	11.16.00	5	2:12:24	6	5:26:26
東京農業大学	5	11.16.42			12	5:31:27
城西大学	6	11.17.53				
早稲田大学	7	11.20.04	4	2:11:22	4	5:25:46
青山学院大学	8	11.21.25			15	5:36:22
日本体育大学	9	11.21.45				
明治大学	10	11.21.57	12	2:14:25	3	5:24:54
帝京大学	11	11.24.52				
東海大学	12	11.25.46			9	5:27:18
中央学院大学	13	11.26.41	11	2:13:54	8	5:26:53
上武大学	14	11.28.14				
日本大学	15	11.28.48	1	2:10:07	1	5:21:04
専修大学	17	11.29.51			14	5:34:18
大東文化大学	18	11.32.53	9	2:13:46		
法政大学	19	11.33.22				
亜細亜大学	20	11.41.07				
立命館大学			6	2:12:35	11	5:30:53
第一工業大学			7	2:12:50	10	5:30:35
京都産業大学			8	2:13:26	13	5:33:08
日本文理大学			14	2:16:24	16	5:39:34
愛知工業大学			15	2:18:17		
久留米大学			18	2:22:09		
広島経済大学			21	2:25:52		
広島大学			22	2:26:28	25	5:56:33
大阪経済大学					17	5:40:53
名古屋大学					18	5:43:18
中京大学					19	5:46:21
札幌学院大学					20	5:48:18
福岡大学					21	5:49:24
東北福祉大学					22	5:50:09
東北大学					23	5:51:26
信州大学					24	5:53:01

2010年度

	第87回箱根駅伝 2011年1月2日~3日 東京大手町~箱根町往復 (217.9km)		第22回出雲駅伝 2010年10月11日 出雲大社~出雲ドーム (44.5km)		第42回全日本大学駅伝 2010年11月7日 熱田神宮~伊勢神宮 (106.8km)	
大学名	総合順位	タイム	順位	タイム	順位	タイム
早稲田大学	1	10.59.51	1	2:10:05	1	5:13:02
東洋大学	2	11.00.12	4	2:11:59	3	5:16:21
駒澤大学	3	11.03.53	3	2:11:28	2	5:15:22
東海大学	4	11.08.12			5	5:19:45
明治大学	5	11.08.24	8	2:14:19	6	5:19:52
中央大学	6	11.11.24	7	2:13:20	8	5:20:32
拓殖大学	7	11.11.28				
日本体育大学	8	11.13.19	2	2:11:16	7	5:20:00
青山学院大学	9	11.13.20	11	2:15:34		
國學院大学	10	11.13.23				
城西大学	11	11.13.26	13	2:16:42	11	5:22:05
山梨学院大学	12	11.13.50	5	2:12:09	9	5:21:05
帝京大学	13	11.14.21			10	5:22:04
東京農業大学	14	11.15.43	6	2:13:04		
神奈川大学	15	11.16.37				
中央学院大学	16	11.19.00				
専修大学	17	11.21.05				
上武大学	19	11.25.11				
日本大学	20	11.28.00	18	2:20:29	4	5:19:18
京都産業大学			9	2:14:25	13	5:25:54
第一工業大学			10	2:14:28	15	5:30:55
立命館大学			12	2:16:07	14	5:29:24
中京大学			14	2:17:57	19	5:38:28
日本文理大学			19	2:21:28	18	5:38:19
広島大学			22	2:26:28	25	5:50:47
国士舘大学					12	5:25:06
名古屋大学					16	5:37:02
奈良産業大学					17	5:37:02
東北福祉大学					20	5:39:11
札幌学院大学					21	5:42:16
長崎国際大学					22	5:44:30
信州大学					23	5:45:41
東北学院大学					24	5:46:42

2011年度

	第88回箱根駅伝 2012年1月2日~3日 東京大手町~箱根町往復 (217.9km)		第23回出雲駅伝 2011年10月10日 出雲大社~出雲ドーム (44.5km)		第43回全日本大学駅伝 2011年11月6日 熱田神宮~伊勢神宮 (106.8km)	
大学名	総合順位	タイム	順位	タイム	順位	タイム
東洋大学	1	10.51.36	1	2:10:43	2	5:16:19
駒澤大学	2	11.00.38	2	2:11:09	1	5:15:46
明治大学	3	11.02.50	7	2:13:26	8	5:26:22
早稲田大学	4	11.03.10	3	2:11:13	3	5:21:06
青山学院大学	5	11.08.46	10	2:14:49	9	5:27:55
城西大学	6	11.10.17			10	5:30:55
順天堂大学	7	11.11.15				
中央大学	8	11.11.17	9	2:14:46	5	5:22:21
山梨学院大学	9	11.12.38				
國學院大学	10	11.13.42	11	2:15:46		
国士舘大学	11	11.16.47				
東海大学	12	11.17.14	4	2:12:07	7	5:24:26
帝京大学	13	11.18.58			11	5:31:32
拓殖大学	14	11.20.21	5	2:12:55		
神奈川大学	15	11.20.22				
上武大学	16	11.20.43			6	5:23:44
中央学院大学	18	11.21.41				
日本体育大学	19	11.22.26	6	2:13:09	13	5:33:55
東京農業大学	20	11.44.16				
京都産業大学			12	2:16:41	12	5:32:36
第一工業大学			13	2:17:51	16	5:40:45
関西学院大学			14	2:18:28	15	5:39:36
日本文理大学			15	2:20:04	18	5:42:13
中京大学			18	2:22:50	19	5:43:06
広島大学			19	2:23:16	22	5:52:46
日本大学					4	5:21:54
立命館大学					14	5:38:23
愛知工業大学					17	5:41:41
福岡大学					20	5:45:26
札幌学院大学					21	5:49:46
新潟大学					22	5:52:46
東北福祉大学					24	5:53:09
北海道大学					25	6:06:15

2012年度

	第89回箱根駅伝 2013年1月2日~3日 東京大手町~箱根町往復 (217.9km)		第24回出雲駅伝 2012年10月8日 出雲大社~出雲ドーム (44.5km)		第44回全日本大学駅伝 2012年11月4日 熱田神宮~伊勢神宮 (106.8km)	
大学名	総合順位	タイム	順位	タイム	順位	タイム
日本体育大学	1	11.13.26			4	5:15:21
東洋大学	2	11.18.20	2	2:11:10	2	5:13:32
駒澤大学	3	11.19.23	5	2:11:50	1	5:12:43
帝京大学	4	11.21.39			11	5:23:40
早稲田大学	5	11.21.39	6	2:12:06	3	5:15:08
順天堂大学	6	11.24.43	7	2:12:13		
明治大学	7	11.25.14	11	2:15:37	5	5:17:09
青山学院大学	8	11.25.59	1	2:09:41		
法政大学	9	11.26.40				
中央学院大学	10	11.27.34				
山梨学院大学	11	11.28.24	4	2:11:46	8	5:20:33
大東文化大学	12	11.30.46				
國學院大学	14	11.33.28	10	2:13:53		
日本大学	15	11.35.23			6	5:18:49
神奈川大学	16	11.37.36			10	5:23:23
東京農業大学	17	11.39.13				
上武大学	18	11.42.44			7	5:20:17
中央大学	棄権	記録なし	3	2:11:35	9	5:21:54
城西大学	棄権	記録なし	9	2:13:35		
第一工業大学			12	2:17:02	18	5:39:37
立命館大学			13	2:17:05	13	5:28:56
関西学院大学			14	2:18:06	14	5:29:53
日本文理大学			17	2:20:35	16	5:35:52
愛知工業大学			20	2:23:04		
広島大学			21	2:23:43	22	5:46:24
東海大学					12	5:25:52
大阪経済大学					15	5:32:23
名古屋大学					17	5:37:19
中京大学					19	5:39:54
信州大学					20	5:42:13
新潟大学					21	5:44:37
札幌学院大学					23	5:46:59
福岡大学					24	5:47:48
東北福祉大学					25	5:49:55

2013年度

	第90回箱根駅伝 2014年1月2日~3日 東京大手町~箱根町往復 (217.9km)		第25回出雲駅伝 2013年10月14日 出雲大社~出雲ドーム (44.5km)		第45回全日本大学駅伝 2013年11月3日 熱田神宮~伊勢神宮 (106.8km)	
大学名	総合順位	タイム	順位	タイム	順位	タイム
東洋大学	1	10.52.51	2	2:10:17	2	5:16:19
駒澤大学	2	10.57.25	1	2:09:11	1	5:13:09
日本体育大学	3	11.03.51	3	2:10:59	8	5:23:26
早稲田大学	4	11.04.17	4	2:11:47	4	5:19:22
青山学院大学	5	11.08.53	5	2:12:09	6	5:22:09
明治大学	6	11.10.09	7	2:13:09	3	5:18:32
日本大学	7	11.12.52			9	5:23:40
帝京大学	8	11.13.03	12	2:16:07	13	5:30:02
拓殖大学	9	11.13.06				
大東文化大学	10	11.14.43			7	5:22:20
法政大学	11	11.15.33	8	2:13:20	12	5:27:07
中央学院大学	12	11.15.40	6	2:12:24	11	5:25:31
東海大学	13	11.17.52				
東京農業大学	14	11.18.02				
中央大学	15	11.18.43	10	2:14:40		
順天堂大学	16	11.19.03	9	2:13:29	10	5:25:23
國學院大学	17	11.20.44				
神奈川大学	18	11.23.47				
城西大学	19	11.25.42				
上武大学	20	11.25.56				
専修大学	21	11.28.39				
国士舘大学	22	11.38.35				
山梨学院大学	棄権	記録なし			5	5:20:07
京都産業大学			11	2:15:22	14	5:30:28
関西学院大学			13	2:17:13	16	5:33:15
中京大学			15	2:18:43	20	5:41:40
第一工業大学			16	2:19:01	19	5:41:35
日本文理大学			17	2:19:21	18	5:41:07
広島経済大学			22	2:27:12		
立命館大学					15	5:31:54
大阪経済大学					17	5:38:59
東北大学					21	5:47:33
広島大学					22	5:49:51
岐阜経済大学					23	5:53:06
新潟大学					24	5:53:57
札幌学院大学					25	5:54:31

2014年度

	第91回箱根駅伝 2015年1月2日~3日 東京大手町~箱根町往復 (217.1km)		第26回出雲駅伝 2014年10月13日 出雲大社~出雲ドーム (45.1km)		第46回全日本大学駅伝 2014年11月2日 熱田神宮~伊勢神宮 (106.8km)	
大学名	総合順位	タイム	順位	タイム	順位	タイム
青山学院大学	1	10.49.27	悪天候のため中止		3	5:17:24
駒澤大学	2	11.00.17			1	5:14:36
東洋大学	3	11.01.22			4	5:18:09
明治大学	4	11.01.57			2	5:17:23
早稲田大学	5	11.02.15			7	5:22:33
東海大学	6	11.07.08			6	5:21:27
城西大学	7	11.08.15			15	5:28:33
中央学院大学	8	11.09.18			14	5:27:53
山梨学院大学	9	11.10.43			5	5:21:02
大東文化大学	10	11.11.15			8	5:23:26
帝京大学	11	11.13.30				
順天堂大学	12	11.13.32			9	5:25:15
日本大学	13	11.17.59				
國學院大学	14	11.18.12				
日本体育大学	15	11.18.24			11	5:26:11
拓殖大学	16	11.18.24				
神奈川大学	17	11.18.47			10	5:25:36
上武大学	18	11.18.53			13	5:27:25
中央大学	19	11.20.51				
創価大学	20	11.31.40				
京都産業大学					12	5:26:26
関西学院大学					16	5:28:49
立命館大学					17	5:29:04
京都大学					18	5:35:36
大阪経済大学					19	5:38:58
広島経済大学					20	5:41:53
中京大学					21	5:42:01
信州大学					22	5:42:08
東北大学					23	5:47:08
第一工業大学					24	5:48:24
札幌学院大学					25	6:04:28

出場選手名索引

【あ】

阿江 匠〈中央〉…箱根82, 箱根83
会川 源三〈日本〉…箱根5, 箱根6
相川 浩一〈亜細亜〉…箱根52, 箱根53, 箱根55
相川 哲男〈専修〉…箱根46, 箱根47, 全日本2
相川 宙士〈国士舘〉…箱根66, 箱根67, 箱根68, 全日本22
相川 慶彦〈日本体育〉…全日本23
愛敬 重之〈中京〉…全日本14, 全日本15, 全日本16, 全日本17
愛敬 実〈日本〉…箱根32, 箱根33, 箱根34, 箱根35
愛甲 雄一〈名古屋〉…全日本20
相沢 克之〈順天堂〉…箱根69, 箱根70, 箱根71, 箱根72, 全日本24
相沢 末男〈東洋〉…箱根24, 箱根25, 箱根26, 箱根27, 箱根28
相澤 達也〈仙台〉…全日本33
相澤 達也〈東北学連〉…出雲14, 出雲15, 出雲16
相澤 直亮〈立命館〉…出雲18, 出雲19, 全日本38, 全日本39
相沢 義和〈東海〉…箱根67, 箱根68, 出雲2, 出雲3, 全日本22, 全日本23
愛下 直樹〈北信越連〉…出雲12
相島 実〈日本〉…箱根44, 箱根45
会田 邦博〈亜細亜〉…箱根45, 箱根47, 箱根48
相田 四郎〈横浜専門〉…箱根25
相田 四郎〈神奈川〉…箱根26, 箱根27
相葉 直紀〈広島〉…出雲22, 出雲23, 出雲24, 全日本41, 全日本42, 全日本43, 全日本44
饗庭 正勝〈駒澤〉…箱根43, 箱根44
相場 祐人〈中央〉…箱根89, 箱根90, 出雲23, 全日本44
相原 豊次〈中央〉…箱根18
相原 紀幸〈北海道教〉…全日本35
粟飯原 太〈関東学院〉…箱根80
相原 将仁〈早稲田〉…箱根89
相原 靖〈横浜国立〉…箱根27, 箱根28, 箱根29, 箱根30
相原 征帆〈青山学院〉…箱根86
青陰 寛〈神奈川〉…箱根77
青木 晶〈中京〉…出雲17
青木 亮〈日本〉…箱根68, 箱根69, 全日本23
青木 清史〈防衛〉…箱根39
青木 金治〈東京農業〉…箱根2
青木 国昭〈青山学院〉…箱根50, 箱根51, 箱根52
青木 健祐〈札幌学院〉…全日本36, 全日本38
青木 健祐〈北海道連〉…出雲16
青木 光治〈福岡〉…全日本25
青木 繁〈東北学院〉…全日本20
青木 実雄〈大阪商業〉…全日本9, 全日本10
青木 潤〈東京農業〉…箱根63, 箱根64, 箱根65, 箱根66, 出雲1, 全日本20, 全日本21
青木 純〈慶應義塾〉…箱根47, 箱根50
青木 末弘〈日歯医専〉…箱根6
青木 孝夫〈日歯医専〉…箱根10, 箱根11
青木 堯夫〈法政〉…箱根3, 箱根4, 箱根5, 箱根6, 箱根7
青木 貴紀〈山梨学院〉…箱根64, 箱根66, 出雲1, 全日本21
青木 孝悦〈駒澤〉…箱根55, 箱根56, 箱根57, 箱根58
青木 太郎〈日歯医専〉…箱根11
青木 鶴雄〈日歯医専〉…箱根20, 箱根21
青木 利夫〈国士舘〉…箱根37, 箱根38, 箱根39, 箱根40
青木 信夫〈國學院〉…箱根88
青樹 信正〈東洋〉…箱根19
青木 弘〈東京農業〉…箱根26, 箱根27, 箱根28, 箱根29
青木 博志〈中四国連〉…出雲11
青木 博志〈徳山〉…全日本29, 全日本30, 全日本31, 全日本32
青木 誉〈東京農業〉…箱根19
青木 優〈東京農業〉…箱根88, 箱根89
青木 松二〈中央〉…箱根2
青木 実〈愛知教育〉…全日本3, 全日本4
青木 基泰〈大阪経済〉…全日本10, 全日本12, 全日本13
青木 豊〈東京理科〉…全日本1
青木 好之〈慶應義塾〉…箱根1, 箱根2, 箱根3, 箱根4
青木 芳幸〈愛知学院〉…全日本14
青木 律〈青山学院〉…箱根47, 箱根48
青田 宏三郎〈東京文理〉…箱根23
青田 享〈明治〉…箱根81
青田 恭志〈東海〉…全日本15
青地 球磨男〈立教〉…箱根15, 箱根16, 箱根17, 箱根18
青砥 悠〈横浜市立〉…箱根40
青戸 洋二〈中京〉…全日本14
青沼 克之〈東京農業〉…箱根70
青野 宰明〈日本体育〉…箱根78, 箱根79, 箱根80
青野 敏之〈國學院〉…箱根82, 全日本35
青葉 昌幸〈日本〉…箱根42
青柳 友博〈日本体育〉…箱根72, 箱根73, 箱根74, 出雲8, 全日本27
青柳 治英〈神奈川〉…箱根42, 箱根43
青柳 稔〈東京農業〉…全日本1
青柳 良雄〈慶應義塾〉…箱根11
青山 秀一〈中四国連〉…出雲6, 出雲7
青山 秀一〈徳山〉…全日本26, 全日本27
青山 正文〈東京高師〉…箱根6, 箱根9
青山 利雄〈防衛〉…箱根37
青山 義〈専修〉…箱根19, 箱根20, 箱根21
赤井 暁彦〈広島経済〉…出雲21, 出雲25
赤池 学〈国士舘〉…箱根54, 箱根55, 箱根56
赤石 嘉美〈札幌学院〉…全日本22

赤川 桂一〈札幌学院〉…全日本30
赤城 圭介〈第一工業〉…出雲7, 出雲8, 全日本27, 全日本28, 全日本29
赤木 淳一〈専修〉…箱根83
赤木 翼〈帝京〉…箱根84, 箱根85
赤木 義夫〈東洋〉…箱根21
赤坂 宏〈中京〉…全日本13
赤崎 康久〈大東文化〉…箱根76
赤沢 正樹〈山形〉…全日本19
赤治 直和〈九州国際〉…出雲2, 全日本22
赤治 直和〈八幡〉…全日本20
赤瀬 慎弥〈長崎国際〉…全日本42
赤染 健〈東海〉…箱根86, 箱根87
安形 保夫〈青山学院〉…箱根41, 箱根42, 箱根43, 箱根44
赤塚 勝次〈東京高師〉…箱根1
赤星 伸一〈駒澤〉…箱根63
赤星 輝彦〈日本体育〉…箱根67, 箱根68, 全日本22, 全日本23
赤堀 郡平〈中央〉…箱根12, 箱根13
赤堀 正司〈早稲田〉…箱根61
赤堀 正隆〈名古屋商〉…出雲9, 全日本28, 全日本29, 全日本30
赤間 鎮雄〈東京農業〉…箱根19
赤間 俊勝〈日本体育〉…箱根72
赤松 駿〈立命館〉…全日本43
赤松 透〈広島〉…全日本39, 全日本40
赤松 宏樹〈神奈川〉…箱根89
赤松 由章〈大阪商業〉…全日本2, 全日本3, 全日本4
赤峰 直樹〈山梨学院〉…箱根85, 箱根87, 全日本40
秋枝 実男〈大東文化〉…箱根49, 箱根50, 箱根51, 箱根52, 全日本4, 全日本5, 全日本6, 全日本7
秋枝 文明〈中京〉…全日本18, 全日本19
秋沢 潤弥〈徳山〉…出雲15, 出雲16, 出雲17, 出雲18, 全日本35, 全日本36, 全日本37, 全日本38
秋田 弘吉〈早稲田〉…箱根40, 箱根41, 箱根42
秋田 幸宏〈日本文理〉…全日本40, 全日本42
秋月 昌臣〈中四国連〉…出雲1
秋葉 啓太〈関東学院〉…箱根78
秋庭 正司〈東北学連〉…出雲10, 出雲11, 出雲12
秋葉 正人〈東洋〉…箱根74, 箱根75, 箱根76, 出雲9, 出雲11
秋場 実〈東海〉…箱根71, 箱根73, 出雲6, 全日本26
秋元 宏之〈亜細亜〉…箱根55
秋山 卯一〈明治〉…箱根13
秋山 和稔〈法政〉…箱根80, 箱根81, 箱根82, 出雲16, 全日本35, 全日本37
秋山 清仁〈日本体育〉…箱根91
秋山 純一〈京都〉…全日本4
秋山 新吾〈帝京〉…箱根78, 箱根79, 出雲13, 全日本33
秋山 拓平〈大東文化〉…出雲21
秋山 武史〈同志社〉…全日本22
秋山 勉〈東京農業〉…箱根35, 箱根36, 箱根37, 箱根38
秋山 俊次〈専修〉…箱根53, 箱根55
秋山 仲男〈大阪体育〉…全日本1
秋山 紘〈横浜市立〉…箱根40
秋山 雄飛〈青山学院〉…全日本46
秋山 羊一郎〈大東文化〉…箱根76, 箱根77, 箱根78, 出雲11, 全日本31, 全日本32, 全日本33
秋山 義美〈九州産業〉…全日本11
秋吉 和俊〈明治〉…箱根41, 箱根42, 箱根43
安居院 高志〈北海道〉…全日本8
阿久津 勝利〈法政〉…箱根40, 箱根41
阿久津 圭司〈早稲田〉…箱根82, 箱根83, 出雲19
阿久津 尚二〈日本〉…箱根81, 箱根83, 箱根84, 出雲16, 出雲18, 出雲19, 全日本36, 全日本37, 全日本38, 全日本39
阿久津 進〈東京農業〉…箱根59
阿久津 浩〈筑波〉…箱根54, 箱根56, 全日本11
阿久津 浩之〈亜細亜〉…出雲16, 出雲17
阿久津 匡志〈専修〉…箱根67, 箱根68, 箱根69, 出雲4, 全日本23, 全日本24
阿久津 真倫〈関東学院〉…箱根79, 箱根80
阿久津 真倫〈関東学連〉…箱根82
アクレン, T.〈IVL〉…出雲25
揚田 将史〈広島経済〉…全日本30
明田 良雄〈東洋〉…箱根33
明地 邦整〈日本〉…箱根19, 箱根20
明本 樹昌〈東洋〉…箱根61, 箱根62
吾郷 新〈亜細亜〉…出雲17
浅井 猛〈大阪体育〉…全日本35, 全日本36
浅井 正〈中央〉…箱根26, 箱根27
浅井 宏泰〈中部〉…全日本16
浅井 吉国〈中央〉…箱根6
浅尾 英〈神奈川〉…箱根77, 箱根79, 全日本33
浅岡 斉〈鹿屋体育〉…出雲11, 全日本30, 全日本31, 全日本32
浅岡 満憲〈関東学連〉…箱根91
浅岡 満憲〈東京農業〉…箱根88, 箱根89, 箱根90
朝倉 和眞〈東海学連〉…全日本44, 全日本45, 全日本46
朝倉 定〈慶應義塾〉…箱根5
朝倉 悟〈国士舘〉…箱根46
浅倉 茂〈中央〉…箱根24, 箱根25, 箱根26, 箱根27, 箱根28
朝倉 忠勝〈順天堂〉…箱根49, 箱根50, 箱根51, 箱根52
朝倉 充〈早稲田〉…箱根14, 箱根15, 箱根16, 箱根17
朝妻 正一〈仙台〉…全日本18
浅田 広志〈酪農学園〉…全日本7
浅田 文明〈京都産業〉…全日本11, 全日本12, 全日本13, 全日本14
浅田 洋平〈拓殖〉…箱根85

浅野 亀一郎〈拓殖〉…箱根21
浅野 三郎〈東京教育〉…箱根30, 箱根31, 箱根32, 箱根33
浅野 貴央〈東北〉…全日本26, 全日本27
浅野 友之〈名古屋商〉…全日本13
浅野 守〈神奈川〉…箱根33
浅野 由樹久〈中京〉…全日本17
浅場 幸一〈神奈川〉…箱根38
浅羽 慶彦〈拓殖〉…全日本35
朝日 嗣也〈早稲田〉…箱根85, 全日本40
朝日 宏宣〈上武〉…箱根85, 箱根86
浅海 信雄〈法政〉…箱根23
浅見 洋〈秋田〉…全日本2, 全日本3
芦刈 敬典〈日本文理〉…出雲22, 全日本42
芦沢 尚紀〈東京農業〉…箱根73
味沢 善朗〈大東文化〉…箱根49, 箱根50, 全日本4, 全日本5
芦田 勝男〈京都産業〉…全日本19
芦田 国生〈法政〉…箱根32, 箱根33, 箱根34
葦原 慶治〈大阪体育〉…全日本5, 全日本6
足羽 純実〈法政〉…出雲25, 全日本45
吾妻 武男〈仙台〉…全日本18
東 剛彦〈鹿児島〉…全日本12, 全日本13, 全日本14, 全日本15
東 宏一〈防衛〉…箱根37
東 寛之〈札幌学院〉…全日本27
吾妻 佑起〈國學院〉…箱根89, 箱根90, 箱根91
東家 俊一〈関西〉…全日本27
阿瀬川 裕〈明治〉…箱根48
麻生 薫〈専修〉…箱根34
阿宗 高広〈国士舘〉…箱根82, 箱根83, 箱根84
麻生 武治〈早稲田〉…箱根1, 箱根2, 箱根3
麻生 昌也〈中京〉…全日本26
安達 昭則〈新潟〉…全日本16
足立 啓〈大阪経済〉…全日本18, 全日本19, 全日本21
安達 健一〈東京農業〉…箱根15, 箱根16
足立 幸永〈日本体育〉…箱根59, 箱根60, 箱根61, 全日本15, 全日本16
安達 淳〈大阪体育〉…全日本15
足立 俊治〈早稲田〉…箱根71
安達 清一〈法政〉…箱根54, 箱根55, 箱根56, 箱根57
安達 大祐〈関西学院〉…出雲23, 全日本43
足立 健〈中京〉…全日本40
安達 辰徳〈鹿屋体育〉…出雲13, 出雲14, 出雲15, 全日本34, 全日本35
安達 正道〈専修〉…箱根25, 箱根26
足立 正行〈法政〉…箱根43, 箱根44, 箱根45, 箱根46
足立 泰男〈京都産業〉…全日本17, 全日本18, 全日本19, 全日本20
足立 安長〈東京文理〉…箱根18
足立 康光〈駒澤〉…箱根71, 箱根72, 箱根73, 箱根74, 全日本28, 全日本29
安達 陽平〈高岡法科〉…全日本36, 全日本39
足立 亘〈京都産業〉…全日本17, 全日本18
厚地 翔太〈第一工業〉…出雲18, 出雲19, 出雲20, 出雲21, 全日本38, 全日本39, 全日本40, 全日本41
渥美 昂大〈中央〉…箱根87, 箱根88, 出雲22, 全日本43
後宮 正幸〈早稲田〉…箱根71, 出雲4, 全日本26
穴沢 正人〈大阪体育〉…全日本26
穴戸 春寿〈中京〉…全日本8, 全日本9
阿南 堅也〈帝京〉…箱根91
阿南 秀雄〈埼玉〉…箱根35
阿野 貴志〈立命館〉…出雲11, 全日本33
アブデラアジス, A.〈第一工業〉…出雲17, 出雲18, 出雲19, 全日本37, 全日本38, 全日本39
油野 利博〈東京教育〉…箱根43
アブラハム, Z.〈第一工業〉…出雲10, 全日本30
油屋 健二〈大阪体育〉…出雲1, 全日本19, 全日本20, 全日本21
阿部 一夫〈法政〉…箱根47
阿部 和夫〈秋田〉…全日本2, 全日本3
阿部 和仁〈関東学院〉…箱根74
阿部 和美〈大東文化〉…箱根51, 箱根53
阿部 一也〈国士舘〉…箱根62, 箱根63, 箱根64, 箱根65, 全日本17, 全日本19, 全日本20
安部 和吉〈亜細亜〉…箱根60
安部 喜代志〈明治〉…箱根36, 箱根37, 箱根38, 箱根39
阿部 幸太郎〈早稲田〉…出雲11
阿部 悟郎〈東京学芸〉…箱根60
阿部 静隆〈慶應義塾〉…箱根50
阿部 純也〈神奈川〉…箱根27, 箱根28, 箱根29, 箱根30
阿部 正三〈法政〉…箱根21
安部 晋太郎〈拓殖〉…箱根76, 全日本31, 全日本32
安部 猛〈早稲田〉…箱根66
阿部 直〈日本体育〉…箱根77
阿部 竜巳〈山梨学院〉…箱根89, 箱根90, 箱根91, 出雲24, 全日本44, 全日本45, 全日本46
阿部 元〈専修〉…箱根34
阿部 哲史〈関東学連〉…箱根82
阿部 哲史〈拓殖〉…箱根81
安部 智勝〈仙台〉…全日本32
阿部 知之〈慶應義塾〉…箱根50
阿部 豊幸〈日本〉…箱根82, 箱根83, 箱根84, 箱根85, 全日本39, 全日本40
阿部 直志〈関西〉…全日本17, 全日本18
阿部 信司〈東京農業〉…箱根41
阿部 春彦〈東北学院〉…全日本5, 全日本6, 全日本7
安部 秀保〈亜細亜〉…箱根86
阿部 弘〈東北学院〉…全日本14, 全日本15, 全日本16, 全日本17
阿部 寛〈東京農業〉…箱根66

阿部 文明〈駒澤〉…箱根55, 箱根56, 箱根57
阿部 誠〈東北学連〉…出雲2
阿部 正臣〈東京学芸〉…箱根35, 箱根36, 箱根37
阿部 光幸〈国士舘〉…箱根48, 箱根49, 箱根50, 箱根51, 全日本3, 全日本6
安部 実〈専修〉…箱根37, 箱根38, 箱根39, 箱根40
阿部 元輝〈北海道連〉…出雲7
阿部 康男〈青山学院〉…箱根42
安部 勇樹〈高岡法科〉…全日本37
阿部 豊〈法政〉…箱根14, 箱根15, 箱根16, 箱根17, 箱根18
安部 義夫〈東大農実〉…箱根3
阿部 芳規〈東北福祉〉…全日本36, 全日本37, 全日本38
雨田 茂〈拓殖〉…箱根14, 箱根15, 箱根16, 箱根17
天野 右文〈関西〉…出雲7, 全日本25, 全日本26, 全日本27
天野 賢哉〈京都産業〉…出雲11, 出雲12, 出雲13, 出雲14, 全日本31, 全日本32, 全日本33, 全日本34
天野 重朗〈明治〉…箱根4, 箱根5, 箱根6
天野 峻〈神奈川〉…箱根84, 箱根85, 箱根87
天野 正二〈東洋〉…箱根38, 箱根39, 箱根40
天野 精三〈大阪商業〉…全日本1, 全日本2, 全日本3, 全日本4
天野 正治〈奈良産業〉…全日本40, 全日本42
天野 達也〈中央学院〉…箱根81, 箱根82, 箱根83, 全日本36, 全日本37
天野 輝男〈明治〉…箱根40, 箱根41, 箱根43
天野 博哉〈北海道〉…全日本16, 全日本18
天野 光男〈拓殖〉…箱根46
天野 元文〈拓殖〉…箱根75, 箱根76, 箱根77, 全日本30, 全日本31
天野 禎人〈東北〉…全日本23, 全日本24, 全日本25
天野 義則〈福岡〉…全日本1, 全日本2
天野 善彦〈京都産業〉…全日本13
網岡 昌隆〈中四国連〉…出雲15
アムラウト, M.〈IVL〉…出雲25
雨宮 正行〈東京農業〉…箱根39, 箱根40, 箱根41
雨宮 雄幸〈東京学芸〉…箱根37
雨宮 勇造〈立教〉…箱根30, 箱根31
綾部 昭三〈神奈川〉…箱根27
荒 朋裕〈東北学院〉…全日本37
荒 朋裕〈東北学連〉…出雲16, 出雲17, 出雲18
新井 允得〈青山学院〉…箱根22
新井 一則〈法政〉…箱根56, 箱根57, 箱根59
新井 一匡〈国士舘〉…箱根80, 箱根82
新井 勝夫〈東洋〉…箱根34, 箱根35
荒井 勝己〈横浜市立〉…箱根30, 箱根31, 箱根32
荒井 光一郎〈紅陵〉…箱根24
新井 広憲〈早稲田〉…箱根75, 箱根76, 箱根77, 箱根78, 全日本31, 全日本33
荒井 正三〈東京農業〉…箱根14, 箱根15
新井 真悟〈亜細亜〉…箱根43, 箱根44
荒井 伸次〈法政〉…箱根72, 箱根73, 出雲8, 全日本27
新井 岳〈順天堂〉…箱根84, 全日本39
荒井 輔〈青山学院〉…箱根85, 箱根86, 全日本41
新井 辰夫〈東海〉…箱根54
新井 哲〈東洋〉…箱根61, 箱根64, 全日本18
新居 利広〈東海〉…箱根50, 箱根51, 箱根52, 箱根53
新井 敏之〈東洋〉…箱根43, 箱根44, 箱根46
荒井 友一〈成蹊〉…箱根28
新井 智幸〈大東文化〉…箱根69, 箱根70, 出雲4, 出雲5, 全日本24, 全日本25
荒井 七海〈東海〉…箱根90
新井 昇〈早稲田〉…箱根68
新井 裕崇〈拓殖〉…箱根91
新井 博文〈大阪体育〉…全日本35
新井 広幸〈順天堂〉…箱根60, 箱根61, 箱根62, 箱根63
新井 房太郎〈東大農実〉…箱根7
新井 正浩〈早稲田〉…箱根72
新井 雄三郎〈早稲田〉…箱根37
新井 幸雄〈慶應義塾〉…箱根70
荒川 功〈明治〉…箱根36, 箱根37, 箱根38, 箱根39
荒川 清孝〈日本〉…箱根15, 箱根16, 箱根17
荒川 大作〈京都産業〉…出雲5, 出雲8, 出雲9, 全日本25, 全日本28, 全日本29
荒川 丈弘〈東海〉…箱根84, 出雲18, 出雲19, 全日本39
荒川 浣〈日本体育〉…箱根38
荒川 誠〈早稲田〉…箱根71, 箱根72, 箱根73, 箱根74, 出雲6, 出雲7, 出雲8, 全日本26, 全日本27, 全日本28, 全日本29
荒木 育夫〈神戸〉…全日本3
荒木 一敏〈福井工業〉…全日本25
荒木 和也〈東北学連〉…出雲25
荒木 邦治〈福岡〉…全日本21
荒木 健司〈立命館〉…全日本33
荒木 宏太〈山梨学院〉…箱根83, 出雲18, 全日本36, 全日本37
新木 剛史〈北海道連〉…出雲11, 出雲12, 出雲13
荒木 正〈専修〉…箱根30, 箱根31, 箱根32
荒木 尚馬〈立命館〉…出雲24, 全日本43, 全日本44, 全日本45, 全日本46
荒木田 武寿〈名古屋商〉…全日本13
嵐田 剛史〈東京農業〉…箱根73, 出雲8
嵐田 浩道〈中央〉…箱根55, 箱根56
荒野 正雄〈法政〉…箱根29
荒野 正臣〈法政〉…箱根31
荒野 吉之〈日本体育〉…箱根49, 箱根50, 箱根51, 箱根52, 全日本5, 全日本6, 全日本7
荒谷 哲次〈同志社〉…全日本1
有井 達也〈日本〉…箱根74, 箱根75

有枝 幹延〈鹿児島〉…全日本11, 全日本12, 全日本13, 全日本14
有賀 昭之〈東洋〉…箱根44
有賀 今朝吉〈日本〉…箱根3, 箱根6
有川 清一郎〈法政〉…箱根65, 箱根66
有川 哲蔵〈日本体育〉…箱根65, 全日本20
有川 将史〈京都産業〉…出雲4
有坂 精児〈日本体育〉…箱根58, 箱根59, 全日本14
有澤 英司〈仙台〉…全日本33
有隅 賢吾〈福岡〉…出雲6, 出雲8, 出雲9, 全日本26, 全日本28, 全日本29
有隅 剛志〈法政〉…箱根69, 箱根70, 箱根72, 出雲5, 全日本26, 全日本27
有薗 公博〈鹿児島〉…全日本11, 全日本12, 全日本13, 全日本14
有田 国安〈日本〉…箱根6
有田 清一〈徳山〉…出雲17, 出雲18, 出雲19, 全日本36, 全日本37, 全日本38
有田 哲治〈順天堂〉…箱根58, 箱根59, 箱根60
有田 憲正〈京都産業〉…全日本14, 全日本15, 全日本16
有田 道徳〈徳山〉…全日本20
有地 毅〈駒澤〉…箱根68, 箱根69, 箱根70, 出雲3, 出雲5
有原 忠義〈法政〉…箱根78, 箱根79, 全日本34, 全日本35
有馬 武彦〈愛知工業〉…出雲14, 全日本32, 全日本33, 全日本34
有村 優樹〈明治〉…箱根88, 箱根89, 箱根90, 箱根91, 出雲23, 出雲24, 全日本43, 全日本44, 全日本45, 全日本46
有本 良〈中京〉…全日本9
有吉 剛〈徳山〉…全日本24, 全日本26
有吉 正博〈東京教育〉…箱根43, 箱根44, 箱根45, 箱根46
粟津 透〈京都産業〉…全日本24
粟津 吉央〈明治〉…箱根30
安 昌訓〈韓国選抜〉…出雲14
アングリン, P.〈IVL〉…出雲13, 出雲14, 出雲15
安西 純彦〈日本〉…箱根49, 箱根50, 箱根51, 全日本5, 全日本6
安西 秀幸〈駒澤〉…箱根82, 箱根84, 出雲18, 出雲19, 全日本38
安城 敬二郎〈東洋〉…箱根20, 箱根21
安生 充宏〈帝京〉…箱根75, 箱根76
安栖 富美雄〈徳山〉…出雲2, 全日本21, 全日本22, 全日本24
アンダーソン, S.〈IVL〉…全日本28, 全日本29
安藤 匡〈名古屋〉…全日本20
安藤 慎治〈帝京〉…箱根86, 箱根87, 全日本42
安藤 大樹〈札幌学院〉…全日本31, 全日本32, 全日本33, 全日本34
安藤 大樹〈北海道連〉…出雲14
安藤 武治〈国士舘〉…箱根34, 箱根35, 箱根36
安藤 保〈横浜国立〉…箱根26
安藤 寿雄〈早稲田〉…箱根27
安藤 寿雄〈中央〉…箱根24, 箱根25, 箱根26
安藤 知弘〈山形〉…全日本28, 全日本29
安藤 知弘〈東北学連〉…出雲9
安藤 秀樹〈名古屋〉…全日本12
安藤 文英〈東洋〉…箱根18
安藤 真人〈山梨学院〉…箱根76, 箱根78
安藤 悠哉〈青山学院〉…箱根91
安藤 宜孝〈中京〉…全日本27, 全日本28
阿武 宏明〈神奈川〉…箱根72
安納 治平〈中央〉…箱根23
安養寺 俊隆〈京都産業〉…全日本19
安楽 良太〈北海道連〉…出雲17

【い】

井 登志幸〈中央〉…箱根56, 箱根57, 箱根58
李 東日〈韓国選抜〉…出雲14
李 奉撰〈韓国選抜〉…出雲14
飯上 幸哉〈山梨学院〉…箱根80, 箱根83, 全日本38
飯草 将喜〈拓殖〉…全日本35
飯沢 明〈東洋〉…箱根48, 箱根49
飯島 海次〈日本〉…箱根4, 箱根5
飯島 和樹〈順天堂〉…箱根42, 箱根43
飯島 智志〈神奈川〉…箱根75, 箱根77, 箱根78, 出雲12, 出雲13, 全日本30, 全日本32, 全日本33
飯島 利明〈金沢〉…全日本6
飯島 偉男〈早稲田〉…箱根45
飯嶋 秀樹〈専修〉…箱根78, 全日本33
飯島 浩〈専修〉…箱根43, 箱根44, 箱根45, 箱根46
飯島 理彰〈山梨学院〉…箱根67, 箱根68, 箱根69, 箱根70, 出雲3, 出雲4, 出雲5, 全日本22, 全日本23, 全日本24, 全日本25
飯島 実〈立教〉…箱根25
飯島 陽〈順天堂〉…箱根38, 箱根39, 箱根40, 箱根41
飯嶋 渉〈亜細亜〉…出雲16
飯塚 喜代史〈法政〉…箱根29
飯塚 淳司〈早稲田〉…箱根83, 箱根84
飯塚 純夫〈順天堂〉…箱根48
飯塚 透〈亜細亜〉…箱根68, 箱根69, 箱根71
飯塚 伸彦〈山梨学院〉…箱根82, 箱根84, 全日本39
飯塚 典久〈亜細亜〉…箱根66, 全日本22
飯塚 裕史〈関西学院〉…出雲4, 全日本24
飯塚 正行〈国士舘〉…箱根57
飯塚 喜春〈國學院〉…箱根77
飯田 明徳〈駒澤〉…箱根86, 箱根87, 全日本42
飯多 一郎〈青山学院〉…箱根41, 箱根42, 箱根43
飯田 茂雄〈専修〉…箱根74

飯田 俊行〈岐阜〉…全日本3
飯田 幸裕〈大阪経済〉…全日本18, 全日本19, 全日本20
飯田 涼平〈大東文化〉…箱根75, 出雲10, 全日本29, 全日本30
飯沼 健太〈関東学連〉…箱根86
飯沼 信輝〈筑波〉…箱根51
飯沼 信輝〈東京教育〉…箱根48, 箱根49, 箱根50
飯野 秀雄〈立教〉…箱根25, 箱根26, 箱根27, 箱根28
飯鉢 義次郎〈日本〉…箱根13, 箱根15
飯干 守道〈國學院〉…箱根77, 箱根79
飯村 昌浩〈日本〉…出雲10
飯村 祐一〈順天堂〉…箱根73
飯山 光正〈法政〉…箱根37
家原 均〈島根〉…全日本2, 全日本3, 全日本4, 全日本5
家村 芳次〈京都〉…全日本4
猪谷 泰久〈愛知工業〉…全日本22, 全日本23, 全日本24
五十嵐 理〈新潟〉…全日本16, 全日本17
五十嵐 克三〈国士舘〉…箱根54, 箱根55, 箱根56, 全日本10
五十嵐 修二〈山形〉…全日本19
五十嵐 真悟〈城西〉…箱根82, 箱根83, 箱根84, 全日本39
五十嵐 大義〈信州〉…全日本46
五十嵐 毅〈早稲田〉…箱根77, 箱根78, 箱根79, 箱根80, 出雲12, 出雲14, 全日本32, 全日本33, 全日本34, 全日本35
五十嵐 忠夫〈東京高師〉…箱根9, 箱根10
五十嵐 忠夫〈東京文理〉…箱根11
五十嵐 利治〈亜細亜〉…箱根79, 箱根80
五十嵐 正美〈東京農業〉…箱根61, 箱根62
五十嵐 実〈日歯医専〉…箱根18, 箱根19
五十嵐 基博〈中四国連〉…出雲11
五十嵐 祐太〈専修〉…箱根84, 箱根85, 箱根86, 箱根87, 全日本41
五十嵐 陽一〈日本〉…箱根55, 箱根56, 全日本10
猪狩 大樹〈帝京〉…箱根89, 箱根90
碇 俊彦〈日本〉…箱根42
井川 重史〈京都産業〉…出雲15, 出雲16, 出雲17, 全日本36, 全日本37
井川 舜喬〈成蹊〉…箱根28
伊木 貞仁〈中央〉…箱根66, 箱根67
壱岐 利美〈東京農業〉…箱根50, 箱根52, 箱根53, 全日本5, 全日本7, 全日本8
井草 知三〈日本〉…箱根13, 箱根14, 箱根15, 箱根16
生島 直樹〈福井工業〉…全日本27, 全日本28, 全日本29
生島 直樹〈北信越連〉…出雲9
生嶋 宏光〈福井工業〉…全日本22, 全日本23, 全日本24
生田 喜代治〈早稲田〉…箱根1
生田 直人〈東洋〉…箱根75, 箱根76, 出雲11
生田 昌司〈大東文化〉…箱根55, 箱根56, 箱根57, 全日本12
生田 幸雄〈愛知学院〉…全日本1
井口 恵太〈中央〉…箱根87, 箱根88, 出雲22, 全日本42
井口 昌一〈信州〉…全日本2, 全日本3
井口 英明〈名古屋商〉…出雲8, 出雲9, 出雲11, 全日本28, 全日本29, 全日本30, 全日本31
生野 潤也〈第一工業〉…出雲13, 出雲14, 全日本33, 全日本34
生野 俊道〈東海〉…箱根54, 箱根55, 箱根56, 全日本9
生見 一法〈駒澤〉…箱根65, 箱根66, 箱根67, 箱根68, 出雲1, 出雲3
幾世橋 英夫〈法政〉…箱根47
池井 俊正〈国士舘〉…箱根61, 箱根62, 箱根64
池上 幸助〈名古屋商〉…出雲12, 全日本32
池上 慎弥〈新潟〉…全日本43
池上 誠悟〈中央〉…箱根77, 箱根78, 箱根79, 出雲13, 出雲14, 全日本31, 全日本32, 全日本33, 全日本34
池上 義輝〈北信越連〉…出雲25
池亀 透〈東海学連〉…全日本45
池亀 透〈名古屋〉…全日本44
池亀 佳久〈専修〉…箱根39, 箱根41
池田 充伺〈関西学院〉…出雲23, 全日本43
池田 功〈大阪体育〉…全日本8
池田 和典〈中部〉…全日本16, 全日本17
池田 克美〈早稲田〉…箱根63, 箱根64, 箱根65, 箱根66
池田 圭〈東北学連〉…出雲25
池田 圭〈東北福祉〉…全日本42, 全日本43, 全日本44
池田 佳右〈専修〉…箱根66, 箱根67, 箱根68, 箱根69, 全日本22, 全日本24
池田 啓介〈神奈川〉…箱根35, 箱根36
池田 圭介〈中央〉…箱根76, 箱根77, 箱根78, 箱根79, 全日本32, 全日本33, 全日本34
池田 昂輝〈広島〉…全日本45
池田 重政〈大東文化〉…箱根56, 箱根57, 箱根58, 箱根59, 全日本11, 全日本12, 全日本13, 全日本14
池田 盛仁〈日本体育〉…全日本13
池田 宗司〈駒澤〉…箱根83, 箱根84, 箱根85, 出雲20, 全日本38, 全日本39, 全日本40
池田 武〈徳山〉…全日本12, 全日本13
池田 忠秋〈日本〉…箱根46, 箱根47, 箱根48, 全日本2, 全日本3
池田 達哉〈福岡〉…全日本44
池田 敏彦〈専修〉…箱根34, 箱根35
池田 友治〈八幡〉…全日本17
池田 紀保〈大東文化〉…箱根89, 箱根90, 箱根91, 全日本45, 全日本46
池田 久夫〈順天堂〉…箱根50, 箱根51, 全日本3
池田 央〈久留米〉…全日本24
池田 弘〈法政〉…箱根34
池田 大〈日本体育〉…箱根75

池田 弘文〈法政〉…箱根24, 箱根25, 箱根26, 箱根27
池田 政輝〈中央学院〉…箱根82, 箱根83, 箱根84
池田 正純〈同志社〉…全日本7
池田 麻保呂〈東海学連〉…全日本40, 全日本41
池田 幹夫〈徳山〉…全日本13, 全日本14
池田 光明〈東海〉…箱根66, 出雲1, 全日本20, 全日本21
池田 実〈日本体育〉…箱根39, 箱根40, 箱根41
池田 泰仁〈立命館〉…出雲16, 出雲17, 全日本36, 全日本37
池田 洋介〈大東文化〉…箱根76, 箱根77, 全日本31, 全日本32
池田 義信〈慶應義塾〉…箱根3, 箱根6
池田 義幸〈専修〉…箱根68, 箱根69, 箱根71, 出雲4, 全日本23, 全日本24
池田 竜太郎〈福井工業〉…全日本23
池谷 重喜〈亜細亜〉…箱根72, 箱根73, 出雲8, 全日本27, 全日本28
池谷 寛之〈大東文化〉…箱根72, 箱根73, 箱根74, 出雲8, 出雲9, 全日本27, 全日本29
池谷 真輝〈大東文化〉…箱根70, 箱根71, 箱根72, 箱根73, 出雲8, 全日本25, 全日本27
池永 和樹〈中央〉…箱根79, 箱根80, 箱根81, 箱根82, 出雲15, 出雲16, 出雲17, 全日本34, 全日本36, 全日本37
池中 理治〈日本体育〉…箱根39
池中 康雄〈東洋〉…箱根14, 箱根15, 箱根16, 箱根17, 箱根18, 箱根21
池野 修二〈中京〉…全日本9, 全日本10, 全日本11
池淵 智紀〈亜細亜〉…箱根84, 箱根85, 箱根86, 出雲20
池部 正明〈東京農業〉…箱根20, 箱根21
池辺 稔〈明治〉…箱根81, 箱根82, 箱根83, 全日本38
池本 隆〈札幌学院〉…全日本22, 全日本23
池谷 健太郎〈日本〉…箱根85, 箱根86, 出雲21, 全日本40
池谷 忠夫〈神奈川〉…箱根46
井坂 信勝〈東京文理〉…箱根19, 箱根20, 箱根21
井坂 信勝〈東洋〉…箱根17
砂金 英輝〈東北学院〉…全日本20
伊沢 教三〈明治〉…箱根13
伊沢 徹男〈東洋〉…箱根44, 箱根45, 箱根46, 箱根47
石井 章〈横浜専門〉…箱根25
石井 章〈神奈川〉…箱根26
石井 惟弘〈東京農業〉…箱根33, 箱根34, 箱根35, 箱根36
石井 修〈大阪経済〉…全日本22
石井 格人〈順天堂〉…箱根89, 出雲24
石井 吉郎〈日本体育〉…箱根26
石井 清加寿〈関東学院〉…箱根78, 箱根79
石井 敬〈東京農業〉…箱根39
石井 憲〈北海道連〉…出雲6
石井 隆夫〈明治〉…箱根62, 箱根64, 箱根65
石井 隆士〈日本体育〉…箱根51, 箱根52, 箱根53, 全日本8
石井 隆盛〈鹿屋体育〉…出雲4, 全日本22, 全日本23, 全日本24
石井 達也〈長崎国際〉…全日本42
石井 恒夫〈関西学院〉…全日本6
石井 徹治〈神奈川〉…箱根69
石井 宕〈明治〉…箱根3, 箱根4
石井 俊久〈大東文化〉…箱根59, 箱根61, 箱根62, 全日本15, 全日本16, 全日本17
石井 暢男〈神奈川〉…箱根41
石井 信弘〈大東文化〉…箱根71
石井 信幸〈亜細亜〉…箱根70
石井 久之〈日歯医専〉…箱根17, 箱根18, 箱根19, 箱根20
石井 秀昂〈国士舘〉…箱根90
石井 仁〈東京農業〉…箱根33, 箱根34, 箱根35, 箱根36
石井 裕二〈神奈川〉…箱根34, 箱根35, 箱根36
石井 正男〈横浜国立〉…箱根27
石井 稔〈東洋〉…箱根34, 箱根35, 箱根36, 箱根37
石井 睦美〈法政〉…箱根68
石井 安治〈東京農業〉…箱根14, 箱根16, 箱根17
石井 祐治〈東海〉…箱根61, 箱根62, 箱根63
石井 裕也〈広島〉…出雲24, 全日本43, 全日本44, 全日本45
石浦 勝也〈京都産業〉…出雲18, 全日本38
石尾 泰章〈北海道連〉…出雲24, 出雲25
石岡 一洋〈鹿屋体育〉…出雲3, 出雲7, 全日本22, 全日本23, 全日本27
石岡 聖悟〈大阪商業〉…全日本6, 全日本7
石岡 中〈東京教育〉…箱根32, 箱根33
石垣 英士〈順天堂〉…箱根64
石垣 弘志〈専修〉…箱根85, 箱根86, 全日本41
石川 篤〈広島〉…出雲23, 全日本43, 全日本45
石川 歩〈関東学院〉…箱根78, 箱根79
石川 海次〈早稲田〉…箱根53, 箱根54, 箱根55, 箱根56
石川 数馬〈中京〉…全日本46
石川 功一〈法政〉…箱根24
石川 貞雄〈東洋〉…箱根27
石川 淳一〈立命館〉…全日本22, 全日本23
石川 昇一〈法政〉…箱根27, 箱根28, 箱根29, 箱根30
石川 末広〈東洋〉…箱根75, 箱根76, 出雲10, 出雲11
石川 晴路〈札幌学院〉…全日本37
石川 颯真〈日本〉…箱根90, 箱根91, 全日本45
石川 敬史〈大阪体育〉…出雲5, 全日本25
石川 高伸〈東洋〉…箱根71
石川 孝之〈東北学院〉…全日本21
石川 拓馬〈上武〉…箱根87, 箱根88, 箱根89
石川 卓哉〈関東学連〉…箱根84
石川 卓哉〈明治〉…箱根83, 箱根85, 箱根86, 出雲21, 全日本38, 全日本41
石川 辰巳〈中京〉…出雲6, 全日本26, 全日本27, 全日本28

石川 保〈神奈川師〉…箱根23, 箱根24
石川 徹平〈第一工業〉…出雲23, 出雲24, 出雲25, 全日本42, 全日本43, 全日本44, 全日本45
石川 哲也〈大阪体育〉…全日本16
石川 知広〈東京農業〉…箱根66
石川 伸吉〈東洋〉…箱根24
石川 治男〈明治〉…箱根45
石川 裕〈駒澤〉…箱根58, 箱根60, 箱根61
石川 博敏〈東海〉…箱根67, 箱根68, 箱根69, 出雲2, 全日本22, 全日本23
石川 裕之〈東海〉…出雲23, 全日本44, 全日本46
石川 真〈札幌学院〉…全日本32, 全日本33, 全日本34
石川 真〈北海道連〉…出雲15
石川 雅之〈広島経済〉…出雲25, 全日本46
石川 勝〈熊本商科〉…全日本12
石川 通雄〈日本〉…箱根26, 箱根27, 箱根28, 箱根29
石川 好夫〈早稲田〉…箱根42, 箱根43, 箱根44
石倉 義隆〈日本体育〉…箱根46, 箱根47, 箱根48, 箱根49, 全日本1, 全日本2, 全日本3, 全日本4
石栗 強〈順天堂〉…箱根47
石黒 睦〈中央〉…箱根74
石黒 忠慶〈福井工業〉…全日本30
石黒 信男〈法政〉…箱根21, 箱根22
石黒 英三〈横浜専門〉…箱根25
石坂 健太〈東海学連〉…全日本43
石崎 昭雄〈専修〉…箱根66, 箱根67, 箱根68, 全日本21, 全日本22, 全日本23
石崎 英司〈大阪商業〉…全日本4, 全日本5, 全日本6
石沢 浩二〈東京農業〉…箱根61, 箱根62, 箱根63, 全日本16, 全日本17
石沢 繁〈金沢経済〉…全日本32, 全日本33
石嶋 智顕〈立命館〉…全日本33, 全日本34, 全日本36
石津 政和〈福岡〉…出雲8, 出雲9, 全日本29, 全日本30, 全日本31
石塚 繁美〈法政〉…箱根27, 箱根28, 箱根29, 箱根30
石塚 正太〈鹿屋体育〉…出雲12, 出雲14, 出雲15, 全日本32, 全日本34, 全日本35
石塚 秀樹〈日本体育〉…箱根39, 箱根40, 箱根41, 箱根42
石塚 誠〈東海学連〉…全日本39
石田 和明〈東海〉…箱根54, 箱根55, 箱根56, 全日本9
石田 和也〈東海〉…箱根81, 箱根82, 箱根83
石田 駿介〈青山学院〉…箱根90, 全日本45
石田 昌司〈東京農業〉…箱根19, 箱根20
石田 隆〈横浜国立〉…箱根32
石田 達識〈広島経済〉…出雲9, 出雲10, 出雲11, 全日本28, 全日本29, 全日本30, 全日本31
石田 達也〈大阪体育〉…全日本21
石田 寿彦〈早稲田〉…箱根37, 箱根38
石田 敏洋〈専修〉…箱根69, 全日本24
石田 直之〈中央学院〉…箱根80, 箱根81, 出雲15, 全日本35, 全日本36
石田 英樹〈高知〉…全日本6, 全日本8
石田 正己〈日本〉…箱根20
石田 正樹〈神戸〉…全日本2
石田 政〈大東文化〉…全日本46
石田 将教〈神奈川〉…箱根84
石田 正治〈駒澤〉…箱根53, 箱根54
石田 正之〈立教〉…箱根24
石田 益太郎〈東京農業〉…箱根6, 箱根7, 箱根9
石田 康雄〈上武〉…箱根85, 箱根86
石田 善久〈駒澤〉…箱根59, 箱根60, 箱根61
石田 亮〈城西〉…箱根85, 箱根86, 箱根87, 出雲22, 全日本42
石田 亘〈大阪体育〉…全日本21, 全日本23
石谷 慶一郎〈日本体育〉…箱根83, 箱根84, 出雲18, 全日本37, 全日本38, 全日本39, 全日本40
石谷 義徳〈拓殖〉…箱根46, 箱根48
伊地知 隆〈東京教育〉…箱根38, 箱根39, 箱根40, 箱根41
石飛 光章〈京都〉…全日本4
石波 善治〈神奈川〉…箱根31
石野 真也〈高知〉…全日本6, 全日本8
石野 八百治〈東京文理〉…箱根18, 箱根19, 箱根20, 箱根21
石橋 修〈早稲田〉…箱根50, 箱根51
石橋 健次〈九州産業〉…全日本2, 全日本3
石橋 順〈名古屋商〉…全日本6, 全日本7
石橋 穣〈防衛〉…箱根39
石橋 健〈神奈川〉…箱根90, 全日本46
石橋 剛〈大阪体育〉…全日本5
石橋 創〈名古屋商〉…出雲4, 全日本23, 全日本24, 全日本25
石橋 信〈中央〉…箱根10, 箱根11
石橋 又男〈日本〉…箱根29
石橋 安孝〈東海〉…箱根91, 全日本46
石橋 佑一〈城西〉…箱根88, 箱根89, 出雲24, 全日本43
石橋 優希〈関西学院〉…全日本43, 全日本44
石橋 洋三〈早稲田〉…箱根81, 箱根84
石原 一雄〈駒澤〉…箱根51, 箱根52
石原 武雄〈東洋〉…箱根30
石原 洸〈神奈川〉…箱根84, 全日本38
石原 昇〈名城〉…全日本2
石原 典泰〈順天堂〉…箱根62, 箱根63, 箱根64
石原 弘人〈大阪商業〉…全日本10
石原 宏哉〈新潟〉…全日本43, 全日本44, 全日本45
石原 泰樹〈中四国連〉…出雲19
石渕 忠市〈東洋〉…箱根29, 箱根30, 箱根31, 箱根32
石間 涼〈明治〉…箱根88, 箱根90, 全日本42
石本 一作〈大阪経済〉…全日本26
石本 幸一〈神奈川〉…全日本30, 全日本31
石本 三郎〈東洋〉…箱根20

石本 文人〈中央〉…箱根72, 箱根73, 箱根75, 出雲7, 出雲8, 出雲10, 全日本27, 全日本28, 全日本30
石本 正孝〈日歯医専〉…箱根20, 箱根21
石本 貢〈東京農業〉…箱根22
石山 薫〈国士舘〉…箱根67, 箱根68, 箱根70
石山 喜代二〈中京〉…全日本14, 全日本15
石山 隆〈金沢〉…全日本15
石山 忠彦〈法政〉…箱根47
石山 英明〈東北学連〉…出雲19
石山 英明〈東北福祉〉…全日本39, 全日本40
石山 正男〈中央〉…箱根52, 箱根53, 箱根54, 箱根55, 全日本9
伊集院 兼宏〈東京学芸〉…箱根35, 箱根36
伊集院 広貴〈日本文理〉…出雲24, 全日本45
石渡 健吉〈関西〉…箱根9, 箱根13
石渡 満〈日本体専〉…箱根25
石渡 宏〈神奈川師〉…箱根24, 箱根25
伊豆 博明〈筑波〉…箱根65
泉 勘次郎〈明治〉…箱根5, 箱根6, 箱根7
泉 菊次郎〈法政〉…箱根2
和泉 俊介〈東北〉…全日本25, 全日本26, 全日本27
泉 宜廣〈京都産業〉…全日本15, 全日本16, 全日本17, 全日本18
和泉 敏夫〈東京農業〉…箱根36
和泉 紀雄〈大阪経済〉…全日本29
和泉 佳男〈仙台〉…全日本18
和泉 佳男〈東北学連〉…出雲1
泉 亘〈順天堂〉…箱根69, 箱根70, 箱根71, 出雲5, 出雲6
和泉元 光好〈日本〉…箱根5
出水田 浩〈熊本商科〉…全日本12
泉田 公〈法政〉…箱根34, 箱根35, 箱根36, 箱根37
泉田 俊幸〈筑波〉…箱根52, 箱根54
出水田 洋〈東洋〉…箱根66
泉山 治郎〈亜細亜〉…箱根51
イセナ, K.〈山梨学院〉…箱根65, 箱根67, 箱根68, 出雲1, 全日本20, 全日本23
磯 清一〈東洋〉…箱根19
磯 洋行〈拓殖〉…箱根81
磯 将弥〈中央学院〉…箱根86
磯崎 一美〈神奈川師〉…箱根23, 箱根24
磯田 富弘〈東京教育〉…箱根37
礒野 晃嗣〈奈良産業〉…全日本40
磯野 直利〈大東文化〉…箱根58
磯野 弘晴〈順天堂〉…箱根78
磯野 誠〈山梨学院〉…全日本21
磯端 克明〈中央〉…箱根41, 箱根42, 箱根43
磯部 正幸〈駒澤〉…箱根44, 箱根45, 箱根46
磯松 大輔〈法政〉…箱根69, 箱根70, 箱根72, 出雲5, 出雲6, 全日本26, 全日本27
磯村 弦〈中京〉…全日本30
磯本 克之〈法政〉…箱根42, 箱根43, 箱根44, 箱根45
井田 茂宣〈法政〉…箱根65, 箱根66, 箱根67, 箱根68
伊田 正一〈東京経済〉…全日本1, 全日本2
伊田 宰〈北信越連〉…出雲14
井田 芳宣〈専修〉…箱根66, 箱根67, 箱根68, 全日本21, 全日本23
板井 哲夫〈東京教育〉…箱根30
板垣 辰矢〈帝京〉…箱根85, 箱根86
板垣 英樹〈亜細亜〉…箱根66, 箱根68, 箱根69, 全日本22, 全日本23
板垣 雄三〈北信越連〉…出雲13, 出雲14, 出雲15
板倉 克宜〈亜細亜〉…箱根81, 箱根82, 出雲17, 全日本36, 全日本37
板倉 聖仁〈近畿〉…全日本27, 全日本28, 全日本29
板倉 具視〈順天堂〉…箱根83, 出雲17, 全日本37, 全日本38
板橋 英治〈亜細亜〉…箱根71
板橋 勝典〈拓殖〉…箱根53, 箱根54, 箱根55
板橋 弘行〈中央〉…箱根65, 箱根66, 箱根67, 箱根68, 出雲1, 出雲2, 出雲3, 全日本20, 全日本21, 全日本22, 全日本23
伊丹 一雄〈関西〉…箱根13
板屋 祐樹〈中央学院〉…箱根87, 出雲21
板山 学〈中央〉…箱根76, 箱根77, 出雲11, 出雲12, 全日本31, 全日本32
市 武徳〈中京〉…全日本2, 全日本5
市岡 敬介〈青山学院〉…箱根86, 全日本41
市川 五十男〈東京農業〉…箱根35, 箱根37
市川 公夫〈立教〉…箱根32, 箱根33, 箱根34, 箱根35
市川 健一〈東洋〉…箱根82, 全日本37
市川 宗一朗〈早稲田〉…箱根88, 全日本43, 全日本44
市川 大輔〈神奈川〉…箱根70, 箱根71, 箱根72, 箱根73, 出雲5, 出雲6, 出雲7, 全日本26, 全日本27, 全日本28
市川 孝徳〈東洋〉…箱根86, 箱根87, 箱根88, 箱根89, 出雲22, 出雲23, 出雲24, 全日本43, 全日本44
市川 貴洋〈東京農業〉…箱根86, 箱根87, 出雲22
市川 博〈日本体育〉…箱根33
市川 勉〈国士舘〉…箱根54, 箱根55, 全日本10
市川 哲平〈平成国際〉…箱根77
市川 英樹〈帝京〉…箱根75, 箱根76
市川 浩〈東京学芸〉…箱根60
市川 真澄〈愛知教育〉…全日本3, 全日本4, 全日本5, 全日本6
市川 光男〈専修〉…箱根28, 箱根29, 箱根30
市川 光庸〈中部〉…全日本19, 全日本21
市来 統〈立命館〉…全日本22, 全日本23, 全日本25
一木 開心〈早稲田〉…箱根13
市来 仁〈中京〉…出雲1, 全日本20, 全日本21
一木 慎也〈四日市〉…全日本31

市来 浩幸〈大阪体育〉…全日本17, 全日本18
市毛 徳夫〈東京文理〉…箱根19, 箱根20, 箱根21
市田 孝〈大東文化〉…箱根89, 箱根90, 箱根91, 全日本45, 全日本46
市田 拓海〈中央〉…箱根90
市田 宏〈大東文化〉…箱根89, 箱根90, 箱根91, 全日本45, 全日本46
市谷 龍太郎〈山梨学院〉…箱根91, 全日本46
市坪 憲治〈国士舘〉…箱根64, 箱根66, 全日本19
市坪 利夫〈福岡〉…全日本1
市野 裕介〈四日市〉…全日本35, 全日本37
一井 裕介〈東海〉…箱根80, 箱根81, 箱根82, 出雲15, 出雲16, 全日本35, 全日本36
一ノ瀬 篤志〈東海〉…箱根61, 箱根62, 箱根63, 箱根64
市橋 千里〈東京農業〉…箱根15
市橋 求〈国士舘〉…箱根33
櫟原 邦弘〈愛知教育〉…全日本15, 全日本16, 全日本17
一見 正尚〈名古屋〉…全日本10, 全日本11, 全日本12
市村 一訓〈東海〉…箱根79, 箱根82
市村 光雄〈国士舘〉…箱根58
市山 智史〈福岡〉…全日本40
鴫脚 十郎〈慶應義塾〉…箱根1, 箱根2, 箱根3, 箱根4
逸木 脩平〈福岡〉…全日本40, 全日本41, 全日本43
一色 恭志〈青山学院〉…箱根90, 箱根91, 出雲25, 全日本45, 全日本46
井手 彰彦〈國學院〉…箱根83, 全日本38
井出 伊角〈東大農実〉…箱根4
井出 和範〈国士舘〉…箱根57, 箱根58
井手 潤之介〈福岡〉…出雲8, 出雲9, 全日本28, 全日本29
井出 世振〈日本体育〉…箱根37, 箱根38, 箱根39, 箱根40
井手 貴教〈駒澤〉…箱根81, 箱根82, 全日本37
井手 信夫〈山梨学院〉…出雲13, 全日本33
井手 則夫〈東海〉…箱根52, 箱根53
井出 亮司〈東洋〉…箱根36, 箱根37, 箱根38
井出 亘〈国士舘〉…箱根67, 箱根68, 出雲2
出井 秀樹〈高知〉…全日本6
井手上 敏浩〈日本体育〉…全日本15, 全日本16
出野 昌布〈大阪経済〉…全日本24, 全日本26
出原 啓太〈東京農業〉…箱根84
井戸 浩貴〈早稲田〉…箱根90, 箱根91, 全日本45, 全日本46
伊藤 昭夫〈法政〉…箱根28
伊藤 彰洋〈愛知工業〉…出雲21
伊藤 晶寛〈愛知工業〉…全日本43
伊藤 彰〈岐阜〉…全日本9
伊藤 彰〈上武〉…箱根85, 箱根87
伊藤 敦〈東洋〉…箱根37, 箱根38, 箱根39
伊藤 敦〈日本体育〉…箱根71, 出雲6, 全日本26
伊藤 悦禅〈国士舘〉…箱根54, 箱根55, 箱根56
伊藤 和明〈大阪体育〉…全日本16
伊藤 一雄〈信州〉…全日本12, 全日本13
伊藤 一成〈専修〉…箱根51, 箱根52, 箱根53, 箱根54
伊藤 和彦〈関東学院〉…箱根70
伊藤 一洋〈駒澤〉…箱根71
伊藤 一行〈城西〉…箱根82, 箱根83, 箱根84, 箱根85, 全日本38, 全日本39
伊藤 克昌〈順天堂〉…箱根68, 箱根69, 箱根70, 箱根71, 出雲3, 出雲4, 出雲5, 出雲6, 全日本24
伊藤 貫三〈専修〉…箱根15
伊藤 兼吉〈明治〉…箱根5
伊藤 健太〈徳山〉…出雲19, 全日本38
伊藤 孝一〈岐阜〉…全日本11, 全日本12
伊藤 幸一〈亜細亜〉…箱根72, 箱根73, 全日本26
伊藤 貞夫〈立教〉…箱根32, 箱根33, 箱根34, 箱根35
伊藤 達志〈中央学院〉…箱根81, 箱根82, 箱根83, 箱根84
伊藤 茂男〈東京文理〉…箱根17, 箱根18, 箱根19, 箱根20
伊藤 重幸〈東京農業〉…箱根58
伊藤 茂〈専修〉…箱根33, 箱根34, 箱根35, 箱根36
伊藤 静夫〈東京教育〉…箱根46, 箱根47, 箱根48
伊藤 静夫〈日本〉…箱根6
伊藤 潤一〈名古屋〉…全日本36
伊藤 潤之助〈立教〉…箱根42
伊藤 祐之〈東京農業〉…箱根6
伊藤 祐之〈日本〉…箱根8, 箱根9, 箱根10, 箱根11
伊藤 正吾〈信州〉…全日本3
伊藤 誠司〈明治〉…箱根32
伊藤 節夫〈横浜国立〉…箱根26
伊藤 節夫〈東洋〉…箱根28
伊藤 太賀〈拓殖〉…箱根85
伊藤 孝〈東海〉…箱根55, 箱根56, 箱根57, 全日本11
伊藤 孝志〈東海〉…箱根76, 箱根77, 出雲11, 全日本32
伊藤 孝晴〈愛知教育〉…全日本17
伊藤 孝浩〈中央〉…箱根68, 全日本23
伊藤 敬行〈法政〉…箱根4
伊藤 剛〈九州産業〉…全日本14
伊藤 匡光〈東京教育〉…箱根36, 箱根37, 箱根38
伊藤 達哉〈東北学連〉…出雲19
伊藤 達朗〈京都産業〉…全日本8
伊藤 保〈日本体育〉…箱根44, 箱根45, 箱根46, 箱根47, 全日本1, 全日本2
伊藤 哲二〈日本体育〉…箱根53, 箱根54, 箱根55, 箱根56, 全日本9, 全日本11
伊東 輝雄〈国士舘〉…箱根41, 箱根42, 箱根43, 箱根44
伊藤 智彦〈山形〉…全日本28, 全日本29
伊藤 敏康〈大東文化〉…箱根53, 全日本8
伊藤 富男〈東京農業〉…全日本1
伊藤 友明〈東海学連〉…全日本42
伊東 直之〈東北学院〉…全日本42
伊東 直之〈東北学連〉…出雲21, 出雲23, 全日本43
伊東 宣明〈山梨学院〉…箱根64, 箱根65, 全日本19

伊藤 伸朗〈関東学院〉…箱根80
伊東 春雄〈東京体専〉…箱根23, 箱根24
伊藤 彦一〈立教〉…箱根22
伊東 永雄〈平成国際〉…箱根77
伊藤 久雄〈東京体専〉…箱根24
伊東 英夫〈東京教育〉…箱根41, 箱根42, 箱根43
伊藤 英雄〈東洋〉…箱根29
伊藤 秀則〈東京学芸〉…箱根34, 箱根35, 箱根36, 箱根37
伊藤 寛〈専修〉…箱根41, 箱根42
伊藤 弘〈慶應義塾〉…箱根11
伊藤 博〈東京農業〉…箱根22
伊藤 浩敬〈立命館〉…箱根40
伊藤 博文〈名古屋商〉…全日本8
伊藤 弘之〈専修〉…箱根51
伊藤 博幸〈京都産業〉…全日本7, 全日本8, 全日本9
伊藤 裕之〈駒澤〉…箱根64
井藤 博幸〈東海〉…箱根56, 箱根57, 全日本11
伊藤 文雄〈法政〉…箱根28, 箱根29, 箱根30
伊藤 文彦〈鹿屋体育〉…出雲17, 全日本36
伊藤 文浩〈関東学連〉…箱根82
伊藤 文浩〈東海学連〉…全日本41
伊藤 雅紀〈法政〉…箱根83
伊藤 正樹〈関東学連〉…箱根86
伊藤 正樹〈国士舘〉…箱根85, 箱根88, 全日本42
伊藤 正隆〈中四国連〉…出雲17
伊藤 正人〈東海学連〉…全日本38
伊藤 正治〈慶應義塾〉…箱根23, 箱根24
伊藤 正彦〈八幡〉…全日本4, 全日本5, 全日本6
伊藤 正彦〈福岡〉…全日本2
伊藤 雅弘〈早稲田〉…箱根58, 箱根60, 箱根61
伊藤 政博〈東洋〉…箱根60
伊藤 政視〈中央〉…箱根6
伊東 増直〈福岡〉…全日本16, 全日本17
伊藤 雄史〈専修〉…箱根78, 全日本33
伊東 佑二〈長崎国際〉…全日本39
伊藤 祐三〈東京農業〉…箱根26
伊藤 悠太〈新潟〉…全日本43
伊藤 悠太〈北信越連〉…出雲23
伊藤 裕〈北海道連〉…出雲9, 出雲10
伊東 洋一〈日本〉…箱根39, 箱根40
伊藤 淑記〈山梨学院〉…全日本45
伊藤 禎記〈中部〉…全日本17, 全日本18, 全日本19
伊藤 吉洋〈中四国連〉…出雲13
伊藤 龍大〈広島経済〉…全日本33
伊藤 良〈紅陵〉…箱根28
糸川 穣〈専修〉…箱根23
糸山 二朗〈法政〉…箱根72, 箱根73, 出雲6, 全日本26, 全日本27
稲井 義幸〈日本学連〉…箱根80
稲井 義幸〈立命館〉…出雲15, 出雲16, 出雲17, 全日本34, 全日本35, 全日本36, 全日本37
稲岡 雅雄〈早稲田〉…箱根22
稲垣 晃二〈日本体育〉…箱根80, 箱根81, 出雲15, 全日本35, 全日本38
稲垣 実泰〈横浜市立〉…箱根30, 箱根31, 箱根32, 箱根33
稲垣 正悟〈広島〉…全日本1
稲垣 真太郎〈名古屋〉…全日本33, 全日本36
稲垣 裕〈中京〉…全日本3, 全日本4
稲垣 雄太〈法政〉…箱根84, 箱根86
稲垣 良夫〈専修〉…箱根52
稲垣 竜治〈東京農業〉…出雲7, 出雲8
稲垣 亮〈拓殖〉…箱根76, 箱根77
稲木 光晴〈鹿児島〉…全日本15, 全日本16
稲毛 寛人〈新潟〉…全日本43
稲毛 寛人〈北信越連〉…出雲23
稲毛田 安三〈明治〉…箱根1, 箱根2
稲崎 弘勲〈紅陵〉…箱根28
稲田 康希〈大東文化〉…箱根89
稲田 耕治〈関西学院〉…全日本6
稲田 翔威〈順天堂〉…箱根90, 箱根91, 全日本45, 全日本46
稲田 祐己〈京都産業〉…全日本43
稲永 順士〈徳山〉…全日本13, 全日本15
稲野 孝彦〈拓殖〉…箱根53, 箱根54, 箱根56
稲葉 正一〈早稲田〉…箱根27, 箱根29, 箱根30
稲葉 静〈東大農実〉…箱根7
稲葉 智正〈拓殖〉…箱根60
稲葉 智之〈帝京〉…箱根86, 箱根88, 全日本42, 全日本43
稲葉 紀之〈徳山〉…全日本22
稲見 進〈明治〉…箱根36, 箱根37, 箱根38, 箱根39
猪苗代 周〈日歯医専〉…箱根3
乾 正義〈大阪経済〉…全日本15
犬飼 道雄〈東京農業〉…箱根15
犬塚 崇志〈中央〉…箱根66, 出雲1, 出雲2, 全日本20, 全日本21
犬塚 時吉〈順天堂〉…箱根46
犬伏 富勅〈東京農業〉…箱根14, 箱根15
伊野 肇〈大阪経済〉…全日本13
井野 洋〈順天堂〉…箱根83, 箱根84, 出雲18, 出雲19, 全日本37, 全日本38
猪野 利一〈法政〉…箱根14, 箱根15, 箱根16
井生 知宏〈順天堂〉…箱根79, 箱根80
稲生 秀樹〈愛知工業〉…全日本25, 全日本26
井上 晃〈横浜市立〉…箱根30
井上 一郎〈日歯医専〉…箱根18
井上 治〈中央〉…箱根28, 箱根29, 箱根31
井上 敬之助〈日本体育〉…箱根32, 箱根33, 箱根34
井上 建治〈金沢経済〉…全日本32
井上 康行〈大阪商業〉…全日本7, 全日本8, 全日本10
井上 権太郎〈中央〉…箱根15, 箱根16, 箱根17, 箱根18,

箱根19
井上 貞夫〈駒澤〉…箱根43
井上 俊〈国士舘〉…箱根42, 箱根43, 箱根44, 箱根45
井上 俊一〈中央〉…箱根25
井上 翔太〈駒澤〉…箱根86, 箱根87, 箱根88, 全日本40, 全日本42
井上 晋一〈明治〉…箱根60, 箱根61, 箱根62, 箱根63
井上 信也〈拓殖〉…箱根73, 箱根74, 箱根76, 全日本29, 全日本31
井上 隆〈広島経済〉…出雲4, 全日本23, 全日本24, 全日本25
井上 泰加彦〈帝京〉…箱根79, 箱根80, 箱根81, 全日本34
井上 貴博〈拓殖〉…箱根81, 全日本39
井上 隆喜〈神奈川〉…箱根34
井上 武彦〈亜細亜〉…箱根48, 箱根49, 箱根50
井上 忠雄〈駒澤〉…箱根47, 箱根48
井上 忠士〈筑波〉…箱根70
井上 鉄石〈中央〉…箱根38, 箱根39, 箱根40, 箱根41
井上 敏春〈山形〉…全日本19
井上 智博〈第一工業〉…出雲24, 全日本44
井上 智義〈徳山〉…出雲15, 全日本35
井上 尚樹〈青山学院〉…箱根88, 箱根90, 全日本43
井上 直紀〈専修〉…箱根83, 箱根84, 箱根85, 箱根86, 出雲19, 全日本41
井上 典久〈東北〉…全日本25, 全日本26, 全日本27
井上 典久〈東北学連〉…出雲6, 出雲7, 出雲8
井上 晴之〈名古屋〉…全日本10, 全日本11, 全日本12
井上 栄千彦〈早稲田〉…箱根43, 箱根44, 箱根45
井上 一志〈関西学院〉…全日本24
井上 裕彬〈大東文化〉…箱根85, 箱根86
井上 宏〈名古屋商〉…全日本18, 全日本19
井上 浩〈駒澤〉…箱根58, 箱根59, 箱根60, 箱根61
井上 大仁〈山梨学院〉…箱根88, 箱根89, 箱根90, 箱根91, 出雲24, 全日本44, 全日本45, 全日本46
井上 弘也〈上武〉…箱根91, 全日本46
井上 太〈中央学院〉…箱根75
井上 文男〈東洋〉…箱根48, 箱根49, 箱根50, 箱根51, 全日本4, 全日本5, 全日本6
井上 正氏〈京都産業〉…全日本4, 全日本5, 全日本6, 全日本7
井上 正孝〈東京文理〉…箱根11, 箱根12, 箱根13, 箱根14
井上 雅喜〈早稲田〉…箱根55, 箱根56, 箱根57, 箱根58
井上 松治〈早稲田〉…箱根17
井上 道也〈中央〉…箱根50, 箱根51, 箱根52, 箱根53, 全日本5
井上 雄介〈神奈川〉…箱根89, 箱根90, 箱根91, 全日本44
井上 裕理男〈久留米〉…全日本24
井上 陽介〈日本〉…箱根85, 箱根86, 出雲20, 全日本40, 全日本41
井上 幸信〈中央〉…箱根47
井上 力哉〈鹿屋体育〉…出雲5, 出雲7, 全日本24, 全日本25, 全日本26, 全日本27
猪腰 義雄〈大東文化〉…箱根44
猪腰 嘉勝〈国士舘〉…箱根40, 箱根41, 箱根42, 箱根43
猪瀬 優〈防衛〉…箱根39
猪俣 英希〈早稲田〉…箱根87, 全日本42
猪又 三秀〈金沢工業〉…全日本7
猪俣 善典〈国士舘〉…箱根47, 箱根49, 全日本2, 全日本4
伊波 航〈日本文理〉…出雲21, 全日本40, 全日本41
井端 大介〈中四国連〉…出雲16
井幡 政等〈山梨学院〉…箱根68, 箱根69, 箱根70, 箱根71, 出雲4, 出雲5, 出雲6, 全日本23, 全日本24
井幡 磨〈山梨学院〉…出雲12
井原 正安〈日歯医専〉…箱根12, 箱根13, 箱根14, 箱根15
揖斐 祐治〈駒澤〉…箱根75, 箱根76, 箱根77, 箱根78, 出雲10, 出雲11, 出雲12, 出雲13, 全日本30, 全日本31, 全日本32, 全日本33
伊深 智広〈専修〉…箱根81, 箱根82
今井 市蔵〈法政〉…箱根15
今井 和次〈慶應義塾〉…箱根5, 箱根7
今井 兼人〈東北学院〉…全日本21
今井 邦彦〈東海〉…全日本28, 全日本29, 全日本30
今井 哲〈東洋〉…箱根60, 箱根61, 箱根62, 全日本18
今井 史郎〈東洋〉…箱根15, 箱根16
今井 伸一〈明治〉…箱根45, 箱根48
今井 敬博〈岐阜〉…全日本9, 全日本11
今井 拓実〈東海〉…箱根90
今井 哲夫〈慶應義塾〉…箱根13, 箱根14, 箱根15, 箱根16, 箱根17
今井 哲伸〈法政〉…箱根45
今井 憲久〈東洋〉…箱根90, 箱根91, 全日本46
今井 秀和〈専修〉…箱根72, 箱根73, 出雲7
今井 正人〈順天堂〉…箱根80, 箱根81, 箱根82, 箱根83, 出雲15, 出雲16, 出雲18, 全日本36, 全日本38
今井 実〈横浜国立〉…箱根27
今井 実〈神奈川師〉…箱根25
今井 行雄〈金沢工業〉…全日本7
今井 芳照〈京都産業〉…全日本14, 全日本15, 全日本16, 全日本17
今泉 勝彦〈神奈川〉…箱根73
今泉 良美〈東京農業〉…箱根20, 箱根21
今岡 悟郎〈中央〉…箱根12, 箱根13, 箱根14, 箱根17, 箱根18
今川 広太〈国士舘〉…箱根58, 箱根59
今川 大輔〈中京〉…全日本46
今川 博喜〈日本〉…箱根59, 箱根60, 箱根61, 全日本14
今北 友幸〈京都産業〉…全日本4, 全日本5, 全日本6
今坂 康弘〈専修〉…箱根51, 箱根54
今坂 雄一〈日本文理〉…全日本43, 全日本44
今崎 俊樹〈立命館〉…出雲21, 出雲22, 全日本41, 全日本

42, 全日本43, 全日本44
今崎 文仁〈日本体育〉…箱根88
今津 淳一〈福岡〉…出雲2, 出雲3, 全日本21, 全日本22, 全日本23
今津 誠〈法政〉…箱根76, 出雲13
今富 俊明〈福岡〉…全日本6, 全日本7, 全日本8, 全日本9
今西 敦司〈駒澤〉…箱根69, 箱根70, 箱根71
今西 利和〈中京〉…全日本15
今西 俊郎〈東京農業〉…箱根62
今西 正敏〈東京教育〉…箱根35
今福 藤信〈九州産業〉…全日本15, 全日本16, 全日本17
今堀 将司〈東洋〉…箱根82, 箱根84, 出雲18, 全日本37, 全日本38
今村 淳志〈日本体育〉…出雲15
今村 省三〈慶應義塾〉…箱根17
今村 稔和〈順天堂〉…箱根65
今村 俊行〈拓殖〉…箱根20
今村 智浩〈福岡〉…全日本14, 全日本15, 全日本16, 全日本17
今村 知之〈愛知教育〉…全日本15
今村 弘志〈明治〉…箱根32, 箱根33
今山 和典〈日本体育〉…出雲9
伊牟田 裕二〈順天堂〉…箱根78, 箱根79, 全日本33, 全日本34
井村 光孝〈関東学連〉…箱根84
井本 一哉〈神奈川〉…箱根68
伊与部 浩幸〈新潟〉…全日本16, 全日本17, 全日本18
入江 利昭〈順天堂〉…箱根50, 箱根51, 箱根52
入江 光行〈拓殖〉…箱根22
入佐 健二〈慶應義塾〉…箱根47
入船 満〈順天堂〉…箱根75, 箱根76, 箱根77, 箱根78, 出雲10, 出雲11, 出雲12, 出雲13, 全日本30, 全日本31, 全日本32, 全日本33
入山 速美〈日歯医専〉…箱根21
色部 三助〈東京文理〉…箱根11, 箱根12
色部 正長〈東京文理〉…箱根13, 箱根14
岩井 秋雄〈高知〉…全日本8
岩井 久年〈東京体専〉…箱根24
岩井 久年〈立教〉…箱根26, 箱根27
岩井 宏行〈東京経済〉…全日本1
岩井 実〈慶應義塾〉…箱根14, 箱根15
岩井 靖久〈龍谷〉…全日本27
岩井 勇輝〈日本〉…箱根78, 箱根79, 箱根81, 出雲13, 出雲15, 出雲16, 全日本33, 全日本34, 全日本35, 全日本36
岩内 達郎〈京都産業〉…出雲23, 全日本42, 全日本43
岩上 拓史〈大阪学院〉…全日本31
石城 金太郎〈法政〉…箱根25, 箱根26, 箱根27
岩城 傑〈関西〉…全日本18
岩木 久典〈京都産業〉…全日本8, 全日本9, 全日本10
岩城 雄治〈島根〉…全日本2, 全日本3
岩熊 勇治〈関西〉…出雲6, 出雲7, 出雲8, 全日本25, 全日本26, 全日本27
岩佐 吉章〈順天堂〉…箱根59, 箱根60, 箱根61, 箱根62
岩崎 修〈中央〉…箱根47, 箱根48, 箱根49, 箱根50, 全日本5
岩崎 源五平〈明治〉…箱根14
岩崎 憲三〈青山学院〉…箱根42, 箱根43, 箱根44, 箱根45
岩崎 省三〈青山学院〉…箱根41, 箱根42
岩崎 喬也〈日本体育〉…箱根81, 箱根82, 出雲15, 出雲17, 全日本36, 全日本37
岩崎 俊毅〈日本〉…箱根23
岩崎 久〈東洋〉…箱根29, 箱根30, 箱根31
岩崎 雅史〈北海学園〉…全日本4
岩崎 充益〈東京教育〉…箱根46
岩崎 祐樹〈順天堂〉…出雲25
岩崎 洋平〈亜細亜〉…箱根80, 箱根81, 全日本36
岩崎 吉晃〈駒澤〉…箱根65, 箱根66, 箱根68
岩沢 優治〈国士舘〉…箱根80
岩沢 幸久〈専修〉…箱根23, 箱根24
岩下 一憲〈福岡〉…全日本29, 全日本31
岩下 邦浩〈鹿屋体育〉…出雲5, 出雲6, 出雲7, 全日本25, 全日本26, 全日本27, 全日本28
岩下 察男〈中央〉…箱根37, 箱根38, 箱根39, 箱根40
岩下 誠一〈法政〉…箱根6
岩瀬 拓也〈中京〉…全日本40, 全日本42
岩瀬 哲治〈東京農業〉…箱根50, 箱根51, 箱根52, 箱根53, 全日本6, 全日本7, 全日本8
岩田 豪〈東洋〉…箱根79, 全日本34
岩田 茂〈九州国際〉…全日本22
岩田 哲生〈日本〉…箱根62
岩田 哲也〈愛知教育〉…全日本3, 全日本4, 全日本5, 全日本6
岩田 紘史〈信州〉…全日本40, 全日本41
岩田 真〈岐阜〉…全日本9, 全日本12
岩田 真澄〈山梨学院〉…箱根85, 箱根86, 全日本41
岩谷 雅彦〈仙台〉…全日本8
岩附 稔浩〈中部〉…全日本16
岩附 稔浩〈中部工業〉…全日本15
岩藤 博紀〈広島〉…出雲22, 出雲23, 全日本41, 全日本42, 全日本43
岩永 暁如〈山梨学院〉…箱根78, 箱根79, 出雲13, 出雲14, 全日本33
岩永 浩輔〈日本〉…出雲14
岩永 茂〈九州産業〉…全日本8, 全日本9, 全日本10, 全日本11
岩西 賢二郎〈龍谷〉…全日本30
岩根 憲六〈法政〉…箱根29, 箱根30, 箱根31
岩野 正典〈大阪経済〉…全日本10, 全日本12
岩原 正樹〈神奈川〉…箱根73, 箱根74, 全日本29

岩渕 邦明〈日本〉…箱根17, 箱根18
岩淵 仁〈日本体育〉…箱根47, 箱根48
岩渕 仁〈日本体育〉…全日本3
岩渕 慎矢〈東京農業〉…箱根89, 箱根90
岩渕 良平〈信州〉…全日本42, 全日本44
岩渕 良平〈北信越連〉…出雲22, 出雲23
岩船 和雄〈横浜市立〉…箱根40
岩間 一雄〈拓殖〉…箱根14
岩丸 信義〈国士舘〉…箱根45
岩見 幾徳〈福岡〉…全日本1, 全日本2, 全日本3
岩見 俊一〈第一工業〉…全日本33, 全日本35
岩見 政勝〈大阪体育〉…全日本8, 全日本9
岩見 龍昇〈中四国連〉…出雲19, 出雲20
岩水 嘉孝〈順天堂〉…箱根75, 箱根76, 箱根77, 出雲10, 出雲11, 出雲12, 出雲13, 全日本30, 全日本31, 全日本32, 全日本33
岩村 一和〈専修〉…箱根40, 箱根41, 箱根42
岩村 英夫〈中央〉…箱根19, 箱根20, 箱根21
岩本 明〈酪農学園〉…全日本7
岩本 淳〈中央〉…箱根74, 全日本28
岩本 和彦〈日本〉…箱根61, 箱根63, 全日本16, 全日本18
岩元 修一〈大東文化〉…箱根55, 全日本10
岩本 隆〈拓殖〉…箱根48, 箱根50
岩本 健生〈日本〉…箱根30, 箱根31, 箱根32, 箱根33
岩本 哲一郎〈慶應義塾〉…箱根11
岩本 洋行〈中京〉…出雲6, 全日本24, 全日本26
岩本 照暢〈日本〉…箱根65, 箱根66, 箱根67, 箱根68, 出雲1, 出雲2, 出雲3, 全日本20, 全日本21, 全日本22, 全日本23
岩本 亮介〈東海〉…箱根76, 出雲11, 全日本31
尹 徳勲〈法政〉…箱根14, 箱根15
印藤 馨〈岐阜〉…全日本11, 全日本12
印南 真一〈東京農業〉…箱根63, 箱根64, 箱根65, 全日本17, 全日本20

【う】

宇井 光男〈中央〉…箱根43, 箱根44
ウイルキンソン, M.〈IVL〉…出雲13
ウィルバー, S.〈IVL〉…全日本27
上 祐一郎〈中京〉…出雲3, 全日本23, 全日本24
上門 大祐〈京都産業〉…出雲25, 全日本45, 全日本46
植木 章文〈大東文化〉…箱根89, 箱根90, 箱根91, 全日本45, 全日本46
植木 崇行〈東海〉…箱根81, 箱根82, 箱根83
上木 正夫〈早稲田〉…箱根31
上木 道夫〈早稲田〉…箱根30, 箱根31
上里 朝昭〈立教〉…箱根27, 箱根28
上里 朝輝〈立教〉…箱根29
上島 芳武〈東京高師〉…箱根10
上杉 直史〈東北学連〉…出雲9, 出雲11
ウエスト, D.〈IVL〉…全日本26
上田 潔史〈筑波〉…箱根70
上田 健治〈早稲田〉…箱根75, 全日本28, 全日本30
上田 聡志〈大阪経済〉…全日本41
植田 茂〈専修〉…箱根61, 箱根62, 全日本16, 全日本17
上田 隼平〈上武〉…全日本46
上田 大助〈中央〉…箱根32, 箱根33
上田 隆志〈徳山〉…全日本16
上田 勉〈東京農業〉…箱根55
上田 剛史〈法政〉…箱根84, 箱根86
上田 俊明〈大阪体育〉…全日本1, 全日本2, 全日本3
上田 友之〈大阪商業〉…全日本3
上田 則幸〈九州産業〉…全日本6, 全日本7
上田 浩捷〈関西学院〉…出雲23, 出雲24, 全日本43, 全日本44
上田 廣〈東海〉…箱根58
上田 誠仁〈順天堂〉…箱根55, 箱根56, 箱根57, 全日本10
上田 宗央〈立命館〉…全日本34, 全日本35
上田 素弘〈同志社〉…全日本22
上田 康博〈亜細亜〉…箱根66, 全日本22
上田 祐貴〈大東文化〉…箱根90
植田 雄三〈仙台〉…全日本4
植田 良二〈京都産業〉…全日本10, 全日本11, 全日本12, 全日本13
上滝 邦夫〈東京学芸〉…箱根33, 箱根34, 箱根35, 箱根36
植竹 誠也〈早稲田〉…箱根78, 箱根79
上地 修二〈中京〉…全日本9, 全日本10, 全日本11, 全日本12
上西 健介〈山梨学院〉…全日本25
上西 大介〈中央学院〉…箱根70
上西 陽介〈中央学院〉…箱根71
上野 淳一〈福岡〉…出雲5, 全日本25
上野 俊一朗〈東北〉…全日本23, 全日本24, 全日本25, 全日本26, 全日本27
上野 俊一朗〈東北学連〉…出雲5, 出雲7
上野 大助〈愛知工業〉…出雲7, 出雲10, 全日本27, 全日本28, 全日本29
上野 大地〈亜細亜〉…箱根86
上野 剛〈徳山〉…出雲14, 全日本32, 全日本33, 全日本34
上野 哲寛〈東北〉…全日本23, 全日本24
上野 哲寛〈東北学連〉…出雲2, 出雲3
上野 智幸〈國學院〉…箱根88, 箱根89, 出雲24
上野 飛偉楼〈日本体育〉…箱根80, 全日本35
上野 大空〈専修〉…箱根87, 箱根90
上野 正雄〈法政〉…箱根66, 箱根67
上野 裕一郎〈中央〉…箱根81, 箱根82, 箱根83, 箱根84, 出雲16, 出雲17, 出雲19, 全日本36, 全日本37, 全日本38, 全日本39

上野 立貴〈岐阜経済〉…全日本45
上野 渉〈駒澤〉…箱根87, 箱根88, 箱根89, 出雲22, 出雲23, 出雲24, 全日本41, 全日本42, 全日本43, 全日本44
上原 浩二〈駒澤〉…箱根75
上原 将平〈東海〉…箱根90
上原 千弥〈広島経済〉…出雲20, 出雲21
上原 忠雄〈福岡〉…全日本4, 全日本5
上原 敏彦〈日本〉…箱根40, 箱根41, 箱根42, 箱根43
上間 翔太〈京都産業〉…出雲14, 出雲16, 出雲17, 全日本34, 全日本35, 全日本36, 全日本37
上間 哲〈琉球〉…全日本8
上間 喜仁〈沖縄国際〉…全日本19
植松 誠〈日本体育〉…箱根58, 箱根59, 箱根60, 全日本14, 全日本15
上村 和生〈東洋〉…箱根90, 箱根91
植村 和弘〈中央〉…箱根58, 箱根59, 箱根60
上村 純也〈山梨学院〉…箱根90, 箱根91, 全日本45, 全日本46
植村 祥〈立教〉…箱根36, 箱根37, 箱根38, 箱根39
上村 智祐〈拓殖〉…箱根79, 箱根81, 全日本35
上村 宣久〈東海〉…箱根52
上村 紘史〈福岡〉…全日本35, 全日本36
上山 繁樹〈日本〉…箱根3
上山 修功〈法政〉…箱根52, 箱根53, 箱根54, 箱根55
ウェルズ, T.〈IVL〉…全日本24
魚崎 裕司〈中央学院〉…箱根79
ウォシュバーン, O.〈IVL〉…出雲20
魚住 直毅〈専修〉…箱根71, 出雲6
宇賀 豊〈東京農業〉…箱根22
宇賀地 強〈駒澤〉…箱根83, 箱根84, 箱根85, 箱根86, 出雲18, 出雲19, 出雲20, 出雲21, 全日本38, 全日本39, 全日本40, 全日本41
鵜川 貴行〈仙台〉…全日本30
浮田 孝則〈名古屋商〉…全日本30
宇佐美 彰朗〈日本〉…箱根40, 箱根41, 箱根42
宇佐美 晴英〈拓殖〉…箱根60
宇佐美 裕〈専修〉…箱根23, 箱根24
鵜沢 実〈中央〉…箱根20, 箱根21
氏居 真生〈東北学院〉…全日本37
牛飼 千博〈近畿〉…全日本38
牛木 陽一〈北信越連〉…出雲21, 出雲23
牛込 鐘一〈日歯医専〉…箱根3
牛込 保雄〈東洋〉…箱根65, 箱根66, 箱根67
牛田 保〈中央〉…箱根55, 全日本9
牛田 慶男〈法政〉…箱根59
氏原 健介〈上武〉…箱根86, 箱根87, 箱根88, 箱根89, 全日本43, 全日本44
牛山 純一〈愛知工業〉…出雲15, 出雲16, 全日本35
牛山 雄平〈國學院〉…箱根90, 出雲24
後口 成就〈福岡〉…全日本41, 全日本43
臼井 昭〈東京農業〉…箱根38, 箱根39, 箱根40, 箱根41
臼井 卯平〈中央〉…箱根6
臼井 嘉省〈東京農業〉…箱根27, 箱根28
碓井 一義〈中京〉…全日本17, 全日本18, 全日本20
碓井 哲雄〈中央〉…箱根39, 箱根40, 箱根41
臼井 正昭〈法政〉…箱根44
臼井 康善〈中四国連〉…出雲12
宇田 朋史〈拓殖〉…箱根90, 箱根91
宇高 正美〈中京〉…全日本4, 全日本6
宇田川 聡〈専修〉…箱根61, 箱根63
宇田川 武男〈埼玉〉…箱根35
宇田川 秀夫〈日本〉…箱根24, 箱根26, 箱根27, 箱根28
内川 義高〈日本〉…箱根30, 箱根31, 箱根32, 箱根33
打越 忠夫〈順天堂〉…箱根64
内田 明彦〈福井工業〉…全日本28
内田 亥太郎〈法政〉…箱根2
内田 邦昭〈仙台〉…全日本31, 全日本32, 全日本33
内田 賢〈明治〉…箱根14, 箱根15, 箱根18, 箱根19
内田 幸二〈順天堂〉…箱根45, 箱根47, 箱根48, 全日本3
内田 恒三〈日本文理〉…出雲20, 出雲21, 全日本39, 全日本40, 全日本41
内田 庄作〈早稲田〉…箱根1, 箱根2, 箱根3, 箱根5
内田 澄定〈立教〉…箱根34, 箱根35, 箱根38
内田 直将〈駒澤〉…箱根77, 箱根79, 箱根80, 出雲13, 出雲14, 出雲15, 全日本32, 全日本33, 全日本34, 全日本35
内田 拓〈日本〉…出雲22
内田 武夫〈明治〉…箱根41, 箱根42
内田 忠司〈亜細亜〉…箱根43
内田 直斗〈帝京〉…箱根91
内田 典之〈明治〉…箱根43, 箱根45
内田 昌寛〈青山学院〉…出雲22
内田 光紀〈城西〉…箱根80
内田 祐一〈東京教育〉…箱根37, 箱根38, 箱根39, 箱根40
内田 幸雄〈金沢工業〉…全日本8
内田 洋平〈長崎国際〉…全日本42
内冨 恭則〈広島経済〉…出雲4, 出雲5, 全日本23, 全日本24, 全日本25, 全日本26
内冨 恭則〈中四国連〉…出雲3
内野 朗〈順天堂〉…箱根58
内野 郁夫〈早稲田〉…箱根51, 箱根53, 箱根54
内野 喬〈立教〉…箱根42, 箱根44
内野 幸吉〈日本〉…箱根42, 箱根43, 箱根44
内野 慎吾〈中央〉…箱根24, 箱根28
内野 雅貴〈神奈川〉…箱根79, 箱根80, 箱根81, 出雲16, 全日本34, 全日本36
内野 保雄〈日本〉…箱根49, 箱根50
内山 末男〈東洋〉…箱根32, 箱根33, 箱根34, 箱根35
内山 孝之〈順天堂〉…箱根71, 箱根72, 箱根73, 出雲8, 全

日本28
内山 利春〈青山学院〉…箱根22
内山 理人〈金沢〉…全日本15
宇津木 泰虎〈法政〉…箱根2
宇都宮 敦〈日本〉…箱根36, 箱根37, 箱根38, 箱根39
内海 重雄〈立教〉…箱根15
内海 健史〈東北〉…全日本27
宇都 寿哉〈日本文理〉…出雲18, 出雲19, 全日本38, 全日本39
宇都 英雄〈東京農業〉…箱根67, 箱根68, 箱根69, 箱根70, 全日本23
有働 敬太〈福岡〉…全日本40, 全日本41
采谷 義秋〈日本体育〉…箱根40, 箱根42, 箱根43
宇野 彰男〈中央〉…箱根74, 箱根75, 箱根76
宇野 淳〈日本体育〉…箱根71, 箱根72, 箱根73, 箱根74, 全日本27
宇野 純也〈青山学院〉…箱根85
宇野 翔太〈京都産業〉…全日本41
宇野 博之〈東洋〉…箱根85, 箱根86, 箱根87, 箱根88, 出雲20, 全日本41, 全日本43
宇野 真〈中央〉…箱根50, 箱根51, 箱根52, 箱根53, 全日本5
梅枝 裕吉〈日本体育〉…箱根80, 出雲15, 出雲17, 全日本35, 全日本37
梅垣 吉正〈立命館〉…全日本20, 全日本21
梅木 蔵雄〈早稲田〉…箱根72, 箱根73, 箱根74, 出雲6, 出雲7, 出雲9, 全日本26, 全日本27, 全日本28, 全日本29
梅木 悠平〈拓殖〉…箱根85
梅沢 一美〈立教〉…箱根28, 箱根29, 箱根30
梅沢 定男〈東洋〉…箱根37, 箱根38
梅沢 光熙〈横浜国立〉…箱根28, 箱根29, 箱根30, 箱根31
梅津 毅〈帝京〉…箱根84, 箱根85, 全日本40
梅津 武弘〈北海道〉…全日本20
梅津 富浩〈日本〉…箱根65, 箱根66, 箱根67, 箱根68, 出雲1, 出雲2, 出雲3, 全日本20, 全日本21, 全日本22, 全日本23
梅津 正文〈東海〉…箱根64, 箱根66, 全日本21
梅田 克己〈明治〉…箱根48, 箱根50
梅田 周〈北海道〉…全日本43
梅田 大輔〈上武〉…箱根85
梅田 将一〈中央学院〉…全日本36
梅田 勝〈亜細亜〉…箱根70
梅原 茂雄〈青山学院〉…箱根47
梅原 祐二〈愛知学院〉…全日本14
梅本 浩志〈大阪体育〉…出雲1, 全日本21, 全日本23
梅本 雅哉〈山梨学院〉…箱根82
梅舎 達三〈広島経済〉…出雲5, 出雲6, 全日本23, 全日本25, 全日本26
宇山 顕〈北海道〉…全日本18, 全日本19, 全日本20
宇山 学〈大阪経済〉…全日本14, 全日本15, 全日本16, 全日本17
浦田 高治〈中四国連〉…出雲6
浦田 春生〈中央〉…箱根58, 箱根59
卜部 淳史〈明治〉…箱根85
卜部 昌次〈中央〉…箱根62, 箱根64
占部 信弘〈日本〉…箱根75
浦山 修〈北海道〉…全日本11, 全日本12
嬉野 純平〈専修〉…箱根83, 箱根84
嬉野 尚二〈大阪経済〉…全日本13, 全日本14, 全日本15, 全日本16
海野 芳人〈東京農業〉…箱根26

【え】

エイリック，P.〈SF州立〉…出雲3
江頭 健太〈中四国連〉…出雲9, 出雲10
江頭 健太〈徳山〉…全日本29, 全日本30
江頭 賢太郎〈明治〉…箱根91
江頭 正章〈中央〉…箱根10, 箱根11
江頭 正恭〈法政〉…箱根8, 箱根9, 箱根10
江上 純一〈鹿屋体育〉…全日本23, 全日本25
江口 修〈広島〉…全日本7, 全日本9
江口 和浩〈大東文化〉…箱根60, 箱根61, 箱根62, 全日本15, 全日本16, 全日本17
江口 賢一〈神奈川〉…箱根26
江口 拓弥〈福岡〉…全日本40
江口 秀樹〈駒澤〉…箱根69, 箱根70, 全日本25
江口 正久〈駒澤〉…箱根64, 箱根65, 箱根67
江向 丘吏〈徳山〉…全日本14, 全日本16, 全日本17
江崎 繁一〈国士舘〉…箱根43
江崎 鉄美〈九州産業〉…全日本1
江島 直治〈神奈川〉…箱根41, 箱根42, 箱根43
枝 啓司〈東京農業〉…箱根49, 箱根50, 全日本4, 全日本5
江田 茂〈大東文化〉…全日本11
枝松 武彦〈順天堂〉…箱根49, 箱根50, 箱根51
越後 英俊〈法政〉…箱根83
江藤 栄一〈中央〉…箱根46, 箱根47, 箱根48, 箱根49
江藤 忠司〈慶應義塾〉…箱根38, 箱根39, 箱根40
衛藤 博志〈専修〉…箱根64, 箱根67
江藤 裕也〈中央学院〉…箱根80, 箱根81, 箱根82, 出雲15, 出雲17, 全日本35, 全日本37
江藤 雅彦〈駒澤〉…箱根50
衛藤 道夫〈順天堂〉…箱根61, 箱根62
江藤 光輝〈創価〉…箱根91
江浪 修平〈中四国連〉…出雲25
榎木 和貴〈中央〉…箱根70, 箱根71, 箱根72, 箱根73, 出雲6, 出雲7, 全日本26, 全日本27, 全日本28
榎 正登〈明治〉…箱根43, 箱根45

榎田 登〈大東文化〉…箱根55, 全日本11
榎本 敬一〈東京農業〉…箱根33, 箱根34
榎本 隆〈神奈川〉…箱根29, 箱根31
江花 晴三〈神奈川〉…箱根33, 箱根34, 箱根35, 箱根36
海老澤 剛〈中央学院〉…箱根90, 箱根91, 全日本46
海老澤 太〈中央学院〉…箱根91
海老沢 操〈慶應義塾〉…箱根7
海老沢 由忠〈早稲田〉…箱根5
海老瀬 正純〈京都教育〉…全日本13, 全日本14
蝦名 邦隆〈早稲田〉…箱根22
海老名 正一〈慶應義塾〉…箱根17
蛯名 聡勝〈帝京〉…箱根87, 箱根89, 箱根90, 全日本43, 全日本44
海老原 匠〈東海〉…箱根86, 箱根88
江渕 真一〈東京農業〉…箱根63
江俣 広〈明治〉…箱根2, 箱根3, 箱根4, 箱根5, 箱根6
江本 隆〈愛知教育〉…全日本3, 全日本4
江本 剛〈大東文化〉…箱根61
江本 真〈法政〉…箱根67, 出雲2
江本 三千年〈青山学院〉…箱根22
江本 洋〈大阪体育〉…全日本20, 全日本21
江森 喜美男〈慶應義塾〉…箱根50
江森 務〈拓殖〉…箱根46
エレマブショル, K.〈第一工業〉…出雲14, 出雲15, 全日本34
延寿寺 博亮〈日本〉…箱根84
円成 栄三郎〈順天堂〉…箱根49
遠藤 和生〈明治〉…箱根45
遠藤 信二〈東京文理〉…箱根22
遠藤 竹三郎〈中央〉…箱根2, 箱根3, 箱根4
遠藤 丈治〈法政〉…箱根45, 箱根46
遠藤 辰雄〈神奈川師〉…箱根25
遠藤 司〈早稲田〉…箱根58, 箱根59, 箱根60, 箱根61
遠藤 寿寛〈明治〉…箱根85, 箱根86, 出雲21, 全日本40, 全日本41
遠藤 智久〈中央〉…箱根74, 出雲7, 全日本28, 全日本29
遠藤 倫弘〈横浜国立〉…箱根30, 箱根31
遠藤 英典〈法政〉…箱根72, 箱根73, 全日本27
遠藤 正人〈青山学院〉…箱根88, 箱根89
遠藤 正彦〈北海道〉…全日本6, 全日本8, 全日本9
遠藤 雅裕〈東北学院〉…全日本9
遠藤 実〈早稲田〉…箱根22
遠藤 宗寛〈大東文化〉…箱根69
遠藤 良則〈東北学院〉…全日本13, 全日本14, 全日本15, 全日本16

【お】

及川 篤〈東洋〉…箱根61, 箱根62, 箱根63, 全日本18
及川 晃一郎〈防衛〉…箱根39
及川 俊栄〈専修〉…箱根46, 箱根47, 全日本2
及川 佑太〈中央学院〉…箱根89, 箱根90, 箱根91, 出雲25, 全日本45, 全日本46
尾池 政利〈山梨学院〉…箱根74, 箱根76, 箱根77, 出雲9, 出雲10, 出雲12, 全日本29, 全日本32
王 珍輝〈名古屋商〉…全日本21, 全日本22
王鞍 克巳〈東京農業〉…箱根71, 箱根72
大井 貴博〈東海〉…箱根77, 箱根78, 出雲12, 全日本30, 全日本31, 全日本32
大井 正〈立教〉…箱根18
大池 達也〈順天堂〉…箱根88, 箱根89, 出雲24
大石 耕司〈亜細亜〉…箱根48, 箱根49, 箱根50
大石 純男〈久留米〉…全日本24
大石 剛弘〈亜細亜〉…箱根61
大石 哲也〈京都産業〉…全日本32
大石 富之〈早稲田〉…箱根47, 箱根49, 箱根50
大石 裕基〈福岡〉…出雲16, 全日本36
大石 裕道〈久留米〉…全日本21, 全日本24
大石 港与〈中央〉…箱根85, 箱根86, 箱根87, 出雲20, 出雲21, 全日本41, 全日本42
大石 宗雄〈日本体育〉…箱根31, 箱根32, 箱根33
大石 安男〈拓殖〉…箱根31
大石 祐己〈中四国連〉…出雲24
大石 侑来〈長崎国際〉…全日本39
大石 幸浩〈中京〉…出雲1, 出雲2, 全日本20, 全日本21, 全日本22
大石 佳伸〈東海〉…箱根62, 箱根63
大泉 高英〈立命館〉…全日本23
大泉 雅史〈東北学連〉…出雲17, 出雲19, 出雲22
大泉 雅史〈東北福祉〉…全日本35, 全日本36, 全日本37, 全日本38, 全日本39, 全日本40, 全日本42, 全日本43
大出 孝一〈東京学芸〉…箱根60
大出 孝司〈日本〉…箱根43, 箱根44, 箱根45, 箱根46
大上 力〈九州産業〉…全日本13, 全日本14, 全日本15
大内 文広〈東北学院〉…全日本17
大内 誠〈拓殖〉…箱根46, 箱根48
大内 陽介〈中央学院〉…箱根81, 箱根83, 箱根84, 出雲17, 全日本36, 全日本37
大浦 清司〈東洋〉…箱根61, 箱根63
大浦 周〈早稲田〉…箱根79, 箱根80
大浦 元〈福岡〉…全日本4, 全日本5, 全日本6
大浦 留市〈東京高師〉…箱根1, 箱根2
大江 茂〈立命館〉…全日本15, 全日本16
大江 正行〈早稲田〉…箱根2, 箱根3, 箱根4
大江 延之〈駒澤〉…箱根67
大江 英之〈中央〉…箱根67, 箱根68, 出雲3, 全日本21, 全日本23
大江 啓貴〈明治〉…箱根86, 箱根87, 箱根88, 箱根89, 出

雲22, 全日本42, 全日本43, 全日本44
大賀 輝夫〈専修〉…箱根64, 箱根66, 全日本21
大垣 皓暉〈岐阜経済〉…全日本45
大梶 義幸〈日本体育〉…箱根65, 全日本20
大勝 浩一〈神奈川〉…箱根68
大金 一幸〈日本体育〉…箱根49, 箱根50, 全日本4
大川 和輝〈関西学院〉…出雲25, 全日本45
大川 一成〈神奈川〉…箱根91, 全日本46
大川 滉貴〈日本文理〉…全日本45
大川 賢明〈国士舘〉…箱根40, 箱根41, 箱根42, 箱根43
大川 智裕〈神奈川〉…箱根73, 箱根75
大川 宏和〈札幌学院〉…全日本32
大川 泰弘〈東京農業〉…箱根21
大川 陽〈中四国連〉…出雲11
大川 陽〈徳山〉…全日本29, 全日本30, 全日本31
大川 義則〈日本〉…箱根52, 箱根54, 全日本7
大河原 宏樹〈京都産業〉…全日本16, 全日本17, 全日本18
大木 昭一郎〈東京文理〉…箱根25
大木 正幹〈法政〉…箱根11, 箱根12, 箱根13, 箱根14
大木 慶男〈日本〉…箱根12, 箱根13, 箱根14
大草 武美〈中央〉…箱根56, 箱根57, 箱根58, 箱根59
大串 顕史〈早稲田〉…箱根86, 箱根88
大串 研二〈東京農業〉…箱根9, 箱根10, 箱根11
大串 俊次〈東京農業〉…箱根36, 箱根37, 箱根38
大口 哲郎〈東海〉…箱根49, 箱根50, 箱根51
大国 伸司〈中四国連〉…出雲1
大久保 明〈専修〉…箱根66, 全日本21
大窪 勝太郎〈日本体育〉…箱根44, 箱根45, 箱根46, 全日本1
大久保 初男〈大東文化〉…箱根50, 箱根51, 箱根52, 箱根53, 全日本5, 全日本6, 全日本7, 全日本8
大久保 弘幸〈立命館〉…全日本33, 全日本34
大久保 正寛〈拓殖〉…箱根19, 箱根20
大熊 賢司〈東海〉…箱根74, 箱根75, 全日本29
大隈 重信〈大東文化〉…箱根58, 全日本13
大熊 修一〈北海道教〉…全日本21
大熊 信雄〈東京教育〉…箱根34, 箱根35
大隈 広基〈大東文化〉…箱根56, 箱根57, 箱根58, 全日本12, 全日本13
大熊 律夫〈東京文理〉…箱根22
大蔵 孝一〈仙台〉…全日本4
大蔵 優一〈東洋〉…箱根17
大越 正禅〈駒澤〉…箱根52, 箱根53, 箱根54, 箱根55, 全日本7
大越 武士〈北信越連〉…出雲2, 出雲3, 出雲4
大越 直哉〈山梨学院〉…箱根81, 箱根82, 箱根83, 出雲18, 全日本37
大越 正雄〈法政〉…箱根23, 箱根24
大越 元昭〈順天堂〉…箱根67
大崎 享〈神奈川〉…箱根32
大崎 一就〈順天堂〉…箱根72, 箱根74
大崎 健司〈東北学院〉…全日本21
大崎 栄〈東海〉…箱根60, 箱根61, 箱根62, 箱根63, 全日本15, 全日本18
大崎 悟史〈山梨学院〉…箱根74, 箱根75, 全日本27, 全日本29, 全日本30
大崎 修造〈日本〉…箱根50, 全日本5
大崎 翔也〈大東文化〉…箱根89, 箱根90
大崎 芳夫〈中央〉…箱根8, 箱根9, 箱根10, 箱根11, 箱根12
大崎 良三〈法政〉…箱根14, 箱根15, 箱根16, 箱根17, 箱根18
大迫 翔太〈関西学院〉…全日本43
大迫 傑〈早稲田〉…箱根87, 箱根88, 箱根89, 箱根90, 出雲22, 出雲23, 出雲24, 出雲25, 全日本42, 全日本43, 全日本44, 全日本45
大迫 聖晃〈帝京〉…箱根88
大迫 秀治〈九州産業〉…全日本18
大里 耕作〈琉球〉…全日本8
大沢 幸造〈信州〉…全日本12
大沢 信一〈東海〉…箱根49
大沢 隆司〈駒澤〉…箱根47, 箱根48, 箱根49
大沢 正資〈専修〉…箱根15, 箱根16
大沢 竜雄〈日本〉…箱根18, 箱根19, 箱根20, 箱根21
大沢 哲夫〈中央〉…箱根68, 出雲3, 全日本23
大沢 仁〈神奈川〉…箱根30, 箱根32, 箱根33
大沢 正育〈信州〉…全日本3
大沢 祐二〈立教〉…箱根34
大沢 陽祐〈中央〉…箱根64, 箱根65, 出雲1, 全日本20, 全日本21
大沢 芳明〈日本〉…箱根67, 出雲2, 出雲4, 全日本22, 全日本23
大路 順紀〈大阪経済〉…全日本14, 全日本15, 全日本16
大塩 正則〈大阪体育〉…全日本1, 全日本2
大下 一郎〈広島〉…全日本9
大下 浩平〈広島経済〉…全日本46
大下 稔樹〈國學院〉…箱根88, 箱根89, 箱根90, 箱根91, 出雲23, 出雲24
大志田 秀次〈中央〉…箱根60, 箱根61, 全日本16
大島 明〈神奈川〉…箱根33
大島 千幸〈拓殖〉…箱根90, 箱根91
大島 索〈順天堂〉…箱根36
大島 晴仁〈福井工業〉…全日本22
大島 浩光〈中央〉…箱根57, 箱根58, 箱根59
大島 弘〈東京教育〉…箱根26
大島 弘〈東京体専〉…箱根24, 箱根25
大島 良造〈順天堂〉…箱根37, 箱根39
大城 一利〈大阪体育〉…全日本6
大城 和幸〈沖縄国際〉…全日本21

大城 将範〈関東学連〉…箱根83
大城 護〈沖縄国際〉…全日本21
大城 光志〈東京農業〉…全日本21
大須賀 利清〈東大農実〉…箱根5, 箱根6
大須田 優二〈中央〉…箱根88, 箱根89, 全日本43, 全日本44
大角 重人〈早稲田〉…箱根77, 全日本32
大隅 裕介〈大東文化〉…箱根90, 箱根91, 全日本45, 全日本46
大関 篤史〈早稲田〉…箱根70, 箱根71, 出雲5, 全日本25, 全日本26
大関 勇一〈東京農業〉…箱根63
大曽根 興光〈中央〉…箱根58, 箱根59
大園 栄一〈東海〉…箱根61, 箱根62
太田 一夫〈慶應義塾〉…箱根4, 箱根5, 箱根6
太田 一夫〈専修〉…箱根62, 箱根63, 全日本18
太田 一美〈中京〉…出雲3, 全日本22, 全日本23, 全日本24
太田 潔〈福岡〉…全日本3
太田 晃三〈横浜国立〉…箱根26
太田 智司〈立命館〉…全日本21
太田 茂昭〈日本体育〉…箱根29
太田 繁男〈金沢〉…全日本15
太田 重和〈名古屋商〉…出雲5, 出雲8, 全日本25, 全日本26, 全日本27, 全日本28
太田 茂〈関西学院〉…全日本24
太田 丈児〈東京〉…箱根60
太田 正三〈東京農業〉…箱根14
太田 成紀〈中央学院〉…箱根88
太田 泰介〈慶應義塾〉…箱根42
太田 隆邦〈日歯医専〉…箱根20, 箱根21
太田 崇〈札幌学院〉…全日本27, 全日本28, 全日本30
太田 崇〈北海道連〉…出雲7, 出雲9, 出雲10
太田 貴之〈駒澤〉…箱根79, 箱根80, 箱根81, 出雲15, 全日本34, 全日本35
太田 剛〈大阪経済〉…全日本12, 全日本13, 全日本14
太田 竜広〈京都産業〉…全日本29
太田 徹〈青山学院〉…箱根43, 箱根44, 箱根45, 箱根46
太田 智也〈京都産業〉…全日本26
太田 友幸〈順天堂〉…箱根73
太田 肇〈中央〉…箱根19
太田 宏嗣〈専修〉…箱根79
太田 洋〈専修〉…箱根31, 箱根32, 箱根33
太田 真樹〈早稲田〉…箱根62
太田 勝〈沖縄国際〉…全日本21
太田 守和〈沖縄国際〉…全日本21
太田 康明〈東北〉…全日本23
太田 侑典〈日本体育〉…箱根88
太田 行紀〈駒澤〉…箱根83, 箱根84, 箱根85, 全日本40
太田 善之〈中央〉…箱根68
大滝 潔〈法政〉…箱根19
大竹 太郎〈東洋〉…箱根19
大竹 正道〈東京教育〉…箱根42, 箱根43, 箱根44
大竹 康夫〈東京学芸〉…全日本1
大竹 優一〈國學院〉…箱根82
大嶽 怜〈北海道〉…全日本29
太田代 秀一〈亜細亜〉…箱根50, 箱根51, 箱根52
大谷 克〈中央学院〉…箱根85, 箱根86, 箱根87, 出雲20, 全日本40
大谷 啓太〈東北〉…全日本23, 全日本24, 全日本26
大谷 健太〈山梨学院〉…箱根86, 出雲21
大谷 幸司〈福岡〉…出雲3, 出雲5, 全日本23, 全日本24, 全日本25, 全日本26
大谷 康太〈山梨学院〉…箱根86, 出雲20, 出雲21, 全日本38, 全日本40, 全日本41
大谷 栄〈中央〉…箱根67, 出雲1, 全日本21
大谷 宗平〈東北学連〉…出雲23, 出雲24, 全日本43
大谷 哲〈東京高師〉…箱根3
大谷 照幸〈徳山〉…全日本15
大谷 利春〈大阪商業〉…全日本6
大谷 治男〈専修〉…箱根34, 箱根35, 箱根36, 箱根37
大谷 宥喜〈立命館〉…全日本45
大谷 洋〈法政〉…箱根44, 箱根45, 箱根46
大谷 遼太郎〈青山学院〉…箱根88, 箱根89, 出雲22, 出雲24, 全日本43
大津 顕杜〈東洋〉…箱根88, 箱根89, 箱根90, 出雲24, 全日本45
大津 翔吾〈東洋〉…箱根84, 箱根85, 箱根86, 箱根87, 全日本40, 全日本41, 全日本42
大津 睦〈大東文化〉…箱根66, 箱根67, 出雲1, 全日本21, 全日本22
大塚 偉介〈信州〉…全日本2, 全日本3
大津賀 賢〈愛知教育〉…全日本3
大塚 建一〈駒澤〉…箱根62, 箱根63, 箱根64
大塚 光一〈神奈川師〉…箱根25
大塚 昌〈日本〉…箱根23
大塚 祥平〈駒澤〉…箱根90, 箱根91
大塚 紳一郎〈九州産業〉…全日本2
大塚 信也〈法政〉…出雲6
大塚 毅〈早稲田〉…箱根67, 箱根69
大塚 博〈神奈川〉…箱根38
大塚 正男〈早稲田〉…箱根2
大塚 正人〈東海〉…箱根62, 箱根63, 全日本18
大塚 正美〈日本体育〉…箱根56, 箱根57, 箱根58, 箱根59, 全日本11, 全日本12, 全日本13, 全日本14
大塚 癸未男〈順天堂〉…箱根39, 箱根40, 箱根41, 箱根42
大塚 勇三〈東京文理〉…箱根23
大塚 吉男〈東京教育〉…箱根26
大塚 吉男〈東京体専〉…箱根25
大塚 良軌〈上武〉…箱根85

大塚 良一〈早稲田〉…箱根23, 箱根24, 箱根25
大月 英治〈国士舘〉…箱根62
大槻 憲一〈日本〉…箱根41, 箱根42, 箱根43, 箱根44
大槻 静雄〈早稲田〉…箱根5
大槻 学〈札幌学院〉…全日本33, 全日本34, 全日本36
大槻 学〈北海道連〉…出雲14, 出雲15, 出雲16
大辻 清治〈京都産業〉…全日本5
大坪 恭兵〈青山学院〉…箱根85
大坪 隆誠〈山梨学院〉…箱根75
大坪 奉巳〈拓殖〉…箱根55, 箱根56, 箱根57
大坪 優〈東洋〉…箱根71, 箱根72
大坪 祐樹〈駒澤〉…出雲16
大坪 義昭〈国士舘〉…箱根34, 箱根35, 箱根36
大手 敬史〈日本体育〉…箱根91
大歳 典宏〈順天堂〉…箱根66, 箱根67, 出雲1, 全日本21
大友 大蔵〈東京農業〉…箱根12, 箱根14
大中 哲〈徳山〉…全日本30
大成 貴之〈中央〉…箱根72
大成 正芳〈駒澤〉…箱根59, 箱根60
大西 淳貴〈上武〉…箱根89, 箱根90, 全日本44
大西 栄一〈福井工業〉…全日本23
大西 一輝〈東洋〉…箱根83, 箱根84
大西 寛次郎〈関西〉…箱根9
大西 泰司〈北海道〉…全日本19, 全日本20
大西 大〈札幌学院〉…全日本31
大西 毅彦〈京都産業〉…出雲16, 出雲17, 出雲18, 全日本36, 全日本37, 全日本38, 全日本39
大西 恒男〈愛知教育〉…全日本5
大西 智也〈東洋〉…箱根82, 箱根83, 箱根84, 箱根85, 出雲18, 出雲19, 出雲20, 全日本37, 全日本38, 全日本40
大西 直人〈中京〉…全日本17
大西 徳彦〈福岡〉…全日本14, 全日本16
大西 秀典〈神戸〉…全日本2, 全日本3
大西 洋彰〈京都産業〉…出雲18, 全日本38, 全日本39
大西 弘〈早稲田〉…箱根22
大西 誠〈名古屋商〉…出雲12, 出雲13, 全日本32
大西 正光〈明治〉…箱根11, 箱根13
大西 増夫〈法政〉…箱根30, 箱根31
大西 雄三〈駒澤〉…箱根73, 箱根74, 箱根76, 出雲9, 出雲10, 出雲11, 全日本28, 全日本29, 全日本30, 全日本31
大西 雄大〈大阪経済〉…全日本29
大西 亮〈大東文化〉…箱根89, 箱根90, 全日本45
大西 亮輔〈中央学院〉…箱根79, 全日本35
大貫 重信〈立教〉…箱根34, 箱根35, 箱根36
大貫 毅〈立教〉…箱根36
大貫 久雄〈横浜国立〉…箱根30, 箱根31, 箱根32
大貫 陽嵩〈京都産業〉…全日本46
大貫 正信〈駒澤〉…箱根51
大沼 直樹〈北海道連〉…出雲18
大沼 睦〈帝京〉…箱根86, 箱根87, 出雲20, 全日本40, 全日本42
大沼 恭教〈関東学連〉…箱根88, 箱根89
大沼 優〈広島経済〉…全日本46
大野 要〈東京農業〉…箱根11, 箱根12
大野 淳〈関西学院〉…出雲23
大野 興一〈明治〉…箱根30
大野 順一〈立命館〉…全日本11
大野 正次〈早稲田〉…箱根16, 箱根17, 箱根18
大野 隆司〈法政〉…箱根50, 箱根52
大野 隆久〈東京学芸〉…箱根31, 箱根32, 箱根33
大野 力〈日本文理〉…出雲25, 全日本45
大野 照正〈神奈川師〉…箱根25
大野 利丈〈東洋〉…箱根57, 箱根58, 箱根59, 全日本14
大野 俊之〈大東文化〉…箱根60, 箱根61, 箱根62, 全日本14, 全日本16
大野 信男〈立教〉…箱根22
大野 日暉〈神奈川〉…箱根91
大野 紘崇〈中央学院〉…箱根85, 全日本39, 全日本40, 全日本41
大野 昌義〈関西〉…全日本17
大野 雄揮〈信州〉…全日本44, 全日本46
大野 雄揮〈北信越連〉…出雲24, 出雲25
大場 要〈明治〉…箱根11, 箱根13, 箱根14
大庭 幸治〈専修〉…箱根59, 箱根60, 箱根61, 箱根62, 全日本15, 全日本16, 全日本17
大場 利直〈大東文化〉…箱根63
大場 直樹〈東北〉…全日本41
大場 直樹〈東北学連〉…出雲20, 出雲21
大場 文夫〈日本〉…箱根47, 箱根48, 全日本1, 全日本2, 全日本3
大場 正史〈名古屋商〉…出雲4, 全日本23, 全日本24, 全日本25
大場 康成〈駒澤〉…箱根65, 箱根66, 箱根67, 箱根68, 出雲1, 出雲3
大場 靖之〈北海道連〉…出雲5
大羽賀 了一〈東京農業〉…箱根48, 全日本1
大橋 秀星〈関東学連〉…箱根88, 箱根89
大橋 秀星〈専修〉…箱根87
大橋 真一〈順天堂〉…箱根72, 箱根73, 箱根74, 箱根75, 全日本29, 全日本30
大橋 文男〈法政〉…箱根43, 箱根44, 箱根45, 箱根46
大橋 昌弘〈大阪体育〉…全日本35, 全日本36, 全日本37
大橋 祐貴〈北海道教〉…全日本35
大橋 祐貴〈北海道連〉…出雲16, 出雲17, 出雲18
大橋 怜〈東洋〉…箱根81
大畑 孝裕〈北海学園〉…全日本4
大花 務〈国士舘〉…箱根45, 箱根46, 箱根47, 箱根48, 全日本2, 全日本3

大花 弘美〈中央〉…箱根48, 箱根49, 箱根50, 箱根51
大浜 幸彦〈法政〉…箱根21
大浜 洋平〈山梨学院〉…箱根76, 出雲9, 出雲11, 全日本30, 全日本31
大原 清明〈慶應義塾〉…箱根42
大原 桂一〈東京農業〉…箱根72, 箱根73, 出雲8
大原 司〈愛知工業〉…出雲21, 全日本40, 全日本43
大原 司〈東海学連〉…全日本42
大原 強〈愛知工業〉…出雲10
大原 浩〈日歯医専〉…箱根20
大原 誠〈徳山〉…出雲8, 全日本27, 全日本28, 全日本29
大日向 治幸〈法政〉…箱根34, 箱根35, 箱根36, 箱根37
大日向 幸高〈国士舘〉…箱根37, 箱根39, 箱根40
大平 敦郎〈新潟〉…全日本21
大藤 雅興〈順天堂〉…箱根79
大渕 俊幸〈日本〉…箱根61, 箱根62, 箱根63, 全日本16
大間 孝〈東京農業〉…箱根62, 箱根63, 箱根64, 全日本17
大前 喬之〈立命館〉…出雲16, 全日本33, 全日本34, 全日本35, 全日本36
大町 北造〈法政〉…箱根4
大見 治夫〈日本体育〉…箱根37, 箱根38, 箱根39, 箱根40
大水 宏〈早稲田〉…箱根47
大宮 末吉〈東京高師〉…箱根9, 箱根10
大宮 宙憲〈拓殖〉…箱根77, 全日本31
大宮 裕治〈東洋〉…箱根58, 箱根60, 全日本13
大村 拓〈第一工業〉…出雲8, 全日本28
大村 一〈法政〉…箱根75, 箱根76, 箱根77, 全日本32
大村 良治〈専修〉…箱根38, 箱根39, 箱根40, 箱根41
大室 朗〈北海道〉…全日本29
大森 伊三治〈明治〉…箱根17, 箱根18, 箱根19
大森 英一郎〈法政〉…箱根84
大森 一輝〈法政〉…箱根89
大森 章太郎〈国士舘〉…箱根84
大森 孝芳〈日本〉…出雲10
大森 富太郎〈専修〉…箱根19, 箱根20
大森 澪〈中央学院〉…全日本46
大森 光晴〈東京農業〉…箱根70
大森 素久〈立教〉…箱根31, 箱根32, 箱根33, 箱根34
大屋 厚〈北海道〉…全日本43
大家 清孝〈東京農業〉…箱根72
大家 孝行〈大阪体育〉…全日本35, 全日本36
大屋 直士〈奈良産業〉…全日本38, 全日本40
大谷 直樹〈明治〉…箱根33, 箱根36
大屋 彦左衛門〈専修〉…箱根15, 箱根16, 箱根17, 箱根18, 箱根19, 箱根20
大八木 弘明〈駒澤〉…箱根60, 箱根61, 箱根62
大山 清文〈駒澤〉…箱根58, 箱根59, 箱根60
大山 健太〈大阪経済〉…全日本44, 全日本46
大山 鐘善〈福岡〉…全日本3, 全日本4
大山 敏浩〈筑波〉…箱根59, 全日本14
大山 憲明〈創価〉…箱根91
大山 結城〈鹿屋体育〉…出雲13, 出雲14, 全日本34
大吉 万平〈立教〉…箱根27
大脇 孝和〈法政〉…箱根29, 箱根30, 箱根31, 箱根32
大脇 佑介〈帝京〉…箱根84
大和田 八郎〈東京農業〉…箱根17, 箱根18
大童 親良〈拓殖〉…箱根21
岡 賢宏〈国士舘〉…箱根80
岡 隆〈近畿〉…全日本29
岡 俊博〈日本体育〉…箱根57, 箱根58, 箱根59, 全日本13, 全日本14
岡 秀夫〈駒澤〉…箱根53, 箱根55, 箱根56
岡 博治〈慶應義塾〉…箱根22, 箱根23
岡 正康〈明治〉…箱根23, 箱根24, 箱根25
岡 豊〈東海〉…全日本44
岡 龍二郎〈立教〉…箱根19, 箱根20
岡井 豊〈早稲田〉…箱根6, 箱根8, 箱根9
岡川 功〈中央〉…箱根66
岡崎 愛三〈東京農業〉…箱根6, 箱根7
岡崎 俊芳〈早稲田〉…箱根22
岡崎 隼也〈青山学院〉…箱根85
岡崎 翔太〈広島〉…全日本42
岡崎 友哉〈国士舘〉…箱根90
岡崎 祐介〈広島〉…全日本39, 全日本40
岡沢 吉夫〈明治〉…箱根16
岡沢 亘〈東京高師〉…箱根6
小笠原 功〈中央〉…箱根45, 箱根46, 箱根47, 箱根48
小笠原 和也〈順天堂〉…箱根44, 箱根45
小笠原 広樹〈東京理科〉…全日本1
小笠原 義弘〈日本〉…箱根46
岡島 浩三〈京都産業〉…全日本31, 全日本33, 全日本34
岡島 宣八〈東京文理〉…箱根23
岡島 由明〈日本〉…箱根67, 箱根68, 箱根70, 出雲5, 全日本23, 全日本24, 全日本25
岡島 吉俊〈北海道〉…全日本13
岡田 晃〈亜細亜〉…箱根82, 箱根83, 出雲17, 出雲18, 全日本37, 全日本38
岡田 彰〈亜細亜〉…箱根60, 箱根61, 箱根62
岡田 敦行〈明治〉…箱根63, 箱根64, 箱根65
小方 栄一〈横浜専門〉…箱根25
小方 栄一〈神奈川〉…箱根26
岡田 京大〈徳山〉…出雲16, 出雲17, 出雲18, 出雲19, 全日本36, 全日本37, 全日本38
尾方 拳志〈中央〉…箱根71, 箱根72, 箱根73, 箱根74, 全日本27
岡田 耕三〈中京〉…全日本1, 全日本2, 全日本3, 全日本4
緒方 孝太〈亜細亜〉…箱根84
緒方 光平〈駒澤〉…箱根50
岡田 翔治〈中四国連〉…出雲22, 出雲23
尾形 翔平〈東北〉…全日本41, 全日本45, 全日本46

尾形 二郎〈東洋〉…箱根24
尾形 清〈大東文化〉…箱根47, 全日本2
岡田 隆広〈拓殖〉…箱根14
岡田 拓也〈法政〉…箱根79, 箱根80, 箱根81, 箱根82, 出雲16, 出雲17, 全日本34, 全日本35, 全日本37
尾方 剛〈山梨学院〉…箱根70
岡田 徹〈東洋〉…箱根75, 箱根76, 出雲9, 出雲10
緒方 寿和〈日本体育〉…箱根69, 箱根70, 箱根71, 出雲3, 出雲5, 出雲6, 全日本26
岡田 直寛〈亜細亜〉…箱根82, 箱根83, 出雲18, 全日本36, 全日本37
岡田 展彦〈中央〉…出雲8, 出雲9
岡田 光〈大阪体育〉…全日本26
岡田 英夫〈慶應義塾〉…箱根5, 箱根6, 箱根7, 箱根9, 箱根10, 箱根11
岡田 正明〈拓殖〉…箱根20
岡田 臣央〈鹿屋体育〉…全日本22
岡田 正雄〈慶應義塾〉…箱根35
緒方 正和〈中四国連〉…出雲12
緒方 正和〈徳山〉…全日本30, 全日本31, 全日本32, 全日本33
岡田 正裕〈亜細亜〉…箱根43, 箱根44
岡田 正美〈東京文理〉…箱根21
岡田 光志〈八幡〉…全日本3, 全日本4
緒方 満之〈東洋〉…箱根36, 箱根37, 箱根38, 箱根39
岡田 泰〈日本〉…箱根59, 箱根60
岡田 洋輔〈帝京〉…全日本40
岡田 頼明〈明治〉…箱根48, 箱根50
緒方 良文〈九州産業〉…全日本7, 全日本8, 全日本9, 全日本10
岡田 良平〈紅陵〉…箱根24
岡戸 敦男〈京都産業〉…出雲4, 出雲6, 全日本24, 全日本26
岡野 章〈日本体育〉…箱根36, 箱根37, 箱根38, 箱根39
岡野 幹史〈中京〉…全日本15, 全日本16
岡野 耕大〈信州〉…全日本44, 全日本46
岡野 耕大〈北信越連〉…出雲24, 出雲25
岡野 太郎〈日歯医専〉…箱根12, 箱根15
岡野 浩政〈東京農業〉…箱根15
岡野 雅毅〈大東文化〉…箱根66, 出雲1, 全日本23
岡野 正義〈亜細亜〉…箱根43, 箱根44
岡部 瑛〈札幌学院〉…全日本43, 全日本44, 全日本45
岡部 勝美〈神奈川〉…箱根41, 箱根42
岡部 邦彦〈東京農業〉…箱根59, 箱根60, 箱根61, 箱根62, 全日本15, 全日本16, 全日本17
岡部 貴洋〈神奈川〉…箱根90
岡部 寛之〈関東学連〉…箱根87
岡部 寛之〈順天堂〉…箱根85, 全日本39
岡部 正美〈山口〉…全日本10
岡部 祐介〈早稲田〉…箱根79, 箱根80, 箱根81, 出雲13
岡村 篤志〈東洋〉…箱根75, 出雲10
岡村 浩司〈愛知工業〉…全日本22, 全日本24, 全日本25
岡村 茂裕〈中京〉…全日本14, 全日本15, 全日本16
岡村 純〈東海〉…箱根57, 箱根58, 箱根59
岡村 翔〈東京農業〉…箱根84
岡村 信之〈岡山理科〉…全日本23
岡村 博三〈中京〉…全日本11, 全日本12, 全日本13, 全日本14
岡村 悠平〈日本〉…箱根85
岡本 英伯〈関東学連〉…箱根79
岡本 一彦〈大阪経済〉…全日本10, 全日本12
岡本 和浩〈日本〉…箱根63, 箱根64, 箱根65, 箱根66, 出雲1, 全日本18, 全日本19, 全日本20, 全日本21
岡本 勝敏〈広島経済〉…出雲21
岡本 喜作〈中央〉…箱根3, 箱根4, 箱根9
岡本 清〈大阪体育〉…全日本5
岡本 邦彦〈北海道連〉…出雲1, 出雲2, 出雲3
岡本 賢治〈城西〉…箱根86
岡本 孝平〈明治〉…箱根86
岡本 繁雄〈中部〉…全日本16
岡本 繁雄〈中部工業〉…全日本15
岡本 昇光〈法政〉…箱根19
岡本 崇郁〈中央〉…箱根78, 箱根79, 出雲14, 全日本34
岡本 昂之〈國學院〉…箱根89
岡本 剛夫〈日本〉…箱根23
岡本 雄大〈中央学院〉…箱根88, 箱根89, 箱根90, 出雲25, 全日本45
岡本 哲也〈中四国連〉…出雲10
岡本 俊則〈北海道〉…全日本10, 全日本11
岡本 直己〈明治〉…箱根81, 箱根82, 箱根83, 全日本38
岡本 直亮〈中京〉…全日本3
岡本 尚文〈駒澤〉…出雲21
岡本 英也〈中央〉…箱根14
岡本 正樹〈中央〉…箱根47
岡本 基〈京都産業〉…全日本13, 全日本14, 全日本15, 全日本16
岡本 佑也〈日本〉…箱根74, 箱根75, 出雲10
岡本 義司〈近畿〉…全日本9
岡本 渉〈高岡法科〉…全日本40
岡本 渉〈北信越連〉…出雲20
岡山 亮介〈高岡法科〉…全日本38, 全日本39
岡山 亮介〈北信越連〉…出雲18
小川 英宏〈札幌学院〉…全日本25, 全日本26, 全日本27, 全日本28
小川 英宏〈北海道連〉…出雲8
小川 修〈名古屋商〉…全日本6, 全日本7, 全日本8
小川 和之〈久留米〉…出雲1, 全日本20, 全日本21
小川 勝己〈東洋〉…箱根40, 箱根41, 箱根42, 箱根43
小川 欽也〈日本体育〉…箱根62, 箱根63, 箱根64, 全日本

17, 全日本18, 全日本19
小川 啓一〈中四国連〉…出雲2
小川 聡〈日本〉…箱根53, 箱根54, 箱根55, 箱根56, 全日本8, 全日本10
小川 智〈中央〉…箱根75, 出雲9, 全日本28, 全日本29
小川 務〈東洋〉…箱根20, 箱根21
小川 伝三郎〈法政〉…箱根6
小川 俊也〈拓殖〉…箱根60
小川 直也〈帝京〉…箱根74, 箱根75, 箱根77
小川 昇〈法政〉…箱根23
小川 光〈亜細亜〉…箱根60
小川 久男〈神奈川〉…箱根43, 箱根46
尾川 宏和〈関西〉…全日本8
小川 宏樹〈日本〉…箱根69, 箱根70, 出雲5, 出雲6, 全日本24
小川 雅以〈横浜国立〉…箱根27
小川 正行〈東京理科〉…全日本1
小川 満太郎〈東海学連〉…全日本43, 全日本44
小川 恭正〈青山学院〉…箱根86, 箱根87, 全日本41
小川 祐〈札幌学院〉…全日本36, 全日本38
小川 雄一郎〈亜細亜〉…箱根84
小川 良三〈法政〉…箱根6
小河原 義友〈東京農業〉…箱根58
小城 惇一〈九州産業〉…全日本1
沖坂 佐鶴〈中央学院〉…出雲21
小木曽 英司〈北海道〉…全日本3, 全日本5, 全日本6
小木曽 市明〈明治〉…箱根26, 箱根27, 箱根28
沖田 修一〈高岡法科〉…全日本37, 全日本38, 全日本39, 全日本40
沖田 修一〈北信越連〉…出雲17, 出雲18, 出雲20
沖田 昭三〈明治〉…箱根23, 箱根24
沖田 稔〈同志社〉…全日本1
沖田 涼太〈中央学院〉…箱根88
荻津 弘行〈専修〉…箱根54, 箱根55, 箱根56, 箱根57, 全日本11, 全日本12
興津 雅樹〈北海道〉…全日本1
興津 佳孝〈大阪経済〉…全日本16, 全日本17, 全日本18, 全日本19
沖中 啓太〈福岡〉…全日本44
荻野 克也〈大阪体育〉…出雲19
荻野 皓平〈関東学連〉…箱根86
荻野 皓平〈國學院〉…箱根87, 箱根88, 出雲23
荻野 茂〈駒澤〉…箱根52, 箱根53, 箱根54, 箱根55
荻野 眞之介〈日本〉…箱根89, 箱根90, 箱根91, 全日本44, 全日本45
荻野 伸哉〈大阪商業〉…全日本12
荻野 純人〈関西〉…出雲7, 全日本25, 全日本26, 全日本27
荻原 正人〈東京経済〉…全日本1, 全日本2
沖守 怜〈國學院〉…箱根88, 箱根89, 箱根90, 箱根91, 出雲24
於久 幸大〈中京〉…全日本45, 全日本46
奥 龍将〈國學院〉…箱根87
奥泉 伸〈東洋〉…箱根67, 箱根69, 箱根70
奥河 誠康〈中四国連〉…出雲4
奥川 修義〈山梨学院〉…箱根69
奥川 英夫〈日歯医専〉…箱根16, 箱根17, 箱根18, 箱根19
奥河 仁康〈東京農業〉…箱根63, 箱根64
奥沢 善二〈東洋〉…箱根33, 箱根34, 箱根35, 箱根36
億田 明彦〈国士舘〉…箱根66, 箱根67, 箱根68, 出雲2, 全日本22
奥田 真一郎〈順天堂〉…箱根75, 箱根76, 箱根77, 箱根78, 出雲10, 出雲11, 出雲13, 全日本30, 全日本31, 全日本32, 全日本33
奥田 孝志〈東洋〉…箱根76, 箱根79, 出雲11
奥田 豊一〈大阪商業〉…全日本2, 全日本3, 全日本4
奥田 直樹〈中四国連〉…出雲15
奥田 英洋〈中央〉…箱根54, 箱根55, 箱根57, 全日本9
奥田 博一〈横浜市立〉…箱根40
奥田 実〈中央〉…箱根81, 箱根82, 箱根83, 出雲17, 全日本38
奥田 稔〈中京〉…全日本9, 全日本10, 全日本11
奥田 宗弘〈法政〉…箱根86
奥平 憲司〈中央〉…箱根28
奥平 憲司〈日本体専〉…箱根25
奥谷 裕一〈拓殖〉…箱根88, 箱根90
小口 真喜也〈東京農業〉…箱根40, 箱根41
奥津 多加志〈東北〉…全日本36
奥中 純夫〈甲南〉…全日本1, 全日本2
奥中 洋貴〈奈良産業〉…全日本38
奥貫 博〈日本〉…箱根39, 箱根40, 箱根41
奥野 茂樹〈東京文理〉…箱根17, 箱根18, 箱根20
奥野 翔弥〈日本体育〉…箱根90, 箱根91
奥野 毅〈日本体育〉…箱根38, 箱根39
奥野 智久〈近畿〉…全日本37
奥野 雅史〈京都産業〉…出雲21, 出雲22, 出雲23, 全日本41, 全日本42, 全日本43
奥野 佳宏〈愛知工業〉…出雲7, 全日本26, 全日本27, 全日本28, 全日本29
奥畑 宣弘〈国士舘〉…全日本2
奥宮 和文〈中央〉…箱根35, 箱根36
奥村 功〈大阪経済〉…全日本20
奥村 悦二〈大阪体育〉…全日本1, 全日本2
奥村 杏平〈京都産業〉…全日本46
奥村 憲二〈早稲田〉…箱根44, 箱根45
奥村 雄大〈中央学院〉…箱根79, 箱根80, 出雲15, 全日本35
奥村 隆太〈国士舘〉…箱根83
奥村 隆太郎〈日本体育〉…箱根85
奥山 光広〈専修〉…箱根63, 箱根64, 全日本17, 全日本18

奥山 幸生〈東京理科〉…全日本1
小倉 一十郎〈東洋〉…箱根14
小椋 克彦〈大東文化〉…箱根62, 箱根63
小倉 圭介〈早稲田〉…箱根70, 箱根71, 箱根72, 全日本27
小倉 源義〈明治〉…箱根42, 箱根43
小倉 高弘〈近畿〉…全日本27, 全日本29
小倉 健〈東洋〉…箱根70
小倉 庸夫〈順天堂〉…箱根49, 箱根50, 箱根51, 箱根52
小椋 英樹〈東海〉…箱根70, 箱根71, 全日本26, 全日本27, 全日本28
小椋 誠〈山梨学院〉…箱根69, 箱根70, 箱根71, 出雲6, 全日本26
小椋 真〈岐阜〉…全日本3
小椋 実〈東洋〉…箱根17, 箱根18, 箱根19, 箱根20, 箱根21
小椋 裕介〈青山学院〉…箱根89, 箱根90, 箱根91, 出雲24, 出雲25, 全日本45, 全日本46
小栗 昭伸〈愛知学院〉…全日本14
小栗 一秀〈専修〉…箱根70, 箱根71, 箱根72, 箱根73, 出雲8
小栗 康良〈専修〉…箱根73
奥脇 州一〈法政〉…箱根70
奥脇 正春〈東京農業〉…全日本1
奥脇 芳男〈東京体専〉…箱根25
尾籠 浩考〈明治〉…箱根81, 箱根82, 箱根83, 全日本38
小坂部 肇〈専修〉…箱根37, 箱根39
尾崎 章嗣〈早稲田〉…箱根76, 全日本32
尾崎 一志〈早稲田〉…箱根58, 箱根59, 箱根61
尾崎 邦男〈早稲田〉…箱根49, 箱根50, 箱根51
尾崎 健吾〈日本体育〉…箱根56, 箱根57
尾崎 秀一〈熊本商科〉…全日本12
尾崎 淳也〈大東文化〉…出雲20
尾崎 大悟〈四日市〉…全日本36, 全日本37, 全日本38, 全日本39
尾崎 貴宏〈早稲田〉…箱根84, 箱根85, 箱根86, 出雲20, 出雲21, 全日本39, 全日本40, 全日本41
尾崎 輝人〈山梨学院〉…箱根76, 箱根77, 出雲11, 全日本31, 全日本32
尾崎 浩〈高知〉…全日本8
尾崎 博〈山梨学院〉…箱根88, 全日本42
尾崎 文彦〈立命館〉…出雲22, 全日本41, 全日本42
尾崎 将也〈東海学連〉…全日本42
尾崎 雅行〈早稲田〉…箱根65
尾崎 光行〈東洋〉…箱根24
尾崎 洋輔〈北海道〉…全日本43
尾崎 洋輔〈北海道連〉…出雲25
尾崎 良知〈亜細亜〉…箱根80, 全日本36
尾崎 亮治〈福岡〉…出雲9
小笹 富夫〈東洋〉…箱根41
長田 千治〈東京農業〉…箱根59, 箱根60, 箱根61, 箱根62, 全日本16
長田 雅宏〈広島〉…全日本7
長田 正幸〈東京教育〉…箱根33, 箱根34, 箱根35, 箱根36
小山内 勇吉〈東洋〉…箱根27, 箱根28, 箱根29
長部 智博〈大東文化〉…箱根83
尾座本 崇〈日本〉…箱根68
尾座本 正志〈関東学院〉…箱根74
オサリバン, D.〈IVL〉…出雲10, 出雲12
小沢 一真〈順天堂〉…箱根88, 箱根89, 箱根90, 出雲25
小沢 希久雄〈東洋〉…箱根71, 箱根72, 箱根73, 全日本25, 全日本28
小沢 欽一〈日本体育〉…箱根45, 箱根46, 箱根47, 箱根48, 全日本2, 全日本3
小沢 計義〈関東学院〉…箱根80
小沢 計義〈関東学連〉…箱根83
小沢 信一〈日本体育〉…箱根53, 箱根54, 箱根55
小沢 利之〈専修〉…箱根60, 箱根61, 箱根62, 箱根63, 全日本15, 全日本16, 全日本17, 全日本18
小沢 信〈亜細亜〉…箱根81, 箱根82, 箱根83, 箱根84, 出雲19, 全日本37, 全日本38
小沢 正浩〈駒澤〉…箱根59
小沢 吉健〈東京農業〉…箱根59, 箱根61, 箱根62, 全日本16
押切 章宏〈亜細亜〉…箱根73, 出雲8
尾下 博人〈順天堂〉…出雲2, 全日本24
オーシャ, C.〈IVL〉…出雲11
オーシャ, K.〈IVL〉…出雲10, 全日本28, 全日本29
小関 浩〈亜細亜〉…箱根59, 箱根60
尾関 誠〈関東学連〉…箱根86
尾関 行良〈法政〉…箱根8
小田 和利〈早稲田〉…箱根54, 箱根55, 箱根56, 箱根57
小田 鎌徳〈帝京〉…箱根84
尾田 賢典〈関東学院〉…箱根76, 箱根78, 箱根79
小田 定則〈日本〉…箱根47, 箱根48, 箱根49, 全日本3
小田 隼平〈京都産業〉…出雲25, 全日本45
小田 多一〈鹿屋体育〉…出雲10, 出雲11, 全日本28, 全日本30, 全日本31
小田 典彦〈神奈川〉…箱根68, 箱根69
小田 英明〈日本体育〉…箱根58, 箱根59, 箱根60, 箱根61, 全日本15
小田 弘〈立教〉…箱根27, 箱根28, 箱根29
尾田 寛幸〈東洋〉…箱根81, 箱根82, 箱根83, 出雲16, 全日本37, 全日本38
織田 泰聡〈関東学院〉…箱根74, 箱根76
小田 幸生〈大阪商業〉…全日本7, 全日本8
小田 喜人〈大東文化〉…箱根45
尾高 辰雄〈日本〉…箱根9, 箱根10, 箱根11, 箱根12, 箱根13, 箱根14
小田倉 茂〈東海〉…箱根54, 箱根55, 箱根56, 箱根57, 全日本9, 全日本11

小田倉 敏夫〈駒澤〉…箱根43
小田島 敦志〈東北学院〉…全日本15, 全日本16
小田島 義男〈青山学院〉…箱根44, 箱根45
小谷 静雄〈中央〉…箱根10, 箱根11, 箱根12, 箱根13
越智 治成〈東京高師〉…箱根2, 箱根3, 箱根4
越智 房樹〈早稲田〉…箱根60
落合 静雄〈慶應義塾〉…箱根22
落合 宏〈明治〉…箱根38, 箱根39
オツオリ，J.〈山梨学院〉…箱根65, 箱根66, 箱根67, 箱根68, 出雲1, 出雲2, 出雲3, 全日本20, 全日本21, 全日本22, 全日本23
尾辻 秀久〈防衛〉…箱根37
音喜多 正志〈日本〉…箱根59, 箱根60, 箱根61, 全日本14, 全日本16
乙訓 正幸〈専修〉…箱根79, 全日本33
乙倉 公敏〈日本〉…箱根62, 全日本17
乙倉 英雄〈明治〉…箱根25, 箱根26
鬼塚 悟〈明治〉…箱根16, 箱根17, 箱根18
鬼塚 正寛〈関西〉…全日本25, 全日本27
小野 郁文〈東海学連〉…全日本42
小野 喜久雄〈法政〉…箱根31, 箱根32, 箱根33, 箱根34
小野 茂〈日本体育〉…箱根60
小野 伸一郎〈京都教育〉…全日本11, 全日本14
小野 隆広〈中央〉…箱根45, 箱根46
小野 敬弘〈仙台〉…全日本18
小野 達也〈中部〉…全日本21
小野 透〈日本〉…箱根56, 箱根57, 箱根58, 箱根59, 全日本12, 全日本13, 全日本14
小野 徳四郎〈東京高師〉…箱根2
小野 利保〈早稲田〉…箱根14, 箱根15, 箱根16
小野 直樹〈東海〉…箱根69, 箱根70, 箱根71, 出雲3, 出雲6, 全日本26
小野 直樹〈東北学院〉…全日本37
小野 直樹〈東北学連〉…出雲18
小野 信夫〈神奈川〉…箱根46
小野 弘貴〈札幌学院〉…全日本37, 全日本38
小野 弘貴〈北海道連〉…出雲16
小野 浩典〈国士舘〉…箱根88, 全日本42
小野 裕幸〈順天堂〉…箱根82, 箱根83, 箱根84, 箱根85, 出雲17, 出雲18, 出雲19, 全日本37, 全日本38, 全日本39
小野 総志〈日本体育〉…箱根66, 箱根67, 箱根68, 全日本21
小野 文雄〈横浜専門〉…箱根25
小野 文雄〈神奈川〉…箱根26
小野 正治〈同志社〉…全日本1
小野 実〈東京教育〉…箱根31, 箱根32, 箱根33
小野 元則〈日歯医専〉…箱根13, 箱根14, 箱根16
小野 泰功〈駒澤〉…箱根45, 箱根46, 箱根47, 箱根48
小野 靖彦〈京都産業〉…出雲2, 全日本22
小野 嘉雄〈早稲田〉…箱根22, 箱根23
尾上 昭夫〈日本〉…箱根23, 箱根24
尾上 慎太郎〈拓殖〉…箱根90, 箱根91
尾上 岳史〈中央学院〉…箱根75
尾上 輝明〈関西〉…全日本8
尾上 昇〈國學院〉…箱根79
小野沢 七郎〈順天堂〉…箱根34
小野瀬 剛志〈東北〉…全日本27
小野田 芳史〈大阪体育〉…全日本11
小野寺 貞雄〈東京農業〉…箱根51, 箱根52, 箱根54, 全日本7, 全日本9
小野寺 茂〈拓殖〉…箱根30
小野寺 敬〈東北学連〉…出雲22, 出雲23, 出雲25, 全日本43
小野寺 徳之〈神奈川〉…箱根46
小野寺 文郎〈東北学院〉…全日本5, 全日本6
小幡 一雅〈名古屋〉…全日本11
尾花 幸次〈中京〉…全日本10
尾花 実行〈青山学院〉…箱根45, 箱根46, 箱根47, 箱根48
小原 孝一〈早稲田〉…箱根11, 箱根12, 箱根13, 箱根14
小原 繁〈東京教育〉…箱根45, 箱根46, 箱根47
小原 節明〈鹿児島〉…全日本15, 全日本16
小原 岳〈日本体育〉…箱根75, 箱根76
小原 延之〈専修〉…箱根90
小原 秀憲〈日本〉…箱根3, 箱根4
小尾 末雄〈東京農業〉…箱根12
帯刀 秀幸〈亜細亜〉…箱根72, 箱根73, 出雲8, 全日本27, 全日本28
小俣 好紀〈國學院〉…箱根77, 箱根79
尾身 健太〈北信越連〉…出雲9, 出雲10, 出雲11, 出雲12
小見 忠〈順天堂〉…箱根34, 箱根35, 箱根36
小村 渡岐麿〈東京教育〉…箱根30, 箱根31, 箱根32
オムワンバ，E.〈山梨学院〉…箱根89, 箱根90, 出雲24, 全日本44, 全日本45, 全日本46
小柳津 幸輝〈日本体育〉…箱根86
親川 翔太〈福岡〉…全日本36
親崎 慎吾〈山梨学院〉…箱根82, 全日本37
尾山 馨〈慶應義塾〉…箱根18
尾山 智康〈中央学院〉…箱根75
小山 秀樹〈東海〉…箱根66
尾山 文朗〈関西〉…全日本17, 全日本18
小山田 裕介〈徳山〉…全日本15, 全日本16
親松 清華〈国士舘〉…箱根33, 箱根34
折井 正幸〈東海〉…箱根75, 全日本31
折田 拓也〈亜細亜〉…箱根86
折田 幹雄〈福岡〉…全日本3, 全日本4
折野 圭一〈東海〉…箱根53
オリビエ，M.〈IVL〉…出雲20
折本 岳志〈奈良産業〉…全日本30
オールドウェイ，J.〈IVL〉…出雲16, 出雲17

オローン，S.〈IVL〉…全日本23
音出 文男〈九州産業〉…全日本1, 全日本2
恩田 峻之〈城西〉…箱根86

【か】

甲斐 翔太〈日本体育〉…箱根90, 出雲25, 全日本44, 全日本45
甲斐 武史〈名古屋商〉…出雲4, 全日本21, 全日本22, 全日本23, 全日本24
甲斐 鉄朗〈早稲田〉…箱根54, 箱根55, 箱根56, 箱根57
甲斐 将樹〈関西学院〉…出雲24, 出雲25, 全日本44, 全日本45, 全日本46
甲斐 優人〈拓殖〉…出雲23
皆倉 一馬〈東海〉…箱根83, 箱根84, 出雲17, 出雲18, 出雲19, 全日本39
貝塚 信洋〈東京農業〉…箱根85, 箱根86
開前 芳徳〈中央〉…箱根31, 箱根32
開田 義輝〈四日市〉…全日本36
海藤 忠〈青山学院〉…箱根48
貝沼 保信〈明治〉…箱根48
海本 正〈甲南〉…全日本1, 全日本2
解良 健二〈日本体育〉…箱根77, 箱根78, 箱根79
鶏冠井 史郎〈立命館〉…箱根40
帰山 寛之〈慶應義塾〉…箱根42
嘉賀 正泰〈名古屋〉…全日本33
加賀 亮三〈明治〉…箱根29
加賀田 剛輝〈日本〉…出雲22
各務 隆政〈亜細亜〉…箱根49
鏡 鉄郎〈熊本商科〉…全日本2
加々見 雄三〈大東文化〉…箱根69, 箱根70, 箱根71, 箱根72, 出雲5, 全日本24, 全日本27
加賀屋 徹〈仙台〉…全日本30, 全日本31, 全日本32, 全日本33
加賀屋 徹〈東北学連〉…出雲12
香川 仙三〈東大農実〉…箱根7
香川 保〈東洋〉…箱根27
香川 竜一〈帝京〉…全日本42
垣内 貞次郎〈早稲田〉…箱根1
垣内 元宏〈順天堂〉…箱根67, 箱根68
柿沼 昴太〈國學院〉…箱根89, 箱根90
柿沼 崇〈東海〉…箱根74
柿原 一雄〈福岡〉…全日本1, 全日本2
柿原 聖哉〈神奈川〉…箱根90, 箱根91, 全日本44, 全日本46
柿本 昇忠〈日本体育〉…全日本46
鍵和田 実〈神奈川〉…箱根46
撹上 宏光〈駒澤〉…箱根86, 箱根87, 箱根88, 出雲22, 出雲23, 出雲24, 全日本41, 全日本42, 全日本43, 全日本44
角正 美之〈中京〉…全日本8, 全日本9
角田 貴則〈東海〉…箱根79, 箱根81, 出雲16, 全日本36
角間 辰之〈金沢〉…全日本6
角本 啓二〈立命館〉…出雲10, 出雲11, 全日本28
角森 太郎〈立教〉…箱根35, 箱根36
角山 俊文〈順天堂〉…箱根34
蔭谷 将良〈日本〉…箱根77, 箱根78, 箱根81, 出雲12, 出雲13, 出雲16, 全日本34, 全日本36
掛橋 竜一〈明治〉…箱根65, 箱根67
蔭山 浩司〈中央学院〉…箱根79, 箱根80, 箱根81, 出雲15, 全日本35, 全日本36
影山 淳一〈東海〉…箱根79, 箱根80, 全日本34
鹿子島 雄一〈長崎国際〉…全日本39
笠井 克己〈横浜専門〉…箱根18, 箱根19, 箱根20
笠井 三郎〈中京〉…全日本1, 全日本2
笠井 重雄〈明治〉…箱根9, 箱根10
笠井 大輔〈大東文化〉…箱根81, 出雲15, 全日本35
笠井 長三郎〈拓殖〉…箱根14, 箱根15, 箱根16, 箱根17
笠井 哲夫〈同志社〉…全日本1
笠井 登〈名古屋〉…全日本2
葛西 康正〈拓殖〉…箱根46
笠井 祐教〈日本体育〉…箱根29, 箱根30, 箱根31
笠島 義之〈早稲田〉…箱根31, 箱根32, 箱根33, 箱根34
笠原 和広〈亜細亜〉…箱根55, 箱根58
笠原 信義〈横浜市立〉…箱根34
笠原 富勅〈慶應義塾〉…箱根3, 箱根4, 箱根5
笠間 三四郎〈日本〉…箱根60, 箱根61, 箱根62, 箱根63, 全日本16, 全日本17, 全日本18
風間 孝弘〈北海道〉…全日本29
風祭 和夫〈東京農業〉…箱根34, 箱根35
梶 剛彰〈立命館〉…全日本21
梶浦 永人〈京都教育〉…全日本11, 全日本13
梶川 和行〈山梨学院〉…箱根63, 箱根64, 箱根65, 箱根66, 出雲1, 全日本19, 全日本21
梶田 拓弥〈名古屋〉…全日本41, 全日本42
柏谷 保英〈慶應義塾〉…箱根23, 箱根24
梶野 信人〈専修〉…箱根50
柏原 誠司〈東洋〉…箱根75, 箱根76, 出雲11
樫部 直人〈中四国連〉…出雲24, 出雲25
樫本 梓〈鹿屋体育〉…全日本31, 全日本32
梶本 広康〈専修〉…箱根58, 箱根59, 全日本13
加治屋 毅〈第一工業〉…出雲19, 全日本37, 全日本38, 全日本39, 全日本40
加治屋 譲〈福岡〉…全日本40, 全日本41
梶山 暢之〈神奈川〉…箱根68, 箱根69, 箱根70, 箱根71, 出雲5, 全日本26
梶山 守〈関西〉…全日本32
賀集 重安〈大阪経済〉…出雲2, 全日本21, 全日本22
柏 真太郎〈北海道〉…全日本43

柏木 善次郎〈日本〉…箱根37, 箱根38
柏木 良幸〈東北学連〉…出雲13
柏木 竜一〈専修〉…箱根49, 全日本4
柏倉 渉〈神奈川〉…箱根79, 箱根81
柏原 竜二〈東洋〉…箱根85, 箱根86, 箱根87, 箱根88, 出雲20, 出雲21, 出雲23, 全日本40, 全日本41, 全日本42, 全日本43
柏部 孝太郎〈神奈川〉…箱根89, 全日本44, 全日本46
柏谷 武美〈岡山理科〉…全日本23
梶原 有高〈関東学連〉…箱根85, 箱根86, 箱根87, 箱根88
梶原 清〈東京教育〉…箱根26
梶原 清〈東京文理〉…箱根25
梶原 浩一〈徳山〉…全日本12, 全日本13, 全日本14, 全日本15
梶原 聡〈法政〉…箱根42
梶原 崇嗣〈北海道教〉…全日本35
梶原 聡明〈愛知学院〉…全日本14
梶原 敏睦〈国士舘〉…箱根35, 箱根36, 箱根37, 箱根38
嘉新 幸太郎〈徳山〉…出雲8, 全日本28
カースウェル, I.〈IVL〉…全日本29
春日 千速〈東海〉…箱根91
糟谷 悟〈駒澤〉…箱根79, 箱根80, 箱根81, 箱根82, 全日本36, 全日本37
粕谷 寿一〈東京農業〉…箱根34
粕谷 悠〈信州〉…全日本31
加瀬 治〈駒澤〉…箱根49, 箱根50, 箱根51, 箱根52, 全日本7
加瀬 忠〈東洋〉…箱根38
加世田 満彦〈拓殖〉…箱根14, 箱根15, 箱根16
加田 将士〈中央〉…箱根84, 出雲18, 全日本38, 全日本39
片岡 篤史〈福井工業〉…全日本30
片岡 和彦〈立教〉…箱根24
片岡 繁貴〈京都産業〉…出雲8, 出雲9, 出雲10, 全日本27, 全日本28, 全日本29, 全日本30
片岡 孝昭〈慶應義塾〉…箱根70
片岡 忠司〈日本〉…箱根21
片岡 利則〈秋田経法〉…全日本22
片岡 利則〈東北学連〉…出雲2, 出雲3, 出雲4
片岡 宏昭〈亜細亜〉…箱根78
片岡 祐介〈日本学連〉…箱根80
片岡 祐介〈北海道教〉…全日本35
片岡 祐介〈北海道連〉…出雲10, 出雲11, 出雲12, 出雲13, 出雲14, 出雲15
片貝 勝浩〈山梨学院〉…箱根80, 箱根81, 箱根82
片川 究〈早稲田〉…箱根34, 箱根35, 箱根36, 箱根37
片川 準二〈大東文化〉…箱根89, 箱根90, 全日本45
片桐 岳彦〈山梨学院〉…箱根67, 出雲2, 全日本22
片芝 勝〈早稲田〉…箱根35
片野 匠〈新潟〉…全日本45
片平 博文〈大阪経済〉…全日本20
片渕 恵太〈立命館〉…全日本45, 全日本46
片渕 昇〈関西〉…箱根9
片渕 昇〈明治〉…箱根13, 箱根14
片渕 博文〈中央〉…箱根69, 箱根70, 全日本22, 全日本24
堅谷 真〈拓殖〉…箱根88
片山 敦輝〈國學院〉…箱根77, 箱根79
片山 勝美〈中央〉…箱根13
片山 茂〈筑波〉…箱根51
片山 茂〈東京教育〉…箱根49, 箱根50
片山 純〈札幌学院〉…全日本27, 全日本28
片山 純〈北海道連〉…出雲7, 出雲8
片山 純吾〈中四国連〉…出雲18
片山 直次〈大阪経済〉…全日本18, 全日本19, 全日本20
片山 照久〈東京学芸〉…箱根60
方山 利哉〈関西〉…出雲6, 出雲7, 全日本25, 全日本26, 全日本27
片山 弘之〈神奈川〉…箱根82, 箱根83, 全日本38
勝家 敏雄〈早稲田〉…箱根32
勝岡 卓弥〈専修〉…箱根74
勝田 清二〈国士舘〉…全日本20
勝間 信弥〈神奈川〉…箱根74, 箱根75, 出雲9, 全日本29, 全日本30, 全日本31
勝又 清〈名古屋商〉…全日本6
勝亦 清政〈東京文理〉…箱根20, 箱根21
勝又 五郎〈東京文理〉…箱根17, 箱根18, 箱根19
勝又 翼〈中京〉…出雲17
勝又 翼〈東海学連〉…全日本39
勝亦 利彦〈日本〉…箱根78, 箱根79, 全日本32, 全日本33, 全日本34
勝亦 祐太〈日本体育〉…箱根89, 箱根90, 箱根91, 全日本44, 全日本45, 全日本46
勝村 直重〈日本〉…箱根5, 箱根6
勝谷 弘志〈大阪商業〉…全日本7, 全日本8, 全日本9, 全日本10
桂川 一哉〈中京〉…全日本16
桂川 陽介〈愛知工業〉…全日本22, 全日本23, 全日本24
角 裕〈帝京〉…箱根80
加藤 明武〈法政〉…箱根66, 箱根69
加藤 彰〈沖縄国際〉…全日本25
加藤 章〈横浜国立〉…箱根27
加藤 敦〈立命館〉…全日本19, 全日本20
加藤 悦三〈横浜専門〉…箱根25
加藤 勝明〈専修〉…箱根23, 箱根24
加藤 克郎〈法政〉…箱根9
加藤 健一朗〈拓殖〉…箱根79, 箱根81, 全日本35
加藤 健一朗〈日本学連〉…箱根80
加藤 健〈日本体育〉…箱根28, 箱根29, 箱根30, 箱根31
加藤 弘治〈駒澤〉…箱根43
加藤 慧〈愛知工業〉…出雲24
加藤 聡〈筑波〉…箱根61, 箱根62, 箱根63, 箱根64

加藤 覚〈専修〉…箱根57, 箱根58, 箱根59, 箱根60, 全日本12, 全日本13, 全日本15
加藤 悟〈国士舘〉…箱根54, 箱根55, 箱根56, 箱根57, 全日本10
加藤 重市〈東京学芸〉…箱根31, 箱根32, 箱根33, 箱根34
加藤 重信〈拓殖〉…箱根30, 箱根31
河東 重光〈中四国連〉…出雲1, 出雲2
加藤 滋〈駒澤〉…箱根46, 箱根47
加藤 翔太〈城西〉…箱根82, 箱根84, 箱根85, 全日本39
加藤 史朗〈東京経済〉…全日本1
加藤 慎一〈秋田〉…全日本2, 全日本3
嘉藤 晋作〈日本体育〉…箱根32, 箱根33, 箱根34, 箱根35
加藤 誠二〈広島〉…全日本39, 全日本40
加藤 創大〈早稲田〉…箱根83, 箱根84, 箱根85, 箱根86, 出雲19, 出雲20, 全日本39
加藤 貴久〈愛知教育〉…全日本14, 全日本15, 全日本16
加藤 武夫〈国士舘〉…箱根44, 箱根45
加藤 武雄〈拓殖〉…箱根29
加藤 暢〈大阪体育〉…全日本7, 全日本8, 全日本9, 全日本10
加藤 敏夫〈早稲田〉…箱根47, 箱根49
加藤 利也〈東京農業〉…箱根80
加藤 俊英〈東京農業〉…箱根69, 箱根70, 箱根71, 箱根72, 出雲4, 出雲7, 全日本24
加藤 富之助〈明治〉…箱根1, 箱根2
加藤 智明〈東海〉…箱根60, 箱根61
加藤 人望和〈法政〉…箱根60
加藤 直樹〈駒澤〉…出雲18
加藤 直人〈中央〉…箱根82, 全日本37
加藤 直人〈福井工業〉…全日本29
加藤 延雄〈東京体専〉…箱根23
加藤 昇〈仙台〉…全日本4
加藤 徳一〈大東文化〉…箱根82, 箱根83, 全日本37, 全日本38
加藤 光〈日本体育〉…箱根91, 出雲25, 全日本45, 全日本46
加藤 光〈四日市〉…全日本34, 全日本35
加藤 秀人〈立命館〉…全日本37
加藤 弘朗〈東北学連〉…出雲7
加藤 洋晃〈東洋〉…全日本24
加藤 弘〈日本体育〉…箱根40, 箱根41
加藤 宏純〈大東文化〉…箱根56, 箱根57, 箱根58, 全日本12, 全日本13
加藤 真彰〈信州〉…全日本40, 全日本41, 全日本42
加藤 正男〈中央〉…箱根2
加藤 正夫〈拓殖〉…箱根21
加藤 正之助〈早稲田〉…箱根31, 箱根32, 箱根33, 箱根34
加藤 正彦〈東北学連〉…出雲5, 出雲6, 出雲8
加藤 正之〈早稲田〉…箱根55, 箱根57, 箱根58
加藤 宗英〈東北学院〉…全日本6
加藤 安信〈東京農業〉…箱根53, 箱根54, 箱根55, 全日本8, 全日本9
加藤 康洋〈法政〉…出雲12
加藤 裕二〈東京農業〉…箱根57, 箱根58, 箱根59
加藤 幸晴〈専修〉…箱根52
加藤 洋一〈筑波〉…箱根54, 箱根56, 箱根57
加藤 嘉明〈横浜専門〉…箱根21
加藤木 貞次〈慶應義塾〉…箱根1, 箱根3
門口 誠〈沖縄国際〉…全日本25
門倉 敦〈拓殖〉…箱根31
角崎 貴史〈愛知工業〉…全日本32, 全日本33, 全日本34
角島 栄〈鹿児島〉…全日本13, 全日本14, 全日本15
角屋 勇夫〈日本体育〉…箱根42, 箱根43
角屋 克博〈徳山〉…全日本19
角谷 拓夫〈信州〉…全日本2
角谷 保次〈早稲田〉…箱根10, 箱根11, 箱根12, 箱根13, 箱根14, 箱根15
鹿取 正道〈北海道〉…全日本17, 全日本18, 全日本19, 全日本20
門脇 幸汰〈東北学連〉…出雲24
門脇 幸汰〈東北福祉〉…全日本42, 全日本43, 全日本44
門脇 正蔵〈紅陵〉…箱根28
金井 勝政〈日本体育〉…箱根41, 箱根42, 箱根43
金井 孝〈横浜市立〉…箱根34
金井 豊〈早稲田〉…箱根56, 箱根57, 箱根58, 箱根59
金尾 勇〈早稲田〉…箱根22
金尾 洋治〈広島〉…全日本9
金沢 貴〈亜細亜〉…箱根71, 箱根72, 全日本25, 全日本26, 全日本27
金澤 拓則〈新潟〉…全日本43, 全日本44
金沢 元〈東北学院〉…全日本20, 全日本21
金沢 宏一〈法政〉…箱根52, 箱根53, 箱根54, 箱根55
金沢 正和〈拓殖〉…箱根60
金沢 元三郎〈法政〉…箱根42, 箱根43, 箱根44
金地 直哉〈広島経済〉…出雲20, 出雲21, 全日本39
金嶋 達洙〈専修〉…箱根22
我那覇 和真〈神奈川〉…箱根89, 箱根90, 箱根91, 全日本44, 全日本46
金持 嘉一〈東京高師〉…箱根1, 箱根2
金森 勝也〈東京教育〉…箱根29, 箱根30, 箱根31
金森 寛人〈拓殖〉…箱根90, 箱根91
金谷 明憲〈慶應義塾〉…箱根70
金谷 将史〈愛知工業〉…出雲19, 出雲20, 出雲21, 全日本39, 全日本40
金山 順一〈東洋〉…箱根46, 箱根47
金山 雅之〈早稲田〉…箱根55, 箱根56
金山 靖〈九州産業〉…全日本14, 全日本16, 全日本17
金山 也寸志〈中央〉…箱根53, 箱根54
金良 勝夫〈沖縄国際〉…全日本19
金成 元夫〈東洋〉…箱根17, 箱根19

カーニー，J.〈平成国際〉…箱根77
カニア，R.〈IVL〉…全日本25
蟹澤 淳平〈創価〉…箱根91
カニンガム，R.〈IVL〉…全日本26, 全日本27
金内 幸雄〈順天堂〉…箱根35, 箱根36, 箱根37, 箱根38
鐘ヶ江 幸治〈関東学連〉…箱根79
鐘ヶ江 幸治〈日本学連〉…箱根80
金子 家堅〈神奈川師〉…箱根25
金子 克紀〈大東文化〉…箱根68
金子 清文〈中央〉…箱根14
金子 謙治〈東海〉…箱根49
金子 峻輔〈山梨学院〉…箱根81, 全日本35, 全日本36, 全日本37
金子 純也〈専修〉…箱根85
金子 助一〈日本体育〉…箱根36
金子 大樹〈上武〉…箱根90
金子 隆〈亜細亜〉…箱根48, 箱根49
金子 正〈横浜専門〉…箱根17, 箱根18
金子 正〈東大農実〉…箱根6
金子 太郎〈東海〉…箱根85, 箱根86, 箱根87, 全日本40, 全日本41, 全日本42
金子 寿雄〈関東学院〉…箱根70
金子 利雄〈法政〉…箱根17, 箱根18
金子 長久〈神奈川〉…箱根70, 箱根71, 出雲5
金子 宣隆〈大東文化〉…箱根75, 箱根76, 箱根77, 箱根78, 出雲11, 全日本30, 全日本31, 全日本32, 全日本33
金子 憲之〈法政〉…箱根57, 箱根59, 箱根60
金子 尚志〈東洋〉…箱根58, 箱根60, 箱根61
金子 秀一〈法政〉…箱根57, 箱根59
金子 祐之〈法政〉…箱根67, 箱根68, 出雲3
金子 福次〈法政〉…箱根11, 箱根12, 箱根13, 箱根14
金子 宗治〈日歯医専〉…箱根3
兼子 侑大〈山梨学院〉…箱根90, 箱根91, 全日本45, 全日本46
兼実 省伍〈拓殖〉…箱根87, 箱根88
兼重 仁彦〈中四国連〉…出雲12, 出雲13, 出雲16
鐘下 伊雄〈北海道連〉…出雲2, 出雲3
兼島 英樹〈大阪体育〉…全日本2, 全日本3, 全日本4, 全日本5
金塚 秀〈立教〉…箱根16, 箱根17, 箱根18, 箱根19, 箱根20
兼田 賢一〈大東文化〉…箱根46, 箱根47, 箱根48, 箱根49, 全日本2, 全日本4
金田 五郎〈大東文化〉…箱根50, 箱根51, 箱根52, 全日本7
金田 剛〈日本〉…箱根56, 箱根57, 箱根58, 箱根59, 全日本12, 全日本13, 全日本14
金田 房雄〈北海道〉…全日本5, 全日本6
金田 正一〈専修〉…箱根51
金高 弘典〈北海道〉…全日本14, 全日本16
金塚 洋輔〈大東文化〉…箱根81, 箱根82, 箱根83, 出雲16, 全日本36, 全日本37, 全日本38
金綱 正司〈東京農業〉…箱根26
金原 正明〈大阪体育〉…全日本7
金広 竜操〈大阪商業〉…全日本4, 全日本5
金光 隆中〈大東文化〉…箱根78
金光 正夫〈東洋〉…箱根17
金行 暁彦〈早稲田〉…箱根43, 箱根44
金行 秀則〈中央〉…箱根33, 箱根34, 箱根35
金好 俊雄〈徳山〉…出雲3, 全日本22, 全日本24
兼頼 米太郎〈東洋〉…箱根14, 箱根15
鹿野 秀悦〈仙台〉…全日本8
狩野 英常〈慶應義塾〉…箱根22
狩野 拓史〈北海道〉…全日本10
加納 雅彦〈愛知工業〉…全日本22, 全日本23, 全日本24
狩野 良太〈順天堂〉…全日本45
樺島 瑞貴〈第一工業〉…全日本44, 全日本45, 全日本46
樺島 裕貴〈第一工業〉…全日本46
我原 芳史〈日本文理〉…全日本42
冠木 雅守〈東北学連〉…出雲13, 出雲15
冠木 雅守〈東北福祉〉…全日本35, 全日本41, 全日本42
兜森 忠道〈山形〉…全日本28, 全日本29
兜森 忠道〈東北学連〉…出雲6, 出雲8
ガブリエル，M.〈SF州立〉…出雲3
加部 順二〈中央学院〉…箱根75
釜 幸生〈金沢経済〉…全日本32, 全日本33
釜 幸生〈北信越連〉…出雲13, 出雲14
釜石 慶太〈東洋〉…箱根83, 箱根84, 全日本38
鎌浦 淳二〈帝京〉…箱根74, 箱根75, 箱根76, 箱根77
鎌形 明〈紅陵〉…箱根28
鎌倉 浩二〈徳山〉…全日本12
鎌込 和成〈駒澤〉…箱根67, 箱根68, 箱根69, 箱根70, 出雲3, 出雲4, 出雲5, 全日本25
蒲田 英司〈立命館〉…全日本15
蒲田 久之助〈中央〉…箱根9, 箱根10, 箱根11
鎌田 茂〈大東文化〉…箱根48
鎌田 大輝〈大東文化〉…箱根86
鎌田 徳一〈日本〉…箱根26, 箱根27
鎌田 豊数〈筑波〉…箱根51, 箱根52
鎌田 秀徳〈福岡〉…箱根40
鎌田 正行〈四日市〉…全日本31, 全日本32, 全日本33, 全日本34
蒲田 芳一〈東海〉…箱根52
上稲葉 力〈久留米〉…全日本18, 全日本20
上浦 彰太〈福岡〉…全日本40, 全日本41
上浦 廣司〈北海道〉…全日本15
神尾 友枝〈明治〉…箱根3
上川 勉〈京都産業〉…全日本9
上北 賢二〈福井工業〉…全日本23

上口 尚史〈北海道〉…全日本6
上口 広之〈順天堂〉…全日本28
神志那 優輝〈日本文理〉…出雲22, 出雲23, 出雲24, 全日本41, 全日本42, 全日本43, 全日本44
上條 晃良〈信州〉…全日本34
上條 晃良〈北信越連〉…出雲16, 出雲18, 出雲19
上条 敦史〈神奈川〉…箱根69, 箱根70, 出雲5
上条 弘〈専修〉…箱根29, 箱根30, 箱根31
神野 大地〈青山学院〉…箱根90, 箱根91, 出雲25, 全日本45, 全日本46
神場 忠勝〈日本体育〉…箱根70, 箱根71, 箱根72, 出雲6, 出雲7, 全日本25, 全日本26, 全日本27
上萩 健太〈日本文理〉…全日本44
上村 清芳〈専修〉…箱根31, 箱根32, 箱根33, 箱根34
上村 哲也〈京都産業〉…全日本22, 全日本23, 全日本24
上村 康成〈奈良産業〉…全日本42
神谷 俊介〈拓殖〉…箱根79, 箱根81, 全日本35
神谷 泰光〈中京〉…出雲22, 全日本41, 全日本42, 全日本43
神谷 伸一〈専修〉…箱根25
神屋 伸行〈駒澤〉…箱根75, 箱根76, 箱根77, 箱根78, 出雲10, 出雲11, 出雲12, 出雲13, 全日本30, 全日本31, 全日本32, 全日本33
神山 大樹〈国士舘〉…箱根80
神山 卓也〈亜細亜〉…箱根85, 出雲19
神山 祐太〈法政〉…箱根86
香村 寛蔵〈東京文理〉…箱根13
禿 雄進〈日本体育〉…箱根57
亀井 慎一〈同志社〉…全日本7
亀井 文男〈法政〉…箱根16, 箱根17, 箱根18, 箱根19
亀崎 治男〈日本体育〉…箱根28, 箱根29, 箱根30, 箱根31
亀田 健一〈関東学連〉…箱根81, 箱根82
亀田 富雄〈日歯医専〉…箱根14, 箱根15, 箱根16, 箱根17
亀谷 宏治〈大阪商業〉…全日本3, 全日本5
加茂 健生〈東京農業〉…箱根64
蒲生 正〈明治〉…箱根30
加茂田 憲治〈熊本商科〉…全日本2
萱垣 義樹〈愛知工業〉…出雲24, 全日本43
萱垣 義樹〈東海学連〉…全日本44, 全日本45
香山 喜市郎〈名古屋商〉…全日本18, 全日本19
カヤリ, M.〈IVL〉…出雲21
唐木 英行〈日歯医専〉…箱根5, 箱根6
唐沢 明良〈東洋〉…箱根65
カリウキ, D.〈山梨学院〉…箱根76, 箱根77, 箱根78, 箱根79, 出雲13, 全日本31, 全日本32, 全日本33, 全日本34
カリウキ, J.〈第一工業〉…出雲24, 出雲25, 全日本44, 全日本45, 全日本46
狩川 景秋〈国士舘〉…箱根41
雁子 敏一〈立命館〉…全日本15
カルイル, W.〈第一工業〉…出雲21, 全日本41
カーレイ, R.〈IVL〉…全日本26, 全日本27
河合 修〈名古屋〉…全日本2, 全日本4, 全日本5
河合 恵悟〈中央〉…箱根79, 箱根80
河合 健一〈福井工業〉…全日本22
河合 健一〈北信越連〉…出雲1, 出雲2
河合 健太郎〈名古屋〉…出雲18
河井 淳一〈神奈川〉…全日本33
河合 直人〈愛知学院〉…全日本14
川井 正彦〈名古屋〉…全日本3
河合 正行〈第一工業〉…出雲13, 出雲14, 全日本33, 全日本34
河井 光輝〈名古屋商〉…全日本20
川合 元博〈金沢〉…全日本11
河合 芳隆〈駒澤〉…箱根72, 箱根73, 箱根74, 箱根75, 出雲9, 全日本28, 全日本29
川井田 茂〈順天堂〉…箱根43, 箱根44, 箱根45, 箱根46
川内 勝弘〈日本〉…箱根68, 箱根69, 箱根70, 箱根71, 出雲3, 出雲5, 出雲6, 全日本23, 全日本24, 全日本25, 全日本26
川内 優輝〈関東学連〉…箱根83, 箱根85
川内 涼〈東京農業〉…箱根87
川上 晃弘〈神奈川〉…箱根85
川上 英一〈専修〉…箱根58
川上 勝美〈早稲田〉…箱根38, 箱根39
川上 正蔵〈明治〉…箱根4, 箱根5, 箱根6
川上 大輔〈大東文化〉…箱根73
川上 大輔〈日本体育〉…出雲9
川上 拓哉〈立命館〉…出雲17, 出雲20, 全日本37, 全日本40
川上 守雄〈拓殖〉…箱根17, 箱根19
川上 泰之〈高岡法科〉…全日本35, 全日本36, 全日本38
川上 泰之〈北信越連〉…出雲17, 出雲18
川上 遼平〈東洋〉…箱根87, 出雲21, 出雲22, 出雲23, 全日本41, 全日本42, 全日本43
川岸 茂夫〈早稲田〉…箱根6, 箱根8
川口 恵司〈日本文理〉…全日本38
川口 孝志郎〈中京〉…全日本10, 全日本11, 全日本12, 全日本13
川口 成徳〈関東学連〉…箱根85
川口 章一〈東京農業〉…箱根65, 箱根66, 箱根67, 箱根68, 出雲1, 出雲3, 全日本21, 全日本23
川口 将〈明治〉…箱根32
川口 晋史〈神奈川〉…箱根81
川口 新也〈日本文理〉…全日本41
川口 貴大〈関西学院〉…出雲25, 全日本44, 全日本45, 全日本46
川口 琢也〈山梨学院〉…出雲22
川口 智宏〈山梨学院〉…出雲7, 全日本26, 全日本27
川口 晴実〈順天堂〉…箱根53, 箱根54, 箱根55, 全日本8,

全日本9, 全日本10
川口 浩哉〈横浜専門〉…箱根18
川久保 謙一〈中四国連〉…出雲4
川久保 謙一〈徳山〉…出雲1, 出雲2, 出雲3, 全日本21, 全日本22, 全日本24
川久保 信〈東京農業〉…箱根73
川越 順二〈国士舘〉…箱根50
川越 征己〈立命館〉…箱根40
川越 正信〈日本〉…箱根10
川越 学〈早稲田〉…箱根59, 箱根60, 箱根61, 箱根62
川崎 章親〈専修〉…箱根43, 箱根44, 箱根45
川崎 健太〈国士舘〉…箱根82, 箱根83, 箱根84, 箱根85
川崎 貞治〈関西〉…全日本17, 全日本18
川崎 慧〈大東文化〉…箱根86
川崎 卓〈鹿児島〉…全日本9, 全日本10, 全日本12
河崎 拓馬〈順天堂〉…出雲9
河崎 力〈早稲田〉…箱根47, 箱根49
川崎 英哉〈城西〉…箱根81, 箱根82
川崎 博勇〈専修〉…箱根54, 箱根55, 箱根56, 箱根57, 全日本11
川崎 太志〈東海〉…箱根74, 出雲9
川崎 幹男〈明治〉…箱根60, 箱根61
川崎 光年〈日本〉…箱根68, 箱根69, 箱根70, 箱根71, 出雲4, 出雲5, 出雲6, 全日本23, 全日本24, 全日本25, 全日本26
川崎 光人〈山梨学院〉…箱根67, 出雲2, 全日本20
川崎 康司〈広島経済〉…出雲4, 出雲5, 出雲6, 全日本23, 全日本24, 全日本25, 全日本26
川崎 康紀〈山口〉…全日本10
川崎 友輝〈青山学院〉…箱根89, 出雲23, 全日本46
河崎 裕史〈上武〉…箱根91
川崎 勇二〈順天堂〉…箱根60
川崎 吉彦〈中京〉…全日本17
川島 啓太〈札幌学院〉…全日本36, 全日本37, 全日本38
川島 啓太〈北海道連〉…出雲16
川島 二郎〈東海〉…箱根51, 箱根52, 箱根53, 箱根54
川島 伸次〈日本体育〉…箱根62, 箱根63, 箱根64, 箱根65, 全日本18, 全日本20
川嶋 輝章〈亜細亜〉…箱根49, 箱根50, 箱根51, 箱根52
川島 利幸〈明治〉…箱根38
河嶋 則之〈広島〉…全日本7, 全日本9
川嶋 洋平〈山梨学院〉…箱根78, 箱根79, 全日本33, 全日本34
川島 義明〈日本〉…箱根32, 箱根33, 箱根34, 箱根35
川尻 修三〈第一工業〉…全日本28
川尻 真〈順天堂〉…箱根60
川尻 優〈新潟〉…全日本19, 全日本21
河津 直行〈早稲田〉…箱根80, 全日本35
川瀬 晃〈新潟〉…全日本16, 全日本17
川瀬 規彰〈四日市〉…全日本31, 全日本32, 全日本33
川瀬 誠〈北海道〉…全日本29
川瀬 誠〈北海道連〉…出雲4, 出雲5, 出雲7, 出雲8
川副 智洋〈國學院〉…箱根91
川添 行文〈島根〉…全日本2, 全日本3, 全日本4
河田 薫〈早稲田〉…箱根9, 箱根10, 箱根11
河田 潔〈東洋〉…箱根50, 箱根51, 箱根52, 箱根53, 全日本5, 全日本6, 全日本7
川田 清八〈東京文理〉…箱根23
川田 拓也〈慶應義塾〉…箱根60
川田 徹〈早稲田〉…箱根12, 箱根13, 箱根14
川田 正徳〈東京文理〉…箱根16, 箱根18
河田 幸雄〈亜細亜〉…箱根58, 箱根59, 箱根60
河内 愛三〈東大農実〉…箱根6, 箱根7
河内 克也〈京都産業〉…全日本9
河内 喜一郎〈青山学院〉…箱根46, 箱根49
河内 信一〈立命館〉…全日本5
河出 千里〈日本〉…箱根57, 箱根58
川戸 正木〈明治〉…箱根33
川名 常保〈中央〉…箱根2
河名 真貴志〈城西〉…箱根90
川中 健太郎〈九州〉…全日本19
川中 敏也〈仙台〉…全日本18
川中 正昭〈山口〉…全日本10
川辺 一将〈関東学連〉…箱根84
川辺 一将〈國學院〉…全日本38
河鍋 久治〈早稲田〉…箱根9
川鍋 正樹〈専修〉…箱根63, 箱根64
川鍋 満〈東洋〉…箱根38, 箱根39, 箱根40, 箱根41
川波 貴臣〈中央〉…箱根69, 箱根70, 箱根72, 出雲4, 出雲6, 全日本24, 全日本25, 全日本26
川南 友佑〈神奈川〉…箱根82, 箱根83, 全日本37
川西 康弘〈法政〉…箱根70, 箱根72, 出雲6
河野 和夫〈国士舘〉…箱根43, 箱根44, 箱根45
河野 寛治〈中央学院〉…箱根70
河野 健一〈帝京〉…箱根85, 箱根86
河野 孝行〈東海〉…箱根77, 箱根78, 全日本32, 全日本34
河野 匡〈筑波〉…箱根56, 箱根57, 箱根58, 箱根59, 全日本11, 全日本12, 全日本13
川野 竜男〈城西〉…箱根81, 箱根83
河野 晴友〈東海〉…箱根84, 箱根85, 箱根86, 箱根87, 出雲20
川畑 理修〈明治〉…箱根36, 箱根37, 箱根38, 箱根39
川端 千都〈東海〉…箱根91, 全日本46
川畑 憲三〈東洋〉…箱根80, 箱根81, 箱根83, 出雲15, 出雲18, 全日本35, 全日本38
河端 宏樹〈名古屋〉…全日本30
川端 正年〈専修〉…箱根36, 箱根37, 箱根38
川端 洋平〈北信越連〉…出雲25
河原 一哲〈東洋〉…箱根63, 箱根64, 箱根65
川原 智〈法政〉…箱根54, 箱根55, 箱根56

川原 悟〈大東文化〉…箱根65, 全日本21
河原 徹也〈大阪経済〉…出雲3, 全日本23, 全日本24, 全日本26
河原 直樹〈立命館〉…全日本28
河原 伸宏〈北海道連〉…出雲17
川原 祐治〈日本〉…箱根52, 箱根53, 箱根54, 全日本7
河原 幸雄〈法政〉…箱根40, 箱根41, 箱根43
川原 誉志文〈山梨学院〉…箱根80, 箱根81, 全日本35
川俣 一雄〈日歯医専〉…箱根7, 箱根9
川又 信彦〈酪農学園〉…全日本7
川松 正弘〈日本体育〉…箱根42, 箱根43, 箱根44
河村 英和〈京都教育〉…全日本11
川村 修〈中央〉…箱根19
川村 清〈東洋〉…箱根38, 箱根39
河村 修一〈駒澤〉…箱根77, 箱根78, 全日本33
川村 駿吾〈青山学院〉…箱根86, 箱根87, 箱根88, 出雲23, 全日本41
河村 知明〈第一工業〉…全日本31
川村 衛〈法政〉…箱根3
川村 希全〈中央学院〉…箱根75
川村 雄二〈仙台〉…全日本11
川村 要二〈東洋〉…箱根47, 箱根48, 箱根49, 箱根50, 全日本4
河村 義夫〈日本〉…箱根22
河村 芳生〈九州産業〉…全日本14, 全日本15, 全日本16, 全日本17
河村 義照〈熊本商科〉…全日本2
川本 浩一〈北海道〉…全日本14, 全日本15
川元 輝国〈日本〉…箱根72
川元 英経〈第一工業〉…全日本29
河本 政之〈明治〉…箱根64, 箱根67
川元 裕介〈第一工業〉…全日本29
河原井 司〈立命館〉…出雲19, 全日本38, 全日本39, 全日本40
川原田 晴通〈名古屋〉…全日本5
韓 勇雄〈順天堂〉…箱根43
管 宏尚〈明治〉…箱根61
菅 真大〈城西〉…箱根91, 全日本46
菅 陽一郎〈中央〉…箱根68, 箱根69, 箱根70, 箱根71, 出雲3, 出雲4, 出雲5, 出雲6, 全日本23, 全日本24, 全日本25, 全日本26
カーン, B.〈IVL〉…出雲15
ガンガ, S.〈広島経済〉…出雲20, 全日本37, 全日本38, 全日本39
ガンガ, S.〈中四国連〉…出雲17, 出雲18, 出雲19
関西 智之〈慶應義塾〉…箱根70
神沢 利宗〈法政〉…箱根32, 箱根33
神沢 陽一〈早稲田〉…箱根83, 箱根84, 箱根86, 全日本39, 全日本41
神田 哲広〈東洋〉…箱根73, 箱根74, 出雲9, 全日本28
神田 修〈順天堂〉…箱根55, 箱根57, 箱根58
神田 純也〈帝京〉…箱根88, 全日本43
神田 善一〈日本〉…箱根20
神田 勉〈拓殖〉…箱根19, 箱根20, 箱根21
神田 裕章〈鹿屋体育〉…出雲17
神田 大〈慶應義塾〉…箱根70
神田 睦夫〈早稲田〉…箱根29, 箱根31, 箱根32
神田 幸也〈北信越連〉…出雲3, 出雲4
河南 耕二〈中央学院〉…箱根79, 箱根80
菅野 清輝〈大阪経済〉…出雲3, 全日本23, 全日本24, 全日本26
菅野 信夫〈東北学院〉…全日本14, 全日本15, 全日本16, 全日本17
菅野 淳一〈東北学院〉…全日本34
菅野 慎吾〈専修〉…箱根79
菅野 伸〈東北学連〉…出雲14
菅野 伊達男〈日歯医専〉…箱根6, 箱根7, 箱根9
菅野 勉〈日歯医専〉…箱根10, 箱根11, 箱根12, 箱根13
菅野 治信〈専修〉…箱根49, 箱根50, 全日本4
菅野 均〈東北〉…全日本45, 全日本46
菅野 均〈東北学連〉…全日本43
菅野 仁志〈大阪学院〉…全日本31
勘場 健太郎〈関西〉…全日本39
神林 勲〈筑波〉…箱根61, 箱根63, 全日本15
上林 亨〈北海道教〉…全日本35
上林 亨〈北海道連〉…出雲12, 出雲13, 出雲14, 出雲15
上林 靖幸〈甲南〉…全日本2
神原 惇〈東洋〉…箱根40, 箱根41, 箱根42, 箱根43
神原 龍之介〈関西学院〉…出雲23, 全日本43
萱洞 栄蔵〈日歯医専〉…箱根12, 箱根13, 箱根14
萱洞 栄〈日歯医専〉…箱根18

【き】

木内 清〈東京高師〉…箱根9, 箱根10
木内 清〈東京文理〉…箱根11, 箱根12
木内 勇貴〈専修〉…箱根90
木内 義雄〈東京高師〉…箱根6
菊川 浩史〈大東文化〉…箱根81, 出雲16
喜久里 忍〈福岡〉…出雲2, 出雲3, 出雲4, 全日本22, 全日本23, 全日本24
菊田 英寿〈立命館〉…出雲9, 全日本29
菊田 靖久〈筑波〉…箱根52
聞谷 賢人〈順天堂〉…箱根90, 箱根91, 全日本45, 全日本46
菊地 彰隆〈中部〉…全日本16, 全日本17
菊地 彰隆〈中部工業〉…全日本15
菊地 尭則〈国士舘〉…箱根33, 箱根34, 箱根35
菊池 一成〈大東文化〉…箱根50, 箱根51, 箱根52, 全日本

4, 全日本5, 全日本6, 全日本7
菊池 和成〈東洋〉…箱根62, 箱根63, 全日本18
菊地 啓一〈横浜専門〉…箱根21
菊地 啓二〈立教〉…箱根37
菊地 健吉〈明治〉…箱根29, 箱根30
菊地 健太郎〈東北学院〉…全日本34
菊地 功喜〈東北福祉〉…全日本41
菊地 聡之〈城西〉…箱根90, 箱根91, 全日本46
菊地 忍〈日本体育〉…箱根73, 箱根74, 出雲8, 出雲9
菊地 淳〈東北学院〉…全日本16, 全日本17
菊地 俊策〈東京教育〉…箱根48, 箱根49, 箱根50
菊地 次郎〈山形〉…全日本28
菊地 次郎〈東北学連〉…出雲12
菊池 清治〈東洋〉…箱根59, 箱根60, 箱根61, 全日本14
菊地 清三〈法政〉…箱根6
菊池 貴文〈関東学連〉…箱根89
菊池 貴文〈国士舘〉…箱根88, 箱根90
菊池 隆文〈福岡〉…全日本30
菊地 竹史〈立教〉…箱根24, 箱根25
菊池 直志〈中央〉…箱根30, 箱根31, 箱根32
菊地 俊幸〈拓殖〉…箱根50
菊地 伸幸〈大阪体育〉…全日本26
木口 典昭〈東京農業〉…箱根65, 箱根66, 箱根67, 出雲1, 全日本20, 全日本21
菊地 肇〈東京農業〉…箱根37, 箱根38, 箱根39, 箱根40
菊地 治雄〈東北学院〉…全日本5
菊池 洋〈東北学院〉…全日本5, 全日本7
菊地 平吉〈明治〉…箱根17
菊地 賢人〈明治〉…箱根86, 箱根87, 箱根88, 箱根89, 出雲21, 出雲22, 出雲23, 全日本42, 全日本43
菊池 昌寿〈亜細亜〉…箱根81, 箱根82, 箱根83, 箱根84, 出雲16, 出雲18, 出雲19, 全日本37, 全日本38
菊地 恭利〈東海〉…箱根53, 箱根54, 全日本9
菊地 由紀男〈中央〉…箱根24, 箱根25, 箱根26
菊池 芳次〈金沢〉…全日本4, 全日本5, 全日本6
菊地 由益〈順天堂〉…箱根47, 箱根48, 箱根49, 箱根50, 全日本3
菊池 良治〈北海道〉…全日本1, 全日本2
菊地原 浩二〈駒澤〉…箱根51, 箱根52, 箱根53, 箱根54, 全日本7
菊地原 寅三〈東京農業〉…箱根7, 箱根9
菊永 一人〈徳山〉…出雲18, 出雲19, 全日本37, 全日本38
菊野 基〈札幌学院〉…全日本30, 全日本31
菊谷 勇治〈立命館〉…全日本21, 全日本22, 全日本23
木暮 貞行〈東京農業〉…箱根71, 出雲4
木佐 充伸〈専修〉…箱根70, 箱根71, 出雲5, 出雲6
木阪 尚〈仙台〉…全日本18
木崎 和夫〈順天堂〉…箱根50, 箱根51, 箱根52, 箱根53, 全日本8
木沢 創平〈立命館〉…出雲17, 全日本37, 全日本38
岸 国雄〈日本〉…箱根30, 箱根31, 箱根32, 箱根33
岸 源左衛門〈関西〉…箱根9
木路 修平〈筑波〉…箱根64, 箱根65
岸 伸考〈札幌学院〉…全日本44, 全日本45, 全日本46
岸尾 秀樹〈九州産業〉…全日本5, 全日本6
岸川 隆〈福岡〉…全日本19
岸田 隆之〈近畿〉…全日本27
岸田 巧〈徳山〉…全日本12
岸田 幸也〈北海道〉…全日本2, 全日本3, 全日本5
岸根 修〈中京〉…全日本1, 全日本2, 全日本3, 全日本4
岸野 新治〈立教〉…箱根33, 箱根34, 箱根35
岸原 政義〈日本〉…箱根51, 箱根52, 箱根53, 全日本6, 全日本7, 全日本8
杵島 凌太〈城西〉…箱根90
岸村 好満〈東洋〉…箱根84
岸本 圭一郎〈中央〉…出雲25
岸本 匡〈山梨学院〉…箱根85
岸本 徹夫〈専修〉…箱根48
岸本 大直〈明治〉…箱根87
岸本 実〈京都産業〉…出雲1, 全日本19, 全日本20, 全日本21
北 魁道〈明治〉…箱根87, 箱根88, 箱根89, 出雲22, 全日本42, 全日本44
喜多 健一〈帝京〉…箱根75, 箱根76, 箱根77, 出雲12
木田 長〈徳山〉…出雲14, 出雲15, 出雲16, 出雲17, 全日本34, 全日本35, 全日本36, 全日本37
喜多 秀喜〈福岡〉…全日本3, 全日本4, 全日本5, 全日本6
木田 博仁〈大阪経済〉…全日本14, 全日本17
北 雄志〈鹿児島〉…全日本9
北井 一仁〈東京農業〉…箱根26, 箱根27, 箱根28
北浦 貴士〈近畿〉…全日本38
北浦 貴大〈関東学連〉…箱根86
北浦 政史〈駒澤〉…箱根78, 箱根79, 全日本33, 全日本34, 全日本35
北岡 幸浩〈東洋〉…箱根79, 箱根81, 全日本34
北垣 章〈専修〉…箱根59, 箱根60, 箱根61, 箱根62, 全日本15, 全日本16, 全日本17
北川 宏太郎〈中央〉…箱根61, 箱根62, 全日本16
北川 貴夫〈金沢工業〉…全日本7, 全日本8
北川 猛〈立命館〉…全日本5
北川 寿雅〈東京農業〉…箱根72
北川 昌宏〈札幌学院〉…全日本43, 全日本44, 全日本45, 全日本46
北川 昌宏〈北海道連〉…出雲23, 出雲24, 出雲25
北川 昌史〈関東学院〉…箱根78, 箱根79, 箱根80
北川 貢〈日本〉…箱根63, 箱根64, 箱根65, 全日本18, 全日本20
北川 雄二郎〈北信越連〉…出雲17
北川原 一欽〈山梨学院〉…箱根72, 箱根73
北口 俊成〈大阪経済〉…全日本29

北口 学〈亜細亜〉…箱根68, 箱根70, 全日本22, 全日本23, 全日本25
北崎 朋毅〈福岡〉…全日本20, 全日本22
北沢 賢悟〈東海〉…箱根81
北澤 健太〈拓殖〉…箱根87, 箱根88
北沢 斉〈国士舘〉…箱根70
北沢 義信〈明治〉…箱根67
北島 富太郎〈日歯医専〉…箱根17
北島 寿典〈東洋〉…箱根82, 箱根83
北島 道敏〈東京学芸〉…箱根31, 箱根32
北島 吉章〈帝京〉…箱根75, 箱根76, 箱根77, 箱根78, 出雲12, 出雲13, 全日本33
北角 昌利〈明治〉…箱根9, 箱根10, 箱根11
北爪 貴志〈早稲田〉…箱根86, 箱根87
北田 謙二郎〈日歯医専〉…箱根21
北田 初男〈駒澤〉…箱根73, 箱根74, 箱根75, 出雲10, 全日本30
北田 宗秀〈龍谷〉…全日本27, 全日本30
北中 純一〈日本体育〉…箱根51, 箱根53, 箱根54, 全日本7, 全日本8, 全日本9
北西 瑞穂〈東海〉…全日本23
北野 勉〈青山学院〉…箱根47, 箱根48, 箱根49, 箱根50
北林 克己〈愛知工業〉…出雲10
北原 英一〈山梨学院〉…箱根79
北原 慎也〈駒澤〉…箱根64, 箱根65, 箱根66, 箱根67
北堀 正文〈名古屋商〉…全日本22
北見 高直〈明治〉…箱根33
北峰 義己〈明治〉…箱根48, 箱根50
北村 一摩〈大東文化〉…箱根91, 全日本45, 全日本46
北村 喜多治〈日歯医専〉…箱根5, 箱根6
北村 聡〈日本体育〉…箱根81, 箱根82, 箱根83, 箱根84, 出雲16, 出雲17, 出雲18, 出雲19, 全日本36, 全日本37, 全日本38, 全日本39
北村 繁〈神奈川師〉…箱根25
北村 真司〈福井工業〉…全日本28, 全日本29, 全日本30
北村 真司〈北信越連〉…出雲8, 出雲9, 出雲10, 出雲11
北村 信也〈徳山〉…全日本18
北村 孝〈日本体育〉…箱根27
北村 拓也〈鹿屋体育〉…出雲12, 出雲13, 出雲15, 全日本32, 全日本34, 全日本35
北村 忠人〈立命館〉…全日本19
北村 祐一〈明治〉…箱根36, 箱根37
北村 義雄〈慶應義塾〉…箱根11, 箱根12, 箱根13, 箱根14, 箱根15
北目 秀哉〈東北学院〉…全日本17, 全日本20
北本 正路〈慶應義塾〉…箱根9, 箱根11, 箱根12, 箱根13, 箱根14
北山 和人〈明治〉…箱根60, 箱根61
北山 智〈日本体育〉…箱根73, 箱根74, 箱根75, 出雲7, 出雲9, 全日本27
北山 豊〈中京〉…出雲1, 出雲3, 全日本21, 全日本22, 全日本23
吉川 昭勝〈専修〉…箱根39, 箱根40, 箱根42
吉川 潔〈大阪体育〉…出雲5, 全日本17, 全日本18, 全日本19, 全日本20
吉末 重夫〈九州産業〉…全日本7, 全日本8, 全日本9, 全日本10
木寺 良太〈拓殖〉…箱根90
木戸 真樹〈専修〉…箱根66, 箱根67, 箱根68, 箱根69, 出雲4, 全日本21, 全日本22, 全日本23, 全日本24
木藤 隆通〈神奈川〉…箱根50
城戸口 直樹〈日本体育〉…箱根75, 箱根76, 箱根77
キトニー, D.〈日本〉…箱根90, 箱根91, 全日本45
木庭 和彦〈近畿〉…全日本31, 全日本32
衣笠 茂英〈関西〉…全日本39
衣笠 治重〈早稲田〉…箱根28, 箱根30
衣川 和雄〈日本〉…箱根27, 箱根28, 箱根29
衣川 富雄〈東京農業〉…箱根21
衣川 秀俊〈拓殖〉…全日本30
絹田 清昭〈神戸〉…全日本2, 全日本3
衣松 英亮〈広島〉…出雲22, 出雲23, 全日本41, 全日本42
木野 正義〈東京文理〉…箱根12, 箱根15
木野 光輝〈専修〉…箱根40, 箱根41, 箱根42, 箱根43
木野 義治〈専修〉…箱根45, 箱根46
木ノ内 善男〈中央〉…箱根2, 箱根3, 箱根4
木下 聡士〈東海〉…箱根83, 箱根85
木下 茂〈東洋〉…箱根54, 箱根55, 箱根56
木下 潤哉〈東京農業〉…箱根85, 箱根86, 箱根87, 箱根88, 出雲22, 全日本41
木之下 翔太〈中央学院〉…箱根85, 箱根86
木下 尊詳〈北信越連〉…出雲11, 出雲12
木下 卓己〈専修〉…箱根83, 箱根84, 箱根85
木下 哲彦〈早稲田〉…箱根59, 箱根60, 箱根61, 箱根62
木下 亨〈順天堂〉…箱根54, 箱根55, 全日本10
木下 徳之〈福岡〉…全日本29
木下 博紀〈中京〉…全日本44, 全日本46
木下 大志〈日本体育〉…出雲5
木畑 卓也〈大阪体育〉…全日本10, 全日本12
木林 忠俊〈立教〉…箱根42, 箱根44
木原 誠〈北海道〉…全日本18
木原 真佐人〈中央学院〉…箱根82, 箱根83, 箱根84, 箱根85, 出雲17, 全日本37, 全日本39, 全日本40
木原 了〈国士舘〉…箱根39, 箱根40, 箱根41, 箱根42
キハラ, T.〈奈良産業〉…全日本42
紀平 大輔〈四日市〉…全日本34, 全日本35
キプゲノン, K.〈第一工業〉…出雲20, 全日本40
キプコエチ, K.〈第一工業〉…出雲17, 全日本37
ギブソン, J.〈IVL〉…全日本23, 全日本24
木部 誠人〈中央学院〉…箱根89, 箱根90, 箱根91, 出雲25

儀間 清隆〈愛知教育〉…全日本5, 全日本6, 全日本7, 全日本8
木全 信一郎〈中央〉…箱根23
君島 光紀〈東海〉…箱根76, 全日本30
君島 亮太〈帝京〉…箱根91, 全日本45
木水 良〈順天堂〉…箱根84, 箱根85
君野 幸一〈明治〉…箱根23
木村 昭彦〈法政〉…箱根55
木村 明彦〈東北学連〉…出雲19
木村 和彦〈中央〉…箱根59, 箱根60, 箱根61, 箱根62, 全日本16
木村 和義〈大阪体育〉…全日本7
木村 圭介〈中央〉…箱根76, 箱根77, 全日本32
木村 恵也〈亜細亜〉…箱根78, 箱根79
木村 憲二〈京都産業〉…全日本6
木村 宏一〈九州〉…全日本19
木村 聡〈国士舘〉…箱根64, 箱根65, 箱根66, 出雲2, 全日本19, 全日本20
木村 茂樹〈大東文化〉…箱根84, 箱根85
木村 俊〈大阪体育〉…全日本6, 全日本7
木村 翔太〈東京農業〉…箱根87, 箱根88, 箱根89, 出雲22
木村 正平〈横浜専門〉…箱根17
木村 慎〈明治〉…箱根90, 箱根91, 出雲24, 全日本44, 全日本45, 全日本46
木村 大樹〈第一工業〉…全日本33
木村 孝貴〈名古屋〉…全日本36
木村 孝志〈島根〉…全日本4, 全日本5
木村 尚志〈高岡法科〉…全日本37, 全日本38, 全日本39
木村 尚志〈北信越連〉…出雲18, 出雲19
木村 孝〈専修〉…箱根32, 箱根33
木村 哲夫〈専修〉…箱根50, 箱根51, 箱根52, 箱根53
木村 哲久〈早稲田〉…箱根63
木村 哲也〈大阪経済〉…全日本41
木村 敏二郎〈慶應義塾〉…箱根38, 箱根39
木村 聡寿〈中央学院〉…箱根82, 箱根83, 全日本37
木村 友泰〈日本体育〉…出雲8
木村 寅太郎〈東大農実〉…箱根3, 箱根4
木村 直也〈北海道連〉…出雲23, 出雲24
木村 信夫〈中央〉…箱根14, 箱根15, 箱根16, 箱根17, 箱根18
木村 春彦〈大阪経済〉…全日本12, 全日本13, 全日本14, 全日本15
木村 久〈東京学芸〉…箱根31, 箱根32, 箱根33
木村 秀太朗〈明治〉…箱根81
木村 宏〈福岡〉…全日本5, 全日本6
木村 文祐〈日本体育〉…箱根68, 箱根70, 出雲3, 全日本23, 全日本25
木村 誠〈明治〉…箱根48
木村 正義〈慶應義塾〉…箱根14, 箱根15, 箱根16, 箱根17
木村 ミゲオ〈中央〉…箱根56, 箱根57
木村 元紀〈福岡〉…出雲2, 全日本22
木村 康樹〈順天堂〉…箱根57, 箱根58, 箱根59, 箱根60
木村 勇貴〈日本体育〉…箱根89, 箱根91
木村 祐三〈立命館〉…箱根40
木村 元彦〈名城〉…全日本13
木村 友暉宏〈京都産業〉…全日本46
木村 陽介〈関西〉…全日本39
木村 嘉〈神奈川〉…箱根38
木村 好秋〈東大農実〉…箱根5
木村 吉継〈早稲田〉…出雲6
木村 亮介〈鹿屋体育〉…出雲10, 全日本30
キメリ, T.〈第一工業〉…全日本37
木許 史博〈亜細亜〉…箱根80, 箱根81, 箱根82, 全日本36, 全日本37
キャナディー, S.〈IVL〉…出雲20
キャン, B.〈IVL〉…全日本22
許 績勝〈名古屋商〉…全日本20, 全日本21, 全日本22, 全日本23
行田 重治〈早稲田〉…箱根1, 箱根2, 箱根3, 箱根4, 箱根5
姜山 佑樹〈関東学連〉…箱根85
姜山 佑樹〈法政〉…箱根82, 箱根83, 箱根84, 全日本37
清川 薫〈法政〉…箱根3
清田 隆宏〈福岡〉…出雲1, 全日本19, 全日本20, 全日本21
清田 竜也〈東京教育〉…箱根37, 箱根38, 箱根39
清田 寛〈熊本商科〉…全日本12
清田 勝義〈中京〉…全日本12, 全日本13, 全日本15
清田 泰之〈山梨学院〉…箱根76, 箱根77, 箱根78, 出雲12, 全日本31, 全日本32, 全日本33
清谷 匠〈関東学連〉…箱根87
清谷 匠〈法政〉…箱根86
清谷 英敏〈福岡〉…出雲4, 全日本23, 全日本24, 全日本25, 全日本26
清野 篤〈大東文化〉…箱根84, 箱根85, 箱根86, 出雲21, 全日本39
清野 祥啓〈帝京〉…箱根77, 箱根78, 箱根80, 出雲13, 全日本33
清原 雅志〈亜細亜〉…出雲16, 出雲19
清海 昭雄〈東海〉…箱根53
吉良 充人〈専修〉…箱根90
伐栗 直樹〈大阪体育〉…出雲5, 全日本23, 全日本25
桐谷 圭〈帝京〉…箱根78, 箱根79
桐谷 重夫〈早稲田〉…箱根23, 箱根24
桐原 賢〈筑波〉…箱根51, 箱根52
桐原 賢〈東京教育〉…箱根50
桐山 幸祐〈愛知工業〉…出雲14, 出雲15, 全日本32, 全日本33, 全日本34, 全日本35
桐生 武夫〈東京教育〉…箱根26, 箱根29
桐生 武夫〈東京体専〉…箱根25
金 恩培〈早稲田〉…箱根15, 箱根16

金 赫鎮〈法政〉…箱根21
金 兼道〈中央〉…箱根19, 箱根20
金 喜忠〈日歯医専〉…箱根20
金 公彦〈立教〉…箱根37
金 恵良〈上海体育〉…出雲3
金 三植〈横浜専門〉…箱根17, 箱根18
金 三植〈専修〉…箱根19, 箱根20, 箱根21
金 鐘文〈横浜専門〉…箱根19, 箱根20, 箱根21
金 新徳〈中央〉…箱根21
金 鎮穆〈東京農業〉…箱根21
金 道鎮〈立教〉…箱根18, 箱根19, 箱根20
キング, M.〈IVL〉…出雲19
金月 裕介〈近畿〉…全日本31
銀山 耕一郎〈上武〉…箱根86, 箱根88
金城 栄起〈沖縄国際〉…全日本25
金原 良征〈神奈川〉…箱根76, 箱根78, 全日本31
キンリー, J.〈IVL〉…出雲19, 出雲22

【く】

クアライ, J.〈奈良産業〉…全日本40, 全日本42
久我 和弥〈駒澤〉…箱根86, 箱根87, 箱根88, 箱根89, 出雲22, 出雲23, 出雲24, 全日本43, 全日本44
陸 新国〈上海体育〉…出雲3
クーガン, T.〈IVL〉…全日本26
グギ, J.〈第一工業〉…出雲19, 全日本39
釘本 重孝〈日本〉…箱根44, 箱根45
日下 佳祐〈東洋〉…箱根90, 全日本45
日下 次郎〈青山学院〉…箱根44, 箱根45
日下 賀之〈日本体育〉…箱根50, 箱根52
草下 英明〈立教〉…箱根22
日下部 佳佑〈四日市〉…全日本34, 全日本35
日下部 吉彦〈愛知工業〉…出雲19, 全日本39
草萱 鉄弥〈順天堂〉…箱根39, 箱根40, 箱根41, 箱根42
草島 稔〈明治〉…箱根50
草嫐 孝義〈拓殖〉…箱根30
草薙 弥〈秋田経法〉…全日本22
草間 進〈金沢工業〉…全日本7, 全日本8, 全日本9, 全日本10
草間 大志〈北海道〉…全日本43
草間 義彦〈京都教育〉…全日本11, 全日本13, 全日本14
久慈 英樹〈東北学院〉…全日本20, 全日本21
櫛部 静二〈早稲田〉…箱根67, 箱根68, 箱根69, 箱根70, 出雲2, 出雲3, 出雲5, 全日本24, 全日本25
楠田 昭徳〈立教〉…箱根39, 箱根40, 箱根41, 箱根42
楠木 長武〈大阪商業〉…全日本9, 全日本12
楠 尚博〈駒澤〉…箱根58, 箱根59
楠 康夫〈駒澤〉…箱根54, 箱根55, 箱根56, 箱根57
楠 雪高〈明治〉…箱根28, 箱根29, 箱根30
楠原 和也〈中央〉…箱根44
楠本 勝己〈東京農業〉…箱根60, 全日本15
楠本 武彦〈日本〉…箱根58, 箱根59, 箱根60, 全日本13, 全日本14
楠本 友和〈京都産業〉…全日本32, 全日本33
楠本 英広〈広島経済〉…全日本35, 全日本36, 全日本37
楠本 康博〈北信越連〉…出雲21, 出雲22
楠本 美徳〈久留米〉…出雲1, 全日本24
工藤 明人〈同志社〉…全日本1
工藤 圭〈秋田経法〉…全日本22
工藤 健吾〈広島経済〉…全日本39
工藤 康紀〈法政〉…箱根47
工藤 耕治〈東京農業〉…箱根59, 箱根60, 全日本12, 全日本15
工藤 悟〈東洋〉…箱根52, 箱根53, 全日本6
工藤 省吾〈岐阜〉…全日本9, 全日本11, 全日本12
工藤 双一〈東京農業〉…箱根16
工藤 雄大〈北海道連〉…出雲25
工藤 忠好〈信州〉…全日本12
工藤 都四男〈八幡〉…全日本4, 全日本7
工藤 利寿〈中央〉…箱根71, 箱根72, 箱根73
工藤 有生〈駒澤〉…箱根91, 全日本46
工藤 伸光〈神奈川〉…箱根41, 箱根42, 箱根43
工藤 寛之〈札幌学院〉…全日本23
工藤 雅実〈福岡〉…全日本9, 全日本10, 全日本11, 全日本12
工藤 正也〈東洋〉…箱根86
工藤 康弘〈順天堂〉…箱根61, 箱根62, 箱根63, 箱根64
工藤 良平〈東京教育〉…箱根37, 箱根38, 箱根39, 箱根40
国井 利文〈京都産業〉…出雲7, 全日本28
国恵 良太〈中四国連〉…出雲12
国沢 利明〈日本〉…箱根10, 箱根11, 箱根12, 箱根13
國司 寛人〈名古屋〉…全日本44
国重 忠男〈広島〉…全日本1
国重 輝夫〈高知〉…全日本6
国島 作太郎〈横浜国立〉…箱根27
国島 淳二〈中四国連〉…出雲9, 出雲10
国島 智行〈立命館〉…全日本16
国武 良真〈中央〉…箱根73, 箱根74, 箱根75, 出雲9, 出雲10, 全日本27, 全日本29, 全日本30
国近 賢治〈東京農業〉…全日本24
国延 裕大〈広島経済〉…全日本33
国広 勲〈九州産業〉…全日本4, 全日本5, 全日本6
国増 和明〈岡山理科〉…全日本23
国増 和明〈中四国連〉…出雲4
国増 尚吾〈山梨学院〉…箱根71, 箱根72
国本 亮二〈関東学院〉…箱根74
久野 雅浩〈関東学連〉…箱根83, 箱根84
久野 雅浩〈拓殖〉…箱根81, 全日本39
久場 潔実〈早稲田〉…箱根77, 出雲12, 全日本31, 全日本32

久保 謙志〈大東文化〉…箱根82, 箱根83, 箱根85, 全日本37, 全日本38, 全日本39
久保 健二〈拓殖〉…箱根73, 箱根74
久保 浩一郎〈徳山〉…全日本18, 全日本19
久保 俊太〈札幌学院〉…全日本38, 全日本39, 全日本40, 全日本41
久保 俊太〈北海道連〉…出雲19, 出雲20, 出雲21
久保 新一郎〈岐阜〉…全日本3
久保 貴寛〈日本文理〉…出雲23, 出雲24, 全日本43, 全日本44
久保 隆博〈東海〉…箱根49, 箱根50, 箱根51, 箱根52
久保 正礼〈東京教育〉…箱根29, 箱根30, 箱根31, 箱根32
久保 利男〈日本〉…箱根23
久保 敏雄〈横浜国立〉…箱根26
久保 富男〈東京農業〉…箱根30, 箱根31
久保 暢大〈北信越連〉…出雲21
久保 晴良〈明治〉…箱根24, 箱根25
久保 啓昭〈琉球〉…全日本8
久保 佑介〈立命館〉…全日本43
久保 幸男〈埼玉〉…箱根35
久保 芳斗〈帝京〉…箱根84
久保 良知〈中央〉…箱根49
久保 隆太〈高岡法科〉…全日本35
久保 亮太〈日本文理〉…全日本45
久保岡 諭司〈日本体育〉…箱根84, 箱根85, 箱根86, 全日本40
久保崎 重隆〈中央〉…箱根16
窪島 義公〈拓殖〉…箱根30, 箱根31
窪田 和敏〈福岡〉…出雲1, 出雲2, 全日本21, 全日本22
久保田 和真〈青山学院〉…箱根89, 箱根91, 出雲24, 全日本46
久保田 及大〈専修〉…箱根26, 箱根28
窪田 忍〈駒澤〉…箱根87, 箱根88, 箱根89, 箱根90, 出雲22, 出雲23, 出雲24, 出雲25, 全日本42, 全日本43, 全日本44, 全日本45
窪田 武夫〈明治〉…箱根8
久保田 正〈専修〉…箱根15, 箱根16, 箱根17, 箱根18, 箱根19
久保田 勉〈福岡〉…全日本1, 全日本2
久保田 翼〈中央学院〉…箱根91, 全日本46
窪田 尚人〈東洋〉…箱根66, 箱根67
窪田 正克〈早稲田〉…箱根8, 箱根10
久保田 瑞穂〈中央〉…箱根73, 箱根74, 箱根75, 出雲8, 出雲10, 全日本28, 全日本30
久保田 満〈東洋〉…箱根79, 箱根80, 全日本34, 全日本35
久保田 実〈北海道〉…全日本1, 全日本2, 全日本3
熊谷 淳二〈立命館〉…全日本20, 全日本21, 全日本22
熊谷 智宏〈福岡〉…全日本20
熊谷 遊〈東北学連〉…出雲21
熊谷 豊〈高岡法科〉…全日本40
熊谷 太一〈関西学院〉…出雲4, 全日本24
熊木 才雄〈名古屋商〉…全日本13
熊崎 健人〈帝京〉…箱根89, 箱根90, 出雲25, 全日本44
熊沢 総一郎〈東洋〉…箱根28
熊沢 八郎〈神奈川師〉…箱根24
熊代 京治〈早稲田〉…箱根22
神代 秀富〈中央〉…箱根33
熊本 武明〈青山学院〉…箱根41, 箱根42
熊本 剛〈日本体育〉…箱根79, 箱根80, 箱根81, 箱根82, 出雲16, 出雲17, 全日本35, 全日本36, 全日本37
熊本 正彦〈日本〉…箱根62, 全日本17
久村 幸平〈法政〉…箱根76, 箱根78
久米 清隆〈中部工業〉…全日本15
久米 浩二〈拓殖〉…箱根58, 箱根60
久米川 健次〈大阪体育〉…全日本1, 全日本2
粂田 俊〈早稲田〉…箱根50, 箱根51, 箱根53
久文 貞明〈駒澤〉…箱根68, 出雲4, 全日本25
久門 大輔〈神奈川〉…箱根88
倉岡 徳幸〈名古屋商〉…全日本24, 全日本25, 全日本26
倉方 重雄〈日本〉…箱根26
倉方 豊〈拓殖〉…箱根17, 箱根18, 箱根20, 箱根21
倉沢 賢三〈東大農実〉…箱根4, 箱根5
倉沢 光久〈日本〉…箱根23
蔵品 英之〈東北学連〉…出雲6
倉島 隆雄〈慶應義塾〉…箱根38, 箱根39, 箱根40
蔵所 和弘〈京都産業〉…全日本15, 全日本17
クラス，B.〈IVL〉…全日本26
倉田 翔平〈上武〉…箱根88, 箱根90, 箱根91, 全日本43, 全日本44, 全日本46
倉平 幸治〈東海〉…箱根81, 出雲16, 全日本36
倉谷 安次郎〈法政〉…箱根2
倉西 胖〈早稲田〉…箱根11, 箱根12
蔵貫 吉知〈大阪商業〉…全日本4, 全日本5
倉橋 賢二〈日本〉…箱根57, 箱根58, 箱根59, 箱根60, 全日本12, 全日本13, 全日本14
倉林 俊彰〈順天堂〉…箱根62, 箱根63, 箱根64, 箱根65, 全日本20
クラマー，K.〈IVL〉…全日本27
倉村 修一〈日本体育〉…箱根65, 箱根66, 箱根68, 出雲1, 出雲2, 全日本21, 全日本22
倉持 貴充〈東京農業〉…箱根85, 全日本40
倉持 凡康〈拓殖〉…箱根22
蔵元 篤志〈東海〉…出雲1
倉本 拓〈同志社〉…全日本22
グラント，M.〈IVL〉…出雲12
グーリー，C.〈IVL〉…全日本22
栗木 直美〈日歯医専〉…箱根14, 箱根15, 箱根16, 箱根17
栗田 栄二〈広島〉…全日本1
栗田 晴彦〈東京〉…箱根60

栗田 庸三〈法政〉…箱根3, 箱根4, 箱根5, 箱根6
栗田 嘉高〈東京農業〉…箱根21
栗林 清志〈神奈川〉…箱根42, 箱根43
栗林 規〈国士舘〉…箱根60, 箱根61
栗原 勇〈神奈川〉…箱根34, 箱根35, 箱根36
栗原 清〈日本〉…箱根57, 全日本12
栗原 圭太〈山梨学院〉…箱根83, 箱根84, 全日本39
栗原 健一〈法政〉…箱根79, 出雲12
栗原 重雄〈神奈川〉…箱根32
栗原 俊〈東海〉…箱根85, 全日本40, 全日本43
栗原 親也〈日本体育〉…箱根76, 箱根78, 箱根79
栗原 誠次〈神奈川師〉…箱根25
栗原 大八〈東京農業〉…箱根35, 箱根36, 箱根37
栗原 勉〈福岡〉…出雲1, 出雲2, 全日本20, 全日本21, 全日本22
栗原 治男〈日本体育〉…箱根41
栗原 英彰〈徳山〉…出雲8, 全日本26, 全日本27, 全日本28
栗原 正男〈日本〉…箱根8
栗原 正視〈中央〉…箱根35, 箱根36
栗原 学〈拓殖〉…箱根19
栗原 偉哲〈東海〉…箱根73, 箱根74
栗本 英也〈専修〉…箱根34, 箱根35, 箱根36, 箱根37
栗本 仁〈中央〉…箱根15, 箱根16, 箱根17
栗本 義彦〈東京高師〉…箱根2, 箱根3, 箱根4, 箱根5
栗谷 宜央〈徳山〉…全日本35
栗山 洋〈秋田〉…全日本2
栗山 由彦〈京都〉…全日本4
来島 秀男〈東京文理〉…箱根12, 箱根13
クルース, T.〈IVL〉…出雲11
グレイ, J.〈IVL〉…出雲23
グレッグ, B.〈IVL〉…出雲24
黒石 智視〈九州産業〉…全日本11, 全日本13
黒岩 新弥〈山梨学院〉…箱根75, 箱根76, 出雲11, 全日本31
黒岩 哲夫〈東京農業〉…箱根53, 箱根54, 箱根55, 全日本7
黒岩 文城〈東京農業〉…箱根58, 箱根59
黒岩 優太〈東洋〉…出雲19
黒川 翔矢〈駒澤〉…箱根91, 全日本44, 全日本45, 全日本46
黒川 新司〈八幡〉…全日本6, 全日本7
黒川 澄夫〈早稲田〉…箱根33, 箱根34, 箱根35, 箱根36
黒川 輝夫〈早稲田〉…箱根34, 箱根35, 箱根36, 箱根37
黒川 優気〈京都産業〉…出雲21, 全日本40, 全日本41, 全日本42, 全日本43
黒川 遼〈城西〉…箱根90, 箱根91
黒木 純〈山梨学院〉…箱根69, 箱根70, 全日本25
黒木 伸之〈福岡〉…全日本33, 全日本34, 全日本35
黒木 洋道〈八幡〉…全日本20
黒木 弘行〈中央〉…箱根24, 箱根25, 箱根26, 箱根27
黒木 文太〈関東学連〉…箱根82
黒木 文太〈帝京〉…箱根81
黒木 政晴〈中央〉…箱根21
黒木 靖〈駒澤〉…箱根49, 箱根50, 箱根51, 箱根52, 全日本7
黒木 優祐〈四日市〉…全日本35
黒木 良治〈大阪体育〉…全日本10, 全日本11
黒河内 伊勢栄〈東京高師〉…箱根1
黒坂 哲也〈東北学連〉…出雲18
黒坂 光男〈国士舘〉…箱根46
黒崎 俊夫〈横浜市立〉…箱根31
黒崎 拓克〈東洋〉…箱根82, 箱根83, 箱根84, 出雲16, 出雲19, 全日本37
黒崎 悠〈国士舘〉…箱根82, 箱根83
黒沢 馨〈中央〉…箱根16, 箱根17, 箱根19, 箱根20
黒沢 一道〈中央〉…箱根63
黒沢 忠直〈拓殖〉…箱根58, 箱根60
黒須 啓助〈専修〉…箱根32, 箱根33, 箱根34, 箱根35
黒須 辰二〈法政〉…箱根23
グロスマン, E.〈IVL〉…全日本22
黒瀬 智史〈福岡〉…全日本44
黒田 明嗣〈関東学院〉…箱根70
黒田 栄次〈東京教育〉…箱根37, 箱根38, 箱根39, 箱根40
黒田 清隆〈大阪商業〉…全日本6, 全日本7
黒田 高正〈亜細亜〉…箱根73
黒田 孝之〈神奈川〉…箱根83, 箱根84, 全日本38
黒田 隆之〈早稲田〉…箱根51
黒田 政夫〈順天堂〉…箱根47, 箱根48, 箱根49, 全日本3
黒田 正治〈東海〉…箱根65, 箱根66, 箱根67, 出雲1, 出雲2, 全日本20, 全日本21, 全日本22
黒田 将由〈法政〉…箱根77, 箱根78, 箱根80, 出雲13, 全日本32, 全日本33, 全日本34
黒田 和昇〈国士舘〉…箱根33, 箱根34, 箱根35, 箱根36
黒永 慎司〈九州産業〉…全日本6
黒仁田 譲治〈九州産業〉…全日本18
黒仁田 幸雄〈中央〉…箱根36, 箱根37, 箱根38
黒野 敦史〈中央〉…箱根63, 箱根64, 箱根65
黒宮 一浩〈成蹊〉…箱根28
畔柳 拓也〈大東文化〉…箱根81
黒山 和嵩〈法政〉…箱根89, 箱根90, 全日本45
桑沢 諭司〈名古屋商〉…全日本34
桑田 勇三〈東京高師〉…箱根4
桑名 義典〈東洋〉…箱根65
桑幡 尚明〈国士舘〉…箱根41, 箱根42, 箱根43
桑原 清〈東京農業〉…箱根48
桑原 圭治〈國學院〉…箱根87, 箱根88, 出雲23
桑原 泰二〈北海道〉…全日本5, 全日本6
桑原 達治〈専修〉…箱根59, 箱根60, 箱根61
桑原 正雄〈青山学院〉…箱根43, 箱根44

桒原 豊〈専修〉…箱根86
桒原 義貴〈愛知教育〉…全日本4, 全日本5, 全日本6, 全日本7
桒山 和久〈帝京〉…箱根74
桑山 正三〈慶應義塾〉…箱根23, 箱根24, 箱根26
郡司 貴大〈駒澤〉…箱根89

【け】

健木 栄司〈中央〉…箱根42, 箱根43, 箱根44
兼瀬 邦久〈東京学芸〉…箱根36, 箱根37
剣持 茂〈明治〉…箱根15
剣持 正〈東洋〉…箱根17
監物 稔浩〈中四国連〉…出雲21, 出雲22, 出雲23, 出雲24
ケンリィ, J.〈IVL〉…出雲21

【こ】

小井 薫〈中央〉…箱根42, 箱根43, 箱根44
鯉川 司〈法政〉…箱根31, 箱根32
小池 勲〈東京学芸〉…全日本1
小池 喜久夫〈東京文理〉…箱根12
小池 憲一〈中央〉…箱根46
小池 健太〈亜細亜〉…箱根79, 箱根81
小池 進〈法政〉…出雲3
小池 誠吉〈慶應義塾〉…箱根35, 箱根38
小池 秀治〈法政〉…箱根22, 箱根23
小池 文司〈東洋〉…箱根33, 箱根35, 箱根36
小池 誠〈専修〉…箱根64, 全日本21
小池 峰俊〈信州〉…全日本31
小池 峰俊〈北信越連〉…出雲12
小池 康雄〈拓殖〉…箱根48, 箱根50
小池 泰男〈専修〉…箱根44, 箱根45, 箱根46
小池 祐治〈東洋〉…箱根39, 箱根40, 箱根41, 箱根42
小池 義之〈日本〉…箱根69, 箱根70
小池 芳郎〈名古屋〉…全日本3
小石 啓一〈順天堂〉…箱根37, 箱根38, 箱根39, 箱根40
小泉 和也〈神奈川〉…箱根89, 箱根90, 全日本44
小泉 健二〈名古屋〉…出雲18
小泉 賢治〈愛知教育〉…全日本16, 全日本17
小泉 賢哉〈関東学院〉…箱根70
小泉 信一〈亜細亜〉…箱根59, 箱根60, 箱根61
小泉 真二良〈早稲田〉…箱根41, 箱根42, 箱根43, 箱根44
小泉 徹馬〈立教〉…箱根25, 箱根26, 箱根27
小泉 元〈東海〉…箱根83
小泉 英樹〈大東文化〉…箱根61
小泉 政文〈国士舘〉…箱根52
小泉 美樹〈大東文化〉…全日本14
小泉 充〈東京農業〉…箱根67, 箱根68, 出雲3, 全日本23
小板橋 儀平〈拓殖〉…箱根21
小板橋 成男〈法政〉…箱根52
小板橋 直巳〈法政〉…箱根73, 箱根75, 出雲8
小出 健一郎〈神奈川〉…箱根85
小出 徹〈東海〉…箱根80, 出雲15, 全日本35
小出 信博〈神奈川〉…箱根50
小出 真義〈東海〉…箱根69, 箱根70, 箱根71, 出雲6, 全日本26
小出 義雄〈順天堂〉…箱根38, 箱根39, 箱根40
鯉渕 信夫〈専修〉…箱根16, 箱根17, 箱根18
高 索道〈東京農業〉…箱根20
甲岡 昌吾〈城西〉…箱根87
高口 徹〈日本〉…箱根40, 箱根41
郷家 健文〈東北学院〉…全日本37
糀 龍吾〈龍谷〉…全日本27, 全日本30
国府田 克則〈東京農業〉…箱根58, 箱根59
合田 浩二〈筑波〉…箱根56, 箱根57, 箱根58, 箱根59, 全日本11, 全日本13, 全日本14
香田 忍〈名古屋〉…全日本1, 全日本2, 全日本3
合田 成一〈大阪体育〉…全日本15
幸田 高明〈明治〉…箱根81, 箱根82
幸田 竹三郎〈中央〉…箱根2
幸田 正文〈専修〉…箱根56, 箱根57, 箱根58, 全日本11, 全日本12, 全日本13
合田 佳功〈上武〉…箱根87, 箱根88
甲地 元明〈東京農業〉…箱根41
河野 一郎〈早稲田〉…箱根1, 箱根2, 箱根3, 箱根4
河野 修平〈東北学連〉…出雲9, 出雲10, 出雲11
郷野 喜一〈日本〉…箱根18, 箱根19, 箱根20, 箱根21
河野 謙三〈早稲田〉…箱根2, 箱根3, 箱根4
河野 省三〈東洋〉…箱根14, 箱根15, 箱根16
河野 孝志〈城西〉…箱根80
河野 太喜造〈東京文理〉…箱根12, 箱根13, 箱根14, 箱根15
河野 肇〈横浜専門〉…箱根25
河野 隼人〈早稲田〉…箱根81, 箱根82, 箱根83
河野 雅展〈東海〉…箱根75
紅野 良秋〈立教〉…箱根17, 箱根18, 箱根19
郷原 尚生〈福岡〉…全日本33
郷原 剛〈早稲田〉…箱根74, 箱根75, 出雲8, 出雲9, 出雲10, 全日本30
甲原 哲二〈防衛〉…箱根37, 箱根39
幸保 雅信〈日本〉…箱根63, 箱根64, 箱根65, 全日本17, 全日本19, 全日本20
郷間 章〈専修〉…箱根84
高山 直哉〈神奈川〉…箱根90, 箱根91
小浦 正寿〈立教〉…箱根17
合六 定〈日歯医専〉…箱根5, 箱根6, 箱根7
古賀 和彦〈九州産業〉…全日本18

古賀 貫之〈立教〉…箱根20, 箱根22
古賀 貞実〈中央〉…箱根52, 箱根53
古賀 聖治〈駒澤〉…箱根74, 全日本29
古賀 孝志〈東海〉…箱根78, 箱根80
古賀 丈雄〈国士舘〉…箱根47, 箱根48, 箱根49, 箱根50, 全日本2, 全日本3, 全日本4
古閑 透〈福岡〉…全日本20, 全日本21
古閑 俊明〈日本〉…箱根34, 箱根35
古賀 徳行〈八幡〉…全日本1
古賀 史浩〈福岡〉…全日本36
小金沢 英樹〈法政〉…箱根65
五ヶ谷 宏司〈専修〉…箱根83, 箱根84, 箱根85, 箱根86, 出雲19, 全日本41
吾郷 修二〈東京農業〉…箱根59, 箱根60, 箱根61, 全日本15, 全日本16
石代 剛之〈東北〉…全日本45, 全日本46
国分 一郎〈東京教育〉…箱根31, 箱根32, 箱根33
国分 隆宣〈関東学院〉…箱根74
國料 祥平〈大阪経済〉…全日本41
木暮 幸一〈東京農業〉…全日本20
木暮 祐之〈法政〉…箱根33, 箱根34, 箱根35, 箱根36
小暮 守雄〈日本体育〉…箱根43, 箱根44
小坂 一俊〈東海〉…箱根60
小佐々 栄一〈久留米〉…全日本20
小指 徹〈東京農業〉…箱根60, 箱根61, 箱根62, 箱根63, 全日本16, 全日本17
後沢 広大〈創価〉…箱根91
栂沢 俊明〈中央〉…箱根61, 箱根62, 箱根63, 箱根64, 全日本16
越尾 咲男〈日本体育〉…箱根46
小鹿 敬司〈帝京〉…箱根78, 箱根79, 出雲14, 全日本34
越川 敏夫〈明治〉…箱根29, 箱根30
越川 秀宣〈東海〉…箱根78, 箱根79, 箱根80, 箱根81, 出雲15, 出雲16, 全日本34, 全日本35, 全日本36
越川 泰男〈日本体育〉…箱根34, 箱根35, 箱根36, 箱根37
越中 浩〈法政〉…箱根56
小島 明洋〈札幌学院〉…全日本24
小嶋 厚〈山梨学院〉…出雲6
小島 栄次〈駒澤〉…箱根55
小島 一貴〈創価〉…箱根91
小嶋 一生〈中央〉…箱根56, 箱根57, 箱根58
小島 九十三〈慶應義塾〉…箱根10, 箱根11, 箱根12
小島 九十三〈専修〉…箱根16
小島 三郎〈日本〉…箱根29
小島 三郎〈明治〉…箱根1, 箱根2
小島 重信〈法政〉…箱根16
小島 成幸〈立教〉…箱根25, 箱根26, 箱根27
小島 将平〈早稲田〉…箱根82
小島 修三〈北海道〉…全日本1
小島 純雄〈中央〉…箱根3
小島 節次〈明治〉…箱根16
小島 大輔〈中央〉…箱根73, 箱根74, 箱根75, 出雲8, 出雲9, 出雲10, 全日本27, 全日本28, 全日本29, 全日本30
小島 武雄〈日本〉…箱根21
小嶋 直耶〈神奈川〉…箱根88
小島 秀夫〈日本体育〉…箱根71, 全日本25, 全日本26
小島 秀斗〈日本〉…全日本43
小島 文太〈日歯医専〉…箱根3, 箱根5
小島 正人〈駒澤〉…箱根62, 箱根63
児島 勝〈京都産業〉…全日本4, 全日本5
小島 道雄〈明治〉…箱根10, 箱根11, 箱根12, 箱根13, 箱根14, 箱根15
小島 基広〈関西〉…出雲6, 出雲8
小島 康彰〈国士舘〉…箱根84, 箱根85
小島 隆二〈東洋〉…箱根27
輿水 勝美〈日本体育〉…箱根51, 箱根52, 全日本6, 全日本7
小清水 喜義〈神奈川〉…箱根27, 箱根28, 箱根29
小清水 定男〈日本体育〉…箱根26, 箱根27
小清水 定男〈日本体専〉…箱根25
越光 正寿〈神奈川〉…箱根27, 箱根28
越村 亮太〈東北福祉〉…全日本44
後城 英明〈東洋〉…箱根69, 箱根70, 全日本24, 全日本25
小陣 良太〈山梨学院〉…箱根80
小塚 武〈中部〉…全日本18, 全日本19
小塚 雄介〈東海学連〉…全日本42, 全日本43, 全日本44
小杉 新太郎〈神奈川〉…箱根85, 箱根87
小杉 保〈紅陵〉…箱根24
小杉 直久〈慶應義塾〉…箱根60
小杉 則雄〈明治〉…箱根50
小杉 好則〈東海〉…箱根62, 箱根64, 箱根65, 全日本18, 全日本19
小菅 勝己〈東京農業〉…箱根49, 箱根51, 箱根52, 全日本4, 全日本6
小菅 五郎〈早稲田〉…箱根32, 箱根33, 箱根34, 箱根35
小菅 信博〈秋田経法〉…全日本22
コスマス, O.〈山梨学院〉…箱根86, 箱根87, 箱根88, 出雲20, 出雲21, 出雲22, 全日本40, 全日本42
小平 務〈青山学院〉…箱根45, 箱根46, 箱根47, 箱根48
小平 剛志〈東洋〉…箱根69, 箱根71, 全日本24
小平 佳伸〈日本体育〉…箱根75, 箱根76
小髙 悠馬〈順天堂〉…箱根85
小滝 清幸〈慶應義塾〉…箱根10
小竹 昭也〈新潟〉…全日本20, 全日本21
小竹 勝太郎〈東京学芸〉…箱根33, 箱根34
古田島 忠作〈東京農業〉…箱根2, 箱根3, 箱根4, 箱根5, 箱根6
小谷 修一〈神戸〉…全日本2
小谷 譲治〈八幡〉…全日本1, 全日本3

小谷 誠〈広島経済〉…全日本24
小谷 正人〈愛知教育〉…全日本7, 全日本8, 全日本9, 全日本10
小谷 政宏〈中央〉…箱根90, 箱根91
児玉 敬介〈早稲田〉…箱根65, 箱根66, 出雲1
児玉 健路〈札幌学院〉…全日本34, 全日本36, 全日本37
児玉 健路〈北海道連〉…出雲16
児玉 聡〈山梨学院〉…箱根71
児玉 章次〈法政〉…箱根24, 箱根25, 箱根26
児玉 孝正〈慶應義塾〉…箱根22
児玉 健〈金沢〉…全日本11
児玉 秀樹〈京都産業〉…出雲3, 出雲4, 出雲5, 全日本22, 全日本23, 全日本24, 全日本25
児玉 弘幸〈日本体育〉…箱根70, 箱根71, 箱根72, 箱根73, 出雲5, 出雲6, 出雲8, 全日本25, 全日本26
児玉 正昭〈東京農業〉…箱根26
小玉 正之〈東洋〉…箱根65
児玉 雄介〈拓殖〉…箱根85, 全日本39
後鳥 研司〈名城〉…全日本13
小寺 貞安〈法政〉…箱根33, 箱根34, 箱根35, 箱根36
小寺 貴大〈札幌学院〉…全日本39, 全日本40
小寺 司〈駒澤〉…箱根63, 箱根65, 箱根66
後藤 一水〈東京農業〉…箱根65
後藤 栄樹〈東北学院〉…全日本13, 全日本14, 全日本15, 全日本16
後藤 治巳〈立命館〉…全日本22
後藤 和正〈北海道〉…全日本2, 全日本3, 全日本5
後藤 清和〈北信越連〉…出雲1, 出雲2
後藤 健太〈鹿屋体育〉…出雲15, 全日本34, 全日本35, 全日本36
五島 孝紀〈日本文理〉…出雲18, 出雲19, 出雲20, 全日本38, 全日本39, 全日本40
後藤 茂樹〈東京農業〉…箱根49, 箱根52
後藤 順〈山梨学院〉…箱根81
後藤 信二〈早稲田〉…箱根76, 箱根77, 箱根78, 箱根79, 出雲14, 全日本33, 全日本34
後藤 清治〈駒澤〉…箱根46
後藤 敬〈山梨学院〉…箱根84, 箱根85, 箱根86, 出雲20, 出雲21, 全日本40, 全日本41
後藤 拓馬〈東北学連〉…出雲18
後藤 長一〈明治〉…箱根1, 箱根2
五島 徹陽〈國學院〉…箱根77
後藤 宣広〈日本体育〉…箱根81, 出雲16
後藤 治男〈法政〉…箱根19
後藤 秀夫〈早稲田〉…箱根23, 箱根24, 箱根25, 箱根26
後藤 弘春〈拓殖〉…箱根22
後藤 文仁〈福岡〉…全日本17, 全日本18
後藤 文哉〈中部〉…全日本18
後藤 正樹〈東洋〉…箱根69, 箱根70, 全日本24
後藤 将友〈日本文理〉…出雲22, 全日本41, 全日本42
後藤 守利〈大東文化〉…箱根52, 箱根54, 全日本7, 全日本8, 全日本9
後藤 康元〈岐阜〉…全日本9
後藤 祐一〈上武〉…箱根85
後藤 裕介〈大阪経済〉…全日本20, 全日本21
後藤 裕介〈法政〉…箱根82
後藤 行彦〈中央〉…箱根57, 箱根59
後藤田 健介〈駒澤〉…箱根86, 箱根87, 箱根88, 箱根89, 全日本41, 全日本42
小長谷 祥治〈信州〉…全日本42, 全日本44, 全日本46
小梨 豊〈拓殖〉…箱根22
小西 純〈専修〉…箱根71, 箱根72, 出雲7
小西 正富〈中京〉…全日本6
小西 秀雄〈関西〉…箱根13
小西 弘晃〈大阪経済〉…全日本29
小西 雅仁〈山梨学院〉…箱根65, 箱根66, 全日本20
小沼 力〈日本体育〉…箱根46, 箱根47, 箱根48, 全日本1, 全日本2, 全日本3
小橋 憲人〈京都産業〉…出雲25, 全日本45
小畠 彰〈中央学院〉…箱根86
小早川 銀宗〈広島〉…全日本1
小早川 進〈東大農実〉…箱根3, 箱根4, 箱根5
小林 一育〈中央〉…箱根33, 箱根34
小林 一二〈横浜市立〉…箱根40
小林 一郎〈明治〉…箱根23
小林 修〈早稲田〉…箱根68, 箱根69, 箱根70, 箱根71, 出雲3, 全日本24
小林 格治〈東洋〉…箱根40, 箱根42, 箱根43
小林 和也〈東北〉…全日本41
小林 和也〈東北学連〉…出雲20
小林 和正〈名古屋〉…全日本1, 全日本2
小林 和之〈中央〉…箱根56, 箱根57
小林 克行〈大阪経済〉…全日本14, 全日本15
小林 莞爾〈早稲田〉…箱根25, 箱根26
小林 健二〈酪農学園〉…全日本7
小林 賢輔〈中央〉…箱根81, 箱根82, 箱根83, 出雲17, 全日本37
小林 健太郎〈北海道〉…全日本29
小林 光二〈中央学院〉…箱根84, 箱根85, 箱根86, 箱根87, 出雲20, 全日本40, 全日本41
小林 浩志〈京都産業〉…全日本21
小林 光蔵〈日本〉…箱根8
小林 五郎〈東京農業〉…箱根29
小林 諭〈東洋〉…出雲7
小林 寿太郎〈神奈川師〉…箱根23, 箱根24
小林 駿祐〈青山学院〉…箱根87, 全日本41
小林 伸一〈専修〉…箱根55
児林 信治〈東海〉…箱根63, 箱根64, 箱根65, 出雲1, 全日本19, 全日本20
小林 新緑〈名古屋商〉…全日本6

小林 誠司〈東海〉…箱根66, 箱根67, 全日本21
小林 大治〈同志社〉…全日本22
小林 武〈日本体育〉…箱根32, 箱根34, 箱根35
小林 剛寛〈青山学院〉…箱根85, 箱根87
小林 哲二〈京都産業〉…出雲3, 全日本22, 全日本23, 全日本24
小林 哲也〈法政〉…箱根73, 出雲8
小林 寿朗〈大阪商業〉…全日本3, 全日本4, 全日本5, 全日本6
小林 利郎〈関西〉…全日本8
小林 朋幸〈法政〉…全日本37
小林 教邦〈大東文化〉…箱根71, 箱根72
小林 英生〈東洋〉…箱根64
小林 秀寿〈第一工業〉…出雲15, 出雲16, 出雲17, 全日本35, 全日本36, 全日本37
小林 秀彦〈法政〉…出雲3
小林 秀行〈大東文化〉…箱根75, 箱根76, 出雲10, 全日本30
小林 史和〈拓殖〉…箱根73, 箱根74, 箱根75, 箱根76, 全日本30, 全日本31
小林 正直〈岡山理科〉…全日本23
小林 正直〈中四国連〉…出雲5
小林 雅治〈専修〉…箱根44
小林 雅彦〈亜細亜〉…箱根60, 箱根61, 箱根62
小林 正幹〈早稲田〉…箱根68, 箱根69, 箱根70, 箱根71, 出雲3, 出雲4, 出雲5, 全日本24, 全日本25, 全日本26
小林 雅幸〈早稲田〉…箱根70, 箱根71, 箱根72, 箱根73, 出雲5, 出雲6, 出雲7, 出雲8, 全日本25, 全日本26, 全日本27, 全日本28
小林 学〈東京農業〉…箱根73
小林 満〈青山学院〉…箱根50, 箱根51
小林 稔〈亜細亜〉…箱根51, 箱根52, 箱根53
小林 巳代治〈法政〉…箱根24, 箱根25, 箱根26
小林 裕二〈中央学院〉…箱根75
小林 雄二〈大東文化〉…箱根52, 箱根54
小林 優太〈明治〉…箱根85, 箱根87, 出雲22, 全日本40, 全日本42
小林 羊吉〈明治〉…箱根40, 箱根41, 箱根42
小林 義〈慶應義塾〉…箱根24
小林 喜夫〈国士舘〉…箱根34, 箱根35, 箱根36
小林 芳行〈明治〉…箱根45
小林 律〈仙台〉…全日本4
小林 渉〈中央〉…箱根71, 箱根74, 出雲7, 出雲9, 全日本27, 全日本29
小針 旭人〈関東学連〉…箱根91
小檜山 三郎〈神奈川師〉…箱根23
小檜山 昌輝〈横浜国立〉…箱根30, 箱根32
ゴフ, D.〈IVL〉…全日本23, 全日本24
小堀 明位〈中央〉…箱根66, 箱根67, 出雲2, 全日本22
小堀 佑真〈神奈川〉…箱根87, 箱根88
高麗 雄三〈中央〉…箱根23, 箱根24
駒井 滉平〈専修〉…箱根90
駒形 大樹〈新潟〉…全日本45
駒形 英也〈関東学院〉…箱根78
小正 虎光〈日歯医専〉…箱根5, 箱根6
駒城 民柏〈専修〉…箱根22
小町 昌矢〈日本体育〉…箱根91, 全日本46
小松 敬二〈東海〉…箱根57
小松 憲司〈東海〉…箱根58, 箱根59, 箱根60, 全日本14, 全日本15
小松 敏明〈仙台〉…全日本11
小松 直人〈神奈川〉…箱根73, 箱根74, 箱根75, 箱根76, 出雲9, 出雲10, 出雲11, 全日本28, 全日本29, 全日本30, 全日本31
小松 紀裕〈東海〉…箱根88, 出雲23, 全日本42, 全日本43
小松 正昭〈北海道〉…全日本2
小松崎 真〈大阪体育〉…全日本23, 全日本25
駒野 亮太〈早稲田〉…箱根81, 箱根83, 箱根84, 出雲19, 全日本39
駒場 道弘〈東洋〉…箱根35
小水内 俊浩〈東北学院〉…全日本17
小湊 国昭〈八幡〉…全日本5, 全日本6, 全日本7
小嶺 篤志〈青山学院〉…箱根86, 箱根87, 箱根88, 全日本41, 全日本43
小宮 良一〈日歯医専〉…箱根17, 箱根18, 箱根19
小宮山 寛〈東京文理〉…箱根23
小牟田 竜一〈関西〉…全日本17, 全日本18
小村 明弘〈徳山〉…出雲1, 全日本18, 全日本19, 全日本20, 全日本21
小村 恭生〈福岡〉…全日本18
小村 章悟〈神奈川〉…箱根81, 箱根82, 箱根84, 箱根85, 出雲16, 出雲17, 全日本36, 全日本37
小村 真一郎〈神奈川〉…箱根31, 箱根32, 箱根33, 箱根34
米谷 和夫〈東洋〉…箱根25
米谷 卓也〈中京〉…出雲25, 全日本46
薦田 二郎〈東京農業〉…箱根6
古茂田 富夫〈広島〉…全日本1
小森 照夫〈日本〉…箱根37, 箱根38, 箱根39, 箱根40
小森 義郎〈福岡〉…全日本26
小森 亮〈山梨学院〉…全日本19
古家後 啓太〈山口〉…全日本10
小屋迫 宏〈東洋〉…箱根51, 箱根52, 箱根53, 全日本6
子安 省吾〈金沢工業〉…全日本10
小柳 賢治〈日本〉…箱根23, 箱根24
小柳 浩二〈鹿屋体育〉…出雲3, 出雲4, 全日本22, 全日本23, 全日本24
小柳 繁清〈大阪体育〉…全日本4
小柳 舜治〈日本〉…箱根23, 箱根24
小柳 俊介〈中央〉…箱根85, 箱根86, 全日本42

小柳 秀文〈専修〉…箱根82
小柳 文彦〈北海道教〉…全日本35
小谷野 重雄〈明治〉…箱根27, 箱根28
小谷野 慎也〈順天堂〉…箱根61, 箱根62
小山 英士〈日本体育〉…箱根55, 全日本7, 全日本10
小山 治〈福岡〉…全日本12, 全日本13, 全日本14, 全日本15
小山 国夫〈専修〉…箱根32
小山 定彦〈東京農業〉…箱根49, 箱根50, 全日本5
小山 勝太〈早稲田〉…箱根8, 箱根9, 箱根10, 箱根11
小山 大介〈山梨学院〉…箱根86, 出雲18, 出雲20, 全日本40, 全日本41
小山 貴史〈立命館〉…出雲11
小山 唯彦〈鹿屋体育〉…出雲13, 出雲14, 出雲15, 全日本34, 全日本35, 全日本36
小山 司〈帝京〉…箱根88, 箱根89, 箱根90, 出雲25, 全日本43, 全日本44, 全日本45
小山 努〈名古屋商〉…全日本22
小山 強志〈東洋〉…箱根69, 箱根70, 箱根71, 箱根72, 全日本24, 全日本25
小山 輝夫〈順天堂〉…箱根56, 箱根57, 箱根58
小山 兵衛〈東京文理〉…箱根15, 箱根16
小山 文彬〈東京教育〉…箱根36
小山 誠〈中央学院〉…箱根70, 箱根71
小山 雅之〈日本〉…箱根51, 箱根52, 箱根54
小山 祐太〈山梨学院〉…箱根81, 箱根82, 箱根83, 出雲18, 全日本36, 全日本38
小山 陽平〈関西学院〉…出雲24, 出雲25, 全日本43, 全日本44, 全日本45, 全日本46
小山 隆治〈順天堂〉…箱根44, 箱根45, 箱根46, 箱根47
コリング, J.〈IVL〉…出雲12
伊永 亮太〈広島経済〉…出雲25
五郎谷 俊〈東洋〉…箱根91
権 泰夏〈明治〉…箱根8, 箱根9, 箱根10, 箱根11, 箱根12, 箱根13
近藤 晃正〈順天堂〉…箱根34
近藤 英〈立命館〉…全日本11
近藤 和夫〈東京農業〉…箱根49, 全日本4
近藤 勝巳〈中京〉…全日本1, 全日本2
近藤 健司〈名古屋商〉…全日本23
近藤 健介〈日本〉…箱根72, 箱根74, 出雲7
近藤 聡〈日本〉…出雲14
近藤 士〈日本体育〉…箱根38
近藤 重勝〈神奈川〉…箱根70, 箱根71, 箱根72, 箱根73, 出雲5, 出雲6, 出雲7, 全日本26, 全日本27, 全日本28
近藤 俊一〈明治〉…全日本41
近藤 駿一〈中京〉…出雲25, 全日本44, 全日本45
近藤 信司〈東京体専〉…箱根23, 箱根24
近藤 進〈名古屋〉…全日本3, 全日本4
近藤 孝志〈専修〉…箱根55, 箱根56, 箱根57, 箱根58, 全日本11, 全日本12, 全日本13
近藤 直斗〈長崎国際〉…全日本39, 全日本42
近藤 直也〈紅陵〉…箱根24
近藤 登〈日歯医専〉…箱根14, 箱根15, 箱根16, 箱根17
近藤 英道〈名古屋商〉…全日本13
近藤 寛光〈第一工業〉…出雲15, 全日本35
近藤 正明〈愛知学院〉…全日本1
近藤 正樹〈中部〉…全日本18, 全日本19, 全日本21
近藤 昌也〈広島経済〉…全日本32
近藤 雄二〈早稲田〉…箱根65, 箱根66, 箱根67, 出雲1
近藤 雄太〈中京〉…出雲22, 全日本41, 全日本42
近藤 幸明〈専修〉…箱根55, 箱根56, 全日本11
近藤 洋平〈関東学連〉…箱根87
近藤 洋平〈法政〉…箱根86
近藤 美明〈亜細亜〉…箱根49, 箱根51, 箱根52
近藤 芳憲〈名古屋商〉…全日本30
近藤 隆太〈福岡〉…出雲16, 全日本34
金野 賢二〈東北学院〉…全日本37
近野 聡志〈山梨学院〉…箱根73, 箱根75, 全日本30
今野 秀悦〈日本体育〉…箱根47, 箱根48, 箱根49, 箱根50, 全日本2, 全日本3, 全日本4, 全日本5
近野 清作〈東洋〉…箱根48, 箱根49, 箱根50, 箱根51, 全日本4, 全日本5, 全日本6
今野 英樹〈東洋〉…箱根62
紺野 浩〈順天堂〉…箱根67
今野 道勝〈東京教育〉…箱根42
今野 雄二郎〈東北福祉〉…全日本43
今野 幸昭〈国士舘〉…箱根46, 箱根47, 箱根49, 全日本2, 全日本4
今野 良男〈東京教育〉…箱根29, 箱根30, 箱根31
權守 赳夫〈慶應義塾〉…箱根16, 箱根17, 箱根18

【さ】

崔 君灝〈横浜専門〉…箱根18, 箱根19
崔 景海〈専修〉…箱根17, 箱根18, 箱根19
雑賀 真人〈新潟〉…全日本45
斉木 英男〈愛知教育〉…全日本14, 全日本15, 全日本16, 全日本17
西郷 貴之〈順天堂〉…箱根88, 箱根89, 出雲24, 出雲25
西郷 文一〈横浜専門〉…箱根19, 箱根20
柴崎 雄二郎〈専修〉…箱根22
最所 清貴〈九州産業〉…全日本16, 全日本17, 全日本18
西城 裕尭〈早稲田〉…箱根88
齋藤 晃彦〈東北学院〉…全日本42
斎藤 篤孝〈駒澤〉…箱根62, 箱根63, 箱根64, 箱根65
斎藤 勳〈東洋〉…箱根65, 箱根66
斎藤 易次〈東京農業〉…箱根17

斉藤 修〈東北学連〉…出雲6
斎藤 一浩〈駒澤〉…箱根57
斎藤 和也〈東北〉…全日本26
斎藤 圭〈関東学院〉…箱根70
斎藤 憲〈慶應義塾〉…箱根18
斎藤 健次〈九州産業〉…全日本13, 全日本14
斎藤 健也〈日本〉…箱根29, 箱根30, 箱根31, 箱根32
斉藤 剛毅〈帝京〉…箱根74
斎藤 孝徳〈東洋〉…箱根66, 箱根67, 箱根69, 全日本24
西道 孝〈中京〉…全日本3, 全日本5
斎藤 光之輔〈日歯医専〉…箱根5, 箱根6
斎藤 三郎〈東京教育〉…箱根44, 箱根45, 箱根46, 箱根47
斎藤 重信〈北海学園〉…全日本4
斎藤 繁〈東京高師〉…箱根4
斎藤 茂〈法政〉…箱根67, 箱根68, 箱根69, 箱根70, 出雲2, 出雲5
齋藤 純〈東北〉…全日本41
齋藤 純〈東北学連〉…出雲20
斉藤 翔太〈関東学連〉…箱根91
斉藤 翔太〈専修〉…箱根90
斎藤 悟至〈法政〉…箱根57, 箱根59
斎藤 真司〈東北学連〉…出雲1
斎藤 親照〈横浜国立〉…箱根28, 箱根31
斎藤 慎次郎〈熊本商科〉…全日本2
斎藤 誠二〈専修〉…箱根15, 箱根16, 箱根17, 箱根18
斎藤 大輔〈大東文化〉…箱根65, 箱根66, 出雲1
斎藤 平〈神奈川〉…箱根27, 箱根28
斎藤 貴〈日歯医専〉…箱根5
斎藤 貴志〈東洋〉…箱根88
斉藤 高志〈大阪経済〉…全日本29
斎藤 貴浩〈東北学連〉…出雲5
斎藤 剛〈大東文化〉…箱根73, 箱根74, 出雲8, 出雲9
斎藤 武〈立教〉…箱根41, 箱根42, 箱根44
斎藤 禎〈名古屋商〉…全日本34
斎藤 忠吉〈法政〉…箱根3, 箱根4
斎藤 恒夫〈横浜国立〉…箱根26
斉藤 剛志〈関東学連〉…箱根79
斎藤 哲也〈神奈川〉…箱根68, 箱根69
斉藤 哲哉〈東北学連〉…出雲5
斎藤 享〈名古屋〉…全日本30
斎藤 伴和〈中央学院〉…箱根80
斎藤 直己〈東海〉…箱根76, 箱根77, 全日本31
斎藤 春吉〈日歯医専〉…箱根7, 箱根9, 箱根10, 箱根11
斎藤 久〈日歯医専〉…箱根7
斉藤 秀樹〈北海道〉…全日本9
斎藤 秀斗〈北海道連〉…出雲25
斉藤 英美〈広島〉…全日本7
斎藤 秀幸〈城西〉…箱根80
斎藤 洋〈早稲田〉…箱根51, 箱根53, 箱根54
齊藤 寛峻〈東北〉…全日本45
斉藤 弘幸〈駒澤〉…箱根80, 箱根82, 出雲15, 出雲17, 全日本35, 全日本36
斎藤 方英〈専修〉…箱根58, 箱根59, 全日本11, 全日本13
斎藤 雅次〈中央〉…箱根23
齊藤 昌徳〈札幌学院〉…全日本37, 全日本39
斎藤 正博〈東京体専〉…箱根23
斉藤 昌宏〈帝京〉…箱根80, 全日本34
斎藤 学〈国士舘〉…箱根62, 箱根63, 箱根64, 箱根65, 全日本17, 全日本19, 全日本20
斎藤 元徳〈東京農業〉…箱根60, 箱根61, 全日本15
斎藤 安雄〈中央〉…箱根28, 箱根29, 箱根30
斎藤 雄一〈東海〉…箱根64, 箱根65
斎藤 雄太郎〈法政〉…箱根84
斎藤 勇人〈中央〉…箱根85, 箱根86, 箱根87, 出雲19, 出雲22, 全日本40, 全日本41, 全日本42
斎藤 洋一〈東洋〉…箱根70, 箱根71, 箱根72, 全日本25
西塔 欣史〈信州〉…全日本34
西塔 欣史〈北信越連〉…出雲14, 出雲16, 出雲17
齊藤 涼太〈札幌学院〉…全日本46
采本 知己〈奈良産業〉…全日本30
サイモン, D.〈日本〉…箱根81, 箱根82, 出雲16, 出雲17, 全日本36, 全日本37
佐伯 尚彦〈國學院〉…全日本35
三枝 秀樹〈順天堂〉…箱根59, 箱根60, 箱根61
三枝 弘和〈大阪経済〉…全日本29
五月女 武治〈東京体専〉…箱根24
坂井 一郎〈東京高師〉…箱根4, 箱根5
酒井 治〈日本体育〉…箱根28, 箱根29, 箱根31
酒井 邦郎〈中央〉…箱根33, 箱根34
坂井 健一〈関東学院〉…箱根74, 箱根76
堺 晃一〈駒澤〉…箱根82, 箱根83, 箱根84, 全日本37, 全日本38, 全日本39
酒井 貞行〈九州産業〉…全日本3, 全日本4, 全日本5
酒井 重雄〈国士舘〉…箱根36, 箱根37, 箱根39
酒井 潤一〈専修〉…箱根84, 箱根85, 箱根86, 全日本41
坂井 俊介〈中京〉…出雲17
酒井 正造〈日歯医専〉…箱根15, 箱根17
酒井 真一郎〈福岡〉…出雲6, 出雲8, 出雲9, 全日本26, 全日本28, 全日本29
酒井 大〈専修〉…箱根64
坂井 隆則〈順天堂〉…箱根76, 箱根77, 箱根78, 出雲12, 出雲13, 全日本31, 全日本32, 全日本33
酒井 達哉〈東海学連〉…全日本39
酒居 徹地〈関西〉…出雲6, 出雲7, 出雲8, 全日本26, 全日本27
酒井 俊幸〈東洋〉…箱根72, 箱根73, 箱根74, 出雲7, 出雲9
坂井 望〈東京高師〉…箱根9, 箱根10
坂井 望〈東京文理〉…箱根11
酒井 八郎〈立教〉…箱根22

酒井 秀行〈早稲田〉…箱根73, 箱根74, 箱根75
酒井 寛〈日本体育〉…箱根40, 箱根41
坂井 博信〈駒澤〉…箱根63
坂井 博行〈日本〉…箱根46, 箱根47, 箱根48, 箱根49, 全日本1, 全日本2, 全日本3
酒井 政人〈東京農業〉…箱根72, 出雲7
酒井 将規〈帝京〉…箱根84, 箱根85, 全日本40
坂井 基之〈東京体専〉…箱根23
酒井 義則〈亜細亜〉…箱根62
酒井 理弘〈早稲田〉…出雲11
境田 孝将〈山梨学院〉…箱根73, 箱根74
坂内 敦〈早稲田〉…箱根61, 箱根62, 箱根63, 箱根64
栄 健太郎〈横浜専門〉…箱根19
坂尾 潔〈明治〉…箱根4
阪上 晃基〈関西〉…全日本39
坂上 知也〈名古屋商〉…全日本34
阪上 直義〈徳山〉…出雲8, 全日本27, 全日本28
榊 正信〈北海道〉…全日本3, 全日本5, 全日本6
榊枝 広光〈順天堂〉…箱根77, 全日本30
榊原 学〈北海道連〉…出雲14, 出雲15, 出雲17
榊原 靖之〈中京〉…全日本17, 全日本19, 全日本20
坂口 和彦〈徳山〉…全日本16, 全日本17
坂口 勝美〈駒澤〉…箱根61, 箱根62
坂口 大助〈帝京〉…箱根80, 箱根81
坂口 岳史〈大阪体育〉…全日本36, 全日本37
坂口 哲雄〈早稲田〉…出雲13
坂口 尚〈久留米〉…全日本21
坂口 英範〈第一工業〉…出雲16, 全日本36
坂口 通章〈広島〉…全日本11
坂口 宗弘〈明治〉…箱根50
坂口 泰〈早稲田〉…箱根57, 箱根58, 箱根59, 箱根60
坂口 隆一〈大阪体育〉…全日本9
坂口 竜成〈上武〉…箱根85, 箱根86, 箱根87, 箱根88, 全日本43
坂斎 亨〈関東学連〉…箱根79
坂斎 亨〈国士舘〉…箱根80
坂崎 順次〈専修〉…箱根36
坂崎 照男〈神奈川〉…箱根34
坂下 静男〈東海〉…箱根50, 箱根52, 箱根53
坂下 大直〈日本〉…箱根87
坂下 智一〈京都産業〉…出雲11, 出雲12, 全日本30, 全日本31, 全日本32
坂下 実幸〈順天堂〉…箱根35, 箱根36, 箱根37, 箱根38
坂田 英七郎〈日本〉…箱根3, 箱根5
佐嘉田 和外〈関西〉…出雲13, 全日本31, 全日本32, 全日本33
阪田 耕一〈青山学院〉…箱根41, 箱根42
坂田 功志〈福岡〉…出雲9, 全日本29, 全日本30, 全日本31, 全日本32
阪田 浩平〈久留米〉…出雲21
坂田 茂治〈法政〉…箱根26
坂田 修宏〈日本体育〉…箱根76
坂田 隆平〈関西〉…出雲13
坂平 和義〈拓殖〉…箱根46
坂中 末美〈大東文化〉…箱根57, 箱根58, 箱根59, 箱根60, 全日本12, 全日本13, 全日本14, 全日本15
坂梨 信介〈福岡〉…全日本13, 全日本14, 全日本15
坂野 清志〈法政〉…箱根78, 出雲13, 全日本33, 全日本34
坂野 圭史〈信州〉…全日本44, 全日本46
阪部 友洋〈北海道連〉…出雲17, 出雲18, 出雲19, 出雲20
坂巻 圭一〈日本体育〉…箱根73
酒見 勝喜〈日本〉…箱根45, 箱根46, 箱根47, 箱根48, 全日本1, 全日本2, 全日本3
佐上 清〈東京文理〉…箱根22
坂本 章〈中四国連〉…出雲23, 出雲24
坂本 育雄〈大東文化〉…全日本1
坂本 英透〈高知〉…全日本8
坂本 温〈四日市〉…全日本31
坂本 薫〈亜細亜〉…箱根47, 箱根48
坂本 菊義〈福岡〉…全日本10, 全日本11, 全日本12, 全日本13
坂本 佳太〈上武〉…箱根91, 全日本46
坂本 純一〈神奈川〉…箱根82, 出雲16, 全日本34, 全日本37
坂元 譲次〈筑波〉…箱根51
坂元 譲次〈東京教育〉…箱根49, 箱根50
坂本 将治〈中四国連〉…出雲11, 出雲12
坂本 将治〈徳山〉…全日本31, 全日本32, 全日本33
坂本 翔太〈神奈川〉…箱根90
坂本 太志〈東洋〉…箱根57, 箱根58
坂本 尚徳〈北信越連〉…出雲16
坂本 貴彦〈順天堂〉…箱根66
坂本 義孝〈島根〉…全日本2
坂本 哲生〈関東学院〉…箱根76
坂元 敏昭〈日本体専〉…箱根25
坂本 朋隆〈法政〉…箱根56, 箱根57
坂本 智史〈関東学連〉…箱根85
坂本 新〈日本体育〉…箱根90
坂本 秀光〈拓殖〉…箱根18
坂本 文明〈九州産業〉…全日本1, 全日本2, 全日本3
坂本 真志〈高岡法科〉…全日本35
坂本 充〈日本体育〉…箱根54, 箱根55, 箱根56, 全日本9, 全日本11
坂本 安夫〈東洋〉…箱根55, 箱根56, 箱根58
坂本 義信〈拓殖〉…箱根60
坂本 亘〈日本体育〉…箱根54, 箱根55, 箱根56, 全日本10, 全日本11
相良 和彦〈東洋〉…箱根53, 箱根54, 箱根55, 全日本7, 全日本8
相良 一将〈名古屋商〉…全日本20

相楽 顕〈亜細亜〉…箱根78
相楽 豊〈早稲田〉…箱根76, 箱根78, 出雲13
相良 豊〈日本〉…箱根29, 箱根30, 箱根31, 箱根32
佐川 久三郎〈横浜専門〉…箱根19, 箱根20, 箱根21
崎口 幹夫〈国士舘〉…箱根52, 箱根53
匂坂 清貴〈順天堂〉…箱根48, 箱根49, 箱根50, 箱根51, 全日本3
佐喜田 和外〈関西〉…出雲12
作田 誠一〈中央〉…箱根35, 箱根36
佐久間 伊一〈大東文化〉…箱根59, 箱根60, 箱根61, 全日本14, 全日本15, 全日本16
佐久間 建〈東洋〉…全日本44
佐久間 祥〈関東学連〉…箱根91
佐久間 信之助〈法政〉…箱根23, 箱根24, 箱根25, 箱根26, 箱根27
佐久間 大知〈日本体育〉…箱根88
佐久間 利次〈大東文化〉…箱根63, 箱根64
桜井 一樹〈拓殖〉…箱根90, 箱根91
桜井 権作〈立教〉…箱根15, 箱根16, 箱根17, 箱根18, 箱根19
桜井 節哉〈日本体育〉…箱根26
桜井 節哉〈日本体専〉…箱根25
桜井 友晶〈慶應義塾〉…箱根70
桜井 光〈神奈川〉…箱根38
桜井 誠〈新潟〉…全日本19, 全日本20, 全日本21
桜井 誠〈北信越連〉…出雲2
桜井 正春〈東洋〉…箱根15
桜井 正博〈九州産業〉…全日本13, 全日本14, 全日本15
桜井 勇樹〈早稲田〉…箱根76, 箱根78, 出雲12, 全日本30, 全日本31, 全日本32, 全日本33
桜井 豊〈東洋〉…箱根84, 出雲18, 全日本37, 全日本38
桜井 与志雄〈拓殖〉…箱根50
櫻井 亮太〈国士舘〉…箱根90
櫻岡 駿〈東洋〉…箱根91, 全日本46
桜木 敬之〈福岡〉…全日本33, 全日本35
桜谷 嘉彦〈中央〉…箱根30, 箱根31, 箱根32
桜庭 誠〈日本〉…箱根49, 箱根50, 箱根51, 全日本5, 全日本6, 全日本7
桜庭 義勝〈拓殖〉…箱根30, 箱根31
佐護 啓輔〈拓殖〉…箱根88, 箱根90, 箱根91
迫 人志〈福岡〉…全日本3
酒匂 真次〈順天堂〉…箱根54, 箱根55, 箱根56, 箱根57
佐古口 徳一〈法政〉…箱根2, 箱根3, 箱根4, 箱根5, 箱根6
迫田 明巳〈北海道教〉…全日本35
迫田 明巳〈北海道連〉…出雲15
迫村 泰成〈信州〉…全日本13
左近 靖夫〈筑波〉…箱根52, 箱根54
笹井 豊〈京都産業〉…出雲23, 全日本40, 全日本43
笹尾 一〈専修〉…箱根43
佐々木 功〈東洋〉…箱根42, 箱根43, 箱根44, 箱根45
佐々木 英記〈順天堂〉…箱根34, 箱根35
佐々木 覚二郎〈法政〉…箱根9, 箱根10, 箱根11, 箱根12
佐々木 喜代永〈拓殖〉…箱根30, 箱根31
佐々木 健太〈中央〉…箱根86, 全日本41
佐々木 康次〈仙台〉…全日本18
笹木 浩二〈拓殖〉…全日本33
佐々木 孝太〈東北学院〉…全日本42
佐々木 五郎〈中央〉…箱根12, 箱根13
佐々木 悟〈大東文化〉…箱根81, 箱根82, 箱根83, 箱根84, 出雲16, 全日本36, 全日本37, 全日本38, 全日本39
佐々木 茂晴〈東北学院〉…全日本10
佐々木 修二〈駒澤〉…箱根63, 箱根64
佐々木 誠治〈大東文化〉…箱根45
佐々木 孝志〈東京学芸〉…全日本1
佐々木 隆志〈専修〉…箱根74
佐々木 忠臣〈成蹊〉…箱根28
佐々木 竜也〈東洋〉…箱根64
佐々木 庸正〈大阪経済〉…全日本24
佐々木 徹也〈青山学院〉…箱根85
佐々木 天太〈上武〉…箱根89, 全日本43, 全日本44
佐々木 利孝〈東大農実〉…箱根7
佐々木 直弥〈山梨学院〉…箱根87
佐々木 英寿〈東北学院〉…全日本34
佐々木 秀麿〈中京〉…全日本7, 全日本8, 全日本9
佐々木 兵三〈東京高師〉…箱根5
佐々木 寛文〈早稲田〉…箱根88, 箱根89, 出雲21, 出雲22, 全日本41, 全日本42, 全日本43, 全日本44
佐々木 誠〈大東文化〉…箱根79, 箱根80, 箱根81, 出雲13, 出雲14, 出雲16, 全日本33, 全日本34, 全日本35, 全日本36
佐々木 雅明〈秋田経法〉…全日本22
佐々木 雅明〈東北学連〉…出雲2, 出雲3
佐々木 正男〈同志社〉…全日本7
佐々木 正利〈法政〉…箱根24, 箱根25
佐々木 昌仁〈仙台〉…全日本30, 全日本31
佐々木 昌仁〈東北学連〉…出雲11
佐々木 弥一〈駒澤〉…箱根47
佐々木 泰一〈中央〉…箱根63, 箱根64, 箱根65, 全日本20
佐々木 康彦〈金沢〉…全日本6
佐々木 勇悦〈法政〉…箱根27, 箱根28
佐々木 洋之輔〈慶應義塾〉…箱根3
佐々木 喜規〈札幌学院〉…全日本30, 全日本31
佐々木 律夫〈大東文化〉…箱根60, 箱根61, 箱根62, 全日本17
笹倉 均員〈立命館〉…全日本23
笹倉 尚登〈関西学院〉…全日本6
笹崎 慎一〈日本〉…箱根86
笹野 佳彦〈東北〉…全日本36
笹原 昌二〈徳山〉…全日本14

笹原 二郎〈明治〉…箱根7, 箱根8
笹渕 兼一〈日本体育〉…箱根48, 箱根50, 全日本3
笹森 孝丸〈札幌学院〉…全日本33, 全日本34
笹森 孝丸〈北海道連〉…出雲13
笹谷 甲〈大東文化〉…箱根82, 全日本37
笹谷 拓磨〈日本〉…箱根82, 箱根83, 箱根84, 箱根85, 出雲20, 全日本38, 全日本39, 全日本40
佐瀬 日出夫〈筑波〉…箱根70
佐瀬 康志〈慶應義塾〉…箱根47
佐田 和美〈日本〉…箱根64, 箱根65, 箱根66, 全日本19, 全日本20, 全日本21
定方 次男〈東洋〉…箱根61, 箱根62, 箱根63, 全日本18
定方 俊樹〈東洋〉…箱根89, 出雲22
定兼 義宣〈法政〉…箱根40, 箱根41, 箱根42, 箱根43
佐竹 一弘〈日本文理〉…出雲18, 出雲19, 出雲20, 出雲21, 全日本38, 全日本39, 全日本40
佐竹 恵一〈帝京〉…箱根76, 箱根78
佐竹 英郎〈慶應義塾〉…箱根38, 箱根39, 箱根40
左達 恵〈広島経済〉…出雲7, 出雲9, 出雲10, 全日本27, 全日本28, 全日本29, 全日本30
貞松 通義〈中央〉…箱根22
定本 典彦〈神奈川〉…箱根46
サッコー, N.〈IVL〉…全日本25, 全日本26
里 勝安〈早稲田〉…箱根38, 箱根39, 箱根40, 箱根41
佐藤 彰浩〈専修〉…箱根81, 箱根82, 箱根83, 全日本37
佐藤 昭浩〈拓殖〉…箱根29
佐藤 章〈東洋〉…箱根57
佐藤 敦之〈早稲田〉…箱根74, 箱根75, 箱根76, 出雲9, 出雲10, 全日本29, 全日本30, 全日本31
佐藤 淳〈山形〉…全日本19
佐藤 淳〈早稲田〉…全日本46
佐藤 歩〈大東文化〉…箱根85, 箱根86, 出雲21
佐藤 勇〈明治〉…箱根32
佐藤 一平〈札幌学院〉…全日本30, 全日本31, 全日本32
佐藤 一平〈北海道連〉…出雲10
佐藤 修〈国士舘〉…箱根53, 箱根54, 箱根55, 全日本10
佐藤 一雄〈成蹊〉…箱根28
佐藤 一雄〈東洋〉…箱根26
佐藤 和人〈中京〉…全日本28
佐藤 和彦〈青山学院〉…箱根49, 箱根50, 箱根51, 箱根52
佐藤 和寿〈秋田経法〉…全日本22
佐藤 和仁〈法政〉…箱根90
佐藤 一弥〈国士舘〉…箱根59, 箱根60, 箱根61
佐藤 和也〈東洋〉…箱根56, 箱根57, 箱根58, 箱根59, 全日本13
佐藤 寛才〈東洋〉…出雲21, 全日本41
佐藤 幹寿〈拓殖〉…箱根48, 箱根50
佐藤 国夫〈法政〉…箱根22
佐藤 敬〈法政〉…出雲12
佐藤 健一〈明治〉…箱根33
佐藤 研司〈法政〉…箱根73, 箱根75, 箱根76, 出雲8, 全日本31
佐藤 健太〈神奈川〉…箱根80
佐藤 研人〈青山学院〉…箱根88, 出雲23, 全日本43
佐藤 健也〈北海道〉…全日本17, 全日本18, 全日本19, 全日本20
佐藤 功二〈順天堂〉…箱根74, 箱根75, 箱根76
佐藤 浩二〈法政〉…箱根80, 箱根81, 全日本34, 全日本35
佐藤 剛史〈早稲田〉…箱根54, 箱根56, 箱根57
佐藤 孝道〈福井工業〉…全日本30
佐藤 幸也〈国士舘〉…箱根80
佐藤 好〈広島〉…出雲23, 全日本43
佐藤 悟〈中央〉…箱根49, 箱根50, 箱根52
佐藤 重俊〈帝京〉…箱根74, 箱根75
佐藤 慈〈明治〉…箱根81
佐藤 寿一〈福岡〉…箱根40
佐藤 舜〈上武〉…箱根88, 箱根89, 箱根90, 箱根91, 全日本43, 全日本44, 全日本46
佐藤 淳〈東京農業〉…箱根60
佐藤 省三〈拓殖〉…箱根14, 箱根15
佐藤 慎悟〈駒澤〉…箱根79, 箱根80, 箱根81, 箱根82, 出雲14, 出雲15, 出雲16, 出雲17, 全日本34, 全日本35, 全日本36, 全日本37
佐藤 辰準〈帝京〉…出雲20
佐藤 信介〈日本体育〉…箱根76, 箱根77, 箱根78
佐藤 末蔵〈慶應義塾〉…箱根1, 箱根2
佐藤 奨〈秋田経法〉…全日本22
佐藤 進〈東京農業〉…箱根31, 箱根32
佐藤 進〈日本〉…箱根45, 箱根46, 箱根47, 箱根48, 全日本1, 全日本2, 全日本3
佐藤 清一〈日本体育〉…箱根28
佐藤 大貴〈札幌学院〉…全日本43
佐藤 大貴〈中京〉…全日本40, 全日本41
佐藤 大輔〈拓殖〉…箱根73, 箱根74
佐藤 貴司〈東北福祉〉…全日本38, 全日本39, 全日本40, 全日本41
佐藤 卓志〈北海道〉…全日本20
佐藤 卓志〈北海道連〉…出雲1, 出雲3
佐藤 隆史〈信州〉…全日本40, 全日本41, 全日本42
佐藤 隆史〈北信越連〉…出雲19, 出雲20, 出雲21
佐藤 孝哉〈山梨学院〉…箱根91, 全日本45, 全日本46
佐藤 匠〈大東文化〉…箱根82, 箱根84, 箱根85, 全日本37, 全日本39
佐藤 拓也〈帝京〉…箱根79, 箱根80, 出雲14
佐藤 武〈神奈川師〉…箱根23
佐藤 武〈東洋〉…箱根71, 箱根72, 箱根73, 箱根74, 出雲7, 出雲9, 全日本28
佐藤 健〈帝京〉…箱根85, 箱根86, 出雲20
佐藤 毅〈東大農実〉…箱根3
佐藤 武彦〈順天堂〉…箱根38

佐藤 達晃〈東北学院〉…全日本14
佐藤 達也〈東京農業〉…箱根88, 箱根89, 箱根90
佐藤 忠司〈専修〉…箱根22, 箱根23, 箱根24, 箱根25
佐藤 直作〈日本体育〉…箱根26, 箱根27
佐藤 司〈東北学連〉…出雲24
佐藤 司〈東北福祉〉…全日本44
佐藤 次男〈駒澤〉…箱根48, 箱根49
佐藤 常一〈日歯医専〉…箱根11
佐藤 徹治〈國學院〉…箱根79
佐藤 哲成〈関西〉…出雲12, 全日本31, 全日本33
佐藤 輝夫〈国士舘〉…箱根38, 箱根39, 箱根40, 箱根41
佐藤 利宏〈駒澤〉…箱根45, 箱根46, 箱根47
佐藤 寿郎〈拓殖〉…箱根22
佐藤 知彦〈国士舘〉…箱根61, 箱根62, 箱根63, 全日本17
佐藤 智彦〈早稲田〉…箱根75, 出雲9, 出雲10, 全日本30
佐藤 直樹〈愛知工業〉…全日本29
佐藤 直樹〈城西〉…箱根83, 箱根84, 箱根85, 箱根86, 全日本38, 全日本39
佐藤 直人〈日本体育〉…全日本36
佐藤 直美〈早稲田〉…箱根23, 箱根24, 箱根25, 箱根26, 箱根27
佐藤 信之〈中央〉…箱根68, 箱根69, 箱根70, 箱根71, 出雲3, 出雲4, 出雲5, 全日本23, 全日本24, 全日本25
佐藤 信之〈東京農業〉…箱根64, 箱根65, 全日本20
佐藤 昇〈中央〉…箱根11, 箱根12, 箱根13, 箱根14, 箱根15, 箱根16
佐藤 八郎〈明治〉…箱根17, 箱根18, 箱根19
佐藤 治伸〈中京〉…全日本30
佐藤 久〈信州〉…全日本34
佐藤 寿芝〈秋田〉…全日本2, 全日本3
佐藤 日出男〈高知〉…全日本6
佐藤 秀和〈順天堂〉…箱根82, 箱根83, 出雲17, 全日本37
佐藤 秀三郎〈東京高師〉…箱根4, 箱根5, 箱根6
佐藤 弘明〈東海〉…箱根59, 箱根60, 全日本14, 全日本15
佐藤 博明〈東京農業〉…箱根64
佐藤 博〈東京農業〉…箱根48, 箱根49, 箱根50, 全日本4
佐藤 博之〈山形〉…全日本19
佐藤 寛文〈明治〉…箱根62, 箱根63, 箱根64
佐藤 博麿〈神奈川師〉…箱根24
佐藤 弘幸〈中央〉…箱根52, 箱根53
佐藤 裕之〈駒澤〉…箱根72, 箱根74, 箱根75, 出雲9, 出雲10, 全日本28, 全日本29, 全日本30
佐藤 寛幸〈東北福祉〉…全日本35, 全日本36
佐藤 文哉〈東北福祉〉…全日本43, 全日本44
佐藤 文治〈東京農業〉…箱根31
佐藤 米映〈東海〉…箱根67, 全日本22
佐藤 誠〈中央〉…箱根45, 箱根47, 箱根48
佐藤 誠〈東京農業〉…箱根50, 箱根51, 全日本5, 全日本6, 全日本8
佐藤 政雄〈駒澤〉…箱根49
佐藤 政和〈専修〉…箱根78
佐藤 正貴〈関西〉…出雲8, 全日本26
佐藤 正視〈中央〉…箱根7
佐藤 政司〈慶應義塾〉…箱根50
佐藤 雅倫〈日本文理〉…出雲18, 出雲19, 全日本38, 全日本39
佐藤 正弘〈慶應義塾〉…箱根40
佐藤 勝〈法政〉…箱根53, 箱根54, 箱根55, 箱根56
佐藤 円〈東海〉…箱根63, 箱根65, 箱根66, 出雲1, 全日本18, 全日本19, 全日本20, 全日本21
佐藤 通晃〈東北学院〉…全日本12
佐藤 光輝〈帝京〉…出雲12
佐藤 允延〈専修〉…箱根73
佐藤 光信〈中央〉…箱根31, 箱根32, 箱根33, 箱根34
佐藤 充〈九州産業〉…全日本16, 全日本17, 全日本18
佐藤 靖弘〈専修〉…箱根59, 箱根60, 箱根61, 箱根62
佐藤 優希〈立命館〉…全日本42
佐藤 優気〈専修〉…箱根86, 箱根87, 出雲19
佐藤 悠基〈東海〉…箱根82, 箱根83, 箱根84, 箱根85, 出雲17, 出雲18, 出雲19, 出雲20, 全日本39
佐藤 雄治〈関東学連〉…箱根83, 箱根84, 箱根85
佐藤 佑輔〈関東学連〉…箱根88
佐藤 佑輔〈日本〉…箱根86, 箱根89, 出雲21, 全日本41, 全日本43, 全日本44
佐藤 雄介〈広島経済〉…出雲20, 全日本39
佐藤 幸男〈亜細亜〉…箱根43, 箱根44
佐藤 幸男〈大阪商業〉…全日本12
佐藤 幸男〈中央〉…箱根55, 箱根56, 箱根57
佐藤 豊〈国士舘〉…箱根44
佐藤 洋平〈日本体育〉…箱根74, 箱根75, 箱根76, 箱根77
佐藤 芳勝〈東北学院〉…全日本6, 全日本7
佐藤 義治〈国士舘〉…箱根58
佐藤 良仁〈関東学連〉…箱根79, 箱根81
佐藤 芳博〈国士舘〉…箱根47, 箱根48, 全日本3
佐藤 嘉倫〈東北学院〉…全日本9
佐藤 隆三〈中央〉…箱根14, 箱根15
佐藤 亘〈明治〉…箱根67
里内 正幸〈山梨学院〉…箱根72, 箱根73, 全日本28
里木 伸輔〈明治〉…箱根62
早苗 藤作〈東京高師〉…箱根3
真田 弘幸〈東京〉…箱根60
真田 雅之〈中央学院〉…出雲20
真田 泰芳〈中央〉…出雲15
真田 祐樹〈北海道〉…全日本43
佐貫 隆博〈東京理科〉…全日本1
佐野 瑛一朗〈城西〉…箱根90
佐野 克斗〈京都産業〉…出雲25, 全日本45
佐野 清昭〈東京学芸〉…箱根33
佐野 恭平〈愛知工業〉…全日本43

佐野 恵久〈専修〉…箱根47, 箱根48, 箱根49, 箱根50, 全日本2, 全日本3, 全日本4
佐野 拓馬〈法政〉…箱根90
佐野 正〈仙台〉…全日本4
佐野 匡史〈亜細亜〉…箱根58
佐野 常一〈日歯医専〉…箱根9, 箱根10
佐野 暢俊〈東京教育〉…箱根37
佐野 広明〈関東学連〉…箱根85
佐野 誠〈亜細亜〉…箱根66
佐野 雅治〈東京農業〉…箱根90
佐野 匡英〈早稲田〉…箱根74, 箱根76
佐野 泰章〈法政〉…箱根59, 箱根60
佐野 洋二〈神奈川〉…箱根30, 箱根31, 箱根32, 箱根33
佐野 陽治〈慶應義塾〉…箱根7
佐野川 靖〈早稲田〉…箱根63, 箱根64, 箱根65, 箱根66, 出雲1
鯖戸 育宏〈中京〉…全日本12
佐原 節男〈明治〉…箱根27
佐原 東三郎〈明治〉…箱根7, 箱根8
佐毘 容平〈関西〉…出雲12, 出雲13, 出雲14, 全日本31, 全日本32, 全日本33
座間 英夫〈横浜市立〉…箱根33, 箱根34
座間 紅祢〈専修〉…箱根81, 箱根82, 箱根83, 出雲19, 全日本37
座間 マボロベネディック→ 座間 紅祢 を見よ
座間味 弘樹〈沖縄国際〉…全日本19, 全日本21
ザミール, A.〈IVL〉…出雲20
寒川 正悟〈順天堂〉…箱根55, 箱根56
佐村 太吉〈八幡〉…全日本1
鮫島 紋二郎〈國學院〉…箱根89, 箱根91
佐山 武〈日本〉…箱根56
晒科 勇〈法政〉…箱根35, 箱根36
サリバン, J.〈IVL〉…出雲24
猿渡 武嗣〈中央〉…箱根38, 箱根39, 箱根40, 箱根41
沢井 宏次〈京都教育〉…全日本13, 全日本14
沢木 輝保〈愛知工業〉…出雲10
沢木 啓祐〈順天堂〉…箱根39, 箱根40, 箱根41, 箱根42
沢口 博之〈大阪体育〉…全日本16, 全日本17, 全日本18, 全日本19
沢栗 正夫〈明治〉…箱根23, 箱根24
沢田 武尾〈日本〉…箱根11, 箱根12
沢田 岳彦〈岡山理科〉…全日本23
沢田 哲律〈順天堂〉…全日本28
沢田 智美〈大東文化〉…箱根69, 出雲4, 出雲5, 全日本24
沢田 英一〈明治〉…箱根1
沢田 博也〈徳山〉…全日本32, 全日本33
沢田 信美〈明治〉…箱根8
沢田 吉裕〈名古屋〉…全日本10, 全日本11, 全日本12
沢野 元始〈名城〉…全日本13
澤野 健史〈専修〉…箱根90
沢村 佐多夫〈東洋〉…箱根53, 箱根54, 箱根55
沢村 義夫〈神戸〉…全日本2
沢柳 厚志〈東洋〉…箱根73, 箱根74, 箱根75, 出雲10
三五 秀行〈駒澤〉…箱根63
サンディル, S.〈IVL〉…出雲22
サンデール, S.〈IVL〉…出雲19
サンデル, S.〈IVL〉…出雲18
三戸 格〈早稲田〉…箱根85, 全日本40
三部 将史〈國學院〉…箱根87
三瓶 智〈専修〉…箱根71, 箱根72, 箱根73, 出雲5, 出雲6, 出雲7, 出雲8
三瓶 優太〈城西〉…箱根82
三瓶 好一〈明治〉…箱根43
三本木 温〈北海道教〉…全日本21

【し】

椎名 通〈青山学院〉…箱根46, 箱根47, 箱根48, 箱根49
椎名 誠〈青山学院〉…箱根51
椎名 与四郎〈法政〉…箱根14
椎葉 弘幸〈山梨学院〉…箱根76, 全日本32
椎葉 文海〈中央〉…箱根48, 箱根49, 箱根50, 箱根51, 全日本5
椎谷 勝彦〈東京教育〉…箱根39, 箱根40, 箱根41, 箱根42
椎谷 智広〈関東学連〉…箱根83
椎谷 智広〈東京農業〉…箱根84, 全日本40
塩川 健司〈亜細亜〉…箱根78
塩川 岳彦〈愛知工業〉…全日本28, 全日本29
塩川 智之〈大阪商業〉…全日本5, 全日本6
塩川 正彦〈慶應義塾〉…箱根26
塩川 雄也〈駒澤〉…箱根78, 箱根79, 箱根80, 箱根81, 出雲14, 出雲15, 出雲16, 全日本34, 全日本35, 全日本36
塩沢 明〈横浜市立〉…箱根30, 箱根31
塩塚 秀夫〈日本体育〉…箱根50, 箱根52, 箱根53, 全日本7, 全日本8
塩塚 義信〈福岡〉…全日本7, 全日本8, 全日本9, 全日本10
塩瀬 匡〈神奈川〉…箱根38
塩田 年丸〈慶應義塾〉…箱根23
塩足 俊郎〈青山学院〉…箱根22
塩月 良輝〈法政〉…箱根86
塩野 一昭〈大東文化〉…箱根52, 箱根53, 箱根54, 全日本7, 全日本8, 全日本9
塩浜 寿男〈甲南〉…全日本1
塩原 大〈専修〉…箱根85, 箱根87
塩見 雄介〈日本〉…箱根74, 箱根75, 箱根76, 箱根77, 出雲10, 全日本31
塩谷 桂大〈中央学院〉…箱根89, 箱根90, 箱根91, 出雲

25, 全日本45, 全日本46
塩谷 潤一〈中央〉…箱根87, 箱根88, 箱根89, 出雲23, 出雲24, 全日本42, 全日本44
塩屋 孝久〈徳山〉…全日本17, 全日本18, 全日本19
志賀 立巳〈福岡〉…全日本19
鹿内 万敬〈札幌学院〉…全日本23, 全日本24, 全日本25, 全日本26
鹿内 万敬〈北海道連〉…出雲4, 出雲5
志方 文典〈早稲田〉…箱根88, 箱根89, 出雲22, 全日本42
志釜 孝彦〈信州〉…全日本34
志熊 克成〈久留米〉…出雲21
繁住 敏郎〈専修〉…箱根23, 箱根24, 箱根25
重田 三郎〈立教〉…箱根29, 箱根30, 箱根31
重田 高義〈慶應義塾〉…箱根35
茂田 信宏〈徳山〉…全日本28
重田 真孝〈神奈川〉…箱根71, 箱根72, 全日本27
重成 敏史〈順天堂〉…箱根53, 箱根54, 全日本8, 全日本9
重成 英彰〈関東学連〉…箱根79
重広 秀一〈中央〉…箱根58
重松 修平〈拓殖〉…箱根76, 箱根77, 全日本32
重松 信幸〈九州産業〉…全日本4
重松 森雄〈福岡〉…箱根40
重本 規一〈東京文理〉…箱根11
宍戸 浩司〈拓殖〉…箱根57, 箱根58
宍戸 敏郎〈東北学院〉…全日本10, 全日本12
宍戸 英顕〈東洋〉…箱根35, 箱根36, 箱根37, 箱根38
志津野 誠〈東洋〉…箱根62, 箱根63, 箱根64, 全日本18
志田 淳〈東海〉…箱根71, 箱根72, 箱根73, 全日本26, 全日本27
志田 征巳〈神奈川〉…箱根68, 箱根69
志田 雄司〈立命館〉…全日本33, 全日本34
下森 直〈第一工業〉…出雲8, 出雲10, 出雲11, 全日本28, 全日本29, 全日本30, 全日本31
設楽 啓太〈東洋〉…箱根87, 箱根88, 箱根89, 箱根90, 出雲22, 出雲23, 出雲24, 出雲25, 全日本42, 全日本43, 全日本44, 全日本45
設楽 公貴〈山形〉…全日本28, 全日本29
設楽 悠太〈東洋〉…箱根87, 箱根88, 箱根89, 箱根90, 出雲22, 出雲23, 出雲24, 出雲25, 全日本42, 全日本43, 全日本44, 全日本45
実井 謙二郎〈大東文化〉…箱根64, 箱根65, 箱根66, 箱根67, 出雲1, 全日本19, 全日本20, 全日本21, 全日本22
志渡 昭人〈秋田経法〉…全日本22
志藤 純〈日本体育〉…出雲7, 全日本27
品川 和夫〈鹿屋体育〉…全日本31
品川 紀明〈東北学院〉…全日本20, 全日本21
品川 紀明〈東北学連〉…出雲1
品田 潤之〈法政〉…箱根89
篠浦 辰徳〈早稲田〉…箱根79, 箱根80, 箱根81, 出雲13, 出雲14, 全日本34, 全日本35
篠崎 清〈日本体育〉…箱根26, 箱根27
篠崎 清〈日本体専〉…箱根25
篠崎 暢哉〈中京〉…全日本40
篠崎 暢哉〈東海学連〉…全日本39
筱嵜 昌道〈日本体育〉…箱根86, 箱根87, 出雲22, 全日本40, 全日本42
篠田 勝成〈大東文化〉…出雲20
篠田 武志〈徳山〉…全日本32
篠田 正浩〈早稲田〉…箱根26
信田 雄一〈中央学院〉…箱根79, 箱根80, 箱根81, 箱根82, 出雲15, 出雲17, 全日本36, 全日本37
篠藤 淳〈中央学院〉…箱根81, 箱根82, 箱根83, 箱根84, 出雲17, 全日本36, 全日本37, 全日本39
志野原 司典〈札幌学院〉…全日本33, 全日本36
篠原 繁雄〈法政〉…箱根7, 箱根8
篠原 忍〈日本〉…箱根55, 箱根56, 箱根57, 箱根58, 全日本12
篠原 秀一〈城西〉…箱根81
篠原 正大〈第一工業〉…全日本40
篠原 孝明〈国士舘〉…全日本4
篠原 辰己〈城西〉…箱根84, 箱根85, 全日本38, 全日本39
篠原 登〈広島〉…全日本11
篠原 博〈関東学院〉…箱根70
篠原 祐太〈山梨学院〉…箱根83, 出雲18
篠原 幸男〈東洋〉…箱根34, 箱根37
篠原 義裕〈関東学連〉…箱根88
篠原 義裕〈法政〉…箱根89
芝 大輔〈神奈川〉…箱根81
斯波 良夫〈成蹊〉…箱根28
柴内 康寛〈専修〉…箱根84
柴崎 一樹〈大阪体育〉…全日本25
柴崎 茂〈東洋〉…箱根63, 箱根64
柴崎 文雄〈法政〉…箱根26, 箱根27, 箱根28, 箱根29
柴崎 万伸〈東洋〉…箱根57, 箱根58, 箱根59, 箱根60, 全日本13, 全日本14
柴田 清成〈東洋〉…全日本25
柴田 幸一〈鹿屋体育〉…全日本36
柴田 静雄〈東洋〉…箱根30, 箱根31, 箱根32
柴田 純一〈大東文化〉…箱根77, 箱根78, 箱根80, 出雲15, 全日本35
柴田 淳次〈近畿〉…全日本31, 全日本32
柴田 純正〈神奈川〉…箱根26
柴田 伸一〈亜細亜〉…箱根68, 箱根70, 全日本23, 全日本25, 全日本26
柴田 真一〈東海〉…箱根75, 箱根76, 箱根77, 出雲11, 出雲12, 全日本31, 全日本32
柴田 善三〈中央〉…箱根30
柴田 拓真〈関東学連〉…箱根91
柴田 拓哉〈信州〉…全日本40

柴田 拓哉〈東北〉…全日本41
柴田 尚輝〈駒澤〉…箱根81, 全日本36
柴田 真人〈中四国連〉…出雲10
柴田 真人〈徳山〉…出雲8, 全日本27, 全日本28, 全日本29, 全日本30
柴田 学〈立命館〉…出雲9, 全日本28, 全日本29
柴田 充〈北海道〉…全日本8, 全日本9, 全日本10
柴田 康男〈山梨学院〉…箱根63, 箱根65
柴田 裕平〈京都〉…全日本46
柴田 芳成〈徳山〉…全日本31
芝田 遼〈中京〉…出雲22, 全日本43, 全日本44
柴野 照夫〈東京教育〉…箱根46, 箱根47, 箱根48, 箱根49
柴山 勉〈青山学院〉…箱根49, 箱根50
芝山 智紀〈中央学院〉…箱根88
渋井 福太郎〈法政〉…箱根9, 箱根12
渋谷 昭〈法政〉…箱根30, 箱根31
渋谷 孜〈横浜市立〉…箱根32, 箱根33
渋谷 俊浩〈筑波〉…箱根58, 箱根59, 箱根60, 箱根61, 全日本13, 全日本14, 全日本15
渋谷 松夫〈早稲田〉…箱根15, 箱根16, 箱根17
渋谷 義雄〈東京教育〉…箱根26
渋谷 義雄〈東京体専〉…箱根25
渋谷 力三〈横浜市立〉…箱根30
四方 秀紀〈慶應義塾〉…箱根60
島尾 佳宏〈中四国連〉…出雲21, 出雲22
島口 勝裕〈国士舘〉…箱根61, 箱根62, 箱根63, 全日本17
島嵜 貴之〈大東文化〉…箱根66, 箱根67, 箱根68, 出雲1, 出雲2, 出雲3, 全日本23
島沢 誉寛〈大東文化〉…箱根80
島津 秀一〈日本体育〉…箱根63, 箱根64, 箱根65, 全日本18, 全日本19, 全日本20
島津 淳三〈大東文化〉…箱根58, 箱根59, 全日本13
島津 信一〈近畿〉…全日本28
島田 敦〈京都教育〉…全日本14
島田 伊十郎〈拓殖〉…箱根14
島田 英一〈神奈川〉…箱根34, 箱根35
島田 栄二〈大東文化〉…箱根62, 箱根64
島田 一成〈福岡〉…出雲4, 出雲5, 出雲6, 全日本24, 全日本25
島田 清信〈慶應義塾〉…箱根23, 箱根24
島田 健一郎〈神奈川〉…箱根78, 箱根79, 箱根80, 出雲14
島田 健作〈東北〉…全日本41
島田 健作〈東北学連〉…出雲21, 出雲22
島田 貞雄〈慶應義塾〉…箱根35
島田 茂夫〈法政〉…箱根46, 箱根47
島田 健夫〈日本〉…箱根74
島田 武之〈日本〉…箱根33, 箱根34, 箱根35
島田 剛〈東京農業〉…出雲8
島田 輝男〈専修〉…箱根35, 箱根36, 箱根37, 箱根38
島田 任郎〈立教〉…箱根16, 箱根17, 箱根18, 箱根19, 箱根20
島田 文雄〈慶應義塾〉…箱根42
島田 誠〈北信越連〉…出雲7
島田 正明〈亜細亜〉…箱根44, 箱根45, 箱根46
島田 正通〈早稲田〉…箱根42, 箱根43, 箱根44, 箱根45
島田 優〈中京〉…出雲6, 全日本26, 全日本27, 全日本28
嶋田 優〈東北福祉〉…全日本39, 全日本40
島田 豊〈琉球〉…全日本8
島田 善輝〈神奈川〉…箱根68
嶋貫 大地〈東北福祉〉…全日本40, 全日本41, 全日本42
島野 信一〈早稲田〉…箱根17, 箱根18
島袋 匠〈岐阜経済〉…全日本45
島村 栄一〈立教〉…箱根28
島村 乙也〈慶應義塾〉…箱根13, 箱根14, 箱根15, 箱根16, 箱根17, 箱根18
島村 和男〈明治〉…箱根25, 箱根26, 箱根27
島村 清孝〈駒澤〉…箱根76, 箱根78, 箱根79, 出雲14, 全日本31, 全日本34
嶋村 哲也〈中央〉…箱根50, 箱根51, 箱根52, 箱根53, 全日本5
島村 直宏〈日本〉…箱根64, 箱根65, 箱根66, 全日本19, 全日本21
島村 雅浩〈日本体育〉…箱根58, 全日本13
嶋本 直之〈名古屋〉…全日本33
島本 佳行〈関西〉…全日本8
清水 明〈東京〉…箱根60
清水 篤〈専修〉…箱根36
清水 理〈東洋〉…箱根64, 箱根65, 箱根66
清水 和朗〈東京農業〉…箱根84, 箱根85, 箱根86, 全日本40, 全日本41
清水 和宥〈東京農業〉…箱根16
清水 克哉〈東京教育〉…箱根41, 箱根42
清水 喜平〈東京文理〉…箱根22, 箱根23
清水 健司〈帝京〉…箱根84
清水 健児〈鹿屋体育〉…全日本29
清水 健太〈近畿〉…全日本38
清水 光二〈国士舘〉…箱根57, 箱根58, 箱根59, 箱根60
清水 重雄〈明治〉…箱根12, 箱根13, 箱根14, 箱根15
志水 順一〈京都産業〉…全日本27
清水 翔太〈愛知工業〉…出雲19, 全日本39, 全日本40
清水 慎吾〈亜細亜〉…箱根71, 全日本26
清水 大輔〈神奈川〉…出雲16, 全日本34
清水 貴之〈日本〉…箱根77, 箱根78, 出雲13
清水 武〈東洋〉…箱根16
清水 武治〈日本体育〉…箱根50, 全日本5
清水 達夫〈専修〉…箱根48, 箱根49, 箱根50, 全日本4
清水 鶴松〈東洋〉…箱根25
清水 俊和〈中四国連〉…出雲7
清水 俊光〈大東文化〉…箱根55, 箱根56
清水 智也〈日本〉…箱根76, 箱根77, 箱根78, 箱根79, 全

日本32, 全日本33, 全日本34
清水 秀文〈信州〉…全日本12, 全日本13, 全日本14
清水 弘史〈青山学院〉…箱根22
清水 博也〈奈良産業〉…全日本38, 全日本40
清水 真〈東京〉…箱根60
清水 雅人〈東海〉…箱根68, 箱根69, 全日本22, 全日本23
清水 雅人〈東北福祉〉…全日本35, 全日本36
清水 将也〈日本〉…箱根76, 箱根77, 箱根78, 箱根79, 出雲11, 出雲12, 出雲13, 全日本32, 全日本33, 全日本34
清水 道男〈明治学院〉…全日本1
清水 充人〈四日市〉…全日本38
清水 康次〈大東文化〉…箱根68, 出雲3, 全日本20, 全日本21, 全日本23
清水 康浩〈大東文化〉…箱根63, 全日本18
清水 弥寿允〈大阪体育〉…出雲19, 全日本36, 全日本37
清水 幸哉〈東京教育〉…箱根41, 箱根44
清水 洋一〈北信越連〉…出雲6
清水 陽介〈法政〉…箱根83, 出雲18
清水 好雄〈日本〉…箱根4
清水 義正〈日歯医専〉…箱根9, 箱根10
清水 嘉幸〈東京文理〉…箱根14, 箱根15, 箱根16
清水 義郎〈法政〉…箱根13, 箱根14, 箱根15, 箱根17
清水 了一〈慶應義塾〉…箱根2, 箱根3, 箱根4, 箱根5, 箱根6, 箱根7
清水 良一〈東京教育〉…箱根34
清水 亘〈東洋〉…箱根34, 箱根35, 箱根36
志村 英治〈明治〉…箱根19
志村 謙介〈北海道〉…全日本3
志村 文男〈立教〉…箱根28, 箱根29, 箱根31
下川 達也〈法政〉…箱根52
下川 六郎〈法政〉…箱根21
下川原 温〈法政〉…箱根82, 箱根83, 箱根84
下迫田 啓太〈京都〉…全日本46
下迫田 義昭〈九州〉…全日本19
下里 和義〈神奈川〉…箱根78, 箱根79, 箱根80, 出雲13, 出雲14, 全日本33, 全日本34
下沢 洋〈東京農業〉…箱根67, 全日本21
下重 庄三〈国士舘〉…箱根53, 箱根54, 箱根55, 箱根56, 全日本10
下重 正樹〈日本〉…箱根79, 箱根80, 箱根81, 箱根82, 出雲16, 出雲17, 全日本35, 全日本36, 全日本37
下条 誠士〈大東文化〉…箱根84, 箱根85
下條 洋平〈東北学院〉…全日本42
下園 伸秀〈筑波〉…箱根62
下田 達也〈名古屋商〉…出雲11, 全日本31
下田 登志光〈沖縄国際〉…全日本25
下平 拡司〈東京理科〉…全日本1
下茶 徳和〈東洋〉…出雲10
下野 郁雄〈東京農業〉…箱根53, 全日本10
霜手 猛寛〈名古屋商〉…全日本22, 全日本23
下総 文雄〈拓殖〉…箱根29
下前 克己〈広島〉…全日本7
下村 修三〈日本〉…箱根11, 箱根12
下村 秀甫〈早稲田〉…箱根27, 箱根28
下村 剛〈大東文化〉…箱根48, 箱根49, 箱根50, 箱根51, 全日本3, 全日本5, 全日本6
下村 広次〈明治〉…箱根1, 箱根2, 箱根3, 箱根4, 箱根5
下村 博之〈徳山〉…出雲1, 出雲2, 全日本21, 全日本22
下山 一彦〈山梨学院〉…箱根67, 箱根68, 箱根69, 箱根70, 出雲3, 全日本22, 全日本23, 全日本24, 全日本25
下山 健二〈法政〉…箱根60
下山 高嶺〈北信越連〉…出雲24
下山 政明〈中央〉…箱根37, 箱根39
下山 保之〈山梨学院〉…箱根68
朱 尚英〈中央〉…箱根19, 箱根20, 箱根21
重城 靖夫〈明治〉…箱根8
シュウメイカー, J.〈IVL〉…出雲16
ジュグナ, K.〈第一工業〉…出雲20, 出雲21, 出雲22, 出雲23, 全日本40, 全日本41, 全日本42, 全日本43
宿理 和郎〈駒澤〉…箱根54, 箱根55, 箱根56, 箱根57
首藤 弘憲〈関東学連〉…箱根81
首藤 弘憲〈国士舘〉…箱根80, 箱根82
首藤 有弥〈長崎国際〉…全日本39
シューレン, D.〈IVL〉…出雲14
徐 華〈上海体育〉…出雲3
城 英樹〈広島経済〉…出雲6, 出雲7, 全日本26, 全日本27, 全日本28, 全日本29
城 英樹〈中四国連〉…出雲8
城 雅之〈札幌学院〉…全日本31, 全日本32, 全日本33, 全日本34
城 雅之〈北海道連〉…出雲12
定木 徹治〈京都産業〉…出雲1, 全日本21
常見 岩雄〈法政〉…箱根2
小路 瑛〈大阪体育〉…出雲19
庄司 賢一〈駒澤〉…箱根58
庄子 哲也〈徳山〉…全日本34, 全日本35
小路 優人〈拓殖〉…箱根85, 全日本39
城島 賢〈名古屋商〉…全日本26, 全日本29
荘田 恒雄〈慶應義塾〉…箱根22
定田 秀久〈甲南〉…全日本1, 全日本2
庄野 保雄〈日歯医専〉…箱根16, 箱根17, 箱根18, 箱根19
城之園 護〈日本体育〉…箱根31, 箱根32, 箱根33
菖蒲迫 英史〈近畿〉…全日本29
上坊 悟〈大阪体育〉…出雲1, 全日本19, 全日本20, 全日本21
ジョエル, R.〈第一工業〉…出雲18, 全日本38
ジョワスキー, C.〈IVL〉…出雲19

ジョンソン，D.〈IVL〉…出雲10, 全日本27, 全日本28
ジョンソン，W.〈IVL〉…出雲12, 全日本28, 全日本29
シーラー，D.〈IVL〉…全日本29
シラー，D.〈IVL〉…出雲10
白井 伊和雄〈慶應義塾〉…箱根60
白井 偕〈中央〉…箱根41, 箱根42, 箱根44
白井 久之〈名古屋商〉…全日本23
白井 文雄〈大東文化〉…箱根70, 箱根71, 箱根72, 全日本27
白井 好三〈日本〉…箱根29, 箱根30
白井 良平〈大阪体育〉…出雲19
白石 勝美〈長崎国際〉…全日本42
白石 光平〈北海道〉…全日本43
白石 哲夫〈北海道〉…全日本1, 全日本2
白石 利治〈帝京〉…箱根80, 箱根81
白江 利行〈立命館〉…全日本23, 全日本25
白川 太一〈早稲田〉…箱根29, 箱根30, 箱根31, 箱根32
白川 卓郎〈東大農実〉…箱根3
白川 満〈東京農業〉…箱根58, 箱根59
白倉 滝男〈信州〉…全日本12
白倉 寛〈筑波〉…箱根64, 箱根65
白坂 拡〈立命館〉…全日本36, 全日本37
白坂 文彦〈青山学院〉…箱根48, 箱根49, 箱根50
白鷺 靖昌〈早稲田〉…箱根25, 箱根26, 箱根27, 箱根28, 箱根29
白田 雄久〈法政〉…箱根79, 箱根80
白田 啓二〈神奈川〉…箱根50
白田 政行〈亜細亜〉…箱根46, 箱根47
白谷 嘉一〈名古屋商〉…全日本21
白鳥 敦〈国士舘〉…箱根68
白鳥 義明〈東京高師〉…箱根2, 箱根3
白根 芳正〈専修〉…箱根54
白浜 政明〈日本〉…箱根43
白浜 三徳〈日本学連〉…箱根80
白濱 三徳〈徳山〉…出雲14, 出雲15, 出雲16, 全日本33, 全日本34, 全日本35, 全日本36
調 義親〈山梨学院〉…出雲5, 全日本25
白柳 智也〈日本〉…箱根78, 箱根79, 箱根80, 出雲15, 全日本33
白吉 凌〈東海〉…箱根90, 箱根91, 全日本44, 全日本46
城井 秀光〈日本体育〉…箱根70, 箱根71, 全日本26
白石 昭彦〈広島〉…全日本7
治郎丸 健一〈駒澤〉…箱根83
治郎丸 真吾〈龍谷〉…全日本27
治郎丸 卓三〈龍谷〉…全日本30
城田 英二〈法政〉…箱根7
城田 紘一〈慶應義塾〉…箱根38, 箱根39
代田 修平〈中央〉…箱根88, 箱根89, 箱根90, 出雲23, 出雲24, 全日本43, 全日本44
城本 盛好〈慶應義塾〉…箱根47
神 直之〈北海道連〉…出雲22, 出雲23
神 憲明〈拓殖〉…箱根46
新 雅弘〈日本〉…箱根59
新 律〈神戸〉…全日本3
信賀 宏信〈法政〉…箱根68, 出雲2
新垣 良介〈日本〉…箱根76
新行内 友介〈東海〉…全日本40
神宮 誠治〈亜細亜〉…箱根68, 箱根71, 全日本25
神宮 直仁〈東洋〉…箱根46, 箱根47
新号 和政〈東海〉…箱根62, 箱根63, 箱根64, 箱根65, 全日本18, 全日本19, 全日本20
新里 努〈法政〉…箱根59
新城 薫〈八幡〉…全日本17
新城 弘三〈慶應義塾〉…箱根6
新庄 浩太〈中央〉…箱根87, 箱根88, 出雲22, 全日本44
新庄 翔太〈中央〉…箱根88, 箱根89, 箱根90, 箱根91, 出雲23, 全日本43, 全日本44
新庄 正〈大阪体育〉…全日本35
新城 吉一〈国士舘〉…箱根38
新宅 雅也〈日本体育〉…箱根54, 箱根55, 箱根56, 全日本9, 全日本10, 全日本11
新宅 祐太〈奈良産業〉…全日本38
親谷 均一〈金沢〉…全日本4
新谷 智〈東京文理〉…箱根13, 箱根14, 箱根15, 箱根16
新地 憲宏〈日本体育〉…箱根54, 箱根55, 箱根56, 箱根57, 全日本9, 全日本10, 全日本11, 全日本12
進地 三雄〈早稲田〉…箱根38, 箱根40
進藤 操資〈秋田〉…全日本3
新藤 伸之〈順天堂〉…箱根66, 箱根67, 箱根68, 出雲1, 出雲2, 出雲3, 全日本21
新藤 要作〈法政〉…箱根7, 箱根8, 箱根9
進藤 吉紀〈明治〉…箱根64, 箱根65, 箱根67
進藤 龍太〈札幌学院〉…全日本46
神野 与志男〈九州国際〉…出雲2, 全日本22
神能 竜知〈早稲田〉…箱根63, 箱根64
新堀 道夫〈東京体専〉…箱根23
新盛 大輔〈大阪学院〉…全日本31

【す】

吹田 雅人〈愛知工業〉…出雲14, 出雲15, 全日本32, 全日本33, 全日本34, 全日本35
末上 哲平〈東洋〉…箱根81, 箱根82, 出雲15, 出雲16, 全日本35
末次 慶太〈明治〉…箱根91
末次 信〈福岡〉…出雲3, 出雲4, 全日本23, 全日本24
末次 弘明〈山梨学院〉…全日本38
末次 瑞穂〈明治〉…箱根32, 箱根33
末次 実〈法政〉…箱根65

末次 康裕〈福岡〉…箱根40
末次 良三〈関東学院〉…箱根79, 箱根80
末永 賢助〈東京農業〉…箱根9, 箱根10
末永 貴史〈東京農業〉…箱根70, 箱根71
末永 福蔵〈立教〉…箱根15
末永 包徳〈中央〉…箱根22, 箱根23
末永 真〈東北学院〉…全日本5, 全日本6, 全日本7
末広 敬二郎〈明治〉…箱根42, 箱根43, 箱根45
末政 清一〈東京文理〉…箱根21
末松 裕一〈駒澤〉…箱根85
末山 貴文〈法政〉…箱根86
末吉 勇〈中四国連〉…出雲14, 出雲15, 出雲16
末吉 勇〈日本学連〉…箱根80
末吉 翔〈日本〉…箱根80, 箱根81, 箱根82, 箱根83, 出雲17, 出雲18, 全日本38
末吉 敏〈日本体育〉…箱根81, 箱根82, 全日本37
周防 俊也〈日本体育〉…全日本46
須賀 章〈神奈川〉…箱根50
須貝 富雄〈東京教育〉…箱根33, 箱根34, 箱根35, 箱根36
須貝 浩〈東京学芸〉…箱根32, 箱根34
菅田 太郎〈法政〉…箱根13
菅沼 貴之〈信州〉…全日本40
菅沼 俊哉〈慶應義塾〉…箱根12, 箱根13, 箱根14, 箱根15, 箱根16, 箱根17
菅沼 友一〈駒澤〉…箱根51
菅野 邦彰〈亜細亜〉…箱根71, 箱根72, 箱根73, 出雲8, 全日本26, 全日本27, 全日本28
菅野 賢一〈神奈川〉…箱根41, 箱根42, 箱根43
菅野 悟史〈順天堂〉…箱根72, 箱根73, 全日本28
菅野 利哉〈帝京〉…箱根74
菅谷 久二〈国士舘〉…箱根48, 箱根49, 箱根50, 箱根51, 全日本4, 全日本6
須河 宏紀〈中央〉…箱根88, 箱根89, 箱根90, 出雲23, 全日本43
菅原 和幸〈国士舘〉…箱根70
菅原 国香〈東京学芸〉…箱根37
菅原 修一〈国士舘〉…箱根80
菅原 将伍〈東北学院〉…全日本37
菅原 仁美〈亜細亜〉…箱根45, 箱根47
菅原 善次〈東京文理〉…箱根22
菅原 貴行〈神奈川〉…箱根87
菅原 時夫〈東京学芸〉…箱根31, 箱根32
菅原 寿和〈東洋〉…箱根79, 箱根80, 全日本35
菅原 範人〈早稲田〉…箱根25
菅原 宏幸〈山梨学院〉…全日本22
菅原 靖宏〈東北〉…全日本27
菅原 洋一郎〈大東文化〉…箱根64, 箱根65, 全日本19
菅原 善隆〈札幌学院〉…全日本30, 全日本31, 全日本32, 全日本33
菅原 善隆〈北海道連〉…出雲13
杉浦 繁〈愛知教育〉…全日本3, 全日本4
杉浦 健光〈名古屋商〉…全日本29
杉浦 英男〈大阪体育〉…全日本19, 全日本20
杉崎 経雅〈早稲田〉…箱根51
杉崎 孝〈青山学院〉…箱根49, 箱根50, 箱根51, 箱根52
杉崎 孝〈中央〉…箱根34, 箱根36, 箱根37
杉崎 隆志〈中央〉…箱根30
杉崎 時雄〈専修〉…箱根28
杉崎 幸雄〈横浜国立〉…箱根27, 箱根28, 箱根29, 箱根30
杉崎 喜治〈東京農業〉…箱根19, 箱根20, 箱根21
杉沢 直樹〈関西〉…出雲8, 全日本26
杉澤 諒〈国士舘〉…箱根90
杉田 英年〈筑波〉…箱根62
杉谷 範雄〈山梨学院〉…箱根67
杉野 健二〈中四国連〉…出雲7
杉野本 勇気〈広島〉…全日本41
杉原 浩明〈名古屋〉…全日本30
杉原 弘〈拓殖〉…箱根20, 箱根22
杉平 哲信〈福岡〉…全日本33, 全日本34, 全日本35
杉光 俊信〈亜細亜〉…箱根81, 全日本36
杉村 伸行〈札幌学院〉…全日本37, 全日本38, 全日本39
杉村 伸行〈北海道連〉…出雲19
杉村 肇〈慶應義塾〉…箱根35, 箱根38
杉本 昭雄〈立教〉…箱根24, 箱根25, 箱根26, 箱根28
杉本 和正〈九州産業〉…全日本13, 全日本15
杉本 和之〈早稲田〉…箱根62, 箱根63, 箱根64
杉本 健一〈京都産業〉…出雲2, 出雲3, 出雲4, 全日本23, 全日本24
杉本 光市〈法政〉…箱根13, 箱根15, 箱根17
杉本 三郎〈東京学芸〉…全日本1
杉本 茂樹〈近畿〉…全日本9
杉本 長治〈神奈川師〉…箱根23, 箱根24
杉本 勉〈第一工業〉…出雲11, 出雲12, 全日本30, 全日本31, 全日本32
杉本 将友〈東海〉…箱根82, 出雲17, 出雲18
杉本 稔〈仙台〉…全日本8
杉本 祐二〈亜細亜〉…箱根61
杉本 祐二〈日本体育〉…箱根33, 箱根34, 箱根35
杉本 芳規〈中央学院〉…箱根80, 箱根81, 箱根82, 出雲15, 出雲17, 全日本35, 全日本37
杉山 昭雄〈専修〉…箱根26
杉山 彰〈神奈川〉…箱根50
杉山 英治〈名城〉…全日本2
杉山 治〈専修〉…箱根23, 箱根25
杉山 一介〈早稲田〉…箱根79, 箱根80, 箱根81, 出雲14, 全日本34, 全日本35
杉山 一慶〈名古屋〉…全日本33
杉山 喜一〈筑波〉…箱根56, 箱根57, 全日本11, 全日本12
杉山 弘一〈東京農業〉…箱根39
杉山 功〈帝京〉…箱根87

杉山 繁雄〈日本〉…箱根22
杉山 重政〈順天堂〉…箱根46
杉山 純一〈名古屋商〉…出雲5, 全日本25
杉山 史良〈信州〉…全日本31
杉山 史良〈北信越連〉…出雲12
杉山 禎〈北海道〉…全日本15, 全日本16, 全日本17, 全日本18
杉山 智基〈中央〉…箱根77, 箱根78, 出雲10, 出雲11, 全日本30, 全日本31, 全日本33
杉山 昇〈横浜市立〉…箱根40
椙山 弘明〈東洋〉…箱根67
杉山 昌之〈拓殖〉…箱根29
杉山 弥三郎〈東大農実〉…箱根4, 箱根5, 箱根6
杉山 祐太〈拓殖〉…箱根75, 箱根76, 箱根77, 出雲10, 全日本30, 全日本32, 全日本33
杉山 連哉〈帝京〉…箱根90, 箱根91, 全日本45
菅田 学〈帝京〉…箱根74
須郷 徳美〈名城〉…全日本2
須佐 藤太〈専修〉…箱根16, 箱根17, 箱根18
須崎 栄〈東京農業〉…箱根35, 箱根36, 箱根37, 箱根38
須崎 元晶〈大阪体育〉…出雲5, 全日本23, 全日本25
洲崎 幸雄〈神奈川〉…箱根71, 出雲6
鈴木 昭雄〈法政〉…箱根50
鈴木 暁之〈中京〉…出雲17
鈴木 明〈日本〉…箱根37, 箱根38, 箱根39
鈴木 朗〈関東学院〉…箱根74
鈴木 彰〈東京学芸〉…箱根60
鈴木 惇司〈青山学院〉…箱根86
鈴木 勇〈日本〉…箱根15, 箱根16, 箱根17, 箱根18, 箱根19, 箱根20
鈴木 巌〈立命館〉…箱根40
鈴木 治〈山梨学院〉…箱根63, 箱根64, 箱根66
鈴木 修〈金沢〉…全日本6
鈴木 和明〈亜細亜〉…箱根47, 箱根48, 箱根49, 箱根50
鈴木 和敏〈紅陵〉…箱根28
鈴木 和敏〈拓殖〉…箱根29
鈴木 和成〈東海〉…箱根70, 箱根71, 箱根72, 出雲7
鈴木 一弥〈順天堂〉…箱根71, 箱根72
鈴木 和芳〈駒澤〉…箱根48
鈴木 勝枝〈東京文理〉…箱根20, 箱根21
鈴木 勝三〈青山学院〉…箱根22
鈴木 克知〈北海道連〉…出雲2
鈴木 克弘〈東北学院〉…全日本20, 全日本21
鈴木 勝己〈専修〉…箱根38
鈴木 金義〈日本〉…箱根3
鈴木 吉平〈日歯医専〉…箱根12, 箱根13
鈴木 公広〈国士舘〉…箱根46, 箱根47, 箱根48, 全日本2, 全日本3
鈴木 清美〈日本〉…箱根19, 箱根20
鈴木 圀昭〈日本〉…箱根44, 箱根45, 箱根46
鈴木 邦宣〈亜細亜〉…箱根52, 箱根53, 箱根55
鈴木 桂介〈東北学連〉…出雲16
鈴木 桂介〈東北福祉〉…全日本35, 全日本36, 全日本37, 全日本38, 全日本39
鈴木 賢一〈順天堂〉…箱根64, 箱根65, 箱根66, 出雲1, 全日本20, 全日本21
鈴木 健吾〈神奈川〉…箱根91, 全日本46
鈴木 健吾〈専修〉…箱根33
鈴木 健〈専修〉…箱根66
鈴木 健太郎〈神奈川〉…出雲11, 全日本31, 全日本32
鈴木 健太郎〈東洋〉…箱根75, 箱根76, 出雲9
鈴木 康介〈札幌学院〉…全日本31, 全日本32, 全日本33, 全日本34
鈴木 康介〈北海道連〉…出雲11, 出雲12, 出雲14
鈴木 康文〈順天堂〉…箱根69, 箱根70, 箱根71, 全日本24
鈴木 拳〈新潟〉…全日本43, 全日本44
鈴木 拳〈北信越連〉…出雲23, 出雲24
鈴木 聡志〈東海〉…出雲16, 全日本36
鈴木 哲〈酪農学園〉…全日本7
鈴木 重男〈慶應義塾〉…箱根35
鈴木 重和〈明治〉…箱根43, 箱根45
鈴木 重信〈東大農実〉…箱根3
鈴木 重晴〈早稲田〉…箱根29, 箱根30, 箱根31, 箱根32
鈴木 茂広〈亜細亜〉…箱根60, 箱根61, 箱根62
鈴木 秀悦〈順天堂〉…箱根58, 箱根59
鈴木 修平〈中央〉…箱根91, 出雲25
鈴木 駿〈神奈川〉…箱根88, 箱根89, 全日本44
鈴木 俊佑〈駒澤〉…出雲16
鈴木 俊三〈横浜市立〉…箱根32, 箱根33, 箱根34
鈴木 淳也〈中部〉…全日本21
鈴木 正一〈国士舘〉…全日本10
鈴木 二郎〈日本体育〉…箱根30
鈴木 仁吉〈日本体育〉…箱根27, 箱根28
鈴木 新吾〈亜細亜〉…箱根61, 箱根62
鈴木 伸司〈関東学院〉…箱根79, 箱根80
鈴木 孝雄〈大東文化〉…箱根72, 箱根73, 全日本27
鈴木 尚企〈明治〉…箱根48, 箱根50
鈴木 孝〈東京経済〉…全日本2
鈴木 隆〈東海〉…箱根70, 箱根71, 箱根72, 全日本27
鈴木 高大〈東北学連〉…出雲25
鈴木 貴史〈東北〉…全日本46
鈴木 高幸〈東北学院〉…全日本14, 全日本16, 全日本17
鈴木 孝佳〈札幌学院〉…全日本40
鈴木 孝佳〈北海道連〉…出雲20
鈴木 巧〈拓殖〉…箱根21
鈴木 卓也〈国士舘〉…箱根88, 全日本42
鈴木 拓哉〈名古屋商〉…出雲4, 出雲5, 全日本24, 全日本25, 全日本26, 全日本27
鈴木 彪二〈神奈川〉…箱根36, 箱根38
鈴木 健弘〈東京農業〉…箱根71, 箱根73

鈴木 武道〈拓殖〉…箱根74, 箱根75, 箱根76, 全日本29, 全日本31, 全日本32
鈴木 正〈横浜市立〉…箱根30, 箱根31, 箱根32
鈴木 公〈早稲田〉…出雲7
鈴木 忠〈中央学院〉…箱根84, 箱根85, 箱根86, 出雲20, 全日本40
鈴木 直〈日本体育〉…箱根77, 箱根78, 箱根79
鈴木 達雄〈立教〉…箱根24, 箱根25, 箱根26, 箱根27
鈴木 辰彦〈北海道連〉…出雲24
鈴木 従道〈日本〉…箱根41, 箱根42, 箱根43, 箱根44
鈴木 剛〈専修〉…箱根40, 箱根42
鈴木 徹〈中京〉…全日本30
鈴木 徹〈日本〉…全日本17
鈴木 徳治〈神奈川〉…箱根28, 箱根29, 箱根30, 箱根31
鈴木 利明〈紅陵〉…箱根28
鈴木 俊男〈法政〉…箱根55
鈴木 俊雄〈法政〉…箱根52, 箱根53
鈴木 利弘〈専修〉…箱根72
鈴木 敏文〈中部〉…全日本16, 全日本17, 全日本18
鈴木 俊通〈駒澤〉…箱根53
鈴木 富三男〈専修〉…箱根36, 箱根37, 箱根38, 箱根39
鈴木 友也〈日本体育〉…箱根88, 全日本43
鈴木 尚人〈日本体育〉…箱根61, 箱根62, 箱根63, 箱根64, 全日本17, 全日本18, 全日本19
鈴木 直也〈東北学院〉…全日本34
鈴木 長敏〈東北学院〉…全日本5, 全日本6, 全日本7
鈴木 長陽〈同志社〉…全日本22
鈴木 信義〈東北学院〉…全日本12, 全日本13, 全日本14
鈴木 憲雄〈早稲田〉…箱根6, 箱根9, 箱根10, 箱根11
鈴木 紀公〈中京〉…全日本46
鈴木 初三郎〈東京農業〉…箱根2, 箱根3, 箱根4
鈴木 春樹〈立教〉…箱根44
鈴木 久則〈名古屋〉…全日本20
鈴木 秀夫〈順天堂〉…箱根48, 箱根50, 箱根51
薄 寛〈中央〉…箱根44, 箱根45, 箱根46, 箱根47
鈴木 博〈東京農業〉…箱根67, 箱根68, 箱根69, 全日本23, 全日本24
鈴木 弘成〈東北福祉〉…全日本41
鈴木 大史〈岐阜経済〉…全日本45
鈴木 宏美〈国士舘〉…箱根51, 箱根52, 全日本6
鈴木 弘教〈北海道連〉…出雲11
鈴木 弘之〈中部〉…全日本21
鈴木 房重〈日本〉…箱根16, 箱根17, 箱根18, 箱根19, 箱根20, 箱根21
鈴木 北斗〈東洋〉…箱根80, 箱根81, 出雲15, 全日本35
鈴木 慎〈東海学連〉…全日本41, 全日本43
鈴木 慎〈名古屋〉…全日本42
鈴木 真〈専修〉…箱根78
鈴木 雅夫〈神奈川〉…箱根50
鈴木 政数〈早稲田〉…箱根14, 箱根15, 箱根16
鈴木 雅人〈岐阜〉…全日本11, 全日本12
鈴木 聖仁〈亜細亜〉…箱根78, 箱根80, 出雲14
鈴木 政徳〈東海〉…箱根72, 出雲7, 全日本27
鈴木 光男〈日歯医専〉…箱根14, 箱根15
鈴木 光夫〈日歯医専〉…箱根13, 箱根16
鈴木 満雄〈法政〉…箱根46, 箱根47
鈴木 実〈山梨学院〉…全日本19
鈴木 基恭〈仙台〉…全日本4
鈴木 守正〈神奈川〉…箱根29, 箱根30, 箱根31, 箱根32
鈴木 康夫〈神奈川〉…箱根33
鈴木 康之〈駒澤〉…箱根64, 箱根65, 箱根66, 出雲1
鈴木 悠介〈日本体育〉…箱根89, 箱根90, 全日本45
鈴木 優人〈青山学院〉…出雲25
鈴木 至広〈拓殖〉…箱根48, 箱根50
鈴木 幸康〈中央〉…箱根23
鈴木 豊〈拓殖〉…箱根53, 箱根54
鈴木 陽介〈早稲田〉…箱根77, 全日本32
鈴木 芳吉〈法政〉…箱根13
鈴木 嘉人〈札幌学院〉…全日本40, 全日本41, 全日本42
鈴木 嘉人〈北海道連〉…出雲21, 出雲22
鈴木 良則〈亜細亜〉…箱根78, 箱根79, 出雲14
鈴木 良則〈拓殖〉…箱根55, 箱根56, 箱根58
鈴木 良弘〈東海〉…箱根49
鈴木 喜政〈日歯医専〉…箱根9, 箱根10, 箱根11
鈴木 芳也〈東北福祉〉…全日本43
鈴木 竜次〈京都産業〉…全日本4
鈴木 良三〈東京農業〉…箱根37, 箱根38, 箱根39, 箱根40
薄田 洋輔〈大東文化〉…箱根81, 箱根82, 箱根83, 全日本36, 全日本37, 全日本38
鈴田 明人〈名古屋商〉…全日本13
鈴村 勝〈早稲田〉…箱根35, 箱根36, 箱根37
須田 栄一〈紅陵〉…箱根28
須田 栄一〈拓殖〉…箱根29
須田 三郎〈日歯医専〉…箱根3
須田 卓宏〈日本〉…箱根24, 箱根26, 箱根27
須田 貴幸〈国士舘〉…箱根64, 箱根65, 箱根66, 箱根67, 出雲2, 全日本20, 全日本22
須田 秀夫〈立教〉…箱根41, 箱根42, 箱根44
須田 柳治〈順天堂〉…箱根34, 箱根35, 箱根36, 箱根37
須田 航〈法政〉…出雲6, 全日本26
スタイリン, J.〈IVL〉…出雲25
スティルマン, T.〈IVL〉…全日本24
須藤 昭夫〈明治〉…箱根30
須藤 朗〈東京農業〉…箱根86
須藤 功〈東北学院〉…全日本9, 全日本10, 全日本12
須藤 和男〈中央学院〉…箱根71
須藤 純一〈明治〉…箱根50
須藤 昭次〈日本〉…箱根27, 箱根28
須藤 大樹〈日本体育〉…箱根75, 箱根76, 箱根77
須藤 智樹〈大東文化〉…箱根68, 出雲3

須藤 直良〈慶應義塾〉…箱根22
須永 甫〈明治〉…箱根3, 箱根4
砂場 晴久〈名古屋商〉…出雲4, 出雲5, 全日本24, 全日本25, 全日本26, 全日本27
須原 浩之〈順天堂〉…箱根37, 箱根38, 箱根39, 箱根40
須原 浩貴〈愛知工業〉…全日本22
鷲見 知彦〈日本体育〉…箱根80, 箱根81, 箱根82, 箱根83, 出雲15, 出雲16, 出雲18, 全日本35, 全日本36, 全日本38
住 柔〈新潟〉…全日本43, 全日本44, 全日本45
住 柔〈北信越連〉…出雲24, 出雲25
スミス, M.〈IVL〉…出雲18
スミス, S.〈IVL〉…出雲23
澄田 栄治〈国士舘〉…箱根42
角田 隆志〈大阪経済〉…全日本18, 全日本20
住田 直紀〈大東文化〉…箱根84, 全日本39
澄田 正人〈中京〉…全日本1, 全日本2
住中 翔〈専修〉…箱根87
住本 雅仁〈京都産業〉…出雲20, 出雲21, 出雲22, 全日本38, 全日本40, 全日本41, 全日本42
住本 裕樹〈拓殖〉…箱根87
角谷 幸平〈東京農業〉…箱根48
住谷 将之〈札幌学院〉…全日本39
角谷 唯高〈名古屋〉…全日本1
住谷 勇樹〈東北福祉〉…全日本41, 全日本42, 全日本43
住吉 景一〈北海学園〉…全日本4
陶山 英夫〈日歯医専〉…箱根5, 箱根6, 箱根7
諏訪 利成〈東海〉…箱根73, 箱根74, 箱根75, 出雲8, 出雲9, 全日本28, 全日本29, 全日本30
諏訪 博志〈京都産業〉…出雲10, 出雲11, 出雲12, 出雲13, 全日本30, 全日本31, 全日本32, 全日本33
諏訪 祐三〈日本〉…箱根52, 箱根54, 箱根55, 全日本10
諏訪部 昌久〈国士舘〉…箱根56, 箱根57, 箱根58

【せ】

勢井 球一〈奈良産業〉…全日本30
清家 健〈山梨学院〉…箱根77, 箱根78, 箱根79, 出雲14, 全日本34
清野 純一〈順天堂〉…箱根81, 箱根82, 箱根83, 出雲15, 出雲16, 出雲18, 全日本36, 全日本37
清野 富二郎〈日歯医専〉…箱根12
青能 剛〈福井工業〉…全日本24, 全日本25, 全日本26, 全日本27
青能 剛〈北信越連〉…出雲5, 出雲6
瀬尾 良平〈奈良産業〉…全日本30
瀬川 美雄〈中央〉…箱根45
関 厚志〈東海〉…箱根73, 出雲6, 出雲8, 全日本28
関 庄治〈神奈川〉…箱根30
関 伸一〈東北学連〉…出雲4, 出雲5
関 敏則〈中央〉…箱根84
関 登〈法政〉…箱根38, 箱根39, 箱根40
関 英雄〈日本体育〉…箱根51, 箱根52, 箱根53, 全日本6, 全日本7, 全日本8
関 博之〈立教〉…箱根28, 箱根31
関 正晴〈立教〉…箱根38, 箱根39, 箱根40, 箱根41
関口 普〈法政〉…箱根17, 箱根18, 箱根19
関口 憲三〈東洋〉…箱根18
関口 頌悟〈法政〉…箱根89, 箱根90, 全日本45
関口 孝久〈日本体育〉…箱根49, 箱根50, 箱根51, 箱根52, 全日本4, 全日本5, 全日本7
関口 操〈東洋〉…箱根51, 箱根52, 箱根53, 全日本5, 全日本6, 全日本7
関口 実〈鹿屋体育〉…全日本25, 全日本26
関口 泰彦〈亜細亜〉…箱根68, 箱根69, 箱根70, 全日本25
関崎 峻〈亜細亜〉…箱根43, 箱根44, 箱根45, 箱根46
関塚 喜伝〈東京農業〉…箱根27
関戸 雅輝〈順天堂〉…箱根84, 箱根85, 出雲18, 出雲19, 全日本38, 全日本39
関根 一夫〈東洋〉…箱根32, 箱根33
関根 和男〈紅陵〉…箱根28
関根 孝史〈日本体育〉…箱根74, 出雲8
関根 佐〈東京学芸〉…箱根35, 箱根37
関根 唯夫〈東海〉…箱根54, 全日本9
関根 忠則〈日本体育〉…箱根30, 箱根32, 箱根33
関根 勝〈東洋〉…箱根49, 箱根50, 箱根51, 箱根52
関根 靖史〈日本体育〉…箱根80, 全日本35
関根 洋二〈法政〉…箱根38, 箱根39, 箱根40, 箱根41
関野 積夫〈神奈川〉…箱根27, 箱根28, 箱根29, 箱根30
関野 政治〈神奈川師〉…箱根23
関谷 勇〈愛知工業〉…全日本28, 全日本29
関谷 忠男〈中央〉…箱根4, 箱根6
関谷 守〈順天堂〉…箱根45, 箱根47
関谷 宜輝〈京都産業〉…出雲20, 全日本39, 全日本40, 全日本41
関吉 秀児〈東洋〉…出雲16
瀬口 啓太〈亜細亜〉…箱根85
世古 浩基〈東洋〉…箱根86, 全日本40
瀬古 利彦〈早稲田〉…箱根53, 箱根54, 箱根55, 箱根56
瀬古 俊幸〈名古屋〉…全日本4
瀬崎 雅則〈東北〉…全日本36
瀬崎 裕次〈専修〉…箱根87
瀬田 和広〈中央〉…箱根63, 箱根64
勢田 秀男〈専修〉…箱根23, 箱根25, 箱根26
瀬戸 明〈早稲田〉…箱根62, 箱根63, 箱根64
瀬戸 功夫〈日本〉…箱根31, 箱根32, 箱根33, 箱根34
瀬戸 浩二朗〈広島経済〉…出雲25
瀬戸 貞雄〈神奈川師〉…箱根25
瀬戸 俊幸〈名古屋〉…全日本2

瀬戸 秀夫〈東京農業〉…箱根10, 箱根11, 箱根12
瀬戸 優之〈山梨学院〉…箱根71, 出雲4, 出雲6, 全日本23, 全日本24, 全日本26
瀬戸 八州〈専修〉…箱根70, 箱根72, 出雲5, 出雲7
瀬戸口 健〈鹿屋体育〉…出雲6, 全日本26
瀬名波 庄庭〈神奈川〉…箱根35, 箱根36
瀬沼 俊彦〈立教〉…箱根36, 箱根37, 箱根38, 箱根39
妹尾 幸〈日本〉…箱根61, 箱根63, 全日本16, 全日本18
妹尾 正白〈専修〉…箱根49, 箱根50, 全日本4
妹尾 武治〈島根〉…全日本3, 全日本4, 全日本5
妹尾 誠〈京都産業〉…全日本12, 全日本13, 全日本14
妹尾 陸〈京都産業〉…出雲22, 出雲23, 全日本42, 全日本43
妹尾 良平〈中四国連〉…出雲24, 出雲25
瀬原田 勇〈専修〉…箱根40, 箱根41
瀬谷 隼人〈専修〉…箱根63, 箱根64
瀬山 直人〈東京農業〉…箱根85, 箱根86, 箱根87, 全日本41
セルナルド 祐慈〈創価〉…箱根91
仙内 勇〈東洋〉…箱根56, 箱根57, 箱根58, 箱根59, 全日本13
扇子 弘〈東北学院〉…全日本6, 全日本7
仙田 幸一〈中京〉…出雲2, 全日本23
千田 正之〈順天堂〉…箱根34, 箱根35, 箱根36, 箱根37
仙頭 竜典〈日本〉…箱根80, 出雲15, 全日本33

【そ】

宗 尚〈早稲田〉…出雲13
宗 洋和〈帝京〉…箱根81
宗 康秀〈福岡〉…箱根40
惣臺 光範〈関東学院〉…箱根74, 箱根76
惣臺 宜明〈関東学院〉…箱根80
相馬 雄太〈神奈川〉…箱根75, 箱根76, 箱根77, 箱根78, 出雲11, 出雲12, 出雲13, 全日本31, 全日本32, 全日本33
惣明 宏成〈中四国連〉…出雲17
添田 順〈明治〉…箱根28
曽田 正雄〈慶應義塾〉…箱根23, 箱根24
袖山 保〈立教〉…箱根40, 箱根41, 箱根42
備 秀朗〈福岡〉…全日本12, 全日本13, 全日本14, 全日本15
曽根 厚〈東海〉…箱根53, 箱根54, 箱根55, 全日本9
曽根 勇〈日歯医専〉…箱根10, 箱根11, 箱根12
曽根 茂〈日本〉…箱根8, 箱根9, 箱根10, 箱根11, 箱根12, 箱根13, 箱根14, 箱根15
曽根 赴紘〈東北学院〉…全日本42
曽根 利夫〈日本〉…箱根43
曽根 秀夫〈法政〉…箱根32
曽根 雅史〈早稲田〉…箱根63, 箱根64, 箱根65
曽根 眞史〈八幡〉…全日本20
曽根 雄〈立教〉…箱根22
曽根田 秀樹〈亜細亜〉…箱根53, 箱根55
園田 研之〈広島〉…全日本11
其田 健也〈駒澤〉…箱根90, 箱根91
園田 隼〈上武〉…箱根87, 箱根88, 全日本43
園田 稔〈東京農業〉…箱根85, 全日本40
園原 健弘〈明治〉…箱根60, 箱根61
園部 光昭〈早稲田〉…箱根28, 箱根29
園延 裕大〈広島経済〉…出雲13
園山 憲司〈神奈川〉…箱根78
染宮 唯二〈日本体育〉…箱根69
染谷 和則〈神奈川〉…箱根84, 箱根85
染谷 和則〈関東学連〉…箱根86
染谷 功一〈専修〉…箱根46, 箱根47, 全日本2
染谷 庄平〈東京農業〉…箱根12, 箱根14
染谷 武雄〈東京農業〉…箱根16, 箱根17, 箱根18
染谷 勇人〈日本〉…箱根84
空 誠二〈立命館〉…全日本15
空山 隆児〈早稲田〉…箱根78, 箱根80, 箱根81, 出雲14, 全日本33, 全日本34, 全日本35
反町 一貴〈東海〉…箱根78
宋 河珉〈韓国選抜〉…出雲14

【た】

田井 慎一郎〈法政〉…箱根89, 箱根90, 出雲25, 全日本45
大工谷 秀平〈東京農業〉…箱根87
醍醐 大介〈関東学連〉…箱根82
大胡 満慎〈筑波〉…箱根65
大光 剣心〈日本体育〉…箱根77
大総 正篤〈信州〉…全日本2, 全日本3
大東 快任〈駒澤〉…箱根50
大東和 徳雄〈東大農実〉…箱根5, 箱根6
大門 和夫〈明治〉…箱根32
大門 友也〈日本〉…箱根90, 箱根91
大安 龍彦〈京都産業〉…出雲12
平 和真〈早稲田〉…箱根90, 箱根91, 全日本45
平 茂〈明治〉…箱根27, 箱根28
平 正明〈甲南〉…全日本2
平良 雅寿〈関西〉…出雲12, 出雲14, 全日本31, 全日本32, 全日本33
平 聖也〈東北〉…全日本41
平 喜昭〈国士舘〉…箱根49, 全日本4
大六野 秀畝〈明治〉…箱根88, 箱根89, 箱根90, 箱根91, 出雲23, 出雲24, 出雲25, 全日本43, 全日本44, 全日本45, 全日本46
多賀 慶雄〈専修〉…箱根29, 箱根30

高井 悦男〈専修〉…箱根28, 箱根29, 箱根30, 箱根31
高井 和治〈駒澤〉…箱根83, 出雲17, 全日本35, 全日本37
高井 貞男〈筑波〉…箱根51
高井 淳〈信州〉…全日本31
高井 奨〈神奈川〉…箱根26, 箱根27, 箱根28
高井 卓男〈筑波〉…箱根52, 箱根54
高井 満〈国士舘〉…箱根44
高井 康利〈名城〉…全日本2
高尾 信昭〈日本〉…箱根44, 箱根45, 箱根46, 箱根47, 全日本1, 全日本2
高尾 聖〈名古屋商〉…出雲12, 全日本32
高尾 浩史〈奈良産業〉…全日本30
高尾 博教〈日本体育〉…箱根85, 箱根86
高尾 義晃〈関西〉…全日本8
高岡 伸明〈日本〉…箱根54, 箱根55, 箱根56, 箱根57, 全日本10
高岡 弘〈早稲田〉…箱根80, 箱根81, 箱根82, 全日本35
高岡 博〈東洋〉…箱根27
高岡 寛典〈城西〉…箱根80, 箱根82
高岡 光男〈大阪体育〉…全日本5, 全日本6, 全日本7
高岡 幸男〈東洋〉…箱根20, 箱根21
高岡 良行〈名古屋商〉…全日本21
高木 彬雄〈横浜専門〉…箱根19, 箱根20, 箱根21
高木 明彦〈愛知教育〉…全日本14
高木 展〈専修〉…箱根68, 箱根69, 箱根70, 箱根71, 出雲6, 全日本24
高木 章嗣〈福岡〉…出雲6, 出雲8, 全日本26, 全日本28
高木 和夫〈日本文理〉…出雲20, 出雲21, 全日本40, 全日本41
高木 克志〈北海道連〉…出雲1
高木 勝義〈駒澤〉…箱根49, 箱根50
高木 喜代栄〈紅陵〉…箱根24
高木 孝亮〈信州〉…全日本42, 全日本44
高木 武範〈早稲田〉…箱根1
高木 登志夫〈東海〉…箱根91, 全日本46
高木 留吉〈法政〉…箱根4, 箱根5, 箱根6
高木 秀男〈専修〉…箱根42, 箱根43, 箱根44, 箱根45
高木 竜一〈中京〉…全日本40, 全日本41
高北 久嗣〈北信越連〉…出雲6
高久 亮〈東洋〉…箱根75
高久 正生〈八幡〉…全日本17
高久 佑一〈国士舘〉…箱根83, 箱根84
高久 芳裕〈神奈川〉…箱根87, 箱根89
高久 龍〈東洋〉…箱根89, 箱根90, 出雲24, 全日本44, 全日本46
高倉 永治〈日本〉…箱根4
高倉 辰夫〈早稲田〉…箱根23, 箱根24
高倉 久〈日本体育〉…箱根37, 箱根38, 箱根39
高崎 文樹〈早稲田〉…箱根37, 箱根38
高沢 圭輔〈高岡法科〉…全日本40
高沢 圭輔〈北信越連〉…出雲22
高沢 真人〈城西〉…箱根81
高沢 有二〈広島〉…全日本7, 全日本9
高島 陽〈慶應義塾〉…箱根22
高島 康司〈神奈川〉…箱根72, 箱根73, 出雲7, 全日本27, 全日本28
高島 美好〈福岡〉…全日本16
田頭 順一〈高知〉…全日本8
田頭 匠〈東京体専〉…箱根23
高須 則吉〈拓殖〉…箱根74, 箱根75, 出雲10, 全日本29, 全日本30
高須賀 康志〈東北福祉〉…全日本38
高杉 良輔〈中央〉…箱根24, 箱根25, 箱根26, 箱根27, 箱根29
高瀬 幸一〈福岡〉…出雲1
高瀬 豪史〈早稲田〉…箱根69, 箱根70, 全日本25
高瀬 晋治〈東海〉…箱根70, 箱根71, 出雲7, 全日本27
高瀬 泰一〈駒澤〉…箱根87, 箱根88, 全日本43
高瀬 敏夫〈専修〉…箱根19, 箱根20, 箱根21
高瀬 敏治〈専修〉…箱根78
高瀬 登〈東洋〉…箱根21
高瀬 英孝〈青山学院〉…箱根41, 箱根42
高瀬 文敏〈順天堂〉…箱根54
高瀬 無量〈山梨学院〉…箱根84, 箱根85, 箱根86, 箱根87, 出雲21, 出雲22, 全日本39, 全日本41, 全日本42
高瀬 隆一〈青山学院〉…箱根41, 箱根42
高関 伸〈関東学連〉…箱根87
高関 伸〈大東文化〉…箱根86, 出雲21
高堰 隼人〈山梨学院〉…箱根78
高添 邦彦〈専修〉…箱根66, 全日本22
高田 和男〈東洋〉…箱根37
高田 圭一〈仙台〉…全日本30, 全日本33
高田 康暉〈早稲田〉…箱根90, 箱根91, 出雲24, 出雲25, 全日本44, 全日本45, 全日本46
高田 翔二〈日本体育〉…箱根87, 箱根89, 出雲23, 全日本43
高田 精一郎〈徳山〉…全日本17, 全日本19
高田 隆〈東京農業〉…箱根32, 箱根33, 箱根34
高田 千春〈拓殖〉…箱根79, 全日本33, 全日本35
高田 敏寛〈福岡〉…全日本31
高田 俊光〈中央〉…箱根20
高田 富雄〈立教〉…箱根29
高田 秀人〈法政〉…箱根47
高田 真樹〈第一工業〉…出雲25, 全日本46
高田 昌徳〈駒澤〉…箱根69, 箱根70, 箱根71, 箱根72, 出雲4, 出雲5, 全日本25
高田 康夫〈専修〉…箱根51, 箱根53
高田 喜久〈日本体育〉…箱根34, 箱根35, 箱根36, 箱根37
高津 智一〈神奈川〉…箱根72, 箱根73, 箱根74, 出雲7, 出

雲9, 全日本28, 全日本29
高塚 和利〈東海〉…箱根72, 箱根73, 箱根74, 箱根75, 出雲7, 出雲8, 出雲9, 全日本28, 全日本29, 全日本30
高塚 俊〈早稲田〉…箱根50, 箱根51, 箱根53
高月 雄人〈日本〉…箱根87, 全日本42
高津戸 翔太〈上武〉…箱根90
高戸 良之〈筑波〉…箱根61, 箱根62, 箱根63, 箱根64
高梨 信介〈中央〉…箱根67, 箱根68, 箱根69, 箱根70, 出雲4, 全日本22, 全日本24, 全日本25
高梨 寛隆〈法政〉…箱根89, 箱根90
高西 博〈慶應義塾〉…箱根10, 箱根12
高貫 靖夫〈拓殖〉…箱根58, 箱根60
高野 和彦〈山梨学院〉…箱根67, 箱根68, 出雲3, 全日本23
高野 公博〈亜細亜〉…箱根68, 箱根69, 箱根70, 全日本22, 全日本23
高野 千尋〈日本〉…箱根91
高野 定二〈早稲田〉…箱根8, 箱根9
高野 俊雄〈日本〉…箱根39, 箱根40
高野 智行〈日本体育〉…箱根44, 箱根45
高野 寛基〈早稲田〉…箱根87
高野 正彦〈中京〉…全日本10
高野 修徳〈京都産業〉…出雲12, 出雲13, 出雲14, 全日本32, 全日本33, 全日本34, 全日本35
高野 元治〈専修〉…箱根33, 箱根34, 箱根35
高野 洋平〈長崎国際〉…全日本39
高野 義治〈中央〉…箱根43, 箱根44, 箱根45, 箱根46
高野 喜宏〈筑波〉…箱根54, 箱根56, 箱根57, 全日本11, 全日本12
高橋 昭敏〈明治〉…箱根33
高橋 明久〈山形〉…全日本28
高橋 篤〈法政〉…箱根56, 箱根57
高橋 勇〈専修〉…箱根44, 箱根45, 箱根63
高橋 栄一〈横浜国立〉…箱根26, 箱根27
高橋 栄作〈神奈川〉…箱根32
高橋 修〈日本体育〉…箱根60, 箱根61, 箱根62, 全日本16, 全日本17
高橋 和民〈立教〉…箱根19, 箱根20, 箱根22
高橋 一寿〈広島経済〉…出雲12, 全日本32, 全日本34, 全日本35
高橋 和也〈早稲田〉…箱根82
高橋 勝太郎〈東京農業〉…箱根16, 箱根17, 箱根18
高橋 勝哉〈帝京〉…全日本45
高橋 克佳〈名城〉…全日本13
高橋 勝好〈日本体育〉…箱根47, 箱根49, 全日本2, 全日本4, 全日本6
高橋 喜太郎〈中央〉…箱根22
高橋 恭一〈東北学連〉…出雲2
高橋 清〈東洋〉…箱根32
高橋 桂逸〈駒澤〉…箱根77, 出雲12
高橋 健一〈順天堂〉…箱根68, 箱根69, 箱根70, 箱根71, 出雲3, 出雲4, 出雲5, 出雲6, 全日本24
高橋 賢一〈駒澤〉…箱根45, 箱根46, 箱根47
高橋 賢一〈東北学院〉…全日本12, 全日本13, 全日本15
高橋 憲司〈立教〉…箱根44
高橋 謙二〈慶應義塾〉…箱根9, 箱根10, 箱根11, 箱根12, 箱根13
高橋 謙介〈順天堂〉…箱根74, 箱根75, 箱根76, 箱根77, 出雲9, 出雲10, 出雲11, 出雲12, 全日本29, 全日本30, 全日本31, 全日本32
高橋 謙三〈早稲田〉…箱根4, 箱根5, 箱根6
高橋 健太〈東北福祉〉…全日本36, 全日本37, 全日本39
高橋 賢人〈大東文化〉…箱根84, 箱根86, 出雲21, 全日本39
高橋 是清〈東北学院〉…全日本5
高橋 悟〈筑波〉…箱根59, 箱根60, 箱根61, 箱根62
高橋 釋三郎〈明治〉…箱根3, 箱根5
高橋 秀一〈東北学院〉…全日本15
高橋 秀治〈中央学院〉…箱根70, 箱根71
高橋 周平〈日本〉…箱根84, 出雲19, 全日本39
高橋 純一〈法政〉…全日本31
高橋 順一〈東京農業〉…箱根30, 箱根31, 箱根32
高橋 順治郎〈拓殖〉…箱根31
高橋 俊平〈愛知学院〉…全日本1
高橋 新一〈東大農実〉…箱根3, 箱根4
高橋 真悟〈関西学院〉…出雲4, 全日本24
高橋 新次〈大東文化〉…箱根45, 箱根46
高橋 信亮〈東北学連〉…出雲3, 出雲4
高橋 進〈東京文理〉…箱根21
高橋 流星〈大阪経済〉…全日本45, 全日本46
高橋 誠一〈北海道〉…全日本14, 全日本15, 全日本16, 全日本17
高橋 清治〈東京農業〉…箱根18
高橋 清二〈中央〉…箱根6, 箱根8, 箱根9
高橋 宗司〈青山学院〉…箱根89, 箱根90, 箱根91, 出雲23, 全日本43, 全日本45
高橋 孝典〈明治〉…箱根67
高橋 孝幸〈大東文化〉…全日本18
高橋 隆之〈徳山〉…全日本16
高橋 毅〈横浜国立〉…箱根28
高橋 耕〈早稲田〉…箱根79
高橋 勉〈愛知学院〉…全日本1
高橋 剛〈法政〉…箱根77, 箱根78
高橋 哲也〈専修〉…箱根66, 箱根67, 箱根69, 全日本22, 全日本23
高橋 徹也〈京都産業〉…全日本15
高橋 徹〈駒澤〉…箱根85
高橋 富志雄〈東洋〉…箱根50, 箱根51, 全日本4, 全日本5, 全日本6

高橋 俊光〈神奈川〉…箱根87, 箱根88
高橋 俊幸〈東北〉…全日本23, 全日本24, 全日本25
高橋 尚孝〈東海〉…箱根72, 箱根75, 出雲8, 全日本28, 全日本29, 全日本30
高橋 尚弥〈東洋〉…箱根91
高橋 信夫〈専修〉…箱根15
高橋 信勝〈東京体専〉…箱根24, 箱根25
高橋 伸寛〈札幌学院〉…全日本32
高橋 信良〈駒澤〉…箱根61, 箱根62, 箱根63, 箱根64
高橋 昇〈早稲田〉…箱根60
高橋 憲昭〈中央〉…箱根79, 箱根80, 箱根81, 出雲15, 出雲16, 全日本34, 全日本36
高橋 寿〈法政〉…箱根27, 箱根28, 箱根29, 箱根30
高橋 秀昭〈日本〉…箱根80, 全日本35
高橋 秀明〈広島〉…出雲24, 全日本42, 全日本43, 全日本44, 全日本45
高橋 英雄〈日本〉…箱根40, 箱根42, 箱根43
高橋 秀一〈順天堂〉…箱根53
高橋 秀樹〈駒澤〉…箱根65, 箱根66, 箱根67, 箱根68, 出雲1, 出雲3
高橋 秀典〈北海道連〉…出雲1, 出雲3
高橋 秀春〈駒澤〉…箱根49
高橋 宏昌〈関西〉…出雲13, 出雲14, 全日本33
高橋 広夢〈早稲田〉…箱根90
高橋 宏弥〈日本体育〉…箱根82, 箱根83, 箱根84
高橋 宏幸〈大東文化〉…箱根71, 箱根73, 出雲5, 出雲8, 全日本27
高橋 弘幸〈中京〉…出雲22, 全日本41
高橋 史人〈中四国連〉…出雲17, 出雲18
高橋 文平〈東京農業〉…箱根7
高橋 慎〈順天堂〉…箱根60, 箱根61
高橋 真〈山梨学院〉…箱根63, 全日本20
高橋 政則〈東海〉…箱根78
高橋 正憲〈防衛〉…箱根37
高橋 正彦〈慶應義塾〉…箱根6
高橋 正仁〈駒澤〉…箱根76, 箱根77, 箱根78, 出雲12, 出雲13, 全日本32, 全日本33
高橋 正光〈慶應義塾〉…箱根35
高橋 雅哉〈早稲田〉…箱根58, 箱根59, 箱根60, 箱根61
高橋 真嘉〈東北〉…全日本25, 全日本26
高橋 守〈仙台〉…全日本4
高橋 基泰〈東京学芸〉…箱根31
高橋 康夫〈関西〉…箱根9
高橋 靖雄〈法政〉…箱根37, 箱根38, 箱根39, 箱根40
高橋 靖〈中央〉…箱根86, 出雲21
高橋 雄志〈大東文化〉…箱根69, 箱根70, 出雲4, 全日本24
高橋 優太〈城西〉…箱根83, 箱根85, 箱根86, 全日本38
高橋 裕太〈帝京〉…箱根89, 箱根91, 出雲25, 全日本44, 全日本45
高橋 幸宏〈東京農業〉…箱根54, 箱根55, 箱根56, 全日本9, 全日本10
高橋 豊〈立教〉…箱根22, 箱根24
高橋 洋介〈東北福祉〉…全日本37, 全日本38, 全日本39
高橋 良和〈亜細亜〉…箱根66, 箱根68, 全日本22, 全日本23
高橋 良和〈日本体育〉…箱根75
高橋 佳希〈東北〉…全日本45, 全日本46
高橋 佳希〈東北学連〉…出雲25
高橋 隆三〈徳山〉…全日本17
高橋 良輔〈専修〉…箱根81, 箱根82, 全日本37
高畑 勉〈横浜専門〉…箱根17, 箱根18
高畑 恒治〈立命館〉…全日本15, 全日本16
高浜 和行〈中四国連〉…出雲13
高浜 和行〈徳山〉…出雲14, 全日本33, 全日本34
高林 祐介〈駒澤〉…箱根83, 箱根84, 箱根85, 箱根86, 出雲19, 出雲20, 出雲21, 全日本38, 全日本39, 全日本40, 全日本41
高原 聖典〈早稲田〉…箱根84, 出雲19, 全日本39, 全日本40
高原 清秀〈広島〉…全日本11
高藤 敬一郎〈大阪体育〉…全日本4
高部 哲〈早稲田〉…箱根43
高松 峻平〈日本〉…箱根89, 箱根90, 箱根91, 全日本43, 全日本44
田上 充穂〈東京農業〉…箱根14
高見 英治〈愛知教育〉…全日本17
高味 修一〈名古屋〉…全日本1
高見 将三〈明治〉…箱根2, 箱根3
田上 二朗〈大東文化〉…箱根78, 箱根79, 出雲13, 全日本32, 全日本33, 全日本34
田上 伸一〈国士舘〉…箱根48, 箱根49, 箱根50, 全日本3
田上 貴之〈城西〉…箱根80, 箱根81, 箱根82, 箱根83, 全日本38
高見 武司〈山梨学院〉…箱根69, 箱根70, 全日本25
高味 武彦〈中京〉…出雲1, 出雲2, 全日本20, 全日本21, 全日本22
高見 弘樹〈福井工業〉…全日本26, 全日本27
高見 弘樹〈北信越連〉…出雲7
高見 雄飛〈中四国連〉…出雲25
高見 諒〈東洋〉…箱根85, 箱根86, 出雲21, 全日本40, 全日本41
田上 良治〈慶應義塾〉…箱根9
高見沢 勝〈山梨学院〉…箱根77, 箱根79, 箱根80, 出雲12, 出雲14, 出雲15, 全日本32, 全日本33, 全日本34, 全日本35
高道 淳也〈近畿〉…全日本27, 全日本29
高道 孝〈日本〉…箱根8, 箱根9
高嶺 秀仁〈関東学連〉…箱根85
高嶺 秀仁〈法政〉…箱根82, 箱根84, 出雲17, 出雲18

高宮 祐樹〈城西〉…箱根84, 箱根85, 全日本39
高本 仁博〈専修〉…箱根29
高谷 将弘〈国士舘〉…箱根83, 箱根85
高安 哲二〈東京農業〉…箱根67, 箱根68, 箱根69, 出雲3, 出雲4, 全日本23, 全日本24
高柳 茂〈東京体専〉…箱根23
高柳 太一〈日本体育〉…箱根26, 箱根27
高柳 祐也〈日本体育〉…箱根89, 出雲23, 全日本43, 全日本44
高山 清平〈専修〉…箱根24, 箱根26
高山 昇太〈東京農業〉…全日本41
高山 春雄〈法政〉…箱根12
高山 康則〈中京〉…出雲2, 出雲3, 全日本22, 全日本23, 全日本24
寶 雄也〈京都〉…全日本46
宝田 亀喜〈東洋〉…箱根18
田川 嘉博〈日本〉…箱根27
瀧石 凌〈中京〉…全日本45, 全日本46
瀧浦 博文〈中四国連〉…出雲1, 出雲2
滝尾 昇〈亜細亜〉…箱根43
滝奥 恵二〈関東学院〉…箱根79
瀧川 紘〈名古屋〉…全日本33
滝川 哲也〈早稲田〉…箱根54, 箱根55, 箱根56, 箱根57
滝川 啓成〈金沢経済〉…全日本32, 全日本33
滝川 真〈愛知工業〉…出雲14, 全日本32, 全日本33, 全日本34
滝口 哉〈中京〉…出雲6, 全日本26, 全日本27
滝口 浩〈東京農業〉…箱根5, 箱根6, 箱根7
滝口 雄仁〈亜細亜〉…出雲18
滝口 行雄〈中央〉…箱根21, 箱根22
滝沢 明男〈東京学芸〉…箱根60
滝沢 優〈亜細亜〉…箱根80, 出雲14
滝田 輝行〈早稲田〉…箱根59
滝田 治夫〈明治〉…箱根62, 箱根63, 箱根64, 箱根65
滝田 正博〈明治〉…箱根48
瀧田 護〈関東学院〉…箱根78, 箱根79, 箱根80
滝田 義穂〈日歯医専〉…箱根13, 箱根14, 箱根15
田北 佳郎〈鹿児島〉…全日本16
滝原 征一郎〈明治〉…箱根33
田口 篤〈日本体育〉…箱根72, 箱根73, 出雲7, 全日本27
田口 篤志〈名古屋〉…全日本5
田口 栄一〈明治〉…箱根18, 箱根19
田口 克己〈東京学芸〉…箱根60
田口 恭輔〈山梨学院〉…箱根86, 箱根88
田口 健人〈亜細亜〉…箱根85
田口 康平〈大東文化〉…箱根80, 出雲14, 全日本35, 全日本36
田口 哲〈大東文化〉…箱根89
田口 茂和〈東海〉…箱根69, 箱根70
田口 大貴〈早稲田〉…箱根89, 箱根90, 箱根91, 出雲24, 全日本46
田口 哲寛〈愛知工業〉…全日本32
田口 裕茂〈日本〉…箱根48, 箱根49, 全日本1
田口 雅也〈東洋〉…箱根88, 箱根89, 箱根90, 箱根91, 出雲25, 全日本44, 全日本45, 全日本46
田口 学〈筑波〉…箱根56, 箱根58, 全日本13
田口 優〈中央学院〉…全日本41
田口 能康〈慶應義塾〉…箱根47
田窪 孝太〈広島経済〉…全日本38
田久保 仁〈近畿〉…全日本32
詫間 礼斗〈立命館〉…出雲21, 全日本41
内匠 英夫〈東京学芸〉…箱根32, 箱根33, 箱根34
佗美 光俊〈東京学芸〉…箱根36, 箱根37
武井 織衛〈東京農業〉…箱根2, 箱根3, 箱根4
武井 三郎〈神奈川師〉…箱根24
武井 孝雄〈横浜国立〉…箱根28, 箱根29, 箱根31
武井 拓麻〈駒澤〉…箱根77, 全日本32
武井 英雄〈横浜国立〉…箱根26, 箱根27, 箱根28, 箱根29
武居 弘晃〈日本〉…箱根69
武井 康真〈中央〉…箱根68, 箱根69, 箱根70, 箱根71, 出雲5, 全日本23, 全日本25, 全日本26
武居 芳広〈慶應義塾〉…箱根39, 箱根40, 箱根42
武井 隆次〈早稲田〉…箱根67, 箱根68, 箱根69, 箱根70, 出雲2, 出雲3, 出雲4, 全日本24, 全日本25
武石 一十郎〈東洋〉…箱根16
竹石 実〈日本〉…箱根66, 箱根67
竹内 郁雄〈信州〉…全日本31, 全日本34
竹内 一輝〈青山学院〉…箱根88, 箱根90, 出雲25
竹内 一晴〈法政〉…箱根68, 箱根69, 箱根70, 出雲3, 出雲5
竹内 現〈信州〉…全日本14
竹内 健三〈横浜市立〉…箱根33, 箱根34
竹内 源〈奈良産業〉…全日本40
竹内 三郎〈中央〉…箱根23
竹内 滋〈専修〉…箱根30, 箱根31, 箱根32, 箱根33
武内 修一郎〈日本〉…箱根35, 箱根36, 箱根37
竹内 章剛〈福岡〉…全日本31
竹内 譲二〈大東文化〉…箱根48, 箱根49, 箱根50, 箱根51, 全日本3, 全日本5, 全日本6
武内 信〈東北学院〉…全日本10, 全日本12
竹内 清治〈中央〉…箱根34
竹内 貴臣〈仙台〉…全日本31, 全日本32
竹内 貴之〈北海道連〉…出雲1
竹内 達朗〈東洋〉…箱根65, 箱根66, 箱根67
竹内 寿満〈中部〉…全日本17
竹内 秀和〈東洋〉…箱根70, 箱根72, 箱根73, 出雲7, 全日本25, 全日本28
竹内 大雄〈日本体育〉…箱根62, 箱根63, 箱根64
竹内 正已〈拓殖〉…箱根57, 箱根58
竹内 靖夫〈金沢経済〉…全日本32, 全日本33

竹内 靖夫〈北信越連〉…出雲13
竹内 竜真〈東京農業〉…箱根88, 箱根89, 箱根90
武生 健治〈関東学院〉…箱根76
武生 康志〈関東学院〉…箱根76
竹口 俊〈久留米〉…出雲21
竹崎 重紀〈法政〉…箱根75, 箱根76, 箱根77, 全日本32
竹崎 敏夫〈東京文理〉…箱根19, 箱根20, 箱根21
武沢 顕治〈専修〉…箱根40, 箱根43
竹沢 健介〈早稲田〉…箱根82, 箱根83, 箱根84, 箱根85, 出雲19, 出雲20, 全日本39, 全日本40
竹沢 孝夫〈名古屋商〉…全日本26, 全日本27
竹下 英伸〈広島〉…全日本39, 全日本40, 全日本41
竹下 英伸〈中四国連〉…出雲21
竹下 大亮〈國學院〉…箱根82, 箱根83
竹下 孝司〈山梨学院〉…出雲4, 出雲5, 全日本24, 全日本26
竹下 友章〈関東学連〉…箱根81
竹下 正人〈日本体育〉…箱根83, 箱根85, 出雲18
武下 靖〈大阪体育〉…出雲5, 全日本23, 全日本25
竹島 克己〈順天堂〉…箱根52, 箱根53, 箱根54, 箱根55, 全日本8, 全日本9, 全日本10
武田 功〈東洋〉…箱根39, 箱根40
武田 市太郎〈早稲田〉…箱根12, 箱根13
武田 和則〈国士舘〉…箱根70
武田 清〈法政〉…箱根22
武田 恒一〈日本〉…箱根13, 箱根14, 箱根15
武田 郷史〈城西〉…箱根81
武田 真治〈近畿〉…全日本37
武田 晋〈中央〉…箱根22
武田 誠司〈鹿屋体育〉…全日本22
武田 毅〈順天堂〉…箱根84, 箱根85, 全日本39
武田 哲平〈国士舘〉…箱根84
武田 徳一〈法政〉…箱根11
武田 裕明〈日本〉…箱根62, 箱根63, 箱根64, 全日本17, 全日本18, 全日本19
武田 紘史〈東京学芸〉…箱根35, 箱根36
武田 政文〈東京〉…箱根60
竹田 正之〈大東文化〉…箱根69
武田 光義〈日本〉…箱根53, 全日本8
竹田 祐〈国士舘〉…箱根82, 箱根83
武田 凛太郎〈早稲田〉…箱根90, 箱根91, 出雲25, 全日本45
武智 徳令〈東洋〉…箱根21
武智 道雄〈日本〉…箱根6
武智 勇紀〈同志社〉…全日本1
竹中 正一郎〈慶應義塾〉…箱根12, 箱根13, 箱根14, 箱根15, 箱根16, 箱根17
竹中 泰知〈福井工業〉…全日本24, 全日本25, 全日本26
竹中 泰知〈北信越連〉…出雲5, 出雲6
竹中 友人〈日本体育〉…箱根83, 全日本38
竹中 裕紀〈愛知工業〉…全日本34
竹中 正明〈北海学園〉…全日本4
竹野 茂〈専修〉…箱根32, 箱根33
竹之内 孝〈東洋〉…箱根44, 箱根45
竹之内 憲男〈専修〉…箱根74
竹ノ内 佳樹〈日本〉…箱根89, 箱根90, 箱根91, 全日本43, 全日本44, 全日本45
武信 克仁〈京都産業〉…全日本14, 全日本16
武半 和久〈東洋〉…箱根51, 箱根52, 全日本7, 全日本8
竹林 昌広〈日本体育〉…箱根51, 箱根52, 全日本6
竹原 啓二〈広島経済〉…全日本27, 全日本29
竹原 健治〈徳山〉…全日本32
竹村 西〈立教〉…箱根44
武村 佳尚〈國學院〉…箱根82, 箱根83, 全日本38
武本 謙治〈法政〉…箱根72, 箱根73, 出雲6, 全日本26, 全日本27
竹本 紘希〈帝京〉…箱根90, 箱根91, 全日本45
竹本 肇〈日本〉…箱根26, 箱根27
竹本 英利〈順天堂〉…箱根53, 全日本8
竹本 博〈大阪体育〉…全日本11
竹本 雅史〈札幌学院〉…全日本38, 全日本39
竹安 昌彦〈中四国連〉…出雲11, 出雲12
竹安 昌彦〈徳山〉…出雲14, 全日本31, 全日本32, 全日本33, 全日本34
竹山 和広〈法政〉…箱根66
武山 長一〈慶應義塾〉…箱根7
多胡 秀昭〈東洋〉…箱根67, 箱根69, 全日本24
田子 康宏〈立命館〉…出雲15, 出雲16, 出雲17, 全日本35, 全日本36
田子 祐輝〈関東学連〉…箱根88
田子 祐輝〈法政〉…箱根90, 出雲25, 全日本45
田高 常夫〈拓殖〉…箱根46, 箱根48
田幸 寛史〈中央〉…箱根65, 箱根67, 出雲1, 出雲2, 全日本20, 全日本22
田阪 光昭〈高岡法科〉…全日本35, 全日本36, 全日本37
田沢 四三〈日歯医専〉…箱根3
田鹿 昂〈東京高師〉…箱根9
田島 定雄〈中央〉…箱根15, 箱根16, 箱根17
田島 修二〈神奈川〉…箱根26
田島 順二〈福岡〉…全日本17, 全日本18
田島 武彦〈早稲田〉…箱根24, 箱根25
太島 誠〈新潟〉…全日本18, 全日本19, 全日本20, 全日本21
田島 康幸〈関東学連〉…箱根79
田島 康幸〈平成国際〉…箱根77
田島 康之〈法政〉…箱根50, 箱根53
田島 励〈大東文化〉…箱根68, 箱根69, 箱根70, 出雲4, 出雲5, 全日本23, 全日本24, 全日本25
田尻 春童〈日本体育〉…箱根31, 箱根32, 箱根33
田尻 竜也〈東洋〉…箱根70

田代 一馬〈山梨学院〉…箱根90, 箱根91, 全日本44
田代 菊之助〈中央〉…箱根8, 箱根9
田代 尚樹〈東京農業〉…箱根70
田代 信良〈立教〉…箱根19, 箱根20
田代 洋平〈国士舘〉…箱根84, 箱根85
田代 美孝〈日本体育〉…箱根40
多田 秋衛〈早稲田〉…箱根12, 箱根13, 箱根14, 箱根15, 箱根16, 箱根17, 箱根18
多田 英農〈青山学院〉…箱根52
多田 要〈中央〉…箱根89, 箱根90, 箱根91, 出雲24, 全日本43, 全日本44
多田 興真〈北海道連〉…出雲8
多田 裕志〈東洋〉…箱根75, 箱根76
但木 章祐〈法政〉…箱根32, 箱根33, 箱根34, 箱根35
只隈 伸也〈大東文化〉…箱根61, 箱根62, 箱根63, 箱根64, 全日本16, 全日本17, 全日本18, 全日本19
多田野 康〈専修〉…箱根15
舘 佑輔〈四日市〉…全日本31, 全日本32, 全日本33
立川 剛士〈法政〉…箱根69, 箱根70, 箱根72, 全日本26, 全日本27
太刀川 信吉〈早稲田〉…箱根2
橘 謙〈順天堂〉…箱根65, 箱根66
立花 仁〈専修〉…箱根73, 箱根74
立花 英夫〈愛知教育〉…全日本14, 全日本15, 全日本16
立花 通夫〈法政〉…箱根21, 箱根22
橘 明徳〈東北〉…全日本36
橘 明徳〈東北学連〉…出雲13, 出雲15, 出雲16
橘 義昭〈大東文化〉…箱根75, 箱根78, 出雲10, 出雲11, 全日本31, 全日本32
田子 康晴〈大東文化〉…箱根77, 箱根78, 箱根79, 出雲13, 出雲14, 全日本33, 全日本34
竜田 美幸〈神奈川〉…箱根78, 箱根80, 箱根81, 出雲13, 出雲14, 出雲16, 全日本33, 全日本34, 全日本36
巽 浩二〈日本〉…箱根74, 箱根75, 箱根76, 出雲11, 全日本31
辰巳 純也〈中四国連〉…出雲18
巽 貴宏〈立命館〉…全日本23
辰己 寿路〈順天堂〉…箱根44, 箱根45, 箱根46, 箱根47
巽 博和〈順天堂〉…箱根65, 箱根66, 出雲1, 全日本20, 全日本21
辰巳 陽亮〈専修〉…箱根81, 箱根82, 全日本37
辰己 善文〈亜細亜〉…箱根69
伊達 勝康〈駒澤〉…箱根43, 箱根44, 箱根45
伊達 定宗〈東京農業〉…箱根2, 箱根3, 箱根5, 箱根6
伊達 秀晃〈東海〉…箱根81, 箱根82, 箱根83, 箱根84, 出雲17, 出雲18, 出雲19, 全日本36, 全日本39
伊達 博〈慶應義塾〉…箱根22
舘石 盛行〈拓殖〉…箱根85, 箱根87
立石 靖司〈大東文化〉…箱根56, 箱根57, 箱根58, 全日本11, 全日本12, 全日本13
立石 義晴〈大東文化〉…箱根79
立石 良文〈防衛〉…箱根37
立迫 俊徳〈鹿屋体育〉…出雲3, 出雲4, 全日本22, 全日本23, 全日本24
立野 誠次〈大阪体育〉…全日本12
舘林 洸介〈愛知工業〉…出雲24, 全日本43
舘林 洸介〈東海学連〉…全日本44
田中 彬士〈名古屋商〉…全日本32
田中 飛鳥〈東海〉…箱根86, 箱根88, 全日本40, 全日本41, 全日本42
田中 勇〈東北学連〉…出雲6
田中 伊造〈関西〉…箱根12
田中 栄次〈東洋〉…箱根15
田中 芬〈慶應義塾〉…箱根1
田中 和男〈神奈川師〉…箱根23, 箱根24
田中 和貴〈東海〉…箱根68, 出雲3
田中 一成〈四日市〉…全日本37, 全日本38
田中 一兆〈中四国連〉…出雲22
田中 喜一〈駒澤〉…箱根47, 箱根48
田中 義一〈慶應義塾〉…箱根26
田中 喜平〈日本〉…箱根29
田中 佳祐〈城西〉…箱根84, 箱根85, 箱根86, 箱根87, 出雲22, 全日本39
田中 啓佑〈中四国連〉…出雲14
田中 健〈法政〉…箱根38, 箱根41
田中 健一〈法政〉…箱根72, 箱根73, 全日本26, 全日本27
田中 健人〈帝京〉…箱根88, 箱根89
田中 弘一〈日本体育〉…箱根45, 箱根46, 箱根47, 全日本1, 全日本2
田中 孝貴〈順天堂〉…箱根90, 箱根91, 全日本45, 全日本46
田中 光城〈中央〉…箱根36, 箱根37
田中 鴻佑〈早稲田〉…箱根89, 全日本45
田中 光太郎〈國學院〉…箱根87
田中 茂樹〈日本〉…箱根28, 箱根29, 箱根30, 箱根31
田中 静〈東海学連〉…全日本46
田中 修滋〈専修〉…箱根43, 箱根44, 箱根45
田中 秀門〈大阪経済〉…全日本41
田中 駿〈國學院〉…箱根83, 全日本38
田中 彰一〈東北〉…全日本24, 全日本25
田中 正太郎〈関西〉…出雲6, 出雲7, 全日本25, 全日本26, 全日本27
田中 伸一〈札幌学院〉…全日本27, 全日本28
田中 伸一〈北海道連〉…出雲6
田中 伸二〈鹿児島〉…全日本9, 全日本10, 全日本11
田中 真介〈広島〉…全日本11
田中 末喜〈東洋〉…箱根44, 箱根45, 箱根46, 箱根47
田中 誠一〈名古屋〉…全日本10, 全日本11, 全日本12
田中 清司〈早稲田〉…箱根34, 箱根35, 箱根36, 箱根37

田中 大輝〈信州〉…全日本46
田中 大介〈徳山〉…出雲15, 全日本36, 全日本38
田中 大輔〈立命館〉…全日本25
田中 貴章〈東洋〉…箱根86, 箱根87, 箱根88, 出雲23, 全日本41, 全日本42, 全日本43
田中 孝志〈信州〉…全日本14
田中 貴大〈専修〉…出雲19
田中 孝見〈専修〉…箱根30, 箱根31, 箱根32
田中 匡四郎〈神奈川〉…箱根34
田中 辰夫〈早稲田〉…箱根6
田中 辰男〈東京農業〉…箱根6
田中 竜博〈法政〉…箱根50
田中 千広〈日本〉…箱根64
田中 常蔵〈日本〉…箱根5
田中 定次郎〈早稲田〉…箱根12, 箱根13
田中 敏彦〈中京〉…全日本5, 全日本7
田中 利弘〈関東学院〉…箱根79
田中 利弘〈関東学連〉…箱根81
田中 敏正〈大阪商業〉…全日本1
田中 俊也〈神奈川〉…箱根77, 出雲11, 出雲12, 全日本32
田中 智彦〈日歯医専〉…箱根21
田中 智博〈愛知工業〉…出雲19, 出雲20, 出雲21, 全日本40
田中 智博〈東海学連〉…全日本41
田中 直行〈中京〉…出雲1, 全日本19, 全日本20, 全日本21
田中 登〈順天堂〉…箱根51, 箱根52, 箱根53, 箱根54, 全日本8, 全日本9
田中 春行〈日本体育〉…箱根56, 箱根57, 全日本12
田中 久夫〈明治〉…箱根23, 箱根24, 箱根25, 箱根26
田中 英明〈金沢工業〉…全日本9, 全日本10
田中 秀男〈駒澤〉…箱根47, 箱根48, 箱根49
田中 秀夫〈駒澤〉…箱根46
田中 秀雄〈中央〉…箱根15, 箱根16, 箱根17, 箱根18
田中 秀樹〈鹿屋体育〉…全日本27
田中 秀幸〈順天堂〉…箱根88, 箱根89, 出雲24
田中 仁〈日本〉…出雲19, 全日本39
田中 弘明〈神奈川〉…箱根83
田中 宏樹〈駒澤〉…箱根78, 箱根79, 箱根80, 箱根81, 出雲15, 出雲16, 全日本34, 全日本35, 全日本36
田中 寛重〈亜細亜〉…箱根66
田中 宏〈徳山〉…全日本28, 全日本29
田中 弘〈東洋〉…箱根56, 箱根57, 箱根58, 箱根59, 全日本13, 全日本14
田中 宏幸〈法政〉…箱根81, 箱根82, 箱根83, 出雲16, 出雲17, 出雲18, 全日本37
田中 裕美〈福岡〉…全日本18, 全日本19, 全日本20
田中 裕之〈立命館〉…出雲21, 出雲22, 全日本40, 全日本41, 全日本42, 全日本43
田中 文昭〈明治〉…箱根81, 箱根82, 全日本38
田中 勝和〈早稲田〉…箱根49, 箱根50
田中 正典〈立命館〉…全日本11
田中 雅晴〈近畿〉…全日本9
田中 正彦〈拓殖〉…箱根55, 箱根56, 箱根57
田中 勝大〈明治〉…全日本43
田中 勝芳〈日本〉…箱根45, 箱根48, 全日本3
田中 檀〈東京教育〉…箱根38, 箱根39, 箱根40, 箱根41
田中 瑞穂〈中央学院〉…箱根87, 箱根88, 箱根89, 箱根90, 出雲25, 全日本45
田中 稔〈仙台〉…全日本8, 全日本11
田中 盟三〈中京〉…全日本5, 全日本6, 全日本7
田中 幹広〈京都産業〉…全日本8
田中 康生〈明治〉…箱根36, 箱根37, 箱根38
田中 保志〈東北学院〉…全日本20, 全日本21
田中 保志〈東北学連〉…出雲1
田中 泰斗〈福岡〉…全日本5, 全日本6
田中 康則〈慶應義塾〉…箱根47
田中 康秀〈大東文化〉…箱根71, 箱根72, 全日本25
田中 佑治〈名古屋〉…全日本41, 全日本42
田中 裕太〈関西学院〉…全日本44, 全日本45
田中 祐馬〈近畿〉…全日本31, 全日本32
田中 雄也〈東海学連〉…全日本46
田中 豊〈日本体育〉…箱根32, 箱根33, 箱根34
田中 陽介〈中京〉…出雲25, 全日本43, 全日本44, 全日本45
田中 義朗〈亜細亜〉…箱根59
田中 良知〈北海道〉…全日本6
田中 義彦〈京都産業〉…全日本8
田中 隆恵〈東洋〉…箱根14, 箱根15
田中 僚〈山梨学院〉…箱根84, 全日本39
田中 良〈東京教育〉…箱根29
棚木 大〈日本〉…箱根16, 箱根17, 箱根18
田名瀬 保〈明治〉…箱根12
棚瀬 亮治〈東京農業〉…箱根70, 箱根71, 箱根72, 出雲7
棚橋 源一郎〈東京農業〉…箱根2, 箱根3, 箱根4, 箱根5
田辺 英司〈慶應義塾〉…箱根60
田辺 公大〈東洋〉…箱根79, 全日本34
田辺 定明〈中央〉…箱根24, 箱根25, 箱根26, 箱根27, 箱根28, 箱根29
田部 貴之〈帝京〉…箱根84
田辺 正幸〈愛知教育〉…全日本16, 全日本17
田辺 時夫〈早稲田〉…箱根24, 箱根26
田部 富夫〈専修〉…箱根31
田辺 英夫〈拓殖〉…箱根46
田辺 裕康〈中央〉…箱根46, 箱根47, 箱根48
田辺 真〈筑波〉…箱根65
田辺 稔〈東京文理〉…箱根23, 箱根25
谷 一生〈同志社〉…全日本1
谷 正一〈専修〉…箱根44, 箱根45
谷 年明〈東洋〉…箱根56, 箱根57

谷 一〈東京農業〉…箱根85, 全日本40
谷 秀行〈東洋〉…箱根74, 出雲7
ダニエル, G.〈日本〉…箱根83, 箱根84, 箱根85, 箱根86, 出雲18, 出雲19, 出雲20, 出雲21, 全日本38, 全日本39, 全日本40, 全日本41
谷垣 秀将〈慶應義塾〉…箱根70
谷川 和文〈中央〉…箱根51, 箱根53, 箱根54, 全日本9
谷河 神一〈専修〉…箱根22
谷川 忠彦〈青山学院〉…箱根49, 箱根50, 箱根51, 箱根52
谷川 輝男〈東京農業〉…箱根28, 箱根29, 箱根30, 箱根31
谷川 智浩〈拓殖〉…箱根85, 全日本39
谷川 英明〈福岡〉…箱根40
谷川 義秀〈日本〉…箱根65, 箱根66, 箱根67, 出雲1, 出雲2, 出雲3, 全日本21, 全日本22
谷川 嘉朗〈帝京〉…箱根76, 箱根77, 箱根78, 出雲12, 出雲13, 全日本33
谷口 晃〈北海道〉…全日本1
谷口 哲〈横浜専門〉…箱根21
谷口 喜代治〈東京農業〉…箱根27
谷口 欣也〈中央〉…箱根42, 箱根44
谷口 新〈横浜専門〉…箱根19
谷口 創大〈札幌学院〉…全日本46
谷口 恭悠〈日本〉…箱根84, 箱根85, 箱根86, 出雲20, 出雲21, 全日本40, 全日本41
谷口 武志〈神奈川〉…箱根78, 出雲12
谷口 正憲〈札幌学院〉…全日本26, 全日本28
谷口 透〈名古屋商〉…出雲12, 出雲13, 全日本31
谷口 利広〈大阪体育〉…全日本3
谷口 共栄〈明治〉…箱根40, 箱根41, 箱根42
谷口 伴之〈早稲田〉…箱根59, 箱根60
谷口 英和〈第一工業〉…出雲7, 出雲8, 全日本27, 全日本28, 全日本29, 全日本30
谷口 浩美〈日本体育〉…箱根57, 箱根58, 箱根59, 全日本12, 全日本13, 全日本14
谷口 雅軌〈京都産業〉…全日本35
谷口 祐樹〈立命館〉…全日本42, 全日本43
谷口 善隆〈専修〉…箱根81
谷口 亮〈第一工業〉…出雲20, 出雲21, 出雲22, 全日本39, 全日本40, 全日本41, 全日本42
谷敷 正雄〈中央〉…箱根30, 箱根31, 箱根32
谷永 雄一〈日本体育〉…箱根87, 箱根88, 箱根89
谷野 琢弥〈日本体育〉…箱根84, 箱根86, 箱根87, 全日本39, 全日本40, 全日本42
谷野 俊彦〈亜細亜〉…箱根43, 箱根44
谷野 正芳〈防衛〉…箱根37, 箱根39
谷原 先嘉〈山梨学院〉…箱根91, 全日本46
谷水 強〈北海道教〉…全日本21
谷水 強〈北海道連〉…出雲4
谷本 旭洋〈大阪経済〉…全日本44, 全日本45, 全日本46
谷本 幸城〈法政〉…箱根79, 箱根81
谷本 新之助〈札幌学院〉…全日本44, 全日本45, 全日本46
谷本 拓巳〈中央〉…箱根91, 出雲25
田沼 久繁〈神奈川〉…箱根38
種村 幸夫〈日本〉…箱根24, 箱根26, 箱根27, 箱根28
田野 寛之〈北海道連〉…出雲20, 出雲21
田ノ上 晃〈鹿児島〉…全日本9, 全日本10, 全日本11
田ノ上 貢一〈日本体育〉…箱根47, 箱根48, 箱根49, 箱根50, 全日本2, 全日本3, 全日本5
田之口 美喜〈法政〉…箱根28
田野倉 求〈立教〉…箱根32, 箱根33, 箱根34
田幡 順一〈日歯医専〉…箱根10
田畑 智貴〈順天堂〉…全日本29
田端 智宏〈札幌学院〉…全日本40, 全日本41, 全日本42, 全日本43
田畑 真治〈鹿児島〉…全日本16
田端 行昌〈神奈川〉…箱根29, 箱根30
田林 希望〈上武〉…箱根91, 全日本46
田原 邦雄〈八幡〉…全日本6
田原 淳平〈明治〉…出雲21
田原 貴之〈早稲田〉…箱根60, 箱根61, 箱根62
田原 保〈専修〉…箱根34, 箱根35
タービー, P.〈IVL〉…出雲17
ターピー, P.〈IVL〉…出雲19
田渕 真也〈日本体育〉…箱根78
田淵 哲也〈神奈川〉…箱根69, 箱根70
田倍 憲人〈日本〉…全日本42
田倍 正貴〈専修〉…出雲19
玉井 忠和〈九州〉…全日本19
玉井 忠〈神奈川〉…箱根46
玉岡 一臣〈法政〉…箱根52
玉置 幸治〈福井工業〉…全日本22
玉懸 莞爾〈日本〉…箱根36
玉川 政吉〈早稲田〉…箱根8
玉置 暁〈東海〉…箱根60
玉置 昌宏〈京都産業〉…全日本9
玉城 良二〈日本体育〉…箱根60, 全日本15
玉谷 隆信〈金沢工業〉…全日本9
玉野 邦彦〈亜細亜〉…箱根71, 箱根73, 全日本27, 全日本28
玉野 仙〈日本〉…箱根9, 箱根10
玉野 二三男〈島根〉…全日本5
玉村 圭吾〈四日市〉…全日本35, 全日本36, 全日本37, 全日本38
玉目 隆博〈日本体育〉…箱根72, 箱根74, 箱根75
田丸 純〈名古屋商〉…出雲9, 出雲11, 全日本30, 全日本31
田宮 健〈日本〉…箱根56, 箱根57, 箱根58, 全日本12, 全日本13
田村 和希〈青山学院〉…箱根91

田村 航大〈関西学院〉…出雲24, 全日本44, 全日本46
田村 三郎〈横浜専門〉…箱根21
田村 襄〈慶應義塾〉…箱根42
田村 大輔〈高岡法科〉…全日本37, 全日本38, 全日本40
田村 拓眞〈帝京〉…箱根87, 箱根88
田村 忠之〈仙台〉…全日本11
田村 哲英〈鹿屋体育〉…出雲9, 出雲10, 出雲11, 出雲12, 全日本29, 全日本30, 全日本31, 全日本32
田村 留三郎〈関西〉…箱根9
田村 一〈名古屋〉…全日本20
田村 英晃〈東京農業〉…箱根84, 箱根85, 箱根86, 箱根87, 出雲22, 全日本40, 全日本41
田村 仁〈拓殖〉…箱根18
田村 裕一〈酪農学園〉…全日本7
田村 博史〈平成国際〉…箱根77
田村 優宝〈関東学連〉…箱根88
田村 優宝〈日本〉…箱根87, 箱根89, 全日本42, 全日本43, 全日本44
田村 寛徳〈早稲田〉…箱根68
田村 雅明〈青山学院〉…箱根46, 箱根47, 箱根48
田村 将成〈広島経済〉…出雲20, 全日本38, 全日本39
田村 優典〈城西〉…箱根85, 箱根86, 箱根87, 箱根88, 全日本42, 全日本43
田村 諭弥〈日本文理〉…出雲20
田村 好男〈東京農業〉…箱根27, 箱根28, 箱根29
田村 佳丈〈専修〉…箱根78
田村 佳文〈専修〉…全日本33
田村 航〈中央〉…箱根80, 箱根81, 出雲14, 出雲15, 出雲16, 全日本36, 全日本37
溜井 浩章〈日本体育〉…箱根66, 箱根69
為石 勇太〈大阪経済〉…全日本44, 全日本45
田茂井 政〈大阪体育〉…全日本35, 全日本36
樽木 茂〈明治〉…箱根27, 箱根28, 箱根29, 箱根30
垂澤 直也〈日本〉…出雲22
田渡 清司〈横浜専門〉…箱根21
丹下 克己〈久留米〉…出雲1, 全日本21, 全日本24
丹沢 太郎〈大東文化〉…箱根74, 箱根75, 箱根76, 全日本29
丹内 清人〈東北学連〉…出雲7
団野 拓〈東京農業〉…箱根22
段村 富賢〈福岡〉…全日本10, 全日本11, 全日本12

【ち】

近井 一義〈日本体育〉…箱根30
近沢 秀治〈愛知学院〉…全日本1
近長 武男〈法政〉…箱根4, 箱根5, 箱根7, 箱根8, 箱根9, 箱根10
千木良 孝之〈大東文化〉…箱根59, 箱根61, 全日本16
筑摩 信彦〈拓殖〉…箱根21
地下 翔太〈上武〉…箱根87
知崎 祐樹〈名古屋商〉…全日本28
千島 明人〈城西〉…箱根80, 箱根81
千嶋 敬大〈大東文化〉…全日本30
知念 永純〈沖縄国際〉…全日本25
千野 武久〈中央〉…箱根38
千野 恒夫〈東大農実〉…箱根3
千葉 治〈中央〉…箱根21
千葉 和也〈仙台〉…全日本30, 全日本31, 全日本32
千葉 一慶〈帝京〉…箱根89, 箱根90, 全日本44
千葉 久三〈東京文理〉…箱根22
千葉 健太〈駒澤〉…箱根86, 箱根87, 箱根88, 箱根89, 出雲22, 全日本41, 全日本42
千葉 暁〈立命館〉…全日本19, 全日本20
千葉 毅〈明治〉…箱根9
千葉 信彦〈筑波〉…箱根70
千葉 浩〈横浜国立〉…箱根30, 箱根31, 箱根32
千葉 博久〈駒澤〉…箱根52, 箱根53, 箱根54, 全日本7
千葉 正人〈国士舘〉…箱根50, 箱根51, 箱根52, 全日本6
千葉 光正〈東北学院〉…全日本9
千葉 優〈東洋〉…箱根85, 箱根86, 箱根87, 出雲19, 出雲20, 全日本41
千葉 祐一〈日本体育〉…箱根65, 箱根66, 箱根67, 出雲2, 全日本20, 全日本21, 全日本22
千葉 亮〈日歯医専〉…箱根9
千原 康大〈広島経済〉…全日本46
千原 詩郎〈東洋〉…箱根71, 箱根72, 箱根73, 箱根74, 全日本28
千原 遠見彦〈北海道〉…全日本13, 全日本14, 全日本15, 全日本16
中願寺 寛〈日本〉…箱根49, 箱根50, 箱根51, 全日本5, 全日本6
中條 幸太〈第一工業〉…全日本43
中条 秀明〈法政〉…箱根50
中馬 智史〈関西〉…全日本31, 全日本32
千代 良炳〈日本〉…箱根30, 箱根31
趙 寅相〈早稲田〉…箱根16, 箱根17
張 健〈上海体育〉…出雲3
帖佐 寛章〈東京教育〉…箱根29, 箱根30
鄭 載勳〈韓国選抜〉…出雲14
陳 水能〈東京農業〉…箱根19

【つ】

築地 美孝〈東京教育〉…箱根32, 箱根33, 箱根34, 箱根35
対梨 暁〈日本体育〉…箱根41
潰滝 大記〈中央学院〉…箱根89, 箱根90, 箱根91, 出雲25, 全日本45, 全日本46
塚越 憲彦〈法政〉…箱根37, 箱根39, 箱根40

塚越 久男〈東洋〉…箱根47, 箱根48, 箱根49, 箱根50, 全日本4
塚越 裕〈東京教育〉…箱根44, 箱根45, 箱根46
塚田 一郎〈立命館〉…全日本20
塚田 和美〈横浜市立〉…箱根40
塚田 聡〈関東学院〉…箱根70
塚田 空〈関東学連〉…箱根89
都賀田 伯馬〈立教〉…箱根32, 箱根33, 箱根34, 箱根35
塚田 正直〈横浜国立〉…箱根29, 箱根30
塚原 裕助〈日本体育〉…箱根29, 箱根30, 箱根31
塚原 芳典〈國學院〉…箱根82, 箱根83
塚本 一政〈國學院〉…箱根90, 箱根91
塚本 徹〈拓殖〉…箱根53, 箱根54, 箱根55
塚本 敏雄〈大阪体育〉…全日本1, 全日本2, 全日本3
塚本 憲弘〈金沢工業〉…全日本10
塚本 治身〈亜細亜〉…箱根69
塚本 秀樹〈大阪体育〉…出雲5, 全日本25
塚本 幹矢〈亜細亜〉…箱根85, 出雲20
塚本 千仁〈中央学院〉…箱根87, 出雲21, 全日本41
塚本 嘉夫〈東京学芸〉…箱根60
月形 賢児〈九州〉…全日本19
佃 守〈大阪商業〉…全日本8, 全日本9, 全日本10
柘植 修〈亜細亜〉…箱根53, 箱根55
柘植 辰雄〈中央〉…箱根48, 箱根49
逵 一弘〈中部〉…全日本19
辻 希一〈拓殖〉…箱根17, 箱根18, 箱根19
辻 希四郎〈東京農業〉…箱根3, 箱根4
辻 貢司〈関西学院〉…全日本6
辻 幸佑〈中央〉…箱根86, 出雲21, 全日本41
辻 智史〈広島経済〉…全日本37, 全日本38, 全日本39
辻 茂樹〈中央学院〉…箱根83, 箱根84, 箱根85, 全日本39
辻 新次〈東京教育〉…箱根35, 箱根36
辻 隆弘〈立命館〉…出雲18, 全日本38
辻 拓郎〈亜細亜〉…箱根81, 出雲16, 全日本38
辻 直也〈日本文理〉…出雲18, 全日本38, 全日本39
辻 久人〈東京高師〉…箱根9, 箱根10
辻 久人〈東京文理〉…箱根11
辻 秀雄〈早稲田〉…箱根18
辻 裕樹〈京都産業〉…出雲15, 出雲16, 全日本35, 全日本36
辻 裕樹〈日本学連〉…箱根80
辻 裕之〈亜細亜〉…箱根66
辻浦 勝利〈東北学連〉…出雲7
辻川 学〈専修〉…箱根53
逵中 正美〈中京〉…出雲3, 全日本20, 全日本21, 全日本22, 全日本23
辻原 幸一〈神奈川〉…全日本29
辻原 幸生〈神奈川〉…箱根74, 箱根75, 箱根76, 出雲9, 出雲10, 出雲11, 全日本31
対馬 悟〈金沢工業〉…全日本7
津島 仙太郎〈中央〉…箱根7
辻村 充〈明治〉…箱根81, 箱根82
辻本 啓吏〈青山学院〉…箱根85, 箱根87
辻本 敏行〈大阪経済〉…出雲2, 出雲3, 全日本23
辻横 浩輝〈関西学院〉…出雲25, 全日本45, 全日本46
津田 圭祐〈大阪経済〉…全日本44, 全日本45, 全日本46
津田 光介〈日本〉…出雲22
津田 祥一〈東海〉…箱根66, 箱根67, 出雲2, 全日本21, 全日本22
津田 晴一郎〈関西〉…箱根9
津田 晴一郎〈慶應義塾〉…箱根12
蔦野 悟〈関東学院〉…箱根70
土田 重明〈駒澤〉…箱根43, 箱根44, 箱根45
土田 純〈大東文化〉…箱根85, 箱根86
土田 俊徳〈山梨学院〉…箱根89
土田 洋一〈立教〉…箱根22
土橋 啓太〈日本〉…箱根80, 箱根81, 箱根82, 箱根83, 出雲15, 出雲16, 出雲17, 出雲18, 全日本35, 全日本36, 全日本37, 全日本38
土平 英雄〈法政〉…箱根29
土持 栄二〈福岡〉…全日本17, 全日本18, 全日本19
土持 耕作〈大東文化〉…箱根44, 箱根45
土持 康博〈東海〉…箱根71, 箱根72, 全日本26, 全日本27
土本 良信〈明治〉…箱根15
土谷 修〈神奈川〉…箱根77, 出雲12, 全日本32
土谷 和夫〈日本〉…箱根41, 箱根42, 箱根43, 箱根44
土屋 甲子雄〈日歯医専〉…箱根5, 箱根6, 箱根7
土屋 邦夫〈立教〉…箱根25, 箱根26, 箱根27, 箱根28
土屋 浩一〈金沢〉…全日本15
土屋 真吾〈専修〉…箱根28, 箱根29, 箱根30, 箱根31
土屋 貴幸〈東海〉…箱根90, 箱根91
土屋 建彦〈早稲田〉…箱根39, 箱根40, 箱根41, 箱根42
土屋 英雄〈大阪体育〉…全日本12, 全日本13, 全日本14
土屋 裕〈立教〉…箱根29, 箱根30, 箱根31, 箱根32
土屋 雅宏〈京都産業〉…全日本10, 全日本11, 全日本12, 全日本13
土屋 実〈法政〉…箱根37, 箱根38
土屋 幸治〈山形〉…全日本28, 全日本29
土屋 幸治〈東北学連〉…出雲8, 出雲9, 出雲10
土屋 好一〈明治〉…箱根45
土谷 善建〈早稲田〉…箱根40, 箱根41, 箱根42, 箱根43
土屋 力三〈国士舘〉…箱根48, 箱根49, 箱根50, 全日本3, 全日本4
筒井 恵也〈日本文理〉…出雲25, 全日本44, 全日本45
筒井 清次郎〈京都教育〉…全日本13
筒井 雅那〈亜細亜〉…箱根83, 箱根85, 出雲20, 全日本38
堤 隆裕〈東洋〉…箱根52, 全日本7
堤 正彦〈神奈川〉…箱根33, 箱根34
堤 悠生〈帝京〉…箱根91
堤 隆治〈東洋〉…箱根53

堤 渉〈福岡〉…全日本41, 全日本43, 全日本44
綱崎 真二〈中央〉…箱根69, 箱根70, 箱根71, 箱根72, 出雲4, 出雲5, 出雲6, 出雲7, 全日本24, 全日本25, 全日本26, 全日本27
綱島 孝宏〈福井工業〉…全日本23, 全日本25
綱分 憲明〈東京教育〉…箱根42, 箱根43, 箱根44, 箱根45
常木 博至〈中央〉…箱根61
常藤 俊雄〈明治〉…箱根11, 箱根12
常松 喬〈東京文理〉…箱根16, 箱根17, 箱根18, 箱根19
恒松 太陽〈東京農業〉…箱根80
常深 達成〈同志社〉…全日本7
常山 光太〈信州〉…全日本40
津野 浩大〈東京農業〉…箱根87, 箱根88, 箱根90
角田 伸司〈日本体育〉…箱根41, 箱根42
角田 進〈慶應義塾〉…箱根47
角田 仁〈東京農業〉…箱根33
円谷 修〈駒澤〉…箱根43, 箱根44
坪 正之〈専修〉…箱根56, 箱根57, 箱根58, 全日本12, 全日本13
坪井 健司〈筑波〉…箱根60, 全日本15
坪井 昌彦〈金沢〉…全日本15
坪内 武史〈神奈川〉…箱根87, 箱根88
坪田 昭一〈中央〉…箱根58
坪田 智夫〈法政〉…箱根73, 箱根75, 箱根76, 出雲8, 全日本31
円井 彰彦〈法政〉…箱根80, 箱根81, 箱根83, 出雲16, 出雲17, 出雲18, 全日本35
露木 明〈横浜国立〉…箱根26
露木 明〈神奈川師〉…箱根25
露木 富〈横浜市立〉…箱根32, 箱根33, 箱根34
露木 昇〈東京農業〉…箱根31, 箱根32, 箱根33, 箱根34
都留 明男〈八幡〉…全日本4, 全日本5, 全日本6, 全日本7
鶴石 楽〈東北〉…全日本36
鶴沢 敏男〈大阪経済〉…全日本10, 全日本12
鶴留 雄太〈日本体育〉…箱根82, 出雲16, 出雲17, 全日本36, 全日本37
鶴巻 健〈日本〉…箱根48, 箱根49, 箱根50, 全日本3, 全日本5
鶴見 博和〈愛知工業〉…全日本25, 全日本26

【て】

鄭 商熙〈明治〉…箱根13, 箱根14, 箱根15, 箱根16
ティニー, F.〈IVL〉…出雲22
ディービー, N.〈IVL〉…出雲11
出岐 雄大〈青山学院〉…箱根86, 箱根87, 箱根88, 箱根89, 出雲22, 出雲23, 出雲24, 全日本43
出口 彰〈日本体育〉…箱根55, 箱根56, 全日本10
出口 和也〈日本体育〉…箱根84, 箱根85, 箱根86, 箱根87, 出雲19, 出雲22, 全日本39, 全日本40, 全日本42
出口 武志〈東北〉…全日本45
出口 善久〈札幌学院〉…全日本39, 全日本40, 全日本41, 全日本42
出口 善久〈北海道連〉…出雲22
手島 章〈神奈川〉…箱根42
手嶋 成明〈福岡〉…全日本11
手島 洋暁〈東京農業〉…箱根57
手島 弘信〈日本〉…箱根21, 箱根22
手塚 健星〈第一工業〉…出雲16, 全日本35, 全日本36
手束 順一〈甲南〉…全日本1, 全日本2
手塚 大亮〈北海道連〉…出雲23, 出雲24, 出雲25
手塚 大亮〈札幌学院〉…全日本42, 全日本43, 全日本44, 全日本45
手塚 孝周〈東海〉…出雲6
手塚 信夫〈日本〉…箱根24
手塚 秀雄〈駒澤〉…箱根60, 箱根61, 箱根62
手塚 佳宏〈駒澤〉…出雲21
テスマン, B.〈IVL〉…出雲11, 出雲14
鉄 和洋〈東北学院〉…全日本6
徹島 翼〈久留米〉…出雲21
出ノ口 康生〈順天堂〉…箱根52
出山 耕一〈東京農業〉…箱根58
デュッセン, K.〈IVL〉…出雲18
寺内 寿太郎〈慶應義塾〉…箱根1, 箱根2, 箱根4, 箱根5
寺内 将人〈東洋〉…箱根91
寺内 正彦〈早稲田〉…箱根55, 箱根56, 箱根57
寺尾 成人〈関東学院〉…箱根76, 箱根78
寺岡 一樹〈福井工業〉…全日本29, 全日本30
寺岡 一樹〈北信越連〉…出雲10
寺岡 誠〈福岡〉…全日本34
寺川 慶一郎〈大阪経済〉…出雲2, 全日本20, 全日本21, 全日本22
寺久保 三郎〈早稲田〉…箱根16, 箱根17, 箱根18
寺崎 宏紀〈立命館〉…出雲19, 出雲20, 全日本39, 全日本41
寺沢 文雄〈信州〉…全日本2
寺島 吉昭〈大東文化〉…箱根44, 箱根45, 箱根47, 全日本1, 全日本2
寺嶋 良貴〈日本文理〉…出雲22
寺島 龍一〈広島経済〉…全日本36
寺田 夏生〈國學院〉…箱根87, 箱根88, 箱根89, 箱根90, 出雲23, 出雲24
寺田 英憲〈名古屋商〉…全日本21
寺田 啓志〈中央学院〉…全日本39, 全日本40
寺田 裕成〈日本〉…箱根87, 箱根89, 全日本42, 全日本44
寺田 博英〈城西〉…箱根89, 箱根90, 箱根91, 全日本46
寺田 充男〈慶應義塾〉…箱根22
寺西 雅俊〈京都産業〉…全日本45, 全日本46

寺西 康浩〈中四国連〉…出雲4, 出雲5, 出雲6
寺西 芳男〈日本〉…箱根46, 箱根47, 全日本1, 全日本2
寺本 英司〈立命館〉…出雲19, 出雲20, 出雲21, 出雲22, 全日本40, 全日本41, 全日本42
照井 勝弘〈亜細亜〉…箱根55, 箱根58
照井 悌治〈東京農業〉…箱根18, 箱根19, 箱根20, 箱根21
照井 典勝〈日本体育〉…箱根53, 箱根54, 箱根55, 全日本8, 全日本9, 全日本10
照喜名 実〈横浜市立〉…箱根31, 箱根32, 箱根33, 箱根34

【と】

土井 久理夫〈東京農業〉…箱根90
土井 啓三〈慶應義塾〉…箱根35, 箱根38
土井 健太郎〈福井工業〉…全日本26, 全日本27, 全日本28, 全日本29
土井 健太郎〈北信越連〉…出雲6, 出雲7, 出雲8, 出雲9
土井 秀之〈大阪経済〉…出雲2, 出雲3, 全日本21, 全日本22, 全日本23
土井 洋志〈法政〉…箱根76, 箱根77, 箱根78, 全日本31, 全日本32, 全日本33, 全日本34
土井 太〈北海道〉…全日本12, 全日本13
土井 文彦〈仙台〉…全日本11
土井 勝己〈八幡〉…全日本5, 全日本6, 全日本7
土井 政人〈立命館〉…全日本46
土肥 正幸〈久留米〉…全日本18
土居森 諒〈広島経済〉…全日本46
東郷 裕昭〈駒澤〉…箱根61, 箱根62, 箱根63
ドゥセン, K.〈IVL〉…出雲17
當間 博之〈鹿屋体育〉…出雲13
堂道 誠〈専修〉…箱根58, 箱根59, 箱根61, 全日本15, 全日本16
堂本 尚寛〈日本〉…箱根85, 箱根86, 箱根87, 出雲20, 出雲21, 全日本40, 全日本41, 全日本42, 全日本43
當山 篤志〈國學院〉…箱根87
堂山 和一〈立教〉…箱根18, 箱根19, 箱根20
當山 俊典〈沖縄国際〉…全日本21
トゥルー, B.〈IVL〉…出雲21
藤路 陽〈中四国連〉…出雲13, 出雲14
ドゥワイヤー, J.〈IVL〉…全日本28
遠山 昭〈専修〉…箱根52, 箱根53, 箱根54, 箱根55
遠山 福次〈東京高師〉…箱根5
遠山 正暁〈東京教育〉…箱根40, 箱根41, 箱根42
富樫 建太〈札幌学院〉…全日本30
富樫 昌広〈山形〉…全日本28, 全日本29
富樫 昌広〈東北学連〉…出雲8
渡嘉敷 義成〈大阪体育〉…全日本20
十亀 裕樹〈徳山〉…全日本37
時末 政義〈法政〉…箱根65, 箱根66, 箱根67, 出雲2
時女 郁男〈専修〉…箱根24
土器屋 耕〈大阪体育〉…全日本25, 全日本26
徳江 秀隆〈青山学院〉…箱根45, 箱根46, 箱根47
徳岡 茂樹〈立命館〉…出雲11
徳岡 保政〈国士舘〉…箱根35, 箱根36, 箱根37, 箱根38
土久岡 陽祐〈帝京〉…箱根86, 箱根87, 全日本40, 全日本42
徳重 純〈広島経済〉…出雲4, 出雲6, 出雲7, 全日本24, 全日本25, 全日本26, 全日本27
徳重 祐児〈鹿屋体育〉…出雲11, 出雲12, 出雲13, 出雲14, 全日本31, 全日本34
徳田 徑樹〈日歯医専〉…箱根17, 箱根18
徳田 哲志〈山梨学院〉…全日本36
徳地 悠一〈中央〉…箱根83, 箱根84, 箱根85, 出雲19, 全日本39, 全日本40
徳留 大士〈山梨学院〉…全日本22
徳留 満雄〈日本体育〉…箱根26, 箱根27
徳留 満雄〈日本体専〉…箱根25
徳永 健司〈福岡〉…全日本28
徳永 照〈中央〉…箱根89, 箱根90, 箱根91, 出雲24, 出雲25, 全日本44
徳永 正俊〈立教〉…箱根39, 箱根40, 箱根41
得能 末吉〈明治〉…箱根1, 箱根2
徳原 淳治〈大東文化〉…箱根75, 箱根76, 全日本29, 全日本31
徳原 宗一郎〈大東文化〉…箱根91
徳本 一善〈法政〉…箱根75, 箱根76, 箱根77, 箱根78, 出雲12, 出雲13, 全日本31, 全日本32, 全日本33
徳山 郁夫〈東京教育〉…箱根47
徳山 英雄〈専修〉…箱根22
徳山 雄太〈愛知工業〉…出雲15, 出雲16
徳和 純一〈金沢経済〉…全日本32, 全日本33
徳和 純一〈北信越連〉…出雲11, 出雲13
都甲 裕司〈東京農業〉…箱根65, 箱根66, 箱根67, 箱根68, 出雲1
土佐 博之〈中京〉…全日本24
兎沢 忠良〈東北学連〉…出雲7, 出雲8, 出雲9
利岡 充〈福井工業〉…全日本25
戸島 啓介〈中央学院〉…箱根70, 箱根71
戸田 菊夫〈日歯医専〉…箱根3
戸田 俊介〈日本〉…箱根67, 出雲1, 全日本21, 全日本22
戸田 省吾〈明治〉…箱根23, 箱根24
戸田 尚武〈早稲田〉…箱根36, 箱根37, 箱根38, 箱根39
戸田 雅稀〈東京農業〉…箱根89, 箱根90
斗高 克敏〈日本体育〉…箱根51, 箱根52, 箱根53, 箱根54, 全日本6, 全日本8, 全日本9
栃尾 彦三郎〈早稲田〉…箱根2, 箱根3, 箱根6
栃木 一成〈中京〉…全日本40, 全日本41, 全日本42
栃木 渡〈順天堂〉…箱根91, 全日本46

栩山 健〈拓殖〉…箱根91
留目 栄七〈法政〉…箱根26
轟木 善一〈国士舘〉…箱根53
刀祢 健太郎〈東海〉…箱根85, 箱根86, 箱根87, 箱根88, 出雲23, 全日本40, 全日本41, 全日本42, 全日本43
登内 達朗〈信州〉…全日本13, 全日本14
殿柿 昌律〈専修〉…箱根57, 箱根58, 箱根59, 全日本12, 全日本13
鳥羽 和晃〈山梨学院〉…箱根89, 出雲22, 出雲24, 全日本44
鳥羽 邦彦〈愛知工業〉…出雲20, 全日本39, 全日本40
土橋 茂一〈順天堂〉…箱根41, 箱根43, 箱根44
飛坂 篤恭〈東洋〉…箱根83, 箱根85, 全日本40
飛田 将孝〈東北学院〉…全日本37
飛田 将孝〈東北学連〉…出雲20
飛渡 将仁〈四日市〉…全日本39
飛松 一郎〈福岡〉…全日本13, 全日本14, 全日本15
飛松 誠〈帝京〉…箱根76, 箱根77, 箱根78, 箱根79, 出雲12, 出雲13, 出雲14, 全日本33
飛松 佑輔〈第一工業〉…出雲22, 出雲23, 出雲24, 全日本42, 全日本43, 全日本44, 全日本45
戸松 秀樹〈愛知教育〉…全日本14, 全日本15, 全日本16, 全日本17
苫米地 正敏〈慶應義塾〉…箱根35
外丸 和輝〈関東学連〉…箱根83
外丸 和輝〈東京農業〉…箱根84, 箱根85, 箱根86, 全日本40
都丸 美明〈国士舘〉…箱根49, 箱根50, 全日本4
都丸 亮一〈北海道〉…全日本11, 全日本12
富江 利直〈明治〉…箱根12, 箱根13, 箱根14, 箱根16
富岡 貴〈明治〉…箱根67
富岡 司〈東洋〉…箱根89
富岡 三成〈大東文化〉…出雲11, 全日本31
富岡 悠平〈城西〉…箱根80
富川 誠一〈東京農業〉…箱根7
富川 泰幸〈琉球〉…全日本8
富塚 良郎〈早稲田〉…箱根39, 箱根40, 箱根41, 箱根42
富田 治〈法政〉…箱根18
冨田 祥平〈日本体育〉…出雲25, 全日本45
富田 隆俊〈早稲田〉…箱根39
富田 辰雄〈順天堂〉…箱根35, 箱根36, 箱根37, 箱根38
富田 哲郎〈北海道連〉…出雲11
富田 寿己〈東京高師〉…箱根6
富田 信義〈国士舘〉…箱根47
冨田 英之〈東北学院〉…全日本34
冨田 英之〈東北学連〉…出雲13, 出雲15
富田 宏和〈近畿〉…全日本9
富田 文二〈東京農業〉…箱根4, 箱根5, 箱根6, 箱根7, 箱根9
冨田 泰弘〈愛知工業〉…出雲14, 全日本32, 全日本33, 全日本34
富田 雄也〈早稲田〉…箱根66, 箱根67, 箱根69, 出雲4, 全日本24
富田 善継〈中央〉…箱根75, 全日本31
冨高 一成〈福岡〉…全日本43
冨永 浩一〈北信越連〉…出雲3, 出雲4, 出雲5
富永 崇〈立命館〉…出雲16
富永 輝幸〈東洋〉…箱根45, 箱根46, 箱根47
富永 光〈東洋〉…箱根85
富永 豪紀〈東海〉…箱根64, 箱根65, 箱根66, 出雲1, 全日本19, 全日本20, 全日本21
富永 浩史〈大阪学院〉…全日本31
富永 博文〈中央〉…箱根60, 箱根61, 箱根62, 箱根63, 全日本16
富中 宗義〈島根〉…全日本4, 全日本5
富原 勝雄〈法政〉…箱根42
富満 一夫〈早稲田〉…箱根40, 箱根41, 箱根43
富屋 直彦〈東洋〉…箱根14, 箱根15, 箱根16
富安 央〈日本体育〉…箱根91, 全日本46
富山 恭平〈大阪経済〉…全日本44, 全日本45
富山 孝次〈中央〉…箱根27, 箱根28, 箱根29
冨山 莉己〈中央学院〉…箱根87, 箱根88
戸村 将幸〈帝京〉…箱根78, 箱根80, 箱根81, 全日本33, 全日本34
戸村 又治朗〈駒澤〉…箱根48, 箱根50
留野 豊昭〈中央〉…箱根35, 箱根36, 箱根37
友井 芳明〈横浜市立〉…箱根30, 箱根31, 箱根32
友田 千利〈中央〉…箱根55, 箱根56
友納 由博〈神奈川〉…箱根70, 箱根71, 箱根72, 全日本26, 全日本27
友広 哲也〈法政〉…箱根81, 箱根83, 出雲16, 出雲18, 全日本37
友部 哲哉〈東洋〉…箱根74
友安 春夫〈九州産業〉…全日本5, 全日本6, 全日本7, 全日本8
土門 敏行〈法政〉…箱根7, 箱根8, 箱根9, 箱根10
外山 亜貴雄〈専修〉…箱根43, 箱根44, 箱根45, 箱根46
豊岡 示朗〈東京教育〉…箱根43, 箱根45
豊島 美幸〈大東文化〉…箱根70, 全日本25
豊田 篤志〈中京〉…全日本27, 全日本28
豊田 崇〈神奈川〉…箱根81, 箱根82, 箱根83, 出雲17, 全日本36, 全日本37, 全日本38
豊田 多賀司〈立教〉…箱根36, 箱根37, 箱根38, 箱根39
豊田 雄樹〈中央〉…箱根73, 箱根75, 出雲8, 全日本30
豊永 智弘〈広島〉…出雲22, 全日本42, 全日本43, 全日本44
豊永 安夫〈徳山〉…全日本13, 全日本14
豊福 健一〈東洋〉…箱根66, 箱根67
豊福 知徳〈早稲田〉…箱根67, 箱根68, 箱根69, 出雲1, 出

雲2, 出雲4, 全日本24
豊福 嘉弘〈早稲田〉…箱根61, 箱根62, 箱根63
トラオゴット, J.〈IVL〉…出雲16
鳥居 邦夫〈順天堂〉…箱根40, 箱根41, 箱根42, 箱根43
鳥居 新也〈関東学院〉…箱根74, 箱根76
鳥居 久義〈京都産業〉…出雲2, 全日本19, 全日本20, 全日本22
鳥井 博幸〈北海道教〉…全日本21
ドリウッジ, A.〈第一工業〉…出雲10, 出雲11, 全日本29, 全日本30, 全日本31, 全日本32
鳥海 勲〈東洋〉…箱根28, 箱根29
鳥山 晋〈山梨学院〉…箱根66, 箱根67, 出雲2, 全日本20, 全日本22

【な】

内苑 慶二〈慶應義塾〉…箱根24, 箱根26
ナイティンゲール, D.〈IVL〉…出雲21
内藤 有恒〈北海道〉…全日本5, 全日本8
内藤 健太〈東北福祉〉…全日本44
内藤 貞男〈東洋〉…箱根24, 箱根26
内藤 貴夫〈近畿〉…全日本38
内藤 信雄〈東京文理〉…箱根22
内藤 宣也〈中央〉…箱根59
内藤 寛人〈東京農業〉…箱根88, 箱根89, 出雲22
内藤 博紀〈札幌学院〉…全日本44, 全日本45
内藤 聖貴〈東海学連〉…全日本38
内藤 聖貴〈名古屋〉…出雲18, 全日本30, 全日本33, 全日本36
内藤 光雅〈早稲田〉…箱根53, 箱根54
直江 功希〈愛知学院〉…全日本14
仲 宏治〈日本〉…箱根65, 箱根66, 箱根67, 出雲1, 出雲2, 全日本21, 全日本22
中 正美〈法政〉…箱根50
永井 章生〈大阪体育〉…全日本26
永井 明〈四日市〉…全日本32, 全日本33, 全日本34, 全日本35
永井 敦〈広島〉…全日本9
永井 理〈関西〉…全日本39
永井 一仁〈札幌学院〉…全日本24, 全日本25, 全日本26
永井 一仁〈北海道連〉…出雲4, 出雲5, 出雲6
中井 賢二〈早稲田〉…箱根14, 箱根15, 箱根18
永井 謙二〈東洋〉…箱根73, 全日本25
長井 健輔〈大阪体育〉…全日本35, 全日本36, 全日本37
永井 聡〈東洋〉…箱根67, 箱根69, 全日本24
中井 脩人〈京都産業〉…出雲25, 全日本45, 全日本46
永井 純〈東京教育〉…箱根42
永井 昭市〈日本体育〉…箱根28, 箱根29
中井 祥太〈東海〉…箱根79, 箱根80, 出雲15, 全日本34, 全日本35
中井 清造〈拓殖〉…箱根15
永井 智大〈第一工業〉…出雲24, 出雲25, 全日本44, 全日本45
永井 順明〈中央〉…箱根75, 箱根76, 箱根77, 出雲9, 出雲10, 出雲11, 出雲12, 全日本29, 全日本30, 全日本32
永井 秀典〈札幌学院〉…全日本28, 全日本30
永井 秀典〈北海道連〉…出雲9, 出雲10
永井 秀篤〈中央〉…箱根89, 箱根91
永井 博一〈国士舘〉…箱根66, 箱根67, 箱根68, 出雲2, 全日本22
永井 大隆〈日本体育〉…箱根83, 箱根84, 箱根85, 出雲19, 全日本39, 全日本40
永井 洋光〈東洋〉…箱根69, 箱根70
中井 博之〈東洋〉…出雲11
永井 豊〈明治〉…箱根43
中井 良晴〈順天堂〉…箱根56, 箱根57, 箱根58, 箱根59
中石 富士夫〈拓殖〉…箱根54, 箱根56, 箱根57
仲井間 憲彦〈沖縄国際〉…全日本25
永岩 義人〈城西〉…箱根84, 全日本39
長江 定矢〈國學院〉…箱根82
長江 祐治〈福井工業〉…全日本28
長江 祐治〈北信越連〉…出雲8
中尾 明〈近畿〉…全日本9
中尾 栄二〈早稲田〉…箱根77, 箱根78, 全日本33, 全日本34
永尾 健太〈福岡〉…出雲16, 全日本36
長尾 信望〈中京〉…全日本26, 全日本27
中尾 賢則〈久留米〉…全日本18
中尾 誠宏〈関東学連〉…箱根82
中尾 誠宏〈帝京〉…箱根79, 箱根80, 箱根81, 出雲14, 全日本34
長尾 正樹〈日本体育〉…箱根85, 箱根86
中尾 学〈山梨学院〉…出雲2
中尾 勇生〈帝京〉…箱根79, 出雲14, 全日本34
長尾 幸保〈広島経済〉…出雲7, 全日本27, 全日本28
長尾 幸保〈中四国連〉…出雲8
長尾 洋平〈拓殖〉…箱根81, 全日本33
中尾 義久〈山梨学院〉…出雲2, 出雲3, 全日本24
中尾 喜大〈久留米〉…出雲21
長尾 亮汰〈岐阜経済〉…全日本45
永岡 栄〈北海道〉…全日本14, 全日本15, 全日本16, 全日本17
長岡 孝之〈東海〉…箱根65, 箱根66, 箱根67, 全日本21
中岡 裕介〈中四国連〉…出雲21, 出雲23
中垣内 真樹〈筑波〉…箱根70
中垣 義成〈福井工業〉…全日本27, 全日本28, 全日本29
中垣 義成〈北信越連〉…出雲9
中垣 芳美〈九州産業〉…全日本1, 全日本2, 全日本3, 全

日本4
中門 健〈明治〉…箱根83
長壁 丈〈駒澤〉…箱根70
仲上 明彦〈札幌学院〉…全日本24, 全日本25, 全日本26
仲上 明彦〈北海道連〉…出雲6
中神 章博〈中部〉…全日本18, 全日本19, 全日本21
中神 恒也〈神奈川〉…箱根91
中川 昌彦〈中京〉…全日本30
中川 英一郎〈関西〉…箱根9, 箱根12, 箱根13
仲川 栄二〈新潟〉…全日本16
中川 剛〈山梨学院〉…箱根84, 箱根85, 箱根86, 全日本39, 全日本40, 全日本41
中川 浩佑〈防衛〉…箱根37, 箱根39
中川 真一〈神奈川〉…箱根70, 全日本27
中川 孝浩〈国士舘〉…箱根68, 箱根70
中川 卓爾〈東京教育〉…箱根34, 箱根35, 箱根36
中川 拓郎〈順天堂〉…箱根77, 箱根78, 箱根79, 出雲14, 全日本33, 全日本34
中川 寿朗〈島根〉…全日本2, 全日本3, 全日本4
中川 智博〈京都産業〉…出雲13, 出雲14, 出雲15, 全日本33, 全日本34, 全日本35
中川 智博〈日本学連〉…箱根80
中川 英男〈中央〉…箱根3, 箱根4, 箱根6, 箱根7
中川 順博〈高知〉…全日本6
中川 衛〈早稲田〉…箱根42, 箱根43, 箱根44, 箱根45
中川 道雄〈札幌学院〉…全日本22
中川 康隆〈中央〉…箱根76, 出雲11, 全日本29, 全日本31
中川 豊〈中京〉…全日本18, 全日本19
中川 禎毅〈関東学院〉…箱根74
中川 瞭〈東海〉…出雲23, 全日本43, 全日本44, 全日本46
中川原 高〈法政〉…箱根9, 箱根10, 箱根11
永久井 一夫〈日本〉…箱根37
中国 利明〈駒澤〉…箱根43, 箱根44, 箱根45
中倉 伸〈大東文化〉…箱根63
長倉 恒夫〈法政〉…箱根2, 箱根3
仲子 宏〈筑波〉…箱根54, 全日本12
中小田 洋介〈北信越連〉…出雲18
中座 俊隆〈東京農業〉…箱根62, 箱根63, 箱根64, 全日本16, 全日本17
長坂 公靖〈愛知工業〉…出雲21, 全日本43
長坂 公靖〈東海学連〉…全日本41, 全日本42
長坂 尚久〈名古屋〉…全日本20
永坂 幸也〈国士舘〉…箱根83
中崎 幸伸〈帝京〉…箱根75, 箱根76, 箱根77, 箱根78, 出雲12, 出雲13, 全日本33
中里 竜也〈神奈川〉…箱根74
中里 報国〈東洋〉…箱根15
中里 政義〈関東学院〉…箱根78
仲里 陽介〈大阪体育〉…出雲19, 全日本37
中里 脇弘〈立教〉…箱根37
中沢 晃〈神奈川〉…箱根74, 箱根75, 出雲10, 全日本29, 全日本30
中沢 綾雄〈早稲田〉…箱根13
中沢 栄〈日本体育〉…箱根57, 箱根59, 全日本12, 全日本14
中沢 幸〈京都教育〉…全日本14
中澤 翔〈北信越連〉…出雲21, 出雲22, 出雲23, 出雲24
長澤 卓〈早稲田〉…出雲11
中沢 正仁〈山梨学院〉…箱根63, 箱根64
中沢 利久〈日歯医専〉…箱根21
長沢 朋哉〈京都産業〉…出雲18, 全日本37, 全日本38, 全日本39
中沢 通訓〈青山学院〉…箱根41
中沢 保弘〈明治〉…箱根60
長塩 栄一〈専修〉…箱根49
長柴 翔〈東北学連〉…出雲20, 出雲21
長島〈日本〉…箱根8
中島 章博〈中京〉…出雲23, 全日本45
中島 五雄〈順天堂〉…箱根34, 箱根35, 箱根36
長嶋 勝一郎〈名古屋商〉…全日本6, 全日本7, 全日本8
中島 桂介〈東京文理〉…箱根13
中島 賢士〈早稲田〉…箱根84, 箱根85, 箱根86, 箱根87, 全日本39
中島 修三〈順天堂〉…箱根56, 箱根57, 箱根58, 箱根59
中島 修平〈筑波〉…箱根51, 箱根52, 箱根54
中島 潤〈広島経済〉…出雲7, 出雲9, 全日本26, 全日本27, 全日本29
永嶋 照示〈福岡〉…全日本1, 全日本2
中島 将太〈高岡法科〉…全日本35, 全日本36, 全日本37
中島 将太〈北信越連〉…出雲15, 出雲16
中島 信一〈大阪体育〉…全日本15, 全日本16, 全日本17
永島 慎吾〈大東文化〉…箱根74
永島 貴史〈東海〉…箱根76, 箱根78, 全日本34
長島 鷹康〈早稲田〉…箱根33
長嶋 孝之〈京都〉…全日本4
中島 直香〈北海道〉…全日本17
中島 勉〈法政〉…箱根24
中島 恒哉〈法政〉…箱根36, 箱根37, 箱根38, 箱根39
中島 輝雄〈中央〉…箱根38, 箱根39, 箱根40
中島 達〈北海学園〉…全日本4
中島 敏一〈中京〉…全日本5, 全日本7
中島 敏矩〈早稲田〉…箱根18
中島 稔彦〈大東文化〉…箱根59, 箱根60, 全日本14
中島 朋広〈東海〉…箱根55
中島 典正〈法政〉…箱根28
中島 肇〈東洋〉…箱根25
中島 久雄〈東京経済〉…全日本1, 全日本2
長島 浩〈慶應義塾〉…箱根60
長島 浩〈東京農業〉…箱根55, 箱根56, 箱根57, 全日本10, 全日本11, 全日本12

中島 裕之〈福岡〉…出雲16, 全日本36, 全日本40
中島 文彦〈福岡〉…箱根40
中島 誠〈日本〉…箱根36
中嶋 聖善〈立命館〉…出雲18, 全日本38, 全日本39
中島 学〈東北学院〉…全日本12, 全日本13
中島 道也〈愛知工業〉…全日本22, 全日本23
中島 裕也〈専修〉…全日本37
中島 幸基〈早稲田〉…箱根10, 箱根11, 箱根12, 箱根13, 箱根14, 箱根15
中島 諒人〈岐阜経済〉…全日本45
中条 明〈筑波〉…箱根52
中城 陽平〈福井工業〉…全日本26, 全日本27, 全日本28, 全日本29
中城 陽平〈北信越連〉…出雲8, 出雲9
中須賀 由採〈東海〉…箱根49, 箱根50, 箱根51, 箱根52
中瀬 敬夫〈中京〉…全日本8
中瀬 洋一〈専修〉…箱根64, 箱根66, 箱根67, 全日本21, 全日本22
永瀬 芳雄〈明治〉…箱根7, 箱根8, 箱根9, 箱根10, 箱根11
中祖 誠〈京都産業〉…全日本43
中園 博文〈防衛〉…箱根39
仲田 篤孝〈順天堂〉…箱根85
永田 一志〈立命館〉…全日本5
永田 克久〈日本〉…箱根60, 箱根61, 箱根62
永田 景介〈関東学院〉…箱根78
永田 幸一〈中京〉…全日本1
永田 宏一郎〈鹿屋体育〉…出雲9, 出雲10, 出雲11, 出雲12, 全日本29, 全日本30, 全日本31, 全日本32
永田 功〈岐阜〉…全日本11
永田 淳〈日本体育〉…箱根82
永田 純也〈日本体育〉…箱根68, 出雲3, 全日本23
永田 慎介〈東海〉…箱根86, 箱根87, 全日本41, 全日本42
中田 剛司〈東海学連〉…全日本39, 全日本40, 全日本41, 全日本42
永田 貴司〈中部〉…全日本16, 全日本17, 全日本18
永田 貴司〈中部工業〉…全日本15
中田 貴勝〈東洋〉…箱根84
中田 天平〈徳山〉…全日本31
中田 進康〈東京農業〉…箱根80
永田 寿志〈久留米〉…出雲1, 全日本20, 全日本21
長田 博〈東京高師〉…箱根2, 箱根3
長田 裕也〈東海学連〉…全日本38
中田 正男〈早稲田〉…箱根13, 箱根14, 箱根15
中田 正男〈明治〉…箱根17
中田 実〈紅陵〉…箱根24
中田 盛之〈日本体育〉…箱根58, 箱根59, 箱根60, 箱根61, 全日本13, 全日本14, 全日本15, 全日本16
永田 安之輔〈東京農業〉…箱根5, 箱根6, 箱根7, 箱根9
永田 安之輔〈日本〉…箱根3
中谷 至〈第一工業〉…全日本35, 全日本36
中谷 圭介〈日本〉…箱根77, 箱根78, 箱根79, 箱根80, 出雲12, 出雲13, 出雲15, 全日本32, 全日本33, 全日本34, 全日本35
中谷 圭佑〈駒澤〉…箱根90, 箱根91, 出雲25, 全日本45, 全日本46
永谷 寿一〈明治〉…箱根5, 箱根6, 箱根7
中谷 英樹〈札幌学院〉…全日本22, 全日本23
仲谷 吉隆〈大阪体育〉…全日本37
中谷 義治〈福岡〉…出雲5, 全日本25
中塚 昌男〈東京教育〉…箱根47, 箱根48, 箱根49, 箱根50
中塚 陵太〈亜細亜〉…箱根86
中津川 明〈横浜国立〉…箱根31, 箱根32
長門 俊介〈順天堂〉…箱根80, 箱根81, 箱根82, 箱根83, 出雲15, 全日本36, 全日本37
中藤 健二〈徳山〉…出雲1, 全日本20, 全日本21
永富 和真〈東洋〉…箱根79, 箱根80, 出雲15, 全日本34, 全日本35
中富 肇〈早稲田〉…箱根65, 箱根66, 箱根67, 箱根68, 出雲2, 出雲3
長友 清美〈中京〉…全日本6, 全日本8, 全日本9
永友 直樹〈名古屋商〉…出雲13, 全日本32, 全日本34
中西 章浩〈大阪体育〉…全日本13, 全日本14
中西 慶輔〈関西〉…出雲13, 出雲14, 全日本33
中西 健〈京都産業〉…出雲25, 全日本45, 全日本46
中西 玄気〈東海学連〉…全日本46
中西 重雄〈日本〉…箱根20
中西 俊二〈中京〉…出雲2, 出雲3, 全日本23, 全日本24
中西 正二〈大阪体育〉…全日本13
中西 拓郎〈福岡〉…全日本41, 全日本43
中西 俊文〈東洋〉…箱根64
中西 日出夫〈日本〉…箱根38, 箱根39
仲西 浩〈日本体育〉…箱根61, 箱根62, 全日本16, 全日本17
中西 稔〈中部〉…全日本21
中西 康晴〈日本〉…箱根69
中西 与志雄〈大阪商業〉…全日本1, 全日本2
長沼 勝利〈東京農業〉…箱根38, 箱根39, 箱根40, 箱根41
長沼 優〈筑波〉…箱根60, 箱根61, 全日本14
中根 孝喜〈専修〉…箱根37, 箱根38, 箱根39
中根 光洋〈亜細亜〉…箱根79
仲野 旭彦〈東洋〉…箱根76
中野 一郎〈大阪体育〉…出雲1, 全日本21
永野 孝一〈北海道〉…全日本12, 全日本13
中野 定治〈日歯医専〉…箱根20
永野 準一郎〈日本〉…箱根19, 箱根21
中野 晋〈龍谷〉…全日本27
中野 孝行〈国士舘〉…箱根59, 箱根60, 箱根61, 箱根62, 全日本17
永野 常平〈日本〉…箱根21, 箱根22
中野 剛〈神奈川〉…箱根69, 箱根70, 箱根71, 出雲5, 出雲

6, 全日本26
中野 貞治〈日歯医専〉…箱根19
中野 照雄〈東洋〉…箱根28, 箱根29, 箱根30, 箱根31
中野 敏明〈九州産業〉…全日本9, 全日本10, 全日本11
中野 敏雄〈東京農業〉…箱根28, 箱根29, 箱根30
中野 信晃〈大東文化〉…箱根58
永野 法正〈日本体育〉…出雲2, 全日本22
中野 正明〈亜細亜〉…箱根47, 箱根48, 箱根49
中野 正次〈横浜専門〉…箱根17, 箱根18
中野 昌彦〈大阪体育〉…全日本23, 全日本26
中野 政文〈山梨学院〉…箱根64, 箱根65, 箱根66, 全日本21
長野 正芳〈専修〉…箱根68, 箱根69, 出雲4, 全日本23, 全日本24
中野 幹生〈神奈川〉…箱根72, 箱根74, 出雲6, 出雲7, 全日本26, 全日本27, 全日本28
中野 稔〈愛知工業〉…全日本25, 全日本27, 全日本28
中野 八十二〈東京文理〉…箱根13
中野 裕介〈中央〉…箱根78, 箱根80
中野 喜夫〈東京学芸〉…全日本1
中野 義晴〈金沢〉…全日本15
中野 良平〈第一工業〉…出雲17, 出雲18, 出雲20, 全日本37, 全日本38, 全日本39, 全日本40
中野内 直人〈立命館〉…出雲24, 全日本44
永橋 為親〈日本体育〉…箱根27
中橋 富士夫〈順天堂〉…箱根49, 箱根52
中畑 敏秀〈鹿屋体育〉…出雲6, 出雲7, 全日本26, 全日本27
仲鉢 聡〈亜細亜〉…箱根62
長浜 章〈四日市〉…全日本39
長浜 公良〈東洋〉…箱根44, 箱根45, 箱根46
長浜 誠志〈徳山〉…出雲16, 全日本34, 全日本35, 全日本36
長浜 正典〈沖縄国際〉…全日本19
中林 幸一〈福井工業〉…全日本22, 全日本23
中林 幸一〈北信越連〉…出雲3
中原 薫〈山梨学院〉…箱根87
中原 公士〈中京〉…全日本21
中原 大〈城西〉…箱根86, 箱根88, 箱根89, 出雲24
中原 大輔〈専修〉…箱根70, 箱根71, 箱根72, 箱根73, 出雲7, 出雲8
中原 剛〈広島経済〉…全日本27
中原 勉〈大東文化〉…箱根44, 箱根45
中原 知大〈日本〉…箱根83, 箱根84, 出雲19, 全日本39
中東 亨介〈中央学院〉…箱根79, 箱根80, 箱根81, 全日本35
中東 康英〈大東文化〉…箱根63, 箱根65, 全日本18
中坊 剛〈立命館〉…全日本15, 全日本16
中馬 大輔〈山梨学院〉…箱根71, 箱根72, 箱根74, 出雲7, 出雲9, 全日本27, 全日本28
中松 圭〈関西〉…全日本17, 全日本18
永松 憲治〈福井工業〉…全日本22, 全日本23, 全日本24, 全日本25
永松 憲治〈北信越連〉…出雲2, 出雲3, 出雲4, 出雲5
永松 剛〈東海〉…箱根80
中満 勇太〈山梨学院〉…箱根83, 箱根84
長嶺 貴裕〈法政〉…箱根77, 箱根78, 箱根79, 箱根80, 出雲13, 全日本32, 全日本33, 全日本34, 全日本35
中村 昭博〈福岡〉…全日本30
仲村 明〈順天堂〉…箱根63, 箱根64, 箱根65, 箱根66, 出雲1, 全日本20, 全日本21
中村 敦士〈日本〉…箱根35, 箱根36, 箱根37, 箱根38
中村 英治〈山口〉…全日本10
中村 一夫〈早稲田〉…箱根38, 箱根39, 箱根40, 箱根41
仲村 一孝〈関東学連〉…箱根82
中村 和哉〈中央〉…箱根80, 箱根81, 箱根82, 全日本34, 全日本37
中村 清〈早稲田〉…箱根16, 箱根17, 箱根18
中村 恵一郎〈早稲田〉…箱根64, 箱根65, 箱根66, 箱根67, 出雲1
中村 賢一〈近畿〉…全日本9
中村 健司〈中央〉…箱根37, 箱根38, 箱根39, 箱根40
中村 健治〈大阪経済〉…全日本24, 全日本26
中村 健二〈京都産業〉…全日本4
中村 研二〈立命館〉…出雲22, 全日本42, 全日本44
中村 健太郎〈亜細亜〉…箱根79, 箱根80, 出雲14
中村 重治〈名古屋〉…全日本5
中村 匠吾〈駒澤〉…箱根89, 箱根90, 箱根91, 出雲25, 全日本43, 全日本45, 全日本46
中村 信一郎〈早稲田〉…箱根90, 箱根91, 出雲25, 全日本46
中村 新吾〈国士舘〉…箱根59, 箱根60, 箱根61, 箱根62, 全日本17
中村 慎二〈日本〉…箱根62, 箱根63
中村 大吾〈東京農業〉…箱根64
中村 孝明〈早稲田〉…箱根45
中村 孝生〈日本体育〉…箱根53, 箱根54, 箱根55, 箱根56, 全日本8, 全日本9, 全日本10, 全日本11
中村 貴司〈東京〉…箱根60
中村 高行〈日本体育〉…箱根51, 全日本5, 全日本6
中村 高明〈名古屋商〉…全日本20
中村 高洋〈東海学連〉…全日本38, 全日本39
中村 高洋〈名古屋〉…出雲18, 全日本36
中村 卓哉〈四日市〉…全日本31, 全日本33, 全日本34
永村 祐〈福岡〉…全日本32, 全日本33, 全日本35
中村 智春〈明治〉…箱根83, 箱根85, 全日本38, 全日本40
中村 次義〈日本〉…箱根34, 箱根35, 箱根36
中村 俊尹〈明治〉…箱根24
中村 俊彦〈東京農業〉…箱根36, 箱根37

中村 俊宏〈明治〉…箱根60, 箱根61
永村 智明〈東海〉…箱根68, 箱根69, 箱根70, 出雲3, 全日本22, 全日本23
中村 直樹〈関西〉…出雲8, 全日本31
中村 展人〈東洋〉…箱根59, 箱根60, 箱根61, 箱根62
中村 典之〈順天堂〉…箱根49, 箱根50
中村 春雄〈青山学院〉…箱根52
中村 秀文〈鹿児島〉…全日本9, 全日本10, 全日本11
中村 英幸〈早稲田〉…箱根72, 箱根73, 箱根74, 出雲6, 出雲7, 出雲9, 全日本27, 全日本28, 全日本29
中村 均〈防衛〉…箱根37
中村 宏〈神奈川〉…箱根27, 箱根28, 箱根29
中村 宏〈早稲田〉…箱根39, 箱根40, 箱根41, 箱根42
中村 弘〈日本〉…箱根36, 箱根38
中村 博幸〈日本〉…箱根67, 出雲2, 全日本22
中村 真佐志〈大阪学院〉…全日本31
仲村 政〈早稲田〉…箱根4
中村 昌利〈愛知工業〉…出雲16
中村 正治〈亜細亜〉…箱根45, 箱根46, 箱根47, 箱根48
中村 貢〈拓殖〉…箱根53, 箱根54, 箱根55
中村 実〈東京農業〉…箱根29, 箱根30, 箱根31, 箱根32
中村 保徳〈早稲田〉…箱根27, 箱根28, 箱根29, 箱根30
中村 泰之〈順天堂〉…箱根81, 箱根83, 全日本38
中村 友一〈大東文化〉…箱根83, 全日本38, 全日本39
中村 悠志〈法政〉…出雲12
中村 悠二〈山梨学院〉…箱根87, 箱根88, 出雲22, 全日本42
中村 祐二〈山梨学院〉…箱根70, 箱根71, 箱根72, 箱根73, 全日本26, 全日本28
中村 行雄〈日本体育〉…箱根34, 箱根35, 箱根36
中村 幸彦〈東洋〉…箱根62, 箱根63, 箱根64, 箱根65, 全日本18
中村 裕〈神奈川〉…箱根76
中村 洋輔〈法政〉…箱根77, 箱根78, 箱根79, 箱根80, 出雲13, 全日本33, 全日本35
中村 嘉孝〈関東学連〉…箱根84, 箱根85
中村 義治〈横浜国立〉…箱根30, 箱根31, 箱根32
中村 涼〈法政〉…箱根90, 全日本45
中村 亮太〈帝京〉…箱根86, 箱根87, 出雲20, 全日本40, 全日本42
中元 健二〈国士舘〉…箱根88
中本 健太郎〈拓殖〉…箱根81, 全日本33
長森 真信〈関西〉…全日本17, 全日本18
中矢 章太〈法政〉…箱根78, 箱根79, 全日本33
中安 秀人〈城西〉…箱根80, 箱根81
長安 裕也〈京都産業〉…全日本36
中山 篤信〈防衛〉…箱根37, 箱根39
中山 賢太〈専修〉…箱根90
中山 昂〈早稲田〉…箱根33, 箱根34, 箱根35, 箱根36
中山 孝治〈福岡〉…全日本6, 全日本7
中山 浩輔〈徳山〉…全日本20
中山 作馬〈慶應義塾〉…箱根1
長山 丞〈順天堂〉…箱根78, 箱根79, 箱根80, 出雲14, 出雲15, 全日本34
中山 翔平〈國學院〉…箱根87, 箱根88, 箱根89, 出雲23, 出雲24
中山 慎一〈横浜市立〉…箱根40
中山 慎二郎〈神奈川〉…箱根80, 箱根81, 箱根83, 出雲17, 全日本36, 全日本38
中山 隆〈日本〉…箱根75, 箱根76, 箱根77, 出雲11, 出雲12, 全日本31, 全日本32
中山 卓也〈早稲田〉…出雲21
永山 忠幸〈東京農業〉…箱根55, 箱根56, 箱根57, 箱根58, 全日本10, 全日本11, 全日本12
中山 徹〈第一工業〉…出雲12, 出雲14, 全日本31, 全日本32, 全日本33, 全日本34
中山 敏雄〈専修〉…箱根47, 全日本2
永山 稔朗〈日本体育〉…箱根69, 箱根70, 出雲2, 出雲3, 全日本23
中山 智貴〈関東学連〉…箱根81
中山 智貴〈國學院〉…全日本35
中山 登雄〈立教〉…箱根37
中山 秀則〈北海道教〉…全日本21
中山 秀則〈北海道連〉…出雲2
中山 裕貴〈国士舘〉…箱根88
中山 裕康〈東洋〉…箱根63
中山 史信〈愛知教育〉…全日本8, 全日本9, 全日本10
中山 誠〈東京農業〉…箱根66, 箱根69, 出雲4, 全日本23, 全日本24
中山 正明〈大阪体育〉…全日本15
中山 元介〈東京教育〉…箱根26
中山 元介〈東京体専〉…箱根23, 箱根24, 箱根25
中山 祐作〈北海道〉…全日本43
中山 祐次〈大阪体育〉…全日本18
中山 祐介〈国士舘〉…箱根90, 全日本42
中山 勇生〈中京〉…全日本4, 全日本6
中山 祐平〈愛知工業〉…出雲20, 出雲21, 全日本39, 全日本40
中山 祐平〈東海学連〉…全日本41
中山 与志弘〈東京農業〉…箱根22
永山 隆一〈大阪体育〉…全日本9, 全日本10
百鬼 広治〈法政〉…箱根52
名雲 昭夫〈慶應義塾〉…箱根47, 箱根50
南雲 翔太〈立命館〉…出雲24, 全日本43, 全日本44, 全日本45, 全日本46
南雲 眞男〈日本〉…箱根23
南雲 道幸〈東京学芸〉…箱根34, 箱根35, 箱根36
南雲 亮一〈東京学芸〉…箱根31
名倉 啓太〈東洋〉…全日本46
名倉 直也〈京都産業〉…全日本15, 全日本17

梨羽 勝起〈東京農業〉…箱根2
名島 忠雄〈明治〉…箱根14, 箱根15, 箱根16, 箱根18, 箱根19
那須 大地〈拓殖〉…箱根87, 箱根88, 出雲23
那須 武則〈東洋〉…箱根20
夏苅 健一〈立教〉…箱根42, 箱根44
夏苅 重利〈横浜国立〉…箱根28, 箱根29
夏苅 静男〈東京理科〉…全日本1
ナッシュ, D.〈IVL〉…出雲18
夏目 勝也〈山梨学院〉…箱根63, 箱根64, 箱根65, 全日本19
夏目 善雄〈名古屋商〉…全日本7, 全日本8
鍋島 勝幸〈明治〉…箱根39, 箱根40, 箱根41
鍋島 研介〈東海〉…箱根59, 箱根60, 箱根61, 全日本14, 全日本15
鍋島 隆志〈広島経済〉…出雲9, 出雲10, 出雲11, 全日本28, 全日本29, 全日本30, 全日本31
鍋田 昌広〈筑波〉…箱根51, 箱根52
鍋谷 晴紀〈神戸〉…全日本3
生井 怜〈東海〉…箱根79, 箱根80, 出雲15, 全日本34, 全日本35
浪岡 健吾〈国士舘〉…箱根90
浪川 貢〈中央〉…箱根33, 箱根34
並木 茂利〈東京農業〉…箱根61
並木 茂雄〈金沢〉…全日本11
波越 巖〈法政〉…箱根65, 箱根66, 箱根67, 出雲2
滑 和也〈北海道連〉…出雲18, 出雲19, 出雲20
奈良 修〈大東文化〉…箱根66, 箱根67, 箱根68, 箱根69, 出雲1, 出雲3, 出雲4, 全日本21, 全日本23, 全日本24
奈良 昭三〈東京経済〉…全日本1, 全日本2
奈良岡 健三〈東京文理〉…箱根16, 箱根17, 箱根18, 箱根19
楢木野 亮二〈駒澤〉…箱根57, 箱根58, 箱根59, 箱根60
楢崎 浩史〈鹿児島〉…全日本14, 全日本15
奈良沢 徹〈法政〉…箱根75, 箱根76, 箱根77, 全日本31, 全日本32
奈良部 悟〈法政〉…箱根60
成田 明〈駒澤〉…箱根56, 箱根57, 箱根59
成田 和哉〈愛知工業〉…出雲24
成田 清和〈国士舘〉…箱根64, 箱根65, 全日本19, 全日本20
成田 式部〈日本体育〉…箱根26
成田 匠平〈大東文化〉…出雲21
成田 静司〈日本〉…箱根22
成田 道彦〈法政〉…箱根52, 箱根53, 箱根54
成田 嘉和〈東京農業〉…箱根26, 箱根27, 箱根28, 箱根29
成松 拓郎〈日本文理〉…出雲18, 出雲19, 全日本38, 全日本39
成瀬 和正〈明治学院〉…全日本1
成瀬 貴彦〈日本〉…箱根74, 箱根75, 箱根76, 全日本31
成瀬 秀光〈横浜国立〉…箱根26
鳴滝 誠二〈中央学院〉…箱根75
鳴海 比呂志〈東洋〉…箱根55, 箱根56
縄田 尚門〈早稲田〉…箱根4, 箱根5, 箱根6, 箱根8, 箱根9
南 昇竜〈明治〉…箱根16, 箱根17, 箱根18
南条 嘉幸〈明治〉…箱根32, 箱根33
難波 幸貴〈帝京〉…箱根87, 箱根88, 箱根89, 箱根90, 出雲25, 全日本42, 全日本43, 全日本45
南波 伸彦〈日本〉…箱根74, 箱根75
難波 博夫〈日歯医専〉…箱根14, 箱根15, 箱根16
難波 博夫〈法政〉…箱根12
難波 祐樹〈順天堂〉…箱根79, 箱根80, 箱根81, 箱根82, 出雲14, 出雲15, 出雲17, 全日本34, 全日本37
南原 茂〈青山学院〉…箱根50, 箱根51
南部 公門〈拓殖〉…箱根14, 箱根15, 箱根16, 箱根17, 箱根18
南木 信吾〈中央〉…箱根25, 箱根26, 箱根27, 箱根28, 箱根29

【に】

新岡 康久〈高岡法科〉…全日本35
新倉 克朗〈横浜市立〉…箱根33, 箱根34
新倉 政男〈東京農業〉…箱根28
新妻 明〈早稲田〉…箱根73, 箱根75
新名 済〈中央〉…箱根20, 箱根21
新名 貴弘〈中央〉…箱根72
新浜 章浩〈京都産業〉…全日本9, 全日本10, 全日本11, 全日本12
新原 大樹〈長崎国際〉…全日本39
新原 保徳〈順天堂〉…箱根51, 箱根52, 箱根53, 箱根54, 全日本8, 全日本9
新村 健太〈創価〉…箱根91
新村 隆博〈早稲田〉…箱根41, 箱根42, 箱根43, 箱根44
新村 雄星〈福岡〉…全日本44
二階堂 邦博〈法政〉…箱根39, 箱根40, 箱根41
児子 侑樹〈関西学院〉…出雲24
ニコルソン, J.〈IVL〉…出雲14
西 潔〈駒澤〉…箱根59
西 清隆〈中央〉…箱根54
西 智也〈拓殖〉…箱根91
西 仁史〈拓殖〉…箱根85, 全日本39
西 弘美〈日本〉…箱根51, 箱根52, 箱根53, 箱根54, 全日本6, 全日本7, 全日本8
西 文生〈名城〉…全日本2
西井 幸司〈中京〉…全日本1
西井 清四郎〈中京〉…全日本7
西池 和人〈法政〉…箱根89, 出雲25, 全日本45

西内 克己〈近畿〉…全日本9
西尾 剛造〈筑波〉…箱根58, 箱根60, 全日本15
西尾 章広〈北信越連〉…出雲8, 出雲10
西尾 達也〈名古屋商〉…全日本6, 全日本7, 全日本8
西尾 利雄〈明治〉…箱根36, 箱根37, 箱根38, 箱根39
西尾 尚貴〈国士舘〉…箱根88
西尾 康正〈日本体育〉…箱根66, 全日本21, 全日本22
西尾 吉正〈国士舘〉…箱根51
西岡 英治〈中京〉…出雲1, 出雲2, 全日本19, 全日本20, 全日本21, 全日本22
西岡 吉平〈明治〉…箱根1
西岡 喬介〈城西〉…箱根91
西岡 辰雄〈日本〉…出雲14
西岡 徹雄〈明治〉…箱根12
西川 逸夫〈拓殖〉…箱根58
西川 栄司〈大阪経済〉…全日本21
西川 晃司〈愛知工業〉…出雲10
西川 尚淳〈専修〉…箱根22
西川 進〈東京文理〉…箱根14, 箱根15, 箱根16, 箱根17
西川 哲生〈山梨学院〉…箱根74, 箱根75, 出雲10, 出雲11, 全日本28, 全日本29, 全日本30, 全日本31
西川 典宏〈四日市〉…全日本32
西川 久直〈東大農実〉…箱根6, 箱根7
西川 政孝〈国士舘〉…箱根55, 箱根56
西川 行雄〈中央〉…箱根6, 箱根7
錦織 雅彦〈東海〉…箱根49, 箱根50, 箱根51
西口 英樹〈山梨学院〉…箱根63
西木場 優二〈順天堂〉…箱根70, 箱根71, 出雲6
西坂 浩〈国士舘〉…箱根33
西崎 清洋〈大阪体育〉…全日本13, 全日本14
西崎 実一〈明治〉…箱根3, 箱根4
西澤 悟志〈信州〉…全日本34
西澤 悟志〈北信越連〉…出雲13, 出雲14
西沢 茂雄〈明治〉…箱根16
西澤 卓弥〈順天堂〉…箱根90, 箱根91, 全日本46
西沢 久幸〈拓殖〉…箱根60
西沢 洋務〈東海〉…箱根72, 箱根74, 出雲7, 出雲8, 出雲9, 全日本27, 全日本29
西沢 倫彦〈信州〉…全日本41, 全日本42
西沢 倫彦〈北信越連〉…出雲22
西澤 佳洋〈駒澤〉…箱根90, 箱根91, 全日本46
西島 信介〈京都産業〉…出雲6, 出雲9, 全日本26, 全日本27, 全日本28, 全日本29
西嶋 孝博〈四日市〉…全日本31, 全日本32, 全日本33, 全日本34
西島 信弘〈第一工業〉…全日本27
西嶋 悠〈中央〉…箱根87, 箱根88, 出雲22, 出雲23, 出雲24, 全日本42, 全日本43
西島 陽平〈近畿〉…全日本31
西塚 乾太郎〈紅陵〉…箱根24
西田 一夫〈帝京〉…箱根74
西田 和弥〈法政〉…箱根65
西田 勝雄〈中央〉…箱根24, 箱根25, 箱根26, 箱根27, 箱根28, 箱根29
西田 淳一〈第一工業〉…出雲7, 出雲8, 全日本27, 全日本28
西田 純一〈大東文化〉…箱根44, 箱根46
西田 隆維〈駒澤〉…箱根73, 箱根74, 箱根75, 箱根76, 出雲9, 出雲11, 全日本28, 全日本29, 全日本30, 全日本31
西田 長治郎〈東京高師〉…箱根3, 箱根4, 箱根5
西田 司〈熊本商科〉…全日本12
西田 知広〈東海〉…全日本36
西田 信嗣〈横浜市立〉…箱根33, 箱根34
西田 隼大〈中京〉…出雲25, 全日本45
西田 浩智〈専修〉…箱根60, 全日本15
西田 幹夫〈名古屋〉…全日本1, 全日本2, 全日本3
西田 裕一郎〈福岡〉…全日本28, 全日本30
西田 佑司〈広島経済〉…全日本37, 全日本38
西田 雄士〈立命館〉…出雲10, 出雲11
西田 義則〈京都産業〉…全日本4, 全日本5, 全日本6
西谷 正〈名古屋〉…全日本1
西溜 敏弘〈名古屋商〉…全日本18, 全日本19, 全日本20, 全日本21
西出 勝〈東海〉…箱根50, 箱根51, 箱根53
仁科 徳将〈関東学連〉…箱根85, 箱根86
仁科 徳将〈國學院〉…箱根87
西沼 佑司〈札幌学院〉…全日本40, 全日本41, 全日本42
西沼 佑司〈北海道連〉…出雲20, 出雲21
西野 弘一〈国士舘〉…箱根33, 箱根34, 箱根35, 箱根36
西野 茂樹〈大阪体育〉…全日本23
西野 智也〈立命館〉…出雲18, 出雲20, 出雲21, 全日本38, 全日本39, 全日本40, 全日本41
西野 秀樹〈大阪体育〉…全日本3
西畑 良俊〈早稲田〉…出雲11
西原 隆広〈徳山〉…出雲2, 出雲3, 全日本22, 全日本24, 全日本25
西原 俊雄〈日歯医専〉…箱根9
西原 俊文〈徳山〉…全日本29, 全日本30
西原 博〈徳山〉…出雲1, 全日本20, 全日本21
西又 克行〈国士舘〉…箱根61
西村 明雄〈福岡〉…全日本16, 全日本18
西村 淳〈東京学芸〉…箱根31, 箱根32
西村 岳〈福岡〉…出雲6, 全日本26
西村 和幸〈中央〉…箱根65, 全日本20
西村 鴨二〈埼玉〉…箱根35
西村 国彦〈鹿児島〉…全日本16
西村 憲〈札幌学院〉…全日本22, 全日本23, 全日本24, 全日本25
西村 憲〈北海道連〉…出雲2, 出雲3, 出雲4, 出雲5

西村 純一〈京都産業〉…出雲18, 出雲20, 全日本38, 全日本39, 全日本40
西村 政吾〈神奈川〉…全日本36
西村 隆〈立命館〉…全日本15, 全日本16
西村 剛史〈札幌学院〉…全日本44, 全日本45
西村 津樹雄〈琉球〉…全日本8
西村 哲生〈東海〉…箱根76, 箱根77, 出雲11, 出雲12, 全日本30, 全日本31
西村 知修〈帝京〉…箱根84, 箱根85, 箱根86, 箱根87, 出雲20, 全日本40
西村 博之〈高岡法科〉…全日本35, 全日本36
西村 博之〈北信越連〉…出雲16
西村 嘉二〈愛知教育〉…全日本9, 全日本10
西村 良三〈中央〉…箱根30, 箱根31, 箱根32
西本 一弘〈大阪経済〉…全日本10, 全日本12, 全日本13
西本 治朗〈慶應義塾〉…箱根35
西本 拓弥〈関西学院〉…出雲24, 全日本44
西本 勉〈明治〉…箱根2, 箱根3
西山 一行〈国士舘〉…箱根39, 箱根40, 箱根41
西山 喜徳郎〈東京農業〉…箱根26, 箱根27
西山 恒吉〈慶應義塾〉…箱根2, 箱根3
西山 弘俊〈九州産業〉…全日本3, 全日本4, 全日本5
西山 雅美〈法政〉…箱根57
西山 雄介〈駒澤〉…箱根90, 箱根91, 出雲25, 全日本45, 全日本46
西山 容平〈拓殖〉…箱根85, 箱根87
西山 凌平〈神奈川〉…箱根89, 箱根90, 箱根91, 全日本44, 全日本46
西脇 淳治〈立命館〉…全日本5
ニッカソン, J.〈IVL〉…出雲13
新田 忠〈慶應義塾〉…箱根26
新田 秀樹〈広島〉…全日本7
新田 與三次〈東京高師〉…箱根5, 箱根6
新田 涼〈日本文理〉…出雲25, 全日本43, 全日本45
日塔 仁〈駒澤〉…箱根54, 箱根55
二宮 栄一〈大東文化〉…箱根44
二宮 和〈中四国連〉…出雲17
二宮 幸吉〈神奈川〉…箱根28, 箱根30
二野宮 淳〈広島経済〉…全日本32
二ノ宮 祥生〈東京農業〉…箱根65, 箱根66, 出雲1, 全日本20, 全日本21
二宮 隆明〈中央〉…箱根34, 箱根35, 箱根36
二宮 利行〈名古屋商〉…全日本7, 全日本8
二宮 真〈横浜市立〉…箱根30, 箱根31
二野宮 誠〈広島経済〉…出雲11, 全日本28, 全日本30, 全日本31
二宮 政人〈広島〉…全日本39, 全日本40, 全日本41
二宮 政人〈中四国連〉…出雲20
二宮 泰則〈日本体育〉…箱根38
仁部 幸太〈中央学院〉…箱根86, 箱根87
二瓶 昭夫〈北信越連〉…出雲1
二平 智裕〈城西〉…箱根89
二瓶 久志〈東北〉…全日本23, 全日本24
入場 治和〈名城〉…全日本2
丹羽 劭昭〈東京教育〉…箱根29
丹羽 正晴〈日本体育〉…箱根37

【ぬ】

怒田 直和〈神奈川〉…箱根29, 箱根30, 箱根31, 箱根32
布江 剛士〈東洋〉…箱根79
布上 正之〈中央〉…箱根30, 箱根31, 箱根32
沼尾 一明〈専修〉…箱根57, 箱根58
沼口 敬史〈中部工業〉…全日本15
沼口 寛〈亜細亜〉…箱根72, 全日本27
沼口 雅彦〈創価〉…箱根91
沼崎 正次〈東北学連〉…出雲15
沼崎 正次〈東北福祉〉…全日本35
沼尻 英昭〈日本〉…箱根70, 箱根71, 箱根72, 出雲7, 全日本25
沼田 恭平〈札幌学院〉…全日本36, 全日本37
沼田 恭平〈北海道連〉…出雲17
沼田 康二〈東洋〉…箱根65, 箱根66
沼田 大貴〈中央学院〉…箱根88, 箱根89, 箱根90, 全日本45
沼田 成弘〈中央学院〉…箱根71
沼田 雅人〈京都産業〉…全日本31
沼田 洋平〈札幌学院〉…全日本36, 全日本37, 全日本38, 全日本39
沼館 長七〈日本〉…箱根11, 箱根12, 箱根13
沼野 正〈早稲田〉…箱根27, 箱根28, 箱根29, 箱根30
沼本 敬純〈明治〉…箱根40, 箱根41, 箱根42, 箱根43

【ね】

根岸 明夫〈東洋〉…箱根48, 箱根49, 箱根50, 全日本4, 全日本5
根岸 繁夫〈法政〉…箱根45, 箱根46, 箱根47
根岸 成光〈上武〉…箱根90
根岸 俊一〈専修〉…箱根16
根津 正行〈東京農業〉…箱根48
根立 友樹〈東海〉…箱根79, 箱根80, 全日本34, 全日本35
根橋 篤〈筑波〉…箱根59
根本 和雄〈東洋〉…箱根27
根本 達也〈東北学院〉…全日本42
根本 通志〈東大農実〉…箱根4
根本 寿夫〈専修〉…箱根48, 箱根49, 箱根50, 全日本3, 全日本4

【の】

野口 理〈東北学連〉…出雲1, 出雲2, 出雲3
野口 賢司〈拓殖〉…箱根55, 箱根56, 箱根57
野口 憲司〈亜細亜〉…箱根72, 箱根73, 出雲8, 全日本26, 全日本28
野口 功太〈日本体育〉…箱根83, 箱根84, 箱根85, 出雲19, 全日本38, 全日本39
野口 高史〈専修〉…箱根48, 全日本3
野口 孝行〈慶應義塾〉…箱根40, 箱根42
野口 拓也〈日本体育〉…箱根84, 箱根85, 箱根86, 箱根87, 出雲19, 出雲22, 全日本39, 全日本40, 全日本42
野口 武夫〈鹿屋体育〉…出雲5, 全日本25, 全日本26, 全日本28
野口 司〈国士舘〉…箱根54, 箱根55
野口 光明〈久留米〉…全日本21, 全日本24
野口 元〈駒澤〉…箱根44, 箱根45
野口 春也〈立教〉…箱根30, 箱根31, 箱根32, 箱根33
野口 英盛〈順天堂〉…箱根76, 箱根77, 箱根78, 出雲11, 出雲12, 出雲13, 全日本31, 全日本32, 全日本33
野口 政春〈日本〉…箱根64, 全日本19, 全日本20
野口 操〈日本〉…箱根8, 箱根9, 箱根10
野口 充康〈東京学芸〉…箱根60
野口 康之〈大東文化〉…箱根59, 箱根60
野口 幸男〈北信越連〉…出雲4, 出雲5
野崎 天馬〈関東学連〉…箱根79
野崎 浩司〈明治〉…箱根26, 箱根27
野崎 義行〈鹿児島〉…全日本13
野崎 義朗〈新潟〉…全日本18
野沢 俊〈中京〉…全日本42
野沢 武〈拓殖〉…箱根20
野路 良平〈慶應義塾〉…箱根60
野尻 和秀〈東海〉…箱根74, 箱根75
野尻 浩太郎〈帝京〉…箱根77
野瀬 昭〈専修〉…箱根26
野瀬 昭〈日本体専〉…箱根25
能勢 浩介〈大阪経済〉…全日本46
能勢 勇作〈第一工業〉…全日本38
能勢 豊〈順天堂〉…箱根34, 箱根35, 箱根36
野田 一貴〈京都産業〉…出雲21, 出雲22, 出雲23, 全日本41, 全日本42, 全日本43
野田 均〈八幡〉…全日本7
野田 道胤〈日本体育〉…箱根70, 箱根71, 箱根72, 箱根73, 出雲5, 出雲6, 出雲7, 出雲8, 全日本25, 全日本27
野手 善博〈名古屋商〉…出雲8, 全日本27, 全日本28, 全日本29
納戸 徳重〈東京高師〉…箱根6
野中 清気〈東大農実〉…箱根7
野中 善六〈法政〉…箱根11
野中 久徳〈東海〉…箱根88
野中 洋輝〈中央学院〉…箱根86, 全日本41
野中 優志〈関西学院〉…全日本46
野中 正継〈中部〉…全日本19
野中 三徳〈日本〉…箱根48, 箱根49, 箱根50, 箱根51, 全日本5, 全日本6
野中 裕輝〈長崎国際〉…全日本42
野々上 敬一〈新潟〉…全日本16, 全日本17
野々口 修〈神奈川〉…箱根74, 箱根75, 箱根76, 出雲9, 出雲10, 出雲11, 全日本29, 全日本30
野々村 健〈名古屋商〉…全日本22
野々村 哲也〈中四国連〉…出雲23
信清 高志〈東洋〉…箱根80, 箱根81, 全日本34
延藤 潤〈東洋〉…出雲25, 全日本44, 全日本45
信時 一輝〈順天堂〉…箱根88, 箱根89
信時 勝〈東京農業〉…箱根53, 箱根54, 箱根55, 箱根56, 全日本8, 全日本9, 全日本11
野間 和也〈大阪商業〉…全日本12
野間 俊哉〈拓殖〉…箱根79
野間 裕人〈神奈川〉…箱根76
野間口 孝二〈福岡〉…全日本8, 全日本9
乃美 武史〈専修〉…箱根43, 箱根44, 箱根45, 箱根46
野溝 幸弘〈山梨学院〉…箱根68
野宮 章弘〈大東文化〉…箱根79, 箱根80, 箱根81, 箱根82, 出雲15, 出雲16, 全日本34, 全日本35, 全日本36, 全日本37
野宮 明〈亜細亜〉…箱根58
野見山 猪之助〈日本体専〉…箱根25
野見山 俊一〈東京教育〉…箱根30, 箱根31
野村 栄樹〈東洋〉…箱根42, 箱根43, 箱根44, 箱根45
野村 浩一〈山梨学院〉…箱根63
野村 俊輔〈中央〉…箱根78, 箱根79, 箱根80, 箱根81, 出雲14, 全日本36
野村 真司〈愛知工業〉…出雲16, 出雲19, 全日本39
野村 真司〈東海学連〉…全日本38
野村 信介〈徳山〉…全日本31
野村 勉〈山梨学院〉…箱根64, 箱根65, 箱根66
野村 哲男〈北海道〉…全日本8
野村 智久〈専修〉…箱根64, 全日本18
野村 誠〈八幡〉…全日本7
野村 三夫〈横浜専門〉…箱根21
野村 雄一〈帝京〉…箱根91
野村 佳生〈四日市〉…全日本32, 全日本33, 全日本34
野村 与七〈東洋〉…箱根29, 箱根30
野村 佳史〈中央〉…箱根76, 箱根77, 箱根78, 出雲12, 出雲13, 全日本31, 全日本33

野本 亀次〈中央〉…箱根8
野本 大喜〈関東学連〉…箱根89
野本 大喜〈拓殖〉…箱根87, 箱根88, 出雲23
野谷 守也〈中央〉…箱根23
則末 忠衛〈順天堂〉…箱根39
法月 達恵〈法政〉…箱根53, 箱根54
乗松 圭太〈明治〉…箱根63, 箱根64, 箱根65
則松 潤一〈法政〉…箱根35, 箱根36, 箱根37, 箱根38
乗松 洋平〈大阪経済〉…出雲2, 出雲3, 全日本22, 全日本23, 全日本24
法村 昌三〈大東文化〉…箱根53, 箱根54, 全日本9
野呂 康一〈山梨学院〉…箱根73
野呂 進〈日本体育〉…箱根43
野呂 祐司〈亜細亜〉…箱根78
野脇 勇志〈中央〉…箱根87, 箱根89, 出雲21, 全日本41, 全日本42

【は】

バイ, A.〈第一工業〉…出雲12, 出雲13, 出雲14, 出雲15, 全日本32, 全日本33, 全日本34, 全日本35
灰塚 吉秋〈大東文化〉…箱根44
ハイン, Z.〈IVL〉…出雲21
ハインズ, Z.〈IVL〉…出雲22
芳賀 潔〈法政〉…箱根5
羽賀 達也〈名古屋〉…全日本10
袴田 英雄〈大東文化〉…箱根57, 箱根58, 箱根60, 全日本15
袴田 良仁〈明治〉…箱根67
羽木 光三郎〈立教〉…箱根15, 箱根16, 箱根20
萩野 聡〈東洋〉…箱根72, 箱根73, 箱根74, 全日本28
萩野 智久〈東北学連〉…出雲10
萩原 幸亮〈北海道〉…全日本29
萩原 侠正〈慶應義塾〉…箱根18
萩原 豊〈立教〉…箱根30
萩谷 淳次郎〈東京農業〉…箱根15, 箱根16, 箱根17, 箱根18, 箱根19, 箱根20
萩谷 隆司〈日本体育〉…箱根53, 全日本8
萩原 昭光〈神戸〉…全日本2, 全日本3
萩原 朗〈日本〉…箱根23
萩原 英之〈大東文化〉…箱根72, 箱根73, 箱根74, 出雲8, 出雲9, 全日本29
萩原 浩一〈広島〉…全日本1
萩原 涼〈早稲田〉…箱根86
白 南雲〈東京農業〉…箱根9, 箱根10, 箱根11, 箱根12
バーク, W.〈IVL〉…全日本23, 全日本24
パク, W.〈IVL〉…全日本22
パグズリー, R.〈IVL〉…全日本24, 全日本25
伯野 雅和〈慶應義塾〉…箱根70
箱崎 公平〈順天堂〉…箱根53
箱崎 重信〈駒澤〉…箱根43
箱田 喜孝〈八幡〉…全日本1
箱守 右守〈明治学院〉…全日本1
羽間 鋭雄〈東京教育〉…箱根38, 箱根39, 箱根40
羽沢 一路〈横浜市立〉…箱根31, 箱根32, 箱根33, 箱根34
土師 智宏〈八幡〉…全日本17
枦 博幸〈第一工業〉…出雲13, 全日本31, 全日本33, 全日本34
橋浦 宏〈拓殖〉…箱根19
橋口 憲一〈国士舘〉…箱根51, 箱根52, 箱根53, 全日本6
橋口 幸貴〈広島〉…出雲24, 全日本42, 全日本44, 全日本45
橋口 貴之〈福岡〉…全日本43, 全日本44
橋口 弘〈大東文化〉…箱根50, 箱根51, 箱根52, 箱根53, 全日本8
端坂 望〈國學院〉…箱根88
橋爪 孝安〈関東学連〉…箱根89
橋爪 三雄〈慶應義塾〉…箱根6, 箱根7
橋田 俊介〈立命館〉…全日本5
橋田 敏弘〈専修〉…箱根51, 箱根52, 箱根53, 箱根54
橋ノ口 滝一〈山梨学院〉…箱根77, 箱根78, 箱根79, 箱根80, 出雲12, 出雲13, 出雲14, 出雲15, 全日本32, 全日本33, 全日本34, 全日本35
橋場 淳司〈拓殖〉…箱根29
羽柴 卓也〈順天堂〉…箱根59, 箱根60, 箱根61
羽島 駿介〈国士舘〉…箱根84, 箱根85
橋本 巌〈成蹊〉…箱根28
橋本 一樹〈中京〉…出雲23, 全日本41, 全日本43, 全日本44
橋本 一隆〈北信越連〉…出雲8, 出雲10
橋本 和人〈日本体育〉…箱根66, 箱根67, 箱根68, 箱根69, 出雲2, 全日本21, 全日本22
橋本 圭史〈城西〉…箱根82, 箱根83, 箱根84, 全日本38
橋本 昿〈日本〉…箱根10
橋本 鎮雄〈専修〉…箱根46, 箱根47, 箱根48, 箱根49, 全日本2, 全日本3, 全日本4
橋本 峻〈青山学院〉…全日本45
橋本 淳〈山梨学院〉…箱根77, 出雲10, 出雲12, 全日本32
橋本 順治〈東京高師〉…箱根9, 箱根10
橋本 慎一〈愛知工業〉…全日本22
橋本 真一〈仙台〉…全日本32, 全日本33
橋本 太一〈平成国際〉…箱根77
橋本 孝寛〈鹿屋体育〉…出雲17
橋本 孝博〈東海〉…箱根65, 箱根67, 出雲2, 出雲3, 全日本20, 全日本22
橋本 隆光〈城西〉…箱根86, 箱根87, 箱根88, 全日本42, 全日本43
橋本 忠雄〈東京高師〉…箱根4, 箱根5, 箱根6
橋本 尹英〈法政〉…箱根7, 箱根8

橋本 忠幸〈亜細亜〉…箱根66
橋本 辰正〈専修〉…箱根15
橋本 俊樹〈亜細亜〉…箱根85
橋本 富男〈亜細亜〉…箱根44, 箱根45, 箱根46
橋本 直也〈広島経済〉…出雲12, 出雲13, 全日本32, 全日本33, 全日本34
橋本 直也〈中四国連〉…出雲14
橋本 長政〈大阪商業〉…全日本5
橋本 治彦〈東京文理〉…箱根17, 箱根19
橋本 彦一〈明治〉…箱根7
橋本 広三郎〈法政〉…箱根41, 箱根42, 箱根43, 箱根44
橋本 博〈明治学院〉…全日本1
橋本 正夫〈亜細亜〉…箱根46, 箱根47
橋本 正彦〈立教〉…箱根35, 箱根36, 箱根37, 箱根38
橋本 勝〈國學院〉…箱根77, 箱根79
橋本 元栄〈大阪体育〉…全日本2, 全日本3, 全日本4
橋本 盛広〈日本〉…箱根36, 箱根37, 箱根38, 箱根39
橋本 康司〈駒澤〉…箱根54, 箱根56
橋本 陽太郎〈東洋〉…箱根24, 箱根25, 箱根26, 箱根27, 箱根28
橋本 義仲〈中央〉…箱根52, 箱根53, 箱根54, 箱根55, 全日本9
蓮池 彰太郎〈愛知工業〉…全日本35
パスカス, T.〈IVL〉…全日本22
バースバック, R.〈IVL〉…出雲12
長谷 貞重〈国士舘〉…箱根34, 箱根35, 箱根36, 箱根37
長谷 達也〈東北学院〉…全日本42
長谷 亮〈山梨学院〉…箱根77
長谷 正弘〈亜細亜〉…箱根48, 箱根49, 箱根50, 箱根51
長谷 良弘〈新潟〉…全日本17
長谷川 淳〈専修〉…箱根81, 箱根82, 箱根83
長谷川 淳〈東海〉…箱根73, 箱根74, 出雲9, 全日本29
長谷川 治〈金沢〉…全日本4, 全日本5
長谷川 清勝〈順天堂〉…箱根80, 箱根81, 箱根82, 出雲16, 全日本36
長谷川 宏一〈国士舘〉…箱根33
長谷川 真一〈四日市〉…全日本39
長谷川 真一〈東海学連〉…全日本40
長谷川 真也〈中央〉…箱根63, 箱根64, 箱根65, 箱根66, 全日本20
長谷川 善次〈東京農業〉…箱根38, 箱根39
長谷川 貴司〈京都産業〉…全日本20
長谷川 多喜男〈明治〉…箱根15, 箱根16, 箱根17
長谷川 拓也〈八幡〉…全日本17
長谷川 正〈亜細亜〉…箱根55
長谷川 司〈中部〉…全日本17
長谷川 常次郎〈東京文理〉…箱根14, 箱根15
長谷川 亨〈日本〉…箱根12
長谷川 直明〈大東文化〉…箱根55, 箱根56, 箱根57, 全日本10
長谷川 直秀〈日本〉…箱根55, 全日本10
長谷川 夏樹〈法政〉…箱根75, 箱根76, 全日本31
長谷川 登〈日本〉…箱根20, 箱根21
長谷川 久嗣〈信州〉…全日本31, 全日本34
長谷川 久嗣〈北信越連〉…出雲12
長谷川 浩〈慶應義塾〉…箱根9, 箱根10
長谷川 博〈中央〉…箱根11, 箱根12, 箱根13
長谷川 寛〈新潟〉…全日本21
長谷川 浩幸〈大阪商業〉…全日本12
長谷川 弘義〈立教〉…箱根39, 箱根40
長谷川 法〈東京農業〉…箱根35, 箱根36, 箱根37, 箱根38
長谷川 勝〈東京学芸〉…箱根36, 箱根37
長谷川 守〈駒澤〉…箱根56
長谷川 実〈東京農業〉…箱根2, 箱根3, 箱根4, 箱根5, 箱根7
長谷川 康久〈亜細亜〉…箱根45
長谷川 裕介〈上武〉…箱根86, 箱根87
長谷川 幸哉〈専修〉…箱根50, 箱根51, 箱根52, 箱根53
長谷部 一雄〈秋田〉…全日本2
長谷部 英博〈東京農業〉…箱根80
秦 玲〈日本学連〉…箱根80
秦 玲〈國學院〉…箱根77, 箱根79, 全日本35
畑 里志〈金沢工業〉…全日本8, 全日本9
畑 高司〈明治学院〉…全日本1
羽田 保男〈専修〉…箱根40, 箱根41, 箱根42
畑井 新治〈中央〉…箱根49, 箱根50, 箱根51, 箱根52, 全日本5
畠中 重一〈順天堂〉…箱根67, 箱根68, 箱根69, 出雲2, 出雲4, 全日本24
畠中 祐樹〈大阪体育〉…全日本35, 全日本37
畠山 玄吾〈関西〉…箱根12, 箱根13
畠山 卓哉〈中央学院〉…全日本36
畠山 万里〈札幌学院〉…全日本23, 全日本24, 全日本25, 全日本26
畠山 政和〈札幌学院〉…全日本40
畠山 勇三〈東京高師〉…箱根3, 箱根4, 箱根5
畑瀬 利秋〈八幡〉…全日本20
畑中 慎太郎〈福岡〉…出雲3, 出雲4, 全日本23, 全日本24
畑中 忠夫〈大東文化〉…箱根45, 箱根46, 箱根47
畑中 良介〈順天堂〉…箱根62, 箱根63, 箱根65, 全日本20
畑野 敏幸〈亜細亜〉…箱根59
波多野 宏美〈順天堂〉…箱根54, 箱根55, 箱根56, 箱根57, 全日本9, 全日本10
羽多野 隆三〈愛知工業〉…出雲7, 全日本27, 全日本28
畑本 圭一〈拓殖〉…箱根53, 箱根54
畑本 悌男〈日歯医専〉…箱根9
畑山 修生〈日本文理〉…出雲23, 出雲24, 出雲25, 全日本43, 全日本44, 全日本45
畑山 政浩〈明治〉…箱根60, 箱根61, 箱根62
蜂須賀 明〈東京農業〉…箱根54, 全日本9

蜂須賀 源〈國學院〉…箱根90, 箱根91
蜂谷 和明〈国士舘〉…箱根42, 箱根43, 箱根44, 箱根45
蜂矢 浩由〈東京教育〉…箱根37, 箱根38
蜂谷 英明〈国士舘〉…箱根45, 箱根46, 箱根47, 箱根48, 全日本2
初鹿野 充〈神奈川〉…箱根68, 箱根69, 箱根70, 箱根71, 全日本26
八張 公成〈日本体育〉…箱根73
八張 友宏〈東京農業〉…箱根73
服部 和則〈青山学院〉…箱根43, 箱根44, 箱根45, 箱根46
服部 清人〈日本体育〉…箱根69
服部 健二〈愛知教育〉…全日本9, 全日本10
服部 昌司〈立教〉…箱根33, 箱根34, 箱根35, 箱根36
服部 翔大〈日本体育〉…箱根87, 箱根88, 箱根89, 箱根90, 出雲22, 出雲23, 出雲25, 全日本42, 全日本43, 全日本44, 全日本45
服部 隆志〈筑波〉…箱根63, 箱根64, 箱根65
服部 隆虎〈東海〉…箱根58, 箱根59, 箱根60, 箱根61, 全日本15
服部 徹〈慶應義塾〉…箱根40
服部 利夫〈日本体育〉…箱根29, 箱根30, 箱根31, 箱根32
服部 紀博〈北海道〉…全日本3
服部 弾馬〈東洋〉…箱根90, 箱根91, 出雲25, 全日本46
服部 史寛〈日本体育〉…箱根76, 箱根77, 箱根78
服部 誠〈東京農業〉…箱根48, 箱根49, 箱根50, 箱根51, 全日本4, 全日本5, 全日本6
服部 将典〈四日市〉…全日本38, 全日本39
服部 光幸〈筑波〉…箱根62, 箱根63, 箱根64, 箱根65
服部 勇馬〈東洋〉…箱根89, 箱根90, 箱根91, 出雲24, 出雲25, 全日本44, 全日本45, 全日本46
ハート, T.〈IVL〉…全日本22
花井 功伍〈中央〉…箱根8, 箱根10
花岡 博人〈日本体育〉…箱根36
花沢 栄一〈専修〉…箱根42
花澤 賢人〈順天堂〉…全日本46
花田 勝彦〈早稲田〉…箱根67, 箱根68, 箱根69, 箱根70, 出雲2, 出雲4, 出雲5, 全日本24, 全日本25
花田 順一〈名古屋商〉…全日本21, 全日本22
花田 俊輔〈中央〉…箱根76, 箱根77, 出雲12, 出雲13, 全日本30, 全日本31, 全日本32, 全日本33
花田 豊徳〈駒澤〉…箱根57, 箱根58, 箱根59, 箱根60
花田 昌之〈東京農業〉…箱根88, 箱根89
花野 実〈東洋〉…箱根60
花輪 仙造〈埼玉〉…箱根35
塙 隆夫〈北海道〉…全日本9
塙 庸夫〈東京農業〉…箱根39, 箱根40, 箱根41
羽生 敏博〈明治〉…箱根37, 箱根38, 箱根39, 箱根40
羽生田 智彦〈名古屋〉…全日本41
羽庭 努〈高岡法科〉…全日本39, 全日本40
羽庭 努〈北信越連〉…出雲19, 出雲20
羽根 啓介〈愛知工業〉…出雲16, 全日本35
羽野 熙〈拓殖〉…箱根20
馬場 昭芳〈法政〉…箱根31, 箱根33
馬場 和秋〈日本〉…箱根38, 箱根39, 箱根40, 箱根41
馬場 和生〈中央〉…箱根33
馬場 圭太〈関東学連〉…箱根83
馬場 圭太〈帝京〉…箱根85, 出雲20, 全日本40
馬場 周太〈大東文化〉…箱根79, 箱根80, 箱根81
馬場 俊一〈順天堂〉…箱根43, 箱根44, 箱根45
馬場 翔大〈駒澤〉…箱根90, 箱根91, 全日本45, 全日本46
馬場 孝〈日本〉…箱根34, 箱根35
馬場 達雄〈東京農業〉…箱根30
馬場 英則〈日本〉…箱根30, 箱根31, 箱根32, 箱根33
馬場 正和〈東海〉…箱根75, 出雲9
馬場 正信〈福岡〉…全日本4, 全日本5, 全日本6, 全日本7
馬場 正義〈福岡〉…箱根40
馬場 譲〈早稲田〉…箱根1
馬場 礼三〈名古屋〉…全日本10, 全日本11
濱 克徳〈大東文化〉…出雲20
浜 克己〈明治〉…箱根18, 箱根19
浜上 克夫〈東洋〉…箱根24, 箱根25, 箱根26, 箱根27
浜川 武晴〈沖縄国際〉…全日本19
浜口 昇〈中京〉…全日本5, 全日本6
浜崎 真造〈立教〉…箱根38, 箱根39, 箱根40, 箱根41
濱崎 達規〈亜細亜〉…箱根86, 出雲20
濱崎 達規〈関東学連〉…箱根87
浜崎 武雅〈東京農業〉…箱根84
浜里 正己〈日本体育〉…箱根61
浜田 安生〈九州産業〉…全日本13, 全日本15
浜田 栄太郎〈東洋〉…箱根25
浜田 和利〈大阪体育〉…全日本8, 全日本9, 全日本10, 全日本11
浜田 建治〈拓殖〉…箱根48
浜田 耕作〈明治〉…箱根10, 箱根11, 箱根12, 箱根13
浜田 茂男〈山梨学院〉…箱根74
浜田 純〈秋田〉…全日本3
浜田 俊成〈大阪体育〉…全日本18
浜田 智也〈東洋〉…箱根80
濱田 正敏〈大阪経済〉…全日本41
濱田 洋平〈名古屋〉…全日本41, 全日本42
浜田 嘉一〈法政〉…箱根21, 箱根22
浜野 健〈順天堂〉…箱根70, 箱根71, 箱根72, 箱根73, 出雲5, 出雲6, 出雲8, 全日本28
濱野 秀〈立命館〉…出雲24, 全日本44, 全日本45, 全日本46
浜野 友弘〈神奈川〉…箱根87
濱野 優太〈専修〉…箱根90
浜野 頼幸〈拓殖〉…箱根16, 箱根17, 箱根18, 箱根19, 箱根20, 箱根21
浜辺 明〈亜細亜〉…箱根50, 箱根51, 箱根52, 箱根53

浜部 憲一〈早稲田〉…箱根23
浜本 栄太〈城西〉…箱根88, 箱根89
浜本 憲秀〈日本体育〉…箱根74, 箱根76, 出雲9
浜元 靖典〈福岡〉…全日本28, 全日本29, 全日本30
浜矢 将直〈大東文化〉…箱根67, 箱根68, 出雲2, 全日本22, 全日本23
芳養 孝之〈帝京〉…箱根74, 箱根75
早川 謙司〈法政〉…箱根77, 箱根79, 全日本32, 全日本33, 全日本34
早川 昇平〈帝京〉…箱根89, 箱根90, 箱根91, 出雲25, 全日本43, 全日本44
早川 真悟〈東京農業〉…箱根80
早川 真也〈北信越連〉…出雲7
早川 玉吉〈東洋〉…箱根14
早川 翼〈関東学連〉…箱根89
早川 翼〈東海〉…箱根86, 箱根87, 箱根88, 出雲23, 全日本41, 全日本42, 全日本43, 全日本44
早川 智浩〈日本体育〉…箱根86, 出雲22, 全日本42
早坂 勝之輔〈東京農業〉…箱根9, 箱根10, 箱根11, 箱根12
早坂 三郎〈法政〉…箱根2
早坂 元就〈東京農業〉…箱根19, 箱根20
林 育生〈東海学連〉…全日本39, 全日本40, 全日本41, 全日本42
林 勇〈東洋〉…箱根24, 箱根25, 箱根26
林 和夫〈明治〉…箱根24, 箱根25, 箱根26
林 和貴〈京都産業〉…出雲20, 出雲21, 出雲22, 全日本40, 全日本41, 全日本42
林 和引〈早稲田〉…箱根18
林 一美〈青山学院〉…箱根52
林 喜一郎〈岡山理科〉…全日本23
林 喜代勝〈立命館〉…全日本11
林 清司〈東洋〉…箱根57, 箱根58, 箱根59, 箱根60, 全日本13, 全日本14
林 健太郎〈神奈川〉…箱根76, 箱根77
林 暄〈福岡〉…箱根40
林 弘嗣〈北海道〉…全日本8, 全日本9, 全日本10, 全日本11
林 潤二〈東京農業〉…箱根48, 全日本1
林 純二〈中四国連〉…出雲13
林 純二〈徳山〉…出雲14, 出雲15, 出雲16, 全日本33, 全日本34, 全日本35, 全日本36
林 譲二郎〈東京農業〉…箱根5
林 慎吾〈日本〉…箱根89, 箱根90, 全日本44, 全日本45
林 優〈順天堂〉…箱根90
林 孝夫〈神奈川〉…箱根35
林 拓見〈中四国連〉…出雲8, 出雲9, 出雲10
林 武彦〈関西〉…箱根12, 箱根13
林 糺明〈明治〉…箱根42
林 千都志〈日本〉…箱根49, 箱根50, 箱根51, 全日本5
林 哲也〈京都産業〉…出雲20, 全日本38, 全日本39, 全日本40
林 徹〈京都〉…全日本4
林 俊宏〈京都産業〉…全日本45
林 英昭〈大阪商業〉…全日本7, 全日本8, 全日本9
林 英香〈拓殖〉…箱根14, 箱根15, 箱根16, 箱根17, 箱根18
林 弘邦〈神奈川〉…箱根36, 箱根38
林 博志〈日本〉…箱根66, 箱根67, 箱根68, 箱根69, 出雲3, 出雲4, 全日本24
林 太志〈金沢経済〉…全日本32, 全日本33
林 太志〈北信越連〉…出雲13
林 真明〈慶應義塾〉…箱根39, 箱根40
林 昌史〈大東文化〉…箱根75, 箱根78, 出雲13, 全日本30, 全日本33
林 優人〈東北学連〉…出雲19
林 正久〈慶應義塾〉…箱根23, 箱根24, 箱根26
林 雅弘〈北信越連〉…出雲3, 出雲4
林 雅宏〈福井工業〉…全日本22, 全日本24
林 正己〈慶應義塾〉…箱根26
林 正己〈東京文理〉…箱根23
林 佑樹〈中京〉…出雲23
林 竜司〈関東学院〉…箱根80
林 亮輔〈東北〉…全日本41
林田 克則〈第一工業〉…出雲7, 全日本27
林田 積之助〈東京教育〉…箱根31, 箱根32, 箱根33, 箱根34
林田 洋之介〈中央〉…箱根26, 箱根27, 箱根28, 箱根29
早瀬 道雄〈日本〉…箱根9, 箱根10, 箱根11
早瀬 祐樹〈駒澤〉…出雲21
早津 一仁〈新潟〉…全日本16, 全日本17
早野 吉信〈北信越連〉…出雲22
原 英嗣〈早稲田〉…箱根80, 箱根81, 箱根82, 全日本34, 全日本35
原 茂明〈上武〉…箱根85, 箱根87
原 茂清〈東洋〉…箱根17, 箱根18, 箱根19, 箱根20
原 茂晴〈東洋〉…箱根16
原 茂人〈筑波〉…箱根65
原 晋〈中京〉…全日本18, 全日本19
原 敬〈福岡〉…全日本8, 全日本9
原 正〈埼玉〉…箱根35
原 知明〈日本文理〉…出雲21, 出雲22, 出雲23, 全日本41, 全日本42, 全日本43
原 智彦〈北海道〉…全日本20
原 法利〈大東文化〉…箱根91
原 治和〈中央〉…箱根42, 箱根44
原 英胤〈東京文理〉…箱根25
原 秀幸〈九州産業〉…全日本15, 全日本16, 全日本17, 全日本18
原 元祥〈福岡〉…全日本3, 全日本4

原 洋平〈日本〉…出雲14, 全日本35
原口 克巳〈東京農業〉…全日本1
原口 豪〈駒澤〉…箱根51, 箱根52, 箱根53, 全日本7
原口 広大〈国士舘〉…箱根82, 箱根84
原子 広二〈東京農業〉…箱根15
原沢 辰明〈北海道〉…全日本15, 全日本16, 全日本17
原島 貴男〈大東文化〉…箱根70, 箱根71, 全日本25
原島 正之〈法政〉…箱根40, 箱根41, 箱根42
原田 嘉七〈明治〉…箱根6, 箱根7
原田 恵輔〈中京〉…出雲17
原田 恵輔〈東海学連〉…全日本38
原田 賢児〈専修〉…箱根47, 箱根48, 箱根50, 全日本2, 全日本3
原田 康二〈広島経済〉…出雲7, 出雲10, 全日本30
原田 聡〈中央〉…箱根78, 箱根79, 箱根80, 出雲13, 出雲14, 出雲15, 全日本33, 全日本34
原田 茂〈日歯医専〉…箱根12, 箱根13, 箱根14
原田 忠夫〈大東文化〉…箱根46, 箱根47, 箱根48, 箱根49, 全日本1, 全日本2, 全日本3, 全日本4
原田 徹〈国士舘〉…箱根63, 箱根64, 箱根65, 全日本19, 全日本20
原田 徹〈日本〉…箱根80
原田 一〈東洋〉…箱根28, 箱根29, 箱根30, 箱根31
原田 拓〈国士舘〉…箱根80, 箱根82
原田 博〈東洋〉…箱根19
原田 誠〈東海〉…箱根61
原田 誠〈法政〉…箱根80, 箱根81, 出雲16, 出雲17, 全日本35, 全日本37
原田 正彦〈早稲田〉…箱根76, 箱根77, 箱根78, 出雲12, 全日本31, 全日本33
原田 充規〈中四国連〉…出雲9
原田 睦三〈立命館〉…箱根40
原田 幸雄〈大東文化〉…箱根70, 箱根71
原田 恵章〈神奈川〉…箱根76, 箱根77, 箱根78, 箱根79, 出雲13, 出雲14, 全日本32, 全日本33, 全日本34
原山 政博〈慶應義塾〉…箱根9
原山 嘉昭〈国士舘〉…箱根52, 箱根53
バーリー, E.〈IVL〉…全日本25, 全日本26
針塚 藤重〈東京農業〉…箱根30
播磨 秀剛〈京都産業〉…全日本11, 全日本12
播本 真也〈立命館〉…全日本25
春岡 貴博〈第一工業〉…全日本27, 全日本29, 全日本30
春田 英二〈東京農業〉…全日本10
治田 全貴〈札幌学院〉…全日本41, 全日本42, 全日本43
治田 全貴〈北海道連〉…出雲21, 出雲22, 出雲23
春田 真臣〈順天堂〉…箱根78, 箱根79, 出雲13, 出雲14, 全日本33, 全日本34
春山 一成〈国士舘〉…箱根52, 全日本6
伴 真和〈中四国連〉…出雲1, 出雲2
半田 辰雄〈拓殖〉…箱根48, 箱根50
半田 禎〈東京〉…箱根60
半田 実〈東京文理〉…箱根19, 箱根20
半田 宗義〈金沢工業〉…全日本7, 全日本8, 全日本9, 全日本10
半田 康夫〈東京文理〉…箱根16, 箱根17
半田 義彦〈早稲田〉…箱根47, 箱根49, 箱根50
番度 行弘〈金沢〉…全日本11
坂東 挙〈福井工業〉…全日本26, 全日本27
坂東 挙〈北信越連〉…出雲7
坂東 誠吾〈法政〉…箱根2
坂東 良二〈国士舘〉…箱根46
坂内 庄一〈専修〉…箱根52, 箱根53, 箱根54, 箱根55
番場 直樹〈沖縄国際〉…全日本25
半場 秀則〈仙台〉…全日本11

【ひ】

ビアズバック, R.〈IVL〉…出雲13
日浦 宏〈広島〉…全日本9, 全日本11
日置 一樹〈中央〉…箱根30
比嘉 正樹〈山梨学院〉…箱根67, 箱根68, 出雲3
檜垣 孝〈同志社〉…全日本22
東 勝博〈拓殖〉…箱根74, 箱根75, 出雲10, 全日本29, 全日本30
東 克幸〈中四国連〉…出雲19, 出雲20
東 真一郎〈駒澤〉…箱根67, 箱根68, 箱根69, 出雲1, 出雲3, 出雲4
東 卓志〈拓殖〉…箱根60
東 瑞基〈神奈川〉…箱根90, 全日本46
東 森拓〈上武〉…箱根90
東 良尚〈京都産業〉…全日本9, 全日本10
東江 正樹〈法政〉…箱根59
東崎 永孝〈中央〉…箱根64, 箱根65, 箱根67
東島 彰吾〈拓殖〉…箱根90, 箱根91
東谷 了〈法政〉…箱根50
東野 賢治〈関東学連〉…箱根84
東野 賢治〈明治〉…箱根82, 箱根83, 全日本40
東野 恒一〈徳山〉…出雲17, 出雲18, 全日本37, 全日本38
東山 毅〈帝京〉…箱根79, 箱根80, 箱根81, 全日本34
東山 浩幸〈徳山〉…全日本18
日向野 聖隆〈日本〉…箱根89, 箱根90, 全日本45
引田 二郎〈法政〉…箱根8, 箱根9, 箱根10, 箱根11
疋田 康彦〈中京〉…全日本8
引原 有輝〈龍谷〉…全日本30
引間 金夫〈中央〉…箱根50, 箱根51, 箱根52, 全日本5
樋口 一隆〈大東文化〉…箱根64, 箱根65, 箱根66, 箱根67, 出雲2, 全日本19, 全日本20, 全日本21, 全日本22

樋口 勝俊〈法政〉…箱根53, 箱根54, 箱根55, 箱根56
樋口 勝利〈大東文化〉…箱根86
樋口 幸貴〈広島〉…出雲22
樋口 幸平〈大阪経済〉…全日本41
樋口 聡〈筑波〉…箱根51, 箱根52, 箱根54
樋口 三五郎〈早稲田〉…箱根17, 箱根18
樋口 俊志〈中四国連〉…出雲5, 出雲6, 出雲7
樋口 俊志〈徳山〉…全日本25, 全日本26, 全日本27, 全日本28
樋口 淳平〈四日市〉…全日本35, 全日本36, 全日本37
樋口 達夫〈立命館〉…出雲15, 出雲18, 全日本35, 全日本36, 全日本37, 全日本38, 全日本39
樋口 恒雄〈立教〉…箱根15, 箱根16, 箱根17
樋口 友幸〈北信越連〉…出雲1
樋口 亮〈明治〉…箱根6
樋口 正明〈関東学連〉…箱根87
樋口 真大〈四日市〉…全日本37, 全日本38, 全日本39
樋口 優司〈駒澤〉…箱根70, 出雲5, 全日本25
樋口 良雄〈信州〉…全日本12, 全日本13
樋口 義武〈明治〉…箱根19
樋口 良太〈東洋〉…箱根43, 箱根44, 箱根45, 箱根46
ビークル, C.〈IVL〉…出雲15
彦久保 文章〈専修〉…箱根79, 箱根81, 箱根82
彦坂 一成〈創価〉…箱根91
ピーコック, L.〈IVL〉…出雲23, 出雲24
久井原 歩〈国士舘〉…箱根85, 箱根88, 全日本42
日坂 佳祐〈中四国連〉…出雲22
久国 公也〈明治〉…箱根86
久田 敏幸〈順天堂〉…箱根44, 箱根45, 箱根46
久田 隼人〈亜細亜〉…箱根79, 出雲14
久武 親人〈慶應義塾〉…箱根12, 箱根13
久富 進〈東京農業〉…箱根9, 箱根10
久野 正悟〈日本体育〉…箱根78, 箱根79
久松 敏哉〈東洋〉…箱根34, 箱根35
久宗 恒夫〈日本体育〉…箱根44, 箱根46, 全日本1
久守 徹〈金沢〉…全日本11
久山 猛〈早稲田〉…箱根10
久好 哲郎〈京都〉…全日本46
土方 久平〈慶應義塾〉…箱根26
土方 久平〈東京文理〉…箱根23, 箱根25
樋尻 省三〈明治〉…箱根36
菱田 雅紀〈四日市〉…全日本36
菱谷 尚之〈北海道〉…全日本9, 全日本10
ヒース, E.〈IVL〉…出雲24
ビズネ, Y.T.〈亜細亜〉…箱根69, 箱根70, 箱根71, 箱根72, 全日本25, 全日本26, 全日本27, 全日本28
檜田 圭三〈法政〉…箱根57
日高 真吾〈東海〉…箱根69, 箱根70, 全日本23
秀島 隼人〈日本〉…箱根82, 箱根83, 全日本37, 全日本38
尾堂 博〈大東文化〉…箱根44, 箱根45, 箱根46, 箱根47, 全日本1, 全日本2
雛竹 政秋〈八幡〉…全日本5, 全日本6, 全日本7
日野 敏治〈大阪体育〉…全日本19, 全日本20
日野 裕也〈中央学院〉…箱根87
樋上 晶〈近畿〉…全日本32
樋上 雅之〈大阪経済〉…全日本26, 全日本29
桧枝 徳昌〈九州産業〉…全日本8, 全日本10, 全日本11
檜本 茂樹〈大阪経済〉…全日本23, 全日本24, 全日本26
ビーバー, R.〈IVL〉…全日本23
日比 勝俊〈日本〉…箱根61, 箱根62, 箱根63, 箱根64, 全日本16, 全日本17, 全日本18, 全日本19
日比 英雄〈横浜国立〉…箱根29
樋本 芳弘〈拓殖〉…全日本39
百東 武雄〈東京農業〉…箱根22
百東 秀雄〈東京農業〉…箱根16, 箱根17, 箱根18, 箱根19, 箱根20
百武 宗親〈帝京〉…箱根81
檜山 俊八郎〈日本〉…箱根14
檜山 壮志〈関西〉…全日本39
日向 栄次〈東京農業〉…箱根69, 箱根70, 箱根71, 箱根72, 出雲7, 全日本24
平井 章〈島根〉…全日本3, 全日本4, 全日本5
平井 幹〈京都〉…全日本46
平井 健太郎〈京都〉…全日本46
平井 重雄〈横浜国立〉…箱根29, 箱根30, 箱根32
平井 重行〈青山学院〉…箱根49, 箱根50, 箱根51, 箱根52
平井 正〈横浜国立〉…箱根28
平井 太郎〈慶應義塾〉…箱根38, 箱根39, 箱根40
平井 文夫〈中央〉…箱根22, 箱根23, 箱根24
平井 政行〈早稲田〉…箱根62, 箱根63, 箱根64
平井 義久〈横浜専門〉…箱根25
平出 昇〈横浜国立〉…箱根31
平岩 篤弥〈東海学連〉…全日本44, 全日本45, 全日本46
平尾 仁〈専修〉…箱根74
平尾 太一〈近畿〉…全日本37
平尾 光晃〈立命館〉…出雲15
平岡 幸一郎〈広島〉…全日本41
平岡 悠〈東海学連〉…全日本43
平岡 悠〈名古屋〉…全日本41, 全日本42, 全日本44
平賀 翔太〈早稲田〉…箱根86, 箱根87, 箱根88, 箱根89, 出雲21, 出雲22, 出雲23, 出雲24, 全日本41, 全日本42, 全日本43, 全日本44
平川 信彦〈中央〉…箱根84, 箱根85, 出雲19, 出雲20, 全日本38, 全日本39, 全日本40
平川 広〈国士舘〉…箱根38
平川 正昭〈山口〉…全日本10
平川 良樹〈駒澤〉…箱根76
平川 玲央〈国士舘〉…箱根85
平工 学〈名古屋商〉…出雲5
平迫 幸紀〈上武〉…箱根89

平沢 岳〈東洋〉…箱根81
平沢 幸太〈専修〉…箱根81, 箱根82, 全日本37
平沢 英雄〈東洋〉…箱根28, 箱根29, 箱根30, 箱根31
平下 修〈早稲田〉…箱根75, 箱根76, 全日本31
平瀬 祐太郎〈長崎国際〉…全日本39
平田 書男〈大阪商業〉…全日本1, 全日本2
平田 一真〈奈良産業〉…全日本40, 全日本42
平田 啓介〈城西〉…箱根87, 箱根88, 箱根89, 出雲24, 全日本42, 全日本43
平田 幸一〈新潟〉…全日本19, 全日本20, 全日本21
平田 幸一〈北信越連〉…出雲1, 出雲2
平田 浩一〈中四国連〉…出雲2
平田 卓志〈専修〉…箱根21
平田 忠彦〈東洋〉…箱根14
平田 文夫〈東京教育〉…箱根35, 箱根36
平田 雅人〈山梨学院〉…箱根69, 箱根71, 箱根72, 出雲7, 全日本26, 全日本27
平田 勇助〈慶應義塾〉…箱根50
平田 寛〈早稲田〉…箱根37, 箱根38, 箱根39
平塚 潤〈日本体育〉…箱根64, 箱根66, 箱根67, 出雲1, 出雲2, 全日本19, 全日本20, 全日本21, 全日本22
平塚 祐三〈大東文化〉…箱根91, 全日本46
平野 彰〈八幡〉…全日本1
平野 淳俊〈東京農業〉…箱根54, 箱根55, 箱根56, 箱根57, 全日本9, 全日本10, 全日本11
平野 一雄〈早稲田〉…箱根33
平野 憲司〈青山学院〉…箱根43, 箱根44, 箱根45
平野 弘一〈東海〉…箱根58
平野 勝介〈秋田〉…全日本2, 全日本3
平野 伸二朗〈京都産業〉…出雲4, 全日本24
平野 泰輔〈神奈川〉…箱根75
平野 太郎七〈中央〉…箱根6, 箱根7
平野 弘〈慶應義塾〉…箱根26
平野 裕〈近畿〉…全日本37
平野 平三〈日本〉…箱根10, 箱根11
平野 正祐〈法政〉…箱根16
平野 護〈駒澤〉…箱根82, 箱根84, 出雲17, 全日本37, 全日本38, 全日本39
平野 美知之〈専修〉…箱根28
平林 哲也〈駒澤〉…箱根64, 箱根66
平林 竜一〈信州〉…全日本41
平松 賢泰〈北海道〉…全日本29
平松 義昌〈日本〉…箱根22
平本 哲也〈神奈川〉…箱根82, 出雲17, 全日本37
平本 昌樹〈神奈川〉…全日本37
平盛 惣一〈大東文化〉…箱根53, 箱根54
平山 勝重〈日本体育〉…箱根69, 箱根70, 箱根71, 箱根72, 出雲7, 全日本25, 全日本26
平山 十一郎〈慶應義塾〉…箱根1, 箱根2, 箱根3, 箱根4, 箱根5
平山 猛〈大阪体育〉…全日本5, 全日本6, 全日本7
平山 竜成〈東海〉…箱根84, 箱根85, 箱根87, 出雲20, 全日本40, 全日本41
平山 久光〈法政〉…箱根18, 箱根19, 箱根21
平山 浩〈法政〉…箱根65, 箱根66, 箱根67
平山 博文〈八幡〉…全日本3, 全日本4
平山 征志〈日本体育〉…箱根61, 箱根62, 箱根63, 箱根64, 全日本18, 全日本19
平山 陽吉〈専修〉…箱根48, 箱根49, 全日本3
平湯 和也〈福岡〉…出雲16, 全日本35, 全日本36
蛭川 剛〈徳山〉…全日本12, 全日本13
昼田 哲士〈早稲田〉…箱根30, 箱根31, 箱根32, 箱根33
蛭沼 礼雄〈東京農業〉…箱根67, 全日本23
弘 潤一〈日本体育〉…箱根79, 箱根81
廣川 倖暉〈國學院〉…箱根89, 箱根90, 箱根91
広島 嘉彦〈大東文化〉…箱根59
広瀬 啓二〈拓殖〉…箱根53, 箱根54, 箱根55, 箱根56
広瀬 諭史〈山梨学院〉…箱根68, 箱根69, 全日本23
広瀬 大貴〈明治〉…箱根87, 箱根88, 箱根89, 箱根90, 出雲23, 出雲25, 全日本43, 全日本45
広瀬 隆〈拓殖〉…箱根46
広瀬 尚紀〈京都産業〉…出雲6, 出雲8, 全日本25, 全日本26, 全日本27, 全日本28
広瀬 永和〈立命館〉…全日本19, 全日本20, 全日本21, 全日本22
広瀬 福三郎〈日歯医専〉…箱根10, 箱根11, 箱根12, 箱根13
広瀬 正尚〈東京農業〉…箱根30, 箱根31, 箱根32, 箱根33
広瀬 元章〈広島経済〉…全日本31
広瀬 陽〈四日市〉…全日本33
広瀬 喜孝〈立教〉…箱根24
広田 隆男〈国士舘〉…箱根57, 箱根58, 箱根59
広田 孝〈中京〉…全日本13, 全日本14
広田 俊雄〈専修〉…箱根22
広田 正美〈明治〉…箱根37, 箱根39, 箱根40
廣田 雄希〈東海〉…箱根91, 全日本46
広近 研三〈早稲田〉…箱根44, 箱根45
広近 憲三〈早稲田〉…箱根47
広橋 実〈慶應義塾〉…箱根22
広浜 誠一〈慶應義塾〉…箱根2, 箱根3, 箱根4, 箱根5, 箱根6
広藤 敏幸〈大東文化〉…箱根66, 箱根67, 全日本20, 全日本21, 全日本22
広部 国雄〈日本体育〉…箱根28, 箱根29
広松 尚記〈順天堂〉…箱根67, 箱根68, 箱根69
弘山 勉〈筑波〉…箱根62, 箱根63, 箱根64, 箱根65
枇杷坂 実〈早稲田〉…箱根3, 箱根5, 箱根6, 箱根8
樋渡 翔太〈東北学連〉…出雲20, 出雲21, 出雲22, 出雲23, 全日本43

【ふ】

ファティヒ，M.〈第一工業〉…全日本29
フィッツパトリック，E.〈IVL〉…全日本27
フェイス，R.〈IVL〉…全日本22
フォーマン，A.〈IVL〉…出雲17
深井 悟〈大阪体育〉…出雲1, 全日本20
深井 剛〈日本体育〉…箱根62, 箱根63, 箱根64, 箱根65, 全日本17, 全日本18, 全日本19, 全日本20
深川 順次郎〈日本体育〉…箱根30, 箱根31
深川 竜太〈中央〉…箱根66, 箱根67, 箱根68, 出雲2, 出雲3, 全日本21, 全日本22
深沢 通之助〈早稲田〉…箱根26
深瀬 弘志〈関東学院〉…箱根76
深田 清次〈順天堂〉…箱根41, 箱根42, 箱根43, 箱根44
深田 文夫〈東洋〉…箱根51, 箱根52, 箱根54
深田 真範〈筑波〉…箱根62, 箱根64, 箱根65
深津 新太郎〈法政〉…出雲12
深津 卓也〈駒澤〉…箱根83, 箱根84, 箱根86, 出雲18, 出雲19, 出雲20, 全日本38, 全日本39, 全日本40, 全日本41
深野 直治〈東京農業〉…箱根10, 箱根11, 箱根12
深見 寿〈東洋〉…箱根54, 箱根55, 全日本7, 全日本8
深谷 弘〈早稲田〉…箱根65, 箱根66, 箱根67, 箱根68, 出雲1, 出雲2, 出雲3
深谷 友一〈愛知教育〉…全日本6, 全日本7, 全日本8, 全日本9
深山 英樹〈法政〉…箱根66, 箱根67, 箱根68, 箱根69, 出雲2
扶川 典靖〈仙台〉…全日本30, 全日本31
深渡 慎一郎〈東北学連〉…出雲23, 全日本43
婦木 重秋〈東京農業〉…箱根61, 箱根63, 全日本15
婦木 幸洋〈大阪経済〉…全日本20, 全日本21, 全日本22
福井 清孝〈中京〉…全日本8
福井 重治〈名古屋〉…全日本4, 全日本5
福居 利章〈岡山理科〉…全日本23
福居 利章〈中四国連〉…出雲4, 出雲5
福井 直良〈神奈川師〉…箱根23, 箱根24
福井 規人〈國學院〉…箱根83
福井 淑心〈第一工業〉…出雲13
福井 誠〈日本〉…箱根81, 箱根82, 箱根83, 出雲17, 出雲18, 全日本36, 全日本37, 全日本38
福井 洋平〈中京〉…全日本30
福井 竜一郎〈名古屋商〉…出雲8, 出雲9, 全日本26, 全日本27, 全日本28, 全日本29
福岡 功〈城西〉…箱根83, 全日本38
福沢 潤一〈山梨学院〉…箱根89
福士 敏政〈大東文化〉…箱根44
福士 英男〈専修〉…箱根22, 箱根23
福士 将史〈東洋〉…箱根76, 出雲10
福士 優太朗〈日本体育〉…箱根87, 箱根88, 出雲22, 出雲23, 全日本42, 全日本43, 全日本44
福重 寛司〈東京農業〉…箱根54, 全日本9
福島 啓介〈専修〉…箱根78, 箱根79, 全日本33
福島 成博〈法政〉…箱根84, 箱根86
福島 誠剛〈亜細亜〉…箱根51, 箱根52, 箱根53
福島 隆〈立教〉…箱根37, 箱根38, 箱根39, 箱根40
福島 徳令〈東洋〉…箱根19
福島 法明〈関東学連〉…箱根86, 箱根87
福島 寿夫〈日本〉…箱根55
福島 弘将〈上武〉…箱根85, 箱根86
福田 和男〈名城〉…全日本13
福田 佳介〈近畿〉…全日本31, 全日本32
福田 恵大〈四日市〉…全日本37
福田 敬〈国士舘〉…箱根57
福田 健太〈神奈川〉…箱根87, 箱根88, 箱根89
福田 悟司〈中央学院〉…箱根70
福田 茂之〈法政〉…箱根42, 箱根43, 箱根44
福田 穣〈国士舘〉…箱根88, 全日本42
福田 太加之〈東洋〉…箱根36, 箱根37, 箱根38
福田 哲二〈大東文化〉…箱根76, 箱根77
福田 豊徳〈九州産業〉…全日本14, 全日本16, 全日本17
福田 登〈大阪経済〉…出雲2, 全日本22
福田 浩朗〈広島〉…全日本39, 全日本40
福田 浩朗〈中四国連〉…出雲19, 出雲20
福田 浩二〈福岡〉…全日本4, 全日本5, 全日本7
福田 正志〈山梨学院〉…箱根63, 箱根64, 箱根65, 箱根66, 出雲1, 全日本19, 全日本20, 全日本21
福田 雅広〈大阪商業〉…全日本1, 全日本2, 全日本3
福田 道弘〈明治学院〉…全日本1
福田 恵〈島根〉…全日本5
福田 安男〈法政〉…箱根37, 箱根38, 箱根39, 箱根40
福田 裕次〈駒澤〉…箱根51
福田 雄大〈青山学院〉…箱根87, 箱根88, 出雲22, 出雲24, 全日本43
福田 幸夫〈熊本商科〉…全日本2
福田 栄治〈東洋〉…箱根25, 箱根26, 箱根27
福田 良春〈京都産業〉…全日本23
福地 悌治〈法政〉…箱根5, 箱根7, 箱根8
福地 弘久〈東京農業〉…出雲3, 全日本21
福地 宏行〈専修〉…箱根79
福留 雄二〈久留米〉…全日本18, 全日本20
福永 勝彦〈専修〉…箱根71, 箱根72, 箱根73, 箱根74, 出雲6, 出雲8
福永 秀樹〈中央〉…箱根66, 箱根67, 全日本21, 全日本22
福西 栄治〈愛知工業〉…全日本23, 全日本24, 全日本26
福間 信隆〈順天堂〉…箱根46, 箱根47, 箱根48, 全日本3
福光 崇〈福井工業〉…全日本24, 全日本26, 全日本27

福光 崇〈北信越連〉…出雲5
福光 英雄〈中京〉…全日本13, 全日本14, 全日本15
福村 拳太〈東海〉…箱根90
福村 光能〈熊本商科〉…全日本2
福本 整〈立命館〉…全日本16, 全日本19
福元 哲郎〈広島経済〉…全日本23, 全日本24
福元 康貴〈筑波〉…箱根58, 箱根59, 全日本14
福盛 祐三〈中央〉…箱根40, 箱根41, 箱根42, 箱根43
福山 一夫〈日本体育〉…箱根34, 箱根35, 箱根36
福山 慎也〈愛知学院〉…全日本14
福山 時義〈明治〉…箱根40, 箱根41, 箱根42
福山 登〈東京学芸〉…箱根35, 箱根36, 箱根37
福山 真魚〈関東学連〉…箱根84
福山 真魚〈上武〉…箱根85, 箱根86
福山 護〈京都産業〉…全日本11
福山 勇治〈愛知教育〉…全日本14, 全日本15
福山 良祐〈中央学院〉…箱根79
泓川 周平〈近畿〉…全日本37, 全日本38
房岡 潔司〈同志社〉…全日本7
藤井 英二〈東海〉…箱根49, 箱根50, 箱根51
藤井 修〈日本体育〉…箱根57, 箱根58, 箱根59, 全日本12, 全日本13
藤井 嘉市〈明治〉…箱根1, 箱根2
藤井 一博〈早稲田〉…箱根71, 箱根72, 箱根73, 出雲8, 全日本26, 全日本28
藤井 和也〈神奈川〉…箱根85
藤井 克成〈徳山〉…全日本20
藤井 力吉〈札幌学院〉…全日本22, 全日本23, 全日本24
藤井 勘太〈東海〉…箱根87
藤井 邦史〈関西学院〉…出雲4, 全日本24
藤井 銈一郎〈日本〉…箱根28
藤居 啓治〈専修〉…箱根30
藤井 啓介〈中央学院〉…箱根87, 箱根88, 箱根89
藤井 圭太〈中四国連〉…出雲25
藤井 健三〈拓殖〉…箱根18, 箱根19
藤井 健平〈早稲田〉…箱根53
藤井 周一〈日本〉…箱根77, 箱根78, 箱根79, 箱根80, 出雲12, 出雲13, 出雲15, 全日本32, 全日本33, 全日本34, 全日本35
藤井 太雅〈札幌学院〉…全日本41, 全日本42, 全日本43, 全日本44
藤井 太雅〈北海道連〉…出雲21, 出雲22, 出雲24
藤井 貴紀〈亜細亜〉…箱根72, 箱根73, 出雲8, 全日本28
藤井 孝之〈法政〉…箱根89, 出雲25
藤井 正〈東京農業〉…箱根12
藤井 忠彦〈早稲田〉…箱根33, 箱根34, 箱根35, 箱根36
藤井 敏彦〈横浜市立〉…箱根40
藤井 敏行〈広島経済〉…出雲9, 出雲10, 全日本28, 全日本29, 全日本30, 全日本31
藤井 智也〈愛知工業〉…全日本26
藤井 昇〈大阪商業〉…全日本1
藤井 輝〈駒澤〉…箱根81, 箱根82, 箱根83, 箱根84, 出雲18
藤井 寛之〈中央〉…箱根91, 出雲24
藤井 康之〈国士舘〉…箱根57, 箱根58
藤井 裕也〈京都産業〉…出雲23
藤枝 覚〈中央学院〉…箱根79
藤枝 昭英〈関西〉…箱根12, 箱根13
藤尾 堅二〈東大農実〉…箱根6, 箱根7
藤川 拓也〈青山学院〉…箱根89, 箱根90, 箱根91, 出雲23, 出雲24, 出雲25, 全日本46
藤川 秀幸〈京都産業〉…全日本7
藤川 実〈京都産業〉…全日本16, 全日本18
藤木 勳〈早稲田〉…箱根8, 箱根9, 箱根10, 箱根11, 箱根12
藤木 勉〈拓殖〉…箱根16
藤木 光雄〈東京農業〉…箱根2, 箱根3, 箱根4, 箱根5
藤倉 勇〈京都産業〉…全日本6, 全日本7, 全日本8
藤倉 鶴典〈法政〉…箱根16, 箱根17, 箱根18
藤坂 和博〈京都産業〉…出雲5, 出雲7, 全日本25, 全日本26
藤崎 享〈東京農業〉…箱根26
藤崎 豊夫〈神奈川〉…箱根41
藤崎 広人〈拓殖〉…箱根50
藤沢 一茂〈日本体育〉…箱根73, 箱根74, 箱根75
藤沢 向希〈日本〉…出雲14
藤沢 千一〈中央〉…箱根2, 箱根3
藤沢 徹也〈関西学院〉…出雲4, 全日本24
藤沢 寛〈福岡〉…全日本19
藤澤 萌人〈東北〉…全日本45, 全日本46
藤沢 宗央〈高岡法科〉…全日本39
藤沢 宗央〈北信越連〉…出雲19
藤下 隆美〈岐阜〉…全日本3
藤島 靱雄〈関西〉…箱根12, 箱根13
藤代 和敏〈国士舘〉…箱根60, 箱根61, 箱根62, 箱根63, 全日本17
藤代 晃司〈東京農業〉…全日本41
藤代 正誠〈中央〉…箱根3, 箱根4
富士代 芳実〈福岡〉…全日本1, 全日本2, 全日本3
藤瀬 修〈九州〉…全日本19
藤田 秋男〈法政〉…箱根33, 箱根34, 箱根35, 箱根36
藤田 明美〈亜細亜〉…箱根62
藤田 敦史〈駒澤〉…箱根72, 箱根73, 箱根74, 箱根75, 出雲9, 出雲10, 全日本29, 全日本30
藤田 修〈東洋〉…箱根54, 箱根55, 全日本7, 全日本8
藤田 一雄〈拓殖〉…箱根15, 箱根16, 箱根17
藤田 一成〈日本〉…箱根50, 箱根51, 箱根52, 全日本6, 全日本7
藤田 和弘〈中央〉…箱根55, 箱根56
藤田 一元〈慶應義塾〉…箱根2

藤田 国夫〈日本〉…箱根41, 箱根42, 箱根43, 箱根44
藤田 栄〈法政〉…箱根22
藤田 繁也〈大阪体育〉…全日本14, 全日本15, 全日本16
藤田 慎平〈亜細亜〉…出雲19
藤田 昇〈鹿屋体育〉…出雲17, 全日本35
藤田 秀之〈明治〉…箱根83
藤田 広司〈大阪経済〉…全日本10
藤田 裕〈名古屋〉…全日本33
藤田 正志〈立命館〉…全日本25
藤田 将弘〈中央〉…箱根74, 箱根75, 出雲11, 全日本29
藤田 昌也〈京都産業〉…出雲17, 全日本36, 全日本37
藤田 雄一〈東京農業〉…箱根15
藤田 幸雄〈法政〉…箱根28
藤田 幸則〈駒澤〉…箱根71, 箱根72, 箱根73, 箱根74, 出雲9, 全日本28, 全日本29
藤田 洋介〈大阪体育〉…全日本4, 全日本5, 全日本6, 全日本7
藤田 義次〈法政〉…箱根7
藤田 凌介〈東北学連〉…出雲24
藤田 凌介〈東北福祉〉…全日本43, 全日本44
藤永 紘基〈東海学連〉…全日本38, 全日本40
藤永 紘基〈名古屋〉…出雲18, 全日本36, 全日本41
藤沼 善三〈神奈川〉…箱根31, 箱根32
藤沼 毅〈東北学連〉…出雲4
藤野 英之〈東京農業〉…箱根68, 箱根69, 箱根70, 出雲3, 出雲4
藤野 博英〈駒澤〉…箱根71, 箱根72
藤野 泰二〈紅陵〉…箱根28
藤野 泰二〈拓殖〉…箱根29
藤原 良典〈早稲田〉…箱根62
藤巻 耕太〈法政〉…箱根72, 箱根73, 箱根75
藤巻 伝之亟〈東大農実〉…箱根5, 箱根6, 箱根7
伏見 俊明〈駒澤〉…箱根43, 箱根44, 箱根45, 箱根46
藤見 信之〈国士舘〉…箱根44, 箱根45, 箱根46
藤村 健一〈日本〉…箱根14
藤村 貴生〈山梨学院〉…箱根74, 全日本29
藤本 源太郎〈日本〉…箱根3, 箱根4
藤本 剋〈拓殖〉…箱根14
藤本 真市〈大阪体育〉…全日本9, 全日本10, 全日本11, 全日本12
藤本 大輔〈神奈川〉…箱根72, 箱根73, 全日本28
藤本 孝明〈東京農業〉…箱根49, 箱根50, 箱根51, 箱根52, 全日本4, 全日本5, 全日本6
藤本 聖〈神奈川〉…箱根79, 出雲14, 全日本34
藤本 隆俊〈八幡〉…全日本3
藤本 拓〈国士舘〉…箱根88, 全日本42
藤本 勤〈東京学芸〉…箱根32, 箱根33, 箱根34, 箱根35
藤本 剛士〈東海〉…全日本41
藤本 昌也〈中央学院〉…箱根79
藤本 幹人〈関東学院〉…箱根70
藤森 茂幸〈東京学芸〉…箱根37
藤森 直治〈名古屋〉…全日本3
藤森 憲秀〈早稲田〉…箱根80, 箱根81, 箱根83, 全日本35
藤山 智史〈札幌学院〉…全日本41, 全日本42, 全日本43
藤山 智史〈北海道連〉…出雲22, 出雲23
藤山 修一〈駒澤〉…箱根85, 箱根86
藤山 雄浩〈福岡〉…全日本31, 全日本32, 全日本33, 全日本34
藤山 哲隆〈駒澤〉…箱根81, 箱根82, 出雲17, 全日本37
藤脇 友介〈山梨学院〉…箱根70, 箱根71, 箱根72, 出雲4, 出雲5, 出雲6, 出雲7, 全日本24, 全日本25, 全日本26, 全日本27
藤原 新〈拓殖〉…箱根77, 箱根79, 全日本32, 全日本33, 全日本35
藤原 郁生〈大阪体育〉…全日本3
藤原 完助〈東大農実〉…箱根3
藤原 健一〈拓殖〉…箱根30
富士原 幸平〈龍谷〉…全日本30
藤原 暁〈中央〉…箱根22
藤原 茂美〈東北学院〉…全日本34
藤原 茂美〈東北学連〉…出雲12, 出雲14
藤原 舜〈広島経済〉…出雲25, 全日本46
藤原 忠昌〈関東学連〉…箱根82
藤原 司〈日本体育〉…箱根82
藤原 公〈中京〉…全日本16, 全日本18
藤原 寿彦〈神奈川〉…箱根41, 箱根42, 箱根43
藤原 博〈国士舘〉…箱根49, 箱根50, 箱根51, 全日本6
藤原 正昭〈専修〉…箱根72, 箱根73, 箱根74, 出雲8
藤原 正和〈中央〉…箱根76, 箱根77, 箱根78, 箱根79, 出雲11, 出雲12, 出雲13, 出雲14, 全日本31, 全日本32, 全日本33, 全日本34
藤原 正和〈北海道〉…全日本19
藤原 昌隆〈東海〉…箱根83, 箱根84, 箱根85, 出雲18, 出雲19, 出雲20, 全日本39, 全日本40
藤原 正博〈東京農業〉…箱根48, 全日本1
藤原 安晃〈大阪商業〉…全日本6, 全日本8
藤原 悠希〈大阪経済〉…全日本45
藤原 庸平〈立命館〉…出雲19, 出雲20, 出雲21, 全日本39, 全日本40, 全日本41
布施 知進〈駒澤〉…箱根76, 箱根77, 出雲11, 出雲14, 全日本31, 全日本32
布施 功馬〈北海道〉…全日本29
布勢 哲夫〈明治学院〉…全日本1
布施 幸雄〈仙台〉…全日本4
布施 好道〈国士舘〉…箱根58
伏島 祐介〈山梨学院〉…箱根87, 箱根88, 全日本42
二木 謙三〈慶應義塾〉…箱根1, 箱根2
二ツ橋 直秀〈専修〉…箱根28, 箱根29
二見 敏進〈専修〉…箱根17, 箱根18, 箱根19, 箱根22
二村 和典〈名古屋〉…全日本30

渕上 真吉〈第一工業〉…全日本32
渕山 祐行〈広島経済〉…出雲11, 出雲12, 全日本31, 全日本32
船井 晃晴〈東海〉…箱根68, 箱根69, 全日本23
船井 慎太郎〈関東学連〉…箱根87
船井 照夫〈早稲田〉…箱根35, 箱根36, 箱根37, 箱根38
舟川 史人〈立命館〉…全日本29
舩木 和寿〈東北学連〉…出雲13, 出雲14
船木 正信〈大阪体育〉…全日本9, 全日本10, 全日本11, 全日本12
船木 吉如〈拓殖〉…箱根73, 箱根75, 出雲10, 全日本29
船越 敬太〈上武〉…箱根87
船越 健二〈帝京〉…箱根81
船越 大輔〈國學院〉…箱根82, 箱根83, 全日本38
槫澤 慎吾〈新潟〉…全日本44, 全日本45
舟橋 一夫〈立命館〉…箱根40
船橋 清水〈岐阜〉…全日本3
船村 真也〈亜細亜〉…箱根86
ブープロン, A.〈IVL〉…全日本28
文野 克成〈国士舘〉…箱根64
文元 慧〈明治〉…箱根89, 箱根90, 箱根91, 出雲23, 出雲24, 出雲25, 全日本44, 全日本45, 全日本46
ブラディッド, R.〈第一工業〉…出雲12, 全日本32
ブランド, W.〈IVL〉…全日本25, 全日本26
古井 康洋〈亜細亜〉…箱根69, 箱根70, 全日本23, 全日本25
プルエット, P.〈IVL〉…出雲13
古川 和紀〈名古屋〉…全日本42, 全日本44
古川 敬祐〈関東学連〉…箱根91
古川 茂〈大東文化〉…箱根80, 箱根81, 出雲14, 出雲15, 出雲16, 全日本34, 全日本35, 全日本36
古川 信一郎〈国士舘〉…箱根63, 箱根65, 箱根66
古川 大二郎〈鹿児島〉…全日本9, 全日本10
古川 治信〈中央〉…箱根2
古川 久司〈日本体育〉…箱根48, 箱根49, 全日本3, 全日本4
古川 博章〈法政〉…箱根59, 箱根60
古川 道郎〈法政〉…箱根42, 箱根43
古川 勇二〈日本文理〉…出雲23, 出雲24, 全日本42, 全日本43, 全日本44
古木 秀明〈鹿屋体育〉…出雲3, 出雲4, 全日本22, 全日本23, 全日本24
古崎 英俊〈東海〉…箱根73, 箱根74
古沢 英一〈明治〉…箱根9, 箱根10
古澤 哲平〈東北〉…全日本46
古沢 昇〈東京学芸〉…全日本1
古沢 秀昭〈拓殖〉…箱根56, 箱根57, 箱根58
古荘 公久〈高岡法科〉…全日本38
古荘 公久〈北信越連〉…出雲17
古瀬 弘賢〈上武〉…箱根86
古田 哲弘〈山梨学院〉…箱根73, 箱根75, 箱根76, 出雲9, 出雲10, 出雲11, 全日本28, 全日本29, 全日本30, 全日本31
古田 仁〈北海道連〉…出雲1, 出雲2
古田 康寛〈京都産業〉…出雲1, 全日本20, 全日本21
古舘 昭久〈亜細亜〉…箱根86
古舘 優〈東北学連〉…出雲24, 出雲25
古館 英三〈国士舘〉…箱根33
古谷 健司〈専修〉…箱根56, 箱根57
古中 忍〈駒澤〉…箱根66, 箱根67, 箱根69, 出雲1
古旗 剛〈東海〉…箱根61
古林 翔吾〈立命館〉…出雲19, 出雲20, 全日本39
古屋 明〈日歯医専〉…箱根21
古屋 篤男〈青山学院〉…箱根43, 箱根44, 箱根45
古屋 末男〈横浜専門〉…箱根17, 箱根18
古谷 清一〈日本〉…箱根22
古屋 寛継〈東京農業〉…箱根26, 箱根27, 箱根28, 箱根29
古屋 政樹〈明治〉…箱根45
古屋 芳雄〈法政〉…箱根42
古山 素也〈明治〉…箱根17, 箱根18
不破 佑太〈京都〉…全日本46
文 天吉〈中央〉…箱根7, 箱根8
文 天吉〈明治〉…箱根3, 箱根4
豊後 友章〈駒澤〉…箱根83, 箱根84, 出雲18, 出雲19, 全日本38, 全日本39

【へ】

ベアード, M.〈IVL〉…出雲17
ベイカー, E.〈IVL〉…出雲16
平敷 直樹〈沖縄国際〉…全日本21
別府 魁人〈第一工業〉…全日本46
別府 健至〈日本体育〉…箱根63, 箱根64, 箱根65, 全日本17, 全日本18, 全日本19, 全日本20
別府 翔太〈福岡〉…全日本43, 全日本44
ベテリーノ, J.〈IVL〉…出雲11
ベル, J.〈IVL〉…出雲16
ベレイラ, J.〈IVL〉…全日本29
ベンジャミン, G.〈日本〉…箱根87, 箱根89, 出雲21, 全日本41, 全日本42, 全日本43, 全日本44
ベンフォード, A.〈IVL〉…出雲23
辺見 高志〈神奈川〉…箱根46
逸見 武夫〈慶應義塾〉…箱根4

【ほ】

坊 裕行〈立命館〉…全日本19, 全日本20, 全日本21
宝珠山 詮〈横浜国立〉…箱根32

宝珠山 正男〈横浜国立〉…箱根26, 箱根27, 箱根28, 箱根29
北條 尚〈明治〉…箱根85, 箱根86, 出雲21, 全日本40, 全日本41
北城 俊武〈明治〉…箱根39, 箱根40, 箱根41, 箱根42
北条 雅敏〈中央〉…箱根60
北条 泰弘〈亜細亜〉…箱根82
保谷 藤樹〈東京農業〉…箱根51, 箱根52, 箱根53, 箱根54, 全日本6, 全日本7
朴 鉄采〈東洋〉…箱根21
朴 鉱菜〈東洋〉…箱根19, 箱根20
北東 弘万〈中央〉…箱根39, 箱根40, 箱根41, 箱根42
保坂 周助〈東京文理〉…箱根11, 箱根12, 箱根13, 箱根14
保坂 祐介〈東京農業〉…箱根73
星 智〈東北学連〉…出雲14
星 善市〈中央〉…箱根54, 箱根55, 箱根56, 箱根57
星 創太〈駒澤〉…箱根85, 出雲19, 出雲20, 全日本39, 全日本40, 全日本41
星 竜也〈愛知工業〉…全日本23, 全日本24, 全日本25, 全日本26
星 文夫〈仙台〉…全日本8
星 洋一〈早稲田〉…箱根34
星子 敏太郎〈東京農業〉…箱根9, 箱根10, 箱根11
星島 隆昌〈中京〉…全日本6, 全日本7
保科 光作〈日本体育〉…箱根80, 箱根81, 箱根82, 箱根83, 出雲15, 出雲16, 出雲17, 出雲18, 全日本35, 全日本36, 全日本37, 全日本38
星野 伊太郎〈慶應義塾〉…箱根13, 箱根14, 箱根15, 箱根16, 箱根17, 箱根18
星野 和昭〈國學院〉…全日本35
星野 光汰〈専修〉…箱根86, 全日本41
星野 公平〈名古屋〉…全日本1, 全日本2
星野 順〈日本〉…箱根16, 箱根17
星野 昌一〈酪農学園〉…全日本7
星野 大悟〈新潟〉…全日本43, 全日本44
星野 隆男〈東洋〉…箱根71, 箱根72, 箱根73, 全日本28
星野 勤〈専修〉…箱根38, 箱根39, 箱根40, 箱根41
星野 友成〈四日市〉…全日本31, 全日本32
星野 寛〈平成国際〉…箱根77
星野 政信〈神奈川〉…箱根50
星野 有〈筑波〉…箱根63, 箱根64
星野 豊〈新潟〉…全日本18, 全日本19, 全日本20
星野 義明〈愛知学院〉…全日本1
保津 豊彦〈慶應義塾〉…箱根42
穂住 明弘〈東北学院〉…全日本34
穂積 大助〈慶應義塾〉…箱根6, 箱根7, 箱根9
細井 崇明〈明治〉…箱根81, 箱根82
細井 良則〈日本〉…箱根71, 箱根72, 出雲7, 全日本26
細江 克敏〈関西〉…出雲12, 出雲13, 全日本32, 全日本33
細貝 雅一〈明治〉…箱根60, 箱根61, 箱根62, 箱根63
細川 欽三〈日本〉…箱根17, 箱根18, 箱根19
細川 昭三〈紅陵〉…箱根24
細川 誠司〈広島〉…全日本45
細川 曽市〈早稲田〉…箱根2, 箱根3, 箱根4
細川 貴雄〈岡山理科〉…全日本23
細川 俊彦〈名古屋〉…全日本30
細川 寛〈大阪商業〉…全日本2, 全日本3, 全日本4
細川 博〈順天堂〉…箱根40, 箱根41, 箱根42, 箱根43
細川 道隆〈京都産業〉…出雲8, 出雲9, 出雲10, 全日本28, 全日本29, 全日本30
細川 勇介〈明治〉…箱根85, 箱根87, 箱根88, 全日本41, 全日本42, 全日本43
細澤 幸輝〈東海学連〉…全日本45, 全日本46
細田 大智〈立命館〉…出雲22, 出雲24, 全日本42, 全日本44, 全日本45
細田 富茂〈立教〉…箱根29
細谷 文男〈専修〉…箱根55, 箱根56
細野 博〈専修〉…箱根17, 箱根18, 箱根20, 箱根21
細見 忠雄〈日歯医専〉…箱根20, 箱根21
細美 達也〈国士舘〉…箱根80
細森 大輔〈國學院〉…箱根91
細谷 虎夫〈横浜専門〉…箱根25
細谷 虎夫〈神奈川〉…箱根26
細谷 祐二〈東京農業〉…箱根84
穂鷹 克夫〈立教〉…箱根36
堀田 輝雄〈九州国際〉…全日本22
堀田 輝雄〈八幡〉…全日本20
堀田 朋之〈東海〉…箱根55
堀田 直希〈京都産業〉…出雲1, 全日本18, 全日本19, 全日本20, 全日本21
堀 一章〈日本〉…箱根52, 箱根53, 箱根54, 箱根55, 全日本8, 全日本10
堀 貴志夫〈金沢〉…全日本4, 全日本5, 全日本6
堀 隆勝〈大阪商業〉…全日本10, 全日本12
堀 貴博〈愛知工業〉…出雲15, 全日本35
堀 宏和〈中央学院〉…箱根84, 箱根85, 全日本40
堀 正樹〈順天堂〉…箱根88, 箱根89
堀 光穂〈大阪経済〉…全日本15, 全日本16, 全日本18
堀 勇次〈専修〉…箱根20, 箱根21
堀合 修平〈関東学連〉…箱根91
堀合 修平〈国士舘〉…箱根90
堀池 善三郎〈専修〉…箱根20, 箱根21
堀内 淳一〈北海道〉…全日本11, 全日本12
堀尾 和弥〈広島経済〉…全日本46
堀尾 貴幸〈日本〉…箱根68, 箱根69, 箱根71, 出雲3, 出雲4, 全日本23, 全日本24, 全日本25, 全日本26
堀尾 典臣〈筑波〉…箱根70
堀口 忠幸〈信州〉…全日本2
堀口 雅晴〈日本〉…箱根60
堀口 豊〈駒澤〉…箱根44

堀越 勝太郎〈亜細亜〉…箱根78, 箱根79, 箱根80, 出雲14
堀越 雅之〈関西〉…全日本8
堀越 好夫〈明治〉…箱根27, 箱根28, 箱根29, 箱根30
堀越 里枝〈仙台〉…全日本30, 全日本31
堀篭 春男〈東京農業〉…箱根14, 箱根15, 箱根16
堀野 耕一〈東洋〉…箱根41
堀野 充彦〈名古屋商〉…全日本6, 全日本7, 全日本8
堀野 良雄〈東京農業〉…箱根22
堀畑 俊一郎〈東北学連〉…出雲13
堀部 紀昭〈広島〉…全日本1
堀本 修司〈日本体育〉…箱根72, 全日本27
堀谷 育生〈大阪商業〉…全日本9
ホワイトリー, C.〈IVL〉…全日本22
洪 定佑〈韓国選抜〉…出雲14
本川 一美〈順天堂〉…箱根67, 箱根68, 箱根69, 箱根70, 出雲2, 出雲3, 出雲4, 出雲5, 全日本24
本庄 郁康〈名古屋商〉…全日本20
本多 岩根〈東京文理〉…箱根22
本田 勝也〈東洋〉…出雲22, 全日本42
本田 邦夫〈福岡〉…全日本30, 全日本31, 全日本32
本田 慶太〈大東文化〉…箱根82, 全日本36
本多 幸希〈専修〉…箱根79
本多 末男〈信州〉…全日本12, 全日本13, 全日本14
本田 高志〈信州〉…全日本34
本田 高志〈北信越連〉…出雲15
本田 匠〈日本体育〉…箱根87, 箱根88, 箱根89, 箱根90, 出雲23, 全日本43, 全日本44
本多 富蔵〈神奈川〉…箱根32
本田 秀徳〈国士舘〉…箱根63
本田 博一〈亜細亜〉…箱根71, 箱根73
本多 浩隆〈早稲田〉…箱根82, 箱根83, 出雲19
本田 正尚〈甲南〉…全日本1
本田 征義〈山梨学院〉…箱根63, 箱根64, 箱根66, 全日本19, 全日本21
本田 稔〈専修〉…箱根39
本田 義治〈東京農業〉…箱根72, 箱根73, 出雲7, 出雲8
本竹 真徳〈立命館〉…全日本33
本地 忍〈沖縄国際〉…全日本21
本藤 光〈関西学院〉…出雲25, 全日本45, 全日本46
本間 彰〈青山学院〉…箱根42, 箱根43, 箱根44
本間 敦〈北海道〉…全日本8, 全日本9, 全日本10
本間 喜一〈東洋〉…箱根67
本間 興一〈東海〉…箱根56, 箱根57, 全日本11
本間 聡〈札幌学院〉…全日本22
本間 松栄〈日本体育〉…箱根36, 箱根37
本間 芝郎〈慶應義塾〉…箱根4, 箱根5, 箱根6
本間 慎司〈東京文理〉…箱根25
本間 久喜〈立教〉…箱根30, 箱根31, 箱根32, 箱根33
本間 弘〈国士舘〉…箱根48, 全日本3
本間 四男也〈国士舘〉…箱根33, 箱根34
本間 義隆〈拓殖〉…箱根20
本間 良吉〈中央〉…箱根20, 箱根21
本間 涼介〈東北〉…全日本45, 全日本46

【ま】

真家 尚〈拓殖〉…箱根87, 箱根88, 出雲23
マイケル, L.〈SF州立〉…出雲3
マイナ, J.〈拓殖〉…箱根87, 出雲23
前 政信〈中京〉…全日本7
前岡 優〈山梨学院〉…箱根82, 全日本37
前川 五郎〈東京農業〉…箱根29, 箱根30, 箱根31, 箱根32
前川 貴映〈福岡〉…全日本41, 全日本43
前川 雄〈東海〉…箱根81, 箱根82, 箱根83, 箱根84, 出雲19, 全日本39
前川 忠明〈防衛〉…箱根39
前河 洋一〈筑波〉…箱根57, 箱根58, 全日本12, 全日本13
前川 剛己〈帝京〉…箱根85
前沢 賢〈中央学院〉…箱根83
前島 啓一〈筑波〉…箱根70
前田 明彦〈第一工業〉…出雲10, 出雲11, 出雲12, 全日本30, 全日本31, 全日本32
前田 篤秀〈東洋〉…箱根52, 全日本7, 全日本8
前田 和弘〈日本〉…箱根53, 全日本6, 全日本8
前田 和之〈亜細亜〉…箱根78
前田 和良〈近畿〉…全日本31, 全日本32
前田 喜太平〈日本〉…箱根3, 箱根4, 箱根5, 箱根6
前田 敬樹〈中央〉…箱根72, 箱根73, 全日本26
前田 健作〈徳山〉…出雲19
前田 賢治〈鹿児島〉…全日本12, 全日本13, 全日本14
前田 健太〈関東学連〉…箱根79
前田 健太〈城西〉…箱根80
前田 康太〈関東学連〉…箱根87
前田 定之〈日本体育〉…箱根69, 箱根71, 出雲5, 出雲6, 全日本26
前田 重信〈日本〉…箱根69, 箱根70, 箱根71, 出雲4, 出雲5, 全日本24, 全日本26
前田 衆〈京都産業〉…出雲8, 全日本28, 全日本29
前田 俊二〈関西〉…全日本8
前田 伸一〈鹿児島〉…全日本10, 全日本11, 全日本12, 全日本13
前田 節夫〈福岡〉…全日本11, 全日本12, 全日本13
前田 宗一郎〈沖縄国際〉…全日本25
前田 貴史〈京都産業〉…出雲8, 出雲9, 出雲10, 出雲11, 全日本29, 全日本30, 全日本31
前田 拓哉〈山梨学院〉…箱根89, 箱根90, 箱根91
前田 翼〈第一工業〉…出雲16, 出雲17, 出雲18, 全日本36, 全日本37, 全日本38
前田 俊雄〈大東文化〉…箱根44, 箱根45, 箱根46, 箱根

47, 全日本1
前田 直樹〈日本体育〉…箱根57, 箱根58, 全日本12
前田 尚人〈名古屋商〉…出雲11, 全日本31
前田 広喜〈亜細亜〉…箱根45, 箱根46, 箱根47
前田 洋〈福岡〉…全日本7, 全日本8, 全日本9, 全日本10
前田 昌紀〈関東学連〉…箱根81
前田 政光〈亜細亜〉…箱根48, 箱根49, 箱根50, 箱根51
前田 光成〈大東文化〉…箱根74
前田 泰秀〈早稲田〉…箱根73, 出雲8, 出雲10, 出雲11, 全日本28, 全日本29
前田 康弘〈駒澤〉…箱根74, 箱根75, 箱根76, 全日本30, 全日本31
前田 悠貴〈早稲田〉…箱根87, 箱根88, 箱根89, 出雲23, 出雲24, 全日本41, 全日本42, 全日本43, 全日本44
前田 悠爾〈広島〉…全日本40
前田 義人〈大阪体育〉…全日本36, 全日本37
前田 義久〈北海道教〉…全日本21
前田 芳久〈京都教育〉…全日本11, 全日本13, 全日本14
前田 了二〈中央〉…箱根69, 箱根70, 箱根71, 出雲6, 全日本24, 全日本26
前田 涉〈同志社〉…全日本7
前中 正〈近畿〉…全日本27, 全日本28
前野 清司〈愛知教育〉…全日本3
前野 貴行〈明治〉…箱根90, 出雲24
前野 祐哉〈近畿〉…全日本27, 全日本28, 全日本29
前原 一樹〈京都産業〉…出雲6, 出雲7, 全日本25, 全日本26, 全日本27
前屋敷 満〈久留米〉…出雲1, 全日本18, 全日本20
マーカス, D.〈IVL〉…全日本25
マーカス, J.〈IVL〉…出雲19
真柄 俊介〈高岡法科〉…全日本37, 全日本38, 全日本39, 全日本40
真柄 俊介〈北信越連〉…出雲19
鉤 康幸〈名古屋商〉…全日本13
牧 宏一〈神奈川〉…箱根71, 出雲6, 全日本26
牧 良輔〈北信越連〉…出雲20
牧江 弘孝〈岐阜〉…全日本3
牧田 源一〈順天堂〉…箱根42, 箱根43, 箱根44
牧田 弘一〈名古屋商〉…全日本6, 全日本7, 全日本8
牧田 政人〈法政〉…箱根32
牧田 正人〈法政〉…箱根33
蒔田 祐二〈東海〉…箱根60
牧田 与一〈明治〉…箱根7
牧野 昭典〈日本体育〉…箱根42, 箱根43, 箱根44, 箱根45
牧野 安紀久〈北海道教〉…全日本21
槙野 敦宣〈明治〉…箱根25, 箱根27, 箱根28, 箱根29
牧野 和浩〈早稲田〉…箱根27, 箱根28
牧野 俊紀〈山梨学院〉…箱根87, 箱根88, 箱根89, 出雲24, 全日本42
牧野 友保〈東京経済〉…全日本2
牧野 信弘〈中央〉…箱根25
牧野 典彰〈明治〉…箱根61, 箱根62, 箱根63, 箱根64
牧野 博〈明治〉…箱根23, 箱根24
マーグ, M.〈IVL〉…出雲22
幕田 正〈神奈川〉…箱根41, 箱根42
マクドナルド, D.〈IVL〉…全日本23
マクミラン, S.〈IVL〉…出雲13
マクリーン, T.〈IVL〉…全日本27
馬越 幹成〈駒澤〉…出雲21
正木 彬〈中四国連〉…出雲17, 出雲18, 出雲19, 出雲20
正木 英二〈九州国際〉…出雲2, 全日本22
柾木 義雄〈日歯医専〉…箱根3
真砂 久一〈東大農実〉…箱根4
政綱 孝之〈順天堂〉…箱根73, 箱根74, 箱根75, 箱根76, 出雲8, 出雲9, 出雲10, 全日本28, 全日本29, 全日本31
政成 孝治〈早稲田〉…箱根30, 箱根31, 箱根33
政広 正美〈東京高師〉…箱根10
政広 正美〈東京文理〉…箱根12, 箱根13
政元 豪〈亜細亜〉…箱根81, 全日本36
益子 亮二〈東海〉…箱根64, 全日本19
真下 広義〈亜細亜〉…箱根58, 箱根59
真柴 孝彰〈大阪経済〉…全日本17, 全日本18, 全日本19
間島 信貞〈法政〉…箱根10, 箱根11, 箱根12
増井 昭博〈京都産業〉…出雲3, 出雲5, 全日本25
増井 博明〈信州〉…全日本3
増子 一郎〈専修〉…箱根25, 箱根26
増沢 和彦〈東洋〉…箱根59, 箱根60, 箱根61, 全日本13, 全日本14
舛下 和伸〈広島経済〉…出雲4, 出雲5, 出雲6, 全日本23, 全日本24, 全日本25, 全日本26
舛下 和伸〈中四国連〉…出雲3
増田 彰〈愛知教育〉…全日本7, 全日本8, 全日本9, 全日本10
増田 英一〈慶應義塾〉…箱根50
益田 清〈関西〉…箱根12, 箱根13
増田 創至〈早稲田〉…箱根74, 箱根75, 全日本29, 全日本30
増田 勉〈東京学芸〉…全日本1
増田 直樹〈立命館〉…全日本40
増田 寿〈拓殖〉…箱根21
舛田 英之〈大阪体育〉…出雲1, 全日本19, 全日本21
増田 博〈中央〉…箱根22
増田 博康〈東海〉…箱根49, 箱根50
増田 紘之〈中央〉…出雲17
増田 昌彦〈中四国連〉…出雲2
益田 道法〈日本体育〉…箱根68, 全日本23
益田 稔〈亜細亜〉…箱根82, 箱根83, 箱根84, 全日本37
増田 悠大〈日本文理〉…出雲23, 出雲24, 出雲25, 全日本

43, 全日本44, 全日本45
増田 陽一〈京都産業〉…全日本30
桝田 吉生〈東京教育〉…箱根34, 箱根35, 箱根36, 箱根37
増田 亮一〈日本体育〉…箱根42, 箱根43, 箱根44, 箱根45
増永 洋平〈駒澤〉…箱根75
増原 秀夫〈早稲田〉…箱根47, 箱根49
増村 健治〈東京農業〉…箱根60, 箱根62, 全日本15, 全日本17
桝本 剛史〈立命館〉…全日本46
舛本 正数〈東京体専〉…箱根25
町井 宏行〈日本〉…箱根91
町澤 大雅〈中央〉…箱根90, 箱根91, 出雲25
町田 淳一〈法政〉…箱根65
町田 親一〈法政〉…箱根15, 箱根16, 箱根17, 箱根18
町田 孝〈早稲田〉…箱根31
町田 次雄〈中央学院〉…箱根70, 箱根71
町野 英二〈日本体育〉…箱根47, 箱根48, 全日本4
町野 走一〈神奈川〉…出雲10, 全日本31
町野 英也〈神奈川〉…箱根79
町山 円照〈専修〉…箱根36, 箱根37, 箱根38, 箱根39
マーチン, B.〈IVL〉…出雲25
マーチン, D.〈IVL〉…出雲15
松井 修〈拓殖〉…箱根57, 箱根58
松井 淳〈早稲田〉…箱根23, 箱根24
松井 智靖〈明治〉…箱根89, 箱根90, 箱根91, 全日本44, 全日本45, 全日本46
松井 紀仁〈日本体育〉…箱根67, 箱根68, 箱根69, 箱根70, 出雲3, 出雲5, 全日本23, 全日本25
松井 秀登〈名古屋〉…全日本33
松井 宏親〈広島〉…全日本45
松井 将器〈関東学連〉…箱根91
松井 正秀〈新潟〉…全日本18, 全日本19, 全日本20, 全日本21
松井 幸也〈高知〉…全日本8
松井 礼二〈関西学院〉…全日本6
松石 正勝〈山梨学院〉…出雲1, 全日本20, 全日本22
松内 昇〈立命館〉…全日本16
松浦 開道〈横浜専門〉…箱根19, 箱根20
松浦 重治〈東洋〉…箱根18, 箱根19, 箱根20
松浦 貴之〈中央学院〉…箱根82, 箱根83, 全日本39
松浦 忠明〈大東文化〉…箱根64, 箱根65, 箱根66, 箱根67, 全日本20, 全日本22
松浦 敏雄〈近畿〉…全日本28
松浦 仁一〈大東文化〉…箱根75, 箱根76, 箱根77, 出雲10, 出雲11, 全日本30, 全日本31, 全日本32
松浦 学〈神奈川〉…箱根82
松浦 良樹〈亜細亜〉…箱根78, 箱根79
松枝 拳〈第一工業〉…全日本43
松枝 翔〈山梨学院〉…箱根86, 箱根87, 箱根88, 出雲22, 全日本41, 全日本42
松枝 博輝〈順天堂〉…箱根89, 箱根90, 箱根91, 出雲24, 出雲25, 全日本45
松枝 正弘〈東京体専〉…箱根24
松尾 明典〈拓殖〉…箱根76, 箱根77, 箱根79, 全日本32, 全日本33
松尾 一人〈福岡〉…全日本8
松尾 智〈東京農業〉…箱根71
松尾 修治〈専修〉…箱根90
松尾 修治〈名城〉…全日本2
松尾 孝〈東洋〉…箱根82
松尾 武〈広島経済〉…出雲13, 全日本33, 全日本34, 全日本36
松尾 直樹〈専修〉…箱根85, 箱根87, 全日本41
松尾 望〈中京〉…全日本3
松尾 信好〈関西〉…全日本31, 全日本32
松尾 昇〈明治〉…箱根6
松尾 正雄〈九州産業〉…全日本6, 全日本7, 全日本8, 全日本9
松尾 正雄〈日歯医専〉…箱根3, 箱根5
松尾 喜雄〈東洋〉…箱根21
松尾 龍太郎〈大東文化〉…箱根83
松岡 厚〈日本体育〉…箱根45, 箱根46, 全日本1
松岡 育生〈東京農業〉…箱根86
松岡 国雄〈日本体育〉…箱根26, 箱根27, 箱根28
松岡 紘司〈広島経済〉…全日本34, 全日本35, 全日本36
松岡 紘司〈中四国連〉…出雲15, 出雲16
松岡 貞行〈北海道連〉…出雲9, 出雲10
松岡 慎吾〈近畿〉…全日本37, 全日本38
松岡 竜也〈城西〉…箱根89, 全日本42
松岡 宏〈早稲田〉…箱根77
松岡 政文〈東海〉…箱根67, 箱根68, 箱根69, 出雲2, 出雲3
松岡 佑起〈順天堂〉…箱根81, 箱根82, 箱根83, 出雲16, 出雲19, 全日本36, 全日本39
松垣 省吾〈法政〉…箱根81, 箱根82, 箱根83, 出雲18
松川 行毎〈日本〉…箱根33, 箱根34
松川 興右〈東洋〉…箱根39, 箱根40
松川 久〈順天堂〉…箱根35, 箱根36, 箱根37, 箱根38
松木 啓次郎〈国士舘〉…箱根83
真継 繁夫〈東京農業〉…箱根16
松木 祐二〈第一工業〉…出雲19, 出雲21, 出雲22, 全日本39, 全日本41, 全日本42
マックリーリ, F.〈IVL〉…出雲18
松坂 隣之助〈東京農業〉…箱根10
松崎 忠男〈東京教育〉…箱根32, 箱根33, 箱根34
松崎 雄介〈東海〉…箱根76, 箱根78, 箱根79
先崎 祐也〈青山学院〉…箱根85
松崎 友希〈東海学連〉…全日本40
松沢 義一〈東京農業〉…箱根7
松下 明尚〈八幡〉…全日本17

松下 明〈駒澤〉…箱根56, 箱根57, 箱根58
松下 功〈中央〉…箱根62, 箱根63
松下 源太郎〈東京文理〉…箱根14, 箱根15
松下 康二〈山梨学院〉…箱根73
松下 弘大〈中央学院〉…全日本45, 全日本46
松下 泰平〈大東文化〉…箱根74, 箱根75, 出雲10, 全日本30
松下 範生〈京都産業〉…出雲6, 出雲7, 全日本26, 全日本27
松下 学〈専修〉…全日本22
松下 実〈立命館〉…全日本5
松下 竜治〈駒澤〉…箱根76, 箱根77, 箱根78, 箱根79, 出雲12, 出雲13, 出雲14, 全日本31, 全日本32, 全日本33, 全日本34
松下 良祐〈大阪経済〉…全日本44
松島 栄治〈立命館〉…出雲15, 全日本33, 全日本34, 全日本35
松代 大〈明治〉…箱根32, 箱根33
松瀬 元太〈順天堂〉…箱根80, 箱根81, 箱根82, 箱根83, 出雲17, 全日本36, 全日本37, 全日本38
マッソウ, J.〈SF州立〉…出雲3
松園 勉〈福岡〉…全日本15, 全日本16, 全日本17, 全日本18
松田 篤志〈近畿〉…全日本29
松田 栄一〈神奈川〉…箱根77, 全日本32
松田 英司〈東海〉…箱根58, 箱根59, 箱根60, 全日本14, 全日本15
松田 和信〈法政〉…箱根10, 箱根11, 箱根12
松田 和宏〈中央〉…箱根70, 箱根71, 箱根72, 箱根73, 出雲5, 出雲6, 出雲7, 出雲8, 全日本25, 全日本26, 全日本27, 全日本28
松田 和真〈中京〉…出雲23, 出雲25, 全日本43, 全日本44, 全日本45
松田 和良〈日本〉…箱根47
松田 清孝〈第一工業〉…全日本36
松田 浩二〈山梨学院〉…箱根77, 出雲13, 全日本34
松田 真吾〈中京〉…全日本28, 全日本30
松田 進〈東洋〉…箱根48, 箱根49, 箱根50, 全日本4, 全日本5
松田 孝之〈福井工業〉…全日本29
松田 卓也〈順天堂〉…箱根62, 箱根63, 箱根64
松田 孟〈東洋〉…箱根48, 箱根49
松田 強〈大東文化〉…箱根48, 箱根49, 箱根50, 全日本2, 全日本3, 全日本4, 全日本5
松田 智男〈東京教育〉…箱根29, 箱根30
松田 直樹〈広島〉…出雲24, 全日本44
松田 直久〈青山学院〉…箱根87, 箱根89, 出雲22
松田 信由〈東洋〉…箱根40, 箱根41, 箱根42, 箱根43
松田 暢〈青山学院〉…箱根22
松田 憲彦〈法政〉…箱根89, 箱根90, 出雲25, 全日本45
松田 秀明〈九州産業〉…全日本4, 全日本5, 全日本7
松田 洋和〈広島経済〉…全日本33, 全日本34, 全日本35
松田 光香〈日本〉…箱根50, 箱根51, 箱根52, 箱根53, 全日本5, 全日本7, 全日本8
松田 守弘〈名古屋商〉…全日本18
松田 康成〈愛知工業〉…出雲15, 出雲16, 全日本33, 全日本35
松田 米雄〈日本〉…箱根4, 箱根5, 箱根6
松平 吉修〈立教〉…箱根15
松谷 公靖〈東海〉…箱根88, 全日本44
松戸 節三〈東京文理〉…箱根15, 箱根16, 箱根17, 箱根18
松苗 明〈大東文化〉…箱根68, 箱根69, 箱根70, 出雲2, 出雲3, 出雲4, 出雲5, 全日本23, 全日本24, 全日本25
松永 一彦〈東京教育〉…箱根43, 箱根44, 箱根45, 箱根46
松永 重〈日本〉…箱根14, 箱根15, 箱根16, 箱根17, 箱根18, 箱根19
松長 信也〈広島経済〉…全日本27, 全日本28
松長 信也〈中四国連〉…出雲8
松永 規明〈京都産業〉…出雲2
松永 勇二郎〈亜細亜〉…箱根61, 箱根62
松永 義明〈近畿〉…全日本9
松波 慎介〈順天堂〉…箱根39, 箱根40, 箱根41, 箱根42
松波 哲哉〈国士舘〉…箱根63, 箱根64, 全日本19
松野 勝郎〈立教〉…箱根15
松野 三郎〈中央〉…箱根9, 箱根10
松野 武雄〈明治〉…箱根15, 箱根16, 箱根17
松野 知利〈九州産業〉…全日本13
松野 祐季〈青山学院〉…箱根85
松延 宏男〈立教〉…箱根39, 箱根40, 箱根41, 箱根42
松葉 和之〈亜細亜〉…箱根66
松葉 徳三郎〈関西〉…箱根9
松原 啓介〈中央〉…箱根91, 出雲25
松原 健太〈東京農業〉…箱根85, 箱根86, 箱根87, 箱根88, 出雲22, 全日本40, 全日本41
松原 秀輔〈立教〉…箱根15, 箱根16, 箱根17, 箱根18, 箱根19, 箱根20
松原 純一〈青山学院〉…箱根51, 箱根52
松原 大剛〈奈良産業〉…全日本30
松原 直紀〈福井工業〉…全日本24, 全日本25
松原 肇〈亜細亜〉…箱根66
松原 政幸〈駒澤〉…箱根50
松原 龍二郎〈立教〉…箱根16, 箱根17, 箱根18
松藤 大輔〈日本〉…箱根83, 出雲18, 出雲19, 全日本38, 全日本39
松磨 浩〈筑波〉…箱根70
松宮 竜起〈慶應義塾〉…箱根9, 箱根10
松宮 正樹〈大阪経済〉…全日本21, 全日本23
松宮 正典〈東海〉…箱根77, 箱根78, 出雲12, 全日本32
松村 勲〈鹿屋体育〉…出雲7, 出雲9, 出雲10, 出雲11, 全

日本27, 全日本28, 全日本29, 全日本30, 全日本32
松村 和樹〈順天堂〉…箱根90, 箱根91, 全日本45, 全日本46
松村 啓輔〈早稲田〉…箱根79
松村 元輝〈城西〉…箱根89
松村 康平〈山梨学院〉…箱根84, 箱根85, 出雲20, 全日本38, 全日本39, 全日本40
松村 茂樹〈日本体育〉…箱根68, 箱根70, 全日本25
松村 茂〈早稲田〉…箱根47, 箱根49
松村 淳一〈中四国連〉…出雲6, 出雲7
松村 淳一〈徳山〉…全日本25, 全日本26, 全日本27
松村 純一郎〈東洋〉…箱根47
松村 陣之助〈城西〉…箱根90, 箱根91, 全日本46
松村 孝男〈専修〉…箱根47, 箱根48, 箱根49, 全日本3, 全日本4
松村 敏男〈埼玉〉…箱根35
松村 直樹〈近畿〉…全日本32
松村 拓希〈駒澤〉…箱根77, 出雲11, 出雲12, 出雲13, 全日本32, 全日本33
松村 泰幸〈専修〉…箱根68, 箱根69, 箱根70, 出雲5
松村 優樹〈順天堂〉…箱根88, 箱根89, 箱根90, 箱根91, 出雲24, 出雲25, 全日本45, 全日本46
松村 吉郎〈立教〉…箱根40
松本 葵〈山梨学院〉…出雲20, 出雲21, 全日本41
松本 軍征〈日本体育〉…箱根40, 箱根41, 箱根42, 箱根43
松本 栄治〈広島経済〉…出雲11, 出雲12, 全日本32
松本 和彦〈愛知教育〉…全日本3, 全日本4, 全日本5, 全日本6
松元 兼道〈東京高師〉…箱根1
松本 清一〈神奈川〉…箱根46
松本 清〈国士舘〉…箱根37
松本 国夫〈日本体育〉…箱根29, 箱根30
松本 圭太〈東北福祉〉…全日本37, 全日本38, 全日本39, 全日本40
松本 憲吾〈日本体育〉…箱根69
松本 源吾〈中央〉…箱根11, 箱根12, 箱根13, 箱根14, 箱根15, 箱根16, 箱根17
松本 健作〈大阪体育〉…全日本26
松本 健〈明治学院〉…全日本1
松本 昂大〈明治〉…箱根85, 全日本38, 全日本40
松本 茂明〈国士舘〉…箱根70
松本 修一〈福岡〉…全日本35
松本 翔〈関東学連〉…箱根81
松本 翔〈明治〉…箱根87, 出雲22, 全日本40, 全日本42
松本 勝一〈法政〉…箱根27
松本 四郎〈法政〉…箱根12, 箱根13, 箱根14, 箱根15
松本 次郎〈日歯医専〉…箱根15, 箱根16
松本 治郎〈日歯医専〉…箱根13
松本 信治〈福岡〉…全日本8, 全日本9, 全日本10, 全日本11
松本 伸也〈中四国連〉…出雲3
松本 孝夫〈東洋〉…箱根37, 箱根39
松本 卓也〈専修〉…箱根62, 箱根63, 全日本16, 全日本18
松本 毅〈専修〉…箱根28
松本 剛〈拓殖〉…箱根73, 箱根74, 全日本29
松本 正〈東洋〉…箱根53, 箱根54, 箱根55, 箱根56, 全日本8
松本 達哉〈福岡〉…全日本44
松本 徳太郎〈神奈川〉…箱根43
松本 寿夫〈東海〉…箱根59
松本 敏雄〈法政〉…箱根22
松元 利弘〈順天堂〉…箱根54, 箱根55, 箱根56, 箱根57, 全日本9, 全日本10
松本 直人〈駒澤〉…箱根72, 箱根73
松本 伸明〈高岡法科〉…全日本40
松本 信行〈奈良産業〉…全日本38, 全日本40, 全日本42
松本 規明〈京都産業〉…全日本23
松本 始〈大東文化〉…箱根51, 箱根52, 全日本6, 全日本7
松本 秀之〈中央〉…箱根65, 箱根66, 出雲1, 全日本20, 全日本21
松本 大樹〈山梨学院〉…箱根88, 箱根89, 全日本44
松本 弘〈法政〉…箱根16
松本 真如〈九州〉…全日本19
松本 正樹〈専修〉…箱根70
松本 正信〈順天堂〉…箱根67, 出雲2, 全日本21
松本 美登志〈愛知教育〉…全日本4, 全日本5, 全日本6, 全日本7
松本 実〈中四国連〉…出雲9
松本 実〈東京学芸〉…全日本1
松本 元明〈東洋〉…箱根48, 箱根49
松本 泰孝〈京都産業〉…出雲1, 出雲2, 出雲3, 全日本21, 全日本22
松本 良介〈国士舘〉…全日本42
松元 航〈上武〉…箱根89, 箱根90, 全日本44
松森 新一〈山梨学院〉…全日本42
松山 克敏〈東洋〉…箱根69, 箱根70, 箱根71, 出雲7, 全日本25
松山 俊治〈関西学院〉…出雲4, 全日本24
松山 孝〈中四国連〉…出雲8, 出雲9
松山 有〈京都産業〉…出雲5, 出雲6, 全日本25, 全日本26
松山 雄太朗〈山梨学院〉…箱根90, 出雲24, 全日本44
松芳 理智〈高岡法科〉…全日本36
松芳 理智〈北信越連〉…出雲15
的野 遼大〈順天堂〉…箱根88
的羽 秀和〈大阪体育〉…全日本26
的場 秀樹〈東京教育〉…箱根44, 箱根45, 箱根46
的場 幸夫〈中京〉…全日本2, 全日本4
的場 義真〈神奈川〉…箱根84, 箱根85
的場 亮太〈順天堂〉…箱根88

間中 享〈慶應義塾〉…箱根23
真名子 圭〈大東文化〉…箱根74, 箱根75, 箱根76, 箱根77, 出雲9, 出雲10, 出雲11, 全日本29, 全日本30, 全日本31, 全日本32
真鍋 宏樹〈鹿屋体育〉…出雲3, 出雲4, 全日本22, 全日本23, 全日本24
真野 裕史〈広島〉…出雲22, 出雲23, 出雲24, 全日本41, 全日本42, 全日本43, 全日本44
マハモド, A.〈第一工業〉…出雲22
馬渕 乾〈大阪体育〉…全日本3
真船 信夫〈横浜専門〉…箱根20, 箱根21
マヤー, R.〈IVL〉…出雲21
マヤカ, S.〈山梨学院〉…箱根69, 箱根70, 箱根71, 箱根72, 出雲4, 出雲5, 出雲6, 出雲7, 全日本24, 全日本25, 全日本26, 全日本27
丸田 時雄〈法政〉…箱根44, 箱根45, 箱根46
丸田 正勝〈東海〉…箱根68
マルチン, D.〈IVL〉…出雲14
丸野 大樹〈第一工業〉…出雲23, 全日本41, 全日本42
丸橋 昇〈日本〉…箱根58, 箱根59, 箱根60, 箱根61, 全日本16
丸橋 久良〈東京農業〉…箱根52, 箱根53, 全日本7, 全日本8
丸橋 亘〈徳山〉…全日本14, 全日本15
丸林 祐樹〈日本〉…箱根84, 箱根85, 箱根86, 出雲20, 全日本40, 全日本41
丸茂 省三〈立教〉…箱根16
丸山 和人〈島根〉…全日本2
丸山 一徳〈日本体育〉…箱根61, 箱根62, 全日本16, 全日本17
丸山 敬三〈東海〉…箱根79, 箱根81, 箱根82, 出雲15, 出雲16, 出雲17, 全日本34, 全日本36
丸山 敬三〈日本体専〉…箱根25
丸山 隆史〈岐阜〉…全日本3
丸山 富穂〈中央〉…箱根53, 箱根54, 全日本9
丸山 尚道〈中四国連〉…出雲24
丸山 直之〈拓殖〉…箱根77, 箱根79, 全日本32
丸山 一〈中央〉…箱根9
丸山 英樹〈青山学院〉…箱根41, 箱根43
丸山 秀喜〈大阪体育〉…全日本4, 全日本5
丸山 雅清〈大阪体育〉…全日本11, 全日本12, 全日本13, 全日本14
丸山 恵一〈東洋〉…箱根63, 箱根64
丸山 基紀〈東京教育〉…箱根36, 箱根37, 箱根38, 箱根39
満金 幸夫〈日本〉…箱根24, 箱根26
マンデバーグ, J.〈IVL〉…出雲20
満仲 嘉和〈専修〉…箱根64
万波 迪義〈島根〉…全日本2, 全日本3

【み】

三井田 将希〈龍谷〉…全日本30
三井田 芳郎〈東海〉…箱根55, 箱根56, 箱根57, 箱根58
三浦 修〈東海学連〉…全日本43, 全日本45, 全日本46
三浦 学〈日本体育〉…箱根63, 箱根64, 箱根65
三浦 健嗣〈東海学連〉…全日本44
三浦 潤〈金沢経済〉…全日本32, 全日本33
三浦 二郎〈拓殖〉…箱根18, 箱根19
三浦 敬樹〈国士舘〉…箱根65
三浦 隆稔〈中央学院〉…箱根85, 箱根86, 出雲20, 出雲21, 全日本39, 全日本41
三浦 武彦〈順天堂〉…箱根63, 箱根64, 箱根65, 全日本20
三浦 忠弘〈法政〉…箱根23, 箱根24, 箱根25
三浦 達郎〈中央〉…箱根29, 箱根30, 箱根31
三浦 文男〈東北学院〉…全日本7, 全日本9, 全日本10
三浦 雅史〈北海道連〉…出雲9
三浦 真弘〈名古屋〉…全日本30
三浦 雅裕〈早稲田〉…箱根90, 箱根91
三浦 正幸〈国士舘〉…箱根70
三浦 弥平〈早稲田〉…箱根1
三浦 雄太〈東北学連〉…出雲16, 出雲17
三浦 雄太〈東北福祉〉…全日本35, 全日本36, 全日本37, 全日本38
三浦 善晃〈東北学連〉…出雲17, 出雲18
三浦 義雄〈東京高師〉…箱根6
三方 勇輔〈中京〉…全日本40, 全日本42, 全日本43
三上 晃〈拓殖〉…箱根22
三上 雅等〈札幌学院〉…全日本25, 全日本26, 全日本27, 全日本28
三上 雅等〈北海道連〉…出雲6, 出雲7, 出雲8
三上 恒雄〈専修〉…箱根24, 箱根25
三上 剛〈日本体育〉…箱根35, 箱根36, 箱根37, 箱根38
三上 年春〈専修〉…箱根31, 箱根32, 箱根33
三賀森 智哉〈中四国連〉…出雲21, 出雲23
三木 和明〈明治〉…箱根48, 箱根50
三木 貴仁〈島根〉…全日本5
三木 一〈北海道連〉…出雲8, 出雲9
右田 孝志〈鹿児島〉…全日本14, 全日本15, 全日本16
右田 武雄〈東京文理〉…箱根25
三国 節夫〈国士舘〉…箱根52
三国 信義〈北海学園〉…全日本4
御厨 京太郎〈横浜専門〉…箱根20
三沢 恒〈神奈川〉…箱根46
三沢 誠〈慶應義塾〉…箱根42
三沢 光男〈東京教育〉…箱根26, 箱根29
三沢 光男〈東京文理〉…箱根25
三島 淳司〈東洋〉…箱根74, 全日本28

三島 柴朗〈紅陵〉…箱根24
三島 慎吾〈関東学連〉…箱根81
三島 慎吾〈國學院〉…箱根82, 箱根83, 全日本38
三島 隆章〈中四国連〉…出雲6
三島 俊美〈早稲田〉…箱根47, 箱根49, 箱根50
三島 智治〈福井工業〉…全日本30
三代 直樹〈順天堂〉…箱根72, 箱根73, 箱根74, 箱根75, 出雲8, 出雲9, 出雲10, 全日本28, 全日本29, 全日本30
三栖 信征〈大阪体育〉…全日本15, 全日本16, 全日本17
水上 和夫〈東京教育〉…箱根29, 箱根30, 箱根31, 箱根32
水越 大輔〈大東文化〉…箱根83, 箱根84, 全日本38
水越 智哉〈中央〉…箱根86, 出雲20, 全日本39, 全日本41
水崎 美孝〈東京農業〉…箱根57
水沢 康博〈北信越連〉…出雲1
水島 琢弥〈広島経済〉…出雲20, 出雲21, 全日本38, 全日本39
水田 訓靖〈法政〉…箱根67, 箱根68
水田 憲吾〈日本〉…箱根72
水田 貴士〈日本〉…箱根70, 箱根71, 箱根72, 出雲6, 出雲7, 全日本25, 全日本26
水田 鋭久〈仙台〉…全日本8
水田 信道〈日本〉…箱根27, 箱根28
水田 富士利〈早稲田〉…箱根28
水谷 彰〈東京経済〉…全日本1
水谷 公一〈立命館〉…出雲10, 全日本28, 全日本29
水谷 聡作〈広島経済〉…出雲5, 出雲6, 全日本23, 全日本24, 全日本25, 全日本26
水谷 英敏〈早稲田〉…箱根5
水沼 啓〈法政〉…箱根84
水沼 正次〈専修〉…箱根26, 箱根29
水野 栄英〈早稲田〉…箱根24, 箱根25, 箱根26
水野 清人〈名古屋商〉…出雲4, 全日本23, 全日本24
水野 大輔〈専修〉…全日本37
水野 隆〈中部〉…全日本21
水野 伸克〈中部工業〉…全日本15
水野 浩〈札幌学院〉…全日本22
水野 浩靖〈東北〉…全日本26, 全日本27
水野 勝〈早稲田〉…箱根27, 箱根28, 箱根29, 箱根30
水野 康男〈京都産業〉…全日本21
水野 善和〈名古屋〉…全日本20
水野谷 勝〈専修〉…箱根52
三角 晴好〈専修〉…箱根67, 全日本21, 全日本22
三角 昌是〈鹿児島〉…全日本9
水村 浩〈法政〉…箱根5, 箱根6, 箱根7
溝垣 善二郎〈早稲田〉…箱根49, 箱根50, 箱根51
溝上 敦行〈八幡〉…全日本20
溝口 克〈久留米〉…全日本24
溝口 征三郎〈神奈川〉…箱根35, 箱根36, 箱根38
溝口 哲男〈京都産業〉…全日本5
溝口 良司〈東海〉…箱根54, 箱根55, 箱根56, 箱根57, 全日本9, 全日本11
溝田 斌〈法政〉…箱根23, 箱根24, 箱根25, 箱根26
御園 史雄〈亜細亜〉…箱根59
溝渕 大輔〈大阪経済〉…全日本44, 全日本45, 全日本46
溝部 隆〈明治〉…箱根23
三田 和矢〈帝京〉…全日本43, 全日本44
三田 翔平〈城西〉…箱根85, 出雲22
三田 裕介〈早稲田〉…箱根85, 箱根87, 出雲20, 出雲23, 全日本40, 全日本41, 全日本43
三谷 伸一〈神奈川〉…箱根68
三谷 泰之〈神奈川〉…箱根84, 箱根85
三知矢 進重〈関西〉…全日本25
光井 栄造〈中四国連〉…出雲3
三井 浩一〈福岡〉…全日本30, 全日本32
三井 裕之〈東京経済〉…全日本1, 全日本2
満井 康雄〈国士舘〉…箱根63
三岡 大樹〈京都産業〉…出雲20, 出雲21, 出雲22, 全日本39, 全日本40, 全日本41, 全日本42
ミッシェル, J.〈IVL〉…全日本23, 全日本24
光島 政克〈神奈川〉…箱根50
満園 和樹〈福岡〉…出雲16, 全日本33, 全日本34, 全日本35
満薗 良一〈鹿児島〉…全日本9, 全日本10, 全日本11, 全日本12
光田 博〈明治〉…箱根8, 箱根9, 箱根10, 箱根11, 箱根12
光谷 雄佑〈広島経済〉…出雲25, 全日本46
光永 康彦〈九州産業〉…全日本11
光延 誠〈早稲田〉…全日本46
三橋 儀郎〈中央〉…箱根8
三橋 兼信〈横浜専門〉…箱根25
三橋 兼信〈神奈川〉…箱根26, 箱根27, 箱根28
三橋 浩〈拓殖〉…箱根22
光広 静彦〈駒澤〉…全日本7
光本 健吾〈帝京〉…箱根79, 全日本34
密本 利和〈専修〉…箱根51
三行 幸一〈東洋〉…箱根79, 箱根80, 出雲15, 全日本34, 全日本35
水戸瀬 都道〈横浜市立〉…箱根30, 箱根32
緑川 稔〈仙台〉…全日本8
皆川 和夫〈駒澤〉…箱根45, 箱根46
皆川 洋義〈日本体育〉…箱根60, 箱根61
湊 圭三〈琉球〉…全日本8
湊 文昭〈国士舘〉…箱根53
南 公隆〈国士舘〉…箱根44
南 賢治〈信州〉…全日本3
南 忍〈山梨学院〉…箱根72
南 隆行〈金沢工業〉…全日本8
南 享〈京都教育〉…全日本11, 全日本13
南 智浩〈國學院〉…箱根82

南川 勝大〈東洋〉…箱根80
南川 秀樹〈名古屋〉…全日本1, 全日本3, 全日本4
南口 真吾〈立命館〉…全日本35, 全日本36
南島 敏孝〈九州産業〉…全日本18
南館 正行〈中央〉…箱根35, 箱根36, 箱根37, 箱根38
南谷 勝夫〈京都産業〉…全日本4, 全日本6
南谷 塁〈城西〉…箱根80, 箱根81, 箱根83
源 康介〈立命館〉…全日本45, 全日本46
峰尾 裕之助〈明治〉…箱根25
峯岡 高之〈中京〉…全日本10, 全日本11, 全日本12, 全日本13
嶺岸 常美〈東洋〉…箱根31, 箱根32, 箱根33
峯崎 竜之〈九州産業〉…全日本3, 全日本4, 全日本5, 全日本6
峰地 伸彦〈大阪経済〉…全日本16, 全日本17, 全日本19
美ノ谷 量弘〈北海道連〉…出雲3
三橋 稔〈東京農業〉…箱根55, 箱根56, 箱根57, 全日本11, 全日本12
三原 市郎〈日本体育〉…箱根42, 箱根43, 箱根44, 箱根45
三原 康雄〈国士舘〉…箱根40, 箱根41, 箱根42, 箱根43
三原 幸男〈順天堂〉…箱根78, 箱根79, 箱根80, 全日本34
三船 将司〈亜細亜〉…箱根84, 箱根85
三牧 真也〈第一工業〉…全日本44, 全日本45
三村 二郎〈早稲田〉…箱根3, 箱根4, 箱根5
三村 努〈神奈川〉…全日本34
宮井 将治〈順天堂〉…箱根74, 箱根75, 箱根76, 箱根77, 出雲9, 出雲11, 出雲12, 全日本29, 全日本30, 全日本31, 全日本32
宮内 照男〈駒澤〉…箱根55, 箱根56, 箱根57, 箱根58
宮岡 謙吉〈早稲田〉…箱根4, 箱根5, 箱根6
宮岡 聖次〈中央〉…箱根60, 箱根61, 箱根63
宮上 翔太〈東海〉…箱根90, 箱根91, 全日本44, 全日本46
宮川 篤史〈中央学院〉…箱根70
宮川 剛〈順天堂〉…箱根66
宮川 雅〈日本〉…箱根29
宮川 尚人〈亜細亜〉…箱根86, 出雲20
宮川 尚人〈関東学連〉…箱根88
宮川 光〈新潟〉…全日本45
宮川 寿夫〈駒澤〉…箱根48, 箱根49, 箱根50
宮川 裕幸〈近畿〉…全日本27, 全日本28
宮城 和臣〈大東文化〉…箱根83, 箱根84, 箱根85, 出雲20, 全日本38, 全日本39
宮城 俊次郎〈早稲田〉…箱根9
宮城 普邦〈早稲田〉…箱根82, 箱根83
宮木 啓友〈東洋〉…箱根33, 箱根34
宮城 真人〈山梨学院〉…箱根83, 箱根84, 箱根85, 全日本38
宮城 礼次〈明治〉…箱根19
宮國 拓斗〈第一工業〉…出雲25, 全日本45, 全日本46
三宅 一輝〈中央〉…箱根90
三宅 隆友〈順天堂〉…箱根91
三宅 達也〈神奈川〉…箱根79
三宅 宏之〈広島経済〉…全日本37, 全日本38, 全日本39
三宅 浩之〈京都産業〉…出雲13, 出雲14, 出雲15, 全日本32, 全日本33, 全日本34, 全日本35
三宅 正隆〈神戸〉…全日本2, 全日本3
宮坂 俊輔〈専修〉…箱根87
宮崎 薫〈八幡〉…全日本1
宮崎 慶喜〈駒澤〉…箱根46, 箱根47, 箱根48, 箱根49
宮崎 慎〈岐阜〉…全日本9
宮崎 信二〈紅陵〉…箱根28
宮崎 信二〈拓殖〉…箱根30
宮崎 崇〈大阪経済〉…出雲3, 全日本23, 全日本24
宮崎 隆春〈拓殖〉…箱根79, 箱根81, 全日本35
宮崎 貴雅〈日本〉…出雲14
宮崎 卓磨〈札幌学院〉…全日本45, 全日本46
宮崎 展仁〈順天堂〉…箱根74, 箱根75, 箱根76, 箱根77, 全日本29, 全日本32
宮崎 幸仁〈熊本商科〉…全日本12
宮崎 容一〈八幡〉…全日本3, 全日本4, 全日本5
宮崎 芳朗〈東京農業〉…箱根17, 箱根18
宮崎 義朗〈福井工業〉…全日本30
宮里 晃〈沖縄国際〉…全日本19
宮沢 公孝〈國學院〉…箱根87, 箱根88, 出雲23
宮沢 常介〈神奈川〉…箱根29
宮地 章弘〈大東文化〉…箱根80, 出雲15, 全日本35
宮地 拓史〈徳山〉…全日本12
宮地 敏孝〈大東文化〉…箱根53, 箱根54, 箱根55, 全日本8, 全日本9, 全日本10
宮地 智也〈広島経済〉…全日本36
宮下 欣二〈京都〉…全日本4
宮下 信一〈法政〉…箱根60
宮下 敏夫〈順天堂〉…箱根45, 箱根46, 箱根47, 箱根48, 全日本3
宮下 友次〈亜細亜〉…箱根55
宮下 文雄〈日本〉…箱根34, 箱根36
宮下 裕介〈東洋〉…箱根81, 出雲16
宮下 陽一〈信州〉…全日本41, 全日本42
宮芝 義広〈東洋〉…箱根14, 箱根16
宮島 誠一〈国士舘〉…箱根65, 箱根66, 箱根67, 箱根68, 出雲2, 全日本20, 全日本22
宮島 孝昌〈亜細亜〉…箱根50, 箱根53
宮島 哲郎〈国士舘〉…箱根59, 箱根60
宮嶋 俊彦〈明治〉…箱根29
宮嶋 教博〈京都産業〉…全日本18, 全日本20
宮田 越〈東洋〉…出雲18, 出雲19, 全日本37, 全日本38
宮田 一毅〈大阪学院〉…全日本31
宮田 和哉〈徳山〉…出雲1, 出雲2, 全日本19, 全日本20, 全日本21, 全日本22
宮田 悟〈北海道〉…全日本2, 全日本3, 全日本5

宮田 茂〈慶應義塾〉…箱根47
宮田 修一〈法政〉…箱根68, 箱根69, 箱根70, 出雲3, 出雲5, 全日本26
宮田 信一〈早稲田〉…箱根10, 箱根11, 箱根12
宮田 真平〈亜細亜〉…箱根84, 全日本38
宮田 隆〈成蹊〉…箱根28
宮田 武彦〈拓殖〉…箱根16
宮田 博己〈北海道〉…全日本19
宮田 藤夫〈明治〉…箱根62, 箱根63, 箱根64, 箱根65
宮田 誠信〈九州産業〉…全日本4, 全日本5
宮田 将美〈東海〉…箱根49, 箱根50, 箱根51, 箱根52
宮谷 久仁男〈東洋〉…箱根33, 箱根34, 箱根36
宮谷 英邦〈亜細亜〉…箱根58, 箱根59
宮永 大亮〈大阪経済〉…全日本41
宮原 和也〈徳山〉…出雲17, 出雲18, 出雲19, 全日本37, 全日本38
宮原 伸一〈亜細亜〉…箱根46
宮原 卓〈大東文化〉…箱根84
宮原 満男〈東京体専〉…箱根25
宮原 充普〈山梨学院〉…箱根75, 箱根76, 出雲11, 全日本30, 全日本31
宮広 重夫〈順天堂〉…箱根47, 箱根48, 全日本3
宮広 祐規〈広島経済〉…全日本36, 全日本37, 全日本38
宮広 祐規〈中四国連〉…出雲16, 出雲18
深山 晃〈明治〉…箱根65
宮本 昭雄〈専修〉…箱根41, 箱根42
宮本 征朗〈法政〉…箱根33, 箱根34, 箱根35, 箱根36
宮本 和哉〈東海〉…箱根82, 出雲17, 全日本35
宮本 一義〈金沢工業〉…全日本7, 全日本8, 全日本9, 全日本10
宮本 勝人〈中京〉…全日本5
宮本 和幸〈龍谷〉…全日本27
宮本 謙治〈東大農実〉…箱根6
宮本 源太郎〈中央〉…箱根7, 箱根8, 箱根9, 箱根10, 箱根11
宮本 脩平〈東京農業〉…箱根80
宮本 志郎〈京都産業〉…全日本7
宮本 健寿〈国士舘〉…箱根59, 箱根60, 箱根61
宮本 俊英〈国士舘〉…箱根47, 全日本2
宮本 斉浩〈中京〉…全日本27, 全日本28, 全日本30
宮本 智浩〈広島経済〉…全日本35, 全日本36
宮本 典和〈東洋〉…箱根54, 箱根55
宮本 英明〈中京〉…全日本22
宮本 悠矢〈山梨学院〉…箱根88
宮本 善史〈亜細亜〉…箱根68, 箱根69, 箱根70, 全日本23, 全日本25
宮本 竜一〈中央〉…箱根82, 箱根83, 出雲17, 出雲18, 全日本36, 全日本37, 全日本38
宮盛 勇〈立教〉…箱根24, 箱根25, 箱根26
宮脇 克〈札幌学院〉…全日本25, 全日本26, 全日本27, 全日本28
宮脇 誠〈徳山〉…全日本12, 全日本13, 全日本14, 全日本15
三好 一哉〈山口〉…全日本10
三好 健治〈順天堂〉…箱根68, 箱根69, 出雲3, 出雲4, 全日本24
三好 慎平〈上武〉…箱根90, 箱根91
三好 拓〈第一工業〉…出雲8, 全日本28
三輪 和雄〈専修〉…箱根67
三輪 新一〈東洋〉…箱根24, 箱根28
三輪 晋太朗〈東京農業〉…箱根89, 箱根90
三輪 成〈大阪体育〉…全日本8
三輪 裕明〈亜細亜〉…箱根53, 箱根55
三輪 真之〈早稲田〉…箱根82, 箱根84, 箱根85, 全日本39
三輪 龍之介〈帝京〉…箱根88

【む】

向井 卓郎〈鹿屋体育〉…出雲3, 出雲4, 出雲5, 出雲6, 全日本23, 全日本24, 全日本25, 全日本26
向井 良人〈山梨学院〉…箱根80, 箱根81, 箱根82, 出雲15, 全日本35, 全日本37
陸口 正一〈明治〉…箱根14
向田 和義〈金沢〉…全日本4, 全日本5
向山 直樹〈山形〉…全日本19
武者 由幸〈日本〉…箱根79, 箱根80, 箱根81, 箱根82, 出雲17, 全日本35, 全日本36, 全日本37
牟田 祐樹〈明治〉…箱根91, 出雲25
牟田 利一〈東京高師〉…箱根1
務台 二郎〈法政〉…箱根9, 箱根10, 箱根11
ムタイ, K.〈第一工業〉…出雲18, 全日本38
鞭馬 講二〈大東文化〉…箱根48, 箱根49, 箱根50, 箱根51, 全日本3, 全日本5, 全日本6
武藤 健太〈国士舘〉…箱根90
武藤 紳一郎〈信州〉…全日本3
武藤 進〈名古屋〉…全日本4, 全日本5
武藤 浩哉〈東北学連〉…出雲19
武藤 満雄〈日本〉…箱根5
宗像 寛〈日本〉…箱根56, 箱根57, 箱根58, 全日本12, 全日本13
棟方 雄己〈中央〉…箱根86, 箱根87, 箱根88, 出雲20, 出雲21, 出雲22, 全日本40, 全日本41, 全日本42, 全日本43
宗原 弘幸〈北海道〉…全日本11, 全日本12, 全日本13
ムヒア, F.〈平成国際〉…箱根77
村井 勇二〈神奈川〉…箱根80, 箱根81, 箱根82, 全日本36
村井 啓一〈中四国連〉…出雲7
村井 健太〈大東文化〉…箱根79, 箱根80, 出雲13, 出雲14, 全日本34

村井 駿〈青山学院〉…箱根90, 箱根91
村井 雄二〈立命館〉…箱根40
村井 禧夫〈早稲田〉…箱根32
村岡 克彦〈関西〉…出雲14
村岡 茂信〈神戸〉…全日本2
村上 昭夫〈中央〉…箱根45, 箱根46, 箱根47, 箱根48
村上 享史〈中央〉…箱根59, 箱根60, 箱根61, 箱根62, 全日本16
村上 郁磨〈福岡〉…全日本34
村上 一郎〈京都産業〉…全日本8, 全日本9
村上 和春〈駒澤〉…箱根80, 箱根81, 箱根82, 出雲17, 全日本36, 全日本37
村上 和弘〈大阪体育〉…全日本4
村上 清隆〈専修〉…箱根48, 箱根50, 箱根51, 全日本3
村上 邦弘〈日本体育〉…箱根48, 箱根49, 全日本5
村上 康治〈熊本商科〉…全日本12
村上 智〈東海〉…箱根80, 全日本35
村上 讃〈明治〉…箱根10, 箱根11, 箱根12
村上 庄司〈筑波〉…箱根63
村上 貴彦〈明治〉…箱根82, 箱根83
村上 敬史〈広島経済〉…出雲4, 出雲5, 全日本23, 全日本25
村上 敬史〈中四国連〉…出雲3
村上 哲郎〈日歯医専〉…箱根19
村上 徹〈名古屋商〉…出雲12, 出雲13, 全日本31, 全日本34
村上 利明〈中央〉…箱根22, 箱根23
村上 富敏〈日本体育〉…箱根66, 出雲1, 全日本21
村上 智彦〈立命館〉…全日本25, 全日本28
村上 信広〈広島〉…全日本1
村上 昇〈日本〉…箱根13, 箱根14, 箱根15, 箱根16, 箱根18
村上 登〈拓殖〉…箱根31
村上 真〈順天堂〉…箱根85
村上 孫晴〈国士舘〉…箱根37, 箱根38, 箱根39, 箱根40
村上 政隆〈大阪商業〉…全日本5, 全日本6, 全日本7, 全日本8
村上 又雄〈横浜専門〉…箱根17, 箱根18, 箱根19, 箱根20
村上 美津雄〈専修〉…箱根24
村上 康則〈順天堂〉…箱根79, 箱根80, 箱根81, 箱根82, 出雲14, 出雲16, 出雲17, 全日本34, 全日本36
村上 優輝〈中央学院〉…箱根90, 箱根91, 全日本45
村上 雄亮〈東北学院〉…全日本34
村上 由樹〈専修〉…箱根74
村上 亮史〈法政〉…箱根65, 箱根66
村川 敦哉〈国士舘〉…箱根85
村木 力〈名古屋商〉…出雲11, 出雲12, 全日本29, 全日本30, 全日本31, 全日本32
村越 修〈中京〉…全日本16, 全日本18
村越 恵史〈中京〉…全日本30
村越 忍〈福岡〉…全日本10, 全日本11, 全日本12, 全日本13
村越 直希〈日本〉…箱根90, 箱根91
村越 美正〈東洋〉…箱根29, 箱根30, 箱根31, 箱根32
村社 講平〈中央〉…箱根15, 箱根17, 箱根18, 箱根19, 箱根20
村刺 厚介〈京都産業〉…出雲14, 出雲15, 出雲16, 出雲17, 全日本34, 全日本35, 全日本36, 全日本37
村刺 厚介〈日本学連〉…箱根80
村澤 明伸〈東海〉…箱根86, 箱根87, 箱根88, 出雲23, 全日本41, 全日本42, 全日本43
村澤 智啓〈信州〉…全日本40
村澤 智啓〈北信越連〉…出雲20
村澤 陽介〈信州〉…全日本40, 全日本41, 全日本42
村澤 陽介〈北信越連〉…出雲21
村島 鉄太郎〈拓殖〉…箱根15, 箱根16, 箱根17, 箱根18, 箱根19
村嶋 輝久〈中京〉…出雲6, 全日本24, 全日本26
村瀬 圭太〈関東学連〉…箱根91
村瀬 恵太郎〈鹿屋体育〉…出雲7, 全日本24, 全日本25, 全日本26, 全日本27
村瀬 健太郎〈鹿屋体育〉…出雲5
村瀬 進治〈愛知学院〉…全日本1
村瀬 信次〈成蹊〉…箱根28
村瀬 友一〈立命館〉…出雲10
村瀬 裕之〈徳山〉…全日本15, 全日本16, 全日本17, 全日本18
村瀬 眞伸〈関西学院〉…全日本46
村瀬 豊〈東京教育〉…箱根43, 箱根44, 箱根45
村田 幸輝〈亜細亜〉…箱根69, 箱根70, 箱根71, 箱根72, 全日本26, 全日本27
村田 耕介〈中央学院〉…箱根87
村田 貞夫〈東京農業〉…箱根11
村田 成男〈日本〉…箱根35, 箱根36, 箱根37
村田 章太郎〈大阪経済〉…全日本29
村田 総〈中四国連〉…出雲21, 出雲22
村田 力〈徳山〉…全日本20, 全日本21
村田 典元〈東京農業〉…全日本1
村田 篤司〈拓殖〉…箱根48, 箱根50
村田 日出明〈中央〉…箱根58, 箱根59, 箱根60
村田 秀人〈久留米〉…全日本18
村田 仁〈中四国連〉…出雲4, 出雲5
村田 仁〈徳山〉…出雲2, 出雲3, 全日本22, 全日本24, 全日本25
村田 義広〈大東文化〉…箱根77, 箱根78, 箱根79, 出雲13, 出雲15, 全日本32, 全日本33, 全日本34, 全日本35
村戸 雄輝〈広島経済〉…出雲13, 全日本33
村中 重夫〈京都〉…全日本4
村西 研郎〈東海学連〉…全日本40
村西 研郎〈名古屋〉…全日本41, 全日本42

村野 真一〈帝京〉…箱根77, 出雲14, 全日本33
村野 正雄〈明治〉…箱根9
村部 貞三郎〈慶應義塾〉…箱根18
村松 明彦〈順天堂〉…箱根68
村松 恭平〈専修〉…箱根52, 箱根53, 箱根54
村松 淳〈日本体育〉…箱根28
村松 丈太郎〈京都産業〉…全日本6, 全日本7, 全日本8
村松 大吾〈早稲田〉…箱根72, 箱根73, 全日本27
村松 卓〈大東文化〉…箱根82
村松 直〈名古屋商〉…出雲13, 全日本34
村松 学〈順天堂〉…箱根55, 箱根56, 箱根57, 全日本9, 全日本10
村元 雅弘〈奈良産業〉…全日本30
村本 洋介〈中央〉…箱根76, 箱根77, 出雲12, 全日本32
村山 英司〈新潟〉…全日本18
村山 憲一〈早稲田〉…箱根45
村山 謙太〈駒澤〉…箱根88, 箱根89, 箱根90, 箱根91, 出雲23, 出雲24, 出雲25, 全日本43, 全日本44, 全日本45, 全日本46
村山 紘太〈城西〉…箱根88, 箱根89, 箱根90, 箱根91, 出雲24, 全日本43, 全日本46
村山 厚也〈亜細亜〉…箱根68, 全日本22, 全日本23
村山 豪〈京都産業〉…出雲9, 出雲10, 出雲11, 全日本30, 全日本31
村山 徳宏〈拓殖〉…箱根85
村山 春人〈札幌学院〉…全日本46
ムリュウ, D.〈奈良産業〉…全日本38
室 政敬〈順天堂〉…箱根72, 箱根73, 箱根74, 出雲8
室 通夫〈専修〉…箱根28, 箱根29, 箱根30
室井 勇吾〈城西〉…箱根91, 全日本46
室田 祐司〈中央学院〉…箱根88, 箱根89, 出雲21
室矢 芳隆〈中央〉…箱根27, 箱根29
ムワンギ, S.〈第一工業〉…出雲19, 全日本39

【め】

明戸 孝夫〈北海道〉…全日本9, 全日本10, 全日本12
メイサ, Z.〈第一工業〉…出雲16, 全日本36
メイズ, G.〈IVL〉…全日本24
明宮 秀隆〈北海道〉…全日本6
廻谷 宏〈国士舘〉…箱根56, 箱根57
廻谷 吾平〈東京体専〉…箱根24
米良 隆夫〈福岡〉…全日本5, 全日本6, 全日本7, 全日本8
メルバー, K.〈IVL〉…出雲25
免田 肇〈福岡〉…全日本36

【も】

モイヨ, S.〈IVL〉…出雲15
毛利 奉文〈中京〉…全日本5, 全日本6, 全日本7, 全日本8
モカンバ, O.〈山梨学院〉…箱根78, 箱根79, 箱根80, 箱根81, 出雲14, 出雲15, 全日本33, 全日本34, 全日本35, 全日本36
茂木 昭夫〈大東文化〉…箱根73
茂木 昭寿〈法政〉…箱根25, 箱根26, 箱根27
茂木 善作〈東京高師〉…箱根1, 箱根2, 箱根3
茂木 善和〈明治〉…箱根63
茂木 亮太〈青山学院〉…全日本45
モグス, M.〈山梨学院〉…箱根82, 箱根83, 箱根84, 箱根85, 出雲18, 全日本37, 全日本38, 全日本39, 全日本40
木渓 博志〈明治〉…箱根24, 箱根25, 箱根26
モゼ, D.〈拓殖〉…箱根88, 箱根90, 出雲23
用木 大地〈奈良産業〉…全日本42
餅崎 巧実〈国士舘〉…箱根90
望月 昭雄〈北海道連〉…出雲11
望月 明義〈大東文化〉…箱根55, 箱根56, 全日本10, 全日本11
望月 宇三郎〈関西〉…箱根12
望月 高明〈法政〉…箱根37, 箱根38, 箱根39
望月 七三郎〈亜細亜〉…箱根44, 箱根45, 箱根46, 箱根47
望月 知明〈東海〉…箱根68
望月 尚夫〈早稲田〉…箱根22
望月 幹雄〈東京教育〉…箱根47, 箱根49, 箱根50
茂手木 聡〈明治〉…箱根60
モート, E.〈IVL〉…出雲20
元木 駿介〈京都産業〉…全日本46
本島 治宏〈愛知工業〉…全日本35
元田 幸祐〈奈良産業〉…全日本38
本野 仁治〈早稲田〉…箱根8, 箱根9, 箱根10
元原 卓哉〈山梨学院〉…箱根80
本宮 隆良〈駒澤〉…箱根80, 出雲16, 全日本36
本村 邦彦〈琉球〉…全日本8
本村 穣治〈東海〉…箱根61, 箱根62, 箱根63, 箱根64, 全日本18
元村 大地〈東海〉…箱根87, 箱根88, 箱根90, 全日本42, 全日本43, 全日本44
本村 三男〈沖縄国際〉…全日本19
本谷 健〈北海学園〉…全日本4
元山 潤次郎〈順天堂〉…箱根52, 箱根53, 全日本8
モハメド, A.〈第一工業〉…出雲10, 出雲11, 全日本30, 全日本31, 全日本33
椴谷 米男〈京都産業〉…全日本10, 全日本11, 全日本12
籾山 直樹〈仙台〉…全日本11

桃澤 大祐〈山梨学院〉…箱根89, 箱根90, 箱根91
百瀬 清治〈日歯医専〉…箱根9, 箱根10, 箱根11
百瀬 定雄〈信州〉…全日本13, 全日本14
百瀬 武佳〈法政〉…箱根30, 箱根31
森 郁郎〈東京農業〉…箱根33, 箱根34
森 修〈東洋〉…箱根45, 箱根46, 箱根47, 箱根48
森 和治〈山梨学院〉…箱根78, 箱根79, 全日本35
森 克紀〈東北福祉〉…全日本40
森 喜久雄〈中央学院〉…箱根70, 箱根71
森 啓太〈広島経済〉…出雲21
森 謙〈慶應義塾〉…箱根16
森 兼二〈京都産業〉…出雲7, 全日本27
森 宏一郎〈名城〉…全日本2
森 浩二〈駒澤〉…箱根61, 箱根62
森 幸司〈久留米〉…出雲1, 全日本20, 全日本21
森 康平〈第一工業〉…全日本46
森 悟〈岐阜〉…全日本9
森 茂雄〈東京文理〉…箱根22
森 重樹〈九州産業〉…全日本3
森 繁〈東海〉…箱根51, 箱根52, 箱根53
森 茂〈亜細亜〉…箱根51, 箱根52
森 二郎〈筑波〉…箱根54
森 隆史〈名城〉…全日本13
森 賢大〈日本体育〉…箱根83, 箱根84, 箱根85, 箱根86, 出雲18, 出雲19, 全日本38, 全日本39, 全日本40
盛 隆宏〈國學院〉…箱根79
森 猛〈青山学院〉…箱根46, 箱根47, 箱根48, 箱根49
森 正〈北信越連〉…出雲7
森 達郎〈東京農業〉…箱根17, 箱根18
森 輝光〈法政〉…箱根56, 箱根57
森 亨〈東京高師〉…箱根1, 箱根2
森 徳史〈國學院〉…箱根83, 全日本38
森 誠則〈中央〉…箱根83, 箱根84, 箱根85, 出雲18, 出雲19, 出雲20, 全日本38, 全日本39, 全日本40
森 友哉〈奈良産業〉…全日本42
森 豊彦〈法政〉…箱根8, 箱根10
森 一〈慶應義塾〉…箱根50
森 久志〈大阪体育〉…全日本6, 全日本8
森 英夫〈日本体育〉…箱根39, 箱根41
森 洋〈青山学院〉…箱根41
守 弘史〈明治〉…箱根36, 箱根37
森 弘光〈神奈川〉…箱根83
森 浩記〈奈良産業〉…全日本30
森 雅也〈東洋〉…箱根83, 出雲20, 全日本40
森 幹生〈中央学院〉…箱根75
森 光紀〈愛知工業〉…全日本25
森 勇基〈中央〉…箱根81, 箱根82, 出雲18
森 湧暉〈順天堂〉…箱根91, 出雲25, 全日本45
森 豊〈青山学院〉…箱根22
森 祥紀〈札幌学院〉…全日本27
森 芳幸〈筑波〉…箱根59, 箱根60, 箱根61, 箱根62
森井 勇磨〈山梨学院〉…箱根90, 全日本44, 全日本45
森泉 慶二〈信州〉…全日本2
森泉 智夫〈順天堂〉…箱根38
森内 直宏〈久留米〉…全日本18
森尾 幸夫〈立教〉…箱根15, 箱根16, 箱根17
森岡 昭彦〈法政〉…箱根50, 箱根52
森岡 圭一〈国士舘〉…箱根65, 箱根66, 箱根67, 箱根68, 全日本22
森岡 伸司〈東京農業〉…箱根57, 箱根58, 全日本12
森岡 芳彦〈大東文化〉…全日本10
森岡 廉〈広島〉…全日本45
森岡 廉〈中四国連〉…出雲25
森川 一男〈日本〉…箱根28
森川 賢一〈京都教育〉…全日本11
森川 互〈拓殖〉…箱根53
森川 貴生〈中央〉…箱根69, 出雲2, 出雲4, 出雲5, 全日本22, 全日本24, 全日本25
森川 卓〈中央〉…箱根43
森川 千秋〈中央学院〉…箱根70, 箱根71
森川 裕之〈近畿〉…全日本28, 全日本29, 全日本31
森口 達也〈龍谷〉…全日本30
森子 栄蔵〈亜細亜〉…箱根50, 箱根52, 箱根53
森崎 一志〈広島〉…全日本39
森崎 敏隆〈大阪体育〉…全日本6, 全日本7
森重 真〈東京農業〉…箱根71
森下 明〈東京農業〉…箱根32, 箱根33, 箱根34, 箱根35
森下 一彦〈関西学院〉…全日本6
森下 圭二〈慶應義塾〉…箱根18
森下 茂樹〈大東文化〉…箱根46, 箱根47, 箱根48, 箱根49, 全日本1, 全日本2, 全日本3, 全日本4
森下 誠〈高知〉…全日本6
森下 泰成〈大阪経済〉…全日本22
森下 好美〈大東文化〉…箱根54
森下 善己〈慶應義塾〉…箱根60
森宗 信也〈中央〉…箱根84
森宗 康則〈大阪商業〉…全日本9
モリソン, P.〈IVL〉…出雲16, 出雲17
森田 和彦〈名古屋商〉…全日本19
森田 清貴〈上武〉…箱根91, 全日本46
森田 九一〈関西〉…箱根12
森田 康征〈立命館〉…全日本19, 全日本20, 全日本21, 全日本22
森田 寿〈立教〉…箱根22
森田 修一〈専修〉…箱根60, 箱根61, 箱根62, 箱根63, 全日本16, 全日本17, 全日本18
守田 健彦〈中央〉…箱根62
森田 司〈京都産業〉…出雲15, 出雲16, 出雲17, 全日本34, 全日本35, 全日本36, 全日本37

森田 利治〈立教〉…箱根24
森田 十美夫〈九州産業〉…全日本6, 全日本7, 全日本8, 全日本9
森田 知行〈立命館〉…出雲15, 出雲16, 出雲17, 出雲18, 全日本35, 全日本37, 全日本38
森田 肇〈拓殖〉…箱根22
森田 浩聡〈国士舘〉…箱根82
森田 博〈法政〉…箱根18
森田 博之〈国士舘〉…箱根67, 箱根68, 全日本22
盛田 誠〈慶應義塾〉…箱根9, 箱根10
森田 昌宏〈駒澤〉…箱根70, 箱根71, 出雲5, 全日本25
森田 正己〈関西〉…箱根12
盛田 正行〈名古屋商〉…全日本13
森田 稔〈城西〉…箱根81, 箱根82
森田 泰行〈福岡〉…出雲5, 全日本25
森田 義三〈大東文化〉…箱根52, 箱根53, 箱根54, 全日本6, 全日本7, 全日本8, 全日本9
森谷 修平〈日本〉…箱根87, 箱根90, 全日本42, 全日本45
森近 繁則〈日本〉…箱根52, 箱根53, 箱根54, 全日本7
森津 翔太〈神奈川〉…箱根82, 箱根83, 箱根84, 出雲17, 全日本37, 全日本38
森津 祐一〈神奈川〉…箱根88
森藤 加之〈東洋〉…箱根17, 箱根18
守永 強一〈東京農業〉…箱根22
森永 啓史〈鹿屋体育〉…出雲10, 出雲12, 全日本29, 全日本30, 全日本31, 全日本32
森永 謙二〈福岡〉…全日本7
守永 史朗〈中央〉…箱根60, 箱根61, 箱根62
森永 慎一〈中央〉…箱根46
森永 貴幸〈法政〉…箱根90
森永 幸男〈日本体育〉…箱根77, 箱根79
森橋 完介〈大東文化〉…箱根91
森政 辰巳〈山梨学院〉…箱根73, 箱根74, 箱根75, 出雲7, 出雲10, 全日本27, 全日本28, 全日本29, 全日本30
森村 哲〈早稲田〉…箱根77, 箱根78, 箱根79, 出雲12, 出雲14, 全日本31, 全日本32, 全日本33, 全日本34
森本 一徳〈日本〉…箱根11, 箱根12, 箱根13, 箱根14, 箱根15, 箱根16, 箱根17
森本 一広〈名古屋〉…出雲18, 全日本36
森本 悟史〈関西〉…出雲6, 全日本25
森本 滋〈早稲田〉…箱根57, 箱根58
森本 聡一郎〈大阪体育〉…全日本17, 全日本18
森本 卓司〈関東学連〉…箱根86
森本 卓司〈神奈川〉…箱根83, 箱根84, 箱根85, 全日本38
森本 直人〈山梨学院〉…箱根79, 箱根81, 箱根82, 出雲15, 全日本34, 全日本35, 全日本36, 全日本37
森本 満哉〈大阪経済〉…全日本26
森本 康文〈八幡〉…全日本1, 全日本3
森本 善智〈東海学連〉…全日本43
森本 善智〈名古屋〉…全日本44
森谷 和雄〈東京教育〉…箱根26
森谷 和雄〈東京体専〉…箱根23, 箱根25
守屋 喜久夫〈日本〉…箱根24, 箱根26, 箱根28
守屋 慶〈信州〉…全日本31
守屋 慶〈北信越連〉…出雲11
森山 昭宏〈国士舘〉…箱根70
森山 博史〈中央〉…箱根45, 箱根46, 箱根47
森山 昌敏〈中央〉…箱根18
森山 正治〈順天堂〉…箱根44, 箱根45
森山 嘉夫〈早稲田〉…箱根53, 箱根54, 箱根55
森山 竜一〈日本体育〉…箱根66, 箱根67, 箱根68, 出雲1, 全日本23
森山 良〈国士舘〉…箱根33
森山 良〈神奈川〉…箱根35, 箱根36
森脇 啓太〈専修〉…箱根84, 箱根85
森脇 佑紀〈神奈川〉…箱根80, 箱根81, 箱根82, 箱根83, 出雲16, 出雲17, 全日本36, 全日本37, 全日本38
モルト, E.〈IVL〉…出雲18
諸井 信司〈日歯医専〉…箱根6, 箱根7
諸井 光久〈亜細亜〉…箱根58
師岡 溢哺〈中央〉…箱根39, 箱根40, 箱根41
諸熊 賀津也〈福岡〉…全日本32
両角 明彦〈愛知工業〉…出雲14, 全日本32, 全日本33, 全日本34
両角 速〈東海〉…箱根62, 箱根63, 箱根64, 箱根65, 全日本18, 全日本19, 全日本20
両角 勝〈東京教育〉…箱根48
諸橋 健司〈東北学連〉…出雲5
門田 光史〈順天堂〉…箱根58, 箱根59, 箱根60, 箱根61

【や】

八重垣 稔〈専修〉…箱根35
八重樫 悟〈北海道〉…全日本1
八重樫 豊〈専修〉…箱根46, 箱根47, 全日本2
矢ケ崎 諫〈東京農業〉…箱根2, 箱根3, 箱根4, 箱根5
八木 在灌〈大阪商業〉…全日本1, 全日本2
八木 正治〈専修〉…箱根25, 箱根26
八木 敏志〈大阪経済〉…全日本41
八木 甫〈日歯医専〉…箱根7
八木 勇樹〈早稲田〉…箱根85, 箱根86, 箱根87, 出雲20, 出雲21, 出雲22, 全日本40, 全日本41, 全日本42
八木沢 元樹〈明治〉…箱根88, 箱根89, 箱根90, 出雲25, 全日本45
八木澤 宏昭〈亜細亜〉…出雲16

柳沼 秀亨〈福井工業〉…全日本22
焼山 明浩〈中四国連〉…出雲10
八坂 純一〈第一工業〉…出雲7, 全日本27, 全日本28
矢崎 浩二〈慶應義塾〉…箱根60
矢崎 登久〈山梨学院〉…箱根80, 出雲15
矢沢 曜〈早稲田〉…箱根85, 箱根86, 箱根87, 箱根88, 出雲20, 出雲21, 出雲22, 出雲23, 全日本40, 全日本41, 全日本42, 全日本43
矢沢 頼忠〈東大農実〉…箱根4
矢柴 春雄〈関西〉…箱根9
矢島 修〈東京農業〉…箱根48, 箱根49, 箱根50, 箱根51, 全日本4, 全日本5
八島 健三〈明治〉…箱根4, 箱根5, 箱根6, 箱根7, 箱根8, 箱根9
矢島 繁夫〈日本〉…箱根8
矢島 冬吾〈順天堂〉…箱根84
矢島 亨〈日本体育〉…箱根65, 箱根66, 箱根67, 出雲1, 全日本21, 全日本22
矢島 敏男〈亜細亜〉…箱根43, 箱根44, 箱根45, 箱根46
矢島 信〈大東文化〉…箱根79, 箱根80
八嶋 政臣〈神奈川〉…箱根33, 箱根34
八島 政長〈神奈川〉…箱根31
矢島 通夫〈立教〉…箱根41, 箱根42, 箱根44
矢島 渡〈東洋〉…箱根66
屋代 真孝〈慶應義塾〉…箱根60
安 奭基〈中央〉…箱根14
安井 秀俊〈広島経済〉…出雲12, 出雲13, 全日本32, 全日本33, 全日本34, 全日本35
安井 秀俊〈中四国連〉…出雲15
安井 雄一〈早稲田〉…箱根91
安池 一公〈日本〉…箱根62, 箱根64, 全日本20
安川 毅〈京都産業〉…出雲2, 出雲3, 出雲4, 出雲5, 全日本22, 全日本23, 全日本24, 全日本25
安川 友啓〈拓殖〉…箱根73
八杉 明〈同志社〉…全日本22
安沢 和宣〈東洋〉…箱根62
安島 慎吾〈関東学連〉…箱根88
安島 慎吾〈専修〉…箱根86, 箱根87, 全日本41
安島 雄二〈東北〉…全日本23
安田 悦郎〈東海〉…箱根58, 箱根59, 全日本14
安田 憲右〈愛知工業〉…全日本27
安田 翔一〈岐阜経済〉…全日本45
安田 翔一〈東海学連〉…全日本46
安田 昭一〈中央〉…箱根51
安田 翔吾〈日本〉…出雲22
安田 二郎〈日本体育〉…箱根27, 箱根28, 箱根29
保田 仁〈東洋〉…箱根50, 箱根51, 箱根52, 全日本4, 全日本5, 全日本6
安田 純徳〈名古屋〉…全日本30
安田 隆伸〈山梨学院〉…全日本21
安田 正〈明治〉…箱根25, 箱根26
保田 教之〈筑波〉…箱根57, 箱根58, 箱根59, 箱根60, 全日本12, 全日本13, 全日本14, 全日本15
安田 昌倫〈明治〉…箱根83, 箱根85, 箱根86, 全日本38, 全日本41
安田 裕司〈拓殖〉…全日本39
安田 良一〈八幡〉…全日本4, 全日本5, 全日本6
安田 亘〈大東文化〉…箱根46, 箱根47, 箱根48, 箱根49, 全日本1, 全日本3, 全日本4
安富 均〈大阪体育〉…全日本13
安永 淳一〈順天堂〉…箱根69, 箱根70, 箱根71, 箱根72, 出雲4, 出雲5, 出雲6
安延 基〈国士舘〉…箱根38, 箱根39
安原 正一〈東京農業〉…箱根10, 箱根11, 箱根12, 箱根14
安原 達也〈東京農業〉…箱根48, 箱根49, 全日本4
安広 善夫〈亜細亜〉…箱根58, 箱根59, 箱根60, 箱根61
安松 敏郎〈九州国際〉…出雲2, 全日本22
八隅 豊正〈大阪学院〉…全日本31
安村 浩志〈久留米〉…出雲21
八十 幹雄〈立命館〉…全日本5
矢田 育男〈徳山〉…出雲3, 全日本24, 全日本25, 全日本26
矢田 宗雄〈愛知学院〉…全日本1
家高 晋吾〈中央〉…箱根78, 箱根79, 箱根80, 箱根81, 出雲13, 出雲15, 出雲16, 全日本33, 全日本36
谷地田 幸雄〈仙台〉…全日本8
八津川 裕二〈神奈川〉…箱根80
八塚 唯一〈広島経済〉…全日本35, 全日本37
矢藤 史男〈国士舘〉…箱根44, 箱根45, 箱根46, 箱根47
柳井 三郎〈東京農業〉…箱根40, 箱根41
柳井 健男〈筑波〉…箱根60, 箱根61, 箱根63, 全日本15
矢内 嚢〈埼玉〉…箱根35
柳井 浩史〈早稲田〉…箱根38, 箱根39, 箱根40
簗内 良平〈拓殖〉…箱根50, 箱根53
柳川 清春〈東京農業〉…箱根39, 箱根40, 箱根41
柳川 三郎〈横浜専門〉…箱根17
柳川 順三〈国士舘〉…箱根51, 箱根52, 箱根53
柳川 秀晶〈立命館〉…出雲9, 全日本28, 全日本29
柳 利幸〈早稲田〉…箱根89, 箱根90, 箱根91, 出雲25, 全日本44, 全日本45, 全日本46
柳 昌光〈鹿屋体育〉…出雲14, 出雲15, 出雲17, 全日本34, 全日本36
柳 倫明〈明治〉…箱根67
柳田 進〈青山学院〉…箱根46, 箱根47, 箱根48
柳田 康彦〈日本〉…箱根45, 箱根46
柳平 実〈金沢〉…全日本15
柳沼 晃太〈法政〉…箱根82, 箱根83
柳原 貴大〈帝京〉…箱根90, 箱根91, 出雲25, 全日本45
柳本 拓〈徳山〉…全日本29, 全日本30
柳本 龍三郎〈東大農実〉…箱根5

柳谷 昭二〈大東文化〉…箱根71, 箱根72, 箱根73, 箱根74, 出雲8, 出雲9, 全日本27, 全日本29
梁瀬 建蔵〈亜細亜〉…箱根79, 箱根80
梁瀬 峰史〈中央〉…箱根83, 箱根84, 箱根85, 出雲18, 出雲19, 出雲20, 全日本38, 全日本39, 全日本40
柳瀬 正〈大阪商業〉…全日本12
矢野 功〈大東文化〉…箱根62, 箱根63, 箱根64, 全日本17, 全日本18, 全日本19
矢野 邦雄〈甲南〉…全日本1, 全日本2
矢野 圭吾〈日本体育〉…箱根87, 箱根88, 箱根89, 箱根90, 出雲23, 出雲25, 全日本42, 全日本43, 全日本44, 全日本45
矢野 俊一〈順天堂〉…箱根49
矢野 絢也〈鹿屋体育〉…出雲9, 全日本29, 全日本30
矢野 祥一〈東海学連〉…全日本45
矢野 祥一〈名古屋〉…全日本44
矢野 哲〈筑波〉…箱根59, 箱根60, 箱根61, 全日本15
矢野 秀明〈中四国連〉…出雲15, 出雲16
矢野 日出敏〈拓殖〉…箱根54, 箱根55, 箱根56, 箱根57
矢野 泰久〈四日市〉…全日本36
矢野 雄二〈徳山〉…全日本16, 全日本17, 全日本18, 全日本19
矢萩 丹治〈日本〉…箱根15, 箱根16, 箱根17, 箱根18, 箱根19
矢作 哲男〈東洋〉…箱根26
矢花 誠〈早稲田〉…出雲10, 出雲11, 出雲12, 全日本30, 全日本31, 全日本32
矢花 之宏〈鹿屋体育〉…出雲17, 全日本35, 全日本36
薮内 正記〈同志社〉…全日本7
矢吹 和啓〈専修〉…箱根78, 全日本33
矢吹 寿浩〈近畿〉…全日本27, 全日本28
野房 和彦〈大東文化〉…箱根63, 箱根64, 箱根65, 箱根66, 全日本18, 全日本19, 全日本20
藪下 正弘〈立命館〉…全日本11
藪田 文耕〈法政〉…箱根3, 箱根4
矢部 誠吉〈東京農業〉…箱根35, 箱根36, 箱根37, 箱根38
山井 久也〈早稲田〉…箱根64, 箱根65, 箱根66
山井 正己〈埼玉〉…箱根35
山内 二郎〈法政〉…箱根29, 箱根30, 箱根31, 箱根32
山内 寿恵夫〈法政〉…箱根39, 箱根41
山内 進〈第一工業〉…出雲12, 全日本32, 全日本35
山内 喬木〈中央〉…箱根9, 箱根10, 箱根11, 箱根12, 箱根13, 箱根14
山内 貴司〈関東学連〉…箱根79
山内 貴司〈東京農業〉…箱根80
山内 朋之〈中央〉…箱根69, 全日本23
山内 博司〈金沢〉…全日本4, 全日本5
山内 裕文〈駒澤〉…箱根61, 箱根62
山内 広幸〈東海学連〉…全日本38
山内 正人〈金沢〉…全日本5, 全日本6
山内 政憲〈八幡〉…全日本1
山内 康平〈愛知工業〉…全日本43
山岡 一弘〈亜細亜〉…箱根43
山岡 毅〈名古屋商〉…出雲8, 出雲9, 全日本27, 全日本28, 全日本29, 全日本30
山岡 秀樹〈東京農業〉…箱根51, 箱根52, 箱根53, 箱根54, 全日本6, 全日本7, 全日本8, 全日本9
山岡 雅義〈國學院〉…箱根77, 箱根79, 全日本35
山岡 義徳〈東京農業〉…箱根31, 箱根32, 箱根33, 箱根34
山形 修身〈国士舘〉…箱根41, 箱根42, 箱根43
山方 博文〈東京教育〉…箱根46, 箱根47, 箱根48, 箱根49
山県 由幸〈熊本商科〉…全日本2
山上 総太〈関西学院〉…全日本45
山川 晴也〈東京学芸〉…箱根31, 箱根32, 箱根33, 箱根34
山川 太一〈法政〉…箱根84
山川 貴広〈國學院〉…全日本35
山川 達也〈中京〉…出雲17
山川 輝雄〈法政〉…箱根19
山川 雄大〈帝京〉…箱根88, 箱根89, 全日本44
八巻 賢〈城西〉…箱根86, 箱根87, 出雲22, 全日本42
八巻 源一〈拓殖〉…箱根53, 箱根54, 箱根55, 箱根56
山岸 明二〈東京理科〉…全日本1
山岸 三郎〈立教〉…箱根26, 箱根27, 箱根28, 箱根29
山岸 庄一郎〈東京農業〉…箱根3, 箱根4
山岸 達也〈明治〉…箱根50
山岸 常夫〈成蹊〉…箱根28
山岸 宏貴〈上武〉…箱根88, 箱根89, 箱根90, 全日本43, 全日本44
山岸 博之〈東京農業〉…箱根66, 箱根67, 箱根68, 箱根69, 出雲1, 出雲3, 出雲4, 全日本21, 全日本23, 全日本24
山岸 実〈日本〉…箱根30, 箱根31
山岸 幸雄〈紅陵〉…箱根24
山岸 塁〈上武〉…箱根91, 全日本46
山北 裕二〈愛知教育〉…全日本5, 全日本6, 全日本7, 全日本8
山吉 公雄〈九州国際〉…出雲2, 全日本22
山吉 公雄〈八幡〉…全日本20
山口 明〈名古屋商〉…出雲13, 全日本34
山口 勇〈東洋〉…箱根15, 箱根16, 箱根17
山口 巌雄〈立教〉…箱根38, 箱根40, 箱根41
山口 栄一〈鹿屋体育〉…出雲9, 全日本28, 全日本29
山口 英良〈北海道〉…全日本8
山口 和政〈日本〉…箱根65, 箱根66
山口 勝彦〈法政〉…箱根53, 箱根54, 箱根55, 箱根56
山口 勝也〈國學院〉…箱根79, 全日本35
山口 嘉代治〈第一工業〉…全日本27
山口 潔〈京都産業〉…全日本5, 全日本6
山口 喜代治〈第一工業〉…出雲7
山口 清隆〈中央〉…箱根54, 箱根55, 全日本9

山口 欣也〈山形〉…全日本19
山口 欣也〈東北学連〉…出雲1
山口 浩一〈城西〉…箱根82, 箱根83, 箱根84, 全日本38
山口 浩勢〈城西〉…箱根87, 箱根88, 箱根90, 出雲22, 出雲24, 全日本42, 全日本43
山口 栄〈明治〉…箱根5, 箱根6, 箱根7
山口 三郎〈九州産業〉…全日本7, 全日本8, 全日本9, 全日本10
山口 三郎〈東京農業〉…箱根17, 箱根18
山口 成昭〈法政〉…箱根23
山口 重〈日本〉…箱根3
山口 修二〈中央〉…箱根64
山口 周平〈大阪経済〉…全日本46
山口 修平〈関東学連〉…箱根89
山口 修平〈創価〉…箱根91
山口 詔二〈明治〉…箱根40, 箱根41
山口 祥太〈関東学連〉…箱根84
山口 祥太〈國學院〉…箱根82, 箱根83
山口 翔太〈國學院〉…全日本38
山口 進吾〈日本〉…出雲10
山口 真也〈中央〉…箱根64, 箱根65, 箱根66
山口 誓己〈広島経済〉…出雲9, 出雲10, 出雲11, 全日本29, 全日本30, 全日本31
山口 清次〈早稲田〉…箱根23, 箱根24, 箱根25, 箱根26
山口 隆樹〈京都産業〉…全日本10
山口 拓也〈長崎国際〉…全日本42
山口 武彦〈日歯医専〉…箱根18, 箱根19
山口 哲〈法政〉…箱根69, 箱根70
山口 照夫〈金沢〉…全日本4, 全日本5
山口 藤太郎〈専修〉…箱根43
山口 敏夫〈日本体育〉…箱根44, 箱根45, 箱根46, 全日本1
山口 展〈四日市〉…全日本36, 全日本37
山口 延良〈日本〉…箱根3, 箱根4
山口 徳太郎〈東京高師〉…箱根1, 箱根3
山口 徳之〈帝京〉…箱根74
山口 東一〈中央〉…箱根43, 箱根45
山口 晴久〈京都産業〉…全日本7
山口 寿治〈明治〉…箱根26, 箱根27, 箱根28, 箱根29
山口 久太〈東京文理〉…箱根13, 箱根14, 箱根15
山口 大徳〈山梨学院〉…箱根87
山口 裕康〈立教〉…箱根35, 箱根36, 箱根37, 箱根38
山口 昌樹〈福井工業〉…全日本23
山口 真司〈中四国連〉…出雲8
山口 政信〈大東文化〉…箱根62, 箱根63, 箱根64, 箱根65, 全日本17, 全日本18, 全日本19, 全日本20
山口 正道〈大阪経済〉…全日本16, 全日本17
山口 賢〈大阪体育〉…全日本12, 全日本13, 全日本14, 全日本15
山口 幹〈中央〉…箱根4
山口 泰男〈法政〉…箱根35, 箱根36
山口 泰輝〈中京〉…出雲23, 出雲25, 全日本43, 全日本44, 全日本45, 全日本46
山口 良夫〈明治〉…箱根28, 箱根29, 箱根30
山口 吉信〈東洋〉…箱根41, 箱根42
山口 善正〈福岡〉…全日本14, 全日本15, 全日本16, 全日本17
山口 良正〈青山学院〉…箱根22
山口 良一〈神奈川〉…箱根33
山口 良輔〈大阪経済〉…全日本45, 全日本46
山口 六郎次〈明治〉…箱根1
山口 航〈法政〉…箱根79, 箱根80, 箱根81, 箱根82, 出雲17, 全日本37
山口 渉〈筑波〉…箱根62, 箱根63, 箱根64
山崎 敦史〈順天堂〉…箱根84, 箱根85, 出雲18, 出雲19, 全日本38, 全日本39
山崎 岩男〈中央〉…箱根2, 箱根3, 箱根4, 箱根6, 箱根7
山崎 和一〈青山学院〉…箱根22
山崎 久七〈法政〉…箱根13
山嵜 慶祐〈広島〉…全日本44
山崎 健一〈東洋〉…箱根41, 箱根42, 箱根43
山崎 剛一〈大阪商業〉…全日本7, 全日本8, 全日本9, 全日本10
山崎 此多〈日本〉…箱根4, 箱根5
山崎 成人〈日本体育〉…出雲9
山崎 繁任〈九州産業〉…全日本1, 全日本2
山崎 秀行〈九州産業〉…全日本9, 全日本10, 全日本11
山崎 俊介〈専修〉…全日本37
山崎 翔太〈順天堂〉…箱根88, 箱根89
山崎 慎治〈早稲田〉…箱根72, 箱根73, 箱根74, 箱根75, 出雲8, 出雲9, 出雲10, 全日本27, 全日本28, 全日本29, 全日本30
山崎 鈴夫〈慶應義塾〉…箱根1
山崎 隆司〈信州〉…全日本44
山崎 貴博〈愛知工業〉…出雲7, 全日本26, 全日本27, 全日本28, 全日本29
山崎 孝寛〈関東学院〉…箱根70
山崎 務〈中央〉…箱根35, 箱根37, 箱根38
山崎 勉〈金沢〉…全日本11
山崎 利繁〈九州国際〉…出雲2, 全日本22
山崎 利繁〈八幡〉…全日本20
山崎 知巳〈名城〉…全日本13
山崎 直樹〈神戸〉…全日本3
山崎 一見〈順天堂〉…箱根46
山崎 英丸〈法政〉…箱根21, 箱根22
山崎 英哉〈北海道連〉…出雲4, 出雲5, 出雲6, 出雲7
山崎 人士〈拓殖〉…箱根57, 箱根58
山崎 博司〈筑波〉…箱根51
山崎 博司〈東京教育〉…箱根48, 箱根49, 箱根50
山崎 大直〈日本〉…箱根86

山崎 裕久〈京都産業〉…全日本13, 全日本14
山崎 政夫〈明治〉…箱根18, 箱根19
山崎 勝〈福岡〉…箱根40
山崎 佑太郎〈北海道連〉…出雲18, 出雲19
山崎 裕太郎〈東北〉…全日本36
山崎 好夫〈名古屋〉…全日本20
山崎 芳雄〈横浜市立〉…箱根31
山崎 善高〈神奈川〉…箱根31
山地 啓司〈東京教育〉…箱根39, 箱根40, 箱根41
山下 馬之助〈東京高師〉…箱根1, 箱根2
山下 尭哉〈日本〉…箱根87
山下 恭介〈四日市〉…全日本39
山下 健次〈中京〉…全日本1, 全日本2, 全日本3, 全日本4
山下 洸〈中京〉…出雲22, 全日本41, 全日本42
山下 潤〈関西学院〉…全日本6
山下 俊一〈東海〉…箱根69
山下 淳一〈広島〉…全日本39, 全日本40
山下 淳一〈中四国連〉…出雲20
山下 奨平〈第一工業〉…出雲23, 出雲24, 出雲25, 全日本43, 全日本44, 全日本45
山下 隆盛〈中央〉…箱根84, 箱根85, 箱根86, 箱根87, 全日本40
山下 拓郎〈亜細亜〉…箱根80, 箱根81, 箱根82, 箱根83, 出雲18, 全日本36, 全日本37, 全日本38
山下 秀人〈駒澤〉…箱根70, 箱根71, 箱根72, 箱根73, 全日本28
山下 英俊〈東海〉…箱根90, 箱根91
山下 誠〈筑波〉…箱根58, 箱根60, 箱根61, 全日本14
山下 勝〈専修〉…箱根18, 箱根19, 箱根20, 箱根21
山下 元治〈龍谷〉…全日本27
山下 靖信〈早稲田〉…箱根1
山下 侑哉〈順天堂〉…箱根90
山下 嘉則〈専修〉…箱根35, 箱根36, 箱根37, 箱根38
山菅 善樹〈立命館〉…出雲10, 出雲11
山副 翔吾〈近畿〉…全日本37, 全日本38
山添 久也〈同志社〉…全日本22
山田 昭夫〈名古屋商〉…全日本18
山田 篤身〈北海道〉…全日本11, 全日本13, 全日本14
山田 学〈北海道教〉…全日本21
山田 和人〈順天堂〉…箱根63, 箱根64, 箱根65, 箱根66, 出雲1, 全日本20, 全日本21
山田 一誠〈拓殖〉…箱根77, 全日本32, 全日本33
山田 和正〈東京教育〉…箱根43, 箱根44, 箱根45
山田 勝一〈横浜専門〉…箱根17, 箱根18
山田 勝久〈横浜市立〉…箱根30
山田 勝久〈立教〉…箱根44
山田 要〈早稲田〉…箱根6
山田 久一〈日本〉…箱根22
山田 憲一〈国士舘〉…箱根70
山田 賢児〈関東学連〉…箱根82
山田 賢児〈東京農業〉…箱根80
山田 健〈国士舘〉…箱根59, 箱根60
山田 幸延〈関西〉…全日本39
山田 智〈東北学連〉…出雲3, 出雲4
山田 翔太〈順天堂〉…箱根84, 箱根85, 出雲19, 全日本39
山田 誠一郎〈大東文化〉…出雲20
山田 貴士〈徳山〉…全日本25, 全日本26, 全日本27
山田 俊〈早稲田〉…箱根25, 箱根26, 箱根27, 箱根28, 箱根29
山田 隆司〈福井工業〉…全日本28
山田 忠昌〈福岡〉…全日本31, 全日本32, 全日本33
山田 龍夫〈東京教育〉…箱根26
山田 龍夫〈東京文理〉…箱根25
山田 剛史〈広島経済〉…出雲12, 出雲13, 全日本31, 全日本32, 全日本33, 全日本34
山田 剛史〈中四国連〉…出雲14
山田 輝雄〈法政〉…箱根50
山田 俊明〈名古屋〉…全日本2, 全日本3, 全日本4, 全日本5
山田 知純〈鹿屋体育〉…全日本28, 全日本29
山田 速人〈明治〉…箱根91, 出雲24, 全日本44, 全日本46
山田 久次〈日本〉…箱根54, 箱根55, 全日本8, 全日本10
山田 日出男〈熊本商科〉…全日本2
山田 裕章〈北海道連〉…出雲18
山田 寿一〈東京農業〉…箱根19, 箱根20, 箱根21
山田 弘哉〈立命館〉…全日本5
山田 紘之〈日本体育〉…箱根78, 箱根79, 箱根80, 箱根81
山田 星雄〈法政〉…箱根60
山田 正則〈東京教育〉…箱根26
山田 正則〈東京文理〉…箱根25
山田 正美〈法政〉…箱根13
山田 光影〈東北〉…全日本24, 全日本25
山田 実〈国士舘〉…箱根70
山田 森男〈北海道〉…全日本1, 全日本2
山田 康夫〈広島経済〉…全日本37
山田 泰広〈山形〉…全日本29
山田 泰広〈東北学連〉…出雲9, 出雲10, 出雲11, 出雲12, 出雲14
山田 勇基〈第一工業〉…全日本41, 全日本42, 全日本43
山田 侑紀〈中央学院〉…箱根88, 箱根89, 箱根90, 箱根91
山田 祐治〈東京高師〉…箱根4
山田 祐次〈東京高師〉…箱根5
山田 豊〈明治〉…箱根38
山田 泰嗣〈筑波〉…箱根70
山田 喜生男〈東北学院〉…全日本7, 全日本9, 全日本10
山田 吉秀〈福岡〉…出雲8, 全日本26, 全日本28
山田 米作〈日本〉…箱根6
山田 稜〈明治〉…全日本46
山近 良次〈八幡〉…全日本17
山手 一雄〈横浜専門〉…箱根20

山手 学〈日本〉…箱根22
大和 久城〈拓殖〉…箱根15
大和 清孝〈早稲田〉…箱根58, 箱根59
大和 忠広〈大阪体育〉…全日本8, 全日本9
山名 達郎〈同志社〉…全日本1
山中 昭〈横浜国立〉…箱根31, 箱根32
山中 和也〈京都産業〉…全日本22, 全日本23
山中 克己〈慶應義塾〉…箱根23, 箱根24
山中 健太〈神奈川〉…箱根88
山中 浩平〈関西学院〉…出雲23, 全日本43
山中 貴弘〈国士舘〉…箱根82, 箱根83, 箱根84, 箱根85
山中 正一〈立教〉…箱根29, 箱根30
山中 貞一〈法政〉…箱根13, 箱根14, 箱根15, 箱根16
山中 宣幸〈亜細亜〉…箱根85, 箱根86, 出雲20
山中 昇〈東洋〉…箱根56, 箱根57
山中 秀伸〈名古屋商〉…全日本19, 全日本20
山中 秀仁〈日本体育〉…箱根89, 箱根90, 出雲25, 全日本44, 全日本45
山中 博〈専修〉…箱根41, 箱根42
山中 正明〈大東文化〉…箱根67, 箱根68, 箱根69, 出雲2, 全日本22, 全日本24, 全日本25
山中 将弘〈立命館〉…全日本22, 全日本23, 全日本25
山中 勇季〈四日市〉…全日本38, 全日本39
山西 哲郎〈東京教育〉…箱根41, 箱根42
山根 邦昭〈東洋〉…箱根47
山根 芳雄〈東大農実〉…箱根6
山野井 毅彦〈慶應義塾〉…箱根38, 箱根39, 箱根40
山ノ内 和広〈東海〉…箱根57, 箱根58, 箱根59, 全日本11, 全日本14
山内 健太郎〈鹿屋体育〉…出雲5, 出雲6, 全日本25, 全日本27, 全日本28
山之内 浩一〈福岡〉…出雲1, 全日本19, 全日本20, 全日本21, 全日本22
山之内 保〈早稲田〉…箱根36
山橋 淳一〈東洋〉…箱根53, 箱根54, 箱根55, 箱根56, 全日本8
山部 好〈東京農業〉…箱根27, 箱根28, 箱根29, 箱根30
山村 勇〈中京〉…全日本3, 全日本4
山村 圭介〈愛知工業〉…出雲20, 全日本39, 全日本40
山村 隼〈青山学院〉…箱根90, 全日本45
山村 拓夫〈埼玉〉…箱根35
山室 勝身〈日本〉…箱根9
山室 清〈東洋〉…箱根31, 箱根32
山本 秋彦〈東京農業〉…箱根68, 箱根69
山本 哲広〈関東学連〉…箱根89
山元 章義〈大東文化〉…箱根54, 箱根55, 箱根56, 箱根57, 全日本9, 全日本10, 全日本11
山本 哲〈東洋〉…箱根44, 箱根45, 箱根46
山本 篤志〈法政〉…箱根53, 箱根54, 箱根55
山本 敦司〈信州〉…全日本41
山元 綾〈第一工業〉…出雲20, 出雲21, 出雲22, 出雲23, 全日本40, 全日本41, 全日本42
山本 巌雄〈明治〉…箱根8, 箱根9, 箱根10
山本 一夫〈駒澤〉…箱根60
山本 和樹〈東京農業〉…箱根90
山本 和彦〈日本〉…箱根39, 箱根40, 箱根41
山本 和也〈専修〉…箱根83
山本 勝正〈島根〉…全日本4
山本 勝〈東大農実〉…箱根7
山本 勝義〈日本〉…箱根76, 箱根77, 全日本31, 全日本32, 全日本34
山本 清伸〈立命館〉…全日本40
山本 邦夫〈東京文理〉…箱根23
山本 佳児〈四日市〉…全日本38
山本 啓治〈順天堂〉…箱根46, 箱根48
山本 健司〈近畿〉…全日本37, 全日本38
山本 憲二〈東洋〉…箱根87, 箱根88, 出雲21, 全日本43
山本 浩一〈明治〉…箱根62, 箱根63, 箱根64, 箱根65
山本 功児〈京都産業〉…出雲10, 出雲11, 出雲12, 出雲13, 全日本30, 全日本31, 全日本32, 全日本33
山本 孝治〈神奈川〉…箱根41, 箱根43
山本 光三〈中央〉…箱根4, 箱根7, 箱根8
山本 浩平〈専修〉…箱根86
山本 航平〈日本体育〉…箱根90, 箱根91, 全日本46
山本 敏〈日本体育〉…箱根67, 出雲1, 出雲3
山本 敏〈立命館〉…全日本11
山本 靜夫〈早稲田〉…箱根23
山本 寿一〈東京農業〉…箱根21
山本 修平〈早稲田〉…箱根88, 箱根89, 箱根91, 出雲23, 出雲24, 出雲25, 全日本43, 全日本44, 全日本45, 全日本46
山本 真二〈東北〉…全日本36
山本 真也〈山梨学院〉…箱根83, 全日本38, 全日本39
山本 大輔〈立命館〉…出雲9, 全日本29
山本 太一〈金沢〉…全日本4, 全日本5, 全日本6
山本 敬〈東京教育〉…箱根40, 箱根41, 箱根42, 箱根43
山本 崇〈金沢工業〉…全日本9, 全日本10
山本 隆司〈城西〉…箱根87, 箱根88, 全日本43
山本 隆司〈日本〉…箱根56, 箱根57, 箱根58, 箱根59, 全日本13, 全日本14
山本 崇博〈東海学連〉…全日本40
山本 崇博〈名古屋〉…全日本41, 全日本42, 全日本44
山本 貴光〈中京〉…出雲6, 全日本26, 全日本27, 全日本28
山本 卓司〈日本文理〉…全日本38, 全日本40
山本 拓巳〈中央学院〉…箱根91, 全日本46
山本 猛夫〈日本〉…箱根4
山本 豪〈日本〉…箱根70, 箱根71, 箱根72, 出雲5, 出雲6, 出雲7, 全日本25, 全日本26
山本 武史〈中央〉…箱根85
山本 正澄〈中央〉…箱根33, 箱根34, 箱根35

山本 達雄〈専修〉…箱根25, 箱根26, 箱根28, 箱根29
山本 民夫〈東京教育〉…箱根47
山本 千代治〈慶應義塾〉…箱根15, 箱根16, 箱根17, 箱根18
山本 悌二郎〈東洋〉…箱根26
山本 哲夫〈金沢〉…全日本11
山本 敏之〈京都産業〉…出雲7, 全日本27, 全日本28
山本 知由〈早稲田〉…箱根32
山本 虎之子〈東京文理〉…箱根11
山本 直人〈京都産業〉…出雲1, 全日本19, 全日本20, 全日本21
山本 久夫〈島根〉…全日本2, 全日本3
山本 浩〈国士舘〉…箱根60, 箱根62
山本 浩史〈福井工業〉…全日本24, 全日本25, 全日本26
山本 弘記〈亜細亜〉…箱根60, 箱根61, 箱根62
山本 宏伸〈中央学院〉…箱根71
山本 博文〈名古屋〉…全日本10, 全日本11, 全日本12
山本 浩之〈東洋〉…箱根82, 箱根83, 箱根85, 出雲18, 出雲19, 全日本37, 全日本38, 全日本40
山本 博之〈国士舘〉…箱根58
山本 博之〈拓殖〉…箱根75, 箱根76, 全日本31
山本 裕芳〈東洋〉…箱根59, 全日本14
山本 福夫〈中央〉…箱根3
山本 史暁〈立命館〉…全日本25
山本 文平〈関西〉…出雲12, 出雲14, 全日本31, 全日本32, 全日本33
山本 雅男〈拓殖〉…箱根22
山本 正和〈中四国連〉…出雲1
山本 正樹〈順天堂〉…箱根65, 箱根66, 箱根67, 箱根68, 出雲2, 出雲3, 全日本20, 全日本21
山本 正樹〈日本〉…箱根71, 箱根72, 出雲6, 出雲7, 全日本26
山本 昌孝〈愛知教育〉…全日本8, 全日本9, 全日本10
山本 正敏〈日歯医専〉…箱根16, 箱根18, 箱根19
山本 正人〈専修〉…箱根54, 箱根55, 箱根56, 箱根57, 全日本11, 全日本12
山本 泰明〈筑波〉…箱根70
山本 安志〈山梨学院〉…箱根81, 全日本36
山本 康広〈専修〉…箱根70, 出雲4, 全日本23
山本 恭規〈東海〉…箱根66, 全日本23
山本 泰之〈國學院〉…箱根77
山本 佑樹〈日本〉…箱根74, 箱根75, 出雲10, 出雲11, 全日本31
山本 祐希〈日本文理〉…出雲25
山本 雄大〈城西〉…箱根89, 箱根91, 出雲24, 全日本46
山本 洋輔〈法政〉…箱根86
山本 庸平〈中央〉…箱根83, 箱根84, 箱根85, 箱根86, 出雲21, 全日本39, 全日本40, 全日本41
山本 吉洋〈中四国連〉…出雲11
山本 吉光〈東京農業〉…箱根50, 箱根51, 箱根52, 箱根53, 全日本5, 全日本6, 全日本7, 全日本8
山本 亮〈中央〉…箱根80, 箱根82, 箱根83, 出雲16, 出雲18, 全日本36, 全日本37, 全日本38
山本 亮〈北海道連〉…出雲19
山森 丈士〈愛知工業〉…出雲7, 出雲10, 全日本27, 全日本29
山脇 寿太郎〈中央〉…箱根22
山脇 拓哉〈大東文化〉…箱根77, 箱根78, 箱根79, 出雲14, 全日本33, 全日本34
矢守 好一〈東大農実〉…箱根3, 箱根4, 箱根5
鎗田 直尋〈日本〉…箱根8, 箱根9
山家 翔〈東北〉…全日本36

【ゆ】

湯浅 和良〈法政〉…箱根23, 箱根25
湯浅 儀一郎〈明治〉…箱根23
湯浅 竜雄〈専修〉…箱根72, 箱根73, 箱根74, 出雲7, 出雲8
湯朝 育広〈早稲田〉…箱根74, 箱根76, 全日本29
油井 一成〈東海学連〉…全日本43
結城 和彦〈法政〉…箱根68, 箱根69, 箱根70, 出雲3, 出雲5
湯川 智史〈國學院〉…箱根90, 箱根91
行友 誠〈専修〉…箱根78, 箱根79, 全日本33
湯沢 克美〈東海〉…箱根56, 箱根57, 箱根58, 箱根59, 全日本11, 全日本14
湯瀬 徹〈東北学院〉…全日本37
湯地 俊介〈駒澤〉…箱根89, 全日本44
湯野 隆太朗〈専修〉…箱根82, 箱根83
油布 郁人〈駒澤〉…箱根87, 箱根88, 箱根89, 箱根90, 出雲22, 出雲23, 出雲24, 出雲25, 全日本42, 全日本43, 全日本44, 全日本45
弓元 紀明〈京都産業〉…全日本29
湯本 幸一〈中央〉…箱根2, 箱根4, 箱根6, 箱根7, 箱根8, 箱根9, 箱根10
湯山 秀史〈日本体育〉…箱根60, 箱根62, 箱根63, 全日本16
百合野 康也〈京都産業〉…全日本4, 全日本5

【よ】

楊 衛中〈上海体育〉…出雲3
横井 孝義〈国士舘〉…箱根34, 箱根35, 箱根36, 箱根37
横井 智好〈龍谷〉…全日本27
横打 史雄〈信州〉…全日本31
横打 史雄〈北信越連〉…出雲10, 出雲11
横内 佑太朗〈上武〉…箱根89, 箱根91

横江 功〈東北学院〉…全日本9, 全日本10
横尾 剛〈第一工業〉…全日本43
横川 隆範〈東京高師〉…箱根9, 箱根10
横川 隆範〈東京文理〉…箱根11, 箱根12
横沢 寅雄〈日歯医専〉…箱根7
横田 晃行〈福井工業〉…全日本30
横田 一仁〈山梨学院〉…箱根74, 箱根75, 出雲9, 全日本27, 全日本28, 全日本29
横田 貞純〈国士舘〉…箱根50, 箱根51, 箱根52, 箱根53
横田 仁〈大東文化〉…箱根55, 全日本9
横田 成哉〈中京〉…出雲23, 全日本43, 全日本44
横田 泰一〈愛知教育〉…全日本14
横田 翼〈青山学院〉…出雲22
横田 直純〈国士舘〉…全日本6
横田 則雄〈信州〉…全日本14
横田 春男〈国士舘〉…箱根59
横田 文隆〈日本〉…箱根22
横田 寛〈立教〉…箱根24, 箱根25, 箱根26
横田 芳則〈大東文化〉…箱根65, 箱根67, 箱根68, 出雲2, 出雲3, 全日本20, 全日本21, 全日本22, 全日本23
横田 竜一〈関東学連〉…箱根84
横田 良輔〈城西〉…箱根90, 箱根91, 全日本46
横地 仁志〈国士舘〉…箱根53, 箱根54
横手 健〈明治〉…箱根89, 箱根90, 箱根91, 出雲25, 全日本45, 全日本46
横手 利光〈奈良産業〉…全日本38
横浜 広〈秋田〉…全日本2, 全日本3
横張 光夫〈日本〉…箱根8
横部 公一〈甲南〉…全日本1, 全日本2
横堀 泰寛〈東洋〉…箱根40, 箱根41, 箱根42, 箱根43
横松 徹〈日本〉…出雲22
横松 盛人〈筑波〉…箱根56, 箱根57, 全日本11
横松 優〈日本〉…全日本41
横溝 三郎〈中央〉…箱根35, 箱根36, 箱根37, 箱根38
横溝 泰三〈法政〉…箱根5, 箱根6
横道 正憲〈順天堂〉…箱根61, 箱根62, 箱根63
横峰 英実〈関東学連〉…箱根81
横峰 英実〈東京農業〉…箱根80
横山 暁〈高知〉…全日本6, 全日本8
横山 一郎〈立教〉…箱根30, 箱根31, 箱根32, 箱根33
横山 演章〈駒澤〉…箱根68, 箱根69, 出雲4
横山 和五郎〈日本〉…箱根32, 箱根33, 箱根34, 箱根35
横山 菊勝〈早稲田〉…箱根50, 箱根51, 箱根53
横山 築〈拓殖〉…箱根87, 箱根88
横山 景〈東海〉…箱根71, 箱根72, 箱根73, 出雲7, 出雲8, 全日本26, 全日本27, 全日本28
横山 慶尚〈第一工業〉…出雲13
横山 颯大〈岐阜経済〉…全日本45
横山 周二〈東海〉…箱根75, 箱根76, 箱根77, 出雲11, 出雲12, 全日本30, 全日本31, 全日本32
横山 大三郎〈東海〉…箱根78, 箱根79
横山 貴臣〈東海〉…箱根77, 全日本29, 全日本32
横山 拓也〈青山学院〉…箱根86, 箱根87, 箱根88, 箱根89, 全日本41, 全日本43
横山 武史〈神奈川〉…箱根68, 箱根69
横山 龍弥〈東洋〉…出雲20
横山 多美夫〈法政〉…箱根43, 箱根45
横山 哲治〈日本体育〉…箱根67
横山 光雄〈横浜専門〉…箱根17
横山 貢〈法政〉…箱根44, 箱根46, 箱根47
横山 裕己〈東京農業〉…箱根84, 箱根87, 全日本41
横山 裕樹〈京都〉…全日本46
吉井 敦〈立命館〉…出雲9, 全日本28, 全日本29
吉井 賢〈第一工業〉…出雲15, 出雲16, 出雲17, 全日本34, 全日本35, 全日本36, 全日本37
吉井 賢志〈大阪体育〉…出雲19
吉居 健二〈中四国連〉…出雲3
吉井 淳一〈八幡〉…全日本3
吉井 健彦〈東京学芸〉…箱根33, 箱根34, 箱根35
吉浦 真一〈拓殖〉…箱根73
吉尾 武〈立教〉…箱根30, 箱根31, 箱根32
吉岡 至道〈愛知教育〉…全日本7, 全日本8, 全日本9, 全日本10
吉岡 修〈順天堂〉…箱根70
吉岡 清〈東京農業〉…箱根11
吉岡 秀司〈明治〉…箱根82
吉岡 盛一〈法政〉…箱根32
吉岡 伝太郎〈大阪商業〉…全日本1
吉岡 敏夫〈名古屋商〉…全日本24
吉岡 敏晴〈東京教育〉…箱根33, 箱根34, 箱根35, 箱根36
吉岡 紀元〈第一工業〉…全日本46
吉岡 秀樹〈東京学芸〉…箱根60
吉岡 秀師〈大阪体育〉…全日本14
吉岡 文蔵〈慶應義塾〉…箱根42
吉岡 善知〈順天堂〉…箱根73, 箱根74, 出雲8, 出雲9, 全日本28, 全日本29
吉岡 玲〈日本〉…箱根79, 箱根81, 箱根82, 全日本37
吉川 修〈早稲田〉…箱根45, 箱根47
吉川 克宏〈中京〉…全日本11, 全日本12
吉川 謙治〈東洋〉…箱根14, 箱根16, 箱根18, 箱根20
吉川 聡〈愛知工業〉…全日本28, 全日本29
吉川 修司〈亜細亜〉…箱根83, 箱根84, 出雲18, 出雲19, 全日本38
吉川 修司〈東海〉…箱根88, 箱根90, 箱根91, 全日本43
吉川 修平〈大東文化〉…箱根89, 箱根90
吉川 昇吾〈信州〉…全日本46
吉河 孝朗〈新潟〉…全日本44, 全日本45
吉川 武彰〈鹿屋体育〉…全日本36
吉川 正伸〈亜細亜〉…箱根59

吉川 徹〈東海〉…箱根54, 箱根55, 箱根56, 全日本9
吉川 晴雄〈愛知工業〉…出雲7, 全日本26, 全日本27
吉川 英利〈国士舘〉…箱根45, 箱根46
吉川 浩司〈中央学院〉…箱根75
吉川 浩〈神奈川〉…箱根41, 箱根42, 箱根43
吉川 裕也〈専修〉…箱根78, 箱根79, 全日本33
吉川 朋希〈中京〉…出雲22, 全日本42
吉川 政俊〈東京農業〉…箱根55, 箱根56, 箱根57, 全日本10, 全日本11, 全日本12
吉川 三男〈駒澤〉…箱根66
芳川 充〈北海道〉…全日本13, 全日本14
芳川 芳徳〈駒澤〉…箱根44
吉川 義春〈東京文理〉…箱根20, 箱根21
吉川 了〈神奈川〉…箱根87, 箱根88, 箱根89, 全日本44
吉川 環〈福岡〉…全日本23, 全日本24
吉倉 秀男〈青山学院〉…箱根51, 箱根52
吉崎 修〈中央〉…箱根60, 箱根61, 箱根62, 箱根63, 全日本16
吉崎 康志〈中京〉…全日本16, 全日本17, 全日本18, 全日本19
吉沢 俊明〈東京農業〉…箱根56, 箱根57, 箱根58, 全日本11, 全日本12
吉沢 三値夫〈横浜国立〉…箱根32
吉沢 三津夫〈専修〉…箱根62
吉沢 洋〈中央〉…箱根51, 箱根54, 全日本9
吉住 賢一〈山形〉…全日本29
吉住 研二〈亜細亜〉…箱根62
吉住 二郎〈酪農学園〉…全日本7
吉田 明〈専修〉…箱根23, 箱根24
吉田 明広〈大東文化〉…箱根86, 出雲20
吉田 篤史〈北海道連〉…出雲12, 出雲13
吉田 和夫〈明治〉…箱根26
吉田 和央〈拓殖〉…箱根73, 箱根74, 箱根75, 出雲10, 全日本29, 全日本30, 全日本31
吉田 和雅〈亜細亜〉…全日本22
吉田 和矢〈日本〉…箱根85, 箱根86
吉田 克久〈大阪体育〉…全日本16, 全日本17, 全日本18
吉田 公彦〈東京教育〉…箱根48, 箱根50
吉田 賢史〈東京農業〉…箱根68, 箱根69, 全日本24
吉田 健〈大阪学院〉…全日本31
吉田 幸司〈山梨学院〉…出雲13, 出雲14
吉田 幸三〈鹿屋体育〉…出雲6
吉田 智〈専修〉…箱根79, 箱根81
吉田 暁〈慶應義塾〉…箱根50
吉田 暁〈日歯医専〉…箱根19, 箱根20
吉田 士恩〈愛知工業〉…出雲19, 出雲20, 全日本39, 全日本40
吉田 繁〈駒澤〉…箱根78, 箱根79, 箱根80
吉田 茂〈東海〉…箱根67, 箱根68
吉田 二郎〈東洋〉…箱根53, 箱根54, 全日本8
吉田 新〈立命館〉…全日本34
吉田 慎一〈駒澤〉…箱根71, 箱根72, 箱根73, 全日本28
吉田 新規〈愛知工業〉…出雲24
吉田 新規〈東海学連〉…全日本44, 全日本45
吉田 晋作〈日歯医専〉…箱根3
吉田 大輔〈鹿屋体育〉…出雲9
吉田 尚志〈神奈川〉…箱根35, 箱根36, 箱根38
吉田 高士〈東京農業〉…箱根40, 箱根41
吉田 貴大〈日本〉…箱根87, 箱根89, 全日本43
吉田 貴幸〈徳山〉…出雲3, 全日本25
吉田 剛志〈山梨学院〉…全日本36
吉田 正〈国士舘〉…箱根56, 箱根57
吉田 親〈中央〉…箱根48, 箱根49, 箱根50, 全日本5
吉田 勉〈日本〉…箱根26
吉田 昭男〈京都産業〉…全日本7
吉田 徹〈東京経済〉…全日本2
吉田 寿夫〈順天堂〉…箱根41
吉田 富男〈順天堂〉…箱根56, 箱根58
吉田 友彦〈法政〉…箱根50
吉田 憲正〈東海〉…箱根83, 箱根84, 箱根85, 出雲20, 全日本39, 全日本40
吉田 秀徳〈日本〉…箱根60, 箱根61
吉田 斉〈中央〉…箱根31, 箱根32
吉田 博〈東洋〉…箱根33, 箱根34, 箱根35, 箱根36
吉田 博美〈順天堂〉…箱根42, 箱根43
吉田 誠昭〈東京文理〉…箱根16, 箱根17, 箱根18
吉田 正雄〈日本〉…箱根6
吉田 政勝〈東京教育〉…箱根47, 箱根48, 箱根49, 箱根50
吉田 雅広〈大阪経済〉…全日本17, 全日本19
吉田 正幸〈東海〉…箱根70, 箱根72, 箱根73, 出雲6, 全日本26, 全日本28
吉田 光夫〈早稲田〉…箱根44, 箱根45
吉田 泰博〈九州産業〉…全日本1, 全日本2, 全日本3
吉田 行宏〈拓殖〉…箱根73, 箱根74, 箱根75, 出雲10, 全日本29, 全日本30
吉田 義数〈中央〉…箱根43, 箱根44, 箱根45
吉田 芳春〈早稲田〉…箱根11
吉田 義宏〈東北学連〉…出雲22, 出雲23, 全日本43
吉田 亮〈東京農業〉…箱根60
吉田 亮壱〈日本体育〉…箱根91, 全日本46
吉田 亮太〈亜細亜〉…箱根83, 出雲17
吉田 亮太〈日本文理〉…出雲19, 出雲20, 出雲21, 出雲22, 全日本39, 全日本40, 全日本41, 全日本42
吉田 礼治〈国士舘〉…箱根51
吉武 鉄翁〈日本〉…箱根45, 箱根47, 全日本1, 全日本2
吉富 武宏〈帝京〉…箱根75, 箱根76
吉留 光一〈徳山〉…出雲8
吉永 邦雄〈国士舘〉…箱根37, 箱根38, 箱根39, 箱根40
吉永 勉〈慶應義塾〉…箱根39
吉永 充孝〈福岡〉…全日本32, 全日本34

吉野 敦〈東京農業〉…箱根14
吉野 渥美〈日本〉…箱根24
吉野 勝義〈順天堂〉…箱根37
吉野 貫〈専修〉…箱根15
吉野 秀吾〈神奈川〉…箱根76, 全日本30
吉野 将悟〈帝京〉…箱根84
吉野 孝弘〈平成国際〉…箱根77
吉原 一徳〈國學院〉…箱根77
吉原 勝雄〈法政〉…箱根3
吉原 健一〈早稲田〉…出雲13
吉原 真人〈順天堂〉…箱根34
吉原 裕智〈鹿児島〉…全日本15, 全日本16
吉原 穣〈同志社〉…全日本7
嘉賀 新吾〈東京農業〉…箱根64, 箱根65, 箱根66, 全日本20
吉松 和宏〈鹿屋体育〉…全日本28
吉見 忠亮〈亜細亜〉…箱根85
吉村 治〈名古屋〉…全日本4, 全日本5
吉村 喜一〈日本体育〉…箱根88, 全日本43
吉村 重男〈神奈川〉…箱根50
吉村 淳一〈新潟〉…全日本20
吉村 尚悟〈神奈川〉…箱根77, 箱根78, 箱根79, 箱根80, 出雲12, 出雲13, 出雲14, 全日本32, 全日本33
吉村 大輝〈関東学連〉…箱根88, 箱根89, 箱根91
吉村 忠郎〈大阪体育〉…全日本1, 全日本2
吉村 力〈亜細亜〉…全日本28
吉村 直人〈立命館〉…出雲24, 全日本43, 全日本44, 全日本45, 全日本46
吉村 信義〈東京学芸〉…箱根31
吉村 寿哉〈中四国連〉…出雲13, 出雲14
吉村 正昭〈立命館〉…箱根40
吉村 美信〈岐阜〉…全日本9, 全日本11, 全日本12
芳村 隆一〈東海〉…箱根84, 箱根85, 出雲20, 全日本39
吉村 良二〈日本〉…箱根53, 箱根55
吉本 淳〈中四国連〉…出雲5
吉本 淳〈徳山〉…全日本24, 全日本25, 全日本26
吉元 真司〈城西〉…箱根87, 箱根88, 出雲22, 全日本42, 全日本43
吉本 保〈関西〉…全日本8
吉本 輝夫〈駒澤〉…箱根68, 箱根69, 箱根70, 箱根71, 出雲4, 出雲5, 全日本25
吉元 政昭〈大東文化〉…箱根53, 箱根54, 箱根55, 箱根56, 全日本8, 全日本9, 全日本10, 全日本11
芳本 三靖〈日本〉…箱根68, 箱根70, 出雲4, 全日本22, 全日本24, 全日本25
吉山 嘉一〈国士舘〉…箱根54, 箱根55, 箱根56, 全日本10
四辻 浩二〈福岡〉…出雲1, 出雲2, 出雲3, 全日本20, 全日本21, 全日本22, 全日本23
四辻 聖〈日本体育〉…箱根78, 箱根79, 箱根80, 全日本35, 全日本36
四俣 勇人〈福岡〉…全日本40
四ツ谷 洸一〈関西〉…全日本39
淀川 弦太〈東洋〉…箱根89, 箱根91, 全日本45
与那覇 大二郎〈亜細亜〉…箱根83, 箱根84
与那嶺 恭兵〈東海〉…箱根86
米井 勝秀〈立命館〉…箱根40
米川 優〈専修〉…箱根56
米倉 暁彦〈拓殖〉…箱根77
米沢 豪〈関東学連〉…箱根83
米沢 類〈青山学院〉…箱根85, 箱根86, 全日本41
米重 修一〈大東文化〉…箱根57, 箱根59, 箱根60, 全日本12, 全日本14, 全日本15
米田 一公〈中央〉…箱根49
米田 菊治〈明治〉…箱根15, 箱根17
米田 茂樹〈大阪経済〉…全日本10, 全日本13
米田 周平〈金沢経済〉…全日本33
米田 周平〈北信越連〉…出雲14, 出雲15, 出雲16
米田 大輝〈大阪経済〉…全日本44
米田 尚人〈東海〉…箱根76, 箱根77, 出雲11, 出雲12, 全日本31, 全日本32
米原 実〈八幡〉…全日本3, 全日本4, 全日本5
米光 信二〈大阪体育〉…全日本1
米村 雅幸〈筑波〉…箱根56, 箱根57, 箱根58, 全日本11, 全日本12, 全日本13
米山 大恵〈東洋〉…箱根30, 箱根31, 箱根32, 箱根33
米山 貞夫〈拓殖〉…箱根29, 箱根30, 箱根31
米山 昇吾〈専修〉…箱根84
米山 岳男〈駒澤〉…箱根69, 全日本25
米山 宏〈平成国際〉…箱根77
米山 祐貴〈信州〉…全日本44, 全日本46
米山 祐貴〈北信越連〉…出雲25
蓬畑 徳仁〈仙台〉…全日本33
鎧坂 哲哉〈明治〉…箱根85, 箱根86, 箱根87, 箱根88, 出雲21, 出雲22, 出雲23, 全日本40, 全日本41, 全日本42, 全日本43

【ら】

ライオンズ, M.〈IVL〉…全日本25
落宰 公人〈北海道教〉…全日本35
ラフ, S.〈IVL〉…出雲22
ランガン, C.〈IVL〉…全日本28
ランドリー, C.〈IVL〉…出雲23

【り】

李 亀河〈専修〉…箱根15, 箱根16, 箱根17
李 熙台〈中央〉…箱根18, 箱根19, 箱根20, 箱根21

李 後興〈日歯医専〉…箱根21
李 祖根〈名古屋商〉…出雲5, 出雲8, 出雲9, 全日本25, 全日本26, 全日本27, 全日本28
李 忠民〈名古屋商〉…出雲11, 全日本30, 全日本31, 全日本32
李 明植〈中央〉…箱根3
リア，C.〈IVL〉…全日本29
リアーノ，M.〈IVL〉…出雲24
リオナ，S.〈IVL〉…全日本25
陸川 均〈新潟〉…全日本17, 全日本18, 全日本19
リチャードソン，M.〈IVL〉…全日本27, 全日本28
立永 周治〈名古屋商〉…全日本18, 全日本19, 全日本20
立蔵 義春〈金沢工業〉…全日本7, 全日本8, 全日本9
リボウィッ，D.〈IVL〉…出雲15
劉 寛一〈関西〉…箱根13
柳 錫宸〈中央〉…箱根18, 箱根19
竜崎 芳郎〈東洋〉…箱根18
柳武 亀利〈東京高師〉…箱根6, 箱根9, 箱根10
リンチ，C.〈IVL〉…出雲10

【る】

ルビア，J.〈IVL〉…出雲24

【れ】

レッサー，D.〈IVL〉…出雲12

【ろ】

呂 鴻九〈法政〉…箱根19
卢 振華〈上海体育〉…出雲3
ローガン，B.〈IVL〉…全日本23
六反田 雅宏〈明治〉…箱根60, 箱根61
ロッシー，A.〈IVL〉…出雲14
ロッチ，A.〈IVL〉…出雲11
ロナーガン，K.〈IVL〉…全日本29
ロナガン，K.〈IVL〉…出雲10
ロバート，H.〈SF州立〉…出雲3
ロバート，S.〈SF州立〉…出雲3
ロビンズ，T.〈IVL〉…出雲23
ローリー，D.〈IVL〉…出雲25

【わ】

若江 光太郎〈中央〉…箱根12, 箱根13, 箱根14, 箱根15, 箱根16, 箱根17, 箱根18
若倉 和也〈法政〉…箱根59, 箱根60
若狭 健治〈福岡〉…全日本1, 全日本2
若狭 智憲〈東洋〉…箱根24, 箱根25, 箱根26
若狭 聖也〈大東文化〉…箱根85
我妻 孝紀〈東北学連〉…出雲15, 出雲17
我妻 孝紀〈東北福祉〉…全日本35, 全日本36, 全日本37
我妻 伸洋〈駒澤〉…箱根85, 出雲20, 全日本40
我妻 光〈中京〉…全日本23, 全日本24
若林 寿〈大東文化〉…箱根60, 箱根61, 箱根62, 全日本15, 全日本16, 全日本17
若林 正治〈横浜市立〉…箱根40
若松 篤幸〈名古屋〉…全日本20
若松 育太〈日本〉…箱根37, 箱根38
若松 一夫〈法政〉…箱根17, 箱根19
若松 軍蔵〈中央〉…箱根39, 箱根40, 箱根41, 箱根42
若松 鉄也〈慶應義塾〉…箱根70
若松 尚則〈名古屋〉…全日本12
若松 佑太〈東京農業〉…箱根84
若松 儀裕〈東洋〉…箱根84, 箱根85
若松 亮一〈東北学院〉…全日本13
若宮 義和〈大東文化〉…箱根45, 箱根46, 箱根47, 箱根48, 全日本1, 全日本2, 全日本3
若森 誠〈慶應義塾〉…箱根70
若山 雄市〈明治〉…箱根32
脇坂 高峰〈筑波〉…箱根56, 箱根57
脇田 高洋〈久留米〉…全日本20, 全日本21
脇田 若太郎〈日歯医専〉…箱根11, 箱根12
脇野 省三〈東京農業〉…箱根22
脇本 和義〈大阪体育〉…全日本4
脇本 照彦〈関西学院〉…全日本6
涌井 圭介〈関東学連〉…箱根83
和久井 登〈法政〉…箱根19
和気 恭平〈東北福祉〉…全日本44
若生 努〈東北学連〉…出雲4
和田 晃男〈福岡〉…出雲4, 出雲5, 出雲6, 全日本24, 全日本25
和田 和男〈早稲田〉…箱根22
和田 教司〈立命館〉…全日本11
和田 潔〈専修〉…箱根21
和田 孝太郎〈札幌学院〉…全日本34
和田 修策〈日本〉…箱根72
和田 誠一〈日本体育〉…箱根49, 箱根50, 箱根51, 箱根52, 全日本4, 全日本5, 全日本6, 全日本7
和田 健志〈名古屋〉…全日本44
和田 朋之〈日本〉…箱根87, 全日本42
和田 博次〈東洋〉…箱根32
和田 真幸〈順天堂〉…箱根79, 箱根80, 箱根81, 出雲14, 出雲15, 出雲16, 全日本34, 全日本36
和田 政志〈拓殖〉…箱根79

和田 正人〈日本〉…箱根76, 箱根78, 出雲11, 出雲12, 全日本31, 全日本32
和田 正信〈岐阜〉…全日本12
和田 勝〈鹿屋体育〉…全日本35, 全日本36
和田 光弘〈東京農業〉…箱根70, 箱根71, 箱根72, 箱根73, 出雲8
和田 雄介〈国士舘〉…箱根66, 箱根67, 全日本22
渡井 新二郎〈法政〉…箱根45, 箱根46, 箱根47
渡瀬 智康〈専修〉…箱根59, 箱根60, 箱根61, 全日本15
和多田 憲〈慶應義塾〉…箱根26
和多田 寛〈慶應義塾〉…箱根24
渡辺 光〈駒澤〉…箱根50, 箱根51, 箱根52, 箱根53, 全日本7
渡辺 篤志〈大東文化〉…箱根72, 箱根73, 箱根74, 出雲9, 全日本27, 全日本29
渡辺 和夫〈東洋〉…箱根39
渡辺 和孝〈東洋〉…箱根79
渡辺 一洋〈仙台〉…全日本32
渡邉 和史〈新潟〉…全日本44
渡邊 一磨〈東洋〉…全日本46
渡辺 和己〈中央〉…箱根32, 箱根33, 箱根34
渡辺 克則〈帝京〉…箱根85, 箱根86, 箱根87, 箱根88, 全日本42, 全日本43
渡辺 克彦〈明治〉…箱根32
渡辺 勝彦〈専修〉…箱根60, 箱根62, 箱根63, 全日本17, 全日本18
渡辺 要〈駒澤〉…箱根51, 箱根52, 箱根53, 箱根54
渡辺 毅一〈慶應義塾〉…箱根7
渡辺 公照〈大阪体育〉…全日本8
渡部 恭平〈中央学院〉…箱根86, 全日本41
渡辺 清紘〈山梨学院〉…箱根85
渡辺 欣哉〈拓殖〉…箱根30, 箱根31
渡辺 邦夫〈神奈川〉…箱根50
渡辺 邦太郎〈神奈川師〉…箱根23
渡辺 圭一〈京都産業〉…出雲18, 全日本37, 全日本38, 全日本39
渡辺 啓一郎〈東大農実〉…箱根5
渡辺 健一郎〈高岡法科〉…全日本36, 全日本38, 全日本39
渡辺 健治〈法政〉…箱根12
渡辺 健〈名古屋商〉…全日本18, 全日本19
渡辺 航旗〈東北学院〉…全日本42
渡辺 航旗〈東北学連〉…出雲24, 全日本43
渡邊 公志〈東洋〉…箱根86, 出雲21, 全日本42
渡辺 聡〈神奈川〉…箱根72, 箱根73, 箱根74, 箱根75, 出雲7, 出雲9, 出雲10, 全日本27, 全日本28, 全日本29, 全日本30
渡辺 三郎〈法政〉…箱根2, 箱根3, 箱根4, 箱根5
渡辺 繁男〈国士舘〉…箱根38, 箱根39
渡辺 茂男〈東京農業〉…箱根56
渡辺 重治〈明治〉…箱根65, 箱根67
渡辺 修司〈北信越連〉…出雲6
渡辺 史侑〈東洋〉…箱根80, 箱根81, 箱根82, 出雲15, 出雲16, 全日本34, 全日本35
渡辺 潤〈駒澤〉…箱根85
渡辺 順〈法政〉…箱根38, 箱根39, 箱根41
渡辺 俊介〈法政〉…箱根75, 出雲8, 全日本31
渡辺 祥記〈慶應義塾〉…箱根7
渡辺 真一〈立命館〉…出雲9, 出雲10, 全日本28, 全日本29
渡辺 伸元〈名古屋〉…全日本36
渡辺 慎也〈名古屋商〉…全日本32, 全日本34
渡邉 慎也〈神奈川〉…箱根91
渡辺 真矢〈明治〉…箱根86, 箱根87, 全日本41
渡邊 大介〈中京〉…全日本40
渡邊 大介〈東海学連〉…全日本39
渡辺 高志〈山梨学院〉…箱根72
渡辺 隆〈東京農業〉…箱根80
渡邊 嵩仁〈中央学院〉…出雲21, 全日本41
渡辺 健寛〈新潟〉…全日本20
渡部 正義〈法政〉…箱根21, 箱根22
渡部 忠司〈駒澤〉…箱根64, 箱根65, 箱根67
渡部 力〈中央〉…箱根41, 箱根42, 箱根43
渡辺 哲夫〈日本体育〉…箱根26
渡辺 哲也〈仙台〉…全日本30, 全日本31, 全日本32, 全日本33
渡辺 哲也〈東北学連〉…出雲10, 出雲11, 出雲12
渡辺 亨〈広島〉…全日本9, 全日本11
渡辺 徹〈福岡〉…全日本9
渡辺 利夫〈法政〉…箱根60
渡邉 利典〈青山学院〉…箱根91
渡辺 利彦〈中央学院〉…箱根75
渡辺 苗史〈日本体育〉…箱根37, 箱根38, 箱根39, 箱根40
渡辺 尚幹〈日本〉…箱根74, 箱根75, 箱根76, 箱根77, 出雲11, 全日本31
渡邊 直也〈東北学連〉…出雲22
渡邊 直也〈東北福祉〉…全日本41, 全日本42
渡邉 直也〈長崎国際〉…全日本42
渡邉 心〈青山学院〉…全日本46
渡辺 信男〈日本〉…箱根11, 箱根12
渡辺 登〈愛知工業〉…全日本22, 全日本23, 全日本24, 全日本25
渡辺 登〈信州〉…全日本2
渡辺 典之〈東京〉…箱根60
渡辺 晴仁〈東北学院〉…全日本9
渡辺 久四〈慶應義塾〉…箱根13, 箱根14, 箱根15, 箱根16, 箱根18
渡辺 久芳〈日本体育〉…箱根35, 箱根36
渡辺 英男〈愛知工業〉…全日本23, 全日本24, 全日本25
渡辺 英雄〈日歯医専〉…箱根20

渡辺 英樹〈拓殖〉…箱根29
渡辺 大樹〈四日市〉…全日本36
渡辺 啓〈順天堂〉…箱根84
渡辺 浩司〈札幌学院〉…全日本23, 全日本24
渡辺 博真〈岐阜〉…全日本3
渡辺 福太郎〈東京文理〉…箱根22
渡辺 史〈東京〉…箱根60
渡辺 誠〈専修〉…箱根70, 出雲5
渡辺 実〈東京農業〉…箱根22
渡辺 正昭〈日本体育〉…箱根60, 全日本15
渡部 政彦〈中央学院〉…箱根84, 箱根85, 出雲20, 全日本39, 全日本40
渡部 稔〈東京農業〉…箱根32
渡辺 源仁〈日本〉…箱根71, 箱根72
渡辺 安雄〈日本〉…箱根21
渡辺 靖〈専修〉…箱根68, 箱根69, 箱根70, 箱根71, 出雲4, 出雲5, 出雲6, 全日本24
渡辺 安弘〈亜細亜〉…箱根58
渡辺 康幸〈早稲田〉…箱根69, 箱根70, 箱根71, 箱根72, 出雲5, 出雲6, 出雲7, 全日本24, 全日本25, 全日本26, 全日本27
渡辺 康芳〈日本体育〉…箱根74
渡辺 弥太郎〈慶應義塾〉…箱根9, 箱根10, 箱根11, 箱根12
渡辺 裕三郎〈専修〉…箱根16, 箱根17, 箱根18, 箱根19, 箱根20, 箱根21
渡辺 祐介〈中央学院〉…箱根80, 全日本35
渡辺 裕介〈高岡法科〉…全日本35, 全日本36, 全日本37
渡辺 裕介〈北信越連〉…出雲15, 出雲17
渡辺 豊〈慶應義塾〉…箱根47
渡辺 義雄〈順天堂〉…箱根59
渡辺 佳季〈第一工業〉…出雲10, 出雲11
渡部 佳也〈東北福祉〉…全日本40, 全日本41, 全日本42
渡辺 力将〈上武〉…箱根86, 箱根88, 箱根89, 全日本43, 全日本44
渡辺 良吉〈慶應義塾〉…箱根10, 箱根11
渡部 良太〈日本〉…箱根91, 全日本45
渡辺 亮〈広島経済〉…全日本34, 全日本35, 全日本36
渡部 玲〈日本体育〉…箱根32, 箱根33, 箱根34, 箱根35
綿引 一貴〈亜細亜〉…箱根82, 出雲17
渡部 敏久〈東京農業〉…箱根56
渡部 信男〈日本〉…箱根9
渡会 省吾〈東北学院〉…全日本5
渡会 雅明〈北海道〉…全日本18, 全日本19, 全日本20
渡会 政元〈東北学院〉…全日本13
和智 孝雄〈専修〉…箱根47
ワチーラ, S.〈山梨学院〉…箱根73, 箱根74, 箱根75, 出雲9, 出雲10, 全日本28, 全日本29, 全日本30
ワドゥリーリィ, A.〈第一工業〉…出雲14, 出雲15, 全日本34
鰐淵 健二〈東京農業〉…箱根65, 全日本20
割鞘 信夫〈九州産業〉…全日本1, 全日本2
割田 雄貴〈愛知工業〉…出雲24, 全日本43
ワンジャウ, D.〈東北学連〉…出雲16, 出雲17, 出雲18

編者紹介

三浦 健（みうら・たけし）

箱根駅伝のデータ収集家。年少の頃より箱根駅伝に興味を持ち、新聞掲載の記録を収集する。2001年から「箱根駅伝」というホームページを開設し、大会記録、選手ごとの記録等を掲載している。

大学駅伝記録事典
―箱根・出雲・伊勢路

2015年6月25日　第1刷発行

編　者／三浦 健
発行者／大高利夫
発　行／日外アソシエーツ株式会社
〒143-8550 東京都大田区大森北 1-23-8 第3下川ビル
電話 (03)3763-5241(代表) FAX(03)3764-0845
URL http://www.nichigai.co.jp/
発売元／株式会社紀伊國屋書店
〒163-8636 東京都新宿区新宿 3-17-7
電話 (03)3354-0131(代表)
ホールセール部(営業) 電話 (03)6910-0519

組版処理／有限会社デジタル工房
印刷・製本／株式会社平河工業社

《中性紙H-三菱書籍用紙イエロー使用》
ISBN978-4-8169-2545-0　Printed in Japan,2015